본 주석 시리즈는 그리스어 원문을 사용하여 최근까지의 학술 연구를 충분히 반영하면서도 최대한 이해하기 쉽게 쓰는 것을 목표로 한다. 본서는 로마서에 관계된 모든 주석적·신학적 문제를 다룬 정통 표준 주석이면서 동시에 가독성까지 갖추었다. 그래서 본서는 로마서를 학문적으로 이해하려는 신학자와 신학도, 또 최근의 학문적 성과를 반영해 로마서를 이해하고 설교하려는 목회자 모두에게 유용하다. 복잡한 주석적 문제를 이렇게 쉬운 필치로 펼쳐낼 수 있는 것은 저자가 이 분야의 지식에 정통하기 때문이다.

김동수 | 평택대학교 신학과 교수, 한국신약학회 직전 회장

리처드 롱네커의 최신 주석(2016)을 벌써 우리말로 읽을 수 있다는 것은 한국 신학계의 큰 복이다. 이 책의 장점은 무엇보다도 로마서의 각 본문과 주제들에 관한 기존의 연구들을 충실하게 정리하고 소개한다는 점이다. 각 본문마다 기존의 연구들을 먼저 요약 정리한 후 저자의 입장을 밝히는 식으로 논의를 전개하기 때문에, 독자들은 최신 연구의 지형 속에서 본문의 의미를 이해할 수 있다. 신학적 입장은 온건하고 전통에 충실한 편이다.

안용성 | 그루터기교회

NIGTC 로마서 주석은 원전의 의미를 밝히는 데 모든 역량을 집중한다. 저자는 본문비평을 필두로 본문의 구조와 배경 그리고 신학적 이슈를 탐색한 후, 본문을 주도면밀하게 석의한다. 동시에 현대적 논의를 위한 해석학적 문제까지 빠짐없이 소화하여 연구자들과 목회자들의 전폭적인 신뢰를 얻고 있다. 바울신학의 영역에서 괄목할 만한 성과를 냈을 뿐 아니라 로마서 연구의 빅데이터를 섭렵한 리처드 롱네커의 예민하고 적확한 독법은 이 편지를 명료하게 이해하려는 독자들의 기대에 전적으로 부응한다. 독자들을 강한 흡인력으로 끌어당기는 본 주석서는 우리 시대 "최고의 주석서"라 불러야 마땅할 것이다.

윤철원 | 서울신학대학교 신학대학원 신약학 교수

KB208398

리처드 롱네커는 지금까지 로마서 해석의 쟁점과 주제들에 관해 비판적 의견들부터 보수적 견해를 설명하는 데 탁월한 복음주의 학자다. 그는 샌더스가 주장하는 유대교의 구원론은 공로주의가 아닌 언약적 율법주의에 근거했다는 사실을 수용한다. 하지만 동시에 유대교와 로마교회의 현실에서는 율법을 근거로 한 공로주의 구원론이 실재했으며 이러한 신앙이 바울의 주된 비판대상이었다고 주장한다. 따라서 이 책은 새 관점의 장점을 수용하면서 종교개혁가들의 옛 관점을 옹호한다. 이 주석은 신학도뿐만 아니라 로마서를 교회 현장에서 폭넓게 설교하고 가르치고 싶은 목회자들에게도 유익한 책이다.

이민규 | 한국성서대학교 신학대학원 신약학 교수

주석서가 쉽게 빠지는 함정은 기존 주석의 틀과 해석을 일정 부분 도돌이표처럼 반복하는 단조로움인데, 롱네커의 NIGTC 로마서 주석은 이런 식상함을 극복한다. 주석의 서론부터 전통적 형식을 벗고 옛 연구와 새 연구의 다리를 적절히 놓음으로 사고의 맛깔스러움을 느끼게 한다. 특히 주목할 점은 로마서 5-8장과 12-13장에 깊은 관심을 보이는 부분이다. 롱네커는 1:16-4:25을 중심으로 해석하는 방식이 개신교에 확증편향으로 나타나는 현상이라고 일갈하며, "이신칭의"와 "그리스도와의 연합" 논쟁의 무게 중심에 새로운 고민거리를 던진다. 본서는 확증편향의 사고가 창궐하는 시대에 로마서를 보다 깊고 넓게 보게 하는 자극제가 될 것이다.

이진섭 | 에스라성경대학원대학교 신약학 교수

로마서는 기독교 역사에서 아우구스티누스, 루터, 칼뱅, 웨슬리와 같은 지도자들뿐만 아니라, 수많은 기독교인에게 영향을 준 성경이다. 바로 이 로마서를 신약학의 세계적인 석학 리처드 롱네커가 주석했고 그 결과가 바로 본서다. 그는 이 편지에 관한 역사적 배경을 자세히 살피고 문학적으로도 통찰력을 제공할 뿐만 아니라, 각 구절을 주의 깊고 세심하게, 또한 철저하고 통찰력 있게 주해한다. 이러한 탁월성 때문에, 로마서를 진지

하게 접하길 원하는 사람에게 나는 본서를 강력하게 추천한다. 확신컨대, 모든 세대의 신학자와 목회자 그리고 신학생과 평신도는 롱네커의 주석서를 계속해서 찾고 읽게 될 것이다.

조호형 | 총신대학교 신학대학원 신약학 교수

바울의 로마서는 여전히 기독교, 특히 종교개혁 이후 개신교의 신학과 교리 형성에 중추적인 역할을 해온 가장 중요한 신약성서 문서로서 이에 대한 해석의 역사 또한 장구한 궤적을 선회하고 있다. 2016년에 나온 롱네커의 이 로마서 주석은 덜 전문적인 독자를 배려하면서도 기존의 두터운 연구 성과를 반영하고, 역사비평적인 관점과 원문 텍스트에 대한 언어학적 분석을 아우르며, 로마서의 집필 목적과 로마 공동체의 당대 상황, 사본상의 문제와 인용한 구약성서 구절 등에 대한 기존의 쟁점들을 명쾌하게 정리해 그 요점을 제시한다. 비록 로마서 연구의 전반적인 전제들은 대체로 보수적 또는 중도적 입장을 취하고 있지만, 그 석의와 주해의 내용에서는 매우 치밀하고 견고한 학문적 내공이 십분 발휘되고 있다. 로마서의 한 구절, 한 문구에 대한 해석의 미로를 헤매며 쌓아 올린 그동안 연구의 족적들이 이미 만리장성인데, 앞서 생산한 『로마서 입문』(*Introducing Romans*)에 더하여 이와 같이 방대하고 세밀한 주석서를 집필해낸 저자의 노고와 역자의 헌신에 경의를 표한다. 로마서를 사랑하는 성서신학자, 목회자, 신학도 등 관심 있는 독자들의 일독을 기대하며 적극 추천한다.

차정식 | 한일장신대학교 신학과 교수, 한국신약학회 회장

또 한 권의 로마서 주석이 나왔다. 복음(福音)일지 악음(惡音)일지는 독자들의 반응이 당연히 한몫하겠지만 내겐 여간 반가운 책이 아닐 수 없다. 먼저 그리스어 본문을 유대교 및 그리스-로마 배경 아래 면밀히 역사-문법-수사-신학적으로 풀어준다는 점이다. 본서는 지난 세기들과 현대 주요 학자들을 섭렵하는 저명한 시니어 학자 롱네커의 오랜 연구 경륜의 향기가 각 장마다 진하게 배어있음을 단번에 보여준다. "새 국제 그리스어

성경 주석"(NIGTC) 시리즈 안에서도 단연 손꼽히는 작품인 셈이다. 저자는 단락별로 "번역", "본문비평", "형식/구조/상황", "석의와 주해"를 다루면서, NIGTC 답지 않게 "성경신학" 및 "현대를 위한 상황화"도 마지막 부분에 추가했다. 로마서의 깊은 숲길로 들어온 오늘의 목회자에겐 하늘로부터 내리는 단비와 같다. 5:1-8:39의 신학적 진술을 중심축으로 한 12:21 및 13:8-14의 윤리적 권면이 로마서 이해의 신학적 열쇠라 간주하는 저자의 읽기는 신학(믿음/앎)과 신앙(윤리/삶)이 그때나 지금이나 분리될 수 없음을 효과적으로 보여준다. "의"보다 "화목"에 더욱 초점을 맞추고자 하는 저자의 통찰력 역시 이런 로마서 읽기와 결을 같이한다. 이렇게 두터운 주석(들)을 깔끔한 한글로 번역해 내는 학자와 출판사가 있음은 한국교회 다음 세대 생태계에 변화를 모색하는 데 복음이 아닐 수 없다. 읽는 독자에게는!

허주 | 아세아연합신학대학교 신약학 교수

본문에 대한 세심한 관심, 19-20세기의 주요 석의적 논의의 요약, 신학적 연결점들, 바울 서신을 상황화하려는 시도, 5:1 – 8:39이 로마 교회에 바울이 기여한 내용이라는 강조 등을 고려한다면, 이 주석의 가치는 귀하다. 앞으로 로마서를 연구하는 사람들에게 오랫동안 탄탄하고 유용한 자료가 될 것이다.

Review of Biblical Literature

아주 좋은 주석이다. 영어로 된 로마서 주석 가운데 가장 많이 참조할 주석 중 하나가 될 것이다.

Bibliotheca Sacra

롱네커의 로마서 주석은 로마서를 연구하는 모든 사람이 읽어야 하는 책이다.

Southwestern Journal of Theology

로마서는 그 장엄함과 아름다움에 있어 에베레스트산과 같다. 따라서 신약계의 고참 학자 중 하나인 리처드 롱네커가 이 권위 있는 주석서를 통해 자신의 해석을 발표하는 것은 적절하다. 자세한 주석, 로마서의 문학적·역사적 배경에 대한 주의 깊은 평가, 오늘날의 독자를 위한 로마서 메시지에 대한 고려 등, 롱네커의 저작에 있는 모든 덕목이 분명하게 드러난다. 로마서를 해석하는 사람들은 그에게 빚을 졌고, 이 저작을 자주 참조하길 원할 것이다.

토머스 R. 슈라이너 | 남침례교 신학교 신약학 교수

특유의 세심함과 철저함 및 통찰력으로 리처드 롱네커는 그가 약속한 것을 이루어냈다. 지난 수세기 동안 쌓인 로마서 해석과 씨름하고, 본문을 비판적·주석적·목회적으로 민감하게 분석하며, 바울의 가장 영향력 있는 이 편지를 현대적 관점에서 성찰한다. 이 주석을 읽는 것은 바울 서신을 진지하게 연구하는 모든 사람에게 현명한 선택이 될 것이다. 이 저작은 앞으로 수년 동안 표준적인 자료이자 길잡이가 될 것이다.

수잔 이스트먼 | 듀크 신학교 신약학 교수

모든 세대마다 오랫동안 논의를 주도할 로마서 주석이 두세 개는 등장한다. 리처드 롱네커의 주석이 바로 그런 작품이다. 이 저작은 포괄적인 안목으로 명확하고 분별력 있게 저술되었다. 롱네커는 로마서와 관련한 모든 고대와 현대 문헌을 다룰 뿐만 아니라, 독자들의 집중력을 흐트러트리지 않은 채로 그리스어 본문에 대한 자세한 해석을 제공한다. 가장 중요한 부분은 오늘날의 교회를 위한 로마서의 신학적 내용과 지속적인 중요성을 강조하는 부분이다. 석의적으로나 신학적으로 로마서를 진지하게 읽기 원하는 사람들에게 롱네커의 저작을 온 마음을 다해 추천한다.

프랭크 J. 마테라 | 미국 가톨릭 대학교 신학학 은퇴 교수

THE EPISTLE TO THE ROMANS

A Commentary on the Greek Text

Richard N. Longenecker

∽∾ 하권 ∽∾

편집자 서문

근래 영어 성경 본문을 근거로 한 일련의 주석들이 많이 출간되었다. 하지만 특별히 그리스어 본문을 연구하는 학생들의 필요를 충족시키려고 시도한 주석은 그리 많지 않다. 새 국제 그리스어 성경 주석(New International Greek Testament Commentary, 약어로 NIGTC)의 출판을 통해 이러한 간격을 메우려는 현재의 계획은 이 시리즈의 첫 편집자 중 한 사람이었던 워드 가스크(W. Ward Gasque) 박사의 비전으로 이루어졌다. 많은 신학교에서 그리스어 과목을 축소시키고 있는 때, 우리는 편집자로서 NIGTC가 그리스어 신약성경을 지속적으로 연구하는 일의 가치를 입증하고, 그러한 연구에 자극제가 되기를 소망한다.

NIGTC의 주석들은 방대한 규모의 비평 주석보다는 덜 전문적인 내용을 원하는 학생들을 위한 것이다. 동시에 이 주석들은 현대의 학문적인 결과물과 교류하면서 신약 연구에 공헌한 그 연구들의 학문적인 업적을 반영하려고 노력했다. 신약성경과 관련한 심도 있는 연구들이 학술논문과 학위논문 등에 끊임없이 풍성하게 나오고 있는 마당에 이 시리즈물은 그 연구결과를 잘 반영하여 독자들이 쉽게 접근할 수 있는 형태로 만들었다. 그러므로 이 시리즈에 속한 주석에는 완전하지는 않지만 충분한 참고문헌이 포함되었으며, 주석마다 신약성경 본문에서 제기되는 역사와 주석과 해석의 모든 중요한 문제를 다루려고 시도했다.

최근 학계가 얻은 것 중 하나는 신약성경의 여러 책에 신학적인 특성이 있음을 인정한 것을 꼽을 수 있다. NIGTC에 속한 주석들은 역사비평과 언어학적 석의에 근거하여 본문에 대한 신학적 이해를 제공하려고 애썼다. 본문을 어떻게 설명해야 하는지를 제시하려는 바람이 어느 정도 있기는 하지만, 본문을 현대 독자들에게 적용하고 설명하는 것이 이 주석의 주요 목표는 아니다.

무엇보다도 특정 작업을 하기에 적합한 전문적인 자질을 고려하다 보니 집필진이 다양한 국적을 가진 학자들로 구성되지는 않았지만, 영어권 안에서 국제적 성격을 지니는 것이 이 시리즈의 목표다.

이 시리즈의 일차 목표는 하나님의 말씀 사역에 종사하는 사람들을 섬김으로써 하나님께 영광을 돌리는 데 있다. 이 주석이 이러한 도움이 되기를 기도한다.

I. 하워드 마셜(I. Howard Marshall)

도널드 A. 해그너(Donald A. Hagner)

저자 서문

로마 신자들에게 보낸 바울의 편지는 기독교회 내에서 언제나 높은 평가를 받아왔다. 사실 로마서는 기독교 역사의 전 과정에 걸쳐 신약성경 중에서 가장 호평을 받았다. 큰 틀에서 로마서가 그리스도인의 사상과 삶과 선포의 중심이 되었기 때문이다.

기독교 경건과 실천을 위한 로마서의 활력

기원후 386년, 성 중독을 극복할 수 없었던 아우구스티누스는 로마서 13:13b-14을 읽고 회심했다. "방탕하거나 술 취하지 말며 음란하거나 호색하지 말며 다투거나 시기하지 말고 오직 주 예수 그리스도로 옷 입고 정욕을 위하여 육신의 일을 도모하지 말라." 그는 400년에 이 본문을 읽으며 경험했던 회심에 대해 다음과 같이 말했다. "더 읽고 싶지도 않았고 더 읽을 필요도 없었다. 이 구절의 마지막 부분을 읽었을 때 밝은 빛이 즉시 나의 마음에 밀려들어 왔고 모든 의심의 먹구름이 사라졌다."[1]

1515년 마르틴 루터에게 로마서 1:17의 "하나님의 의"와 "이신칭의"에 관한 바울의 가르침은 그의 영적 재탄생을 위한 기폭제가 되었고, "낙원"의 문과 "하늘에 이르는 관문"이 되었다. 이렇게 이 본문은 그의 종교

---

1) Augustine, *Confessions* 8.12.29; 비교. 9.2.

적 혁명의 시작이 되었다. 모두가 알고 있다시피 그의 개인적인 종교적 혁명은 나중에 개신교의 종교개혁으로 발전했다. 루터는 초기 아우구스티누스 수도원의 수도사 시절에 그의 라틴어 성경에 있는 *iustitia Dei*("하나님의 공의." 그리스어로 이 어구는 δικαιοσύνη θεοῦ로서, "하나님의 의"라고 번역하는 것이 더 낫다)라는 어구의 의미를 깊이 생각했다. 실망과 슬픔을 가지고 말이다. 이후 1545년에 루터는 이 본문을 바르게 이해했을 때 자신의 영적 갈등이 해결되었던 당시 상황을 회상하면서 이렇게 썼다(라틴어 *iustitia Dei*["하나님의 공의"]는 본문에 두었고, 그리스어 δικαιοσύνη θεοῦ["하나님의 의"]는 괄호 안에 두었다).

나는 바울의 로마서를 깨닫기를 무척 갈망했다. "하나님의 공의("의")"라는 하나의 표현이 유독 방해가 되었다. 나는 그 표현을 하나님은 공의("의")로우시며 불의한 사람들을 징계하심에 있어 공의롭게("의롭게") 다루신다고 말할 때의 공의("의")로 이해했기 때문이다. 당시 나의 처지는 이랬다. 나는 흠 잡을 데 없는 수도사였지만, 양심에 번잡함이 가득한 죄인으로 하나님 앞에 서 있었으며, 나의 공로로 그분의 진노를 풀어드릴 수 있다는 확신이 없었다. 그러므로 나는 공의롭고 진노하시는 하나님을 사랑하지 않았고 오히려 그분을 미워했으며 그를 향해 불평을 터뜨렸다. 하지만 바울에게 애착이 갔고, 그의 말이 무슨 뜻인지 알고자 하는 갈망이 있었다.

나는 주야로 생각하다가, 마침내 하나님의 공의와 "의인은 믿음으로 말미암아 살리라"라는 선언의 관계를 보았다. 그때 나는 하나님의 의가 은혜와 순전한 자비를 통해 우리를 믿음으로 의롭게 하시는 의라는 진리를 깨달았다. 곧바로 나는 중생했으며 낙원으로 인도하는 열린 문을 통과했음을 느꼈다. 성경 전체는 새로운 의미로 다가왔다. 전에는 "하나님의 의"로 인해 내게 증오가 가득 찼으나, 지금 "하나님의 의"는 더 큰 사랑으로 내게 말할 수 없이 달콤하게 다가왔다. 바울 서신의 이 본문은 내게 하늘에 이

르는 관문이 되었다.[2]

1738년 5월 24일, 존 웨슬리(John Wesley)는 런던의 올더스게이트 노방전도
회에 속한 어느 사람이 읽어주는 루터의 "로마서 서론"을 듣고 그의 일기
에 이렇게 썼다.

> 저녁 8시 45분쯤 되었을까, 그[마르틴 루터]가 하나님께서 그리스도를 믿
> 는 믿음을 통해 마음에 역사하시는 변화를 묘사하고 있었을 때, 이상하게
> 도 마음이 뜨거워지는 것을 느꼈다. 내가 그리스도를, 그분만이 나의 구원
> 에 유일한 분임을 진정으로 믿고 있다고 느꼈다. 나는 그리스도께서 죄를,
> 심지어 나의 죄까지도 짊어지셨고 죄와 사망의 법에서 나를 구원하셨다는
> 확신을 얻었다.[3]

그리고 1918년 당시 스위스의 젊은 목회자였던 칼 바르트(Karl Barth)는 그
의 『로마서 강해』(Römerbrief) 서론에서 다음과 같이 로마서에 대한 자신의
반응을 표명했다. "독자는 로마서가 발견의 기쁨을 가지고 기록된 것임을
감지할 것이다. 바울의 웅장한 음성이 내게는 새로웠다. 내게 그러했다면,
다른 많은 사람에게도 그러하리라는 것을 의심치 않는다." 오늘날에도 많
은 사람이 처음으로 로마서를 진지하게 읽을 때 이렇게 반응한다.[4]

---

2) M. Luther, "Preface to Latin Writings," in *Luther's Works*, 55 vols., general editors J. Pelikan (vols. 1-30) and H. T. Lehmann (vols. 31-55) (St. Louis: Concordia, 1972), 34.336-37; 또한 같은 저자, "Table Talk," 같은 책, 54.193, 309, 442도 보라.
3) J. Wesley, "Journal and Diaries I (1735-38)," in *Works of John Wesley* (Nashville: Abingdon, 1988), 18.249-50.
4) K. Barth, *The Epistle to the Romans*, 2.

기독교 신학에서 로마서의 중심성

로마서는 교회사 내내 기독교 교리와 설교의 중심이 되어오기도 했다. 1540년에 장 칼뱅은 로마서에 대해 이렇게 썼다.

> 눈에 띄는 많은 장점 가운데 이 서신(로마서)에는 충분히 평가를 받지 못한 특별한 장점이 하나 있다. 즉 우리가 이 서신을 참되게 이해했다면, 성경의 가장 심오한 보물에 이르는 열린 문이 우리에게 있다는 것이다.[5]

1886년에 옥스퍼드 대학교의 교회사 흠정강좌(欽定講座) 교수였던 찰스 빅(Charles Bigg)은 이렇게 주장했다. "바울을 향한 여러 반응은 신학과 교회의 비평 시대를 묘사한다."[6] 그리고 아돌프 하르나크(Adolf Harnack)는 "교리사의 전제들"(Presuppositions of the History of Dogma)에 관한 장을 마무리하면서 빅의 논제를 다음과 같이 확장했다.

> 교리사를 교회에서 일어나는 바울에 대한 반응의 역사라고 쓸 수 있다. 이렇게 함으로써 역사의 모든 전환점을 다루게 될 것이다. 사도 교부들 이후의 마르키온, 변증가들 이후의 이레나이우스, 클레멘스와 오리게네스, 그리스 교회 교부들 이후의 아우구스티누스, 중세 교회 한 가운데서 아고바르트(Agobard)로부터 베셀(Wessel)에 이르기까지 중세 시대의 위대한 개혁가들, 스콜라 철학자들 이후의 루터, 트리엔트 종교회의 이후의 얀센주의 등, 모든 곳에 바울이 있었다. 이 사람들 속에서 바울은 종교개혁을 이루었다. 바울의 사상은 교리사에서 일어난 소동의 당사자였고, 전에 없던 교리의 기초였음이 입증되었다. 그러한 기초가 유대 기독교와 관련하

---

5) J. Calvin, "Theme of the Epistle of Paul to the Romans," trans. R. Mackenzie, in *Calvin's New Testament Commentaries,* 12 vols., ed. D. W. Torrance and T. F. Torrance (Edinburgh: Oliver & Boyd, 1960; Grand Rapids: Eerdmans, 1961), 8.5.

6) C. Bigg, *The Christian Platonists of Alexandria* (Oxford: Clarendon, 1886; repr. 1913), 53.

여 바울 자신에게 의미심장했듯이, 그것은 교회사에 걸쳐 작용했다.[7]

물론 2세기 중반의 마르키온이나 17세기 초의 코르넬리우스 얀센이 과연 기독교 역사에서 진정한 "전환점"인지는 의문의 여지가 있을 수 있다. 이처럼 바울 사상이 유일한 "발효체"이며 교회의 신학의 "기초"였는지 문제도 논쟁의 대상이 될 수 있다. 또한 4세기 말과 5세기 초에 활동했던 요안네스 크리소스토모스와 그의 동료들이 왜 하르나크의 목록에 언급되지 않았는지 의아해할 수 있다. 그럼에도 바울 서신을 진지하게 연구한 어느 곳이나 어느 때든지, 교회에서 어느 정도 갱신과 개혁 또는 혁명이 일어났다고 말하는 것은 여전히 옳다.

　이 모든 것은 로마에 있는 그리스도인들에게 보낸 바울의 편지에 특히 해당한다. 조세프 피츠마이어(Joseph Fitzmyer)가 적절히 논평했듯이, "사실, 우리는 로마서가 그간 어떤 방식으로 해석되어왔는지를 개관함으로써 기독교 신학의 역사를 기록할 수 있을 정도다."[8]

로마서 연구와 관련된 도전들

그렇지만 로마서는 그것이 교회에서 차지하는 지위와 그것이 그리스도인의 사상과 삶과 선포에서 가지는 중요성에도 불구하고 신약의 모든 편지 가운데 분석하고 해석하기에 가장 난해한 편지일 것이다. 로마서를 단순한 글로 볼 수는 없다.

　아우구스티누스는 394-395년 겨울에 로마서 주석을 집필하기 시작했다. 하지만 1장의 처음 일곱 절을 주석한 후,[9] 그는 더 이상 진도를 나갈

---

7) A. Harnack, *The History of Dogma*, trans. N. Buchanan (Boston: Little, Brown, 1901), 136.
8) Fitzmyer, *Romans*, xiii.
9) Augustine, *Epistolae ad Romanos inchoata Expositio*, PL 35.2087-2106을 보라

수 없다는 느낌을 받았다. 그는 주석 작업이 그에게 너무도 광대하여 이보다 쉬운 작업을 하는 것이 낫겠다고 말했다.[10] 에라스무스는 16세기 초에 그의 『로마서 주해』(*Paraphrase of Romans*)를 소개하면서, 로마서가 이해하기가 무척 어렵다고 본 초기 교부들인 오리게네스와 히에로니무스를 인용하여 로마서에 대해 이렇게 말했다. "이 서신의 난해함은 로마서의 유용성과 동일하며, 그것을 거의 능가한다!"[11] 에라스무스가 알고 있었듯이, 이 난해함은 세 가지 요인에 기인한다고 할 수 있다. (1) 사용된 "담화" 또는 언어의 스타일. "담화의 순서는 다른 어느 책에서보다 혼란스럽다. 단어들의 위치 바꿈으로 담화가 이처럼 분절적인 서신은 어디에도 없다. 귀결절의 부재로 인해 담화가 지극히 미완성적이다." (2) "말로 표현하기 어려운 것들" 또는 편지 내용 자체의 "모호함." 신약성경의 편지들 중에서 "로마서만큼 매끄럽지 않은 부분들에 의해 방해를 받거나 보다 깊은 단절로 인해 흐름이 끊기는 서신은 없다." (3) 저자의 입장이나 태도의 "빈번하고 갑작스러운 변화." "저자는 어떤 때는 유대인들을 고려하고, 어떤 때는 이방인들을 고려하며, 때로는 둘 다 고려한다. 그는 신자들에게 말하기도 하고, 어떤 때는 의심하는 사람들에게 말하기도 한다. 어떤 곳에서는 약한 사람의 역할을 상정하고, 다른 곳에서는 강한 사람을 상정한다. 한편으로는 경건한 사람을, 다른 한편으로는 불경한 사람을 염두에 둔다."[12]

실제로, 베드로후서 3:16은 로마서에 관한 교회의 엇갈리는 태도에 대해 뚜렷하게 증언한다. "그중에 알기 어려운 것이 더러 있으니 무식한 자들과 굳세지 못한 자들이 다른 성경과 같이 그것도 억지로 풀다가 스스로 멸망에 이르느니라"라는 말은, (1) 바울 서신들(특히 로마서)에 대한 총체적인 깊은 존경을 표명하면서도, 아울러 (2) 바울 서신을 이해하려는 데 동반되는 진정한 어려움과 (3) 그 서신들을 심각하게 오해할 소지가 있다는 인

---

10) Augustine, *Retractationes* 1,25을 보라

11) Erasmus, *Opera* 7,777.

12) Erasmus, *Opera* 7,777-78.

식을 드러낸다. 사실 로마서가 직설적이고 명확하게 보이기는 하지만, (난해함과 관련한 에라스무스의 세 범주를 회상하자면) 신약성경 중에서 로마서야말로 "문체"와 "입장"과 "청중"과 관련하여 가장 난해한 성경이다. 따라서 로마서에서 해석자들은 기원, 목적, 특성, 전승의 포함, 수사학적 장르, 설득의 양식, 편지 유형, 문체, 구조, 논리의 흐름, 석의와 관련하여 가장 많은 문제에 직면한다.

그렇지만 이러한 어려움과 문제에도 불구하고 로마서는 (1) 그리스도인의 사상과 경건과 삶, (2) 기독교회의 신학과 건전성과 사역, (3) 교회의 교리와 실천의 개혁과 갱신에 있어 신약성경에서 가장 중요하다. 이러한 개혁과 갱신은 모든 시간과 장소와 환경에서 지속적으로 진척되어야 한다. 그러므로 신약성경에서 가장 중요한 이 책을 가지고 작업하는 오늘날의 모든 주석가들은 로마서에 기록되어 있는 것을 바르게 해석할 의무가 있다. 다음 작업을 위해 늘 분투해야 한다. (1) 과거 주석가들의 연구에 의거하여 작업하되 오늘날 해석가들의 중요한 연구와 통찰에서도 정보를 얻어야 한다. (2) 로마서의 내용을 분석하는 데 있어 비평적이고 주해적이고 건설적이되, 그것을 적용할 때는 목회적이야 한다. (3) 바울 서신 중에서 가장 중요한 이 편지를 더 잘 이해하고 더 상황에 맞게 적용하도록 촉진하는, 미래를 향한 방향을 잡아야 한다.

약어표

일반적인 약어

ET	영역본
FS	기념 논문집
LXX	70인역
mg.	여백
MS(S)	사본(들)
MT	마소라 본문
n.d.	날짜 없음
NT	신약
OT	구약
TR	공인 본문
vid	*videtur* (그렇게 보임; 특히 손상된 사본의 경우 독본이 확실하지 않은 경우를 지칭할 때 사용됨)

번역 성경: 현대 영어 역본들

ASV	American Standard Version
AV	Authorized Version

BV	*The New Testament: Berkeley Version* (Gerritt Verkuyl)
CEV	Contemporary English Version
Goodspeed	*An American Translation* (Edgar J. Goodspeed)
JB	The Jerusalem Bible
KJV	The Holy Bible. King James Version
Knox	*The New Testament of Our Lord and Saviour Jesus Christ, Newly Translated from the Vulgate Latin* (John Knox)
LB	Living Bible
Moffatt	*The Holy Bible. A New Translation* (James Moffatt)
NABRNT	New American Bible, Revised New Testament
NASB	New American Standard Bible
NEB	New English Bible
NET	New English Translation
NIV	New International Version
NJB	New Jerusalem Bible
NKJV	New King James Version
NLT	*New Living Translation* (*The Living Bible*의 개정판)
NRSV	New Revised Standard Version
Phillips	*The New Testament in Modern English / Letters to Young Churches* (J. B. Phillips)
REB	Revised English Bible
RSV	Revised Standard Version
TEV	Today's English Version / *Good News for Modern Man*
TNIV	Today's New International Version
Weymouth	*The New Testament in Modern Speech* (Richard F. Weymouth)
Williams	*The New Testament: A Private Translation in the Language of The People* (Charles B. Williams)

원문 성경

GNT[2, 3, 4]   *The Greek New Testament*. 2nd rev. ed. Stuttgart: Deutsche Bibelgesellschaft / United Bible Societies; 3rd rev. ed.; 4th rev. ed. 1993.

NA[27]   *Novum Testamentum Graece post Eberhard Nestle et Erwin Nestle*. 27th ed. Stuttgart: Deutsche Bibelgesellschaft, 1993.

Kittel   *Biblia Hebraica*, ed. R. Kittel. Stuttgart: Privilegierte Württembergische Bibelanstalt, 1929.

Rahlfs   *Septuaginta*, 2 vols., ed. A. Rahlfs. Stuttgart: Privilegierte Württembergische Bibelanstalt, 1935.

UBS[4]   *The Greek New Testament*, United Bible Societies, 4th ed.

W-H   *The New Testament in the Original Greek*, with *Introduction* and *Appendix*, 2 vols., B. F. Westcott and F. J. A. Hort. Cambridge-London, 1881; 2nd ed. 1896.

위경

Apoc Ab   *Apocalypse of Abraham*

Barn   *Barnabas*

1 En   *1 Enoch*

Jub   *Jubilees*

Let Aris   *Letter of Aristeas*

Pss Sol   *Psalms of Solomon*

2 Bar   *2 Baruch*

2 En   *2 Enoch*

Sib Or   *Sibylline Oracles*

T Ab   *Testament of Abraham*

T Benj	*Testament of Benjamin*
T Dan	*Testament of Dan*
T Gad	*Testament of Gad*
T Jos	*Testament of Joseph*
T Jud	*Testament of Judah*
T Levi	*Testament of Levi*
T Naph	*Testament of Naphtali*
T Reub	*Testament of Reuben*

명문과 파피루스

POxy	*Oxyrhynchus Papyri*, ed. B. P. Grenfell and A. S. Hunt. London, 1898-.
SbGU	*Sammelbuch griechischer Urkunden aus Ägypten*, ed. Friedrich Preisigke, et al. Wiesbaden, 1915-93.

랍비 문헌

b.	*Babylonian Talmud*
Baba Mes.	*Baba Meṣiʿa*
Baba Qam.	*Baba Qamma*
Ber.	*Berakot*
Git.	*Giṭṭin*
y.	Jerusalem Talmud
Ketub.	*Ketubbot*
m.	Mishnah
Mak.	Makkot
Meg.	*Megillah*

Mek.	*Mekilta*
Midr.	Midrash
Naz.	*Nazir*
Ned.	*Nedarim*
Pesiq. R.	*Pesiqta Rabbati*
Qidd.	*Qiddušin*
Shabb.	*Shabbat*
Tanch.	*Tanḥuma*
Ter.	*Terumot*
Yebam.	*Yebamot*

문법, 구문론, 사전

ATRob	*A Grammar of the Greek New Testament in the Light of Historical Research*, A. T. Robertson. London: Hodder & Stoughton; New York: Doran, 2nd ed. revised and enlarged, 1915; repr. Nashville: Broadman, 1934.
BAG	*A Greek-English Lexicon of the New Testament and Other Early Christian Literature*, W. Bauer, W. F. Arndt, and F. W. Gingrich. Chicago: University of Chicago Press, 1957.
BDB	*A Hebrew and English Lexicon of the Old Testament, with an Appendix Containing the Biblical Aramaic*, F. Brown, S. R. Driver, and C. A. Briggs. Oxford: Clarendon, 1907; 1952에 수정됨.
BDF	*A Greek Grammar of the New Testament and Other Early Christian Literature*, F. Blass, A. Debrunner, and R. W. Funk. Chicago: University of Chicago Press, 1961 (ET from 1913 German 4 Th. ed).

Burton	*Syntax of the Moods and Tenses in New Testament Greek*, E. D. Burton, 3rd ed. Chicago: University of Chicago Press, 1898.
D-M	*A Manual Grammar of the Greek New Testament*, H. E. Dana and J. R. Mantey. Toronto: Macmillan, 1927.
EDNT	*Exegetical Dictionary of the New Testament*, ed. H. Balz, G. Schneider. ET: Grand Rapids: Eerdmans, 1990–93.
LSJM	*A Greek-English Lexicon*, H. G. Liddell and R. Scott; revised by H. S. Jones and R. McKenzie. Oxford: Clarendon, 1968.
M-G	*A Concordance of the Greek Testament*, ed. W. F. Moulton and A. S. Geden. Edinburgh: T. & T. Clark, 1897; 4th ed. revised by H. K. Moulton, 1963.
M-M	*The Vocabulary of the Greek Testament, Illustrated from The Papyri and Other Non-Literary Sources*, James Hope Moulton and George Milligan. London: Hodder and Stoughton, 1930.
Moule	*An Idiom-Book of New Testament Greek*, C. F. D. Moule. Cambridge: Cambridge University Press, 2nd ed. 1959.
M-T	*A Grammar of New Testament Greek*, J. H. Moulton and N. Turner. Edinburgh: T. & T. Clark: Vol. 1, *Prolegomena* (3rd ed., 1908); Vol. 2, *Accidence and Word- Formation with an Appendix on Semitisms in the New Testament*, by J. H. Moulton and W. F. Howard (1919, 1929); Vol. 3, *Syntax*, by N. Turner (1963); Vol. 4, *Style*, by N. Turner (1976).
Porter	*Verbal Aspect in the Greek of the New Testament, with Reference to Tense and Mood*, S. E. Porter. New York: Peter Lang, 1989.
Thrall	*Greek Particles in the New Testament. Linguistic and Exegetical Studies*, M. E. Thrall. Leiden: Brill, 1962.

전집

ANF	*The Ante-Nicene Fathers*, ed. A. Roberts and J. Donaldson; American edition, 10 vols., ed. A. C. Coxe. Grand Rapids: Eerdmans, 1987.
APOT	*Apocrypha and Pseudepigrapha of the Old Testament*, ed. R. H. Charles (1913, repr. 1963).
CCLat	*Corpus christianorum, series latina*
CIJ	*Corpus inscriptionum Judaicarum*, 2 vols., ed. J. B. Frey (1936-52).
CSEL	*Corpus scriptorum ecclesiasticorum latinorum*, Vienna Academy (1866ff.).
GCS	*Die griechische christliche Schriftsteller der ersten Jahrhunderte*
JE	*The Jewish Encyclopedia*, 12 vols., ed. I. Singer. New York: Ktav, 1901-1906.
NPNF	*The Nicene and Post-Nicene Fathers of the Christian Church*, ed. P. Schaff, 14 vols. Buffalo: Christian Literature, 1886-90.
NTA	*New Testament Apocrypha*, 2 vols., ed. W. Schneemelcher, trans. R. McL. Wilson. London: Lutterworth, 1963, 1965.
OTP	*The Old Testament Pseudepigrapha*, 2 vols., ed. J. H. Charlesworth (1983, 1985).
PG	*Patrologia graeca*, 162 vols., ed. Jacques-Paul Migne (1857-86).
PL	*Patrologia latina*, 221 vols., ed. Jacques-Paul Migne (1844-66).
Statistik	R. Morgenthaler, *Statistik des neuetestamentlichen Wortschatzes*. Zurich and Frankfurt-am-Main: Gotthelf Verlag, 1958.
Str-Bil	*Kommentar zum Neuen Testament aus Talmud und Midrasch*, 5 vols, H. L. Strack and P. Billerbeck. Munich: Beck, 1922-

	1961.
TDNT	*Theological Dictionary of the New Testament*, 9 vols., ed. G. Kittel and G. Friedrich, trans. G. W. Bromiley. Grand Rapids: Eerdmans, 1964–74 (ET of TWNT).
TWNT	*Theologisches Wörterbuch zum Neuen Testament*, 10 vols., ed. G. Kittel (vols. 1-4) and G. Friedrich (vols. 5-10). Stuttgart: Kohlhammer, 1933–1978.

시리즈(주석, 본문, 연구서)

AASF	Annales Academiae scientarum Fennicae
AB	Anchor Bible
ABD	Anchor Bible Dictionary
ACNT	Augsburg Commentary on the New Testament
ACCS	Ancient Christian Commentary on Scripture
AGAJU	Arbeiten zür Geschichte des antiken Judentums und des Urchristentums
AnBib	Analecta Biblica
ANRW	Aufstieg und Niedergang der Römischen Welt
ANTF	Arbeiten zür neutestamentlichen Textforschung
ATANT	Abhandlungen zür Theologie des Alten und Neuen Testaments
BASORSup	Bulletin of the American Schools of Oriental Research: Supplement Series
BBET	Beiträge zur biblischen Exegese und Theologie
BECNT	Baker Exegetical Commentary on the New Testament
BEvT	Beiträge zur evangelischen Theologie
BFCT	Beiträge zur Förderung christlicher Theologie

BHT	Beiträge zur historischen Theologie
BJS	Brown Judaic Studies
BNTC	Black's New Testament Commentary
BST	Bible Speaks Today
BTN	Biblio Theca Theologica Norvegica
BZNW	Beiheft zur Zeitschrift für die neutestamentliche Wissenschaft
CB	Clarendon Bible
CBBC	Cokesbury Basic Bible Commentary
CBC	Cambridge Bible Commentary
CBNT	Coniectanea Biblica New Testament
CCSL	Corpus christianorum, Series Latina
CGTSC	Cambridge Greek Testament for Schools and Colleges
CNT	Commentaire du Nouveau Testament
CR	Corpus reformatorum
CRJNT	Compendia rerum Judaicarum ad novum Testamentum
CTS	Cambridge Texts and Studies
DJD	Discoveries in the Judean Desert
DSB	Daily Study Bible
EBC	Expositor's Bible Commentary
EGT	Expositor's Greek Testament
EKKNT	Evangelisch-Katholischer Kommentar zum Neuen Testament
EPC	Epworth Preacher's Commentaries
EtBib	Etudes bibliques
Exp	Expositor
ExpB	Expositor's Bible
FBBS	Facet Books, Biblical Series
FRLANT	Forschungen zur Religion und Literatur des Alten und Neuen Testaments

GNC	Good News Commentary
HBK	Herders Bibelkommentar
Herm	Hermeneia
HNT	Handbuch zum Neuen Testament
HNTC	Harper's New Testament Commentary
HTKNT	Herders Theologischer Kommentar zum Neuen Testament
IB	Interpreter's Bible
ICC	International Critical Commentary
Interp	Interpretation
IntCC	Interpreter's Concise Commentary
JBC	Jerome Biblical Commentary
JSNT.SS	Journal for the Study of the New Testament. Supplement Series
JSOT.SS	Journal for the Study of the Old Testament. Supplement Series
KEKNT	Kritisch-exegetischer Kommentar über das Neue Testament
KNT	Kommentar zum Neuen Testament
KPG	Knox Preaching Guides
LBBC	Layman's Bible Book Commentary
LBC	Layman's Bible Commentary
LCC	Library of Christian Classics
LCL	Loeb Classical Library
LEC	Library of Early Christianity
MCNT	Meyer's Commentary on the New Testament
MK	Meyer Kommentar
MKEKNT	Meyer kritisch- exegetischer Kommentar über das Neue Testament
MNTC	Moffatt New Testament Commentary

MNTS	McMaster New Testament Studies
MTS	Marburger Theologische Studien
NAC	New American Commentary
NCB	New Century Bible
NDIEC	New Documents Illustrating Early Christianity, 5 vols.
NEchB	Neue Echter Bibel
NIBC	New International Biblical Commentary
NICNT	New International Commentary on the New Testament
NJBC	New Jerome Biblical Commentary
NovTSup	Novum Testamentum Supplement
NTAbh	Neutestamentliche Abhandlungen
NTC	New Testament Commentary
NTD	Das Neue Testament Deutsch
NTM	New Testament Message
NTRG	New Testament Reading Guide
NTSR	New Testament for Spiritual Reading
NTTS	New Testament Tools and Studies
OBT	Overtures to Biblical Theology
PC	Pillar Commentary
PFES	Publications of the Finnish Exegetical Society
PNTC	Pelican New Testament Commentaries
RGRW	Religions in the Graeco-Roman World
RNT	Regensburger Neues Testament
SacPag	Sacra Pagina
SB	Sources bibliques
SBJ	La sainte bible de Jérusalem
SBL.DS	Society of Biblical Literature—Dissertation Series
SBL.SBS	Society of Bible Literature—Sources for Biblical Study

SBLSemStud	Society of Biblical Literature—Semeia Studies
SBLTT:ECLS	Society of Biblical Literature—Texts and Translations: Early Christian Literature Series
SBL.WAW	Society of Biblical Literature—Writings from the Ancient World
SBS	Stuttgarter Bibelstudien
SBT	Studies in Biblical Theology
SD	Studies and Documents
SJLA	Studies in Judaism in Late Antiquity
SNT	Studien zum Neuen Testament
SNTS.MS	Studiorum Novi Testamenti Societas—Monograph Series
SchrifNT	Schriften des Neuen Testaments
SGC	Study Guide Commentaries
StudBL	Studies in Biblical Literature
SUNT	Studien zur Umwelt des Neuen Testaments
SVRH	Schriften des Vereins für Reformationsgeschichte
TB	Theologische Bücherei
TBC	Torch Bible Commentary
Th	Théologie historique
ThKNT	Theologischer Handkommentar zum Neuen Testament
TNTC	Tyndale New Testament Commentaries
TPINTC	Trinity Press International New Testament Commentary
TU	Texte und Untersuchungen
UMS.HS	University of Michigan Studies, Humanistic Series
VS	Verbum salutis
VTSup	Vetus Testamentum Supplements
WBC	Word Biblical Commentary
WMANT	Wissenschaftliche Monographien zum Alten und Neuen

Testament

WUNT   Wissenschaftliche Untersuchungen zum Neuen Testament

정기 간행물

ABR   *Australian Biblical Review*

AJA   *American Journal of Archaeology* (New York)

AJP   *American Journal of Philology* (Baltimore)

ATR   *Anglican Theological Review* (Evanston)

AusBR   *Australian Biblical Review* (Melbourne)

AUSS   *Andrews University Seminary Studies* (Berrien Springs, MI)

BARev   *Biblical Archaeology Review*

BBR   *Bulletin for Biblical Research* (Winona Lake, IN)

BEvT   *Beiträge zür evangelischen Theologie*

Bib   *Biblica* (Rome)

BibR   *Biblical Research* (Chicago)

BibT   *Bible Translator* (London)

Bijdr   *Bijdragen* (Amsterdam/Heverlee)

BJRL   *Bulletin of the John Rylands University Library* (Manchester)

BLit   *Bibel und Liturgie* (Klosterneuburg)

BSac   *Biblio Theca Sacra* (Dallas)

BTB   *Biblical Theology Bulletin* (St. Bonaventure, NY)

BTZ   *Berliner Theologische Zeitschrift*

BZ   *Biblische Zeitschrift* (Freiburg—Paderborn)

CBQ   *Catholic Biblical Quarterly* (Washington)

Christus   *Christus* (Paris)

CJT   *Canadian Journal of Theology* (Toronto)

CP   *Classical Philology*

CQR	*Church Quarterly Review* (London)
CurTM	*Currents in Theology and Mission* (Chicago)
EpR	*Epworth Review* (London)
EtBib	*Études bibliques* (Paris)
ETL	*Ephemerides Theologicae lovanienses* (Louvain-Leuven)
EvQ	*Evangelical Quarterly* (Manchester—Aberdeen)
EvT	*Evangelische Theologie*
ExpT	*Expository Times* (Banstead)
Greg	*Gregorianum* (Rome)
HBT	*Horizons in Biblical Theology*
HeyJ	*Heythrop Journal* (London)
HibJ	*Hibbert Journal* (Liverpool)
HTR	*Harvard Theological Review* (Cambridge)
HUCA	*Hebrew Union College Annual* (Cincinnati)
IBS	*Irish Biblical Studies* (Belfast)
IJST	*International Journal of Systematic Theology*
Int	*Interpretation* (Richmond)
ITQ	*Irish Theological Quarterly* (Maynooth)
JAAR	*Journal of the American Academy of Religion* (Chico)
JAC	*Jahrbuch für Antike und Christentum* (Münster)
JAOS	*Journal of the American Oriental Society* (New Haven)
JBL	*Journal of Biblical Literature* (Philadelphia-Missoula-Chico-Decatur)
JETS	*Journal of the Evangelical Theological Society*
JJS	*Journal of Jewish Studies* (London—Oxford)
JP	*Journal of Philology*
JQR	*Jewish Quarterly Review* (Philadelphia)
JR	*Journal of Religion* (Chicago)

JRE	*Journal of Religious Ethics*
JRH	*Journal of Religious History*
JRS	*Journal of Roman Studies* (London)
JSJ	*Journal for the Study of Judaism* (Leiden)
JSNT	*Journal for the Study of the New Testament* (Sheffield)
JSOT	*Journal for the Study of the Old Testament* (Sheffield)
JTS	*Journal of Theological Studies* (Oxford)
JTSA	*Journal of Theology for Southern Africa*
Jud	*Judaica*
LexTQ	*Lexington Theological Quarterly* (Lexington)
LouvSt	*Louvain Studies* (Louvain)
LumVie	*Lumière et Vie* (Lyon)
MDB	*Le Monde de la Bible*
MQR	*The Mennonite Quarterly Review*
MTZ	*Münchener Theologische Zeitschrift* (Munich)
Neot	*Neotestamentica* (Pretoria)
NKZ	*Neue kirchliche Zeitschrift*
NovT	*Novum Testamentum* (Leiden)
NRT	*Nouvelle Revue Théologique* (Tournai)
NTS	*New Testament Studies* (Cambridge)
NTT	*Norsk Teologisk Tidsskrift*
Numen	*Numen: International Review for the History of Religions* (Leiden)
OrT	*Oral Tradition*
PRS	*Perspectives in Religious Studies*
PSBSup	*Princeton Seminary Bulletin Supplement*
PTR	*Princeton Theological Review*
RB	*Revue biblique* (Paris—Jerusalem)

RBén	*Revue bénédictine* (Maredsous)
RBR	*Ricerche bibliche e religiose* (Milan)
ResQ	*Restoration Quarterly* (Abilene)
RevApol	*Revue apologétique*
RevExp	*Review and Expositor* (Louisville)
RevistB	*Revista bíblica* (Buenos Aires)
RHPR	*Revue d'histoire et de philosophie religieuses* (Strasbourg)
RSPT	*Revue des sciences philosophiques et Théologiques* (Paris)
RSR	*Recherches des sciences religieuses* (Strasbourg)
RTR	*Reformed Theological Review* (Melbourne)
SEÅ	*Svensk exegetisk årsbok* (Uppsala)
Semeia	*Semeia. An Experimental Journal for Biblical Criticism* (Missoula–Chico–Decatur)
SHAW	*Sitzungsberichte der Heidelberger Akademie der Wissenschaft Philosophisch-historische Klasse*
SJT	*Scottish Journal of Theology* (Edinburgh)
SR	*Studies in Religion*
ST	*Studia Theologica* (Lund—Aarhus—Oslo)
STK	*Svensk teologisk Kvartalskrift*
TB	*Tyndale Bulletin* (Cambridge)
TBei	*Theologische Beiträge* (Wuppertal)
TBlä	*Theologische Blätter*
TEvan	*Theologia Evangelica* (Pretoria)
TJT	*Toronto Journal of Theology* (Toronto)
TLZ	*Theologische Literaturzeitung* (Leipzig—Berlin)
TP	*Theologie und Philosophie*
TPAPA	*Transactions and Proceedings of the American Philological Association*

TS	*Theological Studies*
TSK	*Theologische Studien und Kritiken*
TTijd	*Theologisch Tijdschrift*
TTZ	*Trierer Theologische Zeitschrift* (Trier)
TV	*Theologia Viatorum*
TZ	*Theologische Zeitschrift* (Basel)
TZT	*Tübingen Zeitschrift für Theologie* (Tübingen)
VC	*Vigiliae christianae* (Amsterdam)
VD	*Verbum domini*
VT	*Vetus Testamentum* (Leiden)
WesTJ	*Wesleyan Theological Journal*
WTJ	*Westminster Theological Journal* (Philadelphia)
WW	*Word and World* (St. Paul)
ZEE	*Zeitschrift für evangelische Ethik*
ZKG	*Zeitschrift für Kirchengeschichte* (Stuttgart)
ZKT	*Zeitschrift für Katholische Theologie* (Innsbruck)
ZNW	*Zeitschrift für die neutestamentliche Wissenschaft* (Berlin)
ZST	*Zeitschrift für systematische Theologie*
ZTK	*Zeitschrift für Theologie und Kirche* (Tübingen)
ZWT	*Zeitschrift für wissenschaftliche Theologie*

| 일러두기

성경 본문에 대한 저자의 사역이 개역개정과 일치하는 경우가 많기에 기본 번역문을 개
역개정으로 사용하되 번역이 다른 부분은 원문에 맞추어 수정해두었음.

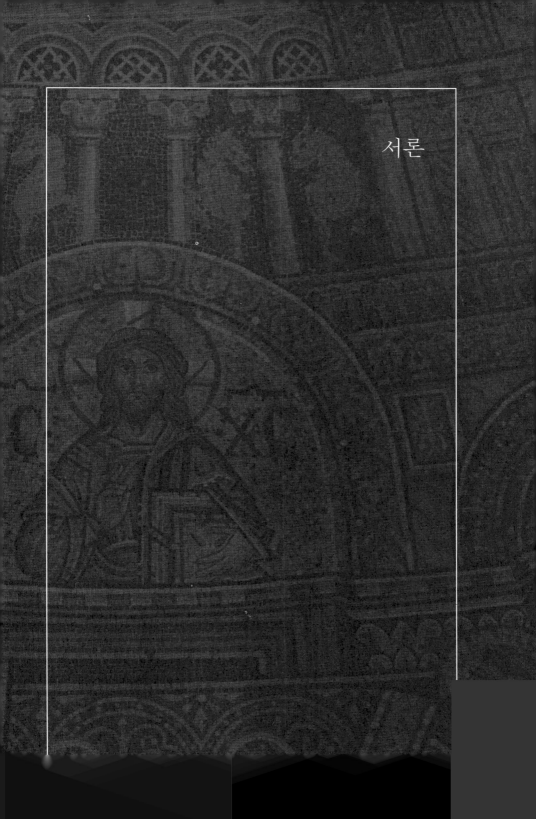

서론

주석에 대한 서론

성경 주석을 쓰는 것은 언제나 기독교적 경험의 중요한 자료가 되었으며 앞으로도 늘 그럴 것이다. 그 작업이 마음과 생각, 경건과 탐구의 상호작용에서 일어나는 일이기 때문이다. 하지만 이렇게 말하는 것도 타당하다. 역사의 다양한 시기에 발생해왔으며 오늘날에도 일어나듯이, 교회가 (1) 좀 더 "비평적으로 확정된" 성경 본문집을 가지게 되거나, (2) 이 본문들에 대한 더 나은 역본들을 소유하는 복을 누리게 되거나, (3) 기독교적 이해를 위한 새로운 접근법으로 활기가 생기게 되거나, (4) 규범과 다른 교훈에 의해 위협을 받거나, (5) 다양한 방법론이나 대립하는 이데올로기로 인해 혼란스럽다고 느낄 때마다, 교회는 근본적인 문서들로 돌아가서 일반적으로 기대할 수 있는 것 이상으로 성경 주석을 폭발적으로 내놓았다. 그러한 때에 성경주석을 쓰는 일은 성경 저자들이 원래 말하고 의미했던 내용을 더 잘 설명하려는 갈망만 아니라, 당대의 기독교 공동체 내부에서 다음과 같은 부분에 대해 공감대를 형성할 수 있는 결과를 가져오기를 소망하는 마음으로 이루어졌다. (1) 본문 메시지의 의미와 중요성이 무엇인지, (2) 그 메시지가 오늘날 사람들의 생각과 행동에 어떻게 영향을 주어야 하는지, (3) 기독교 복음을 우리가 사는 시대에 어떤 방식으로 더 효과적으로 적용할 수 있는지 등이다. 이 모든 요인과 바람들은 필자가 이 로마서 주석을 쓰면서 동기로 삼은 것이다.

I. 바울의 다른 편지들과 로마서 비교

로마에 있는 그리스도인들에게 보낸 바울의 편지는 어떤 면에서 신약성경에 있는 바울의 다른 편지와 상당히 유사하다. 하지만 로마서는 여러 부분에서 다른 편지와 상당한 차이를 보인다. 특히 로마서의 특징과 구조 및 다양한 형태의 논쟁에 있어 그러하다.

A. 로마서의 특징

로마서의 특징과 관련한 다양한 견해는 기독교 역사상 2세기부터 18세기에 이를 때까지 거의 알려지지 않았다. 그렇게 된 까닭은 초창기에는 그리스도인들이 일반적으로 로마서를 (필립 멜란히톤이 칭했듯이) "기독교 교리 대전"으로 이해한 데 있다. 또는 적어도 로마서를 바울의 교훈을 상당히 온전하게 요약한 책으로서 흔히 기독교회의 초기 조직신학과 같은 것으로 여겼기 때문이다. 로마서를 이런 방식으로 이해하게 되면서 가끔 다음 질문이 제기되었다. "바울의 다른 편지들(어쩌면 에베소서는 제외하고)은 왜 로마서와 다른가?" 하지만 지난 2세기를 지나면서 점차 (1) 바울이 로마에서 예수를 믿는 신자들에게 편지를 쓰던 당대의 역사적 상황과 (2) 로마서가 신학 대전이나 신학 논문이라기보다는 편지라는 점에 강조가 놓이기 시작했다. 그 결과 로마서는 적어도 학자들 진영에서는 더욱 상황적이고 정황적인 방식으로 이해되었다. 그리고 로마서를 진정한 편지로 이해하게 되자 거꾸로 다음과 같은 질문이 제기되었다. "그렇다면 로마서가 바울의 다른 편지와 같지 않은 이유는 무엇인가?"

물론 오늘날에도 많은 독실한 그리스도인들이 여전히 로마서를 기독교 교리 대전으로 생각한다. 특히 로마서를 경건하게, 신학적으로, 설교로만 읽는 사람들이나 일부 "독자 반응" 방식으로 읽는 사람들이 그렇다. 이와 마찬가지로 수많은 현대 학자들은 로마서의 역사적 정황이나 로마서가 제시되는 방식의 특별함을 부인하고 싶어 하지는 않지만, 계속해서 로마서를 어떤 의미에서 바울의 가르침을 요약한 것으로 이해한다. 이런 사람들 가운데 몇몇은 로마서가 원래는 바울이 세운 여러 교회에 자신의 본질적인 메시지를 상기시키려고 보낸 회람용 편지였고, 그 후 바울이 그것을 (수신자를 적절히 바꾸고 또 아마도 약간의 편집을 한 후에) 로마에 있는 그리스도인들에게 전달했다고 생각한다. 로마서를 사도가 가르친 내용의 요약으로 이해하는 다른 사람들은 로마서의 기본적인 내용이 처음에는 바울의 마지막 예루살렘 여행 이전에 작성되었으며, 그래서 로마서는 원래 바울이 이스라엘의 수도에 대한 결정적인(그리고 결과적으로 처참한 결과를 낳게 된) 방문을 감행하기 이전에 남긴 바울의 "유언"과 같은 것으로 의도되었고 그 후에 바울이 편지 형식을 덧입혀 로마의 신자들에게 보냈다고 제안한다. 이와 아울러 개중에는 로마서 본론의 대단히 많은 부분을 바울의 다양한 자료들(그것이 설교든, 연설이든, 논문이든, 또는 초록이든 상대적으로 내용 전체를 보유한 것이든)의 선집으로 보려는 사람들도 있다. 그들은 그것이 이전에 바울이 로마 제국의 동쪽 지역의 이방인들에게 선교사로 사역하는 동안 다양한 상황에서 사용하던 자료들이었고, 로마에 있는 그리스도인들에게 그의 메시지의 특성을 알리기 위해 편지 형식으로 보낸 것이라고 믿는다. 그럼으로써 바울이 그들을 이방인 세계를 향한 자기 선교의 궤도 안으로 끌어들이고, 제국의 서쪽 지역까지 이방 선교를 확장하는 일에 그들이 지원해주기를 구했다는 것이다.

　　그렇지만 오늘날 대다수의 학자와 해석자들은 로마서를 바울의 신학이나 가르침의 대전으로 말하려 하지 않는다. 이런 방식으로 로마서를 이해할 경우 발생하는 중요한 문제는, 설령 로마서가 바울의 모든 저작 가운데 가장 긴 편지라고 하더라도, 그의 다른 편지들에 등장하며 그의 사상과 설교에 정말 필수적이라고 생각되는 여러 주제나 주해가 로마서에 빠져 있다는 점이다. 가장 눈에 띄게 부재한 내용은 이것이다. (1) 예수를 믿는 신자들의 부활에 관한 논의다. 이것은 바울의 비교적 초기 편지들에서 매우 중요한 주제였다(특히 살전 4-5장; 살후 2장; 고전 15장). 그리고 (2) 성만찬을 다루는 문제다. 이 문제는 바울이 고린도에 있는 개종자들에게 편지를 쓸 당시 바울이 크게 염려했던 문제다(고전 11:17-34). 오히려 대부분의 현대 해석자들은 로마서를 실제적인 역사적 상황에서 기록한 편지로 이해하며, 로마서를 실제 편지의 상황적 특성과 그러한 정황의 대화적 특성을 반영하는 것으로 읽어야 한다고 본다. 이런 까닭에 현대의 대부분의 로마서 연구서들은 먼저 로마에 있는 기독교 공동체 내부에 틀림없이 존재했을 핵심적인 문제(들)의 특성(그것이 신학적인 문제인지, 윤리적이거나 문화적인 문제인지, 또한 그 문제가 외부적인 요인에 기인한 것인지 아니면 내부에서 일어난 문제인지 등등)을 설명하며, 그런 후 로마서를 마치 주해만 포함하고 있는 것으로 취급하지 않고 로마서의 변증적인 특성과 논쟁적인 특성을 부각시키는 방식으로 바울이 쓴 내용을 설명한다

B. 로마서의 구조와 논증

로마서의 구조와 논증에 관한 질문은 로마서의 "이중적인 특성"이라 불리는 것과 관련이 있는 문제를 지향하는 추세다. 이중적인 특성은 이것이다. (1) 로마서는 어떤 특정한 집단의 사람들에게 보낸 편지다. 그러나 (2) 로마서의 논증 중 많은 부분이 보다 일반적인 주제 또는 논문의 형식으로 제시되었다. 그래서 다음과 같은 질문이 자주 제기된다. 1:1-15의 서론 단락과 15:14-16:27의 결론 단락은 편지와 아주 유사하며 당대의 편지 형식의 많은 요소를 사용하는 반면, 로마서의 대부분을 차지하는 중심부 1:16-15:13은 4개의 주요한 부분으로 구성되어 논문이나 평론(또는 논문 모음집)과 더 흡사한 이유는 무엇인가? 특히 고대의 편지 형식이 거의 등장하지 않거나 기껏해야 아무렇게나 제시되어 거의 부수적인 것으로 간주되기 때문이다. 이 질문을 다음과 같은 방식으로 제시하는 사람들도 있다. 로마서의 서론과 결론에 바울이 편지를 쓰는 목적과 그의 즉각적인 여행 계획이

왜 직접 언급되었는가? 마치 그 편지가 온전히 상황적으로만 이해되어야 한다는 듯이 말이다. 반면 로마서에서 교리적인 면에서나 권고적인 면에서 대부분을 차지하는 중심부가 바울의 다른 편지들에 등장하는 여러 주제와 표현을 반영하기에, 적어도 중심부를 더 일반적인 방식으로 이해해야 한다고 암시하는 듯이 보이는 이유는 무엇인가? 더욱이 이런 질문이 제기된 때도 있었다. 1:1-15의 서론 단락과 15:14-16:27의 결론 단락 및 수신자에 대한 11:13의 구체적인 언급("내가 이방인인 너희에게 말하노라")은 사도가 이방인들에게 편지를 쓰고 있음을 매우 분명하게 드러내지만, 12:1-15:13의 윤리적인 단락에 등장하는 몇몇 내용과 더불어 1:16-4:24과 9:1-11:36의 두 신학적인 단락들이 유대적 혹은 유대 기독교적 양식으로 기록되고 독특한 유대적 양식의 뉘앙스를 지니는 논증을 제시하는 까닭은 무엇인가?

마찬가지로 바울이 로마 교회에 보낸 편지의 형식과 구조를 고려할 때 반드시 제기되어야 하는 질문이 있다. 곧 편지의 초점 또는 중심 사상이 어디에 있는가? 그것을 1:16-17의 논제적 진술에 제시된 "하나님의 의"와 "믿음으로 의롭다 함을 얻음"이라는 선포와 그 후 3:21-4:25에 반영된 그 논제적 진술의 전개와 설명과 예시에서 발견할 수 있는가? 아니면 편지 본론 중심의 두 번째 단락인 5:1-8:39에서 발견할 수 있는가? 이 단락에는 하나님과의 "화평"과 "화목"의 메시지, 아담으로 말미암은 "사망"과 예수 그리스도로 말미암은 "영생"의 은사, "그리스도 안에" 있음, "성령 안에" 있음, 그리고 하나님으로 인해 "양자가 되어" 하나님의 가족 안으로 들어온 "그리스도인 안에" 그리스도가 성령으로 계심으로 절정에 이른 관계가 묘사되었다. 또는 로마서의 핵심이 이스라엘과 기독교회 간의 관계를 설명하는 9:6-11:36에 있는가? 아니면 12:1-15:13에서 "믿음의 순종"(이 표현에 대해서는 본서 1:5 주석을 보라)을 다루는 로마서의 윤리적인 권면이 핵심일까? 아니면 로마서 본론을 마무리하는 단락 또는 바울의 바람과 요청을 한데 모은 15:14-32의 "사도의 방문" 단락이 그러한가? 만일 앞에 열거한 여러 단락 중 어느 하나를 취하여 로마서의 핵심을 대표하고 그래서 바울이 로마서를 쓸 당시 그의 주요 관심사(들)가 그 단락에 포함되어 있다고 한다면, 우리는 이렇게 질문할 수밖에 없다. 로마서의 다른 단락들은 이 주요 단락과 어떤 식으로 연결되는가? 이 질문을 다른 방식으로 표현하면 이렇다. 로마서 1:16부터 15:13까지 확장되고 자료의 거의 자체적으로 완비된 단락들인 것처럼 보이는 수많은 소단락을 포함하고 있는 로마서 "본론의 중심부"에 제시된 내용이, 로마서의 초점 또는 핵심이라고 결정될 수 있는 부분과 서로 어떻게 관련이 되는가?

앞에서 표현한 질문들은 매우 중요한 문제들을 다룬다. 나는 최근에 출판한 『로마서 입문: 바울의 가장 유명한 편지의 중요한 문제들』(Introducing Romans: Critical Issues in Paul's Most Famous Letter)에서 관련된 쟁점들과 이러한 관심사들에 대해 우리가 제시한 해결책을 개괄하려고 하였다.[1] 여기서는 이 간략한 서론에서 제시된 내용이 먼저 출판된 그 논문에서 광범위하게 다루어졌으며, 여기서 제기된 쟁점 중 많은 내용이 본서 뒷부분에 등장하는 주석 부분에서도 다루어졌다고 말하는 것으로 충분하다.

---

1) 참조. R. N. Longenecker, *Introducing Romans*, 10, 11장, 353-466.

2. 로마서 연구의 중요한 문제들

로마서를 진지하게 읽는 모든 독자는 로마서를 연구하면서 수많은 중요한 문제에 직면한다. 여기서 우리는 이 문제들 가운데 가장 중요한 문제만 부각시킬 것이다. 그 문제들을 "대체적으로 논란이 없는 문제들", "최근에 해결된 문제들", "오늘날에도 광범위하게 논의되는 문제들" 등 세 가지 제목으로 정리할 것이다. 이 과정에서 우리가 제시하는 제안들을 주목할 텐데, 이 제안들은 해당 본문 주석에서 이어지는 석의적 논의의 지침이 될 것이다.

A. 대체적으로 논란이 없는 문제들

로마서의 저자, 수신자, 상황, 그리고 상대적인 연대와 관련한 질문들은 종종 대답하기 꽤 쉬워 보였다. 편지의 저자(바울)와 그 편지의 수신자들(로마에 있는 그리스도인들)은 1:1-15에서 매우 분명히 밝혀진 것으로 보이는 까닭이다. 그리고 로마서(방문을 대신하여 썼지만, 방문을 준비하는 중에 쓴 편지)를 기록하게 된 상황과 기록 시기(로마 제국의 동쪽 지역에서 바울이 애쓴 선교의 끝무렵과 예루살렘을 마지막으로 방문하기 전)는 15:23-29에 매우 분명하게 서술된 것 같다. 물론 지난 2세기 동안 신약학자들 사이에서는 이런 문제에 대해 수많은 반대 견해가 속출했다. 하지만 오늘날 비교적 기초적인 이러한 관심사들에 대해서는 학자들 사이에 제법 견고한 의견 일치가 있다.

그렇지만 기원과 관련한 이 기본적인 문제들 중에는 지난 세기 동안 좀 더 예리하게 다듬어졌으며, 그래서 오늘날에는 다소 더욱 미묘하게 이해할 필요가 있는 부분들이 많이 있다. 예를 들어, 저자 문제를 고려하면서 우리는 바울의 편지를 작성하고 전달하며 그리고 어쩌면 개인적인 설명을 덧붙이는 작업에서 더디오(롬 16:22)와 뵈뵈(16:1-2)가 감당한 역할을 참작할 필요가 있다. 이뿐만 아니라 고린도와 고린도 지방의 항구도시인 겐그레아의 기독교 공동체 안에서 예수를 믿는 다른 신자들의 개입 가능성을 고려할 필요가 있다.

마찬가지로 수신자와 관련하여 다음과 같은 질문들이 요즘 점점 더 많이 제기된다. (1) 편지의 수신자들이 예수를 믿는 이방인 신자들인가? 아니면 유대인 신자들인가? 또는 로마의 교회는 이방인과 유대인 신자들로 구성되었는가? 만일 인종적으로 섞여 있다면 그 비율은 어느 정도인가? (2) 로마 교회는 언제 어떻게 설립되었는가? (3) 그 당시 로마에 있는 유대인들의 상황은 법적·사회적으로만 아니라 종교적으로도 어떠하였는가? (4) 그 당시 로마에 있는 그리스도인들의 상황은 인종적으로만 아니라 조직적으로, 사회적으로, 신학적으로도 어떠하였는가? (5) 바울은 거의 만난 적이 없는 로마의 신자들과 자신의 관계를 어떻게 이해하고 있었는가? (6) 바울을 만난 적이 없는 대부분의 로마 신자들은 자신들과 바울의 관계를 어떻게 이해하고 있었는가?

또한 바울이 로마에 있는 신자들에게 편지를 쓴 상황과 상대적인 연대에 대해 여러 질문이 제기될 수 있다. 이 질문들 대부분은 다음과 같은 문제들과 관련이 있다. (1) 먼저는 바울의 연대기다. 여기에는 바울이 그의 편지들에서 자기 사역의 여정에 관해 말하는 내용과 누가가 "사도행전"이라고 불리는 그의 두 번째 책에서 바울의 선교 활동에 대해 기록한 내용 사이의 관계를 연구하는 작업이 수반된다. (2) 바울이 로마 신자들에게 편지를 쓴 때와 그들에게 편지를 기록한 그의 목적(들)과 관련하여 로마서 자체에서 결정할 수 있는 것이 무엇인지다.

이 질문들과 관련하여 말할 수 있는 것 가운데 필자의 책 『로마서 입문』(*Introducing Romans*)에서 다룬 부분이 많이 있다. 또한 우리는 이어지는 석의 부분에서 더 언급할 것이다. 여기서는 몇 가지 내용을 말하는 것으로 충분하다. (1) 우리는 바울이 로마서의 저자라고 확신한다. (2) 우리는 더디오와 뵈뵈도 다양한 방법과 다양한 범위에서 로마서의 구성, 전달, 설명에 기여했다고 상당히 확신한다. (3) 우리는 고린도와 겐그레아에 있는 기독교 공동체들의 몇몇 지도자들이 로마서의 구성에 대해 약간의 조언을 했을 지도 모른다는 가능성을 염두에 둔다. 특히 두 교회의 지도자들은 로마서의 내용 일부를 먼저 들었을 때, 적어도 몇몇 부분에 대해서 자신들의 생각을 나누었을 것이다. 그리고 바울이 로마에 있는 신자들에게 편지를 쓴 정확한 연대가 기원후 47년부터 59년까지로 범위가 다양하여 기록연대를 결정하기가 다소 힘들지만, 로마서 자체와 사도행전 및 그 밖에 이용 가능한 외적 자료들로부터 얻은 모든 내용에 비춰볼 때, 우리는 57-58년 겨울이 가장 적합하다고 믿는다. 따라서 우리는 이어지는 주석에서 그 연대가 일반적으로 옳다고 가정할 것이다.

B. 최근에 해결된 문제들

지난 150년 동안 수없이 많은 학자들이 다음과 관련한 질문을 제기하면서 로마서의 통일성 문제에 초점을 맞추었다. (1) 현재 우리가 가지고 있는 그리스어 본문에 로마서로부터 제거해야 할 후기 필경사의 해석이나 삽입문이 포함되어 있는가? 그리고 삽입이 필요한 다른 어떤 내용이 있는가? (2) 우리가 현재 가지고 있는 정경이 원래 기록된 형태인가? 아니면 약간의 다른 방식으로 재구성할 필요가 있는가? 이 모든 질문 및 통일성과 관련하여 제안된 대답들은 로마서의 현존하는 사본 전통의 비교 연구와 평가적 연구에 의존한다. 다행스러운 것은, 지난 150여년간(로마서를 비롯한) 신약성경의 사본 역사와 관련된 이해에서 상당한 발전이 이루어졌다는 사실이다. 따라서 로마서의 통일성과 관련한 과거의 비평적 쟁점들 중에서 본질적으로 해결된 것이 많이 있다.

해석과 삽입. 난외주나 사본들의 행간 사이에 등장하는 개별 단어와 어구들 또는 진술들은 필경사의 해석으로 언급된다. 본문에 편입된 낯설거나 외부적인 자료들은 삽입으로 불린다. 그러나 가끔은 해석이 필경사들에 의해 본문에 기록되는 경우도 있다. 그러므로 "해석"과 "삽입"이라는 표현들은 약간은 서로 바꿔가며 사용되기도 한다.

지난 150년 동안 학자들 중에는 로마서 본문에 제법 많은 해석이나 삽입이 있다고 주장하는 사람들이 더러 있었으며, 더욱이 이와 같은 후대의 교정본들에서 바울이 원래 쓴 것을 구별할 수 있다고 주장하는 사람들도 있다. 이는 다음 사실에 근거한다. (1) 후기 저자들에 의해 초기의 글에 다른 내용을 삽입하는 일은 고대에서 상당히 일반적인 현상이었다. (2) 필경사들의 해석은 우리가 가지고 있는 광범위한 성경 사본들에서 상당히 통상적인 것이다. (3) 로마서의 수많은 본문 중에는 해석하기 어려울뿐더러 모호하거나 모순되는 듯이 보이는 것이 있다.

애석하게도 과거의 주석가들 중에는 해석의 난제에 직면했을 때 너무 자주 다음과 같은 태도 중 하나를 택하는 사람들이 있었다. (1) 문제가 되는 단어, 어구 또는 본문을 단순히 필경사의 해석이나 삽입으로 단정함으로써 문제를 아예 없애고 그래서 그것을 본문에서 삭제해버리는 경우다. (2) 현존하는 난외주 독법 일부를 본문에 삽입하여 자신들의 해석을 정당화시키는 경우다. 그 밖에 이러한 관행은 오늘날 다방면으로 계속되고 있다. 하지만 신약성경의 사본 전통의 이른바 "개선된 이해"에 근거하여 로마서 본문에 대규모로 편입된 해석이나 삽입이 있다는 주장에 반대하는 논증은 그러한 편입을 선호하는 추정보다도 오늘날 대부분의 학자들에게 훨씬 더 설득력을 얻고 있다. 그리고 현대 학자들은 이전 시대의 여느 학자들보다도 로마서 해석에서 난해함과 모호함과 심지어 모순됨의 가능성을 받아들일 준비가 훨씬 더 되어 있다. 현대 학자들은 그런 문제들을 바울 자신의 어느 정도 대단히 복잡한 논리, 바울이 말했음직한 것을 해석자가 잘못 파악함, 또는 이 둘의 탓으로 여기지만, 우선적으로 그것들을 본문상의 해석이나 삽입으로 인한 문제로 여기지는 않는다.

물론 사소한 해석이나 관련이 없는 내용이 어떻게든 성경의 특정 본문에 편입되었을 가능성은 늘 있기 마련이고, 그러한 현상이 발생할 수 있는 사례마다 본문비평의 기준에 의해 확인할 필요가 있다. 이러한 지속적인 확인은 해당 본문 주석의 "본문비평 주"와 "석의와 주해"에서 할 예정이다.

여기서는 신약의 본문비평이 지난 20, 30년 동안 지속적으로 진행되었으며, 그 결과 신약성경 전반에 걸친 매 본문, 특히 로마서 본문과 관련한 제법 많은 사본상의 문제들이 해결되었음을 말하는 것으로 충분하다. 우리가 이 주석에서 증명하고 설명하려 하는 것이 바로 문제들에 대한 이러한 이해다.

로마서의 원래 형식. 바울이 로마 교회에 보낸 편지의 원래 형식에 관한 질문들도 지난 150년 동안 반복해서 제기되었다. 가장 관심을 많이 받았던 문제들로부터 거꾸로 작업하자면, 즉 주로 로마서 결론부에 모여 있는 가장 핵심적인 문제들로부터 시작하여 로마서의 서론으로 다시 돌아간다면, 다음과 같은 질문들을 제기할 수 있다.

1. 마르키온과 테르툴리아누스는 15장과 16장을 알지 못했던 것 같고, 라틴어 성경 불가타와 역본들과 몇몇 사소한 사본에 15, 16장이 포함되지 않았으므로, 로마서는 원래 14:23에서 끝났고, 15:33이나 16:25-27(혹은 개연성이 적지만, 사본 증거가 약한 16:24의 송영)의 송영과 같은 송영으로 그 더 짧은 원저작이 마무리되지 않았을까? 아니면 중요한 사본들의 증거를 받아들여 15-16장을 로마서에 포함되는 부분으로 이해해야 하는가?

2. 16:1-23에 있는 긴 목록의 인사에는 어떤 의미에서 에베소시와 연관된 사람들의 이름이 포함되어 있다. 그렇다면 이 부분(전체로든 부분적으로든)은 처음에 에베소 신자들을 수신자로 삼았던 별개의 편지였으며 나중에야 로마서의 첫 열다섯 장에 어떻게든 덧붙여졌는가? 아니면 16장의 인사들은 바울이 로마에 보낸 편지에 항상 필수적인 부분이었는가?

3. 사본상의 증거와 16:25-27의 신학과 어조는 이 송영 자료가 바울 이후에 로마서에 첨가되었다고 암시하는가? 아니면 그것 역시 바울의 원래 편지에 속했던 것으로 보아야 하는가?

4. G 사본이나 오리게네스와 암브로시우스에 의해 인용된 몇몇 본문

에 1:7과 1:15의 ἐν Ῥώμη("로마에서")가 생략된 것은 로마서가 원래 구체적으로 로마의 성도들을 수신자로 지정하지 않고 기록되었음을 암시하는가? 아니면 "로마에서"라는 지명은 로마서가 나중에 편지 보다는 신학 논문으로 여겨져 여러 교회에서 좀 더 보편적인 방식으로 사용되던 때에 생략되었는가?

해리 갬블(Harry Gamble)은 1977년에 쓴 그의 『로마서의 사본 역사』(*The Textual History of the Letter to the Romans*)에서 이 중 많은 문제를 다루었는데, 특히 원래의 편지가 열여섯 장의 "긴 형식"이었음을 옹호하고, 1:7과 1:15의 "로마에서"라는 지명이 원본에 있었음을 주장했다.[2] 16:20b과 16:24에 하나 이상의 "은혜 축도"가 존재한다는 점은 여전히 논쟁의 대상이 되고 있다. 그리고 편지의 결론인 16:25-27에 있는 송영의 통일성에 대해서는 자주 질문이 제기된다. 하지만 래리 허타도(Larry Hurtado)와 하워드 마셜의 논문은 보통 결론적인 송영의 통일성을 반박하며 제기되는 비평을 경감시키는 데 애썼으며,[3] 바울 서신의 결론을 연구한 제프리 와이마(Jeffrey Weima) 역시 바울이 그 송영에서 하고 있는 것에 대한 긍정적인 이해를 상정하는 데 크게 도움을 주었다.[4] 이 모든 비평적인 쟁점들은 『로마서 입문』(*Introducing Romans*)에서 매우 자세히 논의했으며, 필요할 때 이 주석의 "본문 주"와 "석의와 주해"에서 다룰 예정이다. 또한 근래에 제기된 이와 비슷한 다른 문제들도 다룰 것이다.

---

2) Gamble, *Textual History*.
3) Hurtado, "Doxology at the End of Romans," 185-99; Marshall, "Romans 16:25-27."
4) Weima, *Neglected Endings*, 특히, 135-44, 229-30.

C. 오늘날에도 광범위하게 논의되는 문제들

앞에서 언급한 것 이외에도 로마서 연구에서 오늘날에도 광범위하게 논
의되는 수많은 비평적인 쟁점들이 있다. 이 중에『로마서 입문』(*Introducing
Romans*)에서 자세히 논의된 것도 많이 있지만, 그 쟁점들의 중요성 때문에
그중 일부는 여기서도 강조할 필요가 있다. 사실 이 주석서의 석의와 주해
부분에 등장하는 내용 중에는 이 특정한 주제들의 타당성과 해석에 의존할
것이 많다.

　　로마서 수신자들의 정체성, 성향, 환경, 관심사들. 앞에서 언급했듯이,
로마서의 수신자들을 둘러싼 여러 논의는 대부분이 그들의 정체성에 대한
질문들과 관련이 있다. "로마서의 수신자들은 예수를 믿는 이방인 신자들
인가? 아니면 예수를 믿는 유대인 신자들인가?" 또는 "로마에 있는 그리스
도인 공동체들이 이방인 신자들과 유대인 신자들로 구성되었는가?" 만일
로마의 교회가 인종적으로 혼합되었다면, "그 안에서 이방인 신자들과 유
대인 신자들의 구성 비율은 어떻게 되는가?"

　　레이먼드 브라운(Raymond Brown)은 1983년에 로마에 있는 바울의 수
신자들과 관련한 가장 기본적인 쟁점(따라서 로마서를 바르게 이해하기 위해 결
정적으로 중요한 문제)은 수신자들의 인종 문제가 아니라고 주장했다. 그는
오히려 "핵심적인 문제는 이 혼합된 유대인/이방인 기독교의 신학적인 관
점"이라고 제안한다.[5] 브라운이 주장했듯이, 우리가 로마의 역사가 타키투
스(기원후 56-120년경)와 4세기 기독교 주석가인 "암브로시아스테르"의 몇
몇 진술과 함께 사도행전 2:10과 28:21의 증언을 진지하게 받아들인다면,
로마의 기독교로부터 시작하여 거꾸로 예루살렘 교회에 이르는 축(axis)을

---

5) R. E. Brown, "Not Jewish Christianity and Gentile Christianity," 74-79; 같은 저자,
　 "Beginnings of Christianity at Rome" 그리고 "The Roman Church near the End of the First
　 Christian Generation" in *Antioch and Rome*, 92-127. 인용문은 *Antioch and Rome*, 109 n.
　 227에서 가져옴.

매우 중요한 것으로 주목해야 한다.[6]

브라운이 내린 결론은 이것이다. (1) 유대인들과 그리스도인들 모두에게 "예루살렘-로마의 축은 강했다." (2) "로마의 기독교는 예루살렘에서 왔으며, 사실 베드로나 야고보와 같은 예루살렘의 인물들과 연결된 유대인/이방인 기독교를 대표했다." (3) 로마 교회의 가장 초기와 바울이 그들에게 편지를 쓴 때 모두 로마에 있는 예수를 믿는 신자들은 "할례를 강요하지 않은 채 일부 유대교 전통 의식을 지켰고 유대교 법과 의식의 유산 중 일부를 고수한 것"으로 특징지어질 수 있다.[7] 또는 조세프 피츠마이어가 (Brown의 논지를 해석학적 도구로 사용하지는 않았지만 그것을 칭송하면서) 로마에 있는 바울의 수신자들의 특성을 묘사한 것처럼, "로마의 그리스도인들은 예루살렘의 그리스도인들과 지속적으로 접촉한 것 같다." 그래서 그들이 가지고 있던 기독교 신앙의 형식은 "특별히 예루살렘의 베드로 및 야고보와 결부된 사람들, 다시 말해서 이방인 회심자들에게 할례를 강요하지는 않으면서 약간의 유대교 전통 의식을 고수하고 유대교의 법과 의식의 유산을 보유한 그리스도인들에 의해 영향을 받은 것으로 보인다."[8]

그렇다면 여기서는 바울의 로마인 수신자들에 대해 다음과 같이 상정할 것이다. (1) 인종적으로, 로마에 있는 기독교 공동체에는 예수를 믿는 유대인 신자들과 이방인 신자들이 모두 포함되었다. 비록 이방인 출신의 그리스도인들이 다수를 차지하기는 했지만 말이다. (2) 신학적으로, 로마의 모든 그리스도인은 예수를 믿은 유대인 신자만 아니라 이방인 신자들까지 유대 그리스도인들이 행하는 제의적 의식과 윤리적 행위를 따랐으며, 모세의 율법을 존중했다. 하지만 그들이 "유대주의자들"이었던 건 아니다. 이를테면, 이들은 바울이 "복음이 전혀 아닌 다른 복음"(갈 1:6-7)이라고 부른 것을 가지고 갈라디아 교회에 잠입해 들어온 사람들과 같지 않다. 오히

---

6) 참조. R. E. Brown, "Further Reflections on the Origins of the Church of Rome," 98-115.

7) R. E. Brown, "Beginnings of Christianity at Rome," 104.

8) Fitzmyer, *Romans*, 33.

려 바울은 이들을 예수를 믿는 참 신자들로 간주했다. 찰스 탈버트(Charles Talbert)가 그들의 신학을 간결하게 특징지은 것처럼 이들은 "유대적 범주 안에서 사고한" 사람들이었다.[9]

바울이 로마서를 쓴 목적(들). 상당히 다른 듯한 두 관점이 로마서의 집필 목적(들)과 관련한 현대 학자들의 논의를 상당히 지배해왔다. (1) 바울이 로마서를 쓰게 된 동기는 자신의 사역과 의식에서 기인했다. 그것이 미지의 청중들에게 자신을 소개하는 것이든지, 앞으로 있을 로마 제국의 서쪽 지역 선교를 위한 지원을 요구하는 것이든지, 비평이나 오해로부터 자신을 변호하는 것이든지, 그의 이방인 선교의 궤도 안에 있다고 여기는 교회에 자신의 사도적 권위를 주장하는 것이든지, 또는 기독교 복음에 대한 자신의 이해를 그의 메시지의 요약이나 "마지막 유언"으로 제시하는 것이든지 말이다. 또는 (2) 로마서는 어떤 특별한 문제 또는 일단의 문제들, 즉 로마 그리스도인들 사이에 존재한 인식 가능한 어떤 상황이나 일단의 상황들을 다루려고 기록했다. 그것이 교리적인 것이든지 윤리적인 것이든지, 그리고 교회 외부에서 기인한 것이든지 내부에서 기인한 것이든지 말이다.[10] 이 두 입장을 약간은 다른 방식으로 표현하기 위해 다음과 같은 질문을 제기할 수 있을 것이다. (1) 바울이 로마서를 기록한 목적이 자신이 이방인의 사도라는 의식과 사명감, 또는 로마에 있는 그리스도인들에게 그리스-로마 세계 전역에 전한 자기 메시지의 요약이나 증언과 같은 내용을 제시하려는 특성상 **선교적인** 목적이었는가? 어쩌면 바울은 이전에 그가 사역하던 도중에 발생했고 자신만의 이유로 로마에 있는 신자들에게 말해주고 싶었던 몇몇 쟁점을 그 논문이나 편지에 포함시킨 것일까? 아니면, (2) 그의 목적에 그가 로마 기독교인들 가운데 있다고 인식한 교리적이거나 윤리적인 문제를 바로잡으려는 **목회적인** 동기가 있었는가?

---

9) Talbert, *Romans*, 16.

10) 이러한 쟁점들 간의 상호작용과 함께 그 쟁점들에 대한 다양한 답을 제시한 Donfried, *Romans Debate*, and Donfried, *Romans Debate: Revised and Expanded Edition*을 보라.

이 두 관점과 입장들, 또는 일단의 질문들은 상반되는 듯이 보여도 서로 배타적으로 이해되어서는 안 될 것 같다. 수많은 해석학적 가능성이 이 두 입장 사이에 그리고 각 입장 안에 존재한다고 볼 수 있다. 그렇지만 학자들은 바울이 로마서를 쓴 목적이 주로 (1) 바울 자신의 사역 내부에서 일어난 요인에 의한 것인지, 아니면 (2) 그 당시 로마에 있는 기독교 공동체 내부에 존재하고 있던 상황에 의한 것인지를 질문하면서, 핵심 쟁점들을 분류하고 우선순위를 결정하며 해결책을 제안하는 일에 있어 분수령에 이른 것 같다. 그리고 로마에 있는 예수를 믿는 신자들에게 보낸 바울의 편지의 특성과 형식 및 내용에 관해 언급되었고 주장할 수 있는 거의 모든 것이 이 분수령에서 흘러나왔다고 말하는 것은 그렇게 극단적인 주장은 아닐 것이다.

이 주석의 논지는 이것이다. 바울은 서신적인 틀로써 자신이 로마 그리스도인들에게 글을 쓰는 일차적인 목적 두 가지를 제시한다. 그는 이 일차적인 목적 두 가지를 편지의 "본론 중심부"(1:16-15:13)에 설명했다. 이 목적들은 그가 편지를 쓰는 상황과 관련이 있으며, 자신의 선교적 의식과 미래 사역에 대한 계획에서 기인한 것으로 이해되어야 한다. 그 계획은 다음과 같다.

1. 로마에 있는 그리스도인들에게 1:11에서 "신령한 은사"($\chi\acute{\alpha}\rho\iota\sigma\mu\alpha$ $\pi\nu\epsilon\upsilon\mu\alpha\tau\iota\kappa\acute{o}\nu$)라고 부르는 것을 주기 위해서다. 바울의 생각에 이것은 자신만이 줄 수 있는 것이며(2:16과 16:25에서 "나의 복음"이라고 언급한 것 참조), 그가 수신자들이 "피차 안위함"을 주는 데 필요하다고 느낀 것이고, 그들이 이방인을 위한 바울의 설교 내용을 더 정확히 그리고 더 바른 안목으로 이해할 수 있도록 그들이 알았으면 했던 것이었다.

2. 그의 이방인 선교를 스페인까지 확장시키는 데 있어(참조. 1:13; 15:24) 로마에 있는 그리스도인들의 지원을 구하기 위해서다. 이러한 지원에는 그들의 재정적인 후원과 바울이 제국의 서쪽 지역까지 사역하

는 전진기지로서 그들이 사용되는 것을 자원하는 마음이 포함된다고 이해해야 할 것 같다. 마치 시리아의 안디옥에 있는 그리스도인들이 바울을 지원하고 바울이 제국의 동쪽 지역까지 진행했던 사역의 전진기지로 쓰였던 것처럼 말이다.

그러나 로마서의 중심 단락에 있는 그의 메시지에 대한 설명에서 드러나는 바울의 다양한 논평과 감춰진 암시 그리고 수사학적인 표현들에 대한 자세한 반영적 읽기와, 1:16-15:13의 중심 부분을 둘러싸고 있는 편지 형식에 있는 그의 몇몇 주장에 대한 반영적 읽기를 통해 감지할 수 있는 목적도 중요하다. 하지만 이러한 목적이 다소 덜 분명하게 언급되었고, 직접 서술되기보다는 암시적으로 서술된 까닭에, 이것을 로마서를 기록한 일차적인 목적이 아니라 부차적인 목적으로 칭하는 것이 가장 좋은 것 같다.

　　3. 자신의 인격에 대한 비판과 자기 메시지에 대한 오해를 변호하기 위해서다. 바울은 로마에 있는 그리스도인들이 그의 인격과 사역과 메시지를 바르게 이해하고 그의 이방인 선교를 기꺼이 지원해주기를 의도했을 것이다.

이 밖에 두 개의 다른 목적도 바울이 로마서를 쓴 이유에 포함시켜야 할 것 같다. 두 목적 모두 반영적 읽기로 감지된다. 물론 이 목적들의 개연성의 정도가 약간은 다르다는 사실을 인정하지만 말이다. 첫 번째 목적은 개연성이 매우 크며, 14:1-15:13에 있는 "강한 자"와 "약한 자"에게 주는 권면을 반영적으로 읽어낼 수 있다. 그 상황은 16:17-20a의 부차적인 권면에서 다시 언급된 것으로 보인다. 두 번째 목적은 약간 더 추론적이기는 하지만 13:1-5의 시 당국자들과 그리스도인들 간의 관계에 대한 권고와 상당히 구체적으로는 조세와 관세에 대한 그들의 책임과 관련하여 13:6-7에서 로마의 수신자들에게 주는 지침들을 반영적으로 읽음으로써 확정할 수 있다. 이 내용은 12:9-21과 13:8-14에 있는 그리스도인의 사랑에 대한 일반적인

권면 중앙에 등장하며, 윤리적 금언인 이 두 단락의 연속성을 깨뜨리는 것
처럼 보인다. 여기서 우리는 이 두 목적을 바울이 로마서를 쓰는 네 번째와
다섯 번째의 이유로 열거한다. 이것들은 가능성이 큰 순서에 따라 배열되
었다.

4. 자신들을 "강한 자들"이라고 부르고 다른 사람들을 "약한 자"라고
   낙인찍은 신자들 중에서, 즉 로마에 있는 다양한 그리스도인 가정
   교회 안에서나 그들 사이에서 발생한 분쟁과 관련하여 조언하기 위
   해서다. 바울은 14:1-15:13에서도 그렇게 조언했고 16:17-20a에서
   제시한 훈계에서도 그 조언을 상기한 듯하다.
5. 13:1-7에 언급되었듯이, 로마에 있는 그리스도인과 시 당국자 간의
   관계 및 조세를 합법적으로 지불할 책임과 관련하여 지침을 주기 위
   해서다.

하지만 이 목적들은 바울이 로마서를 쓰는 다소간에 부차적인 목적들로
보아야 할 것 같다. 이 목적들에 로마에 있는 그리스도인들의 어떤 상황들
이 반영되기는 하겠지만, 바울 당대의 편지 작가들의 일차적인 목적과 주
된 관심사가 드러나도록 예상되는 편지의 단락에 포함되어 있지 않기 때문
이다. 이를테면, 편지의 "인사"(1:1-7), "감사"(1:8-12) 또는 편지 시작 부분
에 등장하는 "본문을 여는 글"(1:13-15)이나, 끝에 등장하는 편지의 "본문을
마치는 글" 또는 "사도의 방문" 단락(15:14-31) 등이다.

　　로마서의 편지 장르. 로마서는 고대의 전형적인 비문학적인 편지보다
훨씬 길다. 더욱이 로마서는 바울 서신을 비롯하여 신약성경의 다른 편지
들보다도 길다. 하지만 더 중요한 것은 로마서가 편지 장르와 관련하여 바
울의 다른 편지들과 다르다는 사실이다. 로마서는 갈라디아서와 다르게
"책망과 간구"의 편지가 아니며, 데살로니가서와 달리 엄밀한 의미의 "위
로"나 "충고의" 편지가 아니다. 또한 로마서는 고린도전서처럼 "반응, 권
면, 충고"가 혼합된 편지가 아니며, 빌레몬서처럼 단순히 "추천"의 편지도

아니다.

로마서는 자주 "문학적인 편지" 혹은 "교훈 서신"(*Lehrbrief*)으로 분류된다. 이 말은 로마서가 독자들을 교훈하기 위해 기록된 편지라는 의미다.[11] 하지만 이것은 너무도 일반적인 명칭이다. "문학적인 편지"라는 용어는 신약성경의 수많은 다른 편지뿐만 아니라 바울의 다른 편지들에도 대부분 적용될 수 있기 때문이다. 로마서를 "소개서"나 심지어 "사절의 자기 소개서"로 이해하는 사람들도 있다.[12] 김찬희는 고대의 소개서(또는 그의 표현을 빌리자면, "추천서")의 기원과 편지의 특성을 능숙하게 논의했으며, 그리스어와 라틴어로 된 83편의 소개서를 자신의 저서에서 다루고 있다. 물론 그 소개서 대부분은 이집트에서 나온 그리스어로 된 비문학적인 파피루스 편지다.[13] 스탠리 스토워스(Stanley Stowers)는 수많은 그리스-로마 및 기독교 소개서를 다루었는데, 이 소개서들은 로마의 연설가이자 철학자요 정치가인 키케로(기원전 106-43년) 때부터 5세기의 위대한 교부인 아우구스티누스(기원후 354-430년) 때까지 기록된 것이다. 스토워스가 지적한 것처럼, 키케로는 "다양한 길이와 강렬함으로 소개서와 청원서를 많이 썼다."[14] 많은 사람이 주목했듯이, 소개서("천거서")는 유대교 성경과 기독교 성경에서도 언급되었다.[15]

우리가 아는 한, 고대의 소개서는 늘 소개되는 사람이나 신임을 받는 사람(들)을 대신하여 다른 사람에 의해 기록되었지, 신임장을 제출하는 당사자에 의해 기록되지 않았다. 더욱이 일반적으로 그 소개서에는 지칭되는 사람(들)을 높이 칭송하는 표현들이 들어 있으며, 이런 표현이 소개서의 중요한 부분을 구성했다. 따라서 로마서에서 바울이 확실히 자신과 자신의 메시지를 로마 그리스도인들에게 소개하고 있고 또한 더 구체적으로 자

---

11) 예. Michel, *An die Römer*, 5; Black, *Romans*, 18.
12) Jewett, "Romans as an Ambassadorial Letter," 5-22; 같은 저자, *Romans*, 44-46이 이렇게 본다.
13) C.-H. Kim, *Familiar Greek Letter of Recommendation*, 150-238.
14) Stowers, *Letter Writing in Greco-Roman Antiquity*, 159.
15) 참조. 왕하 5:5-6; 행 9:1b-2; 18:27; 고전 16:3; 고후 3:1; 또한 2 Macc 9:19-27도 보라.

신을 분명히 "그리스도의 사도"(롬 1:1을 비롯하여 여러 곳) 및 "그리스도의 사신"(참조. 고후 5:20)으로 여기고 있지만, 로마에 있는 그리스도인들에게 보낸 바울의 편지를 단순히 소개서로 분류할 수 있는지, 아니면 바울의 다른 편지들과 비교하여 로마서가 대사의 추천서에 더 가까운지 질문이 제기될 수 있다.

더욱 개연성이 있는 가설이 1977년에 마틴 스타이어월트(Martin Stirewalt)에 의해 제시되었다. 그는 현존하는 바울 당시의 편지들 중에서 독특한 유형의 교훈적인 편지를 입증할 만한 증거를 발견할 수 있다고 주장했다. 즉 편지 장르인데, 이 장르에 대한 명칭으로 "문학적인 편지"는 오도될 가능성이 있고 "교훈 서신"(*Lehrbrief*)은 너무 일반적이기에 "편지 에세이"(letter essay)가 적절한 용어로 제안되었다.[16] 스타이어월트는 "편지 에세이"가 고대 세계의 여느 작가에 의해 별개의 편지 범주로 인정되었는지를 보여줄 수 없음을 인정했다. 그렇지만 그는 편지 에세이가 그리스 철학자 에피쿠로스(기원전 342/341-271/270)와 그리스의 수사학자이자 역사가인 할리카르나소스의 디오니시오스(기원전 8년에 사망)가 기록한 편지들에 등장하는 유형의 자료이며, 이는 그리스의 에세이 작가이자 아폴론의 사제인 플루타르코스(기원후 46-120년경)의 몇몇 작품에서도 발견할 수 있다고 주장한다. 이뿐만 아니라 「마카베오하」(이 글은 기원전 2세기 말에 기록되었을 것임)처럼 헬레니즘적 유대교 저작으로 알려진 문헌과 기독교적 글인 『폴리카르포스의 순교』(*Martyrdom of Polycarp*, 이 작품은 기원후 2세기 말경에 기록됨)에서도 어느 정도 발견된다.

스타이어월트는 이러한 글들을 "특별한 주제에 대해 서로 신원이 알려진 당사자들 간에 주고받은, 편지의 특성을 지닌 기록된 의사소통"으로 특징짓는다.[17] 또는 스타이어월트는 자신이 분석하려고 한데 모은 고대의 편

---

16) Stirewalt, "Form and Function of the Greek Letter-Essay," in *Romans Debate*, 175-206; in *Romans Debate: Revised and Expanded Edition*, 147-71을 보라.
17) Stirewalt, "Form and Function of the Greek Letter-Essay," in *Romans Debate*, 176; in *Romans Debate: Revised and Expanded Edition*, 147.

지 에세이를 더 자세히 정의하는데, 물론 그것들이 바울의 로마서와 밀접하게 병행한다는 자신의 논지를 바탕으로 다음과 같이 정의한다.

> 여기에 한데 모은 작품들은 순전히 편지의 형태로 기록되었으며, 공식적이고 구조적으로 (순수한) 편지의 특성을 지녔다.…반면에 이 작품들은 편지의 형식, 어구, 구조 중 일부를 상실하고, 개인과는 상관이 없는 객관적인 논문체를 더욱 띠고 있다. 사실 저자들 자신은 이러한 편지를 종종 로고이(즉 문자적으로는 "말들"이지만 여기서는 "교훈"을 의미함)로 지칭한다.[18]

스타이어월트의 논지와 어느 정도 비슷한 것이 클라우스 베르거(Klaus Berger)의 논지다. 베르거는 1984년에 로마 교회에 보낸 바울의 편지와 어느 선생이 그의 학생들과 학생들 집단, 또는 어떤 도시들에 글을 써서 교훈을 베푼 그리스-로마 편지들 간의 유사점을 끄집어냈다.[19] 하지만 베르거는 로마서와 고대 그리스-로마의 교훈적인 편지들 사이의 차이점도 인정했다. 특히 다음과 같은 점에서 그렇다. (1) 바울은 자기 학생들에게 명령하는 선생으로서 편지를 쓴 것이 아니다. 그는 로마에 있는 교회를 세운 사람이 아니기 때문이다. (2) 로마서의 어조는 일반적인 논문에 더 가깝다. 바울은 사실 수신자들을 몰랐기에 더 개인적으로 말할 수 없었다.[20]

스타이어월트와 베르거의 이러한 논지는 모두 로마서의 서신적 장르를 이해하는 데 중요한 기여를 한다. 물론 두 사람은 왜 바울이 로마의 그리스도인들을 그러한 교훈적인 편지 에세이의 수신자로 언급했는지 설명하지 않는다. 사실 혹자는 바울이 그의 사역을 통해 그리스도께로 인도함을 받지 못한 신자들과 그가 개인적으로 알지 못하는 수많은 사람보다는,

---

18) Stirewalt, "Form and Function of the Greek Letter-Essay," in *Romans Debate*, 176; in *Romans Debate: Revised and Expanded Edition*, 148.
19) Berger, "Hellenistische Gattungen im Neuen Testament," 1338-39.
20) Berger, "Hellenistische Gattungen im Neuen Testament," 1334-35.

그의 회심자들과 자신이 세운 교회에 그러한 문서를 보내어 호의를 표현했을 것으로 기대할 수도 있다. 또한 스타이어월트와 베르거의 논지는 왜 바울이 그러한 교훈적인 편지를 그 특정한 시기에 썼는지에 대한 어떤 이유도 제시하지 않는다. 하지만 우리가 앞에서 (1) 로마서의 수신자들과 (2) 바울이 그들에게 편지하는 목적들에 관해 제시한 논지와, 아래에서 제시할 (3) 로마서의 기본적인 수사학적 장르와 로마서에 사용된 수사학적 관습들을 고려하면, 우리는 로마서의 서신 장르를 고대의 "편지 에세이"로(즉 편지의 틀 안에서 제시된 교훈적인 자료로) 이해하는 것이, 로마서를 바르게 해석할 가장 개연성이 큰 삶의 정황과 문화적 맥락을 제공해준다고 믿는다. 이어지는 주석에서 이러한 관점을 가지고 설명하고 작업할 계획이다. 수세기동안 사도행전과 요한계시록 사이에 위치한 신약 문서들의 사본, 편집본, 그리고 역본들은 각 문서들을 명시되었거나 암시된 수신자들에게 보내진 "편지" 혹은 "서신"이라 명명했다. 이 주석 시리즈에 있는 칭호들은 바로 그러한 관례를 따른 것이다.

로마서의 수사학적 장르. 지난 20, 30년 동안 로마서, 특히 4부로 이루어진 긴 중심 단락(1:16-15:13)에서 바울의 논증을 다음과 같은 고대 수사학적 모델 중 하나로 이해하는 것이 가장 좋다는 주장이 제기되곤 했다. (1) **법정적**(forensic) 수사학적 모델(로마서의 주장이 갈라디아서의 주장과 비교된다고 추정함), (2) **심의적**(deliberative) 모델(편지의 권고적 특성을 강조함), (3) **과시적**(epideictic) 모델(편지의 설득적 특성을 강조함. 종종 명예로운 것으로 간주되는 것과 수치스러운 것을 강조하는 내용이 동반되기도 함). 하지만 학자들 중에는 고대의 **권고적**("충고적") 연설에 대한 초기 연구에 근거하여, 로마서의 첫 번째 (1:16-4:25), 두 번째(5:1-8:39), 네 번째(12:1-15:13) 중심 단락에서 논증의 과정이 수사학적으로 권고적(protreptic) 모델을 나타낸다고 이해하는 것이 훨씬 더 낫다고 주장하는 사람들이 더러 있다. 권고적인 수사학적 모델은 회심자들을 만들어 그들로 하여금 어떤 특정한 삶의 방식에 끌리게 하려는 연설의 한 유형인데, 일반적으로 λόγος προτρεπτικός 또는 "권고의 연설 ["말" 또는 "메시지"]" 모델로 알려졌다. 로마서의 이 세 중심 단락을 이런

식으로 이해하기를 제안한 사람들 중에는 클라우스 베르거,[21] 스탠리 스토
워스,[22] 데이비드 오니(David Aune),[23] 안토니 구에라(Anthony Guerra),[24] 크
리스토퍼 브라이언(Christopher Bryan)[25] 등이 있다.

　이 학자들이 지적했듯이, 로마서의 수사학은 일반적으로 제안된 고대
의 "법정적", "심의적" 또는 "과시적" 수사학 범주들과는 다르며, 이 세 범
주 중 어느 하나에 쉽게 맞출 수가 없다. 로마서는 바울이 그의 사도직이나
메시지를 변호하는 변증서가 아니며, 거짓 교훈을 대적하는 논쟁도 아니다.
더욱이 로마서에는 법정적·심의적·과시적 수사학에서 일반적으로 특정한
순서로 등장하는 중요한 수사학적 단락의 몇몇 요소가 결여되었다. 즉 서
론(exordium)과 서술(narratio) 및 제시(propositio) 등이다. 스토워스가 주장
하듯이, "형식과 기능에서 바울의 로마서는 권고적 편지다."[26] 또는 구에라
가 논지를 밝히며 말하듯이, "로마서는 바울의 사역과 그가 설교한 복음을
천명하는 권면적 글이다."[27]

　고대의 "권면의 말["연설" 또는 "메시지"]"(προτρεπτικοὶ λόγοι)은 특징
적으로 세 단락으로 구성되었다. (1) 반대 견해를 만류하거나 비난하는 부
정적인 단락. (2) 저자의 입장을 제시하고 변호하는 긍정적인 단락. (3) 청
중이나 수신자들에게 호소하여 앞의 두 단락에 제시된 내용을 받아들이라
고 권하는 권고 단락.[28] 하지만 바울은 그가 로마 그리스도인들에게 보낸
편지에 있는 이러한 권고적 담화의 관례적인 단락들에 자신의 독특한 강조
점을 첨가하고, 그가 제시하는 자료에 대해 자기 나름의 의견을 제시한다.

---

21) Berger, *Formgeschichte des Neuen Testament*, 특히, 217.
22) Stowers, *Letter Writing in Greco-Roman Antiquity*, 112-14, 128.
23) Aune, "Romans as a Logos Protreptikos," 91-124; 요약판: "Romans as a Logos
　　Protrepikos," in *Romans Debate*, 278-96; 같은 저자, *Westminster Dictionary*, 383-86,
　　430-31.
24) Guerra, *Romans and the Apologetic Tradition*, 1-22.
25) Bryan, *Preface to Romans*, 18-28.
26) Stowers, *Letter Writing in Greco-Roman Antiquity*, 114.
27) Guerra, *Romans and the Apologetic Tradition*, preface, ix.
28) 참조. Aune, *Westminster Dictionary*, 383-85.

그는 수신자들의 입장에 서서 그들에게 말하며 그들에게 특별히 적절한 자료를 종종 끼워 넣기도 한다. 이 문제와 관련하여 주목할 만한 점은, 바울이 그의 첫 번째 권면 담화(1:16-4:25)를 재구성하여 그가 반대하는 것에 대한 부정적인 진술만이 아니라 그의 기독교 수신자들과 함께 공통으로 견지하고 있는 부분에 대한 긍정적인 주장도 포함시킨다는 사실이다.

그렇지만 로마서의 세 가지 중심 단락이 헬레니즘적인 "권면적 연설"의 노선을 따라 발전했다는 논지로는 로마서의 수사학에 관한 모든 부분을 설명하지 못한다. 바울은 첫 두 신학적 단락(1:16-4:25과 5:1-8:39)과 네 번째 권면 단락(12:1-15:13) 사이에 추가적인 단락(9:1-11:36)을 삽입한다. 우리가 믿기로는 그 자료를 당시에 통용되던 유대적 "남은 자 신학" 수사학으로 이해하는 것이 가장 좋다. 그리고 이 자료는 로마의 신자들에게 특히 관심의 대상이 되었을 것인데, 그들은 대부분 예루살렘에 있는 모교회로부터 유대 그리스도인을 통해 그들에게 전수된 방식으로 예수를 향한 자신들의 헌신을 이해하고 표현했다.

로마서를 분석하는 데 있어 헬레니즘적 권면 연설과 그것의 적절성에 대한 연구는 매우 초기 단계에 있다. 따라서 우리가 새로운 학문을 할 때 으레 기대하듯이, 그 연설의 세부적인 몇몇 내용에 대한 다른 분석들이 제안되었다. 마찬가지로, 과거에 9-11장을 분석하면서 많은 경우 유대적 "남은 자" 수사학이 도외시되는 경우가 종종 있었다. 그렇지만 로마서의 중심적인 세 단락을 고대의 λόγος προτρεπτικός 노선을 따라 구성된 것으로 이해하면, 우리는 1:16-4:25, 5:1-8:39, 12:1-15:13에 포함된 자료를 더 잘 이해할 수 있다고 믿는다. 확실한 것은 이러한 이해가 해석자들에게 "법정적" 모델이나 "심의적" 모델 또는 "과시적" 모델보다 훨씬 나은 통시적인 수사학적인 모델을 제공한다는 사실이다. 9:1-11:36을 당시에 통용되던 유대적 "남은 자 신학"과 관련하여 이해하는 방식은, 과거에 종종 아주 난해하다고 여겨진 세 장에서 바울이 주장하는 내용을 밝힐 중요한 열쇠를 제공한다.

그리스-로마의 권면 모델과 유대교의 남은 자 모델 등, 이 두 통시적인 모델의 수사학적 논증은 해당 주석에서 자세히 설명할 것이다. 그리고 두 모델을 설명하면서 우리는 (1) 바울이 로마서에서 그리스-로마 담화의 기본적인 구조와 유대적 남은 자 사상의 기본적인 주제들을 어떻게 사용했는지를 보여줄뿐더러, (2) 그가 이 고대의 수사학적 관습들을 로마서를 쓰는 중에 자신의 특별한 목적들을 이루기 위해 어떻게 기독교 신학으로 채우는지를 보여주려 한다. (특히 첫 번째 문제와 관련하여, 바울이 수신자들에게 가장 큰 수사학적인 충격을 가하려는 계획적인 의도가 있었는지, 아니면 이러한 형식과 주제들이 자신과 그의 수신자들 모두에게 잘 알려진 것이라서 어느 정도 무의식적으로 그 일을 수행했는지, 그래서 바울이 이 특정한 편지에서 그가 말하고자 하는 내용을 제대로 전달하기 위해 적절한 수사학적 형식을 제공했는지를 다룰 것이다.)

바울이 로마서에서 제시한 초점 또는 핵심. 지금까지 전통적으로 주장했던 것과는 상반되게, 바울이 로마서에서 제시한 초점이나 핵심은 로마서 본론 중심의 첫 번째 단락인 1:16-4:25이나 심지어 3:21-4:25과 결부된 1:16-17에서 발견되는 것이 아니라는 것이 이 주석의 논지다. 오히려 (1) 바울의 초점과 핵심은 편지의 본론 중심의 두 번째 단락인 5:1-8:39에 있고,[29] (2) 5:1-8:39에 서술된 이 중심적인 신학적 해설의 자연스러운 결론은 로마서의 본론 중심보다 다소 일반적인(물론 좀 더 분명하게 그리스도 중심적임을 늘 인정해야 한다) 윤리적 권면을 표출한 12:1-21과 13:8-14에 표현되었다. 그래서 우리는 바울이 1:11에서 로마에 있는 그리스도인들에게 전하고 싶다고 말했고 2:16과 16:25에서 "나의 복음"이라고 칭한 그의 "영적인 은사"를 다룬 신학적인 부분을 5:1-8:39에서 더욱 전면에 부각시킨다고 주장할 것이다. 12:1-21과 13:8-14의 더 일반적이지만 확실하게 그리스도 중심적인 권면들은, 5:1-8:39의 신학적인 자료들의 필연적인 귀결로서 기능하는 윤리적 자료들로 구성된다.

이로 인해 바울이 1:16-4:15에서 쓴 내용의 가치가 떨어지지는 않는다. 이것 역시 바울이 로마의 수신자들과 공유하고 있는 것이기 때문이다. 사실 애초에 바울과 로마의 수신자들 모두 1:16-4:25의 진리를 근거로 하여

---

29) 참조. R. N. Longenecker, "Focus of Romans," 49-69.

예수를 믿는 신자들이 되었을 것이다. 확실한 것은 바울이 그가 그 본문에서 기록하여 반대하기도 하고 천명한 것이 모두 진리이며 무척 중요하다고 믿었다는 사실이다. 무엇보다도 개연성이 높은 것은 바울이 그 본문에서 주장하고 있는 내용 중 많은 것을 다른 상황에서 주장했다는 것이다. 특히 (사도행전에서 제시되었듯이) 그가 디아스포라 유대인 회당에서 유대인들에게 기독교 복음을 선포할 때뿐만 아니라 유대 기독교 사상의 좋은 영향을 받은 이방인 출신의 그리스도인들에게 글을 쓸 때 로마에 있는 수신자들에게 (또는 바울이 초기 그의 선교 사역에서 했듯이 나쁜 쪽으로 유대 기독교 사상의 영향을 받은 갈라디아 지방에 있는 이방인 회심자들에게 편지를 쓸 때) 선포한 것처럼 했다.

그러나 바울이 로마에 있는 신자들이 알기를 원했던 것, 그래서 (12:1-21과 13:8-14에서 표명한 5:1-8:39에 대한 윤리적 함의와 아울러) 그가 5:1-8:39에서 그들에게 특별히 제시하기를 간절히 바랐던 것은, 인종적으로는 이방인들이며 유대교나 유대 기독교에서 얻은 기본적 종교 지식이 없는 사람들에게 설교하면서 상황화했던 기독교 복음 메시지였다. 즉 그들은 평생을 유대인의 성경(구약성경)을 깨닫지 못하고 살았던 사람들이다. 로마에 있는 그리스도인 공동체는 예수를 믿는 이방인 출신의 신자들이 주를 이루었다. 그래서 그들이 원래 어떻게 그리스도를 믿게 되었든지, 바울은 그들을 하나님이 이방인 선교로 그를 부르신 위임 안에 포함된, 그래서 그의 이방인 선교의 궤도 안에 포함된 대상으로 간주했다. 이런 까닭에 바울은 그들에게 기독교 선포에서 자신만의 독특한 형식을 선포함으로써 이 이방인 신자들을 북돋아 주기를 열망했다. 더욱이 바울은 로마의 이 그리스도인들이 로마 제국의 서쪽 지방에 있는 이방인들에게 복음을 전하는 자신의 선교 활동에 동반자가 되기를 원했다. 시리아의 안디옥에 있는 그리스도인들이 바울이 로마 제국의 동쪽 지방에 있는 이방인들에게 선교하도록 지원했듯이 말이다.

로마에 있는 그리스도인들은 인종적으로 유대인이든지 이방인이든지 모두 이스라엘 안에서 행하신 하나님의 구속 사역에 대한 성경 이야기에 매우 익숙했던 것으로 보인다. 이와 마찬가지로 그들이 구약성경의 신학적·윤리적 가르침들을 잘 알고 있었다고 추정할 수 있다. 그러므로 유대교의 구원론 주제인 "칭의"와 "구속" 그리고 "속죄제"("화해" 또는 "속죄")는 물론이고 이스라엘의 출애굽과 같은 근본적인 구원 이야기가 그들에게는 중요했으리라고 상정할 수 있다. 하지만 바울이 그리스-로마 세계의 이방인들을 전도하면서 발견한 것으로 보이는 점은, 출애굽 이야기와 칭의, 구속, 화해/속죄 등과 같은 낯선 종교적 표현들이 유대인과 유대 기독교 상황에서는 대단히 중요했지만, 유대교 배경이나 유대 기독교 배경이 전혀 없었던 이방인들에게는 대체로 알려지지 않았고 의미도 없었으며, 특히 인정을 받지 못했다는 점이다.

　　그래서 바울은 이방인들에게 설교하면서 그의 기독교 복음의 메시지를 더 이해하기 쉽고 개인적이며 이방인들에게 의미가 있는 방식으로 상황화할 필요가 있다고 느꼈을 것으로 상정할 수 있다. 이를테면, 바울은 (1) "우리 주 예수 그리스도로 말미암아" 오는 하나님과의 "화평"과 "화목"을 말함으로써(5:1-11), (2) 죄와 사망과 정죄가 어떻게 "한 사람"으로 말미암아 세상에 들어왔는지, 그러나 은혜와 생명과 의가 어떻게 "우리 주 예수 그리스도로 말미암아" 세상에 들어왔는지에 대한 좀 더 보편적이고 근본적인 이야기를 설명함으로써(5:12-21), (3) 한편으로 죄와 사망과 율법, 다른 한편으로 은혜와 생명과 의의 관계를 설명함으로써(6:1-7:13), (4) 그리스 문학에서 도출한 낯익은 비극적 독백을 사용하고 인간성의 공통 경험을 언급하여(7:14-25) 자신의 지식과 힘으로 살려고 노력하는 모든 사람이 곤경에 처해 있음을 표현함으로써, (5) "그리스도 안에" 있고 "성령 안에" 있을 때 발생하는 새로운 관계를 강조함으로써(8:1-30), 그리고 (6) 하나님 사랑의 승리 선언과 그가 "우리 주 그리스도 예수 안에" 있는 자신의 백성을 돌보신다는 선포로 마무리함으로써(8:31-39) 그렇게 한다. 바울은 예수를 믿는 이방인 신자들을 직접 대상으로 하며 이와 같은 특징과 주제들을 강조하는 다른 편지들에서도 이러한 유형의 상황화를 시도한다(예. 고후 5:11-21; 엡 2:1-22).

　　더욱이 로마서 본문 중심에 있는 이 두 번째 단락(5-8장)에는 고전적

인 공시적 수사학의 기본적 설득 유형이 가장 온전하게 표현되었다. 로고
스(논증의 내용), 에토스(화자나 저자의 성품), 파토스(감정을 흔들기 위한 제시 능
력) 등이 그것이다. 또한 이 단락에는 일반적으로 지극히 바울적인 특성을
지녔다고 생각되는 주제들이 가장 널리 유포되어 있다. 이를테면, (1) 하나
님과의 "화평"과 "화목," (2) "그리스도 안에" 그리고 "성령 안에" 있는 신
자 등이다. 이와 마찬가지로 8장에서는 "편지의 절정에 도달하고" 그곳에
서 "논증의 분수령이 되는 지속적인 절정"이 발생한다. 여기서 로빈슨(J. A.
T. Robinson)이 로마서의 특징으로 묘사하며 사용한 용어를 빌려 표현하자
면, 로마서는 "일련의 수문"을 통해 "산마루 중앙"으로 올라갔다 다시 내려
가는 "운하로 지협(地峽)을 지나는 여행"이다.[30]

---

30) J. A. T. Robinson, *Wrestling with Romans*, 9을 보라.

3. 이 주석의 독특한 석의적 논의들

이 주석의 더욱 독특한 석의적 논의들 중 다수는 로마서의 초점이나 핵심을 표현하는 것으로 밝혀진 자료를 설명하는 데서 발견할 수 있다. 즉 5:1-8:39의 신학적인 진술과 12:21과 13:8-14의 결론적인 윤리적 권면 자료가 바로 그것이다. 이 안에 포함되는 석의적 논의에는 다음과 같은 것들이 있다. (1) 5:1-11에 있는 하나님과의 "화평"과 "화목"이라는 관계적 주제들, (2) 한편으로는 죄와 사망과 율법, 다른 한편으로는 은혜와 생명과 의의 관계와 관련한 5:12-21의 보편적인 주제들, (3) 6:1-7:6의 그리스도인의 삶을 위한 그리스도의 죽음의 의미, 모세 율법의 기능, 그리고 "그리스도 안에서 하나님을 향하여 살"고 "율법에 대하여 죽은" 예수 안에 있는 신자들에 대한 논의들, (4) 예수를 믿는 신자들이 자신의 지식과 힘으로 살 수 없음을 묘사한 7:7-25의 내용, (5) 8:1-17에 있는 "그리스도 안"과 "성령 안"에 참여한 사람이라는 주제들, (6) 8:18-25에 있는 "고난"과 "최종적인 절정" 등의 묵시적인 주제들, (7) 8:26-30에 있는 기도와 개인의 삶 속에서 자신의 목적을 실현하는 하나님의 역사, 그리스도인의 확신에 관한 교훈들, 그리고 (8) 8:31-39에 표현된 예수를 믿는 모든 참 신자의 승리의 고백 등이다.

이와 마찬가지로 다음과 같은 석의적 논의들도 12:1-21과 13:8-14의 윤리적인 권면에서 발견된다. 이 본문에서 우리는 바울이 다음과 같은 사실들을 중심으로 기독교 윤리의 그리스도 중심적인 기초를 제시한다고 주장할 것이다. 우리는 그 윤리가 (1) 기독교 복음 선포에서 유래했으며, (2) 역사적인 예수의 모범과 교훈에서 지지를 얻었고, (3) 구약성경의 기본적인 몇몇 본문과 맥을 같이한다고 본다. 더욱이 바울이 로마서의 두 번째와 네 번째 단락(5:1-8:39의 교리적인 단락과 12:1-15:13의 보다 일반적인 윤리적 권면들)에서 제시한 것이, "그리스도 안에"(ἐν Χριστῷ) 및 이와 어원이 같은 말들(6:11, 23; 8:1, 39; 9:1; 14:14; 15:17; 16:11, 13), 그리고 "성령 안에"(ἐν πνεύματι, 8:9) 있는 것에 관한 바울의 교훈에 기초하였고 그것에서 가장 충분히 표현되었음을 주장할 것이다.

로마서의 중심부에 있는 두 번째와 네 번째 단락의 석의에 있는 이처럼 상당히 독특한 논의들 외에도 이 주석에서는 다소 독특한 석의적 논의가 꽤 많이 등장할 것이다. 후자에 속하는 것 중에는 바울이 로마서의 중심부의 다른 두 주요 단락 내내 독특한 유대적 논증 형식 또는 유대 기독교적 논증 형식을 사용한다는 제안들이 있다. 이를테면, (1) 로마서 본론 중심부의 첫 번째 단락(1:16-4:25)에는 1:18-3:20의 부정적인 진술과 3:21-4:25의 긍정적인 진술이 등장한다. (2) 로마서 본론 중심부의 세 번째 단락(9:1-11:36)에서 바울은 당시 통용되던 유대적 "남은 자 신학"의 기본 특징을 사용하여 그 신학의 중심적인 특징을 기독교화한 "남은 자 수사학"으로 재구성하고, 그것을 기독교 복음과 이스라엘의 국가적인 소망의 관계에 대한 그의 주장을 지지하는 데 활용한다. 첫 번째 단락의 첫 번째 부분(1:18-3:20)에 있는 바울의 부정적인 논증은 대부분 3:20과 3:28의 ἔργα νόμου("율법 행위")라는 어구와 관련한 그의 부정적인 논평에서 절정에 이른다(참조. 갈 2:16; 3:2, 5, 10). 그리고 로마서 중심부의 세 번째 단락인 9:1-11:36 전체를 비롯하여 첫 번째 단락의 두 번째 부분(3:21-4:25)에서 그가 "의"와 "믿음"에 관해 긍정적으로 기록한 내용은 대부분 3:22과 3:26b의 πίστις Ἰησοῦ Χριστοῦ("예수 그리스도를 믿는 믿음" 또는 "예수 그리스도의 믿음/신실함")라는 문구에 대한 그의 이해에 근거할 것이다(참조. 갈 2:16[2번]; 3:22 [P[46]에서처럼 3:26도 가능성이 있음]; 엡 3:12; 빌 3:9).

본론 중심에 있는 처음 두 주요 신학적인 단락(1:16-4:25과 5:1-8:39)에 제시된 구조를 바르게 평가하는 데만 아니라 바울의 논증 과정을 이해하는 데 특히 중요한 것은 5:1의 주동사에 대한 사본학적 논의와 석의적 논의일 것이다. 주석가들이 늘 혼란스러워하는 질문은 그 동사를 ἔχωμεν("가집시다", let us have) 즉 일종의 행동의 진전을 권고하는 가정법으로 읽을 것인지, 아니면 ἔχομεν("우리는 가지고 있다") 즉 어떤 추론 또는 이어지는 결과를 표시하는 직설법 동사로 읽을 것인지의 문제다. 사본학적 증거는 의심의 여지없이 압도적으로 가정법을 선호한다(5:1 "본문비평 주"를 보라).

하지만 대다수의 해석자들(적어도 대부분의 개신교 주석가들 중에는)은 설령 ἔχωμεν을 지지하는 외적 증거가 우세하더라도 본문의 문맥에 비춰볼 때 주동사는 반드시 직설법인 ἔχομεν("우리는 가지고 있다")으로 읽어야 한다고 주장한다. 그들은 일반적으로 가정법이 등장한 것을 어느 정도 초기 필경사들의 실수나 여백에 적힌 해석 탓으로 돌렸다. 하지만 이에 대한 우리의 주장은 이렇다. (1) 본문의 사본 역사는 가정법 동사인 ἔχωμεν을 강력히 지지하므로, 그것을 쉽게 무시할 수가 없다. (2) 바울의 논증 과정에 대한 바른 이해는 가정법의 적절함을 지지한다. (3) 가정법 동사는 5:1을 새로운 단락을 시작하는 "경첩 구절"(즉 바울이 1:16-4:25에서 기록한 것에 근거한 구절이지만, 바울의 원래 수신자들과 현재의 독자들에게 5-8장에서 이어지는 내용에 근거하여 사고하면서 앞으로 나아가기를 촉구하는 구절)로 이해할 것을 반드시 요구하지는 않을지 모르지만, 이와 같은 구조적 이해에 확실히 잘 어울린다. 그래서 그간 주석가들이 취했던 입장처럼 5:1의 동사를 사본학적 난제로 이해하기보다, 우리는 이 동사를 (1) 본문 해석 방법과 관련한 중요한 사본학적 단서로 보고 (2) 바울이 그의 편지의 본론 중심의 두 번째 단락 전체 (5:1-8:39)에서 제시하는 내용을 이해하는 중요한 열쇠로 봐야 한다고 주장할 것이다.

4. 이 주석의 현저한 주제적 특징들

이 간략한 서론에서 주목해야 할 것은 이어지는 석의적 주석에 등장할 일
부 현저한 주제적 특징들이다. 이 중에서 가장 특징적인 것은 다음과 같은
문제들과 관련된다.

A. 해석을 위한 형식적인 패턴과 구성적 구조의 중요성

과거의 로마서(와 다수의 다른 성경책) 해석가들은 모두 상대적으로 신약성경
의 형식적인 패턴과 구성적 구조에 거의 주목하지 않았으며, 해석을 위한
이러한 패턴과 구조의 가치에 관해서는 더더욱 관심을 두지 않았다. 그래
서 로마서 주석은 주로 (1) 주석가 자신의 관심사와 석의 능력이나, (2) 로
마서 저자가 특정한 주제들에 대해 할당한 자료들의 분량이나, (3) 기독교
신학의 어떤 주제들의 안내를 받아 "슬쩍 떠보기" 정도로 로마서를 탐구
했다.

　　그러나 우리의 논지는 이것이다. 형식적인 패턴과 구성적 구조의 특징
들에 대해서는 바울 당대의 여느 고대의 편지들과 로마서에 대한 서신적·
수사적 비교학 연구(즉 "통시적인 편지와 수사학적 분석"이라고 부를 수 있는 것)를
통해 다음과 같은 사실들이 밝혀졌다. 패턴과 구조의 특징들은 (1) 바울이
그의 편지들을 어떻게 구성했는지를 이해하는 통찰을 제공할뿐더러, (2)
바울 자신이 그의 다양한 편지들과 각 편지 안에 있는 특정한 단락이 어떻
게 쓰이고 기능하기를 바랐는지에 대해 알려주고, (3) 바울이 자기 편지들
의 다양한 자료에 둔 중요성을 강조하며, 그러므로 (4) 해석자들에게 바울
이 자신의 각 편지에서 제시하는 논증의 과정을 어떻게 이해할 것인지에
대해 중요한 지침을 제공한다.

　　그래서 로마서 각각의 본문을 다루기 시작하는 맨 앞부분에 있는 "형

식/구조/상황"의 도입부에서는 형식적인 패턴과 구성적 구조와 관련된 문제들을 요약된 형태로 제시할 것이다. "석의와 주해"에서 이어지는 내용은, 형식상 편지인지 아니면 수사인지 그리고 특성상 주석적인지 아니면 신학적인지에 대한 설명으로 광범위하게 영향을 받는다.

B. 구약 인용과 구약 암시 사용

로마서에서 바울이 사용한 유대교 성경(구약)을 고려할 경우, 누구나 의아하게 생각하는 여러 질문이 대두된다. 예를 들어, 이런 질문을 합당하게 제기할 수 있다. 바울이 그의 다른 편지에서는 성경 사용을 억제하는 데 반해, 로마서에서 이렇게 많은 성경 본문을 인용하고 암시하는 까닭은 무엇인가? 바울 서신 전체에서 성경 인용이 발견되는 거의 83곳(만일 합쳐진 본문들을 분해하고 이중 출처로 된 본문들을 분리한다면 거의 100개가 된다) 중에서 절반 이상이 로마서에 등장한다. 83개 중에 45개다(또는 전체 100개 본문 중에 55에서 60개). 하지만 로마서 이외에 바울의 다른 편지들에는 훨씬 적은 수의 성경 인용 또는 암시가 있다. 분명한 인용만을 센다면, 고린도전서에 15개, 고린도후서에 7개, 갈라디아서에 10개, 에베소서에 4개, 디모데전서에 1개, 디모데후서에 1개가 등장하고, 데살로니가전서, 데살로니가후서, 빌립보서, 골로새서, 빌레몬서, 디도서에는 하나도 등장하지 않는다.

또 다른 질문이 제기될 수 있다. 로마서의 성경 인용(과 로마서에서 인식 가능한 암시들)이 고르게 분포되지 않은 까닭은 무엇인가? 더 식별할 수 있고 명시적으로 분명한 성경 인용의 사례를 제시하자면 이렇다. 1:16-4:25에는 대략 18개의 성경 인용이 8-9곳에서 등장하며, 9:1-11:36에는 25곳 정도 되는 곳에서 30개의 성경 인용이 더 등장한다. 12:1-15:13의 권면 단락에서는 10개가 등장하며, 15:14-32의 "사도의 방문" 단락 또는 본론의 결론 부분에는 한 개가 더 등장한다. 이와 다르게, 해석자들이 바울의 논증의 정점이라고 생각하는 5:1-8:39에서는 분명한 성경 인용이 단지 두 곳에서만 등장하고 그마저도 지나가듯이 언급될 뿐이다(7:7의 예증적 인용구인 "탐내지 말라"와 8:36에서 인용된 시 44:22을 사용한 초기 기독교 신앙고백).

사실 누구나 이런 질문을 제기할 수 있다. 바울이 로마에 있는 그리스 도인들에게 글을 쓰면서, 특히 그가 수신자들을 그의 이방인 사역의 궤도 에 있는 사람으로 언급하고(1:5-6, 13-15; 15:15-16), 그들을 분명히 이방인들 이라고 부르며(11:13), 그들의 조상을 유대인들의 조상들과 구별하면서도 (9:3; 11:14), 성경을 인용하고 구약 본문을 암시한 이유는 무엇인가? 바울이 갈라디아 지방과 고린도시에 있는 이방인 출신의 그리스도인들에게 글을 쓸 때 왜 그렇게 자주 성경을 인용하고 암시했는지 우리는 이해할 수 있다. 특히 (1) 갈라디아의 문제가 자신들의 목적을 위해 구약성경을 사용하던 어떤 "유대주의자들"로부터 기인했고, (2) 고린도의 "베드로 파"가 어떤 형 태의 유대 기독교를 선전하고 있는 것처럼 보이기 때문이다. 에베소서와 디모데에게 보낸 두 편지에서 성경 사용은 더욱 자주 행해졌지만, 에베소 서가 소아시아의 서쪽 지방에 있는 혼합된 공동체들에게 보내는 회람용 편 지이며, 디모데에게 보낸 두 편지가 외조모와 어머니에게서 성경을 배운 사람에게 보내는 것이라는 사실에 근거해 볼 때 정당성이 입증된다.

하지만 로마서는 "반영적 읽기"를 통해 유대인 대적자들이나 유대인 출신의 기독교 선동자들을 지목하기가 용이한 책은 아니다. 그리고 바울이 이방인 출신의 그리스도인들에게 편지를 쓸 때, 특히 유대인들에게서 기원 한 문제나 유대 기독교로 인한 문제로 영향받지 않은 이방인 출신의 그리 스도인들에게 편지를 쓸 때, 그는 통상적으로 자신의 논증을 지지하려고 구약성경을 전혀 인용하지도 암시하지도 않았다(물론 그의 표현은 늘 성경의 관용어와 표현에서 영향을 받았지만). 데살로니가, 빌립보, 골로새의 이방인 회 심자들과 빌레몬과 디도라는 두 이방인 출신의 그리스도인들에게 보내는 편지들에서 입증되듯이 말이다.

더욱이 로마서에서 바울이 성경을 사용했음을 고려할 때, 우리로서는 이런 질문을 하지 않을 수가 없다. 제2성전기 유대교와 랍비 유대교의 사람 들과 비교하여 로마서에서 드러나는 바울의 성경 주해는 어떻게 시행되고 진행되었으며, 그와 유사한 성경 주해에 관한 이해가 구약성경에 대한 바울의 논의를 이해하는 데 어떠한 영향을 주는가? 마찬가지로 비교 연구를 할 때 이렇게 질문할 수밖에 없다. 바울은 그의 다른 글, 특히 주제가 겹치고 비슷한 해석이 있는 갈라디아서에서 구약성경을 사용한 것과 비교하여 로마서에서는 구약성경을 어떤 방식으로 사용했는가?

그리고 실제 인용문 자체와 바울의 인용문 용례를 다룰 경우, 다음과 같은 일련의 질문이 제기된다. 바울의 분명한 성경 인용의 본문 형태가 사복음서에서 예수가 인용하신 성경과 사도행전에서 초기 설교자들이 인용한 성경과 왜 다른가? 로마서와 그 밖에 다른 편지에서 바울이 인용한 구약성경들은 본문을 독특하게 혼합한 것들이다. 절반 이상이 70인역을 있는 그대로 혹은 거의 그대로 옮겨놓는 방식으로 구약성경을 인용한다. 이중 거의 절반 정도는 마소라 본문과 다르다. 하지만 나머지 절반 정도는 다소간에 마소라 본문뿐 아니라 70인역과도 다르다. 사실 로마서에서는 1번(전통적인 하나님 중심의 송영인 11:35에서 욥 41:11을 인용하면서), 그리고 바울의 다른 편지에서는 3번(욥 5:13을 인용한 고전 3:19; 시 112:9을 인용한 고후 9:9; 민 16:5을 인용한 딤후 2:19)의 경우, 바울의 성경 인용 본문이 70인역과 다르고 마소라 본문과는 일치한다. 하지만 이와는 다르게, 예수와 초기 기독교 설교자들과 대부분의 신약 저자들이 사용한 본문들은 형식에 있어 거의 70인역을 사용한 것으로 보인다.

마찬가지로 특히 분명하게 인용된 이 본문들의 해석을 다루면서 이런 질문을 제기해야 한다. 바울의 성경 이해의 폭넓은 범위를 어떻게 이해할 수 있을까? 이를테면, 그의 해석은 상당히 문자적인 "진주목걸이 같은" 로마서 3:10-18의 접근에서부터 원래 본문과 문맥을 무시하는 듯한 로마서 10:6-8의 접근에 이르기까지 폭이 넓다(롬 10:6-8에서는 신 30:12-14이 부정확하게 인용되었는데, 그의 논증에 유리하도록 잠언적인 방법을 쓴 것 같다. 또한 이와 비슷한 방법으로 시 68:18이 인용된 엡 4:8을 비교하라). 더욱이 바울의 성경 사용을 이해하려고 할 때, 이런 질문을 제기하는 것이 정당할 것이다. 바울은 로마서 본문 중앙의 1:16-4:25과 9:1-11:33의 신학적인 내용을 담고 있는 두 단락에서는 그의 다양한 논증을 입증할 근거로 성경을 사용하는 한편, 윤리적인 내용을 다루는 세 번째 단락인 12:1-15:13에서는 자신의 주장이 주로 기독교 복음 선포 자체에 근거하고 있다고 주장하지만 정작 자신의 주장을 지지하려고 더 많은 구약 본문을 사용하는 이유는 무엇인가? 마지막으로 이런 질문을 제기할 필요가 있다. 바울의 "그리스도 중심 주해"에 대해 말한다는 것은 무엇을 의미하는가? 그리고 그러한 방향성이 실제적인 그의 성경 해석에 어떤 영향을 주었는가?

C. 기독교 신앙고백, 전통적인 종교적 경구, 유대교적 또는 유대 기독교적 신앙 자료와 교리문답 자료의 사용

로마서와 관련한 더 중요한 문제는 바울이 초기 기독교의 신앙고백, 전통적인 종교적 경구, 유대교적 또는 유대적 기독교 예배와 교훈과 신앙에서 유래한 신앙적이거나 교리문답적인 자료들을 사용한 사실과 관련이 있다. 양식비평은 바울 이전에 있던 이러한 자료들을 밝히는 데 필요한 도구다. 자료에 관한 내용 분석은 초기 기독교 사상과 실천에 있어 그 자료의 중심적인 특징과 사용을 강조하는 데 일조한다. 하지만 로마서 주석에 가장 중요한 것은 바울이 이 자료들을 로마서의 다양한 논증의 핵심을 구성하고 지지하며 요약하는 데 어떻게 사용했는지를 설명하는 것이다.

　로마서에는 다양한 경구, 신앙적인 표현들, 교리문답적인 진술들을 비롯한 초기 기독교의 신앙고백적 자료들의 "주맥(主脈)"이 들어 있다는 암시가 여럿 있다. 이런 것들은 충분히 채굴돼야 하고, 그 정보 덩어리는 바울 메시지의 특성을 이해하고 그가 그 선포에서 사용한 방법론의 진가를 아는 데 도움을 줄 수 있다. 비교적 많은 수의 초기 기독교 신앙고백과 밝혀낼 수 있는 바울 이전의 경구, 신앙적인 표현 및 교리문답적인 진술들을 이 주석에서 강조할 것이다. 물론 이 신앙고백적인 자료 중에는 이전의 신약 주석들에서 어느 정도 특징적인 것으로 밝혀진 것들도 많이 있다. 하지만 그러한 자료는 여기서 제안하려는 것에 비하여 일반적으로 다른 방법으로 설명되었다.

신약성경에 나타난 초기 기독교적인 신앙고백 자료들을 밝히고 연구하는 것은 20세기에 들어 학자들 사이에서 특히 두드러진 현상이었다.[31] 일반적으로 지금까지 로마서에 나타난 초기 기독교의 신앙고백적 자료로 밝혀진 것들은 다음과 같다. (1) 하나님을 칭송하는 11:33-36의 찬양시, (2) 1:3-4, 3:24-26(또는 3:25-26), 4:25의 기독론적인 본문들, (3) 그리스도의 주 되심을 천명한 10:9의 주장 등이다. 서정적이며 거의 반항적으로 천명하는 8:33-39 역시 특성상 신앙고백적인 자료로 이해해야 할 것 같다. 9:5b("그는 만물 위에 계셔서 세세에 찬양을 받으실 하나님이시니라")과 14:9("이를 위하여 그리스도께서 죽었다가 다시 살아나셨으니 곧 죽은 자와 산 자의 주가 되려 하심이라")에도 그러한 자료가 반영되었을 것이다.

이 각각의 단락은 로마서의 대체적인 논증에서 전략적인 위치를 차지하고 있다. 1:3-4은 서론의 인사 부분에 등장한다. 바울은 편지 뒷부분에서 발전시키려는 많은 주제를 강조하기 위해 이 본문을 사용한다. 이와 비슷하게 3:24-26은 대부분의 주석가들이 로마서의 주요 논제를 서술한 것으로 여긴 본문, 즉 3:21-26에 포함되었다(이 단락이 로마서 전체의 논제 또는 좀 더 폭을 좁혀 처음의 여덟 장의 논제를 제시하[거나 더 나은 표현으로는 1:16-17 내용을 "재서술"하는지 상관없이). 아니면, 나중에 주장하겠지만, 3:24-26은 로마서 본문의 첫 주요 단락인 1:16-4:25만의 논제에 포함된다. 그리고 10:9은 기독교 복음과 9-11장에서 다루는 이스라엘의 소망에 대한 논의의 중심에 등장한다. 반면에 14:9은 약한 자와 강한 자에 대한 권면의 중심에 등장한다.

더욱이 이 신앙고백적인 부분에는 로마서에서 각 단락의 최종적인 항목으로 등장하여 그 단락들에서 말한 것을 요약하고 마무리하는 역할을 하는 것들도 있다. 4:25("예수는 우리가 범죄한 것 때문에 내줌이 되고 또한 우리를 의

---

31) 이러한 내용을 밝히고 연구한 간략한 역사에 대해서는 R. N. Longenecker, *New Wine into Fresh Wineskins*, 5-44을 보라.

롭다 하시기 위하여 살아나셨느니라")은 3:21-31의 중심적인 진술을 요약하고 1:16-4:24의 주장 전체를 절정에 이르게 함으로써 이러한 방식으로 기능하는 것 같다. 이와 동일하게 초기의 여러 신앙고백적 진술을 포함하고 있을 개연성이 큰 8:31-39의 강력한 주장은 5-8장에서 언급한 내용을 모두 요약하고 극적인 절정에 이르게 한다. 그리고 9-11장이 9:5b에서 신앙고백적인 송영을 포함하는 부분으로 시작하는지 논의할 수는 있지만, 확실한 것은 11:33-36에서 하나님을 칭송하는 장엄한 찬양시가 특성상 신앙고백적인 내용을 담고 있고 이 세 장의 절정으로서 적합하다는 사실이다.

바울은 로마 그리스도인들에게 말할 때 초기 기독교의 신앙고백적 자료를 다수 사용한 듯하다. 또한 바울이 어떤 유대교적이거나 유대 기독교적인 경구, 유대교적이거나 유대 기독교적인 신앙 자료와 교리문답적 자료에 사용되었던 다양한 분량의 자료를 사용했음을 인식할 필요가 있다. 그리고 바울은 이것을 적어도 두 가지 방법으로 사용했다. (1) 1:3-4, 3:24-26, 10:9, 14:9에서처럼, 그의 논증을 지지하고 그 논증에 초점을 맞추기 위해서 이것을 사용했다. (2) 4:25, 8:33-39, 11:33-36에서처럼, 편지의 신학적인 세 주요 단락에서 그가 주장한 것을 요약하고 절정에 이르게 하기 위해 이것을 사용했다. 이 신앙고백 자료와 전통 자료는 로마에 있는 신자들에게도 (전체로든 부분적으로든) 알려진 것으로 추정되며, 바울은 그의 로마 수신자들과의 공통 연결고리를 형성하고 그들이 그 진가를 알고 깨닫도록 가르치기 위해 그 자료를 사용한 것으로 보인다. 그러므로 이 로마서 주석에서는 바울이 사용한 초기 기독교의 신앙고백 자료들을 밝히고 설명하는 것이 중요하다. 마찬가지로 우리는 바울이 어떤 전통적인 유대교 경구나 유대 기독교적인 경구 및 바울 이전에 다양하게 존재했던 유대교적이거나 유대 기독교적인 신앙 자료와 교리문답 자료들을 사용했는지 밝히고 설명하려는 시도 역시 중요하다고 믿는다. 비록 후자가 일반적으로 덜 인정되거나 논의되고 있기는 하지만 말이다.

D. 내러티브 하위 구조

로마서에 있는 바울의 모든 진술의 저변에는 다음과 관련한 근본적인 내러티브 또는 이야기가 깔려 있다. (1) 성부 하나님의 구속 계획과 목적들, (2) 그의 아들 예수의 사역으로 말미암아 인간을 대신한 신적 구속의 실현, (3) 성령의 사역을 통한 역사와 사람들의 삶에서의 그 구속의 실현 등이다. 바로 이 저변에 깔린 구속에 관한 내러티브를 바울은 근거로 삼고 주장하며 해석(또는 재해석)하고 사용한다. 바울의 수신자들이 이 동일한 초기의 모든 기독교적 선포의 내러티브 구조를 하나의 연결된 신적인 구속 내러티브로 이해했든지, 역사 가운데 나타난 여러 구속적인 단편들의 묶음으로 이해했든지 상관없이, 바울은 그의 수신자들이 이것을 알고 있었을 것으로 추정한다.

　이 내러티브 하위 구조는 특별히 다음과 같은 경우에서 분명하게 드러난다. 바울이 (1) 아브라함을 믿음의 사람의 탁월한 예로 사용하는 곳에서(4:1-24), (2) 아담이 인류의 삶에 가지고 온 것과 그리스도가 인류에게 영향을 끼친 것을 대조하는 곳에서(5:12-21), 그리고 (3) 이스라엘과 교회의 관계를 분석하고 "구원사"를 개괄하는 곳에서다(9-11장). 하지만 이 내용은 로마서 나머지 부분에서도 볼 수 있다. 특히 바울이 이 자료들을 인용하고 사용하는 초기 기독교의 신앙고백 자료들에서 그러하다.

　내러티브 하위 구조나 저변에 깔린 구속 이야기가 신약성경에 제시되었다는 인식은 전혀 새로운 것이 아니다. 그리스도인들은 복음 선포의 "좋은 소식"이 하나님의 영원한 경륜에서 그분이 작정하시고 인류를 위하여 역사적으로 실현하신 일들에 관한 것임을, 그리고 무엇보다도 하나님께서 예수 그리스도와 그의 사역을 통해 인류 역사의 어느 특정한 시간에 실현하신 일들에 관한 것임을 늘 믿어왔다. 하지만 학자들이 그 구속과 관련한 이야기가 초기 기독교의 선포와 신학을 생성하는 일에 주요한 특징일 뿐만 아니라, 그러한 근본적인 구속 이야기(또는 역사 가운데 나타난 그러한 여러 구속적인 단편들의 묶음)가 신약의 복음서와 편지들을 작성하는 데 있어서 지침을

제공했음을 인식하게 된 것은 최근 일이다. 그래서 신약의 여러 책과 특히
바울 서신 연구에서 사용된 "내러티브 접근법"은 과거 20-30년 동안에 성
경학자들 가운데서 구체화되기 시작했다.[32] 로마서를 해석할 때 곳곳에서
이 접근법을 고려할 필요가 있다. 바울이 이 특별한 편지에서 제시한 것을
분석하는 데 사용할 하나의 도구 및 또 하나의 해석학적 제어장치로서 말
이다.

E. 현상학적 역사 서술

신약의 편지를 학문적으로 논의하는 데 있어(또는 그 문제에 대해 성경의 여느
부분을 논의하는 경우에도) 우리는 "현상학적인 역사 서술"이라고 칭하는 것
을 알고 다룰 필요가 있다고 믿는다. 이것은 참신한 해석학적 통찰을 만들
어내려는 소망으로, 비슷한 주제들 및 대체적으로 유사하고 당대에 속하는
자료들을 보는 병행 방법들을 밝히고 추적하는 것이다. 성경 연구의 모든
유형에서 해석자는 "비교 종교학자"가 될 필요가 있다. 구체적으로 이 말은
신약의 학문적인 연구에서 가능하다면 다음과 같은 자료에 익숙해야 한다
는 의미다. (1) 제2성전기 유대교에서 유대인들의 신앙과 종교 생활, (2) 당
시 유대인 교사들의 토라 사용, (3) 이스라엘의 지혜문학, (4) 그리스의 종
교철학과 관행, (5) 유대 묵시문학, (6) 사해사본, (7) 알렉산드리아의 필론,
(8) 요세푸스, (9) 스토아 철학, (10) 탈무드 및 그와 관련한 편집본들, (11)
나그하마디 문헌들 등이다.

　　인정하건대, 대체적으로 유사한 현상들과 당대 문헌들 간의 병행을 탐
구하는 일은 매우 선별적인 과정일 수 있다. 그 과정은 경멸적으로 "병행
광"이라고 불리는 것으로 끝나는 경우가 종종 발생한다. 하지만 적절한 주

---

32) 여러 학문적인 제안을 개괄하고 평가한 B. W. Longenecker, *Narrative Dynamics in Paul*을
　　보라.

의와 통찰을 가지고 바르게 행해지기만 한다면, 관련이 있는 자료들에서 비슷한 주제와 개념과 표현들을 찾는 이러한 작업은 특히 로마서 해석에 매우 중요할 것이다.

F. 사상과 표현의 발전들

적어도 가능한 한 로마서 자체 내에서뿐만 아니라 로마서와 신약성경의 다른 책들 사이에 등장하는 사상과 표현의 다양한 발전을 주목하고 추적하는 것 역시 학문적인 로마서 읽기에 있어 매우 중요하다. 신약성경의 편지는 고립되거나 고정된 기독교 작품이 아니기 때문이다. 로마서 안에서 어떤 논증은 발전하며, 로마서 및 그것과 이웃하는 정경에 속한 책들 사이에는 발전이 있다. 그래서 신약 학자들이 어떤 편지의 기원과 그 편지의 역사적인 상황, 그리고 그 편지와 다른 작품 사이에 있다고 볼 수 있는 시간적 관계와 관련한 문제에 주의를 기울일 필요가 있듯이, 다음과 같은 면에 존재하는 개념적·주제적 발전 및 표현상의 발전을 주목하고 추적할 필요가 있다. 이를테면, (1) 로마서 자체 안에, 즉 로마서의 본론 중심에 있는 네 단락(1:15-4:25; 5:1-8:39; 9:1-11:33; 12:1-15:13)에 각각 존재하는 발전, (2) 로마서 중심부의 이 네 주요 단락 사이에 존재하는 발전, 그리고 (3) 바울이 로마서에서 제시하는 내용과 그의 다른 편지들 및 신약의 다른 작품들 사이에 존재하는 발전 등이다. 이러한 노력이 로마서 연구에 특히 중요한 것은 이 작업이 현대의 독자들에게 (1) 바울의 메시지가 당대에 어떤 기능을 했는지, (2) 그 메시지가 폭넓은 범위에서 초기 기독교 선포와 어떠한 관련을 맺고 있는지, 그리고 (3) 그 메시지가 오늘날 어떻게 상황화될 수 있는지를 더 잘 이해할 수 있게끔 하기 때문이다.

G. 기독교 복음의 다양한 상황화의 예들

이 주석 전체에서 중심이 되는 관심사는 바울이 기독교 복음을 로마에서 어떻게 상황화했는지를 강조하는 것이다. 이러한 상황화는 (1) 유대적 기독교에 의해 광범위하게 영향을 받은 문맥에서 드러나며(우리는 이것이 로마서의 본론 중심에 있는 첫 번째와 세 번째 단락[1:16-4:25과 9:1-11:36]에서 주로 드러난다고 주장할 것이다), (2) 엄격히 이방인들과 관련한 문맥에서 선포된다(우리는 이것이 로마서의 본론 중심에 있는 두 번째 단락[5:1-8:39]과 좀 더 일반적으로는 네 번째 권면 단락[12:1-21과 13:8-14]에서 묘사되었다고 주장할 것이다). 우리는 바울의 다른 여느 편지보다도 로마서에서 발생한 기독교 복음의 이런 다양한 상황화를 인식하는 것이 매우 중요하다고 믿는다. 그것은 다음과 같은 이유에서다. (1) 로마서 자체를 이해하기 위해서만 아니라, (2) 오늘날 기독교 선포와 사역의 특성을 이해하기 위한 본보기 또는 패러다임과 패턴을 제공해준다는 점에서 말이다. 본 주석의 석의 부분 전체에서 두드러지는 특징은 바울이 로마에 있는 그리스도인들에게 이러한 요인을 강조하고 있다는 사실이다.

5. 로마서의 그리스어 본문 전통

본 주석에서 석의와 성경신학 및 상황화의 문제를 다루기 전에 본문비평의 문제, 즉 로마서의 그리스어 본문 저변에 놓여 있는 본문 전통과 다양한 이문이 등장하는 여러 곳에서 본문을 "확정"하는 데 관심을 집중해야한다. 석의에 사용된 본문의 근거는 연합성서공회에서 출판한 *Greek New Testament* 4판(GNT⁴)과 네슬레-알란트의 *Novum Testamentum Graece* 27판(NA²⁷)이다. 이 두 그리스어 성경은 모두 1993년에 출판되었으며, 동일한 그리스어 본문을 가지고 있다. 하지만 GNT⁴의 본문비평 장치는 NA²⁷보다 이문들을 선별적으로 제한했다. 연합성서공회의 그리스어 성경(GNT⁴)은 번역자들에게 가장 중요한 이문만을 제시하려는 데 그 목적이 있기 때문이다. 따라서 본 주석의 "본문비평 주" 및 "석의와 주해"에서는 GNT⁴에 인용된 그리스어 로마서 본문의 이문들만 다룰 것이다. 하지만 NA²⁷에 적시된 다른 이문들과 여러 주석가들이 논의한 몇몇 다른 사본학적 문제들도 다루게 될 것이다.

A. 그리스어 본문 전통에서 사본의 계열들

신약 본문비평 분야에서 브루크 웨스트코트(Brooke F. Westcott)와 펜톤 호트(Fenton J. A. Hort)의 천재성은, 이전에 알려졌고 그 당시 새롭게 발견되고 있던 신약성경의 수많은 그리스어 사본들 간의 "계열"(또는 가족) 관계를 그들이 새롭게 이해하는 것으로 표현되었다. 웨스트코트와 호트는 카를 라흐만(Karl Lachmann, 1831), 콘스탄틴 폰 티셴도르프(Constantin von Tischendorf, 1841-72), 그리고 사무엘 트레겔레스(Samuel Tregelles, 1857-79)의 저서들에 의거하여, 1863년에 좀 더 비평적으로 확실한 근거 위에 그리스어 신약 본문을 확정했다. 호트는 고대 그리스어 신약 본문 자료들 간의 계열 관계 이론을 처음으로 제기한 사람으로 인정되어야 할 것 같다. 반면에 웨스트코트는 그 이론을 실천하는 일에 앞장섰다. 하지만 모든 점에서 두 사람은 서로 긴밀히 작업했다. 1881-82년에 두 사람은 이후의 모든 신약 연구에 심오한 영향을 끼친 그들의 수고의 결실을 『그리스어 원어 신약성경, 서론과 추기』(The New Testament in the Original Greek, Introduction and Appendix)로 출간했다.

오늘날 대부분의 학자는 웨스트코트와 호트의 계열 관계 논지에 근거하여 신약성경의 사본 전통에서 그리스어 본문의 기본적인 세 유형 또는 "계열"을 인식한다. 이 계열들의 다양한 조합은 하위 유형으로 밝혀지기도 했다. 가장 초기에 속하고 아마도 가장 우선적인 사본 계열은 "알렉산드리아" 사본 또는 웨스트코트와 호트가 "중립" 사본이라고 부른 계열일 것이다. 이 사본 계열은 상대적으로 이후 필경사들의 수정 작업으로 오염되지 않았기 때문이다. 이 사본 계열은 알렉산드리아 지역에서 유명했기에 그런 이름을 가지게 되었다. 하지만 이 사본은 로마 제국 동쪽 전역의 여러 교회에서 사용되기도 했다. 두 번째 유형은 종종 "서방" 사본이라고 불리는 그리스어-라틴어 이중 언어 사본이다. 이 사본은 2세기 중엽으로 거슬러 올라갈 정도로 일찍이 일부 그리스도인들 사이에 그 뿌리를 두었을 가능성이 크며, 로마 제국의 서쪽 지역에서 주로 사용되었다. 세 번째 유형은 "비잔틴" 사본이다. 이 사본은 3세기 말에 시리아의 안디옥에서 기원했다는 생각으로, "시리아" 사본 또는 "안디옥" 사본이라고도 불린다. 이 세 번째 사본 계열은 "코이네"("일반적인") 사본 또는 오늘날에는 "다수 사본"이라고도 불린다. 다수 사본은 소수의 후기 대문자 사본과 9세기부터 15세기에 이르는 엄청나게 많은 소문자 사본들로 대표되고, 숫자적으로 가장 많은 양의 사본으로 이뤄졌기에 이런 이름이 붙여졌다. 다수 사본은 이따금 "공인 본문"(Received Text)이라고도 불린다. 그것이 네덜란드의 종교적 인문주의자인 데시데리우스 에라스무스(Desiderius Erasmus, 1469-1536)가 16세기 초에 제안한 본문에 전반적으로 필적하며, 17세기에 Textus Receptus(공인 본문)라고 불린 본문으로 발전했기 때문이다.

알렉산드리아 본문 또는 중립 본문은 직접적으로 바티칸 사본(Codex Vaticanus, B 03)과 시나이 사본(Codex Siniaticus, 01) 등 4세기의 대문자 사본 2개로 대표된다. 비록 웨스트코트와 호트가 두 사본이 상이한 몇몇 경우에서 바티칸 사본을 더 선호해야 한다고 주장했지만, 두 사본은 일반적으로 일치한다. 5세기에는 대문자 사본인 알렉산드리아 사본(Codex Alexandrinus, A 02)도 등장했다. 이 사본은 복음서에서는 비잔틴 계열이지만 사도행전과 바울 서신에 있어서는 알렉산드리아 계열이다. 또 5세기에는 대문자 사본인 에프렘 사본(Codex Ephraemi Rescriptus, C 04)이 등장했다. 이 사본은 명칭에 암시되었듯이 5세기에 지워졌고 에프렘에 의해 그 위에 그의 38편의 논문으로 된 그리스어 번역으로 다시 사용된 팔림프세스트(원래 기록된 것을 지우고 그 위에 다른 내용을 필사한 사본―역주)다. 이 사본은 일반적으로 알렉산드리아 계열이지만 다른 혼합된 독법도 포함되어 있다.

더욱 중요한 점은 알렉산드리아 유형 또는 중립 유형의 본문이 3세기와 4세기의 성경 파피루스 사본들에서 우세했다는 사실이다. 그것은 P[46]("체스터 비티 사본 II")에서 가장 광범위하게 등장했다. 이 사본에는 바울의 편지 8개와 히브리서(이 파피루스 코덱스 책에는 많은 모서리가 손상되어 빈틈이 많이 있고, 데살로니가후서와 빌레몬서와 목회 서신이 빠져 있다)가 들어 있으며, 연대는 약 기원후 200년(앞뒤로 약간의 여지가 있음)으로 추정된다. 또한 중립 본문은 P[45]("체스터 비티 사본 I")에서 꽤 광범위하게 발견된다. 이 사본에는 복음서와 사도행전(마 20:24에서 시작하여 행 17:17에서 끝남)이 들어 있으며, 연대는 3세기 중엽으로 추정된다. 더욱이 알렉산드리아 유형의 사본은 파피루스나 대문자 사본이든지 또는 소문자 사본이든지 아래에서 제시할 범주 I에 들어 있는 쿠르트와 바르바라 알란트(Kurt and Barbara Aland)의 그리스어 성경에 포함된 다른 사본들 가운데서 우세하다. 또한 비잔틴 사본에서 유래한 "외부 영향"이 있기는 하지만, 알란트 부부가 범주 II에 포함시킨 사본들에서도 우세하다.

이른바 서방 본문은 이중 언어로 기록되고 복음서와 사도행전을 포함하고 있는 5세기의 베자 사본(Codex Bezae Cantabrigiensis, D 05)과 바울 서신을 포함하고 있는 6세기의 클라로몬타누스 사본(Codex Claromontanus, D 06)에 등장한다. 두 사본은 베자(Theodore Beza, 1519-1605)가 동시에 소유하고 있었기에 모두 단순히 베자 사본으로 정의되기도 한다. 베자는 제네바에서 장 칼뱅의 후계자였을뿐더러 당시 중요한 본문비평가이자 라틴어 번역가였다. 하지만 이 유형의 사본은 이보다 더 이른 시기에 그 뿌리를 두고 있었던 것 같다. 두 사본에서 약간은 독특한 표현들, 어구들, 삭제된 부분과 첨가된 부분 역시 일찍이 성경 파피루스의 그리스어 본문의 다양한 곳과 또한 테르툴리아누스(145-220년경), 키프리아누스(258년경 사망), 아우구스티누스(354-430년) 같은 교부들의 라틴어 성경 인용에 등장하기 때문이다.

비잔틴 유형의 본문은 주로 코덱스 H, L, P와 같은 일부 대문자 그리스어 사본에서 발견된다. H 사본(013)에는 복음서가 포함되었으며, 연대는 9세기다. H 사본(015)에는 바울 서신이 담겨 있으며, 연대는 6세기다. L 사본(019)에는 복음서가 담겨 있으며, 연대는 8세기다. L 사본(020)에는 사도행전, 일반 서신, 그리고 바울 서신이 들어 있고, 연대는 9세기다. P 사본(024)에는 복음서가 포함되었으며, 연대는 6세기다. P 사본(025)에는 사도행전, 일반 서신, 바울 서신, 요한계시록이 담겨 있으며, 연대는 9세기다. 하지만 비잔틴 본문은 9세기부터 15세기에 이르는 매우 많은 소문자 사본들에 더 일반적으로 등장한다.

B. 그리스어 본문 전통에 대한 현대적 재평가

신약성경의 그리스어 본문 전통에 대한 철저한 재평가는 독일 뮌스터 신약 사본연구소의 쿠르트 알란트와 바르바라 알란트 및 그들의 동료에 의해 수행되었다. 그들이 제안한 새로운 분석 방법과 아울러 그들의 연구 결과는 1983년에 논문 형식으로 출판되었으며,[33] 그 이후 지속적인 연구와 개정

---

33) Aland and Aland, *Text des Neuen Testaments*, 1983, 1989년에 독일어 개정판이 출간되

의 주제가 되었다. 모두 1993년에 출판된 GNT⁴와 NA²⁷의 비평장치와 본
문은 우리가 사용하는 현재의 신약성경 본문 배후에 있는 사본 자료와 사
본 역사의 이러한 재평가를 반영하기 위해 완전히 새롭게 개정되었다. 쿠
르트 알란트와 바르바라 알란트 및 그들 동료들의 작품의 결과로 GNT⁴와
NA²⁷에 있는 신약성경 모든 본문의 사본상의 이문들은 완전히 재검토에
들어갔다. 이전에 받아들였던 관점에서 볼 때 자료에서 다른 의미를 종종
발견하게 되었고, 사용 가능한 증거가 다르게 배열되었으며, 특정한 이문들
에 대해 다른 결론을 내리게 되었다.

일례로 GNT⁴의 서론에는 이렇게 서술되었다.

> 3판 이후 비평장치를 위한 본문을 선정하는 일에 상당히 많은 개정이 불
> 가피해졌다.…따라서 위원회에서는 284개의 새로운 본문을 선정하여 비
> 평장치에 포함시켰다. 그동안 이전에 포함되었던 273개의 본문은 그 이문
> 들이 번역자들과 다른 독자들에게 그다지 중요하지 않은 것이기에 제거되
> 었다.³⁴⁾

마찬가지로, 이전에 GNT⁴에서 "A"("확실함")에서 "D"("결정을 내리기 무척
어려움")에 이르는 평가를 표시하는 낱말들 하나하나는 다시 고려되었으
며, 필요하다고 생각되는 곳에서는 개정되었다.³⁵⁾ 평가를 표시하는 낱말들
은 선택한 독법과 관련하여 제4판 개정본의 편집자 다섯 명(Barbara Aland,
Kurt Aland, Johannes Karavidopoulos, Carlo M. Martini, Bruce M. Metzger)이 함께
결정한 확정의 정도를 나타낸다. 더욱이 GNT⁴의 "제4판 서문"은 "본문 전
통의 특징을 충실히 반영하고 불확실한 요소들을 제거하기 위해 각각의 그
룹에 속한 증거 본문들을 대표하는 것들을 선택하는 일에 매우 신중을 기

있다; ET: *The Text of the New Testament: An Introduction to the Critical Editions and to the Theory and Practice of Modern Textual Criticism*, 1987; 2nd rev. ed. 1989.

34) GNT⁴, introduction, 2*.

35) 참조. GNT⁴, introduction, 3*.

했다"라고 선언한다.[36] 그래서 모든 신약성경 본문들에 대한 본문비평 분석은 이제 신약성경의 사본 역사의 이러한 가장 최근의 재평가를 고려해야 한다.

C. 그리스어 본문 전통에서 제안된 사본 범주들

알란트 부부와 그들의 동료들은 현존하는 신약의 파피루스, 대문자, 소문자 그리스어 사본들을 다섯 범주로 나누고, 사본들의 중요성을 기초로 각각의 사본들의 품질과 신약성경의 원본 확정 작업을 다섯 종류로 분류했다.[37] 이 다섯 범주를 다음과 같이 나타낼 수 있다.[38]

> 범주 I: 알렉산드리아 또는 소위 중립 본문에 해당하는 "매우 특별하게 우수한"(very special quality) 사본들. 이 사본들은 본문을 확정 짓는 일에 늘 우선적인 고려의 대상이 되어야 한다. 이 범주에는 3-4세기의 모든 파피루스와 대문자 사본이 포함되기에, 알란트 부부가 "초기 본문"이라고 칭한 것을 나타낸다.
>
> 범주 II: "특별하게 우수한"(special quality) 사본들. 이 사본들은 범주 I과 비슷하기는 하지만 일반적으로 비잔틴 본문에서 유래한 "외부 영향"이 존재하는 까닭에 범주 I과 구별해야 하는 사본들이다. 이 범주에는 알렉산드리아 전통에서 발전한 것이 분명한 "이집트" 본문이 속한다.
>
> 범주 III: "독립적인 본문"과 함께 "독특한 특성"(distinctive character)에 속하는 사본들. 이 사본들은 비잔틴 본문의 영향을 강하게 받았음이

---

36) GNT⁴, preface, v.

37) Aland and Aland, *Text of the New Testament*, 2nd ed. (1989), 106, 159, 332-37을 보라.

38) 여기에 언급한 내용은 Aland and Aland, *Text of the New Testament*, 2nd ed. (1989), 335-36을 요약한 것이다.

종종 나타나는 사본들이다. 그래서 본문을 확정 짓는 우선적인 증거로
는 사용되지 않는다. 하지만 이 사본들은 본문 전통 역사를 이해하는
데 있어 중요하다.

범주 IV: 소위 "서방" 본문(Aland 부부는 더 이상 이 명칭을 선호하지 않지만,
Bruce Metzger는 계속 사용한다)에 속하는 사본들. 서방 본문은 우선적으
로 그리고 거의 배타적으로 두 권(복음서와 사도행전을 담고 있는 05와 바울
서신을 담고 있는 06)으로 이루어진 D 사본(베자 사본)이다.

범주 V: 순전히 또는 주로 비잔틴 본문을 보여주는 사본들.

이 분류는 지금까지 GNT⁴와 NA²⁷에서 정해진 이문들과 관련하여 본문비
평 장치에 어떤 사본을 포함시킬지 아니면 배제할지를 결정하는 근거로 사
용되었다.[39]

   그래서 GNT⁴는 이 본문비평 장치에 (1) 범주 III과 IV에 속한 것이 있
기는 하지만, 대부분이 범주 I과 II에 속하는 사본들과 (2) 범주 I, II, III에
속하는 모든 대문자 사본, 그리고 (3) 범주 I과 II에 속하는 비교적 적은 그
룹의 소문자 사본들과 신약성경의 다양한 부분(예. 복음서, 사도행전, 바울 서신,
일반 서신, 요한계시록)을 대표하는 것으로 선정된 범주 III에 속하는 10개의
일부 사본들을 포함시킨다. 하지만 범주 IV에 속한 소문자 사본들은 포함
되지 않았다. 이 사본들은 05(복음서와 사도행전)나 06(바울 서신) 등, D 사본
에 속하는 소위 "서방" 본문의 사본 유형을 대표한다. 알란트 부부가 비잔
틴 계열의 본문에 속함을 "지속적으로 입증"하고 있다고 밝힌 중요한 소문
자 사본들은 범주 V에 열거했다. 물론 이 외에도 더 발전된 비잔틴 본문에
속하는 수백 개의 소문자 사본이 존재한다. 하지만 이 사본 목록에 열거되
지 않은 수백 개의 비잔틴 사본을 비롯하여 범주 V에 포함된 모든 비잔틴

---

39) GNT⁴ 서론에 논평되었듯이, "위원회는 사본들을 선정할 때 이 범주들을 사용했다. 이 범주
   들만이 객관적인 통계 근거에 의거하여 신약성경의 사본 전통 전부를 분류하는 데 현재 사
   용 가능한 유일한 도구를 제공하기 때문이다"(4*).

계열의 사본들은 알란트 부부와 그들의 동료들에 의해 범주 I, II, III에 속하는 그리스어 사본들보다 열등한 것으로 판단을 받았다.[40] 이런 까닭에 비잔틴 본문에 속하는 본문 자료들은 본 주석의 "본문비평 주"나 "석의와 주해"에서 인용하지 않을 작정이다.

D. 로마서 그리스어 본문을 확정하기 위한 사본 증거 일람표

아래 제시한 도표는 앞에서 인용한 다섯 범주에 따라 로마서 그리스어 사본들 중 가장 중요한 것들을 제시한 것이다. 각각의 범주에 속하는 자료들은 그 본문들의 우수함을 중심으로 대략적으로 분류했다. 이 말은 (파피루스처럼) 그 사본들을 발견한 순서나, (대문자 사본들처럼) 사본의 연대나 낱말 혹은 숫자로 표시한 분류표를 따르거나, (소문자 사본들처럼) 일부 표시된 숫자들에 근거하지 않았다는 뜻이다. 이 도표들은 본 주석에서 이어지는 "본문비평 주" 또는 "석의와 주해"에서 논의되는 해당 독법의 본문 전통을 평가할 때 참조하기 위해 사용될 것이다.

파피루스 사본들		
범주 I		
P[46]	기원후 200년경	5:17-6:3; 6:5-14; 8:15-25; 8:27-35; 8:37-9:32; 10:1-11:22; 11:24-33; 11:35-12:9; 12:11-15:9; 15:11-33; 16:1-23; 16:25-27
P[27]	3세기	8:12-22, 24-27, 33-39; 9:1-3, 5-9
P[40]	3세기	1:24-27, 31-2:3; 3:21-4:8; 6:4-5, 16; 9:17, 27
P[10]	4세기	1:1-7

---

40) 참조. Aland and Aland, *Text of the New Testament*, 138-42.

P²⁶	기원후 600년경	1:1-16
P³¹	7세기	12:3-8
범주 II		
P⁹⁴	5-6세기	6:10-13, 19-22
P⁶¹	기원후 700년경	16:23, 25-27

대문자 사본	
범주 I	
ℵ (01)	4세기
B (03)	4세기
A (02)	5세기
0220	3세기
범주 II	
C (04)	5세기
Dᵖ (06)	6세기
Fᵖ (010)	9세기
048	5세기
0172	5세기
범주 III	
Dᵖ (06)	6세기
Gᵖ (012)	9세기
Hᵖ (015)	6세기
Pᵃᶜᵖʳ (025)	9세기
Ψ (044)	8-9세기
075	10세기
0150	9세기
0209	7세기
0219	4-5세기
0221	4세기

범주 V	
K^{ap} (018)	9세기
L^{ap} (020)	9세기
049	9세기
056	9세기
0142	10세기
0151	9세기

소문자 사본		
범주 I		
33	9세기	
1175	11세기	
1739	10세기	
범주 II		
81	11세기	
256	11-12세기	
442	13세기	
1506	14세기	
1881	14세기	
1962	11세기	
2127	12세기	
2464	9세기	

범주 III

5, 6, 61, 69, 88, 104, 181, 218, 263, 322, 323, 326, 330, 365, 424^c, 436, 441, 451, 459, 467, 614, 621, 623, 629, 630, 915, 917, 1241, 1243, 1319, 1398, 1505, 1563(?), 1573, 1611, 1678(?), 1718, 1735, 1751, 1838, 1845, 1846, 1852, 1874, 1875, 1877, 1908, 1912, 1942, 1959, 2110, 2138, 2197, 2200, 2344, 2412, 2492, 2495, 2516, 2523, 2544, 2596(?), 2718

범주 V

f^1(= 1, 118, 131, 209, 1582, 등등), 94, 103, 180, 189, 205, 206, 209, 254, 378, 398, 424*, 429, 431, 522, 642, 720, 911, 918, 945, 1067, 1251, 1292, 1359, 1409, 1424, 1523, 1524, 1642, 1704, 1841, 1854, 1891, 2147, 2298, 2374, 2400, 2541, 2652

E. 로마서 그리스어 사본에 관한 내용 요약

신약성경의 그리스어 본문 전통을 이루고 있는 거의 3,200개에 이르는 사본 가운데 로마서 본문을 확정하는 데 가장 중요한 것은 다음과 같다.

파피루스 사본들과 낱장으로 된 사본 가운데 8개는 로마서 본문을 확정하는 데 우선적으로 중요하다. 이 중에서 로마서 전체를 담고 있는 사본은 없다. 하지만 이들 대부분은 로마서 본문 전체를 보존하고 있는 대문자 사본들보다는 이른 시기의 연대로 추정되거나 이런 시기를 반영하며, 따라서 로마서 본문 평가에서 매우 중요한 것으로 고려되어야 한다.

사본의 초기 연대와 독법이 오염되지 않았음을 고려하면 이 8개 중에서 가장 중요한 것은 체스터 비티 모음집("체스터 비티 II")에 들어 있는 P^{46}이다. 이 사본은 기원후 200년경으로 연대를 추정할 수 있으며, 바울 서신 8개와 이른바 히브리서가 들어 있다(하지만 낱장이 손상되어 수많은 빈 공간이 있고 데살로니가후서와 빌레몬서와 목회 서신이 생략되어 있다). P^{46}은 알란트 부부가 "자유로운"(free) 본문, 즉 후대에 발전된 본문 계열 중 어느 것과도 분명히 또는 지속적으로 관련이 없다고 본 본문을 반영한다.[41] 애석한 점은 로마서 1:1-5:15을 포함하고 있을 것이 분명한 P^{46}의 처음 일곱 장이 손실되었다는 사실이다. 더욱이 P^{46}의 로마서 나머지 낱장 중에서도 많은 부분이 모서리가 손상되어 약간은 결함이 있다. 이런 결함이 있는 곳에 특히 5:17-6:14, 8:15-15:9, 15:11-27이 들어 있다. 그렇지만 P^{46}은 그것의 이른 연대와 그것이 오염되지 않았거나 "자유로운" 본문이라는 점 때문에 "2세기의 개정되지 않은 바울 문서에 대한 귀중한 증거이며, 그래서 모든 후기 본문 형태의 초기 구성 요소들을 입증하는 중요한 증거다."[42]

로마서의 범주 I이나 범주 II에 포함되는 다른 성경 파피루스는 로마서의 훨씬 더 적은 부분을 포함한다. 이 모든 성경 파피루스의 "오른

---

41) 참조. Aland and Aland, *Text of the New Testament*, 특히 95.
42) W. G. Kümmel, "History of the Text," 363.

쪽"(recto)과 "왼쪽"(verso) 페이지에 전부 글이 기록되어 있기에 이것들은, 신약의 다른 부분들의 파피루스가 대부분 그렇듯이, 두루마리(scroll)가 아니라 코덱스(codex, 즉 페이지나 낱장을 가진 2절판으로 된 책)에서 기인한 것 같다. 이것은 초기 그리스도인들이 아주 이른 시기부터 그들의 거룩한 글들을 기록하기 위해 코덱스, 다시 말해 책 형태를 사용했음을 암시한다.

4세기에서 9세기에 이르는 그리스어 **대문자 사본들**은 12세기에 이르기까지 신약 본문비평에서 주도적인 역할을 했다. 대문자 사본은 12세기 말에야 비로소 3세기 초와 4세기 파피루스 증거에 의해 그 주도적인 자리를 내주고 말았다. 1869–72년에 두 권으로 된 『그리스어 신약성경』(*Novum Testamentum Graece*)을 출판한 콘스탄틴 폰 티셴도르프(Constantin von Tischendorf)에게 시나이 사본(Codex Sinaiticus, 01)은 신약성경 본문을 확정하는 데 있어 비평적 표준이었다. 반면에, 1881–82년에 두 권으로 된 『그리스어 원어 신약성경』(*The New Testament in the Original Greek*)을 출판한 브루크 웨스트코트와 펜톤 호트에게 신약성경 본문비평의 기준은 바티칸 사본(Codex Vaticanus, B 03)이었다. 그 사본이 시나이 사본과 일치하는 곳에서는 특히 그랬다. 하지만 상대적으로 바티칸 사본과 시나이 사본이 불일치하는 몇몇 경우에서도 바티칸 사본이 기준이 되었다. 그리고 이 바티칸-시나이 사본의 본문 접근(즉 이 두 4세기의 대문자 사본에 일차적으로 기초하고, 두 사본이 다를 경우 시나이 사본보다 바티칸 사본을 우선시하는 것)은 에버하르트 네슬레(Eberhard Nestle)가 1898년에 출판한 그의 『그리스어 신약성경』(*Novum Testamentum Graece*)에 편입됨으로써 신약학자들 사이에서는 거의 보편적으로 인정받았다.

하지만 쿠르트 알란트와 바르바라 알란트 부부가 바티칸 사본과 시나이 사본을 비교하면서 지적했듯이, "바티칸 사본의 질은 바울 서신에 있어서는 열등하다. 복음서와 다른 성경에서는 바티칸 사본이 시나이 사본(과 그 밖에 여느 대문자 사본들)보다 훨씬 우월하다. 하지만 바울의 편지에서는 그

렇지 않다."[43] 그래서 알렉산드리아 계열 또는 중립 계열의 본문들을 지지
하는 이 두 4세기의 주요한 대문자 사본의 증거들을 다루는 경우에라도, 반
드시 "합리적인 절충주의"를 적용해야 한다. 이를테면, 특정한 본문 하나하
나를 대상으로 본문을 확정할 때에는 해당하는 사본들의 외적인 자료만 아
니라 저자의 논증과 용례와 관련한 내적인 자료도 고려해야 한다(이것은 결
과적으로 자료비평과 편집사비평을 사용하여 정경 복음서의 본문을 확정할 때 사용하
는 것과 상당히 유사한 방법론이다).

　　소문자 사본들은 신약의 본문 연구에서 오랫동안 중요한 역할을 담당
해왔다. 9세기 중엽에서는 주도적인 역할을 하기도 했다. 1431년에 바젤 의
회에 제시되었고 지금은 E(07) 사본으로 알려진 8세기 비잔틴 계열의 대문
자 사본인 바젤 사본(Codex Basilensis)을 에라스무스가 알았지만, 그는 후기
비잔틴 소문자 사본에 거의 전적으로 의존했으며 그의 "공인 본문"을 구성
하는 데 있어 잘 알려진 바젤의 대문자 사본을 사용하지 않은 것 같다. 그
리고 테오도르 베자는 신약 본문의 비평본을 출판했으나, 오늘날 베자 사
본이라고 불리는 것을 언급한 적이 없다. 베자 사본 두 권은 지금 복음서와
사도행전을 담고 있는 D 사본(05)과 바울 서신을 담고 있는 D 사본(06)으
로 명명된다. 이중 언어로 된 이 두 권 모두 그의 수중에 있었고 오늘날 그
의 이름으로 불리고 있음에도, 베자는 이 사본들을 거의 언급하지 않는다.
하지만 9세기 중엽에 시작하여 좀처럼 수그러들지 않고 많은 신약 사본들
과 그리스어 성경 자료들을 포함하고 있는 파피루스가 지속적으로 새롭게
발견되고 있고, 다양한 계열의 그리스어 본문들 간의 새로운 관계 연구가
진행됨에 따라, 소문자 사본 전통의 우세함은 급격히 축소되었다.

　　지금까지 소문자 사본으로 밝혀지고 숫자가 매겨지며 연구된 2,800개
가 넘는 소문자 사본은 모두 9세기부터 15세기 혹은 16세기에 이르는 시기
에 나왔으며, 80% 이상이 거의 배타적으로 비잔틴 계열 혹은 소위 "다수"
본문을 반영한다. 로마서의 소문자 사본들 가운데 불과 몇 개만 "최상의 대

---

43) Aland and Aland, *Text of the New Testament*, 14.

문자 사본에⋯견줄 수 있는 귀중한 초기 본문을 제공한다."[44] 이 중에서 가장 우수한 것은 "소문자 사본의 여왕"이라고도 불리는 9세기 소문자 사본 33과 10세기의 소문자 사본 1739의 일부분과 11세기 소문자 사본 1175다.

앞에서 제시한 "소문자 사본" 표에서 범주 I(즉 "매우 특별하게 우수한" 사본들)과 범주 II(즉 "특별하게 우수한" 사본들)에는 알렉산드리아 또는 중립 계열의 본문들을 어느 정도 반영하는 사본들이 불과 몇 개만 포함되었다. 이들 중 대부분은 다양한 "외부 영향"을 입증한다. 외부 영향이라는 것은 일반적으로 비잔틴 독법을 대표한다는 것을 의미한다. 범주 III(즉 "독립적인 본문"을 가지고 "독특한 특성"에 속하는 사본들)은 종종 강한 비잔틴 계열의 본문의 영향을 드러내기도 하는 수많은 사본 자료를 열거한다. 이 범주에 속하는 사본들이 로마서의 본문 전통 역사를 이해하는 데 어느 정도 중요할 수는 있겠지만, 로마서의 본문을 확정 짓는 일차적인 증거로 사용될 수는 없다. 로마서와 관련한 범주 IV 또는 "서방" 본문 계열의 소문자 사본은 없다. 그리고 범주 V에 해당하는 소문자 사본들(즉 순전히 또는 대부분 비잔틴 계열의 본문을 드러내는 사본들)은 범주 I, II, III에 속하는 사본들보다 열등하며, 이 로마서 주석의 "본문비평 주"나 "석의와 주해"에서 참작하지 않을 것이다.

설령 적은 그룹의 소문자 사본만이 범주 I과 범주 II에 포함될 수 있다고 해도, 가끔은 로마서를 석의할 때 비잔틴 계열의 본문들에도 어느 정도 주의를 기울여야 한다. 따라서 로마서의 어떤 본문들과 관련하여, "합리적 절충주의" 역시 로마서의 원문을 확정 지으려고 할 때는 비잔틴 계열의 이문들을 고려해야 한다.

F. 그 밖에 다른 본문 증거와 그 증거들의 중요성

전체적으로든 부분적으로든 로마서의 지속적인 본문을 반영하는 그리스어

---

44) Aland and Aland, *Text of the New Testament*, 128.

파피루스, 대문자 사본, 소문자 사본들 외에도 원래의 성경 본문을 확정하려는 시도에 영향을 준 다른 본문 자료들이 있다. 이 자료들에는 신약성경 번역본, 교부들의 인용, 그리고 교회에서 사용되는 성구집들이 포함된다.

　　신약성경의 초기 역본들은 옛 라틴어 역(Itala 또는 it), 옛 시리아 역(Vetus Syra, 그리고 타티아노스의 디아테사론에서 유래한 남아 있는 자료들로 대표되는 것들), 그리고 다수의 현존하는 콥트어 역본들의 콥트어 원형으로 추정되는 사본이다. 콥트어 역본들은 2세기 말(아마도 180-90년경)로 연대를 정할 수 있다. 라틴어 역본들은 일반적으로 2세기 말이나 3세기 초에 만들어진 옛 라틴어 역(it)과 4세기와 5세기의 불가타 역(vg)을 가리킨다. 이 두 역본 모두 매우 다양한 사본학적 현상을 제시하는 수많은 사본을 통해 드러난다. 시리아 역본들에는 다음과 같은 것들이 있다. (1) 초기의 옛 시리아 역본. 이것은 5세기의 페쉬타 역본(syr^p)뿐만 아니라 시나이 사본(syr^s)이나 쿠레토니아 사본(syr^c)으로 대표된다. (2) 필록세누스 역본(syr^{ph}). 이것은 맘북의 필록세누스(Philoxenus of Mabbug) 주교가 위임하여 507-08년에 폴리카르포스에 의해 번역된(하지만 지금은 존재하지 않는) 역본이다. (3) 하르켈 역본(syr^h). 이것은 616년에 하르켈의 토마스 수도사가 번역한 역본이다. 토마스는 얼마간 맘북의 주교이기도 했다. (4) 6세기의 팔레스타인 역본(syr^{pal}). 이것은 아람어 방언을 시리아어로 기록한 부분적으로만 보존된 역본이다. 따라서 간접적으로만 시리아 역본이라고 불릴 수 있다. 신약성경의 콥트어 역본들은 매우 많으며, 대부분이 일반적으로 사히드어 역(cop^{sa}), 보하이르 역(cop^{bo}), 그리고 파이윰어 역(cop^{fay}) 등에서 인용된다. 이 역본들은 모두 3세기나 4세기 초에 기인한다.

　　이 역본들은 전부 그리스어 본문에서 직접 번역되었거나, 만일 원래 다른 역본을 의존했다면 그리스어를 근거로 하여 철저히 개정되었다는 증거를 제시한다. GNT^{4}의 서론에 표현되었듯이, 이 역본들은 모두 "상대적으로 전승의 초기 단계에서 나왔으므로 신약성경의 그리스어 본문의 중요한 증거들이다. 이 역본들은 그 역본들이 기원하고 발전된 때와 장소에서 사용된 본문의 초기 형태를 증언한다."[45]

하지만 그 밖에 수많은 다른 고대 역본들은 그리스어 본문을 부분적으로만 의존했거나, 그 역본들이 개정된 후대의 다양한 단계에서 그리스어 본문의 영향을 받았다는 증거만을 제시한다. 이 파생된 역본 중에는 아르메니아어 역본, 조지아어 역본이 포함된다. 두 역본 모두 옛 시리아어 유형의 본문에 근거한 것 같다. 이와 비슷하게, 에티오피아어 역본은 어느 정도 파생된 번역으로 간주해야 할 것 같다. 사도행전과 일반 서신 및 요한계시록의 에티오피아어 역본들은 다양한 콥트어 역본과 아랍어 역본들의 지속적인 영향을 받았음에도 그리스어 본문에 기초한 것처럼 보이지만, 에티오피아어 역본들의 다른 여러 부분의 독법과 그것들의 본문 자료의 특성은 논의의 여지가 많이 있다. 그래서 비평장치에서 역본들의 인용을 원래 그리스어 본문을 분명하게 증언하는 예들로 제한한 연합성서공회의 그리스어 신약성경 4판(GNT⁴)과 네슬레-알란트의 그리스어 신약성경 27판(NA²⁷)처럼, 나중에 로마서 주석에서 본문을 논의하는 모든 곳에서 우리 역시 초기의 역본들을 "그 역본들의 근본적인 그리스어 본문이 확실하거나 개연성이 매우 높은 수준에 있는 것으로 결정될 수 있는 경우에만" 언급할 것이다.[46]

교부들의 신약성경 인용과 특별히 그들의 로마서 인용들은 일반적으로 성경 본문을 확정하려고 할 때 수많은 문제를 제기한다. 그리고 이 문제는 교부들의 성경 인용이 가장 많이 발견되는, 한 교부의 신약성경 주석에서도 드러난다. 교부들 자신과 그들의 글을 복사하는 필경사들에게는, 다루고 있는 본문에 실제로 어떤 단어가 사용되었는지에 주목하기보다는 인용된 성경 자료들을 그 본문에 대한 친숙한 형식으로 고쳐 쓰려는 유혹이 늘 있었기 때문이다. 더욱이 어떤 교부가 (1) 특정 본문을 이해하기 쉽게 바꾸어 표현함으로써 암시하는지 아니면 실제로 신약 본문을 인용하고 있는지,

---

45) GNT⁴, introduction, 22*.
46) GNT⁴, introduction, 22*.

그리고 (2) 기억에서 인용하는지 아니면 성경 사본에서 복사하고 있는지와 관련한 문제가 항상 있다. 그리고 물론 라틴어를 사용하거나 시리아어를 사용하는 교부들이 그들의 모국어로 글을 쓸 때도 그들이 인용한 번역본의 본문이 그리스어 원문과 어떻게 상관하는지를 결정하는 부가적인 문제가 늘 존재했다.

그럼에도 쿠르트와 바르바라 알란트 부부는 이렇게 정확히 지적했다. "교부들의 신약성경 본문을 확정하는 것은 사본 역사와 본문비평에 전략적으로 중요하다. 이것은 본문이 특정한 시기와 특정한 장소에서 어떻게 등장하였는지를 우리에게 보여준다. 이것은 우리가 다른 어느 곳에서도 발견할 수 없는 정보다."[47] 교부들의 성경 사용을 평가하고 그들이 사용한 본문 형식을 밝힘으로써 해야 할 것이 여전히 많이 남아 있지만, 이 주석에서 본문을 주석하며 분석하는 가운데 이러한 교부들의 인용들이 그리스어 본문을 확정하는 일에 어느 정도 중요성을 띠게 되는 경우는 많이 있을 것이다.

전체로든 부분적으로든 2,300개의 사본들이 존재하는 **교회의 성구집**은 해당 교회력을 위해 준비된 교육 자료로서, 순서에 따라 독립된 단락들로 나뉘고 배열된 성경 본문 모음집이다. 하지만 이 교회의 성구집들은 주로 신약성경의 역사가 아니라 교회 예배 의식의 역사와 더욱 관련하여 이해해야 한다. 성구집들은 특정한 예배 의식의 필요의 산물이다. 그래서 그 형태와 문구들은 예배 의식의 특정한 필요에 강하게 영향을 받은 것으로 이해될 수 있다.

신약성경의 본문을 확정하는 데 도움이 될 만한 것이 많지 않음에도, 고대의 교회 성구집들은 특정한 성경 본문의 후기 역사를 연구하는 데 중요하다. 필경사들이 어떤 성경 본문을 복사하면서 그들의 예배 의식에서 그 본문이 지속적으로 반복되는 것에 익숙했을 것이고, 그래서 의식적으로든 무심코든 그들의 예배에서 사용되는 표현을 그 본문에 편입했을 것이므로, 성구집들이 성경 본문 자체와 후기 사본들에 나타난 본문 전통에 약간

---

47) Aland and Aland, *Text of the New Testament*, 172.

의 영향을 행사했을 가능성이 있다고 추정할 수 있다. 알란트 부부가 바르게 주장했듯이, "우리로서는 신약성경 본문비평에서 원문과 그 본문의 초기 역사에 관해서라면 2,300개의 성구집들 중에서 거의 모두가 예외적인 경우에만 중요성을 띨 수 있다고 결론 내릴 수밖에 없다."[48]

---

48) Aland and Aland, *Text of the New Testament*, 169.

로마서 주석

로마서는 "신학적인 논문"도 아니고, "기독교 신학대전"도 아니다. 오히려 로마서는 그리스도의 사도인 바울이 예수를 믿는 로마의 신자들에게 쓴 편지다. 수사학적으로 로마서는 명령과 권고가 담긴 "권면의 메시지"로 부르는 것이 가장 좋다. 이것은 고대의 "권면의 말("연설" 또는 "메시지")"과 비교될 수 있다. 서간체적 용어로 분석할 경우, 로마서는 다양한 그리스-로마의 교훈적 편지에 비길 만한 교훈과 호소를 담은 "에세이 편지"로 이해되어야 한다.[1]

---

1) 본서 59-66쪽을 보라. 그리고 더 광범위한 논의를 위해서는 R. N. Longenecker, *Introducing Romans*, 169-235을 참조하라.

로마서의 서론 단락들

편지로서 로마서는 "인사"와 "감사"로 시작한다. 이 두 단락의 도입부가 어디인지는 상당히 잘 설명될 수 있다. 정확히 어디서 감사 단락이 끝나고 편지의 본론 단락(또는 "몸말의 서론")이 시작되는지에 대해서는 질문이 제기될 수 있지만 말이다. 이 두 도입부는 모두 바울 당대에 통용되던 편지의 여러 가지 관행에 대한 증거다. 각각의 단락은 저마다의 방식으로 (1) 바울이 글을 쓰는 목적 및 관심사들과 (2) 편지의 나머지 부분에서 그가 더 자세히 전개하고 싶은 것이 무엇인지를 표현한다.

I. 인사(1:1-7)

번역

^{1:1}예수 그리스도의 종 바울은 하나님에 의해 사도로 부르심을 받아 하나님으로부터 오는 복음을 위하여 택정함을 입었으니, ²이 복음은 하나님이 예언자들을 통하여 그의 아들에 관하여 성경에 미리 약속하신 것이라. ³그의 아들에 관하여 말하면,

> 육신으로는
> 다윗의 혈통에서 나셨고
> ⁴성결의 영[또는 "성령"]으로는
> 죽은 자들 가운데서 부활하사
> 하나님의 능력 있는 아들로 인정되셨으니
> 곧 우리 주 예수 그리스도시니라.

⁵그로 말미암아 우리가 사도의 직분이라는 하나님의 특별한 은혜를 받아 그의 이름을 위하여 모든 이방인 중에서 믿음에서 나오는 순종을 하게 하나니, ⁶너희도 그들 중에서 예수 그리스도에게 속하게 하려고 하나님의 부르심을 받은 자니라.

⁷로마에서 하나님의 사랑하심을 받고 거룩한 백성으로 부르심을 받은 모든 자에게, 하나님 우리 아버지와 주 예수 그리스도로부터 은혜와 평강이 있기를 원하노라.

본문비평 주

1:1 Χριστοῦ Ἰησοῦ("그리스도 예수")의 순서로 된 본문은 P¹⁰과 대문자 사본 B와 소문자 사본 81(범주 II), it^{ar, mon}과 vg^{ww, st} 역본들, 그리고 이

레나이우스와 오리게네스[2/3]의 지지를 받는다. 그러나 Ἰησοῦ Χριστοῦ("예수 그리스도")의 순서로 된 본문이 P[26]과 대문자 사본 A D[abs1] G P Ψ, 그리고 소문자 사본 33 1175 1739(범주 I)와 256 1506 1881 1962 2127 2464(범주 II), 역본 it[b, d, g, o] vg[cl] syr[p, h, pal], 그리고 이레나이우스[lat mss] 오리게네스[1/3] 크리소스토모스 테오도레토스 암브로시우스 히에로니무스 아우구스티누스[5/14]에 등장한다. 이와 비슷한 ἀπόστολος("사도")라는 명칭과 결합된 Χριστοῦ Ἰησοῦ라는 이름이 등장하는 예도 고린도전서 1:1, 고린도후서 1:1, 에베소서 1:1, 골로새서 1:1, 디모데전서 1:1, 디모데후서 1:1에서 발견된다 (또한 δέσμιος["갇힌 자"]와 결합된 몬 1과 δοῦλοι["종들" 또는 "노예들"]와 결합된 빌 1:1도 참조하라). 반면에 Ἰησοῦ Χριστοῦ는 갈라디아서 1:1과 디도서 1:1에 ἀπόστολος와 함께 등장한다(참조. 살전 1:1과 살후 1:1. 이 인사말에서 "예수 그리스도"는 "아버지 하나님과 주 예수 그리스도 안에 있는" 자들인 "데살로니가 교회"를 지칭하면서 등장한다). 로마서 1:1에서 이 두 독법을 각각 지지하는 사본학적 증거는 상당히 균형이 잡혀 있다. 물론 4세기의 독법인 P[10]과 B 사본에 근거하여 Χριστοῦ Ἰησοῦ라는 이름이 선호되어야 하지만 말이다.

3절   Τοῦ γενομένου("태어난 이" 또는 "후손")라는 독법은 그리스어 본문 전통에서 압도적으로 우세하다. 그러나 (sy[p]에도 반영된) 5세기의 대문자 사본 61은 γεννωμένου("그 가족에 속한 이" 또는 "태어난 이")로 읽는다. 하지만 그 독법은 청각적 오류 또는 후기의 기독론적 추측에 기인한 것 같다.

4절   옛 라틴어 역본과 히에로니무스의 불가타 역본 및 일부 라틴 저자들은 그리스어 분사 ὁρισθέντος를 라틴어 *praedestinatus*로 번역했고, 따라서 본문을 "예정된 이"로 읽었다. 이것은 그들이 사용한 그리스어 본문이 προορισθέντος로 읽혔음을 시사한다. 하지만 더 개연성이 있는 것은 *destinatus*나 *definitus*보다는 *praedestinatus*라고 번역한 것을, 양자설이 신학적인 쟁점이 되었던 시기에 그리스어 ὁρισθέντος에서 감지된다고 여겨진 "양자설적" 어조를 누그러트리려는 시도로 이해하는 것이다.

7a절   Ἐν Ῥώμῃ("로마에 있는" 또는 "로마에서")라는 어구는 P[10, 26vid]과 대문자 사본 A B C D[abs1] P Ψ, 그리고 소문자 사본 33 1175 1739(범주 I)

와 81 256 1506 1881 1962 2127 2464(범주 II)로 잘 입증받는다. 또한 이 어구는 it$^{ar, b, d, o}$ vg syr$^{p, h, pal}$ cop$^{sa, bo}$와 같은 역본들에도 반영되었고, 오리게네스$^{gr, lat}$ 크리소스토모스 테오도레토스 암브로시우스의 지지를 받고 있다. 그런데 사본들 중에는 ἐν Ῥώμῃ가 빠져 있는 것들이 있다(G 1739^{mg} 1908^{mg} it^g 오리게네스). "필경하는 중에 우연히 빠뜨렸거나, 더 개연성이 크게는 이 편지가 일반적으로 적용되는 편지이고 지역적으로 한정된 편지가 아님을 보이려고 일부러 삭제했을 것이다."[2]

7b절   Ἀγαπητοῖς θεοῦ("하나님의[또는 "에 의한"] 사랑")라는 표현은 P$^{10, 26}$과 대문자 사본 A B C P Ψ, 그리고 소문자 사본 1739(범주 I)와 81 1962 2127(범주 II) 등으로 널리 지지를 받고 있다. 이 어구는 역본들 it$^{dem, x, z}$ vg syr$^{p, h, pal}$에도 반영되었고, 오리게네스$^{gr, lat}$ 암브로시아스테르 아우구스티누스에 의해서도 지지를 받는다. 이문 ἐν ἀγάπῃ θεοῦ("하나님의 사랑 안에서")는 열등한 증거를 가지고 있다(대문자 사본 G, it$^{ar, d*, g}$ 등의 역본들, 그리고 암브로시우스 펠라기우스). 일부 라틴어 증거에는 ἐν ἀγάπῃ θεοῦ와 ἐν Ῥώμῃ가 결합되어 "하나님의 사랑 안에서[dilectis / in caritate Dei] 로마에 있는[qui sunt Romae] 모든 사람에게"라고 읽는다. 베자 사본(D 06)의 그리스어 본문과 소문자 사본 1915에 ἀγαπητοῖς θεοῦ가 빠져 있는 것은 아마도 우연일 것이다.

7c절   충분히 입증받는 χάρις ὑμῖν καὶ εἰρήνη("은혜와 평강이 너희에게")의 어순은 syr^{p}에서 역순 εἰρήνη καὶ χάρις ὑμῖν으로 되었다. 바울의 통상적인 순서와 사용례에 대해서는 본 주석 7절의 "석의와 주해"를 보라.

형식/구조/상황

그리스 편지들은 공식적인 도입 어구나 인사말로 시작한다. "A(발신자)가 B(수신자)에게" 또는 가끔은 인사말 χαίρειν(문자적으로 "기쁘다" 또는 "반갑다"라는 의미이고, 구어체로는 "환영하다", "좋은 하루" 또는 "안녕"이라는 뜻이며, 편

---

2) Metzger, *Textual Commentary*, 446.

지에서도 인사말로 사용됨)을 동반한 "B로부터 A에게"로 시작하기도 한다. 가 끔은 ὑγιαίνειν(문자적으로 "건강하게 지내다", 구어체와 편지에서는 "건강하기를") 과 같은 건강을 기원하는 바람이 인사말과 연결되기도 한다: χαίρειν καὶ ὑγιαίνειν("안녕하며 건강하기를").

바울도 당대의 관습에 따라 인사말(7b절)과 함께 자신을 발신자로 밝 히고(1절) 로마 그리스도인들을 수신자로 밝히는 말(7a절)로 로마서를 시작 한다. 이 모든 것은 상당히 확장되고 독특한 신학적 뉘앙스로 가득 차 있다. 이 기본적인 삼중 구조는 εὐχαριστῶ 형식("내가 감사한다")이 1:8 앞부분에 등장하고 그래서 그 시점에서 "감사"의 시작을 표시한다는 사실과 함께 로 마서의 인사말이 1:1-7로 확인될 수 있음을 상당히 분명하게 시사한다.

로마서의 인사말은 고전적인 그리스 저자들의 작품에 등장하는 "주기 적"(ἐν περιόδοις)이거나 "치밀한"(κατεστραμμένη) 유형의 예술적으로 발달한 산문체가 아니라, "흐르는"(εἰρομένη) 유형의 세련되지 못한 통속적인 코이 네 그리스어에 속하는 산문체다.[3] 그리스어 본문에서 1:1-7의 인사말은 한 문장일 뿐이다. 이 문장은 여러 관계대명사절 및 병치된 어구들이 함께 연 결된 문장들로 이루어졌다. 더욱이 이 인사말은 바울의 다른 모든 편지의 인사말을 비롯하여 현존하는 어떤 그리스 편지의 관습보다도 길다. 로마서 의 인사말이 긴 가장 분명한 이유는 바울이 고대 편지의 일반적인 인사말 의 매 단위에 부가적인 자료를 편입했기 때문이라고 말할 수 있다. 그러나 더 중요하게는 로마서의 인사말은 사도 바울이 그의 편지에서 다룰 매우 중요한 여러 문제를 함축적이고 비교적 은밀한 형태로 제시하기에 더 길어 졌다. 그래서 사도 바울은 글을 쓸 때 그의 주요 관심사를 표현하고, 글을 쓰는 그의 주된 목적들의 특징을 예상하며, 그가 편지의 다른 부분에서 더 충분히 발전시키기를 원하는 특정 주제들을 강조한다.

그 결과 로마서의 인사말은 구성에 있어서 꽤 단순하고, 표현에 있어 서 상대적으로 직설적으로 보일지 몰라도, 그의 모든 편지에서 가장 무게

---

3) 아리스토텔레스의 『수사학』(*Rhetoric*) 3.9에 있는 명명법을 보라.

있는 신학적 주장들을 포함하는 가장 함축적인 단락 중 하나이며, 그래서
가장 널리 논의되는 부분 중 하나다. "최근에 다른 어느 신약성경의 본문
보다도 이것[특히 1:3-4]을 주제로 많은 글이 쓰였을 뿐만 아니라",[4] 최근
에 바울 서신들 가운데 다른 어느 단락보다도 더 많은(혹은 적어도 그만큼의)
글이 1:1-7의 인사말을 주제로 썼다. 그러므로 모든 토론에 뛰어들거나,
제안된 논지를 지지하는 데 사용된 모든 자료를 매번 모으려고 하기보다,
우리는 (1) 인사말에 등장하는 각각의 항목을 조심스럽게 다루고, (2) 제안
된 중요한 논제들을 충분히 설명하며, (3) 바울이 이처럼 길고 매우 중요한
인사말을 제시한 핵심들과 관련하여 입증될 수 있는 부분을 정리할 필요가
있다.

석의와 주해

    1:1a   Παῦλος("바울")는 문자적으로 "작은" 또는 "적은"이라는 뜻
의 그리스 이름이다. 베냐민 지파 출신의 유대인인 로마서 저자는 이스라
엘의 첫 번째 왕인 베냐민 지파의 사울이라는 이름을 가지고 자랑스럽게
태어났다. 하지만 로마 시민권자인 그에게는(참조. 행 16:37-38; 25:10-12) 이
름이 3개 있었을 것이다. (1) 맨 앞에 오는 개인 이름(*praenomen*), (2) 중간
에 오는 가족 이름(*nomen*), (3) 맨 마지막에 오는 셋째 이름이면서 더 일반
적으로 사용되는 코그노멘(*cognomen*) 등이다. 어떤 방식으로든 로마 시민
권을 얻은 그리스 사람들과 다른 지방의 사람들은 일반적으로 셋째 이름으
로 그리스 이름을 유지했다. 여기에 그들은 로마식 개인 이름과 가족 이름
을 첨가했는데, 후자는 통상적으로 그들이 시민권을 물려받은 사람의 이름
에 해당한다. 바울의 개인 이름이나 가족 이름은 신약성경에 등장하지 않
는다. 바울은 이방인에게로 간 그리스도인 선교사로서 그의 그리스 이름인
바울만을 사용한 것 같다. 이것은 인종이나 국가, 또는 가족이나 지위와 관
련하여 어떤 뉘앙스도 없는, 그리스 사람들과 로마 사람 모두 받아들이고

---

4) (1:3-4과 관련하여) Hengel, *Son of God*, 59에서 인용.

사용한 로마식 셋째 이름에 해당한다.

제럴드 브레이(Gerald Bray)가 주목했듯이, 교부들은 "특히 바울이라는 이름 자체에 매료되어, 왜 사울에서 바울로 바뀌었는지를 파악하려 했다."[5] 사도행전 9:1-30에 묘사된 것처럼, 바울이 다메섹 도상에서 그리스도를 만났을 때 그의 이름이 사울에서 바울로 바뀌었다고 종종 제안되곤 했다. 하지만 이러한 의견은 일반적으로 개연성이 적은 것으로 이해된다. "바울"이라는 이름은 누가의 두 번째 책인 사도행전 13:9에 와서야 비로소 소개되기 때문이다. 크리소스토모스는 마가복음 3:16(과 병행구. 또한 마 16:16-18a 참조)에서 묘사한 시몬 베드로에서 유추하여, 하나님이 사도행전 13:2-3에 묘사된 바울의 "임명" 때 그의 이름을 그렇게 바꾸셨다고 제안했다.[6] 펠라기우스는 바울 자신이 "직임을 받았을" 때 새로운 이름을 취했다고 이해했다. 그의 주장을 직접 들어보자.

> 우리는 그(바울)가 성인들의 방법대로 이렇게 했다고 생각해야 한다. 성인들은 직임을 받을 때 다른 이름으로 불렸다. 따라서 일례로 아브라함과 사라와 게바처럼, 이름에 있어서도 그들은 새롭게 된다.[7]

라틴 교부들은 그가 바울이라고 불린 까닭이 그가 선교 여행을 시작할 무렵 구브로의 총독 서기오 바울(Sergius Paulus)을 개종시켰기에 "바울"(Paulus)을 그의 이름으로 취했다고 자주 제안했다. 이것은 통치자들이 정복민들의 이름을 자신의 칭호에 첨가하는 관습과 동일하다.[8] 하지만 이 모든 제안에 대해서 아돌프 다이스만(Adolf Deissmann)은 다음과 같이 적절히 주장했다. (1) 사도행전 13:9("바울이라고 하는 사울")에서 ὁ καί ("~이라고

---

5) G. Bray, ed., *Ancient Christian Commentary*, VI: *Romans*, 2.

6) Chrysostom, *Homilies of S. John Chrysostom*, PG 60.209, on Acts 13:9.

7) 창 17:5과 요 1:42을 암시하는 Pelagius, *Ad Romanos*, PL 30.645.

8) 예를 들어 Jerome, *De viris illustribus 5*, PL 23.646에 이런 주장이 천명되었다. 또한 Augustine, *Confessions* 8.4도 참조하라. 그의 *De spiritu et littera* 7.12과 *Sermons* 279.5; 315-17에서는 약간은 다르게 언급하고 있기는 하지만 말이다.

도 하는 이")는 "그가 구브로에 오기 전에 사울로스 파울로스(*Saulos Paulos*)로 불렸음을 인정한다." (2) 누가는 "자신의 영웅이 수고하는 영역에 따라 이름을 다르게 사용한다." (3) 바울은 그의 이방인 선교에서 자신을 Σαῦλος ὁ καὶ Παῦλος로, 즉 자신이 비록 베냐민 지파의 후손이며 여러 카이사르와 동시대 사람이지만 미래와 인류를 위해 수고한 사람으로 생각했다."[9]

일반적으로 교부들은 성경에 등장하는 인물들 가운데 하나님에 의해 이름이 다시 지어지거나 그 사람의 특성에 맞는 별칭으로 알려진 사람들이 여럿 있다는 사실을 주목했으며,[10] 여러 다른 사람이 실제로 이름을 2개 또는 심지어 3개나 가지고 있었다는 사실에 주의를 환기시켰다.[11] 그래서 교부들은 유대인들이 이름을 두세 개씩 가지고 있었던 것이 관례였다고 결론을 내렸다. 그 이름이 그들의 부모에 의해 주어졌든지, 하나님이나 그 밖에 다른 사람에 의해 주어졌든지, 또는 애정을 담아 이름을 지었든지 존경의 표나 멸시하는 투로 그 이름을 지었든지 상관없이 말이다. 이런 의미에서 오리게네스가 그의 로마서 주석 서론에서 바울이라는 이름에 대해 기록한 것은 인용할 가치가 있다.

이름을 2개나 3개씩 갖는 것은 히브리인들의 관습이었다. 그들은 동일한 사람에게 각기 다른 이름을 부여했다. 바울이 두 번째 이름을 가졌을 것이라는 점은 이 관습에 부합하는 것으로 보인다. 바울은 그의 동포들에게 사역하는 동안에는 사울이라고 불렸다. 이 이름은 그의 부모가 그에게 지어준 이름인 것 같다. 하지만 바울이 그리스 사람들과 그 밖에 다른 이방인들을 위해 율법과 계명들을 기록할 때에는 바울이라고 불렸다. 성경에

9) A. Deissmann, "SAULUS PAULUS," in *Bible Studies*, 313-17.
10) 아브람이 아브라함으로, 사래가 사라로, 야곱이 이스라엘로, 시몬이 베드로로 바뀌고, 세베대의 아들들이 "우레의 아들들"로 알려지게 된 것을 예로 들 수 있다.
11) 삼하 12:25에서 솔로몬은 여디디야로, 왕하 24:17에서 시드기야는 맛다니야로, 왕하 15:1에서 웃시야는 아사랴로도 불린다. 레위라고 하는 마태(눅 5:27), 레바오라고 하는 다대오(마 10:3)뿐만 아니라 사사기와 사무엘서 및 열왕기에 등장하는 사람들도 2개 또는 3개의 이름으로 언급되었다.

서 "바울이라고 하는 사울"로 언급될 때(행 13:9), 바울이라는 이름은 그 당시 처음으로 그에게 붙여진 것이 아니라 이미 늘 그렇게 불렸던 것이었음이 분명하다.[12]

사도행전 22:28에서 우리는 바울이 태어날 때부터 로마 시민이었다고 주장한 것을 읽는다. 이것은 그의 가족이 그가 출생하기 전 언젠가 다소에서 로마 시민권을 받았음을 암시한다. 아마도 로마와 셀레우코스 왕조 간의 정치적 관계 문제를 해결하는 중에 그랬을 것이다. 여기에는 몇몇 유력한 유대인들을 로마 시민으로 편입시키는 것도 포함되었을 것이다.[13] 그러므로 바울의 부모는 십중팔구 그가 태어날 때 코그노멘(*cognomen*)을 당대의 보편적인 그리스어 이름인 파울루스라고 지어줬을 것이다. 파울루스는 이방인 세계에서 그의 일반적인 이름으로 사용되도록 의도되었을 것이다. 마치 사울이 유대인들 사이에서 사용하도록 그의 부모가 그에게 부여했던 이름이었던 것처럼 말이다. 신약성경에는 바울의 개인적인 이름(*praenomen*)이나 그의 가족 이름(*nomen*)이 언급된 적이 없다(바울은 로마 시민으로 태어났으므로, 그의 여러 이름은 출생 시에 그의 부모가 그에게 지어준 것이었다고 추측할 수 있다). 신약성경에 아그립바, 벨릭스, 베스도, 갈리오와 같은 로마 관원들의 개인 이름이나 가족 이름, 또는 그리스보, 유스도, 루포, 실루아노와 같은 유대 그리스도인들의 개인 이름이나 가족 이름이 언급되지 않은 것처럼 말이다. 이 사람들은 모두 세 번째 이름인 코그노멘뿐만 아니라 개인적인 이름과 가족 이름도 가지고 있었을 것이다.

바울은 자기 별명으로 자신을 언급한 직후, 로마서의 이 인사말에서 그의 다른 어떤 편지들에서보다 더 장황하게 자신을 묘사한다. 먼저 그는 자신을 δοῦλος Χριστοῦ Ἰησοῦ("그리스도 예수의 종")로, 그다음에 κλητὸς ἀπόστολος("사도로 부르심을 받은 자")로, 마지막으로 ἀφωρισμένος εἰς

---

12) Origen, *Ad Romanos*, PG 14.837-38.
13) 참조. W. M. Ramsay, *Cities and Bishoprics of Phrygia*, 169-86.

εὐαγγέλιον θεοῦ("하나님의 복음을 위하여 택정함을 입은 자")로 소개한다. 이 세 가지 자기 언급을, 바울이 친히 세우지 않은 교회와 그가 개인적으로 (적어도 대체적으로) 알지 못하는 그리스도인들에게 자신을 소개할 때 바울의 의기양양함만 반영하는 단순히 야단스럽게 치장한 표현으로 읽어서는 안 된다. 오히려 그 반대다. 바울은 그의 다른 편지의 인사말에서 자신을 비교적 간단하게만 묘사하고 있고, 더 중요하게는 이러한 묘사들이 그가 각각의 편지를 쓰고 있을 당시 직면하고 있던 상황에 특히 관련이 있는 것처럼 보이기 때문에, 바울이 여기서 비교적 장황하게 자신을 소개하는 것은 로마서 1:1의 이러한 자기 신분 확인을 통하여 그의 말을 그의 독자들의 인식에 맞추고 그의 인격과 지위와 관련한 그들의 우려를 다루고 있다는 생각이 든다.[14] (다른 편지에서 바울이 자신의 신분을 밝힌 내용을 비교해 보라. 고전 1:1; 고후 1:1; 갈 1:1; 엡 1:1; 골 1:1; 딤전 1:1; 딤후 1:1; 딛 1:1에서 바울은 자신을 ἀπόστολος Χριστοῦ Ἰησοῦ["그리스도 예수의 사도"]로 밝힌다. 빌 1:1에서는 자신과 디모데를 δοῦλοι Χριστοῦ Ἰησοῦ["그리스도 예수의 종들"]로 언급하며, 딛 1:1에서는 자신의 신분을 δοῦλος θεοῦ와 ἀπόστολος Ἰησοῦ Χριστοῦ로 밝힌다. 그리고 몬 1에서는 δέσμιος Χριστοῦ Ἰησοῦ["그리스도 예수의 갇힌 자"]라는 어구를 사용한다. 데살로니가전후서의 인사말에서는 여기에 언급한 어떤 명칭도 등장하지 않는다.)

1:1b Δοῦλος Χριστοῦ Ἰησοῦ("그리스도 예수의 노예" 또는 "종")는 단순한 겸손의 표현으로 이해할 수 있다. 오리게네스는 오래전에 이 어구를 이런 식으로 이해하는 것이 "잘못되지 않다"고 주장했다. 이런 까닭에서다.

바울이 로마서 8:15에서 "너희는 다시 무서워하는 종의 영을 받지 아니하고 양자의 영을 받았으므로 우리가 아빠 아버지라고 부르짖느니라"라고 선포하면서도, 고린도전서 9:19에서는 "내가 모든 사람에게서 자유로우나

---

14) 그가 로마서의 1:18과 2:16 같이 분명한 곳에서도 하듯이 말이다. 또한 갈 1:1, 10, 11-12; 고전 15:8-10; 빌 3:4-7의 자전적인 언급을 참조하라.

스스로 모든 사람에게 종이" 되었다고도 말하기 때문이다. 이것은 그가 종의 정신이 아니라 아들의 정신으로 그리스도를 섬기고 있음을 암시한다. 그리스도를 섬기는 것은 그 어떤 자유보다도 고상하다.[15]

개중에는 이렇게 제안하는 사람들도 있다. 바울이 로마서 뒷부분에서 그리스도인들을 일반적으로 "하나님의 종"으로 언급하고 있으므로(참조. 6:22, δουλωθέντες δὲ τῷ θεῷ), δοῦλος Χριστοῦ Ἰησοῦ라는 어구는 바울이 자신을 다른 그리스도인들과 같은 수준에 놓은 것으로 해석할 수 있다고 말이다.[16] 또는 이 표현을 바울이 그의 주님으로서 자신의 삶의 절대적인 소유권을 가지고 계신 그리스도 예수께 전적으로 복종하고 완전히 헌신함을 암시하는 것으로 볼 수 있다. 바울이 6:16-22에서 종의 용어를 이런 식으로 사용하고 있기 때문이다.[17] 또는 좀 더 구체적으로, 이 표현은 제국의 가정에 속한 노예나 해방 노예들에게 붙여졌던 "카이사르의 가족(Familia Caesaris)에 속한 노예들"이라는 로마식 명칭과 대조하여 로마서 1:1의 이 인사말에 포함시키기 위해 바울이 직접 만든 어구일지도 모른다. 이로써 바울은 그 어떤 정치적인 충성에 해당하는 것보다도 그리스도인들로서 더 높은 헌신과 더 위대하신 주님과 더 중요한 가정을 표현하고 있다. 특히 로마에서 그리스도를 믿는 신자들(과 또한 아마도 빌립보에 있는 신자들)을 지칭하면서 말이다. 이들 중에는 제국의 가정에 속한 사람들(이나 적어도 제국에서 통용되던 이러한 명칭을 알고 있던 사람)이 있었을 것이다.[18]

　　하지만 로마서(와 빌립보서)의 인사말에서 δοῦλος Χριστοῦ Ἰησοῦ는 단순히 겸손의 표현, 수신자들과의 동일시, 그리스도에 대한 개인적인 헌신의 선언, 또는 바울이 당대 로마 제국에서 사용되던 어떤 명칭에 대한 반작

---

15) Origen, Ad Romanos, PG 14.837-38.

16) 일례로 Zahn, An die Römer, 28-29; Lagrange, Aux Romains, 1-2; 또한 Barrett, Romans, 16도 참조하라. "바울은 그의 특별한 지위와 소명을 말하기 전에 그리스도인으로서 자신을 묘사하는 말로 글을 시작한다."

17) Fitzmyer, Romans, 231.

18) M. J. Brown, "Paul's Use of ΔΟΥΛΟΣ ΧΡΙΣΤΟΥ ΙΗΣΟΥ."

용으로 만든 표현쯤으로 이해해서는 안 된다. 이 각각의 제안들이 가치가 있고 그것을 변호할 만한 내용이 있다고 해도 말이다. 더 개연성이 있는 것은 이 어구를 바울 자신의 예언자적 의식을 표시하는 것으로 이해하는 것이다.[19] 그리고 이곳 로마서 1:1에서 이 어구는 그 성경적인 뿌리와 중요성을 이해할 수도 있을 그리스도인들에게 글을 쓰는 중에 사용되었다.[20] 구약성경에 "야웨의 종"(עבד יהוה)이 (1) 이스라엘 국가,[21] (2) 모세, 여호수아, 다윗과 같은 국가의 다양한 지도자들,[22] (3) 하나님의 백성 전체[23]와 관련하여 존경의 의미로 자주 등장하기는 하지만, 하나님의 메시지를 말하고 보여준 그분의 예언자들과[24] 이사야의 종의 노래에서 약속된 "야웨의 종"을 지칭하는 말로 사용되기도 했다.[25]

바울이 이곳 로마서 1:1에서 δοῦλος Χριστοῦ Ἰησοῦ를 사용한 것은 갈라디아서 1:15-16a에서 그가 다메섹으로 가는 도중에 그를 만나신 그리스도에 관해 이야기할 때 사용한 이미지와 용어를 통해 가장 잘 설명되는 것 같다. 하나님은 "어머니의 때로부터 나를 택정하셨고", "그의 은혜로 나를 부르셨으며", "그의 아들을 이방에 전하기 위하여 그를 내 속에 나타내시기를 기뻐하셨다." 바울이 사용한 이러한 용어와 표현은 구약의 어떤 특정한 예언자들(참조. 렘 1:5)의 소명과 야웨의 종의 부름(참조. 사 49:1-6)을 반영한다. 이것은 예언자적 자기 명명이다. 이러한 자기 정체성을 이방인 출신의 그리스도인들은 대체로 이해하지 못했을 것이므로 신약의 다른 서신들에서는 대부분 상황적인 이유에서 등장하지 않는다. 하지만 구약성경에 푹 빠져 있던, 인종적으로 유대인과 이방인들로 구성된 로마의 그리스도

---

19) 참조. Sandnes, *Paul — One of the Prophets?* 특히 146-53.

20) 더 자세한 내용은 R. N. Longenecker, *Introducing Romans*, 55-91을 보라.

21) 시 136:22; 사 41:8-9; 43:10; 44:1-2, 21; 45:4; 48:20; 49:3.

22) 수 1:2; 14:7; 24:29; 삿 2:8; 삼하 7:5; 왕하 18:12; 시 89:3(MT 89:4); 사 37:35; 또한 시 18편의 칭호를 주목하라.

23) 시 34:22(MT 34:23); 113:1; 사 54:17; 56:6; 65:8-9, 13-15; 66:14.

24) 왕하 9:7; 17:23; 스 9:11; 사 20:3; 44:26; 50:10; 63:17; 렘 7:25; 25:4; 26:5; 29:19; 35:15; 44:4; 암 3:7; 또한 스 9:11과 단 9:6의 기도에 등장하는 애가들도 참조하라.

25) 사 42:1-4; 49:5-7; 52:13-53:12.

인들은 이것을 확실히 이해했을 것이다. 그리고 추측건대 바울과 그의 예언자적 사명에 반대하던 어떤 "유대주의자들"로부터 나쁜 영향을 받았던 갈라디아 지방의 바울의 이방인 회심자들 역시 적어도 어느 정도는 이러한 표현의 의미를 이해했을 것이다.

그러므로 "그리스도 예수의 종"이라는 예언자적 자기 정체성은 바울의 여러 편지 중 로마서 1:1의 인사말과 갈라디아 교인들에게 자서전적인 언급을 하는 갈라디아서 1:10에서 가장 분명하게 발견된다(또한 갈 1:15-16a의 이미지와 빌 1:1의 복수형인 δοῦλοι를 참조하라). 예언자적 자기 정체성은 야고보서 1:1, 2과 베드로후서 1:1 및 유다서 1절의 인사말에도 등장한다. 이 편지들은 신약성경에서 독특하게 유대 기독교 문헌과 동일시 될 수 있다. 앞에서 언급한 유대 기독교 문서들의 저자들과 더불어, 로마서와 갈라디아서(와 어쩌면 빌립보서)에서 사용된 바울의 이러한 예언자적 명칭에서 유일한 차이점이면서 상당히 특징적인 부분은 일반적으로 야웨께만 적용되던 곳에 "그리스도 예수", "예수 그리스도" 또는 단순히 "그리스도"라는 이름이 대체되었다는 점이다.

해석자들 중에는 바울의 편지에 등장하는 Χριστοῦ Ἰησοῦ 또는 Ἰησοῦ Χριστοῦ라는 이름의 순서가 다르다는 점에 특별한 의미가 없다고 생각하는 사람들이 많이 있다. Χριστός만 등장하는 경우와 더불어 두 형식 모두 그의 편지 전체에서 발견되는 까닭이다.[26] 비록 대부분의 학자들은 P[10]과 바티칸 사본(대문자 사본 B 03)에 근거하여 이곳에서는 Χριστοῦ Ἰησοῦ를 선호하지만, 앞에서 주목했듯이("본문비평 주"를 보라), 이 두 독법을 지지하는 사본의 증거는 공정하게 양편을 다 지지한다. 다른 신약의 저자들은 "그리스도 예수"(약 7번)보다는 "예수 그리스도"(약 47번)라는 이중 이름의 사용을 선호한다. 그러나 바울은 "예수 그리스도"(약 25번)보다는 "그리스도 예수"(약 80번)를 더 선호하는 것 같다. 물론 정확한 목록은 다음과 같은 문제

---

26) Lietzmann, *An die Römer*, 23; Murray, *Romans*, 1.2 n. 1; Hengel, "Erwägungen zum Sprachgebrauch von Χριστός bei Paulus," 137.

들에 매우 의존하고 있다. (1) 바울의 다양한 편지들의 진정성, (2) 매 경우 사본의 적절한 독법, (3) 그 형식이 바울에 의해 인용된 초기 기독교의 신앙고백에서 나온 것인지, 아니면 사도 자신이 직접 쓴 자료에 등장하는지 등이다. 더욱이 바울 서신에서 발견되는 패턴은 (1) 그가 이방인들에게 사역하라는 하나님께 받은 사명을 말할 때, 일반적으로 "그리스도 예수"(이 곳 롬 1:1에서처럼) 또는 "그리스도"(갈 1:10에서처럼)를 대표하는 자로서 이 어구를 말한다는 것, (2) 그가 신자들이 그리스도"에게"(εἰς) 또는 그리스도 "안에"(ἐν) 연합되었다고 말하는 경우, 그 언급은 늘 "그리스도 예수" 또는 "그리스도"를 가리킨다는 것이다. 이 모든 것은 "그리스도 예수"와 "예수 그리스도" 그리고 "그리스도"가 종종 바울에 의해 고유명사 "그리스도"(Χριστός)로 바뀌어가며 사용되었음을 암시하지만, 바울에게 이 단어가 여전히 "메시아"라는 칭호의 뉘앙스를 전달했음을 시사한다.[27] 그리고 이 것은 특히 바울이 로마에 보낸 편지에서 분명히 드러나는 것 같다. 이는 특히 (1) 9:5에서 그가 "그리스도"(ὁ Χριστός)라는 용어를 사용한 것에서 입증된다. 본문의 문맥에서 관사가 있는 그리스도라는 이름은 분명 "이스라엘의 메시아"를 표시한다. 그리고 이는 (2) 15:3과 15:7에서 그가 역시 관사가 있는 그리스도라는 이름을 사용한 것에서도 입증된다. "그리스도"(ὁ Χριστός)라는 이름은 14:1-15:13의 "강한 자"와 "약한 자"와 관련한 일단의 권면의 결론 부분에 등장한다.

　　1:1c　　Κλητὸς ἀπόστολος(문자적으로 "사도로 부르심을 받은 자")는 이 곳 1:1에 표현된 바울의 두 번째 자기 언급이다. 명사 구실을 하는 형용사 κλητός(이 단어로부터 동사 καλεῖν["부르다" 또는 "지명하다"]이 파생되었다)는, 윌리엄 샌데이(William Sanday)와 아서 헤들럼(Arthur Headlam)이 지적했듯이,

구약성경에 그 뿌리를 둔 또 다른 사상이다. 하나님의 출중한 종들은 이

---

27) Sanday and Headlam, *Romans*, 3-4; Käsemann, *Romans*, 5; Cranfield, *Romans*, 1.51; N. T. Wright, "The Messiah and the People of God," 19-32; Moo, *Romans*, 41 n. 9.

런 식으로 분명하게 명명되었다. 전형적인 예는 아브라함(창 12:1-3), 모세(출 3:10), 예언자들(사 6:8, 9; 렘 1:4, 5 등등)일 것이다. 동사 καλεῖν은 매우 전형적인 본문에 등장한다(호 11:1[LXX]; ἐξ Αἰγύπτου μετεκάλεσα τὰ τέκνα μου). 특별한 형태의 κλητός에 대해서는 아도니야의 "손님들"(κλητοί)이라는 표현이 가장 좋은 예다(왕상 1:41, 49[LXX]).[28]

이어서 샌데이와 헤들럼은 다음과 같이 매우 바르게 주장한다.

> 바울은 이 용어를 사용함으로써 자신을 위대한 구약의 성자들과 그리스도에 의해 명시적으로 "부름을 받은" 열두 사도와 즉시 동일한 수준에 놓는다(막 1:17; 2:14). 동일한 κλητὸς ἀπόστολος 복합어는 고린도전서 1:1에 등장한다(비록 이곳에서는 바울이 고린도에 있는 그의 이방인 개종자들을 위해 말할 필요가 있어서 διὰ θελήματος θεοῦ["하나님의 뜻으로 말미암아"]를 첨가하여 이렇게 말한 것이 분명하지만, 다른 곳에서는 바울이나 그 밖의 다른 사도들이 이 어구를 사용하지 않는다). 이 두 서신에서 바울은 자신의 부르심(다메섹 도상에서; 참조. 행 26:17)이 그보다 연장자인 사도들의 부르심과 동등하다는 것을 입증할 필요가 있었다.[29]

히브리어 동사 קרא와 그리스어 동사 καλέω는 구약성경에서 어느 사람이나 사물의 명칭으로 사용되거나 정체성을 의미하는 평범한 의미를 지닌 채로 종종 사용되었다. 하지만 구약성경과 신약성경 전체에서 신적인 명령을 받고, 특별한 책임이나 직무를 맡았거나 구원으로 부름을 받은 사람은 늘 "하나님에 의해 부름을 받았다."[30]

　　바울이 그의 편지 대부분의 인사말에서 그리스도 안에 있는 구원의 메

---

28) Sanday and Headlam, *Romans*, 4.
29) Sanday and Headlam, *Romans*, 4.
30) 예. 사 42:6; 48:15; 49:1; 51:2, 등등; 롬 4:17; 갈 1:6; 5:8; 살전 5:24; 딤전 6:12; 히 5:4; 벧전 5:10, 등등.

시지를 권위 있게 선포하기 위해 하나님께 사명을 받았음을 의식하고 있음을 표현하려고 그의 이름과 함께 사용한 ἀπόστολος("사도")라는 용어는 로마서의 이곳에서만 사용되며, 자기 정체를 밝히기 위한 11:13과 안드로니고와 유니아(또는 유니아스)가 누구인지를 밝히는 16:7에 등장한다.

신약성경에서 ἀπόστολος는 개인적으로 위임받은 권한을 의미한다. 이 단어는 다른 사람을 대신하기 위해 임무를 받은 것을 가리킨다. 이 단어는 다른 사람에 의해 보냄을 받은 자를 지칭할 목적으로 광범위하게 사용되며(참조. 요 13:16, "ἀπόστολος는 보낸 자보다 크지 않다"), 에베소에서 고린도로 보냄을 받은 그리스도인 형제들(참조. 고후 8:23, "그들은 교회의 ἀπόστολοι다"), 빌립보 교회가 바울에게 보낸 에바브로디도(참조. 빌 2:25, "그는 너희 ἀπόστολον이다"), 그리고 심지어 하나님에 의해 보냄을 받은 그리스도(참조. 히 3:1, "우리가 고백하는 ἀπόστολον이며 대제사장이신 그리스도")에게 적용되었다. 약간은 범위를 좁혀, 이 단어는 어떤 특별한 역할을 한 신자들 집단,[31] 특히 열두 제자들을 언급할 때 사용되었다.[32] 이런 협의적인 사용은 이 용어가 신약성경에서 거의 76회나 될 정도로 가장 자주 사용된 예다. 바울은 그의 편지들에서 자신을 가리키려고 그 단어를 이렇게 사용한다. 이를테면, ἀπόστολος는 기독교 복음을 정확하게 선포하기 위해 하나님으로부터 개인적으로 권한을 위임받은 사람이다.

그러나 이것은 당대에 이방인들이나 그리스 세계에 살던 유대인들이 일반적으로 ἀπόστολος를 이해하던 의미는 아니다. 고전적인 그리스 저자들은 일반적으로 이 용어를 탈인격적인 방식, 곧 군사적인 목적을 위한 해상 원정이나[33] "파송할 식민단"[34]을 가리키기 위해 가장 자주 사용했다. 때때로 이러한 해상 원정이나 식민단을 나르는 운송수단에 사용되는 배를 가

---

31) 롬 16:7 이외에, 눅 11:49; 행 14:4, 14; 갈 1:19; 엡 3:5; 계 18:20을 보라.

32) 참조. 마 10:2; 막 3:14 [B, 등등]; 눅 6:13; 9:10; 17:5; 22:14; 그리고 행 1:2, 26.

33) Lysias, *Oracles* 19.21; Demosthenes, *Oracles* 3.5; 18.80, 107.

34) Dionysius of Halicarnassus, *Antiquitates Romanae* 9.59.2.

리키기 위해서 사용되기도 했다.[35] 요세푸스가 한 번 ἀπόστολον이라는 단어를 분명하게 사용한 곳에는 "보냄을 받은"이라는 동사적 의미를 전달하는데, 그 본문에서는 "대리인"을 가리키려고 ἀπόστολος가 아니라 명사 πρεσβεία가 사용되었다.[36] 사실 기원전 5세기부터 기원후 2세기까지의 현존하는 모든 그리스 작품과 유대적 그리스 작품들 가운데 불과 몇 군데에서만 ἀπόστολος가 언급되었다. 이 작품들에서 이 단어는 "특사", "대리인" 또는 "메신저"와 같은 것을 의미한다고 이해할 수 있으며, 그래서 개인적으로 권한을 위임받은 사람이라는 개념이 암시된다.[37]

카를 렝스토르프(Karl Rengstorf)는 당대의 그리스 작품과 헬레니즘적 유대 작품들에서 신약의 ἀπόστολος 용례의 병행을 찾을 수 없다고 해도, 그 단어가 탈무드에 등장하는 유대적 샬리아흐(shaliach) 제도에 비교될 수 있다고 지적한다.[38] 랍비들의 글에서 명사 샬리아흐(שליח)는 "대사" 또는 "메신저"를 의미하는 용어로 자리매김했으며, 개인적이고 대리적인 권위의 뉘앙스를 전달한다. 일례로, 자주 반복되는 금언에서처럼, "어느 한 사람의 샬리아흐는 그 사람 자신과 같다."[39] 랍비들에 따르면, 사람은 자신을 대신해 약혼하거나,[40] 자신을 대신하여 이혼 통지를 하거나,[41] 자신을 대신하여 제의를 수행하거나,[42] 경제적인 문제로 인해 자신의 대리인으로 행동하도록 하려고,[43] 또한 그 밖에 여러 가지 일을 위해 샬리아흐를 지명할 수 있었다. 사실 보내는 자의 권위는 자신의 샬리아흐와 긴밀히 결부되어 있어

---

35) Plato, *Epistolae* 346a.
36) Josephus, *Antiquities* 17.300을 보라.
37) Herodotus, *History* 1.21; 5.38; *Corpus Hermeticum* 6.11-12; *POxy* 1259.10; *SbGU* 7241.48; 왕상 14:6 (LXX^A); 사 18:2(Symmachus)를 보라.
38) Rengstorf, "ἀπόστολος," 1.414-20.
39) 예를 들어 *m. Ber.* 5:5; *b. Ned.* 72b; *b. Naz.* 12b; *b. Qidd.* 43a; *b. Baba Qam.* 113b; 그리고 *b. Baba Mes.* 96a에 표현되었듯이 말이다.
40) *m. Qidd.* 2:1; *b. Qidd.* 43a.
41) *m. Git.* 3:6; 4:1; *b. Git.* 21a-23b.
42) 예. 요제; 참조. *m. Ter.* 4:4.
43) 예로 *b. Baba Qam.* 102a, b을 참조하라.

서, 샬리아흐가 신성모독을 범했어도 샬리아흐가 위임받은 범위를 넘어가지 않은 한, 샬리아흐가 아니라 보내는 자에게 책임이 있었다.[44]

렝스토르프는 여기서 한걸음 더 나아가 이렇게 주장했다. (1) 유대의 샬리아흐 제도는 예수가 제자들을 부르시고 그들을 자신 대신 파송한 사건의 모델이 되었다.[45] (2) 초기 교회는 이러한 개념을 예수의 용례에 근거하여 교회 자신의 목적으로 사용하였고, 아마도 제일 처음으로 시리아의 안디옥에서, שליח를 상대적으로 희귀한 그리스어 용어인 ἀπόστολος로 번역했다.[46] 그 이후 엄청난 조사와 폭넓은 논쟁이 있었지만, 렝스토르프는 그 일을 대체로 성공적으로 완수했다. 그는 (1) 유대교에서 샬리아흐 제도의 기원이 초기에 존재했음을 입증하고, (2) 구약성경과 랍비 문헌의 파송 주제와 예수 및 신약 저자들의 파송 주제 사이의 관련성을 자세히 설명했을 뿐만 아니라 (3) 신약성경에 사용된 ἀπόστολος와 유대적인 용어인 שליח의 언어학적인 관계를 밝혔다.[47]

그러나 샬리아흐에 대한 랍비 사상과 사도에 대한 기독교적 개념 사이에는 어떤 중요한 차이들이 있다. 첫째, 유대교에서는 대리인을 임명하는 것이 늘 임시적인 문제였다. 샬리아흐의 과제가 완료되면 그의 임무는 끝났다. 랍비는 신약성경에서 사도를 좁은 의미로서 평생의 소명으로 생각하는 것처럼 샬리아흐를 평생의 소명으로 생각하지 않았다. 더 중요한 것은 샬리아흐가 종교적인 맥락으로나 종교적 직위로 이해되지 않았다는 사실이다. 물론 유대교에서 법과 종교가 늘 떼려야 뗄 수 없이 서로 결부되어 있다는 의미에서는 그렇게 이해되었지만 말이다. 하지만 샬리아흐라는 용어는 예언자들, 선교사들 또는 개종시키는 사람들에게는 사용된 적이 없다. 그래서 제2성전기 유대교에서 샬리아흐의 개념이 어느 정도 신약성경의

---

44) 예로 *m. Meg*. 6:1-2; *b. Ketub*. 98b을 참조하라.

45) Rengstorf, "ἀπόστολος," 1.424-37.

46) Rengstorf, "ἀπόστολος," 1.420-24, 437-45.

47) 참조. 왕상 14:6(LXX^A). 이 본문에서는 שליח의 수동태 분사가 명사로 취급되었고 ἀπόστολος로 번역되었다.

ἀπόστολος 용례의 합리적인 배경을 제공하기는 하지만, 그것은 초기 기독
교에서 사도의 가장 중요한 특징들의 배경이나 그중 일부를 적절하게 강조
하는 것을 충분히 설명하지 못한다. 이와 같은 문제들을 위해 우리는 예언
자의 기능과 관계가 있는 이스라엘의 종교 내부에서 발전된 사상들과, 샬
리아흐라는 개념 및 전통적인 예언자론에 대한 예수의 재구성도 살펴보아
야 한다.

    발터 슈미탈스(Walter Schmithals)는 신약성경의 ἀπόστολος 용례를 충
분히 설명하는 데 있어 유대의 샬리아흐 개념의 부적절함을 인지하여 그
용어의 영지적 기원을 주장했다.[48] 그는 자신의 주장을 지지하기 위해 소위
"기독교적" 영지주의자들을 "거짓 예언자들"이라고 칭했던 교부들의 다양
한 자료를 인용했으며,[49] 이러한 자료로부터 영지주의적 교사들이 자신들
에 대하여 ἀπόστολος라는 용어를 처음으로 사용한 사람들이었다고 주장
했다. 하지만 이 본문들 중에서 영지주의자들이 자신들에 대해 그 용어를
사용했다고 분명히 말하는 본문은 하나도 없다. 오히려 슈미탈스가 인용한
교부들의 모든 자료를 기독교인들이 영지주의자들을 "거짓 사도들"(그리고
"거짓 예언자들"과 "거짓 그리스도들")로 묘사했다고 이해하는 것이 더 낫다. 물
론 이것은 ἀπόστολος라는 칭호 자체가 영지주의적인 자기 정체성에서 기
인했거나 영지주의적인 명명법에서 발생했음을 전혀 증명하지 못한다.

    1:1d   Ἀφωρισμένος εἰς εὐαγγέλιον θεοῦ("하나님의 복음을 위하여
택정함을 입었다[또는 구별되었다]")라는 어구는 1:1에서 바울이 제시한 세 번
째 자기 언급으로 이해하는 것이 가장 좋으며, δοῦλος Χριστοῦ Ἰησοῦ 및
κλητὸς ἀπόστολος와 병행하는 구로 읽어야 한다. 찰스 크랜필드(Charles
Cranfield)가 (UBS와 Nestle-Aland에 있는 κλητὸς ἀπόστολος와 ἀφωρισμένος εἰς
εὐαγγέλιον θεοῦ 사이에 콤마가 생략된 것[이는 후자가 전자와 동격임을 암시한다]

---

48) Schmithals, *Office of Apostle in the Early Church*를 보라.
49) Origen, *Commentary on John* 2.8; Eusebius, *Ecclesiae historia* 4.22; 23.12; Tertullian, *De
    praescriptione haereticorum* 30; Ps.-Clement, *Homilies* 11.35.

에 반대하면서) 지적했듯이, "이 어구를 그 자체로 Παῦλος와 동격인 κλητὸς ἀπόστολος와 동격으로 이해하는 것은 매우 어색하다."[50]

바울은 남성 단수 주격 완료 수동태 실명사적 분사인 ἀφωρισμένος를 사용함으로써, 명사 δοῦλος와 κλητός를 사용하여 표현했던 것처럼, 자신을 "구별된 사람"이라고 말한다. 그 분사는 동사 ἀφωρίζω("분리하다", "구별하다", "임명하다")에서 파생한 것으로서, 70인역에서는 (1) 가정의 모든 장자와 가축의 모든 처음 난 수컷(출 13:12), (2) 모든 처음 익은 곡식과 처음 추수한 것(민 15:20), (3) 이스라엘을 대신하여 하나님을 섬기는 레위인들(민 8:11), (4) 다른 모든 나라로부터 하나님의 특별한 소유로 구별된 나라인 이스라엘(레 20:26)과 관련하여 하나님께 "구별된" 또는 "분리된"이란 의미로 사용되었다. Ἀφωρίζειν은 종종 형용사 ἅγιος("거룩한")와 동사 ἁγιάζειν("거룩하게 하다" 또는 "성별하다")과 결합하여 사용되기도 한다. 레위기 20:26이 좋은 예다. "너희는 **나에게 거룩할**지어다[**나의 거룩한 백성이** 될지어다]. 이는 나 여호와가 **거룩하고** 내가 또 너희를 나의 소유로 삼으려고 너희를 만민 중에서 **구별하였음**이니라." 따라서 이 어구는 자주 하나님께 대하여 "거룩하다" 또는 하나님에 의해 "성별되었다"는 사상을 나타낸다(참조. 겔 45:4. 이 본문에서는 레위인들이 사용하기 위해 하나님에 의해 성별된 어느 지역의 땅 및 예루살렘 성전 건물과 관련하여 이 동사가 등장한다).

에라스무스가 되살린 4세기 주석가 "암브로시아스테르"[51]는 바울이 ἀφωρισμένος를 사용하여 "그가 하나님의 복음을 위해 유대교의 설교로부터 구별[또는 "분리"]되어 율법을 포기하고, 율법이 할 수 없었던 일, 즉 자

---

50) Cranfield, *Romans*, 53; 또한 Michel, *An die Römer*, 35; Moo, *Romans*, 42에 반대함.

51) 많은 사람이 "암브로시아스테르"가 실제로는 "힐라리우스"(Hilary, 기원후 315-67)였다고 주장해왔다. 그는 정통 기독교를 옹호하던 열정적인 변증가이자 당대의 중요한 저술가이며 350-56년에 푸아티에의 주교였다. 한편으로 암브로시아스테르가 안디옥의 에바그리우스(Evagrius)일지도 모른다고 제안하는 사람들도 있다. 그뿐만 아니라 그가 유대교에서 개종한 유명한 이삭(Isaac)일 가능성이 크다고 믿는 사람들도 있다. 대체로 (히브리서를 비롯하여) 바울의 편지들을 주석한 그의 여러 주석이 기독교를 유대교와 모세 율법과 연결시키는 데 매우 높은 관심을 가지고 있었다는 점을 그 증거로 제시한다(필자가 생각하기는 이것이 개연성이 제일 높다).

신을 믿는 사람들을 의롭게 하시는 그리스도를 전파했다"고 말한 것으로
이해한다.[52] 이와 마찬가지로 아우구스티누스는 "부름 받은" 바울과 "구별
된" 바울을 구분하는 상당히 비슷한 말을 했다. 전자에 대해서 그는 "하나
님께서 받으실 만한 교회"를 위해 부름 받은 그의 소명을 적극적으로 언급
하는 것으로 이해했고, 후자에 대해서는 "사라져 없어진 영광인 회당"을 부
정적으로 언급한다고 이해했다.[53]

바울이 "구별되었다"는 말로써 전하려는 내용을 이렇게 이해하는 것
은 20세기의 수많은 바울 해석자들에 의해서도 옹호되었다. 그들 중 다수
는 바울이 그가 "율법으로부터 분리되었을" 뿐만 아니라 자신의 과거 바리
새인이었던 시절로부터 하나님에 의해 분리되었다고 말하고 있다고 이해
한다. 사실 그들은 율법과 복음의 이러한 구별이 로마서 전체의 중요한 주
제라고 제안하곤 한다.[54] 그리고 개중에는 그리스어 동사 ἀφωρίζειν("구별
하다")과 "바리새인"이라는 명칭의 어근이라고 주장되는[55] 히브리어 동사
פרש("분리하다") 간의 언어유희를 증명하려 한 사람들이 있다. 대표적으로
킹슬리 바레트(Kingsley Barrett)는 이렇게 분명하게 주장한다.

> 그리스어 단어는 바리새인이라는 단어의 근저에 놓인 히브리어 어근 *p-r-
> sh*의 의미와 비슷할뿐더러 동일한 자음을 가지고 있다. 바울은 바리새인
> 이었으며(빌 3:5), 자신이 하나님을 섬기기 위해 다른 사람들과 구별되
> 었다고 생각했다. 그는 진정으로 지금 자신이 인간의 배타성이 아니라 하
> 나님의 은혜와 선택에 의해 분리되었다고 생각한 존재였다.[56]

---

52) Ambrosiaster, *Ad Romanos, PL* 17.48.
53) Augustine, *Ad Romanos inchoata expositio, PL* 35.2089.
54) 예로 Zahn, *An die Römer*, 31-33; Schlatter, *Romans*, 7; Nygren, *Romans*, 45-46; Michel,
An die Römer, 36, 68 n. 16을 참조하라. 하지만 ἀφωρισμένος가 "바울의 과거 바리새인 시
절과 대조하는 것을 가리키지 않는다"라고 주장하는 Käsemann, *Romans*, 6을 보라.
55) 예로 Zahn, *An die Römer*, 31; Nygren, *Romans*; K. L. Schmidt, "ἀφωρίζω," 5.454; Black,
Romans, 34을 참조하고, 다소 머뭇거리며 이렇게 제안하는 Fitzmyer, *Romans*, 232을 보라.
56) Barrett, *Romans*, 17.

이러한 해석은 가능성이 있기는 하지만, 개연성이 크지는 않다. 바울은 자신의 정체를 (1) "그리스도 예수의 종"과 (2) "[하나님에 의해] 사도로 부름을 받은 자" 그리고 (3) "하나님의 복음을 위하여 구별된 자" 등 묶음으로 제시하면서, 이들 중 어느 하나에 대한 이해가 반드시 이들 모두에 대한 이해가 되어야 한다고 암시한다. 이를테면, 이 세 가지 어구는 모두 서로 대조하려는 의도 없이 우선적으로 긍정적인 용어들로써 말하고 있음을 의미한다.

우리는 이 세 가지 어구를 모두 바울의 예언자 의식에 그 뿌리를 두고 있는 것으로 보아야 한다고 생각한다. 그것은 성경적으로 예레미야 1:5("내가 너를 모태에 짓기 전에 너를 알았고, 네가 배에서 나오기 전에 너를 성별하였고, 너를 여러 나라의 예언자[προφήτην εἰς ἔθνη]로 세웠노라")과 일찍이 바울이 갈라디아서 1:15-16a("내 어머니의 태로부터 나를 택정하시고 그의 은혜로 나를 부르신 이가 그의 아들을 이방에 전하기 위하여 그를 내 속에 나타내시기를 기뻐하셨을 때")에서 표현한 것에 근거한 예언자 의식이다. 이것은 바울이 자신의 출생 때 하나님에 의해 "종"과 "사도"로 임명을 받았으며, 그 후 "하나님의 복음을 위해 구별되었다"고 이해했다는 의미는 아니다.[57] 그가 이전에 율법이나 과거 바리새파에 충성했던 것과 대조적으로 구별되었거나, 아니면 사도행전 13:2에 표현된 바 그가 시리아 안디옥에서 이방인 사역을 위해 "성별함"을 받았든지 말이다. 그가 열거한 세 묶음의 자기 정체 중 세 번째로서 "구별되었다"는 천명 역시 바울의 예언자 의식에 뿌리를 두고 전적으로 긍정적인 방식으로 표현되었다고 이해되어야 한다.

명사 εὐαγγέλιον("복음")은 여기서 관사 없이 등장한다. 하지만 전치사와 소유격을 동반한 코이네 그리스어 어구들은 일반적으로 그 어구들의 명확한 주어를 표시할 관사가 없다. 그리스-로마 세계에서 εὐαγγέλιον은 원래 "좋은 소식에 대한 보상"을 의미했고, 단수형과 복수형 모두 "좋

---

57) 참조. Sanday and Headlam, *Romans*, 5. Sanday와 Headlam은 바울이 안디옥에서 "성별함을 받은 것"을 가능성 있는 해석으로 언급한다.

은 소식" 자체의 내용을 의미한다.[58] 70인역에서 동사 εὐαγγελίζειν은 특히 전쟁에서의 승리와 관련한[59] "좋은 소식을 전하다"를 의미한다.[60] 하지만 더욱 구체적으로는, εὐαγγελίζειν(또는 이 단어의 부정과거 중간태인 εὐαγγελίσασθαι)과 실명사적 분사인 εὐαγγελιζόμενος는 종교적인 의미로 사용될 때, 복수든 신원함이든 간에 하나님 통치의 개입과 하나님 구원의 선포와 관련이 있다.[61] 그리고 구약성경의 이러한 용례에 근거하여 가장 개연성이 큰 것은 (1) 예수가 그의 설교의 내용을 τὸ εὐαγγέλιον, 즉 "좋은 소식" 또는 "복음"과 동일시하셨으며,[62] (2) 예수를 믿는 초기 신자들은 분명히 예수의 용례에 근거하여 그들의 독특한 메시지를 τὸ εὐαγγέλιον τοῦ θεοῦ("하나님의 좋은 소식[또는 "복음"]")라고 말했다는 것이다.[63] 여기에 (3) 이따금씩 바울의 사역 이후에 신약의 복음서 저자들이 예수의 이야기에 관한 자신들의 글을 τὸ εὐαγγέλιον Ἰησοῦ Χριστοῦ, 즉 "예수 그리스도에 관한 글로 된 복음"으로 부르기 시작했다는 사실을 첨가할 수 있을 것이다.[64]

　　학자들이 신약성경에 사용된 εὐαγγέλιον을 로마의 황제숭배에 사용된 언어와 관련시키려 한 적이 있다. 아돌프 다이스만이 가장 영향력이 있었는데, 그의 주장은 다음과 같다. (1) "복음"은 황제숭배를 하던 그리스-로마 세계에서 신성시된 중요한 단어였다. (2) 신약성경의 저자들은 그 단어가 그렇게 사용되었음을 알았을 뿐만 아니라 그들이 하나님에게서 오는 훨씬 더 위대한 "좋은 소식들"을 지칭하려고 그 용어를 사용할 때 그러한 이교적인 용례에 반응하면서 그리스도 예수의 사역과 인격에 초점을 맞추

58) Plutarch, *Sertorius* 11.8; 26.6; *Phocion* 16.8; 23.6; Josephus, *War* 2.420; 4.618, 656.

59) 삼상 31:9을 보라. 또한 왕상 1:42을 주목하라.

60) 렘 20:15을 보라

61) 시 40:9(LXX 39:10; MT 40:10); 96:2(LXX 95:2); 사 40:9; 52:7; 60:6; 61:1; 나 1:15(LXX와 MT 2:1).

62) 막 8:35; 10:29; 13:10; 14:9 병행; 마 26:13.

63) 막 1:14-15에 반영된 전통적인 자료의 표현이 암시하듯이 말이다. 또한 마 4:23; 9:35; 24:14의 τὸ εὐαγγέλιον τῆς βασιλείας, "그 나라의 좋은 소식[또는 "복음"]"을 보라.

64) 막 1:1에서 마가가 예수를 묘사한 것에서 드러나듯이, "예수 그리스도"라는 이름의 소유격 구조는 대상의 소유격으로 이해된다.

었다.[65] 다이스만은 이 논지를 주로 세 가지 자료에 근거했다. (1) 첫 번째 는 유명한 『프리에네의 일정 명문』(*Calendar Inscription from Priene*)이다. 이 명문은 기원전 9년경에 기록되었으며, "가장 신성한 카이사르"인 아우구스 투스가 출생한 εὐαγγελία("좋은 소식들")를 언급한다.[66] (2) 두 번째는 또 다 른 당대의 그리스어 명문이다. 이 명문은 황제 셉티미우스 게타(Septimius Geta)를 언급하며 동일한 복수형 "좋은 소식들"이라는 표현을 사용한다.[67] 그리고 (3) 세 번째는 어느 한 이집트의 고위 관료가 쓴 편지다. 이 편지 에는 가이우스 율리우스 베루스 막시무스 아우구스투스(Gaius Julius Verus Maximus Augustus)를 황제로 선포하는 것에 관해 관사가 있는 단수형 τοῦ εὐαγγελίου("좋은 소식의")가 언급되었다.[68] 그리고 다수의 해석자가 이러한 이해를 받아들였다.[69]

하지만 에른스트 케제만(Ernst Käsemann)은 "그리스도 숭배와 황제숭 배 간의 대조가 초기 교회에서 이와 같은 어원의 전제가 되는 역할을 수행 하지 않았다"고 적절히 주장하고, "신약의 용어를 얻기 위해 이 자료로부터 절대적이고 전문적인 용례의 기원을 찾는 것은 만족스럽지 않다"고 결론 을 내렸다.[70] 마찬가지로 페터 슈툴마허(Peter Stuhlmacher)는 바울 이전의 유대교 작품과 그리스-로마 작품에서 εὐαγγέλιον을 사용한 방식 및 예수 와 팔레스타인의 초기 유대 기독교 공동체 및 유대 디아스포라의 헬레니즘 적 유대 기독교 공동체가 이 단어를 사용한 방식을 충분히 연구한 후,[71] 다 음과 같이 결론을 내렸다(이 내용은 1989년에 출간한 그의 독일어 로마서 주석의 1994년 판 영어 번역에 간략히 표현되었다).

---

65) Deissmann, *Light from the Ancient East*, 366-67.

66) *Inschriften von Priene* 105에서 인용.

67) *Inscriptiones Graecae* 3.1081에서 인용.

68) G. Parthey, *Memorie dell' Instituo di Corrispondenze Archeologica* (Lipsia, 1965), 2.440에 서 인용.

69) G. Friedrich, "εὐαγγέλιον." *TDNT* 2.724-25; W. Schneemelcher, *NTA*, 1.71-73.

70) Käsemann, *Romans*, 7.

71) Stuhlmacher, *Das paulinische Evangelium*, 특히, 1.11ff. 및 199ff.

황제의 출생, 즉위, 승리 또는 선한 행위들과 관련한 좋은 소식을 언급하는 그리스어로 된 황실 명문에 "복음"이란 단어가 사용되었다는 사실은 예수와 사도들 및 바울에게 익히 알려졌을 것이다. 하지만 이것은 그들이 자신들의 설교를 묘사하려고 사용한 용어("복음")의 의미에는 전혀 영향을 주지 않았다. 더욱이 교회에서 그리스도의 메시지의 의미를 이해하는 데 이 단어가 미친 영향은 언급할 만큼 중요하지는 않았다.[72]

바울이 "복음"이란 용어를 그의 랍비적 배경에서 가져왔다고 말할 수도 없다. 동사 בשׂר("좋은 소식을 선포하다")와 그 단어의 분사인 מבשׂר("좋은 소식을 전하는 자")가 가끔 후기 탈무드에 등장하기는 하지만, 이 두 단어는 이사야 40:9, 52:7, 60:6, 61:1이 실제로 인용되는 몇몇 본문에서만 등장하기 때문이다. 이 단어가 인용된 이사야서 본문에 등장하지만, 이 본문들을 인용하는 랍비들이 이 동사나 분사에 대해 어떠한 논평이나 신학적인 반추를 덧붙이지는 않았다.

하지만 어떤 메시지의 내용을 나타내는 "기쁜 소식들"("좋은 소식" 또는 "복음")은 사해사본의 두 곳에 등장한다. (1) 독립 분사인 המבשׂר("좋은 소식을 가져오는 사람")가 의의 교사와 동일시되는 듯이 보이는 곳인 1QH 18.14과 (2) 동일한 분사 המבשׂר를 종말론적인 천사장인 용사 멜기세덱으로 밝힌 11QMelch 18이 바로 그것이다. 두 번째 본문에서 천사장인 용사 멜기세덱은 "성령에 의해 임명된 자"이기도 했다. 하지만 이 예들은 유비론적으로는 흥미로울지 몰라도, 신약성경의 "복음" 사용에 직접적으로 어떤 영향을 주었다고 하기에는 너무 희귀하고, 사회학적으로만 아니라 문화적으로도 너무 거리감이 있고, 이데올로기적으로 너무 동떨어져 있다.

"하나님에게서 유래한 복음"(τὸ εὐαγγέλιον θεοῦ)이 바울의 모든 관심사의 중심에 있었다. 바울이 그의 여러 편지에서 그 "좋은 소식"에 관해 말할 때, 그가 언급하는 복음은 (1) 하나님 자신이 그 복음의 원천인 메시지

72) Stuhlmacher, *Romans*, 25.

(롬 1:1. 이곳에서 소유격 θεοῦ는 원천의 소유격으로 이해됨)이며, (2) 하나님의 아들이신 "우리 주 예수 그리스도"와 그의 사역이 그 내용이고(참조. 롬 1:3-4, 9의 "그의 아들의 복음"), (3) "아브라함 이전에 알리신" 것(갈 3:8에도 서술됨; 참조. 특히 롬 4:1-24)이었고, (4) "하나님이 예언자들을 통하여 성경에 미리 약속하신" 것이었다(롬 1:2). 더욱이 바울은 이렇게 주장한다. (5) 이 복음이 그가 선포한 유일한 메시지이고(참조. 고전 1:17-25; 2:1-16; 15:1-11), (6) 하나님이 그의 영으로 사람들을 불러 받아들이신 것이며(참조. 갈 1:6a; 3:1-5), (7) 갈라디아에 있는 바울의 개종자들 중 일부가 "다른 복음"을 받아들임으로써 떠났던 바로 그 복음이다. 사실 바울이 말하는 다른 복음은 "실제로는 복음의 진리가 아니고"(참조. 갈 2:5, 14) "진리의 말씀"도 아니다(참조. 골 1:5). 그리고 (8) 복음은 자신의 개인적인 주변 환경들보다도 훨씬 더 중요한 것이다(고전 9:12-23; 빌 1:12-18). 바울의 신학과 윤리의 모든 것이 뿌리를 둔 기초는 바로 이 복음에 헌신하는 것과 "우리 주 예수 그리스도"이신 복음 메시지의 중심성이다.

신약성경의 명사 εὐαγγέλιον에서부터 구약성경의 동사 εὐαγγελίζειν (이와 더불어 이 단어의 부정과거 중간태 εὐαγγελίσασθαι와 분사인 εὐαγγελιζόμενος)에까지 일관된 연속적인 흐름을 찾을 수는 없지만,[73] 다음과 같이 주장하는 것은 타당할 수 있다. (1) 예수는 기억을 더듬어 유대 성경(구약성경)을 회상하셨으며, 자신의 설교의 내용을 εὐαγγέλιον, 즉 "좋은 소식" 또는 "복음"으로 밝히셨다.[74] (2) 가장 초기의 그리스도인들은 예수의 용례에 근거하여 그들의 특징적인 메시지를 τὸ εὐαγγέλιον τοῦ θεοῦ, 즉 "하나님의 좋은 소식[또는 "복음"]"[75]이나 τὸ εὐαγγέλιον τῆς βασιλείας("그 나라의 좋은 소식[또는 "복음"]")로 말하기 시작했다.[76] 그리고 바울이 이 용어를 선택하여 그가 선포하도록 부름 받은 내용을 나타냈다는 사실은 예수의 설교에 대한

---

73) 참조. 시 40:9; 96:2; 사 40:9; 52:7; 60:6; 61:1; 나 1:15.
74) 막 8:35; 10:29; 13:10; 14:9 병행함; 마 26:13.
75) 막 1:14-15.
76) 마 4:23; 9:35; 24:14.

초기 유대 기독교의 보도와 초기 유대 기독교 자체의 εὐαγγέλιον 사용에서 분명히 드러난다. 다시 말해, 페터 슈툴마허가 이 문제에 대해 적절히 표현했듯이, 바울은 "'그 복음'에 관해 자기가 사용한 용어를 그보다 이전에 있었고 그와 동시대에 살던 사도들로부터 취했다."[77]

그런데 명사 εὐαγγέλιον은 바울의 여러 편지에 더 빈번하게 등장하며 (신약성경의 전체 76번 중에서 바울의 편지에 60번 정도), 신약성경의 다른 어느 곳에서보다도 더욱 많은 뉘앙스를 지닌다. 동사 εὐαγγελίζειν과 이 단어의 동족 단어들의 경우에서도 마찬가지다. 예수를 믿는 초기 유대인 신자들 사이에서 "복음"이란 단어를 가장 일찍 사용한 예는 "하나님의 복음"이라는 형식의 문맥에서였던 것 같다. 이 어구는 복음의 내용, 즉 "좋은 소식"만 아니라 그 기원, 즉 "하나님에게서" 오는 복음(그래서 기원의 소유격인 τοῦ θεοῦ 를 취함)이라는 사실을 강조한다(막 1:14-15의 전통적인 자료를 참조하라. 또한 벧전 4:17을 보라). 바울은 이곳 로마서 1:1에서만 아니라 그의 편지 여러 곳에서도 이런 형식의 표현을 사용하였으며, 확실히 이 단어가 지니는 강조에 동의했을 것이다.[78] 하지만 통상적으로 바울은 자기보다 먼저 예수를 믿은 다른 많은 유대 신자들이 그랬던 것처럼, 단순히 "복음"에 대해 말했다.[79]

그럼에도 바울도 (매 경우 소유격 구문을 대상의 소유격으로 이해하면서) 복음의 독특한 기독교적인 내용을 부각시키면서, εὐαγγέλιον에 자신만의 복음 내용을 특별히 강조한다. 그는 "그[하나님]의 아들의 복음",[80] "그리스도의 복음",[81] "그리스도의 영광의 복음"[82] 또는 "우리 주 예수의 복음"에 대해 말한다.[83] 더욱이 바울은 (소유격 구문을 소유의 소유격으로 이해하고 이 표현들 하나하나를 수신자들의 독특한 상황과 연결시키면서) 이 "복음"을 "나의 복

---

77) Stuhlmacher, *Romans*, 24-25.
78) 참조. 롬 15:16; 고후 11:7; 갈 1:11; 살전 2:2, 8-9; 딤전 1:11.
79) 참조. 롬 1:16; 10:16; 11:28; 고전 4:15; 9:14, 18, 23; 15:1; 고후 8:18.
80) 참조. 롬 1:3에 이어서 1:9.
81) 참조. 롬 15:19; 고전 9:12; 고후 2:12; 9:13; 10:14; 갈 1:7; 살전 3:2.
82) 고후 4:4.
83) 살후 1:8.

음",[84] "우리의 복음"[85] 또는 "내가 선포한 복음"[86] 등 더욱 개인적인 방식으로 언급한다. 바울은 가끔 "화목",[87] "구원",[88] "화평"[89] 등 복음의 의도된 결과 중 하나를 그 단어 자체(또는 동족 단어)와 연결시킨다.

1:2   바울은 1:1에서 복음의 기원을 "하나님에게서 오는 것"으로 밝힌 후, 1:2에서 한걸음 더 나아가 자신과 수신자들 모두에게 매우 중요한 사실 하나를 부각시킨다. 이 복음이 ὃ προεπηγγείλατο διὰ τῶν προφητῶν αὐτοῦ ἐν γραφαῖς ἁγίαις ("하나님이 예언자들을 통해 성경에 미리 약속하신 것")라고 말이다. 이 진술이 에른스트 케제만이 칭한 것처럼 "본류를 벗어난 것"은 아니다.[90] 오히려 이 진술로 인해 바울이 로마서 전체에서 강조할 매우 중요한 요지가 부각된다. 즉 기독교 복음이 하나님께서 이전 시대에 구원사의 과정을 통해 구속적으로 행하신 것과 통합적으로 관계하고 있다는 사실이다. 이 점은 다음과 같은 방법으로 풍성하게 입증되었다. (1) 바울이 복음을 "율법과 예언자들의 증거를 받은…하나님의 의"를 선포하는 것 (3:21)으로 직접 묘사한 부분에서, (2) 그의 모든 편지에 사용된 성경 인용의 절반이 로마서 1:16-4:25, 9:1-11:36, 12:1-15:13에 등장한다는 사실로 반영되는 그의 빈번한 구약 인용에서, (3) 구약의 여러 주제와 실례들의 반복된 사용에서 입증되었다. 이 중에는 "아브라함의 믿음"(4:1-24), "아담의 죄와 그 결과"(5:11-21), 결혼에 관한 예("내가 율법을 아는 자들에게 말하노니"라는 진술을 동반한 7:1-3), (9:6-11:32의 내용 대부분의 기초가 된) 유대교 또는 유대 기독교의 남은 자 신학 등이 있다.

하지만 동사 προεπηγγείλατο ("그가 미리 약속하신")는 신약성경에서 제 1부정과거 중간태로는 이곳에서만 등장하고, 형용사적 분사로는 고린도후

---

84) 참조. 롬 2:16; 16:25; 딤후 2:8.
85) 참조. 살전 1:5; 살후 2:14.
86) 갈 1:11.
87) 참조. 고후 5:19.
88) 참조. 엡 1:13.
89) 참조. 엡 6:15.
90) Käsemann, *Romans*, 10.

서 9:5("너희가 전에 약속한 연보")에 등장한다. Διὰ τῶν προφητῶν αὐτοῦ("그의 예언자들을 통해")라는 어구는 히브리어 성경의 두 번째 부분에 속한 "예언서들"에 포함되는 사람들만 아니라, 모세(행 3:22), 다윗(행 2:30-31)과 같이 구약성경에서 "예언자들"로 부름을 받고 영감 받은 모든 사람을 포함하는 총칭적 표현이다. 여기서 바울은 복음을 "그의 예언자들을 통해"(διὰ τῶν προφητῶν αὐτοῦ) 약속하신 것이라고 말한다. 하지만 그는 여기서 "거룩한"이나 "신성한"이라는 형용사를 사용하지 않는다. 일반적으로 바울은 예언자들에 대해서는 "거룩한"이나 "신성한" 또는 "헌신된"이라는 단어를 사용하지 않고, "율법"에 대해서 언급할 때와[91] 그리스도인들이나[92] 그들의 자녀들에 대해 말할 때만 이런 형용사를 사용한다(참조. 고전 7:14). 그러나 누가복음 1:70에 등장하는 사가랴의 찬송과 사도행전 3:21에서 베드로가 성전 문에서 선포한 설교에 "그[하나님]의 거룩한 예언자들"이라는 표현이 등장한다. 그렇다면 이것은 유대인들과 유대 그리스도인들 사이에서 일반적인 표현이었음이 틀림없다.

이 밖에도 우리가 주목해야 할 것은 "성경"이나 "성경들"과 연결된 형용사 ἅγιος("거룩한")는 70인역에서 발견되지 않고 바울 서신의 다른 곳에서도 발견되지 않는다는 사실이다. 우리가 앞에서 언급했듯이, 비록 바울이 형용사 ἅγιος("거룩한")를 7:12에서 νόμος("율법")와 관련하여 사용하고, 또한 형용사 없이 γραφή("성경", 4:3; 9:17; 10:11; 11:2)[93]와 관사 없는 복수형 γραφαί("성경들," 15:4)[94]를 반복해서 사용하고 있지만 말이다. 그런데 필론은 요세푸스와 마찬가지로[95] αἱ ἱεραὶ γραφαί("신성한 책들")에 대해 말한 적이 있다.[96] 따라서 다음과 같은 추론이 가능하다. (1) 유대 그리스도인들은 우리가 지금 구약성경이라고 부르는 책을 "신성한 책들" 또는 "거룩한

---

91) 예. 롬 7:12.
92) 예. 롬 12:1; 고전 3:17; 엡 2:21; 딤후 1:9.
93) 참조. 갈 3:8, 22; 4:30과 이외에도 여러 곳.
94) 참조. 고전 15:3, 4과 이외에도 여러 곳.
95) Josephus, *Contra Apion* 2.45.
96) Philo, *De Abrahamo* 61; *De congressu* 34, 90.

책들"이라고 불렀다. (2) 민족적으로는 주로 이방인 출신의 그리스도인들이지만 신학적으로 그리고 그들의 핵심적인 종교적 표현들에 대해서는 유대 기독교에 힘입은 바가 큰[97] 로마 교회에 있는 바울의 수신자들은 그러한 표현도 사용했을 것이다. (3) 바울은 로마 제국의 동쪽 지방에 있는 여러 이방인에게 복음을 전하거나 편지를 쓸 때 "성경" 또는 "성경들"과 관련하여 일반적으로 "거룩한"이라는 형용사를 사용하지 않았을지도 모르지만, 이곳 로마서 1:2에서는 로마의 수신자들의 표현 형식과 민감함에 맞추어 용어를 사용했다.

　　1:3a　　바울은 앞서 1:1에서 복음의 기원과 원천을 언급함으로("하나님에게서"), 또한 1:2에서 복음이 하나님이 약속한 것이라는 사실("예언자들을 통해 성경에 미리 약속하신 것")로써 기독교 복음을 정의했다. 이제 그는 1:3을 시작하면서 복음의 내용으로써 그 복음을 더욱 정의한다. 복음은 περὶ τοῦ υἱοῦ αὐτοῦ("그[하나님]의 아들에 관한 것")다. 몇 구절 뒤인 1:9에서도 본질적으로 같은 내용인 τὸ εὐαγγέλιον τοῦ υἱοῦ αὐτοῦ("그의 아들의[또는 "그의 아들에 관한"] 복음")라는 어구가 반복되므로, 이곳 1:3a에서 "그의 아들에 관한"이라는 표현은 1:3b-4에서 인용된 자료에 속한 것이 아니라, 곧바로 이어지는 바울의 인용문을 소개하는 표현의 일부분으로 이해해야 한다고 결론을 내리는 것이 가장 좋을 것 같다.

　　"그의 아들"이나 "하나님의 아들"이라는 언급은 궁극적으로 시편 2:7의 하나님의 대관식 칙령에서 유래했다. "너는 내 아들이라, 오늘 내가 너를 낳았다." 초기 교회 그리스도인들에게 이러한 표현은 예수가 세례를 받으셨을 때와[98] 변화되셨을 때[99] 하늘로부터 그를 하나님의 아들로 선언한 데서 절정에 이르렀다. 사실 이 칭호는 유대 그리스도인들이 예수께 부여했던 가장 초기의 칭호 중 하나가 된 것 같다. 예를 들어, 이 칭호는 다음

---

97) 본서 54-56쪽을 보라. 더 자세한 내용은 R. N. Longenecker, *Introducing Romans*, 55-91을 보라.
98) 막 1:11; 마 3:17; 눅 3:22.
99) 막 9:7; 마 17:5; 눅 9:35.

과 같은 내용을 입증하는 증거였다. (1) 히브리서 1:2의 설명("이 모든 날 마지막에는 아들을 통하여 우리에게 말씀하셨으니, 이 아들을 만유의 상속자로 세우시고 또 그로 말미암아 모든 세계를 지으셨느니라"), (2) 히브리서 1:3-4의 신앙고백적 내용("이는 하나님의 영광의 광채시요 그 본체의 형상이시라"), (3) 히브리서 1:5a에서 그 칭호를 지지하기 위해 인용된 구약의 첫 본문("하나님께서 어느 때에 천사 중 누구에게 '너는 내 아들이라, 오늘 내가 너를 낳았다' 하셨느냐?") 등이다. 그러므로 "복음" 선포가 늘 바울 선교의 중심에 있었지만, 예수를 믿는 초기의 신자들과 바울의 설교에서 그 선포는 "하나님의 아들"이신 "우리 주 예수 그리스도"의 사역과 인격에 초점이 맞춰졌다. 이 사실은 로마서 1:4 끝부분에서 분명히 서술되었다.

1:3b-4   이어지는 1:3b-4의 내용은 초기 교회의 신앙고백에 속하는 것으로 종종 이해되어왔다. 아마도 그것은 바울이 여기서 인용한 초기 기독교 찬송의 일부분일 수도 있다. 이렇게 판단을 내리는 이유 중 하나는 이 구절에 바울에게는 다소 생소하고 초기 유대 기독교의 표현으로 이해될 수 있다고 생각되는 단어와 표현과 주제들이 있기 때문이다. 일례로, (1) 예수를 "다윗의 후손"이나 "다윗의 아들" 이미지와 연결한 것(참조. 딤후 2:8). (2) 동사 ὁρίζω("임명하다" 또는 "지명하다")의 사용(이 단어는 신약성경의 유대 기독교 문맥에서 수차례 발견되는 것을 제외하면 바울 서신에서는 등장하지 않는다). (3) πνεῦμα ἁγιωσύνης("거룩함의 영")라는 어구. 이 어구는 셈어를 기반으로 하고 있으며, 바울의 어휘에 속하지는 않는다(바울은 통상적으로 "하나님의 영" 또는 "성령"이라고 말한다). (4) σάρξ("육")와 πνεῦμα("영") 간의 어느 정도 특이한 바울의 대조. (5) 아들 됨과 부활의 연결(이것은 시 2:7이 인용된 행 13:33에서처럼 초기 설교에서 발견된다). 이 자료를 초기 기독교의 신앙고백이나 찬송에 속한 것으로 이해하도록 하는 또 다른 이유는 1:3b-4의 두 주요 단락 각각을 소개하는 관사를 가진 실명사적 분사들이 있다는 것이다. 이것은 전통적인 자료의 특징이며, 꽤 균형 잡힌 구조로 되어 있다. 이 구문을 다음과 같이 제시할 수 있다.

τοῦ γενομένου ἐκ σπέρματος Δαυὶδ

κατὰ σάρκα,

τοῦ ὁρισθέντος υἱοῦ θεοῦ ἐν δυνάμει

κατὰ πνεῦμα ἁγιωσύνης

ἐξ ἀναστάσεως νεκρῶν,

Ἰησοῦ Χριστοῦ τοῦ κυρίου ἡμῶν

더욱이 만일 3b-4절이 생략되었다면, "그의 아들에 관하여"(3a절)로 시작하고 "그로 말미암아 우리가 은혜와 사도의 직분을 받아"(5-6절)로 마무리되는 사상의 흐름은 하나의 문장으로 상당히 부드럽게 진행되었을 것이라는 사실도 주목할 필요가 있다. 이것은 어느 저자가 자신의 글에 자료를 통합시킬 때 제법 자주 발견되는 사례다. 그리고 두 부분으로 된 연(strophe)은 바울이 다소 즐겨 사용하지 않는 방식으로 "하나님의 아들"을 묘사하며 마무리된다("우리 주 예수 그리스도")는 사실도 주목할 필요가 있다.[100] 그러므로 이곳 1:3b-4에 등장하는 것은 바울이 복음의 내용을 부각시키고, 하나님의 아들에 관해 그의 수신자들이 견지하고 있고 바울 자신도 받아들인 것을 천명하며, 그의 로마인 수신자들과의 관계를 돈독히 하려고 인용한 초기 기독교의 신앙고백 자료로 이해할 수 있을 것 같다.

Τοῦ γενομένου ἐκ σπέρματος Δαυὶδ κατὰ σάρκα(문자적으로, "육신으로는 다윗의 씨에서 나셨고")는 두 행으로 된 이 초기 기독교적 신앙고백의 첫 번째 부분이다. 유대 사상과 그리스어 구약성경(LXX) 및 신약성경에서 명사 σπέρμα("씨")는 일반적으로 단순히 "한 사람의 후손"을 의미한다.[101] 비록 메시아적 문맥에서 "다윗의 씨"가 이스라엘의 메시아 사상을 떠올리게도

---

100) 1:1의 "그리스도 예수" 또는 "예수 그리스도" 형식에 관해 우리가 앞에서 논의한 것을 보라.

101) 예로 Josephus, *Antiquities* 8.200; 창 15:13; 21:12; 22:17; 욥 5:25; 사 58:7; 눅 1:55; 요 8:33, 37; 행 7:5-6; 롬 4:13; 11:1; 고후 11:22; 히 2:16; 11:18을 참조하라.

하지만 말이다.[102] 전치사 κατά에 이어지는 목적격 명사는 "~에 관하여" 또는 "~과 관련하여"를 뜻한다.[103] 그리고 로마서와 바울의 다른 편지들에서 윤리를 다루지 않는 문맥에서 명사 σάρξ("육신")는 단순히 "인간" 또는 "인간의 후손"을 의미한다.[104] 물론 σάρξ가 πνεῦμα("영" 또는 "성령")와 대조되어 사용되는 윤리 문제를 다루는 문맥에서는 이 단어가 하나님이나 "영적인" 모든 것과 상반되는 것을 의미하기는 하지만 말이다.[105] 그러나 이곳에서 "육신으로는"(κατὰ σάρκα)이라는 표현은 경멸적인 의미가 전혀 없는 것 같다.[106] 그렇다면 2행으로 이루어진 연의 이 첫 번째 부분은 "그의 인간적인 후손과 관련하여서는(또는 "그의 인성에 따르면") 다윗의 후손인 이"라고 번역될 수 있다.

　　하지만 그리스도를 다윗의 혈통과 연결시키는 것은 바울의 편지에서 일반적인 특징이 아니며, (초기 기독교 신앙고백이나 찬송의 일부분을 인용한 것으로 보이는) 이곳 1:3과 로마서 15:12(사 11:10), (구약성경으로 훈련을 받은 동료에게 보낸) 디모데후서 2:8에서만 발견된다. 그럼에도 그리스도가 다윗의 혈통이라는 점은 공관복음에서 일반적으로 드러나는 사실이며,[107] 특히 전형적인 유대 기독교적인 이해가 전면에 부각되는 신약성경의 특색으로 보인다.[108] 게다가 예수를 믿는 초기 유대인 출신의 신자들에게 σπέρματος Δαυίδ라고 칭하는 것은, 그것을 "칭호"("다윗의 씨")로 이해하든지 아니면 단순히 혈통("다윗의 후손")으로 이해하든지 간에, 그 사상과 함께 이스라엘의 약속된 메시아에 대한 개념을 포함했다는 사실을 인정할 필요가 있다. 메시아가 다윗의 참된 후손이며 그래서 "다윗의 씨"와 "다윗의 아들"이 될

---

102) 삼하 7:12; 시 89:3-4; 요 7:42; 행 13:23; 딤후 2:8.
103) *Moule*, 59.
104) 롬 4:1; 9:5, 8; 11:14; 고전 10:18; 갈 4:23, 29.
105) 롬 8:4-9, 12-13; 고전 5:5; 갈 3:2-3; 5:16-19; 빌 3:3.
106) W. D. Davies, "Paul and the Dead Sea Scrolls," 163; Schweizer, "σάρξ," 7.125-29; Dunn, "Jesus — Flesh and Spirit," 44-49에 반대함.
107) 예로 막 10:47-48 병행; 12:35-37 병행 등 여러 곳을 참조하라.
108) 예로 마 1:1; 행 2:30; 계 5:5; 22:16을 참조하라

것이라는 기대는 유대 사상에 굳게 뿌리를 두고 있었다.[109]

1:4a에서 확언하는 τοῦ ὁρισθέντος υἱοῦ θεοῦ ἐν δυνάμει κατὰ πνεῦμα ἁγιωσύνης ἐξ ἀναστάσεως νεκρῶν("성결의 영[또는 "그의 영"]으로는 죽은 자들 가운데서 부활하사 하나님의 능력 있는 아들로 선포되셨으니")은 짝을 이루는 1:3b과 1:4의 두 번째 부분이다. 관사를 가진 실명사적 수동태 분사 τοῦ ὁρισθέντος는 동사 ὁρίζειν에서 유래했고, 이 동사는 사람과 관련하여 사용될 땐 "임명하다" 또는 "지명하다"를 의미한다. 동사 ὁρίζειν이나 그 동사의 분사형은 바울 서신 다른 곳에서는 등장하지 않는다. 그러나 그 단어는 "정하신" 대로 그리스도가 죽음으로 내준 바 되었다는 사도행전 2:23과 하나님이 그를 종말론적 재판장으로 "임명" 혹은 "지명"하셨다는 사도행전 10:42, 17:31과 관련하여 사용된다. 그리고 여기서 그 분사는 그러한 "임명"이나 "지명"이라는 의미로 사용되었다.

옛 라틴어 역본과 히에로니무스의 불가타 역 및 많은 라틴 저자들은 ὁρισθέντος를 라틴어 *praedestinatus*로 번역하여, 이 단어의 뜻을 (마치 그 본문이 προορισθέντος라는 듯이) "예정된 자"로 이해했다. 그리스도를 하나님의 아들로서 "예정된" 자로 이해하는 것은 많은 교부들(특히 알렉산드리아의 키릴로스와 아우구스티누스)의 이해를 지배했으며, 서방 교회(로마 가톨릭과 개신교 모두) 신학 전통의 다양한 부분에서 지속적인 특징이 되었다.

하지만 일찍이 3세기 전반부터 오리게네스는 이러한 이해에 반대했으며, 다음과 같이 상당히 바르게 주장했다.

라틴어 역본들에서는 이곳에서 "예정된"[*praedestinatus*]이라는 단어를 보통 발견하게 되지만, 실제로 본문의 바른 독법은 "지명된"[*destinatus*]이지, "예정된"[*praedestinatus*]이 아니다. "지명되다"[*destinatur*]는 이미 존재하고 있는 어떤 이에게 적용되는 반면에, "예정되다"[*praedestinatur*]

---

109) 예로 삼하 7:16; 시 89:3-4; 사 11:1, 10; 렘 23:5-6; 30:9; 33:14-18; 겔 34:23-24; 37:24-25을 참조하고, 또한 *Pss Sol* 17:23(과 21)을 보라.

는 사도가 말했듯이, 아직은 존재하지 않는 사람에게만 적용될 수 있기 때문이다. "하나님이 미리 아신 자들을 또한 미리 정하셨으니"(롬 8:29).…아직 존재하지 않는 사람들을 미리 아셨고 미리 정하셨지만, 지금 존재하고 늘 존재하시는 그는 예정된 분이 아니라 지명된 분이셨다.…그는 아들로 예정된 적이 없으셨다. 그는 과거에도 언제나 아들이셨고, 지금도 아들이시다. 마치 아버지(성부)가 언제나 아버지이신 것처럼 말이다.[110]

마찬가지로 요안네스 크리소스토모스는 4세기 후반에 τοῦ ὁρισθέντος 를 이와 비슷한 방식으로 이해했다. 즉 이 단어가 δειχθέντος("드러난"), ἀποφθέντος("분명해진"), κριθέντος("판단된"), ὁμολογηθέντος("인정을 받은")와 동의어이기는 하지만 προορισθέντος("예정된")라는 뜻은 아니라는 것이다.[111]

동사 ὁρίζειν이나 그 단어의 분사는 바울의 편지 다른 곳에서는 발견되지 않지만, 그 단어의 동사나 분사는 모두 "임명하다", "지명하다" 또는 "결정하다"라는 의미로 누가복음 22:22, 사도행전 2:23, 10:42, 11:29, 17:26, 히브리서 4:7에 등장한다. 그래서 이곳 로마서 1:4에서 관사를 가지고 있는 실명사적 수동태 분사는 "임명된 이" 또는 "지명된 이"와 같은 의미로 번역해야 한다. 물론 예수를 그의 아들로 임명하거나 지명하신 이는 하나님 자신이시다.

구스타프 달만(Gustav Dalman)과 빌헬름 부세(Wilhelm Bousset)가 단호히 거절한 이후, 많은 학자는 기독교 이전의 유대교에서는 υἱὸς θεοῦ("하나님의 아들")에 메시아적인 연관성이 없었다고 주장해왔다.[112] 조세프 피츠마이어의 글에 이런 입장이 반영된다. "'하나님의 아들'이라는 칭호는 메시아적인 의미로 사용되지 않았다.…본문에는 예수의 기름 부음 받은 지위

---

110) Origen, *Ad Romanos*, PG 14.849.
111) Chrysostom, *Homilia XXXII ad Romanos*, PG 60.397.
112) Dalman, *The Words of Jesus*, 271-72; Bousset, *Kyrios Christos*, 53-54.

나 대리 사역을 암시하는 것이 전혀 없을뿐더러, '하나님의 아들'을 '메시아'와 관련시킨 구약의 배경도 존재하지 않는다."[113] 하지만 기원전 1세기 말 또는 기원후 1세기 초의 것으로 추정되는 구약 본문 선별집이자 주석서인 4QFlorilegium에는 사무엘하 7:14("나는 그에게 아비가 되고, 그는 내게 아들이 되리라")에 대해 다음과 같이 메시아적 의미가 분명하게 제시되었다. "문제의 '그'는 마지막 날에 '율법의 해석자'와 함께 시온에서 그 모습을 드러내실 '다윗의 가지'다."[114] 초기 기독교의 사도 시대 이후 불과 몇 년이 안되는 기원후 100-120년경에 경건한 유대 저자에 의해 기록된 「에스라4서」 7:28-29, 13:32, 37, 52, 14:9에 묘사된 것처럼, 하나님은 메시아에 대해 반복해서 "나의 아들"이라고 말씀하신 분으로 제시되었다. 또한 「에녹1서」 105:2은 하나님을 메시아적인 맥락에서 "나와 내 아들"이라고 말씀하신 분으로 묘사되었다(비록 이 구절이 바로 이러한 이유로 초기 에녹서 자료에 삽입된 유대 기독교 사상으로 종종 여겨졌지만 말이다).

　　그러므로 "메시아"와 "하나님의 아들"이 신약성경의 수많은 곳에서 기독론적인 칭호로 함께 분명히 언급된 것은 이상하지 않다. 신약의 여러 예들 가운데 가장 분명한 예는 다음과 같다.

1. 마태복음 16:16(비교. 막 8:29 ℵ)에서 베드로의 신앙고백. "주는 그리스도["메시아"]시요 [살아계신] 하나님의 아들이십니다."
2. 마태복음 26:63(비교. 하나님을 지칭하는 어구가 있는 막 14:61)에서 가야바의 질문: "네가 그리스도["메시아"], 하나님의 아들이냐?"
3. 누가복음 4:41에서 귀신이 예수를 "하나님의 아들"로 인정한 것. 이것은 복음서 저자가 그분이 "그리스도["메시아"]"라는 지식에 근거하여 말한 것이다.

---

113) Fitzmyer, *Romans*, 235.
114) 4QFlor 1.12-13. 메시아 칭호로서 "다윗의 가지"에 대해서는 렘 23:5; 33:15; 슥 3:8; 6:12을 보라.

4. 요한복음 11:27에서 마르다의 주장. "주는 그리스도["메시아"]시요 세상에 오시는 하나님의 아들이십니다."

5. 요한복음 20:31에서 제4복음서 저자의 진술. 그는 독자들에게 자신이 복음서를 기록하는 목적이 "너희로 예수께서 하나님의 아들 그리스도["메시아"]이심을 믿게 하려 함이요, 또 너희로 믿고 그 이름을 힘입어 생명을 얻게 하려"는 데 있다고 말한다.

6. 사도행전 9:20-22에 표현된 대로 바울이 다메섹 회당에서 행한 처음 설교는 "하나님의 아들"이시고 "그리스도["메시아"]"이신 예수께 초점이 맞춰져 있었다.

그러므로 바울이 이곳 1:3b-4에서 인용한 초기 기독교 신앙고백의 한 부분에 메시아적 함의가 있는 "다윗의 씨(자손)"와 기독론적 칭호인 "하나님의 아들"이 나란히 놓인 것은 그리 놀라운 일이 아니다.

실제로, 이곳 로마서 1:4에서 이 어구가 사용된 것을 제외하면, 예수의 칭호로서 "하나님의 아들"은 바울의 편지에서 고린도후서 1:19과 갈라디아서 2:20 두 곳에만 등장한다. 더욱이 이것과 관련이 있는 "아들"과 "그의 아들"은 그의 편지에서 12번만 더 발견될 뿐이다. 이곳 1:3b-4의 신앙고백을 담고 있는 2행 연구의 서론에 해당하는 1:3a에서, 그리고 다른 곳에서는 로마서 1:9, 5:10, 8:3, 29, 32, 고린도전서 1:9, 15:28, 갈라디아서 1:16, 4:4, 6, 데살로니가전서 1:10에서 발견된다. 베르너 크라머(Werner Kramer)는 바울이 예수에 대해 사용한 "하나님의 아들", "아들", "그의 아들"과 관련하여 다음의 사실을 관찰했다. "**그리스도 예수**나 **주**라는 칭호가 등장하는 본문들과 비교하여, 이것은 극히 적은 수다."[115] 그리고 크라머가 계속해서 주목한 것처럼, "그 칭호가 전에 있었던 일에 의해 촉발되었다는 점에서, 바울이 사용한 하나님의 아들이라는 칭호는 주로 외적인 요인에 의존

---

115) Kramer, *Christ, Lord, Son of God*, 183.

한다."[116] 오히려 공관복음서 저자들 중에서는 마태가 예수의 아들 됨을 점차적으로 부각시켰으며,[117] 제4복음서 저자는 이 주제를 그의 기독론의 정점에 올려놓았고,[118] 히브리서 저자는 그의 설교에서 하나님의 아들이신 예수의 탁월하심이라는 주제를 강조했다.[119]

그래서 우리가 다음과 같이 결론을 내리는 것은 합당하다. (1) 예수를 믿는 초기 유대인 출신의 신자들은 "하나님의 아들"을 그들의 환호를 받은 메시아를 가리키는 칭호로 사용했다. (2) 그들은 이 칭호를 그들에게 친숙한 메시아 사상과 메시아적 표현 전체에 연결시켰다. (3) 유대 기독교의 신학과 종교적 언어에 힘입은 바가 큰 로마에 있는 그리스도인들은 관습적으로 "하나님의 아들"을 그리스도를 지칭하는 칭호로 사용했을 것이다. (4) 바울은 로마에서 예수를 믿는 신자들에게 인사하면서 초기 기독교의 신앙고백문이나 적어도 그러한 신앙고백의 일부분을 사용했다. 이 신앙고백에는 그의 수신자들에게 친숙한 기독론적인 주제와 표현들이 몇몇 포함되었다.

바울이 1:3b-4에서 인용한 내용을 로마에 있는 그리스도인들이 믿고 고백했으며 바울도 동의했을 것으로 추측할 수 있다. 그렇지 않았다면 그는 그것을 로마서의 인사말에 포함시키지 않았을 것이며, περὶ τοῦ υἱοῦ αὐτοῦ("그의 아들에 관하여는", 1:3a)라는 표현과 함께 그것을 소개하지도 않았을 것이다. 하지만 바울이 그의 모든 목회적 편지들(뿐만 아니라 추측건대, 그의 모든 복음 전도와 설교)에서 보여준 패턴은 "상황적"이라고 부를 수 있는 방법이다. 다시 말해서, 그는 자신의 수신자들이 이해하고 공감하기에 적합한 방법으로 글을 썼(고 말하기도 했)다. 이것이 그가 로마에 있는 그리스도인들에게 편지를 쓰면서 사용한 방식으로 보인다.

---

116) Kramer, *Christ, Lord, Son of God*, 185.

117) 예로 마 2:15; 3:17; 4:3, 6; 8:29; 11:27; 14:33; 16:16; 17:5; 21:37-38; 26:63; 27:40, 43, 54; 28:19을 참조하라.

118) 예로 요 1:18, 34; 3:16-18, 35-36; 5:19-23, 25-26; 6:40; 8:36; 9:35; 10:36; 11:4, 27; 14:13; 17:1; 19:7; 20:31을 참조하라.

119) 특히, 히 1:2, 3-4, 5-6, 8-9; 4:14; 5:5, 8; 6:6; 7:28; 10:29을 참조하라.

’Εν δυνάμει("능력으로" 또는 "능력을 가진", 1:4a)라는 어구는 로마서 해석자들에게 늘 난해했다. 이것이 바울이 인용한 초기 기독교의 신앙고백 자료에 속하는 것인지,[120] 아니면 이것을 바울이 초기 교회의 문구에 삽입한 "부가적인" 것으로 간주해야 할 것인지가 문제다.[121] 여기서 한걸음 더 나아가, 이것을 부사로 이해하여 분사 ὁρισθέντος를 수식하는 것으로 봐야 할 것인가?[122] 아니면 형용사로 이해하여 υἱοῦ θεοῦ를 수식하는 것으로 봐야 할 것인가?[123] 부사적으로 읽었을 때의 의미인 "능력으로 인정되었으니"(appointed in power)는 예수가 하나님이 그를 죽은 자들로부터 부활시키시는 능력 있는 행위로써 "하나님의 아들"로 인정(또는 지명)되었다는 사실을 강조한다. 형용사적으로 읽었을 때의 의미인 "하나님의 능력을 가진 아들"(Son of God with power)은 그의 부활 시 하나님에 의해 확립된 예수의 하나님의 아들로서의 지위만 아니라, 부활로 인해 예수가 가지신 능력과 그를 부활하신 주님으로 의지하는 모든 사람에게 힘을 주실 수 있는 그의 능력을 강조하기도 한다.

두 해석 모두 설득력 있는 주장이며, 각각은 언어학적으로 얼마든지 가능하다. 하지만 다음과 같은 경우를 고려하는 것이 훨씬 더 나은 듯하다. (1) ἐν δυνάμει가 인용된 신앙고백 자료에 들어 있고, 바울이 본문에 삽입한 단어가 아니라고 추정하는 경우. (2) 1:3b의 τοῦ γενομένου ἐκ σπέρματος Δαυίδ와 1:4a의 τοῦ ὁρισθέντος υἱοῦ θεοῦ ἐν δυνάμει 사이의 병행을 강조하는 경우. 이 경우에 첫 번째 어구는 "다윗의 씨"인 예수의 지위에 대해 말하고, 두 번째 어구는 "하나님의 아들"인 그의 지위에 대해 말

120) 예로 Käsemann, *Romans*, 12이 그렇다.
121) 예로 Barrett, *Romans*, 18-20이 그렇다.
122) 예로 Sanday and Headlam, *Romans*, 9이 그렇다. 참조. NEB: "declared Son of God by a mighty act"(능력 있는 행위에 의해 하나님의 아들이라고 선언됨); NIV: "declared with power to be the Son of God"(능력으로 하나님의 아들이라고 선언됨).
123) 예로 Cranfield, *Romans*, 1.62; Dunn, *Romans*, 1.14; Fitzmyer, *Romans*, 235; Moo, *Romans*, 48-49이 그렇다. 참조. KJV와 NRSV: "Son of God with power"(능력을 가진 하나님의 아들).

한다. (3) 두 표현 모두에서 전치사 κατά ("~에 관하여" 또는 "~과 관련하여")로 시작하는 더 발전된 대조적 병행이 바로 이어진다는 점을 주목하는 경우. 이 경우에는 "능력을 가진"을 "하나님의 아들"이라는 명사구와 형용사적으로 연결된 것으로 이해할 수 있다. 이러한 해석에서는, "다윗의 씨"에서 "하나님의 아들"로 이동하는 것이 ("양자" 기독론에서 그렇게 하듯이) 순전히 인간적인 메시아에서 신적인 하나님의 아들로의 전이가 아니다. 두 표현이 모두 초기의 포괄적인 기독론 선언을 천명한다. 첫 번째 내용은 다윗의 진정한 후손으로 태어나 이스라엘의 약속된 메시아로 간주되는 예수의 권한에 대해 언급한다. 두 번째 내용은 그의 "거룩한 영"으로 인해 예수가 하나님에 의해 하나님의 참 아들로 지명되었음을 말한다. 이것은 모두 그가 죽은 자 가운데서 부활하심으로 결정적으로 입증되었다.

그런데 1:3b-4a과 관련하여 가장 난해한 질문은 1:4a의 κατὰ πνεῦμα ἁγιωσύνης의 의미와 관련이 있다. 기독교 역사의 과정에서 무엇을 선택해야 할지 모를 만큼 수많은 해석이 이 어구의 의미로 제안되었다. 이 모든 해석은 다음과 같은 범주 중 하나에 속한다.

1. 그리스도의 신성을 가리킨다는 해석. 여러 해석학적 관점들 가운데 이 첫 번째 범주는 κατὰ πνεῦμα ἁγιωσύνης를 그리스도의 신적 속성, 즉 그의 신성을 언급하는 것으로 이해한다. 1:3b의 κατὰ σάρκα가 그의 인간적 속성을 가리키듯이, 이곳 1:4의 κατὰ πνεῦμα ἁγιωσύνης는 대조적으로 그의 신적 속성을 가리키는 것으로 이해되어야 한다는 것이다. 이것은 교부들 사이에서 유행했던 일반적인 이해였다.

예를 들어, 에라스무스가 "암브로시아스테르"로 부른 4세기 주석가는 이렇게 썼다.

바울이 하나님의 아들에 관해 말할 때 그는 하나님이 아버지이심을 지적하고, 거룩함의 영이라는 말을 첨가함으로써 삼위일체의 신비를 암시한다. 성육신하셨고 [지상에서의 삶과 사역 동안] 자신의 진정한 모습을 모호하게 감추었던 그분은 거룩함의 영에 따라 죽은 자들 가운데서 부활함으로써 하나님의 아들로 능력 있게 드러나도록 예정되셨다. 시편 84편에 "진리는 땅에서 솟아나고"[시 85:11(LXX 84:11)]라고 기록된 대로 말이다. 모든 모호함과 주저함은 그분의 부활로 말미암아 확고해지고 또 확실해졌다. 백부장이 기적을 보고 십자가에 달리신 분을 하나님의 아들로 고백했듯이 말이다[마 27:54].[124]

마찬가지로 아우구스티누스는 이러한 이해를 다음과 같이 표현했다.

그리스도는 육체대로 하면 연약함 가운데 있는 다윗의 아들이다. 하지만 거룩함의 영에 따르면 그분은 능력 안에 있는 하나님의 아들이시다.… 연약함은 다윗과 관련이 있다. 하지만 영생은 하나님의 능력과 관련이 있다.[125]

그리고 이러한 해석은 16세기의 종교개혁자인 필립 멜란히톤(Philipp Melanchthon)[126] 및 18세기 루터교 경건주의자 요한 벵겔(Johann Bengel)[127] 같은 중요한 해석자들과 찰스 하지(Charles Hodge),[128] 로버트 할데인(Robert Haldane),[129] 윌리엄 쉐드(William G. T. Shedd),[130] 에드워드 기포드(Edward H. Gifford),[131] 헨리 리돈(Henry P. Liddon)[132] 같은 19세기의 주석가들에 의해 지속되었다.

   2. 성령의 인격과 거룩하게 하시는 사역을 가리킨다는 해석. 해석의 두 번째 범주는 ἁγιωσύνης를 성령을 언급하는 것으로 이해한다. 성령은 그리

124) Ambrosiaster, *Ad Romanos*, PL 17.50.
125) Augustine, *Ad Romanos inchoata expositio*, PL 35.2091.
126) P. Melanchthon, *Loci communes theologici*.
127) Bengel, *Gnomon Novi Testamenti*.
128) Hodge, *Romans*.
129) Haldane, *Romans*.
130) Shedd, *Romans*.
131) Gifford, *Romans*.
132) Liddon, *Romans*.

스도의 지상 생애 동안 그리스도 예수 안에 거하시고 힘을 주셨으며, 예수의 부활 이후에는 그리스도를 더 높은 유형의 삶으로 올리신 능력의 원천이셨다. 특히 초기 교회에서 중요한 신학적인 쟁점으로 그리스도뿐만 아니라 그리스도와 관련하여 성령의 속성과 사역 문제도 다루었을 때, 많은 교부들은 1:1-7의 인사말이 그리스도가 하나님의 아들이심을 입증하는 여러 증거를 포함한다고 이해했다. 따라서 πνεῦμα ἁγιωσύνης는 직접적으로 그리스도의 신적 속성을 언급하는 것이 아니라 성령에 관한 내용을 말하는 것으로 이해되었다. 성령의 거룩하게 하시는 사역은 부활과 더불어 그리스도의 아들 되심을 증언한다.

예를 들어, 요안네스 크리소스토모스는 시리아의 안디옥에서 설교한 그의 32편의 로마서 설교 중 첫 번째 설교에서 1:1-7의 인사말과 관련하여 이렇게 선언했다.

여기서 말하고 있는 것은 복잡한 구문으로 모호해졌습니다. 따라서 그것을 설명할 필요가 있습니다. 그가 실제로 말하고 있는 것은 무엇일까요? 바울은 이렇게 말합니다. "우리는 다윗의 후손"으로 태어나신 그분을 전파한다고 말입니다. 이 말은 매우 분명합니다. 그렇다면 성육신하신 이 사람이 하나님의 아들이기도 하셨다는 사실이 어떻게 분명하다는 걸까요? 먼저, 그 사실은 예언자들로 말미암아 분명해집니다(2절 참조). 그리고 이 증거의 원천은 빈약하지 않습니다. 둘째로, 자연법칙들을 압도한 그분이 태어나신 방식이 있습니다(이 말에는 동정녀 탄생이 암시되었습니다. 3절 참조). 셋째로, 그분이 행하신 기적들이 있습니다. 이 기적은 많은 능력의 증거였습니다. "능력으로"(4a절)라는 단어들이 의미하는 바가 이것입니다. 넷째로, 그분을 믿은 사람들에게 주시는 성령이 있습니다. 그분은 성령을 통하여 그들을 다 거룩하게 하셨으며, 바울이 "거룩하게 하시는 성령으로는"(κατὰ πνεῦμα ἁγιωσύνης)[4a절]이라는 말을 덧붙인 이유가 바로 여기에 있습니다. 하나님만이 그러한 선물들을 주실 수 있습니다. 다섯째로, 부활이 있습니다(4b절). 그분은 자신을 첫 번째로 또 자신만을 다시 살리셨습니다. 그리고 그분은 이것이 거만한 신자들의 입을 막을 기적이었다고도 말씀하셨습니다. 그분은 친히 이렇게 말씀하셨습니다. "이 성전을 헐어라. 내가 사흘 동안에 일으키리라"(요 2:19)라고 말입니다.[133]

마찬가지로 에라스무스는 마침내 1517년에 출판된, 바울의 로마서를 풀어 쓴 그의 글에서 1:3-4을 다음과 같이 이해했다.

이것은 어느 시점에 육체의 연약함으로는 다윗의 혈통에서 태어나신 그의 아들에 관한 복음이다. 하지만 그분은 **모든 것을 거룩하게 하시는 성령**으로는 영원하신 하나님의 영원한 아들로 계시되기도 하셨다.[134]

그리고 마르틴 루터는 1515년 11월 3일부터 1516년 9월 7일까지 비텐베르크 대학교에서 진행한 그의 로마서 강론에서 이 문제를 거의 같은 방식으로 이해했다.

이 본문을 "성령"보다는 "거룩하게 하는 영"으로 읽어도 별 문제가 없다. 그의 영향과 관련하여 거룩하거나 거룩하게 하신다고 불리는 분은 동일한 영이기 때문이다.[135]

이처럼 πνεῦμα ἁγιωσύνης를 "거룩하게 하시는 영"으로 이해하는 것은 1380년 어간에 출판된 존 위클리프의 초기 영어 신약성경을 위시하여 1534년의 윌리엄 틴데일 신약성경, 1539년의 대형성경(Coverdale이 번역하고 감수한 대형판 영역 성경—역주), 1557년의 제네바 성경, 그리고 1568년의 비숍의 성경(과 1556년의 테오도르 베자가 번역한 라틴어 신약성경과 그 밖에 16세

기에 출판된 독일어, 네덜란드어, 프랑스어, 폴란드어, 헝가리어, 아이슬란드어, 핀란드어, 덴마크어, 슬로바키아어 번역 성경들)에 이르기까지 모든 초기 영어 성경에 계속되었다. 그러나 1611년의 흠정역(KJV) 번역자들은 "거룩함의 영에 따라"(according to the spirit of holiness)라고 번역함으로써 좀 더 문자적인 번역을 통해 어느 정도 양보적인 입장을 시도하려 한 것이 눈에 띈다. 비록 모든 개연성을 종합해볼 때, 그들이 정관사 "the"를 삽입한 것이 단순히 문학적인 목적 때문이 아니라 그것이 언급하는 것을 "성령"으로 이해해야 한다고 암시하려는 것이기도 했지만 말이다.

마찬가지로 이러한 이해는 오늘날 대부분의 주석에도 등장한다. 예를 들어 프란츠 린하르트(Franz Leenhardt),[136] 브루스,[137] 찰스 크랜필드,[138] 조세프 피츠마이어[139]의 주석들이 그러하다. 그리고 이러한 이해는 다양한 방식으로 다수의 현대 역본에 등장하는데, 특히 NIV에 가장 분명히 반영되었다. NIV는 본문을 "거룩함의 성령을 통하여"(through the Spirit of holiness)라고 읽으며(비록 1984년 판 각주에 "그의 영과 관련해서"[as to his spirit]라고 부가 설명을 해놓았지만 말이다), NEB는 "영, 즉 성령의 측면에서는 그가 하나님의 아들로 선포되셨다"(on the level of the spirit — the Holy Spirit — he was declared Son of God)라고 읽는다. 이로써 NEB는 이러한 이해를 상당히 명확히 했다. NRSV 역시 이러한 독법을 각주에 표기했는데, 거기에는 "영"(spirit)을 대문자로 하여 "거룩함의 성령으로는"(according to the Spirit of holiness)이라고 밝혔다(비록 이 본문에서 소문자로 된 spirit["영"]은 성령이 아닌 다른 것을 암시하지만 말이다).

3. 그리스도 자신의 거룩함의 자세를 가리킨다는 해석. 해석의 세 번째 범주는 πνεῦμα ἁγιωσύνης를 그리스도의 신성을 가리키는 것이 아니라 그리스도 자신의 "거룩함의 자세"(spirit of holiness), 즉 그가 지상 생활 내내

---

136) Leenhardt, *Romans*, 37.
137) Bruce, *Romans*, 73.
138) Cranfield, *Romans*, 1.62–64.
139) Fitzmyer, *Romans*, 236.

보여주었듯이 그의 하늘 아버지께 드리는 완전한 순종과 변함없는 신실함을 가리키는 것으로 이해한다. 해석자들은 가끔 이러한 이해를 확장하여, "부활 이후 지금 몸에 영향을 끼치며 초자연적으로 영화롭게 된 영적인 존재를 알려주는", 그리스도 자신의 인간적인 삶의 "놀라울 정도의 초자연적인 거룩함"을 포함시킨다.[140]

　　그 표현의 이 세 번째 이해를 제안한 첫 번째 인물로 보이는 사람은 영국의 철학자 존 로크(John Locke, 1632-1704)였다. 로크는 그의 삶의 마지막 수년을 바울 서신 연구에 심혈을 기울였다. 갈라디아서, 고린도전서, 고린도후서, 로마서, 에베소서에 대한 그의 『의역과 주석』(*Paraphrase and Notes*)은 그의 사후 1705-07년에 출판되었다. 이 작품에는 "성 바울 자신에게 묻는 바울 서신 이해를 위한 에세이"라는 제목의 로크의 에세이가 추기로 실렸다. 윌리엄 샌데이와 아서 헤들럼이 그 성격을 잘 규명했듯이, 이 에세이는 "날카로운 사상과 이념들로 충만했으며, 저가가 자신을 '역사적인' 해석자로 분류한다는 주장이 정당함을 충분히 입증한다."[141] 『의역과 주석』에서 로크는 1:3b의 κατὰ σάρκα와 1:4a κατὰ πνεῦμα의 병행 관계가 매우 중요할 뿐만 아니라 두 표현 모두 반드시 그리스도의 인간적인 실존을 언급하는 것으로 이해해야 한다고 주장했다. 또는 로크 자신이 그 문제에 대해 표현했듯이, "육신으로는"라는 말이 "그(예수 그리스도)가 자기 모친인 축복받은 동정녀의 태에서 취한 몸이 다윗의 후손과 혈통에 속한 것"이기 때문에, "거룩함의 영으로는"이라는 표현은 "그분 속에서 모든 것을 지배했고, 심지어 그의 부서지기 쉬운 육체마저도 최소한의 죄의 오염으로부터 거룩하고 흠이 없게 지킨, 더 순결하고 영적인 것"을 언급하는 것으로 이해되어야 한다.[142]

---

140) B. Schneider, "Κατὰ Πνεῦμα Ἁγιωσύνης," 369.

141) Sanday and Headlam, *Romans*, cv.

142) J. Locke, *A Paraphrase and Notes on the Epistles of St. Paul*, ed. A. W. Wainwright (Oxford: Clarendon, 1987), 487.

이러한 논지는 프레데릭 고데(Frédéric Godet)[143] 및 조세프 라이트푸트(Joseph Lightfoot)[144]와 같은 19세기 주석가들에 의해서도 제안되었다. 하지만 이 논지를 발전시킨 사람은 샌데이와 헤들럼이다. 두 사람은 κατὰ πνεῦμα ἁγιωσύνης가 (1) "(일반적으로 교부들과 몇몇 현대학자들처럼) 삼위의 제3위이신" 성령을 가리키는 것이 아니라고 주장했다. "Σάρξ와 πνεῦμα의 대조는 이 두 가지 모두 동일한 사람에게 있어야 함을 요구하기 때문이다." 또는 (2) "마치 그리스도의 인성은 σάρξ와 공존하고, 신성은 πνεῦμα와 공존하듯이" κατὰ πνεῦμα ἁγιωσύνης가 "그리스도 안에 있는 신성"을 가리키는 것이 아니다. "이러한 견해는 아폴리나리스(Apollinaris)의 오류와 매우 흡사하다." 그들은 κατὰ πνεῦμα ἁγιωσύνης가 인간의 σάρξ처럼 인간의 πνεῦμα를 가리키지만, 예외적이고 초월적인 거룩함에 의해 일반적인 인간의 πνεῦμα와 구별된다고 주장한다.[145] 마리-조세프 라그랑주(Marie-Joseph Lagrange),[146] 조세프 후비(Joseph Huby),[147] 로버트슨(A. T. Robertson),[148] 에두아르트 슈바이처(Eduard Schweizer),[149] 킹슬리 바레트(Kingsley Barrett),[150] 제임스 던(James Dunn),[151] 더글라스 무(Douglas Moo)[152]와 같은 20세기의 수많은 주석가도 이러한 이해를 지지해왔다. 그리고 이 어구는 1948년의 에드가 굿스피드(Edgar Goodspeed)의 『미국 역』(*The American Translation*;

---

143) Godet, *Romans*, 1.130-31.

144) Lightfoot, *Notes on Epistles of St. Paul*, 245.

145) Sanday and Headlam, *Romans*, 9; 두 사람은 그들의 견해를 뒷받침하려고 히 2:17과 4:15을 인용한다. "그가 범사에 형제들과 같이 되심이 마땅하도다.…우리와 똑같이 시험을 받으신 이로되 죄는 없으시니라."

146) Lagrange, *Aux Romains*, 7-8.

147) Huby, *Aux Romains*, 45.

148) Robertson, "Epistle to the Romans," 324.

149) Schweizer, "Römer 1,3f.," 187-89.

150) Barrett, *Romans*, 19.

151) Dunn, "Jesus — Flesh and Spirit," 51-59; 하지만 그의 *Romans*, 1.15을 보라. 여기서 Dunn은 이 어구를 "바울과 초기 그리스도인들이 성령을 의미하는 것으로 이해했음이 거의 확실하다"고 주장한다. Dunn에 따르면, "성령은 거룩함으로 특징지어지며 하나님의 거룩함에 참여하는 분이다."

152) Moo, *Romans*, 50.

"in his holiness of spirit"["그의 영의 거룩함으로는"]), 1966년과 1971년의 로버트 브랫처(Robert Bratcher)의 『현대인을 위한 좋은 소식』(*Good News for Modern Man* 또는 "Today's English Version"; "as to his divine holiness"["그의 신적인 거룩함에 있어서는"]. 이 독법은 미국성서공회에서 논평했고 인준했다), 그리고 1981년의 스웨덴어 번역성경("according to the holiness of his spirit"["그의 영의 거룩함에 따라서는"])에 의해 이런 식으로 번역되었다. 마찬가지로 이 어구는 앞에서도 언급했듯이 NIV의 1984년 판의 각주에 등장한다.

이 세 범주의 해석에 대한 증거를 평가하면서 주목해야 할 사항이 몇 가지 있다. 첫째, πνεῦμα ἁγιωσύνης가 바울 서신의 다른 곳에서는 등장하지 않는다는 사실이다. 이 어구는 히브리어 성경(구약)의 그리스어 번역(LXX)에도 등장하지 않는다. 그리스어 πνεῦμα ἁγιωσύνης가 히브리어 קדשׁ רוח("거룩함의 영")의 문자적인 번역이지만, 이 어구가 이사야 63:10-11과 시편 51:11(LXX 50:13)에 등장할 때에는 70인역에서 τὸ πνεῦμα τὸ ἅγιον("성령")으로 번역되었으며, πνεῦμα ἁγιωσύνης("거룩함의 영")로는 번역된 적이 없다. 그러나 일찍이 유대교 문헌에 초기의 기독교적 내용(전체든 부분적으로든)이 추가되었다고 종종 간주되는 *T Levi* 18:7에서 πνεῦμα ἁγιωσύνης라는 어구는, "성화의 영[또는 "거룩함의 영"]이 [물에서] 그 위에 있을 것이다"라는 진술에서 보듯이, 분명 성령을 의미한다. 이것은 예수가 세례를 받으실 때 그 위에 내려오신 성령을 분명히 암시한다. 그리고 사해사본에서 קדשׁ רוח라는 어구는 적어도 17번이나 성령을 분명히 언급한다.[153]

로마서 1:4에서 πνεῦμα ἁγιωσύνης의 의미를 파악하려 할 때 고려해야 할 점은 신약성경에서 강조하고 있는 예수가 성부 하나님께 완전히 순종하고 전적으로 신실하셨다는 중요한 사실이다. 예수의 순종과 신실함은 특별히 빌립보서 2:6-11(특히 8절)의 그리스도 찬가와 그 밖에 초기의 기독교 신앙고백에 표현된 그의 사역(그의 "능동적인 순종")과 그의 십자가에 달림(그

---

153) Sekki, *The Meaning of Ruah at Qumran*, 특히 71-93과 185-91. 여기서는 1QS 4.21; 8.16; 9.3; 1QH 7.6-7; 9.32; 12.12; 14.13; 16.7, 12이 언급되었다.

의 "수동적인 순종")의 전 과정을 통해 이루어졌다. 이 사실은 바울 서신의 여러 곳과 복음서, 히브리서에서도 발견된다. 필자는 일찍이 발표한 논문에서 신약성경에서 예수께 붙여진 모든 칭호와 그의 사역의 성격과 영향을 묘사하기 위해 사용된 모든 비유를, 예수를 믿는 신자들이 예수의 순종, 신실함, 또는 탁월한 아들 됨과 관련하여 초기에 확신한 내용에 궁극적으로 근거한 것으로 이해해야 한다고 주장했다.[154] 그리고 이러한 기본적인 확신은 여기서도 계속해서 염두에 둘 필요가 있다.

이와 마찬가지로 로마서 1:3b-4을 다룰 때도 다음의 사실을 늘 염두에 두어야 한다. (1) 이 구절은 초기 교회로부터 (어느 방식으로든) 유래한 다양한 신앙고백적 자료들을 (적어도 어느 정도라도) 통합했다는 사실, (2) 신앙고백적인 자료들이 초기 그리스도인들의 공동체 예배와 신앙에서 기원했다는 사실, 그리고 (3) 예배와 신앙의 언어가 정확하게 어떤 의미였는지 분석하기가 가끔은 어렵다는 사실 등이다. 필자가 다른 곳에서 주장했듯이,

신앙 자료는 중심되는 초점이 있고 본질적인 확신을 표현하고는 있지만 부정확한 경우가 종종 있다. 그 자료는 교리적인 뉘앙스를 천명하는 것이 아니라 예수께 대한 경배를 부추기려 한다. 그 자료에는 지적인 언어보다는 마음의 언어가 사용되었다. 그래서 신앙 자료는 늘 철학적으로 세밀하거나 정확하지도 않고 신학적으로 옳지도 않다. 아마도 때로는 심지어 논리적으로 일관성이 결여된 경우도 있을 것이다.[155]

필자가 제안했듯이, 이 두 구절의 다른 표현과 특징들 중 일부를 석의하려 할 경우만 아니라 특히 이 πνεῦμα ἁγιωσύνης의 의미를 이해하려 할 경우에도 이 사실을 반드시 인식해야 한다.

---

154) R. N. Longenecker, "The Foundational Conviction of New Testament Christology," 여러 곳.
155) R. N. Longenecker, *New Wine into Fresh Wineskins*, 28-29.

그러므로 (1) 언어적인 병행과 난제들, (2) 순종, 신실함, 아들 됨 등 초기 기독론적 주제들, (3) 초기 기독교의 신앙고백적 자료에 대한 예배와 경건적 기반의 모든 문제를 염두에 두면서, 우리는 다음과 같은 결론을 내리게 된다. (1) πνεῦμα ἁγιωσύνης라는 어구는 특성상 추측보다는 실제 예배와 경건의 문맥을 고려해 볼 때 예수를 믿는 초기 신자들 사이에서 표출된 어구일 가능성이 크다. (2) 이 어구는 원래 예수 자신의 "거룩함의 자세"를 가리켰을 것이다. 다시 말해서 이 어구는 예수가 그의 지상 생애 내내 그의 천부께 보여준 완전한 순종과 흔들림 없는 신실함을 가리킨다. 예수에 대한 추측들(즉 그리스도의 신성에 관한 추측)이 나중에 더 두드러졌을 때 이 어구가 일부 그리스도인들 사이에서 의미하게 된 것을 이보다 더 이른 시기로 거슬러 올라가 읽어서는 안 된다고 생각한다. 따라서 רוח קדש("거룩함의 영")가 쿰란 문서에서 의미했던 것(즉 성령)이 가장 이른 시기의 그리스도인들이 그 용어를 사용한 방법일 필요는 없을 것이다. 이 두 집단의 교리적인 내용은 결정적으로 달랐으며, 사해의 종파들은 의의 교사에 대해 초기 그리스도인들이 믿었던 예수와 동일한 방법으로 생각하지 않았다.

예수를 믿은 일부 초기 신자들은 πνεῦμα ἁγιωσύνης를 저마다 다른 방식으로 이해했을 것이다. 교회의 몇몇 신조와 신학적 진술들 그리고 교회의 찬송의 몇몇 구절들이 오늘날 일부 그리스도인들에 의해 서로 다른 방식으로 이해되고 있듯이 말이다. 그리고 πνεῦμα ἁγιωσύνης를 "그의 거룩함의 영"으로 읽어야 할지, 아니면 "거룩함의 성령"으로 읽어야 할지를 두고 벌어지는 현대 신약 학자들의 딜레마는 적어도 초기 교회가 마주한 딜레마와 어느 정도 비슷하다. 표현들은 다르지만 아마도 어느 정도 비슷하게 의견이 나뉠 것이다.

그래서 우리가 믿는 바는 이렇다. (1) πνεῦμα ἁγιωσύνης는 예수를 믿는 초기 신자들 사이에서 성부 하나님을 향한 예수 자신의 순종과 신실함을 언급하는 것으로 이해되었을 가능성이 매우 크다. 다시 말해서 해당 어구는 예수가 자신의 지상 생애와 사역 내내 보여주신 "그의 거룩함의 영"을 가리킨다. (2) 초기 그리스도인들이 1:3b의 ἐκ σπέρματος Δαυὶδ κατὰ σάρκα와 1:4a의 υἱοῦ θεοῦ ἐν δυνάμει κατὰ πνεῦμα ἁγιωσύνης를 예수의 인간적인 실존의 가장 중요한 두 요인을 나타내는 표현으로 이해했으며, 따라서 그것은 그들의 초기 신앙고백에서 대조적인 형식이 아니라 병행적인 방식으로 표현되었다. (3) 나중에 적어도 일부 그리스도인들에 의해서 이 표현들이 성령과 그의 거룩하게 하시는 사역을 가리키는 것으로 이해되었다. 신앙고백에 속하는 이 어구는 (예배와 헌신의 맥락에서 나오는 많은 진술이 그러하듯이) 어느 정도 모호하기에 원래 이해되었던 것들보다도 더 폭넓은 해석을 용인한다. 그 표현이 어느 정도 모호할 수는 있지만, 그 표현이 로마에 있는 그리스도인들에게 그렇게 전달되었고, 그들도 그 표현을 그렇게 받아들였다. 그리고 이것은 바울이 로마에 있는 그의 수신자들과 친밀감을 형성하고 자신의 신념을 그들이 이해하고 공감할 수 있는 용어로 선포하려는 마음에서 그 표현을 사용한 방식이기도 하다.

마찬가지로 문자적으로 "죽은 자들의 부활로부터"라고 번역할 수 있는 1:4b의 ἐξ ἀναστάσεως νεκρῶν이라는 표현은 여러 번역자들과 주석가들에 의해 다양하게 이해되어왔다. 이것을 시간적인 표현으로 이해하여 "**그가 죽은 자들에서 부활하신 때로부터** 능력을 가진 하나님의 아들로 인정되었다"고 읽어야 할 것인가? 아니면 원인적인 표현으로 이해하여 "**그가 죽은 자들에서 부활했기 때문에**[또는 "부활하신 사실에 근거하여"] 능력을 가진 하나님의 아들로 인정되었다"로 읽어야 할 것인가? 두 표현 모두 참인 것 같다. 두 개의 뉘앙스를 모두 하나의 영어 문장으로 통합시키는 것은 어렵지만 말이다.

ʼΑναστάσεως에 관사가 없는 것 때문에 "부활"이 여기서 구체적인 것을 가리키지 않고 일반적인 부활만을 의미하는 것으로 해석되어왔다. 하지만 ἀνάστασις ("부활")는 신약성경에서 관사의 유무와 상관없이 또 "의미의 주목할 만한 차이 없이" 등장한다.[156] 더욱이 소유격 ἀναστάσεως의 경우에는

---

156) *BAG*, 537, col. 1.

관사가 생략되는 것이 "하나의 규칙으로" 자리매김하였다.[157] 마찬가지로 복수형 νεκρῶν("죽은 자들의")은 종종 우선적으로 종말론적인 보편적 부활 사상을 표시하는 것으로 이해되어왔다. 물론 예수의 부활은 보편적 부활의 시작이었다.[158] 하지만 복수형은 바울에 의해 예수의 부활을 언급하는 것으로 사용되기도 했다(참조. 롬 4:24). 소유격은 "죽은 자들 가운데서"를 표시하는 부분사 소유격으로 이해된다(참조. 엡 5:14).

그래서 많은 사람이 ἐξ ἀναστάσεως νεκρῶν을 문자적으로 번역하여 "죽은 사람들의 부활에서"라고 읽음으로써 그 표현을 일반적인 부활만을 염두에 둔 것으로 이해하지만, 우리는 마르틴 루터가 이 어구에 대해 "우리는 이 어구를 문자적으로보다는 그 의미대로 번역하는 것이 더 낫다고 생각한다"라고 한 말에 동의하는 것이 가장 좋다고 믿는다.[159] 그래서 RSV, NEB, JB, NIV와 같은 현대의 중요한 영어 번역 성경에 따라, 우리는 이 어구를 예수의 부활을 가리키는 것으로 이해하려 한다. 그리고 바로 앞에 있는 어구인 πνεῦμα ἁγιωσύνης와 더불어, 우리는 여기서 이 어구에 중심적인 초점이 있고 기본적인 확신이 표현되어 있지만, 예배와 헌신의 언어에 사용된 단어들이 통상적인 용어로 구성되어 있어 종종 정확하게 분석하기가 어렵다는 사실도 염두에 둘 필요가 있다고 믿는다.

예수의 메시아 되심과 주님 되심을 입증하는 것은 하나님이 예수를 부활시키고 높이신 사건이다(참조. 행 2:36, "그런즉 이스라엘 온 집은 확실히 알지니 너희가 십자가에 못 박은 이 예수를 하나님이 주와 그리스도가 되게 하셨느니라 [ἐποίησεν].") 그리고 그리스도를 "능력을 가진 하나님의 아들"로 임명하신 것을 입증한 것은 하나님이 그리스도를 부활시키신 것이었다. 공관복음에 따르면, 예수는 그의 지상 사역 동안 때때로 "메시아"와 "하나님의 아들"로 환호를 받으셨다("메시아" 칭호와 관련해서는 막 8:29과 병행구를 참조; 또한 "하나

---

157) *BAG*, 537, col. 1.
158) 예로 Hooke, "Translation of Romans 1.4," 371이 그렇게 주장한다.
159) M. Luther, *Lectures on Romans*, trans. and ed. W. Pauck, 15.

님의 아들" 칭호와 관련해서는 막 1:11과 병행구, 막 9:7과 병행구를 보라). 하지만 이
러한 칭호들이 합당하다는 사실이 결정적으로 "그가 죽은 자들 가운데서
부활한" 사건으로 입증되었다. 그리고 이러한 입증 **이후** 및 그러한 입증으
로 **인해**, 독특한 기독교적 사상이 존재하게 되었다.

  사도행전 2:36의 부정과거 동사인 ἐποίησεν("되게 하셨다" 또는 "임명하
셨다"; 삼상 12:6; 왕상 12:31; 막 3:14; 히 3:2)과 로마서 1:4의 관사를 가진 실명사
적 수동태 분사인 τοῦ ὁρισθέντος("지명되신 이" 또는 "임명되신 이")는 기능적
인 표현이다. 그리고 우리가 믿기로, ἐξ ἀναστάσεως는 반드시 동일한 방식
으로 이해되어야 한다. 다시 말해서 이 어구는 예수가 ("양자" 기독론에서처
럼) 그 전에는 아니었지만 이후 어느 땐가 "되셨다"든가 "지명되었다"는 의
미가 아니라, ("기능적" 기독론에서처럼) 그가 이미 지상 사역 동안 인정받으
셨던 존재로 입증되었음을 암시하고 있다. 킹슬리 바레트는 이러한 상황을
다음과 같은 말로써 적절히 묘사했다.

> 의심할 여지가 없이, 가장 초기의 기독론은 표면적으로는 양자론적 기독
> 론의 색채를 띠었다. 하지만 이것은 그 기독론이 전문적인 의미에서 "양자
> 론적 기독론"이었다는 말이 아니다. 기독론적인 사상에서 밝히려는 첫 번
> 째 시도는 본질적인 용어가 아니라 기능적인 용어로써 이루어졌다.[160]

1:4b을 마무리하는 곳에 있는 Ἰησοῦ Χριστοῦ τοῦ κυρίου ἡμῶν("우리 주
예수 그리스도")이라는 표현은 바울이 1:3b-4에서 인용한 신앙고백적인 2행
연구에 바울이 친히 덧붙인 것으로 종종 이해되곤 한다. 이는 "주"라는 칭
호가 예수를 믿는 가장 초기 신자들의 의식을 대표하는 것이 아니라고 자
주 추정된다는 데 통상적인 이유가 있다. 하지만 기독론적인 칭호로서 "주"
는 예수를 믿는 초기의 유대 신자들도 사용하던 칭호다. 사도행전 2:36(베
드로의 설교: "너희가 십자가에 못 박은 이 예수를 하나님이 주와 그리스도가 되게 하셨

---

160) Barrett, *Romans*, 20.

느니라"), 고린도전서 16:22(예수께 드려진 아람어 기도: "오 주여, 오시옵소서"), 빌
립보서 2:11(초기 그리스도 찬양의 결론: "예수 그리스도는 주이시다")과 같은 본문
이 그 증거다.[161] 그래서 많은 학자가 이것을 바울이 인용한 신앙고백적 자
료에 포함시키지 않으려고 하지만, 필자는 그것을 인용문 안에 포함시키
는 것이 가장 좋다고 믿는다. "예수 그리스도"라는 이름이 신약성경의 다양
한 초기 기독교의 신앙고백적 자료에 자주 등장하고 "주"라는 칭호가 바울
이전의 그리스도인들에 의해 사용되었기 때문만이 아니라, 그러한 진술이
2행 연구를 멋지게 마무리하고, 대명사 소유격 "우리의"가 초기 기독교 신
앙고백의 소리를 지속하는 것으로 생각되기 때문이다.

　　　1:5　　　바울은 그가 "부르심을 받고" "택정함을 입은" 복음의 기독론
적인 내용에 초점을 맞춘 1:3b-4에서 신학적 내용으로 가득한 신앙고백적
자료를 인용한 후, 1:5에서 다시 그가 받은 사도 직분의 성격과 목적을 부
각시킨다. 1:5 앞에 놓인 전치사구 δι' οὗ("그로 말미암아")는 행위자를 표시
한다. 1:3b-4의 신앙고백에서 선포된 이가 지금은 죽은 자 가운데서 부활
하신 분이시며, 그를 통해 바울은 사도의 직분을 받았다. 다시 말해서 바울
이 받은 사도의 직분은 "그[하나님]의 아들"로 말미암았다. 바울은 이곳 1:4
끝부분에서 "우리 주 예수 그리스도"라고 분명히 밝힌 후 바로 "화제를 바
꾸지는" 않았을 것이다. 우리는 앞에서 "우리 주 예수 그리스도"라는 어구
를 바울이 인용한 신앙고백의 결론적인 말로 이해해야 한다고 제안했다.
바울은 "그[하나님]의 아들"에 관해 더 많은 내용을 알리기 위해 그가 인
용한 신앙고백의 도입부로 다시 돌아오고 있다. 이를테면, "그[하나님]의
아들"은 (1:3b-4에 언급된 것처럼) 복음의 내용일뿐더러 (이곳 1:5에 언급되었듯
이) 바울에게 사도의 직분을 부여하신 분이기도 하다. 바울이 ἀφ' οὗ("그로
부터")라고 말하지 않는다는 사실을 주목할 필요가 있다. 바울이 받은 사도
직분의 원천이, 그가 예언자적 사명을 부여받은 말씀에 암시되었듯이, 성부

---

161) 더 확장된 논의는 R. N. Longenecker, *Christology of Early Jewish Christianity*, 120-36을
　　보라.

하나님이시라고 1:1에 이미 암시되었기 때문이다(1:7도 보라. 여기서는 "하나님 우리 아버지"와 "주 예수 그리스도"가 "은혜와 평강"의 원천으로 인용되었다). 또한 바울은 자신이 지금은 죽은 위대한 어떤 분을 위해 사도가 되었다는 듯이 δι' ὅν("그를 위하여" 또는 "그분 때문에")이라고 말하지도 않는다. 예수의 부활은 그의 지상 생애와 사역의 정당성을 입증할 뿐만 아니라 그의 부활 후의 삶을 표시하기도 한다.

1:5a에서 바울은 복수 동사 ἐλάβομεν("우리가 받아")을 사용한다. 이것은 종종 바울이 모든 그리스도인이 (이어지는 어구에서 "은혜"와 "사도의 직분"을 구별하는) "은혜"를 받았음을 인정하고 있는 것으로 이해되어왔다. 바울이 12:6a[162])에서 표현하거나 은혜와 사도의 직분을 받은 자들인 다른 사도와 자신을 연결시키는 경우[163])처럼 말이다. 하지만 더 개연성이 높은 것은 이 언급을 "문학적인 복수형"으로 이해하거나[164]) "단수형을 지칭하기 위해 관용어구로 사용된" "편지 형식의 복수형"[165])으로 이해하는 것이다. 1인칭 복수 동사와 분사 또한 1인칭 단수 동사 및 분사가 혼합되어 둘 다 바울 자신을 가리키는 예는 바울 서신에 빈번하게 등장한다.[166]) 그러나 단수형의 이름인 "바울"로 시작하고 사도로서 바울 자신의 소명을 부각시키는 이곳 로마서 1:1의 인사말과, 그런 다음에 1:8의 1인칭 단수 동사인 εὐχαριστῶ ("내가 감사함은")가 이어지는 상황을 고려하면, 바울이 자신을 언급하려고 문학적인 복수형이나 편지 형식의 복수형을 사용하여 "우리가 받아"라고

---

162) 예로 Augustine, *Ad Romanos inchoata expositio, PL* 35.2092; Barrett, *Romans*, 21을 참조하라.

163) 예로 Sanday and Headlam, *Romans*, 10; Schlatter, *Romans*, 10; Dunn, *Romans*, 1.17을 참조하라.

164) 참조. *ATRob*, 407.

165) J. H. Moulton, G. Milligan, H. Lietzmann, 그리고 O. Roller를 인용한 *Moule*, 118-19을 참조하라.

166) 참조. 고전 9:11-23; 고후 1:12-14; 2:14-7:16; 10:1-11:6; 살전 2:18[아마도]; 3:1-5을 비롯한 여러 곳. 하지만 문맥적으로 둘을 반드시 구별해야 하는 것도 있다(예. 고후 1:15-24; 그리고 아마 살전 2:18과 3:8-9도 이에 해당하는 것 같다).

표현했다고 이해할 수밖에 없는 문맥적인 이유가 있다.[167]

Χάριν καὶ ἀποστολήν("은혜와 사도의 직분")이라는 어구는 종종 두 가지 사실을 함의하는 것으로 이해되었다. (1) "은혜" 또는 공로 없이 받은 은총은 모든 그리스도인이 하나님으로부터 받은 것이며, 바울은 다른 모든 신자와 함께 이 은혜를 받았다. (2) "사도의 직분"은 바울이 하나님으로부터 특별한 사명으로 받은 것이다.[168] 하지만 접속사 καί로 연결된 이 두 그리스어 명사는 이사일의로 이해하는 것이 좋다("이사일의"[hendiadys]에 해당하는 그리스어 단어 hen-dia-dysin은 문자적으로 "두 [단어]를 통한 하나[의 생각]"이라는 뜻이며, 여기서 "한 단어는 다른 단어를 구체적으로 밝힌다"). 그래서 이 어구는 "사도의 직분이라는 하나님의 특별한 은혜" 또는 "사도라는 사명을 부여하는 은혜"라고 읽어야 한다.[169] 찰스 크랜필드는 이렇게 지적한다.

> 바울이 그리스도로 말미암아 은혜를 받았다는 주장은 이곳에서는 거의 필요하지가 않다. 적절한 것은 단순히 이방인 세계와 관련한 그의 권위에 대한 진술이다. 그러나 바울이 이 권위를 자신의 공로로 인해 받은 것이 아니라고 암시한 것은 매우 적절할 것이다.[170]

사실 해석가들 중에는 "은혜와 사도의 직분"이라는 표현이 이사일의라고 분명하게 주장한 사람들이 많이 있다.[171] 우리는 이 어구가 "사도의 직분

---

167) 예로 Lagrange, *Aux Romains*, 10; Leenhardt, *Romans*, 38-39; Cranfield, *Romans*, 1.65이 이렇게 본다.

168) 예로 Origen, *Ad Romanos, PG* 14.852-53; Augustine, *Ad Romanos inchoata expositio, PL* 35.2092; Pelagius, *Ad Romanos, PL* 30.647; Sanday and Headlam, *Romans*, 10-11; Zahn, *An die Römer*, 42-44; Lagrange, *Aux Romains*, 10; Barrett, *Romans*, 21이 이렇게 본다.

169) 참조. NEB: "the privilege of a commission"(사명의 특권); TEV: "the privilege of being an apostle"(사도가 되는 특권)

170) Cranfield, *Romans*, 1.66.

171) 예로 Chrysostom, *Homilia XXXII ad Romanos, PG* 60.398; J. Calvin, *Romans*, in *Calvin's New Testament Commentaries*, 8.17(칼뱅은 이것을 "너그럽게 주신 사도의 직분" 또는 는 "사도 직분의 은혜"로 이해했다); Bruce, *Romans*, 17; Dunn, *Romans*, 1.17; Fitzmyer, *Romans*, 237; 그리고 Moo, *Romans*, 51이 이렇게 본다.

이라는 하나님의 특별한 은혜"로 읽는 것이 최상이라고 믿으면서 이들의 견해에 동의한다. 비록 고대나 현대에 걸쳐 대부분의 번역가들이 이것을 단순하게 문자적으로 번역하고(즉 "은혜와 사도의 직분") 주석가들에게 해석을 떠넘기고는 있지만 말이다.

이곳 1:5과 다시 16:26에 등장하는 εἰς ὑπακοὴν πίστεως(문자적으로 "믿음의 순종을 위하여")는 해석하기 난해하다. 그 난해함은 무엇보다도 먼저 ὑπακοὴ πίστεως("믿음의 순종")가 바울의 다른 편지에서는 발견되지 않을뿐더러 광범위한 그리스 문헌에서도 발견되지 않는다는 사실에 기인한다. 물론 로마서 다른 곳에서는 "믿음"과 "순종"이 비슷한 문맥과 대략 비슷한 병행 진술에 등장하기는 한다.[172) 믿음과 순종은 바울신학에서 떼려야 뗄 수 없는 것들이다. 하지만 이 구체적인 어구는 로마서에서 단 두 곳에서만 등장한다.

둘째, 이 어구가 해석하기 난해한 이유는 소유격 πίστεως("믿음의")의 특성 및 영향과 관련하여 불확실한 점들이 있다는 데 있다. 다수의 해석자들이 명사의 소유격 형태를 다음과 같은 방식으로 이해해야 한다고 제안했다.

1. 목적격 소유격: "믿음에로의 순종"(obedience to the faith), "믿음의 메시지에 대한 순종" 또는 "복음에서 입증된 하나님의 신실하심에 대한 순종."[173)
2. 주격 소유격: "믿음이 믿음을 생산하는 순종" 또는 "믿음이 요구하

---

172) 롬 1:8, "너희 믿음이 온 세상에 전파됨이로다"와 롬 16:19, "너희의 순종함이 모든 사람에게 들리는지라"를 비교하라. 또한 11:23의 "믿지 아니함"과 같은 문맥의 11:30-31에 있는 "순종하지 아니함"의 병행을 보라.

173) 예로 다음 번역을 참조하라: "obedience to the faith"(KJV, Moffatt; "믿음에로의 순종"), "to forward obedience to the faith"(Phillips; "믿음에로의 순종을 촉진시키다"), "obedience to the message of faith"(BV; "믿음의 메시지에 대한 순종"). 또한 πίστεως가 "순종해야 하는 일단의 교리"를 가리킨다고 주장한 Kuss, *Römerbrief*, vol. 1과 이 단어를 "믿음의 설교를 위해"라고 번역해야 한다고 주장한 G. Friedrich("Muss ὑπακοὴν πίστεως")와 같은 주석가들을 보라.

는 순종.["174)]

3. 원천을 나타내는 소유격: "믿음에서 나오는 순종" 또는 "믿음으로부터 발원하는 순종.["175)]

4. 형용사적 소유격: "믿는 순종" 또는 "신실한 순종.["176)]

5. 동격 소유격 또는 정의를 나타내는 소유격(설명적인 소유격): "순종으로 이루어진 믿음" 또는 "순종으로 나타나는 믿음.["177)]

Πίστεως를 목적격 소유격으로 이해하는 것은 오늘날 대부분의 주석가들을 설득하지 못한다. 현재의 문맥과 로마서 전체의 문맥에서 "믿음"은 "그리스도와 결탁하는 살아 있는 행위 또는 자극"으로 제시되었지, "형식화된 일단의 교리"가 아니기 때문이다.[178)] 사실 아돌프 슐라터(Adolf Schlatter)가 바르게 관찰한 것처럼, "믿음과 순종 사이에 간격이 있다.···하나님의 메시지가 하나님에 관한 교리로 대체될 경우에 말이다."[179)] 다시 말해서, 그런 경우 "일하는 사람의" 의는 믿음과 순종에 의해 반응하는 하나님의 거저 주시는 은혜로 여겨지지 않고, "'믿음의 모든 내용'을 아는 사람, 즉 그 내용을 '믿는 사람'"의 의로 대체된다.[180)] 더욱이 πίστεως를 주격 소유격으로

---

174) 예로 JB을 참조하라. 이 역본은 이 어구를 본문에서 문자적으로 번역했지만, 각주에서는 소유격이 "주격 소유격"이라고 언급하고, 그래서 "믿음의 덕이 암시된 순종"으로 이해해야 한다고 주장한다.

175) 예로 "obedience that comes from faith"(NIV; "믿음으로부터 오는 순종"), "obedience inspired by faith"(Williams; "믿음으로 고무되는 순종"), "obedience which springs from faith"(Lightfoot, *Notes on Epistles of St. Paul*, 246; "믿음에서 발원하는 순종")를 참조하라. 또한 Lagrange, *Aux Romains*, 10; Robertson, "Epistle to the Romans," 324을 보라. Robertson은 이 어구를 "주어를 나타내는 소유격"이라고 칭하면서 "믿음에서 나오는 순종(동의 또는 복종의 행위)"으로 번역한다. Taylor, *Romans*, 21; Bruce, *Romans*, 70.

176) 참조. Barrett, *Romans*, 21: "believing obedience."

177) 예로 Cranfield, *Romans*, 66-67("faith that consists of obedience"["순종으로 구성되는 믿음"]); Fitzmyer, *Romans*, 237-38("faith that manifests itself in obedience"[순종으로 드러나는 믿음])를 참조하라.

178) Sanday and Headlam, *Romans*, 11을 인용함.

179) Schlatter, *Romans*, 11.

180) Schlatter, *Romans*, 22.

이해하거나 형용사적 소유격으로 이해하는 것은 인간적인 덕으로서의 "순종"을 강조하고 "믿음"을 단순히 그 덕을 성취하는 수단으로 보려는 경향으로 나아간다. 이것은 기독교적이든지 유대교적이든지, 바울의 핵심적인 신학적 확신과 일치하지 않는다.

그러므로 여기서 πίστεως를 원천을 나타내는 소유격으로 이해하여 그 어구를 "믿음에서 나오는[또는 "발원하는"] 순종"으로 해석하는 것이 가장 개연성이 커 보인다. 물론 그것을 동격 소유격 혹은 정의하는 소유격으로 보고 "순종으로 이루어지는[혹은 드러나는] 믿음"으로 이해할 수도 있다. 둘 다 언어학적으로 가능하고 신학적으로도 얼마든지 변호할 수 있다. 하지만 바울이 그의 다른 편지들과 로마서에서 강조하는 것은 특별히 믿음의 내용으로서의 순종이 아니라, 순종의 삶의 결과로 이어지는 살아 있는 믿음이다. 글렌 데이비스(Glenn Davies)가 지적했듯이, 바울이 로마서에서 믿음을 명시적으로 언급하지 않고 순종을 말할 때에도, "그 근저에는 믿음이 하나님께서 받으실 만한 모든 순종의 모판이라는 전제가 있다."[181] 그래서 여기서는 바울이 "믿음에서 나오는["발원하는"] 순종"을 불러일으키기 위해 사도라는 하나님의 특별한 은혜를 받았다고 이해하는, 원천의 소유격이 가장 개연성이 크다.

Εἰς ὑπακοὴν πίστεως라는 표현 역시 바울이 로마서에서 이 용어를 사용한 목적이 불확실하기 때문에 해석하기가 어렵다. 그리고 실제로 그의 모든 편지 가운데 이 편지에서만 이 용어가 사용되었다. 그가 여기서 이 표현을 사용한 것과 관련하여 제기할 수 있는 질문은 이것이다. 바울은 여기서 이 어구를 (1) 그의 수신자들에게 영향을 주던 어떤 유대인들과 유대 그리스도인들에게 반대하면서, 그들 중에서 "순종"에 대하여 잠복해 있는 율법주의적 이해를 논박하려고 사용했는가?[182] 아니면, (2) 하나님의 선민과 그들에게 요구된 경계 표시와 관련하여 유대인들과 어떤 유대 그리스

---

181) G. N. Davies, *Faith and Obedience in Romans*, 29 n. 2. 롬 2:6-9; 6:12-23을 인용함.
182) 예로 Michel(*An die Römer*, 76, 여러 곳)이 이렇게 본다.

도인들 사이에서 유행하고 있던 사상에 반대하면서 "언약적 신실함"의 특성을 다시 정의하려고 사용했는가?[183] 혹은 (3) 계획에 맞춰 "로마서의 주요 목적"을 제시하기 위해서 그랬을까?[184] 아니면 (4) 그의 수신자들이 이해하고 공감하도록 표현을 조절하며 그의 메시지를 상황화하려고 그랬을까? 수신자들이 구약성경에 친숙했기에 "믿음"과 "순종"을 연결하기를 원한 것은 적절했으며, 믿음과 순종의 관계에 대해 그들 사이에서도 어느 정도 이해가 달랐을 것이다.[185]

이 네 가지 제안에 다 맞는 사례를 만들거나, 적어도 이들 중 일부를 조합해서 실례를 만들 수 있다. 하지만 만일 바울이 이러한 표현을 사용하여 잠복해 있던 어떤 유형의 율법주의를 반박하려했다면(제안 1), 다음과 같은 질문을 제기하는 것이 적절할 수 있다. 그렇다면 갈라디아서에서 유대주의자들을 반박할 때 ὑπακοὴ πίστεως란 표현을 사용하지 않은 이유는 무엇인가? 그리고 만일 ὑπακοὴ πίστεως가 계획에 맞춰 "로마서의 주요한 목적"을 제시하려고 사용한 것에 불과하다면(제안 3), 왜 그는 신약의 다른 편지들에서 같은 어구를 사용하여 자기 메시지의 특성을 밝히지 않았는가? 그러므로 바울이 이곳과 나중에 16:26에서 ὑπακοὴ πίστεως를 사용한 것은 (1) 논쟁적인 이유와 (2) 상황화의 이유를 조합한 것으로 이해하는 것이 좋을 것 같다. 논쟁적인 이유와 관련하여 (제안 2에서 지적된 것처럼) 바울은 어떤 방식으로든 언약신학의 특성을 다시 정의하려 했다고 이해된다(비록 이런 입장을 취하는 사람들이 주장하는 모든 견해를 받아들일 필요는 없지만 말이다). 상황화의 이유와 관련하여 바울은 (제안 4에서 지적한 것처럼) 그의 수신자들이 이해하고 공감하도록 표현을 조절하며 그의 메시지를 상황화하고 있다고

---

183) Dunn(*Romans*, 1.18, 24, 여러 곳)과 Garlington("Obedience of Faith" [1990], 201, 여러 곳)이 이렇게 본다. 또한 Garlington, "The Obedience of Faith" (1991); 같은 저자, *Faith, Obedience, and Perseverance*도 보라.

184) Black(*Romans*, 175)과 N. T. Wright("The Messiah and the People of God," iii)이 이렇게 본다.

185) 이것은 바울의 수신자들과 그들에게 편지를 쓰는 그의 목적에 관한 필자의 논지에서 제시되었다.

이해된다.

바울이 로마서 1:5과 16:26, 즉 로마서의 시작과 끝 모두에서 ὑπακοὴ πίστεως를 사용한 논쟁적인 목적을 천명했을 개연성이 매우 커 보인다. 이 특별한 어구가 그의 다른 편지에는 등장하지 않기 때문이다. 사실 돈 갈링 톤(Don Garlington)이 주목했듯이, "유대 문헌에 등장하는 믿음의 순종을 배 경으로 하여, 이 단어들에는 분명히 논쟁적인 취지가 있다. 하나님의 고대 백성(이스라엘)의 정체성을 가정하지 않고도 그 백성의 언약적 충성이 지금 은 가능한 일이다."[186] 또는 이 어구의 사용에 나타난 바울의 논쟁적인 목 적과 관련하여 (Garlington의 박사학위 지도 교수였던 더럼 대학교의) 제임스 던 이 표현했듯이,

> 바울이 사도의 직분을 통해 이루기를 원했던 믿음은 순종, 즉 하나님이 그 의 언약 백성에게서 기대했던 반응과 다르지 않다. 오히려 믿음은 반드시 순종으로 표현해야 하는 방도(즉 πίστεως를 동격 소유격으로 이해함)가 되었든지, 그 순종의 실질적인 원천(즉 πίστεως를 원천의 소유격으로 이 해함)이 되었든지 둘 중 하나다.[187]

여기서 한걸음 더 나아가 필자는 바울이 로마서의 인사말과 마지막 송영 에서 ὑπακοὴ πίστεως를 사용함으로써 그가 로마서에서 제시하고 있는 모 든 내용에 대한 수사학적 수미상관을 제시할 뿐만 아니라, 로마에 있는 그 의 수신자들의 공감과 이해를 위해 그의 표현도 거기에 맞추고 있다고 제 안한다. 수신자들은 구약성경에 친숙했기 때문에 "믿음"과 "순종"의 관계 에 항상 관심이 있었다. 바울은 이렇게 함으로써 이곳과 16:26뿐만 아니라 로마서의 많은 곳에서 (1) 그의 기독교 복음 선포를 수신자들의 특별한 관 심사를 다루는 방식과 그들이 이해하고 공감하는 어구들로써 상황화하고

---

186) Garlington, "Obedience of Faith," 201.

187) Dunn, *Romans*, 1.24.

있으며, (2) 수신자들이 신앙으로 고백하는 내용을 더 잘 이해할 수 있도록 그들의 생각 속에 있는 것에서부터 시작하려고 한 듯하다.

'Εν πᾶσιν τοῖς ἔθνεσιν("모든 이방인 중에서")이라는 어구는 바울이 사도로서 수고한 영역을 구체적으로 언급한다. 이 표현은 여기서 때로는 "모든 나라 가운데서"를 뜻하는 좀 더 포괄적인 의미로 이해되곤 했다. 좀 더 포괄적인 용어가 편지의 서론에 더 적합하다고 믿으면서 말이다.[188] 하지만 바울이 로마서와 그의 다른 편지 전체에서 사용하는 ἔθνη는 비유대인들, 즉 이방인들을 가리킨다. 여기에는 바울이 하나님에 의해 "이방인의 사도"로 부름을 받았다는 이해가 반영되어 있다.[189] 그리고 더글라스 무(Douglas Moo)가 정확하게 지적했듯이, 이것은 "여러 다른 나라를 향한 사역이 아니라 유대인들과 구별되는 이방인들을 향한 사역이었음"을 의미한다.[190]

바울이 유대인들에게도 얼마든지 자유롭게 설교할 수 있다고 느꼈다는 것은 확실하다.[191] 그리고 이방인들을 향한 초기 기독교 활동이 모두 그의 선교에 속한 것은 아니었다.[192] 하지만 바울이 이곳에서 진술하고 있는 것과 (로마서 본론의 여는 말인) 1:13-15에서 이 진술을 좀 더 발전시킨 내용, 그리고 (로마서 본론의 마무리하는 부분인) 15:14-32을 보면, 하나님의 전반적인 구속사적 계획의 맥락에서 바울이 자신이 받은 구체적인 명령이 "우리 주 예수 그리스도" 및 그의 사역과 관련한 "좋은 소식"을 이방인들에게 전하는 것임을 알아차렸다는 것에는 의심의 여지가 없다.

'Υπὲρ τοῦ ὀνόματος αὐτοῦ("그의 이름을 위하여")라는 표현에는 바울이 복음을 이방인들에게 설교하는 궁극적인 동기가 반영되어 있다. 즉 그 동

---

188) 예로 Zahn, *An die Römer*, 48; Michel, *An die Römer*, 42 참조.
189) 롬 11:13; 15:16, 18 참조. 또한 갈 1:15-16도 보라.
190) Moo, *Romans*, 53; 또한 Cranfield, *Romans*, 67; Fitzmyer, *Romans*, 238도 참조하라.
191) 참조. 행 13:14-52; 15:1-7; 17:1-4, 10-12; 18:4, 19-21; 19:8-9; 28:17-28.
192) 참조. 행 10:1-48; 어쩌면 11:19-21. 로마에 있는 그리스도인들에게 보낸 바울의 편지에서 확실히 인식하듯이, 이집트, 시리아, 길리기아에서도 그랬을 것이며, 로마에서는 확실히 그랬다.

기는 자신의 유익이나 권력 확대나 회심자들의 유익이 아니라, 일차적으로 하나님의 아들의 영광을 위해서였다(참조. 15:7. 이 본문에도 그리스도인이 다른 사람을 받아들이는 것이 εἰς δόξαν τοῦ θεοῦ, 곧 "하나님의 영광을 위해서"라고 표현되었다). 고대 세계에서 사람의 이름에는 그의 참된 특성과 중요성이 함의되었다. 그러므로 바울이 예수의 이름을 언급할 때에는 초기 그리스도인들이 빌립보서 2:6-11의 그리스도 찬양시의 후반부에서 고백한 것을 염두에 두었을 가능성이 매우 크다. "하나님이 그를 지극히 높여 모든 이름 위에 뛰어난 이름을 주사, 하늘에 있는 자들과 땅에 있는 자들과 땅 아래에 있는 자들로 모든 무릎을 예수의 이름에 꿇게 하시고, 모든 입으로 예수 그리스도를 '주'라 시인하여 하나님 아버지께 영광을 돌리게 하셨느니라"에 등장하는 "주"라는 이름이 바로 그의 이름이 되었다(빌 2:9-11).

1:6　ʼΕν οἷς ἐστε καὶ ὑμεῖς κλητοὶ ʼΙησοῦ Χριστοῦ("너희도 그들 중에서 [하나님으로 말미암아] 예수 그리스도의 것으로 부르심을 받은 자니라")라는 진술은 문법적으로 1:5의 ἐν πᾶσιν τοῖς ἔθνεσιν("모든 이방인 중에서")이라는 어구와 관련이 있다. 하지만 해석자들 가운데는 이 진술을 삽입어구로 보는 사람들이 있다. 다음 몇 가지 이유에서다. 이 어구가 로마에 있는 수신자들에게 직접 말하기 전에 실명사인 κλητοί("[하나님으로 말미암아] 부름을 받은 자들")로써 로마에 있는 그리스도인들을 묘사하지만, 1:7에서는 그들이 다시 실명사 ἀγαπητοί("사랑하심을 받은 자들")와 κλητοὶ ἅγιοι("성도로 부르심을 받은 자들")로 밝혀지고 있으며, 따라서 수신자들을 이런 식으로 "하나님으로 말미암아 부르심을 받은 자들"로 특성을 규명하는 것은 나중에 1:7의 두 가지 묘사와 연결되었다고 보는 것이 가장 좋기 때문이다.[193] 하지만 이 세 실명사가 본문의 사상의 흐름을 위해 함께 묶여 있다고 보는 것이 낫다는 이유 때문에 그것들을 단순히 로마에 있는 그리스도인들을 설명하는 세 가지 묘사로 이해한다면, 바울이 이곳 1:6에서 말하려는 요지를 놓치고 만다. 6절에서 사도는 자신이 "이방인의 사도로 부름을 받은 것"을 그

---

193) 예로 Cranfield, *Romans*, 1.67이 그렇게 본다.

의 수신자들이 "예수 그리스도에게로 부름을 받은" 것에 연결시키려고 고심하는 것 같다. 그 결과 이것은 그들이 주로 이방인으로 구성된 신자들로서 이방인을 향한 사도적 권한의 영역 안에 있으며,[194] 그럼으로써 그에게는 그들과 접촉하고 그가 이 편지에서 하듯이 그들에게 편지를 쓸 권한이 있음을 보여주고 있다.

동사 καλέω("부르다")는 단순히 "누구를 부르다", "누구 또는 어떤 것의 이름을 부르다", "연설하다", "지명하다", "초대하다" 또는 "명하다"를 뜻할 수 있는데, 바울은 이 단어를 어떤 특별한 목표나 목적을 위해 하나님이 누군가를 부르신 것을 가리키는 전문용어로 사용한다.[195] 소유격 Ἰησοῦ Χριστοῦ는 서술적인 뜻을 지닌 소유의 소유격(즉 소유를 표시하는 "서술적 소유격")이며, 그래서 이것은 "예수 그리스도의 소유" 또는 "예수 그리스도에게 속하는" 것으로 번역된다.[196] 이것은 주격 소유격, 즉 "예수 그리스도가 부르신"은 아니다.[197] 바울신학에서는 성부 하나님이 늘 신적 소명의 행위자이시기 때문이다.[198]

그러므로 1:6에서 바울이 기본적으로 강조하는 것은 이것이다. (1) 로마에 있는 그리스도인들은 자신들을 바울이 하나님께 받은 이방인을 향한 사도적 권한의 영역 안에 있는 자로 생각해야 한다. (2) 바울이 하나님께 이방인의 "사도"로 부름을 받은 것처럼, 그들은 자신들이 하나님에 의해 "예수 그리스도에게 속한 자"로 부름 받았음을 깨달아야 한다. 바울이 이 구절에서 그의 수신자들의 정체성을 밝힌 것에 암시된 또 다른 내용은 다음과 같다. (1) 그들이 그리스도로 말미암아 갖는 하나님과의 관계는 그들

---

194) 예로 Sanday and Headlam, *Romans*, 12; Barrett, *Romans*, 22; Moo, *Romans*, 54; Fitzmyer, *Romans*, 238이 이렇게 본다. Cranfield, *Romans*, 1.68에 반대함.
195) 참조. Klein, "Paul's Use of *KALEIN*," 53-64.
196) 예로 Sanday and Headlam, *Romans*, 12; Lagrange, *Aux Romains*, 11; Barrett, *Romans*, 22을 참조하라.
197) Cranfield, *Romans*, 1.68에 반대함.
198) 참조. 롬 4:17; 8:28, 30; 9:24; 고전 1:9; 7:17-18, 20-22, 24; 갈 1:6, 15; 5:8; 살전 5:24; 딤전 6:12; 딤후 1:9-10; 또한 벧전 5:10도 보라.

자신의 바람이나 행위가 아니라 하나님의 뜻과 부름에 의존한다는 것[199]과 (2) 그들이 하나님의 부름을 받은 자들로서 이스라엘이 오래전에 경험했던 것을 경험하여,[200] 하나님의 옛 백성과 연합하게 되었다는 사실이다.[201]

1:7   Πᾶσιν τοῖς οὖσιν ἐν Ῥώμῃ("로마에 있는 모든 자에게")는 바울의 인사말의 "수신자 단락"을 구성한다. 이 어구는 "발송자 단락"에 등장했던 몇몇 신학적으로 중요한 문제들을 좀 더 자세히 설명함으로써 πᾶς("모든")라고 "말을 하자마자 잠시 중단했던" 일련의 관계절을 시작한다. 누구나 사도가 사용한 πᾶς에서 "대도시의 교회가 광범위하고 이곳저곳에 흩어져 있음을, 또는 그 교회의 두 부류를 함께 묶으려는 노력"을 볼 수 있을 것이다.[202] 하지만 이것은 하나의 단어를 지나치게 의심스럽게 읽는 것으로 보인다. "모든"이라는 단어는 표면상 포괄적인 방법으로 로마서의 수신자 전체에게 인사하기 위해 모든 사람을 포함하고 있는 것 같다.

"로마에서"(ἐν Ῥώμῃ)라는 지명은 사본 전통에 의해 좋은 지지를 받는다. 이 어구는 9세기 그리스어와 라틴어 등 이중 언어로 된 보에르너 사본(Codex Boernerianus, G 012)과 11세기의 소문자 사본인 1739(범주 I)와 1908(범주 III)에만 생략되었는데, 이러한 생략은 이보다 2세기나 뒤에 나온 소문자 사본들의 난외주에 분명히 언급되었다. 그러나 더 중요한 점은 1:7과 1:15을 다루는 초기의 일부 주석가들이 "로마에서"를 전혀 언급하지 않았다는 사실이다. 특히 오리게네스(루피누스의 라틴어 번역에 대하여)나 암브로시아스테르 또는 펠라기우스 등이 이 어구를 언급하지 않았다. 그래서 "로마에서"라는 어구가 이 주석가들이 사용한 본문에는 포함되지 않았다고 추론할 수 있다.[203] 하지만 사본 전통에서 이 어구가 광범위하게 지지받았다는 사실을 고려하면, 이곳 1:7(과 1:15)에서 "로마에서"가 생략된 것

---

199) 더 자세한 내용은 롬 8:28-29; 9:24; 고전 1:9; 딤후 1:9-10을 보라.

200) 참조. 사 43:1; 48:12-15.

201) 롬 9:6-11:36에서 다룰 바울의 남은 자 신학과 수사학을 보라

202) Lightfoot, *Notes on Epistles of St. Paul*, 246. 또한 다음 문단에서 인용한 B. Witherington 과 F. Watson의 글을 보라.

203) 필자가 앞서 *Introducing Romans*, 30-32에서 논의한 것을 참조하라.

은 (1) 필경상의 사고로 발생한 것일 수도 있고, 이보다 더 개연성이 있게
는 (2) 이 편지를 좀 더 일반적으로 사용하려고 그 표현을 의도적으로 생략
했다는 것이다.[204]

설명적인 어구인 ἀγαπητοῖς θεοῦ("하나님의 사랑하심을 받은 자들에게")와
κλητοῖς ἁγίοις("그의 성도로 부르심을 받은 자들에게")는 특성상 속성적 용법
으로 사용되었고, 제한적인 의미로 사용되지는 않았다. 다시 말해서 두 표
현은 로마에 있는 모든 그리스도인을 묘사하며, 로마의 공동체 안에 있는
좀 더 신령한 신자들이라는 더 작은 집단이나 16:3-16의 안부 인사의 대상
이 되는 지도자들에 제한되지 않는다. 이 두 어구는 로마에 있는 그리스도
인들의 각기 다른 두 그룹을 가리키지 않는다. 이를테면, 이방인들은 "하나
님의 사랑을 받은 자들"이고, 유대인 출신의 신자들은 "하나님의 거룩한 자
들" 또는 "성도들"이라고 말이다.[205] 이 구절 맨 앞에 놓여 있는 실명사 여
격 형용사 πᾶσιν("모든 자들")은 바울이 로마에 있는 그리스도인들을 "다른
두 범주로" 나누고 있음을 전혀 암시하지 않고, "모든"을 강조한다.[206] 그리
고 이 포괄적인 강조는 1:8에서 πάντων ὑμῶν("너희 모든 사람," 또한 15:33 참
조)으로써 반복된다.

실명사 ἀγαπητοῖς("사랑을 받은 자들에게")는 구약성경에서 하나님의 성
품을 묘사하는 히브리어 명사 חֶסֶד("변함없는 사랑", "인자")에서 유래한 것
같다.[207] 바울의 여러 편지에서, 현재 능동태 형용적 분사 ἀγαπητός("사랑
을 받은")와 완료 수동태 실명사 분사 ἠγαπημένος("사랑을 받은 자")는 (1) 하
나님의 사랑을 받은 믿음의 사람들,[208] (2) 하나님이 "조상들로 인해" 사랑

---

204) Metzger, *Textual Commentary*, 446.

205) Witherington, *Romans*, 37 n. 26에 반대함. Witherington은 로마에는 주도적인 이방인 출
    신의 그리스도인 그룹과 소수 유대인 출신의 그리스도인 그룹 등 두 그룹이 있었고 이 둘
    이 서로 만나지 않았으며, 바울이 두 그룹을 별도로 지칭해야 했다는 F. Watson의 논지에
    의존한다(참조. Watson, *Paul, Judaism, and the Gentiles*).

206) Witherington, *Romans*, 37은 "가능성이 매우 크다"고 주장한다.

207) 참조. 시 61:7(MT 61:8, LXX 60:7); 108:4(MT 108:5, LXX 107:4).

208) 예. 롬 9:25; 골 3:12; 살전 1:4; 살후 2:13.

하시는 믿음 없는 유대인들,[209] 그리고 (3) 바울이 사랑하는 신자들 및 그의 동역자들[210]과 관련하여 반복해서 등장한다. 이 표현들은 바울의 많은 편지에서 그의 편지를 받는 그리스도인들이 하나님께 사랑받는 사람들임을 표현하기 위해 복수형 호격 ἀγαπητοί("사랑하는 자들아")로 매우 일반적으로 사용된다.[211] 또한 이곳 1:7에서 "바울이 하나님을 향한 그들의 사랑이 아니라, 근본적인 사랑, 즉 그들을 향한 하나님의 사랑과 하나님이 그들을 택하셨음을 언급한다"는 점을 주목할 필요가 있다.[212]

속성적 어구인 κλητοῖς ἁγίοις("거룩한 자로 부름을 받은" 또는 "성도[거룩한 백성]로 부르심을 받은")는 히브리어의 두 표현을 혼합한 것 같다. (1) 70인역에서 κλητὴ ἁγία로 번역한 מקרא קדש("장엄한[또는 "거룩한"] 총회")[213]와 (2) 70인역에서 λαὸς ἅγιος로 번역한 עם קדוש("거룩한 백성") 등이 그것이다.[214]

Ἅγιοι("거룩한 자들")라는 용어는 구약성경에서 천상적인 존재들[215]과 관련하여 자주 등장하고 때로는 종말론적인 미래의 하나님의 백성[216]과 관련하여 등장한다. 비록 이 단어가 현재 하나님의 구속함을 받은 백성에 대해서는 자주 사용되지 않지만 말이다.[217] 성경 시대 이후 그리스어로 된 유대교 문헌에서는 ἅγιοι가 구속함을 받은 인간들을 어쩌다가 지칭하는 적

---

209) 롬 11:28.

210) 예. 롬 16:5, 8, 9, 12.

211) 예로 롬 12:19; 고전 15:58; 고후 7:1; 12:19 참조.

212) Cranfield, *Romans*, 1.69.

213) 참조. 출 12:16과 레 23:2, 4, 7.

214) 참조. 신 7:6; 14:2 등등.

215) 참조. 신 33:2; 욥 5:1; 15:15; 시 89:5, 7; 단 4:13, 17, 23; 8:13(2번); 슥 14:5.

216) 참조. 단 7:27, "나라와 권세와 온 천하 나라들의 위세가 지극히 높으신 이의 '거룩한 백성'에게 붙인 바 되리니 그의 나라는 영원한 나라라. 모든 권세 있는 자들이 다 그를 섬기며 복종하리라."

217) 특별히 중요한 예가 시 34:9에 등장한다. "너희 '성도들아', 여호와를 경외하라. 그를 경외하는 자에게는 부족함이 없도다."

도 있지만,[218] 대부분은 천상적인 존재들을 가리키기 위해 사용되었다.[219] 하지만 필론과 요세푸스는 이 칭호를 천사에게든 사람에게든 전혀 사용하지 않은 것 같다. 랍비 문헌의 저자들은 קָדוֹשׁ("거룩한")나 עַם קָדוֹשׁ("거룩한 백성")를 하나님의 백성과 관련하여 3번만 사용한 것으로 보인다.[220] 반면에 신약성경에서는 ἅγιοι("거룩한 자들")가 61번 발견되며, 하나님의 거룩한 백성과 관련하여 늘 또는 적어도 거의 항상 사용되었다(유일한 예외는 살전 3:13과 살후 1:10이다). 이 단어는 "성도", "그의 거룩한 자들" 또는 "하나님의 거룩한 백성"으로 번역되었다. 스티븐 우드워드(Stephen Woodward)가 지적했듯이, 이러한 용례의 변화는 "그리스도 안에" 있는 사람들이 "최후의 나라에 들어가고, 지성소로 들어가며, 천상의 교제를 나누는 전례가 없는 특권을 받는 은혜를 누리고 있다"는 사실을 부각시킨다.[221]

이곳 로마서 1:7에서 바울은 κλητοῖς ἁγίοις를 사용함으로써 (1) 그의 수신자들이 하나님이 보실 때 "거룩한 백성"이라는 것[222]과 (2) 그들은 이미 예수를 믿는 신자들로서 이러한 신분으로 하나님의 "부름을" 받았음을 강조한다.[223] 더욱이 바울이 동사 καλεῖν("부르다")을 사용할 때는 하나님이 사람들을 어떤 목적이나 책임을 위해 "부르신다"는 개념을 늘 포함한다는 면에서(1:1과 1:6 주석을 보라), 구약성경에서 하나님의 뜻과 행위가 하나님의 백성들의 삶의 기초가 되었다는 점에 대한 강조와 암시적으로 병행을 이룬다.[224] 그러므로 바울 서신에서 "성도로 부르심을 받은" 자들은 하나님으로 말미암아 그리스도와 그의 사역에 항상 믿음으로 반응하기 위해 부름을 받은 사람들이다. 따라서 그들은 "그리스도 안에서" 하나님의 "거룩한

---

218) Tob 8:15; Sir 42:17; 45:2; Wis 5:5; 10:10; *Jub* 17:11; 31:14; 33:12; *Pss Sol* 17:49; *1 En* 1:9; 9:3; 12:2; 14:23, 25; 3 Macc 2:2.

219) 예로 Tob 12:15 (B); *Jub* 2:24; Wis 18:9; 1 Macc 1:46; *1 En* 93:6; 99:16; 100:5; 3 Macc 6:9 (A) 참조.

220) 참조. *Mek. Exod.* 14:15; *Num. Rab.* 5:12; *Pesiq. R.* 104a.

221) Woodward, "Provenance of the Term 'Saints,'" 115-16.

222) 참조. 고전 1:2; 빌 1:1.

223) 참조. 롬 1:6; 고전 1:24; 엡 1:18.

224) 예. 사 49:1; 50:2; 65:12; 66:4; 렘 7:13 참조.

백성"이라는 지위를 받는다.

바울은 로마에 있는 그리스도인들에게 보내는 인사말을 χάρις ὑμῖν καὶ εἰρήνη("너희에게 은혜와 평강이 있기를 원한다")로 마무리한다. 그리스 편지들에는 동사 χαίρω("즐거워하다", "기뻐하다")의 현재 능동태 부정사인 χαίρειν으로 된 인사가 보통 포함된다. 구어체 인사말인 χαίρειν은 "환영하다", "문안하다" 또는 "좋은 하루"라는 뜻이었다. 이 단어는 편지가 시작되는 곳에서 "문안하다"(greetings)를 의미했다. 그리스 편지 앞부분에는 (문자적으로 "건강을 유지하기를"이며, 구어체와 편지에서는 "건강하기를"이라는 의미로 사용되는) 부정사 ὑγιαίνειν처럼 건강을 기원하는 말이 종종 포함되기도 한다. 그래서 χάρις καὶ ὑγιαίνειν("안녕하고 건강하기를")의 형태로 등장한다.

유대인들의 편지에는 통상적으로 그 편지의 앞부분에 명사 "평강"의 형식이 포함되었다. 히브리어로 기록된 편지에는 샬롬(שלם)이 사용되었으며, 그리스어로 기록된 편지에는 에이레네(εἰρήνη)가 사용되었고,[225] "자비"(또는 "언약적 신실함", "인자")라는 명사가 함께 사용되기도 했다. 자비는 히브리어로 기록된 편지에서는 חסד(또는 덜 자주 사용되는 רחמים, "연민" 또는 "동정심")로 표현되었고, 그리스어로 기록된 편지에서는 ἔλεος로 표현되었다. 그래서 전통적인 유대인들의 인사말은 "자비와 평강"으로 시작한다.

신약성경에서는 인사말에 표준적인 그리스 인사말인 χαίρειν("문안하다")이 들어 있는 것도 있고,[226] 바람이 담긴 기도인 χάρις ὑμῖν καὶ εἰρήνη πληθυνθείη("너희에게 은혜와 평강이 더욱 많을지어다")가 들어 있는 것도 있으며,[227] ἔλεος ὑμῖν καὶ εἰρήνη καὶ ἀγάπη πληθυνθείη("긍휼과 평강과 사랑이 너희에게 더욱 많을지어다")가 들어 있는 것도 있다.[228] 하지만 바울

---

225) 참조. 예. 단 4:1(MT 3:31; LXX [Th] 3:98); 4:34(LXX[OG]): εἰρήνη ὑμῖν πληθυνθείη; "너희에게 평강이 더욱 많을지어다"; 2 Macc 1:1; *2 Bar* 78:2도 보라.
226) 행 15:23; 23:26; 약 1:1.
227) 벧전 1:2; 벧후 1:2.
228) 유 2.

의 편지에서는 인사말이 χάρις("은혜")와 εἰρήνη("평강")라는 용어로 표현되었다.[229] 그래서 실제로 바울의 전형적인 인사말은 바람이 담긴 기도다. "하나님 우리 아버지와 주 예수 그리스도로부터 은혜와 평강이 있기를 원하노라." 그러나 바울 당대의 세속 그리스어의 기원문에서 희구법 εἴη("너희에게 있기를", 동사 εἰμί["내가 있다"]의 현재 2인칭 단수 희구법)는 자주 생략되는 것으로 보인다.

바울이 통상적인 그리스 인사말인 χαίρειν("문안하다")을 생략하고 기원의 기도인 χάρις ὑμῖν("너희에게 은혜가 있기를 바라노라")으로 대체했으며, 더 나아가 그가 전통적인 유대인들의 인사말인 (חסד의 그리스어 번역인) ἔλεος("자비")를 생략하고 εἰρήνη를 보유한 이유가 정확히 무엇이었는지를 두고 자주 질문이 제기되었다. 예를 들어 208년에 테르툴리아누스는 바울의 편지에 통상적인 그리스 편지에 있는 "건강을 바라는 내용"이 포함되지 않았지만, 그 대신에 바울이 매번 "은혜와 평강"을 말한 것을 주목했다. 하지만 왜 사도가 이러한 표준적인 그리스 편지의 관습을 이탈했는지에 대해서 테르툴리아누스는 "나도 뭐라고 말할 수 없다"라고만 말했다.[230] 그럼에도 테르툴리아누스는 바울이 그의 모든 인사말에 "평강"이라는 단어를 포함시킨 것에 근거하여 마르키온을 반박하는 논증을 발전시켰다. 먼저 그는 바울이 그의 모든 인사말에 유대의 인사말인 "평강"을 사용한 것을 주목함으로써 논증을 발전시킨다.

유대교의 파괴자인 그가 유대 관습과 관련해서 행한 일이 무엇인가? 오늘날에도 유대인들은 평강을 입 밖으로 내며 서로 인사한다. 그리고 성경에서는 더 일찍이 유대인들에게 바로 그 인사말을 사용하곤 했다.[231]

---

229) 이곳에서만 아니라 고전 1:3; 고후 1:2; 갈 1:3; 엡 1:2; 빌 1:2; 골 1:2; 살전 1:1; 살후 1:2; 딛 1:4; 몬 3에서도 이 인사말이 사용되었다. 딤전 1:2과 딤후 1:2에서는 ἔλεος("자비")가 첨가되었다.

230) Tertullian, *Adversus Marcionem* 5.5.

231) Tertullian, *Adversus Marcionem* 5.5.

그런 다음에 테르툴리아누스는 바울이 그의 모든 편지에 이 유대인들의 인사말을 포함시킴으로써 "창조자를 아주 분명하게 알리는 말을 했다"고 지적한다.

> 하지만 [바울이 왜 표준적인 그리스 편지의 관습을 이탈했는지에 대해서는 "나도 뭐라 말할 수 없다"고 주장한 것과 다르게] 나는 그의 수고(*officio*)로 말미암아 그[바울]가 창조자를 아주 분명하게 알리는 말을 했다고 이해한다. "좋은 소식을 전하며 평화를 공포하…는 자의 산을 넘는 발이 어찌 그리 아름다운가!"(사 52:7) 하나님의 은혜인 좋은 소식을 선포하는 사람은 그 소식과 함께 평화도 선포되어야 한다는 사실을 잘 알았다.[232]

"은혜와 평강이 너희에게 있을지어다"라는 표현은 초기 유대 기독교의 예전에서 일반화되었으며, 이 표현이 편지의 인사말로 사용된 것은 그러한 습관에서 유래했을 가능성이 있다.[233] 또한 예수를 믿었던 초기 유대인 신자들은 하나님이 모세를 통해 아론과 그의 아들들로 하여금 이스라엘 백성들에게 선포하도록 이르신 복을 그들의 예전에 의식적으로든 무의식적으로든 반영했을 것이다. 그 복은 민수기 6:24-26에 기록되었다. "여호와는 네게 복을 주시고 너를 지키시기를 원하며, 여호와는 그의 얼굴을 네게 비추사 은혜 베푸시기를 원하며, 여호와는 그 얼굴을 네게로 향하여 드사 평강 주시기를 원하노라."[234] 더욱이 "은혜와 평강이 너희에게 있을지어다"라는 바로 이 초기 기독교의 예전적인 복을 편지의 인사말로 전환한 사람은 바울이었을 것이다. 이는 그가 사용한 용어들이 다른 초기 기독교 편지들의 인사말에서는 사용되지 않은 까닭이다.[235]

---

232) Tertullian, *Adversus Marcionem* 5.5.
233) Lohmeyer, "Probleme paulinischer Theologie," 161-62이 이렇게 본다.
234) Fitzmyer, *Romans*, 228이 이렇게 본다.
235) 적어도 다음 구절들로는 대표되지 않는다. 행 15:23; 23:26; 약 1:1; 유 2. 그러나 벧전 1:2과

하지만 이 편지의 인사말에 사용된 용어들이 어떻게 생겨났든지, 바울은 그의 모든 편지에서 그리스 편지와 유대 편지에 모두 사용된 전통적 인사말을 지속적으로 "은혜"와 "평강"이라는 기독교 복음의 두 가지 중요한 주제를 강조하는 심오한 신학적인 진술로 바꾸었다. "은혜"는 그리스도 예수 안에 계시된 하나님의 과분한 사랑과 은총을 표시한다. "평강"은 하나님께서 그리스도의 사역을 통해 사람들을 자신과 화목하게 하실뿐더러 사람들을 서로 화해하게끔 하여 그의 피조물을 새롭게 하시는 결과를 내신 것을 말해준다. 이 두 주제는 로마서에 가장 분명히 표현되었다. 여기서 바울은 (1) 그의 수신자들에게 "너희에게 은혜와 평강이 있기를 원한다"는 바람을 표현하는 것으로 인사를 시작한다.[236] 그는 (2) 로마서의 본론 전체에서 "은혜"라는 단어를 21번쯤 사용한다.[237] 또한 그는 (3) 로마서 본론 전체에서 "평강"을 적어도 7번 말한다.[238] 그리고 그는 15:33에서 먼저 "평강의 복"으로 마무리하고, 그다음에 16:20a에서 평강을 말하며, 마지막으로 (16:24이 되었을 사본상 미심쩍은 두 번째 "은혜의 복"을 제외하면) 16:20b에서 "은혜의 복"으로 마무리한다. 사실상 χάρις(즉 모든 사람을 위해 그리스도의 사역에 나타난 하나님의 "은혜")라는 용어는 바울에게 "그리스도 안에" 있는 사람들이 경험한 모든 것의 기초를 표현한다. 반면에 εἰρήνη(즉 "평강")는 (동족 단어인 "화목"과 더불어) 바울이 나중에 5:1-21에서 강조할 복음의 모든 복을 요약하는 말이다.

소유격 구문 ἀπὸ θεοῦ πατρὸς ἡμῶν καὶ κυρίου Ἰησοῦ Χριστοῦ("하나님 우리 아버지와 주 예수 그리스도로부터")는 "은혜"와 "평강"의 원천을 밝혀준다. 이곳 1:7과 로마서의 다른 곳(특히 5:1-21)에 언급된 은혜와 평강은 기독교 복음의 두 가지 주요 복으로 강조된다. 복음의 복의 원천이신 하나님

벧후 1:2에는 밀접한 병행구가 있다.

236) 롬 1:7.

237) 롬 3:24; 4:4, 16; 5:2, 15(2번), 17, 20, 21; 6:1, 14, 15, 17; 7:25; 11:5, 6(3번); 12:3, 6; 15:15.

238) 예. 롬 2:10; 3:17; 5:1; 8:6; 14:17, 19; 15:13. 또한 5:10-11과 11:15에 언급된 동의어 "화목" 도 참조하라.

아버지와 그 복의 수단 또는 행위자이신 주 예수 그리스도가 여기서는 구
별되지 않는다. 비록 두 분 사이의 구별이 일찍이 인사말에서 암시되긴 했
지만 말이다.[239] "하나님 우리 아버지"와 "주 예수 그리스도"가 나란히 놓
인 것은 유대교의 유일신 사상과 기독교의 예수 숭배에 대한 초기 기독교
적 태도를 고려하는 데 있어 무척 중요하다. 이것 자체가 예수의 신성에 대
한 증거는 아니다. 하지만 이것은 성부와 성자 간의 밀접한 관계를 보여주
는 기능적인 방식이다. 성부 하나님은 원천이시고 성자 하나님은 행위자
시라는 것과 관련해서만 아니라, 여기서는 두 분 다 모든 기독교적 복의 원
천이시라는 점에서 그러하다. Θεοῦ πατρὸς ἡμῶν("하나님 우리 아버지")이라
는 표현은 8:15에서 바울이 언급할 진술을 예상한다(해당 주석을 보라). 예수
께 부여된 κύριος라는 칭호에 대해서는 앞의 1:4 주석과 아래의 10:9 주석
을 보라.

성경신학

로마서 1:1-7의 인사말을 읽은 모든 독자에게 매우 중요한 여러 문제가 즉
시 대두된다. 첫째는 바울이 어떻게 당대의 편지 규범의 통상적인 관습을
취하여 그것을 이어지는 편지의 본론에서 말하길 원하는 내용에 맞게 변
경시켰는지의 문제다. 바울이 통상적인 그리스 편지 규범에 첨가한 것들은
단순히 문학적인 장식에 불과한 것이 아니었다. 사실 그것은 그가 나중에
편지에서 제시하고 싶어 한 중요한 요지들을 예측하며 의도적으로 등장시
킨 것이다.

　　로마서의 인사말을 읽을 때 갖게 되는 두 번째 인상은 샌데이와 헤들
럼이 적절히 칭한 것처럼 1-7절에 들어 있는 "신학적 교훈의 명확함과 성
숙함"이다.[240]

---

239) 1:1과 1:6의 하나님의 "부르심"에는 "하나님으로 말미암아"가 암시되었다. 또한 1:5에 있
　　는 δι' οὗ("그[즉 우리 주 예수 그리스도]로 말미암아")도 참조하라.
240) Sanday and Headlam, *Romans*, 17.

어떤 종류의 교훈이든 이처럼 무게가 있는 내용이 단순한 인사말에 포함
된다는 점은 이 원시 기독교 문학작품, 특별히 바울의 편지(로마서)에서
두드러지고 특징적인 부분이다. 하지만 더욱 눈에 띄는 것은 우리가 그 교
훈이 어떤 것인지를 생각하거나 이 글이 기록된 때가 초기였다는 사실을
생각한다면 더욱 그러하다.[241]

이 인사말을 읽을 때 부각되는 세 번째 특징은 바울이 로마에 있는 그리스
도인들에게 편지를 쓰면서 이 메시지를 어떻게 상황화하였는지의 문제다.
이 편지의 서두에서부터도 말이다. 그는 편지 서두에서 (1) 수신자들의 관
심사와 걱정거리들을 말하고 있고, (2) 수신자들이 알고 인식했을 초기 기
독교의 신앙고백 자료를 사용하는 듯하며, (3) 말하고자 하는 바를 수신자
들이 공감할 수 있는 용어와 언어로 제시하고 있다. 이어지는 해당 본문 주
석에서 언급하겠지만, 바울이 로마 교회에 보낸 편지에는 바울이 수신자들
의 관심사 및 걱정거리들과 관련하여 자신이 선포하는 내용을 상황화하는
수고를 관찰할 수 있는 곳이 많이 있다. 하지만 이러한 상황화가 로마서의
인사말에서처럼 이른 시기에 편지에 등장했다는 점은 꽤 두드러진다.

　　바울이 이 인사말을 그의 다른 편지들에 있는 자기 언급을 모두 넘어
서는 세 가지 자기 언급(특히 그의 예언자 의식, 그의 사도적 사역, 그리스도 예수와
하나님 아버지와 기독교 복음과 관련한 자기 언급)으로 시작한다는 사실은, 이 진
술들이 단지 확언에 불과한 것이 아니라 이 주장들에 논쟁적인 면이 있음
을 시사한다. 유대 그리스도인 대적자들은 바울의 사도적 주장들의 정당성
과 그의 이방인 선교의 타당성에 대해 종종 논쟁을 벌여왔던 것 같다. 이는
다음과 같은 잘 알려진 사실들에 근거한다. (1) 바울은 예수의 지상 사역 동
안 그와 함께한 원제자들에 속한 사람이 아니라 예수를 믿는 초기 신자들
을 박해한 사람이라는 사실,[242] (2) 그의 회심과 사명은 다메섹의 아나니아

---

241) Sanday and Headlam, *Romans*, 17.
242) 참조. 고전 15:9; 행 9:1-2.

를 통해서 그에게 임했다는 사실,[243] (3) 그의 초기 기독교 사역은 길리기아의 다소와 시리아의 안디옥에서 시작했다는 사실,[244] (4) 이방인들을 향한 그의 기독교적 사역의 초석이 예루살렘 교회가 아니라 바나바와 함께 그를 선교사로 파송한 시리아의 안디옥 교회라는 사실(안디옥 교회는 바울과 바나바를 선교사로 파송했고, 예루살렘 공회 때 바울은 바나바와 더불어 안디옥 교회를 대표한 사람이었다),[245] (5) 로마 제국 동쪽 지역에 있는 이방인들 사이에서 진행한 그의 선교 활동으로 인해 유대인과 그리스-로마 이방인들 모두에게서 거대한 반발이 일어났다는 사실 등이다.[246] 로마에 있는 이방인 신자들과 유대인 신자들도 모두 바울을 예루살렘에 있는 사도들과 비교하면서, 그를 이류에 속한 사도로, 아마도 다메섹의 아나니아 또는 예루살렘 교회의 "기둥" 같이 여기는 사도들인 베드로와 야고보와 요한 등 "사람으로 말미암아"서만 권위를 갖게 된 사도로 여겼을 가능성이 매우 크다. 더욱이 로마에 있는 그리스도인들은 바울을 예루살렘의 "모교회"의 원사도들이 전파한 "참된 기독교 복음"보다는 시리아의 안디옥에 있는 교회에서 가르침을 받은 "복음"을 설교한 사람으로 생각했던 것으로 보인다. 그러므로 그의 설교는 반드시 면밀히 검토해야 하고, 보충해야 하며, 심지어 예루살렘의 유대 기독교의 권위 있는 복음 메시지와 일치하도록 수정해야 했다.[247]

하지만 여기서 우리의 목적에 더 중요한 점은 로마서의 인사말에 서론 형식으로 제시되고 그다음에 로마서 나머지 부분 전체에 걸쳐 반향된 신학적 주제들이다. 조세프 피츠마이어가 언급했듯이, "이러한 공식적인 편지의 서론에서 바울은 로마서를 기록하는 동안 발전시킬 근본적인 교훈들 중 일부를 밝힌다."[248] 사실 로버트슨이 오래전에 주목한 바 있듯이, "바울신

---

243) 참조. 행 9:10-19; 22:12-16.

244) 행 9:30; 13:1.

245) 행 13:2-3; 15:1-4.

246) 행 28:22, "이 파에 대해서는 어디서든지 반대를 받"고 있었다.

247) 이 문제에 대해서는 Stuhlmacher, *Das paulinische Evangelium*, 67; 같은 저자, *Romans*, 21-22; Holmberg, *Paul and Power*, 52-54을 보라.

248) Fitzmyer, *Spiritual Exercises*, 18.

학은 1-7절에 사용된 용어들에서 분명히 드러난다."249)

로마서 전체는 물론이고 로마서의 인사말에 사용된 성경신학적 주제들 목록에서 가장 중요한 것은 바울이 전하도록 "택정함을 입었다"고 표현된 τὸ εὐαγγέλιον, 즉 "복음" 또는 "좋은 소식"이다. 이 복음은 "하나님께로부터 기원했으며", "그[하나님]의 아들"에 초점이 맞춰졌으며, "예언자들을 통해 성경에 미리 약속하신" 것이다.250) 바울은 일찍이 로마가 통치하던 갈라디아 지방에 있는 이방인 그리스도인들에게 보낸 그의 편지에서 (1) 그의 회심자들이 그들이 원래 받았던 것과 같은 "복음이 아닌(ὃ οὐκ ἔστιν ἄλλο) 다른 복음으로(εἰς ἕτερον εὐαγγέλιον)" 넘어갔다고 말한다.251) (2) 그들이 원래 받은 복음의 내용은 그리스도와 그의 사역이며, 그래서 "그리스도의 복음"(τὸ εὐαγγέλιον τοῦ Χριστοῦ)이다.252) (3) 갈라디아 교회에 몰래 들어온 유대주의자들은 "그리스도의 복음을 변질시키려 했다(θέλοντες μεταστρέψαι τὸ εὐαγγέλιον τοῦ Χριστοῦ)."253) (4) 그의 독특한 형식의 복음(τὸ εὐαγγέλιον τὸ εὐαγγελισθὲν ὑπ' ἐμοῦ, "내가 전한 복음")은 "예수 그리스도의 계시에 의해"(δι' ἀποκαλύψεως Ἰησοῦ Χριστοῦ) 받은 것이다.254) (5) 바울이 받은 복음의 메시지는 특별히 "무할례자들[즉 "이방인들"]을 위한 복음"(τὸ εὐαγγέλιον τῆς ἀκροβυστίας)이다.255) (6) 유대주의자들의 바람이나 수고와 달리 바울의 바람과 수고는 "복음의 진리"(ἡ ἀλήθεια τοῦ εὐαγγελίου)를 변호하는 데 있다.256)

이와 마찬가지로 바울은 로마에 있는 그리스도인들에게 편지를 쓰기 전에 쓴, 고린도에 있는 그의 회심자들과 주고받은 편지 여러 곳에서, "복

---

249) Robertson, "Epistle to the Romans," 325.
250) 롬 1:1-4.
251) 갈 1:6b-7a.
252) 갈 1:7b. 여기 τοῦ Χριστοῦ를 목적격 소유격으로 이해함.
253) 갈 1:7b.
254) 갈 1:11-12. 여기 Ἰησοῦ Χριστοῦ는 주격 소유격으로 이해함: "예수 그리스도가 행위자인 계시를 통하여." 또한 갈 2:2도 참조하라.
255) 갈 2:7.
256) 갈 2:5, 14.

음"과 그 중심 주제들을 그의 사역의 가장 중요한 부분으로 강조한다.[257] 그리고 그는 로마에 있는 그리스도인들에게 보내는 편지의 나머지 부분에서도 이러한 방식으로 강조한다.[258] 조세프 피츠마이어는 이와 관련하여 바울의 사상을 묘사하면서 바울이 사용한 "복음"이라는 용어를 다음과 같이 적절히 정의했다.

> "복음"은 바울이 그리스도 사건을 요약하는 한 단어이며, 우리의 존재와 모든 인류에 대해 예수의 인격과 주님 되심에 담겨 있는 중요성과 의미다. 복음은 인간의 생명을 지배하는 하나님의 뜻의 구체적인 표현이다.[259]

우리가 앞에서 언급했듯이, "복음"과 직접 관련이 있는 것은 로마서의 인사 말에 표현된 바울의 신학에서 더욱 중요하게 강조되었다. 이를테면, 이 복음이 "하나님으로부터 온" 것이라는 것이다. 다시 말해서 복음의 기원은 하나님의 뜻에 있으며, 복음의 메시지는 하나님의 행위에 근거한다(1:1). 이와 마찬가지로 바울은 이 복음이 "하나님이 예언자들을 통하여 성경에 미리 약속하신 것"이라고 강조한다(1:2). 바울은 2세기의 폰투스 출신의 기독교 선생인 마르키온의 왜곡된 오해를 예상하지도 않았고, 그의 교훈의 기초가 되는 것을 놓지도 않았다. 이와는 다르게, 조세프 피츠마이어가 기록한 것처럼, "바울은 이스라엘 예언자들의 예언자적 발언을 복음의 준비단계(*praeparatio evangelica*), 즉 이스라엘과 모든 인류를 위한 복음 곧 그리스도 예수에 대한 좋은 소식을 위한 준비 상태로 이해한다."[260] 그래서 바울 서신 전체에는 다음의 점들이 반복해서 강조된다. (1) 한 분이신 참 하나님. 그의 구속의 뜻과 행위들은 구약성경에 묘사되었고, 신약성경에 묘사되었

---

257) 특히 고전 1:23-25; 2:1-5; 4:15; 9:12-14, 18, 23; 15:1; 고후 2:12; 4:3-4; 8:18; 9:13; 10:14; 11:4, 7을 참조하라.

258) 특히 롬 1:9, 16; 2:16; 10:16; 11:28; 15:16, 19; 16:25을 참조하라. 이 본문들에서는 τὸ εὐαγγέλιον이라는 표현이 실제로 사용되었다.

259) Fitzmyer, *Spiritual Exercises*, 19.

260) Fitzmyer, *Spiritual Exercises*, 19.

듯이 나사렛 예수의 인격과 사역에서 현저하게 표현되었다. (2) 신약성경의 복음 선포. 복음 선포는 하나님의 예언자들을 통해 구약성경에 제시된 하나님의 약속에 근거했으며, 동시에 그 선포는 그 약속의 성취다. 로버트슨이 이 문제에 대해 간결하게 진술했듯이, "바울은 하나님의 복음을 분명히 성경에서 발견했다."[261]

로마서 인사말의 신학적 주제들 가운데 현저하게 등장하는 또 다른 특징은 기독교 복음의 초점이라고 부를 수 있는 주제다. 곧 "복음"의 중심에는 "우리 주 예수 그리스도"이신 "그[하나님]의 아들"에 관한 구원의 메시지가 담겨 있다. 복음 전체가 그리스도인으로서 그의 사상 및 선교사로서 이방인을 향한 그의 사역에 중요했겠지만, "좋은 소식"의 초점과 그의 기독교적 선포에서 가장 중요하고 중심적인 특징은 그리스도께서 그의 사역, 고난, 죽음, 부활, 승천으로써 이루신 결과에 있다. 바울은 1:3b-4에서 그의 로마 수신자들이 알고 공감했을 초기 기독교의 신앙고백 한 부분을 인용함으로써 하나님의 구원 계획에 있는 이 혁명적이고 새로운 발전을 부각시킨다. 그리고 나서 바울은 나중에 우리가 로마서에 있는 그의 논쟁에서 신학적으로 가장 결정적인 내용이라고 보는 5:1-8:39에서 그의 기독교적 선포의 이러한 기독론적 요소를 더 자세히 발전시킨다. 초기에 예수를 믿은 모든 신자가 기억하고 받아들였으며 나중에 네 복음서 저자들이 각각의 청중들을 위하여 그들만의 특징적인 "관점"으로 재생산한 것이 바로 예수의 이야기에 근거한 메시지였다. 기독교에 대한 바로 이 기본적이며 본질적인 서술이 로마의 수신자들을 위해 바울이 신학적으로 표현하고 또 목회적으로 상황화한 것이다.

이 편지의 인사말에 속하는 5-6절에도 바울의 자의식과 그의 사역에 대한 이해, 그리고 수신자들의 상황에 대한 그의 인식과 관련한 여러 진술이 있다. 그리고 이 진술들을 1절에 있는 그의 세 가지 자기 언급과 연결할 경우, 우리는 거기서 바울 자신과 이방인 선교에 대한 그의 이해, 그리

261) Robertson, "Epistle to the Romans," 323.

고 로마에 있는 그리스도인들에게 글을 쓰는 이유를 알 수 있는 분명한 통찰을 얻을 수 있다. 바울은 1:1에서 그가 "그리스도 예수의 종이며, 하나님으로 말미암아 사도로 부르심을 받았고, 하나님에게서 오는 복음을 위하여 택정함을 입었다"고 선언할 뿐만 아니라, 1:5에서는 다음과 같은 내용도 주장한다. (1) 그가 "사도의 직분이라는 하나님의 특별한 은혜"를 받았다는 것과, (2) 그가 "모든 이방인 중에서 믿어 순종하게 하는" 명령을 받았다는 것, 그리고 (3) 그가 이 사명을 수행하는 궁극적인 목적이 "그의 이름을 위하"는 데 있다는 것이다. 다시 말해서 바울은 하나님의 아들이시며 모든 사람의 주님 곧 높임을 받으신 예수를 위하여 사명을 수행한다. 하나님은 예수 그리스도로 말미암아 찬송을 받으시며(참조. 롬 15:7) 영광을 받으신다(참조. 빌 2:11). 그리고 1:6에서 바울은 그의 수신자들을 이방인들에게 복음을 전하도록 자신이 하나님께로부터 받은 명령 안에 있는 사람들로 밝힌다. 그들은 대부분이 인종적으로 이방인들이었으며, "예수 그리스도의 것으로 하나님에 의해 부름을 받은 자들"이기 때문이다.

바울은 1:1-6에서 그리스 편지의 통상적인 발신인 단락을 상당히 확장했다. 자신과 자신의 선교에 관한 진술을 여럿 덧붙였을 뿐만 아니라, 기독교 복음과 그 기원, 복음과 구약성경과의 관계, 그리고 복음의 "우리 주 예수 그리스도" 중심성 등 매우 중요한 신학적인 주장들을 포함시키기도 했다. 그런 다음에 그는 계속해서 1:7a의 통상적인 수신자 단락과 1:7b의 인사 단락을 신학적으로 적절히 논평하여 확장한다. 이 역시도 무척 중요하다. 1:7a에서 그는 수신자들이 어떤 사람들인지를 밝힐 뿐만 아니라, 그들이 "하나님의 사랑하심을 받은 자"와 "[하나님에 의해] 성도로 부르심을 받은 자"들이라고 설명한다. 이 두 칭호 모두 하나님의 백성과 하나님 사이의 밀접한 관계를 부각시키는 구약적 함의를 가지며, 따라서 예수를 믿는 신자들 편에서의 새로운 자기 이해의 기초를 놓는다. 그리고 1:7b에서 그는 그리스 편지와 유대 편지의 통상적인 인사말을 재구성하여 그리스도인들과 하나님 사이의 새로운 관계의 기초를 강조한다. 이를테면, "하나님의 은혜"가 그것이다. 하나님의 은혜는 그리스도 예수의 인격과 사역으로 표현된 것으로서 "하나님과의 평강"과 "하나님 및 다른 사람들과의 화목"을 가져왔다. 이와 같은 "은혜"와 "평강"은 "하나님 우리 아버지와 주 예수 그리스도로부터" 온다.

인사말 일곱 절에 소개된 신학적인 주제들은 모두 매우 중요하다. 사실 이 주제들은 기독교 신학과 그리스도인의 삶에 가장 중요한 본질을 이룬다. 바울은 이 주제들 하나하나를 이어지는 로마서의 뒷부분(특히 5:1-8:39의 핵심 단락)에서 거론하고 분석할 것이며, 그것들을 수신자들의 처지에 맞게 상황화할 것이다. 이 주제들을 표현하기 위해 사용된 용어마저도 매우 중요하다. 샌데이와 헤들럼이 "로마서 1:1-7의 신학적인 용어"에 대해 대단히 통찰력 있는 문단에서 말한 것처럼,

> 우리는 특별한 표현들을 검토할 때 그 표현의 무척 많은 부분이 구약성경에서 온 것임을 발견한다. 지금까지 흘러온 사상이 선명히 표현된 것도 있고(κλητός, ἀφωρισμένος), 비교적 거의 수정되지 않은 채 옛 어구가 사용된 경우도 있다(ὑπὲρ τοῦ ὀνόματος αὐτοῦ, 또는 아마도 εἰρήνη). 또한 다른 경우에는 상당히 수정된 채 전환되기도 했다(δοῦλος Ἰησοῦ Χριστοῦ, χάρις, κλητοὶ ἅγιοι, κύριος, θεὸς πατήρ). 그리고 구약성경이 마무리된 후 중요성을 띠었고 기독교에서 전용한 용어도 있다(ἐπαγγελία[προεπηγγείλατο], γραφαὶ ἅγιαι, ἀνάστασις νεκρῶν, ἅγιοι). 그러나 다른 어구들에서 우리는 새로운 어휘를 만난다(ἀπόστολος, εὐαγγέλιον). 하지만 이 용어들은 바울이나 그 밖의 다른 사도들이 아니라 그리스도에게서 기인한다.[262]

---

262) Sanday and Headlam, *Romans*, 18.

현대를 위한 상황화

로마서의 바울의 인사말에는 근본적인 기독교 교훈이 가득 차 있으므로 독자들은 여기서 초기 기독교 신학의 참된 요지와 그 기독교 메시지를 오늘날 상황화할 거의 무한한 자료를 제공받는다. 하지만 우리는 그리스도인으로서 인사말에 제시된 기독교 메시지에 헌신할 수는 있어도, 그 메시지를 당대의 형태 그대로 반복할 수는 없다. 그것이 예루살렘의 유대 기독교에서 상속된 것으로 보이는 로마의 그리스도인들이 사용하던 형태가 되었든지, 아니면 바울이 이방인을 대상으로 한 사역에서 기독교적 메시지를 담아냈던 형태들이든지 말이다. 바울이 사용한 형태는 나중에 로마서 중앙부의 두 번째 단락인 5:1-8:39에서 구체적으로 제시될 것이다. 바울이 기독교 복음을 로마에 있는 그의 수신자들을 위해 상황화했던 것처럼, 현대의 그리스도인인 우리 역시 그 동일한 메시지를 현대인들을 위해 그들이 처한 각기 다른 장소와 다양한 문화적 상황 그리고 어느 정도 다른 관점과 사고방식에 맞게 상황화하도록 부름을 받았다.

로마서의 인사말에는 중요한 신학적 의미가 담긴 문제가 여럿 있고, 따라서 그것들은 모든 현대의 기독교적 상황화에서 발전될 수 있다. 아래의 여섯 가지 주제가 눈에 띄며 설명이 필요한 듯하다.

기독교적 메시지의 기초. 로마서의 인사말 도처에서 바울은 "좋은 소식"에 대한 기독교적 메시지가 "우리 주 예수 그리스도"의 칭호와 사역에 기초했을뿐더러, 그의 칭호와 사역 모두 궁극적으로 그리고 실질적으로 "하나님 우리 아버지"의 뜻과 구원하고자 하시는 관심사에 기초한다는 사실을 생생하게 인식하고 있음을 보여주었다. 1:1에서 바울은 자신을 "그리스도 예수의 종"으로 언급했으며, 또한 자신이 "사도로 부름을 받았고" 하나님으로 말미암아 "복음을 위해 택정함을 입었다"고 자각했다. 1:5에서 그는 "우리 주 예수 그리스도"로 말미암아 "사도의 직분이라는 하나님의 특별한 은혜"를 받았다고 말한다. 그럼으로써 그는 자신의 사도 직분이 하나님 아버지에게서 기원한다는 점과 자신이 하나님의 아들 예수 그리스도로 말미암아 사도의 직분을 받게 되었음을 부각시킨다. 1:6-7a에서 바울은 그리스도인들을 "예수 그리스도의 것으로 하나님에 의해 부름을 받은 자"와 "하나님의 사랑을 받은 자" 그리고 "하나님으로 말미암아 그의 성도로 부름을 받은 자"로 언급한다. 그리고 1:7b의 재구성된 인사말에서 바울은 이러한 "은혜와 평강"의 새로운 메시지가 "하나님 우리 아버지와 주 예수 그리스도로부터" 온다고 선포함으로써 인사말을 절정으로 이끈다.

결론과 결과를 강조하는 우리 현대인들은 기원이나 대리자와 관련이 있는 문제들을 잊지 말아야 한다. 그래서 기독교 복음을 현대적으로 상황화하는 과정에서 우리가 그리스도인으로서 받은 모든 복이 (1) 모든 사람과 세상을 향한 하나님의 뜻과 구속하시려는 관심사와, (2) 하나님의 뜻과 구원 계획을 효과 있게 하시는 예수의 사역으로부터 나온다는 사실을 의식하고 선포하는 것을 언제나 전면에 두어야 한다.

사도의 직분과 사역. 바울에게는 그리스-로마 세계의 이방인들에게 기독교 메시지의 좋은 소식을 선포하기 위해 하나님으로 말미암아 부름을 받았다는 심오하고 영속적인 확신이 있었다. 이전의 예언자 예레미야처럼 바울은 예레미야의 예언자적 명령이 자신의 경험에서 반복되었다고 이해한 것 같다.[263] 그래서 바울도 이렇게 선언할 수 있었을 것이다. "'내가 다시는 여호와를 선포하지 아니하며 그의 이름으로 말하지 아니하리라' 하면 나의 마음이 불붙는 것 같아서 골수에 사무치니 답답하여 견딜 수 없나이다."[264]

하지만 현대의 그리스도인들 가운데 하나님의 구원 계획에서 바울이 감당했던 바로 그 사도적 역할을 수여 받은 사람은 없다. 그럼에도 모든 그리스도인은 하나님으로 말미암아 그리스도 예수와 그의 사역을 통해 하나님과의 관계로 부름을 받았을 뿐만 아니라 "그의 이름을 위하여", 다시 말해서 예수의 고양된 이름인 "주님"을 위해 그분을 대신하여 사람들에게 사

---

263) 갈 1:15-16a과 렘 1:5을 비교하라.
264) 렘 20:9.

역하라는 소명을 받았다.[265] 그래서 조세프 피츠마이어가 바르게 지적한 것처럼, "바울이 그의 사명을 '은혜'로 인식했듯이, 그는 자기 독자들에게 각 사람이 하나님으로부터 받은 소명에 담겨 있는 그 '은혜'를 인식하라고 요청한다."[266] 더욱이 바울은 사역의 동기부여를 자신이 받은 혜택이나 지위 확대나 심지어 자기 개종자들의 유익에서도 찾지 않고, 하나님 아들의 영광과 하나님의 아들을 존귀하게 하고 하나님 아버지를 찬송하고 영광스럽게 하는 것에서 찾았다. 그러므로 찰스 크랜필드가 서술했듯이, "복음을 전파하고 사람들을 믿음에 이르게 하는 참된 목적은 복음을 전도받는 사람들의 유익만이 아니라, 또한 그리스도와 하나님을 영화롭게 하는 데 있다. 이것이 가장 큰 목적이다."[267]

복음의 중심성. 바울에게 가장 중요한 것은 모든 기독교적 선포와 기독교적인 삶에서 복음 메시지의 중심성이었다. 복음은 "하나님으로부터" 오며(1절) "예언자들을 통해 성경에 미리 약속된 것"이기 때문이다(2절). 복음은 특성상 계시적인 메시지다. 복음이 다메섹 도상에서 먼저 바울에게 매우 극적인 방법으로 계시된 까닭이다. 그 후 복음은 다양한 때에 그의 기독교적인 삶과 선교 활동을 통해 의미심장한 방식으로 더 충분히 확증되고 자세히 설명되었다. 복음은 특성상 선포해야 하는 메시지다. 바울은 하나님으로 말미암아 이방인들에게 복음을 선포하기 위해 "택정함을 받았다(구별되었다)." 하지만 복음은 모든 기독교적 사고와 삶의 규범이 되는 메시지이기도 하다. 그래서 바울은 필요하다면 언제든지 복음을 결연히 변호해야 한다고 느꼈다.[268] 물론 바울이 처한 환경이나 그의 위신을 "복음의 진보"나 그 복음을 다른 사람들이 선포하는 일보다 우선해서는 안 된다는 점을 주의해야 할 필요가 있지만 말이다.[269]

---

265) 참조. 빌 2:9-11.

266) Fitzmyer, *Spiritual Exercises*, 17-18.

267) Cranfield, *Romans*, 67.

268) 참조. 갈 2:5, 14: "복음의 진리."

269) 참조. 빌 1:12-18. 또한 R. N. Longenecker, "What Does It Matter?", 163-78도 보라.

복음의 많은 문화적, 사회적, 심리학적, 생태학적인 결과와 혜택이 기독교 설교와 상담에서 주목을 받고 있을 때, 복음 메시지 자체의 중심성을 상기할 필요가 있다. 기독교의 복음에는 삶의 모든 영역에 대해 함의하는 바가 있다. 그리고 우리가 하나님의 백성으로서 하나님으로 말미암아 이러한 함의를 우리의 삶의 현장에, 사람들의 생활에 개인적으로, 그리고 사회에 공동체적으로 실현하라고 부름을 받은 것은 사실이다. 그렇지만 바울이 로마서 1장의 불과 몇 절 뒤에서 말하고 있듯이, "복음은 모든 믿는 자들에게 구원을 주시는 하나님의 능력"이라는 것도 여전히 진리다(1:16). 현대의 기독교 설교와 상담에는 복음이 너무도 자주 "종교적인 휴머니즘"의 형태로 변질되곤 한다. 그것은 단지 동기부여를 할 목적으로만 기독교 이미지와 기독교 용어를 인본주의적인 형태로 사용한다. 하지만 죄성이 있는 우리의 인간적인 상태를 바꾸고 우리의 혼란스러운 인간적인 상황을 변화시키는 것은, 하나님의 영에 의해 조명받아 적용될 때, 하나님께서 "세상을 자신과 화목시키려고 그리스도 안에서" 행하신 복음의 메시지다(참조. 고후 5:19).

복음의 초점. 로마서의 인사말에서 복음의 중심성을 부각시킬 때 주목해야 할 중요한 내용은, 바울이 "하나님이 예언자들을 통하여 성경에 미리 약속하신, 하나님으로부터 오는 복음"에 관해 말하면서(1b-2절) 즉시 그 복음의 내용을 "그[하나님]의 아들에 관한" 것으로 정의하고 있다는 사실이다(3a절).

일찍이 바울은 고린도에 있는 그의 회심자들에게 편지를 썼다. 그들은 자신들이 새롭게 헌신한 기독교의 핵심이 진실로 무엇인지, 그것이 그리스의 지혜인지, 유대교의 의식주의인지, 혹은 일종의 기독교적인 은사 경험인지 혼란스러워했다. 바울은 그 문제에 대해 다음과 같이 말한다.

그리스도께서 나를 보내심은 세례를 베풀게 하려 하심이 아니요 오직 복음을 전하게 하려 하심이로되, 사람의 지혜의 말로 하지 아니함은 그리스도의 십자가의 능력이 헛되지 않게 하려 함이라(고전 1:17).

우리는 십자가에 못 박힌 그리스도를 전하니 유대인에게는 거리끼는 것이요 이방인에게는 미련한 것이로되, 오직 부르심을 받은 자들에게는 유대인이나 헬라인이나 그리스도는 하나님의 능력이요 하나님의 지혜니라(고전 1:23-24).

내가 너희와 함께 있는 동안, 예수 그리스도와 그가 십자가에 못 박히신 것 외에는 아무것도 알지 아니하기로 작정하였음이라(고전 2:2).

우리가 이것을 말하거니와 사람의 지혜가 가르친 말로 아니하고 오직 성령께서 가르치신 것으로 하니, 영적인 진리는 영적인 말씀으로 분별하느니라(고전 2:13).

바울이 사람의 지혜나 사람의 의식들 자체를 반대하거나, 심지어 한 개인의 삶에 특별히 또는 극적인 방식으로 표현된 하나님의 은혜를 반대한 것은 아니었다. 바울은 그의 회심자들이 자신의 설교와 그들의 반응에서 중심이 되는 것이 "복음"이라는 것과 그 복음의 초점이 그리스도와 그의 사역이라는 사실을 인식하기를 원했다. 로마서의 인사말에서 그는 복음이 "그[하나님]의 아들에 관한 것"이라고 말함으로써 동일한 정서를 간략히 표현하였으며(1:3a), 그리고 나서 초기 교회가 "그의 아들"이라는 말로써 의미하는 바가 무엇인지를 정의하는 초기 기독론적 신앙고백의 한 부분을 제시한다(1:3b-4).

그러한 기독교적인 메시지에 초점을 맞추는 것은 바울 당시 그랬듯이 오늘날에도 많은 사람과 심지어 일부 기독교 지도자들에게도 "거리끼는 것"과 "어리석은 것"으로 여겨진다. 하지만 바울이 주장하듯이, (1) 복음은 "모든 믿는 자에게 구원을 주시는 하나님의 능력"이다(롬 1:16). (2) 그리스도는 "하나님의 능력이요 하나님의 지혜다"(고전 1:24). 사실 복음의 중심성과 복음이 예수 그리스도와 그의 사역에 초점이 맞춰져 있다는 이 두 가지 특징이 사도들과 초기 교회의 선포를 요약하는 내용이다. 그리고 이 특징들은 기독교의 선포를 현대적으로 상황화하는 과정에서 오늘날도 "복음"으로 재천명되어야 하고 강조되어야 할 내용이다.

　　믿음과 순종. "믿음"과 "순종"이라는 주제 역시 바울에게 대단히 중요한 주제에 속한다. 1:5의 ὑπακοὴν πίστεως("믿음에서 나오는 순종." πίστεως를 기원의 소유격으로 이해함)라는 표현은 (앞에서 제시했듯이) 어느 정도 로마에 있는 그리스도인들 가운데 있었던 관심사들에 의해 좌우되는 것 같다. 하지만 확실한 것은 믿음과 순종의 관계가, 이 각각의 용어로 무엇을 의미하는지와 더불어, 바울과 그의 교회에 매우 중요한 쟁점이 된 문제였다.[270] 물론 이것은 기독교회의 역사에서 다양한 시기에 강렬한 논쟁을 일으킨 문제들이었다(마르틴 루터와 개신교 종교개혁을 예로 들 수 있다). 그리고 쟁점이 된 이 문제들은 오늘날 모든 그리스도인에게 여전히 매우 중요하다.

　　1:5의 πίστεως를 기원의 소유격으로 이해하면, 이 어구를 "믿음에서 나오는[또는 "솟아나는"] 순종"으로 번역할 수 있다. 그렇다면 이것은 우리가 (동격 소유격으로 해석하여) "순종으로 구성된 믿음"이나 (목적격 소유격으로 해석하여) "일단의 공식화된 교리 체계에 대한 순종"에 관해 말하고 있지 않다는 의미다. (주격 소유격 형태로 해석하는 것은 물론이고 형용사적 의미의 소유격으로 해석하여) "인간의 덕으로서 순종과, 순종의 덕을 성취하기 위한 수단인 믿음"은 확실히 아니다. 그뿐만 아니라 우리는 순종이나 믿음을 하나님이 우리에게 은혜롭게 허락하시거나 이룰 수 있도록 능력을 주시는 인간의 덕으로 정의하지 않는다. 오히려 그 반대다. 우리는 기원의 소유격 해석을 받아들이면서, 바울이 그리스도를 향한 지적이며 자원하는 적극적인 반응에 관해 말하고 있다고 이해한다. 다시 말해서 그러한 반응은 신약성경에 묘사된 그리스도와 그의 사역에 대한 반응이며, 자기 존재의 매우 깊은 곳에서 나오고 전인격을 포함하는 반응이다. 이 적극적인 반응과 전인격적

---

270) 그 증거로서 롬 2-4장과 9-11장에서 행한 바울의 논의(이 점에 대해서는 본 주석 해당 본문에서 다룰 것이다), 갈라디아서 전체에 반영된 그의 논쟁적·권고적 주해, 그리고 빌 3:1-11에 등장하는 전기적 논평을 예로 들 수 있다. 또한 약 2:14-26도 보라.

인 관계는 하나님과 그의 뜻에 순종하는 태도와 행동으로 이어진다. 이렇게 함으로써, 바울이 그의 편지들에서 자주 언급하듯이, 우리는 하나님 앞에서 바른 지위를 얻으려는 목적으로 하나님의 율법에 제시된 어떤 규정들을 "행하는 것"이 아니라, 우리가 믿음의 사람이므로 하나님의 의로운 법이 요구하는 모든 것을 "성취하고" 있는 것이다. 믿음의 사람은 성령의 인도를 받으며 사랑으로 행한다(참조. 롬 9:30-10:4; 또한 갈 5:13-26).

　　하나님과의 친근한 관계. 바울은 그의 로마서 인사말 중 수신자 단락에서 로마에 있는 모든 그리스도인을 "하나님의 사랑하심을 받고 성도로 부르심을 받은 자"로 특징짓는다(1:7a). 구약성경에서는 이스라엘 백성이 자주 "하나님의 사랑을 받은 자"[271]와 때때로 하나님의 "거룩한 백성(즉 성도)[272]으로 묘사되었다. 구약성경에서 "거룩한 자들"이라는 실명사가 구원받은 사람들이 아니라 천상의 존재들을 가리키기 위해 더 일반적으로 사용되기는 하지만 말이다.[273] 그리고 이런 표현과 이런 언어 사용의 패턴은 일반적으로 성경 시대 이후인 제2성전기 유대교의 문헌에 전수되었다.

　　하지만 바울은 다른 신약성경 저자들과 함께, 예수를 믿는 신자들과 관련하여 현재 능동태 형용사적 분사인 ἀγαπητός("사랑하심을 받는")와 현재완료 수동태 실명사 분사인 ἠγαπημένος("사랑하심을 받은 자들" 또는 "사랑하심을 받은")를 반복해서 사용한다.[274] 그리고 바울은 그의 편지에 ἅγιοι("거룩한 자들")라는 실명사를 40번쯤 사용하는데, 대부분은 그리스도인들을 가리키는 말로 등장한다.[275] 그래서 하나님의 이스라엘 백성을 "하나님의 사랑하심을 받은 자들"로 묘사하고 천사들을 "그의 거룩한 자들"로 묘사하는 구약의 이러한 통상적인 표현은, 이제 예수를 믿어 새롭게 구성된 하나님의 백성, 곧 유대인과 이방인들로 구성된 기독교회에 적용되었다.

---

271) 참조. 신 4:37; 7:8, 13; 33:3; 왕상 10:9; 대하 2:11; 9:8; 사 43:4; 렘 31:3.

272) 참조. 시 34:9과 단 7:18-27.

273) 참조. 신 33:2; 욥 5:1; 15:15; 시 89:5, 7; 단 4:13, 17, 23; 8:13; 슥 14:5.

274) 롬 1:7 이외에, 롬 9:25; 골 3:12; 살전 1:4; 살후 2:13을 보라.

275) 롬 1:7 이외에, 롬 8:27; 12:13; 15:25, 26, 31; 16:2, 15; 고전 1:2; 6:1, 2; 14:33; 16:1, 15(유일한 예외는 살전 3:13과 살후 1:10이다).

이러한 전환은 바울과 초기 그리스도인들 사이에서 새로운 자아의식을 표시한다. 말하자면, 예수를 믿는 신자들은 "하나님으로 말미암아 예수 그리스도의 것으로 부름을 받은" 까닭에 하나님과의 친근한 관계를 경험한다. 곧 그들이 "하나님의 사랑을 받고 그의 성도(즉 "거룩한 백성")로 부름을 받은 것"이다. 기독교 복음을 오늘날 하나님의 백성을 위해 상황화하는 곳에서 특히 강조해야 하는 것이 바로 이러한 의식이다.

II. 감사(1:8-12)

번역

[8]먼저, 참으로 내가 예수 그리스도로 말미암아 너희 모든 사람에 관하여 내 하나님께 감사함은 너희 믿음이 온 세상에 전파됨이로다. [9]내가 그의 아들의 복음 안에서 내 심령으로 섬기는 하나님이 나의 증인이 되시거니와 항상 내 기도에 쉬지 않고 너희를 기억하며, [10]어떻게 하든지 이제 마침내 하나님의 뜻 안에서 어떻게 해서든지 너희에게로 나아갈 수 있기를 구하노라.

[11]내가 너희 보기를 간절히 원하는 것은 어떤 신령한 은사를 너희에게 나누어 주어 너희를 견고하게 하려 함이니, [12]이는 곧 내가 너희 가운데서 너희의 믿음과 나의 믿음으로 말미암아 피차 안위함을 얻으려 함이라.

본문비평 주

1:8a 사본의 강한 지지를 받는 어구 διὰ Ἰησοῦ Χριστοῦ("예수 그리스도로 말미암아")는 수정되지 않은 시나이 사본(ℵ* 01)에서 생략되었다. 이것은 아마도 필경사의 오류 때문일 것이다.

8b절 전치사 περί("~에 관하여," "~과 관련하여," "위하여")는 초기의 폭넓은 대문자 사본들(A B C D*)과 몇몇 소문자 사본(범주 I에 속하는 33 1739와 범주 II에 속하는 81 1506 1881)의 지지를 받고 있다. 반면에 일반적으로 동의어("~에 대한", "~에 관한")로 이해될 수 있는 ὑπέρ("~를 대신하여")는 D^c G P Ψ와 후대의 비잔틴 본문 전통의 지지를 받는다.

9절 소유격 인칭대명사 μου("나의")는 대문자 사본 A B C D^2 P와 소문자 사본 33 1175 1739(범주 I), 1881 2464(범주 II), 그리고 6 69 88 104 323 330 614 1241 1243 1735 1874 2344(범주 III)의 폭넓은 지지를 받고 있다. 하지만 여격 인칭대명사 μοι("나를 위해")는 대문자 사본 D* G Ψ와 비잔틴 계통의 많은 소문자 사본에 등장한다. 이것은 아마도 하나님과 관

런하여 소유격 인칭대명사를 사용하는 것을 피하려는 바람을 반영하는 것
같다.

형식/구조/상황

그리스-로마 편지에서는 편지의 인사말 전문(前文, 라틴어로 *praescriptio*)에
바로 이어 (1) 글을 쓰는 사람과 수신자들의 호감 있는 접촉을 이루려는
내용, (2) 어떤 방식으로 수신자들을 긍정하는 내용, (3) "건강을 기원"(동
사 ὑγιαίνειν를 사용하여 "건강하게 지내기를 바란다")하는 내용이나, 실제의 기
도(명사 προσκύνημα["숭배하는 기도"]를 사용) 등 그들을 위한 어떤 형태의 기
도, (4) 저자의 글을 쓰는 주된 목적과 주요 관심사를 제시하는 내용을 담
은 단락이 종종 등장했다. 그리고 바울은 이곳 로마서에서만 아니라 그의
서신 대부분에서도 동일한 패턴을 따랐다.[1) 비록 형용사 εὐλογητός("복된",
"찬양을 받는")를 동등한 의미로 2번 사용하기는 했지만, 일반적으로 동사
εὐχαριστῶ("감사한다")가 이 단락이 시작하는 곳에 포함되었다. 그러므로
특히 폴 슈베르트(Paul Schubert)의 논문『바울의 감사 본문의 형식과 기능』
(*The Form and Function of the Pauline Thanksgivings*)이 1939년에 출간된 이래,
오늘날 바울의 편지에서 이 도입부 단락은 종종 단순히 "서론" 단락보다는
"감사" 또는 "축복" 단락으로 언급된다.

물론 바울 서신에서 이 패턴의 중요한 예외는 바울이 갈라디아 지방에
있는 그의 회심자들에게 보내었으며, 필자가 "책망과 호소"의 편지라고 주
장한 편지다.[2) 갈라디아서 1:6-10이 바울의 다른 편지들의 감사나 축복 단
락들처럼 비슷한 형식으로 기능하지만, 많은 점에서 상당히 다르다. 동사
θαυμάζω("내가 경악한" 또는 "깜짝 놀란다")로 시작한다는 점이나, 긍정하는
진술이나 칭찬이 없고 수신자들을 위한 기도 내용도 생략되었다는 점에서

---

1) 고전 1:4-9; 고후 1:3-11; 엡 1:15-23; 빌 1:3-11; 골 1:3-8; 살전 1:2-5; 살후 1:3-10; 몬 4-7.
2) R. N. Longenecker, *Galatians*, c-cxix, 여러 곳.

그렇다.[3]

슈베르트는 이 도입부 연구에 전혀 새로운 노선을 제시했다. 그는 바울의 감사 본문/축복 단락이 독특한 자료임을 보여주었으며, 그 단락이 어떻게 기능하는지를 구체적으로 설명했다. 슈베르트가 밝힌 바울의 감사 본문의 주된 형식은 εὐχαριστῶ τῷ θεῷ("내가 하나님께 감사함은")로 시작하고, 하나나 둘 또는 세 개의 분사가 이어지며, 그런 다음에 분사에 종속되는 다른 절이 뒤따른다. 그가 밝힌 이차적인 형식은 동사 εὐχαριστῶ("내가 감사하노라")로 시작하고, 그 단어에 이어서 ὅτι("라는 것")로 소개되는 다른 절이 이어지고, 그다음에 ὅτι 절에 종속되고 ὥστε("그러므로", "그래서")로 소개되는 또 다른 절이 뒤따른다. 또한 슈베르트는 이 두 형식이 때로는 혼합되기도 한다는 사실을 주목했다. 더욱이 그는 εὐλογητὸς ὁ θεός("하나님께 복이 있기를"이나 "하나님께 찬송하노라")가 비슷한 표현이며, 두 경우에서 εὐχαριστῶ τῷ θεῷ("내가 하나님께 감사함은")를 대체한다고 주장한다.[4]

슈베르트가 이 바울의 감사 본문을 연구하며 강조한 두 가지 내용은 이 독특한 단락에 (1) 각각의 편지 본론에서 다룰 가장 기본적인 의제와 (2) 저자가 편지를 쓰면서 염두에 둔 중요한 관심사가 등장한다는 사실이다. 사실 슈베르트가 바울의 감사 단락에서 이러한 특징을 주목한 첫 번째 사람이며, 그의 중대한 관찰은 그 이후 다른 사람들에 의해 수많은 논문으로 더 자세히 개진되었다.[5] 하지만 오늘날의 주석가들은 대부분 그의 용어를 사용하면서도 바울의 감사 단락에 그의 "의제"와 "관심사"가 있다는 슈베르트의 이 중요한 논지의 진가를 알아보지 못했다. 따라서 그들이 계속하여 이 감사 단락에서 바울이 말한 것을 어떤 면에서 단순히 도입부적인 내용으로 취급하는 것은 애석하다.

---

3) 디모데전서와 디도서에도 감사 단락이 생략되었고, 딤후 1:3-7에는 수정된 형태가 등장한다.

4) 고후 1:3과 엡 1:3; 또한 벧전 1:3도 보라.

5) 특히, O'Brien, *Introductory Thanksgivings*; Jervis, *The Purpose of Romans*, 48-52, 86-109을 보라.

슈베르트가 바울의 감사 본문의 도입부를 분명하게 밝히고, 그 본문의 주요 기능들을 설득력 있게 제시하고는 있지만, 그의 논지는 각각의 편지들에 있는 감사 본문들의 종결부에 대해서는 덜 분명하고 설득력이 떨어진다. 슈베르트는 고린도전서 1:4-9, 빌립보서 1:3-11, 데살로니가후서 1:3-10의 감사 단락으로부터 추론한 자료에 근거하여, 바울의 감사 본문의 종결부를 표시하는 가장 특기할 만한 특징이 그 단락의 "종말론적인 절정"이라고 주장했다. 하지만 바울의 감사 단락이 모두 분명한 종말론적 절정으로 마무리되지는 않는다. 슈베르트는 바울의 모든 편지에서 이와 같은 절정을 파악하지 못하자, 편지 자체의 본론이 갑자기 시작되는 곳에서 감사 단락이 종결되었음을 알 수도 있다고 주장했다. 슈베르트는 바울의 편지들에서 도입부에 등장하는 감사 단락의 언어적 특징과 구조적 형식 그리고 주요한 목적에 관한 그의 매우 중요한 연구로 인해 찬사를 받아야 하지만, 바울이 그의 편지의 감사 단락에서 본론으로 어떻게 이동하는지에 대한 그의 이해는 더욱 분명한 설명이 요구된다.[6]

우리는 이어지는 로마서 해당 본문을 주석하는 단락에서 로마서의 "본론의 여는 말"이 어디서 시작하며, 따라서 로마서의 감사 본문이 어디서 끝나는지를 좀 더 직접 다뤄야 할 것이다. 여기서는 로마서를 하나의 편지로 취급할 수 있다면 로마서의 모든 서간체적 특징과 그 기능을 심각하게 고려해야 한다고 지적하는 것으로 충분하다. 슈베르트는 로마서의 감사가 1:17에서 끝났으며, 로마서의 본론은 1:18에서 시작한다고 제안했다. 동시에 그는 1:9 이후 바울의 감사 단락의 범위를 결정하기 어렵다는 점도 인정했다. 하지만 우리는 나중에 1:13-16을 다루면서 호격 ἀδελφοί ("형제자매들"로 포괄적으로 이해되는 용어)로 시작하는 2행 연구 구조인, 1:13 처음에 등장하는 οὐ θέλω δὲ ὑμᾶς ἀγνοεῖν ("너희가 모르기를 원하지 아니하노니")이라는 공개 문구(disclosure formula)를 새로운 단락을 시작하는 표시로 봐야 한다고 주장할 것이다. 이를테면, 고린도후서 1:8과 빌립보서 1:12 (아마도

---

6) 특히, J. T. Sanders, "Transition from Opening Epistolary Thanksgiving to Body"를 보라.

갈 1:11도)에서와 마찬가지로 고대의 많은 편지에 등장하는 이와 유사한 공개 문구가 새로운 단락을 시작하는 표시이듯, 그것을 "본론의 여는 말"의 시작으로 이해해야 한다는 말이다.[7] 그리고 우리는 "감사에 이어 ("공개 문구"와 같은) 인식 가능한 다른 형식의 요소가 이어질 때는 감사 단락의 종결이 그것으로 표시된다"는 테렌스 뮬린스(Terence Y. Mullins)의 견해에 동의할 것이다.[8] 그러므로 나중에 더 자세히 설명할 다른 이유와 더불어 이러한 이유로 인해, 로마서의 감사 본문은 1:12 끝부분에서 마치는 것으로 보아야 한다.

1:8-12의 이 감사 단락에 포함된 내용은 다음과 같다. (1) 수신자들의 믿음에 대한 바울의 인정, (2) 로마에 있는 그리스도인들을 위해 사도가 기도하는 내용 보도(1:9-10a), (3) 로마에 있는 수신자들을 방문하려는 그의 갈망(1:10b과 11a; 참조. 13절) 등이다. 마찬가지로 1:1-7의 인사말에서 강조된 세 가지 주제도 이 감사에 등장한다. (1) 바울은 "**복음**을 전하면서" 심령으로 하나님을 섬겼다는 것(1:9a), (2) 기독교 복음은 "그[하나님]의 아들의 복음"이라는 것(1:9a), (3) 바울의 수신자들은 그의 이방인 선교 범위 안에 있다는 것(1:12) 등이다.

하지만 이 감사 단락에는 바울이 예수를 믿는 로마 신자들에게 편지를 쓸 때 그의 주된 목적과 중요한 관심사들을 상당히 밝혀주는 두 진술이 있다는 사실도 주목할 필요가 있다. 이 자료 중에서 첫 번째는 11b절에 등장한다. "어떤 신령한 은사(τι χάρισμα πνευματικόν)를 너희에게 나누어 주어 (μεταδῶ ὑμῖν) 너희를 견고하게 하려 함(ἵνα)이니." 두 번째 진술은 12절에 있다. "이는(τοῦτο δέ ἐστιν) 곧 내가 너희 가운데서 너희와 나의(ὑμῶν τε καὶ ἐμοῦ) 믿음으로 말미암아 피차 안위함을 얻으려(συμπαρακληθῆναι) 함이라." 그래서 우리는 바울이 그의 수신자들에 관해 말한 것이 무엇인지, 그가 그들을 위한 기도에 어떤 내용을 포함시켰는지, 그리고 그들을 방문하기를

---

7) White, *Form and Function of the Body of the Greek Letter*, 76, 84-85.

8) Mullins, "Disclosure," 49.

바라면서 말한 내용이 무엇인지를 염두에 두고 로마서를 읽기 시작할뿐더러, 그가 그들에게 편지를 쓸 때 생각하고 있던 그의 주된 목적 및 주요 관심사들과 관련하여

그가 말하고 있는 것이 무엇인지에 대해서도 주의를 기울여 읽어야 한다. 이 내용은 로마서의 인사말에서만 아니라 이곳 감사 단락에서도 표현되었다.

석의와 주해

1:8 바울의 감사 단락은 중성 부사 πρῶτον("먼저")과 긍정의 불변화사 μέν("참으로")으로 시작한다. 교부들 중에는 "'먼저'에 상응하는 '둘째로'가 없다"는 데 주목하고, 이것이 (1) "바울의 어구들이 늘 완벽한 것은 아니"기 때문이거나 (2) 1:13-15의 자료가 비록 바울이 분명하게 말하지는 않았더라도 그의 두 번째 요지로 이루어졌기 때문이라고 설명한 사람들이 있었다.[9] 더욱 최근의 주석가들은 동일한 현상을 주목하고는 비슷한 결론을 도출했으며, "사도가 염두에 두고 있던 두 번째 생각을 사실 그가 가까운 시일에 로마에 가기를 하나님께 허락해 달라고 기도하는 10절에서 발견할 수 있다"고 제안하기도 한다.[10] 그 밖에 "먼저" 다음에 "둘째로"가 이어지지 않은 것으로 보아 바울이 "생각의 흐름에 빠졌다"라고 결론을 내리거나[11] "바울이 그의 생각을 더욱 밝히려고 했지만 잊어버리고 그러지 못했다"고 추측하는 사람들도 있다.[12] 또한 일부는 이 문제를 어느 정도 미해결인 채로 두고, 더글라스 무의 논평에 동조하여 "문단을 시작하는 단어인 '먼저'는 일련의 생각을 암시하지만 바울은 '둘째로'나 '다음은'이라고 말한 적이 없다. 바울이 그가 시작한 말의 순서를 잊었거나 아니면 그 어구가 단지 여기서 그가 매우 중요하다고 생각하고 있는 것을 강조하는 기능을

9) 예로 Origen, *Ad Romanos, PG* 14.854-855을 참조하라.
10) Godet, *Romans,* 1.142; 비교. B. Weiss, *An die Römer,* 58; Zahn, *An die Römer,* 55-56.
11) Barrett, *Romans,* 24.
12) Cranfield, *Romans,* 1.74.

하는지 우리로서는 알 수 없다"[13]고만 말한다. 하지만 가장 개연성이 높은 것은 여기서 πρῶτον을 시간의 부사로 이해하여 "먼저" 또는 "우선"이라고 번역하든가, 아니면 어쩌면 "제일 먼저", "그중에서도" 또는 "특히"와 같은 개념을 의미하는 정도의 부사로 번역하는 것이 좋다.[14]

불변화사 μέν은 일반적으로 긍정적인 의미로 사용되지만, 코이네 그리스어와 신약성경 전체에서는(주로 마태복음, 사도행전, 로마서, 고린도전서, 히브리서) 다양하게 사용된다. 따라서 이 단어의 정확한 의미는 늘 직접적인 문맥에 나타난 저자의 분위기와 목적에 좌우된다. 여기 로마서의 감사 단락이 시작되는 곳에서 이 불변화사 μέν은 "참으로" 또는 "사실"이라는 강조적인 긍정 사상을 함축하고 있는 것으로 보아야 할 것 같다. 그래서 πρῶτον μέν은 "먼저, 참으로"로 이해된다. 이것은 1:9을 시작하면서 바울이 "하나님이 나의 증인이 되신다"고 주장한 것과 일치하며(μάρτυς γάρ μού ἐστιν ὁ θεός. Μάρτυς["증인"]가 그리스어에서 강조하는 위치에 놓인 것은 그러한 긍정적인 천명의 필요를 암시한다), 이것은 로마서 3:2("우선은 참으로")이나 고린도전서 11:18("먼저, 사실은")의 어구 사용과 비교된다.

바울은 감사 단락을 시작하는 말 εὐχαριστῶ τῷ θεῷ μου διὰ Ἰησοῦ Χριστοῦ περὶ πάντων ὑμῶν("내가 예수 그리스도로 말미암아 너희 모든 사람에 관하여 내 하나님께 감사함은")으로써 그의 수신자들에게 그가 그들을 높이 평가함을 확신시킨다. 로마에 있는 그리스도인들은 바울이 그들을 방문하지 "못하게 된 것"이 그들에 대한 무관심을 나타내는 것이라거나, 심지어 바울이 그들이 가지고 있는 기독교의 모습에 불만족스러워한다고 다른 사람들에게서 들었거나 어쩌면 그렇게 믿게 되었을지도 모른다. 그들은 바울의 이방인 선교와 메시지에 대해 미심쩍어하는 것으로 화답했을 것이다. 그러나 바울은 수신자들과 자신 사이에 어떠한 간격이 있든지 간에 로마에

13) Moo, *Romans*, 57.
14) *ATRob*, 1152; *BAG*, 733-34; 참조. Fitzmyer, *Romans*, 243: "first of all"("먼저") or "at the outset"("처음에"); 또한 다음의 역본들을 보라. Moffatt: "first of all"; Weymouth: "first of all"; Phillips: "I must begin"("먼저"); NEB: "let me begin"("먼저").

서 예수를 믿는 모든 신자를 위해 그의 감사를 천명함으로써 그 간격을 메우려고 한다. 그들이 어떠한 민족으로 구성되었고 그들의 신학적인 이해에 있을 수 있는 바울과의 차별성이 무엇이든지 간에 말이다. 바울은 앞에서 주목했듯이 (적어도 그의 다른 편지들의 감사 본문과 비교할 때) 다소 특이한 긍정으로써 감사를 표현한다. "먼저, 참으로"라고 말이다.

그의 감사의 대상은 "하나님"($\tau\hat{\omega}$ $\theta\epsilon\hat{\omega}$)이다. 바울은 인칭대명사 "내"($\mu$ου)를 첨가하여, 그의 다른 편지의 감사 본문에서도 그러하듯이, 그의 감사가 "내 하나님"($\tau\hat{\omega}$ $\theta\epsilon\hat{\omega}$ μου)을 향하고 있다고 말한다.[15] 그러므로 바울은 시편의 신앙 언어에 근거하고 현저하게 개인적인 신앙 분위기를 지닌 "내 하나님"이라는 어구로써, 로마에 있는 그의 수신자들에게 그들로 인해 하나님께 찬송의 기도를 올린다고 알린다.[16]

사도는 "예수 그리스도로 말미암아"($\delta\iota\grave{\alpha}$ Ἰησοῦ Χριστοῦ) 하나님께 감사한다. 이 어구는 비록 로마서의 다른 곳에서 다른 형태로 등장하기는 하지만,[17] 바울의 다른 편지와 신약성경의 다른 곳에서는 물론이고 바울의 다른 감사 본문 어느 곳에서도 발견되지 않는다. 교부들은 1:8 이곳에 있는 "그리스도로 말미암아"를 하늘에서 중보자로 행하시는 그리스도의 중보 역할을 언급하는 것으로 이해했다. 일례로 오리게네스는 이렇게 주석했다.

> 하나님께 감사한다는 것은 그에게 찬송의 제사를 올려드린다는 것이다. 그래서 그[바울]는 대제사장으로 말미암듯이 "예수 그리스도로 말미암아"라는 어구를 첨가한다. 하나님께 제사를 드리고 싶은 사람은 반드시 그러한 제사를 제사장의 손을 빌려 드려야 한다는 사실을 알아야 한다.[18]

---

15) 고전 1:4(더 나은 사본의 입증을 받은 본문에서); 빌 1:3; 몬 4.
16) 시 3:8(LXX 3:7): ὁ θεός μου; 5:3(LXX 5:2): ὁ βασιλεύς μου καὶ ὁ θεός μου; 그리고 7:2(LXX 7:1): κύριε ὁ θεός μου.
17) 참조. 롬 2:16; 5:1, 9, 11, 21; 7:25a; 8:37; 11:36; 15:30; 16:27.
18) Origen, *Ad Romanos*, PG 14.854.

하지만 학자들 중에서는 바울이 이곳에서 사용한 전치사 διά를 보고, 높임을 받으신 그리스도의 중보자적 활동이나 제사장적 활동을 폄하하는 사람들이 있다. 오히려 그들은 (1) 바울이 12:1에서 기독교 윤리를 하나님의 자비에 대한 반응으로 말할 때 사용한 διά를 강조하며,[19] (2) 그 전치사의 초기 기독교 용례의 저변에 깔려 있는 사상들을 설명하면서, 이곳의 διά를 "덕분에" 또는 "근거하여"로 번역해야 한다고 제안한다. 그들은 이를 근거로 바울이 여기서 그리스도의 사역이 "기도의 근거와 인증"을 제공한다고 말한다거나,[20] 좀 더 광범위하게 본다면 "그리스도는 우리가 하나님께 감사하기 위해 나아가는 길을 만드신 분"이라고[21] 말한다고 이해하는 것이 더 적절하다고 주장한다. 바울이 항상 그리스도의 사역을 사람이 하나님 앞에 나아가는 근거로, 그리고 사람이 하나님께 올리는 기도의 인증으로 깊이 의식하고 있는 것은 사실이지만, 조세프 피츠마이어가 바르게 지적했듯이, 바울은 "그리스도가 실제로 그리고 지금도 하늘에서 중보자의 역할을 수행하고 계심을 깊이 의식했다"는 것 역시 사실이다.[22] 이것은 아마도 초기 기독교 신앙고백에서 유래했음직한 용어로 표현된 8:34에 분명하게 언급되었다. "죽으실 뿐 아니라 다시 살아나신 이는 그리스도 예수시니 그는 하나님 우편에 계신 자요 우리를 위하여 간구하시는 자시니라." 이와 같은 중보자의 역할은 바울이 로마서 2:16, 5:1, 11, 21, 7:25a, 15:30, 16:27과 같은 여러 본문에서 사용한 "예수 그리스도로 말미암아"라는 이 동일한 문구에 의해서도 암시되었다.[23] 따라서 바울의 그리스도 선포에는 그리스도의 직분에 하나님이 그를 중보자로 인정하신 내용이 포함된 것으로 이해하고, 이것으로써 예수를 믿은 초기 신자들의 확신을 전형적으로 보여준다고

---

19) NIV: "by the mercies of God"(하나님의 자비하심으로 말미암아); NRSV: "in view of God's mercies"(하나님의 자비하심을 고려하여).

20) Käsemann, *Romans*, 17; 비교. Kramer, *Christ, Lord, Son of God*, 84-90.

21) Moo, *Romans*, 57.

22) Fitzmyer, *Romans*, 244.

23) 참조. A. Schettler, *Die paulinische Formel "Durch Christus"* (Tübingen: Mohr, 1907); Kuss, "Die Formel 'durch Christus.'"

생각하는 것은 매우 적절한 것 같다. 그래서 우리는 찰스 크랜필드에 동의하면서, "그리스도는 하나님이 사람들에게 다가오시는 것과 관련해서만 아니라(예. 1:5), 부활하시고 높이 되신 주님으로서 사람들이 예배 중에 하나님께 나아가는 것과 관련해서도 중보자이시다"라고 주장한다.[24]

더욱이 바울은 이곳 1:8에서 그가 하나님께 감사하는 것이 "너희 모든 사람에 관한" 것(περὶ πάντων ὑμῶν)이라고 말한다. 이로써 바울은 그의 인사말의 수신자 단락 1:7에서 포괄적으로 강조한 것("로마에서 하나님의 사랑하심을 받고 성도로 부르심을 받은 모든 자에게")을 이어간다. 바울은 로마의 수신자들 사이에 피차 다름과 어려움이 있다는 사실을 잘 알고 있었을 가능성이 매우 커 보인다. 특별히 14:1-15:13과 16:17-20a 그리고 13:1-7이 입증하듯이 말이다. 그러나 이곳 1:8에서 그는 로마에서 예수를 믿는 모든 신자를 위해 하나님께 감사만을 표현한다.

앞에서 인용했듯이, 바울은 그가 알고 있는 최상의 교회 가운데 하나인 빌립보 교회의 회심자들을 위해 감사하거나[25] 심지어 바울이 가장 염려했던 교회 중 하나였던 고린도 교회의 회심자들을 위해 감사하듯이,[26] 로마의 수신자들 사이에 있다고 보았던 개인적이거나 영적인 특성 때문에 감사하지는 않았다. 또한 로마에 있는 그리스도인들의 믿음이 예수를 믿는 다른 신자들의 믿음보다 특별히 더 크고 깊거나 강하거나 탁월하기 때문에 감사한 것이 아니다. 바울은 로마에 있는 그리스도인들을 대부분 개인적으로는 알지 못했다. 그가 그들에게 그러한 특징들이 있다고 이야기하려 하거나, 그들을 추켜세우면서 믿음이 깊다거나 강하다고 말을 하는 것은 솔직하지 못한 일이 될 것이다. 바울이 감사하는 까닭은 다른 데 있었다. 즉 "너희 믿음이 온 세상에 알려졌기 때문"이다(ὅτι ἡ πίστις ὑμῶν καταγγέλλεται ἐν ὅλῳ τῷ κόσμῳ).

---

24) Cranfield, *Romans*, 1.74.
25) 참조. 빌 1:3-11.
26) 참조. 고전 1:4-9; 고후 1:3-7.

"그들이 믿은 믿음의 내용"을 말하려고 사용된 관사가 있는 표현 ἡ πίστις("그 믿음")는 바울 서신들에서 통상 그렇게 사용되지 않았다. "믿어야 할 내용"을 의미하는 "그 믿음"은 갈라디아서 1:23에 등장한다("그들 ["유다에 있는 교회들"]은 다만 '우리를 박해하던 자가 전에 멸하려던 그 **믿음**을 지금 전한다' 함을 들었다"). 하지만 바울은 이곳 로마서 1:8에서 ἡ πίστις ὑμῶν("너희 믿음")이라고 칭한 것을 나중에 16:19에서 ἡ ὑμῶν ὑπακοή("너희 순종")라고 칭하게 될 것이다. 따라서 그는 그들이 믿은 내용이 아니라 그들의 "믿음"의 행위와 또한 하나님과 하나님이 "그리스도 안에서" 주신 구원에 대한 반응인 그들의 "순종"의 행위를 강조한다.

킹슬리 바레트는 바울이 로마에 있는 그리스도인들의 "믿음"(ἡ πίστις)에 대해 말하면서 인칭대명사 소유격인 "너희"(ὑμῶν)를 사용한 것에 주의를 환기시키며 이렇게 주장했다. "'너희 믿음'은 너희가 다른 모든 그리스도인과 함께 공통적으로 가지고 **있는** '기독교 신앙'을 의미하지 않는다. '이런 것을 언급하는 것은 감사에서 무의미하다.' 여기서는 '너희가 믿음을 가지는 **방식**', 곧 믿음에 대한 너희의 이해와 불변함과 사랑이다."[27] 바레트는 그가 관찰한 내용의 가능성 있는 함의에 대해서는 설명하려고 하지 않는다. 하지만 그는 "로마에 있는 유대인들이 기독교를 직접 접한 것 같지 않은 것으로 보이는" 사도행전 28:21-22을 주요 증거로 인용하면서, 바울이 로마에 있는 그리스도인들의 "믿음"과 관련하여 인칭대명사 "너희"를 사용한 것에는 그들과 바울이 붙들고 있는 기독교 메시지 사이의 다소 다른 형태를 인식하고 있음이 반영되었다고 주장한다.[28]

그렇지만 설령 (우리도 그렇게 믿고 있듯이) 로마에서 예수를 믿는 신자들의 신학 및 실천과 기독교 복음에 대한 바울의 이해 및 선포 사이에 약간의 차이가 있을 수 있어도(또한 바울이 그들이 하나님께서 그에게 주신 이방인 세계를 향한 명령의 범위 안에 있다고 생각하여 그가 이방인들에게 행한 기독교 선교의 연속 선

---

27) Barrett, *Romans*, 24(강조는 원저자의 것임).

28) Barrett, *Romans*, 24.

상에 그들이 참여하기를 원했기 때문에, 바울이 이 편지에서 그리고 나중에 그들을 방문함으로써 간절히 바라는 것이 그가 "내 복음"이라고 부르는 내용을 로마에 있는 그리스도인들에게 제시하는 것이었다고 해도), 인칭대명사 소유격 "너희"를 다른 모든 그리스도인과 공유하고 있는 기독교의 믿음이 아닌 다른 어떤 것을 불길하게 암시하는 것으로 읽는 것은 다소 극단적인 듯하다. 바울이 이곳 1:8에서 "너희 믿음"이라는 어구를 사용하여 말하려고 했던 것은 아마도 그가 데살로니가에 있는 그의 회심자들의 믿음을 "하나님을 향한 너희 믿음"(살전 1:8), 즉 "하나님을 향한 너희의 개인적인 믿음의 반응"이라고 묘사했을 때 말하려고 했던 것과 동일한 듯하다.

바울이 그의 수신자들의 믿음을 "온 세상에(ἐν ὅλῳ τῷ κόσμῳ) 전파된" 것으로 언급한 것은 의심의 여지 없이 "정감 있는 과장법"이다.[29] 이것은 데살로니가에 있는 바울의 회심자들의 믿음에 관해 언급한 데살로니가전서 1:8("주의 말씀이 너희에게로부터 마게도냐와 아가야에만 들릴 뿐 아니라 하나님을 향하는 너희 믿음의 소문이 각처에 퍼졌으므로")과 복음에 관해 언급한 골로새서 1:6("이 복음이…온 천하[ἐν παντὶ τῷ κόσμῳ]에서도 열매를 맺어 자라는도다"), 또한 바울의 사역이 "각처에서(ἐν παντὶ τόπῳ) 그리스도를 아는 냄새를 나타내는" 것이라고 말한 고린도후서 2:14과 비슷하다. 누가는 이러한 유형의 과장법을 구레네가 시리아 총독으로 있을 때 가이사 아구스도가 영을 내려 "천하로"(πᾶσαν τὴν οἰκουμένην) 다 호적하라고 명을 내렸다고 말할 때(눅 2:1), 그리고 글라우디오 황제의 재위 시절 "천하에"(ἐφ' ὅλην τὴν οἰκουμένην) 심각한 기근이 들었다고 표현할 때(행 11:28) 사용한다. 이와 비슷한 것으로, 아돌프 다이스만은 몇 가지 사실에 주의를 환기시킨다. (1) "달리 알려지지 않은 미지의 이집트 여인 세라투스와 그녀의 친척들에 대한 이교도 비문(지금은 브라운스베르크에 있음)에는 그들의 겸손이 '온 세상에 알려졌다'고

---

29) Deissmann, *Paul*, 56; 또한 Godet, *Romans*, 1.142; B. Weiss, *An die Römer*, 58; Lietzmann, *An die Römer*, 27; Leenhardt, *Romans*, 42; Bruce, *Romans*, 56; Cranfield, *Romans*, 1.75; Fitzmyer, *Romans*, 244도 참조하라.

기록되었다." (2) "후일에 기록된 기독교 편지"에는 "(감독) 요한의 명성이 '온 세상'에 두루 퍼졌다고 기록되었다."[30]

복음에는 보편적인 의의가 있다.[31] 그러나 바울이 로마에 있는 그리스도인들의 믿음이 "온 세상에" 알려졌다고 언급한 것은 그들의 믿음이 마치 모든 지역에 있는 모든 사람에게 알려진 것처럼 분포적으로 이해되어서는 안 된다. 마찬가지로 이것은 신앙적으로 참이기는 하지만, 일부 교부들이 경건하게 제안했듯이[32] 우주적으로 읽지 말아야 한다. 마치 바울이 여기서 하늘과 땅을 비롯하여 하늘의 천사들도 예수를 믿는 이방인 신자들의 믿음을 기뻐하고 있다고 가르친다는 듯이 말이다. 바울이 여기서 말하려고 하는 핵심은 이것이다. 로마에 있는 신자들의 기독교적 믿음은 "널리",[33] 특히 "기독교적 '세계'라는 소우주에" 선포되었다.[34] 로마 제국의 수도인 로마에 그리스도인이 존재한다는 소문은 제국 전체의 그리스도인들에게 뉴스감이 되었을 것이 확실하다. 그리고 바울이 그 소문을 듣고 하나님께 감사했다는 것은 분명하다. 복음이 어떻게 퍼지고, 누구를 통해 선포되었으며, 또 어떤 형태를 띠고 있었든지 상관없이, 그는 복음이 제국 여러 곳에 전파된 것을 두고 감사했다.[35]

1:9-10 피터 오브라이언(Peter O'Brien)이 말했듯이, "감사하다(εὐχαριστέω)라는 동사는 [바울의] 다른 서론 본문에서 대부분 그러하듯이 전체 문단을 지배하지 않는다. 사도는 감사에서 간구의 기도로, 로마에 있는 그리스도인들을 향한 그의 관심사에 대한 개인적인 내용과 그들을 방문하려는 그의 바람으로 전환한다.…단도직입적으로 말해서, 이 과정의

---

30) Deissmann, *Paul*, 56 n. 5. Deissmann은 첫 번째 병행 부분으로 *Archiv für Papyrusforschung*, 5, 169을 인용하고 두 번째 병행 부분으로 *Archiv für Papyrusforschung*, 4, 558을 인용한다.

31) 참조. 시 19:4을 인용한 롬 10:18.

32) 예로 Origen, *Ad Romanos*, PG 14.855을 참조하라.

33) O'Brien, *Introductory Thanksgivings*, 207; Cranfield, *Romans*, 75.

34) Deissmann, *Paul*, 56.

35) 참조. 빌 1:12-18. 이 본문은 다른 상황에 대한 바울의 반응을 표현한다. 비록 감사와 다소 비슷한 대답이지만 말이다.

첫 번째 문장은 8절의 '온 세상에'라는 단어로 끝난다."[36] 그래서 바울은 1:9-10에서 로마에 있는 모든 그리스도인을 위한 그의 기도를 말하기 시작한다.

바울 서신의 기도 자료들은 하나님을 직접 대상으로 하는 예전적인 본문이 아니다. 물론 이와 같은 기도가 고린도전서 16:22의 μαρανα θα("오, 주님 오십시오!" 이것은 직설법적 진술인 "우리 주님이 오신다"가 아니라 청원 명령형으로 이해됨)에 반영되었을 수도 있지만 말이다. 그 대신 바울의 기도 자료들은 그가 수신자들을 위해 드린 기도를 그들에게 알리는 내용이다. 바울은 하나님께 직접 기도할 때에는 하나님을 2인칭으로 분명히 언급하며 사람들에 대해서는 3인칭으로 언급한다. 이와는 다르게 그의 기도의 내용을 알리는 경우에는 그의 수신자들이 2인칭으로 언급되고 하나님은 3인칭으로 언급된다. 따라서 원래 하나님을 향했던 찬송의 기도와 감사의 기도는 바울의 편지에서 그가 기도한 내용을 요약하기 위해 재구성되었지만, 하나님을 직접 언급하거나 기도 자체의 정확한 문구들을 제시하지는 않는다. 마찬가지로 간청의 기도는, 바울이 그의 수신자들을 위해 기도하면서 가지고 있었던 핵심적인 관심사를 표현하기는 해도, 하나님을 3인칭으로 언급하며 그가 기도한 내용의 본질만을 제시하려고 재구성되었다.

더욱이, 바울의 편지에서 기도 자료의 정확한 한계를 긋기는 쉽지 않다. 다음 몇 가지 이유에서다. (1) 바울이 기도한 내용에 대한 보도가 종종 그의 수신자들의 상황에 관한 서술과 겹친다. (2) 수신자들을 위하여 표현된 기도의 바람이 그들을 위해 기도한 것을 그들의 삶에 실현하라는 권고와 결합되는 경우가 있다. 찬송과 기도와 권고가 섞여 있는 바울의 감사 단락의 앞부분에서는 이 모든 것이 특히 해당된다.

Μάρτυς γάρ μού ἐστιν ὁ θεός("하나님이 나의 증인이시다")라는 진술은 1:9-10의 기도 단락을 시작하는 중요한 표시다. 바울이 하나님을 그의 증인이라고 칭하는 것은 그가 그들을 위해 기도한다는 사실을 그들이 아는 것

---

36) O'Brien, *Introductory Thanksgivings*, 202.

이 매우 중요함을 암시하기 때문이다. 분명한 것은 로마에 있는 예수를 믿는 신자들 사이에 있는 "여론 재판"에서 바울이 별로 존경을 받지 못했으며 그들에 대한 그의 관심사가 비방을 받았다는 사실이다. 물론 다른 곳에서와 마찬가지로 로마에 있는 그 누구도 바울의 진정한 의도와 관심사를 알 수가 없었을 것이다. 하나님만이 그러한 것들을 아신다. 그래서 바울은 그의 수신자들인 로마의 그리스도인들에 대한 그의 태도와 그들을 위한 기도와 관련하여 하나님을 그의 증인으로 요청한다.

　　로마서 이외의 여러 편지들 중에는 바울이 이 동일한 단어들을 사용하여 그의 사역과 활동에 대한 하나님의 "증거"를 요청하는 편지도 있고,[37] 단지 이것과 비슷한 어구들을 사용하는 곳도 있다.[38] 이 모든 주장에서 바울은 구약성경의 용례를 반영한다.[39] 하지만 그가 로마에 있는 수신자들에게 알게 하고 싶은 것은 그가 늘 그래왔듯이 진실로 그들을 염려하고 있다는 사실이다.

　　ῷ λατρεύω ἐν τῷ πνεύματί μου ἐν τῷ εὐαγγελίῳ τοῦ υἱοῦ αὐτοῦ("내가 그의 아들의 복음 안에서 내 심령으로 섬기는")는 바울과 바로 앞에 있는 선행사 ὁ θεός("하나님")의 관계와 관련하여 더 많은 것을 설명하는 종속적 관계절이다. 게다가 이 문장은 자신의 이방인 선교에 대한 바울의 이해에 무척 중요한 여러 문제를 강조한다. 이방인 선교는, 바울이 독자들이 알기를 원했던 문제들과 지금 바울이 그들에게 보내는 편지와 장차 그들을 방문하기를 기대했던 것과 아울러 그의 모든 수고의 중심에 있었다.

　　이 종속 관계절에서 매우 중요한 첫 번째 문제는 바울의 이방인 선교가 하나님을 섬기는 것으로 묘사되었다는 점과 관련이 있다. 바울은 이것을 동사 λατρεύειν("예배하는 마음으로 섬기다")을 사용하여 표현한다. 이 동

---

37) 참조. 살전 2:5: θεὸς μάρτυς, "하나님이 증인이시다"; 2:10: ὑμεῖς μάρτυρες καὶ ὁ θεός, "너희는 내 증인이며, 하나님도 그러하시다"; 빌 1:8: μάρτυς γάρ μου ὁ θεός, "하나님이 내 증인이시라"; 고후 1:23: ἐγὼ δὲ μάρτυρα τὸν θεὸν ἐπικαλοῦμαι, "그러나 하나님을 불러 증언하시게 하노니."

38) 참조. 롬 9:1; 고후 2:17.

39) 참조. 창 31:50; 신 4:26; 30:19; 31:28; 삿 11:10; 삼상 12:5; 또한 1 Macc 2:37.

사는 70인역에서 하나님 백성의 예배와 종교적 섬김을 다 지칭하기 위해 등장한다.[40] 바울은 λατρεύειν을 사용하여 그의 수신자들의 마음에 매우 중요한 동족 명사들인 λατρεία("섬김" 또는 "예배")와 λατρία("칭송" 또는 "예배")를 떠올리게 했을 것이다. 전자는 70인역에서 9번 사용되었으며 후자는 백성들의 하나님에 대한 반응을 언급하려고 그리스어 구약성경에 더 자주 사용되었다. 그래서 바울은 결과적으로 수신자들로 하여금 그가 자신의 모든 선교 행위를 하나님께 드리는 예배와 하나님을 섬기는 것, 다시 말해서 하나님께 드리는 "예배하는 마음으로 하는 섬김" 또는 "예배의 섬김"으로 간주하고 있음을 알기를 원한 것 같다. 따라서 조세프 피츠마이어가 상당히 바르게 지적했듯이 다음과 같이 말할 수 있을 것이다. "바울이 로마의 그리스도인들을 위해 드린 기도는 바로 하나님께 드리는 그의 행위에 속하는 것이다."[41]

바울이 이곳의 종속 관계절에서 강조하는 중요한 두 번째 문제는 그가 하나님을 "예배하는 마음으로 하는 섬김"을 ἐν τῷ πνεύματί μου(문자적으로 "내 심령으로" 또는 "내 심령으로 말미암아")라고 말하고 있다는 사실과 관련이 있다. 이것은 그간 다양하게 해석되어왔다. 비교적 두드러지는 해석들 가운데 몇 가지를 소개한다.

1. 이 어구는 바울 안에 거하시는 하나님의 영을 언급하며, 그래서 "내게 주신 하나님의 영으로 말미암아"라고 번역해야 한다.[42]
2. 이 어구는 육적인(즉 이교도나 유대인들의) 섬김과 대조되는, 하나님을 위하는 한 개인의 영적인(즉 기독교적인) 섬김을 언급한다.[43]

---

40) 참조. 출 3:12; 10:7, 8, 26; 12:31; 신 6:13; 10:12-13.

41) Fitzmyer, Romans, 244.

42) Kümmel, Römer 7 und die Bekehrung des Paulus, 33; 참조. Schlatter, Romans, 13: "'그의 영'은 그 안에 거하면서 역사하시는, 그가 받은 성령이다"; E. Schweizer, "πνεῦμα, πνευματικός," TDNT, 6.435: "사도에게 개별적으로 주신 하나님의 영"; Jewett, Paul's Anthropological Terms, 197-98: "사도에게 할당된 신적인 영."

43) Chrysostom, Homilia XXXII ad Romanos, PG 60,403이 이렇게 본다. 참조. Dunn, Romans,

3. 이 어구는 하나님을 "전심으로" 섬기는 것을 가리킨다.[44]

4. 이 어구는 "성실하게" 수행되는 예배와 섬김을 가리킨다.[45]

5. 이 어구는 "섬김의 기관" 즉 "섬김이 행해지는 영역"을 가리킨다.[46]

6. 이 어구는 하나님을 온전히 섬기는 데 필요한 "사람의 영"이라고도 하는, 한 사람의 전 인격을 가리킨다.[47]

7. 이 어구는 그의 생명의 물질적인 측면들과 대조되는 "그의 품성의 영적인 면"을 가리킨다.[48]

8. 이 어구는 "그의 설교 등을 구성하는 외적인 측면과 대조되는 그의 사도적 섬김의 내적인 측면"을 가리킨다.[49]

9. 이 어구는 "그의 기도 생활을 가리키며 그의 기도의 주된 관심사는 물론 그의 선교 사역의 과정이다." 그래서 그것은 "교회와 복음의 진보를 위한" 그의 내적인 간구로 이해되어야 한다.[50]

1.29: "이 어구는 여기서 바울이 의도적으로 복음과 관련된 예배와 그의 동료 유대인들의 전형적인 예전 중심의 예배를 대조하고 있음을 분명히 암시한다." 또한 Weymouth가 "[Paul's] spiritual service"([바울의] 영적인 섬김)라고 번역한 것도 보라.

44) Pelagius, *Ad Romanos*, PL 30.648: "Hoc est, in toto corde meo, et prompta devotione mea deservio"(이것은, 나의 온 마음으로 하는 나의 자원하는 헌신과 순종이다); 또한 Phillips와 TEV의 번역을 보라: "with all my heart"("내 맘을 다해"); NIV: "with my whole heart"("전심으로").

45) John Calvin, *Romans*, in *Calvin's New Testament Commentaries*, 8.22: "종교의 외형"과 대조되는 "마음으로부터…진지한 마음의 헌신으로"; 참조. Murray, *Romans*, 1.20: "그가 하나님을 깊고 성실하게 섬기는 것은 '내 마음으로'라는 어구로 표현되었다."

46) Sanday and Headlam, *Romans*, 20; 참조. Fitzmyer, *Romans*, 244-45: "바울은 내적으로만 하나님을 섬긴다고 말하는 것이 아니었다." 그의 예배는 "하나님의 영에게 열려 있는 나의 측면으로" 표현되었다.

47) Michel, *An die Römer*, 46-47: "전 존재와 그의 사고와 의지와 행위로"; 참조. Käsemann, *Romans*, 18: "바울은 그의 전 존재로 복음을 섬긴다."

48) Barrett, *Romans*, 24; 참조. Godet, *Romans*, 1.143: "그의 영혼이 신적인 세계와 교통하는 기관으로서 그의 존재의 가장 은밀한 부분"; 또한 JB의 번역도 보라: "spiritually"(영적으로)—영적으로라는 것은 각주 "G"에 서술되었듯이, "가장 낮은 요소인 육신"과 구별되는 "인간 존재의 가장 높은 요소"다.

49) Cranfield, *Romans*, 1.77; 참조. Althaus, *An die Römer*, 10.

50) H. Strathmann, "λατρεύω, λατρεία," 4.64; 참조. Str-Bil, 3.26, 이곳에서는 "마음으로 섬김"이라는 어구가 기도와 관련하여 랍비들이 사용하던 것으로 언급되었다. 비교. Zahn, *An die Römer*, 57: "내면적 기도 생활."

이 해석들 몇 가지는 어떤 식으로 서로 결합되어야 할지도 모른다.[51] 이 모든 해석이 바울 서신 여러 곳에서 발견되는 병행구들의 지지를 어느 정도 받을 수 있기 때문이다. 하지만 이 중에 몇 개는 개연성이 적어 보인다. 특히 바울이 이곳에서 이교도들과 유대인들의 섬김과 대조되는 하나님에 대한 그의 기독교적인 "영적" 섬김을 언급하고 있다거나, 그의 삶의 물질적인 측면과 대조되는 그의 존재의 내적이며 영적인 측면을 염두에 두었다는 것 등이다. 마찬가지로, 일부 다른 해석들은 바울 사상의 일반적인 관점에서 옹호할 수는 있을지 몰라도, 이곳에서는 전면에 부각된 것 같지 않다. 바울은 늘 하나님이 "그리스도 안에 있는" 신자들에게 그의 성령을 주신다고 선포했지만, 이 구절에서 그의 강조는 그 자신의 인간적인 영("내 영")에 있다. 그리고 바울은 언제나 기도의 사람이었고 바로 1:9b-10에 이어지는 내용에서 그가 수신자들을 위해 드리는 기도를 언급하고 있지만, 그가 이곳 1:9a에서 말하고 있는 요지는 로마에 있는 그리스도인들을 위한 그의 기도가 아니라 그 자신이 하나님을 섬기는 것과 관련이 있다.

그러므로 "내 영으로"라는 표현(전치사 ἐν을 수단의 용법으로 이해함)을 바울이 **어떻게** 하나님을 섬기는지와 관련한 직접적인 문맥에서 제시된 것으로 보는 것이 아마도 최상일 것이다. 'Eν의 수단적 용법은 방법 또는 태도를 표시할 수 있다. 그러나 여기서 전치사 ἐν은 바울이 섬기는 수단(즉 "내 영으로")이 아니라 그가 섬기는 태도를 표시하는 것 같다. 따라서 이 어구는 "전심으로", "성실하게" 또는 "나의 전 존재로"와 같은 개념을 나타낼 개연성이 가장 크다(따라서 우리는 이 어구를 "내 온 마음으로"라고 번역한다).

1:9a의 종속 관계절에 나타난 세 번째 문제는 바울이 선교사로서 "전심으로" 또는 "성실하게" 그리고 "그의 전 존재로" 행한 모든 수고의 중심에 있는 것, 즉 그가 "예배하듯이" 하나님을 "섬기는" 모든 섬김의 중심에 있는 것이 "그[하나님]의 아들의 복음"이라는 사실이다. 첫 번째 전치사 ἐν이 수단으로 기능하는 반면에, 두 번째 ἐν은 바울이 하나님을 섬기는 초점

---

51) Moo, *Romans*, 58.

과 영역을 가리키기 위해 장소적으로 기능한다. 바울이 일찍이 인사말에서 말했듯이, 그는 "하나님의 복음"을 위해 "구별함을" 받았다(1:1). 그 복음은 "그의 예언자들을 통해 성경에 미리 약속된 것"이며(1:2), 그 복음의 내용은 "그[하나님]의 아들"이고(1:3a), 그 복음의 기독론적인 강조는 교회가 일반적으로 고백해왔던 것이다(1:3b-4). 바울이 회심할 때 그를 사로잡았던 것은 바로 이 복음이다. 복음은 그의 모든 기독교적 사상의 중심에 거했으며, 그의 모든 기독교 사역의 중심이 되는 요지였다.[52] 더욱이 바울과 로마에 있는 그리스도인들이 약간 달랐던 부분이 바로 이 복음에 대한 이해와 관련되었는데, 복음의 직설법적인 확신과 복음의 명령법적인 함의와 관련된 것이었던 것 같다. 그래서 바울은 그의 편지의 감사 단락에서, 그가 일찍이 인사말 단락에서 했던 것과 동일하게, 심지어 종속 관계절 중간에 그의 기독교적 전 사역의 초점과 영역을 "그[하나님]의 아들의 복음"이라고 말하지 않을 수 없었다.

폴 슈베르트는 바울의 감사 본문의 중요 기능이 "편지에서 소개할 편지의 상황과 내용을 암시하는 것"임을 주목했다.[53] 따라서 바울의 감사 단락은 서신적 목적과 교훈적 목적 두 가지를 다 수행한다. 다시 말해서 (1) 서신적인 기능에서 감사 단락은 수신자와 말문을 트며, 그들에게 이전에 받은 교훈을 상기시키고 각 편지의 어조를 설정한다. (2) 교훈적인 기능에서 감사 단락은 각 편지에서 다룰 주요 주제들을 부각시킨다.

바울의 감사 단락에 서신적 기능과 교훈적인 기능이 실제로 있는 반면에, 그 단락은 바울의 목회자적 관심사를 표현하기도 한다. 바울은 이것을 (1) 수신자들을 위한 하나님께 드리는 감사의 기도와 (2) 그들을 위한 간구에 대해 요약적으로 언급함으로써 그렇게 한다. 따라서 바울은 편지의 감사 단락에서 수신자들에게 자신의 기도가 "하나님께"[54] 또는 "나의 하나님

---

52) 본서 1:1에서 "복음"에 대해 주석한 것을 보라.
53) Schubert, *Form and Function of the Pauline Thanksgivings*, 26.
54) 고전 1:4; 살전 1:2; 2:13; 3:9; 살후 1:3; 2:13.

께"[55] 향한다고 말한다. 하나님은 바울에게 "예수 그리스도의 아버지"[56]로 알려지셨다. 그리고 바울은 그의 수신자들을 위해 "항상",[57] "쉬지 않고"[58] 또는 "계속"[59] 기도해왔음을 밝힌다. 이것은 기도의 상태가 지속적으로 계속되었다는 의미가 아니라 그의 규칙적인 기도의 시간에 수신자들을 늘 언급했다는 의미다.[60]

바울은 1:9b에서 예수를 믿는 로마 신자들에게 자신이 그들을 위해 쉬지 않고 기도했다고 전하면서 다음과 같은 말로 자신의 태도를 표명한다: ὡς ἀδιαλείπτως μνείαν ὑμῶν ποιοῦμαι πάντοτε ἐπὶ τῶν προσευχῶν μου("항상 내 기도에 쉬지 않고 너희를 말하며"). 한스 리츠만(Hans Lietzmann) 은 바울이 실제로 말하려고 했던 것이 ὡς("얼마나")가 아니라 ὅτι("~라는 것을")이며 그래서 바울의 진술은 "내가 기도할 때마다 지속적으로 너희를 기억했다는 것을"로 읽어야 한다고 주장한다.[61] 그런데 "~라는 것을" 이라고 읽는 것이 괜찮기는 하지만, "얼마나"가 바로 이어 등장하는 부사 ἀδιαλείπτως("지속적으로")와 더 잘 연결된다. 따라서 단어를 너무 성급히 바꿀 필요가 없다.[62] 현재 능동태 동사 ποιέω("만들다", "형성하다", "하다", "성취하다")에서 파생한 중간태 동사 ποιοῦμαι는 명사 μνείαν("기억")과 함께 바울의 편지에서 그가 기도할 때 다른 사람을 기억한다는 의미로 사용되었다.[63]

하지만 더 중요한 것은 (바울의 진심이 담긴) 1:9b과 (그의 기도의 내용을 서술한) 1:10의 어구들을 어떻게 연결할 수 있는지를 두고 오랫동안 지속

---

55) 롬 1:8; 빌 1:3; 몬 4.
56) 골 1:3.
57) 고전 1:4; 빌 1:4; 골 1:3; 살전 1:2; 살후 1:3; 2:13; 몬 4.
58) 살전 1:2.
59) 롬 1:9b.
60) 참조. Harder, *Paulus und das Gebet*, 8-19.
61) Lietzmann, *An die Römer*, 28.
62) 참조. Cranfield, *Romans*, 1.77 n. 1.
63) 참조. 엡 1:16; 살전 1:2; 몬 4; 또한 Plato, *Phaedrus* 254a; 같은 저자, *Protagoras* 317c; *1 Clement* 56:1도 보라.

된 성가신 질문이다. 두 본문이 연결되어 1:9a에서 "하나님이 내 증인이
시다"로 시작한 문장이 "내 기도에 쉬지 않고 얼마나 너희를 기억했는지"
로 마무리되는가? 아니면 1:10a의 어구들은 새로운 문장을 시작하여 바로
이어 등장하는 1:10b과 연결되는가? 그렇다면 이 문장은 "나는 기도할 때
마다 어떻게 하든지 이제 하나님의 뜻 안에서 너희에게로 나아가기를 기도
했다"라고 읽히게 된다. 이 어구들은 지난 3세기 동안 전통이 되어버린 구
절 구분에 의해 종종 분리되어왔다. 1:9 끝에 있는 "내가 얼마나 지속적으
로 너희를 기억했는지" 다음에 마침표나 세미콜론 또는 콤마가 덧붙여졌
고, "내가 기도할 때마다"는 1:10에 이어지는 모든 내용의 시작으로 이해
된다. 이렇게 문장을 나누는 것의 정당성은 ἀδιαλείπτως("지속적으로")와
πάντοτε("항상", "할 때마다")처럼 거의 동의어에 해당하는 두 부사의 존재
가 하나의 문장 또는 절에 해당하고 그래서 이것을 두 문장으로 나누어야
한다는 의견에 분명 기초한다.

하지만 하나의 문장에서 결합된 "지속적으로"와 "항상"(또는 "할 때
마다")을 어색한 반복으로 보기보다는, 강조를 위해 하나의 문장에 포함된
것으로 이해할 수 있다. 두 부사를 두 개의 독립된 문장에 할당하는 것에
반대하고 두 부사가 원래 하나의 문장에 함께 등장했음을 지지하는 논거를
다음과 같이 찰스 크랜필드가 적절히 표현했다.

> 바울이 기도할 때 로마에 있는 그리스도인들을 항상 언급한다고 말했다는
> 것은 얼마든지 이해할 수 있지만, 그가 과연 기도할 때마다 그들을 방문하
> 도록 허락해주시기를 구했다고 보기에는 의심의 여지가 있다(이 특정한
> 바람이 실제로 그의 생각에 중요한 자리를 차지했을까?).[64]

로마에 있는 그리스도인들을 위해 바울이 기도한 내용은 1:10의 문장에 매
우 간략히 제시되었다: δεόμενος εἴ πως ἤδη ποτὲ εὐοδωθήσομαι ἐν τῷ

---

64) Cranfield, *Romans*, 1.77.

θελήματι τοῦ θεοῦ ἐλθεῖν πρὸς ὑμᾶς ("그리고 나는 어떻게 하든지 이제 하나님의 뜻 안에서 너희에게로 나아갈 좋은 길 얻기를 구하노라"). 1인칭 단수 현재 직설법 중간태 분사 δεόμενος는 보충을 의미하는 부사적 분사로 이해하는 것이 가장 좋을 것 같다. 이것은 바로 앞에 있는 1:9b의 동사 ποιοῦμαι의 행동을 완성한다. 그래서 이 동사는 접속사 "그리고"와 대명사 "나는"을 보충하여(모든 보충적인 부사적 분사를 번역할 때 으레 그래야 하듯이) "그리고 나는 구하고 있다"로 번역해야 한다. 전접어 πώς("어떻게", "어느 정도")와 조건문을 만들 때 사용하는 εἴ("만일")의 사용이 누군가 기도하고 있다는 직접적인 진술 뒤에 등장하는 것은 확실히 흔치 않다. 십중팔구 "어떻게", "만일 어느 정도" 또는 "만일 어쩌면"이라는 표현은 그가 기도하고 있는 것과 관련하여 바울 편에서 어떤 불확실함을 표시하는 것으로 이해될 수 있다. 마리-조세프 라그랑주(Marie-Joseph Lagrange)가 제안한 것처럼, 그것은 하나님의 뜻에 복종하려는 바울의 바람을 반영하는 것일 수도 있다.[65] 시간을 나타내는 전접어 ποτέ("언젠가", "마침내")와 함께 등장하는 부사 ἤδη("이미") 역시 그의 간구가 성취되는 것과 관련하여 바울 편에서의 어느 정도 불확실함과 그것의 연기에 관한 조급함을 암시한다.

이곳 1:10에 나타난 바울의 기도 내용은 그가 로마 그리스도인들을 위해 기도한 구체적인 내용보다는 그들을 방문하려는 바람과 더 관련이 있다는 사실을 특별히 주목할 필요가 있다. 바울은 "하나님의 뜻으로 말미암아" "언젠가, 지금 마침내" 그들에게 나아가게 되기를 바란다. Εὐοδόειν(문자적으로 "좋은 길을 걷다" 또는 "성공적으로 여행하다")에서 파생한 단어인 1인칭 단수 미래 수동태 동사 εὐοδωθήσομαι는 70인역과 제2성전기 유대교의 유대 그리스어 문헌들에 일반적으로 "번영하다", "잘되다" 또는 "성공하다"라는 비유적인 의미로 등장한다.[66] 종종 이 미래형 동사의 수동태는 가정법으로 취급되기도 했다. 그래서 1:10b에 있는 바울의 기도는 "하나님의 뜻으로 말

---

65) Lagrange, *Aux Romains*, 14; 참조. Fitzmyer, *Romans*, 247; Moo, *Romans*, 59.
66) 예. 수 1:8; 잠 28:13; 대하 18:11; 1 Macc 3:6; *1 En* 104:6; *T Gad* 7:1; *4 Ezra* 5:8.

미암아 내가 너희에게 나아가는 것이 성공하기를"이라고 읽는 것이 가장 적절하다.

’Εν τῷ θελήματι τοῦ θεοῦ("하나님의 뜻으로 말미암아" 또는 "하나님의 뜻에 의해")라는 표현은, 셈어를 사용하는 세계와 고대의 세계에서도 일반적으로 그러하듯이, 바울의 편지에 빈번하게 등장한다.[67] 아돌프 다이스만은 이 집트의 파이윰 지방에서 발견된 통상적인 파피루스 편지들에 이 어구가 자주 등장한다는 점을 지적하면서 "이 어구가 매우 광범위하게 사용되었음이 분명하다는 것과 심지어 사회의 낮은 계층에서도 사용되었음"을 보여주었다.[68] 하지만 유대인인 동시에 그리스도인인 바울에게 그 표현은 특히 의미가 있으며, 그의 삶의 모든 사건에서 하나님의 뜻에 복종하는 것을 강조한다.

1:11-12 11-12절은 과거의 주석가들이나 현대의 주석가들이 모두 비교적 가볍게 취급하곤 했던 본문이다. 그들은 일반적으로 본문의 단어와 어구의 의미를 매우 일반적으로만 다룬다. 그러나 우리는 이 두 절이 로마서를 바르게 이해하는 데 있어 실제로 매우 중요하다고 주장할 것이다. 1:11에 서술되고 그다음에 1:12에서 더 자세히 설명된 내용은 바울이 로마에 있는 그리스도인들에게 편지를 쓰는 원래 목적과 그의 중요한 관심사와 관련된 매우 중요한 두 주장을 압축된 형태로 제공한다. 또한 이 주장들을 1:1-7의 인사말에 있는 진술들과 연결시킬 때, 주석가들은 다음과 같은 내용을 이해하는 데 매우 중요한 해석학적 열쇠를 소유하게 된다. 곧 (1) 바울이 1:16-15:13의 로마서 본론 중앙부의 신학적·윤리적 단락에 걸쳐 기록한 모든 내용과, (2) 15:14-32의 본론을 마무리하는 단락(또는 "사도적 방문" 단락) 및 15:33-16:27의 편지의 결론 단락에서 보여줄 그의 목적들과 관련하여 그가 말할 모든 내용 등에 관한 열쇠다.[69]

67) 참조. 롬 12:2; 15:32; 고전 1:1; 고후 8:5; 갈 1:4; 엡 1:1; 6:6; 골 1:1; 살전 4:3.
68) A. Deissmann, "τοῦ θεοῦ θέλοντος," in *Bible Studies*, 252을 보라.
69) Kettunen, *Abfassungszweck des Römerbriefes*.

1:11-12의 주장들은 ἐπιποθῶ γὰρ ἰδεῖν ὑμᾶς ἵνα("내가 너희 보기를 간절히 원하는 것은")로 소개된다. 후치사 γάρ("왜냐하면")는 코이네 그리스어와 바울 서신에서 종종 설명적인 의미나 원인적인 의미 없이 단순히 그가 앞에서 한 말의 연속 또는 그것과의 연결을 암시하는 역할을 한다.[70] 1인칭 단수 현재 능동태 직설법 단축 동사인 ἐπιποθῶ는 접두사 ἐπι가 첨가되어 ποθέω("내가 바라다", "내가 소망하다")의 강조형으로 기능하며, 그래서 "내가 간절히 바라다"로 읽어야 한다. 바울이 로마에 있는 그리스도인들을 "보기를"(ἰδεῖν) 바라는 것은 그가 예루살렘에 있는 베드로를 "보기를"(ἱστορῆσαι) 바라는 것(갈 1:18)과 동일한 방식으로 이해하는 것이 좋다. 다시 말해서 그들을 방문하여 그들과 함께 있으면서 그들과 바울 간에 서로 유익을 얻으려는 바람 말이다. 하지만 방문 전에 바울은 지금 그가 보내는 편지가 동일한 목적을 어느 정도 완수할 것이라고 이해했다. 접속사 ἵνα는 "목적"이나 "목표"를 의미하는 가정법으로 기능하며, 그래서 여기서는 "~하기 위해서"로 번역하는 것이 가장 좋다(11b절).

바울은 1:11b에서 로마에 있는 그리스도인들에게 편지하는 목적을 상당히 분명하게 표현한다: ἵνα τι μεταδῶ χάρισμα ὑμῖν πνευματικὸν εἰς τὸ στηριχθῆναι ὑμᾶς("어떤 신령한 은사를 너희에게 나누어 주어 너희를 견고하게 하려 함이니"). 1인칭 단수 제2부정과거 가정법 μεταδῶ("줄 수도 있다", "나눠줄 수도 있다", "나눠 가질 수도 있다")가 파생된 동사 μεταδίδωμι("주다", "나눠주다", "나눠 갖다")는 바울의 다른 편지에서 어떤 사람과 뭔가를 나눠 갖는 의미로 등장한다.[71] 부정과거 수동태 부정사 στηριχθῆναι(관사를 취하기도 하고 취하지 않기도 함)는 전치사 εἰς가 앞에 오면 목적을 표현하기에 "너희를 강하게 하려고"로 번역될 수 있다. 알렉산더 웨더번(Alexander Wedderburn)이 마르쿠 케투넨(Marku Kettunen)에 동의하며 이 문제를 다음과 같이 표

---

70) 롬 1:18; 2:25; 4:3, 9; 5:7; 12:3; 14:5에서 γάρ의 사용을 참조하라.
71) 살전 2:8, "우리가…하나님의 복음뿐 아니라 우리의 목숨까지도 너희에게 주기를(제2부정과거 부정사 μεταδοῦναι) 기뻐함은"; 엡 4:28, "가난한 자에게 구제할[즉 나눠줄; 현재 부정사 μεταδιδόναι] 수 있도록"; 또한 롬 12:8; 눅 3:11을 보라.

현했다. "1:11에 비춰 볼 때, 분명 바울은 로마인들의 믿음을 더 향상시켜야 한다는 책임을 느꼈다. 그가 개인적으로 그곳을 방문하든지 아니면 편지를 쓰든지 간에 말이다. 그리고 이것은 그가 그들의 사도이기도 하며 목회적으로 그들에 대한 책임감을 가졌다는 그의 확신의 증거다."[72] 그리고 1:11에 사용된 바울의 어휘와 관련하여 웨더번이 결론을 내린 것처럼, "이만큼은 이 구절에서 분명히 알 수 있으며, 이것은 바울이 로마서를 쓸 때 염두에 두었던 생각의 틀을 이해하는 데 있어 값진 단서다."[73]

그러나 τι χάρισμα πνευματικόν("어떤 신령한 은사")이라는 표현은 의심의 여지 없이 이 주장에서 가장 중요한 석의적 특징이다. 동시에 이 어구는 가장 난해하기에 여기서 좀 더 집중적으로 그리고 더 길게 생각할 필요가 있다. 명사 χάρισμα("선물", "은혜로 주신 것")는 바울이 로마서와 그 밖에 그의 여러 편지에서 다양한 방식으로 사용한 단어다. (1) 하나님께서 그리스도 예수로 말미암아 주시는 하나님의 의와 영생의 은사들,[74] (2) 하나님의 교회를 세우기 위해 개인적으로나 공동체적으로 그의 백성에게 주시는 하나님의 특별한 은사들,[75] (3) 독신이나 결혼과 관련된 하나님의 은사들,[76] 그리고 (4) 안수를 통해 주시는 교회 안의 직분의 은사 등이다.[77]

이와 마찬가지로 형용사 πνευματικός("신령한", "성령과 관련된")를 바울은 몇 가지 다른 방식으로 사용한다. (1) 하나님이 시내산에서 주신 모세 율법,[78] (2) 하나님이 이스라엘에게 주신 복,[79] (3) 하나님이 광야에 있는 이스라엘 백성에게 공급하신 양식과 물,[80] (4) 광야에서 이스라엘 백성

---

72) Wedderburn, *Reasons for Romans*, 98(강조는 원저자의 것임).

73) Wedderburn, *Reasons for Romans*, 98; 또한 Jervis, *The Purpose of Romans*, 103도 보라.

74) 참조. 롬 5:15-16; 6:23.

75) 참조. 롬 12:6; 고전 12:4, 9, 28, 30-31.

76) 참조. 고전 7:7.

77) 참조. 딤전 4:14; 딤후 1:6.

78) 롬 7:14.

79) 롬 15:27.

80) 고전 10:3-4a.

을 좇았던 "반석"("그 반석은 그리스도였다"),[81] (5) "하늘에서 내려온 둘째 아담"이신 예수,[82] (6) 주님/하나님께 부른 노래,[83] (7) 하나님의 성령이 주시는 "지혜와 총명",[84] (8) 성령의 인도에 따라 살고 "육체의" 욕망이나 율법적인 이해에 따라 살지 않는 그리스도인들,[85] (9) 교회를 세우기 위해 성령이 하나님의 백성에게 주시는 특별한 은사들,[86] 그리고 (10) 하나님의 백성들을 대항하여 끊임없이 전쟁을 벌이는 "하늘의 영역에 있는 악한 영적 세력들"에 대해서도 이 단어가 사용된다.[87] 그래서 명사 χάρισμα("은혜로운 선물" 또는 "은총")와 실명사로 사용된 형용사 πνευματικός("영적인 복" 또는 "선물")가 의미상 아주 가깝기에 바울이 실제로 그 단어들을 종종 바꿔가며 사용한다.[88] 하지만 로마서 1:11은 바울 서신에서 명사 χάρισμα와 형용사 πνευματικόν이 함께 등장하여 "신령한 선물(또는 은사)"이라는 하나의 실체를 표현하는 유일한 곳이다. 게다가 중성 부정 대명사인 τι("얼마간", "어떤")와 결합한 이 상당히 독특한 단어 배치는 다양한 방식으로 해석되어왔다.

바울이 그의 수신자들에게 나눠주기를 원했던 이 "어떤 신령한 은사"는 과연 무엇이었을까? 19세기 말에 윌리엄 샌데이와 아서 헤들럼은 이렇게 선언했다.

> 바울은 고린도전서 12-14장과 로마서 12:6 이하에 묘사된 은사들, 즉 부분적으로는 자연적인 것이라고 불러야 할 것과 부분적으로는 자연의 일상적인 작동을 초월하는 것이라고 불러야 할 은사들을 염두에 두고 있었다. 아마도 이런 은사들 가운데 바울은 탁월할 정도로 친히 소유하고 있었던 것

---

81) 고전 10:4b.
82) 고전 15:46-47.
83) 엡 5:19; 골 3:16.
84) 골 1:9.
85) 고전 2:15; 3:1; 갈 6:1.
86) 고전 12:1; 14:1, 37.
87) 엡 6:12.
88) 특히 고전 12:1-14:40.

도 몇 가지(어쩌면 대부분) 있었을 것이며(고전 14:18), 그는 로마에 가서 그곳에 있는 그리스도인들에게 그들에게 유익한 것을 충분히 줄 수 있을 것이라 확신했다(롬 15:29).[89]

오토 미헬(Otto Michel)은 이곳 로마서 1:11에서 바울이 로마의 기독교 공동체 안에 있는 어떤 πνευματικοί("신령한 자들")에게 자신을 정당화시키려고 "어떤 신령한 은사"에 대해 말하고 있다고 주장했다. 물론 바울이 그들 주장의 정당성을 인정하지는 않았지만 말이다.[90] 반면에 파라트(J. K. Parratt)는 확실히 소수의 견해를 표현하면서, 바울이 로마에 있는 그리스도인들에게 나눠주기를 원했던 "신령한 은사"는 아마도 바울이 권위 있는 사도로서 로마에 있는 몇 명의 그리스도인들을 임명하면서 안수하여 세우기를 원했던 교회의 직분을 언급하는 것이라고 제안했다.[91]

하지만 오늘날 대부분의 주석가들은 "신령한 은사"라는 표현을 좀 더 일반적인 의미로 이해하며, 따라서 그것이 다음과 같은 내용 중 하나(또는 둘 다)라고 주장한다. (1) 로마서 12:6-8과 고린도전서 12:8-12에 언급된 은사들 중 하나. 비록 "다른 곳에서 바울이 그러한 은사들의 다양성을 강조했으므로 여기서 그가 염두에 둔 것이 정확히 무엇인지를 찾는 것은 적합하지 않지만 말이다."[92] 또는 (2) "바울이 그곳에 있으므로 하나님이 로마의 그리스도인들에게 베푸실 복이나 유익."[93] 본문에 사용된 부정대명사 τι("얼마간", "어떤")에 근거하여 "바울이 로마인들에게 나눠주기를 원했던 은사가 무엇인지는 그들의 필요가 무엇인지를 알아야만 비로소 구체적으

---

89) Sanday and Headlam, *Romans*, 21.

90) Michel, *An die Römer*, 82.

91) J. K. Parratt, "Romans i.11 and Galatians iii.5 — Pauline Evidence for the Laying On of Hands?" *ExpT* 79 (1967-68)(그는 딤전 4:14과 딤후 1:6에 사용된 χάρισμα의 용례에 근거하여 이렇게 주장한다).

92) 예. Barrett, *Romans*, 25.

93) 예. Cranfield, *Romans*, 1.79.

로 알 수 있다"고 이해하는 사람들도 있다.[94]

하지만 바울이 이곳 로마서 1:11에서 "어떤 신령한 은사"라는 말로써 의미하는 것이 무엇인지는 점차 다른 방식으로 이해되고 있다. 그 다른 이해는 1900년에 제임스 데니(James Denney)가 처음 제안한 것으로 보인다.

> 사실 바울이 이 편지를 통해 그의 신령한(영적인) 은사를 준다는 데는 의심의 여지가 없다. 그가 로마인들을 위해 하고 싶었던 것은 예수 그리스도 안에 있는 하나님의 목적을 그들이 더욱 깨닫는 것이었다. 그 목적의 넓이와 그것이 가져오는 영향을 그들은 완전히 이해하지 못했다.[95]

그리고 이 해석은 조세프 피츠마이어의 1993년판 앵커 바이블 주석에서 약간의 망설임이 감지되기는 하지만, 부분적으로 수용되었다. 피츠마이어는 바울이 염두에 둔 것이 아마도 (1) 고린도전서 12장에 언급된 일부 **은사들**과 (2) 그 자신이 로마에 있는 그리스도인들과 함께하는 것이었을 것이라고 말한 후, 다음과 같은 가능성을 제시한다.

> 하지만 바울은 그가 쓴 로마서가 로마의 그리스도인들에게 전달하는 어떤 신령한 은사의 수단이 되도록 의도했을 수도 있다. 이를테면, 로마를 방문할 그의 계획 역시 로마서를 쓰는 동기가 되었다. 그렇다면 이것은 바울이 이 편지를 쓰면서 그의 사도적 의무와 선교적 의무를 수행하는 방법이다. 그가 데살로니가전서 2:8에서 말한 것처럼, 그는 지금 복음을 나누고 있으며 머지않아 친히 나눌 것이다.[96]

이곳 로마서 1:11에서 바울이 말한 "신령한 은사"에 대한 제임스 데니의 이

---

94) Moo, *Romans*, 60.
95) Denney, *Romans* (EGT), 2.588.
96) Fitzmyer, *Romans*, 248.

해는 고든 피(Gordon Fee)가 충분히 설명했다. 피는 바울이 여기서 로마서 12:6-8과 고린도전서 12:8-10에 언급된 성령의 어떤 "은사들"에 관해 이야기하는 것이 아니라, 개인적인 방문을 대신하여 로마에 있는 그리스도인들에게 보낸 "성령 선물"(Spirit gift)인 현재의 편지에 대해 이야기하고 있다고 주장한다.[97] 또는 고든 피가 좀 더 분명하게 자신의 입장을 제시한 것처럼,

> 본문의 현재 문맥과 특히 로마서 전체에 비춰 볼 때, 그가 그들에게 나눠주기를 바랐던 "성령 선물"은 그리스도 예수 안에서 하나님이 율법과 상관없이 유대인과 이방인들 가운데서 자신을 위해 하나의 백성을 창조하신 복음에 대한 그의 이해다. 이것이 바로 바울이 그곳에 나아감으로써 그들이 "견고하게" 될 방법이며, 이것이 바로 바울이 그들에게 나아갈 때 그들 중에서 얻기를 원한 "열매"다(13절). 만일 그렇다면, 로마서는 결과적으로 그들을 위한 그의 "성령 선물"로서 기능한다. 바울이 개인적으로 그곳에 있었다면 나눠주려고 했던 것이 바로 이것이다. 바울이 현재로서는 로마에 갈 수 없는 상황이기에, 그가 지금 "나눠주고" 있는 것이 바로 로마서다.[98]

필자는 "어떤 신령한 은사"가, 전체든지 아니면 구체적인 핵심을 가리키든지, 로마에 있는 그리스도인들에게 보낸 바울의 편지를 가리킨다는 데니와 피의 이해에 동의한다. 마찬가지로 필자는 "그[바울]가 로마인들을 위해 하고 싶었던 것은 예수 그리스도 안에 있는 하나님의 목적을 그들이 더욱 충분히 깨닫는 것이었다. 그 목적의 크기와 영향을 그들은 완전히 이해하지 못했다"[99]는 데니의 견해에 동의한다. 그리고 필자는 바울이 "그들에게 나눠주기를 바랐던 것이 복음에 대한 그의 이해"[100]라는 고든 피의 견해에

---

97) Fee, *God's Empowering Presence*, 486-89.
98) Fee, *God's Empowering Presence*, 488-89.
99) 다시 Denney, *Romans* (EGT), 2,588에서 인용함.
100) 다시 Fee, *God's Empowering Presence*, 488에서 인용함.

동의한다. 이것은 필자가 이 구절에 표현되었다고 이해한 바울의 바람이다. 다시 말해 그것은 그가 이방인 선교에서 선포한 기독교 메시지로서 로마에 있는 그리스도인들과 나눈 것이며, 그가 2:16과 16:25에서 "나의 복음"이라고 부른 메시지다.

하지만 필자는 로마서에서 바울 메시지의 초점에 대한 고든 피의 전통적인 이해에는 동의하지 않는다. 필자는 "그리스도 예수 안에서 하나님이 율법과 상관없이 유대인과 이방인들 가운데서 자신을 위해 하나의 백성을 창조하셨다"[101]라는 선포로 묘사될 수 있는 1:16-4:25에 로마서의 초점이나 핵심이 제시되었다고 이해하기보다는, 로마서의 초점이 5:1-8:39의 신학적인 해석에서 발견될 수 있다고 제안한다. 이 단락은 하나님과 누리는 "화평"과 "화목"이라는 주제, "사망"과 "생명"의 대조, 그리고 "그리스도 안에" 있음과 "성령 안에" 있음의 관계를 강조한다. 아울러 필자는 이에 뒤따르는 12:1-21과 13:8-14의 윤리적 권면에서도 로마서의 핵심이 발견된다고 제안한다. 이 단락들은 5-8장의 신학적인 주해와 필연적으로 관련이 있는 기독교적인 사랑의 윤리를 설명한다. 여기서 한걸음 더 나아가 필자는 중성 부정대명사 τι("얼마간", "어떤")가 바울이 말하고 싶어 한 것에 관한 불확실함을 표현하지 않는다고 제안한다. 오히려 그 반대다. 이 부정대명사는 바울이 로마서의 이 감사 단락(8-12절)에서 다음과 같은 기회가 오기 전까지는 자신이 말하고자 하는 내용을 더욱 분명하게 설명하지 않으려는 사도의 자연스러운 조심스러움에 기인한 것으로 이해해야 한다. 그는 (1) "율법의 행위"에 의존하는 것을 부정적으로 반대하는 기회(1:16-3:20에서 개진했듯이), (2) "의", "믿음", "신실함"에 관한 어떤 기본적인 유대 기독교의 확신들을 분명히 하고 긍정적으로 발전시킬 기회(3:21-4:25에서 긍정적으로 진술했듯이), 그리고 (3) 이방인 세계에 선포할 자신만의 고유한 기독교적 선포를 설명할 기회(5:1-8:39에서 개진했듯이) 등을 기대했다. 그리고 이 주석서의 모든 "석의와 주해"는 바로 이런 제안들에 근거할 것이다.

---

101) Fee, *God's Empowering Presence*, 488.

1:11-12의 두 번째 진술은 τοῦτο ἐστιν("이것은 ~이다")으로 시작하며, 후접사 δέ(가벼운 역접 접속사로서 "그러나"라는 뜻이지만, 여기서는 단순히 "그리고"로 번역하는 것이 최상일 것이다)로 연결되었다. 이 둘은 설명적인 의미를 표시한다. 따라서 이 두 번째 진술은 바로 앞에 있는 진술의 의미를 밝히고 확장한다.

하지만 바울이 "피차 안위함을 얻으려 한다"고 말하고, 그런 후 "각 사람의 믿음으로 말미암아"라는 어구를 첨가함으로써 그 안위의 상호적 특성을 강조할 때 염두에 둔 것은 무엇이었을까? 여기에 사용된 언어는 암시적이기는 하지만 상당히 압축되었다. 나중에 15:14-32의 본론을 마무리하는 단락(또는 "사도적 방문" 단락)에서 이 어구는 다음과 같은 의미라는 것이 밝혀질 것이다. (1) 바울은 그의 이방인 선교에서 선포한 복음 메시지를 로마에 있는 그리스도인 수신자들에게 나눠주려고 한다(15:14-32). 바울은 주로 그들이 예수를 믿는 이방인 신자들이었으므로 그 복음 메시지를 이해하고 받을 필요가 있었다고 믿었다. (2) 바울은 로마 제국의 서쪽 지역에 있는 스페인과 그 주변 지역에 있는 이방인들에게 가려는 그의 선교 계획에 수신자들이 도움이 있어야 함을 의미했다(15:23-24, 32b). 그들의 도움에는 로마 교회의 기도와 재정적인 지원도 포함되었을 것이다. 제국의 동쪽 지역에서 진행한 그의 선교 활동 내내 그를 위해 기도했고 지원했던 시리아의 안디옥 교회가 그렇게 했듯이 말이다.

로마서의 본론 중앙부 곧 제법 분량이 많은 중심 부분에서 로마에 있는 그리스도인들에게 쓸 내용에 대한 바울의 일차적인 의제와 주요 관심사가 감사 단락의 끝에 있는 바로 이 두 진술에 제시되었다. 1:11-12에 제시된 사도의 진술이 종종 과거나 현대의 주석가들에 의해 상당히 피상적으로 취급된 적이 있었지만, 만일 바울이 로마에 있는 그리스도인들에게 편지를 쓰는 그의 목적(들)과 그의 편지에서 개진할 그의 주장의 과정과 발전을 제대로 이해한다면, 우리가 볼 때 이 두 구절은 사실 매우 중요하다.

성경신학

로마서 1:8-12의 감사 본문을 다루는 학자들은 그 범위와 관련해서 주저하고, 그 본문의 특성과 관련해서는 불확실하게 생각하며, 그 내용과 관련해서는 피상적으로 다루지만, 이 본문에는 실제로 다음과 같은 문제와 관련하여 중요한 진술이 많이 담겨 있다. (1) 로마에서 예수를 믿는 신자들의 상황, (2) 그들을 향한 바울의 태도, (3) 바울이 그의 사역에서 매우 중요하게 생각한 것들, (4) 자신의 수신자들을 위한 그의 기도, (5) 그들에게 편지를 쓰는 그의 일차적인 목적과 중요한 관심사 등이다. 이 문제들 중에는 성경신학의 구성을 위해 중요한 것들이 있고, 오늘날 기독교 복음의 상황화를 위한 지침을 제공하는 것들도 있다. 반면에 바울이 로마서에서 다루고 있는 내용을 더 잘 이해할 수 있도록 상황에 대한 정보를 제공하는 것들도 있다.

바울이 로마서의 감사 단락을 "먼저 사실 내가 예수 그리스도로 말미암아 너희 모든 사람에 대하여 내 하나님께 감사함은"(1:8)이라는 말과 "하나님이 나의 증인이 되시거니와…항상 내 기도에 쉬지 않고 너희를 기억함은"(1:9-10a)이라는 말로 시작한다는 사실은, 로마 그리스도인들에게 그에 대한 어떤 의혹이 있음과 어느 정도 그에 대한 소원(疏遠)함이 있다는 것을 바울이 의식하고 있음을 암시한다. 바울과 수신자들은 로마의 기독교 공동체들에서 표명된 기독교 신앙의 내용과 형식 사이의 다른 점을 잘 알고 있었던 것 같다. 그들의 기독교 신앙은 예루살렘에 있는 유대 기독교의 신학과 종교적 용어, 또한 바울이 이방인 선교에서 선포했고 자신의 이방인 청중들을 위해 의식적으로 상황화하려 했던 것으로 보이는 기독교 메시지에 영향을 받았다. 또한 이러한 차이들 중에는 로마의 그리스도인들이 바울 및 그의 사역과 관련하여 받은 소식과 바울이 그들의 신학적인 관점 및 예전, 종교적 언어, 윤리적 생활방식과 관련하여 받은 소식에 언급된 것들이 있었을 것이다.

그러나 바울은 로마 수신자들의 기독교 신앙의 진정성, 즉 그들의 기본적인 기독교적 확신과 그들의 생동감 넘치는 기독교적 경험을 의심하지

않았다. 로마의 그리스도인들이 유대 기독교의 신학과 언어와 실천에 광범
위하게 영향을 받았을 가능성은 있지만, 그들은 갈라디아 교회에 몰래 들
어와 예수를 믿는 이방인 신자들을 "다른 복음으로"(εἰς ἕτερον εὐαγγέλιον)
변하게 하려고 한 유대주의자들과 같지는 않았던 것 같다. 그 복음은 그들
이 일찍이 받아들인 복음과 같은 복음이 전혀 아니었다(ὃ οὐκ ἔστιν ἄλλο)(갈
1:6-7a). 바울과 로마에 있는 그리스도인들 사이에는 신학, 예전, 언어, 윤리
와 같은 문제들과 관련해서 다른 점이 많았을 것이다. 하지만 이러한 문제
들의 특성이 무엇이든지 간에, 바울은 로마 그리스도인들이 예수를 메시아
와 주님으로 믿고 충성하고 있다고 확신했다. 그래서 그는 자신의 편지를
시작하면서 그들과 자신 사이에 존재하는 틈이 무엇이든지 이를 메우려고
노력했다. 첫째로 그는 그들을 위해 감사했고, 그다음에 자신이 그들을 위
해 반복해서 기도했다고 그들에게 확신시킨다. 조세프 피츠마이어가 넌지
시 내비쳤던 것처럼, 이것은 "바울이 그들의 기독교적 헌신을 인정함으로
써 그들에게 듣기 좋은 말을 하고 있는 것"이 아니다.[102] 오히려 바울은 (1)
그들이 그리스도를 믿고 충성하고 있다고 진정으로 칭찬하면서 이에 대해
자신이 참으로 행복해하고 있다고 말하며, (2) 자신과 그들이 공통적으로
가지고 있는 것, 이를테면 그들 간에 다른 것이 무엇이든지 간에 그들이 예
수를 참으로 믿는 신자들로서 하나가 되었다는 사실에 근거하여 그들에게
편지를 쓰기 시작하기를 원한다.

로마서의 인사말에서처럼[103] 로마서의 감사 단락에서도 바울이 초기
기독교 운동과 관련하여 가장 중요하게 여긴 것은 사실 "그[하나님]의 아
들의 복음"이었다(1:9). 하나님을 위한 바울의 모든 섬김의 초점은 "복음"
에 있었고, 그 복음의 선포 내용은 "하나님의 아들"이었다. 따라서 참 기독
교 신학을 구성하고 하나님을 향한 참된 기독교적 섬김을 표현할 때 아주
중요한 것은, 그리스도인으로서 우리의 역사적 탐구, 비평적 통찰, 석의적

---

102) Fitzmyer, *Spiritual Exercises*, 20.
103) 1:1과 1:3-4의 "석의와 주해" 부분과 1:1-7의 "성경신학" 단락을 보라.

노력, 신학적 서술, 설교적 진술, 목회 상담이 "하나님의 아들의 복음"에 관한 "좋은 소식"을 지속적으로 전면에 내세워야 한다는 점이다. 이것이 기독교의 전부다. 이 주요한 초점에는 공동체적으로는 기독교회와 개인적으로는 그리스도인들 모두에게 타당한 함의가 많이 있다. 이 암시들은 기독교 복음의 "좋은 소식"이 충분히 실현되고 적절하게 상황화되기 위해 설명되고 공포될 필요가 있다. 우리는 그리스도인들로서 늘 전면에 나서서 "하나님의 아들의 복음"으로 모든 것을 평가해야 한다.

하지만 바울은 단지 신학자에 불과한 사람이 아니었다. 단지 선교적 복음 전도자이기만 한 것도 아니었다. 그는 자신의 생애와 사역에서 하나님의 뜻을 간절히 찾고 그의 회심자들과 모든 곳에 있는 예수를 믿는 신자들, 그리고 여러 다양한 상황과 처지에 있는 모든 사람에게 하나님의 복이 내리기를 구한 "기도의 사람"이기도 했다.[104] 아치발드 로버트슨(Archibald Robertson)이 언젠가 조심스럽게 제안했듯이, 바울에게는 "기도 목록"이 없었을 수 있다.[105] 하지만 바울은 로마에 있는 그리스도인들에게 그가 기도할 때마다 그들을 빠뜨린 적이 없다고, 또 그가 "지금 마침내 하나님의 뜻으로 말미암아 너희에게로 나아갈 길이 내게 열렸다"고 말한다(1:9-10).

바울 사도와 그의 편지에 관한 연구에서 종종 간과되곤 하지만, 기도의 사람인 바울의 이러한 측면을 늘 강조해야 한다. 바울이 기도의 사람이었음을 인식할 때 다음과 같은 사실도 점차 인식하게 될 것이다. (1) 바울이 하나님을 의존하였고 자신을 의존하지 않았다는 점과 (2) 바울의 강함과 성취가 하나님의 영의 힘 주심과 사역 때문에 이루어진 것이지 그의 능력이나 노력 때문에 빚어진 것이 아니라는 사실이다. 그리고 이러한 인식은 참된 기독교 신학의 구성에 매우 중요할뿐더러, 공동체적으로는 기독교회의 신학 및 삶과 관련이 있고, 개인적으로는 그리스도인의 이해와 생활에 적절한 방식으로 성경의 메시지를 제시하는 데 있어 변화를 불러일으키

---

104) R. N. Longenecker, "Prayer in the Pauline Letters."
105) Robertson, "Epistle to the Romans," 4.325.

는 모든 성경 주석가의 과제에도 매우 중요하다.

그렇지만 모든 성경신학은 그 주장과 진술을 표현하는 구체적인 상황에 근거해야 한다. 이 말은 로마서에서 유래한 주장과 진술에도 해당한다. 로마서를 쓸 당시 바울이 가졌던 그의 관심사와 목적을 당연히 고려해야 한다. 우리는 앞에서 바울이 1:11-12을 쓸 때, 그가 로마에 있는 그리스도인들을 방문하기를 바랐던 그의 주된 목적과 중요한 관심을 압축된 형태로 제시하고 있을 뿐만 아니라, 그들에게 편지하는 것이 그러한 방문을 대신하고 그 방문을 준비하는 것이라고 주장했다. 그러므로 1:11-12은 바울이 그의 편지에서 나중에 쓸 내용의 상황을 제공한다. "이는 어떤 신령한 은사를 너희에게 나누어 주어 너희를 견고하게 하려 함이니, 곧 내가 너희 가운데서 너희와 나의 믿음으로 말미암아 피차 안위함을 얻으려 함이라."

현대를 위한 상황화

바울은 1:8-12에 있는 그의 감사에서 현대의 그리스도인들에게 기독교 메시지의 상황화에 대해 여러 가지를 가르쳐준다. 그중 가장 중요한 것은 "복음"에 대한 그의 강조다. 복음의 내용은 모든 기독교적 선포와 섬김의 중심에 놓여 있는 "그[하나님]의 복음"이다. 우리는 복음의 정당한 효과들에 너무 자주 몰두하여 그리스도인의 확신의 중심에 놓여 있는 것을 잊거나 축소하는 경향이 있다. 그것은 하나님이 그의 아들 예수 그리스도와 그의 사역을 통해 역사적으로 행하신 것과 그의 성령의 사역을 통해 적용하고 조명하며 능력을 주심으로써 오늘날에도 여전히 행하고 계신 것에 관한 "좋은 소식"이다.

더욱이 바울이 하나님을 위한 그의 섬김을 예배의 맥락(즉 "예배하는 마음으로 하는 섬김" 또는 "예배의 섬김")에 두고 있다는 것과 그 예배하는 마음으로 하는 섬김을 "전심으로", "충성되게" 또는 "그의 전 존재를 다해" 하는 것이라고 말하고 있다는 사실을 주목하는 것이 매우 중요하다. 바울은 개인적인 야망이나 지위의 확대에 지배를 받은 사람이 아니었다. 그는 자신의 복음 설교와 이방인을 향한 선교 사역을 하나님을 향한 예배의 표현으로 이해했다. 바울은 복음 메시지의 놀라움에 사로잡혔고, 그리스도와의 개인적인 관계에 의해 경외심에 사로잡히고 능력을 받았으며, 하나님과의 화목을 경험함으로써 겸손해졌다. 이 모든 것은 이스라엘의 메시아이며 인류의 주님으로 부름을 받으시기에 합당하신 하나님의 아들의 구속 사역에 관한 "좋은 소식"에 대한 반응에서 나온다. 바울은 하나님을 전심으로, 충성스럽게, 그리고 그의 전 존재를 드려 섬길 수밖에 없었다.

장 칼뱅은 "하나님의 아들의 복음"에 대한 이러한 강조들의 상황화와 바울이 "전심으로" 행한 예배의 섬김과 관련하여 다음과 같이 지혜롭게 말했다.

> 우리가 복음 사역자들에게 적잖은 격려의 말을 더하는 이 유용한 몇몇 교훈에서 추론할 수 있는 것은, 그들이 복음을 설교할 때 하나님께 받으실 만하고 가치 있는 섬김을 드린다는 것이다. 그들의 수고가 하나님을 기쁘시게 하고 하나님께서 그것을 가장 높은 예배 행위로 인정해주신다는 것을 알 때, 그렇게 하는 것을 금지할 만한 것이 있겠는가?[106]

바울은 많은 점에서 자신의 설교가 예언자 예레미야가 행한 설교와 상당히 비슷하다고 느꼈던 것 같다. 바울은 다메섹 도상에서 그리스도를 만나고 그가 선포하도록 위임을 받은 "좋은 소식"의 위대함에 압도된 후, 그리고 온갖 어려움과 환난과 위험에도 불구하고,[107] 옛 시대의 예레미야처럼 이렇게 말할 수밖에 없었다. "'내가 다시는 여호와를 선포하지 아니하며 그의 이름으로 말하지 아니하리라' 하면 나의 마음이 불붙는 것 같아서 골수에 사무치니 답답하여 견딜 수 없나이다."[108] 동일한 환경은 아니지만 이와 비슷하게, 오늘날 그리스도인들도 동일한 예언자 의식에 의해 격려를 받고

---

106) J. Calvin, *Romans*, in *Calvin's New Testament Commentaries*, 8.23.
107) 고후 11:23-29.
108) 렘 20:9.

예배하는 마음으로 하나님을 섬기는 데 있어 전심을 다한 동일한 반응으로 동기부여를 받아야 한다.

하지만 우리는 1:8-12의 감사 단락에서 우리 그리스도인들이 이 시대와 상황에서 어떻게 하나님을 섬길 수 있는지에 대해 여러 가지 교훈을 얻을 수도 있다. 특히 복음을 선포하는 일과 현대에 그 복음의 함축된 내용을 더 적절히 표현하려는 시도들의 적실성과 관련해서 말이다. 편지의 감사 단락 바로 첫 문장에서 하나의 교훈을 얻을 수 있다: "내가 예수 그리스도로 말미암아 내 하나님께 감사함은"(1:8). 이것은 로마에 있는 그리스도인들을 위해 감사를 표현하고 그들과 바울이 공동으로 가지고 있는 것에 대해 그들을 칭찬하며, 이에 근거하여 그들과 대화를 나누기를 시작하기를 바라는 진술이다. 우리가 앞에서 제안했듯이, 로마의 그리스도인들과 바울 사이에는 다른 점이 상당히 많이 있었을 것이다. 하지만 바울은 그의 수신자들과 공유하는 기초에 근거하여 시작하기를 원했으며, 그가 감사할 수 있는 모든 일에 대해 감사한다. 우리의 다름이 무엇이든지 간에, 공통적인 인간성을 소유하고 공통적인 기독교 신앙을 고백하는 우리 모두에게 이것은 매우 중요한 교훈이다.

바울이 그를 대적하는 사람들에게 가끔은 약간 다르게 응대했다는 것은 사실이다. 매섭고 신랄한 언어로 그들을 크게 꾸짖은 때도 있었고,[109] 자기를 낮추고 겸손하게 그들을 달래는 때도 있었으며,[110] 때로는 그들과 그들의 설교에 약간은 느긋한 태도를 취하기도 했다.[111] 그러나 로마에 있는 그리스도인들에게 편지를 쓰면서 그는 자신이 기독교 신앙의 중요한 교리에 기본적으로 일치하는 참되고 성실한 신자들에게 말하고 있음을 인식했다. 바울과 그의 수신자들은 그들의 배경, 신학적인 강조, 예전적인 형식, 생활방식, 관심사들에 있어 서로 달랐을 것이다. 바울의 수신자들은 예루살

---

109) 갈 1:6-9; 5:12.

110) 고후 10-13장.

111) 빌 1:15-18; R. N. Longenecker, "What Does It Matter?"를 보라.

렘에 있는 "모교회"의 유대 기독교에 의해 기독교라는 종교에 대한 이해와 생활의 광범위한 영향을 받은 주로 이방인 출신의 그리스도인들이었던 것으로 보인다. 반면에 바울은 "복음의 진리"를 이방인들에게 적합한 방식으로 상황화하려고 한 유대 그리스도인이었다. 그러나 그들은 비록 서로 다른 점이 있었더라도, 예수에 대한 헌신과 기독교 신앙의 근본적인 문제들에서 하나가 되었다. 그래서 바울은 그들의 기독교 신앙이 널리 알려졌다는 사실을 인정하면서 로마에 있는 수신자들을 위해 감사를 표현한다. 그렇게 함으로써 바울은 예수 그리스도와 그들의 상호적인 관계와 그들이 공유하고 있는 복음 진리에 근거하여 편지를 쓰기 시작한다.

이 이외에도 몇 가지 주목할 것이 있다. 바울은 (1) 단지 "하나님의 아들"과 그의 사역이 핵심적인 주제인 "복음"에만 그의 설교의 초점을 맞추지 않았다. (2) 그의 사역을 하나님께 "예배하는 마음으로 하는 섬김"으로 인식했고, 하나님을 "전심으로", "충성스럽게" 그리고 "그의 전 존재를 다 드려" 섬겼다. (3) 그의 수신자들과 공유하는 기초에 근거하여 시작하고 그가 감사할 수 있는 모든 것에 대해 감사했다. 이 모든 것은 그리스도인으로서 오늘날 복음을 상황화할 때 결정적으로 중요한 문제들이다. 또한 그는 (4) 그의 모든 사역을 기도에 푹 잠긴 상태로 했다. (5) 그는 하나님으로부터 부름을 받아 사역의 대상이 된 사람들과 편지로나 방문으로나 개인적으로 접촉하길 원했다. (6) 그들을 견고하게 하는 "어떤 신령한 은사"를 그들에게 나누어 주기를 갈망했다. (7) 그는 자신과 그가 사역하는 사람들이 모두 "서로 간의 믿음으로 말미암아 피차 위로를 받기"를 원했다.

바울은 그의 유대적 배경과 그의 기독교적 경험으로부터 기도가 종교의 생명선이며, 경건과 믿음의 모든 형식에 필수적인 요소라는 사실을 잘 알았다. 기도는 (1) 모든 종교적 경험의 중심에 있으며, (2) 하나님, 이 세상, 인간의 생명, 모든 인간관계에 대한 사람의 가장 깊은 확신을 본질적으로 표현하고, (3) 사람의 중심적인 확신과 영성을 지배하는 활력을 반영한다. 더욱이 바울은 하나님께 부름을 받아 섬기는 대상이 된 사람들과 "개인적인 만남"을 가지고 그들을 견고하게 할 "어떤 신령한 은사"를 나눠주기를 갈망하는 데 기독교 사역의 모든 것이 있음을 잘 알았다. 윌리엄 샌데이와 아서 헤들럼은 "서로 간의 믿음으로 말미암아 피차 위로를 받는"것과 관련하여 바르게 관찰했다.

> 우리는 물론 바울이 자신의 충만한 것에서 로마의 그리스도인들에게 나눠주기를 바란다는 표현에서 갑자기 자신을 살피는 그의 섬세함에 주목한다. 그는 자신이 조금이라도 우월하다고 생각하지 않고 그들의 수준에서 진솔하게 그들과 만난다. 바울에게 무언가 그들에게 줄 것이 있었다면, 그들은 다시 동등한 어떤 것을 그에게 줄 것이다.[112]

사실 나중에 언급한 이 모든 "보다 실천적인" 문제들은 기독교 복음을 오늘날 진실로 효과 있게 상황화하는 데 있어 앞에서 언급한 "보다 이론적인" 문제들만큼이나 중요하다.

---

112) Sanday and Headlam, *Romans*, 21.

편지의 본론 단락들

로마서의 본론은 3개의 중요한 부분으로 이루어졌다. (1) 짧은 "본론의 여는 말"(1:13-15), (2) 4개의 비교적 긴 단락(1:16-4:25; 5:1-8:39; 9:1-11:36; 12:1-15:13)으로 세분될 수 있는 폭넓은 "본론의 중앙부"(1:16-15:13), (3) 최근에 "사도의 방문"이라 불리는 "본론의 마치는 말"(15:14-32) 등이다. 1:13-15의 "본론의 여는 말"과 15:14-32의 "본론의 마치는 말"에는 고대 편지글의 통상적인 관례가 많이 반영되었는데, 로마서를 시작하는 부분에 있는 "인사말"(1:1-7)과 "감사"(1:8-12)에서 그러했고, 두 개의 "마무리" 단락(15:33-16:16과 16:17-27)에도 그러하다. 1:16-15:13의 긴 "본론의 중앙부"에는 당대의 통상적인 편지의 특징이 거의 포함되어 있지 않다. 서신의 전략적인 곳에 등장하며 수신자를 직접 지칭하는 몇 개의 호격, 격언에 사용된 몇 개의 동사, 그리고 몇몇 공개 문구를 제외하고는 말이다. 그 대신에 "본론의 중앙부"는 통시적인 측면과 공시적인 측면에서 수사학적인 분석에 더 적절하다.

그러므로 로마서의 구조와 관련하여 이렇게 말할 수 있다. 로마서는 "편지 봉투"(1:1-15; 15:14-16:27) 안에 들어 있는 "농축된 신학적·윤리적 주장"(1:16-15:13)이라고 말이다.[1] 이 신학적·윤리적 주장은 수사학적으로 교훈과 권고(λόγος προτρεπικός, "권고의 말")로 이루어진 일종의 "권고 메시지"로 이해하는 것이 가장 좋을 것 같다. 권고의 메시지는 차선의 관점에 있는 오류를 밝히고 저자 입장의 진리 주장을 증명함으로써 어떤 사람을 어떤 특정한 사업이나 이해의 방법 또는 생활방식으로 설득하도록 의도된 설명

---

[1] Talbert, *Romans*, 25. Talbert는 그의 주석을 이 문장으로 바르게 시작한다. 비록 그가 1:16-17을 "신학적·윤리적 주장"의 도입부에 속하는 중요한 부분으로 이해하는 대신에 "편지 봉투"로 이해한 것은 잘못이지만 말이다.

이며, 소위 "에세이 편지"라고 부를 수 있는 것 안에 제시된다.[2]

---

2) (로마서의 서간체적 특성과 수사학적 특성에 대해서는) 본 주석 서론 12-18쪽을 참조하라.

A. 본론의 여는 말

주석가들은 신약 편지들의 다양한 단락이 어디서 시작하고 끝나는지를 밝히는 것과 각각의 단락이 서로 어떻게 관계하는지를 이해하는 것을 종종 어려워한다. 이것은 바울이 로마에 있는 그리스도인들에게 보낸 편지에 대해서도 그러한데, 특히 이곳 로마서의 "감사"가 어디서 마치고 로마서 "본론의 여는 말"이 어디서 시작하는지를 밝히는 문제에도 해당된다. 로마서의 본론의 여는 말과 관련하여 세 가지 입장이 있다. 가장 두드러지는 것은 "전통적인 견해"라고 불릴 수 있는 것으로, 로마서의 감사 단락이 1:15에서 끝나고 로마서의 본론, 논제, 또는 주제가 1:16에서 시작한다는 견해다.

이러한 이해는 일차적으로 하나의 주제가 어디서 끝나고 다음 주제가 어디서 시작되는지를 관찰하려고 1:1-17 내용을 정밀하게 검토한 것에 근거한다. 로마서의 내용을 정밀하게 검토하는 일, 또는 그 문제를 위해 기록된 자료를 정밀하게 검토하는 일이 언제나 해석에 매우 중요하다는 점에는 의심의 여지가 없다. 하지만 더 정확한 편지의 조정 장치나 수사학적 조정 장치를 도외시한 채 단순히 주제의 변화를 주목하려고 편지를 정밀하게 검토하다 보면, 너무나 자주 매우 주관적인 결과를 낳게 된다. 다양한 주석가들이 로마서의 처음 열일곱 절을 정밀하게 검토한 것에 근거하여 1:1-7, 8-9, 10-12, 13-15, 16-17 사이의 관계에 대해 여러 다른 입장을 제안했다는 사실은 그들의 견해들 가운데 많은 부분에 주관성이 다분함을 암시한다.

1:1-17에 대한 대부분의 해석은 (1) 1:1-7에 있는 "전문(前文)" 또는 "인사말", (2) 1:8-15에 있는 "서론" 또는 "감사" 그리고 (3) 1:16-17에 있는 "주제" 또는 "논제 진술"로 구분되어 구성되었다. 예전이나 오늘날 이 견해를 지지하는 사람들 중에 특히 눈에 띄는 사람들은 프레데릭 고데(Frédéric

Godet),[3] 윌리엄 샌데이와 아서 헤들럼,[4] 테오도르 찬(Theodor Zahn),[5] 킹슬리 바레트,[6] 존 머리(John Murray),[7] 제임스 던,[8] 더글라스 무,[9] 벤 위더링턴[10]과 같은 주석가들이다. 이와 같은 전통적인 이해 내에서도 다양한 단위들을 밝히는 일과, 이 각각의 단위에 어떻게 제목을 붙일 것인지를 두고 다양한 변형이 발생했다. 예를 들어, 찰스 크랜필드는 1:1-7의 첫 단락을 "표제, 수신자, 인사"로 제목을 붙이고, 두 번째 단락이 1:8-16a에 등장한다고 밝히면서 그것을 "바울과 로마 교회"로, 세 번째 단락인 1:16b-17을 "로마서의 주제"로 제목을 붙였다.[11] 에른스트 케제만은 1:1-17을 "전문"으로, 1:8-15을 "머리말"로, 1:16-17을 로마서의 "주제"로 언급했다.[12] 조세프 피츠마이어는 1:1-17을 네 단위로 된 자료로 분석하고 각각의 단위에 다음과 같이 제목을 붙였다. 1:1-7은 "호칭과 인사"로, 1:8-9은 "감사"로, 1:10-15은 "머리말"로, 그리고 1:16-17은 "주제 선언"으로 말이다.[13] 그러나 이 모든 제안은 1:1-17의 구조에 대한 전통적인 이해의 다양성만을 보여주었을 뿐이고, 그 제안들 하나하나는 비슷하게 개별 주석가의 내용 검토에 근거하고 있다. 더욱이 여기서 우리의 목적에 가장 중요한 것은 이 모든 제안이 1:13-15을 이 본문 바로 앞에 있는 것과 밀접히 연결된 것으로 이해하였고, 그래서 이 세 절을 서론 혹은 감사 단락인 1:8-15의 일부분으로, 또는 조세프 피츠마이어가 제안했듯이, 1:10-15에서 "로마에 가기를 바라는 바울의 열망"을 표현하는 머리말에 속한 것으로 보고 있다는 사실이다.

3) Godet, *Romans*, vol. 1 (1880).
4) Sanday and Headlam, *Romans* (1895).
5) Zahn, *An die Römer* (1910).
6) Barrett, *Romans* (1957).
7) Murray, *Romans*, vol. 1 (1959).
8) Dunn, *Romans*, vol. 1 (1988).
9) Moo, *Romans* (1996).
10) Witherington, *Romans* (2004).
11) Cranfield, *Romans*, vol. 1 (1975).
12) Käsemann, *Romans* (1980).
13) Fitzmyer, *Romans* (1993).

이것과 다른 "대안"은 로마서의 감사 단락이 1:17에서 끝나고 본론이 1:18에서 시작한다는 견해다. 이러한 이해는 대부분 바울 서신 여러 곳에서 발견되는 감사 단락들에 대한 분석과 그 분석 자료를 로마서의 서론 단락에 적용한 것에 근거한다.

폴 슈베르트는 바울 편지의 감사 단락이 고대에서 특별한 문학적 기능을 제시하기 위해 사용된 독특한 편지 형식을 입증한다고 1939년에 처음으로 지적했다. 슈베르트에 따르면, 감사 단락은 단순히 일반적인 서론 자료로 이해할 것이 아니라 상당히 잘 확정된 당대의 편지 관습을 반영하는 것으로 보아야 한다. 바울은 이것을 사용하여 자신의 목적과 관심사를 표현했다.[14] 하지만 슈베르트는 전형적인 바울의 감사가 그가 "종말론적인 절정"이라고 불렀던 것으로 보통 마무리한다는 데 주목하면서도, 그와 같은 절정이 로마서의 감사에는 "생략되었다"는 점은 인정한다.[15] 그래서 슈베르트는 1:16-17의 자료를 적절한 대체로 보아야 한다고 제안했다. 왜냐하면 (바울의 다른 편지들의 여러 곳은 물론이고) 이 두 절에 등장하는 εὐαγγέλιον("복음")과 σωτηρία("구원") 같은 단어들, 그리고 δικαιοσύνη...θεοῦ ἀποκαλύπτεται("하나님의 의가 나타났다")라는 어구에는 "종말론적인 의미"가 있기 때문이다.[16] 많은 사람이 약간의 주저함을 표현하기도 하지만, 일반적으로는 슈베르트의 견해에 동의하고 있다.[17]

로마서의 이 초기 단락의 구조와 관련한 문제들에 대한 또 다른 "대안적인 이해"는 편지의 감사 단락이 1:12에서 끝나고 본론의 여는 말이 1:13에서 시작한다는 견해다. 이 입장은 주로 헬레니즘 세계와 특히 신약 편지들의 편지 관습을 연구한 것에 근거했다. 이 입장은, 신약의 다른 편지들을 비롯하여 고대 그리스의 편지에서 새로운 단락을 시작하기 위해 자

---

14) 앞서 우리가 이 주석의 감사 단락에서 Schubert의 논지에 대해 다룬 내용을 참조하라.

15) Schubert, *Pauline Thanksgivings*, 5.

16) Schubert, *Pauline Thanksgivings*, 33.

17) 일례로, O'Brien, *Introductory Thanksgivings*, 200-202; Gamble, *Textual History*, 90; F. O. Francis and J. P. Sampley, eds., *Pauline Parallels* (Philadelphia: Fortress, 1984), 326을 보라.

주 사용되는 표준적인 "공개 문구"(disclosure formula)였고, 로마서에서는 1:13이 시작되는 곳에 등장하는 οὐ θέλω δὲ ὑμᾶς ἀγνοεῖν...ὅτι("너희가 모르기를 원치 아니하노니")라는 어구에 주로 근거한다. 여기에 더하여, 이 입장에서는 바울의 편지에서 자료의 다양한 새 단락을 시작할 때 자주 발견되는 호격 ἀδελφοί("형제자매")가 1:13의 이 공개 문구 안에 포함되었음을 지적한다.

테렌스 뮬린스는 1964년에 19개의 파피루스 편지와 신약의 여러 편지를 분석한 것에 근거하여 전형적인 그리스 공개 문구가 다음과 같은 네 가지 특징으로 구성되었음을 보여주었다. (1) 동사 θέλω("내가 원하다" 또는 "바라다"), (2) 지식을 나타내며 부정사로 사용된 동사(예. 현재 부정사 γινώσκειν, 현재완료 부정사 εἰδέναι, 또는 현재 부정 부정사 ἀγνοεῖν 등. 이 모든 것은 어느 사람의 지식이나 지식의 부족을 가리킨다), (3) 목적격으로 표현된 사람(들)(이곳 1:13에서는 2인칭 복수 목적격 대명사 ὑμᾶς["너희를"]가 사용됨), 그리고 (4) 예외가 있기는 하지만, 호격으로써 편지의 수신자와 함께 종종 ὅτι절을 사용하여 주어진 정보(1:13에서 호격 ἀδελφοί["형제자매"]가 사용된 것처럼).[18] 그런데 이 네 가지 특징이 모두 1:13이 시작되는 곳에 등장하기에, (1) 앞에 등장하는 편지의 인사말과 감사에서 본론의 여는 말 단락으로 넘어가는 기능을 하고, (2) 그래서 로마서 본론 중앙부의 네 개 하위 단락을 소개하는 역할을 하는 공개 문구가 이곳에 있다고 주장되었다.[19]

1:13-15의 자료들의 한계와 기능 및 중요성과 관련하여 최종적인 결정을 내리기는 쉽지 않다. 앞서 언급한 세 입장 모두 어느 정도 지지를 받을 수 있기 때문이다. 주로 내용의 정밀한 검토에 근거한 "전통적인" 이해(즉 첫 번째 견해)는 1:8-15의 여덟 절 모두를 로마서의 서간체적 "서론" 또는 "감사"에 포함되는 것으로 이해한다. 이 견해를 지지하면서 일반적으로 인

---

18) Mullins, "Disclosure."

19) J. T. Sanders, "Transition from Opening Epistolary Thanksgiving to Body," 360; White, *Form and Function of the Body of the Greek Letter*, 95; Jewett, "Ambassadorial Letter," 12-14; 그리고 Toit, "Persuasion in Romans 1:1-17."

용되는 이유 중에서 중요한 것은 (1) 1:8에서 새로운 단락이 시작된다는 명확한 표시가 있다는 점과, (2) 1:16-17을 앞의 단락과 구분되는 것으로 보아야 한다는 점이다. 1:16에 1번 등장하고 2:9-10에 2번 등장하는 "첫째는 유대인이요 그리고 헬라인에게로라"라는 어구가 1:16-2:10의 본문 단락의 틀을 형성하는 수미상관법을 이루기에, 1:16-17을 앞의 내용이 아니라 이어지는 내용과 강하게 연결하도록 요구되기 때문이다.[20] 하지만 이 입장을 지지하기 위해 일반적으로 제시된 주장들 중에는 그 타당성에 있어 (아래에서 더 충분히 논의하겠지만) 논란의 여지가 있는 것들이 있다. 예를 들어, (1) 1:13-15은 1:8-12의 "앞의 자료"와 아주 단단히 "결합"되었고 "11, 12절에서 바로 이어진다"는 점이 분명하므로 그것을 앞에 있는 단락과 분리할 수 없다는 것이다.[21] 또는 (2) 1:13-15이 "본론의 중앙부와 관련된 문제들을 소개하지 않는 까닭에, 그것이 편지의 본론을 여는 말로는 기능적으로 적절하지 않다"는 것이다.[22] 또한 구조적으로 더욱 중요한 점은 이러한 이해에서는 1:13의 도입부에 있는 공개 문구가 진지하게 고려되지 않는다는 사실이다.

주로 바울의 다른 편지들의 감사 단락을 분석한 것에 근거한 로마서의 여는 말 단락들에 대한 "대안적" 이해 중 첫 번째 견해(위의 두 번째 견해) 역시 1:13-15을 이 단락 앞에 서술된 1:8-12 및 (어느 경우에서는 Schubert가 원래 제안했듯이) 그 본문에 이어지는 1:16-17의 내용과 떼려야 뗄 수 없을 정도로 결합된 것으로 생각한다. 하지만 그 견해는 1:13이 시작되는 곳에서 바울이 공개 문구를 사용했다는 사실을 제대로 평가하지 못하고 있다는 심각한 결점이 있다.

로마서의 감사를 1:12의 마지막에 있는 결론으로 보고, 로마서 본론의 여는 말을 1:13에서 시작된 것으로 보는, 이 문제의 세 번째 이해(앞에 인용

---

20) 1:13-15과 1:16-17의 주석에서 다룰 "형식/구조/상황"의 논의를 보라. 특히, Bassler, *Divine Impartiality*, 123-28을 참조하라.

21) 예. O'Brien, *Introductory Thanksgivings*, 202 n. 17b.

22) 예. Jervis, *The Purpose of Romans*, 106; 또한 105도 보라.

된 것처럼)는 1:13 도입부에 놓인 공개 문구인 οὐ θέλω (δε) ὑμᾶς ἀγνοεῖν, ἀδελφοί("형제자매여, 너희가 모르기를 원치 아니하노니")에 주로 근거한다. 이 동일한 문구가 고린도후서 1:8의 본론의 여는 말의 시작을 표시하며, 로마서 11:25, 고린도전서 10:1, 12:1, 데살로니가전서 4:13에 있는 자료의 독특한 단위들의 시작을 나타낸다. 마찬가지로 이와 비슷한 공개 문구가 바울 서신 여러 곳에 등장한다. Γνωρίζω/γνωρίζομεν (γάρ/δέ) ὑμῖν, ἀδελφοί("형제자매여, 나는[또는 "우리는"] 너희가 알기를 [원한다]")는 갈라디아서 1:11의 본론의 여는 말의 시작을 표시하며, 고린도전서 12:3, 15:1과 고린도후서 8:1에 있는 독특한 자료 단락의 시작을 가리킨다. 그리고 γινώσκειν [δε] ὑμᾶς, ἀδελφοί("형제자매여, 나는 너희가 알기를 [원한다]")는 빌립보서 1:12에서 본론의 시작을 알리는 말을 표시한다.

그러므로 다른 자료에 의해 달리 입증되지 않는 한, 일단 채택된 증거는 1:13의 공개 문구를 로마서 본론의 여는 말의 시작을 표시하는 것으로 이해해야 함을 시사한다. 그리고 이 주석에서 제안하는 견해는 1:13을 시작하는 어구를 본론의 여는 말로 이해하는 것이며, 이것에 대해서는 차후에 더 자세히 설명할 것이다. 본론의 여는 말이 1:15 끝에서 마무리된다는 견해는 나중에 1:15과 1:16-17을 주석하면서 변호할 것이다.

III. 바울의 권고 메시지에 대한 간략한 서론(1:13-15)

번역

1:13형제자매들아, 내가 여러 번 너희에게 가고자 한 것을 너희가 모르기를 원하지 아니하노니, 이는 너희 중에서도 다른 이방인 중에서와 같이 열매를 맺게 하려 함이로되, 지금까지 길이 막혔도다. 14헬라인이나 야만인이나 지혜 있는 자나 어리석은 자에게 다 내가 빚진 자라. 15그러므로 나는 할 수 있는 대로 로마에 있는 너희에게도 복음 전하기를 원하노라.

본문비평 주

1:13   Οὐ θέλω("내가 원하지 아니하노니")는 대다수 사본의 지지를 받는다. P^26vid와 대문자 사본 A B C D^c P Ψ 그리고 소문자 사본 1175 1739(범주 I), 256 1506 1881 2127 2464(범주 II), 6 104 1241(범주 III)이 그것이다. 이 어구는 it^ar, mon vg syr^(p), h cop^(sa), bo과 같은 역본들에 반영되었으며, 오리게네스^lat 크리소스토모스의 지지를 받았다. 이 어구는 더 제한적이며 변질된 οὐκ οἴσομαι와 아울러 서방 본문의 증거들(대문자 사본 D* G, 역본 it^d,e,g, 암브로시아스테르 펠라기우스)에만 등장하는 οὐκ οἴομαι("내가 생각하지 않는다", "가정하지 않는다" 또는 "기대하지 않는다")보다 낫다. 복수형인 οὐ θέλομεν("우리가 원하지 아니하노니")은 소문자 사본 81(범주 II)에만 등장한다.

15절   Τοῖς ἐν Ῥώμῃ("로마에 있는 자들에게")는 P^26vid와 대문자 사본 A B C D P Ψ, 그리고 소문자 사본 33 1175 1739(범주 I)와 81 1506 1881 1962 2127(범주 II)의 증거를 가지고 있다. 또한 이 어구는 it^ar, b, d, mon, o vg syr^(p), h, pal cop^sa, bo과 같은 역본들과 오리게네스^lat 1/2 크리소스토모스에 반영되었다. 그러므로 이 어구를 받아들이는 것이 좋다. 9세기의 대문자 사본 G(012)에 이 어구가 생략되었는데, 이것 역시 it^g와 오리게네스^lat 1/2의 라틴어 번역에 반영되었다. 이것은 아마도 로마서를 더 일반적으로 적용하기 위한 목적 때문에 빚어진 것 같다(1:7의 ἐν Ῥώμῃ에 대한 주석을 보라).

형식/구조/상황

1:13-15 자료와 1:8-12의 감사 단락 사이에 확실히 어떤 연결이 있다. 주로 (1) 앞서 1:10에 언급된 로마의 그리스도인들을 방문하려는 간절한 바람을 1:13이 다시 언급한다는 점과, (2) 1:15이 앞서 1:11-12에 언급된 내용을 어느 정도 분명히 설명한다는 점에서 그렇다. 그래서 대부분의 주석가들은 1:13-15을 감사 단락의 연속으로 이해해왔다. 그러나 우리의 논지는 이곳 1:13-15에서 바울이 감사 단락에서 제시된 그의 기도와 바람을 넘어 다른 주제로 이동하고, 그가 편지의 중심적인 "본론의 중앙부" 전체에서 제시하기를 원하는 내용, 특히 본론 중앙부의 두 번째 단락(5:1-8:39)에서 제시할 내용과 첫 번째 단락(1:16-4:25)에서도 제시되며 이어서 등장한 세 번째와 네 번째 단락(9:1-11:33; 12:1-15:13)에서 제시할 내용을 소개하는 간략한 "본론의 여는 말" 또는 "서론"을 제공한다는 것이다.

1:13-15을 로마서 본론의 여는 말과 동일시하는 것에 동의하지 않는 일반적인 반론은 이 구절들의 자료가 앞에 있는 1:8-12 자료와 밀접히 "결합되어 있다는 것"과 너무도 분명하게 "11, 12절에서 직접 이어지"기에 앞의 내용과 분리할 수 없다는 것이다.[1] 하지만 페터 슈툴마허가 주목했듯이, 1:8-12과 1:13-15을 하나의 자료 단위로 결합하는 것은 바울이 15:14-32에서 본론을 마무리하면서 기록한 내용과 이곳 1:13-15에서 기록한 내용 사이에 부적절한 모순을 일으킨다.[2] 본론을 마무리하는 부분(또는 "사도의 방문" 단락)인 15:14-32에서 "그는 이전에 다른 선교사가 복음을 전하지 않은 곳에서만 복음을 전한 것을 늘 명예롭게 여기는 자부심을 품고 선언한다. 그는 자신의 선교에서 남의 터 위에 건축하지 아니하려 했다(15:20, 21)." 반면에 1:13-15에서 그는 "너희 중에서도 다른 이방인 중에서와 같이 열매를 맺게 하"기를 원한다는 그의 바람을 말한다.[3]

---

1) 앞에서 O'Brien, *Introductory Thanksgivings*, 202 n. 17b을 인용하면서 주목한 것처럼 말이다.

2) Stuhlmacher, *Romans*, 26-27.

3) Stuhlmacher, *Romans*, 26.

슈툴마허는 이 문제를 이렇게 정리한다.

> 누구든지 로마서 1:13-15을 단순히 1:10-12에서 연속하는 내용으로 본 후
> (Wilckens에 동의하여) 15절을 "그래서 나는 할 수 있는 대로 로마에 있
> 는 너희에게도 복음을 전할 준비가 되어 있다"라고 번역한다면, 15:20 이
> 하의 내용과 심각한 모순이 생긴다. 바울은 15장에서 다른 사람이 놓은 기
> 초 위에 건물을 세우지 않겠다는 선교 사역에 대해 자랑하고 있는 반면
> 에, 1:15에서는 그가 로마에 가려는 의도가 바로 이러한 사역을 행하는 데
> 있다고 선언한다.[4]

하지만 슈툴마허는 1:11-12의 바울의 말과 1:13-15의 그의 말 배후에 다
른 관심사들이 작용하고 있음을 이해하면 "모순은 해결된다"고 선언한다.
1:11-12에서 "바울은 단지 그가 로마의 그리스도인들을 방문하는 동안 믿
음의 일치를 이루기를 원하는 그의 바람에 대해 말하고 있을 뿐이다." 이러
한 소망을 그는 15:24에서 다시 표현한다. 그러나 1:13-15에서 바울이 진술
하는 내용은 이것이다.

> 그는 로마의 그리스도인들에게 새로운 복음을 전하려고 그들을 방문하려
> 는 것이 아니다. 그는 자신의 편지와 개인적인 방문으로써 (로마에까지 논
> 쟁의 대상이 된) 그의 복음을 분명히 하고 이렇게 함으로써 스페인까지
> 도달하려는 목표와 더불어 그의 선교 계획에 로마 교회의 지원을 확실히
> 받을 수 있기를 바랐다(참조. 롬 15:22-24). 16절과 17절은 바울 복음이 논
> 란의 대상이 되고 있음을 암시한다. 하지만 바울은 그가 부탁받은 메시지
> 를 변함없이 지지하기로 결심한다.[5]

---

4) Stuhlmacher, *Romans*, 26.
5) Stuhlmacher, *Romans*, 26.

앞서 등장하는 감사 단락과 비교하여 1:13-15에서 언급된 바울의 목적과 관심사를 설명한 슈툴마허의 진술에는 분명하지 않은 부분이 있을 수 있다. 하지만 몇 가지 점에서 슈툴마허가 확실히 통찰력이 있다고 인정해야 할 것 같다. (1) "로마서 1:13-15을 단순히 1:10-12에 연속하는 부분으로" 볼 경우 모순이 발생한다는 것을 주목한 점,[6] (2) 바울이 1:10에서 기도한 것과 1:11-12에서 이루기를 원한 것에 비교하여 1:13-15에서 언급된 그의 관심사에 차이가 있음을 밝혔다는 점, (3) "바울의 편지와 그의 개인적인 방문으로" 이루고자 한 바울의 주된 목적을, "(로마에까지 논쟁의 대상이 된) 그의 복음을 분명히 하고 그렇게 함으로써 스페인까지 도달하려는 목표와 더불어 그의 선교 계획에 로마 교회의 지원을 확실히 받을 수 있기를 바랐다"는 관점에서 이해했다는 점에서 그러하다.[7]

하지만 많은 사람이 주장하듯이, 1:13-15이 "본론 중앙부에서 다룰 문제를 소개하지 않으므로 편지 본론의 여는 말로서는 기능상 부적합하다"는 것은 사실이 아니다.[8] 오히려 이곳에서 바울은 몇 가지 중요한 사실을 언급한다. (1) 그의 이방인 선교에서 성취된 하나님의 목적과 로마 그리스도인들과 바울의 관계(13b절, 1인칭 단수 부정과거 수동태 형식으로 표현된 "내가 그렇게 할 길이 막혔다"는 바울이 편지에서 종종 사용하는 표현으로서 "하나님이 막으셨다"로 이해됨), 그리고 (2) 바울이 말하듯이, "다른 이방인들 사이에서 행했던 것처럼 너희들 중에서도 열매를 맺게 하려고"(13b-14절) 하는 것이 로마의 그리스도인들에게 사역하려는 그의 바람(심지어 그의 의무)이다. 하지만 이보다 더 중요한 것은 이어지는 내용을 소개함으로써 바울이 그의 수신자들에게 복음을 전하려는 강한 소망을 선언한다는 점이다. 바울이 여기서 사용한 부정과거 중간태 부정사 형태인 εὐαγγελίσασθαι는 분명 그가 이방인들에게 복음 메시지를 상황화하는 것으로 이해되어야 한다(15절).

---

6) Stuhlmacher, *Romans*, 26.
7) Stuhlmacher, *Romans*, 27.
8) 앞에서 Jervis, *The Purpose of Romans*, 106을 인용하며 주목했듯이 말이다. 또한 105도 보라.

결과적으로 로마서 본론의 중앙부에서 그가 쓸 핵심적인 내용을 소개하는 역할을 하는, 그의 편지 본론의 여는 말의 절정인 이곳에서 바울이 선언하는 것은, 5:1-8:39에 포함된 기독교 복음에 대한 바울 자신의 독특한 상황화다. 그 복음은 12:1-15:13에서 기독론적 권면의 윤리적인 결과로 표현되었다. 바울은 로마 제국의 동쪽 지역 전체에서 이교도인 이방인들에게 이 복음을 선포하느라 수고했다. 바울이 로마에 있는 주로 이방인 출신의 그리스도인들로 구성된 수신자들에게 나눠주고 싶었던 것은 그가 이방인들에게 행한 바로 이 복음의 상황화다. 바울은 그가 "나의 복음"이라고 부른 이 복음이(2:16; 16:25) 그들을 견고하게 할 것이라고 굳게 믿었다. 더 구체적으로 말해서, 그의 소망은 로마 그리스도인들이 복음 메시지의 상황화의 타당성을 인정하고 그것에 근거하여 그가 제국의 서쪽 지역에 있는 이방인들을 위한 사역을 도와주기를 바라는 것이다.

석의와 주해

바울은 로마의 그리스도인들을 위한 그의 기도(1:9b-10a)와 그들을 방문하려는 그의 바람(1:10b)을 말한 후, 이제 다음과 같은 질문을 다룬다. 로마가 제국의 수도였고 세상의 중심에 있는데도, 그는 왜 이방인을 향한 그의 기독교 선교 중에 로마에 가지 않았는가? (나중에 16:3-15에서 밝혀지는) 로마에 사는 바울의 친구들과 친척들 중에서 이 질문이 그 도시의 일부 그리스도인들에 의해 제기되었다고 바울에게 편지를 쓴 사람들이 있었을 것이다. 바울이 로마에 오지 않았다는 사실에서 그들이 바울의 인격과 사역에 대해 어떤 비판적인 함의를 끌어냈다는 것도 알려주었을 것이다. 말하자면 이런 것이다. (1) 그는 예루살렘의 사도들 및 로마 신자들과 개인적으로 멀리 떨어져 있기를 택한 독불장군이다. (2) 그는 수도에 있는 사람들의 기독교 신앙의 상태에 관심이 없다. (3) 그는 그의 이방인 선교를 수행하는 일을 등한시하고 있다. 또는 그의 평판에 더 해로운, (4) 그가 예루살렘에 있는 모교회와의 관계 때문에 기독교 복음을 진정으로 잘 알고 있었던 사람들이 살고 있는 도시에서 기독교 복음을 그만의 방식으로 선포하는 것을 부끄러

위한다. 그래서 바울은 그가 왜 일찍이 로마에 가지 못했는지와 관련한 이 질문에 대답하는 것으로 로마에 보내는 그의 편지 본론의 여는 말을 시작한다.

1:13　바울이 로마에 보낸 편지의 본론을 여는 말은 οὐ θέλω δὲ ὑμᾶς ἀγνοεῖν...ὅτι ("너희가 모르기를 원하지 아니하노니")라는 진술로 시작한다. 이것은 고대 그리스 편지의 전형적인 "공개 문구"다. 부정어 οὐ와 접두사 알파가 있는 ἀγνοεῖν(이러한 이중 부정어는 그리스어에서는 자주 사용되지만 영어에서는 거의 등장하지 않는다)으로 인해, 여기에 사용된 바울의 말은 "나는 너희가 알기를 원한다"라고 표현하는 것이 가장 좋을 것 같다.[9] 바울의 다른 편지 열 군데에서 사용된 공개 문구에 있듯이, 이 공개 문구에도 상대방을 칭하는 호격 ἀδελφοί(포괄적으로 "형제자매"로 이해해야 함)가 포함되었다. 로마서에서는 이번이 ἀδελφοί가 등장하는 첫 번째 예다. 이 단어는 또 다른 공개 문구에 속하는 11:25과 다른 단락을 시작하는 7:1, 12:1, 15:14, 16:17에 다시 사용되었다. 이러한 사실은 이 단어가 당대의 편지 관습을 반영하는 것에 불과하다는 사실을 암시한다고 할 수 있다. 하지만 바울은 로마서 7:4, 8:12, 10:1, 14:10, 13, 15, 21, 15:30, 16:14, 23에서도 "부활하신 그리스도를 따르는 사람들이 경험한 친밀함과 바울이 수신자들과 누리는 친근한 관계"를 강조하려고 ἀδελφοί를 사용한다.[10]

유대인들은 다른 유대인들을 "형제들"이라고 불렀다.[11] 마찬가지로 그리스 종교 공동체에 속한 사람들도 서로를 "형제"라고 지칭했다.[12] 예수를 믿는 다른 신자들을 "형제들"(또는 포괄적으로 "형제자매들")이라고 부르는 초기 교회의 관습은 부분적으로 유대와 그리스의 용례에서 왔을 것이다. 그러나 좀 더 구체적으로 이런 관습은 제자들이 자신과 관계가 있고 그들이

---

9) 이와 비슷하게 이중부정을 사용한 사례를 참조하라. 롬 11:25; 고전 10:1; 12:1; 고후 1:8; 살전 4:13. 또한 갈 1:11; 고전 12:3; 15:1; 고후 8:1; 빌 1:12에 사용된 유사한 형식들도 보라.

10) Fitzmyer, *Romans*, 249.

11) 참조. 레 19:17; 신 1:16; 15:2-3, 7-11; 2 Macc 1:1; Tob 5:5, 9, 11; 6:7, 14; Josephus, *War* 2.122; 행 2:29; 3:17; 7:2, 26; 롬 9:3.

12) *M-M*, 9을 보라.

아버지의 뜻을 행한다는 점에서 제자들을 "형제들"이라고 불렀던 예수에 게서 기원했다.[13]

바울도 예수를 믿는 신자들을 그들이 공통적으로 갖는 그리스도와 의 관계 때문에 ἀδελφοί("형제자매")로 이해했다.[14] 그리고 그들이 공유하 는 바로 이 관계에 근거하여 바울은 그리스도인들이 하나님의 가족 안에 서 서로 간에 사랑과 상호협력의 태도를 보여야 함을 강조하려고 계속해서 ἀδελφοί를 사용한 것이다.[15] 바울은 갈라디아 지방에서 혼란에 빠져 있고 말썽을 부리는 회심자들에게 준엄하고 혹독한 어조로 편지하면서도 그들 을 "형제자매"라고 부른다.[16] 이는 그들에게 바울과 그들이 하나님의 가족 에서 동일한 관계를 누리고 있음을 상기시킨다. 비록 갈라디아의 수신자들 중에는 이 사실을 잊기 시작한 사람들이 있었지만 말이다.

바울이 이전에 로마에 가지 않은 이유를 설명하는 말은 πολλάκις προεθέμην ἐλθεῖν πρὸς ὑμᾶς, καὶ ἐκωλύθην ἄχρι τοῦ δεῦρο("내가 여러 번 너희에게 가고자 했지만, 지금까지 길이 막혔도다")로 표현되었다. 첫 번째 진술에 는 1인칭 부정과거 중간태 직설법 동사 προεθέμην(이 단어는 προτίθημι["계 획하다", "목적을 세우다", "의도하다"]에서 파생됨)이 포함되었는데, 이 단어는 βούλειν이나 θέλειν(두 단어는 단순히 "소망하다", "원하다" 또는 "갈망하다"라는 의미다)보다 의미가 강하다. 이에 근거해 볼 때, 이 단어는 바울이 사실은 로 마에 가서 그곳에 있는 그리스도인들을 방문하려는 계획을 여러 차례 했 음을 암시한다. 그리고 진술이 시작되는 곳의 강조적 위치에 있는 부사 πολλάκις("여러 번", "자주", "종종")는 실제로 그가 종종 그들을 방문하려고 계획했다는 추정을 강조한다.

두 번째 진술이 시작되는 곳에 있는 접속사 καί는 단순한 연결어 또 는 특성상 설명적이거나 강조적인 단어로 이해되어서는 안 되고, 부사("그

---

13) 막 3:31-35; 또한 마 23:8도 참조하라.
14) 롬 8:29; 또한 8:16-17도 참조하라.
15) 롬 14:10, 13, 15; 고전 5:11; 6:5-8; 8:11-13; 15:58; 고후 1:1; 2:13.
16) 갈 1:11; 3:15; 4:12, 28, 31; 5:11, 13; 6:1, 18.

러나", "그렇지만", "그럼에도 불구하고")로 이해되어야 한다. 이것은 히브리어의
연결어 "와우"의 영향을 받은 셈어적 표현을 반영하는 것 같다.[17] 1인칭 부
정과거 직설법 수동태 동사 ἐκωλύθην(이 단어는 κωλύειν["방해하다", "막다",
"금하다"]에서 파생됨)은 그가 일찍이 로마에 가지 못한 것이 관심이 없었거
나 꺼렸기 때문이 아니라 그러한 방문을 막은 다른 어떤 사유(또는 다른 어떤
사람)가 있었음을 암시한다.

바울은 데살로니가전서 2:18에서 그가 데살로니가로 돌아가지 못하
게 방해한 것을 사탄(ὁ Σατανᾶς)이라고 언급한다. 그리고 누가는 사도행전
16:6-7에서 성령(τὸ ἅγιον πνεῦμα) 또는 "예수의 영"(τὸ πνεῦμα Ἰησοῦ)이 바
울을 로마령 아시아에서 복음을 전하지 못하게 했다고 이야기한다. 그러나
바울은 여기서 더 일찍이 로마에 가지 못하게 된 이유로 로마 제국의 동쪽
지역에서 진행한 그의 선교 활동을 염두에 두고 있는 것 같다.[18] 하지만 관
사가 있고 소유격 명사로 사용된 부사 τοῦ δεῦρο("지금")와 부적절한 전치
사 ἄχρι("까지")로 표현된, 이전에 그를 "지금까지"(ἄχρι τοῦ δεῦρο) 막았던
이유는 더 이상 그를 로마에 오지 못하게 하는 요인이 되지 않았다. 따라서
그는 지금 스페인으로 가는 길에 로마에 있는 그리스도인들을 방문하기를
원한다.

목적을 표현하는 진술 ἵνα τινὰ καρπὸν σχῶ καὶ ἐν ὑμῖν καθὼς καὶ
ἐν τοῖς λοιποῖς ἔθνεσιν("너희 중에서도 다른 이방인 중에서와같이 열매를 맺게
하려 함")은 바울이 늘 로마 그리스도인들을 방문하기를 원했던 이유가 무
엇인지를 표현한다. 명사 καρπός("열매")는 유대인들 사이에서 (1) "후손"
이나 "자식"을 에둘러 표현하거나,[19] (2) 찬미의 제사를 가리키는 말투[20]로
사용되는 농업 용어다. 하지만 이 단어는 고대에 어떤 "결과", "결실", "생

---

17) 참조. *Moule*, 178; 또한 눅 7:35; 18:7도 보라.
18) Pelagius, *Ad Romanos*, *PL* 30.648: "여기서 '막혔다'라는 것은 다른 지방에서 복음을 전파
하는 일로 인해 '분주했다'라는 의미다."
19) 참조. 창 30:2; 시 131(132):11; 애 2:20; 미 6:7; 눅 1:42; 행 2:30.
20) 참조. 호 14:2; 히 13:15.

산물", "이득" 또는 "유익"을 가리키는 은유로 널리 사용되기도 했다.[21]

　　바울은 로마서 뒷부분에서 예루살렘에 있는 가난한 유대 신자들을 위해 그가 이방인 교회로부터 모금한 연보를 가리키는 말로 "열매"를 사용했으며(참조. 15:28), 빌립보서에서는 빌립보 교회로부터 받은 돈을 가리키는 말로 같은 단어를 사용한다(빌 4:17). 두 사례를 바탕으로 해석자들 중에는 바울이 여기서 일차적으로 염두에 둔 것이 스페인으로 가기로 계획을 세운 선교에 로마 그리스도인들로부터 받기를 원했던 재정적인 지원이었다고 생각하는 사람들이 더러 있다.[22] 그러나 τινὰ καρπόν("어떤 열매")이라는 표현은 돈만을 의미할 만큼 그렇게 구체적이지 않다. 오히려 이 표현은, 고린도전서 3:6-9과 빌립보서 1:22의 농업 이미지와 연관하여, 로마 그리스도인들 중에서 행할 그의 사역의 결과로 나타날 "영적인 추수"로 이해되는 것이 바를 것 같다. 찰스 크랜필드가 이 문제를 다음과 같이 표현했듯이 말이다. "사도의 수고로 소망했던 결과는 새로운 개종자를 얻는 것이든지 아니면 이미 믿음을 가지고 있는 사람들의 믿음과 순종을 견고하게 하는 것이다."[23]

　　관용어적 표현인 καὶ...καθὼς καί("~에서와 같이", "~처럼 또한")는 신약성경에 다양한 형태로 자주 등장한다.[24] 이 어구는 일반적으로는 비교를 나타내는 불변화사 ὡς("처럼", "같이")와 함께 사용되지만, 가끔은 비교의 의미로 사용되는 부사 καθώς("처럼")와 함께 사용되기도 한다. 여기서는 καθώς가 뒤에 1:28에서처럼 원인의 의미를 표현한다. Καὶ ἐν τοῖς λοιποῖς ἔθνεσιν("다른 이방인 중에서와 같이")이라는 어구는 1:5에서 언급된 표현으로서 바울이 하나님께로부터 받은 이방인 사역에 대한 명령에서 채택한 어구다. 바울이 1:6에서 표현한 것처럼, 이방인 선교에는 그의 로마인 수신자

---

21) *BAG*, 495-96; 또한 마 7:16, 20; 21:43; 눅 3:8; 롬 6:21-22; 빌 1:11; 히 12:11; 약 3:17-18도 보라.

22) 예. Nickle, *The Collection*, 70; 또한 Kruger, "TINA KARPON"을 보라.

23) Cranfield, *Romans*, 1.82.

24) 예. 고후 8:6; 골 3:13.

들도 포함된다.

1:14   14절을 시작하는 Ἕλλησίν τε καὶ βαρβάροις, σοφοῖς τε καὶ ἀνοήτοις("헬라인이나 야만인이나 지혜 있는 자나 어리석은 자에게 다")라는 어구는 구조상 많은 해석자에게 약간은 낯설어 보인다. 이 문장이 2개의 2행 연구로 시작하기 때문인데, 각각의 2행 연구는 모두 여격인 2개의 명사("헬라인"과 "야만인") 또는 2개의 독립 형용사("지혜 있는 자"와 "어리석은 자")로 구성된다. 하지만 바울이 이 술부를 강조하기 위해 그것을 문장 처음에 배치한 것은 분명하다. 그리고 바울은 문장 끝에 인칭 대명사가 포함된 εἰμί("나는 ~이다")를 포함시켜 ὀφειλέτης("~할 의무가 있다", "빚진 자")라는 단어가 지니는 동사적 개념의 주어를 강조했으며, 그렇게 함으로써 의무감을 부각시켰다.

더욱이 1:13과 1:14 사이에는 연결어가 없기에, 이 문장과 이 문장 앞의 내용의 논리적 관계 그리고 이 문장과 이 문장 뒤 1:15에서 이어지는 내용 사이의 논리적인 관계가 논쟁의 대상이 될 수 있다. 그러므로 오리게네스 이후 "이 문장은 수사학적인 여담(전치법[轉置法])을 포함하고 있으며, 그 구성에는 결함(즉 접속사 생략)이 있다"고 주장하는 하는 것이 일반화되었다.[25] 하지만 1:15은 부사 οὕτως("그래서", "그러므로", "이러한 까닭에")로 시작하는데, 이것은 앞의 내용으로 추론한다는 것을 암시한다. 그러므로 1:14과 1:15은 반드시 문법적으로만이 아니라 논리적으로도 연결된 것으로 이해해야 한다.

그런데 주석가들에게 결정하기 더 어려운 점은 바울이 이 2행 연구를 사용할 때 염두에 둔 것이 무엇 또는 누구였는지, 그리고 그의 주장이 1:14부터 1:15까지 어떤 방식으로 흐르는지와 관련이 있다. 찰스 크랜필드는 명사 "헬라인"과 "야만인" 그리고 실명사적 형용사 "지혜 있는 자"와 "어리석은 자"로써 염두에 둔 것이 무엇 또는 누구인지와 관련하여 선택할 수 있는 것을 간결하게 정리했다.

---

25) Origen, *Ad Romanos*, PG 14,858.

적어도 다음과 같은 가능성을 고려할 필요가 있다. (1) 대조되는 각각의 짝은 인류 전체를 의미하며, 두 집단 모두 동일하다. (2) 각각의 짝은 인류 전체를 의미하지만, 두 개의 짝은 다른 분류를 나타낸다. (3) 첫 번째 짝은 이방인 전체를 의미하지만, 두 번째 짝은 인류 전체를 의미한다. (4) 두 짝 모두 이방인 전체를 의미하며, 두 집단 모두 동일하다. (5) 두 짝 모두 이방인 전체를 의미하지만, 그들은 동일한 전체에 속하는 다른 집단들을 가리킨다.[26)]

바울이 자신의 이방인 사역을 언급하며 1:13을 마무리하는 까닭에, 두 2행 연구가 모두 "인류 전체"(선택 1과 2)를 가리킨다는 이해는 분류에 있어 너무 광범위한 것 같기에 여기서는 고려하지 않을 것이다. 그 대신 1:13 끝에서만 아니라 그의 인사말인 1:5에서도 볼 수 있다시피, 바울이 자신의 이방인 선교에 초점을 맞추고 있다는 사실에 비춰 볼 때, "이방인인 인류"라는 주제를 1:14의 두 2행 연구를 해석하는 데 어느 정도 적용해야 한다(선택 3의 첫 번째 2행 연구에서처럼 또는 선택 4, 5의 두 2행 연구에서처럼). 그리고 1:15이 부사 οὕτως("그래서", "그러므로", "이러한 까닭에")로 시작하므로, 1:14이 당시 이방인 세계에서 사람들을 구분하는 주요하고 대중적으로 알려진 방법을 언급한다고 이해하고, 1:15이 그에게 분명한 결론이 무엇인지를 암시한다고 이해하는 것이 가장 좋은 것 같다. 다시 말해서, 로마에 있는 이방인 출신의 그리스도인들은 하나님께서 그에게 주신 명령 안에 있는 사람들이다.

첫 번째 2행 연구에 있는 Ἕλληνες라는 용어는 원래 그리스인 부족들과 공통적인 언어와 문화와 종교로 연합된 그리스 도시 국가를 의미했다. 그러나 마게도냐 출신의 알렉산드로스 "대왕"(기원전 356-323년)의 군사적인 정복과 그 결과로 이루어진 정복민들의 그리스화 정책 이후, 그 용어는 사람들의 민족성과 상관없이 그리스어를 말하고 그리스 문화와 교육을 받은 모든 사람들의 집단을 지칭하기 위해 널리 사용되었다. 로마인들은 그

---

26) Cranfield, *Romans*, 1.83.

리스 문화를 상당히 많이 채용했기에 다른 사람들이 그리스인이라는 명칭을 사용할 때 로마인들도 포함시켰을 것이다. 심지어 로마인들도 자신들을 가리키는 데 이 용어를 사용했다. 하지만 대부분의 유대인은 자신들을 이런 식으로 밝히지 않았다. 바울처럼 그들은 유대인들과 대조되는 "이방인"을 지칭하기 위해 Ἕλληνες라는 단어를 사용했다.[27]

Βάρβαροι("야만인", "말더듬이", "알아듣지 못하는 말을 하거나 열등한 문화를 가진 사람들")는 "바르…바르…바르"와 같은 소리를 반복적으로 내는 의성어다. 이것은 그리스어를 말하는 사람이 외국인을 처음 만나게 되었을 때 이해할 수 있던 것의 전부다. 이것은 지어낸 단어이며, 그리스어를 말하는 사람들에게 외국어가 들리는 방법을 조롱하기도 하고, 그와 같이 알아들을 수 없는 소리를 내는 사람들의 내심 상스럽고 열등한 문화를 깎아내리는 매우 경멸적인 용어다. 그리스-로마 세계에서 그 단어는 페르시아인과 이집트인 같은 적들 또한 스페인 사람, 갈리아인, 게르만인과 같은 로마 제국의 변방에 사는 사람들을 지칭하기 위해 사용되었다.[28] 그러나 이 용어는 신약성경에서는 불과 몇 번밖에 등장하지 않는다. 사도행전 28:2, 4에서는 "원주민"(natives, NRSV)이나 멜리데 "섬사람들"(islanders, NIV)을 가리키고, 바울 서신에서는 이곳 1:14과 고린도전서 14:11 및 골로새서 3:11에만 등장할 뿐이다. 한스 빈디쉬(Hans Windisch)가 바르게 강조했듯이, 바울이 이 용어를 사용할 때 "새로운 것"이 있다면 그것은 "βάρβαροι에게 하나님의 복음[εὐαγγέλιον θεοῦ]을 전하려는 그의 바람과 그리스인과 유대인, 스구도인과 야만인들이 다 그리스도 안에서 전체를 구성한다는 교리"다.[29]

두 번째 2행 연구에 등장하는 실명사적 형용사 "지혜 있는 자"와 "어리석은 자"는 (1) "헬라인"과 "야만인" 같은 좀 더 제한적인 의미를 지니는 명칭을 넘어 "인류 전체"라는 훨씬 넓은 범주를 포함할 수 있거나,[30] (2) 사

27) 로마서에서 이런 의미로 사용된 예는 1:16; 2:9-10; 3:9; 10:12이다.
28) Windisch, "βάρβαρος," 1.546-53.
29) Windisch, "βάρβαρος," 1.553.
30) J. Huby, J. A. Fitzmyer, D. J. Moo 등이 앞에 언급한 선택 3을 분명히 설명한다.

도가 지적하는 포괄성을 강조하기 위해 첫 번째 2행 연구에 소개된 명사들
과 거의 동일한 의미로 사용되었거나,[31] (3) 첫 번째 2행 연구에 소개된 명
사들과 동일한 사람들로 인정되지만 다른 관점에서 그렇게 된다. 명사로는
언어의 다름을 표시하고, 형용사로는 문화와 교육의 다름을 표시한다는 것
이다.[32] 이 세 가지 가능성 중에서 어느 것이 가장 개연성이 큰지를 결정하
기는 쉽지 않으며, 정확하게 밝히거나 구별하는 것은 그리 중요하지 않을
지도 모른다. 이 세 가지 가능성 외에 두 개의 2행 연구를 거의 동일한 것으
로 이해하는 네 번째 선택이 그나마 가장 나은 것 같다. 바울은 단지 여기
서 당대의 이 대중적인 범주들을 사용하여 "이방인 전체"를 특징지으려고
하는 것 같다. 그래서 그는 그리스-로마 세계에서 수행하는 그의 이방인 사
역의 포괄성을 강조하기 위해 구체적으로 구분할 의도 없이 단지 수사학적
인 효과를 위해서만 그것들을 언급했을 것이다.

　　바울이 간략하게 언급하는 ὀφειλέτης εἰμί("내가 빚진 자라" 또는 "나는 ~
할 의무가 있다")는 "이방인 전체"에 대한 그의 의무감을 표현한다. 오리게네
스는 이렇게 질문한다. "어떤 의미에서 사도 바울은 그리스인과 야만인, 지
혜 있는 자와 어리석은 자에게 무엇인가 해야 하는 의무 아래 있었을까?"
그런 후 그는 이 질문에 다음과 같은 내용을 인용함으로써 답한다. (1) 그
리스인에 대한 바울의 의무는 그가 "너희 모든 사람보다 방언을 더 많이
말한다"는 점에서(고전 14:18), (2) 지혜 있는 자에 대한 바울의 의무는 "그
가 비밀 가운데 있는 감추인 지혜를 받았고, 그것을 온전한 사람과 지혜 있
는 사람에게 말해야 했다"는 점에서(고전 2:7-10), 그리고 (3) 어리석은 자
에 대한 바울의 의무는 "어리석은 자의 광기를 견디낼 수 있으려면 고도의
인내가 필요하기에, 그가 인내와 오래 참음의 은혜를 받았다"는 점에서 그
러하다고 답한다.[33] 주석가들은 바울이 다양한 사람들에게서 무엇을 배웠

31) Pelagius, J. Calvin, O. Kuss, H. Schlier 등이 앞에 언급한 선택 4를 분명히 설명한다.
32) Erasmus, W. Sanday 및 A. C. Headlam, C. E. B. Cranfield 등이 앞에 언급한 선택 5를 분명
히 설명한다.
33) Origen, *Ad Romanos, PG* 14.860.

는지, 그리고 그들에게서 받은 것 때문에 그들에게 어떤 의무감을 가졌는
지에 대해 가끔 생각했다.[34] 그러나 그가 여러 면에서 다른 사람에게 빚을
졌다는 사실을 부정하지는 않지만, 바울이 가장 예민하게 느꼈던 빚(즉 의무
감)은 분명 (1) 이방인의 사도로서 예언자적 사역을 하도록 그를 부르신 하
나님에 대한 빚(참조. 1:1a, 5)과, (2) 하나님에 의해 구별되어 기독교 복음을
선포해야 한다는 빚이었다(참조. 1:1b, 9).

   1:15   바울은 1:14에서 "이방인 전체"를 위해 행한 그의 선교에 대
해 총체적으로 말한 내용을 지금 1:15에서 언급한 주로 이방인 출신의 로마
그리스도인들의 상황과 구체적으로 연결한다. 그는 다음과 같이 매우 분
명하게 표현한다. Οὕτως τὸ κατ' ἐμὲ πρόθυμον καὶ ὑμῖν τοῖς ἐν Ῥώμῃ
εὐαγγελίσασθαι ("내가 로마에 있는 너희에게도 복음을 전하기를 간절히 바라는 까
닭이 바로 이것이다"). 몇몇 사람이 그리했듯이, 로마에 있는 바울의 수신자들
을 1:14에서 나열한 범주 가운데 하나 혹은 그 이상과 동일시하려는 일은
솔깃할 수 있다. 하지만 제임스 데니가 언젠가 지적했듯이, "바울은 그들
이 14절의 광범위한 분류 중 어디에 해당되는지를 암시하지 않는다."[35] 그
러한 분류는 바울의 목적과 상당히 거리가 먼 것 같다. 바울이 1:14-15에서
말하는 모든 내용은 그가 늘 사람들이 처한 환경에 맞추어 복음을 제시함
으로써 일찍이 기독교 복음을 로마 제국의 동쪽 지역에 있는 그의 이방인
선교에 속한 모든 종류의 사람들에게 선포하려고 했던 것처럼, 지금은 동
일한 메시지를 로마 그리스도인들의 구체적인 상황과 공감대에 맞춰 그들
에게 전해야겠다고 느꼈다는 것이다.

   부사 οὕτως는 (앞에서 언급했듯이) 앞에 있는 내용에서 추론한 내용을
소개하는 기능을 하며, 그러므로 이 단어는 "그래서"나 "그러므로" 또는
"이런 까닭에"로 번역해야 한다. 어구 τὸ κατ' ἐμὲ πρόθυμον은 다양한 방

---

34) Barclay, *Romans*, 8; 그리고 Dunn도 어느 정도 이런 견해를 보인다. Dunn, *Romans*, 1:33:
  "바울은 교양이 없는 사람이든 교양이 있는 사람이든 모든 종류의 사람과 모든 상태에 있
  는 사람들에게 자신이 얼마나 빚졌는지에 대한 마음도 포함했을 수 있다."
35) Denney, *Romans*, 2.589.

식으로 설명될 수 있다. 가장 단순한 방법은 (1) τὸ κατ' ἐμὲ ("내게 의존한 것")를 주어로 취하고, (2) πρόθυμον ("간절히 바라다")을 술부 주격으로 이해하며, (3) 동사 ἐστιν ("~이다")을 보충하여, "나를 의존하고 있는 것이 간절히 바란다"(that which depends on me is eager)라고 번역하든지, 아니면 좀 더 관용적인 표현을 사용하여 "나로서는 간절히 바라고 있다"(for my part, I am eager)라고 번역할 수 있다.[36] 하지만 주어를 ἐγώ ("내가")로 보고 τὸ κατ' ἐμὲ ("그것이 나를 의존하고 있는 한")를 "독립적 부사구"로 이해할 수도 있다. 그러면 본문은 "나로서는"이라고 번역될 수 있다.[37] 또는 이 어구에 등장하는 네 단어 전부를 함께 주어로 취하고 내포된 동사 ἐστιν을 첨가하며 문장 끝에 등장하는 부정사 εὐαγγελίσασθαι를 술부로 취하여, 이 문장을 "나의 바람은 복음을 전하는 것이다"라고 번역할 수도 있을 것이다.[38] 각각의 번역마다 언어학적으로 변호할 만한 근거가 있다. 하지만 구문을 어떻게 이해하든지 간에, 제임스 데니가 지적했듯이, 이 글에서는 "**의지**(바울이 가지고 있는)와 그 의지를 실제로 **수행하는 것**(하나님께 달려 있는, 10절) 간의 대조가 암시되었다."[39]

로마서에서 이 본론을 여는 글의 절정은 καὶ ὑμῖν τοῖς ἐν Ῥώμῃ εὐαγγελίσασθαι ("로마에 있는 너희에게도 복음 전하기를")로 마무리된다. 어구 τοῖς ἐν Ῥώμῃ ("로마에 있는 사람들에게")는 사본의 지지를 잘 받는다.[40] 하지만 더 중요한 것은 이 어구가 여기에 포함되었다는 사실이 바울이 로마의 그리스도인들에게 보내는 편지에서 그가 쓰고 있는 내용을 이해하는 데 매우 중요하다는 점이다. 부정과거 중간태 부정사 εὐαγγελίσασθαι가 문자적으로 "선포하다" 또는 "설교하다"를 의미하는 반면에(능동태나 중간태가 의미

---

36) Sanday and Headlam, *Romans*, 21-22; 참조. 엡 6:21; 빌 1:12; 골 4:7에 등장하는 τὰ κατ' ἐμέ ("내 일")를 참조하라.

37) 예. *Moule*, 58.

38) 예. Cranfield, *Romans*, 1.85.

39) Denney, *Romans*, 2.589, 강조는 원저자의 것임.

40) 5절에 대한 "본문비평 주"를 참조하고, 또한 7절에 대한 "본문비평 주"와 "석의와 주해"를 보라.

는 같지만, 신약성경에는 능동태보다 중간태가 더 일반적으로 등장한다), 이 단어는 (1) 항상 "신적인 메시지", "메시아적인 선포", "좋은 소식" 또는 "복음"[41]을 함의하며, 더욱이 (2) 이 단어는 언제나 어떤 특정한 저자가 이 단어의 용례로 전달하기를 바라는 문맥에서 이해해야 한다.

그러나 어느 저자든지 그의 모든 의도는 그의 단순한 논제 진술이나 서론의 여는 말로 다 전달되지 않는 법이다. 서론적 진술은 일반적으로 매우 암시적으로 표현되며, 저자의 목적은 이어지는 내용에서 더 충분히 이해된다. 그리고 우리가 믿기로, 이것은 바울이 로마서의 본론을 여는 이 글에서 그가 "로마에 있는 너희에게도 복음을 전하기를"(1:15) 바란다고 말할 때도 반드시 염두에 두어야 할 내용이다. 다시 말해서, 이것은 그의 글 쓰는 목적을 매우 총체적으로 표현하고 있으며, 이 목적에 대해 그는 이어지는 글에서 더 자세히 설명할 것이다.

우리는 이어지는 로마서 본론의 중앙부에서 바울이 원리상 로마에 있는 그리스도인들에게 그가 로마 제국의 동쪽 지역에 있는 이방인들에게 선포한 기독교 메시지를 전달하기를 원했다고 본다. 바울은 2:16과 16:25에서 이 복음의 상황화를 "나의 복음"이라고 부른다. 결국 그들은 주로 이방인 출신인 신자들이었으며, 그의 이방인 사역의 범위 안에 적법하게 들어와 있는 사람들이다. 하지만 분명한 것은 그들도 (1) 예수를 믿는 유대인 신자들의 증언으로 기독교 복음을 받아들였다는 것과 (2) 자신들이 예루살렘에 있는 모교회의 신학, 예전, 용어, 윤리로 이해한 것에 의해 그들의 새로운 기독교 신앙을 표현하는 것을 지도받으려고 했다는 사실이다. 그래서 그들은 기독교 복음을 바울이 이방인들에게 선포하도록 하나님께 사명을 받은 것으로 이해하고 또 그것을 공감할 필요가 있었다. 더욱이 그들은 그를 이해하고 그에 동의함으로써 스페인과 그 주변에 있는 이방인들에게까지 기독교적 사역이 더욱 광범위하게 확대되는 데 있어 바울에게 도움을 주어야 했다.

---

41) 시 68:11[LXX 67:12]; 사 60:6; *Pss Sol* 11:2; 눅 4:43; 행 8:35; 갈 1:8b.

바울의 선교와 메시지를 로마 "바깥에 있는" 그리스도인들에게 전달
하려는 이러한 노력은 바울이 로마의 그리스도인들에게 보낸 편지 전체에
정리되어 있다. 이것은 (1) 1:16-4:25에서 바울과 그의 수신자들이 공유하
고 있는 문제들을 재서술하고, 그런 과정에서 그의 메시지나 그가 그 메시
지를 제시한 방식이나 바울 자신에 대해 오해한 부분들을 논박하며, (2) 일
치된 문제들을 넘어서 5:1-8:39에서 바울이 상황화한 기독교 복음의 주요
특징들을 설명하며, (3) 9:1-11:33에서 유대적인 "남은 자 신학"의 수사학
적인 논의를 바울이 나름대로 기독교화한 형식을 삽입하여, 바울이 상황화
한 복음 선포가 어떻게 이스라엘을 향한 하나님의 약속과 연결되는지에 대
해 다루고, (4) 총체적인 면에서 복음의 중요한 특징과 구체적인 측면에서
로마 그리스도인들 가운데 일었던 어떤 관심사들과 관련하여, 이러한 기독
교 복음의 상황화가 어떻게 윤리적인 차원에서 표현되어야 하는지를 다룬
12:1-15:13의 확장된 설교 단락으로 마무리하는 등 네 가지 방식으로 행해
졌다. 그리고 필자는 바울이 "로마에 있는 너희에게도 복음을 전하려는" 바
람에 대해 이야기할 때, 그가 이 모든 것을 염두에 두었다고 제안한다.

그래서 필자는 1:13-15을 바울이 로마 그리스도인들에게 보낸 편지 본
론을 여는 말로 이해해야 한다고 제안한다. 이 본론의 여는 말은 편지의 본
론 중앙부인 1:16-15:13 전체에 제시된 사도의 메시지를 소개한다. 더욱이
나중에 더 자세히 설명하게 되겠지만, 필자는 두 가지 내용을 제안한다. (1)
로마서 중앙부의 첫 번째 단락(1:16-4:25)과 두 번째 단락(5:1-8:39) 및 네 번
째 단락(12:1-15:13)은 고대 그리스의 "권고적" 수사학의 공식적인 구조와
상당히 가까운 것으로 이해되어야 한다는 것과, 그러나 (2) 세 번째 단락
(9:1-11:33)은 많은 점에서 유대적 "남은 자" 신학 및 수사학과 병행하는 자
료를 포함함으로써 권고 메시지의 통상적인 패턴을 깨뜨린다. 유대적 "남
은 자" 신학과 수사학은 초기 기독교 운동의 모교회인 예루살렘 교회를 자
신들의 신학과 예전과 윤리의 주요 원천으로 여겼던 로마 그리스도인들에
게 특히 의미가 있었을 것이다.

성경신학

어쩌면 사람들은 편지 본론의 여는 글에서 신학적으로 중요한 내용을 많이 발견하기를 기대하지 않을 것이다. 그렇지만 이 몇 구절 안 되는 본문에 신학적으로나 개인적으로 굉장히 중요한 문제들이 몇 가지 있다. 첫째, 바울은 언제나 그리스도를 위해 사역하고 그가 어디에 있든지, 교양이 있는 사람이든지 상대적으로 교양이 없는 사람들이든지, 지식이 있는 사람들이든지 아니면 무식한 사람들이든지, 그들 가운데서 수확물("열매")을 거두어들이길 기대했다. 그의 사역은 어떤 상황에 있는 특수한 사람들만을 겨냥한 것이 아니라 그들의 상황이 어떠하든지 모든 사람을 겨냥한 것이다. 모든 사람이 하나님의 사랑의 대상이며, 모든 사람이 그리스도께서 위하여 죽으신 사람들인 까닭이다.

더욱이 바울이 사람들을 대할 때마다 그들의 특수한 상황이나 환경이 어떠하든지 간에 그는 그가 일찍이 고린도전서 9:19-23에서 묘사한 원리에 늘 기초했다.

> 내가 모든 사람에게서 자유롭고 아무에게도 속하지 않았으나, 스스로 모든 사람에게 종이 된 것은 할 수만 있다면 더 많은 사람을 얻고자 함이라. 유대인들에게 내가 유대인과 같이 된 것은 유대인들을 얻고자 함이요, 율법 아래에 있는 자들에게는 (내가 율법 아래에 있지 아니하나) 율법 아래에 있는 자같이 된 것은 율법 아래에 있는 자들을 얻고자 함이요. 율법 없는 자에게는 (내가 하나님께는 율법 없는 자가 아니요 도리어 그리스도의 율법 아래에 있는 자이나) 율법 없는 자와 같이 된 것은 율법 없는 자들을 얻고자 함이라. 약한 자들에게 내가 약한 자와 같이 된 것은 약한 자들을 얻고자 함이요, 내가 여러 사람에게 여러 모습이 된 것은 아무쪼록 몇 사람이라도 구원하고자 함이니, 내가 복음을 위하여 모든 것을 행함은 복음의 복에 참여하고자 함이라.

그래서 오래전에 오리게네스가 주목했듯이, "그는 그리스인들로부터 열매

를 거두었으며, 야만인으로부터도 열매를 거두었고, 지혜 있는 자들에게서
열매를 거두었고, 심지어 어리석은 사람들에게서도 열매를 거두었다.…바
울은 어떤 사람들에게는 율법과 예언자의 글을 통해 가르쳤고, 다른 사람
들에게는 표적과 기사를 가지고 설득했다."[42]

　여느 기독교 성경신학에도 중요한 내용 중 하나는 다음과 같은 두 가
지 내용을 인식하는 것이다. (1) 바울은 그가 전하도록 하나님에 의해 구별
함을 받은 기독교 복음의 중심성을 그의 의식에서나 사람들을 대함에 있
어서 언제나 전면에 내세웠다. (2) 언제나 그는 그 메시지를 그의 청중들과
수신자들에게 의미 있는 방식으로 상황화하려고 시도했다. 오늘날 기독교
사상과 행위에 필요한 것은 이와 같은 기독교 복음의 중심성과 다양한 상
황 및 환경에 있는 모든 사람에게 그 좋은 소식을 상황화할 필요에 초점을
맞추는 것이다.

현대를 위한 상황화

조금 전에 언급한 것보다 1:13-15의 본론의 여는 말에 기초하여 오늘날 기
독교 복음의 상황화와 관련하여 조금 더 언급할 필요가 있다. 여기서는 세
주석가의 권면을 반복하는 것으로 충분하다. 이들 각 사람은 어느 정도 다
른 기독교 집단들 사이에서 잘 알려진 사람들이며, 다양한 신학적 입장을
대표한다. 세 사람 모두 비록 많은 점에서 매우 다르기는 하지만 이 점에서
는 기본적으로는 일치하며, 우리 모두에게 전할 의미심장한 내용을 가지고
있다.

　장 칼뱅: "모든 선생도 따라야 할 규칙이 여기 있다. 곧 무식하고 배우
지 못한 사람들에게 겸손하고 공손히 자신을 맞추는 것이다. 이렇게 함으
로써 선생들은 행위의 어리석음을 더 참고 인내할 것이며, 무수히 많은 자
랑을 참아낼 것이다. 그렇지 않는다면 이런 것들이 그들을 삼킬 것이다. 그
러나 어리석은 자들에게 행할 그들의 의무는, 그들의 어리석음이 적당함을

---

42) Origen, *Ad Romanos*, PG 14.859.

넘어 발휘되지 않도록 주의해야 함을 기억하는 것이다."[43]

제럴드 크래그(Gerald R. Cragg): "복음의 압박은 모든 인위적인 구분을 무시한다. 누구나 하나님이 그에게 부여하신 과제의 저항할 수 없는 압박을 느끼게 되면, 언어의 차이, 문화의 정도와 같은 것들은 중요하지 않게 된다. 바울은 그의 편지 여러 곳에서 우리가 스스로 다른 사람과 분리한 장벽을 하나님의 은사가 허물어 버리는 방법을 매우 자세하게 제시한다(골 3:11; 고전 12:13). 바울이 복음으로 말미암아 창조된 하나 됨을 그 복음을 우주적으로 알리는 구체적인 과제와 이처럼 분명하게 연결시키는 경우는 자주 없다. 그러나 기회의 문이 허락되었을 때 그는 언제든지 그의 메시지를 전했다. 그는 로마에서도 그 복음을 전할 것이다."[44]

플로이드 해밀턴(Floyd E. Hamilton): "바울은 그의 의무가 온 나라, 모든 계층, 모든 유형의 사람들에게 복음을 전하는 것임을 인식했다. 그 메시지를 이해할 수 있는 타고난 능력에 따라 청중들을 선택하는 것은 그의 과제가 아니었다. 바울이 그들에게 복음에 빚진 것은 그의 의무가 하나님께 받은 것이기 때문이다. 교육을 받지 못한 사람들, 지적 능력이 떨어지는 사람들, 무식한 사람들은 '지식이 있는 사람들'이나 부자나 학문적으로 훈련을 받은 사람들만큼이나 하나님이 보시기에 보배로운 사람들이다. 하나님의 선택된 백성은 사회의 모든 계층에서, 심지어 가장 이목을 끌지 못하는 사람들 사이에서도 발견된다. 우리의 의무는 그리스도인에게 있는 모든 능력과 설득력과 매력을 다해 복음의 메시지를 모든 사람이 알아들을 수 있도록 제시하는 것이다. 어떤 계층이나 국가나 집단도 무시되어서는 안 된다."[45]

43) J. Calvin, *Romans*, in *Calvin's New Testament Commentaries*, 8.26.
44) G. R. Cragg, "Romans" (Exposition), in *Interpreter's Bible*, 9.389.
45) Hamilton, *Romans*, 27.

B. 본론의 중앙부

고대의 "권면의 말["연설" 또는 "메시지"]"(λόγοι προτρεπτικοί)은, 가끔 세 번째 단락이 포함되기도 하지만, 일반적으로는 두 단락으로 구성되었다. (1) 반대 입장을 설득하여 단념시키고 비난하는 부정적인 단락, (2) 화자나 저자의 입장을 정리하고 변호하는 긍정적인 단락, 그리고 어쩌다 사용되는 (3) 앞의 두 단락에 제시된 것을 받아들이라고 청중들이나 수신자들에게 호소하는 격려 단락 등이다.[1] 그러나 바울은 로마의 그리스도인들에게 보 내는 편지에서 권고 담화의 이 통상적인 단락마다 자신이 강조하려는 것과 그가 제시하는 내용에 대한 자신의 의견을 통합한다. 종종 그는 수신자들 이 익숙한 내용으로 그들에게 말하기도 하고 그들에게 특히 적절한 자료를 불쑥 꺼내 설명하기도 한다. 마지막에 언급한 내용과 관련하여 바울의 전 통적인 권면의 "말" 또는 "메시지"의 형식 사용에서 특히 주목할 필요가 있 는 중요한 특징이 적어도 3개가 있다. (1) 바울은 그의 권면의 메시지(1:16- 4:25)의 첫 번째 단락을 재구성하여 부정적인 비난의 말만이 아니라, 그가 주장하는 것에 관한 긍정적인 진술도 포함시킨다. (2) 바울이 첫 번째 단락, 즉 1:18-3:20의 부정적인 진술과 1:16-17과 3:21-4:25의 긍정적인 진술 두 곳 등 양쪽 모두에서 제시하는 방식은, 그가 자신이 그들과 이러한 신앙을 공유한다고 믿었으며 이 기본적인 문제들과 관련해서는 그에 근거하여 논 의를 전개하길 원했음을 시사한다. (3) 바울은 신학적인 내용을 다루는 처 음 두 단락 1:16-4:25과 5:1-8:39 이후 그리고 마지막 격려 단락 12:1-15:13 이전에 위치한 9:1-11:36에서 로마 그리스도인들에게 특별한 관심의 대상 이 되었을 중요한 단락을 첨가한다. 로마의 그리스도인들은 어떤 식으로든 예루살렘 모교회와 접촉했던 유대인 신자들에게서 전반적으로 전달받은 방식으로 예수를 이해했고 예수에 대한 그들의 헌신을 표현했다.

---

1) Aune, "Romans as a *Logos Protrepikos*," in *Romans Debate* (1991), 278-96; 또한 그의 *Westminster Dictionary*, 383-85도 보라.

IV. 첫 번째 단락: 의, 신실함, 믿음(1:16-4:25)

로마서 중앙부의 첫 번째 단락인 1:16-4:25에는 곧바로 강조할 필요가 있는 분명한 특징이 4개 있다.

1:16-17의 논제 진술과 이 단락 나머지 부분 전체에서 반복적으로 δικαιοσύνη("의", "반듯함"), πίστις("믿음", "신실함"), πιστεύειν("믿다") 등 일련의 단어들이 논의를 주도한다. 따라서 이것은 1:16-4:25에 있는 모든 자료의 본질적인 통일성을 암시한다.

1:16-4:25, 특히 시작 부분인 1:16-17과 3:1-4:25의 절정으로 나아가는 부분에 나타난 바울의 논증은 성경 인용으로 가득 차 있다. 이 네 장에 걸쳐 여덟아홉 곳에 등장하는 성경 인용은 15개에서 18개 정도다. 특히 이 단락 다음에 이어지는 단락인 5:1-8:39에 분명한 성경 인용이 거의 없다는 사실과 비교하면, 이것은 로마서 본론 중앙부의 이 첫 번째 단락에 있는 자료의 통일성에 관해 시사하는 바가 있다.

1:18-2:16에는 분명한 성경 인용이 상대적으로 적지만, 그 자료의 이 하위 단락 전체에는 수많은 성경 암시가 등장한다. 그중에 몇몇은 성경적 근거를 둔 금언이며, 일부는 유대적 또는 유대 기독교적 신앙과 교리문답 자료들에서 유래한 것으로 보이는 전통적인 서술들이다.

4:1-24의 아브라함의 예는 4:25의 기독교적인 고백 내용과 더불어 이 단락의 결론으로 적합하다.

여기에 하나 더 언급해야 하는 점은, 로마서 본론 중앙부의 이 첫 번째 단락에 속하는 자료(1:16-4:25)가 내용에서만 아니라 그 논증의 형식에 있어서도 철저히 유대교적인 특성이나 유대 기독교적인 특성을 보인다는 사실이다. 사실, 바울은 이 단락 내내 의로운 유대인이나 유대 그리스도인과 매우 비슷한 목소리를 낸다. (1) 사람의 불경건함과 악을 비난하고, (2) 종교적 율법주의라는 잘못된 개념을 논박하며, (3) 그의 백성과 피조물을 위해 구속적으로 행동하신 하나님에 대한 유일한 바른 반응으로 믿음을 주장한다는 점에서 그렇다.

　　내용 개관. 본론의 중앙부에 속하는 이 첫 번째 단락은 1:16-17의 논제 진술로 시작한다. 이 진술은 (1) 복음의 보편성("먼저는 유대인에게 그리고 헬라인에게")을 말하고, (2) 복음이 "하나님의 의"에 근거하고 오직 "믿음으로" 적용된다는 사실을 강조하며, (3) 하박국 2:4의 인용으로 "의"와 "믿음"이 서로 연결됨을 뒷받침한다. 이 논제 진술에 바로 이어, 이방인과 유대인 등 모든 사람이 죄인이며 의로우신 하나님 앞에서 변명할 여지가 없다는 1:18-3:20의 확장된 부정적 논증이 제시된다. 이 논증은 네 악장으로 진행된다. 첫 번째 악장은 1:18-32에서 제기되는데, 이방인 세상의 사악함을 묘사하는 「솔로몬의 지혜」(13-14장)의 내용과 병행을 이룬다. 두 번째 악장인 2:1-16에서는 「솔로몬의 지혜」 15:1-6에 언급된 유대인의 과대 망상적 선전을 근본적으로 뒤집으면서 인종적으로 어떤 사람인지 상관없이 차별을 두지 않고, 죄를 지은 모든 사람에게 내리시는 하나님의 심판을 선언한다. 세 번째 악장인 2:17-29에서는 모든 형태의 유대교적 율법주의를 부정하며, 네 번째 악장인 3:1-20에서는 하나님 앞에서 유대인들의 상황을 제시하고 일련의 수사학적인 질문들(3:1-9)과 일련의 성경 인용(3:10-20)을 제시한다. 성경 인용은 실질적으로 "유대인과 이방인들이 모두 동일하게 죄 아래 있으며"(3:9), 유대인들이 하나님께 받은 그들의 특권과 권리로 인해 하나님 앞에서 책임질 것이 더 많아졌으며, 이방인들보다 도덕적으로 우월하지 않음을 알린다(3:19-20).

　　본론의 중앙부를 시작하는 이 단락의 후반부인 3:21-4:25에서 바울은 훨씬 더 긍정적으로 자신의 주장을 펼친다. 그는 (1) 3:21에서 하나님의 의가 비록 율법과 예언자들의 증거를 받은 것이긴 하지만 지금 모세 율법과 상관없이(χωρὶς νόμου) 복음에 알려졌다고 주장하고, (2) 3:22-23에서는 그가 1:16-17에서 제시한 원래의 논제 진술을 확장되고 좀 더 발전된 방식으로 반복하며, (3) 3:24-26에서는 확장된 논제 진술을 초기 기독교의 신앙고백적 내용으로써 지지하고, (4) 3:27-31에서는 "하나님 앞에서 차별이 없다는" 그 논제의 특성을 설명하며, (5) 4:1-24에서는 1:16-17과 3:21-

23의 논제 진술에 포함된 믿음이라는 중요한 요소를 아브라함을 예로 들어 설명한다. 그런 다음에 바울은 4:25에서 인류의 구원을 위해 그리스도가 행하신 구속과 칭의 사역을 다루는 기독교의 신앙고백적 내용으로 마무리하면서, 아브라함을 믿음의 예로 다룬 4:1-24뿐만 아니라, (1) 하나님의 "의", (2) 그리스도의 "신실함", (3) "율법 행위"의 무능함, 그리고 (4) "믿음"의 필요성과 관련하여 1:16-4:24에서 언급한 모든 내용에 적절한 결론을 제시한다.

성경 사용. 이 단락에서 첫 번째 명백한 성경 인용은 하박국 2:4b을 인용한 1:17b에서 발견된다. "의인은[또는 아마도 "나의 의로운 자는"] 믿음으로 말미암아 살리라." 두 번째 인용은 2:24에 있다. 여기서 바울은 「솔로몬의 지혜」 15:1-6에 표현된 유대인들의 과대망상적 성격을 이사야 52:5b과 에스겔 36:22b을 혼합한, 이스라엘에 대한 예언자들의 비난으로 역전시킨다. "하나님의 이름이 너희 때문에 이방인 중에서 모독을 받는도다." 세 번째 인용은 시편 51:4을 인용한 3:4b에 등장한다. "주께서 주의 말씀에 의롭다 함을 얻으시고 판단 받으실 때에 이기려 하심이라." 이 구약성경 인용은 모두 "기록된 바"(καθὼς γέγραπται)라는 공식 어구로 소개된다. 여기에 더하여 이 단락, 특히 1:18-2:29에는 구약성경의 암시적 언급이 많이 등장한다. 그중 몇몇은 성경에 근거를 둔 금언이며, 일부는 유대적 또는 유대 기독교적 고백과 신앙 및 교리문답 자료에서 유래한 것으로 보이는 전통적인 서술들이다.

3:10-18에 8개에서 10개의 본문이 결합되었고 이 본문들 역시 "기록된 바"(καθὼς γέγραπται)로 소개되고 있는데, 여기에 특별한 언급이 필요하다. 이 일련의 본문들은 하나님 앞에서 의로운 사람이 하나도 없다는 사실을 강조하려고 바울이 사용한, 일찍이 고정된 선집 또는 증언 모음집으로 종종 이해되어왔기 때문이다. 이 일련의 본문들은 바울이 선별한 것으로 보이지 않는다. 결합되었을 가능성이 큰 본문들을 모두 분석해보면, 이 본문들은 전도서(7:20), 잠언(1:16), 이사야(59:7, 8), 시편(14:1-3; 53:1-3; 5:9; 140:3; 10:7; 36:1) 등에서 인용된 것임이 드러난다. 이것은 총체적으로 유대교에 공

통적으로 사용되던 본문 모음집이지 바울 서신 다른 곳에서 발견되는 일련의 본문 모음집이 아니다. 더욱이 이 본문들의 본문 형태는 70인역과 마소라 본문의 다양성을 증언하며, 어휘는 때때로 70인역이나 마소라 본문에는 없는 어휘들이다. 그리고 3:10-18의 자료의 구조가 연(strophe)으로 이루어진 것이 아닐 가능성이 크지만, 구성하면서 세심한 주의를 기울였다는 것을 알 수 있다. "하나도 없다"(οὐκ ἔστιν)는 어구가 6번 반복되며, 몸의 다양한 부위들("목구멍", "혀", "입술", "입", "발", "눈")을 열거하여 모든 사람이 총체적으로 죄인이라는 사실을 강조한다. 이런 요소는 모두 이 일련의 본문이 초기의 어떤 유대인 교사에 의해 구성되었으며 유대교나 초기 유대 기독교에 어떤 내력이 있었음을 암시한다.

바울이 이 본문들을 인용한 요지는 분명하다. 성경이 이방인 세계의 곤궁함에 대해서만 지적하는 것이 아니라 더욱 특별히 하나님의 백성, 즉 유대인이라고 주장하는 사람들의 상태에 대해서도 언급하고 있다는 것이다. 바울이 3:19에서 주장하듯이, "무릇 율법이 말하는 바는 율법 아래에 있는 자들에게 말하는 것이니, 이는 모든 입을 막고 온 세상으로 하나님의 심판 아래에 있게 하려 함이라." 하지만 이와 같은 성경 본문 모음집이 바울만의 독특한 자료라거나 그가 이 모음집에서 끌어낸 결론이 그의 수신자들에게 새로운 내용이었다고 추측할 필요는 없다. 오히려 바울은 3:19에서 "우리가 알거니와"(οἴδαμεν δέ)라는 표현을 사용하여 그의 진술을 소개한다. 이것은 바울이 믿기로 이 일련의 본문들이 예루살렘 기독교의 신학과 사고방식, 언어 및 실천적인 내용에서[2] 광범위하게 영향을 받았다고 우리가 상정한 그의 수신자들에게 알려졌을 뿐만 아니라, 이 문제와 관련하여 로마에 있는 그의 그리스도인 수신자들과 바울 자신 사이에 일치하는 내용이 상당히 많이 있었음을 암시한다.

"의"와 "믿음"에 대한 바울의 논의에서 마지막으로 인용된 본문 단락은 아브라함을 믿음의 최상의 예로 제시한 4:1-24에 등장한다. 네 본문

---

2) 본서 "서론", 54-56쪽을 보라.

이 인용되었다. (1) 창세기 15:6("아브라함이 하나님을 믿으니, 그것이 그에게 의로 여겨진 바 되었느니라"). 이 본문은 4:3과 4:22에 등장하는데, 첫 번째 경우는 "성경이 무엇을 말하느냐?"(τί γὰρ ἡ γραφὴ λέγει)라는 수사학적 의문문으로 소개되며, 두 번째 경우는 "그러므로"(διό)라는 추론적 접속사로 소개된다. (2) 시편 32:1-2("불법이 사함을 받고 죄가 가리어짐을 받는 사람들은 복이 있고, 주께서 그 죄를 인정하지 아니하실 사람은 복이 있도다"). 이 본문은 4:7-8에 등장하며, "다윗이 말한 바"(Δαυὶδ λέγει)로 소개되었다. (3) 창세기 17:5("내가 너를 많은 민족의 조상으로 세웠다")은 4:17에서 발견되며 4:18에서는 암시되었다. 이 본문은 "기록된 바"(καθὼς γέγραπται)로 소개된다. 그리고 (4) 창세기 15:5("네 후손이 이 같으리라")은 4:18b에 등장한다. 이 본문은 "~하신 말씀대로"(κατὰ τὸ εἰρημένον)로 소개된다. 창세기 15:5-6과 17:5은 아브라함에게 주신 하나님의 복과 약속을 언급하는 중요한 본문들이다. 이 표준적인 본문에 시편 32:1-2이 첨가되었다. 시편 32:1-2은 창세기 15:6을 지지하며, "의롭다고 여기고"(ἐλογίσθη εἰς δικαιοσύνην)와 "죄를 인정하지/세지 아니하실"(οὐ μὴ λογίσηται ἁμαρτίαν)이라는 표현에서 하나님이 하시는 일을 강조하기 위해 미드라시 형태로 인용되었다. 두 경우 모두 동사 λογίομαι가 사용되었는데, 이것은 어떤 것이 어떤 사람에게 있다고 "간주하다" 또는 "믿어주다(여기다)"를 의미한다.

접근법과 목적. 바울은 로마서 본론 중앙부의 첫 번째 단락을 상당히 전통적인 방식으로 시작한다. (1) (전형적인 권고의 말이나 권고의 글의 첫 번째 단락에 나타나듯이) 그가 반대하는 것을 비난할 뿐만 아니라, (2) (수신자들이 자신의 말에 집중할 수 있도록 그가 흔히 하듯이) 할 수만 있으면 수신자들의 입장에 동의하기도 하고 (3) (확신시키기 위해 그가 다른 편지에서도 종종 그렇게 하듯이) 수신자들과 바울이 공유하는 자료와 방법을 사용한다. 바울은 일찍이 갈라디아에 있는 그의 회심자들에게 보낸 편지의 제시부(propositio)에서 밝혔던 것처럼(갈 2:15-21), 예수를 믿는 참 신자라면 누구든지 사람이 "율법의 행위"가 아니라 그리스도께서 이루신 것과 그리스도를 믿는 믿음으로 의롭다 함을 받는다는 것(15-16절)을 알고 있다고 굳게 믿었다. 바울은 그런 동일한 확신으로 로마의 수신자들에게 편지를 쓰고 있으며, 로마서 본론 중앙부의 이 첫 번째 주요 단락에서 그가 믿고 있는 내용인 율법주의의 헛됨과 하나님 앞에서는 믿음으로만 용납된다는 사실을 그들과 바울이 모두 공유하고 있다고 표현한다. 그런 후 바울은 로마서 본론의 중앙부 두 번째 주요 단락인 5:1-8:39에서 그의 이방인 선교에서 드러난 기독교 복음 선포의 특징들과 관련된 문제들을 다룬다. 바울은 2:16과 16:25에서 그 복음을 "나의 복음"이라고 불렀으며, 그 복음에 대해서는 로마에 있는 그리스도인들 사이에서 약간의 불확실성과 논쟁, 심지어 비평이 있었던 것 같다.

고대의 여느 "권면의 말["연설" 또는 "메시지"]"(λόγοι προτρεπτικός)의 첫 번째 부분에서처럼, 바울이 이 첫 번째 단락 1:16-4:25에서 보인 그의 목적은 설득하여 단념시키고 비난하는 데 있다. 곧 인종적으로 유대인이든지 이방인이든지, 예수를 믿는 모든 신자를 설득하여 어떠한 형태의 종교적 율법주의에 의해 유혹을 받지 못하게 하고, 하나님과의 관계에 대한 이런 율법주의적 태도를 비난하는 것이다. 하지만 바울은 이와 같은 만류와 비난을 넘어 (1) (그리스도인들이 그들의 구약성경으로 용납한 성경인) 유대인의 성경에 제시된 이스라엘의 종교와, (2) 나사렛 예수의 인격과 교훈과 사역에 관한 사도적 설교(그리스도인들은 이것을 구약의 예언자들의 메시지와 맥을 같이 할 뿐만 아니라 그 메시지의 성취라고 주장했다)에 기초한 참된 유대 기독교에 모두 핵심적인 문제였던 "의"와 "신실함"과 "믿음"이라는 기본 원리를 선언한다. 그래서 바울은 로마서 본론 중앙부의 이 첫 번째 주요 단락 전체에서 자신과 그의 수신자들이 비록 서로 간에 강조와 전략은 다르다 할지라도 "하나님의 의"와 "믿음으로 의롭다 함을 얻음"과 관련해서는 기본적으로 일치하고 있다는 사실을 확신하는 사람으로서 글을 쓴다. 그리고 바울이 이렇게 할 수 있었던 것은, 그의 수신자들이 이 일치하는 내용을 인정하고 있다는 사실이 그가 나중에 이 편지에서 하나님이 정하신 이방인 선교에서 이방인들에게 기독교 복음을 선포한 것과 관련하여 말하고자 하는 내용을 준비하기 위한 중요한 첫 단계였다는 믿음이 있었기 때문이다.

첫 번째 단락의 1부(1:16-3:20)

로마서 본론 중앙부의 첫 번째 주요 단락에 속한 이 전반부 1:16-3:20에 대한 해석은 거의 모든 주석가에게 난해하기로 악명이 높다. 루크 티모시 존슨(Luke Timothy Johnson)은 주석가들이 되풀이하는 불평을 다음과 같이 표현했다. "이 단락을 어떻게 읽어야 하는지와 관련한 질문은 로마서 해석에서 가장 어려운 문제 중 하나다."[3]

바울 논증의 유대적 특성, 관점, 정신. 로마서 본론 중앙부의 이 첫 번째 단락, 즉 1:16-3:20에서 바울의 논증을 다룬 최근의 수많은 논의는 이 단락의 "유대적 특성", 이 단락의 "유대적 관점", 이 단락의 "유대적 정신"을 언급한다.[4] 하지만 이 자료의 "유대적" 성격을 어떻게 이해하느냐와 관련해서는 의견 차이의 폭이 넓다.

종종 로마서 본론 중앙부의 첫 번째 단락에 속하는 이 전반부, 특히 2:1-3:9은 "바울이 동료 유대인과 나눈 대화"로 묘사되곤 한다.[5] 다른 때에는 이것이 바울이 디아스포라 유대교의 "회당 설교"에서 인용한 "설교적 자료"[6] 또는 "유대적 이상들에 관한 대화"로[7] 언급되기도 했다. 심지어 1:16-3:20(과 1:16-4:25 전체)에 등장하는 것을 바울 자신이 믿는 내용으로 보아서는 안 되고, "바울이 공격하는 대적자들의 유대적 입장"을 묘사하는 것으로 이해해야 한다는 주장이 제기되기도 했다.[8] 그러므로 본문을 직접 석

---

3) L. T. Johnson, *Reading Romans*, 31.
4) Beker, *Paul the Apostle*, 78-83, 94-104; E. P. Sanders, "Appendix: Romans 2," 123-35; Nanos, *The Mystery of Romans*, 8-16, 여러 곳; 또한 이전 시대의 자료인 W. Manson, "Notes on the Argument of Romans," 150-64도 참조하라.
5) Stowers, *Diatribe and Paul's Letter to the Romans*, 93-98, 110-13; 같은 저자, "Paul's Dialogue with a Fellow Jew," 707-22; 같은 저자, *Rereading of Romans*, 159-75.
6) E. P. Sanders, *Paul, the Law, and the Jewish People*, 123, 129.
7) Carras, "Romans 2,1-29," 183-207.
8) D. A. Campbell, *Quest for Paul's Gospel*, 233-61. 또한 그의 저서 *Deliverance of God: An Apocalyptic Reading of Justification in Paul* (2009)을 보라. 이 책은 기량이 남다르고 통찰과 독창성이 뛰어난 역작이다. 필자는 그가 (1) 롬 1:16-4:25에 등장하는 문제들을 부각시킨 것과 (2) 바울의 설교의 핵심으로 8장의 "그리스도 안" 주제에 초점을 맞춘 것에 동의한다. 하

의하는 일을 시작하기 전에 이 단락의 전반부에 연루된 주요 해석학적 문제들을 밝히고 그것을 해결하는 방안을 제시할 필요가 있다.

주요한 해석학적 문제들. 해석자들은 대부분 1:16-17의 "칭의(즉 의롭다고 함)"와 "믿음"에 관련해서 바울이 진술한 내용의 기능과 일반적인 취지를 이해하는 데 어려움이 거의 없다고 믿는다. 그뿐만 아니라 주석가들 중 바울이 3:21-4:25에서 그가 1:16-17에 기록한 내용을 반복하고 확장하며 지지한다는 점을 의심하는 사람은 아무도 없다. 그러나 바울이 1:16-17의 매우 적극적인 선포 이후, 3:21-23에서 그 선포를 반복하고 확장하고 발전시키며, 3:24-26에서 그것을 지지하고, 3:27-31에서 그것을 더욱 자세히 설명하며, 3:21-4:25에서 그 예를 제시하고 나서, 1:18-32에서 발견되는 매우 부정적이고 비난적인 진술과 2:1-3:20에 등장하는 비판적인 평가를 삽입하는 이유를 설명하려고 할 때 문제가 발생한다. 그리고 바울이 1:18-3:30의 여러 곳에서 누구에 대해 말하고 있는지 또는 누구에게 말하고 있는지를 밝히려고 할 때 문제는 커진다.

1:18-3:20에 있는 자료의 근거와 관련된 첫 번째 문제는 어느 정도 최근에 제기된 문제이며, 우리가 나중에 1:18-32(과 좀 더 간접적으로는 2:1-3:20의 자료)을 다룰 때 직접 논의할 것이다. 그러나 1:18-3:20에서 바울이 누구에 대해 말하고 있는지 또는 누구에게 말하고 있는지와 관련된 두 번째 문제는 오리게네스, 히에로니무스, 아우구스티누스, 에라스무스와 같은 초기의 해석자들에게는 지대한 관심을 불러일으키는 문제였으며, 오늘날의 주석가들을 계속 괴롭히고 있다. 논의의 대상 혹은 수신자들이 1:18-32에서는 이방인들, 2:1-5에서는 유대인, 2:6-16에서는 이방인 그리고 2:17-3:19에서는 다시 유대인으로 바뀌었다가 3:20의 결론으로 마무리되는가? 아니면 논의의 대상 혹은 수신자들이 1:18-32에서는 이방인, 2:1-

---

지만 그가 바울을 이해하는 데 있어 (1:16-4:25에서 칭의와 관련된 다른 법정적인 구원의 표현들을 무시할 뿐만 아니라) 칭의의 메시지를 제쳐놓은 것에는 동의하지 않는다. 바울이 로마서 본론의 중앙부에서 행하고 있는 것에 대한 필자의 논지는 이어지는 주석에서 상당히 폭넓게 제시되었다.

3:19에서는 유대인이며, 3:20에서는 두 부류의 인종을 모두 고려하여 결론으로 마무리되는가? 그렇지 않으면 1:18-2:16에서는 일반 사람들을 대상으로 삼고 2:17-3:19에서는 유대인들(또는 특별한 유형의 유대인들)을 대상으로 하다가, 3:20에서 결론으로 마무리되는가?

이와 비슷하게 1:18-3:20에 포함된 구조들을 평가하려 할 경우에도 문제들이 발생한다. 이 단락의 첫 번째 부분인 1:18-32에는 이방인들의 우상숭배와 부도덕에 대해 「솔로몬의 지혜」 13:1-14:31에서 묘사한 내용과 매우 근사한 방식으로 우상숭배와 부도덕을 비난하는 말이 등장한다. 그래서 많은 학자는 바울이 어떤 의미에서 「솔로몬의 지혜」 13, 14장의 묘사와 언어들 또 어쩌면 「솔로몬의 지혜」 11, 12장에도 언급된 이교도 세상에 관한 일부 진술들을 차용하여 로마서 1:18-32에서 불경건함과 사악함을 비난한 것이 틀림없다고 주장해왔다. 더욱이 바울이 로마서 2:1-15을 쓸 때 「솔로몬의 지혜」 15:1-6에 있는 유대인들의 과대 망상적 진술을 알고 있었으며 이를 논박하기를 원했을 수도 있고, 어쩌면 바울과 「솔로몬의 지혜」의 저자가 비슷한 전통에 의존했을지도 모른다.

이 하위 단락의 두 번째 부분, 특히 2:1-3:8에는 그리스식 비난적 대화와 유대교 또는 유대적 기독교 전통 자료 모두에게 속한 특징과 문체적 흔적이 많다. 그리고 바울 서신에서 가장 긴 일련의 성경 본문을 포함하고 있는 3:10-18은, 많은 사람이 처음에 유대인들이나 유대 그리스도인들이 모았고 그 후 바울이 "유대인이나 이방인이나 다 죄 아래 있다"는 그의 논지를 지지하면서 사용했을 가능성이 큰 증거집으로 이해해왔다(3:9; 참조. 3:19, 23).

그러나 더 중요한 점은 다음과 같은 질문을 제기할 경우 해석의 문제가 커진다는 것이다. 바울이 2장에서 이방인들과 유대인들에 관해 말한 내용이 로마서 나머지 부분에서 일반 사람들과 특히 유대인들에 대해 말하는 내용과 어떻게 연결되는가? 하나님이 사람을 차별하지 않으신다는 사실(2:11), 유대인들과 이방인들이 동일하게 죄 아래 있다는 사실(3:9-19, 23), 아무도 율법을 지킴으로 의롭다고 선언될 수 없다는 사실(3:20)과 관련하여 그가 내린 결론은 분명하지만, 로마서 2장의 네 본문은 "선한 행위"와 "율법을 행함"으로, 즉 모세 율법에 "순종함"으로써 구원을 얻는다는 신학을 제시하는 것처럼 보인다. 그리고 2장에서 오직 한 곳, 즉 2:16만 분명하게 기독교적인 언어를 전면에 부각시킨다.

첫 번째 문제의 본문은 2:7, 10에 등장한다. 이곳에서는 참고 "선한 행위"(7절, ἔργου ἀγαθοῦ)와 "선"(10절, τὸ ἀγαθόν)을 행하는 사람에게 하나님이 "영생"을 주실 것이라고 한다. 이것은 3:21-30과 4:1-25, 그리고 9:1-11:36 전체에서 믿음으로만 의롭다 함을 받는다고 말하는 것과 상충하는 듯하다.

두 번째 문제의 본문은 2:13이다. 여기서는 "율법을 행하는 자라야 의롭다 하심을 얻으리라"고 한다. 이것은 겉으로 보기에 다음의 내용과 상충하는 듯하다. (1) 3:20에 있는 율법의 행위로 의롭다 하심을 얻을 사람이 없다는 바울의 진술, (2) 바울이 7:14-25에서 사람이 율법에 순종할 수 없다고 언급한 것, (3) 9:30-11:12에서 이스라엘이 모세 율법으로 의를 얻으려고 한 것을 비난한 것 등이다.

세 번째 문제의 본문은 2:14-15이다. 이 본문에는 "본성상 율법이 요구하는 것을 행하는"(φύσει τὰ τοῦ νόμου ποιῶσιν) 일부 이방인들이 실제로는 "율법의 요구들(τὸ ἔργον τοῦ νόμου)이 그들의 마음에 기록되었음"을 보여준다는 진술이 있다. 여기서는 그들이 행함으로 하나님 앞에서 의롭다 함을 얻는다는 사실이 추론된다. 바울이 이 본문 전체에서 νόμος("율법" 또는 "법")라는 용어를 모세의 율법이라는 의미로 사용하고 있다고 상정하면, 이러한 추론은 그가 앞서 1:18-32에서 이방인 세상에 대해 묘사한 내용과 3:20에서 율법을 지킴으로써 하나님 앞에서 의롭다 함을 얻을 가능성이 없다고 결론을 내린 부분과 상충하는 듯하다.

네 번째 문제의 본문은 2:25-27이다. 이 본문은 의로움이 모세 율법을 지킴과 연결되어 있다는 가정 위에 세워진 것처럼 보인다. 하지만 이것은 다시 몇 가지 내용에 정면으로 위배되는 것 같다. (1) 바울이 3:20에서 내린 이 단락에 대한 분명한 결론, (2) 3:21에서 "하나님의 의"가 "율법과 상관이 없다"는 그의 진술, (3) 4:1-25에서 믿음의 전형으로 아브라함을 사용한 것, (4) 기독교 복음과 이스라엘의 소망 간의 관계에 대한 9:1-11:36의 모든 진술뿐만 아니라, 갈라디아서 2:15-16, 3:6-14에 있는 그의 주장과 갈라디아서 4:12-5:12에서 그가 권면한 내용 등이다. 이 모든 내용은 그의 다른 편지들의 다양한 곳에서도 발견할 수 있다.

이 주요한 해석학적 문제들을 1:18-3:20과 관련하여 어떻게 이해할 수 있을까? (지면의 한계와 더불어) 교육적인 목적에서, 이 문제들을 어떻게 이해할지와 관련한 매우 복잡한 질문에 대해 우리가 제안한 것뿐만 아니라 이 문제들에 대한 분명한 논의는, 문제의 본문들을 각각 주석하는 데서 진행되어야 할 필요가 있다. 여기서는 다만 나중에 더 자세히 다루겠다는 약속만 하고 해당 문제를 제기하는 것으로 충분하다.

1. 의, 신실함, 믿음에 대한 논제 진술(1:16-17)

번역

[1:16]나는 복음을 부끄러워하지 아니하노니, 이 복음은 모든 믿는 자에게 구원을 주시는 하나님의 능력이 되기 때문이라. 먼저는 유대인에게요 그리고 이방인에게로다. [17]복음에 하나님의 의가 나타났으니, 그것은 하나님의 신실함에 근거하고 인간의 반응인 믿음으로 이르게[또는 "결과를 내게"] 하는데, 기록된 바 "의인은 믿음으로 말미암아 살리라" 함과 같도다.

본문비평 주

1:16a   Τοῦ Χριστοῦ("그리스도의")라는 어구가 첨가되지 않은 τὸ εὐαγγέλιον("복음")의 등장은 P[26]과 대문자 사본 A B C D* G, 소문자 사본 33 1739(범주 I) 및 81 1506 1881(범주 II)의 지지를 받는다. 이 독법은 모든 라틴어 역본, 시리아어 역본, 콥트어 역본에도 반영되었다. 그러나 τοῦ Χριστοῦ("그리스도의")가 첨가된 독법이 9세기에서 15세기의 비잔틴 계열의 상당히 많은 소문자 사본뿐만 아니라, 9세기의 비잔틴 계열의 대문자 사본인 K(018) L(020) 그리고 P(025)로 대표되는 비잔틴 본문 전통에 반복해서 등장한다. Τοῦ Χριστοῦ가 첨가된 독법은 서방 본문의 교정본인 코덱스 D^c에 포함되기도 했다. 하지만 본문 전승의 과정에서 이 어구가 첨가되었다고 보는 것이 이 어구의 생략을 설명하는 것보다 훨씬 더 쉬우며, 그래서 소유격 어구인 τοῦ Χριστοῦ가 생략된 τὸ εὐαγγέλιόν을 받아들여야 한다.

16b   어구 εἰς σωτηρίαν("구원을 주시는")은 9세기 대문자 사본 G(012)에는 생략되었지만, 다른 모든 사본에는 포함되었다. 이 어구의 생략은 필경사의 생략으로 보아야 한다. 이는 아마도 어느 필경사가 바울의 어휘에서 "구원"이라는 용어의 진가를 알아보지 못한 데서 기인할 것이다(아래 해당 본문 주석을 보라).

16c   중성 부사 πρῶτον("먼저는")이 대문자 사본 B, G에 생략이 되

었다. 그 생략은 it^g cop^{sa}와 (마르키온의 본문에 대해 보고하는) 테르툴리아누스
와 에프렘 사본(Ephraem)에도 반영되었다. 하지만 이 어구는 다른 모든 사
본 증거에는 포함되어 있다. 이 어구의 생략은 의심의 여지 없이 마르키온
의 영향 때문이다. 마르키온은 유대적 우월성이나 특권은 받아들일 수 없
었다.

17a   마르키온은 도입 어구인 καθὼς γέγραπται("기록된 바")와 하
박국 2:4b(ὁ δὲ δίκαιος ἐκ πίστεως ζήσεται)도 생략했을 것이다. 이 어구들은
마르키온이 로마서를 취급한 것과 관련하여 테르툴리아누스의 논의에 언
급되지 않았기 때문이다.

17b   교정되지 않은 에프렘 사본(C* 04)에 인칭 소유대명사
μου("나의")가 첨가되고, 그럼으로써 ἐκ πίστεως μου ζήσεται("그는 나의 믿
음/신실함으로 말미암아 살리라")라고 읽게 되는데, 이것은 아마도 필경사가 이
하박국을 인용문의 70인역 형태에 일치시켰기 때문일 것이다.

형식/구조/상황

1:16-17의 논제 진술은 비교적 간단하다. 하지만 이 본문에 대한 해석은 종
종 난해했다. 본문의 형식과 구조 및 상황과 관련한 두 가지 문제는 석의와
주해와 성경신학을 다루기 전에 먼저 분명히 해둘 필요가 있다. 두 가지 문
제는 이것이다. (1) 본문의 수사학적 특징과, (2) 근접한 문맥과 로마서의
전체 구조에서 이 짧은 본문의 위치와 기능이다.

수사학적 특징(개연성이 있는 것과 덜한 것 모두). 본론 중앙부의 첫 번째
주요 단락의 도입부 논제 진술에서 맨 처음 발견되는 수사학적 관습은 대
용(代用)이라고 불리는 수사학적 기교다. 이는 일련의 진술들이 시작될 때
등장하는 단어나 표현의 반복이다. 또는 확장된 대용에서처럼, 그것은 자료
의 다른 단락에 의해 중단된 논의가 재개되는 곳에 사용되는 단어나 표현
의 반복을 가리킨다. 이 수사학적 관습의 첫 번째 부분은 "의"와 "믿음"에
대해 논하는 1:16-17의 논제 진술에 등장한다. 3:21-23에서 드러나는 이 동
일한 논제의 재진술과 확장 및 발전과 결합되는 경우, 이 두 단어의 등장이

확장된 대용을 형성하는 것으로 이해하는 것이 가장 좋을 것 같다.

주에트 배슬러(Jouette Bassler)는 "먼저는 유대인에게요 그리고 헬라인에게로라"('Ιουδαίῳ τε πρῶτον καὶ "Ελληνι)는 표현도 이후 수사학자들에의해 수미상관으로 불린 또 다른 수사학적 관습의 첫 번째 부분이라고 밝힌다. 이것은 2:9-10에서 같은 단어들이 2번 반복됨으로써 완성된다. 그리고 1:18-20에 처음 등장하고 그 후 2:1-9에 다시 등장하는 몇몇 단어와어구들의 반복과 아울러, 이렇게 제안된 수미상관에 기초하여, 배슬러는 1:16-2:10의 구조적 통일성을 주장했다. 배슬러는 1:16-2:10을 그녀가 서간체적 교차대구법에 가깝게 보인다고 한 "반지 구조"(ring-structure)로 이해해야 한다고 제안할 뿐만 아니라, 단락의 결론인 2:11에 선언된 "하나님의차별 없음"이라는 원리가 바울이 1:16-2:29에서 말하는 모든 내용의 주제로 이해되어야 한다고 제안하기도 했다.[9]

배슬러의 주된 주장은 "모든 믿는 자에게 구원을 주시리니, '먼저는 유대인에게요 그리고 이방인에게'('Ιουδαίῳ τε πρῶτον καὶ "Ελληνι)"를 언급하는 1:16의 진술이 2:10에서 발견되는 "선을 행하는 각 사람에게는 영광과 존귀와 평강이 있으리니, '먼저는 유대인에게요 그리고 이방인에게'('Ιουδαίῳ τε πρῶτον καὶ "Ελληνι)"라는 진술과 함께 정교한 구조적 수미상관을 이룬다는 것이다.[10] 그러나 배슬러는 이것 외에도 몇 가지를 더지적한다. (1) 1:18a의 "하나님의 진노가 나타나나니"(ἀποκαλύπτεται ὀργὴ θεοῦ)라는 표현은 2:5의 "진노"(ὀργή)와 "나타남"(ἀποκάλυψις)이라는 단어들에서 반복된다는 것, (2) 1:18b의 "불의로 진리를 막는 사람들의 모든경건하지 않음에 대하여"(ἐπὶ πᾶσαν ἀσέβειαν…ἀνθρώπων τῶν τὴν ἀλήθειαν ἐν ἀδικίᾳ κατεχόντων)라는 어구는 2:9에서 "악을 행하는 각 사람의 영에게는"(ἐπὶ πᾶσαν ψυχὴν ἀνθρώπου τοῦ κατεργαζομένου τὸ κακόν)이라는 어구와 어

---

9) Bassler, *Divine Impartiality*, 특히, 121-70; Bassler의 책은 M. Pohlenz, "Paulus und die Stoa" (1949)의 논문과 J. A. Fisher, "Pauline Literary Forms and Thought Patterns" (1977)의 논문에 근거했다.

10) Bassler, *Divine Impartiality*, 124-25.

느 정도 병행을 이룬다는 것, (3) 1:8의 "진노"(ὀργή), "불의"(ἀδικία), "진리"(ἀλήθεια) 등 세 단어 구성은 2:8에서 "진리"(ἀλήθεια), "불의/악"(ἀδικία), "진노"(ὀργή)로 다시 등장한다는 것, (4) 1:20의 "핑계하지 못할지니라"(ἀναπολόγητος)는 비판적인 표현 역시 2:1의 "그러므로 네가 핑계하지 못할 것"(διὸ ἀναπολόγητος εἶ)이라는 어구에서 발견된다.[11] 이것 이외에 배슬러는 "동해 보복법"(ius talionis)이라는 주제가 1:18-32과 2:1-10에 모두 등장한다는 사실을 주목한다.

　　하지만 배슬러의 논지와 그 논지를 풀어낸 부분은 오늘날 대부분의 학자들을 설득시키지 못했다. 주된 문제는 다음과 같다. (1) 그녀의 논지는 1:18-32의 3인칭 복수가 2:1에서 시작하는 2인칭 단수로 바뀐 것을 충분히 고려하지 않았다. 이것은 2:1에서 새로운 초점이 시작하거나 새로운 사람 집단이 등장하므로 바울의 전반적인 논의의 새로운 단락(또는 하위 단락)이 거기서 시작함을 암시한다. (2) 그 논지는 호격 "오 사람아"(ὦ ἄνθρωπε)를 진지하게 취급하지 않았다. 이 호격은 2:1-16에서 이어지는 모든 내용을 이끌고, 독자에게 바울의 논증에서 새로운 단락(또는 하위 단락)을 밝히는 편지의 단서를 제공하는 것 같다. (3) 그 논지는 1:18-32과 2:1-10 간의 문체의 극적인 전환을 설명하지 못했다. 1:18-32에는 분명하게 드러나지 않았던 디아트리베 형식이 2:1-5에서는 현저하게 드러나며 그 후 이어지는 바울의 논의 단락(또는 하위 단락)에서도 계속된다(참조. 2:17-29과 3:1-9). 그래서 비록 배슬러가 서간체적 교차대구법에 가까운 어구로 이해한 1:16-2:10이 "반지 구조"라고 주장하지만,[12] 대부분의 학자는 배슬러가 자신의 논지를 충분히 인식하지 못했거나 설득력 있게 다루지 못했다고 생각한다. 공통적인 주제와 비슷한 어구들, 병행적인 표현들과 반복이 있다는 점은 논의의 발전에 있어 중요한 것이 사실이지만, 그것들이 여기에 수사학적인 또는 구조적인 반지 구성의 형식이 있음을 암시한다고 볼 필요는 없다. 이런 측

---

11) Bassler, *Divine Impartiality*, 125-31.
12) Bassler, *Divine Impartiality*, "Appendix D," 199.

면에서 편지의 교차대구법이 존재한다고 볼 필요는 더더욱 없다.

오히려 오늘날 대다수 주석가들이 믿고 있다시피, 배슬러가 관찰한 것은 단순히 1:16-18에 등장하는 몇몇 표현과 어구 및 단어들이 2:5-9에서 반복되었다는 점이다. 하지만 배슬러는 이 두 단락에서 사용된 다른 중요한 특징들을 충분히 고려하지 않았다. 이를테면 (1) 논의의 대상이 되는 초점이나 집단의 변화, (2) 인칭대명사의 변화, (3) 문체의 변화 등이다. 따라서 예를 들어 ἀναπολόγητος("핑계하지 못하다")라는 단어가 1:20에 등장하고 그다음에 2:1에 재등장하는 반면에, 이것은 동일한 문맥에서의 병행 사용으로 이해되어서는 안 되고, 약간은 다른 사람들로 이루어진 집단을 동일한 이유로 비난하는 수단으로 이해되어야 한다. 즉 이교도 이방인들과 "남을 판단하는 사람" 모두 "핑계하지 못한다."

더욱이 제임스 던이 바르게 관찰했듯이, 배슬러가 1:16-2:11을 구분되는 단일 문학적인 단위로 이해하기에 "2장 자체의 비난을 발전시키는 데 상당히 많은 단절이 일어난다."[13] 또는 조세프 피츠마이어가 배슬러의 논지에 대해 논평한 것처럼, 그녀가 2:1-11에서 부각되는 주제로서 "하나님이 차별하지 않으신다는 점을 강조한 것은 옳다고 해도", "그녀가 2:11이 1:16에서 시작하는 단위를 마무리한다고 주장한 것은 설득력이 없다. 그녀가 제안한 반지 구성은 로마서 이 부분의 구조에서 명확한 구분을 하는 데도 영향을 끼친다."[14] 그리고 2:1-11을 전후 문맥에서 언급된 좀 더 구체적인 비난을 묶는 "중복되는 단락으로 이해하는 것이 좋다"고 주장하는 던과 피츠마이어는 의심의 여지 없이 옳다.[15]

로마서의 구조에서 1:16-17의 위치와 기능. 그렇다면 바울이 로마의 그리스도인들에게 보낸 편지의 본론 중앙부의 이 첫 번째 주요 단락(즉 단락 I, 1:16-4:25)의 구조와 로마서의 전체 구조, 특히 로마서의 두 번째와 세

---

13) Dunn, *Romans*, 79.
14) Fitzmyer, *Romans*, 298.
15) Dunn, *Romans*, 79에서 인용함. 또한 Fitzmyer, *Romans*, 298도 보라.

번째 주요 신학적인 단락(즉 단락 II, 5:1-8:39과 단락 III, 9:1-11:36)에서 1:16-17의 위치와 기능에 대해 말할 수 있는 것은 무엇일까? 먼저 언급해야 하는 점은 이것이다. 1:16-17의 논제 진술의 확장된 대용(代用)과 3:21-23에서 그 진술의 반복과 확장 및 발전이 시사하는 것은 로마서 본론 중앙부(단락 I)의 첫 번째 주요 단락을 두 부분으로 이해해야 한다는 점이다. 즉 1:16-3:20의 첫 번째 부분은 1:16-17의 논제 진술에 의해 소개되고 있고, 3:21-4:25의 두 번째 부분은 3:21-23의 첫 번째 진술의 반복과 확장 및 발전에 의해 소개되고 있다. 이 외에도 주목해야 할 것이 있다. (1) 1:16-17과 3:21-23의 이 두 논제 진술에 등장하는 특정 단어들, 일련의 단어들, 어구들, 표현들, 강조들은 1:16-4:25(특히 후반부) 내내 빈번하게 재등장할 뿐만 아니라, (2) 이런 것들이 로마서 본문 중앙부의 두 번째 단락인 5:1-8:39에서 다른 일련의 단어들, 표현들, 강조들로 대체되는 경향이 있다는 것이다(이 점에 대해서는 두 번째 단락을 다룰 때 더 자세히 논의할 것이다). 그래서 이 두 비교적 기본적인 관찰에 근거하여 여기서 제안하는 것(그리고 나중에 더 다룰 것)은, 1:16-17이 중요한 논제를 진술하고 (3:21-23에서 그것의 반복과 확장도 부각되어야 하듯이) 그 자체만으로도 부각되기도 하지만, 그것은 (대부분의 주석가가 추정하듯이) 로마서 전체에 대한 논제 진술이 아니라 오히려 로마서 본론 중앙부의 첫 번째 주요 단락인 1:16-4:25에 대한 논제 진술로 이해되어야 한다는 것이다. 이 논제 진술의 기본적인 주제들은 나중에 다시 채택되어 확장된 권고 담화의 삽입된 세 번째 주요 단락인 9:1-11:36에서 변호되고 명확해진다.

석의와 주해

1:16a 바울은 그가 로마서의 인사말을 시작했던 것처럼(1:1-4) τὸ εὐαγγέλιον("복음")을 강조하는 말로 로마서 본론 중앙부의 이 첫 번째 단락을 시작한다. 그는 이렇게 진술한다: οὐ γὰρ ἐπαισχύνομαι τὸ εὐαγγέλιον("내가 복음을 부끄러워하지 아니하노니"). 해석자들이 종종 1:16a을 앞 본문 1:13-15에서 말한 것과 원인적 또는 설명적 방식으로(1:16b과 1:17a

에서처럼) 연결된 것으로 이해하는 후치사 γάρ("이는", "왜냐하면")는 여기서 단순히 바울이 연속적으로 글을 쓰고 있음을 암시하는 전환적인 연결어로 등장한 것 같다. 1:18a(또한 2:25; 3:3)에서도 그런 식으로 기능하는 것처럼 말이다. 명사 εὐαγγέλιον("복음", "좋은 소식")은 관사가 있든지 없든지 바울 서신에 더 자주 등장하고(신약성경에 등장하는 76회 중에서 60번 정도), 동사 εὐαγγελίζειν("복음을 선포하다")과 동족 단어들이 그렇듯이, 신약성경 다른 곳에서보다 뉘앙스가 더욱 풍부하다. 사실 바울의 모든 사상과 관심사의 중심에 있는 것이 바로 "복음"이며, 그가 선포한 모든 것의 내용과 그가 가르친 모든 것의 근저에 놓여 있는 것 역시 "복음"이다.[16]

하지만 사도가 로마서의 본론 중앙부를 "내가 복음을 부끄러워하지 아니하노니"(οὐ γὰρ ἐπαισχύνομαι τὸ εὐαγγέλιον)라는 말로 시작하는 것이 주석가들에게는 이상하게 보이곤 했다. 특히 바울이 로마서 이전에 쓴 몇몇 편지에서 기독교 복음을 당당히 선포하고 꼿꼿이 변호한 것을 생각하면 더욱 그렇다. 우리는 바울이 말한 내용이나 그가 복음을 변호하는 방식에서 부끄러워하거나 쑥스러워했다는 느낌을 감지하지 못한다. 갈라디아서나 고린도 서신에서는 물론이고, 로마서보다 일찍 기록되었든지 늦게 기록되었든지 간에 빌립보서에서도 부끄러움이 표현되지 않았다. 누가가 사도행전에서 바울의 이방인 선교를 묘사할 때에도 이러한 부끄러움이나 쑥스러움을 전혀 암시하지 않았다.[17] 그러므로 바울이 로마에 있는 그리스도인들에게 글을 쓰면서 부끄러워할 만했던 것은 무엇이었을까? 이렇게 언급하게 된 원인은 무엇이었을까? 바울이 염두에 둔 것은 무엇이었을까?

바울이 여기서 완서법이라고 부르는 비유적 표현을 사용하고 있다고 제안하는 의견이 있다. 완서법은 어느 사람이 부정적인 방법을 사용하여

---

16) 바울이 1:1에서 사용한 εὐαγγέλιον θεοῦ에 대해서는 본서 "석의와 주해"를 참조하라.

17) 특히, 누가의 두 권의 책 중 제2권을 마무리하는 행 28:31에는 바울이 로마에서 붙잡혀 가택 연금을 당하고 있는 2년 동안 "담대하게"(μετὰ πάσης παρρησίας), "거침없이"(ἀκωλύτως) 선포했다고 서술되었다. 사도의 지금 이 편지를 받는 바로 그 도시에서 바울은 복음을 이렇게 선포했다.

긍정적인 내용을 말하는 일종의 절제된 표현이다("나는 불행하지 않아"나 "그는 노래를 못하는 가수는 아니야"와 같은 것이 좋은 예다). 따라서 바울이 여기서 사실은 "나는 복음을 자랑스러워한다"라고 말하고 있는 것으로 이해해야 한다는 것이다. 4세기에 크리소스토모스는 그의 로마서 설교 중 한 곳에서 이러한 이해에 박차를 가했다. "바울은 그들[로마 그리스도인들]에게 그리스도에 대해서도 부끄러워하지 말라고 가르치기 위해 자기가 부끄러워하지 않는다고 **절제적으로 표현한다**."[18] 그리고 바로 앞세대의 여러 주석가와 번역가들 역시 이러한 견해를 지지했다.[19]

하지만 일반적으로 바울은 그의 여러 편지에서 완서법을 사용하지 않는다. 가장 근사한 예를 고린도후서 2:11("우리는 그["사탄"]의 계책을 알지 못하는 바가 아니로라")과 고린도후서 11:15("사탄의 일꾼들도 자기를 의의 일꾼으로 가장하는 것이 또한 대단한 일이 아니니라")에서 발견할 수 있다. 좀 더 범위를 넓힌다면 고린도전서 10:5과 데살로니가전서 2:15에서도 발견할 수 있을 것이다. 사도행전의 내러티브에서, 특히 οὐκ ὀλίγος("적지 않은")라는 표현을 사용한 곳에서도 완서법이 등장한다.[20] 이러한 이해가 가능할 수는 있지만, 좀 더 설득력 있는 설명이 제시될 수 있다.

이곳 1:16a에서 바울이 "복음을 부끄러워하지 아니하노니"라고 진술한 것을 이해하는 또 다른 방법은, 당대의 믿지 않는 유대인들과 이교도 이방인들에 의해 제기되는 기독교 메시지에 대한 비판의 맥락에서 바울이 이것을 언급했다고 이해하는 것이다. 이를테면, 그리스-로마 세계 전역에서 유대인들과 이방인들이 복음에 대해 일반적으로 보였던 다음과 같은 반응

---

18) Chrysostom, "Homilies of St. John Chrysostom on the Epistle of St. Paul the Apostle to the Romans," in *Nicene and Post-Nicene Fathers of the Christian Church*, 11.348(강조는 덧붙여진 것임).

19) C. H. Dodd, *Romans*, 9; Taylor, *Romans*, 25; Bruce, *Romans*, 74. 이들이 활동하던 당시에 이러한 이해가 몇몇 신약 번역 성경에 분명하게 담겨 있다(참조. Moffatt: "I am proud of the gospel"[나는 복음을 자랑스러워한다]; TEV: "I have complete confidence in the gospel"[나는 복음을 완전히 신뢰한다]).

20) 참조. 행 12:18; 14:28; 17:4, 12; 19:23, 24; 27:20. 또한 행 19:11; 20:12; 21:39; 28:2도 보라.

에 대한 사도의 저항으로 이해하는 것이다. (1) 복음의 단순함과 저급함에 대한 혐오감 반응. 자신들을 세상적으로 더 지혜롭고 종교적으로 더 세련되었다고 생각한 사람들에게 복음은 극단적으로 난처한 문제였다. (2) 주님이자 구원자시며 십자가에 못 박힌 메시아를 선포하는 것에 대한 적대적인 반응. 십자가에 못 박힌 자를 메시아로 선포하는 것은 어떤 사람들에게는 정치적인 위협으로, 다른 사람들에게는 종교적인 모순과 어리석음으로 보였다. 이러한 이해를 지지하기 위해 바울이 믿지 않는 유대인과 믿지 않는 이방인들이 기독교 복음에 대해 반응한 것을 간단히 묘사한 고린도전서 1:23의 진술("유대인들에게는 거리끼는 것이요 이방인에게는 미련한 것이로되")이 종종 인용되었다.[21)]

일례로 4세기의 요안네스 크리소스토모스는 바울이 "부끄러워하지 않는다"고 진술한 것에 대한 이유를 설명하면서 이렇게 말했다.

> 로마 사람들은 그들의 재산, 그들의 제국, 그들의 승리로 인해 세상에 있는 것들에 관해 걱정을 꽤 많이 했다. 그리고 그들은 그들의 황제들이 신들과 동등하다고 생각했다.…로마 사람들은 매우 으스대고 있었던 반면에, 바울은 예수를 설교하려고 했다. 유대 땅 하층 계급에 속한 여자의 집에서 성장했으며, 호위하는 사람도 없고, 부자들도 주변에 없었으며, 강도들 사이에서 범죄자로 죽임을 당했을 뿐 아니라 그 밖에 많은 수치스러운 환난을 당한, 목수의 아들 말이다.[22)]

브리타니아의 수도사이며 신학자인 펠라기우스는 5세기 초에 글을 쓰면서 바울이 한 말을 다음과 같이 해석했다.

> 이것은 이교도들을 비난하려고 미묘하게 의도된 글이다. 그들은 자신들의

---

21) 예. Lightfoot, *Notes on Epistles of St. Paul*, 250; Sanday and Headlam, *Romans*, 22.
22) Chrysostom, "Homilies," in *Nicene and Post-Nicene Fathers*, 11.348.

신[유피테르]이 짐승 같은 욕망을 채우려고 이성이 없는 동물들과 생명이 없는 금으로 둔갑하는 것을 믿는 것에 대해서는 부끄러워 얼굴이 발개지지 않으면서도, 우리[그리스도인들]가 우리 주님이 그분의 형상[피조된 사람들]을 구원하려고 육신이 되어 십자가에 못 박힌 것을 믿는 것에 대해서는 의당 부끄러워해야 한다고 생각한다. 전자에게는 그 치욕(즉 십자가—역주)이 충격적이고, 후자에게는 믿음과 능력의 표다.[23]

그리고 장 칼뱅은 1540년에 이 진술에 대해 바울이 "불경건한 자들의 비웃음"을 염두에 두었다고 말했다.

바울이 그것[복음]을 부끄러워하지 않는다고 말할 때, 그는 사실 그것이 세상의 눈에 멸시를 받을 만한 것임을 암시한다. 그래서 바울은 그들이 십자가가 불경건한 자들에게 두려움과 비웃음의 대상이 되는 것을 보게 될 때 복음을 평가절하하지 않게 하려고 그들에게 그리스도의 십자가에 가해지는 비난을 받을 준비를 시키는 것이다.[24]

이것은 수세기 동안 대부분의 주석가들이 바울이 자신은 "복음을 부끄러워하지 않는다"고 말한 의미를 이해해온 방식의 몇 가지 예들에 불과하다. 그리고 이러한 이해는 현대에 찰스 크랜필드가 가장 적절히 표현했다.

바울은 복음을 부끄러워할 유혹을 피할 수 없음을 잘 알고 있었다. 한편으로는 세상이 지속적으로 하나님을 대적한다는 사실 때문에 그렇고, 다른 한편으로는 복음의 특성 자체, 세상의 장엄함에 비해 복음의 인상적이지 못함, 하나님이 (사람들에게 강요하지 않으시고 자유롭게 인격적인 믿음의 결정을 내릴 여지를 남기시기를 바라시기 때문에) 사람들을 구원하기

---

23) Pelagius, in *Pelagius's Commentary on St. Paul's Epistle to the Romans*, 62 (PL 30.649).
24) J. Calvin, *Romans*, in *Calvin's New Testament Commentaries*, 8.26.

위해 역사에 개입하셨을 때 눈에 띄는 힘과 엄위가 아니라 세상에게는 극
도로 비참한 연약함과 어리석음으로 보이게 된 숨겨진 방법으로 하셨다는
사실 때문이다.[25]

반면에 오토 미헬(Otto Michel)은 사도의 "부끄러워하지 아니하노니"라는
언급을 약간은 다르게 이해해야 한다고 목소리를 높였다. 그는 바울의 마
음에, 훗날 마가복음 8:38과 누가복음 9:26에서 기록했듯이 복음을 부끄
러워하지 말라는 예수의 교훈("누구든지 이 음란하고 죄 많은 세대에서 나와 내
말을 부끄러워하면 인자도 아버지의 영광으로 거룩한 천사들과 함께 올 때에 그 사람
을 부끄러워하리라")과, 디모데후서 1:8, 12에 교훈으로 주어지고 선포된 것
("우리 주를 증언함을⋯부끄러워하지 말고⋯내가 또 이 고난을 받되 부끄러워하지 아
니함은 내가 믿는 자를 내가 알고 또한 내가 의탁한 것을 그날까지 그가 능히 지키실 줄
을 확신함이라")에서 드러나는 예수에 대한 교회의 꼿꼿한 고백 사이에 강
한 연결이 있었다고 제안한다. 그래서 미헬은 "내가 부끄러워하지 아니하
노니"(οὐ ἐπαισχύνομαι)는 "나는 고백하노니" 또는 "나는 [복음을] 증언하노
니"라는 의미로 이해해야 한다고 주장했다.[26] 하지만 킹슬리 바레트는 "무
명의 지방 도시 출신인" 바울이 "세상의 중심"인 로마에 가는 것을 쑥스러
워했을지도 모르며, "열두 사도의 자명한 권위를 갖지 못한 자칭 사도로서,
그가 자신의 권위와 자격에 대해서도 의문이 제기될지 모르는 교회로 가고
있다"고 주장했다.[27]

　　1:16a에 대한 또 다른 설명은 게르하르트 헤롤트(Gerhart Herold)
의 설명이다. 헤롤트는 바울의 진술을 하나님의 법정에서 행해진 종말론
적 소송 또는 공판의 문맥에서 이해해야 한다고 주장했다. 그래서 동사
ἐπαισχύνομαι("내가 부끄러워하지 않는다")의 현재시제는 "나는 복음으로 말

25) Cranfield, *Romans*, 1.86-87.
26) Michel, *An die Römer*, 51.
27) Barrett, *Romans*, 27.

미암아 부끄러움을 당하지 않을 것이다"라고 미래적·예변적으로 읽어야
한다는 것이다.[28] 약간은 비슷한 맥락에서, 비록 "하나님이 그리스도 안에
서 행하셨고 이미 효력을 발휘한 종말론적인 구원의 행위로 말미암아 결정
된 새로운 시간적인 틀"에 강조점을 두기는 했지만, 리처드 헤이즈(Richard
Hays)는 바울이 "복음을 부끄러워하지 않는다"고 선언할 때 이사야 50:7-
8을 "반향하고" 있다고 해석한다. 헤이즈에 따르면, 바울이 이사야서의 미
래시제를 현재시제로 바꾸기는 했지만, 매우 실제적인 현재적 의미로 "복
음이 하나님이 자신을 신뢰하는 사람들을 종말론적으로 정당성을 입증
해주는 것"이므로, 그가 "복음을 부끄러워하지 않는다"고 선언했다는 것
이다.[29] 그리고 다른 많은 사람은 구약성경에서 "부끄러워하는 것"이 거짓
된 추측이나 잘못된 확신에 근거하여 행동한 사람들에게 붙여졌던 말이라
는 사실에 주목하였으며,[30] 그래서 바울이 그의 편지 본문의 중앙부를 시작
하는 이곳에서 말하고 있는 내용이 수신자들에게 그가 이후에 신학적이고
윤리적인 단락에서 제시할 내용의 확고한 기초를 확신시키는 것이라고 제
안한다.

물론 앞에서 언급한 일부 견해들 가운데는 매우 찬사를 받을 만한 요
소들도 있다. 그럼에도 매우 다양한 해석들은 (1) 구약성경과 신약성경 두
곳에서 다 그 표현이 광범위하게 분포되었고 다양하게 사용되었음을 암시
하며, (2) 그 표현이 등장하는 사례마다 그 자체의 특정한 문맥을 고려해야
할 필요가 있다는 사실을 해석자들에게 일깨운다. 그리고 예수를 믿는 로
마 신자들에게 보낸 바울 편지의 문맥에서, 우리는 바울의 "내가 복음을 부
끄러워하지 아니하노니"라는 말이 우선적으로 매우 변증적이거나 논쟁적
인 성격을 지녔으며, 적어도 로마에 있는 일부 그리스도인들이 그의 인격
이나 사역 또는 메시지에 대해 제기한 어떤 비난에 반응한다고 이해해야

---

28) Herold, *Zorn und Gerechtigkeit Gottes*, 229.
29) Hays, *Echoes of Scripture*, 38-39, 59-60.
30) 예. 시 35:26; 40:14-15; 69:19; 71:13; 119:6.

한다. 이러한 비난들은 로마에 거주하고 있는 그의 동료나 친구 혹은 친척들 중에서 어떤 사람들이 바울에게 전해준 것이 분명하다(16:1-15에 열거된 사람들이 바로 이 사람들일 가능성이 매우 크다).

바울이 로마서를 쓴 이유가 여러 개라는 논지는 과거 50년 동안 수많은 학자에 의해 다양한 방식으로 그리고 각기 다른 어감으로 논의되었다. 이 여러 가지 이유 중에는 (1) 바울의 인격과 이방인 사역에 대한 몇몇 비난에 대응하고, (2) 로마 그리스도인들 사이에서 제기된 그의 메시지에 대한 오해를 교정하려는 논쟁적인 이유가 포함되었다. 학자들의 논의는 1:16a의 사도의 진술에 초점을 맞추었을 뿐만 아니라, 이를 지지하기 위해 지나가면서 언급한 다양한 논평들, 암시들, 수사적인 질문들, 그리고 편지 끝에서 비교적 간결하지만 함축적인 내용을 담고 있는 권면을 부각시키기도 한다.[31] 이러한 이해를 옹호하는 사람들 중에서 가장 중요한 인물은 페터 슈툴마허였다. 그는 1986년에 로마서에서 지나가며 언급된 이와 같은 다양한 논평과 암시들 및 수사적인 질문들의 목록을 제시했으며, 그 자료로부터 이러한 결론을 도출해냈다.[32] 이 문제와 관련하여 알렉산더 웨더번(Alexander Wedderburn)의 저서도 중요하다. 그는 1988년에 이 논쟁적인 이해를 옹호하기 위해 그의 저서의 상당한 분량의 결론 부분을 할애하여 이 논지를 설명했다.[33] 그의 저서 이 마지막 부분에서 눈에 띄는 것은 1:16a로 시작하여 **"이 시점에서부터 11장 끝까지 펼쳐진 로마서 나머지 부분의 논증은 바울의 메시지와 사역이 실제로 부끄러운 것이었다고 주장하는 비난에 대해 그것을 변호하는 것이다"**라는 주장이다.[34] 그리고 웨더번은 그의 논의 거의 끝에서 자신의 입장을 다음과 같이 요약한다.

이 장에서는 로마서 1-11장의 매우 일반적인 것처럼 보이는 논증이 로마

---

31) 더 자세한 내용은 R. N. Longenecker, *Introducing Romans*, 123-26을 보라.
32) 참조. Stuhlmacher, "Purpose of Romans" (ET, 1991).
33) 참조. Wedderburn, *Reasons for Romans*, 104-42.
34) Wedderburn, *Reasons for Romans*, 104(강조는 원저자의 것임).

그리스도인들의 상황을 고려하지 않고 기록된 것이 아니라는 사실을 보여주려 하였다. 이 장의 주된 목적은, 기독교의 유대주의적 형태를 지지한 로마의 그리스도인들로 하여금 바울이 연보를 가지고 예루살렘을 방문하는 일이 성공하는 데 그들의 지원과 지지와 기도를 제공하지 못하도록 방해할 수도 있는, 바울의 복음과 사역에 대한 비판에 답변하려는 데 있다. 동일한 비판과 의혹이 누그러지지 않는다면, 바울이 마침내 로마에 도착하거나 그들의 사도로서 그들 가운데서 사역을 시작하려 할 때 심각한 곤란함을 야기할 것이다.[35]

더욱이 최근에 성경을 연구하는 학자들 사이에서는 신약성경의 여러 문제와 관련하여 지중해 세계에 "수치"와 "명예" 주제가 끼치는 영향에 대해 중요한 논의가 제기되었다. 로버트 주이트(Robert Jewett)가 주장하듯이, 바울이 로마의 그리스도인들에게 보낸 편지에서 "처음부터 마지막까지 명예 범주를 사용하고 있다"고 선언하는 것은 다소 극단적인 것 같다.[36] 하지만 바울이 1:16a에서 "부끄러워하지 아니한다"고 말한 이유와 관련하여 슈툴마허와 웨더번이 제안한 논지들을 받아들이면서(비록 로마 기독교의 특성을 이해하는 두 사람의 관점 또는 연루된 핵심 쟁점들에 대한 그들의 어감은 받아들이지 않는다는 점을 서술할 필요가 있지만), 필자는 지중해 세계와 신약성경의 "명예"와 "수치" 주제들을 부각시키며 이 본문을 설명한 할보르 목스네(Halvor Moxnes)의 논평에도 찬사를 보내고 싶다.

> 바울이 확신의 근거를 복음에서 찾지만, 그가 부끄러워하지 않는다는 사실은 그가 처한 환경과의 관계를 표현한다. 심지어 가장 신학적인 사용에서도 "수치"와 "부끄러워하지 않음"의 일상적인 용례는 사라지지 않는다. 그 용례에서 사람은 관계, 즉 하나님과의 관계만 아니라 공동체 안에서 다

---

35) Wedderburn, *Reasons for Romans*, 104.
36) Jewett, *Romans*, 49. 또한 그의 주석 다른 여러 곳에서 그가 이 문제를 논의한 것을 보라.

른 사람들과의 관계 안에 위치한다.[37]

물론 로마의 그리스도인들이 바울과 그의 선교 및 메시지를 비난하면서 무슨 말을 했는지 정확히 알 수는 없다. 어쩌면 그들은 바울의 복음 선포가 (1) 본질적인 의미에서 "하나님의 의"를 바르게 해석하지 못했거나 충분히 강조하지 못했으며, (2) 하나님이 이스라엘과 맺은 언약을 강조하지 않아 결함이 있고, (3) 이스라엘과 이전에 아무런 관계가 없었거나 이스라엘에게 감사하지 않은, 예수를 믿는 이방인 신자들이 지금 예수를 믿는 "하나님의 택함을 받은 자들"이라고 말하는 오류를 범하고 있으며, (4) "칭의", "구속", "속죄/화해"와 같은 법적인 문제들에 좀 더 직접적으로 초점을 맞추지 않았거나 이런 문제들을 더 분명히 말하지 않은 점에 잘못이 있다고 했을 수 있다. 어쩌면 "구원"과 같은 중요한 성경 용어를 더 명확하게 전면에 내세우지 않았다는 것도 포함될 것이다. 이러한 표현들은 그들이 보기에 참된 기독교적 선포에 절대적으로 필요한 것들로 이해되었다. 또한 그들은 바울의 복음 선포가 (5) 윤리적인 의미에서 반(反)율법주의를 지향하는 경향이 있다고 보았을 것이다. 로마의 그리스도인들은 바울이 예수의 원래 제자에 속하지 않았다는 이유로 그의 사도 직분을 폄하했을 수도 있다. 또는 그들은 바울을 혹시 제국의 세련미 넘치는 수도에 왔더라면 쩔쩔매었을 팔레스타인 오지 출신의 "시골뜨기" 정도로 생각했기에 그를 폄하했을 수도 있다. 그들은 심지어 바울이 이교도 이방인들에게 직접 사역한 것을 비방했을 수도 있다. 성경의 모든 예언은 하나님의 복이 구속함을 받은 이스라엘을 통해서 이방인들에게 전달된다고 말하고 있기 때문이다. 로마에서 예수를 믿는 이방인들의 경우가 그랬는데, 그들은 전부 혹은 대부분이

---

37) Moxnes, "Honor, Shame, and the Outside World," 207. 아마도 이와 같은 "명예"와 "수치"라는 주제는 나중에 바울이 로마 교회에 보낸 편지의 13:1-7과 14:1-15:13에서도 작용했을 것이다. 첫 번째 본문에서 바울은 정부의 권위를 "존경하고", "영예롭게 하고", 그 권위에 "복종하라"고 권고한다. 두 번째 본문에서는 예수를 믿는 약한 신자들을 멸시하거나 부끄럽게 하지 말라고 말한다.

이런저런 방법으로 유대인 신자들에 의해 복음을 전달받았고 가르침을 받았으며, 그렇게 유대 기독교와 예루살렘 모교회의 신학과 사고방식과 종교적인 어휘로부터 광범위한 영향을 받았다.

당대에 있었을 법한 이러한 비난들은 로마서의 이 첫 번째 주요 단락(1:16-4:15)과 로마서의 세 번째 주요 단락(9:1-11:36)의 구체적인 진술들을 주석하는 과정에서 좀 더 충분히 고찰할 필요가 있다. 하지만 이곳 1:16a에서 바울은 그의 권고 담화의 첫 번째 주요 단락을 시작하면서 "복음"에 대한 자신의 중대한 관심을 선포하고, 그가 로마에 있는 그리스도인 수신자들에게 그 "좋은 소식"의 메시지에 관해 말하는 것을 "부끄러워하지 않는다"고 선언한다. 수신자들이 바울에 대해 그리고 그의 이방인 선교에 대해서나 기독교 복음을 그리스-로마 세계에 있는 이방인들에게 선포하는 것에 대해 어떻게 생각하든지 말이다.

1:16b 바울이 선포하는 "복음"의 특성에 관한 그의 진술에서 비교적 분명한 특징 두 가지를 주목할 필요가 있다. Δύναμις γὰρ θεοῦ ἐστιν εἰς σωτηρίαν("왜냐하면 복음은 구원과 관련하여 하나님의 능력이기 때문이다"). 첫째로, 동사 ἐστιν("그것은 ~이다")의 선행사는 τὸ εὐαγγέλιον("복음")이다. 이처럼 복음은 계속해서 이곳에서 논의되는 주제다. 둘째로, 후치사 γάρ("왜냐하면")는 16b절을 설명적 방식으로 16절의 첫 번째 진술과 연결한다. 따라서 바울이 여기서 말하는 것은 왜 그가 "복음을 부끄러워하지 않는지"를 설명하는 것으로 이해되어야 한다.

70인역에서 δύναμις("능력")는 일반적으로 "힘", "능력", "능숙함"을 의미하는 히브리어 חיל을 번역한 것이다. 물론 δύναμις가 가끔은 "힘", "강력", "강력한 행위"라는 의미를 더욱 띠는 גבורה, כח, 또는 עוז를 번역하기도 했다. 하지만 70인역에서 이 단어는 이방인 세계에서 수많은 비인격적인 신들과 결합된 자연의 힘에 대해서는 사용되지 않는다. 오히려 그것은 참으로 인격적인 유일한 신적 존재의 창조적이며 구속적이고 보존적인 계시와 관련이 있다.[38] 이 단어는 실제적으로 명사 ἐνέργεια("나타남", "행위", "작동", "운영 방식")와 동의어다. 이 단어는 바울 서신에서는 하나님의 활동과 연계하여 등장하기도 한다.[39] 하지만 ἐνέργεια는 종종 **과정**(process)과 더 관련이 있는 반면에, δύναμις는 **사실성**(factuality)과 **근원**(source)을 가리킨다. 그래서 바울이 "복음"(τὸ εὐαγγέλιον)을 "하나님의 능력"(δύναμις θεοῦ)으로 언급할 때 그가 기독교 복음을 진실로 인격적이신 유일한 하나님의 뜻의 능력 있는 구속적·보존적 계시로 말하고 있다고 이해해야 한다. 그럼으로써 바울은 복음의 신적인 근원과 (일찍이 1:1-5에서 그랬듯이) 복음의 매우 중요한 기능을 다 부각시킨다. 조세프 피츠마이어가 적절히 지적했듯이, "여기에 사용된 어구는 하나님의 복음의 역동적인 특성을 표현한다. 그 말씀[즉 "십자가의 말씀"]은 예수 그리스도의 죽음과 부활을 알릴 수도 있지만, 인간 역사에 불러일으킨 힘 또는 세력인 그 말씀에 강조가 있다."[40]

전치사 εἰς("~에 대하여", "~과 관련하여")의 목적적 용례는 복음에 표현된 하나님의 구원의 능력의 목적과 최종적인 목표가 "믿는 모든 사람의 구원과 관련되었음"을 암시한다.[41] "구원"이라는 추상적인 개념은 세계 주요 종교들의 모든 경전에 존재한다. 구원이 인간의 주된 문제를 규정하기는 하지만, 이름값을 하는 모든 종교는 그 종교를 추종하는 독실한 신자들의 삶에 어떤 방식으로든 구원이 효과를 미치기를 바란다. 그러나 σωτηρία("구원", "구출", "보존")라는 용어는 특히 70인역[42]과 초기 유대교 문

---

38) 예. 출 15:6, 13; 32:11; 신 4:37; 9:26, 29; 26:8.

39) 예. 엡 1:19; 3:7; 빌 3:21; 골 1:29; 2:12; 살후 2:11.

40) Fitzmyer, *Romans*, 256. Fitzmyer는 롬 1:4; 고전 2:4-5; 6:14; 고후 13:4; 빌 3:10 같은 본문에 등장하는 "복음"과 "예수 그리스도"와 결합된 δύναμις를 인용한다.

41) Stauffer, "εἰς," 2.429. 여기서 Stauffer는 그가 "연속적이며 최종적인 εἰς"라고 칭한 것을 논의하면서 이렇게 결론을 내린다. "이 전치사는 구체적인 목적으로 하는 행동의 방향을 의미한다." 이후에 롬 9:31; 10:1; 10:10 등 로마서에 사용된 "연속적이며 최종적인 εἰς"와 같은 세 가지 다른 용례도 보라. 롬 9:17; 14:9; 고후 2:9; 엡 6:22; 골 4:8 등 바울의 편지에서 전치사 εἰς가 비슷하게 사용되었을 수도 있는 다른 용례들을 참조하라.

42) 예. 창 49:18; 출 14:13; 15:2; 신 32:15; 삿 15:18; 삼상 2:1; 11:9; 14:45. 또한 이 단어는 시편과 이사야서에 곳곳에서 광범위하게 사용되었다.

헌들[43])에서 눈에 띈다. 이 단어는 초기 유대 기독교의 종교적 어휘를 반영하는 신약성경의 여러 곳에서도 종종 발견된다.[44]) 하지만 "구원"이라는 용어는 바울 서신에 있기는 하지만,[45]) 이스라엘의 종교와 초기 유대교 및 유대 기독교에 속한 종교적 어휘를 반영하는 자료들만큼이나 바울의 편지에 자주 등장하지는 않는다. 그래서 바울 서신에서는 구원이라는 용어가 바울의 이방인 개종자들에게 보내는 편지에 등장하는 바울의 언어보다는 유대인과 유대인 출신 그리스도인들의 언어를 더 대표한다고 추정할 수 있다. 그럼에도 바울은 여기서, 이전에 예루살렘에 있는 모교회의 신학과 언어에 광범위하게 영향을 받은 것으로 보이는 로마의 그리스도인들에게 글을 쓸 때 그 용어를 사용한다.

바울은 σῴζειν("구원하다", "구출하다", "구조하다", "보존하다")과 이와 비슷하게 ("구원하다", "구출하다", "구조하다", "보존하다"라는 뜻을 지닌) ῥύομαι를 빈번하게 사용하지만, 신약성경의 다른 저자들처럼 명사 σωτηρία("구원")를 자주 사용하지는 않는다. 사실 바울이 로마의 감옥에서 풀려나기를 바라는 자신의 소망을 언급하려고 일반적인 방식으로 σωτηρία를 1번 사용한 적이 있다.[46]) 로마서에서 바울은 로마서 본론 중앙부의 첫째, 셋째, 넷째 단락에서 독특하게 종교적인 의미로 σωτηρία를 사용한다.[47]) 필자가 주장하듯이, 이곳에서 바울은 예루살렘에 있는 모교회의 신학과 언어에 광범위하게 영향을 받은 로마의 그리스도인들이 이해하도록 글을 쓰고 있다. 하지만 본론 중앙부의 두 번째 단락인 5:1-8:39에서는 이 용어를 전혀 사용하지 않는다. 이곳에서는 필자가 제안한 것처럼, 바울이 유대교나 유대 기독

---

43) 예. *Jub* 31:19; *T Dan* 5:10; *T Naph* 8:3; *T Gad* 8:1, *T Jos* 19:11; 그리고 이 단어는 1QH 7.18-19; CD 20.20, 34와 같은 사해사본에도 종종 사용되었다.
44) 눅 1:69-71, 77; 2:30; 3:6; 19:9; 요 4:22; 행 4:12; 13:26, 47; 16:17; 히 1:14; 2:3, 10; 5:9; 6:9; 9:28; 벧전 1:5, 9-10; 벧후 3:15; 유 3; 계 7:10; 12:10; 19:1.
45) (아래에 인용된) 로마서에 이 단어가 등장하는 것 이외에, 고후 1:6; 6:2; 7:10; 엡 1:13; 빌 1:28; 2:12; 살전 5:8-9; 살후 2:13을 보라. 그리고 딤후 2:10; 3:15; 딛 2:11도 참조하라.
46) 빌 1:19을 보라.
47) 이곳 1:16b과 나중에 10:1, 10; 11:11; 13:11에서도 이런 의미로 사용한다.

교 어느 것에서도 영향을 받지 않은 로마 제국의 이방인들에게 선포한 그의 복음의 본질을 피력한다.

1:16c　　Παντὶ τῷ πιστεύοντι("모든 믿는 자에게"). 본론의 세 번째 단락인 9:1-11:36과 그의 권고적인 메시지에 속하는 이 첫 번째 단락인 1:16-4:25에서 바울이 πιστεύειν("믿다", "신뢰하다")와 πίστις("믿음", "신뢰")를 강조하고 있음은 분명하다. 이곳 1:16c(과 1:17 전체)에서 바울은 이 첫 번째 단락에 대한 논제를 진술하면서 1:16에서는 동사의 실명사적 분사를 1번 사용하고 1:17에서는 명사를 3번 사용하여 "믿는 것"과 "믿음"을 4번 언급한다.

"믿는 것"와 "믿음"은 복음 선포에 대한 적극적인 반응 및 복음 선포의 수용과 관련이 있다. 그래서 이는 그 메시지의 내용이신 분 곧 예수 그리스도에 대한 신뢰와, 그 메시지 및 그 내용을 제공하신 분 곧 하나님에 대한 의존과 관련이 있다. 믿는다는 것과 믿음은 하나님께서 예수의 사역과 인격 안에서 모든 사람에게 주신 것에 대해 인간이 보여야 할 반응이다. 그러나 그러한 반응들은 사람이 하나님의 사랑과 은혜를 받을 수 있게 해주는 이미 소유하고 있는 특성이 아니다. 그뿐만 아니라 그 반응들은 사람들이 하나님의 사랑과 은혜를 받을 목적으로 하나님이 사람들에게 요구하신 어떤 상태를 이루려고 하나님께 드리는 업적들이 아니다. 이러한 이해는 "믿는 것"과 "믿음"을 사람들이 하나님께 주장하며 자랑할 수 있는 또 다른 공로주의적 행위로 만드는 것이다. "믿는 것"과 "믿음"은 바울이 선포했듯이, 모든 사람의 받을 만한 자격과 모든 사람의 공로에 상반되는 것들이다.

그의 아들 예수 그리스도의 인격과 사역을 통해 복음의 메시지를 이루시는 분은 하나님이시다. 하지만 하나님은 그의 성령으로 말미암아 그 메시지를 모든 개인의 의식에 상기시키시고 사람들의 마음을 열어 복음에 적극적으로 반응하게도 하신다. 하나님이 사람의 마음과 의식에서 작용하실 때 나타나는 놀라운 역설 가운데 하나는, 복음과 그리스도 예수와 하나님을 믿는 믿음이 늘 하나님에게서 오는 선물이기는 하지만, 동시에 매우 현실적인 의미에서, 한 개인이 결정하거나 스스로 할 수 있는 어떤 일보다도 개인 자신의 더욱 온전하고 더욱 참된 결정이기도 하다. 하나님께서 그의 성령으로 유한하고 죄 있고 무능한 피조물들에게 회복하시는 것이 자유이며, 자유가 죄 있고 받을 자격이 없는 사람의 구원 및 회복과 우선적으로 연관되기 때문이다. 말하자면, 사람들이 그들의 죄와 반역으로 잃어버렸으며, 하나님이 인간들에게 주셔서 그의 사랑과 자비와 은혜에 사랑과 순종함으로 반응하게 하시는 자유 말이다.

실명사적 분사인 τῷ πιστεύοντι("믿는 사람에게")와 결합된 형용사 παντί("모든")는 복음이 그 복음에 적극적으로 반응할 모든 사람에게 예외나 차별 없이 "구원"의 효과를 주는 "하나님의 능력"이라는 사실을 강조한다. 복음의 이러한 포괄성은 (1) 일찍이 1:5("모든 이방인 중에서 믿어 순종하게 하나니")에서 선포되었으며, (2) 바로 이어지는 1:16의 진술에서 표현되고 다시 2:9-10('Ιουδαίῳ τε πρῶτον καὶ "Ελληνι, "먼저는 유대인에게요 그리고 헬라인에게로다")에서도 발견되고, (3) 로마서 3:22-24, 4:16, 5:18, 8:32, 10:4, 11-13, 11:32, 15:10-11과 같은 본문에서 볼 수 있듯이 로마서 전체에 걸쳐 반복적으로 등장한다.

1:16d   'Ιουδαίῳ τε πρῶτον καὶ "Ελληνι("먼저는 유대인에게요 그리고 헬라인에게로다")라는 어구는 번역하기가 무척 어렵다. 이 어구에 (1) 여격 명사인 'Ιουδαίῳ καὶ "Ελληνι("유대인에게 그리고 헬라인에게")와 결합한 후치사 τε("둘 다")의 사용에서 강조되어 하나님 구원의 보편적 특성을 나타내는 포괄성이 있을 뿐 아니라, 또한 (2) 그 우주적인 관점 안에서 유대인들의 민족적 우월성과 이점을 표시하는 실명사적 부사인 πρῶτον("먼저는")의 사용으로 특정적인 의미도 있다는 단순한 이유 때문이다. 그래서 이 어구는 정확히 (비록 약간 어색하다는 것을 인정하지만) "먼저 유대인에게 그리고 이방인 양쪽 모두에게"라고 번역하는 것이 가장 좋을 것 같다. 포괄적인 강조는 로마서 내내 반복해서 등장한다(앞에서 인용한 본문들을 보라). 비록 이 진술에 있는 불변화사 τε("둘 다")가 현대 번역 성경에서는 번역된 적이 없었지만 말이다. Πρῶτον("먼저는")으로 표시되는 특정적이고 우선적인 의미는 다양한 방식으로 설명되었다.

물론 마르키온은 단순히 πρῶτον을 지워버렸다. 대중적인 주해가들은 πρῶτον을 단순히 복음이 이방인들에게 선포되기 전에 유대인들에게 선포 되었다는 역사적인 사실을 언급하는 것으로 종종 이해했다. 그러나 테오도 르 찬(Theodor Zahn)은 πρῶτον을 ʼΙουδαίῳ와 결합될뿐만 아니라 ʼΙουδαίῳ τε πρῶτον καὶ ῞Ελληνι라는 진술 전체와 결합되는 것으로 이해해야 한다 고 믿으며, 그래서 바울이 여기서 예수를 먼저 믿은 유대인과 이방인들을 이후에 이어지는 1:14의 "야만인" 및 "어리석은 자"와 대조하고 있다고 이 해했다.[48] 안데르스 니그렌(Anders Nygren)은 바울이 여기서 자신이 전에 하나님의 구원사에서 유대인들의 특별한 지위를 인정했음을 암시하는 반 면에, 특별히 갈라디아서 3:28과 에베소서 2:14-15에 있는 그의 말에 비춰 볼 때, 그가 예수의 추종자로서 이러한 이해를 더 이상 옹호하지 않고 유대 인들의 특별한 지위를 지금은 폐기된 것으로 이해했다고 말하고 있음이 틀 림없다고 주장했다.[49] 하지만 바울이 로마서 본론 중앙부의 첫 번째 단락과 세 번째 단락에서 유대인과 이방인 사이의 관계를 충분히 논의하면서 포 괄성과 우선성을 모두 강조할 뿐만 아니라 이 둘을 뒤얽어 놓기도 한 것에 비춰 볼 때, 다음과 같이 말해야 할 것 같다. (1) 바울은 언제나 두 특징이 구원사의 과정 내내 지속되었다고 이해했다는 것과 (2) 여기에 언급된 이 러한 특징들은 그가 로마서의 첫 번째 주요 단락인 1:16-4:25에서 다룰 내 용을 소개하는 역할을 할 뿐만 아니라 로마서의 세 번째 주요 단락인 9:1- 11:36에서 쓸 내용을 소개하기도 한다는 것이다.

ʼΙουδαίῳ τε πρῶτον καὶ ῞Ελληνι는 그들 자신이 처한 특별한 상황을 설명하며 원래 로마의 그리스도인들 사이에서 기원한 격언이나 간명하게 표현된 금언이었을 것이다. 말하자면 이 어구는 (1) 로마의 그리스도인 공 동체 안에 있는 믿음이 있는 신자들과 믿음이 있는 이방인들 사이에 존재 했던 포괄적인 관계에 대한 그들의 인식에서 기원했지만, 동시에 (2) 유대

---

48) Zahn, *An die Römer*, 73-77.
49) Nygren, *Romans*, 73.

인과 유대 그리스도인들이 구원사에 대한 하나님의 전반적인 계획에서 가졌거나 계속해서 가지고 있는 특별한 위치에 대한 인식에서 나온 속담일수 있다. 또는 이 어구는 원래 예루살렘에서 예수를 믿는 유대인 신자들 가운데서 기원하여 로마의 그리스도인들이 그들에게서 채용한 말이었을 수도 있다.[50] 혹은 이 어구는 어쩌면 바울이 자신과 다른 신자들이 과거만 아니라 당대의 구원사 과정에 대해 이해한 것을 설명하려고 바울이 직접 만들어낸 표현이었을지도 모른다.

하지만 이 어구가 어떻게 생겨났건 간에, 불변화사 τε("둘 다")가 여기에 삽입됨으로써 하나님의 은혜의 수혜자로서만 아니라(이곳 1:16b에 언급되었듯이), 하나님의 심판을 받을 자들로서(나중에 2:9-10에서 제시되듯이) 하나님 앞에 있는 유대인과 이방인의 동등성이 강조된다. 반면에 부사 πρῶτον("먼저는")이 삽입된 것은 하나님이 유대인들과 유대 그리스도인들에 대한 어떤 우월성과 특권을 정하셨다는 사실을 언급한다.

1:17a   Δικαιοσύνη γὰρ θεοῦ ἐν αὐτῷ ἀποκαλύπτεται("왜냐하면 복음에는 하나님의 의가 계시되고 있기 때문이다"). 바울은 1:16b에서 복음을 부끄러워하지 않는 중요한 이유("복음은 모든 믿는 자들에게 구원을 주시는 하나님의 능력이기 때문에")를 제시한 후, 지금은 또 다른 매우 중요한 이유를 제시한다. "복음에는 하나님의 의가 계시되고 있기 때문이다." 후치사 γάρ("왜냐하면")는 (1:16b에서 그랬듯이) 설명적인 접속사로서 기능하기에 앞에 있는 내용을 설명하는 진술을 소개한다. 장소의 대명사 αὐτῷ("그것" 또는 "그곳")의 선행사는 1:16a의 관사가 있는 명사 τὸ εὐαγγέλιον("그 복음")이다. 이것은 1:16b의 표현되지 않은 주어였으며, 이곳 1:17a에서도 계속 주어 역할을 한다. 3인칭 단수 현재 직설법 수동태 동사인 ἀποκαλύπτεται("계시되고 있다")는 그리스-로마 세계 전체에서 전파되었던 것처럼 기독교 메시지의 "좋은 소식"에 대한 지속적인 선포를 암시한다. 예루살렘 교회에 의해 고향

---

50) 이 표현에 관한 더 자세한 내용은 2:9-10의 "석의와 주해"에서 필자가 제안한 것을 보라. 이 본문에는 이 표현이 두 번 등장한다.

땅 유대에 있는 유대인들뿐만 아니라 (1) 예수를 믿는 유대인 신자들에 의해 로마에 있는 유대인들과 이방인들 모두에게, 그리고 (2) 선교하는 바울에 의해 이방인들에게 직접 전파되고 있다.

추기: 바울의 "하나님의 의"와 "의"

Δικαιοσύνη θεοῦ("하나님의 의")라는 표현과 추상명사 δικαιοσύνη("의")와 관련한 논의가 광범위하게 이루어졌으며, 이 두 표현의 의미들을 설명하는 데만 집중한 책들도 있다. 필자는『로마서 입문』(*Introducing Romans*)에서 이 문제를 다루었다.[51] 하지만 여기서는 이 주제가 매우 중요하기에, 우리가 바울이 1:16-17에 있는 자신의 논제 진술에서 말하고 있는 것을 더 잘 이해하고 바울이 3:21-4:25에서 더 자세하게 다시 거론하면서 이 논제 진술의 핵심적인 특징을 어떻게 발전시키고, 지지하며, 설명하고 예를 드는지를 이해하기 위해서라도, 이 중요한 쟁점들을 다시 정리하고 필자가 제안한 내용을 반복할 필요가 있다.

　1. 바울 서신과 신약성경에서 δικαιοσύνη θεοῦ와 δικαιοσύνη의 등장. Δικαιοσύνη θεοῦ("하나님의 의")라는 표현은 바울의 편지들 가운데 로마서 본론 중앙부의 첫 번째 단락에서 가장 두드러진다. "하나님의 의"가 등장하는 곳은 다음과 같다. (1) 1:16-17의 논제 진술에서 이곳 1:17a, (2) 3:5의 수사학적인 질문(εἰ δὲ ἡ ἀδικία ἡμῶν θεοῦ δικαιοσύνην συνίστησιν, τί ἐροῦμεν; "그러나 우리 불의가 하나님의 의를 드러나게 하면 무슨 말 하리요?"), (3) 1:16-17의 첫 번째 논제 진술의 반복 및 확장과 발전이 있는 3:21a과 3:22a, (4) 3:25과 3:26("자기의 의로우심/공의[τῆς δικαιοσύνης αὐτοῦ]를 나타내려/입증하려/증명하려 하심이니") 등이다. 이 본문에서는 "하나님의 의"가 3:21-23에서 반복된 논제를 지지하면서 3:24-26에 인용된 신앙고백적 자료에 등장한다. "하나님의 의"는 로마서 본론의 중앙부 세 번째 단락의 10:3에 1번 등장하기도 한다(τὴν τοῦ θεοῦ δικαιοσύνην, "하

---

51) R. N. Longenecker, *Introducing Romans*, 특히, 388-400.

나님에게서 나오는 의'를 모르고 자기 의를 세우려고"). 로마서에서 추상명사 δικαιοσύνη("의")가 등장한 곳은 5:17("'의'의 선물")과 5:21("은혜도 또한 '의'로 말미암아 왕 노릇 하여 우리 주 예수 그리스도로 말미암아 영생에 이르게 하려 함이라"), 그리고 9:30("그런즉 우리가 무슨 말을 하리요? '의'를 따르지 아니한 이방인들이 '의'를 얻었으니 곧 믿음에서 난 '의'요")이다. 반면에 고린도후서에서는 명사만 단독적으로 3:9("'의'를 가져오는 사역")에 등장한다. "의"라는 용어를 사용하고 있는 이 네 절 모두 하나님께 받은 의를 언급한다.

바울 서신에서 "하나님의 의"가 등장하는 다른 곳은 고린도후서 5:21("우리로 하여금 그[그리스도] 안에서 '하나님의 의'가 되게 하려 하심이라")과 빌립보서 3:9("믿음으로 하나님께로부터 난 '의'라")이다. 이 두 본문에서 "하나님의 의"는 아주 분명하게 하나님께 부여받은 의를 가리킨다. 즉 이 어구는 (하나님이 여기서 말하는 의의 기원 또는 출처이심을 의미하는 소유격 τοῦ θεοῦ를 동반하여) **전달적인 의미** 또는 **객관적인 의미**로 사용되었으며, 그래서 (롬 5:17에 표현되었듯이) "믿음으로" 반응하는 사람들에게 하나님이 주신 "의의 선물"로 이해해야 한다(이 내용은 아래에서 논의하고 정의할 것이다).

Δικαιοσύνη θεοῦ는 마태복음 6:33에도 등장한다. 여기서 마태는, 물론 앞에 있는 명사 θεοῦ를 지칭하는 인칭대명사 αὐτοῦ를 사용하기는 했지만, "하나님의 의"라는 어구를 삽입함으로써 "Q" 어록을 확장한 것 같다("먼저 하나님의 나라와 '그의 의'를 구하라. 그리하면 이 모든 것을 너희에게 주시리라"; 눅 12:31의 더 나은 본문에는 이 어구가 생략되었음). "하나님의 의"는 야고보서 1:20에 제시된 경고에도 등장한다("사람이 성내는 것이 하나님의 의를 이루지 못함이라"). 이 본문은 「집회서」 1:22을 상기시킨다. 그리고 이 어구는 약간 다른 형태로(즉 관사 τοῦ와 인칭대명사 ἡμῶν과 함께) 베드로후서 1:1의 인사말에서 발견된다("우리 하나님과 구주 예수 그리스도의 의를 힘입어 동일하게 보배로운 믿음을 우리와 함께 받은 자들에게 편지하노니").

추상명사 δικαιοσύνη("의", "올바름", "정의")는 70인역과 초기 유대교 문헌들과 신약성경 전체에서 종교적 의미로 빈번하게 사용된다. 이뿐만 아니라 형용사 δικαιός("의로운", "올바른", "정의로운")와 동사 δικαιόω("의롭다고 하다", "정당함을 입증하다", "무죄를 선고하다", "자유롭게 하다")와 부사 δικαίως("올바르게", "의롭게", "공정하게") 등도 그러하다. 하지만 앞에서 주목 했듯이, 신약성경에서 분명하게 δικαιοσύνη θεοῦ라는 표현이 등장한 예는 어느 정도 제한되었다. 그리고 추상명사인 δικαιοσύνη가 특히 속성적인 의미나 주격 적인 의미(이 점에 대해서는 나중에 정의하고 논의할 것이다)로 사용되는 신약 성경의 대부분의 예들은 구약성경과 초기 유대교 및 유대 기독교의 어휘와 용 례를 반영하는 듯한 문맥에 등장한다.

2. 고전적 그리스의 초기 저술과 기독교의 초기 저술에서 δικαιοσύνη θεοῦ 와 δικαιοσύνη의 의미. 그렇다면 바울이 로마서에서, 특히 1:17과 그 후 다시 3:21-22에서 δικαιοσύνη θεοῦ("하나님의 의")라는 표현으로 말하려고 한 것 은 무엇이었을까? 그런데 분명한 표현인 δικαιοσύνη θεοῦ만 취급하는 것으로 는 충분하지 않다. 바울이 명사의 소유격인 θεοῦ나 인칭대명사인 αὐτοῦ 없이 δικαιοσύνη를 사용한 것과 형용사 δίκαιός, 동사 δικαιόω, 부사 δικαίως를 사 용한 것 역시 고려해야 한다. 이와 마찬가지로 이 δικαι- 복합어들이 바울 이전 의 저자들과 그 밖의 다른 저자들 및 당대의 번역자들에 의해 어떻게 사용되었 는지를 항상 질문해야 한다. 고전 그리스 문학에서 나타나는 이 단어의 사용에 대한 연구만 아니라 더욱 특별하게는 구약성경의 70인역과 초기 유대교 저술들 및 그 밖의 신약 저자들의 용례를 바탕으로 그 의미를 결정해야 한다.

고전 그리스어 시대에 명사 δικαιοσύνη는 법 준수 및 의무의 성취와 관련 이 있었다.[52] 그래서 법적인 맥락에서 이 단어는 어떤 사람이 법에 따라 받아 야 할 징벌을 받은 곳에 거의 예외 없이 사용되었다.[53] 사실 초기 기독교 시대 의 그리스-로마 세계에서 이 용어는 사법적인 정의와 밀접히 연결되었으며, 대 부분의 경우 응징적 형벌이라는 개념을 함의했다. 그래서 신약성경에 등장하는 δικαιοσύνη의 일반적인 라틴어 번역은 2세기 말과 3세기 초에 나온 옛 라틴어 에서뿐만 아니라 4세기 후반부와 5세기 전반부 동안 번역된 히에로니무스의 불

---

52) Plato, *Republic* 4.433a.
53) Aristotle, *Rhetoric* 1.9.

가타역에서도 *iustitia Dei*("하나님의 공의")로 번역되었다. 이러한 까닭에 대부분의 라틴 신학자들은 "하나님의 의/공의"를 일차적으로 **속성적인 의미**로 이해하게 되었다. 다시 말해서, 라틴 신학자들은 하나님의 속성을 절대적으로 공의로운 것으로 이해했으며, 그의 행동이 항상 정당하고 또 정의와 관련된 것으로 표현된다는 사실을 강조했다.

이 의미는 변호사와 철학자로 훈련을 받았으나 그리스도교로 개종한 뒤에는 탁월한 기독교 변증가와 신학자가 된 카르타고의 테르툴리아누스의 저서들에서 지지를 받았다. 테르툴리아누스는 엄청난 다산 작가였다. 그는 변증학적인 논문과 신학적인 논문들(정통적인 논문과 종파적인 논문 모두)을 다수 기록했다. 그의 저술 중에서 손실되고 잊힌 것도 있지만, 많은 것이 보존되었으며 사람들에게 사랑을 받았다. 그가 살던 당시에 제기된 라틴 기독교의 신학이나 문학이 일반적으로 빈약하다는 비난을 잠재운 사람이 바로 이 테르툴리아누스다. 그는 키프리아누스, 미누키우스 펠릭스, 아르노비우스, 락탄티우스와 같은 당대의 로마 기독교 사상가들과 저술가들을 교훈한 사법적이며 법적인 기독교 교리 체계를 발전시켰다. 그리고 이것은 계속해서 히에로니무스와 아우구스티누스 같은 후기의 많은 기독교 인물에게 영감을 주었다.

"하나님의 의"를 이와 같이 속성적 또는 주격적으로 이해하는 것은 4세기에 라틴 주석가에 의해서 표명되었다. 그의 바울 서신 주석은 암브로시우스에 의해 기록되었다고 여겨졌지만, 훗날 에라스무스에 의해 "암브로시아스테르"라고 불린 사람에 의해 기록되었다. 암브로시아스테르는 로마서 1:17의 *iustitia Dei* 어구를 다루면서 이렇게 썼다.

그것은 하나님의 공의다. 하나님이 약속하신 것을 주셨기 때문이다. 따라서 하나님이 그의 예언자들을 통해 약속하신 것을 받았다고 믿는 사람은 하나님이 의로우시다는 사실과 그의 공의에 대해 자신이 증인이 됨을 보여준다.[54]

---

54) Ambrosiaster, *Ad Romanos* on 1:17; CSEL 81,1,36-37.

더욱이 "공의", "자비", "약속"을 연결시키며 암브로시아스테르는 로마서 3:21에 등장하는 어구에 대해 이렇게 말한다.

> 그것은 하나님의 자비인 것으로 보이는 하나님의 공의라고 한다. 하나님의 의가 그의 약속에 뿌리를 두고 있는 까닭이다.…그리고 하나님이 자신 안에서 피난처를 찾는 사람을 환영하실 때 그것을 공의라고 한다. 피난처를 찾는 사람들을 환영하지 않는 것은 죄악이기 때문이다.[55]

하지만 아우구스티누스는 4세기의 마지막 10년과 5세기의 첫 30년(즉 391년부터 그가 사망할 때까지인 430년까지)에 그의 라틴어 성경에 있는 *iustitia Dei*라는 표현을 **주격적인 의미**로만 아니라 **목적격적인 의미**로도 해석하게 되었다. 이를테면, 하나님의 속성과 그의 행위로만 아니라, 회개한 죄인들에게 내리는 하나님의 칭의, 그들에게 의의 신분을 부여함, 자신의 의의 속성을 그들에게 주심과 관련하여 해석하기도 했다.[56] 아우구스티누스는 (그가 밀라노에서 그리스도께로 개종한 지 4년쯤 뒤인) 391년에 북아프리카로 돌아온 이후, 그리고 히포 교구에서 감독으로 임직을 받은 직후, 카르타고의 회의에서 그가 받은 질문에 대답하면서 로마서 5-9장에서 선별한 몇몇 본문에 대한 주석을 썼다. 그는 그 주석을 84개의 단락으로 나누고 394년에『로마서의 몇 가지 논제에 대한 주석』(*Expositio quarundam propositionum ex epistula ad Romanos*)이라는 제목으로 출판했다.[57] 아우구스티누스가 하나님의 은혜의 특성에 대해 처음으로 심각하게 생각하기 시작한 때가 이 무렵이었을 것으로 보인다. 비록 396-98년에 그 주제에 대해 그의 친구인 심플리키아누스(Simplicianus)에게 보낸 편지에서 분명히 드러나듯이, 아우구스티누스가 공로 없는 은혜에 대한 그의 이해를 그 시

---

55) Ambrosiaster, *Ad Romanos* on 3:21; *CSEL* 81.1.116-17.

56) Augustine, *De Trinitate* 14.12.15 (*CCLat* 50A.443); *De spiritu et littera* 9.15 (*CSEL* 60.167); 11.18 (*CSEL* 60.171); *Ep* 140.72 (*CSEL* 44.220); *In Johannis evangelium* 26.1 (*CCLat* 36.260).

57) Augustine, *Expositio quarundam propositionum ex epistula ad Romanos*, PL 35.2063-88.

기 이후 두어 해 동안 상당히 발전시키긴 했지만 말이다.[58] 그리고 아우구스티누스의 생애 마지막 30년 동안, 즉 5세기가 시작할 무렵부터 430년에 그가 사망할 때까지, 그의 모든 사상을 지배했고 그 이후 기독교 신학의 상당 부분의 방향을 바꾸었던 것은 하나님의 은혜라는 주제였다. 더욱이 아우구스티누스로 하여금 *iustitia Dei*라는 어구를 하나님의 속성(즉 그 어구의 속성적 또는 주격적 의미)으로만 아니라, 하나님이 그의 은혜로 인해 회개한 죄인들을 구원하면서 그들에게 주시는 것으로 이해하도록 한 것은 하나님 은혜의 속성에 대한 이 뿌리 깊은 확신이었다고 추정할 수 있다.

3. 중세에 δικαιοσύνη θεοῦ와 δικαιοσύνη의 의미. 중세(즉 5세기부터 15세기의 유럽 역사)에는 "하나님의 의"(δικαιοσύνη θεοῦ, *iustitia Dei*)에 대한 두 해석이 경쟁을 벌였다. 첫 번째는 그 당시 고전적인 견해로 이해되던 것이었는데, 그 어구를 하나님의 의롭고 공의로운 속성, 하나님의 약속에 대한 그의 진실성, 그리고 인간을 상대함에 있어 그의 행동의 정의로움(즉 속성적 의미 또는 주격적 의미)을 가리키는 것으로 이해했다. 다른 해석은 이 표현에 대한 바울의 용례가 반영된 고린도후서 5:21과 빌립보서 3:9와 아우구스티누스에게 영향을 받아, δικαιοσύνη θεοῦ와 *iustitia Dei*를 인간 역사에서 행하시는 하나님의 구원 행위라는 맥락에 비추어 더욱 이해했다(즉 전달적 의미 또는 객관적 의미). 비록 이 어구를 하나님의 의롭고 공의로운 속성을 가리키는 것으로도 이해했지만 말이다. 그래서 5세기부터 15세기의 신학자들은 "하나님의 의/공의"를 이야기하면서, 다양한 방법으로 (1) 하나님의 속성과 행위에 관한 진리와, (2) 하나님이 복음을 믿고 그에게 헌신하는 사람들에게 주시는 것 등 **두 사상**을 자주 결합했다.

미묘한 차이를 내포하고 있는 이러한 조합은 중세 시대 내내 중요한 일부 로마 가톨릭 주석가들에 의해 표현된 것 같다. 예를 들어 토마스 아퀴나스는 로마서 1:17의 "하나님의 공의"(justice of God)를 "하나님이 의로우신 이유가 되고 그가 인간을 의롭게 하시는"(*iustitia qua Deus iustus est et qua Deus*

---

58) Augustine, *De diversis Quaestionibus ad Simplicianum*, PL 40.102-47.

homines justificat) 수단이라고 말했다. 이로써 아퀴나스는 사람들을 의롭게 하
시는 하나님의 은혜에 대한 아우구스티누스의 이해와 하나님의 자비를 그의 공
의의 충만함으로 설명한 안셀무스의 이해를 연결한다.[59] 마찬가지로 이러한
동일한 견해의 결합은 카예타누스(Cajetan)라는 별명을 가진 토마스 드 비오
(Thomas de Vio)의 주석들에 등장한다. (1518년에 아우크스부르크에서 루터를
심문하는 자리에서 교황의 특사로서 사회를 보았던) 카예타누스는 엄청난 지
명도와 지대한 영향력을 지닌 스콜라 신학자로서, 1525년부터 1534년까지 그의
마지막 생애 동안 성경주석을 쓰는 데 혼신의 힘을 기울였다. 첫 번째로 쓴 주
석은 시편 주석이었고, 그다음에 사복음서, 사도행전, (로마서를 비롯한) 신약의
편지들, 그리고 최종적으로, 모세 오경, 여호수아, 잠언, 전도서, 이사야 1-3장의
주석을 썼다. 하지만 비록 카예타누스가 당대의 가장 걸출한 토마스 아퀴나스파
신학자로 간주되었어도, 그는 신약성경 주석을 출판할 때인 그의 쇠퇴기에 교회
의 상급자들과 문제를 일으켰다. 그가 불가타 본문을 버리고 그 대신 에라스무
스와 파베르(Faber)가 만든 비평 판 그리스어 본문을 사용했기 때문만은 아니
었다. 그를 괴롭혔던 사람들이 보기에 이보다 더 심각한 것은 카예타누스가 "하
나님의 공의/의"와 "믿음"과 관련하여 바울의 진술을 해석하면서 루터와 상당
히 유사한 것처럼 들렸기 때문이기도 하다. 아우구스티누스는 중세 시대에 교회
의 가장 위대한 신학자들 중 한 사람으로 널리 존경을 받았지만, 동시에 다양하
게 이해되기도 했다. "하나님의 공의/의"라는 표현에 대한 그의 이해는 더욱 엄
격한 **속성적·주격적** 이해의 흐름을 따라 해석되면서도, 동시에 안셀무스와 암
브로시아스테르와 같은 학자들의 "고전적인" 이해에 따라 해석되기도 했다.

　　4. Δικαιοσύνη θεοῦ와 δικαιοσύνη에 대한 루터의 이해. 바울의 편지에서
"하나님의 공의/의"의 **전달적 의미** 또는 **목적격 의미**와 "믿음"의 결정적인 중
요성을 가장 효과적으로 강조한 사람은 마르틴 루터였다. 그렇게 그는 하나님
의 거저 주시는 은혜를 강조한 아우구스티누스의 영향을 받은 서방 기독교에서
이 문제에 대한 새로운 인식을 불러일으켰다. 루터는 일찍이 수도사로 살아가는

---

59) 롬 1:17에 대해서 T. Aquinas, "Epistola ad Romanos," in *Opera Omnia*, 13.3-156 참조.

동안 큰 실망감과 비애를 가지고 라틴어 성경에 있는 *iustitia Dei*("하나님의 공의")라는 어구의 의미를 깊이 생각했다. 하지만 1515년에 루터는 로마서 1:17의 "하나님의 공의/의"와 "믿음으로 말미암아 의롭다 함을 얻는"다고 하는 바울의 교훈과 관련하여 전혀 새로운 의미를 발견하기에 이르렀다. 이 새로운 발견은 루터 자신의 영적 재탄생의 기폭제가 되었고, "낙원"으로 들어가는 문과 "하늘에 이르는 문"을 열었으며, 그의 전 생애에 걸친 철저한 종교 혁명의 출발점이 되었다. 물론 이것은 결국 프로테스탄트 종교개혁으로 나타났다. 이후 1545년에 루터는 자신이 이 어구를 바르게 이해하게 되었을 때 영적 갈등이 해결된 것을 기억하면서 다음과 같이 글을 썼다(그는 본문의 라틴어 *iustitia Dei*를 "하나님의 공의"로 번역했고, 괄호 안에 이것이 그리스어 δικαιοσύνη θεοῦ, 즉 "하나님의 의"에 해당한다고 설명했다).

나는 로마서를 이해하길 간절히 원했다. 그리고 "하나님의 공의["의"]"라는 바로 이 표현이 나에게 장애가 되었다. 나는 그 어구가 하나님이 공의로우시다["의로우시다"]라고 말할 때의 공의["의"]와 공의롭지 못한["불의한"] 사람들을 심판하심에 있어 공의롭게["의롭게"] 행하시는 공의["의"]를 의미한다고 이해했기 때문이다. 내가 처한 상황은 이렇다. 나는 흠 잡을 데 없는 수도사지만 하나님 앞에서는 양심상 번뇌가 많은 죄인으로 서 있으며, 나의 공로로 하나님의 진노가 누그러질 것이라는 확신이 없었다. 그러므로 나는 공의로우시고["의로우시고"] 진노하시는 하나님을 좋아하지 않았다. 오히려 하나님을 증오했으며 원망했다. 나는 경애하는 바울에게 매달렸고 그가 의미한 바가 무엇인지를 알려고 갈망했다.

밤낮을 생각하고 또 생각했다. 마침내 나는 하나님의 공의["의"]와 "공의로운["의로운"] 사람은 그의 믿음으로 말미암아 살리라"는 진술이 관련이 있다는 이해에 이르게 되었다. 그 후 나는 하나님의 공의["의"]가 하나님이 은혜와 순전한 긍휼을 통해 우리를 믿음으로 의롭게 하시는 바로 그 의라는 진리를 붙잡았다. 그 순간 나는 다시 태어났고 낙원으로 가는 문이 열린 것을 느꼈다. 성경 전체는 새로운 의미를 띠었다. 비록 이전에는 "하나님의 공의["의"]"가 증오로 나를 채웠으나, 이제 하나님의 공의는 더 위대한 사랑으로서 내게 말로 표현할 수 없을 정도로 달콤한 것이 되었다. 바울의 이 본문은 내게 하늘로 향하는 관문이 되었다.[60]

루터의 발견은 아우구스티누스가 하나님의 은혜의 무조건적인 성격을 강조한 것과 긴밀히 연결되어 있다. 루터는 (라틴어의) "공의로운"과 "공의" 또는 (그리스어의) "의로운"과 "의"를 하나님의 성품과 그의 행위(즉 속성적 의미 또는 주격적 의미)로 이해하는 데 반대하지 않았다. 하지만 그의 강조는 "신적인 선물로서 하나님의 의"(즉 전달적 의미 또는 목적격 의미)에 있었다. 하나님의 의는 "믿음으로" 하나님의 선물을 받는 사람을 한 분이시며 참되고 의로우신 신적인 존재와 전혀 새로운 관계(즉 법정적인 공의 또는 의)에 놓으며, 그 사람이 개인적으로만 아니라 사회에서도 완전히 새로운 방식으로 살게 한다(즉 윤리적 공의 또는 의).

　　5. **구약성경과 초기 유대교 문헌에서의 새로운 초점.** 하지만 "의" 또는 "하나님의 의" 이해와 관련하여 현대 성경 연구에서 새로운 초점은 20세기 초 헤르만 크레머(Hermann Cremer)에 의해 시작되었다.[61] 크레머는 신약 해석자들이 고전적인 그리스어 저술들에서 사용한 δικαιοσύνη의 관점에서 이 표현들을 다루어서는 안 될뿐더러 그것을 신학적으로 취급해서도 안 되고, 그 단어들을 우선적으로 구약적 기원과 관련해서 이해해야 한다고 주장했다. 그래서 그는 바울이 사용한 δικαιοσύνη라는 추상명사와 δικαιοσύνη θεοῦ라는 표현을 우선적으로 구약성경의 남성 명사인 צֶדֶק와 그 단어에 상응하는 여성명사인 צְדָקָה와 관련해서 이해해야 한다고 주장한다. 남성 명사와 여성 명사 모두 "바름", "공의", "의로움", "의"와 관련한 광범위한 개념을 의미한다. 그리고 이 단어가 이스라엘

---

60) M. Luther, "Preface to Latin Writings," in *Luther's Works*, 34.336-37; 또한 같은 저자, "Table Talk," in *Luther's Works*, 54.193, 309, 442도 보라.

61) A. H. Cremer, *Die Paulinische Rechtfertigungslehre* (1900).

의 종교에서는 (1) 하나님의 성품과 그의 행동의 특성,[62] (2) 하나님이 그의 백성을 위해 구속을 이루시는 것을 함의하며, 따라서 종종 "구원" 개념과 함께 사용된다.[63] 그리고 구약성경에 뿌리를 둔 "의"와 "하나님의 의"에 대한 이러한 이해는 속성적 어감과 전달적 어감을 함께 가지며, 구약의 여러 다른 본문에 의해 지지받는 것으로 보인다. 그 본문들은 (1) 하나님의 성품과 행위들을 "올바름"과 "의로움"으로 묘사하며,[64] (2) 하나님께서 그의 백성을 구원하시는 것을 "의의 행위"로 언급한다.[65] 더욱이 이렇게 다양한 어감이 결합된 것은 70인역과 사해사본의 여러 본문의 지지를 받는데, 그 본문들은 하나님의 의를 하나님이 백성들의 죄를 제거하신 결과 그들에게 부여하신 새로운 지위[66]와 하나님이 가능하게 하심으로 백성들을 변화시키는 것을[67] 모두 묘사한다.

이 본문들 외에, 바울 당시 유대교의 영적인 환경을 더 잘 대표한다고 주장할 수 있는 저술들 가운데 "하나님의 의에 대한 가장 좋은 인식"을 제공하는 것은, 페터 슈툴마허가 주장한 것처럼 아마도 "구약성경 본문과 회개에 대한 초기 유대교의 기도문들"인 것 같다. 특히 다니엘 9:4-19, 「에스라4서」 8:20-36, 1QS 10-11이 대표적이다.[68] 다니엘 9:4-19에서 회개의 기도는 끝에 다음과 같은 말을 포함한다.

> 주는 주의 공의를 따라 주의 분노를 주의 성 예루살렘, 주의 거룩한 산에서 떠나게 하옵소서.…우리가 주 앞에 간구하옵는 것은 우리의 공의를 의지하여 하는 것

---

62) 예. 시 36:6(MT 36:7): "주의 '의'는 힘센 산들과 같고 주의 '공의'는 큰 바다와 같으니이다"; 시 71:19: "하나님이여, 주의 '의'가 하늘에 닿았나이다."

63) 예. 사 46:13: "내가 나의 '공의'를 가깝게 할 것인즉 그것이 멀지 아니하나니, 나의 구원이 지체하지 아니할 것이라. 내가 나의 영광인 이스라엘을 위하여 구원을 시온에 베풀리라."; 사 56:1: "너희는 '정의'를 지키며 의를 행하라. 이는 나의 구원이 가까이 왔고 나의 '공의'가 나타날 것임이라."

64) 참조. 신 33:21; 삿 5:11; 시 89:16; 96:13; 98:9; 111:3; 143:1, 11; 미 6:5.

65) 참조. 삼상 12:7; 사 45:8, 24-25; 51:4-8; 단 9:16.

66) 예. LXX 시 50:1-14; 1QS 11.3; 1QH 12.37.

67) 예. LXX 시 71:1-2; 1QS 11.14; 1QH 13.37.

68) Stuhlmacher, *Romans*, 30.

이 아니요, 주의 큰 긍휼을 의지하여 함이니이다.[69]

「에스라4서」8:20-36에 있는 에스라의 회개 기도는 다음과 같은 진술로 마무리
된다.

　　주님, 주께서 선한 행위를 쌓지 않은 사람들을 긍휼히 여기실 때, 이로써 주의 공
　　의와 선하심이 선포되리이다.[70]

그리고 쿰란의 언약자들은 1QS 10-11에서 회개의 노래에 다음과 같은 확신의
말을 포함시켰다. 이는 하나님의 의에 대한 속성적 이해뿐만 아니라 전달적 이
해를 반영한다.

　　내가 흔들릴 때 하나님의 자비는 내 구원이 되리이다. 내가 육체의 방종으로 실
　　족한다면, 하나님의 영원하신 의를 통해 바르게 되리이다.…하나님은 그의 의로
　　써 사람의 모든 더러운 것과 인간의 죄에서 나를 깨끗하게 하시리이다. 나는 하
　　나님께 그의 의를 인정하고, 지극히 높으신 이에게 그의 놀라운 영광을 인정하리
　　이다.[71]

바울의 δικαιοσύνη θεοῦ("하나님의 의") 용례를 이러한 배경에 비춰 이해할
때, 이 어구의 의미 범위와 포괄적인 특성을 좀 더 충분히 이해할 수 있다. 과거
의 여러 다른 관점들은 더 이상 다음과 같이 제안되지 못할 것이다. (1) 소유격
θεοῦ("하나님의")나 αὐτοῦ("그의")를 주격 소유격으로 해석해야 할지 아니면
목적격 소유격으로 해석해야 할지, (2) 이 표현을 속성적 방식으로 이해해야 할
지 아니면 전달적 방식으로 이해해야 할지, (3) 이 표현을 구원론적으로 이해하
는 것이 가장 좋은지 아니면 종말론적으로 이해하는 것이 가장 좋은지, (4) 이

---

69) 단 9:16, 18.
70) *4 Ezra* 8:36.
71) 1QS 11.12, 14-15.

표현의 본질적인 의미가 우선적으로 신론과 관련이 있는지 아니면 인간론과 관련이 있는지 등이다. 그라프 레벤틀로우(Graf Reventlow)가 오랫동안 관찰해왔듯이, 바울의 유대적 배경에 비춰 볼 때, 이 모든 이분법적 생각은 "폭이 너무 좁은 생각이었던 것으로 금세 드러난다."[72] 이것은 로마서 1:17, 3:5, 21-22(2번), 25-2(2번), 10:3, 고린도후서 5:21, 빌립보서 3:9에서 바울이 사용한 δικαιοσύνη θεοῦ(또는 δικαιοσύνη αὐτοῦ)를 이해하는 데 있어 이 다른 관점들 가운데 어떤 것이 옳은지의 문제가 아니다. 오히려 구약성경과 초기 유대교 저술들에서 발견되는 좀 더 포괄적인 의미 범위를 인정해야 한다. 특히 로마서 1:16-17(17a절에서)과 3:21-23(21a절과 22a절에서)의 그의 논제 진술에 나타난 바울의 이 어구 사용에서 말이다. 바울이 이 본문들에서 말하고 있는 "하나님의 의"는 (1) 하나님의 속성과 그의 모든 행위를 특징짓는 특성(속성적 의미)과, (2) 하나님께서 "믿음으로" 그에게 오는 사람들에게 주시는 선물(전달적 의미) 모두다. 로마서 3:24-26의 신앙고백적 자료가 그 본문 마지막(26b절)에서 천명하듯이, 그것은 하나님으로 하여금 "의로운"(δίκαιον) 분과 "의롭게 하시는 분"(δικαιοῦντα)이 되시게 하는 의의 한 유형이다.

   6. 법정적 지위 또는 윤리적 특성으로서 의. 하지만 "하나님의 의"와 "의"의 전달적 의미가 이러한 표현들의 의미 범위에 포함된 경우라고 하더라도, 많은 사람의 마음에는 "하나님의 의" 혹은 "의"의 선물에 관해 말할 때, 바울이 우선적으로 (1) 하나님이 부여하시는 의의 지위(즉 법정적 이해 또는 선언적 이해)를 가리키는지, 아니면 (2) 하나님이 가능케 하시는 생명의 윤리적 특성(즉 효과적인 또는 윤리적 이해)을 가리키는지에 대한 질문이 계속 존재해왔다. 로마 가톨릭 해석자들은 명사 δικαιοσύνη("의", "올바름", "공의")와 형용사 δικαιός("의로운", "올바른", "공의로운")를 강조하면서, 동사 δικαιόω("의롭게 하다", "정당하다고 인정하다", "무죄를 선언하다", "자유를 주다")를 명사와 형용사와 관련해서 해석했다. 따라서 그들은 δικαιοσύνη가 우선적으로 과거의 죄로부터의 무죄 선언과 윤리적인 의미에서 "의롭게 하다"를 의미하지만, 최종적

72) Reventlow, *Rechtfertigung im Horizont des Alten Testaments*, 113(필자의 번역이다).

인 의 선언은 최후의 심판 때에야 이루어진다고 결론을 내렸다.

그러나 이와는 반대로, 개신교 해석자들은 동사 δικαιόω를 반드시 "의
롭다고 간주하다" 또는 "의롭다고 선언하다"라는 의미로 이해해야 하며, 그래
서 전체 δικαι- 단어들을 우선적으로 윤리적인 올바름(즉 효과적, 윤리적, 또
는 때때로 "실제적"의라고 칭하는 것)보다는 하나님에 의해 확립된 "의로운
관계"(즉 법정적, 선언적, 또는 때때로 "전가된"의라고 칭하는 것)로 해석해야
한다는 사실을 강조해왔다. 또는 좀 더 현대적인 방식으로 질문을 표현하면 이
렇다. 바울의 δικαι- 단어들 사용을 "전가 용어"(transfer terminology)[73]로 이
해해야 할 것인가? 아니면 "이미 믿음을 가진 사람들의 일상적인 행위"에 적용
될 수 있는 것[74]으로 이해해야 할 것인가?

존 지슬러가 구약성경에서 צדק가 명사, 형용사 또는 동사로 사용된 "약
481가지 사례"를 연구한 것에 근거하여, 우리는 바울의 용례를 증명함으로써
이러한 난제를 대체로 해결했다고 믿는다. 그는 바울의 용례에서 (1) 그리스
어 동사 δικαιόω가 법정적 또는 선언적 방식에서 "의롭게 하다", "정당하다고
인정하다" 또는 "무죄를 선언하다"를 의미할 뿐만 아니라, (2) 그리스어 명사
δικαιοσύνη가 더 포괄적인 방식으로 하나님 앞에서의 지위를 의미할뿐더러 어
느 사람의 윤리적인 "올바름", "의" 또는 "공의"를 의미하기도 하며, (3) 그리스
어 형용사 δικαιός가 윤리적으로 "올바른", "의로운" 또는 "공의로운" 것을 포
함함을[75] 보여주었다. 지슬러는 이렇게 함으로써 바울이 의에 대한 그의 이해에
서 법정적 범주와 윤리적 범주를 어떻게 연결했는지 보여주고, 또한 한 범주가
다른 범주를 언제나 포함함을 보여주었다.

**7. 바울 서신과 신약성경의 다른 곳에서 δικαιοσύνη θεοῦ의 분포와 다양한
어감들.** 하지만 여러 바울 해석자들에게 계속되는 하나의 난제가 남아 있다. 이
것은 (1) 바울 서신에 분포된 δικαιοσύνη θεοῦ("하나님의 의")라는 표현과 그

---

73) E. P. Sanders, *Paul and Palestinian Judaism*, 470-72; 같은 저자, *Paul, the Law, and the Jewish People*, 여러 곳.

74) Dunn, "New Perspective on Paul," 121.

75) Ziesler, *Meaning of Righteousness in Paul*, 여러 곳.

표현이 신약의 다른 세 곳에 등장한다는 점, (2) 이 표현이 등장하는 본문들에서 보여주는 다양한 어감들과 관련이 있다. 페터 슈툴마허가 그 난제를 이렇게 서술했다.

바울의 사고에서 하나님의 의를 무엇보다도 빌립보서 3:9에 근거하여 하나님의 선물이나 믿음의 의 또는 하나님 앞에서 유효한 "의"로 이해할 것인지(루터), 아니면 다른 사람들 중에서 슐라터와 더불어 (그리스도 안에서 그리고 그리스도로 말미암는) 하나님의 법정적 그리고 구원론적 행위에 그 강조점이 있는 것으로 이해해야 하는지는 오랫동안 논란의 대상이 되었다.[76]

슈툴마허 자신은 다음과 같은 주석으로써 이 논의의 종지부를 찍으려 했는데, 확실히 그것은 어느 정도 옳다.

이 두 [이해] 사이에서 하나를 선택해야 한다는 듯이 그릇되게 상정하지 않도록 해야 한다. 이 표현은 두 가지를 다 통합하며, 본문마다 바울이 강조하는 것이 무엇인지 결정해야 한다.[77]

이와 마찬가지로 조세프 피츠마이어는 이 표현에 대한 바울의 이해에서 **속성적 의미와 전달적 의미** 둘 다 존재할지 모른다는 사실을 인정하면서도, 특히 로마서에서 바울의 "하나님의 의/공의" 사용과 관련하여 일부 바울 해석자들이 직면한 딜레마를 강조한다. "하지만 논쟁의 대상이 되는 것은 δικαιοσύνη θεοῦ의 선물이라는 사상이 로마서의 모든 곳에 적합한지의 문제다."[78] 피츠마이어는 고린도후서 5:21과 빌립보서 3:9에 있는 그 표현의 **전달적 의미**에 관해서는 별로 미심쩍어하지 않는 것 같지만, 로마서에서 더 많이 등장하는 이 표현의 **속성적 의미**를 받아들이는 데는 곤란해한다.

76) Stuhlmacher, *Romans*, 31.
77) Stuhlmacher, *Romans*, 32.
78) Fitzmyer, *Romans*, 262.

하지만 해석자들에게 이러한 딜레마는 필자가 제안한 대로 다음을 이해하면 어느 정도 경감될 것이다. (1) 로마서는 수신자들의 구체적인 인종적 배경이 무엇이든지 간에 유대 기독교 신학과 어휘에 광범위하게 영향을 받은 신자들을 대상으로 기록되었다는 점과, (2) 바울이 로마의 그리스도인들에게 편지를 쓰면서 특별히 편지 본론 중앙부의 첫 번째 단락과 세 번째 단락(1:16-4:25; 9:1-11:36)에서 그가 수신자들이 소중히 여기고 있었다고 본 신학적인 표현과 종교적인 어휘를 어느 정도 자주 사용했다는 사실이다. 이와 같은 논제에 대해서는 다음과 같은 네 가지 시나리오가 로마서에 있다고 제안될 수 있다.

1. 바울은 1:16-17과 3:21-23의 논제 진술에서 "하나님의 의"라는 어구를 포괄적인 방식으로 사용하여, **속성적인 의미** 또는 **주격적인 의미** 그리고 **전달적인 의미** 또는 **목적격적인 의미**를 의미 범주에 모두 포함시킨다.

2. 바울은 그의 논지를 지지하려고 3:24-26에서 당시 유대 기독교 내부에서 통용되던 초기 기독교 신앙고백의 한 부분을 인용한다. 이 신앙고백에는 하나님의 "공의"(25b절과 26a절)가 언급되었으며, 하나님의 "의롭다 하심"이라는 주제(26b절; 특히 "이때에 자기의 의로우심을 나타내사 자기도 의로우시며 또한 예수 믿는 자를 의롭다 하려 하심이라"를 주목하라)가 제시되었다. 이로써 바울은 하나님의 "공의"와 "의로우신" 하나님을 말함으로써 이 표현의 **속성적인 의미**를 강조할뿐더러, 하나님을 "의롭다고 하시는 분"으로 언급하면서 어느 정도 **전달적인 의미**도 포함시키고 있다.

3. 3:5에서는 확실히 **속성적인 의미**가 전면에 부각된다("우리 불의가 하나님의 의를 드러나게 하면 무슨 말 하리요?").

4. 10:3 전반부에서는 그 표현이 **전달적인 의미**로 사용된 것이 분명하다. 비록 하반절에 **전달적인 어감**과 **속성적인 어감**이 다 있기는 하지만 말이다("그들은 하나님의 의를 모르고 자기 의를 세우려고 힘써 하나님의 의에 복종하지 아니하였느니라").

바울 서신 외에 신약성경 세 곳, 즉 마태복음 6:33, 야고보서 1:20, 베드로후서

1:1에서는 "하나님의 의"의 속성적인 의미가 지배적이다. 로마의 그리스도인들이 이 표현을 이해한 방식도 이러했는지 모른다. 하지만 바울은 자신의 이방인 선교에서 하나님이 그리스도의 사역과 그분의 성령 사역 및 신자들의 믿음의 반응으로 말미암아 자신과 화목하게 된 사람들에게 주신 선물인 하나님의 의를 강조했다. 이것은 바울이 그의 개종자들에게 보낸 그의 모든 편지에서 분명하게 나타나며, 특히 그가 δικαιοσύνη만을 사용한 경우(특히 롬 5:17)와 또한 고린도 교회와 빌립보 교회의 개종자들에게 편지를 쓸 때 δικαιοσύνη θεοῦ를 사용한 경우(고후 5:21과 빌 3:9)에 분명하게 강조되었고, 단순히 이 용어의 다른 어감들에 반응할 때만 강조한 것은 아니었다(예. 롬 10:3에서처럼). 그래서 바울은 비록 속성적인 의미에서 하나님의 "올바름", "공의", "의"를 늘 인식하고 있었으면서도, 그의 이방인 선교에서는 일차적으로 **전달적인 의미**에서 "하나님의 의"를 강조했다. 고린도후서 5:21("하나님이 죄를 알지도 못하신 이를 우리를 대신하여 죄로 삼으신 것은 우리로 하여금 그 안에서 하나님의 의가 되게 하려 하심이라")과 빌립보서 3:9("내가 가진 의는 율법에서 난 것이 아니요 오직 그리스도를 믿음으로 말미암은 것이니 곧 믿음으로 하나님께로부터 난 의라")에서 이 사실을 가장 분명하게 볼 수 있다.

로마의 그리스도인들은 그들이 바울신학과 그의 설교에서 균형이 잡히지 않았다고 본 내용을 반대했을지도 모른다. 이를테면, 바울이 **전달적인 의미**에서 "하나님의 의"를 잘 설교했지만 **속성적인 의미**에서는 하나님의 의에 관해 목소리를 덜 냈다고 말이다. 그러나 바울은 그들에게 편지를 쓰면서 "하나님의 의"라는 표현에 포함된 광범위한 의미 범위를 주장함으로써 글을 시작한다. 그 결과 바울은 그들의 속성적인 이해에 견해를 같이한다. 하지만 그들의 속성적인 이해는 그들이 하나님의 성품 및 행위와 관련하여 어느 정도 고정적인 방식으로 개념화한 것일 수 있다. 하지만 바울은 그들이 또한 계시적이고 역사적이며 구원론적인 방식으로, 그래서 좀 더 역동적인 방식으로 생각하기를 원한다. 따라서 그는 하나님의 의가 기독교 복음에 하나님 자신에 의해 "지금 계시되고 있다"(현재 직설법 수동태 동사인

ἀποκαλύπτεται를 사용함)는 사실을 강조한다. 이것은 바울이 믿기로 로마의 그리스도인들과 자신이 모두 고백하고 일반적으로 붙들고 있는 진리다.

1:17b   'Ἐκ πίστεως εἰς πίστιν(문자적으로, "믿음으로부터 믿음으로") 역시 이른 시기에서와 과거 150년간 신약학계에서 광범위하게 논의되어온 어구다. 교부 시대의 성경 해석자들은 대부분 이 표현이 "율법을 믿는 믿음 에서 복음을 믿는 믿음으로"를 의미하며, 그래서 구약성경에 표현된 "믿음 에서" 신약성경에 선포된 "믿음으로"라는 구속사적 움직임을 표시한다고 이해했다. 예를 들어, 테르툴리아누스는 1:17b의 바로 이 표현을 주석하면 서 이렇게 말했다. "그[하나님]는 사람들을 율법의 믿음에서 복음의 믿음 으로 옮기신다. 이 말은 하나님 자신의 율법과 복음이란 뜻이다."[79] 마찬가 지로 오리게네스는 이렇게 주장했다. "처음 사람들은 믿음에 있었다. 그들 이 하나님과 그의 종 모세를 믿었기 때문이다. 그들은 지금 바로 그 믿음으 로부터 복음의 믿음으로 옮겨졌다."[80] 16세기에 장 칼뱅은 당대의 해석자 들이 대부분 "믿음에서 믿음으로"를 "구약성경과 신약성경 간의 암시된 비 교"로 이해했다고 지적했다.[81] 그리고 18세기에 존 웨슬리는 그 표현이 처 음에는 "율법에 의해 계시되었다가" 지금은 "복음에 의해 계시된, 점점 명 확해지는 약속들의 점차적인 단계"와 관련이 있다고 주장했다.[82]

4세기의 주석가 암브로시아스테르는 "믿음에서 믿음으로"라는 표현 에서 첫 번째 "믿음"이 어느 정도 하나님을 언급하고, 두 번째는 하나님에 대해 반응하는 사람을 언급한다고 이해한 첫 번째 사람인 것 같다. 비록 그 가 "하나님의 믿음"을 어떻게 상상했는지는 설명하지 않았지만 말이다. 그 는 이렇게 썼다. "하나님이 약속하시는 까닭에 '하나님의 믿음'이 그 안에 있다는 것이 아니라면, 그리고 사람이 약속하시는 분을 믿는 까닭에 '사람

79) Tertullian, *Adversus Marcionem* 5,13.
80) Origen, *Ad Romanos*, PG 14,861; 또한 14,858도 보라.
81) J. Calvin, *Romans*, in *Calvin's New Testament Commentaries*, 8,28(그러나 아래에서 언급했 듯이, 칼뱅 자신은 이 말들을 "모든 신자의 매일의 진보"를 언급하는 것으로 이해하는 것이 가장 좋다고 믿었다).
82) J. Wesley, *Explanatory Notes*, 520.

의 믿음'이 그 안에 있다는 것이 아니라면, 이것이 의미하는 바는 무엇이란 말인가."[83] 그리고 5세기에 아우구스티누스는 이 표현이 "복음을 선포한 사람들의 믿음[특히 바울 자신의 믿음과 믿음에 대한 그의 선포]에서 그 복음이 선포되는 것을 들은 사람들의 믿음"을 의미한다고 해석했다.[84] 또는 좀 더 광범위하게 "말씀을 믿는 믿음(이로써 우리가 눈으로 보지 못하는 것을 지금 믿는 것이다)에서 실체를 믿는 믿음(이로써 우리는 지금 믿고 있는 것을 나중에 소유하게 될 것이다)"이라고도 설명했다.[85]

하지만 오늘날 대부분의 주석가들은 그 표현이 "모든 신자의 매일의 진보를 표시한다"는[86] 칼뱅의 이해를 받아들였으며, 따라서 "믿음에서 믿음으로"가 그리스도인의 삶에서 어떤 유형의 믿음의 진보를 나타낸다고 보았다. 예를 들어, 조세프 라이트푸트(Joseph Lightfoot)는 이 어구를 "출발점인 믿음과 목표인 믿음"을 의미한다고 해석했다.[87] 제임스 데니는 바울이 한 개인의 삶에서 하나님의 의가 "믿음을 전제하고 믿음으로 인도한다"고 말한다고 보았다.[88] 윌리엄 샌데이와 아서 헤들럼은 이 어구를 이와 비슷하게 이해했으며, 이 어구를 "믿음의 더 작은 분량에서 출발하여 더 큰 양을 생산한다"라고 번역했다.[89]

바울이 두 번째로 언급한 "믿음으로"(εἰς πίστιν)를 그의 첫 번째 언급 (ἐκ πίστεως, "믿음에서")의 "강조적 동의어"로 이해하고 그 표현을 그리스

---

83) Ambrosiaster, *Ad Romanos*, PL 17.56; CSEL 81.3.

84) Augustine, *De spiritu et littera* 11.18.

85) Augustine, *Quaestionum evangelicarum* 2.39.

86) J. Calvin, *Romans*, in *Calvin's New Testament Commentaries*, 8.28.

87) Lightfoot, "Romans," in *Notes on Epistles of St. Paul*; Robertson, "Romans," 4.327도 이 해석을 따른다. 참조. NEB: "starts from faith and ends in faith"("믿음에서 출발하여 믿음에서 마친다").

88) J. Denney, "Romans," in *Expositor's Greek Testament*, 2.591; 참조. Weymouth: "depending on faith and leading to faith"("믿음에 의존하여 믿음으로 인도하는"); Phillips: "a process begun and continued by faith"("믿음에 의해 시작하고 지속되는 과정").

89) Sanday and Headlam, *Romans*, 28; Lagrange, *Aux Romains*, 20도 이 해석을 따른다. 참조. JB: "faith leads to faith"("믿음은 믿음으로 인도한다"); Williams: "faith that leads to greater faith"("더 큰 믿음으로 인도하는 믿음").

도인의 삶이 "전부 믿음에 의한 것"임을 강조하는 것으로 읽는 사람들도 있다.[90] 이외에도 이 어구를 단순히 수사학적 표현으로 이해하면서 바울이 기독교 복음과 그 복음에 계시된 하나님의 의에 대한 한 사람의 반응이 "시작부터 마칠 때까지 믿음에 의한 것"이라고 선언하는 것으로 읽는 사람들도 있다.[91] 많은 사람이 이 모든 이해를 결합하려고 한다. 조세프 피츠마이어가 주장하듯이, 이 표현은 (1) "시작하는 믿음에서 더 완전하거나 절정에 이른 믿음으로"라는 의미일 수도 있고, (2) "'믿음으로'는 어느 한 사람이 구원에 참여하는 수단을 표현하고, '믿음에'는 하나님의 계획의 목적을 표현할" 수도 있으며, 또는 (3) 좀 더 개연성이 높게는 이 어구가 "구원이 처음부터 끝까지, 전적으로 그리고 온전히 믿음의 문제"임을 의미할 수도 있다.[92]

인정하건대, ἐκ πίστεως εἰς πίστιν은 해석하기 어렵기로 악명이 높다. 하지만 ἐκ πίστεως를 "믿음"과 "신실함"을 모두 의미하는 히브리어 אמונה와 관련하여 이해할 경우, 바울이 여기서 염두에 두고 있는 것을 이해하는 데 그리 어려움은 없을 것이다. 바울은 (1) ἐκ πίστεως라는 소유격 어구를 사용하면서 **하나님의 신실하심**을 염두에 두었으며(그 언급이 하나님의 신실함을 가리키든지 아니면 예수 그리스도의 믿음/신실함을 가리키든지, 또는 둘 다 가리키든지 간에), (2) 바울의 εἰς πίστιν이라는 목적격 어구 사용에서 **인간의 믿음**을 염두에 두었다. 이런 방식으로 이해하면, 바울은 여기서 비밀스럽고 어느 정도 당혹스러운 간결함으로, 하나님의 구원과 인간의 화목에 개입된 주요한 요인들을 모두 제시하고 있다고 이해할 수 있다. 즉 (1) 복음이 선포하는 모든 것의 기원과 기초가 되는 **하나님의 신실하심**과, (2) 하나님의 신실하심을 받아들이는 데 필요한 **인간의 믿음** 말이다.

---

90) 예. Cranfield, *Romans*, 1,100; 참조. Knox: "faith first and last"("처음과 나중 믿음"); TEV: "through faith from beginning to end"("처음부터 끝까지 믿음을 통하여").

91) 예. C. H. Dodd, *Romans*, 13-14; Barrett, *Romans*, 31; 참조. NIV: "by faith from first to last"("처음부터 끝까지 믿음을 통하여").

92) Fitzmyer, *Romans*, 263.

지금까지 ἐκ πίστεως와 εἰς πίστιν을 해석하는 가장 일반적인 방법은 이 어구들 모두 하나님을 믿는 한 사람의 믿음, 그리스도 예수를 믿는 믿음, 또는 기독교적 복음 선포에 대한 신뢰를 언급하는 것으로 이해하는 것이었다. 즉 직접적인 대상을 가리키는 목적어인 것이 분명하고 그래서 반드시 인간의 믿음을 의미하는 것으로 이해해야만 하는 두 번째 어구 εἰς πίστιν뿐만 아니라, 통상적으로 대상의 소유격으로(즉 소유격 명사가 동사에 담긴 개념의 대상으로 기능함) 읽어왔던 첫 번째 어구 ἐκ πίστεως도 그렇게 이해한다. 그래서 ἐκ πίστεως와 εἰς πίστιν 둘 다 일반적으로 **인간의 믿음**, 즉 하나님이나 그리스도 예수나 복음을 믿는 믿음을 가리킨다고 이해해 왔다.

그러나 1980년대 초부터 현재까지 πίστεως가 동사에 담긴 개념의 주어로 기능하는 주격 소유격이며, 그래서 사람이 구원받는 것의 기원과 기초가 하나님이나 그리스도 예수의 신실하심이라는 학자들의 견해가 밀물처럼 밀려오기 시작했다. 이러한 이해에서는 ἐκ πίστεως εἰς πίστιν이라는 어구가 인간의 믿음을 2번 언급하는 것이 아니라, 첫 번째 것은 기독교 복음에서 선포된 모든 것의 기초인 "하나님의 신실함"을, 두 번째 것은 한 개인의 삶에서 그 "좋은 소식"을 받아들이기 위한 필요한 반응인 "인간의 믿음"을 가리키는 것으로 이해된다.

이러한 논지는 19세기 말에 요하네스 하우스라이터(Johannes Haussleiter)에 의해 처음 제안되었다.[93] 이 논지는 1950년대에 가브리엘 헤버트(Gabriele Hebert)[94]와 토머스 토런스(Thomas Torrance)[95]에 의해 영어권에서 대중화되었다. 칼 바르트는 1919년에 그의 『로마서 강해』(Römerbrief)에서 이 입장을 옹호하는 주석을 처음 쓴 주석가였다. 그는 ἐκ πίστεως εἰς

---

93) Haussleiter, *Der Glaube Jesu Christi*; 같은 저자, "Was versteht Paulus unter christlichen Glauben," 159-81.

94) Hebert, "'Faithfulness' and 'Faith,'" 373-79.

95) Torrance, "One Aspect of the Biblical Conception of Faith," 111-14, 221-22.

πίστιν를 "신실함에서 믿음으로"(aus Treue dem Glauben)라고 번역했다.[96] 그 후 이 입장을 1962년에 맨슨(T. W. Manson)이 그의 로마서 주석에서 지 지했다.[97] 그리고 지난 50년에서 60년간 (이곳 1:17b과 3:22b에서만 아니라[아 마도 3:26과 3:30도 포함됨], 그의 다른 서신에도 있는) 바울의 신학적인 언어에서 "하나님의 신실함"과 "인간의 믿음"의 상호연결에 대한 이러한 이해는 다 양한 소논문과 논문에서 여러 학자에 의해 발전되었다.[98]

이 논제가 학자들에 의해 점차 받아들여지고 있다는 표시로서, 이러 한 이해가 NRSV("through the faith of Jesus Christ"["예수 그리스도의 믿음으로 말미암아"])와 TNIV("through the faithfulness of Jesus Christ"["예수 그리스도의 신실함으로 말미암아"])의 각주에서 3:22의 διὰ πίστεως Ἰησοῦ Χριστοῦ라 는 표현을 이해하는 대안으로 받아들여졌음을 주목할 수 있다. 더욱이 이 해석은 근래의 일부 로마서 주석가들에 의해 제안되기 시작했다. 먼저 찰 스 탈버트(Charles Talbert)는 2002년에 그의 주석에서 (1) 이곳 1:17의 ἐκ πίστεως εἰς πίστιν이 "인간의 믿음을 위한 하나님 또는 예수의 **신실함** 으로 말미암아"로,[99] (2) 3:22의 διὰ πίστεως Ἰησοῦ Χριστοῦ는 "예수 그 리스도의 **신실함**으로 말미암아"로,[100] (3) 3:25의 διὰ τῆς πίστεως ἐν τῷ αὐτοῦ αἵματι는 "그의 피로써 그[예수]의 신실함으로 말미암아"로,[101] 그 리고 (4) 3:26의 τὸν ἐκ πίστεως Ἰησοῦ는 "예수의 **신실함**으로 사는 사 람"[102]으로 번역했다. 필자 역시 1964년에 출간한 『자유의 사도, 바울』(Paul, Apostle of Liberty), 1990년에 출간한 갈라디아서 주석, 그리고 2004년에 발 표한 "신약 기독론의 초석이 되는 신념: 그리스도의 순종/신실함/아들 됨"("The Foundational Conviction of New Testament Christology: The Obedience/

---

96) K. Barth, *Römerbrief*, 17-18 (ET = *Romans*, 41); 같은 저자, *Shorter Commentary*, 22-23.
97) T. W. Manson, "Romans," 942.
98) 이것을 지지하는 주석가들의 저서들에 대해서는 본 주석 3:22의 "석의와 주해"를 보라.
99) Talbert, *Romans*, 41-47(강조는 덧붙여진 것임. 아래 세 경우에서도 그렇다).
100) Talbert, *Romans*, 41-47, 107-10.
101) Talbert, *Romans*, 41-47, 107, 110.
102) Talbert, *Romans*, 41-47, 108.

Faithfulness/Sonship of Christ")에서 이러한 이해를 주장했다.[103] 그리고 필자
는 "하나님의 신실함"과 "인간의 믿음"의 이러한 특징이 바울이 이곳 1:17b
의 ἐκ πίστεως εἰς πίστιν이라는 비교적 수수께끼 같은 표현을 사용할 때
염두에 두었던 것이라고 여전히 믿는다. 바울은 (1) 이 표현을 그의 확장된
논제 진술의 맥락인 3:21-23에 있는 3:22에서 더욱 발전시키고, (2) 그가
3:24-26에서 인용하는 초기 기독교의 신앙고백 자료에서 두드러지는 것으
로서 그것을 3:25과 26절에서 인용하며, (3) 3:21-23에서 확장된 논제 진술
을 설명하는 3:27b-29과 3:30의 그의 대답에서 그것을 강조한다. 이 본문
은 1:16-17에서 그가 맨 처음에 제시한 논제 진술을 반복한 것이며, 그 논
제 위에 구축한 것이다.

물론 바울이 로마서와 그의 다른 편지들에서 "하나님의 신실함"과
"인간의 믿음"을 어떻게 이해했는지와 관련하여 말할 수 있는 것이 이
보다 훨씬 더 많고, 논의할 내용이 실제로 더 있다. 로마서 이곳 1:17b의 ἐκ
πίστεως εἰς πίστιν과 로마서와 바울의 다른 편지 여러 곳에서 이 단어들
과 어원이 같은 단어들을 현대 학자들이 어떻게 논의하는지와 관련하여 상
당히 많은 내용을 강조할 수 있다. 하지만 매우 중요한 이 문제들에 대한
바울의 이해가 이 논제 진술의 도입부인 1:16-17에 매우 축약된 형태로만
제시되었고, 이것과 동일한 특징들이 3:21-23, 24-26, 27-31에 다시 등장
하므로, 나중에 등장하는 이 본문들을 주해할 때 좀 더 광범위하게 논의하
도록 유보하는 것이 가장 좋을 것이다.

　　1:17c　　　바울의 하박국 2:4 인용이 비교 부사 καθώς("~처럼")
와 현재완료 동사 γέγραπται("기록되었다/기록되어 있다")가 결합된 καθὼς
γέγραπται("기록된 바")라는 표현으로 소개된다. 바울의 성경 인용은 대
부분 일종의 도입 문구로 소개된다. 바울은 특히 로마서에서 καθὼς
γέγραπται를 가장 빈번하게 사용한다. 비록 그가 현재완료 동사

---

103) 참조. R. N. Longenecker, *Paul, Apostle of Liberty*, 149-52; 같은 저자, *Galatians*, 87-88;
　　같은 저자, "The Foundational Conviction of New Testament Christology," 특히 132-37.

γέγραπται("기록된 바")만으로 성경 본문을 여러 번 소개하기도 하고, 때때로 "하나님", "모세", "다윗", "이사야", "호세아", "성경" 또는 "율법"을 언급하거나 몇몇 경우에는 간략한 유사 도입 문구로 사용되는 접속사 γάρ("왜냐하면")만을 사용하기도 하지만 말이다. Καθὼς γέγραπται라는 표현은 70인역 열왕기하 14:6에 히브리어 ככתוב("기록된 대로")의 번역으로 등장한다. 하지만 더 정확하게는 καθὼς γέγραπται가 다니엘 9:13의 כתוב כאשר("기록된 대로")를 번역한 테오도티온역에 등장한다.[104] 이 어구는 구약의 여러 본문에서 인용한 성경의 경고와 교훈을 소개한다. 이 어구는 사해 사본에서도 다양한 성경 인용문을 소개하기 위해 반복해서 사용되었다.[105] 이 모든 예들이 시사하는 점은, 일반적으로 열왕기하 14:6에서, 그러나 좀 더 구체적으로는 다니엘 9:13에서 유래한 "기록된 대로"라는 도입 문구가 바울 당대의 경건한 유대인들 간에 성경에서 인용한 본문을 소개하거나 그 본문에 대한 존경심을 나타내기 위한 일반적인 방법이었다는 점이다. 그리고 이것은 아마도 예수를 믿는 1세기 유대인 신자들 가운데서도 유행했던 것 같다.

이곳과 로마서의 다른 열두 곳(3:4, 10; 4:17; 8:36; 9:13, 33; 10:15; 11:8, 26; 15:3, 9, 21)에서는 즉시 이어지는 성경 인용문을 소개하기 위해 καθὼς γέγραπται("기록된 바")가 사용되었다. 그러나 로마서 이외의 본문에서는 καθὼς γέγραπται가 바울 서신 중에는 고린도전서에서 3번(1:31; 2:9; 10:7), 고린도후서에서 2번(8:15; 9:9) 발견될 뿐이다. 이 어구의 용례는 바울 서신들의 성경 인용 분포를 따른다. 바울 서신에서 나타나는 성경 인용 약 83회 중에서, 또는 혼합 본문을 따로 떼어놓거나, 이중 자료인 것 같은 본문을 구별한다면 대략 100회의 성경 인용 중에서, 절반은 족히 넘는 분량이 로마서에 등장한다(83회 인용 중에 45회, 또는 대략적으로 전체 100회의 구약 인용 중에

---

104) 테오도티온역은 기원후 2세기 말인, 180-190년쯤에 완성된 것 같다. 하지만 특히 다니엘서 번역과 관련한 테오도티온역의 역사는 이보다 이른 시기에 그 뿌리를 두었을 것이다.
105) 예. 1QS 5.17; 8.14; CD 7.19; 4Q178 3.2.

55에서 60회). 반면에 바울 서신의 다른 곳을 본다면 고린도전서에서 15회, 고린도후서에서 7회, 갈라디아서에서 10회, 에베소서에서 4회, 디모데전서에서 1회, 디모데후서에서 1회 등 단지 15회의 성경 인용이 있을 뿐이며, 데살로니가전서, 데살로니가후서, 빌립보서, 골로새서, 빌레몬서, 디도서에는 1번도 등장하지 않는다. 그래서 경건한 유대인들과 (추측건대) 유대 그리스도인들에 의해 사용된 것으로 보이는 특징적인 유형의 도입 문구 대부분이, 그것이 כאשר כתוב("기록된 대로")처럼 히브리어의 형식이든지 아니면 καθὼς γέγραπται처럼 그리스어 번역으로 표현된 것이든지, 바울의 성경 인용의 절반 이상이 발견되는 로마서에 등장하는 것은 이해할 만하다.

그렇지만 구약이 인용된 바울의 다른 편지에서는 이 인용 문구의 등장이 훨씬 덜 중요하다는 것과 아울러, 유대교적 유형의 이 도입 문구가 바울 서신들 가운데 로마서에서 가장 두드러지게 등장한다는 것을 인식할 필요가 있다. 여기에는 바울이 로마서에서 기록하고 있는 내용을 이해하는 데 어느 정도 중요성이 있다(인정하건대, 비록 이 지점에서는 약간의 중요성만 있기는 하지만 말이다). 특히 로마에서 예수를 믿는 유대인 출신 신자와 이방인 출신 신자들 모두 예루살렘에 있는 모교회의 신학과 사고방식과 종교적인 언어에 광범위하게 영향을 받았다면 말이다. 더욱이 우리의 현재 목적에 더 중요할 수 있는 점은, 이 특별한 도입 문구인 καθὼς γέγραπται가 바울이 주로 그의 수신자들과 더불어 특히 유대적 방식이나 유대 기독교적 방식과 관련하여 논쟁하는 로마서의 여러 단락에 등장하는데, 로마서 본론 중앙부의 첫 번째 단락(1:16-4:25)에서 4번, 세 번째 단락(9:1-11:36)에서 7번 등장한다. 이 도입 어구는 편지의 본론을 마무리하는 곳(15:14-32)에 1번 등장한다. 이곳에서는 바울이 로마 교회 수신자들에게 그가 더 이른 시기에 그들에게 가지 못한 이유가 무엇인지를 설명하면서 그 정당성을 입증하기 위해 15:21에서 이사야 52:15을 인용하며 이 도입 문구를 사용한다.

로마서 본론 중앙부의 두 번째 단락(5:1-8:39) 마지막 자료에 놓여 있는 8:36에 등장하여 시편 44:22 인용을 소개하는 καθὼς γέγραπται는 앞에서 제시한 로마서에서 바울이 이 어구를 사용한 형태와 반대되는 것처럼 보일 수 있다. 하지만 로마서 8장 마지막 부분, 특히 8:33-39은 초기 기독교의 다양한 신앙고백적 자료들을 포함하고 있는 것으로 이해된다. 심지어 초기 기독교의 신앙고백 전체가 들어 있을지도 모른다. 이것은 바울이 예수를 믿은 가장 초기 유대 신자들의 예배에서 가지고 온 것 같다. 따라서 바울이 그리스-로마 세계에서 기독교적인 복음을 이방인들에게 상황화한 선포의 본질을 제시한 로마서 본론 중앙부의 두 번째 단락에서 그러하듯이, 이 독특한 유대교적 그리고 유대 기독교적 도입 문구의 등장은 로마에 있는 바울의 그리스도인 수신자들이 공감하게 될 자료들에 그 뿌리를 두고 있는 것으로 이해할 수 있다. 따라서 바울의 καθὼς γέγραπται 사용 패턴이라는 상대적으로 사소한 문제와 관련해서도, 그의 수신자들에게 친숙하며 그의 수신자들에 의해 사용되었다고도 추정되는 전통적인 유대적 그리고 유대 기독교적 종교 언어를 바울이 상황적으로 사용했다는 것을 관찰할 수 있고 또 그 진가를 확인할 수 있다.

1:17d　　바울이 인용한 하박국 2:4 후반부 ὁ δὲ δίκαιος ἐκ πίστεως ζήσεται("의인들[또는 "그 의로운 사람"]은 믿음으로 살리라")는 주석가들에게 많은 난제를 안겨주었다. 중요한 문제 하나는 이 본문이 바울 당대에 어떻게 읽혔는지와 관련이 있다. 마소라 본문과 1QpHab 7.17은 יחיה באמונתו וצדיק("그러나 그의 믿음/신실함/충성됨으로 말미암은 의인/공의로운 사람은 살리라")로 되어 있다. אמונה와 연결된 전치사 ב("말미암아")와 3인칭 대명사 어미 ו("그의")로 인해 이 절이 "의인" 또는 "공의로운 사람"의 "믿음", "신실함", "충성됨"에 관해 말하고 있음이 분명히 드러난다. 그러나 "믿음", "신실함", "충성됨"(אמונה)으로써 표시되는 것은 무엇일까? 이 "의인" 또는 "공의로운 사람"(צדיק)은 누구인가? 그리고 "그가 살리라"(יחיה)는 말의 의미는 무엇인가?

그러나 그리스어의 하박국 2:4 번역에는 이외에도 더 많은 본문상의 문제와 해석상의 문제가 제기된다. א, B, Q, W* 사본으로 대표되는 70인역의 한 본문 계통은 ὁ δὲ δίκαιος ἐκ πίστεως μου ζήσεται("나의 믿음/신실함/충성 됨으로 말미암아 의인/공의로운 사람은 살리라")로 읽으며, 그럼으로

써 히브리어의 3인칭 대명사 어미 ๅ("그의") 대신에 그리스어 1인칭 대명
사 μου("나의")를 사용함으로써, 저자가 염두에 두고 있는 πίστις("믿음",
"신실함", "충성됨")가 하나님의 신실하심이라는 것을 분명하게 밝힌다. A와
C 사본으로 대표되는 또 다른 70인역 본문 계통은 ὁ δὲ δίκαιος μου ἐκ
πίστεως ζήσεται("나의 의인/공의로운 사람은 믿음/신실함/충성 됨으로 말미암아
살리라")로 읽으며, 그리스어 1인칭 대명사 μου("나의")의 위치로 인해 "의
인"과 하나님 사이의 관계가 더 가까움을 시사한다. 더욱이 두 그리스어 역
본에 있는 관사 ὁ("그")는 δίκαιος("의인")를 "공의롭거나 의로운 어떤 사
람"처럼 일반적으로 이해할 뿐만 아니라 좀 더 구체적으로 "공의로운 그
사람" 또는 "의로운 그 사람"과 같은 실제적인 의미로도 이해해야 함을 시
사한다.

　나할 헤베르(Wadi Habra)의 8번 동굴에서 발견된 소예언서 사본에서
하박국 2:4의 이 마지막 부분을 다음과 같이 읽는 것처럼 보이는 그리스어
로 된 단편적인 본문이 있다: [δίκ]αιος ἐν πίστει αὐτοῦ ζήσε[ται]("의인은
그의 믿음/신실함/충성됨으로 말미암아 살 것이다").[106] 그리고 기원후 2세기에 번
역된 구약성경의 다른 그리스어 역본 3개에도 하박국 2:4의 이 마지막 어
구가 다소 다르게 번역되었다. (1) (2세기 초) 폰투스의 아퀼라 역본은 καὶ
δίκαιος ἐν πίστει αὐτοῦ ζήσεται("그리고 의인은 그의 믿음/신실함/충성됨으로
말미암아 살 것이다")라고 읽으며, (2) (2세기 중엽 또는 2세기 말) "에비온파"에
속한 심마쿠스 역본은 ὁ δὲ δίκαιος τῇ ἑαυτοῦ πίστει ζήσεται("의인은 그
자신의 믿음/신실함/충성됨에 근거하여 살 것이다")라고 읽으며, (3) (기원후 180-
90년) 테오도티온역은 ὁ δὲ δίκαιος ἐν πίστει αὐτοῦ ζήσεται("그러나 그 의
인은 그의 믿음/신실함/충성됨으로 말미암아 살 것이다")라고 읽는다.

　사해의 언약자들은 하박국 2:3-4을 모세 율법의 엄격한 준수와 그 종
파의 설립자인 의의 교사를 향한 절대적인 충성을 권하는 말씀으로 이해하
면서 이 구절을 자신들의 상황에 적용했다. 그래서 וצדיק באמונתו יחיה("그

---

106) 8HevXIIgr., col. 12.

러나 의인/공의로운 사람은 그의 믿음/신실함/충성됨으로 말미암아 살리라")에 대한 그들의 주석은 다음과 같다.

> 이 본문의 해석은 하나님이 심판의 집에서 구원하실 유다의 집에서 율법을 준수하는 모든 사람과 관련이 있다. 그들은 고난을 겪고 의의 교사에게 충성했기 때문이다.[107]

탈무드를 만든 랍비들은 창세기 15:6과 함께 하박국 2:4b을 아브라함의 공로적인 믿음의 국가적인 유업과 관련이 있는 중요한 두 증거 본문으로 이해한 것 같다.[108] 그래서 그들은 하박국 2:4b이 모세 율법 전체를 하나의 원리, 즉 "믿음으로 보상을 받는 신실함"으로 요약한다고 보았다.[109]

신약성경에서는 히브리서 저자가 그의 수신자들에게 믿음에서 물러나지 말고 "지체하지 아니하시고 잠시 잠깐 후면 오실 이"에게 신실하라고 권면하기 위해 하박국 2:3-4을 해석하며 번역한다(히 10:37-38). 하지만 이 무명의 유대 기독교 저자의 목적은 로마서에서 바울이 가졌던 목적과는 달랐다. 마찬가지로 그 저자가 자신의 권면의 근거로 삼은 그리스어 본문은 분명 A와 C 사본에서 발견되는 70인역의 독법에서 끌어왔으며 바울이 사용한 본문과는 다른 것 같다(ὁ δὲ δίκαιος μου ἐκ πίστεως ζήσεται, "그러나 나의 의인은 믿음/신실함/충성됨으로 말미암아 살리라"). 그러나 바울은 갈라디아서 3:11에서 믿음의 우월성을 논증하려고 하박국 2:4b을 인용한다. 그는 히브리어 본문과 당대에 존재하던 그리스어 번역을 혼합한 것을 사용한 것 같다. 비록 히브리어 본문의 "그의"나 그리스어 본문의 "나의" 또는 "그의"를 포함시키지는 않았지만 말이다.

---

107) 1QpHab 8.1-3. 이는 7.17 바로 앞에 있는 이 어구에 대한 주석임.
108) 참조. *Exod. Rab.* 23:5.
109) 참조. *Midr. Ps.* 17A.25 그리고 *b. Mak.* 24a. 여기서 다윗이 전체 율법을 11개의 원리로 요약했으며(시 15편에서), 이사야는 6개(사 33:14-16), 미가는 3개(미 6:8), 다시 이사야는 2개(사 56:1), 아모스는 1개(암 5:4), 그리고 하박국은 1개(합 2:4b)로 요약했다고 한다.

도드(C. H. Dodd)는 하박국 2:4b을 초기 기독교의 증거 본문으로 이해
해야 할 것 같다고 주장했다.[110] 증거 본문은 당시 통용되었고 예수를 믿는
초기 신자들에 의해 다양한 목적으로 사용되었던 다양한 번역에서 가져온
본문 형식이다. 이와 유사하게 에른스트 케제만은 바울을 로마서 1:17b에
등장하는 하박국 2:4b 판의 창작자로 보아서는 안 된다고 주장했다. 당시
상황이 다음과 같았을 가능성이 매우 크기 때문이다. "바울은 그 본문을 유
대 기독교적 선교에서 취했다. 쿰란이 의의 교사에 대한 헌신에서 구원을
발견한 것처럼, 바울의 선교는 메시아를 믿음으로써 구원받는다는 예언을
하박국 2:4에서 발견했다."[111]

전반적으로 유대교 교사들이 하박국 2:4b을 증거 본문으로 사용했다
고 설득력 있게 주장할 수 있다. (앞에서 쿰란 에세네파의 언약자들과 이후에 초기
전승을 보존한 후대의 랍비들과 관련하여 주목했듯이) 그것을 정통적으로 사용했
는지 아니면 종파적으로 사용했는지 상관은 없다. 바울이 이와 같은 용례
를 알고 그 본문을 자신의 삶과 사역에 적용했을 뿐만 아니라, 로마의 신자
들이 하박국 2:4b을 기본적인 증거 본문으로 받아들이기도 했다고 추측할
수 있다.

더욱이 바울 당시 유대교 저술 가운데 많은 곳에서 "그 의로운 자"($\acute{o}$
$\delta\acute{\iota}\kappa\alpha\iota\sigma\varsigma$)라는 표현이 메시아 칭호로 사용되었다는 사실을 주목할 필요가
있다. 「에녹의 비유」(*Parables* 또는 *Similitudes of Enoch*)에 "영들의 주님을 의지
하여 행하는 택함 받은 사람들 곧 의인들의 눈앞에 등장할 '의로운 자'"라
는 언급이 있다.[112] 그리고 나중에는 다음과 같은 진술이 등장한다. "이 일
[즉 땅에 내리는 하나님의 최후의 심판] 후에, 의로운 자와 택함을 받은 자
는 그의 회중의 거처를 계시할 것이다. 그 이후 그들은 영들의 주님의 이
름으로 방해받지 않을 것이다."[113] 이와 같은 메시아적 칭호는 「에녹1서」

---

110) C. H. Dodd, *According to the Scriptures*, 50-51.
111) Käsemann, *Romans*, 31.
112) *1 En* 38:2.
113) *1 En* 53:6.

39:6("택함 받은 의로운 자")과 46:3("의에 속하고 의가 거하는 인자")에서 발견되는 이 동일한 인물의 묘사에서도 전제된 것 같다. 메시아를 "의로운 자"로 묘사하는 이 모든 언급과 암시들은 "나의 의로운 종"이 메시아적인 의미로 사용된 이사야 53:11에 근거하고 있는 것이 분명하다.

마찬가지로, 쿰란에서 발견된 주요한 이사야 두루마리들 가운데 한 곳에서 드러나는 51:5의 독법은 에세네파의 언약자들이 "나의 의"를 하나님의 속성보다는 메시아적 칭호로 더 이해했음을 암시하는 것 같다. 이 본문에서는 "나의 의"와 "나의 구원"이 병행하며, 1인칭 단수 어미인 "나의"를 예상하는 곳에 3인칭 단수 어미 "그의"가 대체되었다.

> 내 공의(צדק)가 가깝고,
> 내 구원(ישעי)이 나갔으며,
> 그의 팔(וזרעו)이 만민을 통치하리니,
> 섬들이 그를(אלי) 의지하며,
> 그들이 그의 팔(זרעו)을 기다리리라.[114]

「솔로몬의 시편」역시 의를 세우며 의의 행위로 백성들을 지도할 의로운 왕으로서 다윗의 기름 부음 받은 아들을 강조한다.[115] 그리고 탈무드에는 이른 시기에 랍비들이 예레미야 23:5-6, 33:15의 "의로운 가지"를 사용하여 "의로운 메시아"를 언급하고, 이를 지지하기 위해 스가랴 9:9의 묘사를 사용한 것이 반영된다.[116] 그러므로 70인역의 ὁ δίκαιος("의로운 자")의 실제적인 번역은 예수를 믿은 초기 신자들이 비단 일반적으로나(즉 누구든지 "공의로운/의로운/바른 사람"), 심지어 예수의 속성으로서만이 아니라,[117] 더 구체적으로 예언적인 기독론적 칭호로도 이해되었다고 상정할 수 있다.

---

114) 사 51:5을 다루는 1QIsa(강조는 덧붙여진 것임).
115) 참조. *Pss Sol* 17:23-51. Wis 2:18도 보라.
116) 탈무드의 본문 목록은 G. Schrenk, "δίκαιος," *TDNT* 2.186-87을 보라.
117) 요일 1:9; 2:29; 3:7에 등장하는 δίκαιός ἐστιν; 계 16:5에 등장하는 δίκαιος εἶ.

사도행전에서 예수는 (1) 산헤드린 공의회 앞에서 베드로에 의해 (3:14), (2) 공의회 앞에서 스데반에 의해(7:52), 그리고 안토니아 요새 계단에서 예루살렘의 군중들에게 연설하는 바울에 의해(22:14) 분명하게 "의인"(ὁ δίκαιος)으로 밝혀졌다. 야고보는 "의인을" 정죄하고 죽인 부자들에 대해 말한다(약 5:6). 그리고 심지어 관사 ὁ("그")가 없는 δίκαιος도 베드로전서 3:18("그리스도께서도 단번에 죄를 위하여 죽으사 '의인'으로서 불의한 자를 대신하셨으니")과 요한1서 2:1("아버지 앞에서 우리에게 대언자가 있으니 곧 '의로우신 [자]' 예수 그리스도시라")에서는 준(準)칭호에 속하는 것으로 이해하는 것이 좋을 것 같다.

로마의 그리스도인들이 70인역 하박국 2:4b의 ὁ δίκαιος를 이런 방식으로 이해했을 것이라고 추정할 수 있다. 그들은 인종적으로는 주로 이방인들이었지만 예루살렘 모교회의 신학과 사고방식 및 종교적 언어에 광범위하게 영향을 받았다. 그리고 과거 한 세기 동안 다양한 학자들에 의해 다양한 시기에 제안되었듯이, 바울이 갈라디아서 3:11과 이곳 로마서 1:17b에서도 이 표현을 이런 방식으로 사용했을 것이다.[118]

그래서 이곳 로마서 1:17b에서 바울의 하박국 2:4b 인용은 언뜻 보기에 분명한 의미보다 더 미묘한 의미를 담고 있다고 이해할 수 있다. 이러한 제안을 부분적으로 지지하기 위해, 바울이 1:16-17에 있는 그의 논제 진술을 3:21-23에서 확장되고 발전된 형태로 재서술할 때, 그는 δικαιοσύνη θεοῦ("하나님의 의")와 πίστις("믿음/신실함/충성 됨")에 관해 더 충분히 설명할 뿐만 아니라, 그의 논제에 대해 나중에 언급한 것에 διὰ πίστεως Ἰησοῦ Χριστοῦ라는 표현을 첨가함으로써 그의 논제를 확장하고 발전시켰다. 나중에 우리가 3:22을 주석할 때 주장하겠지만, 이 표현은 "예수 그리스도의

---

118) Haussleiter, *Der Glaube Jesu Christi*, 212-13; 같은 저자, "Was versteht Paulus unter christlichen Glauben," 159-81; T. W. Manson, "The Argument from Prophecy," 133-34; Hanson, *Paul's Understanding of Jesus*, 6-9; 같은 저자, *Studies in Paul's Technique and Theology*, 42-45; Hays, *The Faith of Jesus Christ*, 151-54; 같은 저자, "'The Righteous One' as Eschatological Deliverer," 191-215.

믿음으로 말미암아" 또는 "예수 그리스도의 신실함으로 말미암아"를 의미하는 주격 소유격으로 번역하는 것이 최상일 것 같다.

그렇다면 바울은 이곳 로마서 1:17b에서 하박국 2:4b을 어떻게 사용했는가? 첫째로, 에른스트 케제만이 바르게 주장했듯이, "바울의 하박국 2:4 해석은 구약 본문을 정당하게 취급하지도 않았고 유대교 석의에서도 지지를 얻지 못한 것이었다"는 사실을 인정해야 한다.[119] 바울이 인용한 본문은 마소라 사본이나 70인역의 가장 좋은 사본 중 어느 것도 따르지 않았다. 마찬가지로 그는 그리스어 동사 ζήσεται("그는 살 것이다")를 사용하면서, 예언자 하박국이 히브리어 יחיה를 사용할 때 염두에 두었던 것처럼 단순히 군사적인 침략이나 죽음에서의 구출을 염두에 두지 않았다. 또한 바울은 당대 대부분의 유대인들처럼 히브리어 אמונה나 그리스어 πίστις가 주로 하나님과 그의 율법에 대한 사람의 "진실성" 또는 "신실함"을 의미한다고 이해하지 않았다. 오히려 바울이 "믿음"과 "삶"에 대한 기독교적인 이해를 지지하려고 이 구약의 증거 본문을 사용하여, 그 본문을 기독교적인 관점에서 해석했다는 것이 분명해 보인다. 아마도 그는 이 문장의 주어인 "의인"(히브리어로는 וצדיק, 그리스어로는 ὁ δίκαιος)을 메시아적인 의의를 지니는 것으로 이해했을 것이다.

그러나 바울은 하나님의 "의"의 선물에 대한 유일한 바른 반응으로서 그가 강조한 "믿음"을 지지하려고 이 하박국 증거 자료를 사용했다. 하나님의 의는 바울이 갈라디아서 3:11에서 강조한 것처럼 "지금 복음에 계시되고 있다." "하나님의 의"는 "하나님의 신실하심에 근거할" 뿐만 아니라(ἐκ πίστεως), "인간의 반응"(εἰς πίστιν)을 촉구하기도 한다. 바울은 하나님의 의가 "하나님의 신실함"에만 근거하며, "인간 믿음"의 반응이 있어야만 인간이 "살"(히브리어로 יחיה, 그리스어로 ζήσεται) 수 있다고 주장한다. 여기에 사용된 "생명"은 1:16-17의 이 논제 단락 앞부분에서 강조된 "구원"(σωτηρία) 경험과 동등하며, "하나님의 의"(δικαιοσύνη θεοῦ)의 선물에 대한 긍정적인

---

119) P. Billerbeck, *Str-Bil*, vol. 3을 인용한 Käsemann, *Romans*, 32; Moore, *Judaism*, 2.237-38.

반응이다. 바울이 로마서 전체에서, 특히 로마서 본론 중앙부의 첫 번째 단락(1:16-4:25)과 세 번째 단락(9:1-11:36)에서 더 자세히 설명하고 발전시키는 것이 바로 "구원" 경험을 위한 "하나님의 의"와 "인간의 믿음의 반응"에 대한 이러한 강조다.

성경신학

예수를 믿는 초기 신자들 사이에서는 다음과 같은 개념과 용어들이 가장 중요했다. (1) 예수의 사역과 인격에 의해 가능해졌고, 그것에 초점을 맞춘 "복음", (2) "하나님의 능력", (3) "하나님의 의", (4) 하나님이 유대인들을 선호하셔서 그들과 함께하고 공급하시는 중에서도 제공되는 하나님의 "구원"의 보편성, (5) "하나님의 신실함", (6) 인간의 "믿음", (7) 구약성경의 증거 등이다. 이것은 바울이 1:16-17의 논제 진술에서 강조하고, 로마에 거주하며 예수를 믿는 신자들에게 보낸 그의 편지 본론 중앙부의 첫 번째 단락 전체(1:16-4:25)를 지배하며, 로마서 본론 중앙부의 세 번째 단락(9:1-11:36)에서 선택하여 더욱 상세히 설명하는 주제들이다. 바로 이것들이 기독교 신앙의 중심에 자리 잡은 기본적인 교리다.

그런데 이 주제들이 이곳과 이어지는 1:18-4:25 전체에서 주로 법정적인 특성으로 제시되었다는 점도 주목할 필요가 있다. 이를테면, 다음과 같은 주제를 강조한다. (1) "하나님의 능력"인 복음, (2) 우선적으로 하나님의 인격과 행위의 속성인 "의," (3) 하나님의 사법적인 요구들에 대한 신실한 반응인 그리스도의 사역, (4) 하나님에 의해 받아들여지는 것과 하나님 앞에서의 지위를 얻는 데 필수적인 인간의 믿음 등이다.[120] 물론 이 더욱 법정적인 개념과 사법적인 용어로부터 끄집어낼 수 있는 관계적인 함의와 참여주의적 추론이 다수 있다. 하지만 하나님과의 "화평" 및 "화목"이라는 공공연한 관계적 개념들인 "은혜", "순종", "의", "사랑", "생명"과 반대되는

---

120) 1:16-17에 사용된 종교적인 언어의 법정적 특성에 대해서는 Ziesler, *Meaning of Righteousness in Paul*, 특히, 212과 Fitzmyer, *Romans*, 262-66을 참조하라.

개념들인 "죄", "심판", "사망"과 같은 보편적인 차원들, 그리고 "그리스도 안" 및 "성령 안"에 있음과 같은 참여주의적 주제들은, 1:16-17의 이 논제 진술이나 이 논제에 대한 3:21-4:25의 설명 전면에 나오지 않는다. 오히려 좀 더 관계적이고 보편적이고 참여주의적인 이러한 주제들은 대체로 5:1-8:39에서야 비로소 등장한다.

많은 사람이 단락들 간에 차이가 발생한 이유를 다음과 같이 제안했다. 1:16-4:25(또는 1:16-5:11)은 "칭의"를 다루는 데 반해, 5:1-8:39(또는 5:12-8:39)은 "성화"를 다루기 때문이라고 말이다.[121] 비록 다른 방식을 사용하여 설명하기는 하지만, 5:1-8:39(또는 5:12-8:39)이 단순히 1:16-4:25(또는 1:16-5:11)에서 주장한 내용의 반복에 불과하다고 주장하는 사람들도 있다. 이렇게 주장하는 사람들에 따르면, 5:1-8:39(또는 5:12-8:39)은 설명을 위해 다른 용어들을 사용하는데, "앞에서 설명한 내용이 언급되지 않거나",[122] 앞서 제시한 내용을 명확히 하고 강조하기 위하여 앞 내용과의 상관관계가 암시된다.[123] 이외에도 로마서의 이 두 단락이 사도가 제시한 "구원의 독특한 이중적인 특성"을 강조하는 역할을 한다고 주장하는 사람들도 있다. (1:16-4:25 또는 1:16-5:11에 제시된) 첫 번째 특성은 구원의 "미래적" 특성을 강조하고, (5:1-8:39 또는 5:12-8:39에 제시된) 두 번째 특성은 구원의 "이미 현존하는" 특성을 강조한다는 것이다.[124] 그러나 이 다양한 제안을 주장하는 거의 모든 사람은 로마서의 처음 여덟 장에 속하는 두 주요 단락 사이의 관계가 로마서를 진지하게 대하는 독자에게 "혼란스러운 인상"을 남겼음을 인정했으며, 따라서 그들은 앞서 제시된 해결책 가운데 하나에 초점을 맞추었다.

그러나 우리의 논지는 이것이다. (1) 바울이 로마의 그리스도인들에게

---

121) 대표적인 예는 전통적인 로마 가톨릭 해석자들과 다수의 경건주의적 개신교 해석자들이다.
122) 대표적인 예는 Schweitzer, *Mysticism of Paul the Apostle*, 225-26이다.
123) 많은 개신교 해석자들이 이렇게 본다.
124) 대표적인 예는 Bultmann, *Theology of the New Testament*, 1,279이다.

보내는 그의 권고 메시지의 첫 번째 단락(1:16-4:25)에서 제시하는 것은 바울이 자신과 그의 수신자들이 동의한다고 믿었던 것이다. 부정적인 내용(1:18-3:20)뿐만 아니라 긍정적인 내용(3:21-4:25) 모두 여기에 해당한다. 반면에 (2) 그가 로마서 본론 중앙부의 두 번째 단락(5:1-8:39)에서 제시하는 것은 그리스-로마 세계에 살고 있는 이방인들에게 자신이 상황화한 기독교 복음으로서 선포했고 또 계속 선포하려고 하는 내용의 본질이다. 로마에서 예수를 믿는 신자들은 소위 이 "이방인의 사도"가 그의 좀 더 관계적이고 인격적이고 참여주의적인 설교에서 기독교 복음의 법정적이고 사법적이고 율법적인 많은 특성을 무시하거나 최소한 약화시키고, 그래서 그러한 기독교의 메시지를 희석시키거나 왜곡시키지는 않았는지 우려한 것 같다. 그들은 심지어 바울이 그러한 법정적 메시지를 부끄러워한다고 비난했을지도 모른다. 그러나 바울은 로마서의 본론 중앙부를 그의 수신자들을 확신시키는 내용으로 시작한다. (1) 그들이 생각했을지도 모르는 것처럼, 자신은 복음의 이 기본적인 특징들을 "부끄러워하지 않는다"는 것과, (2) 이 문제들과 관련해서 자신은, 그들이 예루살렘 모교회로부터 받아 로마에 있는 그들의 공동체에서 선포하고 있는 복음과 온전히 노선을 같이한다는 것이다. 그리고 이 논제 진술을 근거로 바울은 계속해서 이 일치하는 문제들을 설명하려고 그의 편지 본론 중앙부의 첫 번째 단락 나머지 부분 내내, 부정적으로만 아니라 긍정적으로도 인간의 행동 또는 "행위"로 얻을 수 있는 의에 대한 잘못된 생각을 맹렬히 비난하며(1:18-3:20), 믿음으로 의롭다 함을 얻는 것의 중요성을 천명한다(3:21-4:25).

현대를 위한 상황화

바울이 로마의 그리스도인들에게 보낸 편지(로마서)는 기독교 복음을 상황화하는 탁월한 예다. 다음 몇 가지 이유에서다. 로마서는 (1) 기독교 메시지를 이해하고 선포하는 데 있어 유대 기독교의 신학과 사고방식 및 종교적 언어에 광범위하게 영향을 받은 것으로 보이는 일단의 그리스도인들의 정당한 관심사와 우려를 인식하며, (2) 로마에서 예수를 믿는 신자들과 활력 있는 관계를 유지하기를 바라는 사도의 바람을 반영한다. 비록 그들과 바울이 각자 강조하는 점이 다를지라도 말이다. 또한 로마서는 (3) 바울이 그리스-로마 세계에 살고 있는 이방인들에게 기독교 메시지를 자신이 이해한 대로 선포한 것을 대표하며, (4) 동일한 복음 메시지를 오늘날 다양한 상황에서 어떻게 상황화할 것인지에 대한 구체적인 실례로써 어느 정도 패러다임의 방향을 제시한다. 예루살렘, 시리아의 안디옥, 이집트의 알렉산드리아, 에베소, 로마뿐만 아니라 바울이 교회를 세운 로마 제국의 동쪽 지역에 있는 여러 도시와 같은 역사적으로 중요한 초기 기독교의 중심지마다 공통적인 교리 체계를 담고 있는 자료를 소유하고 있었던 것 같다. 구약성경뿐만 아니라 예수의 사역과 인격에 대한 전통들과 초기 신앙고백 자료들이 그런 자료다. 하지만 초기 기독교 신앙의 중심지에 있는 그리스도인들 역시 바로 이 공통적인 기독교 교리 체계를 그들이 살던 시기와 장소에 맞게 상황화하는 방법으로 표현한 것 같다. 이런 의미에서 로마서에서 발견되는 것은 공통적인 확신 및 상황과 관련된 상황화의 이러한 시나리오를 반영한다.

　　기독교적인 믿음은 규범적인 교리나 표준적인 표현들을 단순히 되풀이함으로써 "살아 있게 하거나" "진보를 이루는 것"이 아니다. 이런 것이 과거에는 중요했고 의미가 있었으며, 오늘날 어떤 지역과 상황 또는 어떤 사람들 사이에서 계속 중요할 수도 있겠지만 말이다. 기독교의 복음 선포에 필요한 것이 몇 가지 있다. (1) 지속적으로 구약성경과 신약성경의 성경적 계시와 연속성을 유지하는 것과, (2) 그 성경 계시에 대한 과거와 현재의 모든 다양한 진술(특히 "중심 의식"[sense of center]이 유지되는 진술들)과 계속해서 대화하는 것, 그리고 (3) 그 성경 계시와 성경 계시의 기독교적 메시지를 오늘날 다른 장소와 각기 다른 문화적 환경, 다른 이데올로기적 관심을 가진 사람들 사이에서 상황화하기 위해 늘 노력하는 것이다. 따라서 바울이 로마 교회에 보낸 편지를 기독교회를 위해 기본적인 교리를 제시하는 것으로만 읽어서는 안 된다. 그 교리를 주로 로마서 본론 중앙부의 첫 번째 단락(1:16-4:25)이나 두 번째 단락(5:1-8:39)에서 끌어온 것이든지, 아니면 두 군데에서 다 끌어온 것이든지 말이다. 이뿐만 아니라 우리는 로마서를 (1) 바울이 기독교 복음을 그리스-로마 세계에 있는 이방인들에게 행한 자신의 선교 사역에서 어떻게 상황화했는지에 대한 묘사와, (2) 그 동일한 메시지를 오늘날 우리의 상황에 상황화하는 패러다임을 제시하는 것으로도 읽어야 한다.

2. 인간의 반역과 우상숭배와 방탕에 대한 하나님의 진노(1:18-32)

번역

^{1:18}하나님의 진노가 불의로 진리를 막는 사람들의 모든 경건하지 않음과 불의에 대하여 하늘로부터 나타나나니,

¹⁹이는 하나님을 알 만한 것이 그들 속에 보임이라. 하나님께서 이를 그들에게 보이셨느니라. ²⁰창세로부터 그의 보이지 아니하는 것들 곧 그의 영원하신 능력과 신성이 그가 만드신 만물에 분명히 보여 알려졌나니, 그러므로 그들이 핑계하지 못할지니라.

²¹하나님을 알되 하나님을 영화롭게도 아니하며 감사하지도 아니하고 오히려 그 생각이 허망하여지며 미련한 마음이 어두워졌나니 ²²스스로 지혜 있다 하나 어리석게 되어 ²³썩어지지 아니하는 하나님의 영광을 썩어질 사람이나 새와 짐승과 기어 다니는 동물 모양의 우상으로 바꾸었느니라.

²⁴그러므로 하나님께서 그들을 마음의 정욕대로 더러움에 내버려 두사 그들의 몸을 서로 욕되게 하게 하셨으니, ²⁵이는 그들이 하나님의 진리를 거짓 것으로 바꾸어 피조물을 조물주보다 더 경배하고 섬김이라. 주는 곧 영원히 찬송할 이시로다. 아멘.

²⁶이 때문에 하나님께서 그들을 부끄러운 욕심에 내버려 두셨으니, 곧 그들의 여자들도 자연적인 성관계를 바꾸어 부자연적인 관계로 쓰며, ²⁷그와 같이 남자들도 본성대로 여자와 성관계하기를 버리고 서로 향하여 음욕이 불 일 듯하매 남자가 남자와 더불어 부끄러운 일을 행하여 그들의 그릇됨에 상당한 보응을 그들 자신이 받았느니라.

²⁸또한 그들이 마음에 하나님을 아는 지식 두기를 싫어하매 하나님께서 그들을 그 상실한 마음대로 내버려 두사 합당하지 못한 일을 하게 하셨으니, ²⁹곧 모든 불의, 추악, 탐욕, 악의가 가득한 자요, 시기, 살인, 분쟁, 사기, 악독이 가득한 자요, 수군수군하는 자요, ³⁰비방하는 자요, 하나님을 미워하는 자요, 능욕하는 자요, 교만한 자요, 자랑하는 자요, 악을 도모하는 자요, 부모를 거역하는 자요, ³¹우매한 자요, 배약하는 자요, 무정한 자요, 무

자비한 자라.

³² 그들이 이러한 일을 행하는 자는 사형에 해당한다고 하나님께서 정하심을 알고도 자기들만 행할 뿐 아니라 그런 일을 행하는 자들에게 박수를 보내느니라.

본문비평 주

1:18a　　마르키온이 1:18의 소유격 θεοῦ("하나님의")와 2:2의 τοῦ θεοῦ("하나님의")를 생략하여, "진노가 불의로 진리를 막는 사람들의 모든 경건하지 않음과 불의에 대하여 하늘로부터 나타나나니"(1:18)와 "이런 일을 행하는 자에게 심판이 진리대로 되는 줄 우리가 아노라"(2:2)고만 읽었으며, 그럼으로써 하나님께 속한 속성인 "진노"와 "심판"을 기독교 복음에서 삭제했다고 (잘못) 말해지곤 한다.[1] 이와 같은 생략이 마르키온의 신학과 전적으로 일치하는 것이겠지만, 테르툴리아누스가 실제로 말한 내용을 더 자세히 읽어보면 이교도 마르키온은 사실 꽤 일관성 없이 **하나님의** 진노와 **하나님의** 심판과 관련한 이 두 언급을 삭제하지는 않았던 것으로 보인다. 테르툴리아누스는 "그[마르키온]가 지우지 않고 놔두는 것이 더 적절하다고 본 것은 그의 과실과 무분별함을 보여주기도 하는 이상한 예들이다"라고 글을 쓸 때, 마르키온이 이 두 절에서 θεοῦ와 τοῦ θεοῦ를 유지한 것을 염두에 둔 것 같다.[2]

18b절　　테르툴리아누스(*Adversus Marcionem* 5.13.3)와 히폴리투스(*Treatise on Christ and Antichrist* 64) 및 암브로시아스테르(롬 1:18 주석)는 모두 본문에 대한 다수의 라틴어 역본 및 시리아 역본과 더불어 τὴν ἀλήθειαν("진리를") 다음에 소유격 τοῦ θεοῦ("하나님의")를 첨가한 본문을 반영했다. 하지만 이것은 아마도 필경사가 나중에 1:25에 등장하는 "**하나**

---

1) Harnack, *Marcion*, 103. Harnack은 테르툴리아누스의 *Adversus Marcionem* 5.13.2-3에 기록된 테르툴리아누스 주석에 대한 그의 읽기에 기초했다. 또한 Michel, *An die Römer* 97; Dunn, *Romans*, 53; Fitzmyer, *Romans*, 278을 보라.

2) Tertullian, *Adversus Marcionem* 5.13.3.

님의 진리"라는 표현과 조화시킨 것을 반영하는 것 같다.

20절 9세기의 대문자 사본인 L(20) 사본과 14세기 소문자 사본인 1506 사본(범주 II)에서 생략된 형용사 ἀΐδιος("영원한")는 단순히 필경사의 실수인 것 같다.

23절 동사 ἤλλαξαν("그들이 바꾸었다")의 능동태 형태는 이 구절의 사본 역사에서 강한 지지를 받는다. 중간태 형태인 ἠλλάξαντο("그들이 그 대신 ~을 주었다", "그들이 자신을 위해 바꾸었다")는 9세기 대문자 사본인 K(018) 사본과 6 88 630(범주 III)과 같은 소문자 사본에 등장한다. 이 독법은 70인역 시편 105:20의 독법과 일치시키려다가 발생한 것이 분명하다.

24절 강조형 인칭대명사 αὐτοῖς("그들 사이에", "서로 간에")와 결합된 전치사 ἐν은 P⁴⁰ᵛⁱᵈ와 대문자 사본 ℵ A B C D*, 그리고 소문자 사본 81 1881(범주 II)과 88 104 323 1735(범주 III)으로 잘 입증받는다. 재귀대명사 ἑαυτοῖς("자신들에게", "서로서로")는 대문자 사본 D¹ G Ψ(또한 *Byz* K L)와 소문자 사본 33 1175 1739(범주 I), 1506 1881 2464(범주 II), 그리고 6 69 326 330 365 424ᶜ 614 1241 1243 1319 1505 1573 1874 2344 2495(범주 III)의 의해 약하게 입증된다. 이 다양한 독법은 1:24을 1:27 마지막에 사용된 ἑαυτοῖς와 일치시키려는 의도에서 빚어진 것이 분명하다. 비록 강세가 없는 대명사 αυτοις(기식음이 있는 것으로 이해할 경우. 이것은 문맥적으로만 지지를 받을 수 있는 이해다)를 재귀대명사로 읽을 수도 있지만 말이다.

26절 대개는 번역되지 않는 접속사인 불변화사 τε("둘 다," "그러나," "마찬가지로")는 대문자 사본 ℵ B Dᶜ와 소문자 사본 1175(범주 I), 81 2464(범주 II), 그리고 69 88 323 326 365 614 1241 1243 1319 1735(범주 III)의 상당히 좋은 지지를 받고 있다. 그러나 이문 δέ("그러나")가 대문자 사본 A D* G P Ψ와 소문자 사본 33 1739(범주 I), 1881(범주 II)과 104 330 424c 630 1505 1573 2344 2495(범주 III), 그리고 lat syʰ 등의 역본의 지지를 받는다. 이문 δέ의 사용은 얼마든지 가능하며, 심지어 이해할 만하다. 하지만 이 단어는 1:26의 후반부와 1:27의 전반부에 등장하는 τε와 τε의 반복의 균형을 파괴한다.

27a절 27절 끝에서, 4세기의 바티칸 사본(B 03)과 9세기의 비잔틴 계열에 속하는 K(018) 사본을 비롯한 수많은 사본은 좀 더 널리 지지를 받는 재귀대명사인 ἑαυτοῖς("서로서로")보다는 강조형 인칭대명사인 αὐτοῖς("그들 사이에")라고 읽는다. 이것은 1:27을 1:24 끝에 있는 αὐτοῖς와 일치시키려는 목적 때문에 발생한 것이 분명하다. 이것은 앞에서 언급한 1:24의 상황과 반대다. 비록 αυτοῖς(기식음이 있는 것으로 이해할 경우)와 ἑαυτοῖς 둘 다 재귀대명사로 읽을 수 있기는 하지만 말이다.

27b절 9세기의 대문자 사본인 G(012)는 전치사적 접두어를 ἀπο(즉 ἀπολαμβάνοντες, "돌려 받다")보다는 ἀντι(즉 ἀντιλαμβάνοντες, "받아들이다")로 읽음으로써 마지막 동사의 상호적 의미를 증가시킨다. 이것은 이 문장 앞에 등장한 ἀντιμισθίαν("보응")의 접두사 ἀντι에 동화하는 문체상의 개선 효과를 주려는 것으로 보인다.

28절 대문자 사본 ℵ* A와 소문자 사본 1735(범주 III)에 ὁ θεὸς가 생략된 것은 한 문장에서 "하나님"이 반복적으로 사용되는 것을 피하려는 문체상의 개선을 꾀하려는 의도인 것 같다.

29절 일부 사본에는 이 악의 목록에 πορνεία("음행")라는 단어가 포함되었다. 공인본문(TR)에서처럼 πονηρία("악") 앞에 오는 경우도 있고, 불가타에 반영된 것처럼 πονηρία 뒤에 오는 경우도 있다. 그러나 πορνεία는 대문자 사본 ℵ A B와 오리게네스와 바실리오스의 글에 생략된 것처럼 원문에 없었을 개연성이 크다. 브루스 메츠거가 제안했듯이, 이는 πονηρία와 πορνεία의 융합 때문에 발생했을 것이다.[3] 일부 사본에서는 πονηρία("악")와 κακία("악", "타락")가 서로 바뀌었다.

31절 이 악의 목록에서 대부분 ἀστόργους("무정한 자", "사랑이 없는 자") 다음에 ἀσπόνδους("감정이 확고한", "화해할 수 없는")가 포함된 사본이 여럿 있다. 시나이 사본(ℵ) 교정본과, C 사본의 2차 교정본, 9세기의 대문

---

3) Metzger, *Textual Commentary*, 447.

자 사본인 Ψ, 그리고 소문자 사본 81(범주 II)과 104(범주 III)가 대표적인 사본들이다. 이 모든 이문은 후기 비잔틴 사본의 영향을 반영하는 것이 분명하다. 9세기의 소문자 사본 33(범주 I)에서처럼 ἀστόργους 앞에 ἀσπόνδους가 두어 번 등장한다. 그러나 이 단어의 삽입은 그리스어 본문 전통의 더 훌륭한 사본들의 지지를 받지 못한다. 브루스 메츠거가 제시했듯이, 그것의 삽입은 ἄστοργοι 다음에 바로 이어 ἄσπονδοι가 등장하는 디모데후서 3:2-5의 이와 유사한 악의 목록을 기억한 데서 비롯되었을 것이다.[4]

32a절   대문자 사본 D*에 γάρ("왜냐하면")가 첨가되고, 소문자 사본 1175(범주 I)와 1241 1874(범주 III)에 δέ("그러나", "그리고")가 첨가된 것은 아마도 필경사가 어떤 서론적인 설명이나 부사적 또는 연결형 불변화사를 사용하여 문장의 구문을 개선하려는 의도였을 뿐이라고 간주하는 것이 좋을 듯하다.

32b절   제2부정과거 남성 복수 주격 능동태 분사인 ἐπιγνόντες("알고 있는", "그들이 알고 있다")는 그리스어 본문 전통에서 광범위하게 입증된다. 바티칸 사본(B 03)과 소문자 사본 1506(범주 I)에 분사 형태인 ἐπιγνώσκοντες("알고 있는", "그들이 알고 있다")가 등장하기는 하지만 말이다. 이문 형태는 이 동사적 개념을 이 구절 다른 곳에 있는 현재시제의 동사들과 상응하게 하려는 필경사의 편집 때문일 것이다.

32c절   바티칸 사본(B 03)은 초기 본문 전통 여러 곳에서 광범위한 증거를 가지고 있는 현재 정동사인 ποιοῦσιν("그들이 행하고 있다")과 συνευδοκοῦσιν("그들이 박수를 치고 있다")을 현재 분사인 ποιοῦντες("행하는")와 συνευδοκοῦντες("박수를 치는")로 대체했다. 정동사를 이처럼 분사로 대체한 것은 이 절 앞에 정동사 대신에 분사가 등장하는 것에 영향을 받았을 가능성이 크다.

---

4) Metzger, *Textual Commentary*, 448.

형식/구조/상황

1:18-32의 형식과 구조와 상황은 학자들에 의해 광범위하게 논의되었다. 하지만 그들 사이에 이 문제와 관련하여 의견이 일치하는 것은 거의 없었다. 그래서 여기서는 특별히 이곳의 본문 해석과 관련이 있는 여러 특징과 관심사를 서론 형식으로 다룰 필요가 있다.

수사학적 특징. 이 본문에 내재된 수사학적 형식은 즉각 분명하게 드러난다. 가장 분명한 것은 24, 26, 28절에 3번 반복되는 "하나님께서 그들을 내버려 두사"($\pi\alpha\rho\acute{\epsilon}\delta\omega\kappa\epsilon\nu$ $\alpha\mathring{\upsilon}\tauo\mathring{\upsilon}\varsigma$ $\acute{o}$ $\theta\epsilon\acute{o}\varsigma$)라는 어구다. 세 어구 모두 1:24-31의 구조를 결속하고 본문의 그 부분에서 말하는 내용의 영향력을 확실히 하는 데 목적이 있는 것 같다. 마찬가지로 23, 25, 26절에서는 동사 "그들이 바꾸었다"가 3번 등장한다. 첫 번째 동사는 단순한 부정과거($\mathring{\eta}\lambda\lambda\alpha\xi\alpha\nu$)이며, 나머지 2개는 복합 부정과거 동사($\mu\epsilon\tau\acute{\eta}\lambda\lambda\alpha\xi\alpha\nu$)다. 복합 동사를 사용한 것은 동사의 행위의 중요성과 그 단어의 마지막 그리스어 음절의 불길한 소리($-\xi\alpha\nu$)를 강조하려는 의미인 것이 분명하다. 이는 듣는 사람들의 마음을 울리고 그들의 기억에 울려 퍼졌을 것이다.

"하나님께서 그들을 내버려 두사"와 "그들이 바꾸었다"는 두 반복 어구는 수사학적으로 대용(anaphora, 즉 일련의 연속적인 진술들이 시작되는 곳에 있는 어구나 단어의 반복)으로 분류될 수 있다. 물론 그 반복을 언어유희(paronomasia; 비교적 짧은 문맥에서 형태가 비슷하거나 소리가 유사한 둘 이상의 단어를 이용한 언어유희, 또는 동일한 단어의 다른 의미를 사용하는 언어유희)의 예로 볼 수도 있지만 말이다. 장 노엘 알레티(Jean-Noël Aletti)는 (2:1-3:20에서뿐만 아니라) 1:18-32에서 수사학적 특징이라고 할 수 있는 다른 많은 예를 제안했다.[5] 하지만 이 두 대용(또는 언어유희)의 예는 이 본문에서 찾을 수 있는 가장 분명한 수사학적 형식이다.

하지만 1:18-32에 등장하는 이 두 세트의 대용(또는 언어유희)과 관련하여 관찰한 두 가지 점을 강조할 필요가 있다. (1) 구전으로 전해졌든지 글로

---

5) Aletti, "Rm 1,18-3,20," 여러 곳.

써 표현되었든 간에, 이러한 수사학적 형식은 말하거나 기록한 내용을 이해하고 기억하도록 돕는 기능을 하도록 늘 의도되었다. (2) 이 형식이 기록된 자료에 포함된 것은 그 자료가 원래 구전으로 전해진 상황과 관련한 어떤 내용을 암시하는 것 같다. 그래서 바울이 이 두 대용의 예를 포함시킬 때, 그는 (1) 그의 수신자들이 그가 기록하고 있는 내용을 더 잘 이해하고 기억하기를 소망했을 뿐만 아니라 (2) 그가 기록하고 있는 내용에 어떤 유형의 과거 구전의 역사가 있음을 암시했다고 추정할 수 있다. 그것이 자신의 과거 설교에서 유래했든지, 아니면 이러한 구전을 포함한 초기의 글에서 유래했든지, 아니면 둘 다든지 간에 말이다.

「솔로몬의 지혜」와 로마서 1:18-32. 로마서 1:18-32의 형식과 구조를 고려할 때 역시 중요한 것은, 바울이 1:19-32에서 인류가 하나님을 기본적으로 알고 있다는 것과 그들이 그러고도 우상숭배를 했다는 것, 그리고 그 결과 그들이 부도덕해지고 불의를 행했다고 기록하고 있음을 관찰하는 것이다. 바울은 이 자료들을 1:18의 주제 진술을 지지하고 더 자세히 설명하는 데 사용한다. 로마서 1:18에서 바울은 "하나님의 진노가 불의로 진리를 막는 사람들의 경건하지 않음과 불의"를 향하고 있다고 선언한다. 이것은 많은 부분에서 「솔로몬의 지혜」 13:1-14:31에 등장하는 내용과 그 유대교 외경의 11장과 12장에 포함된 몇몇 진술들과 병행한다.

「솔로몬의 지혜」는 아마도 기원전 50년과 기원후 10년 사이 언젠가 헬레니즘적 유대 저자(들)에 의해 기록되었을 것이다. 「솔로몬의 지혜」는 세 단락으로 매우 쉽게 구분된다. (1) "종말론의 책"(1:1-6:8). 이 단락은 의인들과 그들을 압제하는 불경건한 자들 앞에 놓인 각기 다른 운명을 대조한다. (2) "지혜에 관한 연설"(6:9-11:1). 이 단락은 시 형식으로 천상적 존재인 지혜를 찬양하며, 독자들에게 적극적으로 반응하라고 촉구한다. (3) "유대인들의 영광"(11:2-19:22). 이 단락은 허풍을 떨어가며 유대인들을 칭송하고 이방인들에 대한 증오심을 표현한다. 이 책에 이름을 제공한 두 번째 단락인 "지혜에 관한 연설"은 가장 고결하고 교훈적이다. 이 책의 첫 번째 단락인 "종말론의 책"은 죽음 직후 발생하는 영혼을 가진 불멸에 관한 교리를 제시하며 고난, 자식 없음, 조기 사망이 하나님의 불쾌한 감정을 의미하는 것이 아니라고 주장한다. 이 책의 세 번째 단락 "유대인들의 영광"은 대체적으로 국가적인 선전에 속하는 허풍적 내용이다(특히 13-15장). 그 내용은 성경적 언어로 들릴 만한(그래서 유대인들의 영화[榮華]에 대한 "미드라시") 표현으로 되어 있다. 학자들 중에는 로마서 1:18-32(그리고 아마도 롬 2:1ff.의 내용) 연구와 관련된 엄청난 자료가 들어 있는 13-15장을 나중에 어떤 사람이 삽입한 것으로 이해해야 한다고 주장하는 사람들도 있다.

「솔로몬의 지혜」는 전체적으로나 부분적으로 바울 당대의 유대인들과 유대 그리스도인들에 의해 널리 읽혔던 것 같다. 학자들은 종종 이 헬레니즘적 유대교 작품이 요한복음, 야고보서, 히브리서, 요한계시록과 같은 유대 기독교적 정경들에 들어 있는 개념과 이미지 및 언어에 일부 영향을 주었다고 이해한다. 하지만 종종 "구약 비평학의 아버지"라고 여김을 받고 구약의 외경 연구에서 「솔로몬의 지혜」와 로마서 간의 유사성을 부각시킨 첫 번째 인물인 요한 아이히혼(Johann Gottfried Eichhorn, 1752-1827)은, 특별히 「솔로몬의 지혜」 13-15장과 로마서 1-2장의 유사성뿐만 아니라 「솔로몬의 지혜」 12:12-18과 예정을 다루는 로마서 9장(과 엡 1장) 간의 유사성을 부각시켰다. 그때부터 신약학자들 중에는 「솔로몬의 지혜」 13:1-14:31과 로마서 1:19-32이 특히 긴밀하다고 본 사람들이 많이 있다.

예를 들어, 샌데이와 헤들럼은 1895년에 출간한 그들의 대표적인 로마서 주석에서 「솔로몬의 지혜」 13-14장의 열일곱 절과 「솔로몬의 지혜」 다른 세 장의 네 절이 로마서 1:19-32과 재법 유사함을 주목한 후에 이렇게 선언했다.

한편 직접적인 인용에 대해서는 의문의 여지가 없으며, 다른 한편으로 논쟁의 주요 흐름(i. 자연종교의 폐기; ii. 우상숭배; iii. 부도덕의 목록)과 관련해서만 아니라 사상의 세부적인 묘사와 표현의 범위에서 그 유사성이 너무도 강하여, 바울이 그의 생애 어느 시기에 「솔로몬의 지혜」를 상당히

연구했다는 것은 분명해 보인다.[6]

마찬가지로 도드는 1932년에 당대의 유대적 사상과 기독교적 사상에 미친 「솔로몬의 지혜」 13-14장의 영향을 언급하면서, 이 자료와 로마서 1:19-32 간의 병행에 대해 이렇게 말했다. "바울은 「솔로몬의 지혜」의 사상적 흐름을 아주 밀접하게 따랐으며, 그래서 우리가 현재 다루는 본문이 「솔로몬의 지혜」를 요약했다고 볼 수 있다."[7] 좀 더 최근인 1988년에 제임스 던은 "「솔로몬의 지혜」 12-15장과 로마서 1:19-32 간의 병행이 너무 밀접해서 결코 우연이라고 볼 수 없다"고 주장했다.[8] 그리고 조세프 피츠마이어는 1993년에 "어리석은 자들, 사악한 생각" 그리고 이방인들의 우상숭배에 내리는 하나님의 심판을 설명하는 「솔로몬의 지혜」 11:15-16을 언급한 후, 로마서 1:19-32과 관련하여 이렇게 주장했다. "이방인들의 평계할 수 없는 상황에 관한 바울의 주장은 이와 같은 기독교 이전의 유대 사상[즉 Wis 11:15-16], 특히 「솔로몬의 지혜」 13:1-19과 14:22-31의 배경에 비춰 이해해야 한다."[9]

사실, 로마서 1:19-32에 언급된 인류의 우상숭배와 부도덕 및 불의에 대한 바울의 비난은 가끔은 거의 문자적이라고 할 정도로 이방인들의 우상숭배와 부도덕에 대한 「솔로몬의 지혜」 13:1-14:31의 비난 및 앞서 「솔로몬의 지혜」 11-12장에서 진술한 내용과 매우 밀접하게 병행한다. 따라서 많은 학자가 바울이 로마서 1:19-32을 기록할 때, 어떤 방법으로든지 이 묵시적인 유대교 저술에 의존해서 글을 썼다고 이해했다. 아마도 「솔로몬의 지혜」의 고상한 부분만 아니라 13-14장(과 15장)에서 유래한 자료들이 당대의

---

6) Sanday and Headlam, *Romans* (19025), 52.

7) C. H. Dodd, *Romans*, 27.

8) Dunn, *Romans*, 56-57.

9) Fitzmyer, *Romans*, 272; 또한 롬 1:19-32에 있는 "이방인들에 대한 바울의 묘사"와 관련하여 같은 저자, *Spiritual Exercises*, 35도 보라. "본문은 많은 부분에서 「솔로몬의 지혜」 13, 14장을 의존한다."

몇몇 유대교 회당에서 전달된 일부 설교에 사용되기도 했을 것이다.[10] 바울은 어린 시절 다소에 있는 회당에서 13-15장을 비롯한 「솔로몬의 지혜」가 낭독되고 설명되는 것을 들었을지도 모른다.[11] 바울은 심지어 다메섹으로 여행할 때 그리스도를 만나기 전에 유대교 선생으로서 「솔로몬의 지혜」의 본문으로 설교했을 수도 있다. 그리고 이따금 바울은 그리스-로마 세계의 이방인들에게 복음 전도 사역을 수행하면서 「솔로몬의 지혜」의 이 장들에서 발견되는 표현과 특성들을 사용했을지도 모른다.[12]

그러나 로마서 1:19-32에 지금 등장하는 것의 원출처가 무엇이 되었든지, 또는 이 절들의 내용과 관련하여 무엇을 생각하든지 간에, 바울이 단순히 「솔로몬의 지혜」보다 더 광범위하게 성경적·유대적·기독교적 전통으로부터 1:18의 주제 진술을 제시했음을 늘 인식할 필요가 있다. "불의로 진노를 막는 사람들의 경건하지 않음과 불의에 대하여" 내리는 "하나님의 진노"에 대한 논의는 (1) 유대인들의 성경(구약),[13] (2) 초기 유대교 문헌들,[14] (3) 세례 요한의 메시지,[15] 예수의 교훈[16]이라는 공통 주제였다.

그래서 더욱 특징적인 기독교적 문맥에 등장하는 표현들인 "하나님의 진노", "전능하신 주 하나님의 진노" 또는 "전능하신 하나님의 진노"(또는 "어린양의 진노"[이 표현은 더욱 기독교적인 맥락에서 등장한다])가 예수를 믿는 가장 초기 유대인 신자들의 설교에 상당히 일반적인 내용이었을 것으로 추

---

10) E. P. Sanders, *Paul, the Law, and the Jewish People*, 123, 129.

11) R. E. Brown, "Letter to the Romans," in *Introduction to the New Testament*, 566. Brown은 특히 「솔로몬의 지혜」 13-14과 관련하여 이렇게 지적한다. "바울은 로마서를 시작하는 이 방인들의 묘사 부분에서 그가 교육을 받았던 표준적인 헬레니즘적 회당의 모습을 묘사하고 있을 것이다."

12) Michel, *An die Römer*, 96.

13) 예. 민 16:46; 18:5; 수 9:20; 22:20; 시 38:1; 102:10; 사 60:10; 렘 10:10; 21:5; 32:37; 50:13; 슥 7:12.

14) 예. *1 En* 106:15; *Let Aris* 254; *T Reub* 4:4; Philo, *De somniis* 2.179; *De vita Mosis* 1.6; Josephus, *Antiquities* 3.321; 11.127; *Sib Or* 4:162; 5:75-76.

15) 참조. 마 3:7//눅 3:7.

16) 참조. 눅 21:23; 요 3:36.

측할 수 있다.[17] 그리고 바울이 (1) 그가 1:18에서 주제 진술로 기록한 것과, (2) 그가 1:19-32의 묘사와 용어로써 그것을 지지하는 내용이 로마에 있는 그의 수신자들 사이에서 공감을 불러일으켰을 것이라고 믿었다고 주장하는 것은 타당할 수 있다. 첫째로 1:18은 성경과 유대교 신학 및 유대 기독교적 신학에 모두 근거를 두었고, 둘째로 1:19-32은 널리 읽히던 외경에 속한 유대적 저술에 이교도 이방인들에 대한 묘사와 매우 밀접하게 병행한다. 외경들은 당대의 다양한 유대인 진영과 유대 기독교 진영에서 회람되었으며 이들 진영에서 선포되던 일부 설교의 기초로 작용했을 것이다.

　　그러므로 바울이 로마의 그리스도인들에게 보내는 그의 편지에서 기독교적인 메시지를 선포하기 시작했을 때, 그는 자신의 수신자들에게 친숙하고 그들의 공감을 자아낼 만하다고 믿은 방식으로 글을 시작했다. 이를테면, 제법 특징적인 유대교적 진술과 정서를 반영하는 방법으로 말이다. 로마의 그리스도인들은 어느 인종으로 구성되었든지 간에 유대 기독교에 광범위하게 영향을 받은 것으로 보이며, 그래서 이러한 접근을 쉽게 이해하고 받아들였을 것이다. 더욱이 그것은 바울이 유대 그리스도인으로서 잘 알고 공감했을 유형의 접근과 논쟁 형식이었다. 물론 자신을 "내가 여러 사람에게 여러 모습이 된 것은 아무쪼록 몇 사람이라도 구원하고자 함"이라고(고전 9:22) 선언한 사람으로서, 바울이 이방인들에게 행한 그의 복음 사역에서 이런 유형의 접근이나 논쟁 형식을 일반적으로 사용하지는 않았을 수도 있었지만 말이다.

　　1:18-32에서 논의한 대상은 누구인가? 1:18-32에서 논의하고 있는 사람이 누구인지와 관련하여, 「솔로몬의 지혜」 13:1-14:31이 이방인들과 이방 세계의 상태를 격렬하고 심지어 독설에 가득 찬 많은 내용으로 비난한다는 사실을 인식해야 한다. 그런 다음에는 유대인들과 유대 세계를 자축하는 진술이 이어진다. 따라서 바울이 「솔로몬의 지혜」 13-14장에서 유래한 자료를 사용한 것 역시 이방인 세계에 있는 비유대인들의 경건하지 않음과

---

17) 예. 히 3:11; 4:3; 계 6:16, 17; 11:18; 16:19; 19:15.

악함을 비난한 것으로 이해할 수 있다. 사실 주석가들 중에는 바울이 1:18-32에서 "이방인 세계의 상황"에 관해서만 말하고 있다고 주장하는 사람들이 있다.[18]

하지만 바울이 우상숭배와 부도덕 및 불의에 대해 말하면서 「솔로몬의 지혜」 13-14장에서 가져온 자료를 사용한다고는 해도, 그가 1:18-32에서 ἔθνος("이교도", "비종교인", "이방인", "나라")라는 용어를 한 번도 사용하지 않았다는 사실 역시 인정할 필요가 있다. 오히려 그는 1:18의 주제 진술에서 좀 더 총체적인 표현인 ἄνθρωποι("사람들", "인간들")를 사용하며, 그래서 그가 이방인들에 대해서만 아니라 모든 인류에 대해서도 말하고 있다고 이해해야 한다. 브루스 롱네커(Bruce Longenecker)가 바르게 주장했듯이, "바울이 여기서 묘사하고 있는 것은 이방인들만의 상황이 아니라, 그 자체에 어떠한 인종적인 구별이 포함되지 않는 좀 더 근본적인 **인류학적** 상황이다."[19]

사도는 나중에 2:1-16에서 죄를 지은 모든 사람에게 그들의 인종이 무엇이든 간에 차별하지 않고 내리시는 하나님의 심판에 대하여 "이런 일을 행하는 자를 판단하고도 같은 일을 행하는 사람아"라고 좀 더 폭넓은 방법으로 말할 것이다. 그런 다음 2:17-29에서 그는 초점을 좁혀 구체적으로 유대인들에게 어떤 형태든 유대교 율법주의에 관해 언급할 것이다. 그리고 마지막으로 3:1-20에서는 초점을 더욱 좁혀 하나님 앞에서 유대인들이 처한 상황을 이야기할 것이다. 그러나 이곳 1:18-32에서 바울의 초점은 일반적으로 인류에게 맞춰져 있다고 이해하는 것이 가장 좋다. 비록 그가 원래 비유대인들의 우상숭배와 부도덕 및 불의, 즉 이방인 세계에 속한 "경건하지 않음" 및 "악함"과만 관련이 있는 자료를 사용하기는 하지만 말이다.

"곤궁에서 해결로"인가? 아니면 "해결에서 곤궁으로"인가? 우리는

---

18) Gaston, *Paul and the Torah*, 140; Räisänen, *Paul and the Law*, 97; Ziesler, *Romans*, 78.

19) B. W. Longenecker, "Paul's Description of the Anthropological Condition," in *Eschatology and the Covenant*, 173.

1:18-32에 사용된 바울의 용어 저변에 있는 자료의 "유대교적" 특성을 강조함으로써 본문의 형식과 구조 및 언어의 특성들에 대한 설명을 제공받을뿐만 아니라 본문의 상황에 대한 통찰도 얻을 수 있다. 이를테면, 바울이 그의 편지의 공식적인 내용을 막 시작하는 시점에 왜 이런 방식으로 주장하는지에 대한 통찰 말이다. 수세기 동안 해석자들을 괴롭혔다가 최근에야 그 목소리를 찾게 된 것 같은 질문은 이것이다. 바울이 1:16-17에서(그리고 그 논제를 3:21-23에서 확장된 형태로 재서술하고 3:24-4:25에서 그것을 지지하고 설명하고 예증하기 전에) 복음에 관한 그의 논제를 긍정적으로 제시한 후, 편지 본론 중앙부의 이 첫 번째 단락을 하나님의 진노와 심판과 1:18-32에 등장하(고 계속해서 2:1-3:20에서 좀 더 초점을 맞추)는 인간의 경건하지 않음과 악함의 저주스러운 묘사로 시작하는 반면에, 그의 다른 편지들에서는 그의 선교적 설교와 목회적 상담을 예수 그리스도의 사역과 하나님의 성령의 사역으로 말미암아 제시된 인간의 곤궁에 대한 하나님의 해결이라는 적극적인 진술로 시작하는 까닭은 무엇인가?

갈라디아서의 처음 두 장, 특히 갈라디아서 1:6-10과 2:11-21은 내용면에서가 아니라 적어도 어조를 고려한다면, 로마서 1:18-3:20에 등장하는 것과 적어도 어느 정도는 병행 본문으로 이해될 수 있다. 하지만 매우 거창한 갈라디아서에서도 바울이 바로 앞의 논제 단락(propositio)인 2:15-21을 주해하는 3:1-4:11에서 자신의 신학적인 논증(probatio)을 제시할 때, 먼저 그는 자신의 회심자들에게 그들을 위해 그가 이전에 선포한 그리스도의 사역과 그들이 그 메시지를 받아들였음을 상기시키는 것으로 그렇게 한다. 이를테면, 그는 "십자가에 못 박히신 것이 너희 눈앞에 밝히 보이"는(3:1) "예수 그리스도"를 주제로 설교했으며, 그들은 그 "좋은 소식"을 받아들였고(3:2), 성령이 그들 사이에서 역사하심을 경험했으며(3:3-5), 그는 그들이 본보기로 삼아야 하는 탁월한 믿음의 사람 아브라함을 예로 제시한다(3:6-9). 마찬가지로 다른 바울 서신의 다수는 그가 그리스-로마 세계에서 이방인들에게 사역하는 동안 항상 혹은 통상적으로 기독교 복음을 "인간론적인" 기초보다는 "기독론적인 기초"에 의거하여 선포하기 시작했음을 암시하는 것 같다. 그리고 이런 면에서(그리고 나중에 밝혀질 다른 문제와 관련해서도), 우리가 제기할 수 있는 질문은 (기독교 역사의 과정에서 많은 사람이 자주 질문했던) "바울의 다른 편지들이 왜 로마서와 다른가?"가 아니라 "로마서가 바울의 다른 편지들과 이처럼 다른 까닭은 무엇인가?"이다.

에드 샌더스(Ed Sanders)는 상당히 회화적인 방식으로 많은 학자의 주의를 환기시키면서 이 쟁점을 제시했다. 그는 바울의 이방인 선교를 다음과 같이 묘사했다. "그[바울]는 사람의 필요에서 출발하지 않고 하나님의 행위에서 **출발했다**."[20] 더욱이 에드 샌더스는, 놀랍게도 바울이 로마서에서는 그의 다른 서신들에서 제시하는 패턴과는 역으로 "하나님의 해결"(3:21-4:25)을 제시하기에 앞서 "인류의 곤궁"(1:18-3:20)으로 시작하기에, "로마서는 바울이 실제 선교에서 행한 설교를 반영하지 않았을 수도 있다"고 내비쳤다.[21] 반면에 프랭크 틸먼(Frank Thielman)은 샌더스와 반대로, "바울이 살았던 시대의 정경에 속한 유대 문헌과 비정경적인 유대 문헌 모두 이스라엘에 관한 하나님의 다루심에 있어 곤궁에서 해결에 이르는 사고 패턴에 얼마나 익숙했는지를 실례를 들어가며" 보여주었다.[22] 여기서 한걸음 더 나아가 틸먼은 "곤궁에서 해결"에 이르는 이러한 패턴이 갈라디아서와 로마서 두 서신에서 바울의 논쟁 과정에 깊이 뿌리 박혀 있는 것임을 입증하려 했다.[23] 추측건대, 유대인 출신의 그리스도인인 바울의 모든 사고와 그의 모든 기독교 복음 선포에 이러한 패턴이 내재해 있었을 것이다. 그래서 틸먼에 따르면, 바울의 설교와 가르침이 늘 그리스도 중심성을 유지하며 결론을 맺지만, 그의 사역의 패턴은 보통 혹은 항상 인간의 곤

---

20) E. P. Sanders, *Paul and Palestinian Judaism*, 444; 그가 442-47, 474-75쪽에서 주장한 "문제에 선행하는 해결"에 대한 충분한 논의를 보라.
21) Sanders, *Paul and Palestinian Judaism*, 444.
22) Thielman, *From Plight to Solution*, 45; 또한 관련 본문과 Thielman의 설명은 28-45쪽을 보라.
23) 갈라디아서 본문에 대한 Thielman의 설명은 그의 책 *From Plight to Solution*, 3장, 46-86쪽을 보고, 로마서 본문에 대한 Thielman의 설명은 그의 책 *From Plight to Solution*, 4장, 87-116쪽을 보라.

궁에 대한 묘사(구체적으로 하나님의 영원하신 윤리적 율법에 비추어)로 시작하여 그리스도의 사역과 하나님의 영의 사역으로 제시된 하나님의 해결에 대한 묘사로 이어지며, 그 역은 아니라고 이해해야 한다.

이 논쟁과 여기에 연루된 쟁점들에 대한 필자의 평가는 이것이다. (1) 샌더스와 틸먼 모두 자료에 대한 그들의 관찰과 관련해서는 일반적으로 옳다. 그러나 (2) 두 사람 모두 그들의 특정한 논제에 대한 관심사로 인해 자료들을 다소 왜곡했다. 샌더스는 하나님의 해결(기독론)에서 인류의 곤궁(인간론)으로 이동하면서 로마서만의 예외성을 가지고 바울이 늘 그러한 것처럼 본문을 약간 지나칠 정도로 융통성 없게 읽은 것 같다. 틸먼은 인류의 곤궁(인간론)에서 하나님의 해결(기독론)이라는 일관성 있는 패턴을 세우기 위해 바울의 다른 서신들을 로마서처럼 만드느라 갈라디아서와 바울의 다른 일부 서신들을 오독한 것 같다. 따라서 두 사람의 관찰과 결론은 조정 및 수정될 필요가 있다.

문제의 자료와 관련하여 우리는 다음과 같은 사실을 인식해야 한다고 생각한다.

(1) 샌더스와 틸먼 두 사람이 모두 관찰했듯이, 바울은 로마서 1:18-32(과 2:1-3:20)에서 그리스도의 사역 및 하나님의 영의 사역과 별도로 저주받은 인류의 곤궁을 묘사하는 것으로 시작하며, 그런 다음에 3:21-4:25(과 로마서 나머지)에서 하나님의 해결에 대한 선포를 다룬다.

(2) 바울은 갈라디아서를 비롯하여[24] 그의 다른 편지에서 그가 일반적으로 그리스도의 사역과 성령의 사역으로 말미암는 하나님의 해결을 선포하면서 복음 설교와 목회 상담을 시작했고, 그런 다음에야 비로소 "좋은 소식"의 메시지가 어떻게 인류의 곤궁에 대한 해결을 제시했는지에 관해 말했다는 사실을 반영한다. 이는 샌더스가 바울의 사역에 나타난 그의 통상적인 패턴이라고 주장한 것이며, 틸먼은 부인한 것이다.

(3) 틸먼이 보여주었듯이, 구약성경과 제2성전기 유대교에 속한 문헌

---

24) R. N. Longenecker, *Galatians*, 여러 곳.

들은 사실 "곤궁에서 해결에 이르는, 하나님과 이스라엘의 관계에 대한 사
상의 패턴"을 입증한다.

로마서를 바르게 이해하기 위해서는 본론 중앙부의 이 첫 번째 단락
인 1:16-4:25에 나타난 바울의 논증의 기본적인 "유대적 성향"을 인정해야
한다. 바울은 로마의 신자들에게 편지를 썼는데, 그들은 인종적으로는 이방
인들과 유대인들로 구성되었지만, 유대 기독교의 신학과 사고방식 및 표현
법에 광범위하게 영향을 받았으며, 그래서 유대 기독교의 방식으로 문제들
을 이해했고, 유대 기독교의 논증 방식으로 자신들을 표현했으며, 유대 기
독교의 어휘를 사용했을 가능성이 크다. 그러므로 바울이 로마의 수신자
들에게 그들이 친숙하기도 하고 받아들이기도 했을 방법으로 기독교 복음
을 제시하기 시작했던 반면에, 대체적으로 이와 같은 유대적 배경이 없었
던 그의 이방인 출신의 개종자들에게 보내는 편지들에서는 통상적으로 인
류의 곤궁을 하나님의 해결책의 배경과 이유로 묘사하기보다는 인류의 곤
궁에 대한 하나님의 해결을 기독론적으로 선포하는 것으로 시작했다고 상
정할 수 있다. (바울이 고전 9:22에서 선언하듯이, "여러 사람에게 여러 모습이 되
었다"는 바울의 "정치력"을 인정하는 것과 아울러) 로마의 수신자들의 인종적 구
성이 어떠하든지 간에, 우리는 바울의 로마의 수신자들의 "유대적 성향"을
인식해야만 해석자들이 로마서 본론 중앙부의 이 첫 번째 단락(1:16-4:25)
과 특히 여기서 논의하는 문제의 본문(1:18-32)을 더 잘 이해하게 된다고 믿
는다.[25]

본문의 구조. 본문에 등장하는 어떤 특별한 언어학적 특징이나 수사
학적 기교에 따라 1:18-32의 구조를 제시하려는 많은 시도가 개진되었다.
이러한 시도들은 종종 다음과 같은 단어들과 관련하여 수행되었다. (1)
24, 26, 28절에 등장하는 동사 παρέδωκεν ("그가 주다/넘겨주다"), (2) 23, 25,

---

25) 예. Klostermann, "Die adäquat Vergeltung in Rm 1,22-31"; Jeremias, "Zu Röm 1,22-32,"
ZNW 45 (1954); S. Schulz, "Die Anklage in Röm. 1,18-32"; W. Popkes, "Zum Auflau und
Charakter von Römer 1,18-32," NTS 28 (1982).

26절에 등장하는 동사 ἤλλαξαν과 그 동사의 강조형인 μετήλλαξαν("그들이 바꾸었다"), (3) 26절에 등장하는 전치사 διά와 중성 목적격 대명사 τοῦτο가 함께 등장하는 예("이러한 까닭에")와 더불어, 21절에 사용된 추론적인 접속사 διότι("왜냐하면", "그러므로")와 24절에 사용된 διό("그러므로") 등이다. 그러나 이런 것에 근거하여 본문의 구조를 제안하는 주석가들 사이에서도 의견은 거의 일치하지 않는다.

오히려 제임스 던[26]과 조세프 피츠마이어[27]가 제안한 다음과 같은 일반적인 분석에 따라 본문의 구조를 주제별로 제시하는 것이 가장 좋을 것 같다.

1. 하나님의 진노에 관한 주제 진술(1:18). 이 단락은 "불의로 진리를 막는 사람들의 모든 경건하지 않음과 불의에 대하여" 내리는 하나님의 진노를 선언한다.
2. 인류의 우상숭배에 대한 묘사(1:19-23). 이 단락은 하나님을 대적하는 인류의 반역, 하나님을 떠난 인류, 하나님을 영화롭게도 하지 않고 감사하지도 않는 인류에 대해 말한다. 그로 인해 다양한 형태의 우상숭배가 시작되었다.
3. 인류의 부도덕과 불의에 대한 묘사(1:24-31). 이 단락은 우상숭배와 부도덕이 직접 연결되었다고 제시하며 그 결과로 발생한 사람들의 도덕적인 죄와 윤리적인 불의를 묘사한다.
4. 그 결과 나타나는 심판 선언 – 사망(1:32). 이 단락은 이러한 일을 행하고 인정하는 사람들에게 내리는 하나님의 판결을 표현한다.

우리는 "석의와 주해"에서 이 네 주제를 사용하여 구조를 제시할 것이다.

26) Dunn, *Romans*, 1.53.
27) Fitzmyer, *Romans*, 276.

석의와 주해

I. 하나님의 진노에 대한 주제 진술(1:18)

1:18 "하나님의 진노"를 다루는 본문은 후치사 γάρ("이는", "왜냐하면")와 함께 1:18에서 시작한다. 이 접속사는 일찍이 1:16-17의 논제 진술에서 3번 사용되었다. 첫 번째 γάρ는 바울이 로마서 "본론의 여는 말"(1:13-15)로부터 편지 "본론 중앙부"(1:16-4:25)의 첫 번째 전체 단락을 이끄는 논제 진술(1:16-17)로 이동하면서, 현재 쓰고 있는 내용의 연속을 표시하기 위해 1:16a의 시작 부분에 전환 어구로 사용되었다. 그다음 1:16b절과 17a절에서 설명적 연결어로 2번 더 사용되었다. 두 경우 모두 바울이 "복음을 부끄러워하지 않는" 이유를 설명한다. 그러므로 이 두 번째의 경우와 비슷하게 많은 사람은 1:18 앞에 있는 γάρ를 설명적 접속사로 보며, 그래서 그 단어를 1:16의 "복음"과 1:17의 "하나님의 의"와 관련한 설명을 소개해주는 것으로 이해한다. 그들의 주장은 "하나님의 의"(1:17)와 "하나님의 진노"(1:18) 두 주제 모두에 대해 언어학적으로 동일한 동사 ἀποκαλύπτω("계시하다")가 동일한 형태(3인칭 단수 현재 수동태 직설법 ἀποκαλύπτεται, "계시되고 있다")로 등장한다는 사실에 근거한다. 그래서 그들은 하나님의 의와 하나님의 진노를 반드시 하나의 기독교 복음의 두 본질적인 특징으로 이해해야 한다고 주장한다. 또는 매튜 블랙이 이 입장에 대해 말한 것처럼, "18절은 17절과 함께 진행하는 것이 분명하며, 동시에 19절 이하의 내용으로의 전환 역할을 한다. 하나님의 '의'의 '계시'와 연결하는 그의 진노의 '계시'에 같은 동사가 사용되었다. 하나님의 진노는 그의 '의'의 나타남이다."[28]

그러나 이곳 1:18의 γάρ를 역접 접속사로 이해해야 한다고 제안한 사람들도 있다. 그들의 주장은 이렇다. (1) 언어학적으로 18절에 등장하는 "하나님의 진노"는 "하늘로부터"(ἀπ' οὐρανοῦ) 계시된 것으로 언급된 반면에, 1:17에 등장하는 "하나님의 의"는 "복음에"(ἐν αὐτῷ) 계시되었다고 말

---

28) Black, *Romans*, 48; 참조. 또한 Barrett, *Romans*, 33; Cranfield, *Romans*, 103-8, 111.

한다. (2) 문맥적으로 "하나님의 진노"는 1:16-17에서 강조되는 "복음"이나 "하나님의 의"의 특징과 동일시되지 않고 이 두 주제와 대조된다.[29]

　　사실 "의"와 "진노"는 하나님의 두 속성이며, 어느 면에서는 하나님의 구속 행위에 있어 병행되는 특징으로 간주될 수 있다(이는 첫 번째 입장의 진리다). 마찬가지로 1:16-17에서 1:18-32로 넘어갈 때 관여된 대조를 강조하는 것은 상당히 바르다(이는 두 번째 입장의 진리다). 하지만 γάρ가 이곳 1:18이 시작되는 곳에서 필연적으로 함의하는 것은 단지 바울이 1:16-17의 논제 진술을 제시한 후에 지금은, 하나님이 그의 복음에서 제공하신 것과 사람들이 믿음으로 그 "좋은 소식"을 받아들인 것과 별도로, 인류의 곤궁에 대해 말하려고 1:18-32로 넘어간다(또한 2:1-3:20 전체에서 이 문제에 좀 더 집중한다)는 것이다.

　　그래서 이 γάρ는 1:16 시작 부분에 등장하는 것처럼 단순히 또 다른 전환 어구로 이해하는 것이 좋을 것 같다. 1:16에서 γάρ는, 그 자체로는 바로 앞에 등장했던 것을 설명하거나 대조하는 내용을 소개하려는 의도 없이, 어떤 방식으로든지 이어지는 내용을 앞에서 언급한 것과 연결하는 기능을 한다.[30] 그리고 1:18의 주제 진술에 등장하고 이어지는 1:19-32에서 인류의 우상숭배와 부도덕을 묘사하는 내용이 바울이 앞서 존재한 설교 자료(일찍이 바울 자신이 전한 설교이든지 아니면 다른 사람의 설교이든지 간에)에서 가져온 것이라면(이것이 가장 개연성이 크다고 본다), 이와 같은 전환 어구는 특히 적합하다. 이 자료들은 그 자체로 (1:18의 주제 진술에 사용된) 전통적인 유대교 신학과 (1:19-32의 묘사와 언어에 사용된) 「솔로몬의 지혜」 13-14장에 근거했다.

　　'Οργὴ θεοῦ("하나님의 진노")라는 어구는 주제 진술의 주어를 제시한다. 유대교 성경(구약성경)의 예언자들은 미래에 죄와 죄인들에게 내리는 하나님의 의로운 심판을 언급하기 위해 "하나님의 진노"라는 표현을 자주 사용

---

29) C. H. Dodd, *Romans*, 18; Huby, *Romains*, 79; Stuhlmacher, *Gerechtigkeit*, 80; Kertelge, "'Rechtfertigung' bei Paulus," 88; Wilckens, *An die Römer*, 1.101; Dunn, *Romans*, 54; Fitzmyer, *Romans*, 277.

30) 예. Lietzmann, *An die Römer*, 31; Kuss, *Römerbrief*, 1.35.

했다.[31] 하지만 그들은 하나님의 과거의 심판 및 현재의 심판과 관련해서도 이 어구를 사용했다.[32] 그리고 이것은 바울과 신약성경의 다른 저자들도 사용했던 표현이다. 말하자면, 그것은 종말론적인 의미로서 하나님의 미래 심판을 언급하지만,[33] 동시에 죄와 죄인들에게 내린 하나님의 과거 심판[34]과, 인간의 반역과 악 및 이러한 입장과 행위를 두둔하는 사람들에게 내리신 하나님의 현재 심판[35]을 언급하는 표현이기도 했다.

빈센트 테일러가 적절하게 정의했듯이, "하나님의 진노"는 "성난 격정이 아니라 의식적으로 하나님께 반역한 죄와 죄인들에게 내리는 정죄다."[36] 하나님의 진노는 윌리엄 바클레이(William Barclay)가 말한 것처럼 죄에 대해 또한 하나님에게서 독립하여 자신의 길을 간 모든 사람에 대해 내리는 하나님의 "전멸시키시는 반응"이다.[37] 또는 루크 존슨이 하나님의 진노에 대해 지적한 것처럼, "그것은 화난 폭군의 기분에 따른 것이 아니라 스스로 왜곡된 존재에 필연적으로 따라오는 징벌이다."[38]

"하나님의 진노"는 죄와 죄를 지은 사람들에 대해 인간의 단순한 말이 표현할 수 있는 것보다 더 강력한 반응을 표현하는 신인동형론(즉 하나님의 속성을 사람의 감정으로 표현하는 것)이다. "하나님의 진노"는 (1) 인류의 우상숭배와 부도덕과 관련하여 모든 인류의 이해를 초월하는 하나님에 대해 느끼는 공포감과, (2) 이러한 모든 생각과 행동에 대한 인간의 이해를 넘어서는 하나님의 의로운 심판을 언급한다. 모든 사람의 행복을 위해 하나님이 보여주시는 형용할 수 없는 관심과 그들을 위해 행하시는 하나님의 불가해한 구속적 행위에 대해 인간적 표현으로 말하는 신인동형론인 "하나님의

---

31) 예. 사 13:13; 26:20; 겔 7:19; 습 3:8.
32) 예. 시 78:31; 사 9:19, 21; 13:9.
33) 예. 롬 2:5, 8-9; 5:9; 골 3:6; 살전 1:10; 5:9; 또한 계 6:16-17; 11:18; 14:10; 16:19; 19:15도 보라.
34) 살전 2:16. 또한 히 3:11; 4:3도 보라.
35) 이곳 1:18에서처럼 말이다. 롬 12:19과 13:4-5도 보라.
36) Taylor, *Romans*, 28.
37) Barclay, *Romans*, 25.
38) L. T. Johnson, *Reading Romans*, 33.

사랑"처럼, "하나님의 진노"는 인류의 반역, 자기중심, 무법과 관련하여 하나님에 대해 느끼는 공포감을 더듬거리며 말하는 인간의 언어로 설명한다. 이 모든 것들로 인해 사람들이 자진해서 하나님을 떠나고 서로에 대해 비인간적인 불의를 행하게 된다.

　　죄와 죄를 지은 사람들에게 내리는 하나님의 진노는 우상숭배를 비난하는 구약의 예언자들의 경고에서 유래하는 개념이다.[39] 예언자 요엘의 예언에서 하나님의 진노는 "야웨의 날"과 관련이 있다. "야웨의 날"은 (욜 1:15; 2:1, 11에 표현된 것처럼) 가까운 미래에 있을 하나님의 심판의 날과 (욜 2:31; 3:14에 표현된 것처럼) 하나님이 최후의 심판을 내리실 마지막 때를 모두 지칭하는 용어다. "하나님의 진노"는 일반적으로 신약성경에서, 그리고 특별히 바울 서신에서 이런 방식으로 사용되었다. 미래 최후의 심판 및 하나님의 현재 심판 모두와 관련하여 "하나님의 진노"는 종종 "주의 날"과 분명히 연관되었다.[40] 비록 다른 곳에서는 "하나님의 날",[41] "심판의 날"[42] 또는 단순히 "그날"[43]이라는 같은 의미의 비슷한 어구들을 사용하기는 하지만 말이다.

　　로마의 그리스도인들에게 보내는 바울의 편지에서 "하나님의 진노"는 이곳 1:18에서만 아니라 신학적으로는 2:5, 8, 5:9, 9:22[44]에서 또 윤리적으로는 12:19; 13:4[45]에서도 주제 역할을 한다. 요안네스 크리소스토모스, 몹수에스티아의 테오도로스, 그리고 콘스탄티노플의 게나디우스 같은 여러 교부들은 바울이 2:5, 8-9에서 "하나님의 의로운 심판이 나타날 진노의 날"을 언급한 것과 비슷하게 1:18의 하나님의 진노를 단순히 미래에 내리

---

39) 사 51:7; 렘 6:11; 호 13:11; 습 1:15.
40) (욜 2:31을 인용한) 행 2:20; 살전 5:2; 벧후 3:10.
41) 벧후 3:12.
42) 마 11:22, 24.
43) 딤후 1:12, 18; 4:8.
44) 참조. 엡 2:3; 살전 1:10; 2:16; 5:9.
45) 참조. 엡 5:6; 골 3:6.

시는 하나님의 종말론적 진노로 이해했다.[46] 하지만 바울은 로마서에서 하나님의 진노를 현재적 실체로 말하기도 했다. 그것은 그리스도 밖에 있는 사람들의 반역과 불법에 내리는 심판만이 아니라 하나님의 백성들의 죄성에 대해서 내리시는 심판이다.[47] "의"와 "생명"이 하나님이 현재와 미래 두 시대 모두에 내리시는 긍정적인 실체인 것처럼, "진노"와 "사망"은 하나님이 현재와 미래 두 시대에 모두 내리시는 부정적인 요인이다. 하나님의 진노는 현재 시작되어 전개적인 방식으로 내려지며, 미래에는 최종적으로 또 충분히 내려질 것이다.

이곳 1:18에서 하나님의 진노와 연결되어 등장하는 동사 ἀποκαλύπτειν ("계시하다", "나타나다", "드러나다")은 1:17에서 하나님의 의와 관련하여 사용되었다. 더욱이 이 단어는 이곳 1:18에서 17절에 등장한 것과 동일한 문법적 형태로 등장한다(3인칭 단수 현재시제, 수동태, 직설법 ἀποκαλύπτεται). 이 모든 것으로 인해 일부 주석가들은 "하나님의 진노"를 하나님의 의의 한 측면으로 이해했고, 어떤 면에서는 기독교 복음의 내용에 속하는 중요한 부분으로 이해하기도 했다. 마치 "정죄하는 의"와 "의롭게 하는 의"라고 칭하는 것을 어떤 방식으로든지 서로 병행을 이루며 함께 선포되어야 하는 기독교 선포의 본질적인 두 특징으로 이해해야 하듯이 말이다.[48]

하지만 바울은 그가 1:17에서 복음에 하나님의 의가 나타났다고 말한 것처럼 하나님의 진노가 "복음"에 나타났다고 말하지 않는다. 그는 "하나님의 진노"가 "하늘로부터"(ἀπ' οὐρανοῦ) 나타나고 있다고 말하며, 이럼으로써 반역하고 불법을 행하는 모든 사람 위에 내리는 하나님의 심판의 우주적인 특성을 강조한다. 바울은 이렇게 말함으로써 어떤 경우에 기독교적 선포의 예비적인 특성으로 정당화되어 선포될 수 있는 하나님의 진노

---

46) H.-J. Eckstein, "'Denn Gottes Zorn wird vom Himmel her offenbar werden'. Exegetische Erwägungen zu Röm 1,18," *ZNW* 78 (1987), 여러 곳.

47) 참조. 롬 3:5; 4:15; 9:22; 또한 엡 2:3; 살전 2:16을 보라.

48) 예컨대, 강조점은 다르더라도 앞에서 인용한 M. Black, K. Barth, C. K. Barrett, C. E. B. Cranfield와 같은 중요한 주석가들을 보라.

를 기독교적 메시지에 대한 "좋은 소식"과 동일시하지 않는다. 기독교적 메시지는 하나님이 예수 그리스도의 사역과 인격을 통해 행하신 것에 초점을 맞춘다. "의"와 "진노"는 한 분이신 참 하나님의 두 속성이지만 하나님의 의는 "복음에" 독특하게 나타난 반면에, 그의 진노는 "하늘로부터"(ἀπ' οὐρανοῦ) 나타난다. 그래서 이 둘을 동일시하거나 단순히 동일한 선포의 두 가지 특징으로 여겨서는 안 된다.[49]

하나님의 진노의 대상은 ἐπὶ πᾶσαν ἀσέβειαν καὶ ἀδικίαν ἀνθρώπων τῶν τὴν ἀλήθειαν ἐν ἀδικίᾳ κατεχόντων("불의로 진리를 막는 사람들의 모든 경건하지 않음과 불의에 대하여")이라는 말로 서술되었다. 명사 ἀσέβεια("경건하지 않음")는 이스라엘을 대적하는 "나라들"의 사악함을 언급하는 신명기 9:5에 사용되었으며, 다른 곳에서는 "악" 또는 "폭력"이라는 의미로 고대 유대 그리스어 문헌 여러 곳에서 발견된다.[50] 그러나 이 단어는 바울이 거의 사용하지 않는 표현이며, 로마서에서는 이곳과 11:26에만 등장한다.[51] 그러나 명사 ἀδικία("불의", "무법", "악", "사악함", "공의롭지 못함")는 온갖 종류의 불법, 불의, 속임을 지칭하는 말로 유대 문헌과 기독교 문헌에서 자주 발견되며,[52] 바울 서신에도 상당히 자주 등장한다.[53] 동일하게 짝을 이루는 이 용어들은 시편 73:6(LXX 72:6)과 잠언 11:5의 70인역에서 발견된다. 비슷하거나 동일한 순서는 아니지만 말이다.

바울은 이 두 명사를 분명한 동의어로 병행하여 제시하며 두 단어를 하나의 형용사 πᾶσαν("모든")으로 소개한다. 이것은 그가 두 단어가 이사

---

49) 이 사실을 Nygren, *Romans*, 106; Michel, *An die Römer*, 97; Käsemann, *Romans*, 35; Wilckens, *An die Römer*, 1,103; Fitzmyer, *Romans*, 277이 올바르게 지적한다.

50) 참조. 시 73:6(LXX 72:6); Philo, *De confusione linguarum* 21; *De migratione Abrahami* 60; Josephus, *War* 7,260.

51) 참조. 딤후 2:16; 딛 2:12.

52) 시 73:6(LXX 72:6); 렘 31:34(LXX 38:34); Sir 17:20; Bar 3:8; Tob 13:5; Philo, *De confusione linguarum* 21; *De migratione Abrahami* 60; Josephus, *War* 7,260; 렘 31:34(LXX 38:34)을 인용한 히 8:12.

53) 로마서에서 이곳에서만 아니라 1:29; 2:8; 3:5; 6:13; 9:14에도 등장한다. 또한 고전 13:6; 고후 12:13; 살후 2:10, 12; 딤후 2:19도 보라.

일의(hendiadys, 거의 같은 의미를 지닌 두 표현으로 하나의 사상을 더욱 강조하여 표현하는 것)와 같은 것을 표현한다고 생각했음을 암시한다. 그러므로 우리는 바울이 두 유형 또는 두 차원의 인류의 악을 언급하려고 이 두 용어를 사용한 것으로 이해해서는 안 된다. 첫 번째 단어인 $\dot{\alpha}\sigma\epsilon\beta\epsilon\iota\alpha$("경건하지 않음")는 하나님을 대적하는 것으로, 두 번째 단어인 $\dot{\alpha}\delta\iota\kappa\iota\alpha$("불의", "무법", "악", "사악함", "공의롭지 못함")는 사람들의 상호관계를 염두에 두고 있는 것처럼 말이다.

5세기의 교부인 콘스탄티노플의 게나디우스는 바울의 $\dot{\alpha}\sigma\epsilon\beta\epsilon\iota\alpha$와 $\dot{\alpha}\delta\iota\kappa\iota\alpha$ 사용을 이와 같이 이중적인 방식으로 이해했다. 그는 다음과 같이 썼다.

> 일반적으로 말해서, 두 유형의 죄가 있다. 하나는 하나님과 불화하는 것이고 다른 하나는 이웃과 불화하는 것이다. 바울은 이 둘을 다 언급한다. 그는 하나님과의 불화를 먼저 언급한다. 그것이 더 큰 죄이기 때문이다. 그래서 그것을 "경건치 않음"이라고 칭한다. 그런 다음 그는 두 번째 종류의 불화를 언급한다. 그것은 이웃과의 불화이며, 바울은 이것을 "악(불의)"이라고 칭한다.[54]

이런 방식의 이해는 오토 미헬과 같은 좀 더 최근의 주석가들에 의해서도 종종 제안되곤 한다. 미헬은 $\dot{\alpha}\sigma\epsilon\beta\epsilon\iota\alpha$를 십계명의 첫 번째 계명을 파기한 것으로 언급하고, $\dot{\alpha}\delta\iota\kappa\iota\alpha$를 이후에 이어지는 모든 계명을 파기한 것을 염두에 둔 것으로 이해했다.[55] 파울 빌러벡(Paul Billerbeck)은 $\dot{\alpha}\sigma\epsilon\beta\epsilon\iota\alpha$가 하나님 앞에서의 무종교를 가리키며, $\dot{\alpha}\delta\iota\kappa\iota\alpha$가 사람들 사이의 부도덕을 가리킨다고 보았다.[56] 그렇지만 거의 동의어인 이 두 단어가 결합된 것은 아마도 인

---

54) Gennadius of Constantinople, in *Pauluskommentare aus der griechischen Kirche*, 15.356.
55) Michel, *An die Römer*, 98-99.
56) P. Billerbeck, *Str-Bil* 3.31.

류의 배역과 불법과 죄를 전반적으로 표시하는 강력한 방식으로 기능하는 이사일의로 이해하는 것이 가장 좋은 것 같다.[57] 이 모든 죄를 어떻게 정의 하든지 간에 이 모든 것은 하나님의 의로운 심판 아래 있다.

더욱이 이 본문의 πᾶσαν("모든")에는 결정적으로 논쟁적인 요지가 있다는 사실을 주목할 필요가 있다. 바로 이어지는 1:19-32뿐만 아니라 2:1-3:20에서 ἀσέβεια("경건하지 않음")와 ἀδικία("불의")에 대해 언급된 내 용 전체의 표제로서 기능하는 1:18에서 자신의 주제 진술을 제시할 때 바울이 분명히 염두에 둔 것은, 이방인들의 "배역, 우상숭배, 방탕"만 아니라, 스스로를 하나님의 δίκαιοι("의로운 자들")라고 생각하여 자신들은 이방인 들의 죄의 행위와 상관이 없고 그들로부터 구별되었다고 믿은 유대인들 의 "경건하지 않음과 불의"다. 「솔로몬의 지혜」15:1-6에서 발견되는 유대 인들의 과대망상적 진술들과 상반되게("우리 하나님, 주님은 은혜로우시고 진실 하시며, 오래 참으시고 자비로 만물을 통솔하십니다. 우리가 죄를 짓더라도 주님의 주 권을 알기에 우리는 주님의 것입니다. 그러나 우리는 주님의 것으로 여겨진다는 것을 알기에 죄를 짓지 않을 것입니다"), 바울은 2:8-9에서 ἀσεβής("경건하지 않은") 와 ἀδικία("불의", "무법", "악", "사악함", "공의롭지 못함")를 행하는 사람들에게 "환난과 곤고가 있으리니, 먼저는 유대인에게요 그리고 헬라인에게라"고 주장한다. 그리고 그는 여기서 한걸음 더 나아가 3:5에서 유대인들의 이러 한 악한 행동(ἀδικία)은 "우리의 불의가 하나님의 의를 더욱 분명하게 드러 나게 한다"는 허울 좋은 주장으로 정당화되지 않는다고 주장한다.

바울이 "그들의 불의로 진리를 막는 사람들"(ἀνθρώπων τῶν τὴν ἀλήθειαν ἐν ἀδικίᾳ κατεχόντων)을 말하면서 "진리"(ἡ ἀλήθεια)를 언급한 것은 언뜻 보면 다소 모호해 보일 수 있다. 바울 서신에서 "진리"라는 단어에는 다양한 내용이 함의되어 있기 때문이다. 하지만 바울은 거의 늘 그러하듯 이 여기서 이 용어를 관사와 함께 사용한다. 이것은 특별한 의미를 염두에 두었음을 암시하는데, 그 의미는 늘 특정한 문맥에 의존한다.

---

57) Fitzmyer, *Romans*, 278.

바울은 유대인 출신의 그리스도인으로서 "그 진리"를 언급하면서 자신의 언약 백성을 향한 하나님의 신실하심을 염두에 두었을 것이다. 또는 그는 기독교 사도와 복음 전도자로서 그가 언제나 변호하고 선포하려고 애쓴 기독교 메시지의 내용인 "복음의 진리"를 생각하고 있었을지도 모른다.[58] 하지만 피조물로부터 하나님을 알 만한 것이 있음과 사람들이 우상숭배를 함으로써 그런 지식을 막음을 묘사하는 1:19-23의 바로 이어지는 내용으로 인해, 바울이 여기서 사람들의 경건하지 않음과 불의로써 막(았고 지금도 막)고 있다고 보며 우선적으로 염두에 둔 "진리"가 (1:20에서처럼) 하나님의 "영원하신 능력과 신성"이었다고 신론적으로 이해하는 것이 가장 그럴듯해 보인다. 그래서 바울이 여기서 사람들의 경건하지 않은 생각과 악한 행동으로 인해 하나님의 존재와 성품과 능력에 관한 기본적인 진리마저 인정받는 것이 막히고 있다고 말하고 있다고 이해하는 것이 좋을 것 같다. 하나님이 자기 백성과 언약 관계를 바라신다는 구약성경에 선포된 내용과, 하나님이 모든 사람의 구원을 위해 예수 그리스도 안에서 그리고 그분을 통해 행하셨다는 기독교 메시지에 선포된 모든 내용은 고사하고 말이다.

II. 인류의 우상숭배에 대한 묘사(1:19-23)

1:18의 주제 진술에 이어지는 다섯 절에서 바울은 하나님의 진노가 지금 인류에게 나타나고 있는 두 가지 이유를 제시한다. (1) 왜냐하면(διότι. 이 접속사를 원인의 의미로 이해함) 하나님이 자신의 존재와 인격에 관련된 기본적인 문제들을 그의 피조물을 통해 모든 사람에게 계시하셨기 때문이다. 이럼으로써 사람들은 하나님을 모른다고 핑계할 수 없게 되었다(19-20절). (2) 왜냐하면(διότι. 이 접속사를 다시 원인의 의미로 이해함) 사람들이 하나님에 관한 이 보편적이고 본질적인 지식을 소유하고 있으면서도 하나님을 영화롭게 하지도 않고 감사하지도 않고, 오히려 자신들이 만든 우상을 숭배했기 때

---

58) 참조. 갈 2:5, 14. 또한 롬 2:8; 엡 1:13; 4:21; 골 1:5; 살후 2:12; 딤후 2:15도 보라.

문이다(21-23절).

1:19 1:19의 도입부에 등장하고 1:19-23에 제시된 모든 것을 지배하는 τὸ γνωστὸν τοῦ θεοῦ는 다음 두 가지 중 하나로 읽을 수 있다. (1) "하나님에 관하여 알려진 것." 이것은 하나님을 아는 상당히 충만한 지식을 암시한다.[59] 또는 (2) "하나님에 관하여 알 수 있는 것". 이것은 하나님에 관해 알 수 있는 어떤 기본적인 지식을 암시한다.[60] 관사를 동반한 명사 τὸ γνωστόν은 바울 서신의 다른 곳에서는 등장하지 않는다. 그러나 여기서는 문맥을 고려할 때 이 단어를 두 번째 의미인 "알 수 있는 것"으로 이해할 수밖에 없다. 장 칼뱅이 주장하는 것처럼, 그것은 "하나님이 존재하시며 능력이 있으시다는 것과 그가 인류의 창조자시라는 것, 그러므로 모든 사람은 하나님을 영화롭게 해야 한다는" 지식이다.[61] 더욱이 칼뱅이 계속해서 말하듯이, 그것은 "사람이 그 지식으로부터 빠져나오기를 허락하지 않는 강력한" 지식이다. 또한 이것은 "사람으로 하여금 핑계할 수 없게만 하는 효과가 있으며", 그래서 "구원에 이르게 하는 지식과 엄청난 차이가 있는" 지식이기도 하다.[62]

Φανερόν ἐστιν ἐν αὐτοῖς("그들 속에 보임이라")라는 진술에서 3인칭 단수 계사 ἐστιν("그것은 ~이다")과 함께 사용된 중성 형용사 φανερόν("명확한", "분명한", "드러난")은 1:18의 πᾶσαν("모든")을 거듭 시사하면서, 하나님과 관련된 몇몇 중요한 내용이 모든 사람에게 분명히 드러났다고 상당히 단순하게 진술한다. 이어지는 진술 ὁ θεὸς γὰρ αὐτοῖς ἐφανέρωσεν("하나님께서 이를 그들에게 보이셨느니라")은 하나님을 아는 그와 같은 기본적인 지식이 모든 사람에게 분명히 보이게 된 이유를 서술한다. 하나님께서 모든 사람에게 그것(지식)을 보이셨기 때문이다.

---

59) 이것은 70인역과 행 1:19; 2:14; 4:10, 16; 9:42; 13:38; 15:18; 19:17; 28:22, 28 등에서 이해하는 방식이다.

60) 이런 방식의 이해는 고전 그리스어 문헌에서 발견되며, Sir 21:7("능숙한 사람은 멀리서도 그의 말로 알아볼 수 있다")과 Philo, Legum allegoriae 1.60-61 등에 등장한다.

61) J. Calvin, Romans, in Calvin's New Testament Commentaries, 8.30-31.

62) J. Calvin, Romans, in Calvin's New Testament Commentaries, 8.31-32.

19절 첫 번째 문장에 있는 여격 복수 인칭대명사 αὐτοῖς와 결합된 전치사 ἐν은 "그들 안에"로 번역될 수도 있고,[63] "그들 중간에"[64] 또는 "그들 사이에"[65]로 번역될 수 있다. 바울은 이 말로써 아마도 신적인 계시가 효과를 발휘하기 위해 인간의 의식 속에 들어가 인격적으로 받아들여져야 함을 강조하려는 것 같다. 이 번역들은 모두 적절하며, 다른 석의 자료에 근거하여 좀 더 충분히 발전시킬 필요가 있다. 하지만 바울은 신약의 다른 많은 저자처럼 매우 다양한 방식으로 ἐν을 사용한다. 그 단어는 문장에서 동사의 간접적인 대상을 의미하고 그래서 서술된 행위의 수신자를 밝히기 위해 사용되는 경우도 있다.[66] 마찬가지로 70인역에서 ἐν은 종종 하박국 2:1("그가 내게 무엇이라 말씀하실는지 기다리고 바라보며 나의 질문에 대하여 어떻게 대답하실는지 보리라")과 스가랴 1:9("내게 말하는 천사가 내게 이르되")에서처럼 이러한 기능과 방향성을 의미하기 위해 사용되기도 한다.[67] 그래서 전치사 ἐν은 이 절의 두 번째 문장의 αὐτοῖς("그들에게")와 함께 간접 목적어에 속하는 단순한 여격으로 기능한다. 이 절의 첫 번째 문장에서 ἐν αὐτοῖς 어구는 다음과 같은 동일한 요지를 다르게 표현한 것으로만 이해하는 것이 좋을 듯하다. 즉 하나님께서 자신과 관련하여 알 수 있는 기본적인 것들을 **모든 사람에게** 알게 하셨다는 것이다.

1:20   여기서 후치사 γάρ는 특성상 설명을 의미하는 것이 분명하다. 하지만 설명에서 거의 모든 진술은 주석가들과 신학자들 사이에서 논쟁의 문제가 되었다. Τὰ ἀόρατα αὐτοῦ("그[하나님]의 보이지 아니하는 것들")는 무엇인가? Ἀπὸ κτίσεως κόσμου("창세로부터")로써 의미하려는 것은 무엇인가? Τοῖς ποιήμασιν νοούμενα καθορᾶται("그가 만드신 만물에 분명히 보여 알려졌나니")로써 표현하려는 것은 무엇인가? Ἥ τε

---

63) 예. Lietzmann, *An die Römer*, 31; Huby, *Romains*, 82.
64) 예. Michel, *An die Römer*, 99; Cranfield, *Romans*, 113-14.
65) 예. Barrett, *Romans*, 35.
66) 갈 1:16, "자기의 아들을 내게 계시하시려고"; 고전 14:11, "그는 내게 외국인이 되리라"; 또한 눅 2:14; 행 4:12도 보라.
67) 또한 슥 1:13, 14, 19; 2:3; 4:4, 5; 5:5, 10; 6:4도 보라.

ἀΐδιος αὐτοῦ δύναμις καὶ θειότης("그의 영원하신 능력과 신성")는 어떻게 이해해야 하는가? 그리고 이 구절의 최종적인 진술인 εἰς τὸ εἶναι αὐτοὺς ἀναπολογήτους("그러므로 그들이 핑계하지 못할지니라")는 어떤 기능을 하는가?

더욱이 1:20에 사용된 대부분의 용어가 바울이 사용하던 용어를 반영했다기보다는 1세기 그리스 세계와 헬레니즘적 유대교의 종교적 용어들을 더 반영했다는 사실을 주목할 필요가 있다. 예를 들어, 어떤 핵심적인 용어들은 바울과 신약성경의 나머지 부분에 부재하든지 아니면 극히 희귀하다. 일례로, 명사 θειότης("신성")는 신약성경에서 이곳에서만 등장한다. 그리고 형용사 ἀΐδιος("영원한")는 이곳과 유다서 6절에서만 발견할 수 있다. 그러나 이 두 용어 모두 당대의 그리스 문헌과 유대적 그리스 문헌에 상당히 흔했던 것 같다.[68] 물론 이 사실로 인해 바울이 이곳 1:20에서 이 용어들을 사용할 때 이 용어들을 어떻게 이해했는지 질문이 제기된다.

"하나님을 알 만한 것"을 분명히 설명하면서 바울은 이 구절에서 먼저 τὰ ἀόρατα αὐτοῦ("그의 보이지 않는 것들" 즉 "하나님의 보이지 않는 속성들")에 대해 언급하고, 이 성품들을 일반적으로 "그의 영원하신 능력과 신성"(ἡ ἀΐδιος αὐτοῦ δύναμις καὶ θειότης)으로 밝힌다. 사도는 이렇게 말함으로써 오리게네스가 나중에 (1) 하나님이 창조하신 세상의 구조로 말미암아 모든 사람에게 계시된 "하나님에 관하여 알려진 것"과, (2) 나중에 하나님 자신에 대한 그의 더욱 충만한 계시에 의해서만 알게 되는 "그에 관하여 알려지지 않은 것" 사이를 밝혔던 구별의 기초를 제시한다. 하나님 자신에 대한 더욱 충만한 계시는 제일 먼저 역사 최초의 가족들, 유대인들의 족장들, 율법을 준 모세, 유대의 예언자들, 그리고 유대교 성경(구약)에 기록된 대로 이스라엘 전 국가와 관계를 맺으면서 보여주신 하나님 자신에 대한 계시이며, 그 후 기독교 성경(신약)에 묘사되고 그리스도를 믿는 신자들이 개인과 공동체의 생활 속에서 경험한 하나님의 아들이신 예수 그리스도의 구속 사

---

68) *BAG*, 21에 있는 두 번째 칼럼과 354에 있는 두 번째 칼럼을 보라.

역과 그의 성령의 활동을 통해 드러난 계시다.[69]

　　구약성경과 탈무드 그리고 골로새서 1:15, 디모데전서 1:17, 히브리서 11:27과 같은 신약성경에 의하면, 바울이 τὰ ἀόρατα αὐτοῦ라고 언급할 때 염두에 둔 것은 사람들에게 "보이지 않는" 하나님의 속성 또는 본질적인 특성이 분명하다.[70] 물론 ἡ ἀΐδιος αὐτοῦ δύναμις("그의 영원하신 능력")와 (αὐτοῦ) θειότης("[그의] 신성")라는 어구로써 이 표현의 의미를 분명하게 하는 것은 다소 일반적이기는 하다. 하지만 이 어구들은 적어도 능력이 있는 신적인 존재의 현존에 대해 말하고 있고, 인류는 어떤 중요한 의미에서 그 존재를 의존하기도 하고, 그 존재에 대해 책임이 있음을 암시한다.

　　Ἀπὸ κτίσεως κόσμου("창세로부터")라는 표현은 여러 가지 방법으로 읽을 수 있다. 전치사 ἀπό("~로부터")가 신약성경에서 여러 가지를 의미하기 위해 사용되기 때문이다. 가장 일반적으로 사용되는 것으로는 (1) 분리, (2) 출처 또는 기원, (3) 방법 또는 원인, 또한 (4) 기간이라는 시간적 개념을 들 수 있다. 병행되는 신약성경의 여러 구문에서 ἀπό가 시간적 의미로 사용되는 까닭에,[71] 1:20의 이 첫 부분에 등장하는 전치사를 "이후"라는 시간적 개념을 의미하는 것으로 이해하고, 여기서 말하는 것이 "세상 창조 이후 줄곧" 모든 사람이 "하나님의 보이지 않는 속성들"인 "그의 영원하신 능력과 신성"을 아는 지식을 어느 정도 가지고 있다는 것으로 이해하는 것이 가장 좋은 듯하다. 그렇다고 해서 하나님을 아는 일반적인 지식이 창조된 우주의 조직에서 유래할 수 있다는 사실을 부정하는 것은 아니다. 이것은 이 구절의 바로 다음 진술에서 선언되는 내용이다("그가 만드신 만물에 분명히 보여 알려졌나니"). 하지만 말하자면 여기서 ἀπό를 **출처**를 언급하는 것으로 이해하면 그것은 바로 이어지는 진술과 같은 내용을 반복해서 말하는 것이

69) Origen, *Ad Romanos*, CER 1,136.
70) 이 다양한 자료들에서 나온 본문들에 대해서는 *Str-Bil*, 3,31-32에 인용된 본문을 보라.
71) 마 24:21, "창세로부터(창조 "이래로")"; 마 25:34; 눅 11:50; 계 13:8; 17:8, "창세 이후로"; 막 10:6; 13:19; 벧후 3:4, "처음 창조될 때부터"; 마 11:12, "요한의 때로부터 지금까지"; 그리고 고후 8:10; 9:2, "작년부터."

된다. 그러므로 어휘와 논리적인 이유를 고려할 때, 1:20a의 이 진술에 등장하는 전치사는 시간적인 의미로 이해하는 것이 최상이라고 생각한다.[72]

Τοῖς ποιήμασιν νοούμενα καθορᾶται("그가 만드신 만물에 분명히 보여 알려졌나니")라는 진술에서 이 어구가 의미하는 것이 정확히 무엇인지를 두고 많은 질문이 제기된다. 여기서 3인칭 복수 현재 수동태("그것들이 분명히 보여 알려졌나니")로[73] 등장하는 강조 동사 καθοράω("분명히 보다", "세밀하게 관찰하다")는 신약성경 전체에서 이곳에서만 발견된다. 하지만 이 단어는 고전 그리스어 문헌과 코이네 문헌에 빈번하게 등장한다. 물론 이 세속적인 자료들에서 이 단어가 일반적으로 외적인 관찰을 의미하고, 반드시 어떤 정신적 이해를 지니는 것은 아니지만 말이다. 반면에 여기서 복수 중성 현재 수동태 주격 분사("이해되고 있다")로 등장하는 동사 νοέω("파악하다", "이해하다", "인지하다", "통찰을 얻다")는 신약성경에서 13회 더 발견되고, 항상 어떤 유형의 이해를 의미한다.[74] 따라서 (1) 자료의 외적인 관찰과 (2) 그 자료에 대한 내적인 이해 모두 이 진술에 들어 있는 것 같다. 이것은 마태복음 24:15, 마가복음 13:14, (사 6:10을 인용한) 요한복음 12:40에 등장하는 단순 동사 ὁράω("보다")와 νοέω("이해하다")의 용례와 비슷하다. 그러므로 우리는 이렇게 결론을 내릴 수 있다. 바울은 단순히 사람들이 하나님의 영원하신 능력 및 신성과 관련이 있는 어떤 자료를 관찰했다거나, 혹은 좀 더 범위를 좁혀서 사람들이 볼 수 있도록 이러한 자료가 주변에 널려 있다고 말하는 것이 아니다. 그가 말하려는 것은 "모든 사람"이 (그들이 본 것을 막거나 곡해하지 않는다면) 그들 삶에 대한 그 자료의 중요성을 파악했거나 이해해왔으며 계속해서 그러하리라는 것이다.

그리스와 로마의 철학자들은 존재하는 모든 것 배후에 "궁극적인 실

---

72) Sanday and Headlam, *Romans*, 42-43; Cranfield, *Romans*, 1.114; Fitzmyer, *Romans*, 280; Moo, *Romans*, 105 n. 64.
73) 현재시제는 "역사적 현재"로 이해된다.
74) 마 15:17; 16:9, 11; 24:15; 막 7:18; 8:17; 13:14; 요 12:40; 엡 3:4, 20; 딤전 1:7; 딤후 2:7; 히 11:3.

체"가 있으며, 인간의 마음은 비록 그 궁극적인 실체를 볼 수는 없지만, 존재하는 것들의 패턴과 기능으로부터("우주론적 논증") 그리고 인간 존재 자신의 성품과 특성으로부터("존재론적 논증") 그것을 귀납적으로 판단할 수 있다고 믿었다. 그렇게 그들은 관찰할 수 있는 일련의 결과들과 그런 것들의 가상적인 원인들을 통해 "제일 원리", "제일 원인" 또는 본래부터 존재하는 "부동의 동자"에 관해 어떤 결론을 도출할 수 있었다.[75) 유대인들도 어느 정도 이러한 흐름을 따라 생각했다.

하지만 많은 유대 사상가가 이러한 반신(半神)적인 사색에 동의했다는 증거가 있다고 하더라도, 그들은 간접적인 원인, 비인격적인 제일 원리나 최종 원인, 또는 제일의 부동의 동자로 역추론하는 인간 마음의 내재적인 능력을 설명하는 고대 철학자들의 형이상학적인 원리를 결코 받아들일 수 없었다. 유대의 사상가들은 세상을 창조하시고 보존하시는 하나님의 행위를 인격적이자 동시에 직접적인 것으로 이해했으며, 그래서 유신론적인 연역법만을 가능성 있는 것으로 고려했다. 창조함을 받은 우주의 기본 요소에 하나님이 친히 자신에 대한 계시를 심어놓으셨다는 유일한 이유 때문이다.

유대인들에게 그것은 하나님이 의식적으로 피조물 곳곳에 놓아둔 자신의 기본적인 특징들을 계시하시는 것에 관한 문제였지, 그러한 특징들을 자신의 지적 능력이나 추론으로 찾아내는 사람들의 능력에 관한 문제가 아니었다. 다시 말해서, 유대인들에게는 하나님에 대한 기본적인 지식마저, 그 자체로 인간의 이성에 기초하고 일련의 관찰 가능한 결과들을 이용하여 귀납적으로 되짚어 보며, 원인들을 어떤 비인격적인 "제일 원인"이나 "부동의 동자"라고 상정하는 일종의 "자연신학"을 이루는 것으로 여기지 않았다. 그 대신, "창조 안에 있는 계시"는 하나님께서 자신이 친히 창조한 우주의 구조에 하나님 자신이 심고 유지하신 것이다. 이를테면, 그것은 하나

---

75) 예. Plato, *Timaeus* 28A-30C, 32A-35A; Aristotle, *Metaphysics*, bk. 2; *De Mundo* 6.397b-399b; Cicero, *Laws* 1.8.4; *Tusculan Disputations* 1.29.70.

님의 창조에 속하는 사람과 만물로 하여금 창조주이신 하나님께 그분에게 어울리는 반응을 보이도록 촉구하는 계시다. 이처럼 창조에 있는 "일반계시"는 그 계시와 기록된 토라에 있는 하나님의 "특별계시" 간의 관계와 더불어 시편 19편에 웅변적으로 묘사되었다. 1-6절에서는 창조에 나타난 "일반계시"가 묘사되었고(본문은 "하늘은 하나님의 영광을 선포하고, 궁창은 그의 손으로 하신 일을 나타내는 도다"라는 선언으로 시작한다), 7-13절에서는 하나님의 "특별계시"가 부각된다(본문은 "여호와의 교훈은 정직하여 마음을 기쁘게 하고, 여호와의 법도 진실하여 다 의롭다"는 선언으로 시작한다). 이 두 형식으로 이루어진 하나님의 계시에 대한 인간의 유일하고 참된 적절한 반응이 14절에서 제시된다. "나의 반석이시요, 나의 구속자이신 여호와여! 내 입의 말과 마음의 묵상이 주님 앞에 열납되기를 원하나이다."

제2성전기에 작성되었기에 바울과 거의 동시대였던 여러 유대 문헌에도 창조에 나타난 하나님의 계시가 언급되었다. 그중에 가장 유명한 것이 (앞에서 인용한) 「솔로몬의 지혜」 13:1-9과 「시빌의 신탁」(Sib Or) 3:8-45이다. 제2성전기 유대교에 속한 이 자료들에서 창조에 나타난 하나님의 계시에 대한 논의는 아브라함이 어떻게 하나님의 존재를 알게 되었는지를 논의하는 곳에서 가장 자주 발견된다.[76] 이와 마찬가지로 「창세기 라바」(Genesis Rabbah) 38:13, 39:1과 같은 탈무드에는 족장 아브라함이 어떻게 창조세계에 존재하는 것들에서 제일 원인으로 거꾸로 추론하여 하나님의 존재를 발견하게 되었는지에 관한 비슷한 진술들이 등장한다.[77]

하나님은 볼 수 없는 존재이지만 "그의 영원하신 능력과 신성"(ἥ τε ἀΐδιος αὐτοῦ δύναμις καὶ θειότης) 같은 그의 기본적인 속성들을 (1) 그가 창조하신 것으로부터 알 수 있으며, 그래서 어느 정도 (2) "그가 만드신 것으

---

76) 특히 다음 문헌들을 보라. *Jub* 12:16-24; Philo, *De Abrahamo* 17.77-79; 33.185; 72-74; *De migratione Abrahami* 32; *De gigantibus* 62-64(비록 필론이 일반적으로 우주론적인 논증보다는 존재론적인 논증 형식을 사용하기는 했지만 말이다); Josephus, *Antiquities* 1.154-56; 그리고 *Apoc Ab* 1-7.

77) 참조. Sandmel, "Abraham's Knowledge of the Existence of God," 55-60.

로 깨달을"(τοῖς ποιήμασιν νοούμενα) 수 있다고 주장한 첫 번째 사람은 바울
이 아니다. 더욱이 이곳 1:19-20에 있는 그의 진술에서 명확히 드러나는 점
은, 바울이 모든 사람이 어느 시대, 어느 곳, 어떤 환경에 있든지 간에 하나
님이 창조하신 만물에 있는 하나님 자신의 계시 때문에 하나님에 관한 기
본적인 진리를 안다고 믿었다는 것이다. 하나님의 피조물에 계시된 하나님
을 아는 기본적인 지식은 (로마서 이외에) 바울이 믿게 한 기독교 개종자들
에게 보낸 그의 다른 편지에 암시된 적도 없지만, 바울이 이방인들에게 복
음을 전하는 모습을 기록한 누가의 묘사에서 상황화된 두 형식으로 표면화
되었다. 첫 번째는 사도행전 14:15-17에서 일단의 이방인 시골 사람들에게
전한 설교이고, 그다음은 사도행전 17:24-27에서 스스로를 지식이 있고 세
련된 사람들로 생각한 일단의 이방인 철학자들에게 전한 설교다.

　　하나님의 진노가 지금 인류에게 나타나고 있는 첫 번째 이유가 1:19에
제시되었다. 하나님은 그가 지으신 피조물을 통하여 "그의 영원하신 능
력과 신성"을 아는 기본적인 지식을 모든 사람에게 "분명하게" 보여주
셨지만, 그들이 적절하게 반응하지 않은 것이 그 이유다. 이 첫 번째 이
유가 이곳 1:20에서는 "사람들이 핑계하지 못한다"(εἰς τὸ εἶναι αὐτοὺς
ἀναπολογήτους)는 진술로써 마무리되었다. 전치사 εἰς와 관사를 동반한 부
정사 τὸ εἶναι는 코이네 그리스어에서는 **결과**를 표현하기 위해 일반적으
로 사용되는 구문이다. 하지만 이 단어는 가끔 **목적을 가진 결과**라는 어감
을 전하기도 한다. 그래서 이 어구는 대부분 "그래서 사람들이 핑계하지 못
한다"라고 번역하는 것이 자연스럽지만, "사람들로 하여금 핑계하지 못하
게 하려고"처럼 목적을 암시할 수도 있다.

　　언어학적으로 "그들이 핑계하지 못한다"(αὐτοὺς ἀναπολογήτους, 문자적으
로 "그들의 핑계 불능")는 말은 「솔로몬의 지혜」 13:1-9의 끝에서 두 번째 문
장에서 이방인들에 관해 언급한 것과 병행을 이루는 것 같다. 이 본문은 우
리가 앞에서 주장했듯이, 바울이 로마서 1:19-32을 기록할 당시 알았고 인
용했을지도 모르는 본문이다. "그들은 다시 용서를 받을 수 없다(πάλιν δὲ
οὐδ᾽ αὐτοὶ συγγνωστοί)." 병행구는 「모세의 승천」(*Assumption of Moses*) 1:13에

서도 발견된다. 거기서는 창조에 나타난 하나님의 목적이 "이방인들이 그로 말미암아 정죄함을 받도록 하려는 데 있다. 사실 그들에게는 비참하게 들리겠지만, 그들은 그들의 논쟁으로써 서로 정죄한다"고 한다. 하지만 신학적으로, 바울의 폭넓은 교훈의 맥락과 특별히 로마서 여러 곳에 표현된 것으로 미루어 볼 때, 인류가 창조에 나타난 하나님 자신에 대한 그의 계시에 반응하지 못한 것과 관련하여 크리소스토모스의 말은 여전히 참되다. "하나님은 이교도들에게서 변명거리를 없애려고 그들 앞에 이처럼 엄청난 체계의 교훈을 놓으신 것이 아니라, 오히려 그들이 하나님을 알게 하려는 데 그 목적이 있다. 그들이 하나님을 인식하지 못했기 때문에 그들에게 변명거리가 남아 있지 않았다."[78]

1:21   하나님의 진노가 인류에게 나타난 두 번째 이유는 1:21-23에 제시되었다. 이 세 절은 다음과 같은 말로 시작한다. "하나님을 알되 하나님을 영화롭게도 아니하며 감사하지도 아니하고"(διότι γνόντες τὸν θεὸν οὐχ ὡς θεὸν ἐδόξασαν ἢ ηὐχαρίστησαν). 1:19에서처럼 인과 관계로 사용되는 접속사 διότι는 이 구절들에서 이 두 번째 설명의 모든 특징을 소개한다. 이 구절들은 사람들이 하나님께서 그가 창조하신 만물에 두신 하나님을 아는 기본적인 지식을 가지고 있으면서도 하나님을 영화롭게 하거나 그에게 감사함으로써 그에게 반응하지 않고, 자신들이 만든 형상과 우상에게 경배했다고 점증적으로 주장한다. 킹슬리 바레트가 지적했듯이, "문제의 뿌리"는 이런 말로 표현된다. "그들은 하나님을 알았지만, 그분을 하나님으로 영화롭게 하거나 그분에게 감사하지 않았다는 것이다."[79] 그리고 바레트는 계속해서 다음과 같이 적절히 언급한다.

사람[인류]은 하나님의 피조물로서 그를 창조하신 분에게 영광을 돌리고 감사해야 했다. 이것은 단지 그분의 존재를 인정하고 종교적인 표현과 의

---

78) Chrysostom, "Homilies," in *Nicene and Post-Nicene Fathers*, 11.352.
79) Barrett, *Romans*, 36.

식을 채용한다는 것만 아니라 그의 주님 되심을 인정하고 감사와 순종으
로 사는 것, 실제로 (바울이 즐겨 사용하는 의미로 표현하자면) 믿고 믿음
을 갖는 것을 의미한다. 이 사람들[백성들]은 그렇게 하지 않았다. 그 대신
에 그들은 하나님께 반역했다. 그들의 잘못은 지식 부족이 아니라 그들의
반역에 있다.⁸⁰⁾

바울은 "오히려 그 생각이 허망하여지며 미련한 마음이 어두워졌나니"(ἀλλ'
ἐματαιώθησαν ἐν τοῖς διαλογισμοῖς αὐτῶν καὶ ἐσκοτίσθη ἡ ἀσύνετος αὐτῶν
καρδία)라고 선언하면서 인류의 영적이며 도덕적인 끔찍한 하락의 출발점
을 밝힌다. 이곳 1:21a에는 모든 인류의 비참한 상태를 유발했고 계속해서
유발하는 주요한 두 요인이 요약되었다. "그들은 하나님을 하나님으로 영
화롭게 하지 않았고", "그에게 감사하지 않았다." 반역한 사람들은 늘 하나
님을 영화롭게 하거나 찬양하려고 하지 않는다. 오히려 그들은 자신들만을
찬양하려고 애쓴다. 또한 그들은 하나님이 그들을 창조하신 것이나 그들을
위해 구원을 행하신 것을 두고 하나님께 감사할 수도 없다. 오히려 그들은
자신들의 지혜를 칭송하고, 자신들의 노력을 과시한다. 하지만(강한 역접 접
속사 ἀλλά가 사용된 것에 주목하라) 이와 같은 이기적인 허세와 반항적인 자세
는 철저히 처참한 결과를 낳는다. 바울이 이곳 1:21 마지막 부분에서 이런
사람들의 곤궁을 묘사한 것처럼, "그들의 생각은 허망하여졌으며 그들의
미련한 마음은 어두워졌다."

    1:22   제임스 던은 1:22의 "스스로 지혜 있다 하나 어리석게 되어"
(φάσκοντες εἶναι σοφοὶ ἐμωράνθησαν)라는 바울의 진술이 "누가 보더라
도 아담 내러티브의 의도적인 반향"이며,⁸¹⁾ "창세기 3장의 인간 타락 이
야기를 모델로 한 것이 분명하다"⁸²⁾라고 주장했다. 이 논제는 모나 후커

80) Barrett, *Romans*, 36.
81) Dunn, *Romans*, 1.53.
82) Dunn, *Romans*, 1.60.

(Morna Hooker)가 제일 처음 제안했으며,[83] 알렉산더 웨더번(Alexander Wedderburn)이 극찬했고 발전시켰다.[84] 이 논제는 대부분 다음과 같은 관찰에 의거한다. (1) 창세기 3:23-24(LXX)의 동사 ἐξαπέστειλεν("그가 보냈다/쫓아냈다")과 ἐξέβαλε("그가 던졌다/몰아냈다")는 로마서 1:24, 26, 28의 동사 παρέδωκεν("그가 주었다/넘겨주었다")과 비슷하다. (2) 창세기 3장의 내러티브와 이곳 바울의 진술에서 하나님께 받은 지식과 별개로 더 위대한 지식을 바라는 인간의 욕망에 강조점이 있다. 이로 인해 불리한 위치로 옮기게 되었고, 결정적으로 더 저급한 관심을 품는 쇠퇴가 야기되었다. (3) 아담의 타락에 대한 창세기 기사는 제2성전기 유대교 문헌에서 종종 인류의 죄 있는 상태를 설명하는 패러다임으로 광범위하게 등장한다.[85]

하지만 바울이 로마서 1장에서 말하고 있는 내용과 창세기 3장이 말하는 아담의 타락 이야기 간의 이러한 병행이 의도되었다는 주장을 무척 곤란해하는 학자들이 있다. 예를 들어 조세프 피츠마이어는 두 가지를 주목했다. (1) 창세기 3:24-25(LXX)과 로마서 1:24, 26, 28에 사용된 동사들은 비록 의미의 유사함이 있다고 해도 여전히 그 형태에서는 약간 다르다(Hooker가 인식한 것처럼). 그래서 피츠마이어는 (2) "창세기의 아담 이야기의 반향이라고 말하는 내용은 사실 존재하지 않는다"라고 주장하면서, "이러한 해석은 창세기를 본문에 너무 지나치게 대입하여 읽는 것"이므로 마땅히 거절해야 한다고 결론을 내렸다.[86] 그리고 스탠리 스토워스는 그의 책 『초기 유대교에 나타난 아담의 초상들』(*Portraits of Adam in Early Judaism*)에서 존 레비슨(John Levison)의 저술에 근거하여 로마서 1장과 창세기 3장의 아담의 타락 이야기에서 도출해낸 병행구들을 "매우 설득력이 없는 것"으로 선언했다. 대체적인 이유는 이렇다. "해석자들이 분명하다고 추정하는

---

83) Hooker, "Adam in Romans 1," 297-306; 같은 저자, "A Further Note on Romans 1," 181-83.

84) Wedderburn, "Adam in Paul's Letter to the Romans," 3.413-30.

85) 특히 Wis 2:23-24; *Jub* 3:28-32; *Adam and Eve*; *4 Ezra* 4:30; 그리고 *2 Bar* 54:17-19을 보라.

86) Fitzmyer, *Romans*, 274.

창세기 해석이 바울 시대에는 아직 존재하지 않은" 까닭이다. 레비슨이 증명했듯이, "기원후 70년 이전의 유대 문학에는 아담의 타락의 결과들에 대한 관심이 거의 나타나지 않았다."[87]

우리가 보기에 최상의 판단은 이것이다. (1) 바울은 로마서 1:21-22을 기록할 때 창세기 3장에 기록된 아담의 타락을 **생각했기에**, 그 창세기 이야기의 반향을 이 두 절에 사용된 그의 표현에서 발견할 수 있을 것이다. 또는 (2) 바울의 그리스도인 수신자들이 바울의 편지에서 이 부분을 읽었을 때 이러한 창세기의 배경과 관련성을 생각했을 **수도** 있다. 하지만 이럴 가능성이나 개연성의 유익이 얼마가 되었든지 간에(개인적으로 생각하기에는 미약하기 그지없다), 여기서 사용된 바울의 용어는 확실히 그가 일찍이 고린도전서 1:18-2:10에서 사람의 지혜에 대해 언급했던 것과 일치한다. 하나님이 주신 지혜에 대해 사람의 지혜는 우월한 척하며, 하나님을 떠나려는 과장된 주장을 일삼는다.

지혜가 있다고 하지만 어리석게 된 사람들에 대해 말할 때 바울이 염두에 둔 사람들은 누구일까? 오리게네스는 이렇게 추측한다. "이러한 것들은 자연적인 이성을 가지고 있는 모든 사람에게 적용되는 반면에, 그들은 좀 더 구체적으로 이 세상에 속한 것들에 대해 지혜가 있는 철학자들로 불리는 사람들에게 적용된다. 철학자들의 임무는 보이는 것들로부터 이 세상의 피조물들과 세상 안에 있는 지음 받은 만물들을 곰곰이 생각하고, 보이지 않는 것들을 그들의 마음속에서 파악하는 일을 하는 것이다."[88] 그러므로 교부 시대의 주석가들이나 중세 시대의 주석가들 모두 일반적으로 이렇게 주장했다. 바울이 주로 염두에 둔 사람들이 그리스 철학자들, 특히 종종 언급되었듯이, 피타고라스, 소크라테스, 플라톤, 아리스토텔레스, 데모크리토스, 에피쿠로스와 같은 고대의 철학자들이라고 말이다. 하지만 장 칼뱅은 다음과 같이 바르게 주장한다.

---

87) Stowers, "Gentile Culture and God's Impartial Justice," 86-87.
88) Origen, *Ad Romanos*, CER 1,142.

모든 사람은 하나님의 위대하심에 대한 어떤 개념을 형성하고 그분을 그
들의 이성으로 이해할 수 있는 분으로 만들려고 노력해왔다. 하나님에 대
한 이러한 주제넘은 태도는 철학 학파에서 배운 것이 아니라 타고난 것이
며 우리 주변에 늘 있는 것이고, 말하자면 우리가 자궁에서부터 타고난 것
이라고 나는 주장한다.…하나님의 모습을 그려보는 것의 오류는 철학자들
에게 기원하지 않고 다른 사람들에게서 받은 것이며, 그들 자신의 승인에
의해 각인된 것이기도 하다.[89]

1:23   바울은 καὶ ἤλλαξαν τὴν δόξαν τοῦ ἀφθάρτου θεοῦ ἐν
ὁμοιώματι εἰκόνος φθαρτοῦ ἀνθρώπου καὶ πετεινῶν καὶ τετραπόδων
καὶ ἑρπετῶν("썩어지지 아니하는 하나님의 영광을 썩어질 사람과 새와 짐승과 기어
다니는 동물 모양의 우상으로 바꾸었느니라")이라고 쓰면서, 인류가 하나님을 배
반하고 하나님께 감사하지 않은 더 참혹한 결과들을 표현한다. 이 진술은
70인역 시편 105:20(MT 106:20)에서 이스라엘에 대해 사용된 저주의 언어
를 반향한다. "자기 영광(τὴν δόξαν)을 풀 먹는 소의 형상(ἐν ὁμοιώματι)으로
바꾸었도다(ἠλλάξαντο)." 이것은 물론 출애굽기 32장에 언급된 금송아지 우
상을 만든 이스라엘 백성을 시사하는 말이다. 마찬가지로 로마서 1:23은 예
레미야 2:11의 이스라엘에 대한 묘사를 반향한다. "나의 백성은 그의 영광
(τὴν δόξαν, 즉 그들의 하나님)을 무익한 것과 바꾸었도다(ἠλλάξατο)."

이 절에서 금세 눈에 띄는 것은 3번 반복되는 "그들이 바꾸었도다"라
는 표현이다(이곳 1:23에서는 ἤλλαξαν, 1:25과 26절에서는 μετήλλαξαν). 이 표현의
반복은 바울이 제시한 내용을 전개하면서 어떤 독특한 단계들을 표시하려
고 의도된 것 같지는 않지만, 그것은 수사학적인 대용(즉 일련의 연속적인 진
술들 처음에 제시된 어떤 어구나 단어의 반복)으로서, 1:23에서는 단순한 부정과
거로 사용되며 그 후 1:25과 26절에서는 복합 부정과거로 강조되는 형식으
로 사용되는 이 단어는 분명 동사의 행동의 중요성을 강조하기 위해 사용

89) J. Calvin, *Romans*, in *Calvin's New Testament Commentaries*, 8,33.

되었다. 그리스어 마지막 음절의 음산한 소리(-ξαν)에는 청중들의 귀에 울려 그들의 기억 속에 울려 퍼지게 하려는 의도가 있었을 것이다.

로마서 1:23에서 주목해야 할 또 다른 비교적 분명한 특징은 ἐν ὁμοιώματι("모양의")라는 표현 다음에 εἰκόνος("형상")라는 단수 소유격이 첨가되었다는 점이다. 이처럼 비슷한 용어들의 결합은 창세기 1:26의 어법에 유래한 것 같다. "하나님이 이르시되, '우리의 형상을 따라 우리의 모양대로 우리가 사람을 만들고(κατ' εἰκόνα ἡμετέραν καὶ καθ' ὁμοίωσιν).'" 바로 이어지는 창세기 1:27a에서는 εἰκών 한 단어만 등장하기 때문에("그래서 하나님은 하나님의 형상대로[κατ' εἰκόνα θεοῦ] 사람을 창조하셨다"), 이것은 1:26의 κατ' εἰκόνα와 καθ' ὁμοίωσιν이 함께 언급된 것을 이사일의(二詞 一意)로 이해해야 함을 시사한다. 그래서 많은 번역자는, 두 단어 모두 "형상"을 가리키는 까닭에,[90] 로마서 1:23의 "모양"과 "형상"의 결합을 불필요한 겹말로 이해해왔거나, 두 단어를 하나의 복수 용어인 "형상들"로 결합했다. 그러나 바울이 여기서 사용한 어법은 (우리가 바울과 바울의 수신자들 모두 잘 알았을 것이라고 주장했던) 「솔로몬의 지혜」 13-14장에서 영향을 받기도 했다. 「솔로몬의 지혜」에서는 이교도들의 우상숭배와 부도덕을 묘사하면서 εἰκών("형상")이 동사 ὁμοιόω("[어떤 것]처럼 만들다", 13:14) 및 명사 ὁμοίωμα("모양", 14:19)와 밀접하게 관련하여 4번이나 등장한다(13:13, 16; 14:15, 17).

일반 그리스어 문헌에서 δόξα라는 단어는 "의견" 또는 "평가"를 의미했다. 그러나 70인역에서 이 단어는 번역자들에 의해 "영광", "위엄" 또는 "찬란함" 등 외적인 모습을 의미하는 히브리어 כבוד에 해당하는 의미로 사용되었다. 그래서 이 단어는 모든 "영광", "위엄", "찬란함"을 가지신 하나님 자신의 임재를 의미하게 되었다.[91] 요한복음 1:14에서 복음서 저자는 하나님의 "영광"의 종말론적인 현현이 "육신이 되신 말씀", 하나님의 유

---

90) 예. NIV와 NRSV.
91) 예. LXX 시 96:6(MT 97:6); 출 40:35; 사 6:3; 40:5.

일하신 아들 안에서 발생했다고 선언한다. Ἄφθαρτος("썩지 않는")라는 단어는 바울에 의해 하나님과 관련해서만 사용되었다. 이곳 1:23에서는 "썩을(φθαρτος) 사람들"과 대조하여 등장하며, 나중에 디모데전서 1:17에서는 "썩지 아니하시는(ἀφθάρτῳ) 영원한 왕"을 송축하는 찬양에 등장한다.

요안네스 크리소스토모스는 이 본문 1:19-23을 이교 세상이 우상숭배로 전락한 것을 제시하는 독특한 자료 단락으로 이해하면서, 바울이 인류의 우상숭배와 관련하여 비난한 내용을 다음과 같이 나열한다.

> 바울이 이교도들을 비난한 첫 번째 내용은 그들이 하나님을 찾지 않았다는 것이다[19, 20절]. 그의 두 번째 비난은 그들이 그것을 행하는 거대하고 분명한 수단을 가지고 있으면서도 실행하지 않았다는 것이다[21절]. 세 번째 비난은 그들이 그럼에도 스스로 지혜가 있다고 주장한 것이다[22절]. 그리고 네 번째 비난은 그들이 최고의 존재를 찾지 않았을 뿐만 아니라, 그분을 마귀와 돌과 나무의 수준으로 끌어내렸다는 것이다[23절].[92)

인류의 과거 역사에서는 물론이고 오늘날 몸소 경험하는 상황에서도 "인간 곤경"의 중심에 자리 잡고 있는 것은 다양한 형태의 우상숭배로 전락시킨 바로 이 끔찍한 하강이다. 이것은 인류가 하나님을 반역한 것과 하나님을 떠나 독립한 것을 과시하는 것과 그래서 하나님을 찬양하지도 감사하지도 않는 것에 그 뿌리를 두고 있다. 1:18에 선언되었다시피, 바로 이 우상숭배 문제로 인해 사람들은 "하나님의 진노" 아래 있게 되며, 이어서 1:24-31에 묘사하듯이, 사람들의 삶에서 그 문제가 참혹한 방법으로 드러나게 된다.

---

92) Chrysostom, "Homilies," in *Nicene and Post-Nicene Fathers*, 11.352-53.

III. 인류의 부도덕과 불의에 대한 묘사(1:24-31)

이 단락은 우상숭배와 부도덕 및 불의와 직접 관련이 있으며, 두 사실을 주장한다. (1) 인류의 우상숭배와 부도덕과 불의는 밀접하게 연결되어 있다. 전자는 후자의 근본적인 이유가 된다. (2) 우상숭배의 결과들은 다음과 같다. 인류는 하나님을 배반하고 하나님을 떠나 독립해 있으며, 하나님을 영화롭게도 하지 않고 감사하지도 않고, 사람들의 삶은 도덕적으로 왜곡되고 윤리적으로 처참하기 그지없다. 이 단락은 추론적인 접속사 διό("그러므로")로 소개된다. 이 단락은 1:24, 26, 28에서 3번 반복되는 표현인 παρέδωκεν αὐτοὺς ὁ θεός("하나님이 그들을 내버려 두사")와 결합되었다. 또한 이 단락은 어느 정도는 동사 ἤλλαξαν("바꾸었느니라")이 사용된 마지막 두 사례와 결합되었다. 첫 번째 사례는 1:23에 단순 동사로 등장했지만, 지금 1:25, 26에서는 강조형으로 등장한다. 이 수사학적 대용의 예들은 이 본문에서 말하고 있는 것을 수신자들의 정신과 마음에 이해시키려고 사용되고 있다.

이 단락의 첫 번째 부분인 1:24-27은 감각적이거나 성적인 왜곡과 관련이 있다. (1) 1:24-25에서는 ἀκαθαρσία("추잡함", "더러움")와 관련이 있는 문제들을 다룬다. 이 단어는 예수가 마태복음 23:27에서 문자적으로 "회칠한 무덤" 안에 있는 것들을 가리키기 위해 사용하셨던 것으로 기록되었다. 하지만 바울 서신 전체에서는 일반적으로는 부도덕한 것과 구체적으로는 성적인 부도덕을 가리키는 도덕적 의미로 등장한다.[93] 그리고 (2) 1:26-27에서는 "부끄러운 정욕들"(πάθη ἀτιμίας)과 동성애적인 생각과 행동을 가리키는 어법인 "자연스럽지 못한 성관계"(τὴν φυσικὴν χρῆσιν εἰς τὴν παρὰ φύσιν, 문자적으로는 그들이 "본성을 거스르는 것을 위해 본성적인 성관계"를 바꾸었다는 말)를 다룬다. 이 단락의 두 번째 부분인 1:28-31에서는 분명 반사회적인 행위와 관련 있는 악의 목록이 제시된다. 그러나 여기서 한걸음 더 나아가

---

93) 참조. 롬 6:19; 고후 12:21; 갈 5:19; 엡 4:19; 5:3; 골 3:5; 살전 4:7; 또한 잠 6:16; 24:9; Wis 2:16; 3 Macc 2:17; 1 Esd 1:40; *Let Aris* 166; Philo, *Legum allegoriae* 2.29도 보라.

이 두 번째 단락은 부패한 생각과 전적으로 악한 행동들, 이를테면 τὰ μὴ καθήκοντα("합당하지 못한 일들")를 행하는 것을 다룬다.

1:24-25   1:24-27의 이 첫 번째 부분에서 바울은 "그러므로 하나님께서 그들을 내버려 두셨다"(διὸ παρέδωκεν αὐτοὺς ὁ θεός)라는 말로써 설명을 시작한다. 이것은 과거는 물론이고 현재에도 하나님을 배반하고, 하나님을 떠나 독립해 있으며, 자신들 나름대로 만든 우상을 숭배하는 사람들을 심판하시는 하나님의 역할을 강조한다. 하나님이 사람들을 "내버려 두셨다"는 어구의 뜻은 4세기와 5세기의 여러 교부에 의해 다음과 같이 설명되었다. "하나님은 그들을 자신들의 획책에 버려두셨다"[94] "하나님은 그들을 그들 마음의 욕심에 버려두셨다."[95] 또는 "하나님은 단지 그들을 버리셨다."[96]

바울은 1:24b-25a에서 계속해서 이렇게 말한다. 하나님께서 "그들을 마음의 정욕대로 더러움에 내버려 두사 그들의 몸을 서로 욕되게 하게 하셨다"(ἐν ταῖς ἐπιθυμίαις τῶν καρδιῶν αὐτῶν εἰς ἀκαθαρσίαν τοῦ ἀτιμάζεσθαι τὰ σώματα αὐτῶν ἐν αὐτοῖς). 이 표현으로 바울은 하나님께서 어떤 사람들에게 심판을 명하신 것은 하나님이 복수하려고 하시기 때문이 아니라, 하나님이 반역하고 악한 사람들을 그들의 정욕에 버리신 것은 "하나님의 진리를 거짓 것으로(τὴν ἀλήθειαν τοῦ θεοῦ ἐν τῷ ψεύδει) 바꾸어(μετήλλαξαν), 피조물을 조물주보다 더 경배하고 섬겼기(ἐσεβάσθησαν καὶ ἐλάτρευσαν τῇ κτίσει παρὰ τὸν κτίσαντα) 때문(οἵτινες)"이라고 선언한다. 그리고 이러한 근거는 1:26의 앞부분에 διὰ τοῦτο("이런 까닭에")라는 표현의 압축된 형태로 재서술된다.

이 절의 마지막 부분에서 선언적인 표현으로써 하나님이 찬송을 받으실 분임을 천명하는 한정적 어구인 "주는 곧 영원히 찬송할 이시로다. 아멘"(ὅς ἐστιν εὐλογητὸς εἰς τοὺς αἰῶνας, ἀμήν)은 하나님의 이름이나 그의 여러

94) Chrysostom, "Homilies," in *Nicene and Post-Nicene Fathers*, 11.354.
95) Augustine, *Expositio quarundam propositionum ex epistola ad Romanos*, Prop. V, *PL* 35.2064. 또한 *Augustine on Romans*, 3도 보라.
96) Theodoret of Cyrrhus, *Interpretatio in Epistulam ad Romanos*, PG 82.64.

칭호 중 하나가 언급될 때마다 사용되는, 하나님에 대한 유대인들의 칭송에서 유래한 것이다. 그리고 바울이 일반적으로 ἀμήν("그렇게 되기를")을 사용하여 송영의 마침, 평화나 은혜를 빔, 또는 자료의 단락이나 하부 단락을 표시했지만,[97] 여기서 그는 이 성품적인 진술을 엄밀하게 유대적인 방식으로 긍정적인 표현으로 사용하고, 그래서 하나님에 관한 전형적인 유대교적 그리고 유대 기독교적인 성품을 표현한다.[98]

하나님과 인류의 관계를 깊이 생각하면, 다음과 같은 요인들을 늘 고려해야 한다. (1) 사람들에 대한 하나님의 뜻, (2) 창조함을 받은 사람들을 위하여 하나님께서 그의 피조물 안에 설정하신 도덕적 질서, (3) 사랑의 관계가 세워지도록 하나님께서 사람들에게 자유를 명하심, (4) 사람들이 하나님께 찬양과 감사로 반응하지 않음, (5) 사람들이 하나님을 배역하고, 하나님을 떠나고, 적극적으로 하나님께 반응하지 않았을 때 따라오는 불가피한 인격적·도덕적 결과들 등이다. 실제적인 의미에서, 존 로빈슨(John Robinson)이 "하나님이 그들을 내버려두셨다"는 표현과 관련하여 관찰했듯이,

> 그[하나님]는 이교 사회를 잘못의 대가를 치르도록 내버려 두신다. 자동적인 도덕적 모멸을 야기하게 되는 그 징벌은, 말하자면 도덕적인 온도가 어떤 지점 아래로 떨어질 때 "작동하기 시작하는" 온도조절장치와 같다.[99]

이것은 「솔로몬의 지혜」 11:15-16에서 발견되는 유대교 정서와 확실히 일치한다. "미혹을 받아 비이성적인 뱀들과 무가치한 동물들을 숭배하게 된 그들[이방인들]의 어리석은 방책과 사악한 생각에 대해 주님께서는 벌을

---

97) 참조. 롬 11:36; 15:33; (16:24?); 16:27; 갈 6:18; 엡 3:21; 빌 4:20, ([23?]); 딤전 1:17; 6:16; 딤후 4:18.
98) 참조. 롬 9:5; 갈 1:5.
99) J. A. T. Robinson, *Wrestling with Romans*, 18.

내리시려고 그들에게 수많은 비이성적인 피조물들을 보내셨다. 사람이 죄를 지은 바로 그것들로 말미암아 징벌을 받는다는 사실을 배우게 하려고 말이다." 그리고 이것은 또한 다음과 같은 랍비의 진술과도 일치한다. "의무를 다 시행하면 다른 의무로 상을 받는다. 모든 범죄는 다른 범죄로 징벌을 받는다."[100] 그리고 "자신을 정결하게 지키려고 하는 사람은 그렇게 할 능력을 받는다. 부정하려고 하는 사람은 그에게 [악의 문]이 열린다."[101] 그럼에도 그들의 배반과 배교와 죄 때문에 사람들이 자업자득으로 받게 되는 모든 징벌의 배후에는 최고의 주권을 가지신 하나님이 계시다. 그분은 그들의 지음 받음, 그들의 자유, 그들 심판의 궁극적인 원인이신 분이다. 비록 그분이 그들의 생각과 행위의 죄에 책임은 없으시지만 말이다. 하나님은 그들이 지은 죄의 불가피한 결과들에 "그들을 내버려두신" 분이시다.

1:26-27   바울은 1:24에서 ἀκαθαρσία("성적인 더러움")에 대해 일반적으로 말한 것을 이 두 구절에서 분명하게 이야기한다. 여기서 그는 동성애 행위를 상당히 분명하고 통렬하게 설명하는데, 1:26b에서는 여자들에 대해(즉 "여성 간의 동성애" 또는 "레즈비언" 행위), 그리고 1:27에서는 남자들에 대해(즉 "남성 간의 동성애" 또는 "게이" 행위) 다룬다. 이 두 구절은 동성애에 대한 매우 불쾌한 표현들로 채워져 있다. Πάθη ἀτιμίας("부끄러운 욕심"), τὴν παρὰ φύσιν("본성에 역행하는 관계"), ἐξεκαύθησαν ἐν τῇ ὀρέξει αὐτῶν εἰς ἀλλήλους("서로 향하여 음욕이 불일 듯하매"), τὴν ἀσχημοσύνην κατεργαζόμενοι("부끄러운 일을 행하매"), 그리고 τὴν ἀντιμισθίαν ἣν ἔδει τῆς πλάνης("그릇됨에 상당한 보응") 등이 그것이다. 동성애 행위에 대한 바울의 태도는 이것보다 더 부정적으로 표현할 수 없을 정도다. 당시 모든 유대인과 모든 유대 그리스도인이 그러했듯이, 바울은 동성애를 전적으로 정죄한다.

동성애에 대한 바울의 태도에 의문의 여지가 있을 수 없지만, 이런 질

---

100) *M. Abot* 4:2.
101) *B. Shabb.* 104a.

문을 제기하는 것이 적절할 것이다. 바울이 인류의 우상숭배와 인류의 부
도덕함 사이의 관계를 묘사하면서 동성애를 먼저 열거하고 그것에 관하여
장황하게 말하는 까닭은 무엇인가? 물론 한 가지 이유는 동성애가 그리스-
로마 세계에서 매우 팽배했고 그 행위를 정상적인 것이라고 정당화하는 경
우가 종종 있었기 때문이다.[102) 그러나 더 중요한 이유는 유대교 성경(구
약)[103)과 제2성전기 유대교의 수많은 문헌에[104) 남성 간의 동성애가 분명한
지탄의 대상이 되었다는 데 있다. 여성 간의 동성애는 비록 유대교 성경(구
약)이나 제2성전기 유대교의 문헌에는 언급되지 않았지만, 탈무드에는 정
죄되었다.[105)

마찬가지로 바울이 우상숭배와 부도덕함의 관련성을 설명하면서 동성
애를 부각시키는 이유를 이해하는 데 중요한 것은, 그가 동성애를 창조세
계에 나타난 하나님의 계시에 적절하게 반응하지 못하는 인류의 가장 분명
한 결과로 여기고 있다는 사실이다. 동성애를 하는 사람들이 동성애를 "자
연스러운 것"이라고 종종 주장하기는 하지만, 그리고 심지어 바울 당대에
나 오늘날에나 하나님의 창조의 적법한 특성이라고 주장하는 사람들도 있
지만, 바울은 이러한 주장을 하나님이 창조세계에 설정하신 도덕 질서에
정반대되는 주장으로 여겼다. 하나님의 도덕적 질서에서는 오직 한 남자와
한 여자가 결혼으로만 "한 몸이 된다"(창 2:24).

더욱이, 바울 당대의 유대인들과 유대 그리스도인들 모두 동성애와 우

102) 참조. H. Licht, *Sexual Life in Ancient Greece* (London: Routledge & Kegan Paul, 1932),
특히 411-98; D. M. Robinson and E. Fluck, *A Study of Greek Love-Names, Including a
Discussion of Paederasty and Prosopographia* (Baltimore: Johns Hopkins University
Press, 1937; repr. New York: Arno, 1979); K. J. Dover, *Greek Homosexuality* (Cambridge,
MA: Harvard University Press, 1978).
103) 레 18:22, "너는 여자와 동침함 같이 남자와 동침하지 말라. 이는 가증한 일이니라."; 레
20:13, "누구든지 여인과 동침하듯 남자와 동침하면 둘 다 가증한 일을 행함인즉 반드시
죽일지니 자기의 피가 자기에게로 돌아가리라"를 보라.
104) *Let Aris* 152; Philo, *De Abrahamo* 26.135-36; *De specialibus legibus* 2.14.50; Josephus,
Contra Apion 2.25, 199; *Sib Or* 2:73; 3:185-87, 594-600, 763; 5:386-433; *2 En* 10:4; *T
Levi* 14:6; 17:11; *T Naph* 4:1을 보라.
105) 예. *Sifra Lev.* 18:3; *b. Shabb.* 65a; *b. Yebam.* 76a.

상승배를 공통적으로 연결시켰다는 점을 주목할 필요가 있다. 예를 들어, 1세기 유대 그리스도인들에 의해 나중에 편집되었을 것으로 여겨지는 유대인의 작품인 「납달리의 유언」(T Naph) 3:2-4에는 이런 진술이 있다.

> 태양과 달과 별들은 자신들의 질서를 바꾸지 않는다. 그러므로 너희도 너희의 행위의 무질서로 하나님의 율법을 바꾸지 말아야 한다. 이방인들은 제 맘대로 행하고 주님을 버렸기에 그들의 질서를 바꾸었으며 돌과 나무로 만든 물체를 좇았고, 오류의 영들에 의해 이끌림을 받는다. 그러나 나의 자녀들아, 너희는 그렇게 하지 말아라. 너희는 하늘과 땅과 바다와 창조함을 받은 만물에 계시는 주님을 인정했다. 그분은 이 모든 것을 만드셨다. 그러므로 너희는 자연 질서를 바꾼 소돔처럼 되어서는 안 된다.

바울도 동일한 관점을 가졌다.

바울이 1:27의 ἄρσενες ἐν ἄρσεσιν("남자가 남자와 더불어")이라는 어구를 사용함으로써 염두에 두었던 것이 일반적인 의미의 동성애가 아니라, "남자 매춘" 또는 "남색"(즉 남자와 하는 항문 성교 또는 특별히 미동[美童]과의 성관계)이었을 뿐이라고 주장하는 사람들도 있다. 그들은 그리스-로마 세계에서 시행되던 것이 이러한 형태의 동성애였을 뿐이라고 주장한다. 이러한 이해는 존 보스웰(John Boswell, *Christianity, Social Tolerance, and Homosexuality* [1980])과 로빈 스크로그스(Robin Scroggs, *New Testament and Homosexuality* [1983])에 의해 제안되었다. 하지만 이런 이해를 지지하려는 보스웰과 스크로그스의 주장들은 데이비드 라이트(David Wright, "Homosexuals or Prostitutes?" [1984]), 리처드 헤이즈(Richard Hays, "Relations Natural and Unnatural" [1986]), 그리고 매리언 소즈(Marion L. Soards, *Scripture and Homosexuality* [1995])에 의해 처참하게 무너지고 말았다.

우리는 여기서 1세기에 명사 ἀρσενοκοίτης가 "남자 매춘" 또는 "미동과의 성행위"만을 의미했고 동성애 행위 전반적인 것은 포함하지 않았다는 보스웰과 스크로그스의 주요한 주석적 논의만을 다루려 한다. 문제의 이 단어는 바울 서신에서는 고린도전서 6:9과 디모데전서 1:10에만 분명히 등장한다. 하지만 이 단어를 로마서 1:27의 ἄρσενες ἐν ἄρσεσιν("남자가 남자와 더불어")이라는 어구와 관련하여 이해하는 것도 마땅하다. 두 사람의 주장을 반박하는 중요한 주장 중 하나는 명사 ἄρσην("남성" 또는 "수컷")과 동사 κοιμάσθαι("성관계하다")가 70인역에서 모두 레위기 18:22과 20:13에 등장한다는 사실이다. 두 본문에는 남자가 "여자와 동침하듯이" 다른 남자와 동침하는 것이 분명히 금지되었다. 그리고 바울은 유대교 성경(구약)의 히브리 본문만 아니라 그리스어 번역 성경(LXX)도 알고 있었던 사람으로서, 레위기의 이러한 금령이 "남자 매춘" 또는 "미동과의 성관계"만을 언급하고 동성애 행위 전체를 언급하지는 않는다고 이해했을 리 만무하다. 동성애라는 것은 분명히 남성끼리 행하는 모든 형태의 동성애(즉 "게이" 행위)일 뿐만 아니라, 당연히 여성끼리 행하는 모든 형태의 동성애(즉 "레즈비언" 행위)를 가리킨다고 추론할 수 있다.

1:28-31   최악의 상태에 있는 사람들의 생각과 행동에 대한 소름 끼치는 목록이 이 네 절에 제시되었다. 이와 비슷한 "악의 목록"은 그리스 고전문학[106]과 제2성전기 유대교의 문헌들에서 발견할 수 있다.[107] 일례로, 사해사본의 1QS 4.9-11에서도 병행구가 발견된다.

의라는 미명하에 행해지는 탐욕과 나태함, 부정과 거짓, 교만과 오만, 허위와 기만, 잔인과 넘치는 악, 조급함과 어리석음, 타오르는 거만함과 정욕의 영으로 저질러지는 혐오스러운 행위들, 부정함으로 행해지는 더러운 방법들, 모독하는 혀, 감긴 눈, 닫힌 귀, 사람을 어두움과 악의에 찬 간계의 길을 걷게 하는 뻣뻣한 목과 강퍅한 마음은 사악한 영에 속한다.

---

106) 예. Plato, *Gorgias* 525; 같은 저자, *Republic* 4.441c.
107) 예. Wis 14:23-26; Philo, *De sacrificiis Abelis et Caini* 32; 4 Macc 1:26-27; 2:15; *T Levi* 14:5-8; CD 4.17-18.

기독교 문헌 여러 곳, 이를테면 로마서 13:13과 바울 서신의 다른 몇몇 글[108]에서만 아니라, 신약성경 여러 곳[109]과 다른 초기 기독교 문헌에도 비슷한 병행구들이 등장한다.[110]

　1:28-31에 제시된 악의 목록 전체를 여기서 굳이 반복할 필요는 없을 것 같다. 악의 목록은 전체적으로 반역과 무법 및 죄의 왜곡을 직접 언급하며, 이 목록의 개별적인 내용은 언어적으로 분석할 가치가 없는 것 같다. 이 네 절에 열거된 모든 악이 제시된 것은 두 가지 이유 때문이라고 말하는 것으로 충분하다. (1) 사람들이 하나님을 아는 지식을 간직하기를 거절함(οὐκ ἐδοκίμασαν τὸν θεὸν ἔχειν ἐν ἐπιγνώσει)으로써 하나님께 반역했기 때문이고, (2) 하나님은 그분의 지혜로, 사람들이 자신들의 욕심대로 행하고, 그들의 뜻을 표현하며, 하나님을 떠나 독립하고, 자신들의 길을 가도록 내버려 두셨기(παρέδωκεν αὐτοὺς ὁ θεός) 때문이다. 그래서 인류의 역사는 반사회적이고 불의한 행동으로 가득 차 왔다. 사람들의 "상실한 마음"은 그들이 행한 이 행동에 전적으로 책임을 져야 한다.

IV. 그 결과로 나타나는 심판 선언 - 사망(1:32).

이 본문의 마지막 절에서는 인류의 우상숭배에 대한 섬뜩한 묘사와 인류의 부도덕과 불의에 대한 묘사가 그러한 것들의 결과로 나타나는 심판 선언으로 마무리된다. 한마디로 말해서, 하나님께서는 심판을 정하셨다. 창세기 3장의 인간 타락에 대한 기사에서처럼, 사람들의 삶에서 그러한 체험이 재현된다. 하나님의 자기계시와 그분의 뜻에 적극적으로 반응하지 않으면 죽음이 초래된다. 이생에서는 하나님과 분리되고 하나님이 그들을 그들의 욕심에 내버려 두시다가, 이생 이후에는 최후의 심판이 임한다. 바울은 모든 사람이 하나님께 반역하고 하나님을 떠나 하나님을 영화롭게도 아니하고 감사하지도 않으면, 사형에 처해진다는 것을 잘 알고 있다고 선언한다. 하지만 인간사의 애석한 이야기이자 우리 모두의 보편적인 경험은 사람들이 "이러한 일들을 자신들이 계속 행할 뿐 아니라 그런 일을 행하는 자들을 승인하기도 한다"(οὐ μόνον αὐτὰ ποιοῦσιν ἀλλὰ καὶ συνευδοκοῦσιν τοῖς πράσσουσιν)는 것을 보여준다. 그리고 우리가 모두 고백해야 하듯이, 우리 각 사람은 인간으로서 바로 이러한 처참한 인류의 이야기를 물려받았으며, 우리 각 사람 역시 이러한 삶을 살아왔다.

성경신학

로마서 1:18-32은 기독교 신학에 중요한 본문이다. 이 본문이 바울이 로마에서 예수를 믿는 신자들에게 보내는 편지 본론의 중앙부 네 주요 단락을 기록하기 시작한 곳이기 때문만 아니라, 더 중요하게는 이 본문에 오늘날 기독교회와 그리스도인들에게 도전을 주는 자료가 제시되어 있기 때문이다. 인류의 반역과 무법 및 죄에 대한 하나님의 반응과 관련하여 제시된 내용은 정신이 번쩍 들게 한다. 창조세계에 나타난 하나님의 계시와 관련하여 서술된 내용은 유익하다. 인류의 우상숭배와 행위를 묘사하는 내용은 비참하다. 그리고 사람들의 부도덕과 불의의 결과에 관해 묘사하는 내용은 전적으로 섬뜩하다.

　　하나님의 진노가 나타남. 하나님의 진노는 그리스도인들이 생각하기도 말하기도 싫어하는 주제다. 하지만 "진노"와 "사랑"은 유대교와 기독교에서 공히 선포하는 한 분이신 참 하나님의 두 속성이다. 그리스도인들은 "불의로 진리를 막는 사람들의 경건하지 않음과 불의"를 본인들의 생각과 행위라고 쉽게 생각하지 않으며, 좀 더 일반적으로는 다른 사람들의 태도와 행위와 동일시하든지 아니면 과거의 사람이나 사건과 동일시하는 경향이 있다. 하지만 요안네스 크리소스토모스가 이 본문을 주석하면서 관찰했듯이,

　　다양한 종류의 불의가 있다. 하나는 어느 사람이 재정적으로 이웃과 불의

하게 거래하는 경우에서 보듯이, 재정적 문제의 불의다. 다른 하나는 한 남자가 자신의 아내를 떠나 다른 사람의 결혼을 침해하는 경우에서 보듯이, 여자와 관련한 불의다.…다른 사람들은 아내나 재산에 해를 입히지는 않지만, 이웃의 명성에 해를 입힌다. 이것도 불의다.[111]

마찬가지로 그리스도인들은 하나님의 최후 심판을 말하면서 어려움을 느끼지 않지만, 죄에 대한 하나님의 심판이 현재 나타나고 있다고 생각하기를 다소 주저한다. 특히 하나님께서 사람들을 그들 자신의 "죄의 정욕"(1:24)과 자신의 "부끄러운 욕심"(1:26) 및 자신의 "상실한 마음"(1:28)에 내버려 두시며, 그로 인하여 온갖 개인적이고 사회적인 재앙들이 불가피하게 초래된다.

하지만 이 본문에 있는 구절들은 제시된 모든 내용의 문학적인 수미상관으로 기능하면서 다음과 같은 내용을 선언한다. (1) "하나님의 진노가 불의로 진리를 막는 사람들의 모든 경건하지 않음과 불의에 대하여 **나타나고 있다**"(1:18). 이것은 하나님의 진노가 현재 나타나고 있다는 것과 하나님의 심판이 모든 유형의 불경건함과 모든 시대의 불의 및 모든 유형의 불의를 겨냥하고 있음을 알린다. 그리고 (2) 하나님은 "이같은 일을 행하는 자는 사형에 해당한다"고 정하셨다(1:32). 이것은 개인적인 재앙과 역기능 및 소외만이 아니라, 하나님으로부터 분리하여 하나님의 사랑과 목적과 삶의 방향을 떠나 살아가는 것을 의미한다.

창조세계에서 하나님의 계시. "창조세계에서의 계시"에 관한 1:19-20의 진술은 현대의 신약학자들과 기독교 신학의 가장 큰 논쟁의 주제였다. 이 계시는 (1) 하나님이 창조하신 우주의 기본 구조에 하나님이 심어 놓고 유지하시는 계시이며, (2) 어느 시대나 장소나 환경이든지 적어도 "그[하나님]의 영원하신 능력과 신성"과 관련한 기본적인 진리의 관점에서 모든 사람이 "분명히 보고" "이해한" 계시이고, (3) 모든 사람에게 창조의 하

111) Chrysostom, "Homilies," in *Nicene and Post-Nicene Fathers*, 11.351.

나님께 반응하라고 촉구하며 그렇게 하지 않는 것에 "핑계할 수 없게" 하는 계시다.

중요한 문제 중 하나는 창조세계에 계시된 하나님을 아는 지식이 바울이 자신이 직접 개종시킨 사람들에게 보낸 여러 편지에는 거의 암시되지 않았다는 사실이다. 이 주제는 바울이 직접 개종시키지 않은 사람들이 대부분인 로마 그리스도인들에게 보낸 편지에만 등장한다. 물론 바울의 다른 편지에 "일반계시"와 "특별계시" 간에 중요한 연결점이 존재하는 것은 사실이다. 일례로 고린도전서 8:6을 들 수 있다("우리에게는 한 하나님 곧 아버지가 계시니 만물이 그에게서 났고 우리도 그를 위하여 있고 또한 한 주 예수 그리스도께서 계시니 만물이 그로 말미암고 우리도 그로 말미암아 있느니라." 비교. 골 1:15-20). 더욱이 고린도후서 4:6에서처럼 하나님이 창조세계에서 행하신 일과 예수 그리스도를 통해 구속적으로 행하신 것 사이의 연속성에 대해 바울이 묘사한 중요한 특징들이 있다("어두운 데에 빛이 비치라 말씀하셨던 그 하나님께서 예수 그리스도의 얼굴에 있는 하나님의 영광을 아는 빛을 우리 마음에 비추셨느니라"). 그리고 로마서 8:19-25에서 바울은 "창조세계"와 "그리스도 안에서" 구원받은 사람들이 모두 하나님의 구원이 온전하게 나타나기를 바라고 마침내 거기에 참여하기를 바란다고 말함으로써 그러한 연속성을 다시 언급한다. 하지만 이곳 로마서 1:19-20 외에 창조세계에서 드러난 하나님의 계시에 관한 바울의 직접적인 진술은, 사도행전 14:15-17의 루스드라와 사도행전 17:24-27a의 아테네에서 바울이 이방인들에게 전한 설교를 누가가 묘사한 두 곳에서만 상황화된 형태로 표면화되었다.

로마서 1:19-20에 바울이 진술한 내용에 대한 널리 퍼진 혐오감을 설명하는 데 더 중요한 것은, 이 상황에 대해 조세프 피츠마이어가 표현한 것처럼, 다음과 같다.

계몽주의 이후, 사상가들이 인간 이성을 극찬하고 기독교의 계시를 자연 종교나 이성의 종교로 대체하려 할 때, 주석가들 중에는 하나님에 대한 어떤 지식을 얻을 인간의 마음의 능력을 무의식적으로 부인한 사람들이 있었다. 그 결과 그들은 신앙주의의 한 형태에서 도피처를 찾게 되었다. 그들은 이렇게 함으로써 바울이 실제로 자연종교에 관해 말하고 있는 것을 받아들이기를 꺼리고, 하나님이 그리스도 이외에 다른 방법으로 자신을 알게 하신 것을 부정했다. 계몽주의로 인해 소개된 문제에 사로잡혀, 주석가들 중에는 바울이 이 본문에서 실제로 가르치고 있는 것을 보지 못하게 된 사람들이 생긴 것이다. 이 문제로부터 자연신학은 바울신학이 아니며 계몽주의보다 수세기 전에 성경을 기록한 바울이 진짜로 말했던 것을 충분히 고려하지 않는다는, "자연신학"에 대한 함축이 생겨났다.[112]

하지만 로마서의 처음 부분, 특히 1:18-3:20에 등장하는 내용 중에는 바울의 다른 편지에는 등장하지 않는 것이 많이 있다. 우리는 바울이 로마의 그리스도인들에게 편지를 쓸 때만 아니라 로마 제국의 다른 도시와 지역에 있는 그의 개종자들에게 편지를 쓸 때도 그럴 만한 상황적인 이유가 있었다고 주장할 것이다. 더욱이 바울이 1:19-20에서 다루는 내용, 즉 하나님의 "창조세계에서의 계시"는 "자연신학"이라고 불렸던 것과 같지 않다는 사실을 늘 인식할 필요가 있다.

그러므로 오늘날 기독교 신학에서 중요한 것은 우리가 이곳 1:19-20(과 행 14:15-17과 17:24-27)에 제시된 바울의 교훈에 다시 귀를 기울여야 한다는 것이다. 바울은 여기서 하나님이 그의 창조세계를 통하여 모든 사람에게 하나님을 아는 지식을 주셨다고 가르친다. 그 지식은 "하나님의 영원하신 능력과 신성"과 관련이 있으며, 사람들의 긍정적인 반응을 촉구한다. 하나님께서 창조에 보이신 "일반계시"는 하나님과의 인격적인 관계를 갖기에 그 자체로 충분하여 "특별계시"를 대신한다고 이해해서는 안 된다. 또한 일반계시는 단순히 "자연신학"으로 이해되어서도 안 된다. 이를테면, 유대인의 성경(구약)과 그리스도인의 성경(신약)에 제시되었고, 그래서 예수 그리스도와 그의 사역에 현저하게 표현된 모든 인류를 위한 하나

---

112) Fitzmyer, *Romans*, 274.

님의 자기계시와 구원에 상응하는 자연신학 말이다. 그렇지만 창조에 선포된 것이 무엇인지를 늘 인식할 필요가 있다. 그것은 (1) 모든 유신론적인 이해에 대해 하나님이 정하신 서문이며, (2) 하나님이 모든 인류와 그 외 모든 피조물을 위해 행하신 구속 행위에 대한 이야기를 좀 더 충분히 공감하고 개인적으로 적용하게 하려고 "특별계시"의 방법으로 주신 모든 것의 배경이다.

인류의 우상숭배. 바울이 로마서 1:21에서 우상숭배에 관해 진술한 내용은 인류의 근본적인 문제를 부각시킨다. 이를테면, 이것은 "인간의 곤경" 또는 모든 사람의 핵심적인 영적·도덕적 문제라고 올바르게 불리는 것과 관련된 중대한 쟁점이다. 근본적인 인간의 문제는 (1) 사람들이 갇혀 있는 시간의 끝없는 순환이나 (2) 우리 모두를 좌우하고 제한하며 (어떤 유형의 고대 사상에 나타나 있듯이) 우리가 벗어나야 하는 어떤 유한적 한계가 아니다. 또한 이것은 우리가 해방되도록 추구해야 하는 세상의 물질적인 측면과 우리 자신의 물질적인 존재도 아니다. 또한 그 문제는 우리가 어떤 윤리적인 삶이나 규정된 의식들 그리고 결과적으로 발생하는 일련의 상향적인 환생을 통해 해방되기를 추구해야 하는 인간성이나 피조성을 상정하지도 않는다. 상향적인 환생이 우리를 결국 비인격적인 유토피아나 (많은 형태의 동양 종교에 제시된) 열반의 상태로 인도해줄 것이라고 믿으면서 말이다. 확실한 것은 이 문제가 (많은 서구 사상에 표현된 것처럼) 과학적인 연구의 진보와 인간의 이성을 통해 우리 자신을 해방시키기 위해 애써야 하는 인간의 무지가 아니라는 사실이다. 오히려 모든 사람의 근본적인 영적·도덕적 문제는 우리가 하나님께 적극적으로 반응하지 못했다는 것이다. 말하자면, 찬송으로 하나님을 영화롭게 하지 않고 그에게 감사하지 않은 것이다("하나님을 영화롭게도 아니하며 감사하지도 아니하고").

문제의 중심에는 사람들이 선언한 하나님으로부터의 독립이 자리하고 있다. 그래서 사람들은 그들이 과시한 독립을 저해한다고 여기는 어떤 것이나 사람을 반역하게 되었다. 이렇게 그들은 하나님을 반역한 것이다. 킹슬리 바레트가 올바르게 관찰했듯이, "악순환이 작동했다. 사람들은 자기에게 있는 하나님에 대한 지식을 부인하면서, 점점 불신앙으로 빠진다. 그 결과 그들은 하나님에 대해 무지하며, 스스로의 힘으로는 하나님을 알 수 없게 된다. 하지만 그들의 무지는 과실이 있는 무지다. 무지함이 반역에 뿌리를 두고 있는 까닭이다."[113] 그리고 인류가 하나님에게서 벗어났다는 모든 과대망상적 주장과 하나님을 향한 인류 반역의 저변에는 사람들이 스스로 하나님을 찬송하거나 감사할 수 없다는 사실이 깔려 있다. 하나님을 찬송하고 감사하는 것은 어떤 의미에서 그들이 의존적인 존재이며, 따라서 하나님으로부터 벗어났다는 인류의 자기 확신적인 주장을 부정한다는 신호이기 때문이다(애석하게도, 우리가 모두 자신의 비뚤어진 마음으로 생각하는 경향이 있듯이 말이다).

죄의 본질은 **하나님과 상관없이** 우리 자신의 것이라고 부를 수 있는 것을 소유하려는 욕심이다. 그래서 인류 역사 내내 사람들은 이런저런 형상의 우상에게 경배하기를 싫어하지 않았다. 사람과 유사하게 만든 우상이든지, 그들이 알고 있는 세계 안에서 인식할 수 있는 형상이든지, 아니면 그들의 마음에 존재하는 개념이나 생각으로 만들 수 있는 우상이든지 말이다. 물질적인 것이든지 아니면 비물질적인 것이든지, 우상은 사람들이 편안함을 느낄 수 있는 자신이 만들어낸 인간적인 생산물이다. 자신들의 것이라고 부를 수 있기 때문이다. 따라서 우리는 인간으로서 우리가 만든 것을 찬양하고 감사할 준비가 되어 있다. 심지어 우리는 "하나님"이라고 불리는 모호한 존재를 비롯하여 우리 자신이 만들어낸 인격체의 범위를 벗어나서 존재하는 다른 것들에 대해서도 찬송하고 감사를 표현하면서 행복해한다. 하지만 일반적으로는 그런 감사의 표현을 사회적 관습, 문화적 우아함 또는 우리가 보기에 우리 자신의 주장과 사리에 도움이 될 듯한 편리한 도구처럼 사용하는 것 같다.

이와 같은 모든 종류의 자기중심적이고 자기 주장적인 "독립"에 내린 바울의 판결은 로마서 1:22에 제시되었다. "스스로 지혜 있다 하나 어리석

---

113) Barrett, *Romans*, 37.

게 되었다"고 말이다. 그리고 그 결과로 나타난 인류의 반역과 죄의 절정은
23절에 제시되었다. "썩어지지 아니하는 하나님의 영광을 썩어질 사람과
새와 짐승과 기어 다니는 동물 모양의 우상으로 바꾸었느니라."

"썩지 아니하시는 하나님의 영광"을 썩을 인간이나 새나 짐승이나 기
어 다니는 동물의 형상에 불과한 것으로 바꾸는 것은, 생각해보면, 거의 불
가해하다. 하지만 이것은 우리가 자기중심적이 되고 자기 주장적 존재가
될 때의 실제 모습이다. 다시 말해 우리가 현재 우리의 모습과 우리의 것
에 도취되어 있을 때 우리는 **하나님과 상관없이** 그것들을 우리의 것이라고
주장하기 시작한다. 이런 의미에서 하나님의 백성에게 주는 로마서 2:21-
23의 메시지는 이것이다. 우리는 하나님 자신에 대하여 그리고 하나님이
창조와 구속에서 행하신 모든 것에 대하여 참된 찬송과 감사를 표현함으로
써 하나님을 영화롭게 하는 백성이 되어야 한다.

인간의 부도덕과 불의. 바울이 이곳 1:24-31에서 제시한 인류의 부도
덕과 불의의 목록은 모든 사람을 통틀어 정죄하거나, 이 문제에 대해 비유
대인을 모두 정죄하는 것도 아니다. 나중에 2:14-15에서 그는 이방인들이
"본성으로(φύσει) 율법이 요구하는 것(τὰ τοῦ νόμου)을 행하는(ποιῶσιν)"것
에 대해 말할 것이다. 심지어 그들이 "율법의 내용(τὰ μὴ νόμον ἔχοντα)"을
알지 못하는데도 말이다. 이 동일한 편지의 한참 뒤인 9:24-26, 30과 10:19-
20 같은 본문에서 바울은 유대교 성경(구약)을 아는 지식도 없고 하나님의
백성인 이스라엘과 접촉하지도 않았는데도 "믿음으로" 하나님께 반응한
이방인들을 언급한다. 로마서의 이러한 본문들이 하나님의 "특별계시"를
알지 못하더라도 도덕적이고 의로운 삶을 사는 사람들이 있다는 바울의 인
식을 분명히 제시하고 있다.

하지만 우리가 앞에서 주목했듯이, 바울이 1:24-31에서 하려고 하는
것은 매우 중요한 두 가지 사실을 지적하는 일이다. (1) 인류의 우상숭배와
인류의 부도덕 및 불의는 떼려야 뗄 수 없이 연결되었다. 전자는 후자의 근
본적인 이유다. (2) 하나님에 대한 인류의 반역, 하나님을 떠남, 그리고 하
나님을 찬양하지도 감사하지도 않은 것에서 비롯된 우상숭배의 결과는 사

람들의 삶에서 도덕적으로 왜곡되고 윤리적으로 끔찍한 방식으로 작용
한다.

오늘날 거의 모든 사람이 1:28-31에 열거된 윤리적이고 사회적인 불의
를 정죄하는 바울에 동의할 것이다. 비록 그들이 바울처럼 그것들을 결정
적으로 심판하지는 않을 테지만 말이다. 그러나 현대 서구 문화에서는 바
울이 1:24-27에서 동성애를 아주 통렬하게 비난하고, 동성애를 그가 제시
한 도덕적 왜곡 목록에서 제일 처음에 배치한 것으로 인해 난처해 하는 사
람들이 많이 있다.

그러나 바울은 그리스-로마 세계에서 매우 만연했던 동성애를 염두에
두면서, 그 구체적인 성행위를 인류가 창조에 나타난 하나님의 계시에 적
절하게 반응하지 않은 가장 분명한 결과로 여겼다. 사실 바울은 동성애를,
한 남자와 한 여자의 결혼에서 시행되는 성관계만을 정하신 하나님의 "일
반계시"와 "특별계시"를 통해 세워진 도덕적 질서를 가장 노골적으로 위반
하는 것으로 생각한 것 같다. 그 외 인간적 불의와 윤리적 왜곡들은 확실히
하나님의 뜻에 반하는 것이며, 하나님의 심판을 받을 만한 것으로 이해될
수 있다. 하지만 바울에게는, "자연스러운 것"으로 주장되고, 심지어 하나
님의 창조에 부합한다고 주장되는 동성애는 구체적으로 하나님의 도덕적
질서에 반대되기에 특히 정죄를 받아 마땅한 것이었다.

레이먼드 브라운은 바울이 하나님의 창조 질서에 비춰 이해한 동성애
와 관련하여 "창조 자체에 있는 하나님의 뜻의 계시에 기초한 견해는 쉽게
바뀌지 않는다"고 올바르게 말했다.[114] 그리고 이 주제에 대한 브라운의 결
론은 개선할 수 없을 정도로 완벽하다.

이 문제에 대한 학문적인 논의는 "부자연스러움"에 대한 바울의 견해에
도전을 가하면서 계속될 것이다. 그럼에도 하나님이 명하신 한 남자와 한
여자 간의 결혼 상태에 의해 부과된 성의 한계를 지속적으로 주장함에 있

---

114) R. E. Brown, *Introduction to the New Testament*, 530.

어, 바울이나 예수 자신도 우리 시대에 우리들 가운데 거니시면서 성적으로 또 정치적으로 "올바르지 않은" 것으로 간주되는 것에 놀라지 않으실 것이다. 그들 당대의 그리스-로마 세계와 유대 세계에서도 지나친 요구를 한다고 간주되는 것에 개의치 않았듯이 말이다.[115]

현대를 위한 상황화

신약의 모든 성경 연구에서 그러하듯이, 바울 서신 연구에서 언제나 주목할 필요가 있는 것은 바울이 자신의 기독교 메시지를 어떻게 그의 수신자들의 이해와 공감대에 맞추어 상황화했느냐는 것이다. 이로써 바울이 그들의 상황에 어떻게 의미 있게 말하려고 했는지, 그리고 그렇게 하는 과정에서 어떻게 기독교 복음의 충만함을 제시했는지를 입증한다. 우리가 제기해야 할 질문은 예전에 질문되었듯이 "바울의 다른 편지들은 왜 로마서와 같지 않은가?" 또는 오늘날 자주 제기되듯 "로마서는 왜 바울의 다른 편지들과 상당히 다른가?"라는 질문이 아니다. 오히려 모든 바울 서신에 대해 제기할 수 있는 중요한 질문은 이것이다. 바울이 이 구체적인 편지(즉 로마서—역주)의 기독교 복음 메시지를 어떻게 이 구체적인 사람들에게 상황화했는가? 그리고 뒤따르는 질문도 늘 제기될 수밖에 없다. "이 편지에 나타난 바울의 상황화의 패턴과 특징에 기독교 복음이 오늘날의 상황과 문화에 어떻게 상황화될 수 있는지와 관련하여 암시된 내용은 무엇인가?"

바울이 로마의 그리스도인들에게 보낸 편지는 이 질문을 추적하는 데 탁월한 사례 연구를 제공한다. 로마서는 (1) 기독교 복음의 가장 중심에 있는 문제들을 설명하며, (2) 독자에게 여러 가지 독특한 특징을 제시한다. 이러한 특징들이 분명하게 발견되는 곳은 "하나님의 진노"를 주제로 가르침을 주는 로마서 1:18-32이다. 이 본문에서 바울이 시도한 복음의 상황화에서 기인하는 일곱 가지 문제를 여기서 강조하는 것이 적절할 것이다.

---

115) Brown, *Introduction to the New Testament*, 530.

복음 선포의 서론으로 하나님의 진노를 설교하는 것. 자신들이 전하는 메시지와 이행하는 방법론 모두에서 "성경적"이기를 바라는 진지한 그리스도인들은 종종 기독교 복음 선포가 무엇보다도 사람들에게 그들이 죄인이고 구원이 필요하다는 것을 확신시켜야 한다고 주장한다. 바울이 로마서 본론의 중앙부 첫 번째 단락 이 첫 부분인 1:18-32(과 계속해서 2:1-3:20)에서 그렇게 했듯이 말이다. 그들은 그 후에야 비로소 "하나님이 그리스도 안에서" 사람들과 세상을 자신과 화목하게 함으로써 행하신 것을 긍정적으로 제시할 수 있고, 사람들이 그 화목을 스스로 받아들이기 위해 "믿음으로" 반응하라는 부르심에 응할 수 있다고 믿는다. 하지만 이러한 이해는 경건하고 칭찬할 만하기는 하지만, 바울이 기독교 메시지를 그가 맞닥뜨린 다양한 상황과 환경에서 상황화한 다양한 방법을 진지하게 고려하지 못했다. 특히 그것은 바울이 기독교 복음을 유대교의 교훈에 영향을 받지 않아 유대교 성경의 배경에 대한 지식이 전혀 없는 이방인들에게 어떻게 제시했는지(이것은 바울의 목회 서신 대부분에 해당하는 사례다), 그리고 그가 그 복음을 유대적 배경이나 유대 기독교 배경에 영향을 받거나 그런 배경을 가지고 있던 유대인과 이방인들에게 어떻게 제시했는지(우리가 로마서와 관련하여 주장했듯이)를 고려하지 못한다.

이 말은 "하나님의 진노", "하나님의 창조세계에서의 계시", 우상숭배, 동성애, 또한 개인적이고 사회적인 특성을 지니는 불의에 대한 쟁점들이 그리스도인의 사역에서 무시되거나 배제된다는 뜻이 아니다. 그리스도의 복음은 이 모든 주제에 대해 엄청난 내용을 담고 있기 때문이다. 하지만 바울이 그의 이방인 사역에서 일반적으로 행하던 것이 구원에 긍정적으로 초점을 맞추는 것이었음을 알아야 한다. 그 구원은 하나님께서 그의 아들 예수 그리스도의 인격과 사역을 통해 이루셨다. 이에 함께 기대되는 점은 앞에서 열거한 더욱 부정적인 여러 문제들이 (1) 하나님의 성령의 사역에 의해 효과적으로 다뤄지고(이를테면 예수가 요 14:26에서 약속하신 것으로 알려진, "보혜사 곧 아버지께서 내 이름으로 보내실 성령, 그가 너희에게 모든 것을 가르치고 내가 너희에게 말한 모든 것을 생각나게 하리라."), (2) 예수를 믿는 신자들이 "그리스도 안에 있는 새로운 피조물"이라는 근거로 바울 자신 또는 교회의 다른 지도자들 중 어느 누군가에 의해 목회적으로 다뤄질 것이라는 점이다.

그 밖에 다소 관계없는 자료의 사용. 이 본문에서 또 주목해야 할 것은 다른 상황에서 나와서 다른 사람들에 의해 다른 맥락에서 다른 목적으로 사용된 듯한, 다소 관계없는 다른 자료의 사용이다. 바울은 이 자료를 1:18-32에서 자신의 목적을 위해 그리고 자신의 해석학적 "편견"을 위해 사용했다. 이를테면 「솔로몬의 지혜」 13-14장(과 이 헬레니즘적 유대 작품의 후반부에 있는 다양한 구절)에서 직접 또는 간접적으로 인용한 자료로서, 이 자료는 다른 사람들도 그들 나름의 목적으로 널리 사용한 것 같다. 이 말은 바울이 자신에게 유리한 대로 그가 우연히 발견한 어떤 자료라도 자유롭게 사용하고 재해석했다는 의미는 아니다. 「솔로몬의 지혜」 13-14장의 총체적인 메시지는 일반적으로 바울의 이해와 맥을 같이한다. 그래서 바울이 「솔로몬의 지혜」 13-14장의 구조와 용어와 언어 중 일부를 빌려온 것처럼 보여도, 그는 「솔로몬의 지혜」 13-14장의 초점을 넓혀 이방인들만 아니라 모든 인류를 포함시켰다. 그리고 그러한 개정 작업을 통해 그는 자신의 교훈을 제시하는 데 이 자료를 사용했다.

앞에서 주장했듯이, 분명히 이 자료는 (1) 바울 당대의 유대인들과 유대 그리스도인들 사이에서 널리 통용되었으며, (2) 그의 수신자들에게도 알려졌고 공감되었음을 바울이 확신했던 자료다. 그러므로 바울이 로마서 1:19-32에서 쓴 것의 기본적인 내용과 글의 흐름 및 형식은 원래 바울이 구성한 것이 아니라 어떤 식으로든지 「솔로몬의 지혜」에서 가져온 것 같다. 하지만 바울이 이 자료를 사용한 분명한 까닭이 있다. (1) 그는 「솔로몬의 지혜」에 제시된 총체적인 취지를 받아들였으며, (2) 로마에 있는 그의 수신자들도 그것을 알고 거기서 말하는 것이 참되고 중요함을 받아들였으며, (3) 바울은 그가 접한 그 자료를 조금만 수정한 채 로마에 있는 이 그리스도인 수신자들과 의미 있는 접촉을 할 수 있었다. 바울은 자신과 그의 수신자들이 모두 동의하는 이러한 자료를 제시함으로써 그의 편지의 첫 번째 중심 단락을 시작했다.

바울이 1:18-32에서 설명한 것처럼 기독교 복음을 설명하기 시작한 까닭과 이 본문(특히 19-32절)에서 그가 「솔로몬의 지혜」에서 궁극적으로 인용한 자료를 사용한 까닭은 상황적 상황화와 관련된 문제다. 하지만 이 자료들에는 우리 자신의 기독교 사역과 오늘날 복음 선포에도 적용할 필요가 있는 실천이 제시되었다.

3. 하나님의 창조세계에서의 계시와 하나님을 아는 인간의 지식. 하나님의 "창조세계에서의 계시"와 하나님을 아는 인간의 기본적인 지식에 대한 바울의 선언은 1:19-20에 간략히 제시되었다. "이는 하나님을 알 만한 것이 그들 속에 보임이라. 하나님께서 이를 그들에게 보이셨느니라. 창세로부터 그의 보이지 아니하는 것들 곧 그의 영원하신 능력과 신성이 그가 만드신 만물에 분명히 보여 알려졌나니, 그러므로 그들이 핑계하지 못할지니라." 14세기부터 17세기의 르네상스와 18세기 계몽주의 시대의 여러 사상가는 그 이후 수많은 사람과 더불어 창조세계에 나타난 하나님의 이러한 계시를 부정했다.

저명한 에든버러 신학자인 존 베일리(John Baillie)가 자신의 의식이 가장 처음 시작될 때를 되돌아보는 부분은, 어느 시대나 장소의 사람들뿐만 아니라 오늘날 그리스도인들도 대부분 공감할 수 있는 내용이다.

내가 최대한 과거를 돌이켜보고 또 기억을 되살려 어린 시절 천진무구했던 처녀지에 도달하려고 아무리 노력해봐도 무신론적인 상태로 돌아갈 수 없었다. 나 자신만을 생각하고 다른 사람들은 전혀 의식하지 않았던 적이 없었듯이, 나 자신을 생각하면서 하나님을 전혀 의식하지 않았던 적도 없다. 나의 어린 시절을 기억해보면 거의 절대적으로 종교적인 분위기 속에 있었다. 그 기억들은 이미 "하나님의 존재를 느끼게 하는 것들"로 가득했다. 지금은 내가 그 신적인 존재를 나의 환경의 요인으로 칭해야 한다고 배운 것에 대한 인식이 그 기억의 본질 속에 들어 있다. 물론 그러한 기억이 희미해졌고 구체적으로 표현할 수는 없지만, 다른 어떤 것으로 오해할 여지가 없는 기억이다. 약간은 흐릿하기는 해도, 내가 "나의 것이 아

니다"라고 느끼지 않았던 때는 없었다.[116]

그리고 이러한 원초적인 의식은 오늘날 세상을 살아가는 모든 사람에게만
아니라, 예수 그리스도의 인격과 사역으로 영향을 받은, 하나님의 구원에
속하는 모든 사람에게 증인이 되라는 교회의 권한을 수행하고 있는 기독교
회에게도 매우 중요하다. 교회는 증인으로서 이런 확신을 가지고 나간다.
교회가 낯선 지역으로 들어가는 것이 아니라 하나님의 자기계시가 온 세상
곳곳에 이미 현존한다는 확신과, 하나님이 창조에 나타난 "일반계시"를 통
해 모든 사람으로 하여금 복음 선포에 나타난 그의 "특별계시"를 받아들일
준비를 하셨다는 확신을 가지고 말이다.

사람들이 하나님을 저버리는 기본적인 이유. 앞에서 살펴보았듯이,
1:21에서 바울은 인류의 본질적인 문제와 사람들이 하나님을 저버린 근본
적인 이유를 부각시킨다. 말하자면, 그들이 하나님에게서 벗어나 자신들의
독립을 선언한 것이고, 따라서 하나님께 반역한 상태에 있다. 그 결과 그들
은 하나님을 영화롭게 할 수 없으며 하나님께 감사를 표현할 수도 없다.

존 베일리가 강연과 사적인 대화에서 매우 자유롭게 말했듯이, 그의
종교적 경험에는 한때 자신이 무신론자라고 고백한 것도 포함되어 있다.
의욕이 넘치고 의기양양했던 그의 대학생 시절에 특히 그랬다. 하지만 그
의 생애에서 당시의 "무신론" 시대를 회상하면서 그는 늘 이런 내용을 덧
붙였다. "그러나 내가 실제로 무신론자였던 적은 없었다. 사실 내가 하나
님으로부터 듣기를 원했던 수많은 것이 있었다. 그리고 나는 왜 그분이 더
평이하게 말씀하지 않으셨는지 궁금했다. 그러나 동시에 내가 하나님께
듣고 싶지 않았던 것들도 많이 있었다. 어느 한 영역에서 나의 막힌 귀는
다른 영역으로 확장되었으며, 그럴 때마다 나는 내가 무신론자라고 선언
했다"(이것은 내가 Baillie의 강의와 그와 나눈 사적인 대화를 거의 글자 그대로 기억하
는 내용이다). 하나님을 떠나 독립한 경우나 하나님께 반역하는 것을 자랑하

---

116) Baillie, *Our Knowledge of God*, 4; 또한 182-83도 보라.

는 경우에 드러나는 인간 상태에 대한 이러한 이해는, 사려 깊고 예민한 정
서가 있는 사람들의 심금을 울렸다. 이러한 이해는 다양한 시기에 표현된
우리 자신의 인간적인 태도나 우리 삶의 욕망과 공명하기 때문이다.

인류의 우상숭배. 인류의 우상숭배에 대해 서술한 1:23과 1:25의 내용
은 충격적이다. "썩어지지 아니하는 하나님의 영광을 썩어질 사람과 새와
짐승과 기어 다니는 동물 모양의 우상으로 바꾸었느니라"(23절). 그리고 그
들은 "하나님의 진리를 거짓 것으로 바꾸어 피조물을 조물주보다 더 경배
하고 섬겼다"(25절). 이러한 종교적인 상스러움에 몸서리를 치고 낯선 땅
에 뿌리내린 원시인들의 삶에서 이러한 우상숭배의 결과가 얼마나 처참한
지를 목격하는 것은 전혀 어렵지 않다. 더글러스 무가 적절히 관찰했듯이,
"인간들의 이 비극적인 '신 만들기' 과정은 우리 시대에도 빠르게 계속되고
있다. 바울의 말은 나무나 돌을 깎아 우상을 만드는 사람들처럼 돈이나 성
이나 명예를 자기 하나님으로 만든 사람들에게 아주 적절하다."[117]

현대 서구사회에서도 "이교적인" 우상숭배 형태에 대한 혐오감을 느
끼는 것이 어렵지 않다. 이러한 우상숭배는 "문명화되고" "문화적인" 환경
속에 살고 있는 우리에게 종종 추잡하고 지적이지 못한 것으로 보인다. 하
지만 이 본문에서 주어진 바울의 가르침을 상황화하면 그가 표현한 말들
이, 그리스도인인 우리 자신의 모든 우상숭배적인 태도와 행동을 비롯하여,
오늘날 모든 다양한 형식의 우상숭배적인 태도와 행동에도 잘 들어맞는다
는 것을 인정할 수밖에 없다.

인간의 부도덕과 불의. 고대 세계의 다양한 문헌에 비교적 자주 등장
하는 악의 목록은, 고대의 선생과 작가들 사이에 도덕론자들이 흔히 말
하는 윤리적인 악들의 표준적인 목록 같은 것이 존재하지 않았음을 시사
한다. 또한 바울이 1:24-31의 윤리적 진술을 작성할 때 그런 목록을 참조했
던 것도 아닌 것 같다.

바울은 갈라디아 교회들의 회심자들에게 편지하면서 "육체의 일"에

---

117) Moo, *Romans*, 110.

속하는 것을 다음과 같이 열거한다. "음행과 더러운 것과 호색과 우상숭배와 주술과 원수 맺는 것과 분쟁과 시기와 분냄과 당 짓는 것과 분열함과 이단과 투기와 술 취함과 방탕함과 또 그와 같은 것들이라"(갈 5:19-21). 고린도에 있는 회심자들에게 편지하면서 그는 스스로를 "형제나 자매"(즉 그리스도인 또는 "그리스도 안에" 있는 동료 신자)라 부르지만 실제로는 "음행, 탐욕, 우상숭배, 모욕, 술에 취함, 속여 빼앗음"(고전 5:9-11)에 빠진 사람들과 어울리는 것에 대해 경고했다. 그 후에 같은 편지에서 바울은 "악한 자들"(즉 "하나님의 나라를 유업으로 상속하지 못할 사람들")을 "음행하는 자, 우상숭배하는 자, 간음하는 자, 탐색하는 자, 남색하는 자, 도적, 탐욕을 부리는 자, 술에 취한 자, 모욕하는 자, 속여 빼앗는 자"(고전 6:9b-10)로 밝힌다. 디모데후서 3:2-5a에서는 "마지막 날"의 사람들을 묘사하며 로마서 1:24-31과 다소 비슷한 목록이 있다. "자기를 사랑하며 돈을 사랑하며 자랑하며 교만하며 비방하며 부모를 거역하며 감사하지 아니하며 거룩하지 아니하며 무정하며 원통함을 풀지 아니하며 모함하며 절제하지 못하며 사나우며 선한 것을 좋아하지 아니하며 배신하며 조급하며 자만하며 쾌락을 사랑하기를 하나님 사랑하는 것보다 더하며 경건의 모양은 있으나 경건의 능력은 부인하니." 그리고 바울은 로마서의 네 번째 중요한 교훈 단락(12:1-15:13의 윤리 단락)에서 로마의 그리스도인들에게 "낮에와 같이 단정히 행하고, 방탕하거나 술 취하지 말며 음란하거나 호색하지 말며 다투거나 시기하지 말"라고 권한다(롬 13:13).

성적인 부도덕과 관련된 문제들이 유대인들의 악의 목록과 그리스도인들의 악의 목록의 꼭대기나 그 근처에 등장하는 경우가 자주 있다. 그 까닭은 유대인들과 그리스도인들 모두 하나님과 사람의 관계만 아니라 사람들 간의 관계 등 인격적인 관계를 가장 중요하다고 이해한 데 있다. 그러므로 하나님이 세우신 도덕적 질서를 바꾸거나 사람들 간의 관계를 왜곡시키는 것은 무엇이 되었든지 간에 특별히 가증한 것으로 여겨졌다(롬 1:24-27과 Wis 14:24-26 두 곳 모두에 강조된 내용이다).

동성애는 유대인들과 그리스도인들의 악의 목록에서 특히 가증스러운 사회적인 죄이자 하나님의 인격과 다른 사람들의 인간성에 대한 가공할 만한 직접적인 공격으로 강조되었다. 오늘날 기독교회는 어떻게 하나님의 윤리적인 표준을 유지하면서도 그 표준을 거역하는 사람들을 책임감 있게 다루고 도와줄 수 있는지에 관한 많은 질문에 점층적으로 직면하고 있다. 동성애 문제와 관련하여 찰스 탈버트의 충고는 더 다듬을 필요가 없을 정도로 잘 표현되었다.

> 바울이 표현한 성경적 가치에 충실하려는 현대의 그리스도인들은 동성애 행위를 축하하지도, 그것을 인간의 타락을 표현하는 유일한 죄라고 말하지도 않을 것이다. 더욱이 동성애 행위가 나쁘다면, 그런 행위를 하는 사람들은 죄인이다. 구주가 필요한 우리처럼 말이다. 그래서 그리스도인들은 그들에게 지나친 편협함이 아니라 그리스도의 사랑을 보여주도록 부름을 받았다. 그리스도인들은 이성 간의 영구적인 결혼을 떠난 모든 성행위를 성경이 죄로 여긴다는 사실을 인정하지만, 우리가 모두 은혜로 말미암아 구원을 받는 죄인이라는 사실도 고백해야 한다. 그런데 그리스도인들은 모든 죄인을 사랑하고 받아들여야 함에도, 모든 행위와 삶의 방식을 긍정하고 용납할 수는 없다. 교회는 변화와 훈련과 배움의 장소이지 막연히 자기가 하고 싶은 대로 맘껏 하는 곳이 아니다.[118]

(유대인들과 그리스도인들을 비롯하여) 고대의 광범위한 악의 목록에서 대부분의 악은 어떤 고정적인 서열 없이 단순히 나열되었다. 가끔은 어떤 악들은 다른 것과 엇바꿔 사용되기도 한다. 이것은 우리가 오늘날 사람들의 부도덕과 불의를 고정적인 서열로 정리하거나 그것들을 "무거운 죄"(심각한 결과를 낳고 의도적으로 범한 죄)나 "가벼운 죄"(상대적으로 가볍거나 충분한 생각이나 승낙 없이 범한 죄)와 같이 등급을 매기려 해서는 안 됨을 암시하는 것 같다. 따라서 1:24-31에서 바울이 열거한 인류의 악의 목록을 오늘날 상황

---

118) Talbert, *Romans*, 76.

화하면서 우리는 열거된 죄들을 단지 인간의 대표적인 악으로만 취급해야지, 죄의 무게를 가늠하여 서로 비교하려 해서는 안 된다. 모든 악은 이보다 훨씬 큰 하나님에 대한 반역과 하나님을 떠나 독립하겠다는 악에서 기인한 것이기 때문이다. 애석하게도 이 두 근원적인 악은 인류 역사의 전 과정을 지배했던 요인이며, 종종 은밀하고 서서히, 오늘날 그리스도인의 삶에서도 반복되고 있다.

인간의 우상숭배, 부도덕, 불의에 대한 해결책. 하지만 로마서 1:18-32에 언급된 내용을 오늘날 상황화하는 논의를 결론지으려면 본문 전체에 인류의 모든 우상숭배, 부도덕, 불의에 대한 해결책이 암시적으로 등장한다는 점에도 주목해야 한다. 이래야 하는 까닭은 우상숭배, 부도덕, 불의에 대한 바울의 부정적인 진술 하나하나가 역전될 수 있고 긍정적인 어떤 것을 제안할 수 있기 때문이다. 이것은 물론 주제가 무엇이 되었든지 간에 부정적인 특성에 대해 말했거나 쓴 것에 해당한다. 특히 이 모든 내용은 바울이 1:21에서 말하는 것에 해당한다: "하나님을 알되 하나님을 영화롭게도 아니하며 감사하지도 아니"하였다.

바울은 이곳 1:21에서 우상숭배와 부도덕 및 불의에 대한 해결책이 하나님을 찬송함으로써 그분을 영화롭게 하고 그분께 감사하는 마음이라고 선포한다. 우리가 하나님을 영화롭게 하고 감사할 내용은 하나님이 누구이신지와 창조와 구속 사역에서 그분이 하신 일(과 계속해서 하시는 일)이다. 이 해결책은 바울 서신 여러 곳에서 다양한 방식으로 등장한다. 하지만 이것은 빌립보서 3:1의 결론적인 권면에 가장 분명히 표현되었다. "끝으로 나의 형제들아! 주 안에서 기뻐하라. 너희에게 같은 말을 쓰는 것이 내게는 수고로움이 없고 너희에게는 안전하니라." 바울은 이 동일한 내용을 스물다섯 절 뒤인 빌립보서 4:4에서 반복한다. "주 안에서 항상 기뻐하라. 내가 다시 말하노니 기뻐하라."[119] 그러므로 로마서 1:19-32에 자세히 제시된 참혹한 악의 목록과 반대되는 것은 하나님을 찬송하고 감사하는 것이다. 찬송과

---

119) 이와 비슷한 결론적 권면이 롬 15:5-11과 살전 5:16-18에도 있다.

감사와 그에 따르는 행동은 오늘날 그리스도인들을 위한 "안전장치"를 구성한다.

3. 죄를 지은 모든 사람에게 내리는 하나님의 정죄는 의롭고 차별이 없다(2:1-16)

번역

[2:1]그러므로 남을 판단하는 사람아, 누구를 막론하고 네가 핑계하지 못할 것은 남을 판단하는 것으로 네가 너를 정죄함이니, 판단하는 네가 같은 일을 행함이니라. [2]이런 일을 행하는 자에게 하나님의 심판이 진리대로 되는 줄 우리가 아노라. [3]이런 일을 행하는 자를 판단하고도 같은 일을 행하는 사람아, 네가 하나님의 심판을 피할 줄로 생각하느냐? [4]혹 네가 하나님의 인자하심이 너를 인도하여 회개하게 하심을 알지 못하여 그의 인자하심과 용납하심과 길이 참으심이 풍성함을 멸시하느냐? [5]다만 네 고집과 회개하지 아니한 마음을 따라 진노의 날 곧 하나님의 의로우신 심판이 나타나는 그날에 임할 진노를 네게 쌓는 도다.

> [6]하나님께서 각 사람에게 그 행한 대로 보응하시되,
> [7]참고 선을 행하여 영광과 존귀와 썩지 아니함을 구하는 자에게는
> 영생으로 하시고,
> [8]오직 당을 지어 진리를 따르지 아니하고 불의를 따르는 자에게는
> 진노와 분노로 하시리라.
> [9]악을 행하는 각 사람의 영에는 환난과 곤고가 있으리니
> 먼저는 유대인에게요 그리고 헬라인에게며,
> [10]선을 행하는 각 사람에게는 영광과 존귀와 평강이 있으리니
> 먼저는 유대인에게요 그리고 헬라인에게라.
> [11]이는 하나님께서 외모로 사람을 취하지 아니하심이라.

[12]무릇 율법 없이 범죄한 자는 또한 율법 없이 망하고 무릇 율법이 있고 범죄한 자는 율법으로 말미암아 심판을 받으리라. [13]하나님 앞에서는 율법을 듣는 자가 의인이 아니요 오직 율법을 행하는 자라야 의롭다 하심을 얻으

리니,

[14]율법 없는 이방인이 본성으로 율법의 일을 행할 때에는 이 사람은 율법이 없어도 자기가 자기에게 율법이 되나니, [15]이런 이들은 그 양심이 증거가 되어 그 생각들이 서로 혹은 고발하며 혹은 변명하여 그 마음에 새긴 율법의 행위를 나타내느니라.

[16]곧 나의 복음에 이른 바와 같이 하나님이 예수 그리스도로 말미암아 사람들의 은밀한 것을 심판하실 그날이라.

본문비평 주

2:1   본문의 διό("그러므로")는 추론적인 접속사로 이해되든지 아니면 전환적인 접속사로 이해되든지 간에("석의와 주해"를 참조하라), 본문의 외적 증거에 의해 견고하게 지지받는다. 하지만 안톤 프리드리히센(Anton Fridrichsen)은 2:1-29의 내증을 고려할 때 διό를 단순히 일부 초기 필경사의 실수로 보아야 한다고 주장했다. 그들이 "두 번" 또는 "다시"라는 뜻의 부사 δίς를 쓰려다가 διό라고 잘못 썼다는 것이다.[1] 하지만 프리드리히센의 주장은 2:1-16은 물론이고 2:17-29의 논증이 유대인들만을 향한다는 잘못된 가정에 근거했다.

2절   Οἴδαμεν("우리가 안다") 바로 뒤에 있는 후치사 δέ("그러나", "이제")는 대문자 사본 A B Dᵍʳ G P Ψ와 소문자 사본 1175 1739(범주 I), 81 1881 1506 2464(범주 II), 그리고 6 88 104 181 323 326 330 365 614 629 630 1241 1243 1505 1735 1874 1877 2495(범주 III)의 지지를 받는다. 이 단어는 역본 itᵃʳ ⁽ᵛⁱᵈ⁾ sy⁽ᵖ⁾ ᵍ와 마르키온 테르툴리아누스 암브로시아스테르 테오도레토스에 반영되었다. 이문 γάρ("왜냐하면")는 대문자 사본 ℵ C, 소문자 사본 33(범주 I), 1962 2127(범주 II), 그리고 436 2492(범주 III), 역본 itᵈ vg copˢᵃ· ᵇᵒ 그리고 크리소스토모스의 지지를 약간은 덜 받는다. 독법 δέ는 본문 전통에서 어느 정도 더 강한 지지를 받을뿐더러 본문의 의미를 더 좋게 하기

---

1) Fridrichsen, "Der wahre Jude," 40; 같은 저자, "Quatre Conjectures," 440.

도 한다. 2절은 1절과 맥을 같이하면서 더 자세히 설명하며(그래서 δέ가 적절하다), (γάρ처럼) 앞 절의 이유나 설명을 제시하지 않기 때문이다.

　　5절　'Αποκαλύψεως("계시") 다음에 접속사 καί("그리고")가 첨가된 것은 대문자 사본 $\aleph^2$ D^c P Ψ, 소문자 사본 33 1175 1739 1881(범주 I), 1881 2464(범주 II), 88 104 326 330 365 424^c 614 1241 1243 1319 1505 1735 1874 2344 2495(범주 III), 그리고 역본 sy^{h}의 지지를 받는다. 그래서 본문은 "진노와 계시와 하나님의 의로운 심판의 날"이라고 읽게 된다. 그러나 καί 의 생략이 약간은 더 나은 대문자 사본 $\aleph^*$ A B D* G와 소문자 사본 81(범주 II)의 지지를 받는다. 생략된 본문은 역본 it vg syr^p cop$^{sa, bo}$에도 반영되었다. Καί의 생략은 약간 더 어려운 독법을 야기한다(그렇기에 아마도 원본일 가능성이 더 크다). 그렇게 되면 본문은 "진노의 그리고 하나님의 의로운 심판의 계시의 날"과 같은 온통 소유격으로 이어지는 문장이 된다.

　　13a절　Θεῷ("하나님") 앞에 있는 정관사 τῷ("그")는 대문자 사본 $\aleph$ A D^c G Ψ와 소문자 사본 33 1175 1739(범주 I), 1506 1881 2464(범주 II), 그리고 6 69 88 104 323 326 424 614 1241 1243 1319 1505 1573 1735 1874 2344 2495(범주 III)의 지지를 받는다. 그러나 정관사는 대문자 사본 B D*와 소문자 사본 1874(범주 III)에는 들어 있지 않다. 정관사가 생략된 것은 아마도 일부 필경사들이 그것이 불필요하다고 생각했기 때문일 것이다. 정관사 없이 θεός 자체만으로도 충분히 분명하기 때문이다.

　　13b절　9세기의 사본 G(012)는 동사 δικαιωθήσονται("그들이 의롭다 하심을 얻을 것이다") 다음에 παρὰ θεῷ("하나님 앞에서")라는 어구를 첨가한다. 이것은 아마도 13a절에 있는 δίκαιοι παρὰ τῷ θεῷ("하나님 앞에 의로운" 또는 "하나님이 보시기에 의로운")라는 표현 때문에 실수로 중복되었을 것이다. 하지만 본문에서 이것은 전혀 필요하지 않다.

　　14절　사본 G는 사본 전통을 통해 여러 사본에서 광범위하게 입증을 받는 οὗτοι νόμον("율법[이 없는] 사람들")을 유사한 표현인 τοιοῦτοι νόμον("율법[이 없는] 이와 같은 사람들")으로 대체했다. 이것은 본문의 문체를 개선하려는 시도였음이 분명하다.

15절　　마찬가지로 사본 G는 광범위하게 입증을 받는 λογισμῶν ("생각들")을 강세형인 διαλογισμών ("주장들")으로 대체했다. 이것은 분명히 일부 필경사가 개선한 것으로 생각된다.

16a절　　'Εν ἡμέρᾳ ὅτε ("~하는 그날에")라는 어구는 대문자 사본 ℵ D G Ψ와 소문자 사본 33 1175 1739 (범주 I), 1881 2464 (범주 II) 그리고 6 69 104 323 326 330 365 424ᶜ 614 1241 1243 1319 1505 1573 1735 1874 (범주 III)의 지지를 널리 받고 있다. 그리고 이 어구는 역본 it vg syrʰ에도 반영되었다. 그러나 바티칸 사본(B 03)은 ἐν ἡ ἡμέρᾳ ("그날에")라고 읽으며, 반면에 알렉산드리아 사본(A 02)과 소문자 사본 1506 (범주 II)과 88 (범주 III)은 ἐν ἡμέρᾳ ἡ ("~하는 그날에")라고 독법의 순서를 바꾸었다. 더 광범위한 증거를 가지고 있는 첫 번째 독법이 지금은, 바티칸 사본(B)의 독법을 선택하여 이보다 먼저 나온 GNT²을 변경한 GNT³·⁴에 등장한다. 초기 본문에 B 사본의 독법을 채용한 것은 정관사의 사용으로 더 분명하게 종말론적인 의미를 표현하기 때문이다. 물론 종말론적인 의미를, 명사 ἡμέρα가 명확한 날을 가리킨다고 이해하면서, 더 광범위하게 지지를 받는 어구 ἐν ἡμέρᾳ ὅτε에서 보게 될 수도 있지만 말이다.

16b절　　Κρινει를 현재시제(κρίνει, "그가 판단하다")로 읽을 것인지 아니면 미래시제(κρινεῖ, "그가 심판하실 것이다")로 읽을 것인지를 결정하는 것은 무척 복잡하다. 초기의 대문자 사본인 ℵ A B* D*에는 이 동사에 악센트가 없다. 대문자 사본 B² Ψ와 소문자 사본 6 1241 1243 (범주 III)은 현재시제로 읽지만, 대문자 사본 D²와 소문자 사본 33 1175 1739 (범주 I), 1506 1881 (범주 II), 또한 69 88 104 323 326 365 614 1241 1319 1505 1573 1735 1874 2495 (범주 III), 그리고 대부분의 라틴어 역본과 콥트어 역본은 미래시제로 읽는다. 외적 증거에만 의거해서는 이 문제를 결정할 수가 없다. NA²⁶/²⁷은 현재시제인 κρίνει ("그가 판단하다")를 선택했다. 더 어려운 독법이기 때문에 그랬음이 분명하며, 따라서 이것은 나중에 수정했을 가능성을 설명할 수 있다. 하지만 문맥적으로는 미래시제인 κρινεῖ ("그가 심판하실 것이다")가 본문에 더 적합하기에, 우리는 위의 번역과 아래의 석의와 주해에

서도 미래시제를 선호한다(3:6b에 있는 κρινεῖ의 시제와 관련하여 동일한 질문을 참조하라).

16c절   Χριστοῦ Ἰησοῦ("그리스도 예수")라는 순서가 대문자 사본 ℵ *vid B와 소문자 사본 81 1506(범주 II) 그리고 오리게네스에 등장한다. 반면에 Ἰησοῦ Χριστοῦ("예수 그리스도")라는 순서는 대문자 사본 ℵᶜ A D Ψ(또한 *Byz* 대문자 사본 K L)와 소문자 사본 33 1175 1739(범주 I), 1881 1962 2127 2464(범주 II), 또한 6 104 365 424ᶜ 1241(범주 III), 그리고 역본 it vg syrᵖ·ʰ copˢᵃ·ᵇᵒ에서 발견된다. 둘 가운데 Χριστοῦ Ἰησοῦ가 선호되는 것 같다. 초기 사본의 입증을 받고 있기 때문이다. 브루스 메츠거가 주목했듯이 비록 "어떠한 순서가 더 본래의 것인지에 대해서는 상당히 의문이 있지만" 말이다.[2] GNT³·⁴는 Χριστοῦ Ἰησοῦ를 택하여 GNT²의 입장을 바꾸었다.

16d절   대명사 소유격 μου("나의")는 소문자 사본 69(범주 III)와 역본 itᵈ copˢᵃ에만 생략되었다. 따라서 그리스어 본문 전통에서 이 단어가 초기에 광범위하게 입증되었던 것을 무시할 수 없다.

형식/구조/상황

1:18-3:20에 포함된 거의 모든 자료는 형식이나 내용에서 바울 당대의 유대교적 교훈 및 유대 기독교적 교훈과 병행을 이룬다. 이 단락 전체에서 바울은 주로 유대적 관점과 유대 기독교적 관점에서 모든 사람이 죄인이라는 사실과 그들이 하나님의 정죄를 받아 마땅하다는 점을 묘사한다. 다시 말해서 이방인과 유대인 모두 죄인이고 정죄를 받는다. 독특한 기독교적 용어가 분명히 드러나는 유일한 본문은 2:16이다.

이것은 특히 가까운 본문인 2:1-16에 해당한다. 조지 캐러스(George Carras)가 지적했듯이, 로마서 2장의 이 첫 번째 부분은 동일한 장 17-29절의 두 번째 부분과 함께 "유대적인 내적 논쟁"을 구성한다. 이곳에 기록된 것은 "유대 종교의 특성에 대한 두 유대적 태도가 논의되는 디아트리베로

---

2) Metzger, *Textual Commentary*, 448.

이해하는 것이 가장 좋다."³⁾ 그리고 이러한 이해는 스탠리 스토워스의 유대적 문맥에서 바울이 사용한 그리스어의 디아트리베 연구에서 광범위하게 논의되었다.⁴⁾ 하지만 로마서 2장의 이 두 단락에 있는 유대적 특성과 그리스어의 디아트리베 문체는 바울의 주장을 바르게 이해하는 중요한 해석학적 열쇠로 인정을 거의 받지 못했다. 그뿐만 아니라 이 단락의 전통적인 유대적 자료와 유대 기독교적 자료들은 적절히 밝혀지지도 바르게 해석되지도 않았다. 우리는 2:1-16과 2:17-29을 해석하면서 이 둘의 해석학적 생략을 바로잡으려 한다.

편지의 특징과 수사학적 특징. 고대 편지의 두 관습은 로마서 본론 중앙부의 첫 번째 주요 단락인 1:16-4:25에서 자주 밝혀졌다. 첫 번째 관습은 2:1 도입부에 등장하는 호격 "사람아"(ὦ ἄνθρωπε, 비교. 2:3)다. 이 호격은 많은 번역가가 이런저런 이유로 번역할 수 없는 것으로 여겼으며,⁵⁾ 일부 주석가들은 이것을 좀 더 세련되게 또는 덜 공격적으로 들리도록 번역했다.⁶⁾ 두 번째 관습은 4:1이 시작되는 곳에 등장한다. 이곳에서는 "말하는 것"과 관련된 동사가 질문에 포함되었다. "그런즉 우리가 무엇을 말하겠느뇨?"(τί οὖν ἐροῦμεν; 비교. 또한 4:3, "성경이 무엇을 말하느뇨?"[τί ἡ γραφὴ λέγει]). 하지만 일반적으로 편지의 관습으로 여겨졌던 이러한 예들은 (앞에서 주목했듯이) 이러한 어구들이 놓여 있는 특정한 수사학적 표현 양식과 더 잘 연결되는 듯하다. 이를테면, (1) 호격 "사람아"는 2:1-5의 수사학적 디아트리베의 여는 첫 말로, 그리고 (2) "그런즉 우리가 무엇을 말하겠느뇨?"는 아브라함을 예로 든 4:1-24의 전형적인 예화를 소개하는 것으로 말이다. 그럼에도 이 구체적인 본문의 특징들은 특성상 서간체적이든 수사적이든 간에 독자

3) Carras, "Romans 2,1-29," 185.
4) Stowers, *Diatribe and Paul's Letter to the Romans*, 93-98, 112-13; 같은 저자, "Gentile Culture and God's Impartial Justice," 83-125; 같은 저자, "Warning a Greek and Debating a Fellow Jew," 126-58.
5) 예를 들어, NIV, NRSV, TNIV에 이렇게 번역되었다.
6) 예. Barrett: "my good man" 또는 "my man"; Dunn: "you sir"; Moo: "O person"; Fitzmyer 와 L. T. Johnson: "human being."

들에게 2:1-4:25에 제시된 자료를 어떻게 설명해야 하는지를 이해하는 데 어느 정도 도움을 준다. 이를테면, 이곳 2:1에 사용된 호격은 바울이 제시한 전체 내용의 새로운 하부 단락의 시작을 분명히 표시하며, "말을 나타내는 동사"는 4:1에서 동일한 기능을 수행한다.

그러나 더 중요한 것은 로마서의 이 첫 번째 주요 단락에 사용된 더 명 쾌한 수사적 관습들이다. 이 관습들은 일부 구조들을 밝히고 바울이 주장 한 내용의 발전들을 강조한다. 특히 2:1-16을 연구하는 데 중요한 것은 다 음과 같다.

1. **돈호법**(*apostrophe*, 어떤 사람이나 의인화된 사물에게 말하려고 담화를 중단 하는 것). 이 현상은 2:1의 처음 몇 단어로 이 본문 맨 처음("그러므로 너 사람아" 등등)과 이 본문 바로 뒤에 이어지는 2:17의 처음 몇 단어 에("유대인이라 불리는 네가" 등등) 모두 등장한다. 이 돈호법의 두 예는 그것들로 둘러싸인 2:1-16을 바울 주장의 전개에서 별개의 자료 단 락으로 보아야 함을 암시한다.

2. **디아트리베**(*diatribe*, 가상의 대화 상대자나 가상의 반론 및 거짓된 결론을 향 해 직접 말하는 생생한 대화체). 신약성경에서 디아트리베의 가장 분명 하고 일관된 사례는 로마서에 있는데, 특히 2:1-5과 2:17-24에서 찾 을 수 있다. 스탠리 스토워스가 관찰했듯이, 이 두 본문에서 "바울 은 편지의 수신자들에게 직접 말하는 것을 중단하고 마치 그가 어 떤 개인에게 말하고 있는 것처럼 말하기를 시작한다."[7] 디아트리베 문제는 3:1-8(9절도 포함될 듯하다), 27-31(4:1-2도 포함될 듯하다), 9:19- 21, 11:17-24, 14:4-11에서도 찾을 수 있다. 본문마다 확실함의 정도 는 다양하겠지만 말이다. 그러나 2:1-5과 17-24은 명백히 그리스식 디아트리베의 문체와 형식으로 되어 있다. 이 두 디아트리베 본문은

---

7) Stowers, *Diatribe and Paul's Letter to the Romans*, 79.

바울이 제시하는 내용에서 상당히 분리된 하부 단락을 시작한다.[8]

3. **교차대구법**(chiasmus, 병행 어구들의 구문론적 요소들 간의 역행 관계) 로마서의 첫 번째 주요 단락의 "제1부"에 있는 본문들 중에서 특성상 교차대구법이라고 칭할 수 있는 것은 다음과 같다.

2:7-10(또는 어쩌면 2:6-11). 이 본문은 자주 교차대구법으로 밝혀졌다.

3:4-8. 이 본문은 가끔 교차대구법으로 밝혀지곤 한다.

2:12-29. 이 본문을 어떤 교차대구법 특징들을 반영하는 것으로 이해한 사람들이 있다. 그렇게 하는 것이 실수였을 가능성은 있지만 말이다.

하지만 교차대구법 구성을 밝힘에 있어 그것이 실제든지 아니면 추측이든지 간에 늘 매우 중요한 문제가 있는데, 그것은 의도성이다. 사실 교차대구법이라고 할 만한 것에 대해 항상 제기해야 하는 질문이 두 가지 있다. 첫 번째 질문은 다음과 같다. 교차대구법으로 보이는 것이 저자의 문학적인 능력에 기인하는가? 아니면 독자의 독창성에 기인하는가? 그리고 만일 이것이 저자가 만든 것이라면, 두 번째 질문이 제기된다. 이 교차대구법은 저자가 의도적으로 만든 것인가 아니면 의도하지 않은 것인가? 그래서 지금 다루는 본문과 관련하여 2:7-10(또는 좀 더 범위를 넓혀 2:6-11)에 교차대구법의 특징으로 보이는 것이 있다는 점을 주목할 필요가 있다. 하지만 저자의 의도나 본문의 해석과 관련하여 이러한 특징들의 중요성은 논의의 대상이 될 수 있다.

4. **수미상관법**(inclusio, 본문의 비교적 짧은 단락의 처음과 끝에 등장하는 비

---

8) 2:1-5과 2:17-24 두 본문은 물론 수사학적 의인법을 반영한 것으로 이해할 수도 있다. 이를테면, 말할 수 있는 사람이나 사물 등 어떤 구체적인 대상을 소개하는 수사법 말이다.

숫한 문장, 진술, 어구, 절, 단어를 포함하고 제시된 자료의 틀을 형성하는 비
슷한 언어 현상). 로마서의 뒷부분인 5-8장에 "우리 주 예수 그리스
도로 말미암아"(διὰ / ἐν τοῦ κυρίου ἡμῶν Ἰησοῦ Χριστοῦ)라는 표현
을 사용한 수사적 수미상관법 현상이 등장한다는 점에는 의심의 여
지가 없다. 이 어구는 5:1, 11, 21, 6:23, 7:25, 8:39에서 약간만 변경
된 채 6번 반복된다. 그리고 주이트 배슬러가 주장한 것처럼, 바울
은 1:16에서 그리고 2:9-10에서 2번 더 "먼저는 유대인에게요 그리
고 이방인에게로라"(Ἰουδαίῳ τε πρῶτον καὶ Ἕλληνι)라는 어구를 쓸
때 수미상관법을 의도했을지도 모른다. 비록 그러했을 개연성은 무
척 적지만 말이다(Bassler의 논지에 대한 평가는 1:16-17 주석을 참고하라.
이 어구 자체에 대한 제안은 아래 2:9-20에 대한 필자의 주석을 보라).

성경과 전통적인 자료 사용. 바울이 이방인이든 유대인이든 모든 인류를
기소하는 내용은 1:18에서 시작하여 3:20에까지 이른다. 리처드 헤이즈가
바울의 주장의 특징을 적절히 표현했듯이, 이 본문은 "로마서 3:10-18에 있
는 성경적 정죄라는 절정의 폭발로 이어지는 불꽃놀이"처럼 전개된다.[9] 더
욱이 헤이즈는 계속해서 이렇게 말한다. 이 "성경적 정죄의 폭발"이 3장에
서 일련의 성경 본문으로 충분히 표현되지만, 로마서 2장에서 바울은 "구
약의 지혜 문헌과 예언서 그리고 몇몇 중간기의 유대 문헌을 상기시키는
주제와 언어를 엮고 있다." 또한 "이곳" 2:1-16에서 "그의 언어의 어감은
매우 암시적이다."[10]
　　바울이 성경을 암시적으로 사용하는 여러 예에 대해서는 이어지는
"석의와 주해"에서 다룰 것이다. 바울이 제2성전기 유대교의 비성경 자료
에서 암시적으로 사용한 하나의 예는 로마서 2장의 처음 다섯 절에서 「솔
로몬의 지혜」 15:1-5을 사용한 경우인 것 같다. 여기서 그는, 1:19-32에

---

9) Hays, *Echoes of Scripture*, 41.
10) Hays, *Echoes of Scripture*, 41.

서 인류의 우상숭배와 부도덕과 불의를 묘사하며 「솔로몬의 지혜」 13:1-
14:31을 암시적으로 사용한 것을 이어간다. 2:1-5에서 바울은 「솔로몬의 지
혜」 15장 처음에 등장하는 스스로 뽐내는 자랑을 염두에 둔 것 같으며, 이
를 반박하기를 원했던 것 같다. 「솔로몬의 지혜」 15장은 과대 망상적인 방
식(과 분명히 Wis 13-14장에서 이방인들을 묘사한 것과 상반되는 방식)으로 이렇게
쓰고 있다.

> 그러나 우리 하나님이시여! 주님은 선하시고 진실하시며 오래 참으시고
> 만물을 자비로 통치하십니다. 우리가 죄를 짓더라도, 우리는 주님의 것이
> 며 주님의 능력을 압니다. 우리는 우리가 주님의 것임을 알기에 죄를 짓지
> 않을 것입니다. 주님을 아는 것이 완전한 의며, 사실 주님의 능력을 아는
> 것이 죽지 않음의 뿌리입니다. 사람들의 간사한 상상력이 우리를 속이지
> 못하며 다양한 색깔로 얼룩진 우상이나 화공의 보람 없는 노동도 우리를
> 속이지 못합니다. 어리석은 자들은 그것을 보고는 욕망이 일어 유혹을 받
> 으며 호흡이 없는 죽은 우상을 만들려고 합니다.[11]

그래서 바울은 이곳 로마서 2:1에서 이렇게 쓴다. "그러므로 남을 판단하는
사람아, 누구를 막론하고 네가 핑계하지 못할 것은 남을 판단하는 것으로
네가 너를 정죄함이니 판단하는 네가 같은 일을 행함이니라."
　　바울은 유대교 성경(구약)에서 가져온 유대교적 또는 유대 기독교적
금언을 2:1-16에 포함시키고, 유대교적 또는 유대 기독교적 교리문답 자료
에서 가져온 2개의 확장된 인용문을 추가로 포함시킨 듯하다. 이 전통적인
부분은 다음 구절들에서 두드러진다.

　1. 2:2: "이런 일을 행하는 자에게 하나님의 심판이 진리대로 되는 줄
　　　우리가 아노라." 이것은 아무리 보아도 성경에서 유래한 유대 금

---

11) Wis 15:1-5.

언인 것 같다. 그리고 이 본문은 "이제 우리가 아노라"(οἴδαμεν δὲ ὅτι)라는 어구로 소개되며, 편지의 공개 문구("이제 우리가 아노라") 및 도입 문구처럼 작용하는 서간체적 호티 어구(hoti recitativum, "~라는 것을")와 함께 등장한다. 동일한 문구가 3:19과 8:28(또한 딤전 1:8 참조)에서 성경에 근거한 금언을 소개할 때 사용되었다.

2. 2:6-10: "하나님께서 각 사람에게 그 행한 대로 보응하시되…." 이 본문은 관계대명사 "그는"(ὅς)으로 시작하며 사상의 병행 구조 (parallelismus membrorum)로 그 자료를 제시하고, 바울의 다른 편지들에서는 발견되지 않는 단어나 어구들(hapax legomena)을 사용하며, 많은 구약 본문을 상당히 암시적인 방법으로 혼합한다. 이 모든 것이 바울 서신 다른 곳에서는 물론이고 신약의 다양한 곳에서 초기 기독교의 신앙고백과 경건 생활 및 교리문답 자료가 사용되었음을 표시한다.

3. 2:11: "이는 하나님께서 외모로 사람을 취하지 아니하심이라." 이것 역시 아무리 보아도 성경 자료와 외경(일 가능성이 있는) 자료에서 유래한 유대적 또는 (아마도) 유대 기독교적인 금언인 것 같다. 접속사 γάρ("왜냐하면")가 여기에 사용된 것은 성경에 근거한 금언을 소개하려는 의도로 보인다. 이 접속사가 로마서 2:24, 10:13, 11:34-35과 고린도전서 2:16, 10:26, 15:27에서 바울의 분명한 성경 인용을 소개할 때 사용되었듯이 말이다.

4. 2:14-15: "율법 없는 이방인이 본성으로…." 본문의 내용과 문체로 인해 이 본문은 원래는 유대교적 또는 유대 기독교적 배경에서 작성된 전통적인 교리문답 자료의 한 부분으로 보아야 할 것 같다. 본문은 접속사 γάρ와 같은 또 다른 도입 어구를 사용한다는 점이 특징이며, 단 한 번만 사용된 상당히 중요한 단어나 용례(hapax legomena)를 통합하고, 일반적으로 바울에게 해당하지 않는 어색한 구문을 반영한다.

이 절들이 유대교적 또는 유대 기독교적 배경에서 유래한 전통적인 자료들을 포함한다고 밝힌 것은 다음의 사실로 정당화될 수 있다. (1) 이 자료들의 신앙고백적, 경건생활적, 교리문답적 내용이 유대교적 전통과 유대 기독교적 전통에 심취한 사람들에 의해 인정받았을 것이라고 추정할 수 있다. (2) 이 자료들의 문학적 문체와 어휘는 바울의 일상적인 문체나 어법과는 다소 달라 보인다. (3) "이제 우리가 아노라"(οἴδαμεν δὲ ὅτι)는 로마서 3:19, 8:28, 디모데전서 1:8의 성경적 근거를 가지고 있는 다른 금언을 인용할 때 사용된 도입 형식으로 보인다. (4) 접속사 γάρ가 도입 어구로 사용된 것은 로마서 2:24, 10:13, 11:34-35과 고린도전서 2:16, 10:26, 15:27에서 성경 인용을 소개하는 역할을 한다.

오늘날 독자들 대부분이 신약성경의 여러 책에 있는 이러한 전통 자료를 식별해내기란 어렵다. 그 첫 번째 이유는 그들이 이러한 유형의 자료를 식별하기 위해서는 인용부호와 들여쓰기에 전적으로 의존하기 때문이다. 더욱이 독자들이 이런 자료를 밝힐 수 없는 이유는, 당대의 유대인들과 초기 그리스도인들과는 달리, 그들이 그들의 공동체 예배에서 이런 자료들을 고백하거나, 교리문답 공부시간에 이 자료들을 듣거나, 그들의 개인적인 경건 시간에 그 자료들을 묵상하는 데 익숙하지 않기 때문인 것 같다. 하지만 많은 신앙고백적, 경건생활적, 교리문답적 자료들은 예수를 믿는 초기 신자들 사이에서 그리고 다양한 공동체 안에서 회람되었으며, 이 자료들 중 일부는 바울과 로마의 수신자들에게도 알려졌던 것이 분명하다. 그래서 다음과 같이 몇 가지 내용을 제안할 수 있다. (1) 2, 6-10, 11, 14-15절은 (앞에서 인용했듯이) 예수를 믿는 초기 신자들이 그들의 예배와 교훈과 복음 증거에 사용한 신앙고백적, 경건생활적, 교리문답적 자료들 중 일부를 포함한다. (2) 바울은 그의 주장을 전개하면서 성경에 근거를 둔 자료들 중 일부를 이곳 2:1-16에서 암시적으로 사용했다. 그리고 (3) 이 자료들은 로마서와 바울의 기타 편지들은 물론이고 신약성경 전체에서 여러 다른 곳에 더 분명하게 등장하는 신앙고백적 자료들과 동일한 이유와 목적으로 이곳에 등장

한다.[12]

이 모든 자료는 이어지는 석의와 주해에서 더 충분히 다룰 계획이다. 이곳에서는 바울이 2:1-16에서 기록한 내용을 다음과 같이 보는 것이 좋을 것 같다고 말하는 것으로 충분하다. 그것은 (1) 유대교적·유대 기독교적 신학과 문학 및 언어에 뿌리를 두었고, (2) 로마에 있는 바울의 그리스도인 수신자들에게 알려져 그들이 공감했으며, (3) 바울이 이 자료 및 그가 가르친 내용과 관련하여 자신과 수신자들 사이에 기본적인 일치가 있었다고 믿었기에 직접 사용되었고, (4) 어떤 핵심점에서는 바울 자신의 해석학적 "편견"을 보여준다.

2:1-16에서 수신자는 누구이며 누가 묘사되고 있는가? 하지만 2:1-16의 수신자가 누구인지 또는 누구를 묘사하고 있는지를 밝히려 할 때 특별한 어려움이 제기된다. 2:17-29과 3:1-20의 수신자들이나 여기서 묘사하는 사람들을 유대인들과 동일시하기는 무척 쉽다. 이 단락에서 "유대인"이라는 이름이 분명히 사용되며, 유대인들의 상황이 분명히 논의되고 있기 때문이다. 더욱이 비록 ἔθνη("이교도", "이방인")라는 용어가 그 본문에 한 번도 등장하지 않았지만, 여러 주석가에게는 이방인들이 1:18-32에 묘사되었다는 점이 제법 분명해 보였다. 1:19-32과 「솔로몬의 지혜」 13:1-14:31 간에는 내용에 있어서만 아니라 언어에 있어서도 여러 유사점이 있기 때문이다. 특히 우상숭배, 부도덕, 불의에 대한 각각의 묘사가 비슷하다. 우리는 1:19-32과 「솔로몬의 지혜」 13:1-14:31이 이교도 이방인 세계를 묘사했다고 쉽게 인정할 수 있다. 그래서 학자들은 1:18-32에서 바울이 전적으로 혹은 주로 이방인들에게 말하고 있다고 일반적으로 추정해왔다(그러나 앞에서 이 본문 이해와 관련하여 우리가 다루었던 논의를 보라).

그렇다면 2:1-16에서 바울이 글을 쓰는 대상이나 말하고 있는 대상은 누구인가? 그는 인류를 총체적으로, 즉 이방인과 유대인을 모두 염두에

---

12) 신약성경에 있는 이러한 신앙고백적 자료에 대한 더 광범위한 논의는 R. N. Longenecker, *New Wine into Fresh Wineskins*, 여러 곳을 보라.

두고 있는가? 아니면 앞 본문의 연속으로서 이방인들만을 염두에 두고 있
는가? 아니면 이어지는 본문과의 연속으로서 유대인만을 염두에 두고 있
는가? 또는 바울이 어떤 방식으로든 이방인과 유대인을 모두 수신자로 삼
거나 말하고 있는가? 이것은 오리게네스, 히에로니무스, 아우구스티누스,
에라스무스와 같은 초기 해석자들에게는 결정하기가 매우 난해한 문제였
으며, 현대의 주석가들을 계속해서 괴롭히고 있다.

오늘날 대부분의 주석가는 2:1이 로마서에서 "이방인에서 유대인으로
의 전환"을 표시한다[13]는 윌리엄 샌데이와 아서 헤들럼에게, 그리고 "구체
적인 명칭은 9절에 가서야 비로소 등장하지만 이 장(즉 2장)에서는 처음부
터 실제 수신자가 유대인이라"[14]는 제임스 데니에 동의한다. 찰스 크랜필
드는 이 입장을 가장 폭넓고 설득력 있게 방어했고, "바울이 2:1부터 곧바
로 유대인들을 염두에 두었다고 생각할 만한 비중 있는 이유들이 있다"고
주장했다.[15] 하지만 최근의 여러 주석가는 2:1-16이 좀 더 일반적으로 모
든 사람, 즉 이방인들과 유대인들을 함께 언급한다고 이해한다. 예를 들어
킹슬리 바레트는 이렇게 말한다. "그[바울]가 구체적으로 유대인들의 문제
로 전환하는 것은 17절에 와서야 비로소 이루어진다. 9절 이하 단락과 12-
16절에 나타나듯이, 여기서는 그의 사상이 이방인들과 유대인 모두에게 적
용된다."[16]

사실 2:1-16의 수신자나 묘사되고 있는 사람들이 누구인지는 결정하
기 어려운 문제다. 이 문제가 결정적으로 해결될 수는 없다. 하지만 (1) 이
본문은 2:1-5에서 시작할 때 "너"라고 직접 지칭하는 2인칭 단수 인칭대
명사를 사용하여 앞의 본문과 구별하는 반면에, 1:18-32에서는 3인칭 복수
인칭대명사 "그들"이 등장한다. (2) 이 본문은 직접적으로 유대인들을 지
칭하는 말을 생략하여 본문 뒤에 이어지는 내용과 구별되는 듯이 보이는

13) Sanday and Headlam, *Romans* (1895), 53-62.
14) Denney, *Romans* (1900), 595.
15) Cranfield, *Romans*, 1.138; 1.137b-40에서 광범위하게 논의한 그의 입장을 보라.
16) Barrett, *Romans*, 43.

반면(9-10절의 "유대인에게요 그리고 이방인에게"라는 어구가 다른 방식으로 사용되고 있다), 직접적으로 유대인을 지칭하는 말은 2:17-3:20에서 여러 번 발견되는 게 특징이다. (3) 이 본문은 2:1(과 2:3)의 "너, 사람아"(εἰ, ὦ ἄνθρωπε)와 2:17의 "지금 네가 만일"(εἰ δὲ σύ)이라는 두 표현으로 따로 구분된다. 이 두 표현은 중간에 삽입된 자료가 구별되는 자료 단락임을 암시한다. (4) 본문에서 말하고 있는 내용은 "누구를 막론하고 남을 판단하는 너는"(단수 주격 현재 능동태 남성 실명사 분사인 ὁ κρίνων과 함께 사용된 πᾶς)과 같은 상당히 일반적인 방법으로 묘사된 가상의 대화 상대자를 대상으로 한다. 이 모든 것은 2:1-16이 앞뒤에 있는 내용과 분명히 관련되었음에도 불구하고 2:1-16을 별도의 자료 단락으로 이해하는 것이 가장 좋음을 암시한다.

본문의 총체적인 내용에 근거하여 분석할 경우, 본문은 바울이 1:18-32에서 다룬 "인류의 경건치 않음과 악함에 내리는 하나님의 진노"와 2:17-29에서 다룰 "어떤 형태든 유대인의 율법주의에 대한 그의 비난" 사이의 문학적인 경첩으로 기능하는 것 같다. 그리고 본문의 신학적인 주제(들)에 따라 분석하면, 본문은 1:18-32과 2:17-29 간의 의미심장한 경첩으로 작용하는 것이 확실하다. 전체 논지가 2:11에 요약적으로 제시된 것처럼("하나님께서 외모로 사람을 취하지 아니하심이라"), 심판에서 하나님이 차별하지 않으신다는 본문의 메시지는, 총체적으로는 인류에서부터 구체적으로는 유대인들에게 이르는 바울이 전개한 주장에 매우 중요하다.

본문의 중요한 신학적 문제. 그러나 로마서 2장에는 중요한 신학적 문제가 있다. 이것은 처음에 일반적으로 7, 10절에 등장하지만, 그 후 13절 끝의 마지막 말과 바로 뒤따르는 14-15절의 지지하는 진술(과 또한 나중에 약간은 삽입구로서 기능하는 동일한 장 25-27절)에서 대부분의 해석자들이 심각한 문제로 여기는 것으로 전개된다. 이것은 대부분의 현대 주석가들로 하여금 베드로후서 3:16에 표현된 당혹감에 동의하도록 한 문제다. 바울의 편지에는 "이해하기 어려운 것이 더러 있다"는 것이다.[17] 그 주요한 신학적 문제

---

17) P. Achtemeier의 1984년 논문 "'Some Things in Them Hard to Understand'"을 참조하라.

가 바로 이것이다. 바울이 로마서 2장에서 이방인과 유대인들에 대해 말한 내용은 그가 로마서의 다른 곳에서, 특히 인류 전체와 유대인들에 대해 말한 것과 어떻게 조화될 수 있는가? 이를테면, 로마서 여러 곳에서 바울이 하나님의 차별하지 않으심(2:11), 유대인과 이방인들이 모두 죄 아래 있음(3:9-19, 23), 그리고 아무도 율법을 지킴으로써 의롭다는 선언을 받을 수 없음(3:20)과 관련하여 내린 결론은 명확한데, 2장에서는 이방인들은 선한 행위로써 또 유대인들은 모세 율법을 지킴으로써 구원을 받는다는 구원 신학을 지지하는 것처럼 보이기 때문이다. 사실, 많은 사람이 이미 지적했듯이, 바울은 2장에서 동일한 편지의 1장과 3장에서 강력히 부인했던 것을 허용하는 것 같다.

이 문제가 등장하는 첫 번째 본문은 2:7, 10이다. 이 두 본문에서는 하나님이 "선한 행위"(7절: ἔργου ἀγαθοῦ)나 "선"(10절: τὸ ἀγαθόν)을 행하며 참는 사람에게 "영생"(7절) 또는 "영광과 존귀와 평강"(10절)을 주실 것이라고 한다. 이것은 3:21-30, 4:1-25, 9:1-11:36 전체에서 믿음으로만 의롭다 함을 얻는다고 말한 것과 상충하는 듯하다. 두 번째 본문은 2:13이다. 여기서는 "율법을 행하는["순종하는", 또는 "지키는"] 사람들(οἱ ποιηταὶ νόμου)이 의롭다고 선언을 받을 것"이라고 한다. 이것은 3:20에서 율법을 지킴으로 의롭다고 선언을 받을 사람은 아무도 없다는 바울의 진술과 7:14-25에서 사람들은 율법에 순종할 수 없다는 바울의 언급 그리고 9:30-11:12에서 이스라엘이 모세 율법으로 말미암아 의를 얻으려 한 것에 대한 바울의 비난과 상충하는 것처럼 보인다. 세 번째 본문은 삽입어구로서 일부 이방인들을 언급하는 2:14-15이다. 그들은 "본성으로 율법이 요구하는 것(τὰ τοῦ νόμου)을 행"하며, 그래서 "율법의 요구(τὸ ἔργον τοῦ νόμου)가 그들의 마음에 기록되었음을 보여준다." 여기서 우리는 그들이 이러한 행위로 하나님 앞에서 의롭다 함을 얻는다고 추론하게 된다. 하지만 바울이 "율법"이라는 단어를 이 본문에서 줄곧 동일한 방식으로 사용하고 있음을 생각할 때, 이

─────────────────

이 논문은 롬 2:14에서 드러나는 "바울의 언어 사용"에 초점을 맞춤으로 논의를 시작한다.

와 같은 추론은 바울이 일찍이 1:18-32에서 이방인들에 대해 묘사한 내용
과 3:20에서 율법을 지킴으로써 하나님 앞에서 의롭다 함을 받을 가능성이
없다는 그의 결론과 모순되는 것 같다.

이 문제가 발견되는 네 번째 부분은 2:25-27의 주장에 있다. 이것은 물
론 유대인들과 모세 율법을 다루는 이어지는 단락에 있지만, 여전히 이 논
의에 적합하다. 이 구절은 의가 모세 율법을 지키는 것과 관련이 있다는 가
정 위에 세워진 것처럼 보인다. 하지만 이것은 3:19-20에서 바울이 이 단락
의 분명한 결론으로 제시한 것, 3:21-32에서 "율법 외에" 드러난 "하나님
의 의"에 관한 그의 논제 진술, 4:1-25에서 믿음의 모범으로 아브라함을 사
용한 것, 그리고 9:1-11:36에서 이스라엘의 소망의 복음과 관련한 그의 전
반적인 묘사에 위배되는 것 같다. 이뿐만 아니라 그의 다른 편지 여러 곳에
반복되었듯이, 갈라디아서 2:15-26, 3:6-14에서 제기한 그의 논의나 갈라
디아서 4:12-5:12에서 제시한 그의 권면과도 상충하는 듯하다.

하지만 이것은 너무 광범위하고 너무 복잡하며 너무 다양한 방식으로
다뤄지는 신학 문제이기에, 이곳 서론적 논평을 하는 자리에서 형식적으로
대충 논의하기에는 무척 어렵다. 이 문제는 자세하게 석의하는 곳에서만
효과적으로 고려할 수 있다. 따라서 이 문제는 잠시 미루어두었다가 아래
에 이어지는 "석의와 주해"에서 논의할 필요가 있다.

본문의 상황과 구조. 2:1-16은 종종 1:18-32과 직접 연결하여 이해되
었다. 1:18-32이 범위가 보다 넓은 본문의 전반부에 해당하고, 2:1-16이
후반부에 해당한다고 이해하면서 말이다. 이렇게 연결하는 것은 문학적
인 근거에 의거하기도 했다. 먼저 1:16에, 그다음에 2:9-10에 2번 더 등
장하는 "먼저는 유대인에게요 그리고 헬라인에게"('Ιουδαίῳ τε πρῶτον καὶ
Ἕλληνι)라는 어구는 1:16부터 2:9-10에 있는 모든 자료를 삽입 어구로 묶
는 수사학적 수미상관으로 이해된다. 물론 삽입 어구 안에 든 내용을 이방
인과 유대인 모두에게 해당되는 인류의 죄와 하나님의 심판이라는 주제

를 다룬 단일한 자료 단락으로 보면서 말이다.[18] 반면에 좀 더 일반적으로 2:1-16은 이어지는 2:17-3:20과도 연결되었다. 1:18-32을 이방인들에게 내리는 하나님의 정죄로, 2:1-3:20을 유대인들에게 내리는 하나님의 정죄를 표현하는 것으로 이해하면서 말이다.

하지만 2:1-16을 별개의 자료 단락으로 이해하는 것이 가장 좋음을 암시하는 특징이 이 본문에 있다. 이를테면, 이 본문은 1:18-32에 제시된 내용에서 추론한 근거에서 시작하고 2:17-3:20에서 말할 내용을 예상하면서 마무리하지만, 그것을 이 다른 본문들과 직접 연결되는 단락이나 하부 단락으로만 여기지 않는 것이 가장 좋은 것 같다. 2:1-16이 앞에 있는 본문과 구별된다는 것은 2:1-5에 사용된 "너"라고 직접 호칭하는 2인칭 단수 인칭대명사로 표시된다. 반면에 1:18-32에서는 3인칭 복수 인칭대명사 "그들"이 주도한다. 2:1-16이 뒤따르는 본문과 구별된다는 것은 유대인들을 분명하게 직접 지칭하는 어구가 생략된 것으로 표시된다(물론 2:9-10의 "먼저는 유대인에게요 그리고 헬라인에게"라고 두 번 반복되는 어구에 유대인들이 분명히 언급되었지만, 직접적으로 유대인들을 지칭하는 말은 등장하지 않는다). 반면에 유대인들은 2:17-29과 3:1-20에서 직접 지칭된다. 더욱이 2:1(비교. 2:3)의 "너, 사람아"와 2:7의 "이제 만일 네가"는 이 두 본문 사이에 있는 자료를 삽입 어구로 묶으며, 그래서 별도의 또는 구별된 자료 단락으로 이 본문을 시작하는 것 같다.

그러므로 2:1-16이 앞뒤 내용과 모두 관련이 있기는 하지만, 이 본문을 단순히 앞의 내용의 연속으로나 이어지는 내용의 첫 번째 부분으로 이해하지는 말아야 한다고 결론을 내리는 것이 최상인 것 같다. 오히려 2:1-16은 문학적으로나 내용 면에서 1:18-32과 2:17-3:20 사이에 있는 경첩으로 이해되어야 한다. 이 본문은 1:18-32에서 인류를 총체적으로 정죄하는 진술

---

18) 다시 Bassler가 주장했듯이 말이다. Bassler의 논제에 대한 평가에 대해서는 본서 1:16-17 서론과 해당 본문의 석의와 주해를 보라. 이 어구 자체를 Bassler가 어떻게 설명하고 있는지는 아래 2:9-10의 석의와 주해를 보라.

로 시작하여 유대인들의 책임과 그들에게 내리는 하나님의 심판에 더욱 초점을 맞춘 2:17-3:20의 진술로 논의를 진행시킨다. 그러나 신학적으로 훨씬 더 중요한 점은 이것이다. 하나님에 대한 의도적 반역과 하나님으로부터의 과시적 독립이 어떻게 표현되었든지 간에, 본문은 모든 사람이 핑계하지 못한다는 것과 의와 죄의 문제에 대해 인종과 상관없이 하나님의 심판이 공정함("하나님은 차별이 없으시니라!")을 모두 강조한다.

2:1-16에서 인류의 핑계할 수 없음과 하나님의 공평성에 대한 바울의 논의의 구조는 다음과 같다.

1. 악을 행하는 모든 사람은 그들이 자신들의 도덕적인 우월성을 주장하고 다른 사람을 비난하더라도 핑계할 수 없고 하나님의 정죄를 받는다(2:1-5).
2. 하나님의 의로운 심판은 차별이 없으며 사람들이 행한 것에 근거한다(6-11절).
3. 모세 율법이 없이 죄를 범한 모든 사람과 모세 율법을 가지고 있으면서도 죄를 범한 모든 사람은 하나님께 동일하게 차별 없이 심판을 받을 것이다(12-16절).

석의와 주해

I. 악을 행하는 모든 사람은 스스로 자신들의 도덕적인 우월성을 주장하고 다른 사람을 비난하더라도 핑계할 수 없고 하나님의 정죄를 받는다 (2:1-5)

2:1-5에서 바울은 그리스식 디아트리베 형식을 사용하며, (1:18-32에서 사용한) 3인칭 복수 인칭대명사 "그들"에서 수사적 돈호법 형식의 2인칭 단수 인칭대명사 "너"로 전환한다. 전형적인 그리스식 디아트리베에서는 말을 하는 사람이나 글을 쓰는 사람이 자신의 통상적인 논쟁적 문체에서 벗어

나 가상의 대화 상대자를 설정하여 그 사람의 관점을 유지한 채 어떤 유의 사상이나 행위를 저지하거나 격려하려고 다양한 반대 의견과 주장을 전개한다.

　　루돌프 불트만은 디아트리베 형식의 논증이 고대 견유 학파 철학자들과 스토아 학파 철학자들에 의해 길거리에서 평민을 설득하는 대중 선전의 수사적 기술로 사용되었다고 주장했다.[19] 그러나 아브라함 맬러비(Abraham Malherbe)와 스탠리 스토워스는 디아트리베가 원래 고대 철학 학파들에서 기원한 구술적인 수사적 담화의 교훈 형식이었다고 설득력 있게 주장했다. 비록 그 문체가 종종 문학적인 문헌들에 한정된 경우도 있지만 말이다.[20] 그리스식 디아트리베에서 지칭되는 사람은 반대자가 아니라 선생의 교훈 아래 있는 사람으로 이해되었다. 더욱이 선생은 자기 학생을 멸시하려고 말하는 것이 아니라 학생을 지도하여 당시 다뤄지던 문제를 좀 더 성숙하게 이해시키는 데 관심이 있었다. 그래서 디아트리베식 질문과 대답을 통해 선생은 학생에게 (1) 그의 잘못을 인식시키고, (2) 그가 배우고 있는 내용을 더 깊이 이해하게 하며, (3) 제시된 교훈에 헌신하도록 심혈을 기울였다.

　　그러므로 로마서에 있는 바울의 디아트리베 문체는 그의 무의식적인 설교체(Bultmann에 반대함)가 아니라, 자신을 로마의 그리스도인들에게 그들의 선생(Malherbe와 Stowers에 동의함)으로 제시하려는 의도적인 수단으로 보아야 한다. 이와 관련하여 특히 중요한 점은, 2:1-5과 2:17-24이 그리스 대화체로 제시되었고, 나중에 9:19-21과 11:17-24에서 그리고 어쩌면 14:4-11에서도 (비록 종종 그렇다고 주장되는 3:1-8[9]이나 3:27-31[4:2]은 아닐 것이다) 그리스식 디아트리베의 특징들이 매우 분명하게 나타나지만, 로마서 외에서는 바울이 디아트리베 형식의 논증을 (기껏해야) 두어 번만 사용한 것

19) Bultmann, *Der Stil der paulinischen Predigt*.
20) Malherbe, "ΜΗ ΓΕΝΟΙΤΟ in the Diatribe and Paul," 특히. 239; Stowers, *Diatribe and Paul's Letter to the Romans*, 특히. 76-77.

같다는 점이다. 고린도전서 6:12-13, 15:30-34과 갈라디아서 2:17, 3:21에서 디아트리베 형식의 논증을 볼 수 있는 것 같다. 하지만 설령 그런 형식이 있다고 해도, 로마서 외의 이러한 본문들에서는 디아트리베 형식의 논증이 확장되거나 충분히 설명된 모습으로는 등장하지 않는다. 그래서 로마서 2:1-5, 17-24, 9:19-21, 11:17-24(과 어쩌면 14:4-11)에서의 바울의 디아트리베 형식의 사용을 다음과 같이 이해해야 한다고 주장할 수 있다. 그것이 (1) 바울 서신에서 매우 독특한 것이며, (2) 로마에 있는 그리스도인들에게 글을 쓸 때 그의 자의식과 그가 제시하는 내용의 특성을 반영하는 것이라고 말이다. 이를테면, 바울은 그들에게 신임을 받은 기독교 선생으로 글을 쓰고 있으며, 이방인 세계의 선교사로서 그의 사명에는 그의 학생들인 로마 그리스도인들도 포함되었다는 것이다. 하지만 바울은 그의 회심자들에게 편지를 쓸 때 표현한 것처럼, 로마의 그리스도인들이 충성해야 하는 그들의 영적인 아버지로서 그들에게 글을 쓰고 있는 것은 아니다.

2:1   이 단락 도입부에 등장하는 접속사 διό("그러므로")가 (1) 일찍이 1:18-32에서 논의한 내용에서 이어지는 진술 자료를 제시하는 추론적 특성을 지니는지,[21] 아니면 (2) 앞에서 논의한 것에서부터 이어지는 자료를 제시하는 전환적인 특성을 지니는지,[22] 혹은 안톤 프리드리히센이 주장한 것처럼(앞의 본문비평 주를 보라), 부사 δίς라고 쓰려고 한 일부 초기 필경사들이 저지른 오류로 간주해야 할지, 그래서 단순히 "다시"로 읽어야 하는지[23]를 두고 논의가 광범위하게 진행되었다. 하지만 여기서 διό는 단순한 전환어구가 아니라 추론적인 의미를 지닐 가능성이 매우 크다. 이 단어는 1:24에 등장하는 διὸ παρέδωκεν αὐτοὺς ὁ θεός("그러므로 하나님이 그들을 내버려 두사")라는 어구에 동일한 불변화사가 추론적으로 사용된 것을 반영하고, 1:18-32에 사용된 여러 용어나 표현들과 공명하기 때문이다(아래의 주석

---

21) 예. Cranfield, *Romans*, 1.298-99; Dunn, *Romans*, 1.79; Fitzmyer, *Romans*, 298-99.

22) 예. Lietzmann, *An die Römer*, 37-39; Michel, *An die Römer*, 73; Murray, *Romans*, 1.56.

23) Fridrichsen, "Der wahre Jude," 40; 같은 저자, "Quatre Conjectures," 440.

을 보라). 더욱이 스탠리 스토워스가 관찰했듯이, διό로 시작하는 것은 그리스식 디아트리베에서 전혀 드문 일이 아니었다.[24]

술어 주격으로 된 비난 ἀναπολόγητος εἶ("너는 핑계하지 못한다")는 1:20의 "그들이 핑계하지 못할지니라"(εἰς τὸ εἶναι αὐτοὺς ἀναπολογήτους)의 결론적인 비난을 이어간다. 2:1의 첫 번째 문장이 시작되는 곳에 "핑계하지 못한다"는 말이 등장한 것은 그것을 강조하려는 데 목적이 있다. 하지만 영어 번역(과 한국어 번역―역주)에서는 보통 절정에 도달하면서 강조가 되므로, "핑계하지 못한다"는 말을 문장 끝에 두는 것이 가장 좋다.

호격 ὦ ἄνθρωπε("오, 사람아")는 중간에 끼어든 2:2의 경구 이후 2:3에서 반복을 목적으로 나중에 다시 등장하는데, 이 어구는 2:1-5에 등장하는 수사학적 디아트리베의 도입부에 하는 말이다. 여기서 바울은 그가 이 구절에서 설정하고 "누구를 막론하고 남을 판단하는 너"(πᾶς ὁ κρίνων)로 묘사한 가상의 대화 상대자에게 직접 말한다. 가상의 대화 상대자를 지칭하기 위한 호격 ὦ ἄνθρωπε의 사용은 그리스식 디아트리베의 일반적인 관습이었다. 하지만 그 상대를 실명사 분사인 ὁ κρίνων("판단하는 사람")과 함께 πᾶς("모든", "누구나")를 사용하여 일반화시킨 것은, 스탠리 스토워스가 지적한 것처럼, 그리스식 디아트리베에서는 흔한 현상이 아니었다. 오히려 이처럼 "판단하는 사람마다"라는 표현의 사용은 "바울이 모든 사람, 즉 유대인과 그리스인 모두 죄에 대해 동일한 책임이 있다는 사실을 분명하게 강조하려는 것"으로 이해해야 한다.[25]

하지만 이러한 가상의 대화 상대자는 바울에게 "허구" 또는 "사실적인 실체가 결여되었다"는 의미에서의 "가상"이 결코 아니다. 바울은 선교 여행을 하면서, 말로는 철학자들의 계몽적인 교훈을 따른다고 주장하지만 실상은 자신들이 잘 알고 있는 악들을 행하기도 하는 이방인들과 곧잘 마주쳤을 것이다. 그리스의 풍자가 사모사타의 루키아노스(기원후 120-200년경)

---

24) 참조. Stowers, *Diatribe and Paul's Letter to the Romans*, 213.

25) Stowers, *Diatribe and Paul's Letter to the Romans*, 93.

는 고상한 가르침을 제시하지만 행동에서는 악을 행하는 다양한 학파의 철학자들을 조롱한 사람으로 유명했다.[26] 이를테면, 그는 낮에는 냉철함과 지혜의 모델이지만 밤에는 술에 찌들고 방탕했던 철학자들을 조롱했다.[27] 마찬가지로 바울은 자신들을 종교적·도덕적으로 이방인들보다 우월하다고 주장했지만 시편 79:6에서 아삽이 버림받은 모든 이방인에 관해 하나님께 드린 기도("주를 알지 아니하는 민족들과 주의 이름을 부르지 아니하는 나라들에게 주의 노를 쏟으소서")를 칭송한, 가식적인 경건의 삶을 살고 있는 유대인들을 알고 있었을 것이다. 그래서 바울의 대화 상대자는 하나님의 진노가 인류의 모든 우상숭배와 부도덕과 불의에 대해 정당하게 내린다는 1:18-32의 모든 내용에 동의하는 모든 사람(유대인만이 아니라 유대인과 이방인 모두)을 대표한다. 하지만 그들은 하나님의 진리와 도덕적인 원리를 알고는 있지만 그것에 맞게 행동하지 않는다. 그래서 다른 편의와 말뜻을 구실로 계속해서 동일한 악을 행한다.

　　바울이 우상숭배와 부도덕과 불의를 마음으로 거부하는 사람들, 그리고 심지어 우상숭배를 옹호하면서 실제로 실행하는 타인들을 정죄하는 사람들까지 비난하는 이유는, 그러한 태도만으로는 충분치 않다는 것이다. 바울이 2:1 후반부에서 기록하고 있듯이, ἐν ᾧ γὰρ κρίνεις τὸν ἕτερον, σεαυτὸν κατακρίνεις, τὰ γὰρ αὐτὰ πράσσεις ὁ κρίνων("남을 판단하는 것으로 네가 너를 정죄함이니 판단하는 네가 같은 일을 행하기") 때문이다. 애석하게도, 모든 사람은 자신의 방식으로 그리고 자신의 선입견과 사회에 의해 용납되는 대로 행하기에 하나님의 의로운 심판을 받아 마땅하다.

　　루돌프 불트만과 에른스트 케제만은 2:1 맨 앞의 διό에 추론적인 의미가 있음을 부인하면서 이렇게 주장했다. (1) 2:1은 사실 여백에 적힌 해설로서, 원래 3절에서 결론을 도출하여 첫 부분에 놓였다. (2) 2:2을 1:32과 연결하고 1장의 결론으로 여겨야 한다. (3) 2:3을 2장의 첫 절로 이해하는

---

26) 특히 Lucian의 *Auction of Philosophers*를 보라.
27) Lucian, *Timon* 54.

것이 가장 좋다. (4) 케제만이 표현한 것처럼, "확실한 것은 ἀναπολόγητος εἶ ["네가 핑계하지 못하리니"]는 바울의 표현이라고 할 수 없다는 점이다. 설령 이 어구가 1:20에서 언급한 것을 가리키고 이 상황에 적합하더라도 말이다."[28] 하지만 이처럼 제안된 삭제와 재배열 및 재해석은 전적으로 부당하다. 특히 (1) 2:1a의 접속사 διό가 추론적인 어감을 전달한다면, (2) 2:1의 자료를 2:1-5에 이어지는 모든 내용에 대한 주제 진술로 본다면, (3) 2:2이 유대교 성경(구약)에서 유래한 금언과 관계가 있다면, 그리고 (4) 2:3의 자료를 2:1의 주제 진술을 재천명한 것으로 이해하고, 주제 진술과 재천명 모두 1:18-32에서 선언된 하나님의 의로운 심판에 대한 매우 심각한 경고를 표현한다면 말이다. 필자는 이 모든 것이 여기에 해당한다고 주장한다.

2:2   이 구절을 시작하는 οἴδαμεν δὲ ὅτι ("그러나/이제 우리가 아노라")라는 어구는 고대의 편지에 속하는 전형적인 "공개 문구"다. 스토워스가 지적했듯이, 이러한 글을 시작하는 표현은 "디아트리베의 특징은 아니다." 오히려 "바울은 어떤 진술이 자신과 수신자(들) 사이에 공통적인 근거에 속하는 문제라는 것을 강조하고 싶을 때 οἴδαμεν을 사용한다."[29] 이 어구는 나중에 로마서 3:19과 8:28 및 디모데전서 1:8에서 자료의 다른 두 부분을 시작하기도 한다(비교. 또한 7:14의 οἴδαμεν γὰρ ὅτι, "우리가 알거니와"). 그리고 이 모든 곳에서 이 어구는 바울보다 이른 시기에 일반적으로 유대교 성경(구약)에서 가져온 전통적인 경구(즉 진리의 압축된 형식)의 인용을 부각시키는 준도입구 형식으로 등장한다.

바울에 의해 구약성경에서 인용되었고 관습적 공개 문구인 "그러나/이제 우리가 아노라"로 소개된 경구는 τὸ κρίμα τοῦ θεοῦ ἐστιν κατὰ ἀλήθειαν ἐπὶ τοὺς τὰ τοιαῦτα πράσσοντας ("이런 일을 행하는 자에게 하나님의 심판이 진리대로 되는 줄")다. 성경의 일반적인 가르침에서 인용된 이 공개 문구는 분명 유대인들 사이에서뿐만 아니라 유대인 출신의 신자들 사이에

---

28) Käsemann, *Romans*, 54. 이는 Bultmann, "Glossen im Römerbrief," 200을 반영한 것임.

29) Stowers, *Diatribe and Paul's Letter to the Romans*, 94.

서도 전통적인 교훈으로 사용되었다.

명사 κρίμα("정죄")는 바로 앞 2:1에서 사용된 실명사적 분사 ὁ κρίνων("판단하는 사람", 2번)과 동사 κρίνεις("너는 판단하고 있다") 그리고 강조형 동사 κατακρίνεις("네가 정죄하고 있다")의 내용을 이어간다. Κρίμα는 "기소"(고전 6:7처럼) 또는 어떤 문제에 대한 "결정"이나 "판단을 내림"(롬 11:33처럼)을 의미할 수 있다. 하지만 더 빈번하게 사용되는 것은 이 단어의 "정죄" 또는 "불리한 사법적 판결"이라는 의미다(롬 3:8; 13:2처럼. 또한 갈 5:12 참조). 본문에서는 이런 방식으로 이해해야 할 것 같다. ᾿Εστιν κατὰ ἀλήθειαν("진리에 의거한 것이다," 문자적으로는 "진리에 따른 것이다")은 경구에 사용될 경우 우선적으로 "성경에 계시된 하나님의 진리"를 가리킬 개연성이 크다. 그래서 이 어구는 대부분의 유대인들에게 하나님이 그의 백성을 위해 율법에 제시한 표준을 함축했다. 하지만 바울의 ἀλήθεια("진리") 용례는 이와 같은 유대적 어감을 지니고는 있으나, 틀림없이 하나님이 "일반계시"와 "특별계시" 모두를 이용하여 계시하신 모든 것을 암시하려 했을 것이다. 이러한 점은, 바울이 1:19-20에서 강조한 하나님의 "창조세계에서의 계시"와 2:14-1에서 강조한 "마음에 기록된 하나님의 법"은 물론이고 2:12-13에서 모세 율법을 강조하는 맥락에서, 1:18b과 2:2b에 등장하는 "진리"를 언급한 것에서도 분명하게 드러난다.

바울이 이 금언을 인용한 일차적인 이유는 분명 실제로 악한 일을 **행하고 있는** 사람들에게(ἐπὶ τοὺς τὰ τοιαῦτα πράσσοντας, 문자적으로 "이와 같은 [악한] 일을 행하고 있는 사람들에게") 내리는 하나님의 정죄를 강조하려는 것이다. 그들이 자신들의 종교적·도덕적 우월함을 주장하고 다른 사람에게 내리는 하나님의 정죄하는 공의를 칭송하더라도 말이다. 바울이 2:3에서 그의 가상의 대화 상대자에게 그가 다른 사람들을 판단하면서도 "같은 일을 행하고 있다(ποιῶν αὐτά)"고 말할 때 강조하는 것이 바로 이것이다.

그러나 도드(C. H. Dodd)는 2:2에 대한 상당히 다른 해석을 제안했는데, 이 본문이 "하나님의 심판이 이와 같은 악을 행하는 사람들에게 내리는 것은 정당하다"라고 "자기만족으로" 주장하고 바울이 2:3에서 반박하는 대표적인 유대인 대화 상대자의 말을 표현하는 것이라고 이해한다. "이런 일을 행하는 자를 판단하고도 같은 일을 행하는 사람아, 네가 하나님의 심판을 피할 줄로 생각하느냐?"[30] 킹슬리 바레트는 도드의 견해를 따라 본문을 이렇게 이해한다. "바로 이 시점에서 반대자는 말한다. '이제 우리가 아노라'라는 말은 그의 불평을 소개하고 있다."[31] NRSV의 번역자들은 이러한 이해를 그들의 번역에 반영하여 "우리가 아노라" 앞에 "너는 말하기를"을 첨가했다.

　　그러나 2:2을 여전히 바울이 말하고 있는 것으로 이해하는 것이 훨씬 더 낫다.[32] 우리가 제안하듯이, 그가 하나님의 정죄가 "이와 같은 [악한] 일을 행하고 있는 사람들에게" 내린다는 사실을 강조하려고 성경에서 유래한 전통적인 금언을 사용하고 있다는 부가적인 내용과 함께 말이다. 그리고 바울은 "같은 일을 행한다"(ποιῶν αὐτά)라는 바로 이 내용을 이방인과 유대인 모두에게 적용한다. 두 부류의 사람들이 다른 사람들의 악한 행실에 내리는 하나님의 심판과 관련하여 마음속으로 서로 얼마나 동의했든지 간에 말이다.

　　2:3　　바울은 2:2에서 경구를 삽입한 후 다시 가상의 대화 상대자에게 직접 말하기 시작한다. 그는 호격 ὦ ἄνθρωπε("사람아")를 다시 사용함으로써 이 점을 표시한다. 여기서 사도는 수사학적 질문 2개 중 첫 번째 질문을 제기한다. 이 질문은 (1) 우월감에 빠졌다고 생각되는 대화 상대자의 오류를 부각시키고, (2) 자신도 같은 일을 행하면서 다른 사람들을 판단한다는 데 대해 정죄 받을 것을 지적하며, (3) 대화 상대자가 하나님의 "선하심과 용납하심과 길이 참으심"을 멸시하고 있다고 말한다.

　　첫 번째 질문은 2:1의 주제 진술의 수사학에서 뽑은 것이며, 다른 사람을 판단하지만 스스로 같은 일을 행하고 있는 사람들에게 직접 묻는다:

---

30) Dodd, *Romans*, 32.
31) Barrett, *Romans*, 44.
32) Cranfield, *Romans*, 143; Fitzmyer, *Romans*, 300, 그리고 이외에 많은 사람.

λογίζῃ δὲ τοῦτο, ὦ ἄνθρωπε ὁ κρίνων τοὺς τὰ τοιαῦτα πράσσοντας καὶ ποιῶν αὐτα, ὅτι σὺ ἐκφεύξῃ τὸ κρίμα τοῦ θεοῦ;("이런 일을 행하는 자를 판단하고도 같은 일을 행하는 사람아, 네가 하나님의 심판을 피할 줄로 생각하느냐?"). 이 질문은 이사야 57:3-13에서 다른 사람을 판단하지만 자신도 동일한 악한 일을 계속 행하는 사람들에게 내리는 비난과 심판의 문체를 압축해서 반복한다. 예언자는 이사야 57:3-4을 이렇게 시작한다. "무당의 자식, 간음자와 음녀의 자식들아, 너희는 가까이 오라. 너희가 누구를 희롱하느냐? 누구를 향하여 입을 크게 벌리며 혀를 내미느냐?" 그런 후 예언자는 계속하여 57:5-13에서 자신들이 판단한 사람들이 행한 악만큼이나 악한 일을 행한 하나님 백성의 행위에 대해 장황한 설명을 한다. 그래서 바울이 이곳 로마서 2:3에서 제시하는 첫 번째 질문은 이사야 57:3-13에 있는 예언자의 탄핵 진술을 반영하고 있는 것 같다. 이것은 경건한 유대인과 성실한 유대 그리스도인들에게 잘 알려졌을 「솔로몬의 시편」 15:8의 저자의 정서에도 반영되었을 것이다. "무법자들은 주님의 정죄(τὸ κρίμα κυρίου)를 피할지 못할 것입니다."

  2:4   두 번째 수사학적 질문은 이것이다. ῍Η τοῦ πλούτου τῆς χρηστότητος αὐτοῦ καὶ τῆς ἀνοχῆς καὶ τῆς μακροθυμίας καταφρονεῖς, ἀγνοῶν ὅτι τὸ χρηστὸν τοῦ θεοῦ εἰς μετάνοιάν σε ἄγει;("혹 네가 하나님의 인자하심이 너를 인도하여 회개하게 하심을 알지 못하여 그의 인자하심과 용납하심과 길이 참으심이 풍성함을 멸시하느냐?") 하나님의 세 가지 속성이 이 본문에 3개의 소유격 명사로 표현되었다: τῆς χρηστότητος αὐτοῦ("그의 선하심의", "인자하심의", "관대하심의"), τῆς ἀνοχῆς("그의 관용의", "관대함의", "아량의"), τῆς μακροθυμίας("그의 오래 참으심의", "인내의", "참음의"). 이 세 성품은 유대인들 사이에서 일반적으로 언급되던 것이며 그래서 초기 유대 신자들이 사용하던 어휘에 포함되었다고 쉽게 상정할 수 있다. 첫 번째 단어 χρηστότης("선하심", "인자")는 형용사 χρηστός("선한", "친절한")와 함께, 70인역 시편 24:7, 68:16, 85:5, 99:5, 105:1, 108:21, 144:7-9에서처럼 하나님의 "선하심"과 "자비"로 하나님을 찬송하는 중에 ἔλεός("자비")와 연결하

여 자주 등장한다. 마찬가지로 그것은 70인역 시편 30:19, 118:65-68, 필론, 「아브라함의 이주」(*Migration of Abraham*) 122, 그리고 요세푸스, 「유대 고대사」(*Antiquities*) 1.96; 11.144에서 따로 하나님의 주요한 속성으로 등장한다. 세 번째 단어 μακροθυμίας("오래 참음")는 예레미야 15:15과 「집회서」 5:4에 하나님의 성품으로 등장한다.[33] 그러나 여기서 우리의 목적에 더 중요한 것은 「솔로몬의 지혜」 15:1-5을 시작하는 문장일 것이다. 이 본문은 바울과 그의 수신자들이 잘 알고 있었던 것이며, 바울은 그 본문의 과대망상적 진술을 염두에 두면서 2:1-16에서 이를 반박하기를 원했을 것이다. 본문의 내용은 이렇다. "그러나 우리 하나님, 주는 선하시며(χρηστός), 진실하시고 (ἀληθής), 오래 참으시며(μακροθυμός), 자비하시고(ἐν ἐλέει), 만물을 통치하는 분이십니다."[34] 이처럼 직접적인 병행구가 존재한다는 사실은 바울이 단순히 하나님에 관한 어떤 구약의 용어나 유대교적 및 유대 기독교적 용어를 일반적인 형태로 사용하고 있는 것이 아니라, 그가 마음속으로 그리고 있는 대화 상대자가 사용했을 법한 하나님의 성품을 상당히 의도적으로 사용하고 있음을 넌지시 내비친다.

첫 번째 질문은 자기 확신에 차 있고 짐짓 우월하다고 생각하면서 다른 사람들을 판단하지만 자신도 같은 악한 일을 행하고 있는 비판적인 대화 상대자들의 망상과 관련이 있는 반면에, 이 두 번째 질문은 하나님의 은혜로운 행위를 멸시하는 사람을 묘사한다. 조세프 피츠마이어가 지적한 것처럼, "하나님이 죄의 심판을 늦추셔서 회개케 하시는 행위를 가볍게 여기는 것은 사람의 태만죄를 드러낸다."[35] 실제로 바울은 이처럼 잘못 생각하고 있는 대화 상대자가 눈이 가려졌고 무감각하여 자신의 태도와 말로 사실상 다음과 같이 선포하고 있다고 묘사한다. "내가 하나님이라면, 다르게 했을 거야! 이교도들의 배역하고 부도덕하고 불의한 행동을 더 재빠르게

---

33) 유대교 사상에서 하나님의 "오래 참으심"에 대해서는 *Str-Bil* 3.77-78을 보라.
34) Wis 15:1.
35) Fitzmyer, *Romans*, 301.

심판할 거야!" 하지만 바울은 이렇게 자기 확신에 차 있고 자기 과시적인 주장이, "하나님의 인자하심이 너를 인도하여 회개하게 하심을 알지 못하여, 그의 인자하심과 용납하심과 길이 참으심이 풍성하심을 멸시하는" 명백한 증거라고 평가한다.

"회개"(μετάνοια)라는 단어는 문자적으로 "마음을 바꿈"이라는 의미이긴 하지만, 종교적인 면에서는 "회한"이나 악으로부터 "돌아섬"과 "새로운 종교와 도덕적인 삶의 시작" 또는 "회심"을 의미하게 되었다. Εἰς μετάνοιάν σε ἄγει("너를 인도하여 회개하게 하심")란 표현은 어떤 이에게 회개의 기회를 준다는 개념을 좀 더 암시한다.[36] 2인칭 단수 목적격 인칭대명사 σέ("너를")의 사용은, 2:3의 2인칭 단수 주격 대명사 σύ와 2:27의 σέ의 반복이 그러하듯이, 누군가를 직접 겨냥하는 디아트리베 형식을 이어간다. 이 경우에 이 단어는 11:22에서도 그러하듯이(비록 11:22에서는 디아트리베 문맥이 아니겠지만), 강조를 위해 사용되었다.

2:5   이처럼 자기 확신에 찬 대화 상대자에게 바울이 내리는 심판은 이것이다. Κατὰ δὲ τὴν σκληρότητά σου καὶ ἀμετανόητον καρδίαν θησαυρίζεις σεαυτῷ ὀργὴν ἐν ἡμέρᾳ ὀργῆς καὶ ἀποκαλύψεως δικαιοκρισίας τοῦ θεοῦ("네 고집과 회개하지 아니한 마음을 따라 진노의 날 곧 하나님의 의로우신 심판이 나타나는 그날에 임할 진노를 네게 쌓는도다"). 이렇게 자기 확신에 차고 비판적인 대화 상대자는, "회개"로 인도함을 받는(εἰς μετάνοιάν) 대신에 "고집과 회개하지 아니한 마음"(τὴν σκληρότητά σου καὶ ἀμετανόητον καρδίαν)으로 특징된다. 관사를 가진 명사 ἡ καρδία("마음")는 여기서, 신약성경에서 종종 그러하듯이, 사람의 생각하는 기능("정신")만 아니라 한 개인의 의지, 감정, 바람, 일반적인 성향 등 모든 범위를 아우르는 포괄적인 의미로 사용되었다.

---

36) Wis 12:19에서처럼 어느 사람에게 "그[하나님]가 죄를 회개하게 하"(ἐπὶ ἁμαρτήμασι μετάνοιαν)는 확신을 주신다는 의미보다, Wis 11:23에서처럼 εἰς μετάνοιάν, "회개의 기회"; 12:10: τόπον μετανοίας, "회개의 장소"로 사용되었다.

더 나은 사본의 증거는 소유격 명사 ἀποκαλύψεως("계시의") 이후에 접속사 καί("그리고")를 첨가하여 "하나님의 진노와 계시와 의로운 심판의 날"이라 읽지 않고 접속사의 생략을 지지한다. 따라서 이 문장은 문자적으로 "진노와 하나님의 의로운 심판의 계시의 날"로 읽거나 구어체 영어에서처럼 "하나님의 의로운 심판이 계시될 진노의 날"이라고 읽는 것이 가장 좋다. 바울이 "[하나님의] 진노의 날"이라고 언급한 것은 1:18에 사용된 어구("하나님의 진노")와 2:1에서 그가 표현한 말("네가 너를 정죄함이니"), 그리고 2:2에서 인용한 금언("이런 일을 행하는 자에게 하나님의 심판이 진리대로 되는 줄")에서 채택한 것이다. 또한 이 어구는 구약 예언자들의 글에 있는 비난의 말을 반영한다.[37] 그리고 이 어구는 바울의 글을 받은 수신자들과 인류 전체뿐만 아니라 오늘날 우리에게도 끔찍한 결과에 대해 경고하는 기능을 한다.

II. 하나님의 의로운 심판은 차별이 없으며 사람들의 행위에 근거한다 (2:6-11)

2:6-11의 구조는 자주 논란과 분석의 대상이 되었다. 1958년에 요아힘 예레미아스(Joachim Jeremias)는 2:7-10에서 교차대구법을 발견할 수 있다고 제안했다. 그는 이것을 7절의 **상**(ζωὴν αἰώνιον, "영생")과 8절의 **형벌**(ὀργὴ καὶ θυμός, "진노와 분노")로 표현했다. 이 둘은 9절에서 **형벌**(θλῖψις καὶ στενοχωρία, "환난과 곤고")과 10절에서 **상**(δόξα δὲ καὶ τιμὴ καὶ εἰρήνη, "영광과 존귀와 평강")에 의해 역순이 되어 교차대구의 형식으로 균형을 이룬다. 이에 더하여, 예레미아스는 2:7-8에서 **상**과 **형벌**이 각각의 절 끝에 선포되는 데 반해, 2:9-10에서는 **형벌**과 **상**이 그 절들의 도입부에 등장한다는 사실을 주목했다.[38]

1964년에 켄드릭 그로벨(Kendrick Grobel)은 이 본문의 또 다른 교차대

---

37) 예. 사 13:9; 37:3; 애 1:12; 습 1:14-15, 18; 2:3.

38) Jeremias, "Chiasmus in den Paulusbriefen," 149을 보라.

구 구조를 제시했다. 이 구조는 (그가 Jeremias를 언급하지는 않았어도) 예레미아스의 더 기본적인 제안을 토대로 만들어졌지만, 2:6-11 전체가 포함되었으며 훨씬 더 복잡했다.[39] 그로벨의 교차대구법 분석은 다음과 같다(여기에 앞에서 제시한 필자의 번역을 덧붙였다).

A 6. [θεος]

    (하나님께서)

  B ἀποδώσει ἑκάστῳ κατὰ τὰ ἔργα αὐτοῦ

     (각 사람에게 그 행한 대로[문자적으로는 "그의 일들"] 보응하시되)

    C 7. τοῖς μὲν ⟨⟩ δόξαν καὶ τιμὴν καὶ ἀφθαρσίαν

       (⟨⟩에게는 영광과 존귀와 썩지 아니함을)

      D ζητοῦσιν

        (구하는 자에게는)

        E ζωὴν αἰώνιον

          (영생으로)

          F 8. τοῖς δὲ ⟨⟩ πειθομένοις ⟨⟩ τῇ ἀδικίᾳ

            (불의를 따르는 자에게는)

            G ὀργὴ καὶ θυμός

              (진노와 분노)

            G' 9. θλῖψις καὶ στενοχωρία

              (환난과 곤고)

          F' ἐπὶ πᾶσαν ψυχὴν ἀνθρώπου τοῦ κατεργαζομένου τὸ κακόν (악을 행하는 각 사람의 영에는)

        E' 10. δόξα δὲ καὶ τιμὴ [καὶ εἰρήνη]

          (영광과 존귀와 평강)

      D' τῷ ἐργαζομένῳ

---

39) Grobel, "Chiastic Retribution Formula," 255-61을 보라.

(행하는 각 사람에게는)

C´τὸ ἀγαθόν⟨⟩

(선을)

B´11. οὐ γάρ ἐστιν προσωπολημψία παρά

(이는 외모로 사람을 취하지 아니하심이라)

A´τῷ θεῷ

(하나님께서)

예레미아스가 제안한 초보적인 형태든지(가장 일반적으로 선호됨), 아니면 (종종 비평의 대상이 되었던) 그로벨이 주장한 더 확장되고 복잡한 형태든지 간에, 2:6-11에 일종의 교차대구법적 배열이 존재한다는 것은 오늘날 많은 주석가가 인정하고 있는 바다. 더글러스 무가 지적했듯이, 그로벨의 더 확장되고 더 세부적인 교차대구법 제안에 대한 중요한 비판은 이것이다. "일부 교차대구법 구조로 제시된 문단과 달리, 6-11절의 요지는 중앙에 있지 않고 시작과 끝(6절과 11절)에 있다. 하나님은 동일한 표준, 즉 행위에 따라 각 사람을 평가하여 모든 사람을 차별 없이 심판하실 것이다."[40] 매우 정당한 이러한 관찰은, 2:7과 2:8이 반의대구법 및 비슷한 구조를 가지고 있고, 역순이긴 하지만 2:9-10의 자료도 동일한 특징을 공유하는 반면에, (처음에 있는) 2:6의 자료와 (마지막에 있는) 2:11의 자료는 다른 방식으로 구성되었고, 단순히 수사학적 교차대구법을 시작하고 마치는 것 이외의 다른 목적으로 기능하는 것으로 이해해야 한다. 더욱이 교차대구법 구조의 자세한 내용과 관련하여 그로벨의 조직도는 여러 가지 점에서 비평을 받을 수 있다. (1) 2:7-8의 반의대구법 및 비슷한 구조들 그리고 2:9-10의 역(逆) 대구법을 분명히 표현하지 못했다는 점, (2) 대칭을 이루기 위한 목적이 분명하지만, C와 D의 관사인 τοῖς와 분사 ζητοῦσιν을 한데 모으지 못했고 D´에서는 관사 τῷ와 이에 해당하는 분사 ἐργαζομένῳ를 한데 모았다는 점에서 그렇다.

---

40) Moo, *Romans*, 136.

제임스 던은 다음과 같은 말로 많은 학자의 의구심을 표현했다. "그로벨이 제안한 6-11절의 넓은 범위의 교차대구법은 너무 복잡하여 설득력이 떨어진다."[41]

에른스트 케제만은 그로벨에 대체적으로 동의하면서 "7-10절이 찬양시 형태이자 수사학적으로 매우 정교한 문체를 지니고 있다는 점은 결코 우연이 아니다"라고 주장했다.[42] 여기서 한걸음 더 나아가 케제만은 본문의 어떤 특징들과 관련하여 다음과 같은 내용에 주목했다. (1) "9, 10절은 교차대구법적으로 7, 8절을 반복한다." (2) "11절은 형식적인 면에서 6절과 병행되는 결론이다. 하지만 11절은 6절 내용에 대한 이유를 제시하기도 한다." (3) "7-10절에는 동사가 완전히 부재한다." (4) "파격 구문[즉 이 네 구절에서 구문론적으로 일관성이 없거나 논리가 맞지 않음]에 대해 말하는 것은 그 본문의 감탄적 특성을 놓치는 것이다." 그리고 (5) "앞에 언급된 본문의 가설적인 해석을 배제하는 '거룩한 법' 문체에서 최후 심판의 표준은 요한계시록의 감탄에서처럼 그 심판의 보편적인 범위와 현재적 타당성에서 드러난다."[43]

그로벨은 2:6-11을 "교차대구법적 징벌 문구"로 보아야 한다고 주장하면서 바울이 "바울 이전의 유대교 전통"으로부터 자료를 가져와 제시한 것이라고 제안하기도 했다. 바울은 "마치 그가 논박하기 위해 로마서를 썼던 바로 그 관점을 담은 어느 정도 친숙하고 권위 있는 자료를 인용하고 있는 것 같다."[44] 그로벨에 따르면, 바로 이 자료 단락이 바울이 직접 쓴 것이 아니었음을 가장 잘 암시하는 것은 2:9과 2:10의 "각주", 곧 Ἰουδαίῳ τε πρῶτον καὶ Ἕλληνι라는 어구를 바울이 2번 사용했다는 사실이다. 이 어구는 "그 단락의 교차대구법 패턴을 망가뜨린다."[45] 그리고 일부 신약학자들

---

41) Dunn, *Romans*, 1.78.
42) Käsemann, *Romans*, 59.
43) Käsemann, *Romans*, 59.
44) Grobel, "Chiastic Retribution Formula," 256.
45) Grobel, "Chiastic Retribution Formula," 256.

은 대체적으로 그로벨에 동의한다.[46] 더욱이 그로벨은 2:6-11의 자료가 실
제로 유대교의 전승 자료를 반영한다면, 그 본문은 아마도 원래 히브리어
나 아람어로 작성되었을 것이며, 히브리어나 아람어에서 그리스어로 언어
의 경계를 넘는 과정에서 그 전통에 속한 원자료의 대칭이 바울이 그것을
사용하기 전에 이미 손상되었을 것이라고 주장했다. 그래서 그로벨은 바울
이전의 유대교 전통의 원자료가 어떻게 생겼는지를 보여주기 위해 다양한
수정을 제안했다.[47]

그러나 대부분의 주석가는 바울이 2:6-11에서 유대교의 전통 자료
나 유대 기독교 자료를 포함했을 가능성을 고려하지 않았다. 그 가능성이
있다고 동의하는 사람이 있다고 하더라도, 6-11절이 원래 히브리어나 아
람어로 작성되었다고 주장할 사람은 거의 없다(필자 역시 마찬가지다). 하지
만 2:7-10에 찬양시의 특징과 양식화된 표현이 있다는 점과, 동사를 생략
한 까닭에 이 구절들이 원래 감탄구문에 속했을 가능성이 제기된다는 점
을 주목할 필요는 있다. 게다가 2:6-11에 사용된 자료가 유대교 성경(구약)
에 대한 유대교적 이해 또는 유대 기독교적 이해를 반영하고 있으며, 유대
교적 및 유대 기독교적 사고 패턴과 표현을 통합한 것 같다는 점을 주목해
야 한다. 그래서 필자는 앞에서 인용한 예레미아스, 케제만, 무, 던의 통찰
과 비평을 모두 모아 이 모든 관찰을 진지하게 고려하면서, 2:6-11에 대한
다음과 같은 이해를 제안하려고 한다.

1. 교차대구법적 배열이 적어도 어느 정도는 2:7-10의 반의대구법, 구
   성의 유사성, 순서의 도치의 기저에 있지만, 바울이 로마의 그리스
   도인들에게 보낸 편지에 지금 등장하는 이 구절들의 구조는 그리스
   식 교차대구법보다는 히브리적 반의대구법으로 이해하는 것이 더
   낫다.

---

46) 예. Bassler, *Divine Impartiality*, 124, 130-31.
47) Grobel, "Chiastic Retribution Formula," 256.

2. 2:6과 2:11이 2:7-10 자료와 관련이 있는 것은 확실하지만, 앞의 두 구절을 단순히 교차대구법 구조의 시작과 끝에 해당하는 요소로 볼 것이 아니라, 2:7-10의 반제 진술을 소개하고 처음부터 그 전통적인 자료의 핵심적인 부분에서 나온 주제 문장(2:6)으로 보며, 또한 바울이 이 두 구절에서 유대교적이거나 유대 기독교적인 전통적 금언을 사용함으로써 6-10절에 제시된 아주 중요한 교훈을 요약하는 결론(2:11)으로 봐야 한다.

3. 2:7-10의 자료를 (Käsemann이 서술한 어구를 반복하여) "찬송시이자 수사적으로 고도로 양식화된 것"으로 볼 수도 있지만, 여기서 한걸음 더 나아가 2:6의 주제 문장과 2:7-10의 양식화된 자료는 함께 유대적 기독교의 경건생활 자료나 교리문답적 자료에 속하는 단일한 단락으로 이해하는 것이 가장 좋다고 제안할 수 있다. 이것은 유대교 신앙에 뿌리를 두고 있으며, 바울과 로마의 그리스도인들 모두 알고 있었고 바울이 여기서 인용한 자료다.

4. 2:11에서 바울은 유대 기독교적 신앙 자료나 교리문답적 자료에 자신의 결론적인 논평을 덧붙인다. 바울은 이것을 인식할 수 있는 유대교적 금언이나 유대 기독교적 금언의 형태로 제시한다.

그래서 필자는 (필자의 사역을 사용하여) 2:6-11의 더 나은 구조적 이해를 다음과 같이 제안한다.

주제 문장(7-10절에 인용된 자료에 대한 설명)

6. [θεος] ἀποδώσει ἑκάστῳ κατὰ τὰ ἔργα αὐτοῦ,

 (하나님은 모든 사람에게 그들이 행한 대로 갚으실 것이다.)

히브리적 반의대구법(6절에서 표제가 붙은 자료)

7. τοῖς μὲν καθ᾽ ὑπομονὴν ἔργου ἀγαθοῦ

 (참고 선을 행하며

 δόξαν καὶ τιμὴν καὶ ἀφθαρσίαν ζητοῦσιν

영광과 존귀와 썩지 아니함을 구하는 자들에게는)

ζωὴν αἰώνιον

(영생을 [주실 것이다])

8. τοῖς δὲ ἐξ ἐριθείας καὶ ἀπειθοῦσι τῇ ἀληθείᾳ

(그러나 이기적인 야망으로 진리를 믿지 아니하고

πειθομένοις δὲ τῇ ἀδικίᾳ

악을 따르는 자들에게는)

ὀργὴ καὶ θυμός

(진노와 분노[가 있을 것이다.])

9. θλῖψις καὶ στενοχωρία ἐπὶ πᾶσαν ψυχὴν ἀνθρώπου

(각 사람에게 환난과 곤고[가 있으리니])

τοῦ κατεργαζομένου τὸ κακόν

(악을 행하는)

Ἰουδαίου τε πρῶτον καὶ Ἕλληνος

(유대인에게 먼저 그리고 이방인들에게)

10. δόξα δὲ καὶ τιμὴ καὶ εἰρήνη παντὶ τῷ ἐργαζομένῳ τὸ ἀγαθόν

(그러나 선을 행하는 각 사람에게는 영광과 존귀와 평강이)

Ἰουδαίῳ τε πρῶτον καὶ Ἕλληνι

(유대인에게 먼저 그리고 이방인들에게)

결론(6-10의 인용을 결론짓기 위해 바울이 사용한 금언)

11. οὐ γάρ ἐστιν προσωπολημψία παρὰ τῷ θεῷ

(왜냐하면 "하나님께는 차별함이 없기" 때문이다)

그리고 본문에 대한 이러한 이해는 아래에 이어지는 주석에서 좀 더 충분히 발전시킬 것이다.

2:6   관계대명사 ὅς ("그는", 여기서는 "하나님"으로 이해됨)는 바울의 여러 편지와 신약성경의 다른 몇몇 곳에서 그러하듯이, 이 구절에서 전통

적인 신앙고백적 자료에 속한 부분의 통합을 표시한다.[48] 그러므로 이 관계
대명사는 이어지는 2:6-10의 모든 것을 초기 유대 기독교의 신앙고백, 경
건생활, 교리문답 자료의 단락으로 소개하는 것으로 보아야 할 것 같다. 바
울은 이 전통적인 자료 단락을 사용하여 2:1-5에서 하나님이 사람들을 "진
리에 근거하여" 심판하신다는 그의 주장을 지지하고, 비단 사람들이 알고
있는 것만 아니라 "그들이 행한 것"에 초점을 맞춘다.

주제 문장인 ἀποδώσει ἑκάστῳ κατὰ τὰ ἔργα αὐτοῦ("그는 모든 사람에
게[문자적으로는 "각 사람에게"] 그들이 행한 대로[문자적으로는 "그의 행위들"] 갚으
실 것이다")는 시편 62:12(LXX 61:13)과 잠언 24:12의 용어들을 거의 그대로
채용한 것이다.

> 시 62:12: σὺ ἀποδώσεις ἑκάστῳ κατὰ τὰ ἔργα αὐτοῦ.
>   ("당신은 그의 행위대로 각 사람에게 갚으실 것이다.")
> 잠 24:12: ὃς ἀποδίδωσιν ἑκάστῳ κατὰ τὰ ἔργα αὐτοῦ.
>   ("그[하나님]는 그의 행위대로 갚으실 것이다.")
> 롬 2:6: ὃς ἀποδώσει ἑκάστῳ κατὰ τὰ ἔργα αὐτοῦ.
>   ("그[하나님]는 그의 행위대로 갚으실 것이다.")

이 금언은 모든 유대 종교의 기본적인 원리를 표현한다.[49] 이것은 예수의
교훈의 핵심이기도 했으며,[50] 예수를 믿는 사람들의 깨달음에서도 매우 중
요했다.[51]

2:7-10   일련의 네 진술이 2:7에서 시작하며 10절까지 계속된다.
각각의 진술에는 동사가 생략되었는데, 이것은 이 진술들을 2:6에서 시작

---

48) 예. 빌 2:6-11; 골 1:15-20; 딤전 3:16b; 히 1:3-4; 벧전 2:22-23.
49) 시 62:12과 잠 24:12만 아니라 렘 17:10도 보라: ἐγὼ κύριος...τοῦ δοῦναι ἑκάστῳ κατὰ τὰς
    ὁδοὺς αὐτοῦ("나 여호와는 각각 그의 행실대로 보응하나니")
50) 참조. 마 16:27: "인자가 각 사람이 행한 대로 갚으리라."
51) 참조. 고후 5:10; 골 3:25; 딤후 4:14; 벧전 1:17; 계 2:23; 20:12; 22:12. 더 자세한 내용은
    Heiligenthal, *Werke als Zeichen*, 172-75을 보라.

한 하나의 주장에 속하는 네 부분으로 이해해야 하며, 따라서 단 하나의 전통적인 자료 단락으로, 다시 말해서 초기의 신앙고백, 경건생활, 교리문답 자료에 속하는 것으로 보아야 함을 시사한다. 2:7-8의 첫 두 진술은 반의대구법 및 비슷한 구조로 되어 있으며, 각 사람에 대한 묘사가 먼저 제시되고 그들의 행위의 결과가 마지막으로 서술되었다. 2:9-10의 두 진술에서는 반의대구법과 구조의 유사성이 역으로 제시되었으며, 결과가 먼저 서술되고 각 사람에 대한 묘사가 마지막으로 제시되었다. 더욱이 2:7-8과 2:9-10 사이에 사람들에 대한 묘사와 그들의 행위의 결과가 반대로 제시되었을 뿐만 아니라, 그러한 묘사와 결과도 역순으로 제시되었다. 좋게 묘사된 내용과 결과들이 첫 번째 진술과 네 번째 진술에 제시되고(7절과 10절), 나쁘게 묘사된 내용과 결과들이 두 번째 진술과 세 번째 진술에 제시되었다(8절과 9절).

물론 이 모든 것은 교차대구법과 같은 것을 암시한다. 비록 이것이 진짜 교차대구법은 아니지만 말이다. 본문의 요지가 중앙(2:8-9)에 있지 않고, 처음(2:6)과 결론(2:11)의 주제 문장에 있기 때문이다. 그러므로 의도했든지 의도하지 않았든지 간에 어떤 유형의 교차대구법이 2:7-10 배후에 있다고 볼 수도 있지만, 적어도 지금 로마서에 등장하는 이 구절들의 자료는 주로 반의적 유형의 히브리 대구법 형태를 반영하고 있다고 상정하는 것이 더 낫다. 유대교적 사상 패턴에 근거한 이러한 반의대구법이 당대의 유대 그리스도인들 사이에서 일반적인 특징이었다는 점에는 의심의 여지가 없으며, 바울과 로마의 그리스도인 수신자들에게 잘 알려졌다고 추측할 수도 있다. 이 외에 2:9과 2:10 끝에 동일한 어구인 "먼저는 유대인에게요 그리고 이방인에게"라는 말로 염두에 둔 사람들을 묘사한 내용이 첨가되었다.

2:7   2:7 처음에 등장하는 진술(τοῖς μὲν καθ᾽ ὑπομονὴν ἔργου ἀγαθοῦ δόξαν καὶ τιμὴν καὶ ἀφθαρσίαν ζητοῦσιν, "참고 선을 행하여 영광과 존귀와 썩지 아니함을 구하는 자에게는")에는, 욥기 40:10에 묘사된 대로 하나님이 그의 백성에게 바라시는 것이 반영되어 있다. "너는 위엄(ὕψος)과 능력(δύναμιν)으로 단장하며 영광(δόξαν)과 존귀(τιμήν)를 입을지니라." 이와 비슷하게 2:7의

이 진술은 시편 저자가 시편 8:5에서 하나님이 세상을 창조하실 때 사람들에게 주신 것을 선포한 내용을 반영한다. "그를 천상적인 존재들(ἀγγέλους)보다 조금 못하게 하시고 영화(δόξη)와 존귀(τιμῇ)로 관을 씌우셨나이다."[52]

　　명사 ὑπομονή는 "참음", "견딤", "의연함", "견고함", "인내"라는 개념을 함의한다. 이 단어는 여기서 "견고한 인내"로 번역하는 것이 가장 좋을 듯하다. 이것은 나중에 5:3-4과 8:25 및 15:4-5에서만 아니라 바울의 다른 서신들과 신약의 나머지 부분에서도 이렇게 번역하는 것이 최상일 것이다.[53] Καθ' ὑπομονὴν ἔργου ἀγαθοῦ(문자적으로는 "선행의 인내로")라는 어구는 로마서와 다른 바울 서신에 표현된 바울신학에 비춰 볼 때 약간은 낯설어 보일 수 있다. 그 의미가 2:10(παντὶ τῷ ἐργαζομένῳ τὸ ἀγαθόν, 문자적으로는 "선을 행하는 모든 사람에게")에서 다시 반복되기는 하지만 말이다. 이곳 2:7에서 "선을 행한다"라는 이 감탄조의 언급과 2:10의 "선을 행하는 것" 또 "율법의 행위"를 칭찬하는 2:14-15의 논평은 바울이 직접 썼다고 하기에는 약간은 놀랄 만하고, 바울이 단 한 번 사용한 표현이라고 해도 놀랍다. 일찍이 갈라디아서 2:16(3번), 3:2, 5, 10에서, 그리고 나중에 로마서 3:20-28에서 "율법의 행위"라는 표현이 경멸적으로 사용되었기 때문이다. 그렇지만 킹슬리 바레트가 지적했듯이, "이 심각하고 중요한 질문에 대한 대답은 필히 이렇게 시작할 수밖에 없다. 즉 '행위라는 단어의 의미가 무엇인지에 달려 있다'라고 말이다."[54] 문맥에서는 바울이 이 낯선 표현들을 인정하는 듯하다(이것은 나중에 2:13과 2:14-15을 다룰 때 더 적절히 논의해야 할 문제다). 또한 2:7에서 주목해야 하는 점은 확정적인 불변사 μέν("참으로")의 사용이다. 이 단어는 종종 현대 번역 성경에서는 표현되지 않지만, 이 단어는 (번역하기가 어렵지만) 바울이 이곳에서 그가 자신의 수신자들이 이미 알고

---

52) 하나님의 인간 창조 및 인간을 향한 바람과 관련한 동일한 표현이 Wis 2:23과 4 Macc 17:12에서 상당히 비슷하게 등장한다.

53) "견고한 인내"라는 의미의 ὑπομονή에 대해서는 F. Hauck, *TDNT* 4.586-88을 보라. 롬 5:3-4; 8:25; 15:4-5 이외에 이 단어가 사용된 예는 고후 6:4; 살전 1:3; 살후 1:4; 딤전 6:11; 딤후 3:10; 딛 2:2; 이와 비슷한 예로 히 10:36; 약 1:3-4; 벧후 1:6; 계 2:2-3, 19을 보라.

54) Barrett, *Romans*, 46.

있다고 믿은 어떤 내용을 진술하고 있음을 암시한다.

Ζωὴν αἰώνιον("영생")이라는 표현은 로마서에서 이곳 2:7 끝에 처음 사용되었다. 비록 이 단어가 일찍이 갈라디아서 6:8과 나중에 로마서 5:21, 6:22-23에서 발견되기는 하지만 말이다.[55] 그러나 이 단어는 유대교 성경 (구약)에서는 70인역 다니엘 12:2("땅의 티끌 가운데에서 자는 자 중에서 많은 사람이 깨어나 영생[εἰς ζωὴν αἰώνιον]을 받는 자도 있겠고 수치를 당하여서 영원히 부끄러움을 당할 자도 있을 것이며")에서야 비로소 등장한다. 다니엘 12:2에 근거하여, 이 표현은 제2성전기에 유대인들에 의해 의인들의 최종적인 운명을 가리키기 위해 분명히 사용되었다.[56] 신약성경에서 바울 서신 외의 성경에서는 이 단어가 하나님께서 예수를 믿는 신자들에게 주시는 것, 즉 "영생"을 가리키기 위해 사용되었다. 이것은 현재와 미래를 모두 지칭하는 하나님의 선물로 정의된다.[57]

2:8 번역하기가 무척 난해한 두 단어가 2:8의 도입부에 등장한다: τοῖς δὲ ἐξ ἐριθείας καὶ ἀπειθοῦσι τῇ ἀληθείᾳ πειθομένοις δὲ τῇ ἀδικίᾳ("그러나 당을 지어 진리를 따르지 아니하고 불의를 따르는 자에게는"). 첫 번째 단어는 명사 ἔρις("투쟁", "불화", "다툼")에서 파생된 명사 ἐριθείας(여기서는 소유격으로 사용됨)다. 두 번째 단어는 "불순종하다" 또는 "믿지 않다"를 의미할 수 있는 분사 ἀπειθοῦσι(현재분사 남성 복수 여격)다.

'Εριθεία를 이 단어의 어원 곧 명사 ἔρις("투쟁", "불화", "다툼")와 관련하여 이해하는 것은 이 단어를 "다툼이 있는", "분열하는", "당을 지으려 하는"으로 규명하는 것이다.[58] 하지만 이 단어를 음모에 의한 공직 추구를 의미했던 고대 아리스토텔레스의 「정치학」 1302b:4과 1303a:14에서 광범위하게 사용된 두 용례에 비춰 이해하면, 이 단어는 "사리를 도모하는" 또는

55) 참조. 딤전 1:16; 6:12과 딛 1:2; 3:7.
56) 참조. 2 Macc 7:9; 1QS 4:7; 그리고 4 Macc 15:3.
57) 막 10:17과 병행구; 10:30과 병행구; 눅 10:25; 요 3:15-16, 36과 이 이외에 여러 곳; 행 13:46, 48; 요일 1:2; 2:25과 이 이외에 여러 곳; 유 21.
58) RSV가 이 의미를 취한다. "분열이 있는 그들"(them that are factious).

"이기적인 야망"이라는 의미로 정의된다.[59] 우리가 믿기에 이 본문에 가장 잘 어울리고, 고린도후서 12:20, 갈라디아서 5:20, 빌립보서 1:17, 2:3, 야고보서 3:14, 16과 같은 신약의 다른 본문에도 훨씬 더 접합한 것은 어원학적인 의미보다는 문맥적인 용례에 의한 정의다.[60] 물론 번역가와 주석가들이 이 용어를 이 본문이 속한 각각의 문맥에서 어떻게 정의해야 할지를 두고 갈등하기도 하지만 말이다.

분사 ἀπειθοῦσι의 근원이 되는 동사 ἀπειθέω는 고대에서 "불순종하다" 또는 "믿지 않다"를 의미하기 위해 널리 사용되었다. 바울은 이 단어를 (사 65:2을 인용한) 로마서 10:21과 11:31에서 유대인들에게 이런 의미로 사용했다. 그리고 아마도 로마서 15:31에서도 이런 의미로 사용되었을 가능성이 있다. 그러나 예수를 믿는 유대인 신자들에게 최고의 불신앙은 기독교의 복음 선포를 믿는 것을 거절하는 것이었다. 그래서 초기 유대인 신자들 사이에서 동사 ἀπειθέω와 분사 ἀπειθῶν은 "믿지 않다"와 "불신자"라는 의미를 함의하게 되었다.[61] 그러므로 우리가 어쩌면 초기 유대적 기독교의 신앙고백에 속한다고 제안했던 이곳 2:8에서는, 이 동사와 분사를 바울이 통상적으로 "불순종하다" 또는 "불순종하는"이라는 의미로 사용했던 것과는 달리, "믿지 않다"라는 초기 기독교적인 함의가 가장 두드러진다고 제안할 수 있다.

이와 마찬가지로 여기서 관사를 동반한 여격 명사 τῇ ἀληθείᾳ ("진리")는 유대인들(모세 율법에 표현된 진리)과 초기 그리스도인들(예수 그리스도와 기독교 복음에 표현된 독특한 진리) 사이에 상당히 다른 어감을 가지고 사용되었을 수 있다. 심지어 이 단어의 어감은 초기 유대인 출신의 그리스도인들과 바울에게도 약간은 다르게 나타나는데, 이것은 각 사람이 초기 기독교 선포의 세부적인 내용을 어떻게 이해했느냐에 좌우되었다.

---

59) NIV와 NRSV가 이 의미를 취한다. "이기적인"(self-seeking).
60) Ignatius, *To the Philadelphians* 8:2도 참조하라.
61) 참조. 요 3:36; 행 14:2; 19:9; 벧전 2:8; 3:1, 20; 4:17.

'Οργή("진노")와 θυμός("분노")는 하나님의 심판을 암시하기 위해 70인역에서 종종 함께 등장한다.[62] 두 단어는 특히 "주의 날"이라는 표현과 결합되기도 하고,[63] 하나님의 최후의 심판을 가리키기도 한다.[64] 강조를 극대화하기 위해 짝으로 등장하는 "진노와 분노"는 유대인과 유대 그리스도인 및 바울이 하나님의 심판의 두려움과 고통을 표현하는 데 분명히 사용되었다. 그 심판의 자세한 내용이 어떻게 이해되고 표현되었는지 상관없이 말이다.

2:9   2:9-10의 자료는 2:7-8의 반제 진술을 반복한다. 하지만 (1) 그것은 역순과 도치로 되어 있고, (2) 앞서 첫 번째 세트에서 사용된 표현들과 동의어인 표현들 몇 개가 두 번째 진술 세트에 사용되었으며, (3) 각각의 마지막 두 진술 뒤에 "먼저는 유대인에게요 그리고 헬라인에게며"라는 어구가 첨가되었다. 이 두 세트의 반제 진술의 이러한 역순과 도치는 의도했든지 의도하지 않았든지 간에 교차대구법적 배열을 나타낼 수 있다. 하지만 이 구절들의 구조는 역순과 도치가 개입된 히브리적 반의대구법의 실례로 쉽게 이해될 수 있으며, 아마도 이렇게 이해하는 것이 나을 것 같다 (2:6-11에 대한 주석을 보라).[65]

Θλῖψις καὶ στενοχωρία("환난과 곤고")는 이사야 8:22과 30:6에서 악한 사람들을 하나님이 기뻐하지 않으신다는 점을 표현하려고 사용된 짝을 이루는 단어들이며,[66] 로마서 2:8 끝에서 짝을 이루는 두 단어 ὀργὴ καὶ θυμός("진노와 분노")와 동의어 형식으로 병행을 이룬다. 'Επὶ πᾶσαν ψυχὴν

---

62) 참조. 신 29:27; 시 78(77):49; 렘 7:20; 21:5; Sir 45:18.

63) 참조. 사 13:9.

64) 참조. 사 30:30.

65) 그래서 우리는 2:6-10의 자료를 (1) 2:6의 주제 문장과, (2) 두 가지 반제적 진술(첫 번째는 2:7-8, 두 번째는 역순과 도치로 2:9-10에 등장), 또 (3) 두 번 사용된 "먼저 유대인에게요 그리고 이방인에게"라는 표현을 가진 자료로 보는 것이 최선이라고 제안했다. "먼저 유대인에게요 그리고 이방인에게"라는 표현은 2:9-10의 마지막 두 진술 끝에 각각 등장하며, 2:6-10에 제시된 내용에 걸맞은 절정으로 기능한다. 따라서 이것은 죄와 죄인을 심판하는 데 있어 하나님이 차별하지 않으신다는 주제를 강조한다.

66) 신 28:55, 57도 참조하라.

ἀνθρώπου (문자적으로는 "사람의 모든 영혼 위에")라는 어구는 "인간 존재" 또
는 "개인"을 나타내는 "영혼"(שׁפֶנ)을 가리키는 히브리어의 용례이며,[67]
"(악을 행하는) 모든 사람"으로 번역하는 것이 가장 좋다.

2:10   Δόξα καὶ τιμὴ καὶ εἰρήνη ("영광과 존귀와 평강")는 2:7의 세
단어 δόξαν καὶ τιμὴν καὶ ἀφθαρσίαν ("영광과 존귀와 썩지 아니함")과 병행
을 이룬다. 다만 "썩지 아니함"이 "평강"으로 대체되었을 뿐이다. 그리고
παντὶ τῷ ἐργαζομένῳ τὸ ἀγαθόν ("선을 행하는 각 사람에게")은 2:7의 τοῖς
καθ' ὑπομονὴν ἔργου ἀγαθοῦ ("참고 선을 행하는 사람들에게")라는 표현과 병
행을 이룬다. 2:7에 언급된 "선"과 2:10의 "선을 행하다"는 표현은 나중에
3:20과 3:28에 등장하는 "율법의 행위"와는 달리, 비난의 대상이 아니다.[68]
오히려 이것은 칭찬의 대상이다. 킹슬리 바레트가 바르게 관찰했듯이, "하
나님이 상을 주시는 '선'은 '율법의 행위'가 아니라 인간의 행위를 넘어 하
나님의 온전하게 하심을 인내로 구하고 바라는 것이다."[69]

2:9과 2:10 두 본문 마지막에 등장하는 Ἰουδαίῳ τε πρῶτον καὶ
Ἕλληνι ("먼저 유대인에게요 그리고 이방인에게")는 물론 1:16-17의 주제 진술
에 매우 의미 있게 사용된 어구다. 하지만 이 어구는 3:21-23이나 신약의
다른 어느 곳에서도 바울의 논제를 재진술하기 위해 사용되지 않는다. 다
음과 같이 추측하는 것이 이치에 맞을 것 같다. (1) 이 어구는 바울이 2:6-
10에서 인용한 전통 자료에 포함되었던 것이며, (2) 바울에 의해 1:16에서
그가 나중에 통합하려는 신앙고백 자료를 예상하여 사용되었고, (3) 바울
이 "먼저는 유대인에게요 그리고 이방인들에게"라는 진술에 완전히 동의
하고 로마의 그리스도인들에게 편지하면서 그것을 전략적으로 1:16-17에
서 사용하였지만, 이 어구는 자신이 만든 것도 아니고 그의 이방인 선교에
서 자신을 이방인들에게 통상적으로 표현했던 방식을 대표하는 것도 아

67) 참조. 레 24:17; 민 19:20.
68) 갈 2:16(3번); 3:2, 5, 10에 "율법의 행위"가 비난조로 사용되었음.
69) Barrett, *Romans*, 48.

니다.

　　2:11　　인용된 2:6-10 자료에 결론으로 첨가된 진술 οὐ γάρ ἐστιν προσωπολημψία παρὰ τῷ θεῷ("하나님께는 차별이 없기 때문이라")는 바울이 인용한 전통적인 금언으로 이해되어야 할 듯하다. 이 어구는 접속사 γάρ("왜냐하면")라는 도입구 사용으로 보이는 말로 시작한다. 바울은 이 단어를 로마서 2:24, 10:13, 11:34-35과 고린도전서 2:16, 10:26, 15:27에서 성경 인용을 소개하기 위해 사용했다. 더욱이 그 내용은 유대교 성경(구약)[70]과 유대 외경의 이곳저곳[71]에 풍성히 나타나 있다.

　　제임스 던은 προσωπολημψία라는 단어가 "기독교적인 문구일 가능성이 크다"라고 말한다. 이 단어가 이곳 로마서 2:11에 처음 등장하고, 나중에 에베소서 6:9, 골로새서 3:25, 야고보서 2:1에 등장하기 때문이다. 하지만 이와 아울러 던이 주목했듯이, 어원이 같은 표현들은 신약의 다른 곳에서 몇 번 더 발견된다. (1) 명사 προσωπολήμπτης("차별대우하는 사람")는 사도행전 10:34에 등장한다. 이 본문에서 베드로는 로마의 백부장 고넬료에게 "내가 참으로 하나님은 사람의 외모를 보지 아니하시고"라는 말로 그의 메시지를 시작한다. (2) 동사 προσωπολημτέω("차별대우하다")는 야고보서 2:9에 등장한다. (3) 부사 ἀπροσωπολήμπτως("개인들과 상관없이", "차별하지 않고", "공정하게")는 베드로전서 1:17에 등장하며, (4) 관용어 πρόσωπον ὁ θεὸς ἀνθρώπου οὐ λαμβάνει("하나님은 사람을 외모로 취하지 아니하시나니," 문자적으로는 "하나님은 사람의 얼굴을 받지[고려하지] 않으신다")는 갈라디아서 2:6에 등장한다.[72] 흥미롭고 필자가 어느 정도 중요하다고 보는 점은, 어원이 같은 이 표현들 대부분이 이런저런 방식으로 유대교적 문맥 또는 유대 기독교적인 문맥이라고 할 수 있는 자료에 등장한다는 사실이다. 이것은

---

70) 특히, 신 10:17: 하나님은 "사람을 외모로 보지 아니하시며 뇌물을 받지 아니하시고"; 대하 19:7: "우리 하나님 여호와는 불의함도 없으시고 치우침도 없으시고 뇌물을 받는 일도 없으시니라"; 욥 34:19: 하나님은 "고관을 외모로 대하지 아니하시며 가난한 자들 앞에서 부자의 낯을 세워주지 아니하시나니 이는 그들이 다 그의 손으로 지으신 바가 됨이라."

71) 특히, *Jub* 5:15; Sir 35:12-13; Wis 6:7; *Pss Sol* 2:18을 참조하라.

72) Dunn, *Romans*, 1.88.

προσωπολημψία("차별", "편애")가 아마도 이러한 환경에서 생겨나서 사용되었으리라 이해하는 것이 가장 좋음을 암시한다. 하지만 이 점을 더 강조하지 않고도, 이곳 로마서 2:11에 사용된 그리스어 명사 προσωπολημψία가 적어도 하나님이 인정하지 않은 차별 행위를 가리키는 유대적 어법인 히브리어 표현 פנים נשׂא("얼굴을 받아들이다")에서 유래한 것임을 인정할 필요가 있다. 그리고 유대교 성경(구약)에서는 특히 재판장들에게 편애와 차별을 하지 말라는 경고를 했다.[73]

앞에서 인용한 이 모든 병행구는 이곳 2:11에서 바울이 유대적 경구 또는 유대 기독교적 경구로 보이는 것을 인용했음을 암시한다. 이 경구는 (1) 유대교 성경(구약)과 제2성전기 유대교 문헌에 확고하게 기초를 두고 있으며, (2) 로마의 그리스도인들에게 잘 알려졌고, (3) 바울에 의해 2:6-10의 유대 기독교적 신앙고백 자료의 인용을 마무리하기 위해 사용되었다. 바울은 이 메시지가 그의 로마 수신자들의 정신과 마음에 강하게 울림을 주길 원했음이 분명하다. 곧 "하나님에게는 차별이 없느니라"는 메시지다.

III. 모세 율법이 없이 죄를 범한 모든 사람과 모세 율법을 소유하고 있으면서도 죄를 범한 모든 사람은 하나님에 의해 동일하게 차별 없이 심판을 받을 것이다(2:12-16).

2:1-16의 세 번째이면서 마지막인 단락에는 여러 구조적·구문론적·해석학적 문제가 있다. 특히 14-16절에서 그렇다. 하지만 로마서 2장 전체에서 가장 난해한 문제는 2장의 이 하위 단락인 13-15절에서 가장 분명하게 발생한다. 2:7과 2:10의 진술에서는 참고 "선한 행위"(7절, ἔργου ἀγαθοῦ)를 하는 사람과 "선"(10절, τὸ ἀγαθόν)을 행하는 사람들에게 하나님이 "영생"(7절)과 "영광과 존귀와 평강"(10절)을 주신다고 하는데, 이것은 믿음으로만 의롭다

---

73) 레 19:15: "너희는 재판할 때에 불의를 행하지 말며 '가난한 자의 편'(LXX: πρόσωπον πτωχοῦ)을 들지 말며 '세력 있는 자라고 두둔'(LXX: πρόσωπον δυνάστου)하지 말고 공의로 사람을 재판할지며"; 신 1:17; 16:19도 보라.

함을 얻는 것과 관련하여 바울이 3:21-30, 4:1-25, 9:1-11:36에서 말한 내용 (위에서 2:7, 10에 대해 주해한 내용을 보라)과 비교할 때 많은 해석상의 문제를 드러낸다. 반면에 이곳 2:13-15의 진술들은 더 큰 난제를 시사한다. 즉 "율 법을 행하는/순종하는 사람(οἱ ποιηταὶ νόμου)이 의롭다는 선언을 받을 것 [사람]이라는" 것(13절), 이방인들 중에서는 "율법이 요구하는 것들(τὰ τοῦ νόμου)을 본성으로(φύσει) 행하는" 사람이 있다는 것(14절), 그리고 이렇게 하여 "율법의 요구(τὸ ἔργον τοῦ νόμου)가 그들의 마음에 기록되었다(γραπτὸν ἐν ταῖς καρδίαις αὐτῶν)"는 것(15절)이다. 이 세 구절에서 추론할 수 있는 점 은, 이방인들이 이러한 행위로 하나님 앞에서 의롭다 함을 얻는다는 것 이다. 얼핏 바울적이지 않은 것처럼 보이는 로마서 2장의 이 본문을 어떻게 이해할 수 있을까? 이 진술과 바울이 로마서 및 그의 다른 편지들에서 한 말을 조화시키기 위한 여러 가지 방법이 제안되었다.[74]

사도가 로마서와 그의 다른 편지에서 가르친 내용과 비교하여 이 진 술을 이해하는 대중적인 방법 중 하나는 이곳 로마서 2장에서 바울이 이교 도 이방인이 아니라 **그리스도인인** 이방인을 염두에 두었다고 제안하는 것 이다. 다시 말해서 바울이 그리스도를 믿는 믿음과 성령 안에서 사는 삶을 통하여 유대교 율법에 순종하는 이방인들을 언급하고 있다는 것이다.[75] 다 른 방법은 바울이 로마서 2장에서 하나님을 믿는 믿음을 가지고 있는, **그리 스도인이 되기 이전의** 이방인들이나 복음이 오기 **이전의** 경건한 유대인들 에 관해 말하고 있다고 주장하는 것이다. 또는 바울은 아마도 몇 가지 이론 을 혼합한 형태인 (1) 하나님이 주신 믿음을 소유한, 그리스도인이 되기 전 의 이방인들, 또한 (2) 그리스도가 오시기 이전에 모세 율법의 여러 형태를 통하여 하나님을 신뢰한 신실한 유대인들, **그리고** (3) 예수를 믿는 그리스

---

74) Cranfield는 그의 주석 *Romans*, 1,151-53에서 10가지 방법을 제시하고 평가한다.
75) 예. Mundle, "Zur Auslegung von Röm 2,13ff.," 249-56; Bultmann, *Theology of the New Testament*, 261; Flückiger, "Die Werke des Gesetzes bei den Heiden," 17-42; K. Barth, *Shorter Commentary on Romans*, 36-39; Black, *Romans*, 55-56; Cranfield, *Romans*, 1,152-62, 173-76; König, "Gentiles or Gentile Christians?" 53-60; Ito, "Romans 2," 33-34.

도인 신자들에 관해 말하고 있을지도 모른다.[76] 클라인 스노드그라스(Klyne Snodgrass)는 맨 마지막에 언급한 입장을 평가하면서 이에 동의하며 이렇게 말한다. "로마서 2장을 복음이 오기 전의 상황을 묘사하는 것으로 보는 사람들은 옳다."[77]

이 진술들을 이해하는 다른 방법들이 더 제안되었다. 대부분은 앞에서 언급한 두 입장을 약간 재배열하여 제시하는 정도다. 예를 들어, 에른스트 케제만은 (1) 2:12-16의 이교도 이방인들, (2) 2:24-27의 "순전히 허구적인" 이방인의 구원론, 그리고 (3) 2:28-29의 이방인 출신의 그리스도인이 "참 유대인"이라는 관점에서, 즉 "해당 장(章) 내에서 구별되는 세 순간들"의 관점에서 로마서 2장을 해석한다.[78] 조세프 피츠마이어는 2:7과 2:10에서 바울이 "그들의 행위(선한 행위)를 그들 믿음의 열매"로 이해해야 할 그리스도인을 염두에 두고 있지만,[79] 2:14-15과 2:26에서는 그리스도인 이방인이 아니라 이교도 이방인들을 염두에 두고 있다고 주장한다.[80] 제임스 던과 토머스 슈라이너는 2:7, 10, 26-29에서 바울이 그리스도인 이방인들을 생각하고 있는 반면에 2:14-15에서는 이교도 이방인들을 염두에 두고 있다고 주장했다.[81] 다소 비슷하게, 하인리히 슐리어(Heinrich Schlier)는 2:14-15에는 이교도 이방인들이 지칭된 반면에 2:27에서 바울은 거의 무의식적으로 그리스도인 이방인들을 묘사하는 쪽으로 나아간다는 입장을 고수했다.[82]

---

76) 예. Schlatter, *Gottes Gerechtigkeit*, 74-112; Bläser, *Das Gesetz bei Paulus*, 195-97; Barrett, *Romans*, 42-51; Cambier, "Le jugement," 210; G. N. Davies, *Faith and Obedience in Romans*, 55-56.
77) Snodgrass, "Justification by Grace," 81.
78) Käsemann, *Romans*, 59, 65, 73(Sanders는 Käsemann이 "해당 장 내에서 구별되는 세 순간들"로 이해한 것을 그의 책 *Paul, the Law, and the Jewish People*, 127에서 "곡해된 석의"라고 명명했다).
79) Fitzmyer, *Romans*, 297; 또한 302도 보라.
80) Fitzmyer, *Romans*, 310, 322.
81) Dunn, *Romans*, 1.86, 98, 100, 106-7, 122-25; Schreiner, "Did Paul Believe in Justification by Works?" 131-55을 보라.
82) Schlier, *Der Römerbrief*, 77-79, 88.

또 다른 접근은 로마서 2장의 바울이 선한 행위 또는 율법에 순종함으로써 의롭다 함을 얻을 가설적이거나 이론적인 가능성을 염두에 두고 있지만, 그런 다음에 계속해서 믿음으로만 하나님 앞에서 의롭다 함을 얻는 현실성을 드러내기 위해 그 가능성을 부정한다고 이해한다. 이를테면, **만일 사람이 율법에 순종할 수 있다면 얼마든지 의롭다 함을 받을 것이다. 그러나 그럴 수 있는 사람은 아무도 없다**는 것이다. 이러한 견해는 현대의 신약 비평학자인 한스 리츠만(Hans Lietzmann)에 의해 제안되었다. 리츠만은 이곳 로마서 2장에서 바울이 "복음 이전의 관점으로(*vom vorevangelischen Standpunkt*)" 문제를 보고, "만일 (1) 복음이 없었다면(*das Evangelium nicht da wäre*), 그리고 (2) 율법을 성취할 가능성이 있었다면(*die Erfüllung des Gesetzes möglich wäre*)" 일어났을 일을 제시했다고 주장했다.[83] 그리고 이러한 이해는 근래의 수많은 학자의 지지를 받았다. 비록 다양한 방식과 "가설적인" 그리고 "이론적인"이라는 형용사에 약간은 다른 정의를 제시하기는 했지만 말이다.[84]

반면에 로마서 2장에 있는 문제의 본문들 전부 혹은 다수가 바울이 로마서의 다른 곳에서 가르친 내용과 전적으로 상반된다고 주장한 학자들이 몇몇 있다. 비록 그들이 문제의 본문을 다양하게 설명했지만 말이다. 예를 들어, 존 오닐(John C. O'Neill)은, 그가 갈라디아서에서 "모순되는" 본문이라고 밝힌 것을 비슷하게 다룬 부분에서 예상할 수 있듯이, 1:18-2:19에 등장하는 모든 내용이 바울의 교훈에 상반될 뿐더러 그의 목적에 적절하지도 않다고 믿었으며, 그래서 1:18-2:29을 헬레니즘적인 유대인 선교사의 논문

---

83) Lietzmann, *An die Römer*, 39-40; 또한 13과 44을 보라.
84) 예를 들어, Fridrichsen, "Der wahre Jude," 43-44; J. Knox, "Romans" (Introduction and Exegesis), in *Interpreter's Bible*, 9.409, 418-19; Kuss, *Römerbrief*, 1.64-68, 70-71, 90-92; Bornkamm, "Gesetz und Natur," 110; Kähler, "Auslegung von Kap. 2,14-16," 274, 277; Wilckens, *An der Römer*, 1.132-33, 145; Barrett, *Romans*, 50; Harrisville, *Romans*, 43-50; Bruce, *Romans*, 90; Thielman, *From Plight to Solution*, 94-96; 그리고 Moo, *Romans*, 155-57, 171-72; 또한 Fitzmyer, *Spiritual Exercises*, 43도 보라. Fitzmyer는 "유대인들은 하나님이 보시기에 곧고 올바른 지위를 얻는 방식을 가지고 있다"는 진술에 대해 "바울이 이것을 이론적으로 받아들였다"고 주장한다.

에서 유래한 자료를 의지한 후대의 주석가에 의해 삽입된 것으로 이해해야
한다고 믿었다.[85] 헤이키 레이제넨(Heikki Räisänen)은 이러한 삽입 이론을
거부하면서, 2:14-15과 2:26-27이 모든 사람이 죄 아래 있다는 1:18-3:20에
제시된 바울의 주요 논제와 노골적으로 상충되며, 따라서 이는 모세 율법
을 지키는 인간의 가능성과 관련하여 "바울의 생각이 분열되었다"는 것을
상당히 분명하게 입증한다고 주장했다.[86] 그리고 에드 샌더스(Ed Sanders)
는 1:18-2:29에서 "바울이 디아스포라 유대교로부터 상당한 분량의 설교
자료를 가져와 소소하게만 변경했고, 결과적으로 2장에서 율법을 논하면서
다른 곳에서 그가 율법에 관해 말했던 다양한 내용 중 어느 것과도 조화를
이루지 못했다"고 주장했다.[87]

　　더글러스 캠벨(Douglas Campbell)의 주장은 오닐과 레이제넨 및 샌더
스의 논지들과는 결정적으로 다르지만, 1:18-3:20의 비(非)바울적인 특성
에 대해서는 비슷한 결론에 도달하며 수사학적으로 더욱 기초가 튼튼한 논
증을 제시했다. 캠벨은 바울이 그의 수사학적인 기교를 발휘하여 (1) "종종
대단히 세련된 논쟁을 보여주었으며" (2) "적대자들의 용어나 기본적인 입
장을 취하여 그것을 뒤집어 자신에게 유리하게 사용하는 노련함을 보여주
기도 했다"[88]는 타당한 통찰을 근거로 삼아, 1:18-3:20에서 바울이 "'다른
복음'을 비판하는 자로서" 반어적인 방식으로 "인신공격적인 전략"을 사용
한다고 주장했다.[89] 캠벨이 이해하는 바로는, 그 인신공격적인 전략은 "상
대방을 흉내 냄으로써 시작한다." 즉 "개연성이 있는 논박[삼단논법의 논
박]을 재현하거나 궁극적으로 기반을 약화시키려고 하는 입장을 비난하는
말로 시작하고", 그런 다음에 상대방의 결론이 불가능함을 증명하기 위해
"일련의 파괴적인 환원법"을 이용하여 적대자들의 전제들을 "제거한다."

---

85) O'Neill, *Romans*, 41-42, 49, 53-54, 264-65.

86) Räisänen, *Paul and the Law*, 100-107을 보라. Räisänen에 대한 비평은 Cranfield, "Giving a
　　Dog a Bad Name," in *On Romans*, 99-107을 보라.

87) E. P. Sanders, *Paul, the Law, and the Jewish People*, 123.

88) D. A. Campbell, *Quest for Paul's Gospel*, 259.

89) Campbell, *Quest for Paul's Gospel*, 246.

"이러한 진행 과정의 결과"는 "그 자체의 논리로 전체 계획에 대한 신빙성을 떨어트리는" 것이다.[90] 따라서 캠벨이 1:18-3:20에 나타난 바울 논쟁의 수사적 전개에서 바울의 목적을 이해한 바는 다음과 같다. "이러한 폭로와 추론 과정의 궁극적인 결과는 전체적인 입장을 철저히 믿지 못하게끔 만드는 것이다. 남는 것은 결국 몇 가지 관점에서 볼 때 쓸모없고 모순되는 '복음'이다."[91]

캠벨은 1:18-3:20에 나타난 바울의 수사학적 전략에 대한 그의 이해를 소개하며 이렇게 말한다. "필자가 본문을 읽는 대안적인 방식은 논쟁이 전개됨에 따라 바울 자신의 입장을 이동시킨다. 본질적으로 이 방식은 1:18부터 3:20에 걸쳐 논쟁적 긴장이 전개됨에 따라 바울을 논쟁의 반대편에 서 있게 한다. 그래서 그 본문의 일차적인 목소리는 바울의 목소리가 아니라는 것이 필자의 견해다."[92] 그리고 캠벨은 바울의 수사적 전략을 논의하는 것을 마무리하면서, 1:18-3:20의 모든 진술과 관련하여(물론 반어법적으로 읽어야 하기는 하지만, 2:16에서 바울이 쓴 것은 예외로 하고) 이렇게 말한다. "그 진술들은 바울을 대적하는 교사들의 복음에 포함될 것이다. 그러므로 대부분의 로마서 해석사에서 이러한 전제들을 바울에게 귀속시키는 것은, 우리가 앞에서 말했듯이 바울이 대단히 분개했을 법한 의도하지 않은 아이러니다."[93]

오닐, 레이제넌, 샌더스, 캠벨을 제외한 대부분의 학자는 로마서 2장을 이해하는 데 있어, 그 안에 있는 모든 내용이 아무리 이전의 글을 빌려온 것이라고 해도 바울의 교훈이며, 따라서 2장에 제시된 내용과 바울이 다른 곳에서 말하는 내용을 조화시켜야 한다는 추정으로 시작했다. 그러한 추정이 언급되었든지 단순히 가정되었든지 말이다. 이러한 추정에 근거하여 논

---

90) Campbell, *Quest for Paul's Gospel*, 246.
91) Campbell, *Quest for Paul's Gospel*, 246.
92) Campbell, *Quest for Paul's Gospel*, 233.
93) Campbell, *Quest for Paul's Gospel*, 261. 이 논제에 대한 훨씬 더 자세한 설명은 그의 후기 대작인 *Deliverance of God: An Apocalyptic Rereading of Justification in Paul*(2009)을 보라.

의를 시작하는 대부분의 사람에게 바울이 믿음이라는 개념을 염두에 두지 않고 칭의에 관해 말했다는 것은 언제나 믿기 힘든 것이었다. 따라서 학자들은 일반적으로 로마서 2장을 주석할 때 다음의 둘 중 하나를 해야 한다고 생각했다. (1) 사도 자신이 밝혔던 것을 넘어 지시대상이 무엇인지를 분명히 하는 것, 또는 (2) 본문에서 말하고 있는 내용을, 나중에 논의할 것을 준비하기 위해 수사적 기능을 하는 가설적인 설명으로 이해하는 것 등이다.

그렇다면 일견 바울이 쓴 것처럼 보이지 않는 로마서 2장의 진술과 특히 현재 우리의 관심사인 12-16절의 진술들을 어떻게 이해해야 할까? 이것은 확실히 모든 주석가의 지대한 관심의 대상이 되는 질문이다. 하지만 교육적인 이유에서, 이어지는 12-16절을 주해하는 부분에서 이 문제를 자세히 다루기 위해 여기서는 이 문제를 보류해 두는 것이 좋을 것 같다.

2:12-13 바울이 여기서 기록하는 것은 다음과 같은 몇 가지 원리를 기반으로 한다. (1) 2:2의 금언("이런 일을 행하는 자에게 내리는 하나님의 정죄는 진리에 기초한다")에 선포된 원리, (2) 2:6의 주제 문장("하나님께서는 각 사람에게 그 행한 대로 보응하신다")에 선포된 원리, (3) 2:7-10의 신앙고백적 자료에 반의대구법 형식으로 제시된 원리(이것은 9-10에 분명하게 표현되었다, "먼저는 유대인에게요 그리고 헬라인에게며"), (4) 2:11의 금언("하나님께서는 외모로 사람을 취하지 아니하신다")에 진술된 원리 등이다. 그러나 이곳 2:12-13에서 바울은 로마서에서 처음으로 새로운 내용, 즉 모세 율법에 대한 언급을 소개한다. 그리고 바울이 로마서 2장부터 시작하는 로마서 나머지 부분에서 모세 율법의 중심성과 관련된 쟁점은, 2:12에 부사 ἀνόμως(분명히 모세 율법을 언급하는 "율법 없이")라는 단어가 2번 등장하고, 명사 νόμος(마찬가지로 모세 율법을 지칭하는 "법")가 2:12-19 전체에서 적어도 19번 이상 등장한다는 사실에 의해 분명히 입증된다.

킹슬리 바레트는 2:12 전후로 등장하는 내용을 주석하면서 다음과 같이 적절히 관찰했다.

바울은 앞 문단에서 유대인과 이방인이 하나님 앞에서 동등하다는 결론에 이르렀다. 이 진술에 한 가지 분명한 반대가 있다. 유대인과 이방인의 차이는 단지 인종의 문제가 아니라 종교 또는 더 정확히 말하면 계시의 문제다. 하나님은 모세를 통해 이스라엘에게 율법을 주셨다. 이것은 이방인들이 한 번도 가져보지 못한 유익이었다.[94]

그러고 나서 바레트는 2:12-13에 있는 바울의 메시지를 요약한다. 먼저 이방인들과 관련하여 "계시된 율법의 부재가 지금 심판을 피할 길을 열었다고 볼 수 없다."[95] 그다음에 유대인과 관련하여 "율법은 그것을 소유하고 있는 사람들을 보존할 수 있다고 여길 만한 부적이 아니다. 율법은 심판의 수단이다. 죄는 율법의 영역 안에서 작용할 때, 덜 짓게 되는 것이 아니라 더 짓게 된다."[96]

　　바울은 이곳 2:12-13에서 그가 2:1에서 소개했고 2:1-5 내내 반대했던 가상적인 대화 상대자가 제시할 반대 의견을 예상했던 것 같다: "하지만 바울 자네는 유대인들이 모세의 율법을 소유하고 있다는 사실을 잊고 있네. 하나님 자신이 직접 주신 바로 그 율법 말일세." 이에 대해 바울은 하나님의 차별 없는 심판을 모든 사람에게 적용한다는 말로 응수한다. 그들이 모세의 율법을 소유하고 있든지 그렇지 않든지 관계 없이 말이다. 단지 율법을 소유하고 있다는 사실 자체만으로는 이점이 하나도 없으며, 유대인들도 모세 율법이 하나님의 심판으로부터 그들을 보호해줄 목적으로 주어진 것이 아니었다는 사실을 반드시 인식해야 한다. 이런 까닭에 바울은 비교적 정갈한 대구법 구조로 진술한다.

　　12. Ὅσοι γὰρ ἀνόμως ἥμαρτον, ἀνόμως καὶ ἀπολοῦνται,

---

94) Barrett, *Romans*, 49.
95) Barrett, *Romans*, 49.
96) Barrett, *Romans*, 49.

무릇 율법 없이 범죄한 자는 또한 율법 없이 망하고,

　　καὶ ὅσοι ἐν νόμῳ ἥμαρτον, διὰ νόμου κριθήσονται.

　　무릇 율법이 있고 범죄한 자는 율법으로 말미암아 심판을 받

　　으리라.

13. οὐ γὰρ οἱ ἀκροαταὶ νόμου δίκαιοι παρὰ τῷ θεῷ,

　　이는 하나님 앞에서는 율법을 듣는 자가 의인이 아니요,

　　ἀλλ' οἱ ποιηταὶ νόμου δικαιωθήσονται.

　　오직 율법을 행하는 자라야 의롭다 하심을 얻으리니.

이 구조는 이 본문이 단독적인 별도의 자료 단락으로 취급되든지 아니면 2:14-15의 병행적 진술과 연결하여 취급되든지 간에 종종 교차대구법으로 이해되었다. 하지만 대구법적 구조가 2:12-13에 등장하고, 덜 분명하기는 해도, 2:12-13을 2:14-15과 결합하여 이해할 수 있는 반면에, 중심되는 초점이나 기본적인 진리로 향하는 사상의 움직임을 2:12-13 자체에서나 2:14-15과 2:12-13의 결합된 곳에서도 발견할 수가 없다. 따라서 비록 두 세트의 본문 모두에 병행되는 사상의 패턴이 감지되기는 해도, 2:12-13 단독적으로나 2:14-15과 결합해서나 그것을 사실 교차대구법이라고 정의할 수는 없다.

　　2:12과 2:13 각각의 두 문장은 접속사 γάρ("왜냐하면", "이는")로 시작한다. 하지만 2:11을 시작할 때와 달리, 어느 문장에서든지 이 접속사가 전통적인 금언이나 그 밖에 다른 인용된 자료를 소개한다고 주장할 수는 없다. 오히려 2:12에서는 접속사가 논증의 한 단계에서 다음 단계로 이동하는 전환을 표시하는 불변화사 역할만 하는 것으로 생각된다(그래서 일반적으로 이 접속사는 번역되지 않는다). 반면에 2:13에서는 접속사가 설명적인 방식으로("왜냐하면") 기능한다. 그러므로 이 두 진술은 바울 자신의 진술로 보인다. 그 진술들은 (1) 선한 것을 단지 아는 것보다 "선을" 실제로 행해야 할 필요성에 대해 바울이 앞선 본문에서 강조한 것을 반복하며, (2) 죄와 죄인들을 심판하시는 하나님의 차별 없으심에 대한 그의 주장을 되풀이하

고, (3) 모세 율법에 관한 문제를 논의에 들여옴으로써, 즉 "[모세] 율법이 없는" 사람들 및 "[모세] 율법을 소유하고 있는" 사람들 모두의 책임과 그들 모두에게 내리는 심판을 이야기함으로써 이러한 논증을 발전시킨다.

바울 당대의 유대 문헌에 내력이 있는[97] 부사 ἀνόμως("율법 없이", "율법을 떠나서")는 2:12에 2번 등장한다. 하지만 이 두 경우는 신약성경에서 유일하게 등장하는 예다. 그러나 형용사 ἄνομος("[율]법 없는")와 형용사의 실명사 형태인 ὁ ἄνομος("[율]법 없는 자")는 당대의 그리스 작품들과 신약성경의 비(非)바울 자료들에서 뿐만 아니라 바울 서신에서도 비교적 자주 등장한다.[98] 그리고 어원이 같은 어구 χωρὶς νόμου("율법 없는/율법을 떠난")는 로마서 3:21(참조. 또한 3:28의 χωρὶς ἔργων νόμου, "율법의 행위 외에/율법의 행위에 있지 않고")에 등장한다. 2:12 마지막에 있는 3인칭 복수 미래 수동태 직설법 동사 κριθήσονται(κρίνω에서 파생됨)는 그 앞에 있는 조격 어구인 διὰ νόμου와 함께 "그들은 율법에 기록된 내용에 부합되게 [하나님에 의해] 정죄를 받을 것이다"라는 뜻을 함의하는 것이 확실하다. 나중에 3:7에 등장하는 1인칭 단수 현재 수동태 직설법 동사 κρίνομαι("내가 정죄를 받을 것이다")의 의미처럼 말이다.

동사 δικαιόω("의롭게 되다")에서 파생한 3인칭 복수 미래 수동태 직설법 δικαιωθήσονται("그들은 의롭다고 선포될 것이다/의롭게 될 것이다")는 로마서에서 처음으로 이곳에 등장하며, 그 이후 로마서에서 14번 더 발견된다. 동사의 미래시제("그들이 ~될 것이다"가 현재적 실체를 의미하는가? 아니면 미래적 실체를 의미하는가? 또는 둘 다를 의미하는가?)와 동사의 수동태(그 동사를 법정적인 의미인 "의롭다고 선언되다"로 이해해야 하는가? 아니면 윤리적인 의미인 "의롭게되다"로 이해해야 하는가? 혹은 둘 다를 의미하는가?)에 관한 질문들은 여기서 바

---

97) 2 Macc 8:17; Philo, *Legum allegoriae* 1.35; Josephus, *Contra Apion* 1.147; 2.151; *Antiquities* 15.59.

98) 고전 9:21: "율법 없는 자에게(τοῖς ἀνόμοις)는 내가 하나님께는 율법 없는 자(μὴ ὢν ἄνομος θεοῦ)가 아니요 도리어 그리스도의 율법 아래에 있는 자이나, 율법 없는 자와 같이 (ὡς ἄνομος) 된 것은 율법 없는 자들을 얻고자 함이라." 또한 딤전 1:9도 보라.

울이 진술하고 있는 내용에 대해 너무 많은 것을 묻는 것이다. 물론 이 질문들은 나중에 로마서에서 분명하게 논의할 문제이지만 말이다.[99] 여기서 바울이 하기를 원하는 것은 단지 안일한 이해에 도전하려는 것이다. 예를 들면, 하나님이 받으시는 사람이 누구인지 그리고 하나님의 율법을 듣는 것, 그 내용을 아는 것, 율법의 심판을 인정하는 것, 하나님의 뜻을 순종하는 것 가운데 무엇을 근거로 화목하게 되는지에 대해, 그가 2:1-5에서 염두에 두었던 가상의 대화 상대자들이 제안한 이해다.

신학적으로 가장 골치 아픈 문제는 2:12 마지막에 있는 "율법을 행하는 자라야 의롭다 하심을 얻으리니(οἱ ποιηταὶ νόμου δικαιωθήσονται)"라는 바울의 진술이다. 여기서 바울은 하나님의 율법을 순종하거나 행하지도 않으면서 그 율법을 단순히 소유하고 있다는 것만으로도 하나님의 받아주심을 보장한다고 생각하는 그가 상정한 대화 상대자들의 그 잘난 자부심을 꺾기 위해, 율법을 아는 단순한 지식과 율법 준수를 대조하는 전통적인 유대교 교훈을 암시한다.[100] 더욱이 그는 레위기 18:5을 반영하고 있다. "너희는 내 규례와 법도를 지키라. 사람이 이를 행하면 그로 말미암아 살리라." 이것은 유대교에서 중심이 되는 구절이지만, 바울이 갈라디아서 3:12에서 상당히 비난하며 인용했던 본문이다.

바울이 레위기 18:5을 좋은 의미로 반영한 것을 포함하여 그가 여기서 말하고 있는 것은, "의"와 "모세 율법" 및 "율법 행함"이라는 주제들에 대해 로마서와 갈라디아서의 여러 본문에서 쓴 것은 물론 그가 갈라디아서 3:12에서 레위기 18:5에 대해 말한 것과도 상당히 다른 것 같다. 하지만 바울이 여기서 분명히 그리고 암시적으로 말하고 있는 것을 이해하려고 할 때나, 바울이 직접 쓴 것으로 보이지만 구약의 수많은 핵심 본문을 반영하는 직접적인 진술이 무엇인지를 이해하려 할 때는 언제나 여러 중요한 요인을 고려해야 한다. 마찬가지로 우리가 제안하듯이, 바울이 그의 진술을

---

99) 특히 로마서 본론 중앙부의 네 번째 주요 단락, 즉 12:1-15:13의 권면 단락에서 그러하다.
100) 참조. *Str-Bil*, 3.84-88.

지지하면서 승인하며 인용한 전통적인 유대적 자료나 유대 기독교적인 자료로 이해하는 것이 가장 좋은 로마서 2:6-10, 14-15, 3:25-27의 몇몇 진술을 이해하려고 할 때도 여러 중요한 요인들을 고려할 필요가 있다.

첫째, 로마서 2장에는 바울이 로마서를 쓸 때 예루살렘 교회의 지도자였던 야고보의 (소위 "야고보서"라고 하는 곳에 기록된) 교훈과 병행을 이루는 내용이 많이 있다는 사실을 주목하는 것이 중요하다. 이것은 옳고 선한 것을 알 뿐만 아니라 옳고 선한 것을 행해야 하는 것에 대한 바울의 강조에 해당한다. 이것은 그가 2:6-10에서 인용한 신앙고백적 자료 전체의 특출한 주제이며, 2:6에 있는 그 자료의 주제 문장에 간결하게 진술되었다. "하나님께서 각 사람에게 그 행한 대로 보응하"신다. 이것은 "너희는 말씀을 행하는 자가 되고 듣기만 하여 자신을 속이는 자가 되지 말라"는 말로 시작하는 야고보서 1:22-27의 권면과 맞대어 있다. 또한 이것은 죄와 죄인들에게 내리시는 하나님의 심판의 공정함에 대한 바울의 강조에도 해당되는데, 이 내용은 로마서 2:11에서 바울이 인용한 금언에 간략하게 표현되었다. "하나님에게는 차별(προσωπολημψία)이 없느니라." 이는 야고보서 2:1에서 προσωπολημψία로 시작하고 2:9에서 προσωπολημπτέω("차별을 보이다")라는 같은 어원의 동사로 마무리하는 야고보서 2:1-9의 차별에 대한 비난과 맞대어 있다.

그러나 바울과 야고보를 비교하는 우리의 목적에 더 중요한 것은 바울의 교훈과 야고보의 교훈 사이에 밀접한 병행이 존재한다는 사실이다. (1) 로마서 2:13 마지막에 있는 바울의 분명한 진술("하나님 앞에서는 율법을 듣는 자가 의인이 아니요 오직 율법을 행하는 자라야 의롭다 하심을 얻으리니")과, 초기 신앙고백 자료에서 유래한, 7절에서 "선한 일"(ἔργου ἀγαθοῦ)을 행하는 사람을 칭찬하고 10절에서 "선"(τὸ ἀγαθόν)을 칭찬한 것, (2) 2:26의 유대교적 금언 또는 유대 기독교적 금언을 반향하는 야고보서 2:14-26에서 선한 행위의 중요성에 대해 야고보가 주는 교훈, 곧 "행함이 없는 믿음은 죽은 것이라"(ἡ πίστις χωρὶς ἔργων νεκρά ἐστιν; 2:17도 참조하라: ἡ πίστις, ἐὰν μὴ ἔχῃ ἔργα, νεκρά ἐστιν καθ᾽ ἑαυτήν).

두 번째로 중요하게 고려해야 할 점은 로마의 그리스도인들이 예루살렘 교회의 신학과 사고방식과 종교 언어에 광범위하게 영향을 받았기에 바울의 교훈보다, 아니 적어도 그들이 다른 사람들에게서 바울과 그의 이방인 선교에 관해 들은 내용을 바탕으로 바울의 신학과 관심사와 교훈에 대해 이해한 것보다, "야고보서"에 표현된 야고보의 신학과 관심사와 교훈에 더 흡족해했을지도 모른다는 사실이다. 이것은 바울이 그의 편지의 이 첫 번째 주요 단락에서 로마의 그리스도인들에게 글을 쓸 때 그가 그들의 용어와 언어는 말할 것도 없고 그들의 전통적인 금언들과 신앙고백적·경건생활적·교리문답적 자료들을 사용한 적어도 부분적인 이유가 된다. 바울은 이렇게 함으로써 그의 수신자들과 어느 정도의 관계를 다질뿐더러, 그들에게 의미 있는 말을 하여 그가 (필요한 곳에서) 그들을 교정하고 자신과 그들 사이에 (가능한 곳에서) 일치하는 부분을 부각시키며, 그들로 하여금 그의 편지 뒷부분 곧 5:1-8:39의 신학적인 단락과 그 내용의 자연스러운 결과인 12:1-15:13의 윤리적 내용을 다루는 단락에서 "나의 복음"(참조. 2:16; 16:25)이라고 칭한 자신의 보다 독특한 설명으로 그들을 더욱 이끌려고 한다.

바울이 2:13에서 진술하고 암시한 내용을 이해하려고 할 때 고려해야 하는 세 번째 요인은 이것이다. 즉 복음 전도자인 바울의 강조가 하나님께서 그리스도의 인격과 사역을 통해 모든 사람을 위해 행하신 것을 복음의 내용으로 하는 기독교 복음의 긍정적인 선포에 늘 집중되었지만, 목회자로서 그는 예수를 믿는 신자들이 "선한 행위"와 "선"을 행하는 것의 중요성에 대해서도 상당히 예민하게 느꼈다. 더욱이 바울은 최후의 심판 때, 자기 자신과 하나님의 백성인 사람들 모두가 "믿음으로" 받듯이 그리스도의 사역으로 하나님의 천상적 복으로 들어갈 것을 기대했을 뿐만 아니라, 그들이 행한 "행위"에 근거하여 하나님 아버지와 그들의 구주이신 그리스도 예수께 평가받을 것도 기대했다.[101] 이는 그가 14:10-12에서 모든 그리스도인과

---

101) 또한 고전 3:12-15; 4:4-5; 고후 5:10; 갈 6:7-9; 엡 6:8; 딤전 5:24-25도 보라.

관련하여 상당히 분명하게 말한 대로다. "우리가 다 하나님의 심판대 앞에 서리라.…(그때에) 우리 각 사람이 자기 일을 하나님께 직고하리라."

갈라디아 지방의 그리스도인 회심자들에게 보낸 그의 거창하게 표현된 편지에 분명히 나타나 있는 대로, 사실 바울은 "선한 행위" 또는 "율법 행위"의 혼합으로 인해 "복음의 진리"를 희석시키거나 혼란케 한 것에 단호히 반대했다. 하지만 바로 그 동일한 갈라디아서의 본론 끝에서 상당히 분명히 권면한 것처럼, 그가 자신의 회심자들에게 "선한 행위"와 "선"을 행하라고 권한 것도 확실하다. 즉 "우리는 기회 있는 대로 모든 이에게(πρὸς πάντας) 착한 일(동사 ἐργαζώμεθα와 결합된 관사 있는 τὸ ἀγαθὸν은 "선한 행위"를 암시한다)을 하되(ἐργαζώμεθα, 현재 이태 동사 가정법) 더욱 믿음의 가정들에게(πρὸς τοὺς οἰκείους τῆς πίστεως) 할지니라."[102] 그리고 하나님의 최후의, 곧 종말론적 심판과 관련하여 바울은 그의 편지 여러 곳에서 이렇게 선언한다. "우리가 다 반드시 그리스도의 심판대 앞에 나타나게 되어 각각 선악 간에 그 몸으로 행한 것을 따라 받으려 함이라."[103] 그리고 "불의를 행하는 자는 불의의 보응을 받으리니 주는 사람을 외모로 취하심이 없느니라."[104] 예수가 가르치셨고,[105] 초기 유대 그리스도인들도 믿었듯이 말이다.[106]

바울이 2:13의 끝부분에 두었고 로마서 2장 전체의 논의를 지지하기 위해 인용한 것을 이해하려 할 때 고려해야 할 매우 중요한 네 번째 내용은, 바울이 로마서 전반부에서 구축하고 있는 논의와 그 논의에서 로마서 2장이 차지하는 자리다. 먼저 바울은 모든 사람, 즉 유대인과 이방인 모두 죄인이라는 보편적 죄인 됨을 확립하며(1:18-3:20), 그다음에 그리스도를 믿는 믿음에 의해 의롭다 함을 받는다는 모든 사람의 구속을 위해 정하신 하나님의 우주적 해결책을 주장하고(3:21-4:25), 마지막으로 "그리스도 안에"

---

102) 갈 6:10.
103) 고후 5:10.
104) 골 3:25.
105) 참조. 마 16:27.
106) 특히 벧전 1:17; 계 2:23; 20:12; 22:12.

있는 삶과 "성령에 의한" 삶으로서 그리스도인의 삶의 특징을 제시한다
(5:1-8:38). 2장에서 바울의 목적은 구원을 위한 인간적인 표준을 설명하는
것이 아니다. 이곳 2:12-13에서 바울의 의도는 그의 그리스도인 수신자들
에게 단지 하나님이 사람을 차별하지 않으시기 때문에(2:11에 인용된 금언 "하
나님께서 외모로 사람을 취하지 아니하심이라"처럼), 유대인들이나 유대 그리스도
인들 편에서 자기들이 모세를 통해 받은 하나님의 율법을 소유하고 있으며
그 내용을 알고 있다는 이유만으로 특권을 가지고 있거나 하나님의 보호를
받는다는 어떤 주장도 할 수 없음을 증명하려는 데 있다.

　　로마서 2장에 있는 "문제의 본문"은 반드시 1:18-3:20 전체 논의의 맥
락에서 이해되어야 한다. 분명한 점은 보편적인 죄인 됨과 하나님의 차별
하지 않으심이 2장에서 바울의 핵심적인 관심사라는 것이다. 사실 바울은
이 본문들을 전후 문맥과 상관없이 읽고, 추상적으로 다루며, 믿음으로 의
롭다 함을 얻는 주제에 관한 다른 기독교적인 교훈들(은 물론이고 유대교의
더 나은 랍비들의 교훈)과 비교하여 읽을 때 야기되는 난해함을 전혀 고려하
지 않은 것 같다. 더욱이 그는 기독교적인 관점에서 믿음과 구원 주제를 제
시하려고 한 것 같지도 않아 보인다. 그는 "계시된 하나님의 진노"를 다루
는 이 단락(1:18-3:20)에서 "계시된 하나님의 의"를 다루는 다음 단락(3:21-
4:25)으로 이동할 때까지 이러한 논의를 유보하기를 바랐던 것이 분명하다.
그는 (1) 예배와 선포와 교훈에서 유대적 자료와 유대 기독교적 자료에서
유래한 교훈을 사용한 것이 분명한 로마 그리스도인 수신자들과의 관계를
다지기 위하여, 그리고 (2) 이 본문들이 바르게 이해될 경우 로마서 이 단
락에서 바울이 이루고자 했던 요지를 지지하고 강조하는 데 작용했기 때문
에, 2장에 언급된 것처럼 말했다. 이를테면, 하나님은 단순히 그들이 소유
했거나 알고 있는 것에 따라서가 아니라 사람들이 행한 것에 근거하여 그
들을 심판하신다. 그리고 하나님은 인류나 종교나 환경이라는 어떠한 특별
한 권리에 따라 심판하시지 않고, 사람들을 차별 없이 심판하신다.

　　여전히 남아 있는 질문이 있다. 그래서 로마서 2:13의 "율법을 행하는
자라야 의롭다 하심을 얻으리니"라는 바울의 진술과 율법을 "행함"에 대한

다양한 구약 본문(특히 레 18:5)을 바울이 즐겨 인용한 것을 이해하려 할 때
고려해야 할 다섯 번째 요인이 있다. 질문은 이것이다. 바울 자신은 어떤 의
미에서든지 의롭게 되거나 하나님에 의해 의롭다 함을 얻는 수단으로 모세
의 율법을 이해했는가? 더글러스 무는 그 질문을 적절한 맥락에 놓았고 다
음과 같이 일반적인 용어로 그 질문을 적절하게 서술했다.

> 하나님이 이스라엘에게 칭의의 수단으로 율법을 주셨다는 견해는 이제 일
> 반적으로 신빙성이 없는 것이 되었으며, 그렇게 보는 것은 옳다. 구약성경
> 은 율법을 하나님의 은혜로 이미 확립된 언약관계를 규율하는 수단으로
> 제시한다. 하지만 설사 율법이 하나님 앞에서 어느 한 사람의 관계를 보증
> 할 목적으로 주어진 것은 아니라고 하더라도, **이론상** 율법이 칭의의 수단
> 으로 제시된 것은 아닌지 여전히 질문이 제기될 수 있다.[107]

그리고 무는 "이론상…아닌지"에 대한 그 질문에 "우리는 그렇다고 주장할
것이다"라고 짧은 답변으로 대답한다.[108]
　크게 보면, 이것이 필자가 필자의 여러 저서, 특히 1964년에 출간한 논
문집 『자유의 사도 바울』(*Paul, Apostle of Liberty*, 2판, 2015)과 1990년에 출간
한 『갈라디아서』(*Galatians*) 주석에서 대답하려고 했던 질문이다. 이 저서들
에서 필자는 바울의 교훈을 바르게 이해하기 위해 율법주의(legalism)와 신
율주의(nomism)라는 용어를 구별할 필요가 있다고 제안했다. (1) 율법주
의라는 용어는 하나님 앞에서 의를 얻거나 의롭다는 신분을 얻기 위해 모
세 율법을 "지키거나", "순종하거나", "행하려는" 노력이다. 그리고 (2) 신
율주의는 사람들을 자신에게로 인도하고 그들과 언약 관계를 세우는 중에
보이신 하나님의 사랑과 인자와 긍휼과 은혜에 대한 반응으로서 모세 율

---

107) Moo, *Romans*, 155(강조는 덧붙여진 것임).
108) Moo, *Romans*, 155. Moo는 Westerholm, *Israel's Law and the Church's Faith*, 145-46과 R. T.
　　Beckwith, "The Unity and Diversity of God's Covenant," *TB* 38 (1987) 112-13 등 최근의
　　두 해석자에 동의하면서 그들의 글을 인용하여 이렇게 대답한다.

법을 "지키거나", "순종하거나", "행하는" 것이다. 이 두 용어 "율법주의"
와 "신율주의"는 많은 점에서 비슷해 보여도 실제로는 유대교와 기독교 양
쪽에 표현된 사람들의 종교 생활에 대한 상당히 다른 두 이해를 함축한다.
(필자가 필자의 초기 저술들에서 시도하려 했듯이) 이 논제를 설명하고 변호하기
위해서는 많은 내용을 말할 수 있을 것이다. 이어지는 내용에서는 레위기
18:5("너희는 내 규례와 법도를 지키라. 사람이 이를 행하면 그로 말미암아 살리라")에
서 이스라엘에게 주신 하나님의 명령을 해석하는 다양한 방식을 부각시키
는 것만으로 충분하다. 레위기 18:5은 진술된 약속과 더불어 유대교의 핵심
교훈을 구성하고, 이곳 로마서 2:13에서는 바울이 짐짓 인정하며 반영하지
만 갈라디아서 3:12에서는 상당히 비난적인 방식으로 인용한 하나님의 명
령이다.

레위기 18:5은 유대인들과 그리스도인들에 의해 다양한 방식으로 해
석되었다. 히브리어 단어 חיה("살다")는 그리스어 70인역 번역자들에 의해
ζήσεται ἐν αὐτοῖς("그는 그것들로 말미암아 살 것이다")로 번역되었다. 이것은
하나님의 규례와 법도의 지도 아래에서 현재 살아가는 삶을 암시한다. 하
지만 초기 팔레스타인 회당의 성경 읽기에서 유래한 아람어 타르굼의 번
역자들은 이 본문이 "장차 올 시대"에서의 삶을 언급하므로 그것을 토라에
순종한 보상으로 이해한 것 같다. "너희는 내 규례와 법도를 지키라. 사람
이 이를 행하면 그것들로 말미암아 영원한 삶을 살리라"(*Targum Onqelos*).
또는 "너희는 내 규례와 법도와 나의 심판의 질서를 지키라. 사람이 이를
행하면 그것들로 말미암아 영원의 생명에서 살 것이며 그의 지위는 의로운
자들과 함께할 것이라"(*Targum Ps-Jonathan*).

그러나 여기서 우리의 목적에 더 중요한 것은 "율법을 행함"(LXX:
ποιήσετε αὐτά, "너희는 그것들을 행할 것이다")에 대한 개념이다. 유대인 "율법주
의자들" 사이에서는 이 어구가 하나님 앞에서 의롭게 되고 의로운 신분을
얻기 "위하여" 모세 율법의 요구들에 순종하는 것으로 이해된 반면에, 유대
인 "신율주의자들" 사이에서는 이 어구가 하나님의 사랑과 인자와 긍휼과
은혜를 경험했기 "때문에" 율법의 요구에 순종하고 사람들과 언약 관계를

세우신 하나님께 "반응하는" 것으로 이해되었다.

바울이 보기에는 기독교 복음과 전혀 다른 복음을 전하는 자들이었지만 갈라디아에 있는 바울의 여러 교회에 들어온 유대주의자들은 적어도 그들 자신이 보기에는 예수를 믿는 경건하고 율법을 준수하는 유대인 신자들이었을 것이다. 하지만 그들이 이방인 출신의 그리스도인들에게 율법을 준수하는 삶의 형태의 신학적인 필요성을 강요한다는 점에서, 그들은 적어도 바울이 볼 때 겉으로만 기독교적인 교훈을 갖추었을 뿐 실제로는 율법주의적인 종교를 설교하고 있었다. 그리고 로마의 그리스도인들은 이방인 신자나 유대인 신자 모두 형식적으로 율법을 준수하는 기독교를 옹호하는 사람들이었을 것이다. 이유는 무척 단순하다. 그들은 예루살렘 모교회의 노력을 통해 그들에게 전달된 기독교 신앙의 유대 기독교적 이해의 배경에서 자랐고 또 그것을 흠모했기 때문이다.

그러나 바울에게 있어 레위기 18:5의 율법의 요구를 "순종하거나" "행함"으로써 얻게 되는 생명의 약속은 효력을 잃었다. 율법 자체의 무능력 때문이 아니라 죄성을 가진 사람들에게 율법을 "순종하거나" "행할" 능력이 없기 때문이다. 그래서 바울은 로마서 8:3-4에서 이렇게 선언한다.

> 율법이 죄성으로 말미암아($\delta\iota\grave{\alpha}$ $\tau\hat{\eta}\varsigma$ $\sigma\alpha\rho\kappa\acute{o}\varsigma$) 연약하여 할 수 없는 그것을 하나님은 하시나니, 곧 죄로 말미암아 자기 아들을 죄 있는 사람의 모양으로($\dot{\epsilon}\nu$ $\dot{o}\mu o\iota\acute{\omega}\mu\alpha\tau\iota$ $\sigma\alpha\rho\kappa\grave{o}\varsigma$ $\dot{\alpha}\mu\alpha\rho\tau\acute{\iota}\alpha\varsigma$) 보내어 죄인인 사람에($\dot{\epsilon}\nu$ $\tau\hat{\eta}$ $\sigma\alpha\rho\kappa\acute{\iota}$) 죄를 정하사, 죄성을 따르지($\kappa\alpha\tau\grave{\alpha}$ $\sigma\acute{\alpha}\rho\kappa\alpha$) 않고 그 영을 따라($\kappa\alpha\tau\grave{\alpha}$ $\pi\nu\epsilon\hat{u}\mu\alpha$) 행하는 우리에게 율법의 요구가 이루어지게 하려 하심이니라.

그래서 갈라디아서 3:10-14에서 바울은 "저주"와 "사망"에 대해 말하는 본문에 맞서 "약속"과 "생명"을 말하는 본문을 배열할 때, 레위기 18:5을 약속과 생명을 말하는 본문 가운데 두지 않고, 심판과 저주와 사망과 관련된 본문 가운데 두었다.

이는 율법에 포함된 생명에 대한 약속이 가설적인 가능성으로만 주어진 것이 아니라, 율법의 약속을 인간의 죄성과 무능력으로 인해 얻을 수 없었기 때문이었다. 한 중요한 측면에서 볼 때, 모세의 율법은 "의의 체계"였다. 하지만 그 체계는 그 율법을 순종하고 행하는 면에서 사람의 무능력으로 인해 열매를 맺지 못했다. 그래서 바울은 로마서 10:4에서 "그리스도는 모든 믿는 사람에게(παντὶ τῷ πιστεύοντι) 의와 관련하여(εἰς δικαιοσύνην) 율법의 마침(τέλος)이시다"라고 선언한다.

하지만 종교적 체계로서 모세 율법은 사람들의 무능력과 죄로 인해 효과가 없는 반면에, "의와 심판의 표준" 또는 도드(C. H. Dodd)가 적절히 칭한 것처럼 하나님의 "회개의 표준"으로서는 하나님의 율법이 계속해서 충분한 효력을 지닌다.[109] 그래서 바울은 하나님의 법이 모세 율법에 현저하게 주어진 것으로서, 죄를 드러내고 죄를 지은 사람을 심판하는 하나님의 의와 심판의 표준(그러한 까닭에 인간의 회개의 표준)이라고 언급한다. 이러한 "표준"이라는 일차적인 의미로서 율법은 폐지된 적이 없고, 예수를 믿는 신자들의 모든 태도와 행위를 비롯하여 모든 사람의 태도와 행동을 규정하는 하나님의 표준으로 지속되었다.

마르틴 루터는 자신만의 독특하고 통찰력이 있는 방법으로 로마서 2장에 담긴 바울의 의도를 가장 잘 파악했다. "하나님의 모든 성경은 명령과 약속 등 두 부분으로 나뉜다. 전자는 우리를 낮추시는 '하나님의 이상한 사역'이고, 후자는 우리를 높이시는 '하나님의 본래적인 사역'이다."[110] 한편으로 바울이 이곳 2:13에서 말하고 암시하는 것(과 그가 2:6-10, 11, 14-15, 25-27에서 지지하는 방법으로 인용하는 것)과 다른 한편으로 그가 3:21-4:25(과 로마서 나머지 부분 전체)에서 선포하는 것 사이의 대조는, 루터가 하나님이 자기 백성을 구속적으로 상대하시는 "두 부분"인 "명령과 약속"이라고 밝힌 것을 나타낸다.

더욱 일상적인 어투이기는 하지만 약간은 비슷하게 주석가들은 종종

---

109) C. H. Dodd, *Gospel and Law*, 여러 곳.
110) M. Luther, "A Treatise on Christian Liberty," in *Works of Martin Luther*, 2.317.

"하나님의 왼손의 사역"(*opus alienum*)과 "하나님의 오른손의 사역"(*opus proprium*)을 구별하기도 한다. 그래서 루터가 사용한 제목과 더불어 다음 사실을 주목할 필요가 있다. (1) 바울이 (1:18-3:20에 언급한 것처럼) 하나님의 율법의 가르침에 대해 말할 때, 그리고 특히 그가 (2:1-3:20에서처럼) 유대 기독교의 신학과 언어에 광범위하게 영향을 받은 사람들에게 율법의 "명령들"을 언급할 때, 그는 모세 율법 자체가 말하는 것과 그의 수신자들이 그것을 어떻게 이해해야 할지와 관련하여, 곧 율법을 "행하라"는 요구 및 사람의 죄와 무능력으로 인해 율법의 정죄 아래 놓이게 되는 우주적인 실체와 관련하여 그렇게 한다. 하지만 (2) 바울은 (3:21ff.에서 언급한 것처럼) 기독교적 복음에 대해 말할 때는 복음이 "율법 외에" 나타났지만 "율법과 예언자들에게 증거를 받은 것이라"고 선언하는 말로 시작한다. 바울의 선포는 신학적으로뿐만 아니라 윤리적으로도 주로 복음 자체의 내용과 관련이 있다(5:1-8:39과 12:1-15:13에서처럼 말이다).

　　2:14-15　　우리가 앞에서 제시했듯이, 내용과 문체를 보면, 이 두 구절은 바울이 2:1-11의 전통적인 자료로부터 그의 주장에 통합한 모든 내용과 함께 2:12-13에서 진술하고 암시한 내용을 지지하기 위해 사용한 전통적인 유대교적 교훈 또는 유대 기독교적 교훈에 속하는 것으로 이해될 수 있다. 이 구절들은 2:11에 인용된 금언처럼, 접속사 γάρ("이는")의 도입 어구 사용으로 소개된다. 그리고 이 두 구절은 2:6-10에 인용된 신앙고백적 자료가 그랬듯이, 매우 중요한 hapax legomena(즉 단 한 번 사용되었거나 다르게 사용된 단어들) 및 약간은 다른 구문으로 이루어져 있다.

　　그러나 이 구절들의 자료는 찬송시가 아니다. 연 구조가 분명히 드러나지도 않는다. 더욱이 이 구절들의 언어와 구문과 구조는 다소 낯설고 어색하다. 그럼에도 2:14-15에 제시된 것은 다음과 같이 매우 대략적인 대구법 형태로 제시될 수 있다.

14 ὅταν [γὰρ] ἔθνη τὰ μὴ νόμον ἔχοντα
　　율법 없는 이방인이

φύσει τὰ τοῦ νόμου ποιῶσιν,

본성으로 율법의 일을 행할 때에는

οὗτοι νόμον μὴ ἔχοντες

이 사람은 율법이 없어도

ἑαυτοῖς εἰσιν νόμος

자기가 자기에게 율법이 되나니

15 οἵτινες ἐνδείκνυνται τὸ ἔργον τοῦ νόμου

이런 이들은 율법의 행위를 나타내느니라

γραπτὸν ἐν ταῖς καρδίαις αὐτῶν,

그 마음에 새긴

συμμαρτυρούσης αὐτῶν τῆς συνειδήσεως

그 양심이 증거가 되어

καὶ μεταξὺ ἀλλήλων τῶν λογισμῶν κατηγορούντων ἢ καὶ ἀπολογουμένων.

그 생각들이 서로 혹은 고발하며 혹은 변명하여

맨 앞에 등장하는 시간을 나타내는 불변화사 ὅταν("할 때에는")은 이어지는 내용의 조건적인 특성을 부각시키는 역할을 한다. 즉 이어지는 내용이 논증을 위해 예증적으로 가능성 있는 것으로 취급될 수 있다는 것이다.[111] 그런 다음 이 불변화사는 ἔθνη("이방인들")를 지시하는데, 14-15절 내내 그들을 가리킨다. 하지만 이곳 2:14이 시작되는 곳에서 ἔθνη는 관사 없이 등장한다. 이것은 "이방인들"을 총체적으로, 어떤 대상을 구체적으로 언급하지 않는 것으로 이해해야 함을 암시한다.

이처럼 관사 없이 총체적으로 이방인들을 언급하는 것은 탄나임 시

---

111) *4 Ezra* 3:36에는 비유대인들과 다른 나라들을 언급하면서 이런 내용이 기록되었다. "너희는 사실 너희의 계명들을 지킨 개인들을 발견할 수도 있을 것이다. 하지만 계명을 지킨 열국을 발견하지는 못할 것이다."

대(기원후 10-210년의 랍비들 시대―역주)의 랍비 유대교에서 기인한 탈무드에 기록된 유대 전통과 병행을 이룬다고 할 수 있다. 그 전통은 (1) 더 일반적으로 사용되는 관사가 있는 "그 사람"(האדם)보다는 히브리어의 총칭어인 "사람"(אדם)이 레위기 18:5("너희는 내 규례와 법도를 지키라. '사람'[MT אדם, LXX ἄνθρωπος]이 이를 행하면 그로 말미암아 살리라. 나는 여호와이니라")에 등장한다는 사실을 강조하며, (2) 이러한 관찰로부터, "사람"이라는 총칭어의 사용에 모든 인류가 포함될 것이므로, 이방인이라도 만일 율법을 준수한다면 하나님이 보시기에 대제사장으로 간주될 수 있다는 결론을 내린다. 그래서 (2세대 타나에 속하는) 랍비 메이르는 b. Sanhedrin 59a에서 다음과 같이 말한 것으로 여겨진다.

> 토라를 연구하는 이방인이 대제사장과 같다는 것을 우리가 어떻게 알 수 있는가? "[그러므로 너희는 내 규례와 나의 판단을 지키라]. 사람이 그렇게 한다면, 그는 그 규례와 판단 안에서 살 것이라"[레 18:5]는 구절로부터 알 수 있다. 제사장, 레위인, 이스라엘 사람들이 아니라 "사람들"이 언급되었다. 그러므로 너희는 율법을 연구하는 어떤 이방인이라도 대제사장과 같음을 알 수 있다.[112]

일찍이 2:12a에 서술된 것처럼, 바울이 사용한 τὰ μὴ νόμον ἔχοντα("율법이 없는 사람들")라는 어구로 인해 이방인의 지위가 모세 율법이 없는 상태라는 것이 분명해졌다. 바울은 이 동일한 어구를 2:14b에 이어지는 내용 중간(οὗτοι νόμον μὴ ἔχοντες, "이 사람들은 율법이 없어도")에서 반복하여 사용하는데, 강조하려는 의도가 있는 것이 확실하다. 폴 악트마이어(Paul Achtemeier)가 바르게 주목했듯이, 이방인들이 φύσει τὰ τοῦ νόμου ποιῶσιν…ἑαυτοῖς εἰσιν νόμος("본성으로 율법의[또는 율법이 "요구하는"] 일을 행할 때에는…자기가

---

112) 동일한 전통이 등장하는 b. Baba Qam. 38a; Midr. Ps. 1:18; Num. Rab. 13:15-16을 참조하라.

자기에게 율법이 되나니")라는 약간은 불완전한 2:14b의 진술은 다음과 같은
기능을 한다.

> [이 진술은] 이방인들을 칭찬하는 것이 아니라 유대인들을 비난한다. 요
> 지는 유대인들이 계시에 의해서만 알 수 있었던 것을 이방인들은 자연스
> 럽게 알고 있기에 그들이 더 탁월하다는 것이 아니다. 요지는 유대인들
> 이 단순히 율법을 **소유하고 있다는 그 사실**만으로는 자랑할 수 없다는 것
> 이다.[113]

이와 유사하게, 조세프 피츠마이어는 바울이 이러한 진술을 사용한 것에
대해 다음과 같이 말한다.

> 바울이 이교도들의 율법 성취를 말하고 싶었던 것은 아니다. 그는 이와 같
> 은 이교도들의 율법 성취를 이용하여 유대인들이 율법을 신뢰하는 근거가
> 잘못되었음을 보여주려 한다.…율법이 있는 유대인들의 확신에 대응하면
> 서, 바울은 율법이 없는 이방인들을 사용한다. 하지만 그들은 때론 율법이
> 요구하는 것을 본성으로 행하기도 한다. 따라서 바울의 주장은 율법을 아
> 는 지식과 율법을 준수하는 것의 대조에 달려 있다.[114]

그러나 단수 여격 명사 φύσει("본성으로")의 사용과 관련하여 약간은 심각
한 해석학적 문제가 2:14a에서 제기된다. 어떤 이들은 이 단어가 이 단어
앞에 있는 명사 "이방인들"을 수식하기 때문에 "본성상 이방인들이"라는
번역이 나온다고 보고, 이 어구를 이방인들이 그들의 출생 때문에 율법을
가지지 못했음을 의미하는 표현으로 이해한다.[115] 이 견해를 지지하는 중

---

113) Achtemeier, "'Some Things in Them Hard to Understand,'" 258.

114) Fitzmyer, *Romans*, 307.

115) Achtemeier, "'Somethings in Them Hard to Understand,'" 255-59; 같은 저자, *Romans*, 45; Cranfield, *Romans* 1.156-57.

요한 석의적 근거는 명사 φύσει ("본성으로")가 바울 서신에서 여격이나 주
격으로 또는 전치사를 동반하여 사용된 다른 아홉 곳에서 "대부분은 부사
적인 의미보다는 형용사적 의미로 사용되었다"는 사실에서 발견된다.[116)
로마서 1:26-27, 2:27, 11:21, 24, 고린도전서 11:14, 갈라디아서 2:15, 4:8, 에
베소서 2:3에서처럼 말이다. 다른 사람들은 φύσει ("본성으로")를 이어지는
내용을 수식하는 것으로 이해한다. 즉 동사 "행하다"를 수식하는 부사로 말
이다. 그래서 "율법이 없는 이방인이 본성으로 율법의 일을 행할 때에는"으
로 읽는다.[117)

이 단어를 부사로 이해하는 이 두 번째 견해가 가장 정확한 것 같다.
바울이 φύσει를 형용사로 이해하려 했다면, 그는 이것을 분사구 τὰ μὴ
νόμον ἔχοντα ("율법이 없는") 안에 배치하는 것이 더 좋았을 것이다(νόμον
과 ἔχοντα 사이에 놓는 것이 최상인 것 같다). 더욱이 이곳에서 φύσει를 형용사
로 이해한다면 약간은 이상한 문장이 된다는 것을 주목할 필요가 있다. 이
방인들에게 "타고 날 때부터" 율법이 없다는 점을 덧붙이는 것은, τὰ μὴ
νόμον ἔχοντα ("율법이 없는 자들")와 οὗτοι νόμον μὴ ἔχοντες ("율법이 없는
이 사람들")라는 군말을 사용함으로써 이미 거추장스러운 한 구절에 또 다
른 군말을 제시하는 까닭이다. 이것을 강조할 목적으로 사용된 것으로 이
해할 수도 있지만, 군말 하나가 사용되었다고 해서 또 다른 군말이 정당하
거나 타당하다는 의미는 아니다. 그러므로 이 문장의 구문과 균형을 고려
한다면, φύσει ("본성으로")가 부사로 이해되어 이어지는 내용과 결합된다
고 보아야 한다. 여기서 한걸음 더 나아가, 만일 (우리가 제안했듯이) 바울이
2:14-15에서 초기의 유대교 자료 또는 유대 기독교 자료를 인용하고 있다
면, 그 인용된 자료에 사용된 φύσει를 그가 다른 곳에서 그 단어를 사용한
것과 반드시 일치할 필요는 없다는 사실도 주목할 수 있다.

---

116) Achtemeier, "'Somethings in Them Hard to Understand,'" 258.

117) 예. Leenhardt, *Romans*, 81; Bassler, *Divine Impartiality*, 142-43; Dunn, *Romans*, 98;
     Fitzmyer, *Romans*, 310.

많은 이들은 이곳 2:14a에 명사 φύσις가 등장한 것이, 창조세계에 하나님이 자신을 계시하셨다는 1:19-20의 진술과 더불어, 바울이 어떤 유형의 "자연신학"을 받아들였음을 시사하고, 그래서 "자연법"과 "자연 도덕성"이 바울 사상의 기본적인 구성이었다고 주장했다. 여기서 이 주제를 자세히 다룰 수는 없다. 인간 이성의 종교로 기독교의 계시를 대체한 19세기 "계몽주의" 시대에 받아들여진 자연신학이 바울이 설명했던 것이 아니었다고만 말하겠다. 하지만 바울은 하나님이 성경에서만 알 수 있는 분이라거나 부활하신 그리스도를 만남으로써만 하나님을 알 수 있다고 말하지도 않는다. 1:19-20에서 그는 물질세계를 통해 "하나님에 관하여 알 수 있는 것이 분명해졌다(φανερόν)"고 주장한다. 그리고 2:14의 의미는 일부 이방인들이 "모세 율법이 없지만" 어떤 특별계시를 가지고 있지 않으면서도 **본능적으로** 즉 만물의 자연 질서에 의하여 하나님 법의 계명에 순종으로 반응한다는 것이다. 조세프 피츠마이어가 올바르게 지적했듯이, "바울이 이 본문에서 자연신학이나 자연 도덕성에 대해 말하고 있는 내용이 이 문제를 온전히 다루는 논문이 아니라는 점은 확실하다. 하지만 우리는 실제로 존재하는 이와 같은 교훈의 단편들을 존중히 여겨야 한다."[118]

Τὰ τοῦ νόμου ποιῶσιν("그들은 율법의 일[또는 "율법이 요구하는 것"]을 행한다")이라는 말은 문맥에 비춰 볼 때, 이방인들이 모세 율법이 규정하는 모든 것이 아니라 율법의 명령 중에서 **일부**를 "행하는" 것으로 이해해야 한다. 이곳 2:14의 ἔθνη를 **그리스도인** 이방인과 동일시하는 해석자들은 "그들은 율법의 일[또는 율법이 요구하는 것]을 행한다"라는 진술이 예수를 믿는 성령 충만한 신자들만이 이룰 수 있는 모세 율법 전체에 대한 온전한 순종을 언급한다고 설명한다. 5세기의 아우구스티누스[119]와 16세기의

---

118) Fitzmyer, *Romans*, 274; 또한 Lillie, "Natural Law and the New Testament," 12-23; A. F. Johnson, "Is There a Biblical Warrant for Natural-Law Theories?" 185-99도 참조하라.

119) Augustine, *De spiritu et littera* 26.43-28.49 (CSEL 60.196-204); *Contra Iulianum* 4.3.25 (PL 44.750).

마르틴 루터[120]가 대표적인 예다. 여기의 νόμος가 어쩌면 모세 율법을 가리키지 않고 "자연법"에 대한 스토아 학파의 이해를 가리킨다고 제안하는 사람들도 있다.[121] 하지만 이 두 해석 모두 받아들일 수 없다. 순종하는 이방인이 불순종하는 유대인들을 부끄럽게 한다는 바울의 주장의 본질을 무가치하게 만들기 때문이다. 이 주장은 동일한 전제와 동일한 유형의 반응을 염두에 두도록 요구한다. 이를테면, (1) 어떻게 주어졌든지 간에("창조 속 계시"만인지 아니면 "창조 속 계시"와 "모세 율법"에 의한 것인지 간에), 기독교 이전에 하나님에 대한 계시가 있었다는 전제와, (2) 모든 사람이 받은 "창조 속 계시"와 유대인이 받은 모세 율법의 한층 진보한 계시에 기초를 둔, 하나님과 그분의 뜻에 대한 동일한 유형의 반응이다.

'Εαυτοῖς εἰσιν νόμος("그들은 자신에게 율법이다")라는 진술은 바울 당대의 종교철학에 깊이 뿌리를 두고 있는 진술이다. 피츠마이어는 그 당시 비교적 탁월한 그리스, 로마, 유대 종교철학자들 몇 사람과 그들의 주장을 인용한다.

> 스토아 철학자 크리시포스(Chrysippus, 대략 기원전 280-207년)는 플루타르코스의 책 「스토아의 모순에 관하여」(De stoicorum repugnantiis) 9.1035C에서 이렇게 말했다. "정의(dikaiosynē)의 시작 또는 기원은 제우스와 우주적인 특성(ek tēs koinēs physeōs)에서만 발견될 수 있다." 키케로(기원전 106-43년)는 「법률에 관하여」(De legibus) 1.6.18에서 "법은 마땅히 해야 할 일을 명하고 반대되는 것을 금하는 자연에 심겨진 최고의 이성이다. 이 이성은 인간의 정신에 견고히 고정되고 완전해질 때 법이다"라고 말했다. 이와 같은 철학적 사고를 입증한 필론(대략 기원전 30-기원후 45년)은 여러 책에서 다음과 같이 말했다. 「아브라함에 관하여」(De Abr.)

---

120) M. Luther, "Lectures on Romans: Glosses and Scholia," in Luther's Works 25.185; 또한 2:14에 대해서 20세기의 K. Barth, Romans와 Cranfield, Romans, 1.156도 참조하라.
121) 예. Black, Romans 57.

46.276에서는 *nomos autos ōn kai thesmos agraphos*, 즉 "[그 현자는] 자신이 법이며 기록되지 않은 규정이다"라고 말했으며, 「모든 선인은 자유하다」(*Quod omnis probus liber*) 7.46에서는 "올바른 이성은 썩어지거나 쇠하여 없어지거나, 생명이 없는 두루마리나 석비에 새겨진 생명이 없는 것이 아니라, 불멸하는 자연에 의해 불멸하는 정신에 새겨진 오류 없는 법이다"라고 말했고, 「요셉에 관하여」(*De Josepho*) 6.29에서는 "거대 도시인 이 세상에는 하나의 정치 형태와 하나의 법이 있다. 그리고 이것은 반드시 해야 할 것을 지시하고 하지 말아야 할 것을 금지하는 자연의 말씀이다." 참조. 「에녹1서」 2:1-5.[122]

῾Εαυτοῖς εἰσιν νόμος("그들은 자신에게 율법이다")에서 복수 여격 재귀대명사 ἑαυτοῖς는 "자신들에게"로 이해되어서는 안 된다. 이방인들이 행한 것이 마치 그들의 삶에 규범이 되는 것처럼 말이다. 오히려 이 단어는 에른스트 케제만이 표현했듯이, "외부로부터" 오지만 "역설적으로" "그들의 내적 존재 안에서" "초월적으로 주장되는 신의 의지를 경험한다"는 의미에서 "그들을 위한"이라고 이해되어야 한다.[123]

    2:15 Οἵτινες ἐνδείκνυνται τὸ ἔργον τοῦ νόμου γραπτὸν ἐν ταῖς καρδίαις αὐτῶν("그들은 율법의 행위가 그들의 마음에 기록되었음을 보여주기에"). 2:15의 진술은 바울이 2:14-15에서 인용하고 있는 유대교 가르침 또는 유대 기독교 가르침을 마무리한다. 이 구절은 2:12-13의 진술과 예들을 지지하(고 바울이 2:1-11에서 전통적인 자료들로부터 그의 주장에 통합시킨 모든 내용을 지지하)기 위해 주어졌다. 더 중요한 것은, 이 본문이 이방인들이 "자신에게 율법이다"라고 언급한 2:14b의 최종적인 진술을 뒷받침하고 분명하게 한다는 점이다. 본문은 일부 이방인들이 "율법의 행위[또는 "요구"]"(τὸ ἔργον τοῦ νόμου)가 "그들의 마음에 기록되었다"(γραπτὸν ἐν ταῖς καρδίαις

---

122) Fitzmyer, *Romans*, 310-11.
123) Käsemann, *Romans*, 64.

αὐτῶν)는 증거를 제공한다는 사실을 제시함으로써 이 점을 입증한다.

로마서 2:15의 전반부는 「에스라4서」 3:36에서 하나님을 표현하는 단어들과 비슷하다. 이 본문은 하나님의 계명을 지키는 이방 나라들이 없다는 것을 인정하면서도 "당신[하나님]은 참으로 당신의 계명들을 지킨 개인들[이방인들]을 찾으실 수 있으십니다"라고 서술한다. 이방인들에 대한 이런 진술은 바울이 「솔로몬의 지혜」 13-14장의 용어를 빌려와 표현한 것으로 보이는 로마서 1:18-32에서 다뤄진 장황한 고발 내용과는 상당히 다르다. 하지만 1:18-32이나 2:14-15이 모든 사람에 관해 언급하고 있지는 않다. 그것이 모든 유대인에 관한 내용이 아닌 것이 확실한 것처럼, 모든 이방인에 관한 언급이 아닌 것 역시 확실하다. 더욱이 만일 바울이 1:18-32에서 이교도 이방인들의 세계를 맹비난하는 「솔로몬의 지혜」 13-14을 광범위하게 의존하고 2:14-15에서 일부 이방인들에 대해 우호적인 말을 하는 전통적인 유대교 자료 또는 유대 기독교 자료를 인용했다면, 바울이 사용하고 있는 이 두 원천 자료를 조화시키려고 할 필요가 없다는 사실을 인정해야 한다. 우리가 인식해야 할 것은 바울이 이 각각의 자료에 각자의 방식과 각기 다른 목적이 있지만 각 자료에 그가 강조하려고 하는 어떤 진리가 있다고 생각한다는 것이며, 더욱이 그가 전하려는 각각의 요지를 제시하면서 그의 목적에 적합한 내용을 각 자료에서 선별했다는 점이다. 처음에는 1:18-32에서 그다음에는 2:12-16에서 말이다.

2:14의 끝부분에 등장하는 "그들이 그들에게 율법이 되었다"는 진술을 더욱 지지하고 명확하게 하는 내용이 2:15 후반부의 두 논평에 표현되었다. (1) "그 양심이 증거가 되어"(συμμαρτυρούσης αὐτῶν τῆς συνειδήσεως)와, (2) "그들의 생각이 서로 고발하기도 하고 변명하기도 한다"(μεταξὺ ἀλλήλων τῶν λογισμῶν κατηγορούντων ἢ καὶ ἀπολογουμένων). 첫 번째 논평은 인간 양심(συνείδησις)의 존재를 강조하는데, 양심을 모든 사람의 "내적 존재"에 속하는 것으로 추정하며 모든 사람의 삶에서 이러한 기능적인 특성이 사람들의 마음에서 옳고 그름을 분별케 하는 역할을 한다고 제의한다. 두 번째 논평은, 비록 다소 길고 복잡한 그리스어 구문으로 표현되었지만, 인간 양심의

이러한 증거가 사람들이 "내부에서의" 갈등, 즉 그들의 "내적 존재" 안에서 옳고 그름에 대해 갈등하고 있고, 그래서 사람들의 양심이 그들의 행위를 고발하기도 하고 변명하기도 하면서 작용한다는 사실에 의해 분명히 드러 난다고 주장한다.

적어도 2:15에 내재된 어휘와 석의의 여러 문제는 주목할 필요가 있다. 문제들 하나하나를 충분히 설명하려면 그 문제마다 독립된 논문이 필요 하지만 말이다. 첫 번째 문제는 τὸ ἔργον τοῦ νόμου("율법의 행위[또는 "요 구"])"라는 어구가 단수로 등장하며 긍정적으로 사용된 반면에, 바울이 τὰ ἔργα τοῦ νόμου("율법의 행위들")라는 복수형을 통상적으로 비난하는 의미 로 사용하고 있다는 사실을 주목해야 한다.[124]

두 번째로 2:15a에서 말하고 있는 율법은 "그들의 마음에 기록 된"(γραπτὸν ἐν ταῖς καρδίαις αὐτῶν) 율법이다. 주석가들 중에서는 예레미 야 31:31-34에서 하나님이 그의 백성과 맺은 새 언약에 대한 약속("내가 나의 법을 그들의 속에 두며 그들의 마음에 기록하여")[125]을 주목하며, 예레미야 31:33에 사용된 이 단어들이 바울이 바로 여기서 염두에 두고 있는 것이라 고 주장하여, 2:14-15의 이방인들이 **그리스도인** 이방인들이라는 입장을 지 지하는 사람들이 여럿 있다. 하지만 에른스트 케제만은 본문을 이런 식으 로 분석하는 것에 의문을 제기하는데, 그의 의문 제기는 지극히 옳다. 이방 인들이 유대인들과 공유하고 있는 것은 내적인 율법이 된 기록된 율법이 아니다. 오히려 "그들[이방인들]은 γραφή[성경]와 비슷한 것을 가지고 있 으며, 유대인들이 그들이 받은 율법에 대해 책임을 지듯이 이방인들도 그 들이 가지고 있는 것에 대해 그래야 한다."[126]

세 번째로 2:15b에는 그리스 철학의 συνείδησις("양심")라는 개념이 등 장한다는 점을 주목할 필요가 있다. 이 용어는 고대 세계에서 (일반적으로는

---

124) 본문에 바로 이어 롬 3:20, 28에 이 어구의 복수형과 비난 어조가 사용된다. 또한 갈 2:16(3번); 3:2; 5:10도 보라.
125) 사 51:7: "내 율법이 [그 마음에] 있는 백성들아."
126) Käsemann, *Romans*, 64.

회고하며) 자신의 행동이 옳은지 그른지, 심지어 종종 자신의 미래의 행동에 대한 옳음과 그름을 판단하는 정신적 소양을 지칭하는 말로 사용되었다. 그러나 긍정적인 지침으로서 인간 양심이라는 말의 어감이 신약성경에 등장한 적은 없다.

주목해야 하는 네 번째 문제는 전치사구 μεταξὺ ἀλλήλων(문자적으로 "서로 간에")이 해석하기 매우 어렵다는 사실이다. 이 어구를 "그들이 서로를 대함에 있어서"라고 상당히 문자적으로 번역하여 이 어구를 다른 사람들의 행위를 비난하거나 변호하는 것을 의미하는 것으로 이해하는 사람들이 있다.[127] 하지만 이 어구는 그들 자신의 행위가 옳은지 그른지를 두고 어느 사람의 양심 속에서(즉 "그들 안에서", 특히 여기서는 이방인들 안에서) 진행되는 내적인 논의를 의미하는 것으로 이해하는 것이 가장 좋을 것 같다. 또한 2:14-15에서 주목해야 하는 것은 (앞의 논의의 다양한 곳에서 지적했듯이) 이 두 구절의 구조와 언어와 구문이 본문이 전개됨에 따라 점점 뒤얽혀 있다는 사실이다. 이를테면, 특히 2:15 후반부에 적어도 군말이 하나 있고, 표현이나 용례에서 단 한 번 사용되는 단어가 두세 개 존재하며, 비교적 난해한 구문도 있다.

이 모든 어휘적·석의적 특징들은 좀 더 광범위하게 다룰 수 있다. 하지만 각각의 특징들을 다루기 위해서는 여기서 할애할 수 있는 것보다 더 많은 지면이 필요하다. 여기서는 이 모든 문제가, 이곳 2:14-15에 등장한 내용이 바울이 2:12-13에서 자신의 진술을 뒷받침하기 위해 전통적인 유대교 자료나 유대 기독교 자료에서 인용한 것이라는 사실을 암시한다고 말하는 것으로 충분하다.

2:16   2:16의 사본 역사의 의하면, 이 구절은 ἐν ἡμέρᾳ ὅτε("~하는 날에")로 시작한다고 보는 것이 가장 좋다(위의 "본문비평 주"를 보라). 따라서 이 구절을 앞에 있는 내용과 직접 연결되는 것으로 이해하는 것이 가장 좋다. (1) 2:15b에서 말한 것과 연결된다고 보든지, 아니면 (2) 2:14-15에

---

127) 예. Sanday and Headlam, *Romans*, 61; Lyonnet, *Romains*, 74.

서 말한 것과 연결된다고 보든지, 혹은 어쩌면 훨씬 더 뒤에 있는 본문에까지 연장될 수도 있고, (3) 2:12-15에서 말한 모든 것과 연결된다고 볼 수도 있다. 하지만 2:16을 이 구절에서나 이 구절에 앞서 언급된 내용과 연결할 때 진짜 문제가 발생한다. 이것은 오리게네스 이후 모든 주석가가 씨름했던 문제다. 주에트 배슬러는 그 문제를 간략히 서술했다. "이 구절[즉 2:16]의 종말론적 어조는 오해의 여지가 없으므로, 최후의 심판에 대한 이 언급과 내적인 양심의 현재 진행되는 활동을 묘사하는 듯이 보이는 15b절의 분사 어구 사이의 논리적 연결과 관련하여 문제가 발생한다."[128]

수많은 해결 방법이 제안되었다.

첫 번째 제안은 2:16에 언급된 하나님의 심판을 최후의 종말론적 날로 이해해서는 안 되고 오히려 하나님의 말씀을 직면한 현재의 지상적인 날[129] 또는 어떤 사람의 회심의 날을 언급하는 것으로 이해해야 한다는 것이다.[130]

두 번째 제안은 2:14-15의 자료가 원래는 고대의 일부 사본의 난외주에 있던 것인데 후대 필경사가 본문에 삽입한 것이라는 것이다.[131]

세 번째 견해는 바울이 유대인 청중을 대상으로 말을 할 때, 그는 지금 로마서 2장에 등장하는 자료를 대부분 사용했을 것이라는 견해다. 설교였던 이 원자료에서는 12-13절의 진술 직후 16절의 최종적인 진술이 이어졌지만, 바울이 로마의 그리스도인들에게 편지를 쓰고 그 초기의 자료를 사용했을 때 "유대인 독자들뿐만 아니라 이방인 독자들"을 겨냥하여 편지에 "14-15절 내용을 삽입했다"는 것이다.[132]

네 번째 입장은, 2:14-15을 바울의 삽입 어구로 보기에는 너무

128) Bassler, *Divine Impartiality*, 147.
129) Weber, *Beziehungen von Röm* 1-3, 142ff.
130) Reicke, "Natürliche Theologie nach Paulus," 161.
131) J. Weiss, "Beitrage zur Paulinischen Rhetorik," 218.
132) C. H. Dodd, *Romans*, 35.

길다고 생각하지만, 사람들의 양심과 갈등하는 사람들의 생각에 대해 말하는 2:15b을 바울의 삽입 어구에 해당하는 자료로 보아야 하며, 사도의 논리적인 이동의 주된 흐름이 2:15a에서 2:16로 이어지는 것 같다는 것이다.[133]

다섯 번째 이해는 2:16이 어떤 식으로든 본문에 삽입된 난외주라는 것이다.[134]

여섯 번째 제안은 명사 ἡμέρᾳ("날")를 지우고 그 앞에 있는 2:16의 ἐν ἡ("그 ~에")를 2:15b의 명사 συνείδησις("양심")와 연결하여 "하나님이 모든 사람의 은밀한 것을 심판하실 때 그들의 양심이 증언한다"라고 읽는 것이다.[135]

일곱 번째 제안은 2:14-16을 사람들에 대한 하나님의 심판의 "종말론적인 이점을 주장하는 유대인들의 입장을 반대하는 격렬한 비판"으로 이해하고, 2:14-15a이 하나님의 차별 없는 현재의 심판에 대해 말하며, 2:15b-16이 하나님의 차별 없는 미래의 심판에 대해 말한다고 보는 것이 가장 좋다는 견해다.[136]

그리고 여덟 번째 견해는 2:15a의 3인칭 복수 현재 능동태 직설법 동사 ἐνδείκνυνται("그들이 보여주다")가 2:16의 3인칭 단수 미래 능동태 직설법 동사 κρινεῖ("그가 심판하실 것이다." 이 단어의 마지막 음절은 곡절 악센트로 표기되는 것이 가장 좋다)처럼 미래로 이해해야 하며("그들이 보여줄 것이다"), 그래서 2:15과 2:16 모두 그리스도 예수로 말미암는 하나님의 미래 심판을 언급한다고 이해하는 것이다.[137]

---

133) Mundle, "Zur Auslegung von Röm 2,13ff.," 255.

134) Bultmann, "Glossen im Römerbrief," 200-201, 282-84; 또한 약간 유보적 입장을 취하기는 하지만 Käsemann, *Romans*, 67.

135) So H. Sahlin, "Einige Testemendationen zum Römerbrief," 93. Sahlin은 B 사본의 독법에 근거한다("본문비평 주"를 보라).

136) N. A. Dahl, "Paulus som föresprackare," *STK* 18 (1942), 174을 지지하는 증거로 인용한 Bassler, *Divine Impartiality*, 148.

137) H. Lietzmann, H. W. Schmidt, H. N. Ridderbos와 같은 다양한 학자들.

사실 사본이 수정되었다고 제안하는 이론들은 (앞에서 보았듯이) 만연해 있다. 하지만 조세프 피츠마이어가 지적하듯이, "ἡ ἡμέρα(B 사본)나 ἡμέρα ἡ(A 사본)와 같은 단어의 순서를 제외하고는 사본 전통은 변함이 없다."[138] 마찬가지로, 본문을 수정하지는 않지만 (앞에서 살펴보았듯이) 종종 본문을 부자연스럽게 읽히도록 한다고 이해되는 해석학적 해결들이 여럿 제안되었다. 그래서 대부분의 주석가는 (1) 2:14-15을 단순히 2:13과 2:16 사이에 있는 바울의 삽입 어구로 취급하고, (2) 바울의 논쟁의 논리적인 흐름이 2:13의 끝부분("그들은 의롭다 하심을 얻으리라")에서 시작하여 2:16의 도입부("하나님이 심판하실 날에")에 이른다고 이해하고, 때로는 (3) "그들이 심판을 받을 것이다", "이 모든 것이 분명해질 것이다" 또는 "이런 일이 일어날 것이다"와 같은 일종의 전환 어구가 2:16 도입부에 보충될 필요가 있다고 제안했다.[139]

우리가 믿는(그리고 앞에서 주장한) 바에 따르면, 2:12-16 내부의 논리적인 혼란을 해결하는 더 나은 제안은 2:14-15을 일찍이 유대교적 환경이나 유대 기독교적 환경에 존재하던 교리문답 자료를 바울이 2:12-13에서 제시한 그의 진술을 뒷받침하려고 여기서 사용한 것으로 이해하는 것이다. 상이한 용어와 용례들, 어색한 구문 및 (앞에서 주목한) 다양한 어감이 존재한다는 사실은 바울이 2:14-15의 자료의 저자가 아니었음을 시사하는 것 같다. 하지만 바울은 분명히 (1) 자료의 내용, 즉 모든 단어가 아니라면 적어도 본문의 주요 신학적인 취지들을 인정했으며, (2) 로마에 있는 그의 그리스도인 수신자들에게 말하면서 자신의 목적에 맞게 그 자료를 사용했다. 바울은 2:11에서 이와 비슷한 개념적이고 구성적인 배경을 지닌 것으로 보이는 전통적인 금언을 인용할 때 그랬듯이, 이 자료를 소개하기 위해 접속사 γάρ("왜냐하면")를 사용한다.

Κρίνει ὁ θεὸς τὰ κρυπτὰ τῶν ἀνθρώπων κατὰ τὸ εὐαγγέλιόν μου

---

138) Fitzmyer, *Romans*, 312("본문비평 주"를 보라).
139) 예. NIV: "This will take place"(이런 일이 일어날 것이다).

διὰ Χριστοῦ Ἰησοῦ("나의 복음에 선포된 바와 같이, 하나님이 예수 그리스도로 말미암아 사람들의 은밀한 것을 심판하실 것이다")라는 진술은 바울이 2:12-13에서 선언한 내용과 논리적으로 연결되어 있다. 더욱이 이 진술은 2:13의 최종적인 진술을 완성한다. 그럼으로써 바울은 "율법에 순종하는 사람들은… 하나님이 그리스도 예수로 말미암아 사람들의 은밀한 것들을 심판하실 날에 의롭다고 선언될 (사람들일) 것이다"라고 이 두 절의 논리적인 관계를 진술한다. 하지만 "율법이 없는" 의로운 이방인들이 "율법이 요구하는 것들을 본성적으로" 행하고 "율법에 순종하는 사람들" 중에 포함된다고 말하는 2:14-15의 전통적인 자료의 삽입으로 인해, 2:13과 2:16의 연결이 언어학적으로 약간 모호하게 되었다. 그럼에도 바울의 주장의 흐름은 이 삽입된 자료를 제외하고는 여전히 명징하다. 그래서 어느 영어 번역에서든지 2:16 도입부에 (NIV에서처럼) "이런 일이 일어날 것이다"와 같은 표현을 사용함으로써 2:12-13의 진술과 2:16의 논리적인 연속성을 표시하는 것이 가장 좋을 것 같다.

하지만 구조적·언어학적 연결이라는 비교적 공식적인 문제들을 넘어, 바울의 신학과 관련하여 중요한 세 가지 문제가 2:16에 부각된다. 둘은 상당히 명쾌하게 서술되었고, 세 번째 문제는 비교적 분명히 암시되었다. 첫 번째 문제는 이것이다. 바울의 기독교적 복음 선포는 8장에서 정점에 이르기는 하지만(특히 그가 그리스도인을 "그리스도 안에", "성령 안에" 있는 자로, 그리고 "성령의 인도를 받는 자"로 언급하는 8:1-17에서뿐만 아니라, 8:31-39에서 승리에 도취되어 대담한 찬송을 터뜨리게 되는 8장 전체에서), 바울은 여전히 모든 사람의 미래에 있을 우주적인 심판을 강조한다. 기독교 복음 전도자로서 바울의 메시지는 이전에 그가 유대교 추종자였을 때처럼 더 이상 "미래적 종말론"에 속하는 메시지가 아니다. 그렇다고 해서 그 메시지가 단순히 지금 모든 것이 그리스도인의 삶 속에서 영적인 방법으로 성취된 "실현된 종말론"인 것은 아니다. 오히려, 오스카 쿨만(Oscar Cullmann)이 바르게 주장했듯이, 바울의 복음 선포는 "시작된 종말론"으로 특징짓는 것이 가장 좋다. 시작된 종말론은 (1) 그리스도께서 모든 사람의 구원을 위해 효력을 발휘하신 것으로 시작하며, 신자들의 현재 경험은 "그리스도 안"과 "성령 안"에 있는 존재로 묘사된다. 시작된 종말론은 (2) 그리스도의 재림과 모든 사람에 대한 심판, 그리고 "그리스도와 함께" 영원히 있는 존재로 묘사된 신자들의 미래의 경험으로 절정에 도달하며, (3) 그리스도가 이미 이루신 것과 또한 그리스도가 장차 이루실 것이라는 이 두 실체 사이에 살고 있는 그리스도인의 삶을 떠올린다.[140] 이러한 시나리오에서 지금 "그리스도 안에" 있는 것과 미래 심판의 때를 기다리는 것 모두 하나님의 "구원사"에 대한 기독교적 이해의 두 초점으로 지속적인 긴장을 유지한다. 따라서 그리스도인은 이러한 이해를 자신의 삶과 사회에서 점차적으로 실행하도록 명령을 받는다.

2:16에서 강조되는 두 번째 문제는 모든 사람에 대한 이 최후의 심판이 유대교의 표준적인 이해에서처럼 하나님에 의해 수행될 뿐만 아니라, 구체적으로는 그리스도 예수로 말미암아 수행될 것이라는 점이다. 바울 당대의 일반적인 관행을 따르지 않는 다양한 부류의 유대인들은 하나님이 어떤 천상적인 대표자를 사용하여 모든 사람에 대한 종말론적인 심판자 역할을 하게 하신다고 추측했다. 일례로 "택함을 받은 자",[141] 멜기세덱[142] 또는 아벨[143]을 들 수 있다. 하지만 초기에 예수를 믿은 유대인 신자들은 "그(나사렛 예수)가 산 자와 죽은 자의 심판자로 하나님의 정하심을 받은 자다"라고 선포했다.[144] 그리고 이것이 바로 바울이 "그리스도의 심판대"라고 언급한 고린도후서 5:10에서 진술한 것이며, 예수가 가르치셨고[145] 초기 유대 그리스도인들이 글을 쓰면서 주장했던 내용이다.[146] 구체적인 기독교 언어

---

140) 또는 Cullmann이 그의 책 *Christ and Time*에서 사용한 용어를 이용하여, "D Day"의 결정적인 사건과 "V Day"의 최후 승리 사이로 표현할 수 있다.

141) 참조. *1 En* 37-71, 특히 45:3-6; 아마도 에녹 자신일 것이다.

142) 참조. 11QMelch의 18째 줄.

143) 참조. *T Ab* 13:5.

144) 참조. 베드로가 고넬료의 집에서 행한 설교의 한 부분인 행 10:42.

145) 참조. 마 16:27

146) 참조. 요 5:27; 계 2:23; 22:12

가 1:16-17 이후 처음으로 로마서 본론 중앙부의 이 첫 번째 주요 단락인
2:16에서 부각된다. 비록 바울이 여기서 그리스도 예수에 관해 언급한 것을
자세히 설명하지 않고, 그의 편지 뒷부분에서 더 자세한 신학적 논의를 제
기하기까지 이 문제에 대한 논의를 유보하고 있기는 하지만 말이다.

세 번째 문제는 "하나님이 모든 사람의 은밀한 것을 심판하실 날"을
언급하는 것으로 2:16에 은근히 강조되었다. 바울에게는 (1) 그리스도의 사
역으로 말미암아 "믿음으로" 의롭게 됨과 (2) 최후 심판의 날에 "그리스도
예수로 말미암아" 하나님에 의해 심판을 받는 것 사이에 모순이 없다. 바울
의 용어로 말한다면 이 최후의 심판은 "몸으로 있을 동안 선악 간에 행한
것"에 근거하여 내려질 것이다.[147] 설령 유대 그리스도인들이 이 최후의 심
판을 "행함으로"나 "어떤 사람이 행한 것에 의해"라는 표현을 사용하여 언
급하는 것을 선호하는 것처럼 보이지만 말이다.[148] 이 용어는 유대 기독교
로부터 광범위하게 영향을 받은 로마의 그리스도인들과 소통할 때 바울도
이곳에서 사용한 용어다.[149] 바울이 이곳 로마서 2장에서 모든 사람에 대한
최후의 종말론적 심판이 (1) "진리에 근거한" 심판이 될 것이라고(2절) 선
포할 때, (2) 그 심판은 단지 사람들의 주장이 아니라 그들이 행한 것과 행
하지 않은 것을 참작하며(3-10절), (3) 편애나 차별 없이 진행될 것이고(11-
15절), (4) 행함과 나태함을 심판할 뿐만 아니라, 사람들의 마음에 있는 의
도와 은밀한 것도 고려할 것이다(16절).

2:16에 있는 자료에는 κατὰ τὸ εὐαγγέλιόν μου("나의 복음에 의하면" 또
는 "나의 복음에 선포된 바와 같이")라는 어구도 포함되었다. 이 표현은 특성상

---

147) 고후 5:10.

148) 참조. 약 2:14-26.

149) 바울의 이해에서 하나님의 최후의 종말론적 심판이 중요하고 전포괄적이며 비그리스도
     인과 그리스도인을 막론하고 그들이 행한 것에 의거하여 이루어질 것이라는 점에 대한
     현대의 의미심장한 논의로는 다음을 보라. Donfried, "Justification and Last Judgment in
     Paul"; Synofzik, *Gerichts- und Vergeltungsaussagen bei Paulus*; N. M. Watson, "Justified
     by Faith, Judged by Works — an Antinomy?" *NTS* 29 (1983); Snodgrass, "Justification
     by Grace"; Yinger, *Paul, Judaism, and Judgment according to Deeds*.

삽입 어구에 해당하는 것 같다. 이 어구는 "하나님이 사람들의 은밀한 것을 심판하실 날"을 수식하는 것도 아니고(마치 바울의 메시지에만 이런 심판이 선언된 것처럼 말이다), "그리스도 예수로 말미암아"도 수식하지 않는다(마치 바울의 메시지에만 누가 이 최후 심판의 날에 심판자가 될 것인지 선언된 것처럼 말이다). 그러므로 대부분의 번역 성경은 이 어구가 마치 삽입 논평에 속하는 양 그것을 두 개의 콤마로 본문 중간에 끼워 넣거나,[150] 구절을 마무리하는 삽입 논평으로 맨 끝에 위치시키면서 콤마로 본문과 구별 짓는다.[151]

4세기 초 위대한 기독교 신학자요 역사가였던 가이사랴의 에우세비오스(기원후 260-339년경)는 2:16 끝부분과 16:25 도입부에 언급된 "나의 복음"이라는 어구가 바울이 그의 친구 누가에게 받아 적게 한 정경 누가복음을 암시하는 것이라고 믿었다. 하지만 이러한 제안은 세 번째 복음서 자체의 특성과 어울리지 않는다. 오늘날 거의 모든 주석가는 "'나의 복음'이라는 말로 바울이 가리키려고 한 것은 바울만의 독특한 복음 형식이 아니라, 단순히 그가 다른 그리스도인 설교자들과 함께 선포한 복음이라"는 입장을 고수한다.[152] 비록 개중에는 여기서 한걸음 더 나아가 "나의 복음"을 "하나님이 바울에게 보존하고 선포하라고 맡기신, 모든 그리스도인에게 공통적인 복음"이라고 정의하여 좀 더 분명히 개인화하여 설명하기는 하지만 말이다.[153] 조세프 피츠마이어는 그의 간략한 진술에서 한층 더 나아가 "그[바울]는 '나의'라는 단어를 사용하여 좋은 소식을 선언하는 그의 개인적인 방식을 언급한다"라고 주장한다.[154]

필자는 앞에서 로마서를 기록한 바울의 중요한 목적이 로마의 그리스도인들에게 1:11에서 "신령한 은사"($\chi\acute{\alpha}\rho\iota\sigma\mu\alpha$ $\pi\nu\epsilon\nu\mu\alpha\tau\iota\kappa\acute{o}\nu$)라고 일컫는 것을 주려는 데 있다고 주장했다. 그는 이 은사를 (1) 자신의 매우 독특한 것으로

150) NRSV.
151) NIV.
152) 예. Cranfield, *Romans*, 1.163.
153) 예. Moo, *Romans*, 155.
154) Fitzmyer, *Romans*, 754. 여기서 Fitzmyer는 16:25을 주석하면서 이렇게 주장했고, 2:16 주석에서 독자들의 주의를 16:25로 환기시켰다.

생각했으며, (2) 그의 이방인 선교에서 그리스-로마 세계 전역에 선포했고, (3) 5:1-8:39에서 신학적으로 요약했으며, (4) 2:16과 16:25에서 "나의 복음"이라고 언급했다. 바울은 로마의 그리스도인들에게 그가 선포한 내용을 알릴 필요가 있다고 느꼈음이 분명하다. 이는 (1) 바울과 로마의 그리스도인들이 서로 "피차에 위안"을 얻기 위해서다(1:11-12). 다시 말해서, 바울 편에서는 그가 이방인 선교에서 선포했던 내용을 제시함으로써 그렇게 하는 것이다. 그리고 (2) 그들이 바울이 이방인들에게 선포한 것을 더 정확하게 이해하고 공감하게 되어 바울이 그의 이방 선교를 스페인에까지 확장하는데 기꺼이 도움을 줄 수 있도록 하기 위해서다(참조. 1:13; 15:24).

더욱이, 필자는 페터 슈툴마허와 알렉산더 웨더번과 동의하며, 여러 부분에 있어서 케네스 그레이스톤(Kenneth Grayston), 발터 슈미탈스(Walter Schmithals), 닐 엘리엇(Neil Elliott), 더글러스 캠벨 같은 여러 학자와도 동의한다. 그들은 1:16-11:36의 교훈 자료와 12:1-15:13의 권면 자료, 또 약간의 변증적인 어조를 지니기에 바울이 적어도 로마의 그리스도인들 일부에 의해 제기된 어떤 비난과 오해에 맞서 자신을 변호하고 있는 예들로 이해해야 하는 16:17-19에, 지나가면서 하는 논평과 모호한 암시 및 수사학적 의문문이 많이 있다고 지적한다. (앞에서 주목했듯이) 로마서 본론 중앙부의 첫 번째 주요 단락에 있는 1:16에서 "나는 복음을 부끄러워하지 아니하노니"라는 논평이 바로 이런 내용에 포함된다. 마찬가지로 바울의 메시지를 "비방 투로 보도하고" 그것이 (나중에 다룰 예정인) 3:8의 "선을 이루기 위하여 악을 행하자"라는 원리로 요약된다고 "주장하는" 사람들에 대한 암시도 여기에 포함된다.

(앞서 언급한 대부분의 학자와 더불어 Stuhlmacher와 Wedderburn의 입장에 동의하면서) 필자가 제안했듯이, 바울의 은근한 변증은 2:16 끝에 있는 "나의 복음에 이른 바와 같이"라는 삽입어구에도 반영되었다고 보아야 한다. 바울이 여기서 말하는 것은 결국 그의 메시지와 이방인 선교에 대해 어떤 비난이나 오해가 있든지 간에, 2:1-16a에 기록한 모든 내용이 그가 개인적으로 믿고 있으며 기독교 복음에 속하는 것이라고 선포한 것이라는 점이다.

로마에 보낸 이 동일한 편지 뒷부분, 특히 신학적인 내용을 다루는 5:1-8:39과 12:1-15:13의 권면 단락에서, 그가 로마서의 첫 번째 단락인 1:16-4:25 전체는 물론이고 2:1-16a에 제시된 몇몇 문제에 대해 수신자들과 의견을 같이하면서도, 그가 친히 상황화한 복음이 이방인들이 더 잘 이해하고 더 공감하며 반응하는 용어로 이해 될 필요가 있음을 그 자신도 느끼고 있겠지만 말이다.

성경신학

리처드 헤이즈가 관찰했듯이, 로마서 2:1-16에는 "바울이 늘 그리고 어디서나 행위가 아니라 믿음으로만 의롭다 함을 얻는다고 선포해야 했다고 전제하는 해석자들이 다루어야 할 석의적 장애물이 산재해 있다."[155] 본문의 형식과 내용에는 주로 유대교적 또는 유대 기독교적인 특성이 두드러진다. 2:16에만 바울의 특징적인 기독교적 언어가 드러날 뿐이다. 이 본문은 "유대인 내부의 논쟁"으로 묘사되었다.[156] 하지만 기독교 신학에 매우 중요한 여러 문제가 2:1-16에 등장한다.

 아는 것만 아니라 행함. 기독교 신학에서 첫 번째로 중요한 문제는 로마서 2장에서 하나님께서는 하나님과 그분의 뜻에 관해 그들이 알거나 믿거나 혹은 주장하는 것에 근거해서만 심판하시지 않는다는 사실, 다시 말해서 그들이 알고 믿고 주장하는 것에 대해 그들이 어떻게 행동하고 반응하는지에 근거하여 심판하신다는 사실을 강조한 것이다. 2:1-16 전체에는 하나님의 뜻을 안다는 주장이 아니라, 실제로 하나님의 뜻을 행함이 중요하다는 이 핵심 주제가 울려 퍼진다. 이것은 2:1-5의 디아트리베 자료("네가 핑계하지 못할 것은 판단하는 네가 같은 일을 행함이라")의 핵심이다. 이 주제는 바울이 2:6-10에서 인용하는 자료에서도 두드러진다. 6절의 주제 문장에는 "하나님께서 각 사람에게 그 행한 대로 보응하신다"라고 분명히 언급되었

---

155) Hays, *Echoes of Scripture*, 41.
156) 앞에서 언급했듯이, Carras, "Romans 2,1-29," 185.

고, 7-10절에는 그 요지가 두 세트의 반제대구법 진술로 제시되었다. 그리고 이 주제는 2:12-13에서 모세 율법과 관련한 하나님의 심판에 대한 바울의 진술에서 부각된다. 이 본문은 "하나님 앞에서는 율법을 듣는 자가 의인이 아니요, 오직 율법을 순종하는 자(οἱ ποιηταί, 문자적으로는 "행하는 자")라야 의롭다 하심을 얻으리니"라는 선언으로 마무리된다.

바울의 편지에서나 신약성경 어디에서도 하나님의 뜻을 행하기를 강조한다고 해서 어떤 식으로든 지식과 헌신과 믿음의 중요성이 폄하되지는 않는다. 오히려 이것은 실제로 하나님의 뜻을 행하는 것의 중요성을 심각하게 받아들이도록 촉구한다. 이 문제에서 바울은 그의 목회 상담에서 야고보와 전적으로 의견을 같이한다.

> 너희는 말씀을 행하는 자가 되고(γίνεσθε ποιηταὶ λόγου, 문자적으로 "말씀의 행위자들이 되라") 듣기만 하여 자신을 속이는 자가 되지 말라(약 1:22).

> 내 형제들아, 만일 사람이 믿음이 있노라 하고 행함(ἔργα)이 없으면 무슨 유익이 있으리요? 그 믿음이 능히 자기를 구원하겠느냐?(약 2:14)

> 영혼 없는 몸이 죽은 것 같이 행함이 없는(χωρὶς ἔργων) 믿음은 죽은 것이니라(약 2:26).

하나님의 공평성(차별하지 않으시는 하나님). 자료 전체에서 첫 번째 문제와 병행이 되는 특징이 있는 이 본문에서 신학적으로 중요한 두 번째 문제는, 사람을 심판함에 있어 하나님의 공평성 문제다. 이 주제는 2:11에서 바울이 인용한 금언에 진술되었다. "하나님께서 외모로 사람을 취하지 아니하심이라." 그리고 이 주제는 2:12-13의 바울 자신의 진술에 스며 있다. 그 본문은 이런 말로 시작한다. "무릇 율법 없이 범죄한 자는 또한 율법 없이 망하고 무릇 율법이 있고 범죄한 자는 율법으로 말미암아 심판을 받으리라."

우리가 하나님을 이해하는 데 있어서 뿐만 아니라, 상호관계에 있는 하나님의 백성들을 이해하는 데 있어서도 중요한 함의를 지니는 하나님의 공평성이라는 주제는 초기 유대 기독교 사상에서 기초적인 주제였던 것 같다. 우리는 이 주제가 예루살렘 모교회의 신학에 영향을 받은 로마의 그리스도인들에게도 매우 중요한 원리였을 것이라고 추측할 수 있다. 예루살렘 교회의 목회자적 교훈을 대표하는 야고보서에는 이런 교훈이 들어 있다. "사람을 차별하여 대하지 말라"(약 2:1)와 "네 이웃 사랑하기를 네 몸과 같이 하라.…사람을 차별하여 대하면…"(약 2:8-9).

진리에 근거한 하나님의 심판. 로마서 2:1-16에서 강조되는 세 번째 문제는 하나님의 심판이 진실에 근거하여 이루어진다는 사실이다. 바울이 믿은 이 원리는 하나님에 관한 자신의 이해뿐만 아니라 그의 수신자들의 신학적인 이해에 있어서도 기본이었다. 2:2에서 바울은 전통적인 유대 금언으로 보이는 것을 "이제 우리가 아노니"라는 말과 함께 소개하고, 그런 다음에 "이런 일을 행하는 자에게 하나님의 심판이 진리대로 된다"라는 그 금언을 인용한다.

개인적으로 아주 중요하고 극단적으로 곤란한 처지에 놓였으면서도 아브라함이 하나님께 다음과 같이 질문하도록 한 것이 바로 이러한 확신이다. "세상을 심판하시는 이가 정의를 행하실 것이 아니니이까?"(창 18:25) 그리고 이것은 모든 기독교 사상과 이해의 저변에 놓여야 할 확신이다. 그것이 심판과 관련된 것이든지, 아니면 구원, 하나님의 목적과 계획, 하나님 백성의 인도나 지시와 관련된 것이든지, 또는 우리가 처한 상황이나 환경에서 발생하는 그 무엇이 되었든지 말이다.

하나님의 선하심, 용납하심, 길이 참으심. 로마서 2:1-16에 명징하게 드러나고 여기서 강조해야 할 네 번째 중요한 문제는 하나님의 "선하심과 용납하심과 길이 참으심"이라는 바울의 언급이다. 조세프 피츠마이어가 주목했듯이, "반역한 인간은, 하나님이 상관하지 않거나 그가 언제나 자비롭고 용납하시며 심판하지 않으신다고 생각하려는 유혹을 받을 수 있다. 하지만 바울은 그렇게까지 말하지 않고, 회개하고 참회하라는 암시적인 명령을 우리에게 전해준다."[157]

우리는 "그리스도 안에" 있는 사람들로서 회개를 통해 우리를 자신에게로 이끄시는 하나님께 그의 선하심과 용납하심과 오래 참으심으로 인해 늘 감사해야 한다. 하지만 또한 우리는 그리스도인으로 살아가면서 항상 하나님의 선하심과 용납하심과 오래 참으심을 누릴 필요가 있다. 마찬가지로 우리는 다른 사람들, 즉 하나님께 아직 "믿음으로" 반응하지 않은 사람들과 "믿음의 가족에 속한 사람들"과의 관계에서 이런 특성을 지속적으로 반영해야 한다.[158] 이와 동일하게 중요한 것은 모든 기독교적 신학 사상과 표현이 하나님의 선하심과 용납하심과 오래 참으심으로 스며들어야 한다는 점이다.

이교도 이방인들. 이 본문의 다섯 번째 신학적인 특징은 하나님 앞에서 이교도 이방인들의 영적 특성 및 지위와 관련이 있다. 특히 하나님으로부터 오는 어떠한 "특별계시"를 소유하거나 알지도 못하지만, 그들의 "내적 존재"에서 그들의 삶을 향한 "하나님의 뜻의 초월적인 주장"에 속하는 어떤 것을 경험함으로써 "율법이 요구하는 것들을 본성으로 행하는(φύσει τὰ τοῦ νόμου ποιῶσιν, 문자적으로 "율법의 것들을 본성으로 행하는")" 사람들 말이다. 전통적인 유대교 또는 유대 기독교 자료에서 인용한 것으로 보이는 2:14-15에서는 이교도 이방인들이 능동적인 양심(συνείδησις)을 소유한 채 옳고 그름에 관한 상충되는 생각을 가지고 있으면서 "자기에게 율법(ἑαυτοῖς εἰσιν νόμος)"이 된다고 말한다. 이것은 신학자들과 평신도들이 늘 더 알기 원했던 문제다. 하지만 이 본문에 등장하는 이런 교훈은 우리가 하나님이 우리 외의 다른 사람들을 어떻게 다루시는지 짐작하게 하려고 주어진 것이 아니다. 오히려 이런 본문은 하나님의 "특별계시"로 하나님을 아는 우리 같은 사람들이(그런 계시가 어떻게 주어졌든지), 계시를 훨씬 적게 받았으나 훨씬 더 많은 것을 행하는 사람들과 비교되었을 때, 부끄러워하며 하나님의 뜻

---

157) Fitzmyer, *Spiritual Exercises*, 42.
158) 갈 6:10, πρὸς τοὺς οἰκείους τῆς πίστεως; 문자적으로 "믿음의 가정에 속한 사람들."

을 더 행하도록 주어졌다.

행위대로 심판. 이 본문에서 신학적으로 가장 중요하며 강조할 필요가 있는 여섯 번째 특징은 최후의 심판에서 하나님의 백성도 "그들이 행한 대로"(6절: κατὰ τὰ ἔργα αὐτοῦ, 문자적으로 "그의 행위대로") 심판받을 것이라는 교훈이다. 다시 말해서, 그들은 그들의 "선을 행함"(7절: ἔργου ἀγαθοῦ, 문자적으로 "선한 행위")과 "그 선을 행함"(10절: παντὶ τῷ ἐργαζομένῳ τὸ ἀγαθόν, 문자적으로 "그 선을 행하는 모든 사람에게")에 근거하여 심판을 받을 것이다. 또는 바울이 2:13에서 말하듯이, "하나님 앞에서는 율법을 행하는 자라야 의롭다 하심을 얻을 것이다(οἱ ποιηταὶ νόμου δικαιωθήσονται)."

모든 사람이 "믿음으로 말미암아" 하나님께 올 수 있고 그래서 의롭다고 선언을 받기 위해 율법이 예수의 지상 사역을 통해(그의 "능동적 순종") 그리고 그의 십자가상의 죽음으로 말미암아 성취되었다는 것은, 결코 축소되거나 행함 곧 "율법의 행위(ἔργα νόμου)"로 의롭다 함을 얻는다는 빗나간 사상에 의해 왜곡되어서는 안 되는 진리다. 하지만 하나님의 율법은 여전히 그가 창조한 전체 우주와 그의 모든 백성의 삶에 하나님의 표준으로 존재한다. 이러한 까닭에 예수를 믿는 신자들이 한편 "믿음으로" 의롭다 함을 받고 지금 "그리스도 안에서" 그들의 삶을 살아갈 수 있지만, 그들은 그들에게 알려진 하나님의 뜻에 반응하여 그리스도인으로서 행한 것을 바탕으로 "하나님이 그리스도로 말미암아 모든 사람의 은밀한 것을 심판하실 날에" 심판도 받을 것이다. 그리스도인의 반응은 예수의 교훈과 모범("그리스도의 법")에 표현된 하나님의 거룩하고 의로운 표준("하나님의 법")에 대한 반응이며, 그들의 최종 심판자는 그리스도 자신("그리스도로 말미암아")이다.

현대를 위한 상황화

바울이 2:1-16에서 말하고 인용하는 모든 것은 매우 상황적인 방식으로 표현되었고 다음과 같은 방법으로 제시되었다. (1) 로마의 그리스도인들로 하여금 이해하고 공감하게 하며, (2) 바울 자신과 그의 이방인 사역 및 메시지의 특성에 대해 그들이 가지고 있었던 두려움과 비평과 오해를 가라

앉히고, (3) 5:1-8:39에서 그의 중심 되는 신학적 초점, 9:1-11:33에서 기독교 복음과 이스라엘에게 주신 하나님의 약속 사이의 관계에 대한 그의 이해, 12:1-15:13에서 그의 윤리적인 권면으로 수신자들의 주의를 환기시키도록 준비하는 방법이다. 하지만 바울이 로마에서 예수를 믿는 신자들에게 보낸 편지의 이 단락에서 쓰고 있는 것은 현대의 그리스도인들과 기독교회에게도 매우 의미심장하다. 로마서의 내용만 아니라 그가 기독교의 메시지를 어떤 구체적인 사람들과 그 당시 그들의 관심사에 맞춰 어떻게 상황화했는지와 관련해서 말이다. 이는 여러 방법으로 그 동일한 메시지를 우리 시대에 그리고 우리 자신의 구체적인 상황에 맞춰 상황화하는 패턴을 제공한다.

바울이 로마에서 직면한 상황이 예수를 믿는 한 신자로서 개인적으로 그에게 잘 알려진 것이었다는 점에 대해서는 의심의 여지가 없다. 그는 (1) 자신의 유대교 배경에서 깊은 영향을 받았으며, (2) 유대 기독교의 사고방식과 종교적 언어를 잘 알고 있었다. 그러나 이것은 그의 이방인 선교 기간이나 그가 신약의 다른 편지들을 쓸 때 직면했던 것과는 약간 달랐다. 바울은 로마의 그리스도인들에게 편지를 쓰면서 (1) 유대 그리스도인들에 의해 복음 전도를 받았으며, 그래서 바울의 회심자들과는 전혀 다른 역사를 경험했고, (2) 예루살렘 모교회의 신학과 사고방식과 종교적 언어에 지속적으로 영향을 받았음이 분명한 신자들에게 글을 썼다. 사실 로마의 그리스도인들은 예수를 믿는 이방인 신자와 유대인 신자 모두 바울이 그리스-로마 세계에서 이방인들에게 행한 그의 사역과 그들에게 전한 메시지에 공감하기보다는, 야고보와 예루살렘의 유대인 신자들이 선포하고 존중하며 실행한 것에 더 매혹되었던 것으로 보인다.

예수를 믿는 유대인 신자로서 바울은 유대 기독교의 복음 선포의 본질과 윤곽과 다양성 등을 잘 알고 있었다. 바울이 사역 면에서 자신과 그의 유대 기독교 동료들 사이의 차이를 의식했다는 것은 확실하다. 하지만 그는 예수를 믿는 신자로서 그들의 하나 됨을 기뻐하기도 했고, 그들이 동포 유대인들에게 행한 선교 사역에 박수를 보냈던 것 같다. 예루살렘 교회의 지도자들과 바울은 일찍이 유대인 선교와 이방인 선교에 관한 많은 쟁점에 직면했으며, 그들은 예수를 믿는 참 신자들로서 서로를 인정하면서도 각기 사역의 다름을 존중하기로 동의했다(참조. 갈 2:6-10).

그러나 바울이 로마의 그리스도인들에게 편지를 쓸 당시 그들은 인종적으로 주로 이방인들로 구성되었다. 그래서 바울은 기본적으로 예수를 믿는 신자들의 이방인 공동체인 그들을 하나님께서 그에게 주신 사역 안에 있는 사람들로 생각했다. 하지만 비록 수도에 있는 다양한 기독교 공동체들이 주로 이방인 출신의 그리스도인들로 이루어졌다고는 해도, 그 도시의 신자들의 전망과 공감대는 그들의 인종이 어떠하든 간에, 초기 기독교 선교의 한 분파인 유대 기독교에 의해 사로잡혔으며, 적어도 바울이 보기에 그들은 어느 정도는 대체로 그 특정한 형태의 기독교 선포와 신학 및 경험에 매혹되었던 것 같다. 최근에 유대의 역사와 유대 기독교적 경험의 복합적인 상황으로 들어온 이방인 출신의 그리스도인들로서, "새로운 개종자와 같은 열심당은 없다"라는 옛 속담은 아마도 사실인 것 같다. 그래서 바울은 그가 기독교 신앙의 핵심 문제들에서 그의 수신자들과 하나가 되었음을 인정하고 가끔 그들의 견해에 동의하기도 했지만, 그들의 극단적인 일부 내용을 제재하고, 그들의 일부 오류를 교정하며, 그들을 인도하여 그가 기독교 복음에 대한 더 온전한 이해로 본 내용을 알게 하고 싶었던 것이 분명하다. 이를테면, 그는 5:1-8:39의 신학적 내용과 그 본문의 윤리적인 귀결인 12:1-15:13에서 제시된 기독교 메시지를 그들이 이해하기를 원했다. 바울은 자신만의 독특한 상황화 방식으로 이방인을 향한 그의 복음 선포를 로마 제국의 서쪽에까지 확장하는 일에 그들이 동참하여 도움을 베풀게 할 목적으로 이렇게 했다. 바울은 이러한 상황화를 "나의 복음"이라고 부른다.

바울이 2:1-16에서 쓰고 있는 내용은 그의 다른 신약의 편지들에서 항상 분명하게 드러나지는 않는 바울의 일면을 보여준다. 바울이 2:1-16을 쓰면서 일관성이 없었거나 혼동을 일으켰다는 의미는 아니다. 또한 가끔 일각에서 주장하듯이, 로마서 2장의 이 부문에 등장하는 것이 이후의 어떤 저자나 편집자에 의해 덧붙여졌거나, 그것이 바울 사상에서 어떤 모순이 있음을 입증하는 것이라거나, 이것을 그가 거부했던 입장을 수사학적으로 훼손하는 것으로 이해해야 한다는 것이 아니다. 오히려 바울이 이 본문에서 말하는 내용이 그가 로마 그리스도인 수신자들과 기본적으로 동의하고 있는 내용이라고 이해하는 것이 훨씬 낫다(물론 그들 중 몇몇과 논쟁하는 것으로 보이기도 하지만 말이다). 바울이 그들과 동의하는 내용은 다음과 관련된다. (1) 하나님의 율법을 알고 승인하며 다른 사람을 율법대로 판단하는 것만이 아니라, 그 율법이 요구하는 것을 실제로 행해야 할 필요, (2) 유대인과 이방인들이 똑같이 하나님의 율법을 파기했으며, 하나님의 정죄 아래 있다는 사실에 대한 인식, 그리고 (3) 하나님은 죄와 죄인을 심판하심에 있어 사람을 차별하지 않으신다는 사실 등이다. 더욱이 이 본문에 있는 바울의 논쟁이 로마의 수신자들이 가능한 한 이해할 수 있도록 긍정적으로 제시되었다는 사실을 늘 인정해야 한다. (비록 이 본문에 바로 이어지는 본문인 2:17-29에서 바울이 이런 유의 긍정적인 주장을 더 이상 제시하지 않고, 단순히 다음과 같은 사람들을 비난하고 있다는 것을 주목할 필요가 있지만 말이다. (1) 하나님의 율법의 요구를 알고 있지만 하나님의 율법을 행하거나 순종하지는 않는 사람들, (2) 하나님의 언약을 가지고 있다고 주장하면서도 그 언약을 파기한 사람들, (3) 그들의 육체적인 할례가 자신들이 해를 당하지 않게 보호한다고 주장하지만 그들이 영적으로 재앙적인 상황인 무할례의 마음을 가지고 있음을 드러내는 사람들.)

로마서는 여러 본문에서 바울이 구체적인 상황을 놓고 기독교 복음을 상황화했음을 입증한다. 우리는 나중에 5:1-8:39이 비유대적 맥락 및 엄밀한 의미로 이방인적 맥락에서 행해진 바울의 기독교 복음의 상황화의 특히 좋은 예라고 주장할 것이다. 비록 5:1-8:39에서 다루고 있는 내용과 많은 점에서 다르기는 하지만, 2:1-16 역시 바울이 기독교 복음을 상황화한 좋은 예다. 로마서 본론 중앙부의 첫 번째 단락인 1:16-4:25 전체가 다른 바울 서신에서 통상적으로 분명히 드러나는 것과는 상당히 다른 수신자들 및 다른 상황을 반영하기는 한다. 그런한 바울의 상황화의 예에서, 그리고 이곳 로마서 2:1-16에 제시된 대로, 현대의 해석자들은 상당히 많은 것을 배울 수 있다. 바울이 그의 사역에서 행하던 것과 관련해서만 아니라, 현대의 기독

교 사역과 선포를 위한 복음의 상황화를 위해 그가 제공하는 틀이나 패턴
과 관련해서도 그러하다.

4. 유대인과 유대인의 실패에 대한 비난(2:17-29)

번역

²¹⁷유대인이라 불리는 네가 율법을 의지하며 하나님과의 관계를 자랑하며, ¹⁸율법의 교훈을 받아 하나님의 뜻을 알고 지극히 선한 것을 분간하며, ¹⁹맹인의 길을 인도하는 자요, 어둠에 있는 자의 빛이요, ²⁰율법에 있는 지식과 진리의 모본을 가진 자로서 어리석은 자의 교사요 어린 아이의 선생이라고 스스로 믿으니, ²¹그러면 다른 사람을 가르치는 네가 네 자신은 가르치지 아니하느냐? 도둑질하지 말라 선포하는 네가 도둑질하느냐? ²²간음하지 말라 말하는 네가 간음하느냐? 우상을 가증히 여기는 네가 신전 물건을 도둑질하느냐? ²³율법을 자랑하는 네가 율법을 범함으로써 하나님을 욕되게 하느냐? ²⁴기록된 바와 같이 "하나님의 이름이 너희 때문에 이방인 중에서 모독을 받는도다."

²⁵네가 율법을 행하면 할례가 유익하나, 만일 율법을 범하면 네 할례는 무할례가 되느니라. ²⁶그런즉 무할례자가 율법의 규례를 지키면 그 무할례를 할례와 같이 여길 것이 아니냐? ²⁷또한 본래 무할례자가 율법을 온전히 지키면 율법 조문과 할례를 가지고 율법을 범하는 너를 정죄하지 아니하겠느냐?

²⁸무릇 표면적 유대인이 유대인이 아니요, 표면적 육신의 할례가 할례가 아니니라. ²⁹오직 이면적 유대인이 유대인이며 할례는 마음에 할지니, 영에 있고 율법 조문에 있지 아니한 것이라. 그 칭찬이 사람에게서가 아니요, 하나님에게서니라.

본문비평 주

2:17a 조건적 불변화사 εἰ("만일")와 가끔 연결어("이제")로만 사용되어 종종 번역에 생략되기도 하지만 약한 대조("그러나")를 표시하는 접속사 δέ로 구성된 독법인 εἰ δέ는 대문자 사본 ℵ A B D* Ψ와 소문자 사본 81 1506(범주 II)과 88 104 630(범주 III)의 든든한 지지를 받고 있다. 그

것은 it^{d, g} vg syr^p cop^{sa, bo} arm eth와 같은 역본들에도 반영되었다. 동사 εἶδον("보다", "간파하다")의 미완료동사 형태이지만 코이네 그리스어에서 종종 사물이나 사람을 소개하기 위해 사용된 불변화사 ἴδε("여기 있다", "네가 보다", "보라")는 대문자 사본 D^c L과 대부분의 소문자 사본, 그리고 역본 syr^h 등 후기 비잔틴 계열의 본문 전통에 등장한다. 그래서 그 단어는 공인 본문에 등장하며 KJV에서 "보라"(Behold)라고 번역되었다. 브루스 메츠거는 이렇게 논평했다. "이 독법은 (ε와 ι를 거의 비슷하게 발음하는) 이태시즘(itacism), 아니면 (21절의 귀결절과 함께) 극단적으로 길거나 필요 이상으로 길게 끄는 문장의 개선으로 발생한 것이다."[1]

17b절　정관사 없는 νόμῳ("율법")의 사용은 초기의 대문자 사본인 ℵ A B D*의 든든한 지지를 받는다. 하지만 후기의 많은 사본은 정관사를 첨가하여 그 단어가 모세 율법을 가리킴을 분명히 한다(18, 20, 23b, 26, 27a절에서도 그러하다). 비록 νόμος가 23a, 25a, 25b, 27b절에서 관사 없이도 등장하지만 말이다. 이 모든 예에서 이 단어가 가리키는 것은 동일하게 "모세 율법"이다.

25절　동사 πράσσῃς("네가 행하다", "성취하다")는 광범위한 사본 증거를 가지고 있으므로 확실히 원래의 독법으로 여겨야 할 것이다. 그러나 베자 클라로몬타누스 사본(D 06)은 φυλλάσσῃς("네가 지키다", "준수하다")라고 읽는다. 이 단어는 이 문맥에서 "네가 행하다"라는 의미를 더욱 명확히 하는 약간은 더 전문적인 표현이며, 그래서 바울이 원래 기록한 것을 적절히 이해한 것이다.

26절　부정어 οὐχ("아니")는 강력한 증거를 갖고 있다. 이 단어는 4세기 대문자 사본인 ℵ B(그리고 대문자 사본 Ψ에도), 그리고 소문자 사본 1506(범주 II)과 1735(범주 III)에 등장한다. 하지만 더욱 강조하는 부정어 οὐχί("아니")는 더 광범위하게 대문자 사본 D G(이뿐만 아니라 비잔틴 계열의 대문자 사본 K L)와 소문자 사본 33 1175 1739(범주 I), 1881 2464(범주 II), 6

---

1) Metzger, *Textual Commentary*, 448.

69 88 104 323 326 330 365 424ᶜ 614 1241 1243 1319 1505 1573 1874 2344 2495(범주 III)에 등장한다. 단순한 부정어 οὐχ가 더 나은 것 같다.

　　27절　　9세기의 대문자 사본 G에는 τὸν νόμον τελοῦσα("율법의 요구들을 지키는/완성하는/만족시키는 사람")라는 어구가 생략되었다. 하지만 그것은 분명히 필경사의 오류다.

형식/구조/상황

신약성경에서 로마서 2:17-29은 아마도 가장 주목을 받지 못하는 본문일 것이다. 본문에는 믿음으로 의롭게 되는 것이나, 그리스도의 복음, 또는 바울의 다른 특징적인 교훈들에 관해 말할 것이 거의 없어 보인다. 더욱이 이 본문은 기독교 교리의 발전에 거의 기여를 하지 못했으며, 대부분의 주석가는 이 본문에 역사적인 중요성이 거의 없다고 간주해왔다. 본문에는 유대인들의 정체성과 실패가 주로 다루어졌으며, 하나님의 언약을 파기하고 (17-24절) 그들의 마음에 할례를 받지 못한(25-29절) 유대인들을 비난하는 내용이 담겨 있다. 2:26-27에 (1) 율법을 "지키고" "순종하는" 일부 이방인들의 가능성과, (2) 이와 같은 사람들을 하나님이 용납하실 수 있다는 것이 약간은 긍정적인 취지를 지닌 것으로 볼 수 있다. 하지만 이러한 진술들은 이방인들에 관한 긍정적인 내용을 말하려는 의도로 제시된 것이 아니라, 단지 유대인들을 부끄럽게 할 목적으로 제시되었을 뿐이다. 그 외에 이 본문은 전적으로 유대인들과 그들이 모세 율법을 지키지 못한 것을 비난하는 데 집중된다.

　　그럼에도 2:17-29은 바울이 로마의 그리스도인들에게 보낸 편지의 "본론 중앙부"(1:16-15:13) 첫 번째 단락(1:16-4:25)의 이 상반부(1:16-3:20)에서 진행하는 바울의 전반적인 주장의 본질적인 부분이다. 바울은 1:16-17의 논제 진술 이후 1:18-2:16에서 인류의 불경건함과 악함을, 그리고 2:17-3:20에서 유대인들의 신실하지 못함과 불의를 전반적으로 책망한다. 그의 이 모든 논쟁은 3:21-4:25에서 "예수 그리스도를 믿음으로 말미암아 모든 믿는 자에게" 주시는 칭의에 대한 기독교 메시지와 또한 5:1-8:39에

서 이방인의 세계에서 바울이 이 복음의 메시지를 독특하게 상황화한 배경
을 제공할 목적으로 제시된다. 바울의 말투로 봐서는 이 본문에서 유대인
의 실패를 비난하는 내용은 바울이 만연한 우상숭배와 부도덕과 불의를 야
기한 인류의 경건치 않음을 신랄하게 비난했던 것과 매우 비슷하다. 그 비
난은 이방인과 유대인 모두 "하나님의 진노" 아래 있다는 것이다. 그리고
유대인들을 묘사한다는 면에서 본문은 데살로니가전서 2:15-16에 등장하
는 유대인들의 부정적인 특성에 대한 묘사와 유사하다.

　　바울은 2:17-29에서 이사야 52:5과 에스겔 36:22을 혼합하여 인용
하고 (제2성전기 유대교 현자들의 몇몇 진술에도 등장하는) 구약 예언자들의 책
망 용어 중 일부를 반영하고 있지만, 이 본문에서 제기되는 질문과 비난은
2:1-16에서와 달리, 성경이나 어떤 유대 전승 자료나 유대 기독교적 전승
자료에서 제기되는 문제는 아니다. 오히려 바울은 2:17-29에서 유대인들이
자신들이 "가지고 있고" 의존하고 있다고 "주장하는" 모세 율법을 "순종"
하지 않고, "지키지" 않으며, 또는 "행하지" 않았다고 비난한다. 그리고 이
비난의 말은 대부분 일찍이 2:1-16에서 이미 말했거나 인용한 것을 단순히
상세히 설명하는 것으로 이루어졌다. 이를테면 다른 사람들을 판단하지만
스스로 같은 일을 행하며(1-5절), 율법을 알고는 있지만 율법을 행하거나
지키지 않고(12-13절), 이방인들이 "율법의 일들을 본성으로 행하고 있고"
"자신에게 율법"이 되었다는 내용에 대한 설명이다(14-15절).

　　2:17-29의 수신자는 누구이며, 본문에 묘사된 사람은 누구인가? 로마
서 2장의 이 두 번째 부분 전체와 3:1-20의 지시대상은 확실히 바울 당대
의 유대인들이다. 하지만 그 대상을 유대인들 전체 또는 유대교 자체로 이
해해서는 안 될 것 같다. 오히려 본문의 지시대상은 어떤 유형의 교만하고
대단히 비판적이지만 전적으로 일관성이 없는 유대인들일 가능성이 매우
크다. 그들은 자신을 이교도 이방인들의 도덕 선생으로 생각하지만, 자신들
이 모세 율법의 도덕적인 표준대로 살지 못함으로 인해 이 동일한 이방인
들 사이에서 하나님의 이름이 모독을 받게 한 사람들이다. 더욱이 바울이
이 본문에서 언급하고 있는 사람은 자신을 모세 율법을 받은 특권을 가진

사람으로 의식하지만, 하나님의 법을 가지고 있다는 그 특권으로 인해 자신이 하나님의 법을 범해도 어떡하든지 하나님의 심판에서 보호를 받을 것이라고 믿은 사람이다.

본문에서 눈에 띄는 두 수사학적 기교들. 바울 당대의 두 수사학적 기교들이 2:17-29에 눈에 띄게 등장한다. 첫 번째 기교는 돈호법(즉 어떤 사람이나 의인화된 사물에게 말하기 위하여 담화를 중단하는 것)이다. 이 수사학적 기교는 일찍이 2:1과 2:3에서 직접적으로 대상을 부르는 호격 "사람아"라는 말과 함께 2:1-5에 등장했다. 그다음에 2:4-5에서 2인칭 단수 대명사의 사용과 5절에서 2인칭 단수 대귀대명사 σεαυτῷ의 사용, 그리고 2인칭 단수 동사형 어미의 반복되는 등장으로, 대상을 직접 언급하는 것이 지속되었다. 그리고 이곳 2:17-29에서는 호격 "사람아"가 사용되지는 않았지만, 로마그리스도인들을 하나의 집단으로 지칭하기보다는 가상의 어떤 개인(즉 "가상의 대화 상대자")에게 직접 말하는 특성이 17, 25, 27절에서 바울이 2인칭 단수 대명사 σύ, σοῦ, σέ ("너")를 사용한 것과 19, 21절에서 2인칭 단수 재귀대명사 σεαυτόν ("너 자신")을 사용한 것, 그리고 본문 전체에서 2인칭 단수 동사형 어미를 여러 번 사용한 것으로 부각된다.

심지어 이 자료의 하부 단락에서 더 눈에 띄는 것은 그리스의 디아트리베 형식으로 제시된 바울의 진술과 질문들이다. 2:1-5의 자료는 디아트리베 형식의 문제로 이해하는 것이 적절하다. 그리고 이곳 2:17-29에서도 그러한 경향이 등장한다. 이 두 번째 디아트리베 본문은 바울의 모든 디아트리베 중에서 가장 길고, 가장 분명하며, 가장 강렬하다. 스탠리 스토워스가 일찍이 2:1-5과 관련하여 언급했듯이, 이 두 본문에서 "바울은 편지의 수신자들에게 직접 말하는 것을 멈추고, 마치 어떤 개인에게 말하고 있는 듯 말하기 시작한다."[2] 더욱이 스토워스가 또 주목했듯이, "2:1-5에서 바울이 잘난 체하는 사람을 묘사하고 그가 도덕적으로 일관성이 없으며 기본적으로 거짓되다고 폭로하여 그를 비난했던 것"과 다르게, 이곳 2:17-24에

---

2) Stowers, *Diatribe and Paul's Letter to the Romans*, 79.

서는 "그들의 특성을 좀 더 구체적으로 묘사한다. 그 사람이 어떤 구체적인 집단에 속한 사람, 즉 유대인이기 때문이다."[3]

본문에 반지 구성이나 교차대구법이 있는가? 수사학적 기교와 관련하여 진일보한 문제는 본문에 "반지 구성" 또는 교차대구법이 있는지 여부다. 주에트 배슬러가 "하나님의 공정하심"이라는 주제가 로마서 2장 전체의 주요 주제라는 점을 보여주긴 했지만(물론 Bassler가 그 주제의 경계들을 상당히 확대하여 그 하부 단락을 꽤 다르게 밝히기는 했지만 말이다), 또한 그녀는 2:12-29의 자료들이 1:16-2:11의 자료처럼 그리스 교차대구법의 어떤 특징을 반영하는 "반지 구성"을 따라 구조적 통일성을 이룬다고 주장했다.[4]

배슬러가 교차대구법에 가깝다고 믿는, 이 제안된 반지 구성의 구조는 다음과 같다.[5]

> 일반적인 진술(οὐκ...ἀλλά) 12-13절
> 조건적인 경우 A (ὅταν) 14-16절
> 조건적인 경우 B (εἰ δέ) 17-24절
> 조건적인 경우 B (ἐάν) 25절
> 조건적인 경우 A (ἐάν) 26-27절
> 일반적인 진술 (οὐκ...ἀλλά) 28-29절

배슬러는 이러한 구성을 지지하면서 그녀가 믿기에 본문 내에서 사상의 통일성을 창출하는 역할을 하는 일부 흥미로운 단어의 반복과 동사의 반향을 인용한다. 예를 들어, 배슬러는 2:17에서 동사 ἐπονομάζῃ("너는 자신을 부른다/이름 짓는다")를 인용한다. 이 동사는 2:24의 명사 ὄνομα와 그 단어를 수식하는 소유격인 τοῦ θεοῦ("하나님의 이름")에 의해 반향된다. 또한 그녀

3) Stowers, *Diatribe and Paul's Letter to the Romans*, 113.
4) Bassler, *Divine Impartiality*, 137-54.
5) Bassler, *Divine Impartiality*, 139-52.

는 2:23의 요약적 진술에 있는 ἐν νόμῳ καυχᾶσαι ("너는 율법을 자랑한다")와
병행 구절인 2:17의 ἐπαναπαύῃ νόμῳ ("너는 율법을 의지한다")와 καυχᾶσαι
ἐν θεῷ ("너는 하나님을 자랑한다")라는 진술들을 인용하며, 또한 2:21-22의
첫 번째 질문인 ὁ οὖν διδάσκων ἕτερον σεαυτὸν οὐ διδάσκεις ("그러면 다
른 사람을 가르치는 네가 너 자신은 가르치지 아니하느냐?")의 주제를 이루며 2:19-
20의 최종적인 칭호인 διδάσκαλον νηπίων ("어린 아이의 선생")도 인용한다.

하지만 배슬러의 2:12-29 분석은 본문에서 수많은 흥미로운 단어의
반복과 동사의 반향을 밝혔다는 점에서는 칭찬을 받을 만하지만, 이 부분
을 어떤 교차대구법적 특징과 함께 반지 구성으로 묘사할 수 있는 별개의
문학적 단락으로 확정하지 않았다는 점에서 비난을 받을 수 있다. (앞에서
주장했듯이) 우리가 믿기에는, 2:1-16을 1:18-32과 2:17-29(과 3:1-20까지) 사
이에서 문학적으로나 주제적으로 하나의 경첩 본문으로 기능하는 별개의
자료 단락으로 이해하는 것이 더 정확하다. 그리고 만일 그러하다면, (1) 이
경첩 본문 자체 안에서 몇몇 단어의 반복 및 동사의 반향과, (2) 한편으로
1:18-32과 2:1-16 사이에서나, 다른 한편으로 2:1-16과 2:17-29 사이에서
몇몇 표현이 상응함을 발견한다고 해서 너무 놀라운 일이라고 생각해서는
안 될 것이다.

배슬러는 어떤 단어의 반복과 표현의 유사성을 근거로 지나치게 구체
적인 구성적 구조를 1:18-3:20의 자료에 부과하면서도, 편지로서 지니는 그
밖의 특성과 수사학적 지시어나 상황적 암시들에는 충분한 주의를 기울이
지 않았다. 그리고 이것은 배슬러가 교차대구법으로 다루고 있는, 또는 특
히 14-27절에서 어떤 교차대구법적 특징들을 포함한다고 보는 2:12-29에
명징하게 드러난다. 하지만 이 후반부 구절들을 교차대구법을 사용하여 처
음엔 이방인들을, 그다음에 유대인들을, 그다음에 유대인들을, 그리고 마지
막으로 다시 이방인들을 동일하고 차별 없이 다루는 식으로 보는 대신에,
이 구절들에서 바울이 유대인들의 불순종을 비난하는 그의 논증을 지지하
는 수단으로 설명할 목적으로만 이방인들의 상황을 이야기했다고 이해하
는 것이 훨씬 더 나은 것 같다. 그렇지만 배슬러가 1:16-2:11과 2:12-29의

구조들과 관련하여 자신의 논거의 정당성을 입증하지 않았다고 비난받거나, 여기서 한걸음 더 나아가 2:1-16과 2:17-29에 있는 구별할 수 있고 상당히 별개인 자료 단락들의 경계를 확정하는 더 분명한 특징들을 어느 정도 함부로 다루었다고 비난받을 수는 있지만, 그녀가 사람을 차별하지 않는 "하나님의 공평성"이라는 주제를 로마서 2장의 주요 특징으로 부각시켰다는 점에서는 확실히 옳다(물론 Bassler가 이 주제의 한도를 롬 2장 자체의 한계를 넘어 확장하려 한 것은 사실이지만 말이다).

성경과 전통 자료의 사용. 2:1-16에서처럼 이곳 2:17-29에서도 바울의 수많은 질문과 진술과 비난에 구약성경, 특히 신명기, 이사야, 예레미야, 에스겔의 예언자적 비난이 반영되었다. 더욱이 이 본문에 나타난 바울의 질문, 진술, 어구들과 제2성전기 유대교와 탈무드에서 발견되는 유사한 특징들 간에 여러 병행을 끌어낼 수 있다. 그리고 바울은 바로 2:24에서 이사야 52:5과 에스겔 36:22의 비난어린 표현들을 융합하여 인용한다. 그는 이 융합을 접속사 γάρ("왜냐하면")로 소개하며, καθὼς γέγραπται("기록된 바와 같이")라는 친숙한 문구로 마무리한다. 하지만 이 문구는 이곳에서 인용문을 소개하려고 사용된 것이 아니라, 바울이 그가 말한 것이 예언자 이사야나 예레미야의 비난과 직접적인 연관성이 있음을 지적함으로써 자신의 비난에 더욱 힘을 실어주려고 덧붙여진 것으로 보인다(2:24 주해를 보라).

하지만 2:1-16과 2:17-29에 성경적인 자료와 비성경적인 자료를 암시하는 분문이 많이 있다는 사실에서 두 본문 사이에 유사성이 있기는 하지만, 두 본문은 약간 다르다. 2:1-16에는 유대교 및 유대 기독교 격언이나(2:2, 11) 교리문답적 자료(2:6-10, 14-15)가 등장하는 반면에, 이곳 2:17-29에는 직접적인 성경 인용문이 있다(2:24). 그러나 더 중요한 점은 이 두 단락의 자료가 각각 성경과 전통 자료를 사용하는 방식에서 상이하다는 데있다. 바울의 논지를 진척시키기 위해 2:1-16에서는 성경의 암시와 전통적인 유대교 자료나 유대 기독교 자료들이 사용되었지만, 2:17-29에서는 성경의 언어들과 제2성전기 유대교 문헌들에 언급된 몇몇 자료와 유사한 단어들이 반영된 것은, 오로지 당대 유대인들에 대한 바울의 비난과 예언자들의 비난 사이에 병행이 있음을 암시하려는 목적 때문인 것으로 보인다. 그리고 로마서 2:24에 이사야 52:5과 에스겔 36:22이 융합되어 인용된 것은, 바울의 비난이 하나님의 백성인 이스라엘에 대한 고대 예언자들의 예언자적 비난과 맥을 같이한다는 성경적 증거를 제공하려는 것 같다.

본문의 상황과 구조. 2:17-29에서 바울은 하나님의 언약에서 자신의 지위, 모세 율법의 소유, 그리고 자신의 육체적 할례가 하나님의 심판에서 이점을 줄 것이라고 믿고 있으면서도 마음을 다해 하나님께 적극적으로 반응하지 않음으로써 실제로 하나님의 법을 파기하는 유대인을 향해 기선을 제압하기 위한 공격을 시작한다. 여기서 바울은 그가 일찍이 2:1-16에서 모든 사람, 즉 유대인과 이방인 모두가 불순종했다고 비교적 일반적으로 논의했던 것을 상세히 서술한다. 그는 2:1-3("네가 같은 일을 행함이라", 즉 너는 하나님의 의로운 법령에 불순종하고 있다)과 2:12-13("율법 아래에서 범죄한 자는 율법으로 말미암아 심판을 받으리라"와 "하나님 앞에서는 율법을 듣는 자가 의인이 아니요 오직 율법을 행하는 자라야 의롭다 하심을 얻으리니")에서 이 문제를 다뤘다. 그리고 이곳 2:17-29에서 그는 일반적으로 비난하는 이 진술들을 유대인과 율법에 대한 유대인들의 불순종에 직접 적용한다.

2:17-29에 있는 자료는 2:1-16의 바울의 주장에서 빠진 고리로서 기능한다. 바울은 2장의 전반부에서 율법에 순종하지 않은 사람들에 관해 다소 총체적인 내용을 언급했지만, 이곳 2장의 후반부에서는 유대인을 공격하는 데 초점을 맞추고 매우 명쾌하게 그들을 비난한다.

이 본문은 구조적으로 자료의 하위 단락 2개로 구성되었다. 에른스트 케제만이 "수사학의 걸작"이라고 명명한[6] 첫 번째 단락은 17-24절로서 하나님의 언약을 파기한 유대인들을 디아트리베 형식으로 비난한다. 이 단락은 4개로 구성되었다. (1) 17-20절에서 5개의 서술적 진술로 이루어진 조건문(즉 여는 부분). 이 부분은 바울 당대의 전형적인 유대인의 자기 정체성과 자아의식을 묘사한다. (2) 귀결문(즉 닫는 부분) 없이 앞의 조건문을 예상

---

6) Käsemann, *Romans*, 69.

치 않게 중단하는 부분. 이는 독자에게 파격구문을 제공한다(즉 하나의 구문
론적 구성에서 다른 구성으로 갑자기 이동하여 영어 번역에서는 대시 기호[-]로만 표
시될 수 있는 끝나지 않은 문장). (3) 21-23절에 등장하는 5개의 비난하는 내
용의 수사학적 질문들. 이것은 앞선 구절들에 속하는 5개의 서술적인 진술
들에 의해 주어지는 총체적인 인상을 논박한다. (4) 이사야 52:5과 에스겔
36:22을 융합한 2:24의 성경 인용.

　본문의 이 전반부의 둘째 부분, 즉 2:21-23의 다섯 문장은 더 진척된
서술적 진술로 읽을 수도 있고 비난하는 수사적 질문으로 읽을 수도 있는
데, 구조상 모두 유사하다. 하지만 첫 번째 문장에는 수사적 질문으로 읽도
록 요구하는 부정어 οὐ("아니")가 포함되어 있다. 그리고 이 수사적 질문은
수사적 질문으로 읽어야 할 이어지는 네 문장의 패턴을 제시하는 것 같다.

　스탠리 스토워스는 이 패턴과 관련하여, 전형적인 그리스 디아트리베
와 비교하여 2:17-23에 나타난 다음과 같은 요소를 지적했다. (1) 직접적
으로 상대를 지칭함, (2) 서술적인 진술들, (3) 비난하는 수사학적 질문들.
"파격구문을 가진 정확한 형식은 매우 독특하지만, 진술-질문 패턴은 그
렇지 않다."[7] 스토워스는 이를 뒷받침하면서 「논문들」(Dissertations) 2.8.11-
12에서 에픽테토스가 가상의 대화 상대자를 지칭하는 말을 인용한다.

　　그러나 너는 매우 중요한 존재다. 너는 하나님의 한 조각이다. 네 속에는
　　그분의 한 부분이 있다. 그런데 왜 너는 너 자신의 친족을 무시하느냐? 왜
　　너는 네가 나온 원천을 알지 못하느냐?

이와 마찬가지로 세네카는 「서신집」(Epistles) 77.17에서 사치를 좋아하는
사람을 비난한다.

　　너는 굴과 숭어의 맛을 감별하는 사람이다. 너는 사치가 심하여 앞으로 몇

---

7) Stowers, *Diatribe and Paul's Letter to the Romans*, 96.

년간 먹을 모든 음식을 이미 다 맛보았다. 하지만 네 의사와 상관없이 너는 이런 것들과 생이별했구나. 네게서 빼앗아 갔다고 후회할 것이 무엇이 있겠는가? 친구? 하지만 네게 친구가 될 수 있는 사람이 과연 누굴까? 국가? 뭐라고? 네가 저녁 식사에 늦을 정도로 국가에 대해 생각하는가?

또한 스토워스는 「논문들」(*Dissertations*) 2.1.28에서 에픽테토스가 제기한 전형적인 질문-진술 구성에 주목한다.

예를 들어, 다른 사람의 방향을 바꿀 능력이 있는 너(σὺ ὁ ἄλλους στρέφειν), 네게는 주인이 없느냐?

바울은 2:17-24의 디아트리베를 마무리하면서, 이사야 52:5("나의 이름이 종일 모독을 받는도다")과 에스겔 36:22("너희가 들어간 그 여러 나라에서 더럽힌 나의 거룩한 이름을 위함이라")의 말씀을 융합하여 인용한다. 물론 인용된 어구는 바울의 유대교적 배경에서 기인했다. 하지만 그리스 디아트리베에서 사용된 인용문과 관련하여, "디아트리베에서 인용은 상대방을 지칭하면서 사용될 수 있다"는 스토워스의 지적은 적절하다.[8] 이곳 2:24에서 바울이 자신을 유대교의 예언자 전통과 일치시킬뿐더러, 이러한 일치로 말미암아 그가 2:17-23에서 쓴 내용을 하나님의 백성인 고대 이스라엘의 후손들에게 예언한 동시대 예언자의 비난으로 이해하라고 주장하기도 한다는 사실을 주목할 필요가 있다. 이것은 바울이 제기하는 매우 심각한 비난이다. 이것은 결국 바울 당대의 유대인들이 하나님의 언약을 파기했고, 그러므로 그들이 멸시하고 있는 이방인들보다 자신들이 더 낫다고 생각해서는 안 된다고 주장하는 것이다.

　　조세프 피츠마이어가 관찰했듯이, 2:17-29의 두 번째 단락인 25-29절에서 바울은 "교훈적인 어조를 채택하여" 그의 유대인 대화 상대자의 "반

---

8) Stowers, *Diatribe and Paul's Letter to the Romans*, 97.

대를 미리 막으려 하고 있다." 바울은 2:17에서 그들이 누구인지를 밝히며 ("유대인이라 불리는 네가"), 17절 이후 그들에게 직접 말한다. 그들의 반대에 대해 피츠마이어는 다음과 같이 말한다.

> 우리 유대인들은 우리의 마땅한 의무인 율법을 준수하지 않았을지 모르지만, 적어도 우리는 할례를 받았다. 이 점에 대해서 우리는 최소한 하나님의 계명을 이행했다. 하나님이 친히 이스라엘과 언약을 세우시고 할례를 그 언약의 표시로 만드셨으며, 그것을 하나님의 진노에서 우리를 보호하시는 방패로 삼지 않으셨는가?[9]

하지만 바울은 이러한 주장을 거부하면서, 이 단락의 이 다섯 절에서 육체의 할례라는 영적인 이점을 주장하지만 정작 내면적이며 영적인 "마음의 할례"를 경험하지 않은 사람들을 비난한다.

이 단락의 마지막 부분인 25-29절에는 5개의 쟁점이 강조되었다. (1) 할례의 가치(25a), (2) 율법 순종의 핵심적인 요구(25b-27절), (3) 심판의 예상(문맥 전체, 하지만 구체적으로는 27절에 암시되었음), (4) 율법을 지키는 것과 관련하여 유대인과 이방인, 즉 할례자와 무할례자의 대조(26-27절), 그리고 (5) 할례와 율법 순종과 관련하여 "참" 유대인에 대한 정의(28-29절). 자료의 이 나중 하위 단락 끝(2:29b)에서 바울은 "유대인", "유다", "칭찬"에 해당하는 히브리어로 하는 절묘한 언어유희를 반영하는 유대의 격언으로 보이는 내용을 포함시켜, 하나님이 보시기에 칭찬을 받는 것은 할례받은 마음이라는 그의 주장을 거듭 강조한다(본서 2:29b 주해를 보라).

유대인 대화 상대자를 지칭하는 이러한 본문은 자료의 이 두 주요한 하위 단락에 포함된 다음과 같은 두 가지 주요 주제를 입증한다.

1. 하나님의 언약을 파기한 유대인(2:17-24). 이 내용은 서술적 진술(17-

---

9) Fitzmyer, *Romans*, 320.

20절), 비난의 질문(21-23절), 결론(2:24) 등 세 부분으로 등장한다.

　　2. 유대인들의 할례받지 못한 마음(2:25-29).

　　이어질 우리의 "석의와 주해"는 이 두 주요 주제와 자료의 하위 단락으로 구성될 것이다.

　　신학적인 이슈들. 2:17-29에서 발생하는 중요한 신학적인 문제는 다음과 같은 질문으로 표현할 수 있을 것이다. (1) 수많은 이방인, 특히 "유대교 개종자"와 소위 "하나님을 두려워하는 자들"이 유대교의 매력을 느끼게 된 동기가 유대교의 도덕적 우수성과 그것을 신봉하는 많은 사람의 윤리적 삶이었던 상황에서 어떻게 바울은 (이 본문 열세 절 전체에서 비난하고 있는 것처럼) 유대인들의 영적·도덕적인 실패를 이처럼 신랄하게 비판할 수 있는가? (2) 바울은 이방인들이 자신들이 알고 있던 대로의 율법에 자신의 방식대로 순종함으로써 하나님께 받아들여질 것이라고 가르치는가? (3) 바울은 "참" 유대인이란 사실상 성령으로부터 마음에 할례를 받은 그리스도인으로서 성령에 의해 율법에 순종할 수 있는 사람이라고 주장했는가?

석의와 주해

I. 하나님의 언약을 파기한 유대인들(2:17-24)

이전 단락의 첫 부분인 2:1-5에서처럼, 이곳 2:17-29의 첫 번째 부분인 17-24절에서도 바울은 2:1-5에 처음 등장한 후 사라졌던 그리스 디아트리베 유형의 교훈을 사용한다. 그리고 이곳 17-24절에서 사도의 요지는 유대인들이 율법의 요구를 행하지 않음으로써 그들의 자신만만한 주장에도 불구하고 실제로 하나님의 언약을 파기했다는 것이다.

A. 유대인들의 자기 정체와 자의식(2:17-20)

바울은 2:17-24의 디아트리베를 당시 유대인들의 자기 정체성 및 자의식과 관련하여 17-20절의 다섯 진술로 시작한다. 이 중 첫 번째 진술은 2:17a

의 "유대인이라 불리는 네가"다. 이 진술 다음에 4개의 다른 진술이 이어진다. 모두 직접적으로 상대를 지칭하고, 유대인이 주장하는 지위를 천명하며, 모두 2:17a의 첫 단어인 불변화사 εἰ("만일")에 의해 조건문으로 제시된다. 더욱이 1급 조건문을 시작하는 표시인 이 불변화사 εἰ가 5개의 진술에서 언급되는 모든 내용이 실제로 바울 당대의 여러 유대인에 의해 주장되었음을 암시한다는 점을 주목하는 것이 중요하다. 다시 말해서 이 5개의 진술들을 어떤 유대인들에 대한 풍자 또는 그들의 자기 이해에 대한 가설적인 묘사가 아니라, 바울이 믿기로 당대의 많은 유대인의 자기 정체성과 자의식을 묘사하고 있는 것으로 이해해야 한다.

"만일 유대인이라 불리는 네가"(17a절)
"만일 네가 율법을 의지하고 하나님과의 관계를 자랑한다면"(17b절)
　"만일 네가 율법의 교훈을 받아 하나님의 뜻을 알고 지극히 선한 것을 분간한다면"(18절)
　"만일 네가 맹인의 길을 인도하는 자요, 어둠에 있는 자의 빛이라면"(19절)
　"만일 네가 자신을 율법에 있는 지식과 진리의 모본을 자진 자로서 어리석은 자의 교사요 어린아이의 선생이라고 스스로 믿는다면"(20절).

2:17　　바울은 유대인의 자기 정체성과 자의식에 관한 이 5개의 진술을 다음과 같은 말로 그의 가상의 대화 상대자를 특징지음으로써 시작한다: εἰ δὲ σὺ Ἰουδαῖος ἐπονομάζῃ("이제 너, 만일 네가 자신을 유대인이라고 부른다면"). 동사 ἐπονομάζῃ는 중간태("네가 스스로를 부르다") 아니면 수동태("너는 [다른 사람에 의해] 불리다")다. 하지만 문맥에 의하면, 이 단어는 중간태로 이해해야 하고, 그래서 이 표현을 "이제 너, 만일 네가 자신을 유대인이라고 부른다면"으로 번역해야 한다.
　"이스라엘"(히브리어로 יִשְׂרָאֵל, 그리스어로 Ἰσραήλ)이라는 명칭은 문자적으로 "하나님께 고집을 부리는(또는 "하나님께 굴복하지 않는") 사람"을 의미한다. 이 단어는 동사 שָׂרָה("고집을 부리다" 또는 "이기다" 또는 "굴복하지 않다")의 실명사적 용법과 하나님의 이름 אֵל의 결합으로 이루어진 단어다. 그리고 이 명칭은 야곱이 하나님이 자기를 축복하지 않으면 "하나님을 가시도록 하지 않겠다"고 할 때 하나님께서 야곱에게 친히 지어 주신 이름이다.[10] 이스라엘은 야곱의 모든 후손이 즐겨 받아들였고 바울이 나중에 이 동일한 편지(9:4; 11:2, 25)에서 존경의 의미로 사용할 정도로 매우 고결한 이름이다.[11]

"히브리인"(히브리어로 עִבְרִי, 그리스어로 Ἑβραῖος)이라는 명칭은 이스라엘 백성이 자신들을 지칭하거나, 이스라엘 사람이 아닌 사람들도 그들에 대해 종종 사용한 명칭이며, 출생과 언어와 문화에 의해 "그리스 사람"(Ἕλλην 또는 Ἑλληνίς)이 되거나 언어와 문화 또는 출생으로 인하여 그리스인으로 밝혀진 것과는 상반된다.[12]

족장 유다(יְהוּדָה)의 이름에서 유래한 "유대인"(히브리어로 יְהוּדִי, 그리스어로 Ἰουδαῖος)이라는 명칭은 대부분이 유다 지파 출신인, 유대 지역에 속한 사람들을 지칭하는 말로 마카비 시대에 두드러지게 되었다. 이 명칭은 다음과 같은 사람을 지칭하기 위해 그리스-로마 세계의 대다수 비유대인들에 의해서뿐만 아니라 이스라엘 사람들 자신에 의해서 일반적으로 사용되었다. (1) 구약의 유일신을 신봉하는 사람들, (2) 특별한 역사와 국가적 정체성을 가진 사람들, (3) 레위 계통의 제의 종교를 받아들인 사람들, (4) 모세 율법의 지배를 받아 생활하려는 사람들 등이다. "유대인"이라는 명칭은 유대인들에 의해 이보다 옛 명칭인 "이스라엘 사람들"과 "히브리인"의 동의어로 사용되었다. 다시 말해서, 유대인이라는 명칭은 고향에 속한 사람들과 그리스-로마 세상 전역에 흩어져 있는 사람들("디아스포라" 유대인)에게,

---

10) 창 32:28.
11) 또한 빌 3:5도 참조하라.
12) 빌 3:5. 또한 행 6:1을 보라.

"이스라엘 사람"과 "히브리인"이라는 존경의 의미를 전달한다. 하지만 그리스-로마 세계에 사는 비유대인들에게 유대인은 단순히 출생, 종교 또는 문화에 의해 독특한 지형학적 위치에서 출생하고 자신들의 독특함을 지키려고 노력한, 독특한 집단에 속한 사람들로 구성된 일단의 사람들을 의미했다.

오리게네스는 생을 거의 마감할 무렵(3세기 중엽)에 쓴 글에서 바울이 이곳 2:17에서 직접 언급하는 형식에 대해 이렇게 말한다.

> 여기서 주목해야 할 첫 번째 점은 바울이 그가 수사학적으로 말을 건네고 있는 사람이 유대인이라고 말하지 않는다는 사실이다. 다만 바울은 그 상대방이 스스로를 유대인으로 부른다고 말할 뿐이다. 이것은 완전히 다른 문제다. 바울은 참 유대인은 이면적으로, 즉 마음에 할례를 받은 사람이라고 가르치기 때문이다. 그는 문자에 따르지 않고 영으로써 율법을 지킨다. 그의 칭찬은 사람에게서가 아니라 하나님에게서 나온다. 하지만 육체에 볼 수 있게 할례를 받는 사람은 사람에게 보이려고 율법을 지킨다. 이런 사람은 진짜 유대인이 아니다. 유대인으로 보일 뿐이다.[13]

틀림없는 사실은 바울이 2:17의 이 도입부를 쓸 때도 이후에 2:25-29에서 참 할례에 대하여, 특히 2:28-29에서 참 유대인이 되는 것이 무슨 의미인지에 대하여 논의할 것을 예상하고 있었다는 것이다. 그래서 여기서 바울은 단순히 스스로를 유대인이라고 칭하는 것만으로는 충분하지 않음을 암시하고 있었을 것이다. 이를테면 유대인으로 산다는 것에는 단지 자신을 유대인이라고 부르는 것과 육체적인 할례보다 훨씬 더 많은 것이 요구된다는 것이다. 그런데 바울이 이곳 2:17-20(과 문단 전체)에서 말하려는 요지는 다음의 사실을 보여주려는 데 있다. (1) 유대인으로서의 지위가 정당한 것이며 모세의 율법을 소유하고 있는 것이 하나님이 주신 특권이지만, (2) 하나

---

13) Origen, *Ad Romanos*, CER 1.238.

님께 적극적으로 반응하지 않거나 하나님의 법을 실제로 지키지 않는다면,
유대인에게는 하나님의 심판과 관련해서 이방인보다 유리한 것이 하나도
없다. 그래서 본문의 가상의 대화 상대자에게 향하는 이 여는 글은 바울의
아이러니나 단순한 궤변으로 읽을 필요가 없다. 오히려 2:17이 올바른 주장
을 천명하고 있는 것으로 이해하는 것이 낫다. 바울이 이어지는 부분에서
설명하듯이, 그런 올바른 주장이 행동으로 드러나지도, 그 정당성이 입증되
지도 않았지만 말이다.

   2:17에서 유대인들을 특징짓는 바울의 두 번째 진술은 그들이 모세
율법을 의지하는 사람들이라고 말하는 것으로 시작한다: καὶ ἐπαναπαύῃ
νόμῳ("네가 율법을 의지하여"). 동사 ἐπαναπαύῃ 역시 중간태로 읽는 것이
가장 좋으며, 그래서 "너는 율법을 의지하고(또는 율법에서 "안식을 찾고")
있다"라고 번역된다. 동사 ἐπαναπαύομαι("쉬다", "안식을 찾다", "의지하다")는
신약성경에서 이곳과 누가복음 10:6("너희의 평안이 그에게 머물 것이요")에만
사용되었다. 하지만 70인역에서는 그것이 여러 곳에 등장하여 어떤 사람이
나 사물을 "의지하다",[14] 하나님께 "기대다" 또는 하나님을 "의지한다"라
는 개념을 전달한다.[15]

   그 후 바울은 계속해서 καὶ καυχᾶσαι ἐν θεῷ("그리고 네가 하나님을 자
랑하며"), 즉 "네가 하나님과의 관계를 자랑한다"라는 말로써 그의 유대인
대화 상대자를 묘사한다. 동사 καυχᾶσθαι("자랑하다")는 타동사와 자동사
모두 명사 καύχημα("자랑")나 καύχησις("자랑함")와 더불어 신약성경에 여
러 번, 그것도 대부분이 바울 서신에 등장한다.[16] 구약성경에는 자기를 영
화롭게 하는 방식으로 자랑하는 것을 금하는 잠언의 말씀[17]과 자랑하는 것

---

14) 왕하 5:18; 7:2; 겔 29:7; 1 Macc 8:12.
15) 미 3:11. 비록 이 미가서 본문에는 그것이 거짓 주장이었지만 말이다.
16) 동사 καυχᾶσθαι는 바울 서신에 35번, 야고보서에 2번 등장한다. 중성 명사 καύχημα는 바
   울 서신에 10번, 히브리서에 1번 등장하고, 여성 명사 καύχησις는 바울 서신에 10번, 야고보
   서에 1번 등장한다.
17) 참조. 왕상 20:11; 잠 25:14; 27:1.

을 어리석고 불경건한 사람의 표현으로 여기는 본문들이 있다.[18] 그런데 어떤 사람의 정당한 자랑을 칭찬하고[19] 하나님 안에서 참된 자랑을 칭송하는 본문도 있다.[20] 70인역은 하나님께 표현된 "확신", "기쁨" 그리고 "감사"를 언급하는 여러 히브리어 단어를 지칭하려고 καυχᾶσθαι, καύχημα, καύχησις를 사용한다. 루돌프 불트만이 적절히 관찰했듯이, 역설적인 점은 그 표현의 성경적 용례와 바울의 용례에서 하나님을 자랑하는 사람이 "그의 영광[또는 "자랑"]이 하나님께 대한 고백이 되게 하려고 자신에게서 시선을 돌린다"는 사실이다.[21]

바울은 구약성경으로부터 인간적인 자랑에 대한 이 다양한 형태의 이해를 가져와서 자신의 사도적 확신, 기쁨, 하나님 앞에서의 감사에 대해 칭송의 의미로도 사용한다. 바울은 자신의 회심자들이 그들의 삶에서 이것을 경험할 것으로 예상한다.[22] 그 표현이 이렇게 다양하게 사용된 예는 로마서 여러 곳, 즉 이곳 2:17에만 아니라 이 동일한 단락의 2:23 끝부분에도 등장한다.[23]

2:18 바울은 이제 자신이 당대의 어떤 유대인들을 특징짓기 위해 채택한 세 번째 진술을 제시한다: γινώσκεις τὸ θέλημα καὶ δοκιμάζεις τὰ διαφέροντα κατηχούμενος ἐκ τοῦ νόμου("너는 율법의 교훈을 받아 하나님의 뜻을 알고 지극히 선한 것을 분간하며"). Θέλημα와 함께 사용된 관사는 소유격 어구인 "하나님의 뜻"을 나타낸다.[24] 고린도전서 16:12의 가장 좋은 번역에서처럼("지금은 갈 하나님의 뜻이 전혀 없으나"), 관사 없는 θέλημα도 유대인들과 유대 그리스도인들이 "하나님의 뜻"을 지칭하려고 사용한 것 같지

---

18) 참조. 시 52:1; 75:4; 94:3.

19) 참조. 잠 16:31; 17:6.

20) 특히 렘 9:23-24을 참조하라.

21) Bultmann, "καυχᾶσθαι, καύχημα, καύχησις," 3.647.

22) 참조. Bultmann, "καυχᾶσθαι, καύχημα, καύχησις," 3.648-52; 또한 Judge, "Paul's Boasting," 37-50; D. M. Stanley, *Boasting in the Lord*, 여러 곳도 참조하라.

23) 롬 3:27; 4:2; 5:2, 3, 11; 15:17에서 이 단어의 사용을 주목하라. 마찬가지로 합성동사인 κατακαυχᾶσθαι는 롬 11:18에 2번 등장한다.

24) 참조. 롬 12:2.

만 말이다. 그리고 관사가 있든 없든 간에 단수 θέλημα를 사용함으로써 하나님의 뜻이 모든 부분에서 일관성이 있는 하나의 통일된 실체라는 개념을 암시한다. 여기서 한걸음 더 나아가 고틀로프 슈렝크(Gottlob Schrenk)가 적절히 주장했듯이, "하나님의 뜻이 단수로 표현된 것은 그 사상이 개인적인 법적 지향성이 아니라, 이러한 하나님의 θέλημα가 굉장한 통일체라는 확신에 의해 형성되었기 때문이다."[25]

바울 당대의 유대인 회당에서 공통적인 제의 문구는 "그분의 뜻을 행하는 것" 혹은 "하늘에 계신 아버지의 뜻을 행하는 것"이었다.[26] 그리고 사도가 나중에 유대인들이 율법에 표기된 하나님의 뜻을 "행하지" 않았다고 비난하겠지만, 지금 이곳 2:18에서는 유대인들이 하나님의 뜻을 "알고 있다"는 사실을 인정한다. 마찬가지로, 그가 나중에 그들이 율법을 행하지 않음에 대해 언급하지만, 이 세 번째 진술에서는 하나님께서 유대인들에게 그들이 "율법의 교훈을 받았으므로 "가장 선한 것들을 분별하는(또는 "결정하는")" 능력을 주셨다는 점도 인정한다.

동사 δοκιμάζω("시험하다", "조사하다", "분별하다", "결정하다")는 바울 서신에서 종종 다양한 의미를 가지고 등장한다.[27] 하지만 바울이 로마서 12:2("그러면 너희는 하나님의 뜻이 무엇인지 **시험하고 입증할**[즉 "분별하다" 혹은 "결정하다"] 수 있을 것이다")과 빌립보서 1:10("너희가 지극히 선한 것을 **분별할 수 있도록**")에서 δοκιμάζω를 사용한 것은, 중성 복수 실명사적 분사 τὰ διαφέροντα("가장 선한 것들")의 사용과 함께, 그가 여기서 사용한 단어들을 "너는 가장 좋은 것을 분별할 수 있는"이라고 번역하는 것이 최상임을 암시한다.

2:19   바울이 당대의 어떤 유대인들을 특징짓는 네 번째 내용

---

25) Schrenk, "θέλημα," 3.54.
26) Schrenk, "θέλημα," 3.54을 보라. Schrenk는 요하난 벤 자카이나 가말리엘 3세와 같은 랍비의 선조들을 인용한다.
27) 여기서 롬 1:28; 12:2; 14:22; 고전 3:13; 11:28; 16:3; 고후 8:22; 13:5; 갈 6:4; 엡 5:10; 빌 1:10; 살전 2:4; 5:21; 딤전 3:10을 추가할 수 있다.

은 이것이다: πέποιθάς τε σεαυτὸν ὁδηγὸν εἶναι τυφλῶν, φῶς τῶν ἐν σκότει("너는 맹인의 길을 인도하는 자요, 어둠에 있는 자의 빛이라고 확신한다"). 2인칭 단수 현재완료 직설법 동사 πέποιθας(원형 πείθω, "확신하다", "설득하다")는 남성 단수 목적격 재귀대명사 σεαυτόν("너 자신")과 함께 "너는 스스로 확신해왔다"라고 이해해야 할 것 같다. 사실 그 동사의 완료 시제는 과거의 확신을 표시할뿐더러 지속적인 신념도 표시하므로 πέποιθάς σεαυτόν을 단순히 "너는 확신하고 있다"라고 번역하는 것이 가장 좋을지도 모르지만 말이다. 로마서에서 서로 밀접하게 관련이 있는 두 문장을 연결하거나 문장의 두 부분을 연결하기 위해 20번 이상 등장하는 후치사 전접어 τε는 독자들에게, 이어지는 내용에서 바울 당대 유대인들의 이러한 자의식과 관련하여 두 문제가 강조될 것이라는 사실에 주의하도록 한다. (1) 그들은 하나님으로 말미암아 ὁδηγὸν τυφλῶν("맹인의 인도자")으로 임명을 받았다는 것과, (2) 이러한 신적인 명령에는 φῶς τῶν ἐν σκότει("어둠에 있는 자의 빛")가 되는 것도 포함되었다는 사실 말이다. 유대인들의 자의식에 속하는 이 두 특징은 특히 이사야 42:6-7에서 하나님이 이스라엘 백성에게 하신 약속에 뿌리를 두고 있다. 이 본문은 잘 알려진 "야웨의 종"과 관련한 본문으로서, 바울 당대의 유대인들은 이 본문을 이스라엘 국가를 공동체적으로 언급하고 있는 것으로 이해했다.

　나 여호와가 의로 너를 불렀은즉, 내가 네 손을 잡아 너를 보호하며 너를 세워 백성의 언약과 **이방의 빛**이 되게 하리니, 네가 **눈먼 자들의 눈을 밝히며** 갇힌 자를 감옥에서 이끌어내며 **흑암에 앉은 자**를 감방에서 나오게 하리라.

이와 같은 유대인들의 자의식은 제2성전기 유대교의 수많은 문헌에 등장한다. 예를 들어, 「에녹1서」 105:1에는 "그가 말하길 그날에 주님은 오래 참으실 것이며 땅의 자녀들로 하여금 듣도록 하실 것이다. 너희의 지혜로 그

들에게 계시하라. 너희는 그들의 인도자들이니라."[28] 유대인들의 자의식은,
상당히 부정적인 방식이기는 하지만, 유대인들을 묘사하는 마태복음 15:14,
23:16, 24에 반영되었다.

2:20　　　바울 당대 유대인들의 자기 정체성 및 자의식과 관련된
바울의 다섯 번째이자 최종적인 묘사는 [πέποιθάς σεάυτόν] παιδευτὴν
ἀφρόνων, διδάσκαλον νηπίων, ἔχοντα τὴν μόρφωσιν τῆς γνώσεως καὶ
τῆς ἀληθείας ἐν τῷ νόμῳ("너는 율법에 있는 지식과 진리의 모본을 가진 자로서
어리석은 자의 교사요, 어린아이의 선생이라고 [스스로 확신하고 있다]")다. 이것은
2:19에 있는 진술의 연속으로 볼 수 있다. 그리고 두 진술의 문체와 딱 부러
지는 특성으로 인해 네 번째 진술("너는 스스로 확신했다" 또는 "확신하고 있다")
의 주제가 2:20의 이 덧붙여진 진술의 주제로 이해될 수도 있을 가능성이
매우 크다. 비록 영어 표현의 다양성 때문에 이곳에서는 "너는 자신이 그러
하다고 여기고 있다"라고 번역하는 것이 최상일 수도 있지만 말이다.

Παιδευτής("교사", "선생")라는 단어는 동족 명사 παιδεία와 동사
παιδεύω가 그러하듯이, 교정과 훈련을 강조할 때가 있다.[29] 하지만 이 진술
에서 παιδευτής와 διδάσκαλος("선생")가 밀접하게 결합된 것은 바울이 말
하고 있는 것이 스스로를 다른 사람의 교사와 선생이라고 생각하는 유대인
들의 자기 정체성과 자의식임을 매우 분명히 시사한다. 비유대인들과 사마
리아인들은 유대인들에 의해 일반적으로 도덕성이 없는 ἄφρων("어리석은
사람들")으로 여김을 받았다. 그리고 νηπίων("어린아이")은 일반적으로 기초
적인 교훈이 필요한 어린아이들을 지칭하기 위해 사용된 단어다.[30] 그래서
이곳 2:20a에서 바울은 그가 일찍이 2:17에서 유대인이라고 밝힌 가상적인
대화 상대자가 스스로를 "어리석은 자들", 즉 이방인으로 예상되는 자들의

---

28) Wis 18:4; *T Levi* 18:9; 1QSb 4.27-28; Josephus, *Contra Apion* 2.291-95; *Sib Or* 3:194-95도
참조하라.

29) LXX　호 5:2에 번역된 것처럼 "징계하는 교정자(a corrector who disciplines)"; *Pss Sol*
8:29; 신약성경에서 이 명사가 등장하는 유일한 또 다른 예인 히 12:9.

30) 고전 3:1; 엡 4:14; 히 5:13.

"교사"와 "어린아이들" 곧 하나님의 율법의 기본적인 교육을 필요로 하는 자들의 "선생"으로 확신하는 사람이라고 설명한다. 그리고 이러한 확신은 2:20b에 언급되었듯이 유대인으로서 소유한 "지식과 진리의 구현체인 율법"에 대한 확신에 기초했다.

바울이 유대인의 이러한 특권과 이점을 논박한 것은 아니다. 또한 많은 기독교 주석가가 제안한 것처럼, 그가 이러한 유대인의 주장을 반어적으로 언급하고 있는 것도 아니다. 반어적인 해석을 처음 제기한 것은 아마오리게네스인 것 같다.

> 바울이 유대인들에 대해 말하고 있는 것은 반어적인 뜻으로 이해해야 한다. 율법을 정말로 의존하고, 하나님을 기뻐하며, 가장 유용한 것을 입증해 보이는 사람은 여기에 언급된 것들을 행하고 있었을 것이기 때문이다.[31]

오히려 우리는 다르게 생각해야 한다. 2:17-20 전체에 암시된 것은 모세 율법을 단순히 **가지고 있다는 것**, 하나님의 뜻을 막연히 **알고 있다는 것**, 지극히 선한 것을 단지 **입증하고 있다는 것**, 그리고 율법이 요구하는 것에 의해 **교훈을 받는다는 것**이 유대인들이 자랑할 만한 타당한 이유가 되는 것은 확실하지만, 하나님의 율법에 **순종하며**, 그것을 **실천하고 행함**이 동반되지 않을 때는 하나님의 심판을 초래할 수밖에 없다는 것이다.

B. 파격 구문

바울 당대 유대인들의 자기 정체성과 자의식에 관해 2:17-20에 제시된 다섯 가지 진술들의 조건절("만일"이라는 도입 어구로 제시되는 문장) 다음에, 예상되는 바 이에 상응하는, 그런 사람들의 도도한 주장에 대한 사도의 평가를 제시하는 귀결절("이러저러하다"라는 주문장)이 등장하지 않는다. 수사적

---

31) Origen, *Ad Romanos*, CER 1.238.

으로, 5개의 진술 각각에 암시되는 대답은 "그렇다"이다. 하지만 바울은 독자들에게 (문법적인 구조에서 빈칸에 해당하는) 파격 구문을 제시한다. 바울은 5:12의 끝부분에서 이와 비슷한 것을 제시한다(해당 본문의 주석을 보라). 여기서 바울의 목적은 당대의 유대인들이 자신들에 대해 주장한 것을 진술하는 데 있다. 그리고 그들이 실천하는 데 반복적으로 실패하고 있음이 분명하기에, 바울은 그들의 주장에 "그렇다"는 긍정적인 대답을 제시하고 싶은 마음이 없었다. 그래서 그는 유대인의 자기 정체성과 자의식에 관한 이 상당히 타당한 현실들에 대한 진술을 갑자기 중단하고는, 그들의 주장과 도도한 원리들에 아랑곳하지 않고, 유대인들이 실천하지 못하고 있음을 제시하려고 다른 형식의 구문으로 이동한다. 바울은 이어지는 5개의 비난조의 수사적 질문을 통해 그렇게 한다.

C. 비난조의 수사적 질문들(2:21-23)

본문 상반부의 두 번째 부분인 2:21-23은 앞에서 설명한 것을 더 자세히 묘사하는 질문이나 비난하는 수사적 질문으로 읽을 수 있는 5개의 문장으로 구성되었다. 모든 문장은 구조상 비슷하다. 그러나 첫 번째 문장에는 부정어 οὐ("아니")가 들어 있는데, 이는 이 문장을 질문으로 읽을 것을 요구하며, 이어지는 문장을 다 의문문으로 읽도록 패턴을 제시한다. 그래서 5개의 수사적 질문은 그리스의 디아트리베 구조 내에 위치하여, 첫 번째 질문에 대해서는 "아니다"라는 대답을 암시하고, 이어지는 네 개의 질문에 대해서는 "그렇다"는 대답을 암시하는 질문을 제기한다.

> "다른 사람을 가르치는 네가 네 자신은 가르치지 아니하느냐?"(21a절)
> "도둑질하지 말라 선포하는 네가 도둑질하느냐?"(21b절)
> "간음하지 말라 말하는 네가 간음하느냐?"(22a절)
> "우상을 가증히 여기는 네가 신전 물건을 도둑질하느냐?"(22b절)
> "율법을 자랑하는 네가 율법을 범함으로써 하나님을 욕되게 하느냐?"(23절)

2:21a 이 5개의 수사학적 질문 중에 첫 번째는 부정적인 대답을 암시하면서 다음과 같이 제기된다: ὁ οὖν διδάσκων ἕτερον σεαυτὸν οὐ διδάσκεις;("다른 사람을 가르치는 네가 네 자신은 가르치지 아니하느냐?"). 2인칭 단수 동사 διδάσκεις("너는 가르친다")와 재귀대명사 σεαυτόν("너 자신을") 은 이 구절을 2:17("이제 너, 만일 네가 너 자신을 유대인이라고 부른다면")에서 직접적으로 대상을 지칭하며 시작했고 디아트리베 형식으로 된 논의를 이어가는 것으로 이해해야 함을 암시한다. 그래서 비록 바울이 목적격 명사인 ἕτερον과 함께 사용된 관사 있는 실명사 분사 ὁ διδάσκων(문자적으로 "다른 사람을 가르치는 자"로 번역됨)을 사용하기는 하지만, 그는 이곳 2:21에서 2:17의 동일한 가상적 대화 상대자에게 말을 하고 있다. 따라서 이곳 2:21의 관사 있는 실명사 분사와 목적격 명사라는 그리스어의 구문론적 구성을 "다른 사람을 가르치는 너"로 이해하고 번역해야 한다(두 번째, 세 번째, 네 번째 질문의 비교할 만한 구문에 대해서도 그러하듯이 말이다). 마찬가지로 2:21b-23에서 이어지는 네 가지 질문에 모두 등장하는 2인칭 단수 동사는 이 질문들이 그 디아트리베의 일부분으로 포함되었음을 암시한다. 더욱이 후치사인 추론적 접속사 οὖν("그렇다면", "그러므로")은 2:21-23의 수사적 질문들을 앞에 언급된 2:17-20의 진술들과 연관시키며, 그래서 이 나중에 등장한 수사적 질문들을 앞서 제시된 5개의 진술에 대한 5개의 실제적인 대답으로 이해해야 함을 시사한다.

형식 면에서 바울의 첫 번째 비난의 질문인 "너는 너 자신을 가르치지 않느냐?"는 그의 다섯 번째 조건적 진술("만일 네가 자신을 어리석은 자의 교사로 여기고 있다면…")에서 취한 것이다. 그러나 더 중요한 것은 이 첫 번째 질문이 내용 면에서 (비록 요약된 형태이기는 하지만) 하나님이 훨씬 이전 시대에 살던 그의 백성 가운데 존재했던 "악한 자들"에 대해 시편 50편에서 언급한, 하나님의 고대의 비난과 병행된다는 점이다.

악인에게는 하나님이 이르시되, "네가 어찌하여 내 율례를 전하며 내 언약을 네 입에 두느냐? 네가 교훈을 미워하고 내 말을 네 뒤로 던지며, 도둑을 본즉 그와 연합하고 간음하는 자들과 동료가 되며, 네 입을 악에게 내어 주고 네 혀로 거짓을 꾸미며, 앉아서 네 형제를 공박하며 네 어머니의 아들을 비방하는도다. 네가 이 일을 행하여도 내가 잠잠하였더니, 네가 나를 너와 같은 줄로 생각하였도다. 그러나 내가 너를 책망하여 네 죄를 네 눈 앞에 낱낱이 드러내리라" 하시는도다.[32]

이 내용은 기원후 2세기 말의 유명한 유대 랍비인 나단의 말에서 의도치 않게 반향된 내용에서도 발견된다. 그는 다음과 같이 하나님을 향한 그의 불평을 표현했다.

자신을 가르치지만 다른 사람을 가르치지 않는 사람이 많습니다. 또한 다른 사람을 가르치지만 자신을 가르치지 않는 사람도 많습니다. 자신도 가르치고 다른 사람도 가르치는 사람도 많습니다. 그리고 자신도 가르치지 않고 다른 사람도 가르치지 않는 사람도 많습니다.[33]

2:21b-22a 여기서 바울은 출애굽기 20:2-17과 신명기 5:6-21에 있는 십계명에서 분명하게 다루는 비난조의 수사학적 질문 2개를 제기한다.

ὁ κηρύσσων μὴ κλέπτειν, κλέπτεις; "도둑질하지 말라 선포하는 네가 도둑질하느냐?"(비교. 출 20:15; 신 5:19: "도둑질하지 말라")

ὁ λέγων μὴ μοιχεύειν, μοιχεύεις; "간음하지 말라 말하는 네가 간음하느냐?"(비교. 출 20:14; 신 5:18: "간음하지 말라")

파울 빌러벡(Paul Billerbeck)은 기원후 첫 5세기 동안 유대 지도자들이 (1)

---

32) 시 50:16-21.
33) *Abot de R. Nathan*, 29:8a.

"도둑질하지 말라"고 선포했지만 다른 사람들의 것을 도둑질하고, (2) "간음하지 말라"는 계명을 주장했지만 스스로 성적인 범죄를 저지른 유대교 랍비들에 관해 매우 염려했다는 사실을 증명하려고 탈무드에서 엄청난 양의 자료를 모았다.[34) 그리고 안톤 프리드리히센은 기원후 100년경쯤에 활동한 히에라폴리스의 스토아 철학자 에픽테토스가 스스로는 스토아 철학자라고 부르며 고매한 도덕을 지지하면서도 다른 사람의 물건을 도둑질하고 다양한 성범죄를 저지른 사람들을 비난한 것에 주의를 환기시켰다.[35) 하지만 이와 같은 도도한 가르침과 관련하여 이러한 행위들을 폭로하는 것이 유대인 선생들이나 그리스 철학자들에게만 해당될 수는 없다. 애석한 점은 과거나 현재 모두 수많은 사람의 삶에서 원칙과 실천 사이의 불일치가 너무도 일반화되어 있다는 사실이다. 사람들의 지위가 어떠하든지, 삶의 형편이 어떠하든지, 그들이 어떠한 도도한 주장을 천명하든지, 또 그들이 자신을 정당화하는 변명이 무엇이든지 간에 말이다.

2:22b ὁ βδελυσσόμενος τὰ εἴδωλα, ἱεροσυλεῖς;("우상을 가증히 여기는 네가 신전 물건을 도둑질하느냐?")는 바울의 네 번째 수사적 질문이며, 종종 번역자들과 주석가들이 이해하기 어려워하는 부분이다. 동사 ἱεροσυλέω는 신약성경에서 이곳에만 등장한다. 하지만 이 단어는 바울 당대의 그리스 문헌과 유대 그리스 문헌에 "신전 물건을 도둑질하는 것"을 의미하는 말로 여러 번 사용되었다.[36) 그런데 바울 당시 유대 세계에서는 이교의 우상숭배가 전혀 없었으며, 이교 신전을 허용하지 않았던 것 같다. 적어도 이것은 바울 시대 이전의 유대인들과 관련한 「유딧서」 8:18의 증언이다. "우리 시대에는 우리의 어느 지파나 어느 가족, 또 어느 백성이나 어느 성읍에서도, 이전처럼 손으로 만든 신들에게 경배하는 일이 일어난 적

---

34) Billerbeck, *Str-Bil*, 3.105–111.

35) Fridrichsen, "Der wahre Jude," 45. 이는 Epictetus, *Dissertations* 2.19.19–28; 3.7.17; 3.24.40에서 인용함.

36) 특히 2 Macc 9:2; Philo, *De confusione linguarum* 163; Josephus, *Antiquities* 17.163; *Contra Apion* 1.249을 참조하라.

이 없고, 오늘날에도 일어나지 않는다." 그리고 빌러벡은 바울 시대 이후 이와 동일하게 말하는 랍비들로부터 많은 진술을 모았다.[37] 그래서 이런 질문을 제기할 수 있을지도 모르겠다. 어떻게 바울은 "우상을 혐오하면서도" 이교 신전에서 도둑질하는 유대인에 대해 말할 수 있었을까? 바울이 염두에 둔 바, 이교의 우상이나 우상숭배와 전혀 관계가 없는 유대인들이 도둑질하는 신전은 대체 어떤 신전인가? 바울은 예루살렘 성전을 도둑질하는 유대인들을 언급하는 것일까? 그리고 바울의 진술에서 "도둑질한다"라는 용어로써 나타내고자 하는 행위(들)는 어떤 것인가?

고틀로프 슈렝크가 지적했듯이, "그리스인과 로마인과 이집트인의 눈으로 볼 때, 본래 거룩한 자리에서 거룩한 재산을 옮기는 일[이었던], 신전의 물건을 도둑질하는 것은 매우 심각한 범죄 중 하나였다.…[광범위한 그리스, 로마, 이집트 문헌에서] 성전 도둑질은 일반적으로 대역죄와 살인죄로 분류되었다."[38] 그리고 유대 세계에서, 바울 당대의 모든 유대인은 이스라엘 백성들에게 그들이 정복한 가나안 땅의 이교 신전 중 어느 곳에서도 아무것도 취하지 말라는 신명기의 금지를 우상과 우상숭배를 다룬 주요 성경 본문으로 여겼다.

> 너는 그들이 조각한 신상들을 불사르고 그것에 입힌 은이나 금을 탐내지 말며 취하지 말라. 네가 그것으로 말미암아 올무에 걸릴까 하노니, 이는 네 하나님 여호와께서 가증히 여기시는 것임이니라. 너는 가증한 것을 네 집에 들이지 말라. 너도 그것과 같이 진멸당할까 하노라. 너는 그것을 멀리하며 심히 미워하라. 그것은 진멸당할 것이니라.[39]

아간이 여호수아와 그의 군대가 정복한 사람들에게서 "완전히 드려야 하는

---

37) Billerbeck, *Str-Bil*, 3.111-12.
38) Schrenk, "ἱεροσυλέω," 3.255.
39) 신 7:25-26.

물건"들을 자신을 위해 몰래 빼돌린 슬픈 이야기를 통해 이스라엘 백성들이 뼈저리게 배웠던 것이 바로 이 교훈이다.[40]

그러나 이후 이스라엘 역사에서 유대인 상인들은 이교의 우상들을 매매하고, 이전에 이교 신전들과 관련되었던 금과 의복과 재산을 매매하는 것과 관련된 문제에서 어느 정도의 재량이 허용되었던 것 같다. 슈렝크는 여기서 한걸음 더 나아가 탈무드의 진술들, 특히 미쉬나 *Abodah Zarah*("우상숭배") 편에 실린 할라카 결정과 이에 대한 게마라(*b. Abodah Zarah*) 및 *b. Sanhedrin*("산헤드린의 규율")(이 모든 자료는 모세 율법에 대한 초기 랍비들의 이해를 기록한다)에 의존하여 다음과 같이 말했다.

> 랍비들의 태도는 신명기 7장에서 예상하던 것보다 훨씬 느슨하다. 그들에게는 의도적인 성전 탈취를 지칭하는 법적 용어가 없었다. 채찍질이 적당한 징벌이다. b Sanh. 84a에 의하면, 그것은 단지 하나의 금지를 어기는 것이다. 그래서 성전 탈취는 살인보다 더 관대한 심판을 받았다. 사람들의 법정에 의한 것이 아니라 하나님에 의한 사형이 그 징벌일 수도 있다. 신명기 7:25, 26을 약화시켰다는 것은 놀랍다.…랍비 사무엘은 [*b. Abodah Zarah*] 52a에서 우상이 세속화되기만 한다면 받아들일 수 있다고 말한다. 하지만 미쉬나 AZ[*m. Abodah Zarah*]에는 유대인은 안 되고 오직 이방인만 우상을 세속화할 수 있다는 조건이 있다. [*m. Abodah Zarah*] 4,2에는 우상의 머리에서 발견된 금이나 의복 또는 그릇은 긍정적으로 사용할 수 있다고 한다. [더욱이, *m. Abodah Zarah*] 4,5에는 [유대인 상인에게] 그의 우상을 팔거나 저당 잡힌 한 이방인의 사례가 언급되었다.[41]

또한 빌러벡은 유대인 상인들에게 이교의 우상들 또는 이교 신전들의 물건

---

40) 참조. 수 7:1-26.
41) Schrenk, "ἱεροσυλέω," 3.255-56.

을 사거나 파는 것과 관련해서도 탈무드의 수많은 진술을 모았다.[42]

바울은 (이곳 네 번째 질문에서) "신전 물건을 도둑질하는 것"을 (두 번째 질문의) "도둑질하는 것" 및 (세 번째 질문인) "간음하는 것"과 연결시킴으로써 그가 유대인들이 말 그대로 신전을 도둑질한 것을 비난하고 있음을 암시한다. 이를테면, 예루살렘 성전세의 납부를 거부하는 것,[43] 성전의 기금을 횡령하는 것,[44] "이교 신전에 대한 표리부동한 태도"[45] 또는 단순히 "신성모독을 저지르는 것"[46]과 같은, 동사 ἱεροσυλέω의 다소 재정의된 의미에서 그러한 행동을 비난하는 것이 아니라는 사실이다. 당대의 유대 종파들이 자기들 나라의 종교 지도자들이 예루살렘 성전을 "도둑질하며" "더럽혔다"고 가끔 비난한 것은 사실이지만,[47] 바울이 여기서 언급하고 있는 대상이 이교 신전에서 물건을 도둑질한 유대인이라고 이해하는 것이 훨씬 나을 듯하다. 이는 요안네스 크리소스토모스가 4세기 말에 바울의 로마서를 설교하면서 바울이 말한 것을 이해한 것과 같다. "유대인들에게는 이교 신전에 있는 어떤 보물이라도 건드리는 것이 엄격히 금지되었다. 그로 인해 더럽혀질 것이기 때문이다. 하지만 바울은 여기서 유대인들이 탐욕에 사로잡혀 이것을 금지한 율법을 무시했다고 주장한다."[48]

그러나 바울은 유대인들이 실제로 이교 신전의 물건을 약탈하고 있다고 이해했을까? 이를테면, 신전에 있는 우상을 물리적으로 훔치고, 신전의 장식품을 떼어 다른 곳으로 옮기고, 장식된 보석들을 떼어내고, 건축물에서 금박을 벗겨내며, 비품과 의복을 탈취하거나 성전 금고에 있는 돈을 가지고 도주하는 것 말이다. 아마도 아닐 것이다. 이러한 직접적인 약탈 행위는 모두 유대 율법과 유대 역사에서 정죄하는 것들이기 때문이다.

---

42) Billerbeck, *Str-Bil*, 3.114–15.
43) Schrenk, "ἱεροσυλέω," 3.256에 인용된 J. C. K. von Hofmann의 로마서 주석(1868).
44) Michel, *An die Römer*, 89.
45) J. B. Phillips 번역 성경.
46) Cranfield, *Romans*, 1.169–70.
47) 예. *T Levi* 14:5; *Pss Sol* 8:11–13; CD 6.15.
48) Chrysostom, "Homilies," in *Nicene and Post-Nicene Fathers*, 11.369.

　　그렇지만, 던컨 데레트(Duncan Derrett)가 지적한 것처럼, 유대인 상인들은 이교 신전에서 자기들의 수중에 떨어진 이 물건들을 직접적으로든 간접적으로든 순전히 사업적인 목적으로 얼마든지 "처리할" 수 있었다고 생각했던 것 같다. (사람들의 행위에 대한 유대인들의 결의법인) 할라카가 "아주 궤변적으로" 읽으면 이와 같은 상업적인 거래를 구체적으로 다루지 않았기 때문이다.[49] 던컨 데레트가 제안한 것처럼, "유대인 골동품 중개인은 [신 7:25-26에서 금지한 것들에 속하는] '가증'이라는 측면을 진지하게 받아들이지는 않았을 것이며, 그는 신명기 13:17(18)의 의미 내에서 '거룩한 것' 가운데 어느 것도 실제로 '자기 손에 댄' 것은 없다고 항의할 수 있었다."[50]

　　하지만 데레트가 결론을 내린 것처럼, 바울은 "우상숭배의 목적으로 돌이킬 수 없게 바쳐진 자산으로부터" 얻은 상업적인 이익이 (1) "확실하게 이교도의 **관습**에 어긋나는" 죄 곧 로마와 그리스의 법에서 정하는 분명한 범죄가 아니더라도, (2) "바르게 해석된 토라를 어기는 범죄"이며, (3) "유대인 공동체의 평판"과 "히브리 종교의 매력"에 적대적인 행동일뿐더러, (4) "히브리 종교의 신의 '명성'에 대한 공격"이라고 여겼다.[51] 그리고 "네가 신전의 물건을 도둑질하느냐?"라는 바울의 수사학적 질문은 분명히 이러한 시나리오에 따라 이해해야 한다.

　　2:23　　바울의 진술 ὃς ἐν νόμῳ καυχᾶσαι, διὰ τῆς παραβάσεως τοῦ νόμου τὸν θεὸν ἀτιμάζεις은 다음 두 가지 중 하나로 읽을 수 있다. (1) "율법을 자랑하는 너, 너는 율법을 범함으로써 하나님을 욕되게 하고 있다"라는 비난조의 요약적 진술,[52] 또는 (2) "율법을 자랑하는 너, 네가 율법을 범함으로써 하나님을 욕되게 하느냐?"라는 또 다른 비난조의 질문으로 말이다.[53] 과거의 중요한 주석가 중에는 본문을 또 다른 비난조의 질

---

49) Derrett, "'You Abominate False Gods; But Do You Rob Shrines?'" 565.

50) Derrett, "'You Abominate False Gods; But Do You Rob Shrines?'" 567.

51) Derrett, "'You Abominate False Gods; But Do You Rob Shrines?'" 571.

52) NEB, JB, NJB.

53) KJV, RSV, TEV, NIV, NRSV, NASB, 한글 개역개정(역주).

문보다는 앞의 네 가지 수사적 질문을 요약하는 진술로 취한 사람들이 많
았다.[54] 찰스 크랜필드가 아마도 이런 견해를 이해하는 근거를 가장 잘 제
시했을 것이다. 그는 이렇게 주장한다. "이어지는 구절이 여기서 말하는 내
용의 진리를 확정한다는 사실($\gamma\acute{\alpha}\rho$)을 염두에 두면", 이 본문은 "질문보다는
진술로 읽는 것이 더 자연스럽다."[55] 계속해서 그는 이렇게 말한다. "구조
의 변경(관사를 가진 일련의 네 분사 다음에 $\H{o}\varsigma$와 직설법이 사용된 것) 역시 이 구절
이 또 다른 질문이 아니라는 점을 암시한다. 이 구절은 21절과 22절의 요약
이다."[56]

하지만 만일 2:24에서 (1) 후치사 $\gamma\acute{\alpha}\rho$가 근거 자료나 설명 자료의 등
장을 표현하는 것이 아니라, 그것이 로마서 10:13, 11:34-35, 고린도전서
2:16, 10:26, 15:27에서 성경 인용을 소개하고, 일찍이 로마서 2장에서처럼
2:11의 유대교 금언과 2:14-15의 유대 기독교적·교리문답적 자료를 소개하
듯이, 이사야 52:5과 에스겔 36:22이 혼합된 인용문을 소개하며, (2) (보통
인용문 앞에 놓이지만) 여기서 인용문 후에 놓인 $\kappa\alpha\theta\grave{\omega}\varsigma$ $\gamma\acute{\epsilon}\gamma\rho\alpha\pi\tau\alpha\iota$라는 어구
가 일반적으로 그러하듯이 성경 인용을 소개하지 않고 다른 목적으로 사용
되었고, (3) 융합 인용 자체가 이미 언급한 내용을 구약성경으로부터 "확증
하거나" "결말을 짓거나" "지지하기" 위해 사용된 것이 아니라 다른 목적
으로 사용되었다면(이 점에 대해서는 나중에 논의하고 설명할 것이다), 2:23의 구
조는 본문 다음 2:24에서 이어지는 내용의 목적과 구조로 이해하기보다는
본문 앞 2:21-22에 있는 수사적 질문 패턴에 따라 이해하는 것이 더 나은
것 같다. 그래서 2:13의 사도의 말을 일련의 다섯 가지 질문에 대한 최종적
인 비난조의 수사적 질문으로 읽는 것이 최상일 것이다. 즉 "율법을 자랑하
는 너, 네가 율법을 범함으로써 하나님을 욕되게 하느냐?"라고 말이다.

---

54) 예. Sanday and Headlam, *Romans*, 66; Lietzmann, *An die Römer*, 66; Lagrange, *Romains*,
54; Cranfield, *Romans*, 1.170; Dunn, *Romans*, 113; Fitzmyer, *Romans*, 318; Moo, *Romans*,
165-66.

55) Cranfield, *Romans*, 1.170.

56) Cranfield, *Romans*, 1.170.

유대인들이 모세 율법을 소유하며 그것을 알고 있다고 자랑한다는 사실은 그들의 문헌에서 매우 분명히 드러난다. 예를 들어 「집회서」 24:23은 "지극히 높으신 하나님의 언약서(βίβλος διαθήκης θεοῦ ὑψίστου)"를 "모세가 야곱의 회중들[즉 "회당"]을 위한 유산이라고 명령한 율법(νόμον ὃν ἐνετείλατο Μωυσῆς κληρονομίαν συναγωγαῖς Ιακωβ)"으로 언급한다. 그리고 「집회서」 39장은 "지극히 높으신 이(ὑψίστου)의 율법에 모든 주의를 기울이고 그것을 묵상하는 데 사로잡혀 있는"(1절) 사람을 "주의 언약의 율법을 자랑할(ἐν νόμῳ διαθήκης Κυρίου καυχήσεται)" 사람으로 언급한다(8절). 그리고 파울 빌러벡은 이와 동일하게 말하는 다른 여러 유대 본문에 주의를 환기시켰다.[57]

물론 자랑하는 것의 옳고 그름은 그 자랑하는 대상이 무엇이냐에 달려 있다. 이를테면, 그것이 자기 확신과 자기 영화의 표현인지, 아니면 하나님의 정체와 그분이 행하신 것에 대한 반응인 확신과 기쁨과 감사의 표현인지 말이다.[58] 심지어 하나님의 율법을 자랑하는 것조차 그 자체로는 타당하고 칭찬할 만한 것일 수 있다. 하지만 다른 사람과 비교하여 하나님의 율법을 소유하며 그것을 알고 있다는 것 때문에 자신의 우월함을 자랑하거나 하나님의 율법을 가지고 있지 않으며 그것을 모르는 다른 사람들을 열등하다고 말하는 것은 성경적인 종교를 왜곡하는 것이며, 그러므로 비난받을 만하다. 특히 비난의 대상이 되는 것은 「바룩2서」 48:22에 반영된 주제넘은 태도다. 이러한 자랑은 어떤 사람이 하나님의 율법을 소유하고 있으므로 하나님이 보시기에 다른 사람보다 나으며 하나님의 보호를 받는다는 것을 암시한다(애석하게도, 이것은 기독교를 비롯하여 많은 종교의 수면 밑에 너무 자주 도사리는 원리다).

우리는 주님을 신뢰합니다. 주님의 법이 우리와 함께 있으며, 우리는 주님

---

57) Billerbeck, *Str-Bil*, 3.115-18.
58) 본서 2:17 주석을 보라.

의 계율을 지키는 한 넘어지지 않을 것을 알기 때문입니다. 우리는 항상 복을 받을 것입니다. 적어도 우리는 다른 나라들과 섞이지 않을 겁니다. 우리는 다 그 이름(하나님 – 역주)의 백성이기 때문입니다. 우리는 한 분(즉 하나님)에게서 율법을 받았습니다. 우리 중에 있는 율법은 우리를 도와줄 것이며, 우리 안에 있는 탁월한 지혜가 우리를 도울 것입니다.[59]

그리고 하나님의 율법을 지키지도 행하지도 않았지만 하나님과 우리의 관계를 자랑하는 것은 하나님의 언약을 파기하는 것이므로 비슷하게 비난받아 마땅하다.

하지만 바울이 로마서 2:17-23에서 기록하고 있는 내용이 모든 유대인에 대한 전반적인 비난이라고 추정할 수는 없다. 제2성전기 유대교와 랍비적 유대교의 글에는 유대인들의 삶에서 이와 같은 모순과 왜곡이 있음을 인정하는 내용이 많다.[60] 그럼에도 우리는 이렇게 말할 수 있다. 바울은 2:17-23의 여러 진술과 수사적 질문들을 당대 유대인들 대부분의 삶을 특징짓는 것으로 이해하도록 분명히 의도했다고 말이다. 사실 바울은 율법의 종교가 필연적으로 영속시키는 것에 대한 자신의 이해를 전형적으로 보여줌으로써 로마서 뒷부분에서 제시할 그의 기독교 복음 선포를 준비하고 있다.

D. 결론(2:24)

바울은 2:17-24의 디아트리베를 마무리하면서 이사야 52:5과 에스겔 36:22에 등장하는 단어들을 융합하여 인용한다. 이 융합 인용과 관련하여 많은 특징을 관찰할 수 있다. 첫째, 바울은 그의 편지 다른 곳에서 종종 그랬고 로마서 2장의 앞 단락에서 전통적인 금언을 소개한 2:11과 앞서 교리문답 자료를 소개한 2:14에서 그랬듯이, 이 인용문을 그가 일반적으로 사용

---

59) *2 Bar* 48:22-24.

60) R. N. Longenecker, "The Piety of Hebraic Judaism," in *Paul, Apostle of Liberty*, 65-85.

하는 공식적 도입 문구인 καθὼς γέγραπται ("기록된 바와 같이")보다는 도입 어구 γάρ ("이는")와 함께 소개한다.[61]

둘째, καθὼς γέγραπται가 인용을 소개하는 방식으로 인용문 앞에 등장하지는 않지만, 여기서는 이 어구가 추기 방식으로 인용문 끝에 등장한다. 바울은 다른 곳에서 이런 식으로 성경을 인용한 적이 없다. 셋째, 리처드 헤이즈가 바르게 주장한 것처럼, 이사야 52:5은 원문맥에서는 "야웨께서 포로 생활을 하는 이스라엘을 **안심**시키시는 문맥에 속한다. 이스라엘이 압제를 당하는 상황 때문에 나라들은 이스라엘의 하나님의 능력을 멸시하게 되었으며, 백성들은 이로 인해 하나님이 자신을 계시하고 자신의 이름을 옹호하기 위해 행동하실 것을 더욱 확실히 믿을 수 있었다."[62] 더욱이 이사야 52:5의 표현("내 이름이 온종일 모독을 받고 있다")은 에스겔 36:22의 표현("너희가 들어간 그 여러 나라에서 더럽힌 나의 거룩한 이름을 위함이라")과 융합되었다. 결과적으로, 인용문은 위로나 안심의 메시지가 아니라 고발과 맹비난의 메시지가 되었다.

이 네 가지 특징은 종종 주석가들에 의해 주목되곤 했다. 하지만 그들은 이 특징들이 해석에 대해 어떤 구체적인 적절성을 가진다고 생각한 적은 없다. 우리는 이 네 가지 특징을 함께 볼 경우 그것들이 바울이 여기서 행하고 말하고 있는 것을 이해하는 데 매우 중요하다고 제안한다. 네 가지 특징이 어떤 구체적인 논지를 명백히 "증명하지는" 못하겠지만, 우리는 몇 가지를 제안한다. (1) 이사야 52:5과 에스겔 36:22에서 유래한 이 단어들의 융합과 이로 인한 어감 조정은 바울 이전의 유대 그리스도인들에 의해 행해졌고, 로마에 있는 바울의 그리스도인 수신자들에게 알려졌으며, 그들이 이해하고 공감하는 방식으로 그의 수신자들에게 말하기 위해 바울에 의해 사용되었던 것 같다. (2) 바울은 도입 어구 접속사 γάρ ("이는")를 사용함으로써, 그가 이 동일한 장의 이전 단락인 2:11과 2:14에서 했던 것처럼, 자신

---

61) 예. 롬 10:13; 11:34-35; 고전 2:16; 10:26; 15:27.
62) Hays, *Echoes of Scripture*, 45.

이 인용한 것을 엄밀하게 성경보다는 전통적인 자료를 다루는 방식으로 다루고 있음을 암시한다. 그리고 (3) 바울은 καθὼς γέγραπται ("기록된 바와 같이")를 평상시 하던 대로 인용문 앞에 두지 않고 그의 편지에서 이곳에서만 유일하게 인용문 뒤에 둠으로써, 이 어구가 이어지는 내용을 소개하려는 것이 아니라 앞서 2:17-23에서 제시한 것처럼 당대 유대인들에 대한 그의 비난이 하나님의 백성 이스라엘에 대한 예언자적 비난과 맥을 같이하고 있다고 말하는 것 같다. 그러므로 그 결과 그가 당대의 어떤 유대인들과 그들의 행습을 비난하는 것을 이사야와 에스겔이 그들의 시대에 비난했던 것과 동일한 맥락에서 보아야 한다고 바울이 말하고 있을 가능성이 매우 크다.

그러므로 2:24에서 바울이 2:17-23의 디아트리베 진술과 질문으로써 말한 것을 지지하거나 확증하려고 구약성경 인용을 사용한다고 이해하지 않는 것이 가장 좋을 것 같다. 오히려 그는 아마도 이 융합 인용을 사용하여 (1) 자신의 수신자들이 알고 이해하고 공감하는 방식으로 자신을 유대 예언자 전통과 맞추려 하고, (2) 이렇게 함으로써 그가 2:17-23에서 쓴 것을 하나님의 옛 백성 이스라엘의 수많은 후손을 겨냥한, 동시대의 예언자적 비난으로 이해할 것을 주장한다.

그러나 본문의 특징과 이 융합 인용문을 인용하는 바울의 목적을 어떻게 이해하든지 간에, 그는 지금 매우 심각한 비난을 퍼붓고 있다. 결과적으로 바울은 당대의 유대인들이 하나님의 언약을 파기했고, 그래서 그들이 멸시하는 이방인들보다 더 나은 것이 하나도 없다고 여겨야 한다고 주장하기 때문이다.

II. 유대인들의 할례 받지 않은 마음(2:25-29)

바울은 율법을 소유하고 있는 유대인들이 하나님의 심판에서 그들이 보호받지 못함을 2:17-24의 진술과 수사적 질문으로써 강조하려 했다. 중요한 것은 율법을 "지키고" "행하는 것"이지 단순히 율법을 가지고 있거나 아는 것이 아니기 때문이다. 마찬가지로 이곳 2:25-29에서 그는 육체적인 할례

는 율법에 순종하고 "성령으로 말미암는 마음에 할례"가 있어야 비로소 유
익이 된다고 주장한다. 초기 유대교의 가르침을 성문화하려 한 후기 유대
교 문헌에는 "할례를 행한 사람은 게헨나에 떨어지지 않을 것"이라는 내용
이 천명되었다.[63] 하지만 바울은 이러한 주장을 거부한다. 육체적인 할례가
아니라 하나님의 교훈에 순종하는 것이 하나님과의 관계에서 핵심적인 표
준이기 때문이다. 할례는 단지 언약의 외적 표징에 불과하다. 그래서 바울
이 2:17-24에서 만일 율법을 지키지 않는다면 언약이 파기되며 하나님과
의 언약을 파기함으로써 유대인들은 하나님의 진노를 피할 수 없다고 선언
한 것처럼, 이곳 2:25-29에서도 할례를 받지 않은 마음은 단순히 육체의 할
례만으로는 결코 보상받을 수 없다고 주장한다. 성경적인 참 종교에 필수
적인 것은 "성령으로 말미암아" 행한 내적인 "마음의 할례"이기 때문이다.

2:25a 바울은 그의 주장을 다룬 이 두 번째 단락을 육체적인 할
례는 율법을 지켜야만 영적인 가치가 있다고 주장함으로 시작한다. 그는
περιτομὴ μὲν γὰρ ὠφελεῖ ἐὰν νόμον πράσσῃς("실제로, 네가 율법을 행하면 할
례가 유익하다")라고 서술한다. 후치사 γάρ는 여기서 2:25-29에서 말할 내용
을 2:17-24의 디아트리베에서 말한 것과 연결시키기 위해 전환적으로 사
용되었다. 신약성경 전체에서 182번 등장하는 긍정 불변화사 μέν("확실한
것은", "사실")을 바울은 여기서 자신이 앞으로 하려고 하는 말을 상당히 선
명하게 서술할 목적으로 사용했다. 그가 어떻게 믿고 있을지에 대한 다른
사람들의 추정을 반박하며 그가 참으로 믿고 있는 내용을 지지하려고 말
이다. 동사 ὠφελέω는 "돕다", "지원하다", "소중하게 여기다"를 의미하며,
어떤 사람이나 어떤 것에게 "유용한", "혜택이 있는", "이로운" 또는 "가치
있는"을 의미하는 동족 형용사 ὠφέλιμος에 의해 더욱 그 의미가 정해진다.
2인칭 단수 현재 가정법 동사 πράσσῃς와 함께 사용된 조건문의 ἐάν(문자적
으로는 "네가 만일 준수한다면", "지킨다면" 또는 "행한다면")은 νόμον(즉 모세 율법)
을 "순종하거나", "지키거나", "행하는" 것과 관련하여 "미래에 일어날 가

63) *Exod Rab* 19:81c; 참조. *Gen Rab* 48:30a; *b. Tanch* 60b.

능성이 있는" 또는 "발생하기를 기대하는 것"을 암시한다. 하지만 바울이 앞에서 주장했(고 계속해서 주장하)듯이, 그러한 일은 일어나지 않았다.

할례, 즉 남자의 포피를 제거하는 것에 대해 유대 문헌에는 세 가지 이유가 제시되었다. 경건한 유대인에게 첫 번째이면서 의심의 여지가 없이 가장 중요한 이유는 단순히 하나님께서 그것을 명하셨다는 데 있다.[64] 따라서 할례의 모든 행위는 하나님의 계율에 순종하여 행해졌다.[65] 두 번째 이유는 종종 바울 당대에 제시된 것이지만 성경의 분명한 지지를 받지는 않은 것이다. 즉 유대인 남자의 정체성을 표현하는 것과 그들을 "다른 사람들과 혼합되지 않도록" 하기 위함에 있다.[66] 할례를 행하는 세 번째 이유는 마카비 시대에 제안된 것으로서 할례가 언약에 충성한다는 표였으며, 그래서 유대인 남자들의 정체성 표시에 필수불가결한 것이었다는 데 있다.[67]

바울과 동시대인이었던 그리스화된 유대인 철학자이자 신학자인 알렉산드리아의 필론은 자신과 자기 독자들에게 알레고리 방법으로 할례를 설명한다. 하지만 그는 유대인들이 어디서 살든지 문자적으로 할례를 행해야 한다고 주장하기도 한다.[68] 필론은 갓 태어난 아들에게 할례를 행하지 않은 그리스화된 일부 유대인들을 언급하며,[69] 요세푸스는 이자테스(Izates)의 회심에 대한 그의 이야기에서 유대교로 개종한 이방인 성인 남자들에게 할례 의식을 면제해준 일부 유대인들을 언급한다.[70] 하지만 본국에서뿐만

---

(64) 창 17:10-11; 참조. *Jub* 15:28.

(65) 예. Josephus, *Antiquities* 20.44-45. 그는 이것을 왕의 영적 고문이었던 엘리에살이 이자테스에게 제시한 이유로 보도한다.

(66) Josephus, *Antiquities* 1.192. 그는 창 17:10-11에서 하나님이 아브라함과 그의 남자 후손들에게 할례를 받으라고 명령하셨을 때 하나님의 의도가 "그의 후손을 다른 사람들과 혼합되지 않게 지켜야 하는 것"에 있었다고 말한다.

(67) 유대인들의 할례에 대한 셀레우코스의 태도에 대해서는 1 Macc 1:48을 참조하고, 유대인들의 태도에 대해서는 1 Macc 2:46을 참조하라. 또한 자신의 사내아이에게 할례를 행했다는 이유로 셀레우코스 왕가 사람들에 의해 처참하게 살해된 두 여인과 관련된 사례가 담겨 있는 1 Macc 1:60-61과 2 Macc 6:10을 보라. 참조. R. Meyer, "περιτέμνω," 6.74-78.

(68) Philo, *De migratione Abrahami* 89-94.

(69) Philo, *De specialibus legibus* 1.1-11; 304-6; *De Abrahamo* 92.

(70) Josephus, *Antiquities* 20.17-48.

아니라 디아스포라 전역에서도 압도적으로 우세한 의견은 모든 유대인 사내아이와 유대교로 개종한 모든 성인 남자는 반드시 할례를 받아야 한다는 것이다.

랍비 문헌에서도 할례를 모든 유대인 남자에게 매우 중요한 것으로 여겼다. 예를 들어 *m. Nedarim* 3은 기원후 2세기 랍비들의 말을 인용한 많은 내용으로 마무리되었다.

"할례는 위대하다. 이로써 언약은 13번 맺어졌다"("언약"이라는 단어가 창 17장에 13번 등장한다).

"할례는 위대하다. 할례는 안식일의 철저함도 무시한다"(할례는 안식일에 우선한다).

"할례는 위대하며. 할례는 의인 모세 때문이라고 할지라도 한 시간도 중단되지 않았다"(참조. 출 4:24-26).

"할례는 위대하다. 할례는 나병의 징조를 다룬 법들도 무시한다"(참조. *m Negaim* 7:5: "만일 나병이 포피 끝에 나타나더라도 그 사람은 할례를 받을 수 있다").

"할례는 위대하다. 우리 조상 아브라함이 온전히 지킨 모든 종교적인 의무와 상관없이 그는 할례를 받았을 때에야 비로소 '완전하다'고 불렸다. '너는 내 앞에서 행하여 완전하라'[창 17:1]고 기록된 것처럼 말이다."

"할례는 위대하다. 찬양을 받으실 거룩하신 분은 할례만을 위해 그의 세상을 창조하셨다. '여호와께서 이와 같이 말씀하시니라. 내가 주야와 맺은 언약이 없다든지 천지의 법칙을 내가 정하지 아니하였다면'[렘 33:25]이라고 기록된 것처럼 말이다."

바울은 유대인의 할례 의식을 반대하는 어떤 말도 하려고 하지 않았다. 사실 그가 긍정적인 불변화사 μέν("사실")의 사용으로 강조하였듯이, 육체적인 할례 행위와 종교적인 할례 의식은 유대인들 세계에서 "가치가 있었다."[71] 그리고 분명 바울은 할례가 아브라함 및 그의 후손과 맺은 언약에서 하나님이 명하신, 즉 하나님과의 언약 관계에 있다고 주장하는 모든 유대인 남자에게 하나님이 명하신 순종에 대한 인간의 반응이라는 사실에 할례의 가치가 있다고 주장했을 것이다.[72] 바울이 갈라디아에 있는 그의 이방인 회심자들에게 보낸 편지에서 다룬 주제와 달리, 그리스도("메시아")이신 예수를 믿는 믿음으로써 아브라함을 그들의 영적인 아버지로 둠에 따라 아브라함과 그의 "후손(씨)"에게 주신 약속들에 대한 합법적인 수혜자들이 된 이방인 출신의 그리스도인들에게는 이것이 해당하지 않지만 말이다.[73]

그러나 바울이 여기서 지적하려는 것은 로마서 2장 전체에서처럼, 할례는 유대인들이 ἐὰν νόμον πράσσῃς("만일 네가 율법을 '순종할'/'행할' 경우에") 영적인 가치가 있다는 것이다. 바울은 할례의 육체적 가치를 부정하지 않고 다만 율법을 실제로 "순종하고" "지키고" "행하지" 않는다면 할례 그 자체에는 아무런 의미도 없다고 주장한다. 레위기 18:5에 분명히 언급되었듯이 말이다. "너희는 내 규례와 법도를 지키라. 사람이 이를 행하면 그로 말미암아 살리라. 나는 여호와이니라."[74]

2:25b   하지만 바울은 고백만 할 뿐 실천은 하지 않는 유대인들을 계속해서 비난한다: ἐὰν δὲ παραβάτης νόμου ἦς, ἡ περιτομή σου ἀκροβυστία γέγονεν("만일 율법을 범하면 네 할례는 무할례가 되느니라"). 다시 바울은 2인칭 단수 현재 가정법 동사 ἦς와 조건적인 ἐάν("만일")을 사용한다(문자적으로, "만일 네가 ~이어야 한다면" 또는 단순히 "만일 네가 ~이라면"). 여기서 ἐάν이 명사 παραβάτης("범법자", "파기하는 사람")와 소유격 νόμου("율

---

71) 참조. 롬 2:25: περιτομὴ μὲν γὰρ ὠφελεῖ("실제로 할례는 가치가 있다")
72) 참조. 창 17:9-14.
73) 특히 갈 3:6-9, 15-18을 참조하라.
74) 또한 신 30:16도 보라.

법", νόμος와 ὁ νόμος를 동의어로 다룬 위의 본문비평 주를 보라)가 함께 결합된 것
은 "네가 율법의 범법자가 되어야 한다면" 즉 "모세 율법을 파기하는 사람
이라면"으로 이해하는 것이 가장 좋을 것 같다. 이와 같은 진술은 현대의
유대인들에게 그러하듯이, 바울 당대의 유대인에게는 틀림없이 충격이었
을 것이다. 그러나 이것은 일찍이 고린도전서 7:19에 표현되었듯이 할례에
대한 바울의 태도와 전적으로 일치한다. "할례받는 것도 아무것도 아니요,
할례받지 아니하는 것도 아무것도 아니로되 오직 하나님의 계명을 지킬 따
름이니라."[75] 동사 γέγονεν의 완료시제는 계속해서 현재적 실재가 되는
("지금 지속되는 실재") 과거적 실재("되었다")를 표시한다. 그래서 유대인들
은 율법을 범함으로써 "무할례자가 되었으며", 그러한 까닭에 이방인보다
나은 것이 없다. 이방인들은 유대인들에 의해 ἡ ἀκροβυστία("할례를 받지 않
은 사람")로 지정되었다. 이것은 유대인들이 이방인들을 멸시하며 사용한
희롱이나 조소였을 것이다. 아마도 일부 유대 그리스도인들과 유대 그리스
도인들의 신학과 언어에 영향을 받은 로마의 이방인 출신의 그리스도인들
중에 몇몇 사람도 이방인들을 이렇게 불렀을 것이다.

    2:26-27   이곳 2:26-27에 있는 바울의 용어들은 일찍이 2:14-
15에 등장한 것들과 매우 흡사하다. 두 본문에서 바울은 이방인이 모세의
율법을 소유하지도 알지도 않았으면서(2:14-15), 또는 할례를 받지도 않았
으면서(2:26-27) 모세 율법에 표현된 하나님의 의의 표준과 행위를 준수할
가능성에 대해 언급한다. 마찬가지로 두 본문은 모두 이방인이 율법을 지
킬지도 모른다는 가능성을 깊이 생각할 뿐, 실제로 그들이 율법을 지켰다
거나 지킬 수 있었다거나 심지어 그들이 그렇게 행하기를 원했다고 말하지
는 않았다. 첫 번째 본문은 있을지도 모르는 이러한 가능성을 2:14에서 시
간의 불변화사 ὅταν("~할 때마다," "~할 때")을 사용하여 표시한다. 두 번째
본문은 2:26의 조건절에서 불변화사 ἐάν("만일")과 3인칭 단수 현재 가정
법 동사 φυλάσσῃ("그가 지켜야 한다")를 함께 사용한 "3급 조건절"이라는 구

---

75) 또한 갈 5:6; 6:15을 보라.

문 구성의 사용으로 표시한다. 더욱이 두 본문은 각각의 목적에서도 비슷하다. 2:14-15은 하나님 앞에 있는 이방인의 상태에 관해 언급하면서, 하나님이 최후의 심판에서 이방인들보다 자신들에게 더 은총을 베푸실 것이라고 믿는 유대인들을 책망하는 문맥에서 그렇게 한다. 그리고 2:26-27은 할례를 받지 않은 이방인들이 하나님의 율법을 지킬 가능성을 유대인들을 부끄럽게 할 목적으로만 사용한다.

2:26에 제시된 시나리오는 어떤 가상적인 이방인(ἀκροβυστία, "할례를 받지 않은 사람")이 모세 율법의 요구들(τὰ δικαιώματα τοῦ νόμου, "율법의 규율들/계명들")을 어쩌면 지키고 있다는 것이다. 그리고 다음과 같은 질문이 제기된다: οὐχ ἡ ἀκροβυστία αὐτοῦ εἰς περιτομὴν λογισθήσεται;(문자적으로, "그의 무할례가 할례로 인정받을 것이 아니냐?" 또는 좀 더 관용어적으로 표현하자면, "그는 마치 할례를 받은 것처럼 여김을 받지 않겠는가?"). 이 질문에 대한 암시된 대답은 "그렇다"이다.

하지만 바울은 그의 가상의 이방인의 상태에 대해서는 더 자세히 설명하지 않는다. 오히려 그는 율법을 순종하는 이방인을 하나님이 받으실 가능성이 있다는 이 시나리오를 하나님의 율법을 소유하고 천명하지만 그것에 순종하거나 그것을 지키지 않는 유대인과 대조하며 다음과 같이 말한다: καὶ κρινεῖ ἡ ἐκ φύσεως ἀκροβυστία τὸν νόμον τελοῦσα σὲ τὸν διὰ γράμματος καὶ περιτομῆς παραβάτην νόμου("본래 무할례자가 율법을 온전히 지키면 율법 조문과 할례를 가지고 율법을 범하는 너를 정죄하지 아니하겠느냐")라고 말이다. 우리 자신의 타고난 호기심을 충족시키기 위해 우리는 바울이 이러한 이방인의 영적 상태에 대해 더 많은 것을 이야기해주기를 바랄 것이다. 하지만 조세프 피츠마이어가 바울의 말을 풀어쓴 것처럼, 바울이 실제로 말하는 것은 단지 "자신의 양심을 따르고 그로써 율법의 여러 조문에 순종하는 할례를 받지 않은 이방인은 율법을 범하는 할례받은 유대인을 정죄할 것이다"라는 것이다.[76]

---

76) Fitzmyer, *Romans*, 322.

    여기서 바울이 말하는 것은 하나님의 백성의 마음의 완악함과 비교하
여 니느웨의 비유대인들의 회개에 대해 예수가 말씀하신 것과 매우 비슷
하다. "심판 때에 니느웨 사람들이 일어나 이 세대 사람을 정죄하리니, 이
는 그들이 요나의 전도를 듣고 회개하였음이거니와 요나보다 더 큰 이가
여기 있느니라."[77] 그 성경 이야기에 대한 예수의 논평이나, 이방인들에 대
한 바울의 진술은 자신이 하나님에 대해 알고 있는 것에 근거하여 하나님
께 긍정적으로 반응하는 비유대인들을 하나님이 어떻게 보시는지에 대해
서는 아무것도 우리에게 말해주지 않는다. 그들이 창조에 나타난 하나님의
계시로 알게 되었든지(롬 1:19-20에서처럼), "그들의 마음에 기록된 율법"으
로부터 알게 되었든지(롬 2:15a에서처럼), 또는 그들을 고발하거나 변명하는
그들 자신의 양심의 행동으로부터 알게 되었든지(2:15b에서처럼) 말이다. 오
히려 누가복음 11:32에 기록된 예수의 논평과 이곳 로마서 2:27에 기록된
바울의 진술의 목적은 하나님의 뜻을 안다고 고백은 하지만 행하지는 않는
유대인들에 대한 하나님의 올바른 심판을 선포하는 것이다.
    "심판"에 대한 강조는 2:27의 이 문장 맨 처음에 등장하는 3인칭 단수
미래 능동태 직설법 동사 κρινεῖ("그가 심판하실 것이다", "정죄하실 것이다")의
등장으로 전면에 드러난다. 더욱이 "기소하는 심판" 또는 "정당한 정죄"와
같은 심판의 중요성은 문맥으로 분명히 제시된다. 반면에, 이와 같은 정죄
가 발생하는 시기는 모든 사람이 하나님께 받게 되는 최후의 종말론적 심
판 때라고 추정할 수 있다. 명사 φύσις("본성")는 사람의 본성으로 사용되
는 경우에는 사람의 "천부적인 품성" 또는 "육체적인 상태"를 의미하며, 그
래서 전치사구인 ἐκ φύσεως는 "그 사람의 육체적인 상태와 관련하여" 또
는 단순히 "육체적으로"라고 번역하는 것이 가장 좋을 것 같다.
    바울은 이곳 2:27에서 단수 소유격 명사 περιτομῆς("할례")와 병행하
며 여기서는 "할례를 행함"을 의미하는 단수 소유격 γράμματος("문자")를
성경의 계명을 지칭하며 사용한다(그리고 2:29에서는 단수 여격 명사가 사용됨).

---

77) 눅 11:32.

이 단어는 "기록된 법령"으로 번역하는 것이 가장 좋을 것 같다. 관사 τά가 있든 없든 그리고 형용사 ἱερά가 있든 없든 간에 τά ἱερά γράμματα ("거룩한 글들")는 그리스어를 말하는 유대인들 사이에서 일반적으로 자신들의 성경을 가리키기 위해 사용되었다.[78] 하지만 필론은 관사가 있든 없든 단수형 γράμμα를 유대인의 성경 전체, 출애굽기와 신명기에 표현된 십계명, 또는 그러한 성경 안에 있는 단 한 구절을 가리키기 위해 사용했다.[79] 바울은 그의 편지 여러 곳에서 단수 γράμμα ("문자")를 πνεῦμα ("영" 또는 "성령")와 대조하여 모세 율법, 특히 십계명의 규율들을 지칭하기 위해 사용한다.[80]

2:28-29a 바울은 유대인과 유대교 율법주의에 대한 자신의 비난을 이중 형식으로 선언함으로써 마무리한다. 첫째는 부정적 형식인 οὐ γὰρ ὁ ἐν τῷ φανερῷ Ἰουδαῖός ἐστιν οὐδὲ ἡ ἐν τῷ φανερῷ ἐν σαρκὶ περιτομή ("무릇 표면적 유대인이 유대인이 아니요, 표면적 육신의 할례가 할례가 아니니라")이며, 그다음은 긍정적 형식인 ἀλλ' ὁ ἐν τῷ κρυπτῷ Ἰουδαῖος, καὶ περιτομὴ καρδίας ἐν πνεύματι οὐ γράμματι ("오직 이면적 유대인이 유대인이며 할례는 마음에 할지니 영에 있고 율법 조문에 있지 아니한 것이라")다.

2:28의 후치사 γάρ는 설명과 결론의 의미로 사용되었다. 하지만 이 접속사가 (할례의 문제를 다루는) 2:25-27과 관련해서 그런 역할을 하는지, 아니면 (유대인의 관습에 대해 훨씬 더 많은 내용을 언급하는) 2:28-29과 관련해서 그렇게 사용되는지를 두고 질문이 남는다. 본문이 2:17에서 유대인의 정체성을 다룬 질문으로 시작하여 2:28-29에서 동일한 유형의 질문("'표면적'이며 '육체적인' 할례를 받은 사람이 유대인이냐? 아니면 '마음의 내적인' 할례를 경험한 사람이 유대인이냐?")으로 마치는 통일된 총체이므로, 2:28 처음에 등장하는 γάρ는 전체 본문의 결론을 소개하는 것으로 이해하는 것이 가장 좋을 것 같고, 그래서 영어 번역에서는 본문의 마지막 두 절로 구성된 문단을 들여

78) 참조. Josephus, *Antiquities* 10.10.4; 13.5.8; 20.12.1.
79) Philo, *De migratione Abrahami* 15.85; 25.139; *De congressu eruditionis gratia* 12.58.
80) 참조. 롬 7:6; 고후 3:6-8.

쓰기로 제시할 수 있다.

이 마지막 문단에서 바울은 외적이고 육체적인 할례와 내적이고 영적인 할례 또는 그가 2:29에서 명명한 "마음의 할례"를 대조한다. 마음의 할례는 "영에 있고 율법 조문에 있지 아니한" 할례다. 그래서 세 개의 반제가 제시되었다. (1) ἐν τῷ φανερῷ("겉으로 보이는", "외적인")와 ἐν τῷ κρυπτῷ("감춰져 있는", "내적인")의 대조, (2) ἐν σαρκί("육에 있는", "육체적인")와 καρδίας("마음의")의 대조, 그리고 [ἐν] γράμματι("조문에 의한", "율법 조문")와 ἐν πνεύματι("성령에 의한")의 대조 등이다. 제2성전기의 다양한 문헌뿐만 아니라 유대교 성경(구약)에도 할례의 외적인 표지는 마음의 내적인 할례를 동반해야 한다고 주장하면서 이런 구별이 제시되어 있다. 몇 가지 예를 들어보겠다.

레 26:40-42: "그들이 나를 거스른 잘못으로 자기의 죄악과 그들의 조상의 죄악을 자복하고 또 그들이 내게 대항하므로, 나도 그들에게 대항하여 내가 그들을 그들의 원수들의 땅으로 끌어갔음을 깨닫고 그 할례 받지 아니한 그들의 마음이 낮아져서 그들의 죄악의 형벌을 기쁘게 받으면, 내가 야곱과 맺은 내 언약과 이삭과 맺은 내 언약을 기억하며 아브라함과 맺은 내 언약을 기억하고 그 땅을 기억하리라."

신 10:16: "그러므로 너희는 마음에 할례를 행하고 다시는 목을 곧게 하지 말라."

신 30:6: "네 하나님 여호와께서 네 마음과 네 자손의 마음에 할례를 베푸사 너로 마음을 다하며 뜻을 다하여 네 하나님 여호와를 사랑하게 하사 너로 생명을 얻게 하실 것이며."

렘 4:4: "유다인과 예루살렘 주민들아! 너희는 스스로 할례를 행하여 너희 마음 가죽을 베고 나 여호와께 속하라. 그리하지 아니하면 너희 악행으로 말미암아 나의 분노가 불같이 일어나 사르리니, 그것을 끌 자가 없으리라."

렘 9:25-26: "여호와의 말씀이니라. '보라! 날이 이르면 할례받은 자와 할례받지 못한 자를 내가 다 벌하리니, 곧 애굽과 유다와 에돔과 암몬 자손과 모압과 및 광야에 살면서 살쩍을 깎은 자들에게라. 무릇 모든 민족은 할례를 받지 못하였고 이스라엘은 마음에 할례를 받지 못하였느니라' 하셨느니라."

「희년서」 1:23: "이[이스라엘의 회개와 죄 고백] 후에 그들은 올바름과 모든 마음과 모든 혼을 다해 내게로 돌아올 것이다. 그러면 나는 그들과 그들의 후손의 마음의 포피에 할례를 행할 것이다. 그리고 나는 그들 안에 거룩한 영을 창조할 것이며, 그들을 깨끗하게 하여 그들이 영원히 내게서 돌아서지 않게 할 것이다."

1QpHab 11.13(합 2:16에 대한 주석): "이 해석은 자기 마음의 포피에 할례를 행하지 않음으로써 자신의 부끄러움이 자신의 영광을 능가한 제사장에 관한 것이다."

그래서 바울은 "성령으로 말미암은" "마음의 내적" 할례의 필요성에 대해 말하면서 구약성경과 당대의 경건한 여러 유대인 선생들과 의견을 완전히 같이한다. 바리새파 유대교로 불릴 수 있는 주류에서뿐만 아니라 다양한 형태의 유대교 종파들 중에서도 말이다. 이것은 바울의 로마 수신자들도 틀림없이 받아들였던 중요한 특징이었을 것이다. 수신자들 각각의 인종적인 배경이 어떠하든지 간에 그들은 다 구약성경의 개념과 주제와 언어에 뿌리를 둔 유대 기독교적 교훈에 광범위하게 영향을 받았다. 그리고 그것은 바울이 일반적인 기독교의 선포를 설명하는 3:21-4:25에서, 그의 독특한 메시지를 제시하는 5:1-8:39에서, 그리고 기독교 복음과 이스라엘의 미

래간의 관계를 이해하는 "남은 자 신학"을 전개한 9:1-11:36에서 강조하기
를 원했던 것이다.

2:29b　　바울은 다음과 같은 진술로 참 유대인 묘사를 마무리한다:
οὗ ὁ ἔπαινος οὐκ ἐξ ἀνθρώπων ἀλλ᾽ ἐκ τοῦ θεοῦ("그 칭찬이 사람에게서
가 아니요, 다만 하나님에게서니라"). 사실은 관계대명사 ὅς("누구", "어느 것", "무
엇")의 소유격인 부사 οὗ는 여기서 비유적인 의미로 어떤 것 또는 어떤 사
람의 환경이나 상황을 암시하기 위해 사용되었다. 그래서 이 단어는 "그런
사람"이라고 번역하는 것이 최상일 것이다. 이 진술이 어떻게 앞뒤 문맥에
적절한지 질문이 제기될 수 있다. 더욱이 그 진술이 2:2과 2:11에서처럼 모
든 면에서 유대교의 금언으로 보인다는 점을 주목할 수 있다. 그러므로 주
석가들 중에는 본문의 이 마지막 진술의 목적과 기능에 대해 약간의 불확
실함이 있었다.

　그러나 수많은 학자가 주목했듯이, 그리스어 단어 ἔπαινος("찬송", "인
정")에는 Ἰουδαῖος("유대인")라는 이름에 대한 유대인들의 언어유희가 반
영되었을 개연성이 있다는 사실을 인정할 필요가 있다. "유대인"이라는 이
름(히브리어로, יהודי)이 족장의 이름인 "유다"(יהודה)에서 유래했지만, 유대
인의 대중적인 신학에서 יהודה는 어원학적으로 동사 ידה의 히필형 또는 수
동태형("찬송을 받다")과 연결되었을 것이다. 이러한 결합은 유다의 어머니
레아가 창세기 29:35에서 유다가 태어났을 때 한 말과 그의 아버지 야곱이
창세기 49:8에서 그의 아들에게 유언하면서 언급한 진술에서 유래한다.[81]
그리고 실제로 이러한 언어유희가 로마서 2:29b에 반영되었다면, 바울은
2:17-29에서 유대인들과 유대인들의 실패를 다루는 그의 모든 논의를 일
단락 지을뿐더러 2:25-29에서 할례를 다룬 내용을 마무리하면서, 이곳에
서 하나님께 칭찬을 받는 것이 오직 마음의 할례뿐이라고 상기시킨 것으로

---

81) Sanday and Headlam, *Romans*, 68은 E. H. Gifford가 1881에 쓴 로마서 주석(*Romans*)
　　이 "여기서 '유대인'이라는 이름으로 유다 = '찬송하다'라고 분명히 언어유희를 사용한
　　것이라고 지적한 첫 번째 예"라고 인정한다. 그러나 첫 번째 예로 더 개연성이 높은 것은
　　1835년에 출간된 R. Haldane의 로마서 주석이다.

보인다. 이 점은 "유대인"이라는 바로 그 이름이 족장의 이름 "유다"와 연결되어 있고, 히브리어 동사 "찬송하다"가 히필형 또는 수동태형으로 등장하는 것에 암시되었다.

할례를 다룬 본문(과 좀 더 광범위하게 말해서 유대인의 자기 정체성과 그들의 실패를 대조한 본문)을 이런 식으로 마무리하고 유대인과 찬송을 이런 식으로 연결하여 언어유희를 하는 것은 기독교 주석가들에게는 약간은 낯설어 보일지도 모른다. 하지만 바울은 2:29b의 이 결론적인 진술이 로마의 그리스도인 수신자들에게 의미 있는 것이라고 생각했음이 분명하다. 그들은 (우리가 앞에서 주장한 것처럼) 유대 기독교의 개념과 주제와 표현에 광범위하게 영향을 받은 것 같다. 더욱이 그 진술이 원래 유대의 금언이었는데 나중에 유대 기독교에 전달되어 로마의 그리스도인들에게 알려진 것이라면(우리가 여기서 그럴 가능성이 크다고 제안하고 있듯이), 바울이 로마에 있는 그의 그리스도인 수신자들에게 이 진술이 강력한 효과를 지닐 것을 기대하고, 2:25-29a에서 그가 말한 모든 것과 할례에 대한 그의 논제를 그 수신자들 중에서 확립하며, 일찍이 2:17-24에서 유대인들과 그들의 실패에 대해 그가 말한 모든 것을 지지하는 데 도움을 줄 것을 기대하면서 이 진술을 사용했다고 추측할 수 있다. 이 금언적인 어록에서 말하는 것은 모든 참 유대인에 관해 매우 중요한 것을 부각시키며, 그래서 결과적으로 예수를 믿는 유대인이든 이방인이든 간에 모든 참 신자에 관해 대단히 중요한 점, 즉 "이와 같은 사람의 칭찬은 다른 사람에게서가 아니라 하나님에게서 나온다"라는 점을 강조한다.

성경신학

인정하건대, 영적인 실패와 윤리적인 실패에 거의 전적으로 초점을 맞춘 본문으로부터 끌어낼 수 있는 긍정적인 교훈은 많지 않다. 하지만 이와 같은 비난적인 진술과 질문과 설명에서 배울 수 있는 진리가 있고, 따라서 모든 그리스도인이 반추하고 묵상할 가치가 있는 중요한 특성들이 있다. 마찬가지로 모든 기독교 성경신학에서 진지하게 고려해야 할 필요가 있는 진술들도 존재한다.

유대교의 도덕적 역량과 유대인의 영적·도덕적 실패. 2:17-29에 언급
된 유대인들의 영적, 도덕적인 실패에 대한 바울의 매우 혹독한 비평을 어
떻게 이해해야 하는지는 대부분의 주석가들의 문제가 되었다. 왜냐하면 유
대교의 많은 신봉자의 윤리적인 삶뿐만 아니라 유대교의 도덕적인 역량이,
바울 당대의 수많은 이방인, 즉 유대교로 "개종한 사람들"이 된 이방인뿐만
아니라 이교도 이방인으로서 "하나님을 경외하는 사람들"도 유대교에 매
력을 느끼게 했기 때문이다. 바울이 몇 가지 극단적인 예를 과장하거나 그
런 예를 일반화시키고 있는가? 몇 사람의 실패로 인해 모든 유대인이 자격
이 없다고 한 것인가? 또는 이 본문에 기록된 것을 로마서의 다른 곳에서
바울이 가르친 내용과 완전히 모순되는 것으로 보아야 할 것인가? 그래서
이 본문을 다음과 같이 이해해야 하는가? (1) 일부 헬레니즘적 유대 선교사
의 자료에 의존한 후대의 주석자에 의해 삽입된 것으로,[82] 또는 (2) 바울이
본질적인 것은 바꾸지 않은 채 로마인들과 함께했던 디아스포라 유대교의
하나 이상의 회당에서 추론한 설교 자료에 들어 있는 것으로,[83] 또는 (3) 모
세 율법을 지키는 유대인들의 능력과 관련한 바울의 "분열된 마음"의 결정
체로서, 여기서 유대 국가를 전체적으로 정죄하는 매우 논쟁적인 "선전용
명예 훼손"을 초래한 것으로 말이다.[84]

하지만 바울의 진술과 질문은 여기서 당대의 비슷한 수사적 수식으로
가득한 고발의 문맥에 비춰 이해해야 할 필요가 있다. 안톤 프리드리히센
이 1927년에 지적했듯이,[85] 기원후 1세기 후반에 활동했던 스토아 철학자
인 에픽테토스가, 스스로 스토아 학파에 속한다고 칭했지만 실제로는 자신
의 고상한 이상과는 거리가 먼 삶을 살았던 사람을 이와 비슷한 방식으로

---

82) O'Neill, *Romans*, 41-42, 49, 53-54, 264-65.

83) E. P. Sanders, *Paul, the Law, and the Jewish People*, 123, 129.

84) Räisänen, *Paul and the Law*, 100-107.

85) A. Fridrichsen, "Der wahre Jude," 45.

혹평했다.[86] 더 중요하게도 유대교 성경(구약)은 제2성전기에 다른 수많은 유대 작가들이 그러했듯이,[87] 당대 하나님의 백성들의 영적이고 도덕적인 실패를 강력히 비난했다.[88] 예수도 당시의 바리새인을 모두 비난하신 것으로 묘사된다.[89] 그리고 탈무드와 그 밖에 여러 랍비 문헌에는 다양한 랍비들이, 고백한 것을 실천하지 않은 모든 사람을 포괄적으로 비판했다고 말하는 여러 본문이 있다.[90] 그래서 바울이 이곳 로마서 2:17-29에서 유대인들과 그들의 실패를 가차 없이 비난하는 부분을 유대인들을 다 싸잡아서 비난하고 유대교와 연결된 모든 것을 포기하기를 원했던, 배교한 한 유대인의 어떤 기이한 아우성으로 봐서는 안 될뿐더러, 어떤 형태든 반유대주의를 정당화하는 내용으로 여기지도 말아야 한다. 오히려 이 본문에서 바울의 비난어린 진술과 질문과 설명은 확신과 열정을 가지고 어떤 화자나 저자의 책망과 권면을 표현하기 위해 당대에 일반적이었던 수사적 문체의 맥락에서 제시된 것으로 봐야 한다. 바울이 로마의 그리스도인 수신자들에게 분명히 전달하고 싶었던 것은 자신이 예언자로서 그들에게 글을 쓰고 있다는 것이었다. 그의 의도나 의미에 대해서는 그의 수신자들 중에서 한 점의 의혹도 없었을 것이다.

제임스 던이 적절히 관찰한 것처럼, "바울이 겨냥했던 대상은 개별적 유대인이 아니라 율법으로 말미암아 윤리적인 특권의 지위에 있다는 유대인들의 확신이다."[91] 던이 계속해서 바르게 설명했듯이, 바울의 요지는 "그들의 율법이 분명히 금지하는 것을 행하는 유대인들이 있다는 바로 그 사실이, 율법의 사람들이 되었다는 것 때문에 유대인 자체가 우월적인 위치에 있다거나 비유대인들보다 유리하다는 확신을 약화시키기에 충분했을

---

86) Epictetus, *Dissertations* 2.19.19-28; 3.7.17; 3.24-40.
87) *Pss Sol* 8:8-14; *T Levi* 14:4-8; CD 6.16-17; 또한 Philo, *De confusione linguarum* 163도 보라.
88) 참조. 사 3:14-15; 렘 7:8-11; 겔 22:6-12; 말 3:5; 또한 시 50:16-21의 아삽을 보라.
89) 참조. 마 23:1-36//눅 11:39-52.
90) 참조. Billerbeck, *Str-Bil*, 3.105-111.
91) Dunn, *Romans*, 1.114; 그는 "특히 Wilckens"를 인용한다.

것이다."[92] 그러므로 모든 기독교적 성경신학에서 다음과 같은 내용을 분명하게 주목하는 것이 중요하다. (1) 하나님은 어떤 사람의 배경, 특권, 지위, 또는 심지어 그 사람이 하나님과 그분의 뜻을 긍정한다는 사실로 인해 사람을 가리지 않으시며, (2) 하나님은 그분의 뜻을 실제로 행하는 것을 비롯하여 자신에게 사랑으로 반응하는 사람을 찾으신다.

이방인들 그리고 하나님께서 그들을 받으심. 2:14-15에 있는 바울의 진술과 관련해서도 제기되었듯이, 이 본문 곧 2:26-27의 바울의 진술에서 지속적으로 제기되는 또 다른 질문은 이것이다. 바울은 이방인들이 그들이 알던 법을 그들의 방식대로 순종했기에 하나님이 받으셨다고 가르치는가? 물론 이 질문에는 심오한 함의가 있다. 그런데 여기서 즉시 지적해야 할 점은, 우리가 2:14-15과 2:26-27의 "석의와 주해"에서 설명했듯이, (이방인들을 총체적으로 언급하는) 그 본문이나, (하나님 율법의 기본 교리를 지킬 수도 있는 몇몇 가상적인 이방인들에 대해 말하는) 이곳 2:26-27 어느 곳에서도 바울은 이방인들이 하나님 앞에서 무죄로 인정받기 위해 모세 율법에 충분히 표현된 하나님의 뜻을 실제로 지켰다거나 지킬 수 있었다고 말하지 않는다. 오히려 일찍이 바울은 그의 주요 논제 차원에서 유대인이나 이방인이 하나님의 의를 필요로 한다는 것을 수사적으로 말했다. 비록 이곳에서 그가 이러한 시나리오를 사용하여 유대인들의 영적인 실패와 도덕적인 실패에 대해 그들을 부끄럽게 하려고 하지만 말이다.

우리는 오늘날 그리스도인으로서 이른바 "비종교인 문제"로 어려움을 겪을 수 있다. 우리는 합리주의자들로서 우리 자신이 만든 가상적인 정답을 제시하려고 할지도 모른다. 또는 우리는 운명론자들로서 우리 외의 모든 사람이 천벌을 받을 것이라고 정죄할 수도 있다. 하지만 이 문제를 바라보는 바울의 견해는 두 가지인 것 같다. (1) 하나님의 심판과 관련하여, 바울은 족장 아브라함처럼 "심판하시는 이가 정의를 행하실 것이다!"라고 확

---

92) Dunn, *Romans*, 1.114.

신했다.[93] (2) 자신의 권한과 관련하여, 바울은 "모든 이방인 중에서 사람들을 믿음으로 말미암은 순종으로 부르"[94]기 위해, 자신이 예수 그리스도의 사역과 인격에 초점을 둔 하나님의 복음을 선포하는 사도로서 하나님으로 말미암아 임명을 받았다고 확신하기도 했다. 이 두 가지 확신이 바울의 마음에서 어떻게 상호 반응하고 작용했는지에 대해서는 우리로서는 아는 바가 없다. 확실한 점은 첫 번째 내용으로 인해 두 번째 내용이 효력을 잃지 않는다는 것과, 두 번째 내용으로 인해 첫 번째 내용이 파기되지도 않는다는 사실이다. 어느 기독교 성경신학에서라도 이 두 확신은 늘 생각과 행동의 기본 특징으로 고려되어야 한다.

육신의 할례와 성령으로 말미암는 마음의 할례. 바울이 2:25-29에서 육체적 "할례"와 "성령으로 말미암는 마음의 할례"로 전하려고 한 의미가 무엇인지를 두고 기독교 해석자들 사이에서 굉장히 많은 논의가 진행되었다. 그가 선포하던 것은 "참" 유대인은 성령으로 말미암아 마음에 할례를 행한 그리스도인이기에 능력 주시는 성령님으로 말미암아 율법에 순종할 수 있다는 것이었는가? 아니면 육체적으로 할례를 받았지만 마음에 할례도 받아야 하는 유대인들에 대해서만 말하는 것인가? 그렇다면 그가 유대인들에게 말하고 있는 이 원리를 그리스도인들에게도 적용한다는 것인가? 이것은 그리스도인의 이해에 매우 핵심이 되며, 수세기를 내려오면서 온갖 종류의 기독교 신학자들이 논의해왔던 문제다. 따라서 이것은 기독교 성경 신학에서 매우 중요한 문제다.

논의와 관련한 쟁점들은 늘 분명히 정의되지는 않았지만 초기 교부들 중에서는 매우 중요한 문제였다. 일례로, 알렉산드리아 기독교의 해석에 가장 심대한 영향을 끼쳤던 오리게네스는 바울이 2:25-29에서 그리스도인들에 대해 말하고 있다고 이해하고는 할례를 알레고리적으로 "세례의 은혜"로 말미암아 발생하는 "영혼의 정화와 모든 악의 제거"를 의미한다고 해석

---

93) 창 18:25.
94) 참조. 롬 1:1-5; 또한 고전 1:17-2:5도 보라.

했다.[95] 더욱이 오리게네스는 바울의 γράμμα("문자" 또는 "율법 조문") 사용
이 성경의 문자적 의미를 가리키고, πνεῦμα("영") 사용이 성경의 영적·알
레고리적 의미를 가리킨다고 보았다.[96]

반면에, 안디옥 기독교의 선두적인 주석가이며 알렉산드리아 기독교
의 알레고리 해석에 반대하는 입장에 서 있던 요안네스 크리소스토모스는
할례를 유대인들의 문자적이며 육체적인 종교 의식으로 이해했고, 그래서
바울이 2:25-29에서 기록한 것을 다음과 같이 설명한다.

바울은 할례의 가치를 이론적으로는 용납했지만 실천에 있어서는 그것을
폐기했다. 할례는 할례받은 사람이 율법을 지킬 경우에만 유용하기 때문
이다.…그러나 할례를 받은 사람이 율법을 파기한다면 그 사람은 실제로
는 무할례자다. 그리고 바울은 그를 주저하지 않고 정죄한다.[97]

바울은 선한 행위를 하는 무할례자에게서 할례자에게로 관심을 옮기고 할
례를 받은 사람이 더러운 삶을 살아 무할례자의 수준으로 떨어졌다고 설
명하고 나서, 육신적으로 무할례 상태를 선호한다고 진술한다.[98]

바울은 이것[즉 "참 할례는 마음의 할례다"]을 진술함으로써 단지 몸에
속한 모든 것을 제쳐둔다. 할례는 겉으로 하는 것이다. 안식일, 제사, 정결
례 등도 마찬가지다.…육체의 할례는 반드시 제쳐두어야 하며, 선한 삶의
필요성은 어느 곳에서나 입증되기 마련이다.[99]

---

95) Origen, *Ad Romanos* (PG 14,899; CER 1,248-58).

96) Origen, *Ad Romanos* (PG 14,899; CER 1,248-58); 또한 같은 저자, *Contra Celsum* 6,70
(GCS 3,140,16)을 보라. 참조. Athanasius, *Ep 1 ad Serapionem* 8 (PG 26,549).

97) Chrysostom, *Homilia XXXII ad Romanos* (PG 60,435; "Homilies," in *Nicene and Post-
Nicene Fathers*, 11,370).

98) Chrysostom, *Homilia XXXII ad Romanos* (PG 60,436; "Homilies," in *Nicene and Post-
Nicene Fathers*, 11,370-71).

99) Chrysostom, *Homilia XXXII ad Romanos* (PG 60,436-37; "Homilies," in *Nicene and Post-
Nicene Fathers*, 11,371).

4세기의 신비스러운 주석가였던 암브로시아스테르는 알렉산드리아의 알레고리적 해석과 안디옥의 역사적 해석의 중간 입장을 개진하려 노력한 것같다. 특히 그는 유대교 할례의식의 외적·육체적 특성을 붙들고 있지만, 동시에 "마음의 할례"와 "율법을 지키는 것"을 "그리스도를 믿는 것"과 동등한 것으로 이해한다.

> 율법을 준수한다면 가치가 있다고 자신이 말한 것을 바울이 금지한 이유는 무엇인가? 바울은 율법을 지키지 않는다면 유대인들이 사실상 이방인이 된다고 말함으로써 대답한다.…하지만 율법을 지키는 것은 아브라함에게 약속하신 그리스도를 믿는 것이다.…율법에 구원에 대해 언급된 것은 모두 그리스도를 가리키기 때문이다. 그래서 그리스도를 믿는 사람은 율법을 지키는 자다. 그런데 만일 그가 믿지 않는다면, 율법을 범하는 자다. 그리스도를 받아들이지 않았기 때문이다.[100]

이 다양한 견해들이 수세기를 내려오면서 온갖 종류의 기독교 신학자들과 주석가들에 의해 표현되고 반복되었다. 하지만 바울이 2:17-29에서 기록한 것은 1:18-3:20에서 제시한 그의 총체적인 주장에 속하는 일부에 불과하다는 점을 주장할 필요가 있다. 1:18-3:20은 다음과 같은 점에 대한 배경을 제공할 목적으로 모든 사람의 보편적인 죄성을 제시한다. (1) 3:21-4:25에서 설명하는 "예수 그리스도를 믿는 믿음으로 말미암아 모든 믿는 자"에게 주시는 의에 대한 보편적인 기독교 메시지와, (2) 5:1-8:39에서 논의하는 이방인 세계에서 행한 그 복음 선포에 대한 바울 특유의 상황화 등이다. 바울이 말하는 것은 그리스도인들에 관한 베일에 싸이거나 알레고리화된 메시지가 아니다. 오히려 바울이 이 본문에서 기록한 것은 유대인과 그들의 영적 실패와 도덕적 실패에 관한 것이다. 그렇지만 유대인들과 그들의 실패에 관한 이 구체적인 메시지의 저변에 깔려 있는 것은 그리스도인들에게도

---

100) Ambrosiaster, *Ad Romanos*, CSEL 81.84.

적용되는 매우 중요한 원리다. 그리스도인이라고 고백하는 사람들은 외적인 형식이나 겉으로 보이는 모습만을 의지해서는 안 된다. 이런 것들이 역사적으로나 문화적으로 중요한 요인들일 수 있겠지만 말이다. 그리스도인들은 외적으로만 아니라 마음으로부터도 주 예수 그리스도를 참으로 따라가는 사람이 되어야 한다. 율법 조문이 아니라 성령의 인도를 받아, "이런 사람들의 칭찬은 다른 사람에게서 나오는 것이 아니라 하나님에게서 나온다"는 것을 인식하면서 말이다. 이것은 진정한 기독교 성경신학을 구성하고 실행하는 데 있어 필수적인 원리다.

현대를 위한 상황화

바울이 2:17-29에서 유대인들을 비난하면서 말하는 모든 내용은, 확대하자면 사람들이 가지고 있는 모든 형식의 확신과 구체적으로는 특히 그리스도인들의 확신 및 삶에 적용할 수 있다. 어떤 사람을 참 그리스도인으로 만드는 것은 기독교 복음의 메시지를 단순히 소유하고 알며 믿는 것이 아니기 때문이다. 그것은 그리스도 예수를 통해 마음에서 우러나와 하나님께 적극적으로 반응하고, "그리스도의 복음"에 표현된 하나님의 뜻을 행하며, 우리의 삶을 지도하고 우리에게 능력을 주시는 하나님의 영에 마음을 여는 것이기도 하다.

우리는 모두 그리스도인으로서 유대교의 왜곡과 실패를 너무도 쉽게 알아보고, 그런 점에서 다른 종교의 실패도 쉽게 파악할 수 있다. 바울은 유추를 통해 우리에게 교훈한다. 우리는 "그리스도 안에서 하나님"께 헌신한 사람들로서 고백과 실천 사이에 있는 우리 삶의 불일치를 끊임없이 주의해야 하고, 회개와 고백을 통해 이 문제를 하나님 앞에 가져가야 한다고 말이다. 더욱이 우리는 주장과 행동 간의 중요한 불일치만 기독교 메시지를 부끄럽게 하는 것이 아니라, "포도원을 망치는 작은 여우들"도 그렇게 한다는 것을 항상 인정해야 한다.

5. 하나님 앞에서 유대인의 처지(3:1-20)

번역

^{3:1}그런즉 유대인의 나음이 무엇이며, 할례의 유익이 무엇이냐? ²범사에 많으니, 우선은 그들[유대인들]이 하나님의 말씀을 맡았음이니라.

³어떤 자들이 믿지 아니하였으면 어찌 하리요? 그 믿지 아니함이 하나님의 미쁘심을 폐하겠느냐? ⁴그럴 수 없느니라! "사람은 다 거짓되되, 오직 하나님은 참되시다" 할지어다. 기록된 바,

> "주께서 주의 말씀에 의롭다 함을 얻으시고
> 판단 받으실 때에 이기려 하심이라" 함과 같으니라.

⁵그러나 우리 불의가 하나님의 의를 드러나게 하면 무슨 말 하리요? [내가 사람의 말하는 대로 말하노니] 진노를 내리시는 하나님이 불의하시냐? ⁶결코 그렇지 아니하니라. 만일 그러하면 하나님께서 어찌 세상을 심판하시리요? ⁷그러나 나의 거짓말로 하나님의 참되심이 더 풍성하여 그의 영광이 되었다면 어찌 내가 죄인처럼 심판을 받으리요? ⁸또는 그러면 "선을 이루기 위하여 악을 행하자" 하지 않겠느냐? 어떤 이들이 이렇게 비방하여 우리가 이런 말을 한다고 하니 그들은 정죄 받는 것이 마땅하니라.

⁹그러면 어떠하냐? 우리[유대인들]는 나으냐? 결코 아니라. 유대인이나 헬라인이나 다 죄 아래에 있다고 우리가 이미 선언하였느니라. ¹⁰기록된 바,

> "의인은 없나니 하나도 없으며,
> ¹¹깨닫는 자도 없고,
> 하나님을 찾는 자도 없고,
> ¹²다 치우쳐
> 함께 무익하게 되고

선을 행하는 자는 없나니

하나도 없도다.”

[13]“그들의 목구멍은 열린 무덤이요,”

“그 혀로는 속임을 일삼으며”

“그 입술에는 독사의 독이 있고”

[14]“그 입에는 저주와 악독이 가득하고”

[15]“그 발은 피 흘리는 데 빠른지라.”

[16]“파멸과 고생이 그 길에 있어,

[17]평강의 길을 알지 못하였고”

[18]“그들의 눈앞에 하나님을 두려워함이 없느니라” 함과 같으니라.

[19]우리가 알거니와 무릇 율법이 말하는 바는 율법 아래에 있는 자들에게 말하는 것이니, 이는 모든 입을 막고 온 세상으로 하나님의 심판 아래에 있게 하려 함이라.

[20]그러므로 “율법의 행위로 그의 앞에 의롭다 하심을 얻을 사람이 하나도 없나니”, 율법으로는 죄를 깨달음이니라.

본문비평 주

3:1   명사 ὠφέλεια(“사용”, “이익”, “가치”)에 관사 ἡ(“그”)가 포함된 독법은 대문자 사본 ℵ^c A B D Ψ와 소문자 사본 33(범주 I), 1506 1881 2464(범주 II), 그리고 6 69 88 104 326 330 365 614 1319 1573 1735 1874 2344(범주 III) 등으로 광범위한 지지를 받는다. 대문자 사본 ℵ* G와 소문자 사본 323 1241 1505 2495(범주 III)에 관사가 생략된 것은 중자 탈락으로 인한 필경사의 실수 탓일 것이다. 이를 ℵ^c가 분명하게 교정하려 했다.

2a절   번역하기가 난해한 πρῶτον μέν(문자적으로, “정말로 먼저”)이라는 표현은 그리스어 본문 전통에서 매우 광범위한 지지를 받고 있다. 하지만 이 어구는 10세기 소문자 사본 1737(범주 I)과 13세기 소문

자 사본 6(범주 III)에는 생략되었다. 이 두 사본은 그 대신에 πρῶτοι γὰρ ἐπιστεύθησαν("왜냐하면 그들은 그것을 맡은 첫 번째 사람들이기 때문이었다")으로 읽는다. 이러한 이문이 발생한 것은 난해한 πρῶτον μέν 독법을 문학적으로나 문체적으로 개선하려는 시도 때문만은 아닌 것 같다. 가장 가능성이 큰 것은 신학적인 동기였을 것이다(아래 "석의와 주해"를 보라).

2b절   후치사 γάρ("이는")는 대문자 사본 א A D²(또한 *Byz* K L)와 소문자 사본 33 1175(범주 I), 1506 2464(범주 II), 그리고 69 88 104 323 326 330 365 614 1319 1735 1874 2495(범주 III)에 등장한다. 또한 이 단어는 sy^h 와 cop과 같은 역본들에도 반영되었다. 하지만 이 단어는 B D* G Ψ와 대부분의 비잔틴 계열의 소문자 사본들에 생략되었고, 역본 sy^p와 bo^mss에서는 번역되지 않았다. 그러므로 사본 증거는 거의 동등하게 두 편으로 갈린다. 그러나 이 구절의 후반부가 강력한 대답 πολὺ κατὰ πάντα τρόπον("모든 면에서 많다")의 설명으로 제시되었기에, 누구나 이 문장 처음에 등장하는 γάρ("이는")와 같은 설명적인 연결어를 기대할 것이다. 그래서 이 단어가 (한글개역개정을 비롯하여―역주) 좀 더 구어체인 영어 번역 성경에서는 번역되지 않았을지 모르지만, 그리스어 본문에는 유지되어야 할 것 같다.

4a절   부사 καθώς("~처럼")는 대문자 사본 A D G(비잔틴 계열의 K L)와 소문자 사본 33 1175 1739(범주 I), 그리고 1881 2464(범주 II)의 광범위한 지지를 받는다. 하지만 가장 존중 받는 4세기의 대표적인 알렉산드리아(또는 "중립") 본문에 속하는 대문자 사본 א와 B에는 부사 καθάπερ("~처럼")가 등장한다. 가장 초기의 본문 비평학자들은 이곳 4a절(그러나 8절[2번]과 10절에서는 καθώς를 선호함)에서 καθάπερ를 따른다. 하지만 현대의 본문 비평학자들은 4, 8(2번), 10절의 네 경우에서 καθώς를 선호한다. 어느 것을 선택해야 할지 난해하다. 하지만 두 부사가 동의어이기 때문에 의미상의 차이는 거의 없다.

4b절   미래 직설법 동사 νικήσεις("당신은 이길 것이다" 또는 "승리할 것이다")는 대문자 사본 א A D와 소문자 사본 81 2464(범주 II)와 6 88 104 326 424^c 1319(범주 III)의 지지를 받는다. 하지만 부정과거 가정법 동사

νικήσῃς("당신이 이길지도 모른다")는 대문자 사본 B G Ψ(또한 비잔틴 계열의 사본 L)와 소문자 사본 1175 1739(범주 I), 1881(범주 II)과 69 323 330 365 614 1241 1243 1505 1573 1735 1874 2344 2495(범주 III)의 증거를 가지고 있다. 소문자 사본 33(범주 I)과 1506(범주 II)의 독법은 불확실하다.

동사의 시제와 태가 이처럼 다양한 것은 아마도 일찍이 본문을 받아쓸 때 발생한 혼동에 기인하는 것 같다. 동사의 미래 직설법과 부정과거 가정법 형태의 발음이 비슷한 까닭이다. 본문의 원래 독법을 지지하는 외적 증거는 거의 동등하게 둘로 나뉜다. 동사의 부정과거 가정법 형태가 약간 더 나은 입증을 받는 것 같고, 70인역 독법(참조. LXX 시 50:6b)과 맥을 같이 한다. 하지만 미래 직설법 형태는 "더 난해한 독법"이며, 부정과거 가정법과 상당히 동일한 의미로 읽을 수 있다. 그러나 궁극적으로는 엄격히 사본상의 근거보다는 문맥에 근거하여 두 독법 사이에 하나를 결정해야 한다(아래 "석의와 주해"를 보라).

5절   κατὰ ἄνθρωπον λέγω("나는 한 사람으로서 말한다" 또는 "인간적인 방식으로 말한다")라는 표현은 그리스어 사본에서 널리 입증을 받고 있다. 소문자 사본 1739(범주 I)와 cop^sa과 오리게네스^lat. gr에는 복수형 어구인 κατὰ ἀνθρώπων("인간적인 방식으로" 또는 "사람들에 따라")이 등장한다. 하지만 받아들이기에는 그 증거가 너무 빈약하다.

6절   현재형 동사 κρίνει("그가 심판하신다")는 대문자 사본 B² D²와 소문자 사본 1506(범주 II)과 365 629 1243(범주 III)의 지지를 받는다. 하지만 미래형 동사 κρινεῖ("그가 심판하실 것이다")는 대문자 사본 Ψ와 소문자 사본 1175 1739(범주 I), 1881(범주 II) 그리고 6 69 88 104 323 326 330 365 424^d 614 1241 1319 1505 1735 1874 2344 2495(범주 III)의 증거를 가지고 있다. 이것은 라틴어 번역 성경과 콥트어 번역 성경에서도 반영되었다. 여기서(그리고 2:16b에서도) 이 동사의 시제를 현재로 읽어야 하는지 아니면 미래로 읽어야 하는지를 결정하는 것은 복잡하다. 동사 κρινει가 우리가 가진 가장 초기의 4세기와 5세기 대문자 사본의 대표인 א A B* D* 사본에서는 악센트가 없기 때문이다. 신약성경 본문 전통에서 악센트는 6세기에서

7세기에 와서야 비로소 광범위하게 사용되었다. 그러므로 이 문제는 궁극적으로 문맥에 근거해서 결정해야 하며, 오늘날 대부분의 주석가는 이 구절(과 2:16b)의 문맥이 미래시제 κρινεῖ("그가 심판하실 것이다")가 더 적절하다는 인상을 준다고 본다.

7절　　독법 εἰ δέ("그러나 만일", "그리고 만일")는 대문자 사본 ℵ A와 소문자 사본 81 256 1506 2127(범주 II)과 263 365 1319 1573 1852(범주 III)에 등장한다. 그리고 이 어구는 it$^{x, z}$ cop^{bo} arm과 같은 몇몇 역본에도 반영되었다. 하지만 독법 εἰ γάρ("왜냐하면 만일")는 대문자 사본 B D G P Ψ(와 비잔틴 계열의 사본 K L)와 소문자 사본 33 1175 1739(범주 I), 1962 2464(범주 II), 6 69 88 104 323 326 330 424^{c} 436 451 459 614 629 1241 1243 1319 1505 1962 1735 1836 1874 1881 2200 2344 2492 2495(범주 III), 그리고 고대의 역본들인 it$^{ar, d, dem, e, g}$ vulg syr$^{p, h}$ cop^{sa}와 오리게네스^{lat} 암브로시아스테르 크리소스토모스 테오도레토스와 같은 초기 주석가들의 글에 등장한다. 그러므로 사본의 외적 증거는 εἰ γάρ("왜냐하면 만일")를 약간 더 선호한다.

하지만 GNT^{4}와 NA^{27}은 εἰ δέ를 선택했다. 그래서 NRSV에서는 "그러나 만일"(but if)로 번역되었다. 브루스 메츠거는 NRSV의 번역위원회(이들 중 많은 사람이 GNT^{4}와 NA^{27}의 편집위원이었다)가 그렇게 결정한 근거를 다음과 같이 설명했다. "위원회의 대다수는 바울의 논증에 5절과 7절의 병행 관계가 필요하다고 생각하여 독법 εἰ δέ를 선호했고, εἰ γάρ를 서방 사본에 기원을 두었을 필경사들의 부적절한 대체로 간주했다."[1] 이러한 이해에 근거하여 (앞의) 본문 번역과 (아래의) "석의와 주해"에서 우리는 이 독법을 받아들였다. 그래서 우리는 5절과 7절 모두 εἰ δέ로 시작하는 것으로 읽고, 3:5-6과 7-8에 존재하는 병행을 강조할 것이다.

8a절　　두 번째 καθώς("듯이", "처럼") 앞에 있는 접속사 καί("그리고")가 대문자 사본 B(또한 비잔틴 계열의 사본 K)와 소문자 사본 326 629(범주 III)에서 생략되었다. 이 생략은 καί와 καθώς의 첫 발음이 비슷하기 때문에

---

1) Metzger, *Textual Commentary*, 448.

발생한 필경사의 오류일 것이다.

8b절   κακά("악") 앞에 있는 정관사 τά("그")는 대문자 사본 D*에서 생략되었다. 문체적인 이유인 것이 분명하다. 하지만 그것은 다른 초기의 대문자 사본들의 증거와 맥을 같이하면서 Dᶜ에서 교정되었다.

9a절   아래에서 논의하겠지만, "우리가 우월한가?", "우리가 뛰어난가?", "우리에게 이점이 있는가?" 또는 더 구어체적으로 "우리[유대인들]가 더 나은가" 등 의문문으로 이해하는 것이 가장 좋은 현재 중간태 직설법 동사 προεχόμεθα는, 4세기의 대문자 사본 א와 B(그리고 뒤늦게 나온 대문자 사본 Dᶜ와 K도)와 소문자 사본 33 1175 1739(범주 I), 81 1881 1962 2464(범주 II), 그리고 6 69 88 181 323 326 365 424ᶜ 436 451 614 629 630 1241 1243 1319 1573 1877 2344 2492(범주 III)로 입증된다. 또한 이 단어는 라틴어와 시리아어 및 콥트어 번역 성경에도 반영되었다. 9세기의 대문자 사본 P(025)에는 현재 중간태 직설법 동사 προεχόμεθα가 있지만, (우리가 나중에 "모든 면에서는 아니다" 또는 더 구어체적으로 "전혀!"라는 의미로 이해해야 한다고 주장할) 이어지는 어구 οὐ πάντως가 생략되었다. 가정법 προεχώμεθα("우리에게 유리한 것이 있을까?")는 5세기의 대문자 사본 A와 9세기의 대문자 사본 L(020)에 등장한다. 반면에 현재 직설법 어구 προκατέχομεν περισσόν("우리는 과도하게 소유하고 있는가?")이 대문자 사본 D*(06) G(012) Ψ(044)과 소문자 사본 104 1505 1735 2495(범주 III)에서 발견되며, 역본 it syᵖ·ʰ copᵇᵒ 그리고 암브로시아스테르에 반영되었다. 그러나 시나이 사본(א 01)과 바티칸 사본(B 03) 두 곳의 독법 προεχόμεθα οὐ πάντως가 원문일 가능성이 가장 크다(아래 "석의와 주해"를 보라). 그 독법을 해석하는 데 있어서의 난해함이 (앞에서 주목했듯이) 고대 사본의 모든 이문과 현대의 모든 해석을 발생시켰기 때문이다.

9b절   대문자 사본 D*와 소문자 사본 1611(범주 III)에 등장하고 syᵖ 역본에 반영된 γάρ("이는")의 부재는 필경사의 오류일 가능성이 크다. 이것은 나중에 Dᶜ에서 교정되었다.

9c절   1인칭 복수 부정과거 중간태 동사 προητιασάμεθα("우리

는 앞서/이미 비난했다")는 본문 전통 내내 광범위한 지지를 받았으며, 우리
는 이를 받아들여야 할 것이다. 전치사적 접두사 πρό("앞에")가 없는 동사
ἠτιασάμεθα는 대문자 사본 D* G와 소문자 사본 104 1505 2495(범주 III)
와 라틴어 역본들에 등장한다. 크랜필드는 "독법 ἠτιασάμεθα의 등장은
단순히 라틴어의 영향 탓일 것이며, προαιτιᾶσθαι에 해당하는 동사는 아
니다"라고 제안한다.[2]

9d절   알렉산드리아 사본(A 02)은 Ἰουδαίους τε 다음에 πρῶτον
("첫째로")을 덧붙여, "먼저는 유대인에게 그리고 이방인에게"라고 읽는다.
이는 1:16과 2:9, 10에 있는 바울의 언어의 영향으로 이해된다. 하지만 이곳
9절에 πρῶτον이 삽입된 것은 그리스어 본문 전통 여러 곳에서 지지를 받
고 있지 않다.

11절   바티칸 사본(B 03)에는 남성 분사 ζητῶν("찾는")이 있다. 하
지만 그리스어 본문 전통에서 광범위하게 지지를 받는 실명사적·전치사적
분사 ὁ ἐκζητῶν("찾는 자", 전치사를 첨가하여 "몹시 찾는 자"로 이해됨)이 원래의
독법이었을 것이다.

12a절   11절에서처럼 남성 분사 ποιῶν("행하는")은 대문자 사본
A B G Ψ(또한 비잔틴 계열의 사본인 K L)와 소문자 사본 33 1175 1739(범주 I),
1881 2464(범주 II), 그리고 6 69 88 104 323 330 365 424ᶜ 614 1241 1243
1319 1505 1573 1735 1874 2344 2495(범주 III)에 관사 없이 등장한다. 그러
나 실명사적 분사 ὁ ποιῶν("선을 행하는 사람")이 대문자 사본 ℵ D와 소문
자 사본 81(범주 I)과 326(범주 III)으로 더 잘 입증되며, 그래서 그것을 원래
의 독법으로 고려해야 할 것 같다.

12b절   이 절의 οὐκ ἔστιν("없다")의 두 번째 예는 대문자 사본 B와
소문자 사본 1739(범주 I), syrᵖ나 오리게네스ᵍʳ에는 등장하지 않지만, 대문
자 사본 ℵ A D G P Ψ(또한 비잔틴 계열의 사본 K L)와 소문자 사본 33 1175(범
주 I), 81 256 1506 1881 1962 2127 2464(범주 II), 그리고 범주 III에 속하는

---

2) Cranfield, *Romans*, 1.191.

거의 모든 소문자 사본에는 포함되었다. 이 어구는 역본 it^{ar, d, dem, e, g, x, a} vulg syr^h cop^{sa, bo} arm과 오리게네스^{lat} 암브로시아스테르 등에도 반영되었다.

이 어구가 B, 1739, sy^p 그리고 오리게네스^{gr}에 삭제된 것은 단순히 그 것이 불필요하다고 생각했기 때문인 것 같다. 하지만 대다수의 본문 증거 에 이 어구가 포함된 것은 이것이 이 구절의 의미에 아무것도 더하는 것이 없다고 해도 유지되어야 함을 암시한다. 더욱이 10, 11(2번), 12(2번), 18절 의 여섯 행 각각을 시작하며 수사학적으로 앞서 나온 것을 가리키는 것으 로 볼 경우, 이 어구를 12절의 마지막 행에 포함시킬 좋은 이유가 있는 것 같다.

14절　　관사 있는 명사 τὸ στόμα("그 입") 다음에 표기된 소유격 대 명사 αὐτῶν("그들의")은 대문자 사본 B와 소문자 사본 33(범주 I)과 88(범 주 III)에만 등장하는데, 이것은 13절에서 시작하고 14절까지 계속되는 두 세트의 2행 연구의 균형을 맞추려고 한 것이 분명하다. 그러므로 τὸ στόμα("그 입") 다음에 있는 αὐτῶν("그들의")의 사본학적 증거는 상당히 빈 약하다고 결론을 내려야 한다. 더욱이 관사 있는 τὸ στόμα는 그 자체로 소 유격 개념을 지닐 수 있음을 인식할 필요가 있다. 반면에 14절 중앙에 포함 된 αὐτῶν은 13b과 15절 중앙에 사용된 2개의 또 다른 αὐτῶν뿐만 아니라, 13a, 13c, 18절 각각의 행 끝에 사용된 이것과 동일한 소유격 대명사와 짝을 이루고 있음을 주목할 필요가 있다. 따라서 이 구절에서 αὐτῶν이 포함된 것은 언어학적으로는 필요하지 않을지 몰라도 13-14절에 있는 두 세트의 2행 연구를 적절히 강조한다. 그러므로 우리는 그것이 이 구절들의 균형을 맞출뿐더러 그 구절들의 의미를 적절히 표현하는 것으로 볼 수 있다.

형식/구조/상황

로마서 3:1-20은 해석하기에 무척 난해한 본문으로 자주 여겨졌다. 난해 함은 3:1-8이 말하고 있는 것이 정확히 무엇인지와 관련하여 생긴다. 또 한 그 난해함은 이 첫 여덟 절이 3:9에 제시된 "결론" 그리고 3:10-18에서 그 결론을 뒷받침하면서 제시된 일련의 구약 본문과 어떤 방식으로 관계하는지, 또한 3:19에서 그 일련의 성경 본문의 메시지의 적용과 어떻게 관계하는지와 관련하여 생겨나기도 한다. 한걸음 더 나아가 이 난해함은 바울이 다음과 같은 내용으로 말하려고 하는 것이 정확히 무엇인지와 관련해서도 생긴다. (1) 일반적으로는 "이익"이라는 의미지만 이곳 3:9에서는 다양하게 이해될 수 있는 중간태/수동태 동사 προεχόμεθα의 사용, (2) 3:20의 ἔργα νόμου("율법 행위"), (3) 역시 3:20에 등장하는 미래 수동태 동사 δικαιωθήσεται("의롭다고 선언될") 등이다.

3:1-8에 대한 해석과 관련하여 프레데릭 고데(Frédéric Godet)는 이 본문을 "이 편지(로마서)에서 아마도 가장 난해한 본문 중 하나"일 것이라고 말했다.[3] 한스 리츠만(Hans Lietzmann)은 이 구절들이 사도의 편지의 주요 주제에서 벗어나 표류하고 있다고 보았다.[4] 그리고 도드는 이렇게 썼다.

> 사실 3:1-8의 논증 전체가 모호하고 미미하다. 보통은 명쾌하고 박력 있는 사상가인 바울이 미약하고 모호하게 될 때는, 그것은 일반적으로 그가 빈약한 주장을 하고 있음을 의미한다. 여기서 그의 주장은 불가피하게 빈약한 것이다. 그는 "하나님이 차별하지 않으신다"고 해도, 어느 정도 "모든 면에서 유대인들의 우월함이 있다"는 것을 보여주려 하고 있기 때문이다. 그 자신도 당황스러워하게 되었다는 것은 전혀 이상하지 않다. 그런 후 그는 마지막에 그 주제를 어설프게 일축해버린다. 이 편지의 논거는 이 단락을 통째로 생략해버린다면 훨씬 더 나을 것이다.[5]

좀 더 최근에 데이비드 홀(David Hall)은 3장의 이 첫 여덟 절에 대한 그의 논의를 다음과 같은 진술로 시작했다. "로마서 3:1-8은 이 서신에서 가장 헷갈리게 하는 본문 중 하나다."[6] 그리고 헤이키 레이제넨은 바울이 이곳

---

3) Godet, *Romans* (ET 1880-81), 1,220.
4) Lietzmann, *An die Römer* (1906, 1928²), 45.
5) C. H. Dodd, *Romans* (1932), 46.
6) Hall, "Romans 3.1-8 Reconsidered," 183.

3:1-8에서 자신의 과도한 열정 때문에 그의 논거를 놓쳤다고 주장하기도 했다.[7]

　해석자들이 3:1-8을 이해하려고 할 때, 혹은 이 여덟 절이 (1) 3:9에 있는 결론, (2) 3:10-18에 인용된 일련의 성경 본문, (3) 3:19에서 적용된 이 구약 본문들, (4) 하나님 앞에서 인간의 무능, "의", "율법 행위", 율법의 목적 등에 대해 언급하는 3:20의 결론적인 진술과 어떻게 연결되는지를 이해하려고 할 때 겪는 어려움은 주로 다음과 같은 몇 가지 요인에서 발생한 것 같다.

1. 3:1-8에서 상당히 긴 질문들과 짧은 대답이 일사천리로 진행되는 것은 짧은 질문과 좀 더 광범위하게 발전된 대답으로 이루어진 바울의 통상적인 문체와 다르다.

2. 바울이 3:1-8(아마도 3:9의 결론도)의 질문과 대답에서 디아트리베 문체의 논증을 사용하고 있는지, 다시 말해서 가상의 외부 적대자 또는 가상의 대화 상대자의 입을 통해 반대 의사를 표현하고는 답변을 대화의 형식으로 했는지, 아니면 바울이 그가 1-2장에서 말한 내용에서 제기될 법하다고 본 반대 의견을 이곳에서 간략하게라도 다룰 필요가 있다고 믿은 건지 확실하지 않다.

3. 그리고 3:1-8의 질문들과 3:9의 질문들 간의 관계에도 불확실함이 존재한다. 질문이 서로 다른 질문인가? 아니면 그 질문들이 다르게 표현되기는 했어도 특성상 비슷한 것으로 또는 보충적인 것으로 이해해야 하는가? 더욱이 3:9의 질문들이 3:1-8에서 질문들로 제기된 쟁점들에 대한 "결론"을 정말로 소개하는가?

4. 3:2의 대답과 3:9의 대답의 관계는 불분명하다. "범사에 많으니"와 "결코 아니라"는 서로 상충하는 대답인데, 이것으로 본문의 모순이 드러나는가? 아니면 이 질문들은 어떤 방식으로든 양립할 수 있는

---

7) Räisänen, "Zum Verständnis von Röm 3,1-8," 185.

것으로 이해되어야 하는가?

5. 본문의 원문("본문비평 주" 참조)을 확정하는 것과 거기에 사용된 수 많은 단어와 표현을 해석하는 것은 어려운 과제다. 특히 3:2a의 πρῶτον μέν, 3:9a의 προεχόμεθα, 3:20a의 δικαιωθήσεται와 또한 다른 여러 곳에 등장하는 표현들이 그런 표현들이다.

6. 바울의 혼합된 수사적 문체의 변칙으로 보이는 것들이 있다. 3:1-8(또는 어쩌면 3:1-9)에서 많은 사람이 그리스 디아트리베로 본 내용 다음에 유대교적 또는 유대 기독교적인 일련의 성경 본문이 3:10-18에서 이어진다는 점에서 그렇다.

7. 그리고 본문에서 누구에게 말하는지, 본문에 언급된 사람이 누구인 지가 불분명하다. 3:9의 "결론"과 3:19의 적용 및 3:20의 마무리하는 진술에서 특히 그러하다. 대화의 대상(특히 지시대상)을 유대인으로 이해해야 하는가? 아니면 유대인 출신의 그리스도인, 또는 이방인 출신의 그리스도인으로 이해해야 하는가?

더욱이 바울이 3:20에서 ἔργα νόμου("율법 행위")라는 어구를 사용하면서 염두에 둔 것이 무엇이며 반대하는 것이 무엇인지를 결정하는 것은 항상 신약 해석자들에게 문제가 되었다. 오늘날 주된 질문은 이것이다. 바울이 ἔργα νόμου("율법의 행위")로써 언급하고 있는 것이 그것을 지키는 사람이 하나님 앞에서 의로운 지위를 얻는다고 생각되는, 종교적인 의미에서 법 적 체계로 이해되는 모세 율법인가? 아니면 사도는 국가적·문화적 의미에 서 이스라엘 백성에게 어떤 "민족적 정체성 표시", 특히 할례와 안식일 준 수 및 어떤 음식법을 의미하는 것으로 이해되는 모세 율법을 염두에 두었 는가? 이것을 유대인들은 자기 정체성(즉 특별한 "정체성 표시")의 수단일뿐 더러 그들을 다른 모든 나라 및 사람들과 구별하는 하나님이 제정하신 규 례(즉 국가적인 "경계 표시")로 준수해야 할 것으로 믿었는가?

수사학적 기교들. 3:1-20에는 몇몇 수사적 기교가 종종 관찰된다. 특 히 (1) 3:1과 3:9의 τί οὖν("그렇다면 무엇?")의 사용으로 표시된 수미상관법,

(2) 3:1-8(3:9도 포함되는 듯함)의 디아트리베, (3) 3:4-8의 교차대구법, (4) 3:10-18의 긴 일련의 구약 본문들 등이다. 하지만 이러한 몇몇 특징이 왜 여기에 있는지 매우 불확실하기에 이곳에는 이러한 문제들과 관련한 서론 적인 논의가 반드시 필요하다.

1. 3:1과 3:9의 생략된 어구 τί οὖν("그렇다면 무엇?")의 사용으로 표시된 수사적 수미상관법을 관찰한 사람들은 3:1-8을 3:9에서 시작되는 또 다른 단락으로 이어지는 것이 아니라 하나의 구별된 자료 단락으로 이해한다.[8] 하지만 로마의 그리스도인들에게 보내는 이 동일한 편지에서 바울은 자신 이 가르친 내용에 관한 질문을 제기함으로써 자신의 논증을 진전시키려고 동사 ἐροῦμεν("우리가 말할까?")과 함께 사용하거나 이 동사와 함께 사용하 지 않는 τί οὖν("그렇다면 무엇?")을 자주 사용한다(4:1; 6:1, 15; 7:7; 8:31; 9:14, 30; 11:7).[9] 그리고 이러한 경우에는, 더글러스 무가 올바르게 관찰했듯이, "바울은 자신과 다른 사람 간의 논쟁[즉 디아트리베]을 독자들에게 재생하 고 있는 것이 아니라, 로마의 그리스도인들에게 그의 견해를 분명히 하려 고 자신에게 질문과 반대를 제기하고 있는 것이다." 다시 말해서 그가 인식 한 질문들은 그가 앞서 말했던 내용에서 제기된다고 본 것이다.[10]

그러므로 우리는 의식적인 수미상관법이든 무의식적인 수미상관법이 든 3:1-9에서는 수미상관법을 찾을 수 없다고 결론을 내린다. 오히려 바울 은 τί οὖν으로써 단순히 (1) 3:1a에서는 3:1-8에 제시된 자신의 네 세트로 된 수사적 질문과 네 개의 답변을 소개하며, 그런 다음에 (2) 3:9a에서는 이 문제들에 대한 자신의 결론을 소개한다. 바울은 이 결론을 3:9b에 있는 그 의 대답에서 제시한다. 이뿐 아니라 그가 이 결론의 내용을 3:10-18에 열거 한 일련의 성경 본문과 이 구절들을 적용한 3:19에서도 제시하고 있음을 주 목할 필요가 있다.

---

8) 예. Bornkamm, "Theologie als Teufelskunst," 140-48; Stowers, "Paul's Dialogue with a Fellow Jew," 707-22; Fitzmyer, *Romans*, 326.

9) Moo, *Romans*, 180이 관찰하였듯이 말이다.

10) Moo, *Romans*, 181.

2. 3:1-8(아마도 3:1-9)의 질문과 대답에서 논증의 디아트리베 문체가 자주 발견된다. 즉 이것은 가상의 대화 상대자를 직접 지칭하고, 가상적인 반대, 거짓 결론을 사용하는 생생한 논쟁 형식이다. 일찍이 디아트리베의 예는 2:1-5과 2:17-24에 등장했었고, 이러한 디아트리베 문체는 9:19-21과 11:17-24(개연성은 덜하지만, 3:27-31[아마도 4:1-2도 포함될 것이다]과 14:4-11도 포함될 수 있다)에 다시 등장할 것이다. 먼저 제시한 입장을 대표하는 사람은 윌리엄 샌데이와 아서 헤들럼이다. 이 두 사람은 1895년에 출판한 로마서 주석에서 3:1-8에 있는 여러 "결의론적인 반대 의견"을 표시하고, 바울이 이 여덟 절에서 논박하고 있는 어떤 "외부 반대자"가 있었다고 주장했다.[11] 그러나 이 두 사람은 3:9-20에서는 "바울이 거기서 반대자와 논쟁하기보다는 자신의 생각을 따르고 있다"고 주장했다.[12] 그래서 샌데이와 헤들럼은 3:1-8을 번역하면서 "반대자가 주장했을지도 모른다"(3:1), "네가 말하기를"(3:3과 3:7), "새로운 반대가 제시되기를"(3:5), "이와 같은 반대는"(3:6), "그래서 그 반대자는"(3:8a), "이 궤변적인 구실을 대는 사람들은"(3:8b)과 같은 어구들을 삽입했다. 반면에 그들은 3:9a을 번역하면서 생략된 질문인 "그러면 무엇?"을 "**우리가** 어떠한 추론을 끌어낼 수 있을까?"라고 번역했으며, 3:9b과 3:19의 1인칭 복수 동사를 바울 자신을 가리키는 것으로 해석했다.[13] 그리고 이것은 두 사람이 살던 당대에 이 본문의 논증 과정을 이해하는 상당히 일반적인 방식이었던 것으로 보인다. 오늘날 우리 시대의 학문적인 진영이나 대중들 모두 종종 그러하듯이 말이다.

하지만 루돌프 불트만이 1910년에 수행한 그리스 디아트리베 연구 이래,[14] 샌데이와 헤들럼의 가상의 "외부 반대자"는 더 일반적으로 "디아트리베적 대화 상대자"로 언급되었고, 바울에게 끼친 그리스 디아트리베의 영향은 이곳에서는 물론이고 로마서의 여러 다른 곳에서도 강조되었다.

---

11) Sanday and Headlam, *Romans*, 68-69.
12) Sanday and Headlam, *Romans*, 70.
13) Sanday and Headlam, *Romans*, 68-70.
14) Bultmann, *Der Stil der paulinischen Predigt*.

3:1-8(또는 3:1-9. 본문의 이와 같은 디아트리베적 이해를 더 열렬히 지지하는 사람들이 통상적으로 제안하듯이 말이다)에 대한 이러한 이해는 스탠리 스토워스에 의해 가장 능숙하게 주장되었으며,[15] 오늘날 대부분의 주석가들이 일반적으로 받아들이고 있다.[16] 스토워스가 불트만의 논지를 중요하게 다듬은 부분이 여러 가지가 있지만 말이다.

그렇지만 설령 오늘날 해석자들이 이곳 3장이 시작되는 곳에서 "바울이 그의 디아트리베로 다시 돌아가 그의 대화체의 논의에서 가상의 유대인 대화 상대자들을 더 비난한다"는 스토워스와 피츠마이어 그리고 그 밖에 여러 사람의 견해에 일반적으로 동의한다고 하더라도,[17] 3:1-8(또는 3:1-9, Stowers, Fitzmyer, 그리고 그 밖에 여러 사람이 견지하듯이)의 자료가 그리스 디아트리베의 형식을 참으로 대표하는지 의문을 제기하는 것은 여전히 타당한 것 같다. 일반적으로 디아트리베에는 대화 상대자의 질문이 짧게 서술되고, 저자의 대답이 장황하고 자세히 제시되는 것이 보통인데, 3:1-8에서는 질문이 약간 더 장황하게 제시되고 바울의 대답이 아주 간략히 표현되었다.

하지만 더 중요하게도 바울의 일반적인 디아트리베 문체 사용에서는, 로마서 2:1-5과 2:17-24 그리고 나중에 9:19과 11:17-24에서 발견되듯이, 가상의 대화 상대자에게서 제기된 반대가 2인칭 단수 인칭대명사 "너" 또는 동사의 단수 접미사 "너"에 의해 밝혀진 어떤 사람에게서 제기된 도전 형식으로 제시된다는 사실을 주목해야 한다. 더욱이 바울의 편지에서 디아트리베 문체는 로마서 9:19과 11:19에서처럼 일반적으로 "그렇다면 너는 말할 것이다"(ἐρεῖς οὖν), 또는 고린도전서 15:35에서처럼 "그러나 어떤 사람은 말할 것이다"(ἀλλὰ ἐρεῖ τις)와 같은 당대의 디아트리베 도입 형식에 의해 소개된다. 종종 사도는 로마서 2:1, 3, 9:20에서처럼 호격인 "오, 사람

---

15) Stowers, *Diatribe and Paul's Letter to the Romans*, 119-20; 같은 저자, "Paul's Dialogue with a Fellow Jew," 710-14를 보라.

16) 예. Käsemann, *Romans*, 78-85; Dunn, *Romans*, 1.129-30, 146, 여러 곳; Fitzmyer, *Romans*, 325, 여러 곳; Talbert, *Romans*, 89; Jewett, *Romans*, 239-40, 여러 곳 등.

17) 이 본문에 대한 Fitzmyer의 주석의 첫 문장을 그의 *Romans*, 325에서 인용했다.

아"(ὦ ἄνθρωπε)를 사용하여 가상의 대화 상대자를 지칭하기도 한다. 그러나 이곳 3:5a에서 바울은 동사 εἴρω("말하다")의 1인칭 복수 미래 직설법 동사와 의문대명사 τί("무엇")를 사용하여 수사학적으로 "**우리**는 무엇을 말할 것인가(τί ἐροῦμεν;)"라고 묻는다. 이 의문문 형태의 질문인 "**우리**가 무엇을 말할 것인가?"에 이어지는 논증은 3:6b이, 언급되지는 않았지만 분명한 질문인 "**우리**가 ~라고 말해야 하는가?"라고 시작하는 것으로 이해해야 한다. 그리고 이 전형적인 디아트리베의 2인칭 단수인 "너"(이것은 대명사로 표현되기도 하고 동사의 접미사로 표현되기도 함)의 부재와 호격 "오, 사람아"의 부재(둘 모두 가상의 대화 상대자의 존재를 강조함) 그리고 1인칭 복수형의 등장(이는 바울이 좀 더 통상적인 수사학적인 방식으로 표현한 질문들을 소개하는 데 작용한다)은, 데이비드 홀이 주장했듯이, 3:1-8(이것을 3:9까지 확대할 수 있다)을 "외적인 반대보다는 내적인 논쟁"으로 이해하도록 요구하는 것 같다.[18]

바울은 9:19과 11:19에서, 9:19-21과 11:17-24에서 발견할 수 있는 디아트리베 문체의 또 다른 두 예를 소개하려고, "그렇다면 네가 말하기를"(ἐρεῖς οὖν)이라는 문구를 사용한다. 하지만 그는 "그런즉 우리가 무슨 말을 하리요"(τί οὖν ἐροῦμεν, 9:14, 30) 또는 "그런즉 어떠하냐"(τί οὖν, 11:7)로써 자신의 질문을 수신자들에게 소개한다.

디아트리베 문체와 연결하여 등장하는 "그렇다면 네가 말하기를" 같은 형식과, 바울 자신이 직접 제기한 수사적 질문들을 소개하는 데 사용된 "그런즉 우리가 무슨 말을 하리요"(τί οὖν ἐροῦμεν) 또는 단순히 "그런즉 어떠하냐"(τί οὖν)라는 표현들을 섞은 바로 이러한 패턴은, 일찍이 2:1-5 및 2:17-24에 등장했던 디아트리베 문체의 질문과 관련하여 3:1-8(과 3:9의 두 개의 생략된 질문들)에 등장하는 네 세트의 질문들에 적용될 수 있을 것 같다.

프레데릭 고데는 오래전에 3:1-8에 있는 바울 논증의 문체와 특성을 가장 잘 파악했던 것 같다. 그는 이렇게 말했다. "많은 주석가가 했듯이, 대적자를 분명하게 소개할 필요는 없다. 바울은 여기서 '그러나 누군가 이

---

18) Hall, "Romans 3.1-8 Reconsidered," 183.

렇게 말할 것이다'라는 말을 사용하지 않는다. 이의는 주장 그 자체로부터 제기되며, 바울은 그 이의를 자신의 방식대로 제시한다."[19] 이것은 바울이 그의 편지 다른 곳에서 디아트리베 문체를 사용한 것을 부정하는 것이 아니다. 특히 일찍이 로마서 2:1-5과 2:17-24, 그리고 나중에 9:19-21과 11:17-24(3:27-4:2과 14:4-11에서 사용했을 가능성은 빈약하지만) 등에 그런 문체가 등장한다. 이 말은 단지 3:1-8과 3:9-19 전체에 걸쳐 제시된 것을 바울이 이보다 앞서, 특히 2:17-29에 기록한 것으로부터 충분히 제기될 수 있다고 바울이 알았던 내적인 논쟁 방식으로 이해하는 것이 가장 좋을 것 같다고 말하는 것이다.

3. 요아힘 예레미아스는 1958년에 3:4-8에는 교차대구법이 등장한다고 제안했다. 즉 중심이 되는 단어, 진술, 본문을 전후로 하여 전환적인 균형을 맞춘 한 쌍의 단어, 진술 또는 본문이 배열되었다는 것이다. 예레미아스는, 이러한 교차대구법적 구성이 3:4의 형용사 ἀληθής("참으로", "신실한", "의로운")와 2인칭 단수 부정과거 수동태 가정법 동사 δικαιωθῇς("네가 의롭다는 것을 입증받을", "의롭다고 선포될")의 사용으로 표시된다고 보는데, 이 두 단어는 3:5과 3:7-8의 수사적 질문에서 역순으로 다시 등장한다.[20]

하지만 우리가 일찍이 2:7-10(또는 2:6-11)을 교차대구법이라고 밝힌 것과 관련해서 언급했던 것처럼, 단어나 진술 또는 본문의 교차대구법 배열이라고 제안한 부분에서 늘 가장 중요한 문제는 의도성이다. 교차대구법으로 보이는 것이 저자의 문학적인 능력에 기인한다고 믿어야 하는가? 아니면 이것을 밝히는 독자의 기발한 재주로 여겨야 하는가? 그리고 이 교차대구법을 저자의 공으로 믿는다면, 그것은 의도적으로 창안된 것인가? 아니면 어느 정도 무의식적으로 그렇게 된 것인가? 이러한 질문들이 2:7-10(이나 2:6-11)의 교차대구법적 특징과 관련해서는 대답하기가 약간 어려울지도 모르지만, 3:4-8과 관련해서는 대답하기가 더욱 어렵다. 사실, 이

---

19) Godet, *Romans* (ET 1880), 1,220.
20) Jeremias, "Chiasmus in den Paulusbriefen," 154-55을 보라.

본문에 교차대구법이 실제로 존재한다는 점을 의심하는 것이 적절한 듯
하다. 혹은 만일 이 본문에 교차대구법이 있다면, 그것이 과연 바울이 의도
한 것이었는지 의심할 수 있다. 그리고 이러한 의심 때문에, 3:4-8의 자료
를 이어지는 우리의 석의와 주해에서는 교차대구법으로 다루지 않을 생각
이다.

  4. 3:10-18에는 일련의 성경 본문이 등장한다. 이것은 바울 서신 전체
에서 가장 광범위하게 구약 인용을 모아 놓은 단락이다. 인용된 본문은 6번
반복되는 "없다"(οὐκ ἔστιν)로 서로 연결되었으며, 모든 사람이 총체적인 면
에서 죄인이라는 점을 지적하기 위해 신체의 다양한 부분("목구멍", "혀", "입
술", "입", "발", "눈")을 제시한다. 사실 이 일련의 본문은 아무리 보아도 매우
주의 깊게 구성된 것 같다. 더욱이 이 부분은 원래 유대 세계에서 합쳐진
것으로 보이며(아래의 해당 석의와 주해를 보라), 그래서 유대교와 예수를 믿은
초기 유대 신자들에게 전통적인 자료였고, 로마에 있는 바울의 그리스도인
수신자들에게도 알려졌다고 상정할 수 있다. 그리고 바울의 수신자들에게
알려졌을 구약 본문의 전통적인 모음집인 이 본문들은, "유대인과 이방인
모두 죄 아래 있다"는 주장을 뒷받침하기 위해 바울에 의해 사용되었다.[21]

  3:1-20 전체에 나타난 바울의 주장은 1:16-2:29에서처럼 내용이나 제
시 방법 모두 철저히 유대교적 또는 유대 기독교적 특성을 지니는 것 같다.
그래서 이러한 광대한 성경 본문 모음을 로마서의 권고적 본론 중앙부에
속한 첫 번째 주요 단락의 전반부를 결론짓는 이곳에서 발견할 수 있다는
것은 놀랍지 않다. 비록 이 일련의 인용문이 본문의 선택과 제시란 측면에
서 바울이 성경을 인용하는 일반적인 방식과는 상당히 눈에 띄게 다르지만
말이다(이 점에 대해서는 이어지는 석의와 주해에서 바로 입증하려 한다).

  성경과 전통 자료 사용. 3:1-20에서 바울의 성경 사용은 그의 다른 편
지들에서 그가 성경을 사용한 것과 비교할 때 약간은 낯설다. 다른 곳에서
자신의 가르침을 뒷받침하려고 성경을 인용하거나 암시할 경우, 바울은 일

---

21) 롬 3:9; 참조. 3:19, 23.

반적으로 예언서와 모세 오경에서 본문을 선택한다(또는 적어도 염두에 두고 있는 것 같다). 하지만 이곳 3:4b과 3:10-18에 있는 구약 인용은 주로 시편에서 인용한 것이다. 시편은 유대교와 초기 유대 기독교의 찬양집과 기도서였다. 여기서는 예언자 이사야의 글에서 딱 한 곳이 인용되었고, 잠언과 전도서의 전통적인 내용도 반영된 듯하다.

3:4b	시 51:4b(MT 51:6b, LXX 50:6b) 인용
3:10b-12	시 14:1-3(LXX 13:1-3)을 각색하여 인용
	어쩌면 시 53:1-3(LXX 52:1-3)과 전 7:20도 반영했을 것이다
3:13a	시 5:9b(MT and LXX 5:10b) 인용
3:13b	시 140:3b(MT 140:4b, LXX 139:4b) 인용
3:14	시 10:7a(LXX 9:28a) 인용
3:15-17	사 59:7-8 인용. 어쩌면 잠 1:16도 반영했을 것이다
3:18	시 36:1b(MT 36:2b, LXX 35:2b) 인용

더욱이 3:10b-18의 일단의 본문 구조는 특성상 시는 아니지만, 구조적으로 매우 주의를 기울여 형성되었음이 입증된다는 사실을 주목할 필요가 있다. 모든 사람이 총체적인 면에서 죄인이라는 점을 지적하기 위해 6번 반복되는 "없다"(οὐκ ἔστιν)와 인간 신체의 다양한 부위들의 목록("목구멍", "혀", "입술", "입", "발", "눈")이 제시된다.

바울의 통상적인 성경 인용 방식과는 상당히 벗어난 듯한 본문 선택과 구조와 용례 등 이 모든 특징은 (1) 3:10b-18에 있는 일련의 본문들을 하나님 앞에서 의인은 하나도 없다는 교리를 뒷받침하려고 앞서 어떤 유대 교사에 의해 수집된 바울 이전의 증거집(testimonia) 같은 것으로 이해해야 한다는 것과, (2) 사도가 로마의 그리스도인들도 알고 받아들였을 것이라고 분명히 믿고 그들이 기꺼이 받아들일 만한 방식으로 자신의 교훈을 재차 강조하기 위해 이 일련의 성경 본문을 사용했다는 것을 암시한다.

마찬가지로 우리는 다음과 같이 상정할 수 있다. (1) 바울이 μὴ γένοιτο("그럴 수 없느니라!" 구어체로는 "확실히 아냐!")라는 그의 강한 반응을 뒷받침하려고 시편 51:4b을 인용하기 바로 직전에 3:4b에서 "사람은 다 거짓되되 오직 하나님은 참되시다"라고 진술한 것과, (2) 궁극적으로 시편 143:2의 애가에 기초한 3:20a에서 "[하나님] 앞에서 의롭게 될 사람이 아무도 없나니"라고 말한 것, 그리고 (3) 역시 3:20a에 매우 중요하게 등장하는 "율법의 행위"라는 어구는 모두, 일찍이 2:2, 6-10, 11, 14-15에 인용되었던 금언적 자료와 마찬가지로 전통적인 유대교에 속한 금언으로 이해해야 한다는 것이다. 바울은 이 자료를 로마의 기독교 수신자들이 이해하고 받아들일 만한 방식으로 자신의 교훈을 뒷받침하려고 사용했다.

그러므로 3:1-20에 인용된 성경 본문과 사용된 전통적인 자료들이 (1) 유대교 또는 유대 기독교의 신앙과 신학의 배경에 뿌리를 두었고, (2) 로마에 있는 바울의 수신자들이 알고 공감했고, (3) 이 자료들과 그것들이 가르쳤던 내용과 관련하여 자신과 수신자들 사이에 기본적인 동의가 있다고 믿었기에 바울이 사용했으며, (4) 어떤 중심 되는 부분에서는 바울 자신의 해석학적 "강조"가 덧붙여진 자료들이라고 보는 것이 가장 개연성이 있다.

3:1-20의 수신자들 또는 여기에 언급된 사람들은 누구인가? 2:17-29 전체에서 언급 대상은 유대인인 것이 확실하다. 그리고 3:1-20에서 제기된 질문과 제시된 대답 및 언급된 진술은 유대인에게 초점이 맞춰진 이러한 논의를 지속한다. 구체적으로 하나님 앞에서 유대인들의 위치에 관한 문제들이 다뤄지고 있다. 그러므로 2:17-29과 3:1-20의 자료는 (1) 유대교적 자료나 다른 기독교적 자료와 병행될 수 있는 유대인들과 그들의 실패에 대한 비난(2:17-29) 및, (2) 주류가 되는 유대교적 관점과 유대 기독교적 관점 모두를 반영하는, 하나님 앞에서 유대인들의 처지에 대한 묘사와 항상 결합되어야 한다.

그러나 2:17-29에서 먼저 비난을 받았던 구체적인 비난의 대상은 일반적인 유대인이나 유대교 자체로 이해해서는 안 될 것 같다. 오히려 그 대상은 교만하고 대단히 비판적이지만 전적으로 일관성이 없는 유대인일 가능성이 더 크다. 그는 자신을 이교도 이방인의 도덕 선생으로 생각하지만, 자신이 모세 율법의 도덕적 표준대로 살지 않음으로써 자신의 삶의 방식과 행동으로 인해 하나님의 이름이 동일한 이방인들 사이에서 모독을 받게 하는 장본인이다. 반면에 3:1-20에서 하나님 앞에 있는 유대인들의 처지에 대한 묘사에는 모든 유대인이 포함되어 있다. 본문은 그들이 하나님께 받은 참된 이점과 그들이 당연한 것으로 여기지만 거짓되게 주장하는 우월감을 콕 집어 언급한다.

본문의 구조. 각각 2개의 수사학적 의문으로 이루어진 4개의 세트가 3:1-8에 등장한다. 이 네 세트의 질문들 하나하나에는 간략하고 강조적으로 진술된 대답이 있다. 이 네 세트의 질문마다 함의된 전제는 바울이 일찍이 1:18-2:29에서 썼던 것에 근거한다(이 전제들은 나중에 9:1-11:36에서 좀 더 자세히 다뤄질 것이다). 마찬가지로 3:1-8에 제시된 4개의 대답은 바울이 일찍이 1:18-2:29에서 썼던 것을 매우 간략하고 강조적인 형식으로 반복할 것이다(이 대답들 역시 9:1-11:36에서 매우 자세히 설명될 것이다).

3:1-8의 이 4개의 세트로 된 수사적 질문들은 암시된 전제 및 간략한 대답과 함께 다음과 같이 제시될 수 있을 것이다.

세트 I (3:1-2)

암시된 전제: 이방인들과 유대인들은 모두 인종적으로 차별을 받지 않고 인종에 상관없이, 그들이 받은 계시에 부합하게 하나님에 의해 공정하게 심판을 받을 것이다. 그 까닭은 다음과 같다. (1) "이는 '하나님께서 외모로 사람을 취하지 아니하심이라.' 무릇 율법 없이 범죄한 자는 또한 율법 없이 망하고 무릇 율법이 있고 범죄한 자는 율법으로 말미암아 심판을 받으리라"(2:11-12, 이것은 바울이 1:18-2:16에서 기록한 모든 것을 함축적으로 요약한 말이다), 그리고 (2) "오직 이면적 유대인이 유대인이며 할례는 마음에 할지니 영에 있고 율법 조문에 있지 아니한 것이라"(2:29, 이것은 바울이 2:17-29에서 기록한 모든 것을 함축적으로 요약한 말이다).

질문: "그런즉 유대인의 나음이 무엇이냐?" 그리고 "할례의 유익이 무

엇이냐?"(3:1)

대답: "범사에 많다!" 우선은 "그들["유대인들"]이 하나님의 말씀을 맡았음이니라"(3:2).

세트 II (3:3-4)

암시된 전제: 유대인들이 하나님의 말씀을 소유하고 있다고 해서 그것이 의도한 결과, 곧 이스라엘이 메시아를 믿는 일이 발생하지는 않았다.

질문: "어떤 자들이 믿지 아니하였으면 어찌하리요?" 그리고 "그 믿지 아니함이 하나님의 미쁘심을 폐하겠느냐?"(3:3)

대답: "그럴 수 없느니라! 사람은 다 거짓되되 오직 하나님은 참되시다 할지어다"(3:4).

세트 III (3:5-6)

암시된 전제: 이스라엘이 메시아이신 예수를 저버린 것은 하나님에 의해 하나님의 의로우심의 더 큰 확장과 표현으로 사용되었다. 구체적으로 이방인들의 구원에 말이다.

질문: "우리(인간)의 의롭지 못함[또는 "불의"]이 하나님의 의[또는 "의로운 정의"]를 드러나게 하면 무슨 말 하리요?" 그리고 "그의 백성에게 진노를 내리시는 하나님이 불의하시[다고 결론을 내려야 하느]냐?"(3:5)

대답: "결코 그렇지 아니 하니라! 만일 그러하면, 하나님께서 어찌 세상을 심판하시리요?"(3:6)

세트 IV (3:7-8)

암시된 전제: 하나님은 그의 백성들의 저버림과 불충함을 자신의 목적을 위해 또 자신을 영화롭게 하는 데 사용하셨다.

질문: "나의 거짓말로 하나님의 참되심이 더 풍성하여 그의 영광이 되었다면 어찌 내가 죄인처럼 심판을 받으리요?" 그리고 "그러면 '선을 이루기 위하여 악을 행하자' 하지 않겠느냐?"(3:7-8a)

대답: "그들은 정죄 받는 것이 마땅하니라"(3:8b).

본문의 두 번째 부분은 압축된 질문인 "그러면 무엇(어떠하냐)?"(τί οὖν) 이라는 표현으로 3:9a에서 시작한다. 이 질문 바로 다음에 압축적으로 진술된 두 번째 질문이 이어진다. "우리는 나으냐?"(προεχόμεθα;). 그런 다음에 이 질문에 강한 부정적 진술의 대답이 제시된다. "결코 아니라!"(οὐ πάντως). 그리고 이 간략한 반박은 (1) 바울이 이미 1:18-2:29에서 확립했다고 믿은 명제, 즉 "유대인이나 헬라인이나 다 죄 아래 있다"는 것을 상기시킴으로써(3:9b), (2) "의인은 없나니 하나도 없다. 깨닫는 자도 없고 하나님을 찾는 자도 없다"(3:10-18)는 점을 세심하게 구성하여 말하는 일련의 성경 본문("고리")과 (3) 로마서의 수신자들에게 매우 중요하다는 사실을 강조하려고 사용된 일련의 본문을 적용함으로써 지지를 받는다(3:19).

바울은 3:20의 마무리하는 진술에서 사람들의 죄와 무능, 하나님의 의로우심과 심판, 그리고 모세 율법의 목적과 기능에 관해 그가 말한 모든 내용에 적합한 결론을 매우 간략하게 제시한다. 그는 몇 가지 방법으로 그렇게 한다. (1) 상당히 금언적인 방식으로 시편 143:2에 있는 시편 저자의 애가를 암시함으로써, (2) 유대교와 유대 기독교 내부에서 당대의 의미심장한 표현이었던 것으로 보이는 "율법의 행위"라는 어구를 사용함으로써, 그리고 (3) 율법은 사람들이 "하나님 앞에서 의롭다 함을 얻을" 수단으로 의도되지 않고, 오히려 "죄를 의식하게 하려는" 목적으로 의도되었다고 선언함으로써 말이다. 여기에 덧붙여 3:20은 바울이 3:21-4:25에서 더 충분히 제시할 "의"와 기독교 메시지를 준비한다.

그러므로 3:1-20에서 하나님 앞에서 유대인들의 처지를 다루는 바울의 논의는 다음과 같은 방식으로 제시되었을 것이다.

1. 네 세트의 수사적 질문과 사도의 강한 반응들(3:1-8)
2. 일련의 본문들과 적용으로 뒷받침받는 결론(3:9-19)
3. 1:18-3:19의 모든 부정적인 주장을 결론으로 이끌지만, 1:16-17에 선

언뇌었고 3:21-4:25에서 더 전개될 의에 대한 긍정적인 내용으로의 전환도 제공하는 결론적 진술(3:20)

이어지는 주석의 구조는 본문에 대한 이 세 가지 개요를 근거로 한다.

석의와 주해

I. 네 세트의 수사학적 질문과 사도의 강한 반응들(3:1-8)

(1) (2:11에 인용된 금언에 의해 한 마디로 표현된) "하나님께서 사람을 외모로 취하지 아니하신다"는 것과, (2) (2:29에 진술된) "오직 이면적 유대인이 유대인이며, 참 할례는 마음의 문제라"는 바울의 주장은 기독교 복음과 유대 기독교뿐만 아니라 이스라엘 종교와 더 훌륭한 유대교 랍비들의 기본적인 교리다. 하지만 생각 없는 어떤 사람은 이러한 가르침들을 "유대인 됨의 특별함이 의미 없고, 그 특별함이 모호한 보편적 영성에 의해 포괄되고 무효화된다는 사실을 암시하는 것으로" 충분히 이해할 수도 있을 것이다.[22] 또는 하나님께서 예수 그리스도의 사역과 인격으로 말미암아 구속사적으로 행하신 것 때문에, (1) 이스라엘의 선택이 파기되었으며, (2) 이스라엘에게 약속하신 것은 무효화되었고, (3) 이스라엘의 소망의 근거인 하나님의 의는 무시되거나 한쪽으로 제쳐졌다고 주장할 수도 있을 것이다. 찰스 크랜필드가 올바르게 관찰했듯이, "제기된 질문은 바로 하나님의 신용에 관한 질문이다."[23] 또는 리처드 헤이즈가 이 문제를 표현한 것처럼, "쟁점이 되는 내용의 근저에는 하나님의 진실성의 문제가 놓여 있다."[24]

3:1의 "유대인의 나음(이점)"과 "할례의 유익(가치)"에 관한 바울의 첫 번째 세트의 수사적 질문의 중심에 놓인 것은 바로 이러한 하나님의 "신실

---

22) Hays, "Psalm 143 and the Logic of Romans 3," 109.
23) Cranfield, *Romans*, 1.177.
24) Hays, "Psalm 143 and the Logic of Romans 3," 109.

함", "의로움", "의로운 정의", "신용", "진실성" 문제다. 또한 이 쟁점은 바울이 3:3-8에서 네 세트로 된 질문과 대답으로 제시한 모든 대조에서 반복되는 문제다. 이를테면, (1) 3:3의 "하나님의 신실하심"(τὴν πίστιν τοῦ θεοῦ)과 "사람의 불신실함"(ἡ ἀπιστία αὐτῶν), (2) 3:4의 "참되신 하나님"(ὁ θεὸς ἀληθής)과 "거짓말쟁이인 사람들"(πᾶς ἄνθρωπος ψεύστης), (3) 3:5의 "하나님의 의로우심" 또는 "의로운 정의"(θεοῦ δικαιοσύνη)와 "우리의 불의" 또는 "정의롭지 못함"(ἡ ἀδικία ἡμῶν), 그리고 3:7의 "하나님의 참되심"(ἡ ἀλήθεια τοῦ θεοῦ)과 "나의 거짓됨"(τῷ ἐμῷ ψεύσματι)의 문제다.[25] 더욱이 바울이 로마에 보낸 편지 본론 중앙부의 세 번째 주요 단락, 특히 9:6-11:32에서 훨씬 더 자세히 설명할 내용이 바로 이 문제다.

3:1   네 세트의 질문 중에서 첫 번째 질문인 τί οὖν τὸ περισσὸν τοῦ Ἰουδαίου;("그런즉 유대인의 이점이 무엇이냐?")는 의문대명사 τί("무엇?" "왜?")로 시작한다. 두 번째 질문인 ἢ τίς ἡ ὠφέλεια τῆς περιτομῆς;("또는 할례의 가치는 무엇이냐?")는, 종종 바울 서신의 다른 곳에서(예. 3:29) 그 자체로 어떤 질문을 소개하는 ἤ("또는")와 의문대명사 τίς("누구?" "어느 것?" "무엇?" "왜?")로 시작한다. 이 동일한 불변화사와 대명사는 당대의 광범위한 파피루스 편지와 신약성경 여러 곳에서 직접적인 질문이나 간접적인 질문 및 수사적인 질문들을 소개하기 위해 단독적으로 사용되거나 함께 사용되기도 한다.

로마서에서 바울은 의문문을 제시하려고 다른 불변화사나 단어들과 함께 ἤ와 τίς를 특히 즐겨 사용한 것으로 보인다. 그가 이런 융합된 표현을 사용한 명백한 예는 다음과 같다: τί οὖν("그렇다면 무엇"),[26] τί γάρ("[만일 ~라면] 어떻게 되겠는가"),[27] τί ἐροῦμεν("우리가 무엇을 말할 것인가?"),[28]

---

25) Hays, "Psalm 143 and the Logic of Romans 3," 110에 도식적으로 배치된 내용을 보라.

26) 이곳 3:1; 3:9; 4:1 등 여러 곳

27) 3:3; 4:3 등 여러 곳.

28) 3:5; 4:1; 7:7; 8:31; 9:14, 30 등 여러 곳.

τί ἔτι("왜 아직/여전히"),[29] ἀλλὰ τί("그러나 무엇"),[30] ἢ τί("또는 무엇"),[31] ἢ τίς("또는 무엇")[32] 등이다. 누가가 τί ἄρα("그렇다면 무엇")[33]와 τίς ἄρα("그렇다면 어떤 사람")[34]라는 표현을 사용한 것에서 볼 수 있듯이, 누가 역시 광범위하게 τί를 사용한다. 불변화사의 이러한 융합은 어떤 저자들이 그들의 작품에서 "변증법적 활력과 명료함"의 요소를 표현하려고 의식적으로나 무의식적으로 사용한 문체적인 특성에 불과한 것으로 이해해야 할 것 같다.[35]

관사 있는 중성 명사 τὸ περισσόν은 "평범한 것보다 뛰어난 것" 또는 "일반적인 것을 넘어서는 것"을 의미하며, 그래서 이곳 3:1에서는 "이점"(advantage)으로 번역하는 것이 가장 좋을 것 같다. 관사 있는 여성 명사 ἡ ὠφέλεια는 "받은 혜택", "받은 유익" 또는 "좋은 것"이라고 부를 수 있는 것을 의미하며, 그래서 이 구절에서는 남자 할례의 "가치"라고 읽는 것이 가장 좋다. 두 질문 "그런즉 유대인의 **이점**이 무엇이냐?"와 "할례의 **가치**는 무엇이냐?"는 하찮거나 바보 같은 질문이 아니다. 찰스 크랜필드가 지적했듯이,

> 2장과 특히 조금 전에 25-29절에서 말한 것은 이방인과 비교하면 유대인들에게 실상 이점이 없고 할례의 유익도 없음을 의미하는 것으로 보일 수 있다. 하지만 이것이 실제로 바울의 주장에 암시된 것이라면, 구약성경의 진실성 또는 하나님의 신실하심에 의문을 불러일으키게 된다. 구약의 증언에 따르면, 하나님이 이 나라를 모든 사람 중에서 택하여 그의 특별한 백성이 되게 하셨고 그들에게 하나님이 그들과 맺은 언약의 표로 할례를

---

29) 3:7; 9:19 등 여러 곳.

30) 11:4.

31) 11:2.

32) 이곳 3:1.

33) 눅 1:66; 행 12:18.

34) 눅 22:23.

35) 1913년 독일어 4판 *BDF*, 304을 인용한 *ATRob*, 1198.

주셨기 때문이다.[36]

3:2a   명사 πολύ("많음")는 중성이며, 3:1의 관사 있는 중성 명사 τὸ
περισσόν("이점")과 상응한다. 전치사구 κατὰ πάντα τρόπον("모든 면에
서" 또는 "각 방면에")은 유대인들의 이점이 여러 문제와 관련이 있음을 암
시한다.[37] 바울이 "각 방면에서 많다!"라고 반응한 것은 (1) 그가 일찍이
2:17-29에서 유대인들 및 그들이 할례를 의존한 것을 비난한 것과, (2) 나
중에 3:9에서 "결코 아니라!"고 반응한 것과 상충된다고 비판의 대상이 되
었다. 기원후 406-409년경에 바울 서신 13권의 주석을 쓴 영국의 수도사요
신학자였던 펠라기우스는 "각 방면에서 많다"는 것을 바울이 주장한 것으
로 받아들이기 어렵다고 생각했으며, 그래서 3:1-4에 언급된 모든 것을 유
대인 반대자의 글로 돌렸다. 이 문제에 대한 바울 자신의 관점은 3:5-20에
서야 비로소 표현되었다고 생각하면서 말이다.[38] 이와 마찬가지로 도드는
3:9의 "결코 아니라!"는 부정적인 대답과 같은 맥락에서, 3:1의 질문에 대한
"논리적인 대답"이 "아무것도 없다!"가 되어야 했으며, 이곳 3:2에서 바울
이 단지 혼동했다고 주장했다.[39] 그리고 헤이키 레이제넨은 바울의 정신적
인 혼돈 상태가 빈번하게 있었다고 보는 이와 비슷한 견해를 표현하면서,
그가 이곳 3:1-8에 있는 바울의 모순적인 진술이라고 여기는 것을 수신자
들을 자신의 견해에 맞추려고 하는 바울의 과도한 열정 탓으로 돌렸다.[40]

하지만 2:17-29과 3:1-20에서 바울의 목적은 하나님이 이방인들에게
는 주시지 않은 어떤 특권을 유대인들에게 주셨다는 사실을 부인하는 데
있지 않다. 오히려 이러한 특권들이 하나님의 심판이라는 문제에서 유대인
들에게 이방인들보다 더 총애를 받는 지위나 이점을 부여하지 않았음을 지

---

36) Cranfield, *Romans*, 1.176.
37) 참조. 민 18:7 (LXX); 또한 Ignatius, *To the Ephesians* 2:2; *To the Trallians* 2:3; 그리고 *To the Smyrnaeans* 10:1도 보라.
38) Pelagius, *Ad Romanos*, PL 30.658.
39) C. H. Dodd, *Romans*, 47.
40) Räisänen, "Zum Verständnis von Röm 3,1-8," 185.

적하는 데 그 목적이 있다. 바울이 이곳 3:2에서 선언하듯이, 유대인들이 하나님께 더 높은 잣대로 심판을 받게 되는 것은 바로 "그들["유대인들"]이 하나님의 말씀을 맡았"기 때문이다. 다시 말해서, 그들은 단지 (1) 창조에 나타난 하나님의 일반계시에 대한 그들의 반응, (2) 모세 오경으로 주어진 하나님의 특별계시를 소유함, (3) 유대인 남자가 하나님의 언약의 표로 할례의식을 받았음에 근거하여 심판을 받는 것이 아니라, 유대교 성경(구약)으로 그들에게 맡기신 하나님의 교훈의 말씀(즉 토라)에 어떻게 순종하며 반응하느냐에 근거하여, 그래서 그들이 하나님과의 인격적인 관계 문제에서 하나님께 어떻게 반응했느냐에 근거해서 심판을 받는다.

그러므로 바울이 이곳 3:2a에서 "각 방면에서 많이!"라고 반응한 것을 모순으로 이해하지 말아야 한다. 이것은 3:1에서 제기한 두 질문에 대해 유대인과 이방인 모두에게 적절한 반응이다. 즉 바울의 대답은 (1) 유대인이 된다는 것은 실제로 이점이 있으며, (2) 유대인 남자가 언약의 표로 할례를 받은 것에는 종교적인 가치가 존재한다고 주장하는 것이다. 비록 바울이 일찍이 2장 전체에서 분명히 해두었고 나중에 3:9-20에서 주장하게 될 것처럼, 이렇게 하나님으로부터 받은 특권에는 하나님께 심판받을 때 하나님 앞에서 어떤 사람의 지위와 관련하여 호의적인 대우나 이점이 담겨 있지 않고, 더 많은 책임과 더 많은 의무가 포함되어 있다.

3:2b Πρῶτον μέν(문자적으로 "먼저는 사실" 또는 "우선은 사실")이라는 어구는, 바울이 나중에 9:4-5에서 하나님이 유대인들에게 주신 특권에 대해 더 확대해서 말하듯이, 그가 말하려고 했던 유대인들의 이점, 즉 여기서 열거했던 하나님께 받은 여러 특권을 염두에 두고 있었다는 것을 암시한다. "양자 됨과 영광과 언약들과 율법을 세우신 것과 예배와 약속들[과] 조상들도 그들의 것이요, 육신으로 하면 그리스도가 그들에게서 나셨다."

하지만 이곳 3:2b에서 바울은 유대인들이 가진 이점의 목록을 단지 하나로 좁힌다. 곧 유대인들은 "하나님의 말씀"인 성경을 "맡았다"는 것이다.[41] 바울이 이 사실을 지적하는 것은 유대인들이 하나님의 율법을 받고도 그것을 지키지 못한 사실이 암시적으로는 2:1-16에서 취급되었고 또 명시적으로는 2:17-29에서 다룬 논의의 주제였기 때문이다. 그래서 바울은 이러한 유대인의 특권을 그의 현 의제의 주요 주제로, 그래서 그가 현재의 논의에서 "우선"(πρῶτον) 열거하고 싶었던 것으로 밝히면서 논의를 진행한다. 더욱이 바울은 이러한 이점이, 유대인과 예수를 믿는 유대인 신자들 모두가 인정했듯이, 그가 일찍이 2장에서 썼던 모든 내용에서 결정적으로 중요한 요인이었음을 인식시키려고 긍정의 불변화사 μέν("사실")을 포함시켰던 것으로 보인다.

후대의 것이지만 상대적으로 중요한 2개의 소문자 사본인 1739(10세기, 범주 I)와 6(13세기, 범주 III)은 πρῶτον μέν("먼저는 사실")을 πρῶτοι γὰρ ἐπιστεύθησαν("왜냐하면 그들이 [하나님의 말씀을] 맡은 첫 번째 사람들이었기 때문이다")으로 대체했다.[42] 이 이문은 단순히 어떤 필경사가 본문의 문체를 개선하려고 했기 때문은 아니었을 것이다. 오히려 이 이문은 유대교와 기독교 간의 관계에 대한 후기 기독교적 관점을 뒷받침하기 위한 신학적인 동기의 발로였을 가능성이 매우 크다. 이를테면, 원래 "국가적인 이스라엘"에서 기원한 하나님이 주신 모든 특권이 하나님에 의해 "영적 이스라엘"인 기독교회에 이전된 반면에, 구약성경에 표현된 하나님의 백성 이스라엘에게 내린 하나님의 모든 저주가 여전히 유대인들에게 부과되고 있다는 교회의 입장 말이다. 이러한 이해에서는 유대인들이 "하나님의 말씀을 맡은 첫 번째 사람들"이었지만, 그 특권을 지금은 기독교회가 받았다. 교회 역사의 과정에서 그리스도인과 유대인의 관계에 대한 이러한 이해는 9:6-11:12의 바울의 진술로 자주 귀착되었다. 그러나 다른 근거들에 비춰 볼 때, 유대인과 그리스도인의 관계에 대한 이러한 이해는 결함이 있으며, 이곳 3:2의 사

---

41) "하나님의 말씀"을 "성경"과 동일시하는 문제에 대해서는 Doeve, "Some Notes with Reference to τὰ λόγια τοῦ θεοῦ in Romans 3.2," 111-23을 보라.
42) 본서 "본문비평 주"를 보라.

본 전통에 의해서만 겨우 뒷받침될 뿐이다.

　3:3　　두 번째 세트에 속한 질문 중 첫 번째 질문인 τί γάρ εἰ ἠπίστησάν τινες;("만일 어떤 자들이믿지 아니하였으면, 어찌 하리요?")는 3:1의 첫 번째 세트의 첫 번째 질문처럼 의문대명사 τί("무엇?" "왜?")로 소개된다. 두 번째 질문인 μὴ ἡ ἀπιστία αὐτῶν τὴν πίστιν τοῦ θεοῦ καταργήσει;("그 믿지 아니함이 하나님의 미쁘심을 폐하겠느냐?")에는 이 질문을 소개하는 의문대명사나 불변화사가 없다. 하지만 이런 불변화사가 두 번째 세트의 첫 번째 질문에서 이어진다고 가정할 수 있다. 원인이나 추론 또는 설명의 어감을 주는 후치사로 자주 사용되는 접속사 γάρ는 여기서 단순히 3:1-2에서 먼저 진술된 것이 이어지고 있음을 표시하려고 전환적인 방식으로 사용되었다. 일찍이 1:16, 1:18, 2:25에서 그렇게 사용되었듯이 말이다(앞의 3:1-2 주석을 보라). 따라서 이곳 3:3에서는 γάρ를 번역하지 않는 것이 가장 좋을 것 같긴 한데, 이 접속사가 어떤 의미에서는 3:1-2에서 먼저 이야기한 내용의 연속을 표시하는 것임을 인식할 필요가 있다.

　3:1-2과 3:3-4을 이런 식으로 연결하는 것은 4개의 "믿음/신실한"이라는 표현에 의해 더욱 강조된다. 이것들은 어근 πιστ-에 기초한 것이며, 3:2의 대답과 3:3의 질문에 두드러지게 등장한다: ἐπιστεύθησαν("그들이 맡았다"), ἠπίστησαν("그들이 믿지 아니하였다"), ἡ ἀπιστία("그들의 믿지 아니함이"), 그리고 3:3c의 τὴν πίστιν τοῦ θεοῦ("하나님의 미쁘심을") 등이다. 어원이 같은 이 일련의 표현들은 단지 의미론적인 언어유희가 아니다. 오히려 여기에는 본문에서 제시하려는 바울 주장의 본질이 포함되어 있다. 즉 하나님의 말씀을 **맡았다**는 것 자체가 어떤 사람이 하나님을 **믿거나** 하나님께 **신실하다**는 것을 보증하지 않는다는 점과, 이러한 엄청난 특권 때문에 하나님의 심판에서 제외되지 않는다는 점이다. 역으로 말해서, 어떤 사람의 **믿지 아니함**이 하나님의 **신실하심**(미쁘심)을 폐기하거나 끝장내지 못한다.

　두 번째 세트에 있는 "어떤 자들이 믿지 아니하였으면 어찌 하리요?"라는 이 첫 번째 질문은 바울 자신이 제기한 수사적 질문이다. 그는 "하나님의 말씀을 맡은" 유대인들의 이점과 하나님의 언약의 표로서 "할례

의 가치"에 관해 이야기할 때 사람들의 마음에 이 질문이 떠오를 수 있음을
분명히 인식했다. 남성 복수 주격 부정대명사인 τινες("그들 중에 어떤 자들
이")는 수사적 완서법(meiosis, 좀 더 큰 효과를 위한 억제된 표현)으로 이해할 수
있다. 하지만 이것은 바울이 나중에 11:17에서 하나님이 원감람나무 "가지
중에 **얼마**[즉 "전부"가 아니라]를 꺾으셨다"(τινες τῶν κλάδων ἐξεκλάσθησαν)
고 진술한 것과 맥을 같이한다. 그래서 바울의 τινες("그들 중에 얼마") 사
용으로, 바울이 이곳 3:3에서(또는 나중에 9-11장에서) 모든 유대인이 하나님
을 믿지 않았다고 주장하는 것이 아님은 분명하다. 나중에 9:6-11:24(특히
9:27과 11:5)에서 진술하듯이, 바울은 유대인들의 경험에서 하나님께 신실한
사람들이 있었으며 나사렛 예수를 하나님의 메시아로 받아들임으로써 "온
전한 유대인들"이 되었던 이스라엘 내의 "남은 자들"을 생각하고 있었을
것이다. 하지만 바울은 하나님의 지속적인 미쁘심과 그들을 향한 풍성한
너그러움을 한층 부각시키면서도, "그들 중에 믿음이 없는 어떤 사람들"의
잘못을 묵과하지 않는다. 그리고 그는 나중에 11:25-32에서 "어떤 사람들"
이 "전부"가 될 것이라고 주장할 것이다.

이 두 번째 세트의 두 번째 질문인 "그 믿지 아니함이 하나님의 미쁘심
을 폐하겠느냐?"는 수사적으로 제기된 질문이다. 바울이 의심의 여지 없이
의식하고 있었겠지만, 이 질문은 율법에 순종하지 않은 유대인들이 비록
그들이 율법을 소유하고 알며 육체적으로 할례를 받았다고 하더라도, 그들
에게 율법을 주신 하나님께 불신앙적인 반응을 했다는 2:17-29의 주장에
근거했을 것이다.

물론 일부 해석자들이 이 질문에 대해 (문맥과 상관없이 취급하여) 주장
했듯이, 그 질문의 대답이 긍정적일 수 있다는 주장이 제기될 수 있을 것
이다. 하지만 바울은 여기서 "의지, 바람, 의심을 나타내는 부정"[43]인 부정
어 μή("아니")를 사용하고, 더 일반적인 부정어 οὐ("아니")를 사용하지 않
는다. 인정하건대 로버트슨(A. T. Robertson)이 관찰했듯이, "οὐ와 μή의 경

---

43) *ATRob*, 1167.

계선은 때로는 매우 좁으며", 종종 저자의 "분위기와 어조에 따라 οὐ나 μή 가 선택되는 경우가 많이 있다."⁴⁴⁾ 하지만 로버트슨이 애써 지적한 것처럼, 이 두 부정어 사이에는 중요한 구별이 있다: "οὐ가 사실을 부정한다면, μή 는 개념을 부인한다."⁴⁵⁾ 그래서 바울은 이 질문 도입부에 μή를 사용함으로써 그의 수신자들에게 3:4 첫 부분에 있는 그의 매우 강한 부정적인 반응 μὴ γένοιτο("그럴 수 없느니라")를 대비하게 한다. 그런 다음에 그는 전통적인 유대교의 금언 또는 유대 기독교의 금언인 것으로 보이는 것과 시편 51편을 인용함으로써 그의 반응을 뒷받침할 것이다.

3:4a 부정어 μή와 기원법 동사 γένοιτο(γίνομαι["이다", "되다", "발생하다"]에서 파생됨)가 결합된 부정적인 표현 μὴ γένοιτο("그럴 수 없느니라!" 좀 더 구어체적으로는 "절대 아니다!" 또는 "확실히 아니다!")는 독립적인 의미(즉 수식하는 실사가 없이 그 자체로)로, 신약성경 중 바울의 편지에서는 거의 항상 질문 다음에 등장한다. 곧 로마서에 10번(3:4, 6, 31; 6:2, 15; 7:7, 13; 9:14; 11:1, 11), 고린도전서에 1번(6:15), 그리고 갈라디아서에 2-3번 등장한다(2:17; 3:21; 아마 또한 6:14). 이 어구는 신약의 다른 곳에서 이런 방식으로 사용된 예가 단 한 번 발견된다. 누가복음 20:16에 보도된 "사람들"의 반응이 그것이다. 신약성경 외에는 기원후 2세기 초의 스토아 철학자 에픽테토스가 자신의 저서에서 독립적인 의미로 μὴ γένοιτο를 사용한 것으로 볼 수 있는 유일한 사람이다.⁴⁶⁾ 비록 그 표현이 아이스킬로스(Aeschylus),⁴⁷⁾ 에우리피데스(Euripides),⁴⁸⁾ 그리고 헤로도토스(Herodotus)⁴⁹⁾ 같은 그리스의 고전 작가들과 코이네 그리스어 시대의 수많은 그리스 저자들 및 70인역 번역자들에

---

44) *ATRob*, 1167.

45) *ATRob*, 1167.

46) 참조. Malherbe, "Μὴ γένοιτο in the Diatribe and Paul," 26. Malherbe는 Epictetus, *Dissertations*에서 다수의 예를 인용한다(특히, 1.1.13; 1.2.35; 1.5.10; 1.8.15; 1.29.1-8).

47) Aeschylus, *Agamemnon* 1249.

48) Euripides, *Ion* 731; *Heracles* 714.

49) Herodotus, *Historiae* 5.111.

의해[50] 금지를 표현하면서 문장에 다른 언어학적 요소들과 함께 사용되기
도 했지만 말이다.

Μὴ γένοιτο는 신약성경의 모든 독립적인 용례에서 감정적으로 격렬
하며 매우 부정적인 반응으로 이해되어야 한다. 이 어구는 문자적으로는
"그렇게 놔두지 마라!" 또는 "그렇게 되지 말았으면!"으로 번역될 수 있다.
하지만 이런 번역이 언어학적으로는 정확할 수 있지만, 바울(과 눅 20:16의
"사람들")이 그 어구를 사용한 곳에 표현된 종교적 정서나 감정적 고뇌를
표현하지 못한다. 그래서 현대 신약성경 번역자들은 가급적 이 어구의 실
제 단어에 가깝게 머물려고 하면서도 그 어구가 지니는 비통함을 담아내기
를 원하여, 이곳 3:4a의(또한 로마서의 다른 9번의 사례의 통상적인) 표현을 "(절
대로) 그럴 수 없느니라!"(By no means!)[51] 또는 "확실히 아니다!"(Certainly
not!),[52] "결단코 아니다!"(Never!),[53] "전혀 아니다!"(Not at all!)로,[54] "물론
아니다!"(Of course not!),[55] "결코 일어나지 않기를!"(May it never be!),[56] "절
대로 아니다!"(Absolutely not!),[57] 또는 비교적 격식이 없는 말투로 "그것은
말도 안 돼!"(That would be absurd!)로[58] 번역하곤 했다. 하지만 킹제임스 역
본(KJV)은 오래전에 "하나님이 금하신다!"(God forbid!)라고 번역함으로써
μὴ γένοιτο의 종교적인 문맥과 감정의 고뇌를 가장 잘 파악한 것 같다. 비
록 그러한 표현이 문자적인 번역에서 관련된 두 단어 중 어느 것과도 관련
은 없지만 말이다.

3:4b   Γινέσθω δὲ ὁ Θεὸς ἀληθής, πᾶς δὲ ἄνθρωπος ψεύστης ("사

---

50) 창 44:7(LXX): "당신의 종들이 이런 일은 결단코(μὴ γένοιτο) 아니하리이다!"; 창
   44:17(LXX): "내가 결코(μὴ γένοιτο) 그리하지 아니하리라!"; 또한 수 22:29도 참조하라.
51) Goodspeed, RSV, NRSV.
52) NEB, TEV, NIV, TNIV.
53) Moffatt.
54) Williams.
55) Phillips, NLT.
56) NASB.
57) NET.
58) JB.

람은 다 거짓되되, 오직 하나님은 참되시다 할지어다")라는 진술은 주석가들이 이 문맥에서 이해하기 매우 어려워했던 것이어서 엄청나게 다양한 번역이 나왔다. 하인리히 마이어와 프레데릭 고데 및 그 외의 사람은 첫 번째 어구를 "하나님이 신원되시도록 하라"(Let God's theodicy come to pass)고 번역했다.[59] 테오도르 찬과 찰스 하지 및 그 외의 사람은 이 어구를 "하나님이 참되시다고 인정받게 하라"(Let God be recognized as true)고 번역했다.[60] 윌리엄 샌데이와 아서 헤들럼, 하인리히 슐리어 및 그 외의 여러 사람은 이 진술을, 모든 사람의 실존하는 품성과는 대조적으로, 하나님이 이미 그러하듯이 진실하신 존재가 **되시는** 것을 언급하는 것으로 이해하여, "비록 모든 사람은 거짓되다고 판결을 받더라도, 하나님은 참되시게 보이셔야[또는 "그러하시다고 보여주셔야" 또는 "증명하셔야"] 한다"고 번역했다.[61] 찰스 크랜필드와 더글러스 무는 첫 번째 어구를 사람들의 고백적인 진술로 취하여 "우리는 하나님이 참되시다고 고백한다"라고 읽는다.[62] 존 오넬 역시 이 진술의 첫 번째 어구를 하나님의 성품에 대해 말하는 것보다는 사람들의 반응과 관련된 것으로 보았으며, 그래서 이 어구를 "너희는 하나님이 참되시다는 것을 인정해야 한다"라고 번역했다.[63] 아돌프 슐라터와 에른스트 케제만 및 그 외의 사람은 이 어구를 종말론적인 의미에서 "역사의 끝의 관점에서"를 의미한다고 보고 이 진술의 첫 번째 어구를 "그것이 참되기를 빌며 그 자체로 입증되기를 원하노라"고 번역했다.[64] 로버트 주이트는 기본적으로 슐라터와 케제만에 동의하며, 그래서 이 진술을 "하나님은 자신이 참되심을 보여주시고, 모든 사람은 [자신이] 거짓말쟁이임을 [보여주기를] 원하노라!"고 번역한다.[65]

---

59) 참조. H. A. W. Meyer, *Romans*, 1.143; Godet, *Romans*, 1.134.

60) 참조. Zahn, *An die Römer*, 151; Hodge, *Romans*, 해당 구절.

61) 참조. Sanday and Headlam, *Romans*, 71; Schlier, *Römerbrief*, 93.

62) 참조. Cranfield, *Romans*, 1.181; Moo, *Romans*, 186.

63) O'Neill, *Romans*, 61.

64) 참조. Schlatter, *Romans*, 77; Käsemann, *Romans*, 80.

65) Jewett, *Romans*, 245.

3:4b의 진술 해석과 연관된 네 가지 문제는 다음과 같다. (1) 바울이 그의 다른 편지에서는 하나님이 늘 "참되시"며, 미래에도 계속해서 항상 "참되실" 것이라고 믿었음을 의심 없이 표현하는 반면에, 명령형 동사 γινέσθω는 하나님에 대한 생각이 참이 되기를 암시한다는 점, (2) 명사 ἀλήθεια는 (어떤 사람의 특성을 언급하며) "참된" 또는 (어떤 사람의 행위를 언급하며) "정직한"과 "신실한" 또는 "충성된"이라는 의미를 다 가지고 있다는 점, (3) 특성에 관한 진술인 "하나님은 참되시다"와 "사람은 다 거짓되다"라는 선언은 3절에서 행위에 관한 진술인 하나님이 항상 "신실하시다"를 뒷받침하려고 제시되었다는 점, 그리고 (4) 이 진술에 사용된 단어들은 정경에 있는 시편 저자들의 진술을 암시하고 문자적인 인용에 강하게 의존하고 있는 반면에(아래 해당 구절에 대한 우리의 주석을 보라), 일반적으로 바울은 가르친 것을 뒷받침하기 위해 성경의 근거를 시편에서 인용하지는 않은 것 같다는 점(아래 3:10-18의 일련의 본문에 대한 주석을 보라) 등이다. 물론 이곳 3:4a에서 뒷받침하는 이 진술에 사용된 단어들은 유비적으로 상응한다. 하지만 여기에 사용된 단어들은 바울이 3:2b에서 주장하거나 3:3에서 질문을 제기하면서 사용한 것과 동일한 πιστ– 어간을 가진 단어는 아니다. 그런 단어들이 더 개연성이 있었겠지만 말이다. 그래서 3:4a에 있는 이 진술의 어휘와 어감, 특히 ἀληθής("참된")와 ψεύστης("거짓된")의 선택, 명령형 동사 γινέσθω("그가 ~이기를" 또는 "그가 ~되기를")의 사용, 그리고 본문의 정경 시편 의존 등은, 이 진술이 지지하도록 의도된 3:3의 어휘와 다소 다르며, 바울이 일반적으로 성경을 인용하는 방식과도 약간 다르다.

앞서 열거한 모든 난제를 해결할 수 있는 우리의 제안 한 가지는, 3:4b의 이 진술을 유대교 성경(구약)의 교훈에 기초했으며 초기 유대교와 유대 기독교의 다양한 진영에서 회람되었던 또 다른 유대 금언으로 보아야 한다는 것이다. 이 진술을 이런 식으로 이해하면, 바울이 이 금언을 로마에 있는 그의 그리스도인 수신자들에게 잘 알려졌던 것으로 여겼고, 그래서 하나님이 언제나 미쁘시다는 그의 주장을 뒷받침하면서 이 금언을 사용했다는 사실을 합리적으로 추정할 수 있다. 비록 "그들[유대인들] 중에 일부는 믿음이 없었지만" 말이다. 우리가 일찍이 2:2("이런 일을 행하는 자에게 하나님의 심판이 진리대로 되는 줄 우리가 아노라")과 2:11("하나님께서 외모로 사람을 취하지 아니하심이라")에서 특성상 금언적이라고 밝혔던 자료들과 무척 비슷하게, 이곳의 진술("사람은 다 거짓되되, 오직 하나님은 참되시다")은 이 진술의 신앙고백적 또는 교리문답적인 특성, 이 진술의 약간은 다른 어휘, 이 진술이 시편에 의존함, 그리고 다수의 전통적인 금언의 특성을 가진 문체에 의해 입증된다.

물론 금언은 비교적 구체적인 용어와 이미지를 사용하는 진리 또는 원리의 간결한 형식이지만 유비로써 아주 많은 상황에 적용할 수 있다. 예를 들어 사람들은 "제때의 바느질 한 번이 아홉 바느질을 던다", "늙은 개에게 새로운 재주를 가르칠 수는 없다", "짖는 개는 절대로 물지 않는다", "설상가상" 등과 같은 비교적 평범한 금언을 사용하여 일상의 수많은 상황과 환경에 적용한다. 하지만 사람들은 금언이란 그것이 적용되는 상황에 정확히 일치된다고 주장하지는 않고, 당면한 문제에 대해 어느 정도의 유비적인 관계만을 나타낸다고 본다. 그래서 바울은 비록 "어떤 자들이 믿지 아니하였고" "신실하지 못"했지만 여기서 하나님은 언제나 "참되시다"(즉 하나님은 자신에게 그리고 그의 백성과 맺으신 언약에 언제나 "참되시다")는 그의 주장을 뒷받침하면서, 어떤 일반적인 교훈이나 유대교 성경(구약)의 특정 본문에 근거한 유대교 금언 또는 유대 기독교의 금언을 사용하고 있는 것으로 이해해야 할 것 같다. 또는 지지하는 진술 자체로 표현한다면, "어떤 이들은" 그들의 "믿지 않음"과 "신실하지 않음"으로써 "사람은 다 거짓되다"라는 음울한 진리를 입증했지만 말이다.

형용사 ἀληθής("참된", "진실한", "의로운")는 명사 ἀλήθεια("진리", "진실함", "올바름")와 함께 언약에 신실하신 하나님을 언급하는 시편의 70인역 번역에 종종 등장한다.[66] 금언의 두 번째 부분의 "사람은 다 거짓말쟁이"(πᾶς ἄνθρωπος ψεύστης)라는 진술은 시편 저자가 116:11(LXX 115:11)에서

---

66) 예. 시 89(LXX 88):2, 5, 8, 14, 24, 33.

"고뇌"와 "슬픈 실망"으로 표현한 "모든 사람은 거짓말쟁이"($\pi\hat{\alpha}\varsigma$ $\check{\alpha}\nu\theta\rho\omega\pi\sigma\varsigma$ $\psi\epsilon\acute{u}\sigma\tau\eta\varsigma$)를 글자 그대로 재생한 것이다. 유대교적 금언 또는 유대 기독교적 금언으로 보이는 내용을 인용한 바울의 목적은, 그의 동포는 "거짓말쟁이" 지만(즉 "믿음이 없고", "신실하지 않지"만) 하나님은 그의 백성과 체결한 언약에 늘 "참되시다"(즉 "신실하시다")는 성경적인 확신(바울도 물론 이에 철저히 동의했다)을 뒷받침하려는 데 있다.

3:4c   여기서 바울은 시편 51:4b(MT 51:6b, LXX 50:6b)을 인용한다: $\ddot{o}\pi\omega\varsigma$ $\ddot{\alpha}\nu$ $\delta\iota\kappa\alpha\iota\omega\theta\hat{\eta}\varsigma$ $\dot{\epsilon}\nu$ $\tau\sigma\hat{\iota}\varsigma$ $\lambda\acute{o}\gamma\sigma\iota\varsigma$ $\sigma\sigma\upsilon$ $\kappa\alpha\grave{\iota}$ $\nu\iota\kappa\acute{\eta}\sigma\epsilon\iota\varsigma$ $\dot{\epsilon}\nu$ $\tau\hat{\omega}$ $\kappa\rho\acute{\iota}\nu\epsilon\sigma\theta\alpha\acute{\iota}$ $\sigma\epsilon$("주께서 주의 말씀에 의롭다 함을 얻으시고 판단 받으실 때에 이기려 하심이라"). 바울은 $\kappa\alpha\theta\grave{\omega}\varsigma$ $\gamma\acute{\epsilon}\gamma\rho\alpha\pi\tau\alpha\iota$("기록된 바")라는 공식적인 표현으로 인용문을 소개한다. 즉 이것은 "~에 의하면"이라는 뜻의 전치사 $\kappa\alpha\tau\acute{\alpha}$에서 기원한 융합 부사 $\kappa\alpha\theta\acute{\omega}\varsigma$("~처럼")와 관계부사 $\dot{\omega}\varsigma$("처럼") 및 3인칭 단수 완료 수동태 직설법 동사 $\gamma\acute{\epsilon}\gamma\rho\alpha\pi\tau\alpha\iota$("그것이 기록되었다", 그래서 "기록된")가 결합된 어구다. $K\alpha\theta\grave{\omega}\varsigma$ $\gamma\acute{\epsilon}\gamma\rho\alpha\pi\tau\alpha\iota$는 사도가 그의 여러 편지에서 성경 인용을 소개하기 위해 가장 자주 사용하는 문구다.[67] 그는 이 외에도 "그[하나님]가 말씀하신다[또는 "말씀하셨다"]", "성경에 이르기를[또는 "일렀으되"]", "모세가 기록하기를[또는 "기록했듯이"]", "다윗이 이르기를", "이사야가 이르기를" 또는 "호세아가 부르짖기를"이라는 표현뿐 아니라 $\gamma\acute{\epsilon}\gamma\rho\alpha\pi\tau\alpha\iota$나 $\gamma\acute{\alpha}\rho$만으로 성경 인용을 소개하기도 한다.

시편 51편은 다윗이 "밧세바와 동침한 후 예언자 나단이 그에게 왔을 때" 쓴 참회의 시편이다. 4b절(MT 51:6b)의 히브리어 본문은 두 가지로 번역할 수 있다. (1) 참회하는 시편 저자의 심판 때 "주께서 나를 판단하실 때 의로우시고 주님의 심판에서 흠이 없으십니다"라는 하나님의 인격과 관련한 선언적인 진술, 또는 (2) 시편 기자를 그의 죄에서 정결케 하시는 하나

---

67) 로마서에서는 이곳 3:4에서만 아니라 1:17; 2:24(그럴 가능성이 있음, 이 구절에 대해 본서의 주석을 보라); 3:10; 4:17; 8:36; 9:13, 33; 10:15; 11:8, 26; 15:3, 9, 21에서도 발견된다. 또한 고전 1:31; 2:9; 고후 8:15; 9:9; 갈 3:10, 13도 참조하라.

님과 관련하여, "그래서 주님은 말씀하실 때 의로우시고, 심판을 내리실 때 흠이 없으십니다"라는 하나님의 중요한 특징을 표현하는 결과절로 말이다. 윌리엄 샌데이와 아서 헤들럼은 인정과 결과라는 두 개념을 결합하여 이렇게 주장한다. "원문의 의미는 시편 저자가 자신에게 내리는 하나님의 심판의 정당성을 인정한 것이다. 그의 죄의 결과로 하나님은 판단 내리실 때 의로우시고, 심판하심에 있어 흠이 없으시다고 선언된다."[68]

　　하지만 70인역의 그리스어 번역자들은 두 동사 δικαιωθῇς("당신은 의로우시다[또는 "정의로우시다"]")와 νικήσεις("당신은 승리하실 것이다[또는 "이기실 것이다"]")에 부정과거 시제와 가정법을 사용했다. 이로써 이 문장을 결과절로 만들었으며, 심지어 기도의 내용으로 바꾼 것 같다. "그 결과(ὅπως ἂν) 당신은 당신의 말씀으로(ἐν τοῖς λόγοις σου) 의롭다 함을 얻으실 것이고(δικαιωθῇς), 판단 받으실 때에(ἐν τῷ κρίνεσθαί σε) 이기실 것입니다(νικήσεις)." 바울의 본문 인용은 사용된 단어나 사상에서 대체적으로 70인역을 따른다. 비록 그가 첫 번째 동사 δικαιωθῇς("당신은 의로우시다[또는 "정의로우시다"]")에 대해서는 70인역의 부정과거 시제와 가정법을 그대로 유지하면서도, 두 번째 동사는 미래 직설법인 νικήσεις("당신은 승리하실 것이다[또는 "이기실 것이다"]")로 바꾸긴 했지만 말이다. 그래서 이곳 3:4b에 등장하는 인용은 "그 결과 주님은 말씀하실 때[문자적으로는 "주님의 말씀으로"] 의롭게 되시고[또는 "의롭다고 드러나고"] 판단받으실 때에 이기시[또는 "승리하시"]옵소서"라고 번역하는 것이 가장 좋을 것 같다.

　　3:4c에 있는 바울의 인용문에 사용된 이 두 번째 동사의 형태 중 어느 것을 원래의 형태로 봐야 하는지를 확신 있게 결정하기는 불가능하다. 우리의 번역에서는 다소간 잠정적으로 미래 직설법인 "주께서 이기실(또는 "승리하실") 것이다"라고 받아들이긴 했지만 말이다. 왜냐하면 그것이 "더 어려운 독법"이고 바울의 논증의 맥락에 더 잘 어울리는 것으로 보인다

68) Sanday and Headlam, *Romans*, 72.

는 단순한 이유 때문이다.[69] 또한 마소라 본문에서 70인역으로, 그런 다음에 70인역에서 바울의 인용으로 본문의 전달 단계를 확신 있게 밝히거나 각각의 변화가 발생했을 만한 이유를 제시할 수도 없다.[70] 우리가 개연성이 있다고 믿는 대로, 바울은 마소라 본문이나 70인역에서 인용한 것이 아니라 당시 초기 유대 기독교 내부에서 회람되던 역본에서 인용했을 수도 있다. 바울은 그 역본이 로마의 그리스도인들에게 더 친숙하기 때문에 그들이 더 잘 받아들일 것으로 생각했을 것이다.

그렇지만 바울이 시편 51편의 이 부분을 인용한 목적, 그것도 자신의 방식으로 인용한 목적은 매우 분명해 보인다. (1) 그가 3:3에서 제기한 질문들("어떤 자들이 믿지 아니하였으면 어찌 하리요?" "그 믿지 아니함이 하나님의 미쁘심을 폐하겠느냐?")에 성경적인 답변을 제시하기 위해서, 또한 (2) 로마에 있는 그리스도인 수신자들이 공감하고 기꺼이 받아들이는 형식의 성경적 대답을 제공하기 위해서다. 3:3의 두 질문에 대한 그의 첫 번째 반응은 그의 마음 깊은 곳에서 매우 감정적인 반응을 표현하는 것이었다. "그럴 수 없느니라!"(μὴ γένοιτο) 그런 후 그는 그 감정적인 반응에 전통적인 유대교적 금언 또는 유대 기독교적 금언이었던 것으로 보이는 "사람은 다 거짓되되 오직 하나님은 참되시다"는 내용을 인용한다. 여기서 하나님에 대해서는 "참되시다"와 "미쁘시다"가, 유대인들에 대해서는 "거짓되다"와 "믿지 아니함"이 금언적인 방식으로 동일시되었다. 이제 이곳 3:4 후반부에서 바울은 시편 51편의 자료를 인용한다. 조세프 피츠마이어가 본문의 메시지를 적절히 설명했듯이, 인용한 본문은 "사람의 죄가 하나님의 뜻을 거슬러 반역한다고 해도 그것은 하나님의 신실하심과 의로우심을 높이는 작용을 한다"는 사실을 시사한다.[71]

"하나님의 신실하심" 및 "의로우심"과 비교하여 "사람의 죄"와 "반역"

---

69) 본서의 "본문비평 주"를 보라.

70) 이러한 변경과 그 변경의 이유를 요약한 Moo, *Romans*, 186-88, 특히 각주 49, 50, 51을 보라.

71) Fitzmyer, *Romans*, 328.

의 관계를 이런 식으로 이해하는 것은 히브리어 본문에서는 두드러지게
나타나지 않을 수도 있다. 심지어 구약성경 전체에 표현된 이스라엘 종교
의 의식에도 표면적으로 나타난다고 할 수가 없다. 하지만 이 사실은 시편
51편의 70인역(LXX 시 50편)에서는 강조되었으며, 따라서 초기 유대교의
어느 진영과 예수를 믿는 일부 초기 유대 신자들 사이에서는 중요했었다고
합리적으로 추정할 수 있다. 그리고 비록 바울이 이방인을 향한 복음 사역
에서 자신의 기독교 복음 선포에 이런 식의 어감을 덧붙인 것 같지는 않지
만, 또 로마서 9-11장에서 "이스라엘의 믿음 없음"과 "하나님의 신실하심"
을 분명하게 표현한 것을 찾을 수는 없지만, 이곳 3:4b에서 그는 70인역의
표현 및 의도와 맥을 같이하여 시편 51:4b을 인용함으로써 이러한 이해를
제시한다.

바울이 시편 51편에서 이 진술에 있는 단어를 가져오고 적용한 것은
적어도 어느 정도는 그가 성경을 상황적으로 사용했다는 데서 기인한다.
그는 유대교적 또는 유대 기독교적 상황 내에서 제기되었던 단어와 적용했
던 본문을 특히 로마의 그리스도인들에게 적합하게 사용했다. 우리가 이미
앞에서 주장했듯이, 로마의 그리스도인들은 예루살렘의 모교회를 통해 그
들에게 표현되고 전달된 유대 기독교의 사상과 형식과 실천에 광범위하게
영향을 받았기 때문이다. 그렇지만 바울이 기독교 메시지의 이와 같은 어
감이 있는 특성들을 이방인들에게 설교하는 데 포함시킨 것이 알맞거나 적
절하지 않다고 생각했을지라도, 예수를 믿는 유대 신자인 바울은 하나님의
신실하심과 사람들의 믿음 없음을 이런 식으로 설명하는 것을 받아들였을
것이다. 따라서 바울은 거리낌이나 주저함 없이 시편 51편의 본문을 인용
한다. 이 본문은 70인역의 표현과 분명한 의도에서 사람의 "믿지 않음"과
"신실하지 않음"이 하나님의 "신실하심"과 "의로우심"을 어떤 식으로든 확
대하고 높이는 데 실제로 작용함을 암시한다.

3:5-8   바울은 3:4c의 인용문에 암시된 것을 3:5-8에서 분명히 서
술한다. 그는 그 메시지를 먼저 3:5-6에서 그리스도인들 곧 유대인 신자와
이방인 신자들 모두에게 일반적으로 적용하며, 그 후 3:7-8에서 자신에게

개인적으로 적용한다. 3:5-8의 구조는 3:1-4의 구조와 병행을 이룬다. 3:5-8에는 두 세트의 수사적 질문이 등장하며, 각각의 질문에는 간략하고 강한 응답이 이어진다. 이것은 3:1-4에 있는 두 세트의 수사적 질문에 각각 간략하고 강한 응답이 이어지는 패턴과 병행을 이룬다. 바울은 그가 조금 전에 3:3-4에서 제시한 것으로부터 잘못된 결론을 도출할 수 있다는 사실을 분명히 알고 있었기에, 생겨날 수 있는 오해를 이곳 3:5-8에서 방지하려 한다.

　　　3:5a　　　세 번째 세트의 질문 중 첫 번째 질문 εἰ δὲ ἡ ἀδικία ἡμῶν θεοῦ δικαιοσύνην συνίστησιν, τί ἐροῦμεν;("우리 불의[또는 "부정"]가 하나님의 의[또는 "의로운 정의"]를 드러나게 하면 무슨 말 하리요")은 τί ἐροῦμεν("우리가 무슨 말 하리요")으로 끝난다. 이것은 바울이 로마서에서 질문을 소개하기 위해 후치사인 οὖν("그렇다면")과 함께 사용하던 질문이다.[72] 질문은 "우리의 불의" 또는 "의롭지 못함"(ἀδικία)이 어떤 점에서 "하나님의 의[또는 "의로운 정의"]"(δικαιοσύνην)를 "나타내"거나 "보여주"거나 "끌어내거나" "더욱 분명히 드러낼"(συνίστησιν) 것인지를 묻는다.

　　　3:5b　　　하지만 3:5a에 제시된 질문은 두 번째 질문에 의해 매우 신속하고도 극적인 방식으로 예리해진다: μὴ ἄδικος ὁ θεὸς ὁ ἐπιφέρων τὴν ὀργήν;("진노를 내리시는 하나님이 불의하시다"고 말할 수 있는가?). 질문 자체에 다른 내용이 더 암시되지 않았다면, 질문에 얼마든지 긍정으로 대답할 수 있었다. 하지만 바울은 이 두 번째 질문을 부정적인 불변화사 μή("아니")로 제기한다. 3:3의 두 번째 질문에서 그랬듯이 말이다. 3:3에서와 마찬가지로 이곳 3:5에서도 이 부정어의 적합한 유일한 대답은 강한 "아니오!"다. 더욱이 바울은 삽입어로 제시한 그의 논평("내가 사람이 말하는 대로 말하노니", κατὰ ἄνθρωπον λέγω, 문자적으로는 "나는 사람대로 말한다")으로써 이러한 질문은 현실과 너무 동떨어져 있기에 그 질문을 제기하는 것만으로도 신성모독으로 간주될 수 있음을 인정한다. 로마에 있는 그의 그리스도인 수신자들에

---

72) 참조. 롬 4:1; 6:1; 7:7; 8:31; 9:14, 30.

게처럼, 적어도 유대인들과 유대 그리스도인들, 그리고 유대 기독교의 영향을 광범위하게 받은 사람들에게는 이런 질문이 신성모독으로 여겨졌을 것이다. 하지만 바울은 신성모독을 범하는 사람으로 보일 생각이 없었다.

3:6   여기서 바울은 3:4a의 부정적인 대답을 매우 감정적으로 반복한다: μὴ γένοιτο("결코 그렇지 아니하니라"). 그리고 나서 그는 논리적인 불가능성을 제시한다: ἐπεὶ πῶς κρινεῖ ὁ θεὸς τὸν κόσμον;("만일 그러하면 하나님께서 어찌 세상을 심판하시리요?"). 이런 뜻이다. 하나님이 "그의 백성에게 그의 진노를 선언하실[또는 "가하실", "내리실"] 수 없다면", 그가 어떻게 의로우신 하나님이 되실 수 있으며, 어떻게 미래에 "세상을 심판하실" 수 있겠느냐 말이다. 질문에 대한 5b의 이 대답은 아주 짧다. 그러므로 하나님을 참으로 알고 하나님의 성품과 뜻을 어느 정도 이해한 사람으로서는, 마음에서 나온 감정적인 것이든 머리에서 나오는 논리적인 것이든 간에, 더 말할 필요가 없다.

3:7-8   3:7-8에 있는 바울의 수사적 질문 2개와 간략한 대답 1개는 3:5-6의 두 수사학적 질문 및 하나의 간략한 대답과 연결되는데, 3:5와 3:7이 시작할 때 등장하는 εἰ δέ("그러나 만일", "그리고 만일")라는 표현으로 직접 연결된다.[73] 그래서 바울은 3:5-6에서 하나님이 그의 백성을 심판하시는 것과 관련한 문제들을 제기하고 대답하지만, 이곳 3:7-8에서는 동일한 문제를 다루면서 그 문제를 좀 더 직접적으로 자신에게 적용한다. 더욱이 나중에 언급한 이 두 구절에서 그는 자신도 분명히 알고 있던 자신을 향한 어떤 비판과 비난에 반응하기로 한다. 그래서 바울은 이렇게 묻는다. (1) "나의 거짓말로 하나님의 참되심이 더 풍성하여 그의 영광이 되었다면, 왜 내가 죄인처럼 심판을 받는가?" 그리고 (2) "그러면 왜 '선을 이루기 위하여 악을 행하자'라고 말하지 않겠는가? 마치 우리가 이런 식의 말을 한다고 어떤 사람이 우리를 비방하듯이 또 어떤 사람이 우리가 그렇게 말한다고 주장하듯이 말이다."

---

73) 본서 "본문비평 주"를 보라.

로마의 그리스도인들이 바울에 대해 정확히 무슨 말을 했는지 우리는 잘 모른다. 하지만 그가 여기서 그에 대한 공개적인 비판과 일부 유대 그리스도인 대적자들이 그의 이방인 선교에 대해 던진 비난과 질타에 반응하고 있다는 점은 꽤 분명한 것 같다. 이 비난과 질타는 소아시아와 그리스에서부터 로마까지 퍼져 십중팔구 "걷잡을 수 없게 되었을" 것이다. 그래서 바울과 그의 이방인 선교에 대한 이런 유형의 비평과 비난은 로마의 일부 그리스도인들도 알았고 심지어 그들이 비난에 가담하기도 했을 것이다.

3:8b에 표현된 이러한 비평과 비난에 대한 바울의 반응은 이 본문에 있는 그의 4개의 반응 중에서 제일 간략하고 가장 거창하다. 바울은 간단히 "그들은 정죄 받는 것이 마땅하다"(ὧν τὸ κρίμα ἔνδικόν ἐστιν)라고 말한다. 바울이 암시하는 바는 이것이다. 이들은 궤변적인 추론에 의거한 명예훼손 혐의를 받는다. 이는 이런 문제를 제기하는 사람들이 자신들이 하나님의 품성에 대해서, 기독교 복음 메시지에 대해서, 또는 그리스도의 백성인 사람들의 특성에 대해서 아무것도 알지 못한다는 것을 드러낸다. 그러므로 그들은 하나님께서 이런 사람들을 심판하실 κρίμα("정죄")를 받아 마땅하다. 또는 오리게네스가 오래전에 이 구절과 관련하여 말한 것처럼,

> 이것은 기독교 신앙을 반대하는 불의한 사람들이 제기하는 주장이다. 그들은 우리가 사람들의 거짓이 난무하는 중에서도 하나님의 미쁘심이 풍성하고, 그의 의로우심이 우리의 불의에 의해 확증된다고 믿는 까닭에, 악에서 선이 나오도록 악을 행해야 하고, 거짓말 때문에 하나님의 미쁘심이 한층 더 분명하게 빛나도록 거짓말을 해야 한다고 우리가 믿기도 한다고 암시하면서 더욱 우리를 모독한다. 그들은 우리가 이렇게 생각한다고 주장하면서, 이러한 것이 우리의 신념의 논리적인 결론인 양 우리를 모독하고 있다. 하지만 사실 우리의 신념의 논리는 이런 식의 사고를 용납하지 않는다. 우리는 하나님이 의롭고 참된 심판자시라고 이해하기 때문이다.[74]

---

74) Origen, *Ad Romanos*, CER 2.48, 50.

II. 일련의 본문과 적용으로 뒷받침받는 결론(3:9-19)

3:9 τί οὖν("그러면 무엇?") 절은 압축적이며, 그래서 바울의 주장의 흐름에서 이해하기가 약간 어렵다. 많은 해석자는 이 어구를 3:1에서 시작된 수사학적 수미상관법의 마지막을 표시하는 것으로 보았다. 하지만 필자는 이 어구가 문제들을 결론으로 이끄는 더 깊은 질문을 소개하는 역할을 한다고 주장했다.[75] 이 표현은 여기서 "그러면 [우리가] 무엇이라고 [결론을 내릴 것인가?]"라고 번역하는 것이 가장 좋을 것 같다. 3:9에는 바울이 이전 단락 3:1-8에서만 아니라 이보다 앞서 2:17-29에서도 주장해왔던 내용의 결론이 제시되었기 때문이다. 즉 비록 하나님이 이스라엘 백성을 자신과의 언약 관계로 이끄셨고 그들에게 특별한 이점과 복을 주셨지만, (1) 모든 유대인은 모든 이방인이 그러하듯, 정의로우시고 신실하시고 의로우신 하나님에 의해 차별 없이 심판을 받을 것이며, (2) 모든 유대인은 그들의 의롭지 못한 태도와 불의한 행동에서 드러났듯이 하나님께 믿음으로 반응하지 못했기에 모든 이방인처럼 하나님의 진노 아래 있다는 것이다.

부정적인 반응인 οὐ πάντως("전혀 아니다")와 더불어 의문문 προεχόμεθα;("우리는 나으냐?")를 원문으로 받아들여야 한다는 데는 의심의 여지가 없다. 이 두 어구는 모두 사본 전통에서 강력하게 입증되기 때문이다.[76] 더욱이 문맥에 비춰 볼 때 그 동사는 질문으로, 그리고 부정적인 표현은 감탄으로 이해할 수밖에 없다. 하지만 προεχόμεθα(원형은 προέχω, "튀어나오다", "능가하다", "이점을 가지다")는 형태상 중간태이기도 하고 수동태이기도 하다. 그러므로 이 단어는 그간 세 가지 상당히 다른 방식으로 해석되었다. (1) 재귀적 기능을 하는 중간태 동사. 이렇게 이해할 경우 본문의 의미는 다음과 같다. "그러면 우리가 변호하는 것으로 무엇을 붙들겠는가?" "그러면 우리가 변호하기 위해 무엇을 호소하겠는가?" "그러면 우리가 변명[또는 "변호"]할 수 있겠는가?" 또는 "우리가 자신을 진노에서 구원받

---

75) 본서 앞에서 다룬 "수사학적 기교들"을 보라.
76) "본문비평 주"를 보라.

았다고 여길 수 있는 은신처가 있는가?"[77] (2) 능동의 의미를 전달하는 중
간태 동사. 이렇게 이해할 경우 본문은 다음과 같은 사실을 표현한다고 보
는 것이 가장 좋을 것 같다. "우리가 그들보다 우월한가[또는 "나은가"]?"
"우리가 그들을 초월하는가[또는 "능가하는가"]?" "우리에게 이점이 있
는가?" 또는 더 구어체적으로 "우리가 더 나은가?"[78] 또는 (3) 수동태 동
사. 이럴 경우 이 문장은 이렇게 읽게 된다. "그들이 우리를 추월하는가[그
들과 우리가 "동등한가" 또는 그들이 우리보다 "뛰어난가"]?" 또는 "우리
가 그들과 비교하여 이점이 없는가[또는 "그들보다 못한가"]?"[79] 이들 독
법은 각기 언어학적·개념적 문제가 있으며, 루크 티모시 존슨이 "최종적
인 해결은 불가능한 것 같다"고 말한 것이 어쩌면 맞을지도 모른다.[80] 특히
이 동사를 형태상으로는 중간태로 이해하지만 의미상으로는 능동태로 이
해할 경우가 그러하다. 그럴 경우 다음과 같은 질문이 제기될 수 있다. 즉
바울이 능동적인 의미를 표현하려 했다면, 왜 그는 단순하게 능동태 동사
προέχομεν을 사용하지 않았는가?

하지만 본문의 문맥은 여기서 동사의 중간태에 대해 능동적인 의미를
요구하는 것 같다. 자주 관찰되는 점은, 현존하는 고대 그리스의 문학에서
형태상으로는 중간태이지만 의미에 있어서는 능동태인 προέχω의 또 다른
예가 없다는 것이다. 그렇지만 다른 수많은 코이네 그리스어 동사들은 가
끔 이런 방식으로 사용되었다.[81] 그리고 그리스어의 중간태 동사가 능동적
인 의미를 띤다는 이해는 히에로니무스의 불가타 역에서 라틴어로 번역한

---

77) 예. Godet, *Romans*, 1,234-35; Dahl, "Romans 3,9," 184-204; Dunn, *Romans*, 1,147-48;
   Stuhlmacher, *Romans*, 54-55.

78) 예. Lagrange, *Aux Romains*, 67-68; C. H. Dodd, *Romans*, 46-47; Michel, *An die Römer*,
   140-41; Barrett, *Romans*, 67-69; Maurer, "προέχομαι," 6,692-93; Synge, "The Meaning of
   προεχόμεθα in Romans 3,9," 351; Cranfield, *Romans*, 1,189-90.

79) 예. Sanday and Headlam, *Romans*, 75-76; Fitzmyer, *Romans*, 330-31; Stowers, "Paul's
   Dialogue with a Fellow Jew," 173-74; L. T. Johnson, *Reading Romans*, 45-46; Jewett,
   Romans, 257.

80) L. T. Johnson, *Reading Romans*, 45.

81) *BDF* 316,1과 N. Turner, *Syntax* (vol. 3 of *M-T*), 106-7에 제시된 예를 보라.

praecellimus eos("그들보다 뛰어나다")에 반영되었다. 그래서 크리스티안 마우러(Christian Maurer)가 1968년에 선언했듯이, "이러한 태의 변화가 신약성경의 다른 곳에서 발생한다는 것을 기억한다면, προέχω를 이렇게 이해한 사례들의 부재는 그렇게 비중이 크지 않다."[82] 또는 찰스 크랜필드가 주목했듯이, "이것이 능동태 동사를 기대하는 곳에서 중간태 동사를 사용한 유일한 예는 아닐 것이다."[83]

　　여기서 언어학적으로 προεχόμεθα의 의미를 확신 있게 주장하기가 쉽지는 않다. 세 가지 선택 모두 언어학적으로는 얼마든지 가능하다. 그러나 문맥적으로, προεχόμεθα는 능동적인 의미를 전달하는 중간태 동사로 이해하여 "우리에게 이점이 있느냐?" 또는 "우리가 더 나으냐?" 즉 "우리[유대인]에게 이러한 특권과 복이 있기 때문에 미쁘시고 의로우신 하나님 앞에서 이방인보다 더 나은 이점[또는 "더 나은 점"]이 있느냐?"라고 번역하는 것이 가장 나은 것 같다. 그리고 바울이 즉시 이 질문에 제시한 대답은 울려 퍼지는 "결코 아니라!"(οὐ πάντως)다.

　　바울이 이곳 3:9에서 "결코 아니라!"고 반응한 것과 이보다 앞서 3:2에서 "범사에 많음이니!"라고 대답한 것 사이의 차이를 두고 종종 이 두 대답이 서로 상충되지는 않는지 혹은 어떤 점에서 양립될 수 있는지란 질문이 제기되곤 하였다. 장 칼뱅의 해석은 의미심장하며 합리적인 설명을 제공한다. 칼뱅은 이 두 반응 사이에 차이가 있음을 인정했지만, 그러한 차이가 다른 문제가 다루어지고 있다는 점에서 기인한다고 보았다.

　　그[바울]의 대답은 그가 앞에서 말한 내용과 약간 다른 것처럼 보인다. 그가 이전에 사람들에게 그렇게 많이 부여했던 존엄성을 지금 그들에게서 박탈하고 있기 때문이다. 그러나 둘은 불일치하지 않는다. 바울이 그들["유대인들"]의 우월함을 인정한 그들의 특권은 그들에게 외적으로 오

---

82) Maurer, "προέχομαι," 6.693.

83) Cranfield, *Romans*, 1.189.

는 것이고 하나님의 선하심에 의존한 것이었지, 그들의 장점에 의존한 것
이 아니었기 때문이다. [그러나] 바울은 [이곳 9절에서] 그들에게 스스로
자랑할 수 있는 어떤 가치가 있는지 묻는다. 그래서 그가 제시하는 두 대
답은 서로 일치하며 연이어 등장한다. 바울이 그들이 받은 특권을 극찬하
며 그것을 하나님이 주신 혜택으로만 포함시킬 때, 그는 그들 자신의 소
유라고 할 만한 것은 하나도 없음을 보여주었다. 그가 지금 제시하는 대답
은 즉시 이 사실에서 추론될 수 있었다. 그들이 하나님의 말씀(신탁)을 맡
았다는 사실에 그들의 탁월함이 있고, 그들이 그들 자신의 장점이 없는데
도 이러한 탁월함을 소유한다면, 그들에게는 하나님 앞에서 자랑할 이유
가 없다.[84]

해석자들 중에는 3:9b에서 προητιασάμεθα γὰρ Ἰουδαίους τε καὶ
Ἕλληνας πάντας ὑφ' ἁμαρτίαν εἶναι("유대인이나 헬라인이나 다 죄 아래에
있다고 우리가 이미 선언하였느니라")라는 바울의 주장을 입증하는 데 어려움을
느끼는 사람들이 더러 있다. 예를 들어, 디터 첼러(Dieter Zeller)와 헤이키
레이제넨은 사도가 로마서에서 이러한 포괄적인 주장과 저주어린 비난을
한 곳이 어디인지를 밝히기 어렵다고 주장했다.[85] 인정하건대, 이곳 3:9에
서 바울은 ἁμαρτία("죄")라는 단어를 처음 사용한다. 하지만 확실한 것은
적어도 본질적인 면에서 그가 이보다 앞서 1:18-2:29에서 이미 이러한 포
괄적인 주장("유대인이나 이방인이나")과 저주가 담긴 비난을 했다는 것이다.
이를테면, 그는 (1) 1:18-32에서 "사람들의 경건하지 않음과 악함에 내리
시는 하나님의 진노"와, (2) 2:1-16에서 모든 "불의함"과 "악을 행하는 사
람"에게 내리시는 "하나님의 심판이 의롭고 차별이 없음"과, (3) 2:17-29에
서 "유대인들이 믿지 않고 실패했음"을 광범위하게 그리고 콕 집어 이야기

---

84) J. Calvin, *Epistles of Paul the Apostle to the Romans and to the Thessalonians*, in *Calvin's New Testament Commentaries*, 8,65.
85) Zeller, *An die Römer*, 99-100; Räisänen, "Zum Verständnis von Röm 3,1-8," 99.

했다. 제임스 던이 적절하게 표현했듯이, "1:18-2:29의 의미는 여기서 온전히 드러난다."[86] 바울이 이후 3:10b-18에서 제시할 일련의 성경 본문으로 뒷받침하려는 것이 바로 이러한 비난이다.

분명히 "유대인이나 헬라인이나 다"(Ἰουδαίους τε καὶ Ἕλληνας)라는 어구는 1:16-3:20에 있는 바울의 포괄적인 주장의 영향을 받았다. 그러나 특히 이 어구는 1:16과 2:9-10에서 사용한 표현인 "먼저는 유대인에게요 그리고 헬라인에게며"(Ἰουδαίῳ τε πρῶτον καὶ Ἕλληνι)의 영향을 받았다. 하지만 이곳 3:9에서 "유대인이나 헬라인이나 다"라는 어구는 앞서 1:16과 2:9-10에서 사용된 어구와 정확하게 동일한 어감을 가지고 있지는 않다. 여기 "유대인이나 헬라인이나 다"라는 표현은 1:16과 2:9-10에서 발견되는 후치사 τε("둘 다")에 의해 표시되는 포괄적인 강조를 포함하고,[87] 이러한 강조가 로마서의 여러 다른 곳에서 다른 방식으로 반복되지만, 이 표현에는 1:16과 2:9-10의 실명사적 부사 πρῶτον("먼저는")으로 표시되는 특정한 요지가 포함되어 있지 않다. 다른 그리스어 사본 전통에서는 지지를 받지 못하는 πρῶτον이 5세기의 알렉산드리아 사본(A 02)에서는 3:9에 포함되었지만 말이다.[88]

"죄 아래"(ὑφ' ἁμαρτίαν)라는 어구는 이곳 3:9에서 죄에 대한 하나님의 의로운 정죄 아래 있는 상태를 의미한다. 이것은 "유대인이나 헬라인 모두"가 처한 매우 심각한 상황이다. 이와 비슷한 표현인 "죄 아래 노예로 팔렸다"(πεπραμένος ὑπὸ τὴν ἁμαρτίαν)는 로마서에서 나중에 바울과 모든 사람의 개인적인 경험을 묘사하는 7:14에 사용되었으며, 죄의 통치나 능력 또는 권세에 복종하는 것을 암시한다. 비단 거역의 행위뿐만 아니라 실존의 상태를 지칭하는 이러한 ἁμαρτία("죄")의 사용은 다소 놀랍다. 유대교의 선생들과 바울 및 대부분의 초기 기독교 저술가들은 일반적으로 "죄"를 하

---

86) Dunn, *Romans*, 1.156.
87) 또한 롬 3:22-24; 4:16; 5:18; 8:32; 10:4, 11-13; 11:32; 15:10-11도 참조하라.
88) "본문비평 주"를 보라.

나님의 법을 범한 것으로 언급했기 때문이다. 하지만 발터 그룬트만(Walter Grundmann)이 바르게 관찰했듯이, "바울에게 죄는 개인적인 행위로만 이루어진 것이 아니다. 바울에게 죄는 모든 인류를 포괄하는 상태다."[89]

3:10-18 3:10-18에 있는 일련의 성경 본문("고리")은 사도가 3:9에서 제시한 결론을 뒷받침하기 위한 중요한 특징들로 이루어져 있다. 바울은 이러한 본문 묶음이 로마 그리스도인 수신자들에게 특히 중요하리라고 믿었던 것이 분명하다. 그래서 그는 이 본문 묶음을 사용하여 그가 앞에서 이 문제들과 관련하여 주장했던 모든 것을 매듭짓는다. 일련의 본문은 (1) 주로 시편에서 인용되었으며, (2) οὐκ ἔστιν("하나도 없다")이란 표현을 6번 반복하여 구약의 본문들을 함께 묶고, (3) 이러한 과정에서 사람들의 깨달음 부족, 불의의 범위, 악함의 특성을 총체적으로 강조하는 수사적 수단으로서 사람들의 몸의 여섯 부분("목구멍", "혀", "입술", "입", "발", "눈")을 항목별로 제시한다. 더욱이 이 일련의 본문은 바울이 성경을 인용할 때 사용하는 일반적인 인용 문구인 καθὼς γέγραπται("기록된 바")로써 소개하는 본문 모음집이다. 이럼으로써 바울은 3:9의 이 결론이 성경의 권위로 지지받고 있음을 강조한다.

하지만 이 일련의 구약 본문을 다룰 때 고려해야 할 사항이 많이 있다. 첫째는 이 본문 모음집의 출처와 관련이 있다. 바울이 로마의 그리스도인들에게 편지를 쓰는 순간에, 또는 그가 로마서를 쓰기 전 이방인을 위한 선교를 하는 동안 어느 때에 이 일련의 성경 본문을 직접 모았다고 흔히 추정하기 때문이다.[90]

필자는 본인의 책 『사도 시대의 성경 해석』(*Biblical Exegesis in the Apostolic Period*)에서 "바울의 성경 인용에서 반복적으로 등장하는 특징이 '진주 꿰기'(pearl stringing), 즉 그의 주장을 뒷받침하면서 성경의 다양한 부

---

89) W. Grundmann, "ἁμαρτάνω," *TDNT* 1.309; 이 점을 더 자세히 설명한 308-13도 보라.
90) 예. D.-A. Koch, *Schrift als Zeuge des Evangeliums*, 181-83; C. D. Stanley, *Paul and the Language of Scripture*, 88-89; 그리고 Shum, *Paul's Use of Isaiah in Romans*, 181-84.

분을 논증의 한 가지 요지에 집중시켜 지지하게 하는 것"임을 지적했다.[91]
마찬가지로 필자는 "진주 꿰기"가 바울의 여러 편지에서 현저히 발견되
고,[92] 그러한 진주 꿰기의 본질이 수집된 본문들에서 유사한 단어나 표현
들을 강조하며, 동시에 이러한 단어나 표현들이 수집된 본문들에 통일성의
근거를 제시한다는 점을 주목했다.[93] 그래서 필자는 바울 자신이 이곳 로
마서 3:10b-18에 등장하는 구약 모음집을 직접 묶어 놓았다는 것이 불가능
하다고 확신 있게 선언할 준비가 되어 있지 않다.

하지만 동일한 단어나 표현을 포함하거나 좀 더 일반적으로 비슷한 주
제나 논리적인 사상들을 포함하는 성경 본문 모음집은 고대의 유대 선생들
사이에서 비교적 일반적인 습관이었다.[94] 그래서 본문 모음집의 사례마다
어떤 특정 저자에 의해 사용된 것에 대해서뿐만 아니라, 가능하다면 이
보다 더 이른 시기의 기원과 관련해서도 조사해야 한다. 그리고 우리가 믿
기로는, 이곳 3:10b-18에 있는 일련의 본문에 대해서도 요구되는 것이 바
로 이것이다.

이 성경 본문 묶음을 초기의 증거(testimonia) 모음집이나 전통적인 본
문 세트로 이해해야 할 개연성을 신약 해석자들에게 알려주는 여러 주된
요인이 있다. (1) 이 본문 모음집에 있는 성경 인용의 복잡성, (2) 이 인용문
의 어휘와 70인역의 가장 오래된 사본들에 있는 동일한 구절들에 있는 어
휘 간의 비교적 정확한 관련성, (3) 이 본문들을 하나의 통일된 일련의 본
문 모음집으로 묶은 명백한 구성상의 관심, (4) 그 단락의 전반적인 묘사
의 놀라울 정도의 일관성, (5) 이 일련의 본문에 특징적인 기독교적 교훈이

---

91) R. N. Longenecker, *Biblical Exegesis,* 2nd ed., 99-100.
92) 이곳 3:10b-18에 등장하는 것만 아니라 롬 9:12-29; 11:8-10; 15:9-12; 갈 3:10-13과 비록
    다소 제한적이지만 롬 4:1-8; 9:33; 고전 3:19-20; 15:54-55; 고후 6:16-18에도 등장한다.
93) 바울 서신들에서는 이곳 3:10b-18에서 발견되는 것만 아니라 롬 9:25-26의 οὐ λαόν μου,
    롬 9:32-33의 λίθος, 고전 3:19-20의 σοφοί, 고전 15:54-55의 θάνατος, 갈 3:10, 13의
    ἐπικατάρατος, 그리고 갈 3:11-12의 ζήσεται 등에서도 발견된다.
94) R. N. Longenecker, *Biblical Exegesis,* 2nd ed., 99-100 n. 27에 있는 바빌로니아 탈무드에서
    유래한 예들을 보라.

나 흔적의 부재 등이다. 더욱이 일부 신약학자들은 앞에서 밝힌 그러한 요인들이 이 본문 모음집이 원래 바울 이전의 몇몇 유대교 선생 또는 (어쩌면 더 개연성이 높은) 유대 기독교 선생에 의해 만들어졌을 가능성을 드러낸다고 제시한다. 그는 아무도 자신의 노력에 근거하여 하나님 앞에서 의롭다고(δίκαιος) 주장할 수 없다는 자신의 교훈에 결정적인 성경적 근거가 있다는 사실을 강조하기를 원했을 가능성이 매우 크다.[95]

이 본문 모음집에 바울 이전, 즉 유대교적 (또는 어쩌면 더 개연성이 높은 유대 기독교적) 기원이 있다고 주장하는 논지를 뒷받침하는 가장 중요한 사실들은 다음과 같다. (1) 인용된 본문은 주로 유대교(와 초기 유대 기독교)의 찬송과 기도서였던 시편에서 유래했다는 사실. 인용 본문 중에는 예언자 이사야의 글에서 1개, 잠언과 전도서를 비교적 전통적으로 반영하는 본문 2개가 있다. (2) 이러한 본문 선택의 패턴이 바울이 인용할 성경을 선택하는 통상적인 습관과 다르다는 사실. 바울이 로마서와 그의 다른 서신에서 성경을 인용할 때 대다수의 본문은 예언서와 모세 오경에서 인용한 것들이다. 이를테면, (로마서, 고린도전후서, 갈라디아서에 등장한 것만 따진다면) 예언서와 모세 오경에서 70회 이상 인용되었다(에베소서와 목회 서신에서도 인용되었지만 몇 번 안 된다). 이와 달리 시편에서는 이곳 3:4과 3:10b-18(또한 3:20도 해당될 수 있음. 아래 설명을 보라)에 인용된 것 외에, 12번 또는 13번만 인용했다.[96]

이처럼 다른 패턴의 선택에 주목하게 하고 또 필자가 믿기에 당면한 질문에 매우 중요한 유사성은, 바울과 "히브리인들에게 보내는 편지[또는 "설교"]"의 저자가 각각 인용한 성경 자료의 저마다 다른 선택에서 발견되는 유사성이다. 바울이 일반적으로 그의 교훈을 뒷받침하면서 예언서와 모세 오경에서 인용하는 반면에, 이전에 그리스도인으로 고백하고 헌신한 것

95) Käsemann, *Romans*, 86; Albl, "Scripture Cannot Be Broken," 172-77; 그리고 Jewett, *Romans*, 254-55이 이 문제를 다루었다.
96) R. N. Longenecker, *Biblical Exegesis*, 2nd ed., 92-95에 열거된 바울의 구약 인용 전체 목록을 참조하라.

에 대해 혼란을 느낀 유대인 신자들에게 편지를 쓰는 유대 그리스도인 목
회자였던 히브리서 저자는 예수에 대한 자신의 묘사를 주로 시편의 증거
본문(*testimonia*)에 의거한다. 그는 이 증거 본문이 그의 유대 그리스도인 수
신자들에게 특히 의미와 설득력이 있을 것이라고 믿었을 것이다.[97] 그리고
바울이 로마서 3:4, 10b-18(과 3:20도)에서 시편을 인용한 것은 이러한 인용
형식과 아울러, 로마에 있는 그리스도인 수신자들에게 의미와 설득력이 있
는 방식으로 그의 교훈을 뒷받침하려는 거의 동일한 목적을 수행했다고 주
장할 수 있다. 로마에 있는 그의 수신자들은 그들의 다양한 인종적 배경과
상관없이 모두 예루살렘 모교회의 신학과 관점과 관례에 광범위하게 영향
을 받았던 것 같다.

바울이 여기서 인용한 본문들의 어휘와 70인역 고대 역본들의 어휘 간
의 유사성은 (히브리 영향을 반영하는 약간 다른 몇몇 상이점과 더불어) 다음과 같
이 본문을 훑어보면 쉽게 볼 수 있다.

> 3:10b-12은 시편 14편(LXX 시 13편)의 첫 두 구절을 요약하고 세 번째
> 구절을 인용한다(아마도 시 53:1-3[LXX 52:1-3]과 전 7:20[LXX 7:21]
> 도 반영한 것 같다). 그는 시편의 그리스어 역본을 본문의 상반절을
> 생략함으로써 "어리석은 자는 그의 마음에 이르기를, '하나님이
> 없다!'고 한다"로 변경했다. 이는 해당 구절이 우선적으로 이방인
> 들을 가리키는 것으로 읽히게 하고, 생략된 부분 대신에 중요단어
> δίκαιος("의로운")를 삽입한다.
>
> 3:13은 시편 5:9b(MT와 LXX 5:10b)과 시편 140:3b(MT 140:4b, LXX
> 139:4b)을 문자적으로 인용한다.
>
> 3:14은 시편 10:7a(LXX 9:28a)을 살짝 변경한다.
>
> 3:15-17은 이사야 59:7-8을 요약하며, 어쩌면 잠언 1:16을 반영하기도

---

97) 특히 Vis, *Messianic Psalm Quotations in the New Testament*; S. Kistemaker, *The Psalm
Citations in the Epistle to the Hebrews* (Eugene, Ore.: Wipf and Stock, 2010).

한다.

3:18은 시편 36:1b(MT 36:2b, LXX 35:2b)의 단어를 1대1로 인용한다.

여기서 한걸음 더 나아가 이 본문 모음집의 첫 다섯 진술과 마지막 진술 (10b-12절과 18절)은 "하나도 없다"("οὐκ ἔστιν")라는 어구의 6번 반복으로 결합되었다. 이 외에도 본문의 마지막 여섯 절(13-18절)에는 사람 몸의 다양한 부분("목구멍", "혀", "입술", "입", "발", "눈")에 대한 목록이 등장한다.

하지만 비교적 눈에 띄는 이런 문학적인 특징들을 넘어, 이 구절들의 묶음을 더 구조화하는 것은 불가능하거나 매우 어렵다. 그런데 바울 이전의 유대교 배경에서 구성되었을 개연성이 크고 로마에 있는 바울의 그리스도인 수신자들에게 알려졌을 것으로 추정되는 이 성경 본문 모음집이 바울이 3:9의 결론에서 지적한 그의 핵심을 매우 극적인 방식으로 강조한다는 점은 확실하다. 즉 모든 사람은 그들의 인종이 무엇이었든지 간에 전적으로 죄인이며, 죄와 죄인에게 내리는 하나님의 의로운 심판 아래 있다는 사실이다!

3:19a   Οἴδαμεν δὲ ὅτι("이제 우리가 알거니와")라는 표현은 당대의 비교적 일반화된 편지의 "공개 공식"이었다. 그리고 일찍이 2:2과 나중에 8:28에 이 표현이 등장한 예와 관련하여[98] 스탠리 스토워스가 적절히 지적한 것처럼, 바울은 여기서 "[이어지는] 진술이 자신과 수신자들이 공유하는 내용임을 강조하려고" 이러한 도입 문구를 사용했다고 추측할 수 있다.[99] 이것은 바울이 3:10b-18의 본문 묶음을 인용한 결론에서 말하려는 것이 유대인 진영과 유대 그리스도인 진영에서 다 받아들여진 것이며, 그래서 로마의 모든 그리스도인에 의해서도 사실로 받아들여질 것이라고 믿었음을 암시한다. 그들은 다 인종적인 배경이 어떠하든지 예루살렘의 모교

---

98) 참고. 딤전 1:8. 또한 롬 7:14의 진술을 소개하는 οἴδαμεν γὰρ ὅτι("왜냐하면 우리가 알기 때문이다")도 보라.

99) Stowers, *Diatribe and Paul's Letter to the Romans*, 94.

회의 신학과 사고방식 및 종교적 언어에 광범위한 영향을 받았던 것으로 보인다.

3:19b 특히 (롬 3:10b-12에 인용된) 시편 14:1-3(LXX 13:1-3)의 도입 부인 "어리석은 자는 그 마음에 이르기를 '하나님이 없다!' 하도다"를 기억하고, 로마서 3:10b-18의 일련의 본문에 인용된 다른 구절들과 함께 시편 14편 전체가 주로 이방인들을 가리킨다고 이해한다면, 일부 유대인들이 생각했을 법한 것과는 정반대로, 바울은 이곳 3:19b에서 ὅσα ὁ νόμος λέγει τοῖς ἐν τῷ νόμῳ λαλεῖ, ἵνα πᾶν στόμα φραγῇ καὶ ὑπόδικος γένηται πᾶς ὁ κόσμος τῷ θεῷ("무릇 율법이 말하는 바는 율법 아래에 있는 자들에게 말하는 것이니, 이는 모든 입을 막고 온 세상으로 하나님의 심판 아래에 있게 하려 함이라")라고 주장한다. 이 진술은 도입 문구 οἴδαμεν δὲ ὅτι("이제 우리가 알거니와")로 시작하는 다른 모든 진술처럼, 유대인들이나 유대 그리스도인들 모두 널리 받아들였으며 로마에서 예수를 믿는 신자들 전부 혹은 대부분이 인종적인 배경과 상관없이 알고 받아들인 전통적인 유대 금언으로 볼 수 있을 것 같다. 그리고 바울은 이 금언을 사용함으로써 다시 한번 하나님께서 유대인들에게 (3:1-2에서 바울이 그들의 주된 "유익"이라고 밝힌) ὁ νόμος("율법", 여기서는 구체적으로 모세 율법을 가리키지만, 일반적으로 구약성경 전체를 가리키기도 한다)를 주셨지만, 그들이 그 율법의 표준대로 살지 못했기 때문에 정죄를 받을 것이라고 선언한다. 에른스트 케제만이 바울의 메시지를 적절히 요약했듯이, "구원사에서 유대인들이 받은 은사는 보편적인 심판에서 그들을 보호해주지 못한다."[100]

3:19b의 ἵνα절("이는 모든 입을 막고 온 세상으로 하나님의 심판 아래에 있게 하려 함이라")은 단순히 (조금 전에 말한 것 뒤에 이어지는) 연속적인 내용이나 결과로 이해할 것이 아니라, (앞에 언급한 것이 의식적인 목적이나 계획을 성취하려고 의도되었음을 가리키는) 목적의 기능을 하는 것으로 이해하는 것이 가장 좋을 것 같다. Πᾶν στόμα φραγῇ("모든 입을 막고")라는 표현은 불의

---

100) Käsemann, *Romans*, 61.

를 행하는 의롭지 못한 모든 사람의 "입"을 막으시거나 "잠잠하게 만드시는" 하나님의 행위를 가리키는 성경적 관용어다.[101] 어원학적으로 전치사 ὑπό("아래")와 명사 δίκη("벌", "징벌")를 결합하여 나온 ὑπόδικος란 용어는 70인역에서는 사용된 적이 없고 신약성경에서는 이곳에만 등장한다. 하지만 이 용어는 그리스-로마 법학에서는 "심판을 받을 만함" 또는 "징벌"(즉 "법적인 고소 아래 있음")을 의미하기 위해 널리 사용되었으며, 그래서 "법적으로 해명을 해야 함"이나 "법적으로 책임을 져야 함"을 뜻한다.[102] Πᾶς ὁ κόσμος("온 세상", "세상 전체")는 3:6에 언급된 τὸν κόσμον을 반영한다. 두 표현 모두 하나님의 심판의 전체 범위를 가급적 최대한 포괄적인 방식으로 표시한다.

따라서 자신들이 하나님의 율법을 소유하고 있는 까닭에 하나님의 심판에서 면제된다고 생각했을 법한 유대인들에게 답변하면서, 바울은 먼저 유대교 금언인 것처럼 보이는 "무릇 율법이 말하는 바는 율법 아래에 있는 자들에게 말하는 것이니"를 반복한다. 그런 다음에 그는 그 금언적 진술의 연속으로 혹은 자기가 제시하는 근거로, "이는 모든 입을 막고 온 세상으로 하나님의 심판 아래에 있게 하려 함이라"는 말을 덧붙인다. 이방인들은 당연히 하나님 앞에서 책임을 져야 한다. 하지만 유대인들 역시 자신들이 하나님의 율법의 표준을 충족시키지 못했다는 사실을 자각하고 "입을 다물어야" 한다. 그래서 이방인과 유대인 모두, 즉 "온 세상"이 "죄 아래" 있으며 하나님께 "법적으로 책임을 져야 한다." 제임스 던이 이 문제를 쉽게 잘 표현했듯이, 하나님께서 그의 백성 이스라엘에게 주신 바로 그 성경이 유대인들을 "다른 사람들과 마찬가지로 확고하게 '피고석에'" 앉혔기 때문이다.[103]

101) 참조. 특히 시 63:11(LXX 62:11): ὅτι ἐνεφράγη στόμα λαλούντων ἄδικα, "불의한 것을 말하는 자들의 입은 막히리로다"; 시 107:42(LXX 106:42): πᾶσα ἀνομία ἐμφράξει τὸ στόμα αὐτῆς, "모든 사악한 자들은 자기 입을 봉하리로다."
102) 참조. *BAG*, 852. *LSJM*, 1880과 *M-M*, 657에 제시된 여러 예도 보라.
103) Dunn, *Galatians*, 1,152.

III. 결론과 전환적인 진술(3:20)

일반적으로 3:20은 단순히 10b-18절의 본문 묶음에 대한 바울의 적용을 포함하는 3:19-20의 두 번째 문장으로, 그래서 결론부 3:9-20의 최종 진술로 이해되었다. 하지만 우리의 논지는 3:20이 그것보다 훨씬 더 중요하다는 것이다. 실제로 3:20은 로마의 그리스도인들에게 보낸 바울 서신의 첫 번째 권고 단락(1:16-4:25)의 첫 부분(1:16-3:20)을 마무리하는 바울의 결론적인 진술이다. 이 진술은 (1) 1:18-3:19의 부정적인 주장을 마무리하는 한편, 또한 (2) 1:16-17에 선언되었고 3:21-4:25에서 더욱 발전시킬 의로움에 대한 묘사로 넘어가는 전환을 제공하는 긍정적인 진술이다. 조세프 피츠마이어가 3:20에 대한 주석을 시작하며, 이 구절에서 (1) "바울은 1:18에서 시작한 주장을 요약하며", (2) "'의'에 대한 그의 언급은 1:16-17에 선언된 주제의 중요한 긍정적인 설명으로 넘어가는 전환 역할을 한다"[104]라고 말하면서 이러한 이해를 제안했다.

　　다양한 주석가들은 3:20이 1:18-3:19의 주장을 마무리한다는 우리 논지의 전반부를 약간은 머뭇거리며 인정하곤 했다. 일반적으로는 상당히 은근한 방식으로 그렇게 하긴 했지만 말이다. 그러나 윌리엄 샌데이와 아서 헤들럼은 3:20의 진술을 이러한 맥락에 따라 분명하게 인식했다.[105] 이는 그들이 이 구절을 본문의 나머지 부분과 구별하고 접속사 διότι를 광범위하게 "이것이 전체 주장의 결론이다"라고 번역한 것으로 암시되었다. 반면 3:20이 3:21-4:25에 있는 의로움에 대한 묘사로 이어지는 전환을 제시한다는 우리 논지의 후반부에 대해서는 좀 더 최근에 리처드 헤이즈가 3:20의 전반부에서 바울이 사용한 시편 143:2(LXX 142:2)을 다루는 가운데 다음과 같이 주장했다.

　　주석가들은 거의 보편적으로[그러나 이 주장은 약간은 과장이다] 이 인

---

104) Fitzmyer, *Romans*, 337.
105) Sanday and Headlam, *Romans*, 76.

용문이 논의의 중요한 단락을 요약하며 마무리한다고 본다. 하지만 시편 143편이 **이어지는** 내용의 출발점을 제공하기도 한다는 점을 사실상 아무도 주목하지 못했다. "생명을 가진 존재 중 그의 앞에서 의롭다 하심을 얻을 자는 아무도 없다"는 서술 외에, 시편 143편에는 하나님의 **의로우심을** 언급하는 몇 가지 내용이 더 들어 있다.[106]

그러나 3:20에 있는 마무리 진술의 이 두 가지 기능 모두를 인식하고 강조할 필요가 있다.

　　3:20a　　접속사 διότι("왜냐하면", "그러므로", "이는")는 여기서 네 가지 방식으로 이해될 수 있다. (1) διὰ τοῦτο ὅτι의 축약으로. 그래서 "왜냐하면"으로 번역된다. (2) διὰ τοῦτο의 축약인 추론의 의미로. 그래서 "그러므로"라고 번역된다. (3) ὅτι의 원인적 사용으로. 그래서 이 단어는 원인의 의미인 "이는"으로 번역된다. (4) 가끔 직접 화법을 표시하며 성경 인용을 소개하기 위해 사용되기도 하는 ὅτι 인용구(recitativum)와 비슷한 것으로. 그래서 소개의 의미로써 "이는"으로 번역된다. 주석가들은 바울 서신에 등장하는 이 다양한 예 중에서 διότι에 어떤 어감이 있는지, 그래서 각각의 경우 이 단어를 어떻게 번역해야 하는지를 두고 의견이 분분하다. 앞에서 우리는 바울이 1:19과 1:21을 시작하면서 원인적인 의미로 διότι를 사용했다고 주장했으며, 그래서 두 구절에서 이 단어를 "왜냐하면"으로 번역했다. 하지만 이곳 3:20에서는, 특히 로마서의 첫 번째 권면 단락(즉 1:16-4:25) 전반부(즉 1:16-3:20)의 이 결론적 진술이 시작되는 곳에서는, 이 접속사를 추론적인 의미로, 즉 추론으로 내린 결과를 표시하는 것으로 이해하고, 그래서 이 단어를 "그러므로"라고 번역하는 것이 가장 좋을 것 같다.

　　3:20b　　전치사 ἐκ는 종종 분리를 의미하며, 그래서 자주 "~로부터", "~에서" 또는 "~을 떠나"와 같은 개념을 시사한다. 그러나 여기서 이 단어는 "기원", "근원", "원인" 또는 "이유"와 같은 개념을 나타낸다. 따라

---

106) Hays, "Psalm 143 and the Logic of Romans 3," 113(강조는 원저자의 것임).

서 "[율법]에 근거하여" 또는 "[율법]에 그 기원을 두고 있는"이라고 번역
할 수 있다. 어구 ἔργα νόμου("율법의 행위")는 3:20 도입부에 등장한다. 이
어구가 그리스어 문장의 첫 부분에 위치한다는 사실은 그 어구의 중요성을
암시한다. (비록 영어 문장에서는 종종 문장 끝에 강조가 있어서 영어 번역에서는 이
단어가 문장 끝에 놓이기는 하지만 말이다[그러나 개역개정에서는 문장 앞에 놓였다—
역주].)

이 어구 ἔργα νόμου("율법의 행위")는 바울 서신에 8번 등장한다. 갈라
디아서에는 6번 등장하는데, 더 중요하게는 2:16(3번)과 3:2, 5, 10에 등장
한다. 로마서에서는 2번 등장한다. 가장 중요하게는 이곳 3:20에 등장하고,
몇 절 지나 3:28에 등장한다.[107] 바울이 일찍이 모세 율법을 지키는 것과 비
교하여 예수께 헌신하는 문제로 갈등하고 있던 갈라디아 지방의 개종자들
에게 보낸 편지에는, 그의 논리를 전개하는 데 있어 전략적인 지점에 있는
2:15-16에서 "율법의 행위"라는 표현이 등장한다. 2:15-16은 바울의 명제
(*propositio*) 또는 논제 진술(15-21절)을 여는 말이다. 이것은 한스 베츠(Hans
Dieter Betz)가 바르게 지적했듯이, 앞에 있는 "진술 자료를 요약하기"도 하
고 나중에 이어지는 "주제 제시부에서 논의할 논제를 제시하기"도 한다.[108]
그리고 이곳 로마서 3:20에서 바울은 그의 편지의 본론 중앙부(1:16-15:13)
첫 번째 단락(1:16-4:25)의 첫 부분(1:16-3:20)의 마무리하는 문장에서 동일
하게 "율법의 행위"라는 어구를 사용한다.

갈라디아서와 로마서의 이 전술적으로 중요한 본문들에서 바울의 "율
법의 행위" 사용과 관련하여 세 가지 서론적인 관찰을 추가적으로 강조
할 필요가 있다. 첫째, 두 서신 모두에서 바울은 시편 143:2에서 인용한 단
어들에 "율법의 행위"라는 어구를 덧붙인다. 이것은 바울이 "율법의 행위"
와 시편의 애가에서 인용한 단어들을 모두 특성상 금언적인 것으로 이해했

---

107) 이와 비슷한 표현이 갈 2:21; 3:11; 롬 3:21; 3:27; 4:2, 5-6, 13-15; 9:32; 그리고 엡 2:9(어쩌
면 롬 2:15도)에 등장한다. 앞에서 단수형인 τὸ ἔργον τοῦ νόμου("율법의 행위")에 대해
주석한 것을 보라.
108) H. D. Betz, *Galatians*, 114; 또한 R. N. Longenecker, *Galatians*, 80-83도 참조하라.

음을 암시한다. 둘째, 두 곳에서 바울은 이 금언들을 당시 일반적으로 사용되던 서간체적 "공개 문구"와 함께 소개한다. 일례로 (1) 갈라디아서 2:15-16에서 εἰδότες ὅτι("우리가 알므로")의 분명한 사용, (2) 로마서 3:19에서 οἴδαμεν δὲ ὅτι("이제 우리가 알거니와")의 추론적인 사용 등이 있다. 이것은 이러한 공개 문구로 소개된 금언적 표현들이 바울을 비롯하여 갈라디아 지방과 로마에 있는 그의 수신자들에게 알려졌을 뿐만 아니라, 당대의 유대인과 유대 그리스도인들에게 일반적으로 받아들여졌음을 암시한다. 셋째, 갈라디아서 2:15-16에서는 "율법의 행위로" **다음에** "의롭다 함을 얻을 사람이 없다"라는 표현이 뒤따라오지만, 로마서 3:20a의 그리스어 본문에서는 "율법의 행위로"라는 표현이 "하나님 앞에서 의롭다 하심을 얻을 사람이 아무도 없다"라는 말 **앞에** 등장한다. 이것은 이 어구가 시편 143:2에서 인용한 단어들 앞에 위치하고 있는 까닭에, 이곳 로마서 3:20에서 바울이 "율법의 행위"라는 표현을 이런 식으로 강조하며 사용한다고 보아야 함을 시사한다.

이러한 관찰과 그것들이 암시하는 바는 모두 다음과 같은 결론을 뒷받침하는 데 도움이 된다.

1. 로마서 3:20은 로마서에서 바울이 주장하는 내용의 하부 단락을 마무리하는 중요한 진술로 봐야지, 단순히 3:10b-18에 있는 일련의 성경 본문들의 결론에 덧붙여진 문장이나 3:9에서 3:19에 이르는 구약 본문들의 적용으로 보아서는 안 된다.

2. 바울은 시편 143:2에서 인용한 단어들과 "율법의 행위"라는 어구를 특성상 비슷하다고 보았다. 즉 전통적인 종교적 금언과 같다고 보았다(기원과 내용의 차이가 어떠하든지 간에 말이다).

3. 시편 143:2에서 인용한 이 단어들과 "율법의 행위"라는 어구는 바울 당대의 많은 유대인 혹은 적어도 일부 유대인과 유대 그리스도인들에게 종교적 금언으로 이해되었다.

4. 바울이 아마도 이 두 금언을 하나로 모으고 그것을 먼저 갈라디아서

에서 그 후에는 로마서에서 전략적으로 사용한 첫 번째 사람이었을 것이다.

5. 분명히 바울은 두 서신의 수신자들이 이 금언들에 대한 그의 용례를 이해하고서 그에 맞게 반응할 것이라고 확신했다. 두 서신의 수신자는 예루살렘에 있는 모교회와 어떤 형태로든 접촉을 한 예수를 믿는 유대인 신자들에 의해 광범위하게 영향을 받았기 때문이다. 그 영향은 갈라디아 교회에 부정적이었으나, 로마에 있는 다양한 공동체들 사이에서는 긍정적이었다.

추기: "율법", "율법의 행위" 그리고 "새 관점"

교회사의 지난 2천 년의 교회사 동안, 바울이 갈라디아서와 로마서에서 "율법"과 "율법의 행위"에 관해 경멸적으로 언급할 때 그에게 "율법"이란 단어가 뜻하는 것이 무엇이었는지에 온통 관심이 쏠렸다. 일반적으로 이런 질문이 제기되었다. "바울은 νόμος를 사용할 때 의식법과 도덕법 등 모세 율법 전체에 관해서 말했는가?" 아니면 "그리스도와 더불어 마침이 된 의식법만 염두에 두었는가?"[109]

1. 율법 전체인가? 아니면 율법의 한 부분만인가? 장 칼뱅이 로마서 3:20a의 "율법의 행위로 의롭다 하심을 얻을 육체가 없나니"를 주석하면서 한 첫 번째 말은 과거 2천 년 동안 많은 성경 해석자들에게 있었던 이러한 혼란을 상당히 잘 보여준다.

박식한 학자들 사이에서도 "율법의 행위"라는 말이 의미하는 바가 무엇인지를 두고 약간의 의구심이 있다. 율법의 행위를 율법 전체를 준수하는 것을 포함하는 데까지 확대하는 사람들이 있는 반면에, 그것을 의식법에만 제한하는 사람들도

---

109) 예. M. F. Wiles, *The Divine Apostle*, 67-69.

있다.[110]

그리고 이 문제에 대한 칼뱅의 해결책은 현대의 대다수 바울 해석자들의 결론을 대표한다.

> 하지만 우리는 타당한 이유를 가지고 바울이 여기서 율법 전체를 말하고 있다고 주장한다. 우리는 바울이 이 시점에 이르기까지 따랐고 계속해서 따를 논거의 흐름에 의해 아주 분명하게 뒷받침을 받는다. 우리가 달리 생각할 수 없는 본문들[도] 많이 있다. 그러므로 율법을 지킴으로써 의를 얻을 수 있는 사람이 없다는 것은 기억해야 할 가장 중요한 진리다.[111]

기독교 역사 내내 그 외 수많은 해석자는 바울이 "율법"과 특히 그의 "율법의 행위"라는 언급을 경멸적으로 사용한 것을 전체든 일부분이든 간에 모세 율법 자체를 언급하는 것이 아니라, 사람들이 율법과 관련하여 율법주의적 오해를 한 것을 언급한 것이라고 이해했다. 이 정의는 과거와 현재의 대중적인 기독교 저술과 설교에 종종 표현되었다. 그리고 오늘날 몇몇 소수의 학자에 의해 여전히 주장되고 있다.[112] 하지만 우리는 칼뱅과 수많은 학문적 주석가들에 동의하여, "바울이 여기서 말하고 있는 것이 율법 전체"라고 믿으며, "아무도 율법을 지킴으로써 의를 얻을 수 없다"라고 그가 단도직입적으로 주장한다고 믿는다.

    2. "율법의 행위"에 대한 "새 관점." 하지만 20세기 마지막 20년간 그리고 21세기에 들어서도 계속하여 바울과 "율법의 행위"라는 어구의 의미가 무엇인지를 이해하는 "새 관점"이 생겨났다. 새 관점은 (1) 바울이 경멸적으로 사용한 "행위"가, 하나님의 용납하심을 얻게 하는 것으로 여겨진 율법 준수를 염두에

---

110) J. Calvin, *Romans*, in *Calvin's New Testament Commentaries*, 8.69.
111) J. Calvin, *Romans*, in *Calvin's New Testament Commentaries*, 8.70.
112) 특히 Fuller, "Paul and 'the Works of the Law,'" 28-42; 또한 K. R. Snodgrass가 그의 논문 "Justification by Grace," 84에서 ἔργα νόμου를 "육체 안에서 행해진 행위들"(works done in the flesh)이라고 번역한 것도 주목하라.

둔 표현이 아니며 (2) 그가 경멸적으로 사용한 "율법"이 유대인들이 의를 얻을 수 있다고 생각한 법적 제도를 가리키지 않는다고 이해한다. 그 대신에 새 관점은 "율법의 행위"를 하나님이 이스라엘 백성에게 주신 어떤 종교적·사회적 규범을 함의하는 국가적·문화적 의미로 해석한다. 새 관점에서 말하는 규범이란 구체적으로 유대인들이 자신들을 구별된 백성과 나라로 밝히고(즉 "정체성 표시"), 자신들을 다른 모든 백성과 나라와 구별한다(즉 "경계 표시")고 자랑스러워한 할례와 안식일 및 특정한 음식과 관련된 규범이다.

바울에 대한 이 새 관점은 바울 당대의 팔레스타인 유대교를 다룬 샌더스의 중요한 논지에서 비롯되었다. 이것을 그는 자신의 책 『바울과 팔레스타인 유대교』(*Paul and Palestinian Judaism*, 1977; 알맹e 역간)의 1부에서 제안했고, 그 후 『바울, 율법, 그리고 유대 백성』(*Paul, the Law, and the Jewish People*, 1983)에서 더욱 발전시켰다. 샌더스는 (1) 팔레스타인 유대교가 율법주의적 종교가 아니었다고, 즉 유대인들에게 하나님과의 언약에 "들어가기" 위해 또는 하나님에 의해 그의 언약 안으로 받아들여져 하나님과의 백성이 되기 위해 모세 율법을 지키라고 요구하지 않았다고 주장했다. 유대인들은 늘 자신들이 하나님의 은혜와 자비로 말미암아 이미 하나님의 언약 안에 있으며 그래서 하나님과 바른 관계 속에 있다고 여겼기 때문이다. 하지만 그는 (2) 팔레스타인 유대교가 또한 가르친 것이, 하나님의 은혜와 자비로 말미암아 하나님의 언약에 받아들여진 후 언약 안에 있는 유대인들과 하나님 간의 관계가 모세 율법을 순종함으로써 유지되거나 표현될 수 있다는 것이었다고 주장했다. 즉 유대인들은 하나님과의 언약 관계 안에 "머물러 있기" 또는 남아 있기 위해 모세 율법의 여러 계율을 지켜야 하고, 그렇게 사실 하나님의 백성이 된다는 것이다. 샌더스는 이러한 유형의 종교적 지향성을 "언약적 신율주의"(covenantal nomism)라고 불렀고,[113] 그것을 "일반적으로 이해되는 '행위로 의롭다 됨'"의 모든 형태와 구별시킨다.[114] 그리고 그는 탈무드와 그 밖에 초기 유대교 문헌의 가장 오래된 자료들에 묘사된

---

113) 참조. E. P. Sanders, *Paul and Palestinian Judaism*, 75, 236, 422-23.
114) E. P. Sanders, *Paul and Palestinian Judaism*, 7-75.

유대교의 "언약적 신율주의"의 "패턴" 또는 "구조"를 다음과 같이 기술했다.

언약적 신율주의의 "패턴" 또는 "구조"는 이렇다. (1) 하나님은 이스라엘을 택하셨고 (2) 율법을 주셨다. 율법에는 (3) 선택을 유지하시려는 하나님의 약속과 (4) 순종에 대한 요구가 암시되었다. (5) 하나님께서는 순종하는 자에게 상을 주시며, 범법하는 자를 징계하신다. (6) 율법은 속죄의 수단을 제공하며, 속죄의 결과로 (7) 언약 관계가 유지되거나 재확립된다. (8) 순종과 속죄와 하나님의 자비에 의해 언약 안에 머물러 있는 사람들은 다 구원받을 집단에 속한다. 첫 번째 요점과 마지막 요점의 중요한 해석은 선택과 궁극적인 구원이 인간의 성취가 아니라 하나님의 자비하심에 의한 것으로 간주된다는 것이다.[115]

물론 유대교에 대한 이 묘사로 인해 바울이 그의 편지에서 유대인과 유대교에 관해 진술한 것, 특히 그가 갈라디아서와 로마서에서 "율법의 행위"라는 용어를 경멸적으로 사용한 것과 관련하여 질문이 제기된다. 그래서 샌더스는 『바울과 팔레스타인 유대교』의 2부에서 특히 바울과 당대 주류 유대교 사이의 차이에 초점을 맞추면서 그가 바울신학의 "패턴" 또는 "구조"로 이해한 것을 제시했다. 샌더스는 바울의 기독교 선포가 1세기 유대인들의 "패턴"이나 사상의 신학적 구성에 근거한 것이 아니라, 나사렛 예수가 유대인의 메시아와 온 세상의 구세주였다는 그의 확신에 근거했다고 주장했다. 그래서 "바울의 종교 유형은 팔레스타인 유대교로 알려진 것과 근본적으로 다르다." "팔레스타인 유대교에는 일반적으로 지배적인 종교 유형, 즉 언약적 신율주의가 있었지만, 바울의 종교적 사상의 유형은" "참여주의적 종말론"(participationist eschatology)에 속하기 때문이다.[116]

그러므로 샌더스는 바울이 유대교를 "율법주의적이며, 자기 의를 추구하고, 자기를 과장하는" 행위의 종교로 나무랐다고 보아서는 안 된다고 주장한다.

---

115) E. P. Sanders, *Paul and Palestinian Judaism*, 422.
116) E. P. Sanders, *Paul and Palestinian Judaism*, 552.

오히려 간단히 말해 바울은, 샌더스가 표현한 대로, "그것[유대교]이 기독교가
아니"기 때문에 유대교를 흠잡았다.[117] 샌더스는 전통적인 해석자들이 바울을
오해했다고 주장한다. 그리고 그들이 바울을 이해하지 못했기 때문에 팔레스타
인 유대교도 이해하지 못했다는 것이다. 그래서 바울이 사용한 "율법의 행위"라
는 어구와 관련하여, 현대의 해석자들은 바울이 "충분히 선한 행위로 의를 얻
는다는 소위 유대교적 입장을 반대한 것이 아니"라는 사실을 이해해야 한다. 오
히려 바울은 단지 예수 그리스도에 대한 자신의 확신과 "'의인'인 되기 위하여
유대인이 될 필요가 없다"는 자신의 참여주의적인 종말론적 구원론에서 추론한
개인적인 견해를 표현하고 있었을 뿐이다.[118]

샌더스의 주장에 영향을 준 기조의 일부분은 크리스터 스텐달(Krister
Stendahl)의 1963년 소논문 「사도 바울과 서양의 자기 성찰적 의식」("The
Apostle Paul and the Introspective Conscience of the West")이다. 스텐달은 서
방 세계의 그리스도인들이 바울을 반유대적, 반유대교적인 사람으로 오해했으
며, 그래서 유대교적인 "율법의 행위"를 경멸적으로 언급했다고 주장한다. 대체
적인 이유는 그들이 마르틴 루터의 죄의식에 대한 염려, 개인적 의로움을 얻기
위한 그의 갈등, 그리고 당대 "가톨릭 신자들"(Papists)과의 논쟁에 너무도 많은
영향을 받았기 때문이다. 루터가 볼 때 가톨릭 신자들은 바울 당대의 "유대주의
자들"과 본질적으로 동일하다.[119] 그리고 샌더스가 팔레스타인 유대교에 대해
묘사한 내용 대부분을 제임스 던이 받아들였다. 던은 그 후 사도의 근본적인 기
독교 확신을 천명하고 바울 당시의 유대교에 대한 샌더스의 이해와 양립될 수
있는 방법으로 바울을 묘사하려 했다. 던은 먼저 1982년에 열린 맨슨 추모 강연
에서 1세기 유대교에 대한 샌더스의 관점과 비교하여 바울의 기독교 복음 선포
에 대한 자신의 이해를 주장했다. 여기서 그는 "바울에 대한 새 관점"이란 표현

---

117) E. P. Sanders, *Paul and Palestinian Judaism*, 552(강조는 원저자의 것임). 또한 같은 저자,
  Paul, the Law, and the Jewish People, 45-48과 154-62도 보라.
118) Sanders, *Paul, the Law, and the Jewish People*, 46.
119) Stendahl, "Apostle Paul and the Introspective Conscience," 199-215.

을 만들어냈다.[120] 그 이후 던은 이 "새 관점"에 관해 광범위하게 글을 쓰거나 강연을 했으며,[121] 그동안 수많은 다른 학자들에게 영향을 끼쳤다. 가장 분명하게 영향을 받은 사람은 『톰 라이트의 바울』(*Paul: In Fresh Perspective*; 죠이선교회 역간)의 저자 톰 라이트(Tom Wright)일 것이다.[122]

　　팔레스타인 유대교에 대한 샌더스의 분석에 있는 여러 특징은 주목할 가치가 있으며 중요하기도 하다. 1964년에 출간한 본인의 저서 『바울: 자유의 사도』(*Paul, Apostle of Liberty*)에서 필자 역시 바울 당대의 주류 유대교의 신학이 (적어도 더 훌륭한 유대 랍비의 가르침대로라면) 하나님 앞에서 받아들여지거나 의를 얻기 위해 모세 율법을 준수해야 한다는 "실행되는 율법주의"가 아니었다고 주장했다. 유대인들이 율법을 준수해야 할 필요성에 대한 유대교의 가르침은 오히려 "반응하는" 또는 "응답하는 신율주의"로 이해되어야 한다. 하나님의 은혜와 자비로 말미암아 하나님과의 언약에 들어왔으므로, 모세 율법에 표현된 그분의 뜻에 신실하게 순종하는 삶으로써 하나님께 반응해야 한다.[123] 1세기 유대교에 대한 필자의 분석이 샌더스가 그의 책 『바울과 팔레스타인 유대교』에서 묘사한 것과 다르며 필자가 계속해서 그와 의견을 달리하는 부분은, 주로 "언약적 신율주의"가 바울 당시 주류 유대교 사상과 실천을 총체적으로 지배했다는 그의 확신과 관련이 있다. 샌더스가 초기 유대교(기원전 200년부터 기원후 200년까지)에 대한 그의 이해를 위해 인용한 동일한 랍비 문헌들에는 "신율주의적"이 아니라 "율법주의적"이라고 부를 수밖에 없는 관점을 반영하는 일부 유대교적 교훈이나 그런 것을 가르친 몇몇 유대 교사 혹은 어떤 유대교적 상황이 언급되기도 한다. 때로는 그 시대 랍비 지도자들 가운데 율법주의를 맹렬히 비난한 사람들도 있었다. 더욱이 우리는 고상한 원리들마저 율법주의적인 방법으로 이해하거나 실천할 수 있다는 점을 늘 인식할 필요가 있다. 애석하게도 이것은 유

---

120) Dunn, "New Perspective on Paul," 95-122.
121) 이 주제에 대한 Dunn의 논문과 그의 입장을 비평한 사람들에 응답한 논문들을 모아 놓은 Dunn, *The New Perspective on Paul*을 보라.
122) N. T. Wright, *Paul*.
123) R. N. Longenecker, "The Piety of Hebraic Judaism," in *Paul, Apostle of Liberty*, 3장, 65-85을 보라.

대교와 기독교를 비롯하여 모든 종교 철학에도 해당한다.

마찬가지로 필자는 이 주석 앞부분에서 1:18-32을 다루던 중에 샌더스의 견해에 동의하며 바울이 이방인들에게 복음을 선포하는 통상적인 방식과 그가 개종자들을 목회적으로 상담하는 일이 인간적인 필요에서가 아니라 하나님의 행위에서 출발했다고 말했다.[124] 하지만 필자는 이러한 이해에 중요한 경고를 덧붙였다. 필자가 바울이 로마의 그리스도인들에게 편지했을 때 그랬다고 주장했듯이, 바울이 유대인들에게 기독교 복음을 선포하고, 유대교 또는 유대 기독교의 광범위한 영향을 받은 이방인 출신의 그리스도인들에게 편지를 쓸 때는 그 반대였을 것이다.

물론 에드 샌더스와 제임스 던이 제안한 바울에 대한 분석에는 마땅히 갈채를 보내야 할 만한 내용이 많지만, 그러한 긍정적인 점들을 이곳에서 일일이 나열하려는 것은 본 주제와 관련이 없을뿐더러 거의 불가능하기도 하다. 다만 필자가 로마서 3:20과 갈라디아서 및 로마서 다른 본문에 등장하는 "율법의 행위"라는 표현에 대한 두 사람의 견해가 틀렸다고 믿는다고 말하는 것만으로도 샌더스와 던에 대한 비판으로 충분하다. (1) 바울의 "율법의 행위" 사용이 과거 여러 해석자에 의해 오해를 받아왔거나, (Sanders가 주장하듯이) 그가 이런 용어들을 편지에 기록할 때 어떤 유형이든 낯선(아마도 그리스적) 영향 아래 있었을지 모른다거나, (2) 바울이 (Dunn이 주장하듯이) 당대의 일부 유대인들이 "정체성 표시"나 "경계 표시"로서 국가주의적 방식으로 사용했고 일반적으로 이해하는 유대 "율법주의"의 형태가 아닌, 할례와 안식일 및 특정한 음식 문제 등과 관련된 유대교 법규에 관련해서만 "율법의 행위"를 사용했다고 주장하는 것은 생경한 논지를 지지하려고 증거를 왜곡하는 것이다.

샌더스와 던은 각자의 방식으로 바울이 반유대적, 반유대교적, 또는 반셈족적이라는 비난을 받지 않도록 노력하는 것 같다. 이것은 어느 정도 칭찬할 만한 일이다. 더 중요하게 샌더스와 던은 바울 당대에 주류 유대교의 교훈에서 강조하던 것들을 부각시키고 싶어 한다. 이를테면 이런 것들이다. (1) 하나님의 이

---

124) E. P. Sanders, *Paul and Palestinian Judaism*, 444에서 인용.

스라엘 선택, (2) 하나님의 은혜와 자비, (3) 하나님께 대한 인간의 믿음의 반응, (4) 죄 용서의 교리 등이다. 이러한 주제들은 특히 19세기와 20세기 초에 많은 기독교 해석자가 유대교 신학에 대해 암울하게 묘사한 것에 대한 반응으로서 강조해야 할 필요가 있는 대단히 중요한 특징들이다. 하지만 우리는 그들의 동기와 이러한 강조가 중요하지만, 샌더스와 던이 로마서 3:20a(과 갈라디아서와 로마서 여러 곳)에 있는 바울의 "율법의 행위"라는 어구와 로마서 2:18-3:19(과 그의 편지 여러 곳)에서 유대인과 모세 율법에 대해 바울이 경멸적으로 진술한 것을 다룬 부분이 바울의 교훈을 오해했으며, 바울이 유대인에 대해 말한 것과 당대의 주류 유대교와 관련하여 그들의 태도에 대해 지적한 것을 (두 사람이) 적절히 이해하지 못했음을 말해야 한다.

3. 주로 문맥적인 고려와 상황적인 역사적 자료에 근거한 "율법의 행위"에 대한 해석들. "율법의 행위"라는 어구에 대한 해석은 다음과 같은 요인들로 심히 얽히고설켰다. (1) (앞에서 인용했듯이) 바울 서신 여러 곳에서의 용례 외에 신약성경의 나머지 부분에서나 70인역에서는 이 표현과 언어적으로 가까운 표현이 없다. (2) 초기 유대교(즉 기원전 200년에서 기원후 200년 경)의 문헌들에서 비슷한 용어가 있는 곳은 몇 군데밖에 없다. (3) ἔργα νόμου라는 표현을 유추하게 하는 어구가 사해사본과 「바룩2서」 등 몇몇 작품에만 드물게 등장한다. 그래서 학자들은 병행되는 언어학적 증거가 거의 없기에 바울이 "율법의 행위"라는 어구로써 전달하려는 의미에 대한 그들의 이해를 주로 문맥적인 고려와 상황적·역사적 자료에 근거해야 했다. 나중에 논의하겠지만, 최근에 그 언어학적 자료가 4QMMT라 명명되고 4Q394-99로 출판된 여섯 개의 복원된 본문으로 어느 정도 풍성해졌지만 말이다.

이방인들이 유대교로 개종하려면 모세 율법을 지켜야 하고 그래야 하나님의 백성으로서 하나님의 언약 안에 포함된다는 것은, 제2성전기 유대교의 문헌들과 미쉬나와 바빌로니아 게마라(즉 탈무드)의 성문화된 후기 랍비 자료들과 팔레스타인 게마라(즉 탈무드), 토세프타("추기")와 초기 "아보트"("아버지들"), "소페림"("서기관들"), "탄나임"(문자적으로 "반복하는 사람들", 즉 초기 "율법 교사들")과 같은 다른 랍비들의 전집물에서 분명하게 가르치는 바다. 하지만 우리의 목적에 더 중요한 것은 이 자료들과 관련된 유대인 역사가 요세푸스의 몇몇 진술과 보도 내용이다. 요세푸스는 신학자가 아니지만, 그의 "좀 더 교양이 있는" 이방인 독자들에게 대중적인 방식으로 유대교 신학을 설명하려고 노력했다. 그리고 요세푸스는 비유대인들에게 1세기 유대인의 삶과 사상의 기본적인 사실을 매력적인 방식으로 제시하려고 했지만, 그의 동포의 독특한 원칙들과 생활에 대해서 말하기를 주저하지 않았다.

그래서 이방인들이 유대교로 개종하고 하나님의 인정을 받기 위해 모세 율법을 지켜야 하는 것과 관련한 요세푸스의 작품들에서 가장 중요한 몇몇 단락을 부각시킴으로, 먼저 그가 당대의 많은 그리스인에 대해 언급한 것을 주목해야 한다. 요세푸스에 따르면 그리스인들은 "우리의 법을 한마음으로 받아들였다. 그들 중에는 신실한 사람들도 있었지만, 다른 사람들은 필요한 인내가 부족하여 다시 옛날로 돌아갔다."[125] 여기서 한걸음 더 나아가 모세와 모세 율법 및 유대교로 개종하기를 원한 이방인들과 관련하여 요세푸스는 "우리 율법의" 중요한 "규례와 금지 조항"[126]이라고 여기는 것을 길게 다룬 후에 이렇게 기록했다.

우리의 입법자가 외국인들을 공평하게 대우하기 위해 주신 고려사항 역시 주목할 가치가 있다. 우리 민족의 풍습을 오염되지 않고 안전하게 보존하시며, 그것에 참여하려고 하는 자들에게 아낌없이 공개하시려고 그가 온갖 최상의 수단을 단번에 사용하셨다는 점이 드러날 것이다. 그는 우리와 함께 동일한 법 아래 살기를 원하는 모든 사람을 은혜롭게 환대하시며, 관계를 구성하는 것이 가족의 유대만이 아니라 행위의 원칙들에 대한 동의라고 생각하신다.[127]

마찬가지로 요세푸스는 「유대 고대사」 20.17-53에서 아디아베네(Adiabene)의 황태후인 헬레나와 그녀의 아들 이자테스(Izates) 왕에 관한 기사를 다루면서,

---

125) Josephus, *Contra Apion* 2.123.
126) Josephus, *Contra Apion* 2.190-208.
127) Josephus, *Contra Apion* 2.209-10.

유대교의 개종자가 되기 위해서 모세 율법의 가장 힘든 규정까지 지켜야 하는 구체적인 예를 부각시킨다. 헬레나와 이자테스는 유대교로 개종하기를 원했다. 하지만 이자테스가 할례를 받을 경우 그들의 왕국에서 차후에 발생할지도 모르는 결과를 두려워했다. 그러나 그곳을 여행하던 아나니아스라는 이름의 어떤 유대인 상인이 이자테스에게 "설령 필요에 의해 또 신하들에 대한 두려움 때문에 제약을 받아 이 의식을 행하지 않는다고 하더라도 하나님이 친히 그를 용서하실 것이라"고 말했다. 아나니아스는 심지어 이자테스가 "유대교의 헌신된 추종자"가 되려는 갈망을 "[하나님께서] 할례보다 더 나은 것으로 받아주셨다"고 주장했다.[128] 하지만 갈릴리 출신의 다른 유대인은 이자테스를 꾸짖고 다음과 같이 교훈하면서 그에게 매우 분명하게 말했다.

> 폐하, 폐하께서는 잘 모르셔서 율법을 어기셨고 그로 인해 하나님을 대적하는 죄를 범하셨습니다. 폐하는 율법을 읽기만 하셔서는 안 되며, 율법에서 명하는 대로 더욱 행하기도 하셔야 합니다. 언제까지 할례를 받지 않으실 작정이십니까? 이 문제에 대한 율법을 읽지 않으셨다면, 지금이라도 읽으십시오. 그래야 폐하께서 범하신 죄가 얼마나 불경한 것인지를 알 수 있으실 겁니다.[129]

그런 후 요세푸스는 계속하여 그의 독자들에게 "이 말을 듣고, 이자테스 왕이 더 이상 그 행위(τὴν πρᾶξιν, "행위", "행동", "행함")를 미루지 않았"으며,[130] 아디아베네 왕궁에 있던 황태후와 다른 관료들이 이자테스가 할례받는 일로 인해 그의 보위를 잃을까 두려워했지만, 하나님께서는 그를 보호하셔서 "하나님께 시선을 고정하고 그분만을 의뢰한 사람들이 그들의 경건에 대한 상을 잃지 않음을 보여주셨다"라고 말한다.[131]

　　물론 요세푸스의 이 글 중 어느 곳에서도 "율법의 행위"라는 어구가 분명

128) Josephus, *Antiquities* 20.41.
129) Josephus, *Antiquities* 20.44-45.
130) Josephus, *Antiquities* 20.46.
131) Josephus, *Antiquities* 20.47-48.

하게 사용되지는 않았다. 그럼에도 찰스 탈버트가 적절히 지적했듯이, "요세푸스의 진술에서 분명히 드러나는 것은 어느 한 이방인이 [Sanders의 표현을 빌리자면] 율법의 행위에 의해 하나님의 백성 '안으로 들어간' 것 같다."[132]

제2성전기 유대교의 문헌에는 모든 유대인의 조상인 아브라함이 하나님의 계명에 순종했기 때문에 하나님이 그를 받으셨다는 내용도 있다. 예를 들어, (기원전 2세기 중엽 어느 때엔가 기록되었을) 「희년서」의 저자는 하나님이 아브라함에게 하나님을 기쁘시게 하라고 말씀하시며, 그 결과 하나님이 아브라함과 언약을 맺어 그의 후손을 번성케 하실 것이라고 말씀하셨음을 언급한다. "그리고 주님께서는 아브람에게 나타나셨으며 그에게 '나는 전능한 하나님이다. 나를 기쁘게 하고 내 앞에서 온전하라. 그러면 내가 나와 너 사이에 나의 언약을 맺을 것이며, 너의 후손을 번성케 하리라.'"[133] 그리고 「카이로 다메섹 언약 문서」(*Cairo Damascus Covenant*, 이 문서는 원래 카이로에서 발견되었고 다메섹에 있는 유대인 종파의 한 공동체에 관한 내용을 언급하고 있는 까닭에 이런 제목으로 불렸으나, 쿰란에서 발견된 사본들 중 하나로도 밝혀져 「사독 종파 단편집」[*Zadokite Fragments*]이라고 불린다)는 아브라함이 "하나님의 계명을 지켰고 자기 마음의 욕망을 택하지 않아 하나님의 친구"로 여김을 받았다고 주장한다.[134] 그러나 아브라함에 관한 이 문서들 중 어느 곳에서도 "율법의 행위"라는 어구는 등장하지 않는다.

4. 4QMMT에 제시된 최근의 언어학적 자료들. 제법 최근에 사해사본 연구가 진행되기 이전에 활동하던 학자들은 4QFlor 1.7(מעשי תורה, "율법의 행위"), 1QS 5.32(מעשיו בתורה, "율법에서 그의 행위"), 1QS 5.32(מעשיו, "그의 행위"), 그리고 「바룩2서」 57:2(라틴어로 *opera praeceptorum*, "계율들의 행위" 또는 "율법의 행위")과 같은 유대 문헌에서만 약간 다양하긴 하지만 유사한 어구들이 있음을 밝힐 수 있었다. 그러나 「바룩2서」의 라틴어 표현은 기원후 1세기

---

132) Talbert, *Romans*, 93.

133) *Jub* 15:3-4.

134) CD 3.2. 이것은 쿰란에서 나온 「다메섹 문서」(*Damascus Document*)의 Cairo Genizah 본문 또는 「사독 종파 단편집」(*Zadokite Fragments*) 6QD와 4QDb이다.

말 또는 2세기 초의 것이며, 아마도 이보다 이른 시기인 모세 율법을 주시기 이
전에 시행되었던 것으로 이해되는 계율, 즉 창조와 양심의 원초적인 "기록되지
않은 율법"을 언급하는 것 같다. 이것은 일찍이 기원전 2세기 중엽의 「희년서」
저자가 아브라함이 지켰고 하나님께 상을 받았던 율법으로 이해했던 것이다.
「희년서」 저자는 이렇게 주장한다. "아브라함은 주님과 함께 그의 모든 행동에
서 완전했다. 그는 그의 생애 내내 의를 통하여 하나님을 기쁘게 했다."[135]

하지만 4QMMT라고 명명된 자료가 1984년에 예루살렘에서 열린 성경고
고학 국제 대회에서 학문 세계에 제시되었다. 그 후 1994년에 대략 130개의 행
이 들어 있는 이 6개의 재구성된 사본들(와디 쿰란에서 그들 공동체를 막 시작
하는 사해의 언약자들의 삶의 초기 어느 때에 보유했던 원문의 약 40%를 반영
하는 것으로 보인다)이 공식적으로 4Q394-99로 출판되었다.[136] 그리고 1984년
에 제시된 것과 1994년에 출판된 것과 더불어 이 6개의 재구성된 사본 자료에
서 나온 수많은 주제와 쟁점들에 관심이 집중되었다.

여기서 우리의 목적에 가장 중요한 것은 4QMMT 사본 C(4Q396) 27행
에 등장하는 히브리어 מעשי התורה("율법의 행위" 또는 "행동")라는 어구다. 이
어구가 있는 해당 행은 이렇게 읽을 수 있다. "우리가 너희에게 '율법의 행위'
몇 가지를 기록했다." 이 문장은 지금은 생략된 것으로 보이는 것 같지만, 분명
히 이전에는 문서에 제시되었고 지금은 더 이상 존재하지 않는 원문에서 "율법
의 행위" 또는 실천 목록의 결론을 소개한다. 더욱이 이 "율법의 행위"를 준수
하는 것은 하나님께 용납되고 상을 받는 데 필요한 것으로 간주되었을 것이다.
사본 C의 마지막 행은 독자들에게 설교체로 이러한 "율법 행위"를 준수함으로
써 "너희는 그 앞에서 '의'(צדקה)를 행하게 될 것이다"라고 말한다. 그래서 사본
C 29행에 등장하는 מקצת מעשי התורה("율법의 어떤 행위들")라는 표현과 사본
B(4Q395) 2행과 사본 C 23행에 등장하는 מעשים("행위" 또는 "행동")이라는 단
어 역시 이 어구와 관련이 있을 가능성이 크다.

---

135) *Jub* 23:10.
136) *Qumran Cave 4, V: Miqsat Ma'ase Ha-Torah*(in DJD 10)를 보라.

4QMMT의 연대는 대체적으로 추측에 의존한다. 이 사본이 바울보다 약간 이른 시기에 기록되었다는 것에 대해서는 의심의 여지가 거의 없다. 하지만 정확히 언제 기록되었는지는 불확실하다. 학자들은 이 사본이, 사해 북단에 위치한 와디 쿰란의 정북 방향의 고원지대에 종파들의 정착지가 세워지기 전에 기록되었을 것이라고 추측한다. 그리고 그 문서는 어느 정도 그곳에 거주했던 언약자들이 보유하고 연구했던 일단의 두루마리 사본들의 일부분이었을 것이다. 하지만 이 재구성된 6개의 사본들에 정확히 어떤 내용이 들어 있는지 간에, "율법의 행위"라는 어구가 규정된 행위 목록의 문맥에 있고 또 하나님 앞에서 의로운 행위를 하도록 권면하는 언급이 뒤따른다는 사실은, 조세프 피츠마이어가 바르게 지적했듯이 "바울이 기독교 이전의 순수한 팔레스타인 유대교 전통에 속하였음"을 암시한다.[137]

그러므로 (저자의 어떤 특정한 단어나 어구 사용을 이해하기 위해 언제나 대단히 중요한) 문맥적인 고려사항과 (보조적인 것으로 간주될 수 있는) 상황적인 역사 자료뿐만 아니라 (사해사본과 주로 4QMMT에서 유래한) 확장된 언어학적 데이터베이스에 근거해 볼 때, ἔργα νόμου("율법의 행위")라는 표현은 바울이 "모세 율법에 순종하며 행한 행위들"을 언급하려고 사용한 것일 가능성이 매우 크다. 이 표현은 하나님 앞에서 "의"를 얻어 그분의 받아주심을 얻는다는 율법주의적 방식으로 이해되었다. 이 ἔργα νόμου란 어구에서 바울이 관사 없는 νόμος를 사용한 것을 4QMMT에서 일반적으로 관사 있는 התורה의 사용과 비교할 때, 어떤 문제에 직면한다고 생각할 수 있다.[138] 하지만 νόμος든지 ὁ νόμος든지 간에 이 단어가 등장하는 각각의 본문에서 이 단어가 사용된 문맥이 관사의 여부보다 훨씬 더 중요하다.[139] 더욱이 νόμου의 소유격 형태는 목적격 즉 "율법을 성취하는 행위"로, 또는 주격 즉 "율법이 요구하는 행위"로 해석할 수

---

137) Fitzmyer, *Romans*, 338.
138) 비록 תורה가 4QFlor 1.7(즉 4Q174.1-2)의 מעשי תורה라는 어구에 관사 없이 등장하지만 말이다. 또한 1QS 5.21과 6.18의 מעשיו בתורה라는 어구에서 관사 ה가 전치사 ב로 대치된 것도 참조하라.
139) C. F. D. Moule은 명언을 남겼다. "의미를 밝혀주는 데 있어 문맥은 관사의 사용보다 더 확실한 인도자다"(Moule, 113).

있다. 주격적 소유격이 더 개연성이 클 수 있지만, 어느 것으로 읽든지 간에 바울이 이 어구를 경멸적인 의미로 사용했음이 암시된다.

5. 요약. 그러므로 우리는 이렇게 결론을 내린다. "바울의 새 관점"은 그 동기에 있어서 칭찬을 받을 만하고 매우 중요한 내용 몇 가지를 관찰했으며 오늘날 대단히 널리 받아들여지고 있지만, 실제로 새 관점은 바울의 "율법의 행위"라는 어구 사용을 오해했고, 동포 유대인들과 1세기 팔레스타인 유대교를 향한 그의 태도를 어느 정도 곡해했다. 새 관점이 고대 유대교의 "신율주의" 안에 있는 어떤 긍정적인 특징들을 부각시키려고 노력했으나, (애석하게도 고금을 막론하고 모든 종교에 존재하는) 당시 현실적으로 존재했던 "율법주의"를 보지 못했다. 그리고 새 관점은 "율법의 행위"에 대한 정의를 자부심이 강한 국가주의 및 문화적 편견과 관련된 문제에만 국한시켜 "율법주의"의 함의된 내용을 최소화하려 함으로써, 로마서 2:17-3:20에서 바울이 주장한 내용을 다소 함부로 다루었다.

오히려 우리는 과거의 대다수 기독교 주석가들의 견해에 동의하면서 이곳 3:20과 이 어구가 등장하는 갈라디아서와 로마서의 다른 본문에서 바울이 "율법의 행위"라는 어구를 어떤 유대인 또는 유대 그리스도인 진영에서 함의하는 율법주의를 부정하기 위해 이 어구를 경멸적으로 사용하고 있다고 주장한다. 더욱이 우리는 (1) 바울이 "율법의 행위"를 초기 유대교(기원전 200년에서 기원후 200년) 시기에 적어도 일부 유대인들이 사용한 종교적 말투가 되어버린 종교적인 금언으로 보았을 가능성이 크며, (2) 그는 로마의 그리스도인 수신자들 역시 이 금언과 다른 사람들이 그것을 사용한다는 사실을 알고 있었다고 믿었지만, (3) 바울은 그의 수신자들이 그 어구를 율법주의적인 방식으로 사용한 사람들에게 동의하지 않고 자신에게 동의하리라고 상당히 확신했을 것이다. 그래서 바울은 글을 마무리하는 로마서 3:20의 진술에서 1:18-3:19에서 가르친 자신의 교훈을 요약하려 "율법의 행위"라는 표현을 사용한다. 원칙상 "율법에 순종하는 사람들이 의롭다는 선언을 받게" 되겠지만(2:13), 실제적으로는 하나님 앞에서 의를 얻고 하나님의 인정을 받을 만큼 율법에 순종할 수 있는 사람은 하나도 없다. 그 결과 유대인과 이방인 모두 죄의 지배와 하나님의 진노 아래 있게 되었다. 그러므로 "**율법의 행위로** 그[하나님]의 앞에서 의롭다는 선언을 받으려"는 모든 수고와 노력은 헛되다.

3:20c　Οὐ δικαιωθήσεται πᾶσα σὰρξ ἐνώπιον αὐτοῦ("그[하나님]의 앞에서 의롭다 하심을 얻을 사람이 없나니")라는 문장은 시편 143:2(LXX 시 142:2)에서 인용한 것이다. 70인역에서는 이 본문을 οὐ δικαιωθήσεται ἐνώπιόν σου πᾶς ζῶν("당신 앞에서 의롭다 하심을 얻을 존재는 없습니다")으로 읽는다. 그리스어 번역은 마소라 본문의 히브리어를 거의 정확히 재생하고 있다. 이 단어들은 하나님의 구속적인 간섭을 떠난 자신과 인간의 영적 상태와 관련하여 한탄한 시편 저자의 애가를 표현한다. 비록 여러 동등한 표현을 사용하여 다양한 방식으로 목소리를 내긴 했지만, 사해사본의 여러 곳에 등장하는 것 역시 모든 인간의 근본적인 문제에 대한 이해다. 특히 1QS 11.9-10에 매우 회화적으로 표현되었다. "나는 사악한 사람들과 심사가 사나운 육체들의 회중에 속하여 있습니다. 나의 죄악, 나의 허물, 나의 죄는 비뚤어진 나의 마음과 함께 어둠 속에서 움직이는 벌레와 잡것들의 회중에 속해 있습니다."[140] 따라서 인간의 기본적인 영적 문제에 대한 이러한 평가가 구약 이스라엘 종교의 모든 참된 경건과 바울 당대의 많은 경건한 유대인들 사이에서 근본적인 내용이었다고 주장하는 것은 합당하다. 게다가 바울이 시편 143편에서 사용한 이 용어들이 로마에 있는 그의 그리스도인 수신자들의 마음과 정신에 반향되었을 것이라고 추측할 수 있다.

바울은 이러한 단어들을 사용하면서, 직접적으로 말하다가 간접적으로 언급할 때 으레 그러하듯이, ἐνώπιόν σου("당신의 눈앞에서")를 ἐνώπιον αὐτοῦ("그[하나님]의 눈앞에서")로 고쳐 쓰며, πᾶς ζῶν("모든 존재")을 πᾶσα σάρξ("모든 육체")로 변경한다. 이것은 하나님을 떠나 살면서 자신의 유한한 힘으로만 행동하고 있는 인류를 의미하려고 바울이 사용한 σάρξ("육

---

140) 1QH 4.29-31: "나는 올바름이 인간에게 속하지 않는다는 것을, 또는 청렴함이 사람의 아들에게 속하지 않는다는 것을 알고 있습니다." 또한 1QH 7.16; 12.19; 13.16-17도 보라.

체")와 분명 일치한다. 하지만 바울은 성경을 인용할 때 늘 하던 대로, 시편 143:2에서 가져온 이 단어들을 도입 어구인 καθὼς γέγραπται("기록되었듯이")로 소개하지 않는다. 또한 그가 일찍이 갈라디아서 2:16에서 "의롭다 하심을 얻을 자가 아무도 없다"(οὐ δικαιοῦται ἄνθρωπος)고 선언하기 위해 시편 143:2의 동일한 단어를 사용할 때도 그렇게 하지 않았음을 주목할 필요가 있다. 더욱이 갈라디아서 2:16에 있는 시편 143:2에서 빌려온 이 단어들이 이곳 로마서 3:20에서처럼 ἐξ ἔργων νόμου("율법의 행위로")라는 어구에 덧붙여졌다는 사실에도 주목해야 한다.

이 모든 것은 갈라디아서 2:16과 로마서 3:20a에서 바울이 시편 143편의 이 단어들을 인용하는 것이 아니라 암시하고 있음을 시사한다. 또는 일반적으로 유대교 성경(구약)의 교훈에 근거를 두었으나 시편 143:2의 시편 저자의 개인적인 애가에서 좀 더 분명히 표현된 전통적인 유대 종교의 금언을 그가 사용하고 있다고 말하는 것이 더 정확할 듯하다.

3:20d 에른스트 케제만은 διὰ γὰρ νόμου ἐπίγνωσις ἁμαρτίας ("율법으로는 죄를 깨달음이니라")라는 진술이 "그 간결함을 볼 때 신탁과 같다"라고 올바르게 관찰했다.[141] 즉 그것이 고대 그리스의 신탁으로 표현된 발언에 비견되며 함축적이고 지혜로우며, 그래서 참된 것으로 받아들여지도록 의도되었다는 것이다. 그렇지만 케제만이 계속해서 주장했듯이, 20절의 이 최종적인 진술은 단순히 그 형태 때문에 "일반적인 진리"[142] 또는 심지어 전통적인 금언적 경구(2:2, 11; 3:4a, 20a에서 발견할 수 있다고 우리가 제안했듯이)로 이해되어서는 안 된다. 오히려 이 진술은 모세 율법의 목적과 기능에 대한 바울의 기독교적 이해로 이해하는 것이 가장 좋을 것 같다. 바울은 로마에 있는 그의 수신자들이 그가 조금 전 3:20a에 기록한 것에 동의하고 그것을 지지할 것이라고 믿었다(설명적인 접속사 γάρ, "왜냐하면"을 주목하라).

---

141) Käsemann, *Romans*, 89.

142) Käsemann, *Romans*, 89-90.

바울은 율법의 목적과 기능에 대한 이 동일한 사안을 갈라디아서 3:19-25에서 다루었다. 그곳에서 19a절을 시작하면서 그는 이렇게 질문한다. "율법은 무엇이냐?" 그런 다음에 그는 19-21a절에서 하나님이 모세 율법을 주신 것과 관련하여 고려해야 할 수많은 요인을 서술하고 나서, 21b-25절에서 율법의 목적 및 기능과 관련하여 세 가지 명제를 제시한다.

1. 율법은 사람이 그것을 지킴으로써 하나님께 "생명"이나 "의"를 받으려고 결코 의도되지 않았다. "만일 능히 살게 하는 율법을 주셨더라면 의가 반드시 율법으로 말미암았으리라"(21b절). 이것이 바로 "율법주의"에 대한 바울의 기본적인 주장이다.

2. 하나님께서는 율법을 하나님의 백성 이스라엘에게 "초등교사"(παιδαγωγός)로 주셨다. 그러나 이 초등교사의 기능은 단지 "이 믿음이 오기까지(τοῦ ἐλθεῖν τὴν πίστιν[즉 "예수를 믿는 믿음"]이 계시될 때까지"만 계속되었으며, "지금 이 믿음이 왔기에(ἐλθούσης δὲ τῆς πίστεως), 우리는 더 이상 초등교사 아래에 있지 아니한다"(23-25절). 이것이 바울이 (필자가 1964년에 지칭했던) "신율주의" 또는 (1977년에 Ed Sanders가 명명했으며 그 이후 일반적으로 사용되었던) "언약적 신율주의"의 지속적인 존재를 논박했던 주장이다.

3. 하나님의 구원론적 목적에서 율법은 늘 "모든 사람을 차별 없이 죄 아래에 가두는" 기능을 했으며 앞으로도 언제나 그럴 것이다. "이는 예수 그리스도의 믿음[또는 "신실하심"]에 근거한 약속이 믿는 자들에게 주어지기 위함이다." 이것이 바로 바울이 기독교적인 이해에서 그리고 모든 그리스도인의 삶에서 지속적으로 기능하는 율법의 일차적인 목적이라고 주장했던 바다.[143]

갈라디아서 3:22에 언급된 "모든 사람을 차별 없이 죄 아래 가두는" 이 기

---

143) R. N. Longenecker, *Galatians*, 136-50을 보라.

능은, 특히 19절의 "그것[모세 율법]이 범법함으로 더하여진 것이라"는 바울의 진술과 연결해서 이해할 때, 율법이 죄로 완악해진 사람들로 하여금 죄를 의식하도록 주어졌다는 **인지적인** 방식으로 해석해야 하고, 율법이 사람들에게 죄를 더 많게 하거나 사람들의 죄성을 증가시킬 목적으로 주어졌음을 암시하는 **원인적인** 방식으로 이해해서는 안 된다는 뜻으로 이해해야 할 가능성이 크다.[144] 더욱이 바울이 일찍이 갈라디아의 개종자들에게 보낸 편지에서 쓴 내용을 이곳 로마서 3:20의 마무리 진술에서 염두에 두었다고 생각하는 것은 적절하다. (1) 하나님은 모세 율법을 율법주의적으로 해석하라고 주지 않으셨다. "율법의 행위로 의롭다 하심을 얻을 사람이 없기 때문이다." (2) 율법에는 하나님의 백성 이스라엘에게 초등교사로서 기능하는 정당한 역할이 있었다. 하지만 이 초등교사의 기능은 그리스도의 오심으로 끝났다. 그리고 예수를 믿는 신자들은 이제 율법의 과거 신율주의적 기능을 취하지 않는다. (3) 하나님께서 율법을 주신 목적은 과거에도 그랬고 앞으로도 그러할, 모든 사람 안에 "죄의식을 갖게" 하려는 데 있다. 특히 예수 그리스도를 따르는 사람들이라고 주장하는 사람들 사이에서 말이다.

로마서 3:20의 모세 율법의 목적과 기능에 대한 이 결론적인 진술은 로마서 1:18-3:20의 부정적인 주장 전체를 마무리한다. 하지만 20절에 담겨 있는 주제들은 (1) "의"(δικαιοσύνη), (2) 하나님을 떠난 사람들(즉 πᾶσα σάρξ, "모든 육체")이 "그[하나님]의 앞에서 의롭다 함을 얻지" 못함, (3) "율법의 행위"(ἔργων νόμου)의 헛됨, 그리고 (4) "죄의식"(ἐπίγνωσις ἁμαρτίας)을 가져오는 율법의 목적 등인데, 이 모든 주제는 나중에 바울의 편지(즉 로마서)에 등장하는 본문에서, 특히 바로 뒤따르는 그의 권면적 제시의 첫 번째 단락의 긍정적인 부분(3:21-4:25)과 두 번째 단락(5:1-8:39)에서 바울이 이방인들에게 직접 상황화하여 선포한 내용을 묘사한 부분에서 반향되고 더 자세히 설명될 것이다.

144) R. N. Longenecker, *Galatians*, 138-39.

성경신학

바울은 로마서 1:18-3:20에서 자신의 주장을 전개하며 먼저 다음과 같은 주제에 대해 일반적으로 말했다. (1) 1:18-32에서 "사람들의 경건하지 않음과 불의에 대해 내리시는 하나님의 진노", (2) 2:1-16에서 "하나님께서는 죄를 지은 모든 사람을 공의로 그리고 차별 없이 정죄하신다"는 것. 그러나 2:17-3:20에서 그는 초점을 좁혀 유대인에게 맞추며, (3) 2:17-29에서 "유대인과 유대인의 실패를 비난함"과, (4) 3:1-20에서 "하나님 앞에서 유대인들의 상황"을 강조하는 자료를 제시한다. 이 나중의 두 단락 2:17-29과 3:1-20에서 바울이 유대인들에게 초점을 맞추는 근거를 더글러스 무가 잘 표현했다.

> 과거에도 그랬듯이, 유대인들은 일반적으로 모든 사람의 대표자다. 유대인들이 사람이 가질 수 있는 최상의 율법을 가지고 그것으로 구원을 찾지 못했다면, **어떠한** 행위 체계도 죄의 권세를 이길 수 없다는 것이 드러난다. 그렇다면 바울 주장의 "핵심"은 죄가 모든 사람을 완전히 무력하도록 속박하는 상황을 만든다는 그의 확신이다. "율법의 행위"가 불충분한 이유는 그것이 "**율법의** 행위"이기 때문이 아니라, 궁극적으로는 그것이 "행위"이기 때문이다. 분명히 이것은 문제를 순전히 구원사의 영역에서 폭이 더 넓은 인류학의 영역으로 옮긴다. 행위를 통해서 하나님과 바른 관계를 가질 수 있는 사람은 아무도 없다. 그러한 자격을 보장할 정도로 행할 수 있는 사람이 아무도 없기 때문이다. 하나님의 요구를 만족시키기에는 부족한 이 인간의 무능력이 로마서 3장의 심장부에 있는 내용이다.[145]

바울이 1:18-3:20에서 말하는 모든 내용 저변에는 매우 중요한 3개의 신학적 주제가 놓여 있다. 이 주제들은 꽉 차고 약간은 난해한 3:1-20의 자료로 상당히 분명하게 표현되었다. 특히 3:9의 결론과 3:20의 마무리 진술에 이

---

145) Moo, *Romans*, 217(강조는 원저자의 것임).

주제들이 나타난다. 이를테면, (1) 속박의 상태로서 죄, (2) 하나님 앞에서 의를 얻고 인정받을 수 없는 사람의 무능, (3) 의를 얻거나 하나님과의 바른 관계를 얻는 데 있어 사람 "행위"의 헛됨 등이다. 이 세 가지 신학적 주제는 좀 더 충분히 설명할 필요가 있다.

죄를 깨닫게 하려고. "죄"(ἁμαρτία)라는 단어가 로마서에서는 3:9에서 바울의 결론의 마지막 문장에 처음 등장한다. "유대인이나 헬라인이나 다 죄 아래 있다"(Ἰουδαίους τε καὶ Ἕλληνας πάντας ὑφ' ἁμαρτίαν εἶναι). 이 단어는 3:20의 마무리 문장의 마지막 단어로 두 번째 등장한다. "율법으로는 죄를 깨달음이니라"(διὰ γὰρ νόμου ἐπίγνωσις ἁμαρτίας). 하지만 "죄"라는 단어 자체가 이 두 구절에 처음 등장하기는 하지만, 죄는 바울이 일찍이 1:18-3:8에서 비난했던 모든 내용 즉 사람들의 "경건하지 않음과 불의"를 말하는 1:18-32, "불의"와 "악"을 언급하는 2:1-16, "믿지 않음", "불의", "거짓", "악"을 말하는 3:1-8의 근저에 있다. 이 모든 표현은 이 본문 전체에 걸쳐 교대로 기능하며, 그래서 각각 다른 단어를 해석한다. 이 모든 것은 단 하나의 단어 "죄"로 압축된다.

그렇다면 바울의 설교와 가르침에서 무엇이 죄라고 이해되었는가? 찰스 탈버트가 지적했듯이, "대부분의 사람에게 '죄'는 어떤 사회적인 규범을 파기하는 행동을 의미하며, 통상적으로 교회 조직의 견해와 연결되었다."[146] 하지만 역시 탈버트가 주장하듯이, "바울의 견해는 다르다."[147] (Talbert도 인용한) 루크 존슨이 올바로 관찰했듯이, 바울에게

죄는 도덕적인 범주가 아니라 종교적인 범주다. 그 차이는 근본적으로 중요하다. 그[바울]는 모든 이교도가 악에 버려졌다거나 모든 유대인이 덕을 행할 수 없다고 암시하지 않으며, 오히려 유대인과 그리스인 모두 도덕적일 수 있다고 말한다. 그들은 선한 행위를 할 수 있다. 부도덕은 죄의 결

---

146) Talbert, *Romans*, 102.
147) Talbert, *Romans*, 102.

과와 표지일 수는 있어도 죄 그 자체는 아니다.[148]

존슨은 계속해서 이렇게 말한다.

> 죄는 인간과 하나님의 관계와 관련이 있다. 또는 더 정확하게 말하면, 인
> 간이 하나님과의 관계를 깨뜨린 것과 관련이 있다. 이런 의미에서, 죄의
> 반대는 덕이 아니라 믿음이다. 바울에게 있어 죄와 믿음은 하나님의 능
> 력과 임재에 대해 인간이 자유롭게 선택할 수 있는 두 가지 기본적인 선
> 택이다. 바울은 14:23에서 둘의 차이를 분명하게 밝힌다. "믿음에서(ek
> pisteos) 나지 않은 것은 다 죄(hamartia)니라." 이러한 차이는 로마서 전
> 체에 전제되어 있다. 바울은 동일한 이유로 단수형 hamartia를 사용한다.
> 이것은 "죄악 된 행위"의 문제가 아니라 인간 자유의 근본적인 성향 문제
> 이며, 하나님을 대적하는 의지의 기본적인 반역이다.[149]

물론 바울은 음탕함과 사회적 불의 및 개인적 악과 관련한 문제들을 말할
때 도덕적인 방식으로도 "죄들"을 언급했다. 하지만 성경의 모든 저자뿐만
아니라 바울이 보기에 이러한 죄들은 궁극적으로 하나님을 거스르는 죄들
이다. 찰스 탈버트가 강조했다시피, "매 경우 그 행위는 창조세계와 피조물
을 향한 하나님의 뜻에 위반되는 것이다. 그래서 죄는 하나님을 대적하는
것"이다.[150] 무신론과 인본주의와 상대주의가 지배하는 것처럼 보이는 현
대 서구사회에서 "죄"와 "죄들"에 대한 이런 이해를 우리의 기독교적인 의
식과 이해에 있어 맨 먼저 고려해야 한다.

하나님 앞에서 의를 얻고 인정받을 수 없는 사람의 무능. 바울은
3:20의 마무리 진술에서 시편 143:2에서 인용한 금언을 사용하면서 πᾶς

---

148) L. T. Johnson, *Reading Romans*, 47-48.
149) L. T. Johnson, *Reading Romans*, 48.
150) Talbert, *Romans*, 102.

ζῶν("모든 존재")이라는 어구를 변경하여 πᾶσα σάρξ("모든 육체")라고 읽는다. 이러한 변경이 비교적 사소한 것처럼 보일 수 있다. 하지만 "육체"(σάρξ)는 바울의 어휘에서 매우 중요하다. 이 단어가 바울신학에서 매우 의미심장한 개념을 나타내는 까닭이다. 바울은 이 단어를 일찍이 갈라디아서에서 "육체의 행위"와 "성령의 열매"를 대조하려고 사용했다.[151] 그리고 훗날 로마서에서 그는 그 단어를 사람의 죄성을 따라 사는 삶을 지칭하는 말로 사용할 것이다. 죄성은 성령의 인도와 능력 주심대로 사는 삶에 정반대되는 삶이다.[152]

바울에게 "육체"는 (위의 3:20을 주해하며 정의한 것을 인용하자면) "하나님을 떠나 살면서 자신의 유한한 힘을 의지해서만 행동하는 인류"를 가리키는 말이다. 또는 루크 존슨이 더 광범위하고 의심의 여지 없이 더 정확하게 바울이 의미한 바를 표현했듯이, "바울은 육체라는 단어로써 영, 구체적으로는 하나님의 성령을 떠나 사는 삶을 지시한다. 지각에 근거하여 사는 삶, 폐쇄된 체계로 이해되는 삶" 말이다.[153]

하나님을 떠나 살면서 자신의 유한한 힘과 죄의 성향에 의지해서만 행동하는 것은 끔찍한 실존이다. 이러한 실존은 한 사람의 인생관과 결국 그 사람에게 비참한 결과를 낳는다. 이것은 다른 사람과의 관계, 따라서 그의 가족과 사회와 문화에서도 재앙을 의미한다. 하지만 이 모든 것보다 더 중요한 문제는 모든 사람의 실존을 "죄"와 "육체"가 지배하기에 사람이 자신의 능력을 의지하여 의를 얻을 수 없으며 하나님의 인정을 받을 수 없게 된다는 것이다.

의를 얻거나 하나님과의 바른 관계를 얻는 데 있어 사람의 "행위"의 헛됨. 3:9에 있는 바울의 결론과 3:20의 마무리 진술은 (특히 그가 "죄"와 "육체"라는 용어를 사용하여 압축적으로 표현한 것처럼) 어떠한 사람의 성취도 사람

---

151) 갈 5:19-26을 보라.
152) 참조. 롬 7:5, 18, 25; 8:3-7.
153) L. T. Johnson, *Reading Romans*, 48.

이 의를 얻거나 하나님과의 바른 관계를 얻는 데 있어 전적으로 헛되다는 점을 알아듣기 쉽게 만든다. 그래서 바울은 1:18-3:19에서 논의한 것을 "율법의 행위로"(ἐξ ἔργων νόμου)라는 표현을 포함하는 진술로 마무리한다.

"율법의 행위"는 바울 당대의 어떤 유대인 진영과 유대 그리스도인 진영에서 긍정적으로 사용되었던 것이 분명한 어구다. 그러나 이곳 3:20에서 바울은 상대방을 논박해온 모든 내용을 압축하기 위해 이 어구를 경멸적으로 사용한다. 하지만 우리는 바울이 "행위"를 반대하지 않았다는 사실을 인정해야 한다. 왜냐하면 바울이 반대한 그 행위는 "**율법의** 행위"이기 때문이다. 디모데전서의 저자에 대한 입장이 무엇이든지 간에, 디모데전서 1:8의 어구들은 확실히 바울의 용어다. 바울은 "율법은 사람이 그것을 적법하게만 쓰면 선한 것임을 우리는 아노라"라고 선언한다. 바울이 반대한 것은 "율법의 행위"다. 그는 의를 얻거나 하나님과의 바른 관계를 얻으려는 어떠한 노력도 헛되다고 선언한다. 이유는 단순하다. 율법의 행위는 궁극적으로 "죄"와 "육체"에 근거한 인간의 "행위"인 까닭이다. 바울이 이해하기로, 의 또는 하나님과의 바른 관계는 언제나 하나님의 은혜와 자비의 문제이며, 사람의 믿음과 감사는 이러한 하나님의 선물들을 받아들이기 위해 유일하게 요구되는 것이다.

현대를 위한 상황화

1:16-3:20은 바울이 로마 그리스도인들에게 보낸 편지의 본론 중앙부(1:16-15:13)에 있는 바울의 권면(즉 1:16-4:25)에 속한 첫 번째 단락의 전반부다. 1:16-17의 논제 진술(이것은 3:21-26에서 다시 선언되고 좀 더 발전되며 옹호될 것이다) 이후, 1:18-3:20의 주장은 거의 전체가 부정적이다. 다음과 같은 내용이 선언되고 있다. (1) 모든 사람, 즉 이방인과 유대인은 **모두** 죄인이다. (2) 하나님께서는 인종적인 편견 없이 모든 사람을 공정하고 차별 없이 심판하실 것이다. (3) 자신의 행위나 개인적인 업적에 근거하여 하나님 앞에서 의롭다 하심을 받을 사람은 없다. 여기서 한걸음 더 나아가 필자는 바울이 이러한 요지들을 주장하면서 (1) 그가 표준적인 유대교 자료 또는 유대 기독

교 자료와 주장이라고 여겼던 내용을 사용했으며, (2) 이러한 자료와 그런 방식의 논증이 그의 수신자들에 의해서 비슷한 방식으로 사용되었다고 믿었고, (3) 로마의 그리스도인들이 그의 견해에 동의할 것을 확신했다고 제안했다. 결과적으로 바울이 로마서 본론 중앙부의 첫 번째 권면 단락(1:16-4:25)에 있는 이 첫 번째 부정적인 부분(1:16-3:20)에서 한 것은, 그가 로마의 수신자들이 이해하고 공감해줄 것이라고 믿은 방식으로 기독교 복음을 상황화한 것이었다. 바울은 이러한 상황화를 첫 번째 권면 단락의 두 번째 긍정적인 부분(3:21-4:25)과 로마서 나머지 부분에서 다양한 방식으로 계속할 것이다. 이러한 상황화를 바울이 이미 시행했고 또 행하려는 이유는 그가 로마서의 두 번째 권면 단락인 5:1-8:39에서 중심으로 삼고 초점을 맞추려는 내용을 대비하려는 데 있다.

바울은 1:16-3:20 내내 로마에 있는 그리스도인 수신자들의 관심사와 이해와 공감에 맞춰 말하는 방식으로 글을 썼다. 이러한 사실은 그들에게 보내는 바울의 편지가 오늘날 우리에게는 단지 골동품과 같은 관심거리에 불과하다는 의미로 받아들여질 수 있다. 하지만 바울이 1:16-3:20에서 로마의 그리스도인들에게 글을 쓸 때 기독교 복음을 어떻게 상황화하기 시작했는지를 주의 깊게 살펴보면, 우리도 (1) 동일한 복음 메시지를 오늘날의 다양한 상황에서 상황화하고, (2) 우리의 상황에서 그렇게 하는 방법을 배워야 한다는 필요에 민감해지게 된다. 바울이 1:18-3:20에서 말하는 내용이 주로 부정적이지만, 이러한 메시지는 우리 시대와 교회 또 오늘날의 서방 사회와 문화를 위해 새로운 방식으로 상황화할 필요가 있다.

일례로, 바울이 "죄"에 대해 말하고 그 용어를 사람들의 모든 불의하고 부정하며 악한 행위를 압축적으로 표현하려고 사용할 때, 우리는 우리 자신의 행위와 오늘날 우리 주변에서 일어나는 상황을 이해하는 방법에 대해 대단히 많은 것을 배울 수 있다. 찰스 탈버트가 인간의 상태에 대한 바울의 이해와 비교하여 현대사회에 대해 말한 내용은 백번 옳다.

현대 문화는…개인의 책임감을 다 잃어버렸다. 개인들은 그들 공동체의 희생물로 여겨진다. 그래서 사회가 정말 나쁜 일(예. 고등학생 2명이 마구 휘저으며 돌아다니면서 수많은 다른 학생과 선생을 향해 소리 지르는 행위)을 마주할 때 평범하게 타이르는 것 말고는 딱히 할 수 있는 것이 거의 없다. 이것은 우리 문화의 사회적 또는 심리적 원인들의 징후를 나타낸다. 이것은 우리 문화의 남성 정체성의 위기를 나타내는 징후이기도 하다. 이는 개인들이 가난과 부모 없는 외로움이나 학대를 경험하고 있기 때문이고, 그들이 학교에서 핵심 무리에 속한 일원이 아니었기 때문이며, 사회가 개인에게 총기를 허용했기 때문이다. 개인적인 책임은 사회적·심리적 비난 속에 늘 잊히기 마련이다.[154]

그리고 탈버트는 "죄"와 "죄들"에 대한 바울의 이해에 대해 다음과 같이 정확하게 언급한다.

그 행위를 죄나 죄들로 낙인찍는 것은 두 가지를 암시한다. 첫째, 그 행위가 창조자를 거스르는 것이며, 둘째, 행위자가 개인적으로 자기 행위에 책임이 있다는 것이다. 바울의 생각은 우리 문화를 지배하는 실천적인 무신론과 개인 책임의 회피를 교정한다.[155]

마찬가지로 우리는 하나님을 떠나 생활하면서 개인의 유한한 힘으로만 행동하려는 것으로 정의되는 "육체"에 대한 바울의 이해에서도 많은 것을 배울 수 있다. 루크 존슨은 육체를 근거로 하여 살아가는 삶의 특징을 다음과 같이 적절히 표현했다.

이러한 틀 속에서 자신의 삶과 가치를 세우려고 하면 반드시 자랑과 교만이 필요하다. 타인을 향한 경쟁과 적대감이 요구된다. 이유는 간단하다. 선

---

154) Talbert, *Romans*, 102.
155) Talbert, *Romans*, 103.

물로서의 삶은 거부되기에, 그 대신 자기 방식대로 구축한 삶은 가짐과 소유를 통해 구축될 수밖에 없다. 내가 가지고 소유하는 한, 나는 "이것은 내 것"이라고 주장할 수 있다. 그리고 내가 세상을 닫힌 체계로 보기 때문에, 많이 "가지고 있는 것"만 유용할 뿐이다. 나는 삶과 가치를 위해 다른 사람들과 경쟁할 수밖에 없다. 나의 자기 과시는 반드시 다른 사람의 희생을 전제한다. 경쟁과 시기, 증오 및 살인은 우상숭배적 충동의 논리적인 표현이다. 첫 번째 선물을 거절함으로써 나오는 것은 필연적으로 끝없는 배고픔과 채워지지 않는 목마름일 수밖에 없다.[156]

하지만 존슨은 계속해서 이렇게 지적한다. "자랑과 오만과 교만의 형태를 통해 '힘'으로 드러나는 것은…바울이 올바르게 명명했듯이 '육체의 약함'이다."[157]

앞서 존슨과 탈버트가 표현한 것들과 비교할 수 있는 현대의 상황화의 예는 많이 나열될 수 있고, 그에 관해 더욱 쓸 수 있다. 결론적으로 이렇게 말하는 것으로 충분하다. 바울이 3:1-20에서 말하는 모든 내용에 동의하기는 상당히 쉬울지 모른다. 그가 그리스도인 사도였으며, 그의 말이 유대인들의 오류와 결점들을 비난하고 있기 때문이다. 하지만 우리는 그리스도인으로서 조세프 피츠마이어가 지적한 대로 다음과 같은 사실을 늘 인식할 필요가 있다.

바울의 논평은 그리스도인 독자들에게도 영향을 준다. 그가 동료 유대인들을 비난한 내용은 동료 그리스도인들에 대한 비난일 수도 있기 때문이다. 그리스도인들에게도 하나님께서 그들에게 바라시는 것을 아는 이점이 있다. 그들에게는 그들의 삶과 행위의 지침이 되는 기독교 성경과 교회가 있다. 그곳에서 그들도 "하나님의 말씀"을 발견한다. 그러나 그리

---

156) L. T. Johnson, *Reading Romans*, 48.
157) L. T. Johnson, *Reading Romans*, 48.

스도인들이 그들의 삶의 행위에서 늘 성경의 지도를 따르는가? 바울의
결론은 그리스도인에게도 적용될 수 있다. "하나님 앞에서는 율법을 듣
는 자가 의인이 아니요, 오직 율법을 행하는 자라야 의롭다 하심을 얻으
리라"(2:13).[158]

---

158) Fitzmyer, *Spiritual Exercises*, 43-44.

첫 번째 단락의 2부(3:21-4:25)

로마서 본론 중앙부의 첫 번째 단락의 2부인 3:21-4:25은 로마서에서 매우 중요한 부분이며 세밀하게 검토하고 주의 깊게 고찰할 필요가 있다. 3:21-4:25에 있는 자료는 매우 중요함에도 종종 오해받고 왜곡되었다.

문제의 현 상태. 16세기의 개신교 종교개혁 이래 일반적으로 개신교 신학자들은 3:21-4:25이 로마서에서 바울이 전해준 가르침의 제일 중요한 요지를 담고 있다고 이해했다. 특히 이 자료의 첫 번째 부분인 3:21-31(또는 범위를 좁혀 3:21-26)은 기독교 선포의 핵심적인 메시지를 결정적으로 제시한다고 이해된다. 예를 들어 존 로이만(John Reumann)은 1966년에 "하나님의 의"에 대한 그의 논문을 이런 진술로 시작했다. "로마서 3:21-31은 신약성경의 다른 본문이 하지 못했던 일을 하는데, 곧 우리를 가장 초기 기독교 복음의 심장으로 데려간다." 로이만은 다음과 같은 문장으로 이 주장을 더욱 강조한다. "로마서 내에서 3:21-31 단락은 가장 의미심장한 본문이다."[1] 좀 더 범위를 좁혀 찰스 크랜필드는 이렇게 주장했다. "필자가 믿기에 3:21-26은 로마서 전체의 심장이다."[2] 토머스 슈라이너는 3:21-26과 관련하여 이렇게 천명했다. "대부분의 학자는 이 단락을 로마서의 심장으로 바르게 인식했다."[3]

거의 모든 개신교 해석자는 마르틴 루터가 "믿음으로 말미암아 의롭게 됨"을 강조한 것을 바울의 기독교적 선포의 핵심 주제를 표현한 것으로 이해했다. 일반적으로 이것이 바울이 일찍이 로마서 1:17에서 강조했던 내용이라고들 목소리를 높인다. (1) 바울은 이 본문에서 2개의 전치사구인 ἐκ πίστεως와 εἰς πίστιν(문자적으로, "믿음에서…믿음으로")을 함께 사용하며, (2) 이것을 뒷받침하면서 하박국 2:4b을 인용한다. 이 어구들과 동반한

1) Reumann, "The Gospel of the Righteousness of God," 432.
2) Cranfield, "Preaching on Romans," in Cranfield, *On Romans*, 73. 또한 같은 저자, *Romans*, 1.199: "이 본문[3:21-26]은 롬 1.16b-15.13 전체의 중심이며 심장이다."
3) Schreiner, *Romans*, 178.

성경 인용이 어떻게 이해되든지 말이다.[4] 그리고 이것이 바로 바울이 (1)
3:22의 διὰ πίστεως Ἰησοῦ Χριστοῦ나 εἰς πάντας τοὺς πιστεύοντας와
같은 전치사적 표현들을 사용하고, (2) 3:25-26의 διὰ τῆς πίστεως나 ἐκ
πίστεως Ἰησοῦ 같은 전치사구를 채용하며, (3) 4:1-25에서 "믿음의 사람"
의 최상의 예로 아브라함을 제시함으로써 좀 더 충분히 발전시킨 내용이라
고 주장된다.

개신교 해석자들 가운데는 로마서의 중요한 주제로서 바울의
δικαιοσύνη θεοῦ("하나님의 의") 선포에 더 초점을 맞춘 사람들도 있다. 그
들은 그 표현이 하나님의 매우 중요한 성품, 즉 그의 의로운 품성과 신격
과 행위만을 시사하는 것이 아니라, 하나님께서 자신에게 믿음으로 반응하
는 모든 사람에게 주시는 하나님의 의의 선물과 관련한 의미를 포함하기도
한다고 이해한다. 이 "하나님의 의"라는 주제가 바울의 이해에서 매우 중요
하다는 점은 δικαιοσύνη θεοῦ가 1:16-17의 논제 진술에서 두드러지게 등
장하고, 그다음에 3:21-23의 바로 그 논제 진술의 발전된 형태에서 2번 더
등장한다는 사실로 뒷받침된다. Δικαιοσύνη θεοῦ와 동의어적인 표현이
3:25-26에 2번 더 등장하며(비록 후자의 문맥에서는 약간 다르게 사용되었지만 말
이다), 이어서 4장에서만 명사 δικαιοσύνη가 9번 등장한다.

다른 해석자들 대부분은 다음과 같은 구원론 용어들 중 어느 하나에
주의를 기울인다. 이를테면, (1) 1:16의 명사 σωτηρία("구원"), (2) 3:24의
명사 ἀπολύτρωσις("속량"), (3) 3:25의 명사 ἱλαστήριον("속죄제물", "화목",
"보상"), 심지어 (4) 4:4-10과 22-24절의 동사 λογίζομαι("~에게 돌리다", "여
기다", "생각하다", "전가하다") 등이다. 학자들은 종종 이 용어들을 독자적으로
또는 함께 취하여 바울이 선포한 기독교의 심장을 대표하는 것으로 이해
한다. 그 외에도 학자들 가운데는 "믿음으로 의롭다 함을 얻음"과 "하나님
의 의"라는 주제의 중요성, 또한 앞에서 인용한 것과 같은 법정적인 구원론
표현들의 사용으로 로마서에 언급된 대부분의 내용의 중요성을 인정하면

---

4) 1:17의 주해를 보라.

서도, 기독교 복음과 모세 율법의 관계를 둘러싼 질문들에 그들의 힘 대부분을 쏟으려는 사람들이 있다.

해석자들 사이에서 강조점은 서로 다르지만 이러한 의견의 일치가 있음을 고려하면서, 대부분의 개신교 그리스도인들은 3:21-31에 선포된 내용과 4:1-25에 제시된 아브라함의 예와 더불어 1:16-17의 진술을 로마에 있는 예수를 믿는 신자들에게 보낸 바울의 편지에서 바울의 주된 메시지를 대표하는 것으로 이해하는 데 상당한 확신을 가진다. 그래서 자주 그들은 로마서를 주로 다음과 같은 두 가지 주된 특징만을 포함하고 있는 것으로 이해해왔다. (1) 1:18-3:20에 등장하는 이방인의 불경건함과 유대인의 율법주의를 모두 겨냥한 광범위한 논쟁과, (2) 먼저 1:16-17에서 제시되었고 그다음에 3:21-4:25(어떤 사람은 3:21-5:11이라고 주장하기도 함)에서 발전시키고 설명하며 예시한 의와 믿음과 관련이 있는 기독교 복음의 열렬한 선포 등이다. 그래서 로마서의 나머지 내용은 전부 이 두 중요한 주제를 본질적으로 설명하는 것으로 이해되었다.

예를 들어 프레데릭 고데는 (일찍이 많은 그리스도인에게 광범위한 영향을 주었던) 1880-81년에 출간한 그의 두 권으로 된 주석에서 로마서 핵심 단락들의 주제를 다음과 같이 제시함으로써 이에 대한 전형적인 이해를 보여주었다(늘 같은 용어를 사용하지는 않지만, 본질적으로 현대 로마서 독자들의 무의식 속에 그의 개요와 제목들이 심겨 있다).

1. "주제 진술"(1:16-17)
2. "근본적인 부분"(1:18-5:21)
3. "보충적인 부분"(6:1-8:39과 9:1-11:36)
4. "일반적인 부분"(12:1-15:13)

하지만 3:21-4:25(또는 3:21-5:11)을 바울이 그곳에서 유대인과 유대교에 관해 말한 내용에 대한 기독교적 답변으로 이해하며, 2:17-3:20(또는 2:1-3:20)을 유대교를 겨냥한 기독교적인 논쟁으로 보는 것은, 사도 당대의 유대교를 "행위로 의를 얻는 궤변적인 종교"로 희화화하고 유대인과 유대교에 대해서 반(反)셈족 감정을 불러일으키는 결과를 종종 낳기도 한다. 여기서 한 걸음 더 나아가 로마서 주석에 더 중요하게도, 이러한 이해는 바울이 로마서에서 제시하는 내용의 진정한 초점을 알아보지 못하고, 이 편지에 있는 그의 논증의 과정과 발전을 헝클어뜨린다.

최근의 두 중요한 진척과 도전적인 관점들. 19세기 후반과 20세기에 걸쳐 신약학 연구에 중요한 진척과 도전적인 관점이 여럿 제안되었다. 물론 몇몇 "막다른 길"이 동반되기도 했지만 말이다. 이 제안된 진척 또는 관점 중 2개는 여기서 강조할 필요가 있다. 이 두 관점 중 어느 하나 혹은 둘 모두를 받아들이거나 거부하는 것은 3:21-4:25에서 바울이 기록한 것을 어떻게 접근할지와 관련하여 매우 중요하다.

첫 번째 제안은 1892년에 다음과 같은 질문에 답하면서 아돌프 다이스만(Adolf Deissmann)에 의해 제시되었다. "바울의 기독교 신학의 심장부에 있는 것이 정확히 무엇인가?" 사도 바울의 여러 편지에 나타난 "그리스도 예수 안에서" 그리고 이와 같은 의미인 "그리스도 안에서", "주 안에서", "그 안에서"라는 표현에 근거하여, 다이스만은 바울이 선포했고 가르친 모든 것의 중심에는 높아지신 그리스도와 바울 자신의 강렬한 인격적인 관계에 온통 마음을 빼앗긴 의식이 자리하고 있었다고 주장했다. 이런 의식은 예수 그리스도를 따르는 참 헌신자들 모두에게도 있다. 다른 말로 하면, 그리스도와 그리스도를 믿는 신자들 사이에 존재하는 관계에 대한 의식은 매우 가깝고 살아 있으며 인격적인 것이어서 그것을 "기독교 신비주의"의 한 유형이라고 부르는 것이 적절할 수 있다.[5]

알베르트 슈바이처는 다이스만의 논제에 근거하여(이것을 제대로 인정하지는 않았지만) 1910년에 바울의 "발전된" 사상의 핵심이자 로마서의 주요 논제가 (Schweitzer가 바울의 전경에서 "주된 분화구의 가장자리로부터 형성된 부수적인 분화구"라고 칭한) "믿음으로 말미암는 칭의"가 아니라, "그리스도 안에

---

5) Deissmann, *Die neutestamentliche Formel "In Christo Jesu"*를 보라.

있음으로 말미암은 신비적인 구속론"이라고 주장했다.[6] 그리고 다이스만이 처음 논제를 제시하고 그것을 슈바이처가 약간은 변형된 형태로 채용한 이후, 신약 해석자들은 바울신학을 본질적으로 "참여적", "인격적", "관계적" 또는 심지어 "신비적"인 것이라고 말하곤 했다. 그들은 때론 (1) 바울의 "법정적인" 구원론적 진술들과 대조하여 그의 "참여적", "인격적", "관계적", "신비적" 언어를 제시하면서도, 가끔 (2) 바울의 "그리스도 안", "주 안", "그 안에"라는 표현을 단순히 그의 법정적인 진술의 확장이나 설명으로 보기도 했으며, 또는 보통은 (3) "참여적", "인격적", "관계적" 또는 "신비적" 특징들을 그의 메시지의 "법정적인" 특징과 조화시키려 하지 않고 단순히 나열한다.

마찬가지로, 20세기 후반에는 3:21-4:25을 이해하는 데 매우 중요한 도전적인 제안이 전면에 드러났다. 이 관점은 무엇보다도 바울이 2:17-3:20에서 유대인들에 관해 썼던 내용과 관련이 있다. 하지만 이것은 바울이 이곳 3:21-4:25의 기독교 메시지에 관해 쓴 것을 이해하는 데도 영향을 끼쳤다. 그 결과 비교적 최근에 제안된 이 관점은 몇 가지 주제에서 과거 수세기 동안 제기되었던 성경학자들의 불균형을 교정한 중요한 업적을 남겼다. 그 업적들은 (1) 바울 당대의 주류였던 팔레스타인 유대교(와 탈무드에 명문화된 탄나임 시대 랍비들의 가르침으로 대표되는 초기 랍비 유대교)에 대한 바른 이해와 그에 따른 바울이 2:17-3:20에서 기록한 "새 관점"과, 그래서 (2) 특히 바울이 3:21-4:25에서 쓴 것에 대한 "새로운 관점"을 야기한 바울의 가르침의 유대적 배경을 좀 더 정확히 이해하는 것과 관련한다. 이것은 대체적으로 에드 샌더스가 그의 책 『바울과 팔레스타인 유대교』와 『바울, 율법, 그리고 유대 백성』에서 남긴 2:17-3:20과 3:21-4:25에 대한 도전적인 "새로운" 이해다.[7]

---

6) 참조. Schweitzer, *Mysticism of Paul the Apostle*, 특히, 225.

7) 하지만 1964년에 출간된 R. N. Longenecker, *Paul, Apostle of Liberty*, 65-85의 "The Piety of Hebraic Judaism"을 보라.

이것은 무턱대고 찬성한 것을 거의 동일하게 무턱대고 정죄한, 어쩌면 시계의 추처럼 학자들이 한 극단에서 다른 극단까지 너무 멀리 간 것인지도 모른다. 유대교에 대한 이러한 정죄는 유대교의 일부 일탈한 교사들 및 그들의 변형된 교훈과 관련하여 탈무드와 그 밖의 유대 문헌에서 더 나은 유대교 선생들이 내린 일부 부정적인 평가를 넘어서기도 한다. 그렇지만 학자들이 바울 당대의 팔레스타인 유대교를 이해하는 방식에 대해 다양한 견해를 표현했다고 하더라도, 오늘날 대다수 신약학자들의 의식 속에는 하나의 문제가 매우 확고해진 것 같다. 즉 바울 당대의 유대교를 더 이상 단순히 "행위로 의를 얻는" 율법주의적 종교로 평가 절하할 수 없다고 말이다. 오늘날 바울 해석자들은 (1) 그의 초기의 모든 사상과 신앙이 그의 기독교 경험 안으로 "세례를 받았"지만, 사도의 글에는 그가 유대교에서 채용했던 것이 상당히 많이 있다는 것과 (2) 유대 사상의 기본적인 구조들과 저변에 깔려 있는 유대교 신앙의 정신이, 높아지신 나사렛 예수의 추종자로서 예수를 이스라엘의 메시아와 인류의 주님으로 받아들인 바울의 생애에서 계속하여 중요한 역할을 감당했음을 알게 되었다.

3:21-4:25과 앞에 언급한 1:16-3:20 자료 간의 관계. 이 관계는 가끔 신약학자들이 우려하고 확신 있게 말하지 못하는 문제였다. 1:16-17에 제시된 바울의 논제 진술과 3:21-31에서 반복되고 발전된 그 진술 사이에 일치하는 부분이 매우 많지만, 3:21-4:25에서 기독교 메시지에 대해 긍정적으로 제시한 내용과 앞서 1:18-3:20에서 불경건한 이방인과 믿음이 없는 유대인들에 대해 부정적으로 묘사한 부분은 분명히 대조된다. 더욱이 부사 νυνί("이제", "현재")와 역접 접속사 δέ("그러나")가 결합되어 3:21 도입부에 등장하는 "그러나 이제는"이라는 표현은 로마서의 독자에게 바울이 3:21-4:25에서 말하는 것이 입장과 내용에 있어 달라졌음에 주의를 환기시킨다. 그러한 변화를 "논리적인 것"으로 봐야 할지, "시간적인 것"으로 봐야 할지, 아니면 둘 다로 봐야 할지에 상관없이 말이다. 그래서 주석가들은 종종

이 두 세트의 본문 사이에 존재하는 대조적 관계를 강조하곤 한다.[8]

하지만 여러 특징이 1:16-3:20과 3:21-4:25에 모두 두드러지게 등장한다. 그 특징들은 로마서의 본론 중앙부에 속한 이 첫 번째 단락의 이 두 부분의 자료들을 한데 묶는다. 가장 눈에 띄는 특징은 (1) πιστεύειν("믿다")/πίστις("믿음")이라는 단어 고리와 (2) 법정적인 표현인 δικαιοσύνη("의", "칭의", "올바름")에 대한 초점이며, 이것들은 하나의 기본적인 통일체가 1:16-4:25의 저변에 있음을 암시한다. 여기서 한걸음 더나아가 1:16-4:25 전체에서 바울의 주장은 분명한 성경 인용으로 가득 차있다. 이 네 장의 여덟아홉 곳에서 15-18회 정도 성경이 인용된다. 이것은 바로 이어지는 단락인 5:1-8:39에 성경 인용이 거의 없다는 사실과 비교한다면, 로마서 본론 중앙부의 이 첫 번째 단락에 있는 자료의 통일성을 암시한다. 그리고 (인류를 총체적으로 다루는) 1:18-3:20에는 첫 번째 단락의이 첫 번째 부분보다 분명한 성경 인용이 적지만, 1:16-4:25 전체, 즉 1:18-3:20의 부정적인 자료에서만 아니라 1:16-17과 3:21-4:25의 긍정적인 자료에서 모두 성경을 암시하는 본문, 성경에 근거한 유대교적 금언 또는 유대 기독교적 금언 몇 개, 그리고 유대 기독교적 경건생활 자료와 신앙고백또는 교리문답 자료에서 기인한 것으로 보이는 일부 전통 문구 등이 발견된다.

리처드 헤이즈는 "로마서 3장 주장의 내적인 논리"라는 그의 연구에서 시편 143:2(LXX 142:2)을 "암시한"(그가 이해했듯이) 3:20("그[하나님]의 앞에 의롭다 하심을 얻을 사람은 아무도 없다")이, (1) 3:5에서 "하나님의 의"(θεοῦ δικαιοσύνην)를 설명하고 3:3-7에서 "분명한 동의어 표현"을 포함시킨 것과 (2) 3:21-22(또한 3:25-26에서 τῆς δικαιοσύνης αὐτοῦ이 2번 사용된 것도 보라)에서 그가 "하나님의 의"(δικαιοσύνη θεοῦ)를 2번 언급한 것(또한 3:21-4:25에 걸

처 등장하는 동의어로 보이는 표현) 사이에 바울이 "의도적인 연속성"을 염두에 두었음을 시사한다는 논지를 제안했다.[9] 시편 143편에서는 "하나님의 **의**가 여러 번 언급되었다."[10] 우선적으로 바울이 암시한 이 본문 바로 앞에 있는 시편 143:1에 언급되었고, 다음으로 시편 저자의 기도 거의 끝부분에 있는 시편 143:11b에 다시 등장한다. 그래서 바울이 시편 저자의 이 말을 사용했을 때, 또는 (Hays가 주장하듯이) 바울이 로마서 3장에서 시편 143편에 대한 미드라시를 구성하고 있었을 때 그가 시편 143편 전체를 염두에 두었는지는 입증할 수 없지만, 바울이 로마에 있는 그의 그리스도인 수신자들에게 글을 쓰면서 동일한 패턴의 사상과 표현을 의식하고 있었을 가능성은 매우 커 보인다.

헤이즈의 주장은 이렇다. "이 인용이 논의의 주요 단락을 요약하고 마무리한다는 것을 주석가들이 보편적으로 주장하고" 있지만, "시편 143편이 **이어지는** 논의의 시작점을 제공하기도 한다"는 사실을 인정해야 한다.[11] 그래서 헤이즈의 결론은 다음과 같다.

> 우리의 증거는 단 하나의 결론으로 모인다. 주석가들이 일반적으로 로마서 3:20과 3:21 사이에서 사실로 받아들이는 중요한 구조적인 단절은 본문에서 "정당성"을 얻지 못하며, 바울이 계속해서 시편 143편에 있는 용어(δικαιοσύνη)를 사용하는 것은 의도적인 연속성을 분명히 보여준다. 로마서 3:21은 3장 앞부분에 있는 논의의 연장이다.[12]

물론 바울이 로마서 3:20의 마무리 진술에서 시편 143:2의 용어를 사용할 때 시편 143편 전체를 염두에 두었는지는 (Hays 자신이 인정하는 것처럼) 입증하기 어렵다. 특히 (필자가 앞에서 제안했듯이) 그 용어들이 바울 당대의 금언

---

9) Hays, "Psalm 143 and the Logic of Romans 3," 107-15.
10) Hays, "Psalm 143 and the Logic of Romans 3," 113(강조는 원저자의 것임).
11) Hays, "Psalm 143 and the Logic of Romans 3," 113(강조는 원저자의 것임).
12) Hays, "Psalm 143 and the Logic of Romans 3," 115.

에 속하는 것이었고 그래서 (Hays가 추측하듯이) 의식적인 성경 암시로 이해
되기를 의도하지 않았을지도 모른다면 더더욱 그렇다. 그런데 바울이 단순
히 그의 유대교 유산과 훈련 때문에 시편 143:2에 표현된 동일한 유형의 사
상을 의식했고 그래서 그 패턴을 (의식적으로든 무의식적으로든) 그가 로마서
3장에 있는 내용을 쓸 때 통합했다고 상정하는 것이 이치에 맞는 것 같다.
또는 헤이즈가 논제의 근거를 더 적절히 표현했듯이, "설령 바울이 시편
143편에 대한 미드라시를 의식적으로 구성하고 있었다 해도, 그는 실제로
신학적인 범주와 가정의 배경으로부터 작업을 하고 **있었고,** 이에 대해 시
편 143편이 매우 유용한 통찰을 제공한다."[13] 그러므로 로마서 본론 중앙
부의 이 첫 번째 단락인 1:16-4:25은 통일성 있는 자료 단락으로 여길 수
있다. 비록 이 두 부분의 요지와 초점이 어조나 내용에 있어 모두 다르지만
말이다.

　　1:16-3:20과 3:21-4:25의 통일성을 뒷받침하는 다양한 이유를 제시할
수 있다. 리처드 헤이즈가 제시한 까닭은 증명하기 어렵지만 확실히 가능
하다. 이 두 부분의 통일성에 대한 필자의 근거는 주로 (앞에서 인용했듯이)
두 세트의 본문에 모두 현저하게 등장하는 석의적·주제적 유사성에 근거
한다. 이를테면, (1) 두 부분에 다 등장하는 πιστεύειν-πίστις 단어 고리,
(2) 첫 번째 부분의 1:17과 3:5에 등장하고 그다음에 두 번째 부분(즉 3:21,
22, 25, 26: 4:3, 5, 6, 9, 11[2번], 13, 22)에 12번 더 등장하는 δικαιοσύνη라는 용
어, 그리고 (3) 로마서 본론 중앙부의 이 첫 번째 단락의 두 곳에 통합된,
분명한 성경 인용과 암시적인 성경 언급, 성경에 기초를 둔 금언과 경건생
활 자료 및 신앙고백·교리문답 자료들이다. 더욱이 이 두 부분의 통일성은
(4) (주석가들에 의해 자주 지적되었듯이) 바울이 일찍이 1:16-17에서 제시한 그
의 논제 진술을 3:21-23에서 반복하고 발전시킨 것과, (5) 3:21-23의 반복
되고 발전된 논제 진술을 3:27-31에서 설명한 것에 의해 강조된다. 3:21-
23은 비록 독특한 기독교적 입장에서 바라보았지만, 바울이 2:17-3:30에서

13) Hays, "Psalm 143 and the Logic of Romans 3," 115 n. 33b(강조는 원저자의 것임).

하나님 앞에서 유대인과 그들의 지위에 대해 논의한 기본적인 쟁점들을 다시 꺼낸 것이다(이는 거의 주목되지 않았다).

3:21-4:25에 대한 바른 이해를 위해서. 오늘날 신약학자들이 인정했듯이, "의", "칭의", "구속", "속죄/희생/화목제사", "믿음"에 관해 바울이 3:21-4:25에서 다룬 것 가운데는 유대교의 신학적 기초에 견고히 서 있는 것이 많이 있다.[14] 마찬가지로 학자들 중에는 바울이 초기 기독교 공동체 내부에서 회람되었다고 추정되는 초기 기독교의 경건생활 자료, 신앙고백·교리문답 자료를 그의 편지에서 사용했고, 이 자료들이 당대의 적어도 수많은 유대 그리스도인들의 확신을 반영한다는 사실을 보여준 사람들이 많이 있다.[15] 더욱이 바울이 "의"와 "믿음"에 대해 로마서 이 단락에서 말하는 것은 (1) 유대교 성경(구약)의 교훈에만 근거한 것이 아니라, (2) 오늘날 "초기 유대교"라고 부르는 종교의 기본적인 교리와 (3) 예수를 믿는 가장 초기 유대 신자들의 신앙이 형성될 때 있던 확신에 기초했다.

3:21-4:25의 자료는 구조나 논증에서 유대교적 특성이나 유대 기독교적 특성을 폭넓게 지니고 있으며, 구약성경에 표현된 이스라엘 종교에 그 뿌리를 두고 있다. 우리는 이것이 1:16-3:20에 등장하는 내용에도 해당한다고 이미 주장했다. 그리고 계속해서 3:21-4:25에서도 그러하다는 것을 보게 될 것이다. 지금은 더 결정적으로 기독교적인 "특색"을 가미하고 기독교의 독특한 내용을 더욱 지니고 있기는 하지만 말이다.

바울의 다른 서신들과 사도행전의 다양한 방식 및 로마서에 상황화된 내용 사이에 있는 병행들. 바울은 고린도전서 9:19-23에서 자신에게 적용한 선교 원리에 대해 말한다. 그는 이 원리가 그의 모든 설교와 교훈 및 목회적 노력을 결정했다고 말한다. 이를테면, "내가 여러 사람에게 여러 모습

---

14) 특별히 Dunn, "How New Was Paul's Gospel?"(1994)과 같은 저자, "Paul and Justification by Faith"(1997)를 보라. 두 논문 모두 이것과 밀접하게 관련된 주제들에 대한 Dunn의 다른 저술과 더불어 그의 *The New Perspective on Paul*에 속한다.

15) R. N. Longenecker, *Christology of Early Jewish Christianity*, 여러 곳. 또한 같은 저자, "Christological Materials within the Early Christian Communities," 47-76; 그리고 같은 저자, *New Wine into Fresh Wineskins*, 48-65을 참조하라.

이 된 것은 아무쪼록 몇 사람이라도 구원하고자 함이니"(22절)라는 원리다. 누가 역시 사도행전에서 바울이 (1) 청중들에게 알맞게 그들의 배경과 관심사에 적합한 방식으로 설교했고, (2) 그의 메시지를 사람들이 이해하고 공감할 수 있는 방법으로 상황화했다고 제시한다. 바울의 다양한 방식과 상황화된 내용에 대한 묘사는 (1) 그가 유대인들에게 설교할 때 이스라엘 역사에서 중요한 일화들을 묘사한 부분(행 13:14-41), (2) 그가 농업에 기반을 둔 이방인 대중에게 복음을 전할 때 "하나님이 여러분에게 하늘로부터 비를 내리시며 결실기를 주시는 선한 일을 하사 음식과 기쁨으로 여러분의 마음에 만족하게 하셨"다고 선포한 부분(행 14:14-18), (3) 어느 정도 철학적인 훈련을 받은 것 같은 정부의 행정 관료들에게 복음을 전할 때 "알지 못하는 신에게"라는 비문의 내용을 사용한 부분(행 17:22-31)에서 등장한다. 이러한 묘사는 사도행전 22-26장에 5번 등장하는 바울의 변호 기사에서도 발견된다. 매 경우 그 나름의 독특한 접근과 특별한 방식이 있다.[16]

하지만 더 중요한 것은 고린도전서에서 바울이 어떤 쟁점에 접근하고 어떤 관심사들을 다루는 방법이다. 특히 고린도에 있는 그의 개종자들이 앞선 편지에서 그에게 제기한 질문에 답하고 있음을 명시하는 7-14장에서 그가 취급한 문제들이다.[17] 이 문제들은 전부 혹은 대부분의 경우 바울이 그의 수신자들과 공유하는 공통적인 근거에서 시작한다. 심지어 그는 수신자들이 다소 잘못 이해하고 있는 입장에도 진리의 요소가 있음을 인정한다. 하지만 바울은 그가 사례마다 수신자들이 공감하고 그들에게 설득력 있게끔 다가가리라고 분명하게 믿었던 논법을 종종 사용하여 그들의 오류를 교정하고 바른 이해를 돕는다.[18]

그런데 여기서 우리의 목적을 위해 더 중요한 점은 로마서에 표현된 그의 접근 방식 및 논법과 비교하여 갈라디아서에 표현된 바울의 접근

---

16) 사도행전의 이러한 묘사에 등장하는 바울의 변호를 논한 R. N. Longenecker, "Acts," in *EBC*, 1981 ed., 9.524-56; 2007 rev. ed., 10.1043-80을 보라.

17) 참조. 고전 7:1, "이제 너희가 쓴 문제들에 관하여."

18) 참조. R. N. Longenecker, "All Things to All Men," in *Paul, Apostle of Liberty*, 230-44.

방식과 상황화한 논증에서 끌어낼 수 있는 병행이다. 바울은 갈라디아서 2:15-21의 논증 제시(*propositio*)의 첫 번째 부분에서 그의 수신자들과 공유하는 근거라고 믿는 사실을 기반으로 하여, 예수를 믿는 참된 신자들, 특히 유대인 출신의 신자들뿐만 아니라 어느 정도 유대교 사상의 영향을 받은 이방인 출신의 신자들은 모두, 사람이 "율법의 행위로"(ἐξ ἔργων νόμου) 의롭다 함을 얻는 것이 아니라 (1) 그리스도께서 객관적으로 이루신 것(필자가 주격 소유격 구문으로 이해하여 "예수 그리스도의 믿음[또는 "신실하심"]으로"로 이해해야 한다고 주장한 διὰ/ἐκ πίστεως Ἰησοῦ Χριστοῦ)과 (2) 그리스도와 그가 행하신 것을 믿는 당사자 자신의 믿음(ἐπιστεύσαμεν εἰς Χριστὸν Ἰησοῦν) (또는 "신뢰함")에 의해 의롭다 함을 얻는다는 사실을 안다고 주장한다.[19] 바울이 로마의 그리스도인들에게 편지를 쓸 때도 이와 비슷하게 주장하고 있다고 상정하는 것이 타당할 것이다. 로마서 본론 중앙부의 첫 번째 단락인 1:16-4:25의 두 부분에서 그는 자신이 수신자들과 공통적인 것을 보유하고 있다는 점을 부정적으로(1:18-3:20)만 아니라 긍정적으로도(1:16-17과 3:21-4:25) 제시하며, 그런 다음에 계속해서 두 번째 단락인 5:1-8:39에서 기독교 메시지를 이방인들에게 상황화하는 자신만의 독특한 방법을 제시한다.[20]

요약. 그러므로 로마서 1:16-4:25은 두 부분으로 제시된 통일된 자료 단락으로 이해하는 것이 가장 좋다. 첫 번째는 부정적인 부분인 1:18-3:20이고, 두 번째는 긍정적인 부분인 1:16-17과 3:21-4:25이다. 바울은 "복음", "구원", "하나님의 의", "믿음"에 관해 말하고 싶어 했던 것 같다. 이 주제들은 그가 1:16-17의 첫 논제 진술에서 제시하고, 그 후 로마에 있는 그리스도인 수신자들이 이해하고 공감하는 방식으로 3:21-23에서 반복하고 발전시킨 주제들이다. 그래서 1:16-17의 논제 진술 이후, 바울은 (1) 1:18-2:16에서 인간의 불경건함과 악함을 비난하며, (2) 2:17-3:20에서 유대인들

---

19) 참조. R. N. Longenecker, *Galatians*, 80-96.
20) 바울이 롬 2:16과 16:25에서 "나의 복음"이라고 언급한 것을 참조하라.

의 믿지 않음과 불의를 비판하고, (3) 3:21-4:25에서 아브라함의 전례와 초기 기독교의 신앙고백적 진술로 마무리하는 기독교 메시지를 선포한다. 바울은 그가 1:16-4:25에서 제시하는 모든 내용에서 독특한 유대 기독교적 방식으로 말한다. 로마에 있는 그의 수신자들이 예루살렘 모교회의 신학과 사고방식 및 종교 언어의 영향을 광범위하게 받은 것이 분명하기 때문이다. 그리고 바울은 그의 편지 본론 중앙부의 이 첫 번째 단락의 이 두 부분 내내 그의 수신자들이 이해하는 것만 아니라 그들이 호의적으로 받아들일 만한 표현과 자료들을 사용한다. 특히 지금 다루는 본문인 3:21-4:25에서 그는 (1) 유대교 또는 유대 기독교의 법정적인 구원론 용어, (2) 분명한 성경 인용과 성경에 대한 암시적 언급 및 성경에 근거한 금언, (3) 유대교적·유대 기독교적 경건생활 자료 및 신앙고백·교리문답 자료, 그리고 (4) 유대 나라의 조상이며 탁월한 믿음의 사람인 아브라함의 예를 사용한다.

바울이 이런 방식으로 1:16-4:25을 기록하는 이유는 분명하다. 로마에 있는 그의 수신자들에게 그들이 이해하고 공감하며 받아들일 것이라고 믿은 방식으로 시작하기를 원했기 때문이다. (몇 사람을 제외하고는) 수신자들 대부분이 바울을 개인적으로 알지 못했지만, 그는 그들을 대체적으로 잘 알았음이 분명하다. 수신자들이 주로 인종적으로는 비유대인들이었지만, 바울은 그들에게 유대 기독교적 배경이 있었음을 알았다고 추측할 수 있다. 바울은 예수를 믿는 유대인 신자로서 기독교 메시지의 "좋은 소식"을 개념화하고 선포하는 유대 기독교적인 방식을 확실히 이해했을 것이다. 바울 자신도 처음에는 이런 흐름을 따라 유대인의 메시아이신 예수께 개종하게 되었고, 그 새로운 경험을 이해하고 표현하기 위해 이처럼 유대교적이며 유대 기독교적인 법정 용어를 사용했을 가능성이 매우 크다. 의심의 여지 없이 그는 이 법정적 용어로 표현되는 실체들을 한껏 즐기기도 했을 것이다. 그래서 바울이 유대인들이나 유대 그리스도인들에게 말할 때는 물론이고 (로마에 있는 그의 그리스도인 수신자들이 그랬듯이) 이러한 사고 범주에 광범위하게 영향을 받은 사람들에게 글을 쓸 때, 과묵하지도 않았고 이런 방식으로 예수 그리스도와 기독교 복음에 관한 것을 그들에게 말하는 데 전혀 어려움이 없었다.

바울은 하나님께로부터 그리스-로마 세계에 있는 이방인들에게 기독교 메시지의 "좋은 소식"을 선포하는 기독교 사도로 부름을 받았다. 그가 받은 명령은 유대교 성경(구약)에 대한 지식이 전혀 없고 유대의 종교적 배경이 없는 사람들에게 복음을 전하는 것이었다. 그래서 합리적으로 추측할 수 있듯이, 바울은 기독교 메시지를 그의 이방인 청중들이 쉽게 이해하고 받아들일 수 있도록 그의 이방인 선교에서 기독교 메시지를 상황화하는 것이 필요하다고 느꼈다. 여기에는 기독교적 선포의 "좋은 소식"을 단지 유대교와 초기 유대 기독교의 법정적인 구원론 용어로만이 아니라 "인격적이고", "관계적이며", "참여적인" 용어로 말하고, 바울 자신이 그리스도께 헌신함으로써 깨달았고 자신의 이방인 사역에서 비유대인 이교도들에게 제시하길 간절히 원했던 관계성에 대해 말해주는 사역이 요청되는 것 같다.

바울은 로마에 있는 예수를 믿는 신자들이 이방인을 위한 기독교 복음의 상황화를 이해하고 공감해주기를 원했다. (1) 그들은 주로 이방인 신자들로서 이방인들에게 복음을 전하라는 그에게 주어진 하나님의 명령 안에 포함되는 대상이었기 때문이며, (2) 그는 이런 형태의 기독교적 선포를 스페인에 있는 이방인들에게까지 전하는 데 그들의 기도와 재정 지원을 원했기 때문이다. 바울은 로마서 2:16과 16:25에서 "나의 복음"이라고 부른 이런 형태의 기독교적 선포를 로마서 본론 중앙부의 두 번째 단락인 5:1-8:39에서 제시한다(또한 로마서 본론 중앙부의 네 번째 단락인 12:1-15:13의 윤리적 권면에서 적용한다). 이는 복음 메시지를 기독교적으로 상황화한 형태이며, 바울은 이곳 첫 번째 단락인 1:16-4:25에 기록한 내용을 통해 그의 로마 수신자들이 그러한 형태의 복음을 예상하도록 한다.

6. 논제 진술의 발전, 뒷받침, 설명(3:21-31)

번역

3:21이제는 율법 외에 하나님의 한 의가 나타났으니 율법과 예언자들에게 증거를 받은 것이라. 22곧 예수 그리스도의 신실하심으로 말미암아 모든 믿는 자에게 미치는 하나님의 의니 차별이 없느니라. 23모든 사람이 죄를 범하였으매 하나님의 영광에 이르지 못하더니,

24그리스도 예수 안에 있는 속량으로 말미암아 하나님의 은혜로 값없이 의롭다 하심을 얻은 자 되었느니라. 25이 예수를 하나님이 그[예수]의 피로써 신실함으로 말미암는 속죄 제물로 세우셨으니, 이는 하나님께서 길이 참으시는 중에 전에 지은 죄를 간과하심으로 자기의 의로우심을 나타내려 하심이니, 26곧 이때에 자기의 의로우심을 나타내사 자기도 의로우시며 또한 예수의 신실하심에 근거한 자를 의롭다 하려 하심이라.

27그런즉 자랑할 데가 어디냐? 있을 수가 없느니라. 무슨 법으로냐? 행위로냐? 아니라 오직 믿음의 법으로냐[법으로 제외되느니라]. 28그러므로 사람이 의롭다 하심을 얻는 것은 "율법의 행위"에 있지 않고 믿음으로 되는 줄 우리가 인정하노라.

29하나님은 다만 유대인의 하나님이시냐? 또한 이방인의 하나님은 아니시냐? 진실로 이방인의 하나님도 되시느니라. 30"할례자"도 [예수의] 신적인 신실함으로 말미암아 또한 "무할례자"도 바로 그 신실함으로 말미암아 의롭다 하실 "하나님은 한 분"이시니라.

31그런즉 우리가 믿음/신실함[의 메시지]으로 말미암아 율법을 파기하느냐? 그럴 수 없느니라. 도리어 율법을 굳게 세우느니라.

본문비평 주

3:22a   Διὰ πίστεως Ἰησοῦ Χριστοῦ("예수 그리스도를 믿는 믿음으로 말미암아"라고 목적격 소유격으로 읽을 수도 있고, "예수 그리스도의 믿음/신실함으로 말미암아"라고 주격 소유격으로 읽을 수도 있음)라는 표현은 그리스어 사본 전

통에서 강력한 지지를 받는다. 그러나 알렉산드리아 사본(A 02)은 "예수
그리스도"의 순서를 "그리스도 예수"라고 바꾸고, 그 앞에 전치사 ἐν("안
에")을 삽입한 후, "그리스도"의 격을 바꾸어 전치사에 동화되게 하여 διὰ
πίστεως ἐν Χριστῷ Ἰησοῦ("그리스도 예수 안에 있는 믿음으로 말미암아")라
고 읽는다. 이 이문은 의도적인 변경으로 보인다. 아마도 Ἰησοῦ Χριστοῦ
를 주격 소유격으로 해석할 수도 있음을 미리 보여주는 것이 아닐까 생각
된다.

바티칸 사본(B 03)과 마르키온(테르툴리아누스가 인용했듯이)은 더욱 널
리 지지를 받는 Ἰησοῦ Χριστοῦ(참조. P⁴⁹ 등등)에서 Ἰησοῦ를 생략했다(W-H
mg도 마찬가지로). 아마도 Χριστός라는 이름만 사용하는 바울의 일반적인
습관에 맞추려고 그랬을 것이다.

22b절   독법 εἰς πάντας("모든 사람에게")는 P⁴⁰, 대문자 사본 ℵ* A
B C P Ψ, 소문자 사본 1739(범주 I), 81 1881(범주 II), 104 424ᶜ 2200(범주 III)
등 광범위하게 지지를 받는다. 이 독법은 역본 syrᵖᵃˡ copˢᵃˑᵇᵒˑᵃʳᵐ 그리고 오리
게네스ˡᵃᵗ⁵ᐟ⁶ 아폴리나리스 키릴로스 아우구스티누스에도 반영되었다. 일부
라틴어 증거에는 전치사구 ἐπὶ πάντας("모든 사람 위에")의 사용이 반영되었
는데, 주로 라틴어 역본인 itᶻ ᵛⁱᵈ vgʷʷˑˢᵗ와 교부 암브로시아스테르 및 펠라기
우스에 반영되었다. 앞에 소개한 두 독법을 융합하여 εἰς πάντας καὶ ἐπὶ
πάντας라고 읽는 세 번째 독법이 대문자 사본 ℵ² D G(또한 Byz K L)과 소문
자 사본 33 1175(범주 I), 256 1962 2127 2464(범주 II), 그리고 365 424ᶜ 1241
1319 1573 1852 1912(범주 III)에 등장한다. 이 세 번째 독법은 vgᶜˡ syrᵖˑʰ, 오
리게네스ˡᵃᵗ¹ᐟ⁶ 크리소스토모스에 의해 반영되었고, 그래서 "본질적으로 겹
치는 동의어 중복 표현이 되고 말았다."[21]

25a절   명사 πίστεως("그 믿음[신실함]으로 말미암아") 앞에 관사 τῆς
가 있는 것은 P⁴⁰ᵛⁱᵈ, 대문자 사본 B C³ D² P Ψ(또한 Byz K L) 그리고 소문자
사본 33 1175(범주 I), 81 2464(범주 II), 263 424* 1241 1912 2200(범주 III)

---

21) Metzger, *Textual Commentary*, 449.

과 크리소스토모스의 지지를 받는다. 대문자 사본 ℵ C* D* F G, 소문자 사본 1739(범주 I), 256 1881 1962(범주 II), 6 104 365 424ᶜ 436 1852(범주 III), 그리고 오리게네스 에우세비오스 디디모스 키릴로스에는 관사가 생략되었다. 사본의 외적 증거는 τῆς를 포함시키는 독법을 더 지지한다. 주된 이유는 P⁴⁰ᵛⁱᵈ와 바티칸 사본(B 03)이 입증하기 때문이다. 그러나 내적 증거는 양쪽을 다 지지한다. 브루스 메츠거가 관찰했듯이, "한편으로 22절의 διὰ πίστεως Ἰησοῦ Χριστοῦ를 다시 언급하려는 필경사들에 의해 관사가 첨가되었을 수도 있다. 다른 한편으로는, 바울이 나중에 독립적인 의미로(즉 수식어 없이) πίστις를 사용한 3장의 후반부에서 διά 다음에 관사가 이어진다 (30절과 31절)."²²⁾ 따라서 메츠거가 언급했듯이, GNT⁴의 편집자들은 원래의 표현임을 암시하면서도 약간의 의구심을 표현하려고 "본문에 τῆς를 포함시키되 꺾쇠 괄호 안에 포함시켰다."²³⁾

알렉산드리아 사본(A 02)과 소문자 사본 2127(범주 II)에서 어구 διὰ [τῆς] πίστεως가 통째로 생략된 것에 대해서 메츠거는 "틀림없이 우연일 것이라"고 결론짓는다.²⁴⁾

25b절   Διὰ τὴν πάρεσιν("탕감으로 인해", "묵과하여", "처벌하지 않음으로")이라는 어구는 그리스어 본문 전통에서 강력한 입증을 받는다. 그러나 이 표현은 번역하기가 난해하며, 그래서 일부 후기 소문자 사본에는 이 어구를 명확히 하려는 몇몇 시도가 있었다. 예를 들어, 소문자 사본 1908(범주 III)은 διὰ τὴν πάρεσιν 다음에 ἐν τῷ νῦν αἰῶνι라는 어구를 첨가했다. 그래서 본문을 "**현재** 탕감을 받기 때문에"라고 읽는다. 반면에 소문자 사본 1875(이 사본 역시 범주 III)은 διὰ τὴν πάρεσιν 앞에 ἐν τῷ νῦν καιρῷ를 첨가하여 "탕감을(또는 "강퍅함을") 받기 때문에 이때에"라고 읽는다.

26a절   3:26a에서는 형용사 δίκαιον과 분사 δικαιοῦντα 사이에

---

22) Metzger, *Textual Commentary*, 449.

23) Metzger, *Textual Commentary*, 449.

24) Metzger, *Textual Commentary*, 449.

접속사 καί("그리고")가 삽입된 본문이 그리스어 본문 전통에서 좋은 지지를 받는다. 9세기의 대문자 사본 F(010)와 G(012)에 접속사가 생략된 것과 옛 라틴어 역본과 암브로시아스테르의 주석에 일찍이 이 단어가 반영된 것은 구문의 개선을 시도한 것일 개연성이 크다. 즉 분사 δικαιοῦντα를 서술적 용법으로 사용된 복합 형용사에서 상황을 묘사하는 수단의 분사로 바꾸려고 한 것이다. 그러면 이 어구는 하나님이 어떻게 해서 의로우신지를 설명한다. "그래서 '예수를 믿는 믿음을 가진 사람'(또는 "예수의 믿음/신실함에 의거한 사람")을 의롭다고 하심으로써 자신이 의로우신 것이다."

26b절   3:26 끝부분에 있는 Ἰησοῦ("예수")라는 이름은 대문자 사본 ℵ A B C K P와 소문자 사본 1739(범주 I), 81 1881 1962(범주 II), 그리고 88 104 630 1241 2495(범주 III)의 지지를 받고 있다. 이 단어는 소문자 사본 629(범주 III)에서는 확장되어 Ἰησοῦ Χριστοῦ("예수 그리스도")라고 읽는다. 이 이문은 it[ar, c, (d*), dem, gig, z] vg[cl] syr[pal] cop[bo] 과 같은 역본과 오리게네스[lat] 암브로시아스테르 테오도레토스에 반영되었다. 브루스 메츠거는 이러한 이문 독법을 "베껴 쓸 때 발생하는 자연스러운 첨가"라고 칭한다.[25] 메츠거는 한 걸음 더 나아가 다음과 같은 사소한 이문들에 대해서도 논평한다. "Syr[p]의 독법(κυρίου ἡμῶν Ἰησοῦ Χριστοῦ)은 시리아 교회의 관용어와 관련이 있다. F G 336 it[g]에 Ἰησοῦ가 생략된 것과 D[gr] Ψ 33 614 Lect 등등에서 Ἰησοῦν[목적격]으로 읽는 것은 아마도 필경사들의 실수 때문일 것이다."[26]

27절   9세기의 대문자 사본 G에 있고 it vg[ww]에 반영된 ἡ καύχησις("자랑") 다음에 소유대명사 σου("너의")의 첨가는 몹시 빈약한 지지를 받는다. 이것은 2:1-5 전체에 등장하는 동사의 2인칭 대명사적 접미사와 재귀대명사 및 2:4-5에 분명하게 사용된 2인칭 대명사와 병행시키려는 시도인 것 같다.

28a절   후치사 γάρ("이는")는 대문자 사본 ℵ A D* G Ψ와 소문

---

25) Metzger, *Textual Commentary*, 449.
26) Metzger, *Textual Commentary*, 449.

자 사본 1739(범주 I), 81 256 1506 1881 1962 2127(범주 II), 263 365 1852 2200(범주 III)로부터 상당한 지지를 받는다. 이 단어는 it$^{ar, b, d, f, g, o}$ vg syr^{pal} cop$^{sa, bo}$ 그리고 오리게네스^{lat} 암브로시아스테르에도 반영되었다. 독법 οὖν("그러므로", "결과적으로", "그래서")은 사본적 지지를 약간은 덜 받는데, 대문자 사본 B C D^2 P[또한 *Byz* K L]와 소문자 사본 33 1175(범주 I), 2464(범주 II), 6 104 424 459 1241 1912(범주 III)에 발견되고, 역본 it^{mon} syr$^{p, h}$ 및 크리소스토모스 테오도레토스에서 반영된다. 사본의 외적인 지지 외에 문맥상 γάρ가 선호된다. 3:28이 3:27에서 유추한 결론보다는 그 내용을 지지하는 이유를 제시하는 까닭이다. 이곳 3:28에 οὖν이 있게 된 것은 앞 절의 οὖν을 불필요하게 반복한 필경사의 실수로 판단해야 할 것 같다.

28b절　직설법 동사 λογιζόμεθα("우리는 여긴다", "주장한다")는 본문 전통에서 매우 좋은 지지를 받는다. 비록 가정법 동사 λογιζώμεθα("여기자", "주장하자")가 9세기 대문자 사본 K P와, 10세기 대문자 사본 049와, 소문자 사본 1175(범주 I)와, 2464(범주 II)에 등장하지만 말이다. 하지만 가정법 형태는 받아쓰기 오류의 결과일 것이다. 모음 ο과 ω는 동일한 소리가 났을 것이기 때문이다(5:1의 직설법 동사 및 가정법 동사와 관련한 동일한 사본상의 문제를 보라. 사본의 외적 증거의 무게가 결정적으로 다르지만 말이다).

28c절　본문 전통에서 광범위하게 지지받는 단수 여격 πίστει("믿음으로")는 9세기 대문자 사본 G에서 전치사구 διὰ πίστεως("믿음으로 말미암아")로 대체되었다. 이러한 변경은 it와 vg에도 반영되었다. 이는 χωρὶς νόμου와 대조되며 3:21-22에 등장하는 전치사구 διὰ πίστεως와 일치시키기 위한 것이 분명하다.

29절　부사 μόνον("오직")은 그리스어 본문 전통 내내 널리 지지받는다. 그러나 바티칸 사본(B 03)과 소문자 사본 1739^c(범주 I)와 88 323 330(범주 III)은 이 단어를 복수 소유격 μόνων으로 바꾸었다. 그럼으로써 이 단어를 복수형 Ἰουδαίων과 일치시켰으며, 그래서 더 분명하게 "유대인들만"으로 읽는다. 그리고 베자 사본(D 06)은 부사를 단수 주격 μόνος로 바꾸었다. 그럼으로써 이 단어를 주격 ὁ θεός와 일치시키고 "하나님만"으로 읽는다. 그러나 부사 μόνον("오직")은 본문 전통의 강력한 지지를 받기에 쉽게 제쳐둘 수가 없다.

30절 독법 εἴπερ("진실로", "결국", "그런 까닭에")는 대문자 사본 ℵ* A B C D¹과 소문자 사본 1739(범주 I), 1506(범주 II), 그리고 6 365 1319 1573(범주 III)으로 잘 입증된다. 이문 ἐπείπερ("사실 그런 까닭에")는 대문자 사본 ℵ² D* F G P Ψ[*Byz* K L도]와 소문자 사본 33 1175(범주 I), 1881 2464(범주 II), 그리고 69 88 104 323 326 330 424ᶜ 614 1241 1243 1505 1735 1874 2344 2495(범주 III)의 지지를 받는다. 그러나 후자는 더 좋은 사본으로부터 지지를 덜 받으며, 문체를 개선하려는 시도에 불과한 것으로 보이기도 한다.

형식/구조/상황

루터의 성경 여백에는 3:21-26 옆에 이런 메모가 있다: "로마서와 성경 전체의 요점이며 매우 중심 되는 곳." 오늘날 다수의 주석가는 로마서의 이 단락을 거의 열광적으로 진술하면서 이 단락을 칭송할 때 이와 비슷한 견해를 표현했다. 예를 들어 찰스 크랜필드는 3:21-26의 논의를 시작하는 곳에서 "이 짧은 단락은 이 본문이 속한 주요 단락의 중심이며 심장일" 뿐만 아니라 "로마서 1:16b-15:13 전체의 중심이며 심장이기도 하다"라고 선언했다.[27] 마찬가지로 에른스트 케제만은 "칭의 교리가 그[바울]의 신학과 이 편지의 중심을 이룬다"는 확신으로 이 본문의 논의를 시작했다.[28]

하지만 이러한 진술은 지나치게 열광적일 수 있다. 필자는 이 진술들이 이 편지에서 바울이 실제로 하고 있는 것을 잘못 제시한다고 믿는다. 하지만 3:21-26이 로마서에서 매우 중요한 본문인 것은 확실하다. 이 본문이 수많은 석의적 난해함 때문에 바울 서신에서 가장 모호하고 난해한 본문으

---

27) Cranfield, *Romans*, 1.199.
28) Käsemann, *Romans*, 92.

로 여겨지든지,[29) 아니면 "로마서에서 신학적으로 가장 심오하고 결정적으로 중요한 단락"으로 이해되든지 말이다.[30) 존 지슬러가 로마서 3:21-26에 관한 그의 소논문을 시작하면서 진술했듯이, "바울의 본문 중에서 이 본문보다 더 의미심장하거나 논쟁의 대상이 되는 본문은 적다."[31) 더욱이 데이비드 힐이 지금 다루고 있는 본문(그가 다룬 본문은 3:21-28이다)에 관해 주장한 것처럼, "모든 어구, 그리고 실제로 모든 단어 하나하나가 무게가 있으며, 탐구하고 주해할 필요가 있다."[32) 따라서 이 본문은 정확하고 통찰력 있게, 그리고 이해력을 가지고 다루어야 한다.

수사적 관습. 로마서 3:21-31에서 바울 당대에 유행했던 수사적 관습 두 가지가 밝혀지곤 했다. 첫 번째는 확장된 대용(*anaphora*)이다. 이것은 다른 자료 단락에 의해 중단된 논의를 재개하는 한 단어나 표현(또는 단어들과 표현들)의 반복과 관련이 있다. 이러한 확장된 내용의 후반부가 3:21-23에서 자주 보이곤 한다. 이 본문에서 바울은 그가 일찍이 1:16-17에서 "복음", "구원", "하나님의 의", "믿음"에 관해 설명했던 논제를 반복하고 발전시킨다. 이러한 수사학적 방식은 이곳 1:16-17과 3:21-23에 등장한다. 첫 번째는 1:16-17에서 로마서 본론 중앙부의 첫 번째 단락 전체의 논제를 제시하는 부분에 등장하며, 이 본문 뒤 1:18-3:20에서는 총체적인 면에서 인류의 불경건함과 악함 및 특히 유대인들의 불신앙과 불의를 겨냥한 부정적인 논쟁이 길게 이어지고, 그다음에는 그의 원논제를 논의에서 빠뜨리지 않게 하고 더욱 중요하게는 그 논제의 매우 중요한 기독론적인 특징을 부각시키기 위해 3:21-23에서 발전된 형식으로 그 논제를 반복한다.

종종 이 본문에서 밝혀지는 두 번째 수사학적 방식은 3:27-31에 있는 디아트리베다. 이 본문에는 일련의 질문과 대답이 제시된다(그리고 종종 4:1의 질문과 4:2의 대답에서 계속되기도 한다). 예를 들어 스탠리 스토워스는

---

29) 예. J. Weiss, "Beiträge zur paulinischen Rhetorik," 222.
30) 예. Hill, "Liberation through God's Righteousness," 31.
31) Ziesler, "Salvation Proclaimed," 356.
32) Hill, "Liberation through God's Righteousness," 31.

"3:27-4:2의 개별적인 특징들은 디아트리베, 특히 에픽테토스의 '대화'에서 발견되는 것과 비슷하다"고 주장했다.[33] 하지만 3:27-31(과 4:1-2)의 이 질문과 대답이 디아트리베의 형식으로 제시되지는 않았다고 이해하는 것이 더 나을 것 같다. 물론 바울이 (우리가 믿기로) 일찍이 2:1-5과 2:17-24에서 이와 같은 디아트리베 형식을 사용했고, 나중에 9:19-21과 11:17-24(어쩌면 14:4-11에서도)에서 다시 그 형식을 사용한다고 보는 것이 정당하겠지만 말이다. 오히려 3:27-31(과 4:1-2)에 등장하는 질문과 대답은 3:1-8에서 제기한 그의 질문 및 대답과 비교하여 이해하는 것이 가장 좋을 것이다. 3:1-8의 이 질문들은 그가 바로 앞서 2:17-29에 기록한 것에서 야기되었고 그가 즉각적으로 대답해야 한다고 느꼈던 것이 분명하다. 그래서 필자는 3:27-31의 질문과 대답을, 부정적이든 긍정적이든, 3:1-8의 자료에 대해 제시한 것과 같은 여러 이유에서, 3:1-8의 질문 및 대답과 상당히 비슷한 것으로 이해해야 한다고 제안한다. 다시 말해서, 3:27-31은 바울이 일찍이 유대인들에 관해 언급했던 2:17-3:20에서 제기될 수밖에 없다고 알고 있던 관심사들("질문")과, 그가 3:21-23의 확장된 논제 진술과 3:24-26의 뒷받침하는 진술에 내재되었다고 이해한 명확한 설명과 동일하게 이해되어야 한다는 말이다.

눈에 띄는 몇몇 석의적 난제들. 3:21-31에는 많은 석의적 난제가 있으며, 이어지는 "석의와 주해"에서 더 자세히 다룰 예정이다. 하지만 그중 몇 개는 적어도 매우 분명하고 문제의 소지가 있는 것이므로 여기서 밝힐 필요가 있다. 본문에 등장하는 순서대로 언급하려 한다.

1. 3:21의 νυνὶ δέ("그러나 이제는")라는 어구의 중요성과 관련하여 특히 몇 가지 질문이 제기된다. (a) 이 어구를 바울이 주장하는 내용의 논리적인 전개를 표시하는 것으로 이해할 것인가? 아니면 시간적인

전개로 이해할 것인가? 아니면 둘 다인가? (b) 이 중요한 단락이 시작되는 바로 이곳에 이 어구가 등장하는 까닭은 무엇인가? 그리스어 문장의 시작 부분은 종종 저자가 강조하고 싶은 것을 제시하는 곳이다. 그리고 (c) 매우 짧은 이 두 단어를 결합하여 구원사에 대한 하나님의 계획의 계시적 특성에 대해 암시하는 것은 무엇인가?

2. 3:21의 바로 이어지는 어구 χωρὶς νόμου("율법 이외에")의 의미에 대해서 질문이 제기된다. (a) 여기서 "율법"이라는 용어로 의미하는 것은 무엇인가? (2) 예수를 믿는 신자들은 어떤 방식으로 하나님께 반응하고 "율법 이외에" 어떻게 그리스도인(즉 Χριστιανοί, "그리스도를 따르는 사람들")으로서의 새로운 삶을 표현해야 하는가?

3. 3:21-22에 2번 등장하는 δικαιοσύνη θεοῦ("하나님의 의")라는 표현과 3:25-26에 2번 등장하는 쌍둥이 표현인 δικαιοσύνη αὐτοῦ("그 [하나님]의 의"/"정의"/"공정함")의 관계와 관련한 문제가 있다. 3:21-22에 처음으로 2번 등장하는 이 표현은 맥락상 전달적 의미 혹은 대상적 의미를 강조한다(즉 하나님께서 복음을 믿고 자신을 그리스도로 말미암아 하나님께 드리는 사람들에게 선물로 주시는 "하나님의 의"). 반면에 3:25-26에 2번 등장하는 것은 문맥상 주로 그 표현의 속성적 또는 주체적 의미(즉 하나님의 인격과 성품인 "하나님의 의"/"정의"/"공정함")인가?

4. 3:21의 μαρτυρουμένη ὑπὸ τοῦ νόμου καὶ τῶν προφητῶν("율법과 예언자들에게 증거를 받은 것이라")이라는 진술의 의미와 관련하여 질문이 제기된다. 특별히 (a) "율법"과 "예언자"라는 용어로써 의미하는 것은 무엇인가? (b) 율법과 예언자가 "하나님의 의"의 기독교적 선포를 어떻게 증언하는가? 그리고 (c) 이 진술이 믿음/신실함에 대한 기독교 메시지에 의해 "우리는 율법을 굳게 세운다"(νόμον ἱστάνομεν)고 선포하는 3:31에 있는 바울의 마무리 진술과 어떻게 관계되는가?

5. 3:22의 어구 διὰ πίστεως Ἰησοῦ Χριστοῦ. 소유격 Ἰησοῦ Χριστοῦ

는 목적격 소유격(즉 "믿는 모든 사람에게 예수 그리스도를 믿는 믿음으로."
그렇다면 이 어구가 있는 두 절은 겹말처럼 구성되었을 것이다)으로 이해할
수도 있고, 주격 소유격(즉 "예수 그리스도의 믿음/신실함으로 말미암아 믿
는 모든 자에게")으로 이해할 수도 있다.

6. 3:24 도입부에 등장하는 분사 δικαιούμενοι("의롭다 하심을 얻은")의
형태와 기능. 언어학적으로 이 단어는 3:21-23 바로 앞에 제시된 것
과 연결되지 않는 것처럼 보이고, 기능적으로 이 단어와 뒤따르는
3:25-26 사이의 관계도 널리 논의되어왔다.

7. 3:24의 ἀπολύτρωσις("속량")라는 단어가 이미 얻은 구원이라는 의
미로 사용되었다. 바울의 주요 선교적 편지들에서는 이 명사가 이런
방식으로 로마서 8:23과 고린도전서 1:30(그리고 소위 옥중 서신에 속하
는 엡 1:7과 골 1:14)에만 등장한다.

8. 3:25에서 동사 προτίθημι("내세우다", "제시하다")가 하나님의 행동
을 언급하기 위해 사용되었다(즉 3인칭 부정과거 단수 중간태 직설법인
προέθετο, "내세웠다", "제시했다"). 이 단어는 자신의 계획과 관련하여
바울이 사용한 προεθέμην("내가 계획했다", "목적을 세웠다")의 사용과
어느 정도 병행 관계가 있을 뿐이다.

9. 십자가상의 그리스도의 사역을 묘사하기 위해 3:25에 사용된
ἱλαστήριον("속죄제물", "화목", "보상"). 이 명사는 바울 서신의 다른
곳에서는 등장하지 않는다.

10. "그의 피를 믿음으로 말미암아"라고 번역할 수도 있고 "그의 피
안에서의 신실함으로 말미암아"라고도 번역할 수 있는 διὰ τῆς
πίστεως ἐν τῷ αὐτοῦ αἵματι라는 표현의 사용. 전자는 이 단어의
관사 유무와 상관없이 바울이 말했다고 보기에는 약간 낯설다. 바
울이 종종 누군가를 믿는 믿음, 즉 "하나님을 믿는 믿음" 또는 "예
수 그리스도를 믿는 믿음"에 대해 말한 적이 있지만, 그의 편지에
서 "그리스도의 피를 믿는 믿음"에 대해 말한 적은 없다. 후자는 관
사의 유무와 상관없이 3:22의 διὰ πίστεως Ἰησοῦ Χριστοῦ("예수

그리스도의 믿음/신실함으로 말미암아")를 가리킬 가능성이 크다. 따라서 피를 흘리기까지 하신 예수의 "신실하심"을 염두에 두었을 것이다.

11. 3:25의 명사 πάρεσις("지나감", "처벌하지 않음"). 이 단어는 바울 서신이나 신약의 다른 곳 어디서도 등장하지 않는다(즉 신약에서 단 한 번 사용된 단어다).

12. 3:25에 προγεγονότων(중성 복수 소유격 완료분사)으로 등장하는 동사 προγίνομαι("전에 발생하다", "이전에 이루어지다", "이전에 행해지다" 또는 "미리 행하다") 역시 바울 서신과 신약성경에서 단 한 번 사용된 단어다.

13. 3:25에 소유격 어구인 τῶν προγεγονότων ἁμαρτημάτων("이전에 행한 죄들의")으로 등장하는 ἁμαρτία("죄")의 복수형. 이 단어는 바울이 인간을 특징짓기 위해 일반적으로 사용하는 표현이 아니다. 오히려 그는 보통 하나님을 떠나 사는 사람들이 "죄"의 상태에 있다고 말한다(참조. 앞에서 3:20의 마무리 진술에 대해 논의한 내용을 보라).

14. 3:26의 ἐν τῷ νῦν καιρῷ("이때에")라는 표현의 중요성과 이 표현이 3:21 도입부에 등장한 νυνὶ δέ("그러나 이제는")라는 어구와 어떠한 관련이 있는지의 문제.

15. 3:26 마지막에 있는 τὸν ἐκ πίστεως Ἰησοῦ의 의미. 이 어구는 목적격 소유격("예수를 믿는 믿음이 있는 사람")으로 읽을 수도 있고, 주격 소유격("예수의 믿음/신실함에 근거한 사람")으로 읽을 수도 있다. 이곳 3:26의 ἐκ πίστεως Ἰησοῦ가 (a) 이전에 사용된 어원이 같은 표현인 3:22의 διὰ πίστεως Ἰησοῦ Χριστοῦ와 3:25의 διὰ τῆς πίστεως, 그리고 (b) 3:30의 후반부에 이어지는 ἐκ πίστεως와 διὰ τῆς πίστεως의 비슷한 어구 또 전체 본문 마지막에 등장하는 3:31의 διὰ τῆς πίστεως와 어떻게 연결되는지에 관한 질문을 제기할 필요가 있다.

3:24-26의 초기 기독교 신앙고백 자료. 루돌프 불트만은 20세기 동안 이루
어진 바울에 관한 학문적인 연구를 다룬 1936의 논문에서 바울이 전통적
인 기독교 자료를 3:24-26a에 포함시켰다는, 당시에는 다소 참신했던 의
견을 제시했다.[34) 그리고 그는 1948년에 『신약성서신학』(*Theologie des Neuen
Testaments*, 성광문화사 역간)의 "초기 교회의 케리그마"라는 장에서 그 제안
을 좀 더 분명하고 충분히 되풀이했다.[35) 불트만이 처음 이것을 제안한 이
래, 다음과 같은 문제를 둘러싼 광범위한 연구가 진행되었다. (1) 3:24-
26에 있는 전통적인 기독교 자료를 밝히기, (2) 이 자료의 기원, (3) 3:24-
26과 직접적인 문맥의 관계 등이다.

　어떤 방식으로든, 어느 정도든 3:24-26이 초기 교회 전통을 포함하고
있다고 이해하는 주요한 이유는 다음과 같은 사실과 관련된다. (1) 이 세
구절에 바울이 통상적으로 기독교 복음을 제시하는 전형적인 방식이라고
볼 수 없거나 그의 다른 편지에서 사용한 것과는 제법 다른 단어나 개념이
있다는 사실, 또한 (2) "비바울적인" 특징으로 보이는 것들이 이 세 구절에
서로 밀접히 연결되어 있다는 사실이다. 이 밖에도 다른 이유들이 제시되
곤 한다. (3) 3:23과 3:24 사이에 존재하는 어색한 구문론적 전환이 있으며,
분사 δικαιούμενοι("의롭다 하심을 얻은")는 3:23의 사상이나 구성의 연속이
아니고, 오히려 이어지는 "끼워 넣은" 자료의 "연결되지 않은" 첫 번째 언
어학적 항목으로 편입되었다는 것. (4) 3:25 맨 처음에 있는 남성 단수 목적
격 관계대명사 ὅν("그는")이 있다는 사실. 이 관계대명사의 주격형(ὅς)은 바
울 서신에서 종종 초기 기독교의 신앙고백적 자료의 시작을 표시한다. (5)
3:24-26(또는 적어도 3:25-26) 전체에 제시된 일반적으로 균형 잡힌 구조. 그
리고 (6) 구체적으로 병행하는 3:25b-26의 두 ἔνδειξις("증거", "입증") 절
구조 등이다.

　불트만이 3:24-26을 이해했던 것처럼, 3:24 맨 처음에 등장하는 분

34) 참조. Bultmann, "Neueste Paulusforschung," 11-12.
35) 참조. Bultmann, *Theology of the New Testament*, 1.46-47.

사 δικαιούμενοι("의롭다 하심을 얻은")로부터 3:26 마지막까지 하나님을 δίκαιος("의로우신 분")로 묘사한 모든 내용은 바울이 인용한 전통적인 기독교 자료로 이해되어야 한다. 불트만이 바울 자신이 편입한 전형적인 바울의 세 어구로 보았던 것은 예외다. 곧 (1) 3:24의 δωρεὰν τῇ αὐτοῦ χάριτι("그의 은혜로 값없이")와, (2) 3:25의 διὰ [τῆς] πίστεως("믿음으로 말미암아"), 그리고 (3) 3:26의 καὶ δικαιοῦντα τὸν ἐκ πίστεως Ἰησοῦ("그리고 예수를 믿는 자를 의롭다 하시는")다. 불트만 밑에서 공부했던 케제만은 불트만의 논제에 동의하면서, 그의 논제를 더 자세히 설명하고 그것을 입증하기 위한 부가적인 증거를 제시했다. 더욱이 케제만은 바울이 이 자료를 편집하면서 3:26에서 ἐν τῷ νῦν καιρῷ("이때에")라는 어구를 첨가함으로써 πρὸς τὴν ἔνδειξιν τῆς δικαιοσύνης αὐτοῦ("그[하나님]의 의로우심/정의/공의를 나타내셨다")라는 진술을 교정했다고 상정한다.[36] 신약학자들 중에는 3:24-26a이 바울이 자신의 신학 및 그의 목적(들)과 일치시키려고 편집한 기독교의 전통적인 자료를 편입한 것이라는 데 본질적으로 동의하는 사람들이 여럿 있다. 일례로 클라우스 베게나스트(Klaus Wegenast), 존 로이만(John Reumann), 알폰스 플루타(Alfons Pluta), 게오르크 아이히홀츠(Georg Eichholz), 그리고 랄프 마틴(Ralph Martin) 등이다.[37]

하지만 1960년대 초에 에두아르트 로제(Eduard Lohse)는 본문의 초기 기독교의 전통적인 자료의 존재를 받아들이면서도 점차 증가하는 이 불트만-케제만의 합의에 있는 여러 특징에 도전을 가했다. 로제는 3:24의 모든 표현이 본질적으로 특성상 바울의 것이라고 힘주어 말하면서 전통적인 자료는 3:24a의 맨 처음에 놓인 분사 δικαιούμενοι가 아니라, 3:25a의 앞부분에 있는 남성 단수 목적격 관계대명사 ὅν("그는")으로 시작한다고 주

---

36) 참조. Käsemann, "Zum Verständnis von Röm 3,24-26," 150-54; 같은 저자, *Romans*, 100-101.

37) K. Wegenast, *Verständnis der Tradition bei Paulus* (Neukirchen-Vluyn: Neukirchener Verlag, 1962); J. Reumann, "The Gospel of the Righteousness of God," *Int* 20 (1966); Pluta, *Gottes Bundestreue*; G. Eichholz, *Die Theologie des Paulus im Umriss* (Neukirchen-Vluyn: Neukirchener Verlag, 1972), 189-97; 그리고 Martin, *Reconciliation*, 81-89.

장했다. 그러면서 로제는 비바울적인 단어와 개념들이 3:25a-26에 결합되어 있으며, 그래서 전통적인 자료는 3:25a부터 3:26a까지로 이해해야 한다는 사실을 증명했다.[38] 더욱이 로제는 이 문단에 ἱλαστήριον("보상"), αἷμα ("피"), ἡ ἀνοχη τοῦ θεοῦ("하나님의 길이 참으심"), 그리고 προγεγονότα ἁμαρτήματα("이전에 지은 죄들")가 언급되어 있으므로, 이 본문의 자료가 초기의 유대 기독교적 성만찬 의식에서 비롯되었음이 틀림없다고 주장했다.[39] 여러 신약학자가 로제의 주장에 동의했다. 그중에는 로제 아래에서 박사학위를 받은 헤르베르트 코흐(Herbert Koch)도 있다. 코흐는 1971년에 그의 박사학위 논문을 『지난 150년간의 바울 해석에서 로마서 3:21-31』(*Römer 3,21-31 in der Paulus-interpretation der letzten 150 Jahre*)이라는 제목으로 출간했다. 그 외에도 클라우스 벵스트(Klaus Wengst), 페터 슈툴마허, 벤 마이어(Ben Meyer), 그리고 로버트 주이트가 있다.[40]

이와 같이 3:24/25-26a에 대한 다소 다르면서 널리 받아들여진 주장 외에, 디터 첼러(Dieter Zeller)는 로제에 동의하면서 1968년에 이 구절의 전통적인 자료가 3:25a에서 관계대명사 ὅν("그는")으로 시작하지만, 불트만과 로제 두 사람의 논제를 넘어 그 자료가 3:26b 마지막에 있는 Ἰησοῦ("예수")라는 이름으로 끝난다고 주장했다.[41] 반면 바울이 3:24/25-26a에 초기 기독교 자료를 편입했다는 가설에 반대하면서 찰스 탈버트는 1966년에 본문의 소위 전통적인 특징들이 오히려 바울 이후에 편입되었음을 암시한다고 주장했다.[42] 그러나 그는 2002년에 출간한 그의 로마서 주석에서는 이 구절들에 있는 모든 내용을 바울의 편집으로 이해하는 것이 가장 좋을 것

38) 참조. Lohse, *Märtyrer und Gottesknecht*, 149-54.

39) Lohse, *Märtyrer und Gottesknecht*, 149-54.

40) Wengst, *Christologische Formeln und Lieder*, 87-90; Stuhlmacher, "Recent Exegesis on Romans 3:24-26"(1986; 그의 독일어 논문은 1975에 영어로 번역되었다); B. F. Meyer, "The Pre-Pauline Formula in Rom 3,25-26a"; 그리고 Jewett, *Romans*, 270-71.

41) Zeller, "Sühne und Langmut," 51-75; 또한 같은 저자, *An die Römer*, 해당 본문 주석을 보라.

42) 참조. Talbert, "A Non-Pauline Fragment at Romans 3:24-26?" 287-96; 또한 Fitzer, "Der Ort der Versöhnung nach Paulus," 161-83도 참조하라.

같다는 입장을 취했다. 이처럼 찰스가 자신의 입장을 바꾼 것은 그가 입증
하려고 했듯이, (3개의 예외를 제외하고는) 논란이 되는 대부분의 단어와 개념
이 적어도 어느 정도는 바울 서신 여러 곳에 있는 것과 병행할 수 있기 때
문이었다.[43] 그리고 더글러스 무는 "바울이 초기 기독교 전통을 인용하고
있을 가능성"을 인정하면서도 중간 입장을 취했다. 그는 이렇게 제안한다.
"더 개연성이 있게는 바울이 예수의 죽으심에 관한 어떤 유대 기독교적 해
석에 의존하여 이 구절에 있는 내용을 직접 쓴 것 같다."[44]

　　3:21-31의 구조 이해. 조금 전에 개괄적으로 서술한 모든 제안을 여기
서 석의적으로 다루고 그것을 적절한 방법으로 평가하는 것은 불가능하다.
그러한 작업은 아래 "석의와 주해"에서 시도할 것이다. 이곳에서는 필자가
다음과 같은 내용을 믿는다고 말하는 것으로 충분할 것이다.

1. 앞에서 인용한 증거는 바울이 초기 기독교 자료를 3:24-26에 편입
   했을 가능성이 매우 큼을 암시한다.
2. 이 전통 자료는, 3:24a에서 상황적 부사로 사용된 분사로 이해할 수
   있는 남성 복수 주격 현재 수동태 분사 δικαιούμενοι로 시작하는 것
   으로 이해하는 것이 가장 좋은 것 같다. 그리고 이 분사는 (2) 수반
   되는 사상이나 상황, 또는 부가된 사상이나 사실을 표현하며, (2) 영
   어로는 (명시되었든지 내포되었든지) 접속사 "그리고"(and)와 정형적
   구성으로 번역하는 것이 최상이며, 그래서 (3) "[그리고] 우리는 의
   롭다 하심을 받는다"라고 번역될 수 있다. 3:23과 3:24 사이에 약간
   은 어색한 언어학적 전환이 있지만 말이다. 바울이 그의 인용에 이
   러한 상황을 나타내는 부사적 분사가 뒤따랐을 동사절이나 진술을

---

43) 참조. Talbert, *Romans*, 106-10; 또한 Wonneberger, *Syntax und Exegese*, 202-77; N. H.
　　Young, "Did St. Paul Compose Romans iii.24f?" 23-32; J. Piper, "The Demonstration
　　of the Righteousness of God in Romans 3:25, 26," *JSNT* 7 (1980) 7-9; 그리고 D. A.
　　Campbell, *Rhetoric of Righteousness in Romans 3.21-26*, 45-57도 참조하라.
44) Moo, *Romans*, 220.

포함시키지 않았기 때문이다.

3. 이 전통적인 자료는 3:26 끝부분에서 'Iησοῦ("예수")라는 이름으로 끝난다. 바울 자신이 일반적으로 그의 산문적인 글에서 'Iησοῦ("예수")라는 이름만을 독자적으로 사용하지 않는 까닭이다. 비록 그 독자적인 이름 "예수"는 그가 인용하는 초기 기독교의 전통적인 자료에 종종 등장하지만 말이다.[45]

4. 바울이 인용한 이 전통적인 자료는 예수를 믿는 초기 유대인 출신 신자들의 공동체 예배에 그 기원을 두고 있었을 것이며, (반드시 이러한 상황에 제한되지는 않지만) 주의 만찬을 지키는 상황에서 사용되었을 것이고, 그래서 예루살렘의 모교회에 중심을 둔 초기 유대 기독교의 신학과 종교적 언어에서 중요한 어떤 것을 표현한다고 추정할 수 있다.

5. 바울이 3:24-26에 인용한 것이 바울 이전의 유대 기독교 예배의 중심에서 기원한 전통적인 기독교 자료이므로, 이 자료는 전체로 인용되었든지 아니면 부분적으로 인용되었든지 간에 초기 기독교의 신앙고백적 자료에 속하는 것이라고 부르는 것이 적절할 것이다.

6. 초기 기독교의 신앙고백적 자료의 이 부분은 분명 바울과 로마의 수신자들에 의해 잘 알려졌고 존중을 받았을 것이다. 따라서 바울은 자신과 로마의 수신자들 사이의 또 다른 접촉점을 만들려고 상황적인 방식으로 이 자료를 사용했다.

7. 바울은 로마에 있는 그의 그리스도인 수신자들과 친밀한 관계를 확립할 뿐만 아니라 더 중요하게도 (1:16-17의 첫 논제 진술을 반복하고 발전시킨) 3:21-23에서 그들이 공감할 수 있도록 제시한 그의 논제를

---

45) 예를 들어, 빌 2:10, "하늘에 있는 자들과 땅에 있는 자들과 땅 아래에 있는 자들로 모든 무릎을 예수의 이름에 꿇게 하시고"; 살전 4:14, "우리가 예수께서 죽으셨다가 다시 살아나심을 믿을진대, 이와 같이 예수 안에서 자는 자들도 하나님이 그와 함께 데리고 오시리라"; 고전 12:3, "하나님의 영으로 말하는 자는 누구든지 예수를 저주할 자라 하지 아니하고 또 성령으로 아니하고는 누구든지 예수를 주시라 할 수 없느니라." 그리고 고전 11:23, 고후 4:8-11, 14; 11:4; 살전 1:10도 보라.

뒷받침하려고 전체적으로나 부분적으로 이 초기 기독교의 신앙고백
자료를 사용했다.

3:24-26을 이런 식으로 이해할 때, 우리는 인용된 전통 자료의 이 단락 앞
에 있는 것과 이 자료 뒤에 이어지는 내용을 바울이 직접 쓴 글의 특징적인
단락들로 여길 수 있다. 이 각각의 자료 단락의 내용에 대한 묘사와 더불어
필자는 3:21-31의 구조를 다음과 같이 이해해야 한다고 제안한다.

1. 원래 논제 진술의 반복과 발전(3:21-23)
2. 초기 기독교 신앙고백 자료의 뒷받침을 받는 발전된 논제 진술
   (3:24-26)
3. 발전된 논제 진술에 대한 설명(3:27-31)

이 삼중 구조는 본문에 대한 아래의 "석의와 주해"의 구성과 지침이 될 것
이다.

석의와 주해

I. 원래 논제 진술의 반복과 전개(3:21-23)

로마서 3:21-23은 주어인 δικαιοσύνη θεοῦ("하나님의 의")와 이 어구의 술
어이며 3:21에서 등장하는 πεφανέρωται("그것이 나타났다")가 언어학적으로
주도한다. 이 주어와 술어는 본문의 의미론적 척추로 기능하며, δικαιοσύνη
θεοῦ는 3:22 도입부에서 반복된다. 이처럼 3:21-23의 δικαιοσύνη θεοῦ
πεφανέρωται의 중심성은 1:16-17에서 바울이 맨 처음에 제시했던 논제 진
술의 중심에 등장했던 주어 δικαιοσύνη θεοῦ("하나님의 의") 및 본문의 동사
와 동의어인 ἀποκαλύπτεται("계시되었다")의 중심성과 맥을 같이한다.

(1) 3:21a의 χωρὶς νόμου("율법 외에"), (2) 3:21b의 ὑπὸ τοῦ νόμου καὶ
τῶν προφητῶν("율법과 예언자들에 의해"), (3) 3:22의 διὰ πίστεως Ἰησοῦ

Χριστοῦ("그리스도 예수를 믿음으로 말미암아" 또는 아래에서 우리가 주장하듯이 "예수 그리스도의 신실하심으로 말미암아"), 그리고 (4) 3:22의 εἰς πάντας τοὺς πιστεύοντας("믿는 모든 자에게") 등 4개의 전치사구는 모두 3:21에 등장하는 "하나님의 의가 나타났다"는 중심적인 주장에 의존한다. 후치사인 접속사 γάρ("이는")로 소개되는 두 진술, 즉 3:22c의 οὐ γάρ ἐστιν διαστολή("차별이 없느니라")와 3:23의 πάντες γὰρ ἥμαρτον καὶ ὑστεροῦνται τῆς δόξης τοῦ θεοῦ("모든 사람이 죄를 범하였으매 하나님의 영광에 이르지 못하더니")도 이 중심적인 주장에 의존한다. 3:21-23의 이 여섯 어구/진술은 각각 1:16-17의 논제 진술과 관련하여 언어학적 발전과 개념적 진보를 나타낸다. 하지만 각각의 여섯 어구/진술은 바울이 로마서 앞부분에서 썼던 것에 그 뿌리를 두고 있다. 그것이 1:16-17에서 그가 맨 처음으로 제시했던 논제 진술이든지, 아니면 1:18-3:20에서 논의한 그의 부정적인 논평이든지, 아니면 적어도 이 두 경우에서처럼 모두에 다 해당되든지 말이다.

3:21a Νυνὶ δέ("그러나 이제는")는 바울의 여러 편지에 빈번하게 등장하는 표현이다. 이 어구는 가끔 논리적인 대조를 의미하며 "그러나 이제 이런 상황이다"라는 표현으로 이해될 수 있다.[46] 그러나 바울은 일반적으로 하나님께서 그리스도의 사역과 성령의 사역으로 말미암아 이루신 시간적인 대조를 말할 때 이 어구를 사용한다. 그러한 시간적인 대조는 구원사의 과정에서 일어난 것을 가리킬 수도 있고, 예수를 믿는 신자의 삶이 그리스도와 무관한 과거의 경험에서 그리스도인으로서의 현재 경험으로 전환되는 과정에 일어난 것을 가리킬 수도 있다. 그래서 이 어구는 "그러나 이제는 어느 한 시대 또는 지위에서 또 다른 시대 또는 지위로 옮겨온"을 의미하는 것으로 이해된다.[47] 또는 찰스 크랜필드가 바울이 이곳 3:21에서 νυνὶ δέ를 사용한 것에 대해 바르게 요약한 것처럼, "'그러나 이제는'은 복

---

46) 롬 7:17과 고전 12:18; 13:13.

47) 롬 5:9; 6:19, 22; 7:6. 바울이 나중에 15:23, 25에서 νῦν을 신학적인 함의가 없이 시간적인 의미로 사용한 예를 보라. 또한 고후 8:22; 엡 2:13; 몬 9, 11도 보라.

음 사건들에서 이루어진 것의 결정적인 특성을 가리키며, 그 사건들 전후 상황 간의 대조를 강조한다."[48]

　초기 교부들은 구약의 하나님의 구속 행위와 신약의 하나님의 구속 행위 간의 관계를 이해하는 데 무척 난색을 표했다. 마르키온과 그의 추종자들은 구약의 종교와 바울이 선포한 복음이 상당히 다르다고 보고, 양자가 사실 전혀 다른 "신들" 또는 "하나님들"을 묘사하며 서로 전혀 반대되는 것으로 이해했다. 반면에 알렉산드리아 교부들은 마르키온을 반박할 요량으로, 바울이 모세 율법에 대해 부정적으로 진술한 것들을 최소화할 수 있는 모든 수단을 강구했다. 그들은 구약과 신약의 관계를 약간은 정적인 방식으로, 즉 구약과 신약에 나타난 하나님의 자기계시와 그의 구속 행위들이 비록 겉모습은 다르고 또 다른 역사적인 특징들 아래서 주어지긴 했지만 본질적으로는 같은 것으로 이해하려고 했다. 그러나 안디옥 교부들은 구약과 신약 사이의 연속성을 주장하면서도 그들과 알렉산드리아 교부들보다는 더욱 적극적으로 역사적인 발전과 구속적인 성취라는 의미로 이해했다. 그래서 안디옥 교부들은 그들의 주석에서 훨씬 더 역동적인 방식으로 성경에 접근했는데, 구약과 신약 간의 신학적이고 논리적인 연결만 아니라 구속사의 펼쳐진 드라마에서 하나님이 진행하시는 일 때문에 둘 사이에 존재하는 역사적이고 신학적인 차이를 강조한다. 그들은 신약에서 구속사의 과정을 이해하면서 구약성경에 약속되었고 하나님이 그리스도의 사역과 성령의 사역으로 말미암아 이루신 신약의 종말론적인 경험에 초점을 맞췄다.[49]

　이곳 로마서 3:21 도입부에 등장하는 νυνὶ δέ("그러나 이제는")라는 어구는, 안디옥 학파의 해석 전통에 따라 이해하면, 유대교 성경(구약)에 묘사된 이스라엘 종교 안에서 행하신 하나님의 구원 행위와 기독교 복음에 선포된 그리스도의 사역과 성령의 사역으로 말미암아 "이제 계시된" 그분의

---

48) Cranfield, "Preaching on Romans," in *On Romans*, 73.
49) 참조. R. N. Longenecker, "Three Ways of Understanding," 2-18.

구원 사이에 있는 중요한 구별을 표시한다. 다시 말해서, 하나님은 구원사의 과정에서 이전 시대에 속한 환경들을 그리스도와 그의 영으로 완전히 바꿔버리심으로써 대조를 이루셨다. 사실 이것은 바울이 고린도후서 6:2에서 말한 종말론적인 "지금"이다. "보라! 지금은(ἰδοὺ νῦν) 은혜받을 만한 때요, 보라 지금은(ἰδοὺ νῦν) 구원의 날이로다."

    3:21b   χωρὶς νόμου("율법 없이", "율법 외에")라는 어구는 1:16-17의 논제 진술에는 분명히 드러나지 않았다. 오히려 이 어구는 이 원래의 논제 진술의 반복과 발전에 포함된 3:21-23의 새로운 특징에 속한다. 그렇지만 이 어구가 바울이 로마의 그리스도인들에게 보낸 편지에서 전혀 새로운 것은 아니다. 몇 가지 이유에서다. (1) 이 어구는 3:20a에서 경멸적으로 사용되는 "율법의 행위"로 절정에 이르게 되는 2:17-3:20에서 바울이 유대인들과 유대교 모세 율법의 관계에 대해 기록한 내용에 뿌리를 둔다. 그리고 (2) 이 어구는 바울이 3:21a에서 이 내용을 진술하기 직전에 사용한 νυνὶ δέ("그러나 이제는")라는 어구로 표시되는 시간적인 대조와 연결된 중요한 문제를 표현한다.

    초기 교부들은 바울이 여기서 사용한 용어 νόμος("율법")의 의미를 두고 자주 논쟁을 벌였다. 예를 들어, 오리게네스는 바울이 로마서 3장에서 νόμος를 "자연법"과 "모세의 법" 등 두 가지 방식으로 사용했다고 주장했다. 그러면서 오리게네스는 일반적인 규칙으로(어느 정도 융통성은 있을 수 있겠지만) "모세 율법을 의도한 경우에는 관사가 사용된다. 그러나 자연법을 의미한 경우라면 관사가 생략된다"고 주장했다.[50] 하지만 (1) 3:2에서 유대인의 중요한 이점이 "그들이 하나님의 말씀(ἃ λόγια τοῦ θεοῦ)을 맡았다"는 것이라는 바울의 주장과, (2) 3:19에 있는 "율법(ὁ νόμος)이 말하는 바는" 율법 아래 있는 사람들에게(τοῖς ἐν τῷ νόμῳ) 말하는 것이라는 바울의 진술, (3) 3:20에 있는 "율법의 행위"(ἔργων νόμου)에 대한 바울의 경멸적인 언급 및 3:28에 "율법의 행위에 있지 않고(χωρὶς ἔργων νόμου)"라는 어

---

50) Origen, *Ad Romanos*, on Rom 3:21; *PG* 14.959.

구가 이어진다는 사실을 고려하면, 바울이 이곳 3:21에서 χωρὶς νόμου를 말하면서 염두에 둔 것은 분명 "**모세 율법 외에**"였다.

하지만 바울이 이 종말론적인 "지금 계시된 하나님의 의"가 "모세 율법과 상관이 없다"고 선언할 때 그는 무엇을 의미했을까? Νυνὶ δέ("그러나 이제는")와 χωρὶς νόμου("율법과 상관없이")가 밀접하게 연결되었기 때문에 학자들은 종종 바울이 (1) 그리스도의 사역에 표현되고 신약의 메시지에서 선포된 하나님의 거저 주시는 사랑과 자비와 은혜에 대한 기독교적인 선포와, (2) 구약의 규율에 기초하고 유대인들에 의해 율법주의적인 궤변 체계로 발전한 율법주의적인 "행위에서 얻는 의로움"을 대조하고 있다고 추정해왔다. 하지만 구약성경에 명시되었고 초기 유대교의 훌륭한 랍비들이 이해한 것처럼, 이스라엘 종교에서 하나님과 그의 백성 간의 언약 관계는 (왜곡되었을 경우를 제외하고는) 결코 율법에 근거하여 설명된 적이 없다. 오히려 구약의 예언자들과 바울 당대의 훌륭한 유대 랍비들은 언약 관계를 늘 하나님의 사랑과 자비와 은혜에 근거하여 하나님이 직접 체결하신 것으로 이해했다. 그리고 그 관계는 언제든지 하나님의 백성을 위해 행하신 하나님의 구속적 행위와 자신에게 죄를 범한 사람들을 사하시는 하나님의 죄용서의 맥락에서 시행된 것으로 여겨졌다.

유대인에게는 "하나님의 의"와 "모세 율법"을 분리하는 것이 충격적이었을 것이고 여전히 그럴 것이다. 품성과 행위가 의로우신 하나님은 그의 백성에게 모세 율법을 통해 그의 거룩한 교훈을 주셨다. 구약의 예언자들과 훌륭한 유대의 랍비들은 하나님과의 언약 관계가 하나님의 사랑과 자비와 은혜에 근거하며 하나님의 율법에 대한 율법주의적인 준수에 근거하지 않았다고 선포하는 동안에도, 이스라엘 백성은 늘 하나님이 그들과 맺으신 언약이 모세 율법으로 규정된 대로 표현되어야 한다고 이해했으며, 특히 모세 시대의 사람들을 이후의 전개된 상황에서도, 유대교의 믿을 만한 선생들이 설명한 방식대로 그리고 모세 율법의 정신과 분명한 진술에 부합하는 방식으로 그것이 표현되어야 한다고 이해했다.

이렇게 유대교는 "책의 종교"가 되었다. (고대에 속했든지, 중간기에 속했든지, 또는 현대에 속했든지) 유대교 예언자들과 선생들은 하나님에 대한 자신들의 신앙을 표현하려 애쓰면서, 하나님과의 언약 관계에 들어온 사람들이라면 "신율주의"(또는 현대의 어법대로라면, "언약적 신율주의")라고 부를 수 있는, 하나님과 그들을 위해 행하신 하나님의 구속의 행위에 대한 반응을 반드시 표현해야 한다고 늘 주장해왔다. 다시 말해서 그들은 어떤 사람이 행할 수 있는 것으로 하나님 앞에서 받아들여지고 지위를 얻으려는 일종의 "행위 율법주의"가 아니라 "응답하는" 혹은 "반응하는 신율주의"로써 자신의 반응을 표현해야 한다는 것이다. 그러한 신율주의는 (1) 하나님께서 그의 백성을 위해 구속적으로 행하신 것에 근거하며, (2) 모세 율법(즉 "기록된 토라")에 표현되었고, 초기 믿을 만한 유대 선생들에 의해 해석되었으며(즉 훗날 탈무드 및 관련된 랍비 전집에 성문화된 "구전 토라"), 오늘날 믿을 만한 선생들에 의해 지속적으로 재해석된 하나님의 교훈의 말씀을 지킴으로써 하나님의 사랑과 자비와 은혜에 사랑과 순종으로 반응하는 것이다.

구약의 예언자들은 "율법주의"를 비난했다. 그러나 그들은 참된 "신율주의"가 요구하는 반응과 제약들을 느슨하게 하기를 원치 않았다. 사해의 언약자들 역시 율법주의를 반대했다. 하지만 그들도 메시아 시대에는 하나님의 백성이 좀 더 성실하게 모세 율법을 지키고, 그들을 위해 행하신 하나님과 그분의 행위에 좀 더 적절하게 반응하기를 기대했다. 그리고 그들은 그들의 공동체가 극단적인 모습에서도 율법을 준수하는 이러한 본보기가 되기를 원했다.

그러나 바울은 하나님께서 성령의 더욱 강렬한 사역과 그리스도의 사역으로 사람들을 위해 행하신 일을 통해 하나님의 구원사의 과정에서 새 시대가 이미 동터왔다고, 즉 약속된 종말론적인 "지금"이 시작되어 사람들이 누리고 있다고 이해했다. 그래서 그는 (1) 옛 언약 시절에 하나님이 제시하신 목적을 효과적으로 수행한 신율주의적 믿음(또는 "언약적 신율주의")이 끝났고,[51] (2) "새로운 언약적 경건"이 하나님의 정하심에 의해 이제 효

---

51) 참조. R. N. Longenecker, "The End of Nomism," in *Paul, Apostle of Liberty*, 128-55.

력을 발휘하였으며, 늘 그렇듯이 이는 어떤 형태든 "율법주의"와 반대되고, 또한 "언약적 신율주의" 면에서 하나님의 사랑과 자비와 은혜와 죄 사함에 대한 사람의 반응을 필수적으로 표현해야 한다는 요구를 끝내셨다고 선언 했다.

바울은 다메섹으로 가는 도중에 그리스도를 직접 만나, 하나님이 높이신 나사렛 예수가 이스라엘의 메시아시며 인류의 주님이심을 깨닫게 되었다. 또한 그는 "다메섹 도상"의 경험과 하나님의 영의 계속적인 사역을 통해 (그가 나중에 8:19-23에서 주장할 것처럼, "모든 피조물"의 구속을 비롯하여) 모든 사람을 위한 하나님 구원의 계시적 특성에 대해 아주 많이 알게 되었다. 더욱이 그의 사역과 선포를 (위에서 언급한) 안디옥 학파의 관점에서 이해한다면, 바울이 예수를 향한 자신의 헌신과 성령의 사역으로 말미암아 계속되는 성장으로 인해 하나님의 구속 계획(즉 구원사)의 발전적인 특성에 대해 매우 중요한 점을 인정하게 되었다고 적절하게 말할 수 있다. 이를테면, 하나님은 그의 모든 구속 활동 내내 앞을 향하여 움직이고 계셨으며, 그 활동의 초점을 그리스도 예수의 사역과 인격에 맞추셨고, 성령의 사역을 통해 그 초점을 해석하셨다는 것이다. 그래서 그는 하나님의 백성이 (1) 하나님의 구속 활동에 대한 이해와, (2) 그들 믿음의 초점과, (3) 그들이 하나님의 사랑과 자비와 은혜와 죄 사함에 반응하는 방식 등에서 앞을 향하여 움직일 필요가 있다고 믿었다.

하나님의 계시된 "구속의 계획"을 이런 식으로 이해한 것에 근거하여 바울은 갈라디아서 3:21-4:7에서 갈라디아 지방의 이방인 개종자들이—예루살렘 모교회로부터 온 몇몇 유대인 신자들이 "하나님이 정하신", 따라서 "필요하"고 "적절한" 신율주의적 행동양식이라고 주장한 것들을 통해—그들의 기독교 신앙을 "더 잘" 표현하기 위해 "모세 율법"의 "최소한의 요구"를 받아들이려고 생각한 것조차 꾸짖었다. 마찬가지로 바울은 나중에 로마서 10:4에서 바로 이런 관점으로 그의 그리스도인 수신자들에게 글을 쓸 것이다. "그리스도는 모든 믿는 자에게(παντὶ τῷ πιστεύοντι) 의를 이루기 위한 (εἰς δικαιοσύνην) 율법의 마침(τέλος γὰρ νόμου)이시다." 이런 관점에서 우리는 바울이 이곳 로마서 3:21에서 "그러나 이제는(νυνὶ δέ) 율법 외에(χωρὶς νόμου) 하나님의 한 의가 나타났으니"라고 말한 것을 이해할 필요가 있다.

　　　3:21c　　　신약성경의 다른 곳은 물론이고 로마서에서 명사 δικαιοσύνη("의")의 의미와 δικαιοσύνη θεοῦ("하나님의 의")라는 표현의 사용과 관련한 문제들은 매우 중요하다. 바울이 로마의 그리스도인들에게 보낸 편지를 이해하기 위해서뿐만 아니라 기독교 신학을 총체적으로 이해하는 데 있어서도 그러하다. 이미 우리는 1:17을 석의하고 주해하면서 바울이 사용한 δικαιοσύνη와 δικαιοσύνη θεοῦ 및 약간은 다르게 표현된 δικαιοσύνη αὐτοῦ("그[하나님]의 의")와 θεοῦ δικαιοσύνη("하나님의 의")에 대해 상당히 많은 내용을 언급했다. 그런데 그 본문에서 주목한 상황적인 특성에 속하는 어떤 특징들과 그 본문에 제안된 발전과 관련한 제안들은, 3:21-23의 논제 진술에서 바울이 사용한 δικαιοσύνη θεοῦ와 관련하여 여기서 부각될 필요가 있다. 특히 이 본문에서 사도는 (1) 이 어구를 3:21-22의 주제로 2번 사용함으로써 그 표현을 강조하고 있으며, (2) 이 어구를 그가 연결시킨 4개의 전치사구와 2개의 설명절로 더 충분히 어감을 전달하기 때문이다.

　　　일반적으로, 빈센트 테일러는 그와 동시대 학자들이 바울의 δικαιοσύνη θεου와 관련하여 점점 일치하던 의견을 대중적인 언어로 상당히 적절히 표현했다. "'하나님의 의'는 단순히 하나님이 소유하고 계신 특질일 뿐 아니라, 동시에 사람들 사이에 행하시는 그의 구원 행위다. 하나님의 의는 하나님의 존재와 관련된 것이기도 하고 그분이 주시는 것이기도 하다."[52] 하지만 필자는 이것 외에 다음과 같은 내용을 더 고려해야 한다고 믿는다. (1) 바울 서신과 신약성경 나머지 부분에서 δικαιοσύνη θεοῦ의 등장 횟수, (2) 신약성경과 바울 서신, 특히 로마서에서 이 표현의 다양한 어감, 그리고 (3) 약간은 다양한 문맥에서 다소 다른 어감이 그 표현에 편입된 근거 등이다. 그래서 필자의 생각에는, 앞에서 1:17을 주석하면서 이

---

52) Taylor, "Great Texts Reconsidered," 297.

문제와 관련하여 썼던 내용을 여기서 간략하게 부각시키는 것이 좋을 것 같다. 다음과 같은 내용이다.

1. **바울과 신약성경 나머지 부분에서 δικαιοσύνη θεοῦ의 등장 횟수.** 바울은 로마서 외에 단 두 절에서만 δικαιοσύνη θεοῦ라는 표현을 사용한다. 고린도후서 5:21("우리로 하여금 그[그리스도] 안에서 '하나님의 의'가 되게 하려 하심이라")과 빌립보서 3:9("곧 믿음으로 '하나님께로부터 난 의' 즉 '하나님의 의'라")이 그것이다. 고린도후서 5:21은 바울이 로마서를 쓰기 전에 기록한 것이 확실하며, 빌립보서 3:9 역시 그가 로마서를 쓰기 전에 기록했을 개연성이 있다. 물론 로마서를 쓴 후 기록했을지도 모르지만 말이다.

그러나 δικαιοσύνη θεοῦ라는 표현은 바울의 로마서에서, 특히 로마서 본론 중앙부의 첫 번째 단락에서 가장 두드러지는 주제다. 로마서에서 "하나님의 의"는 다음과 같은 본문에 등장한다. (1) 1:16-17 논제 진술의 중심인 1:17a에 1번, (2) 3:5의 수사적 질문에 1번(εἰ δὲ ἡ ἀδικία ἡμῶν θεοῦ δικαιοσύνην συνίστησιν, τί ἐροῦμεν; "그러나 우리 불의가 하나님의 의를 드러나게 하면 무슨 말 하리요?"), (3) 3:21-23의 반복되고 확장된 논제 진술의 주제로 3:21a과 3:22a에 2번, 그리고 (4) 바울이 3:21-23의 논제 진술을 뒷받침하면서 인용하는(앞으로 우리가 주장하듯이) 3:24-26의 신앙고백적 자료에 속하는 3:25과 3:26의 τῆς δικαιοσύνης αὐτοῦ("그[하나님]의 정의/의")라는 약간은 다른 형태로 2번 더 등장한다. 이 어구는 로마서 본론 중앙부의 세 번째 단락에 있는 10:3에서 1번 더 등장한다: "하나님의 의(τὴν τοῦ θεοῦ δικαιοσύνην)를 모르고 자기 의를 세우려고 힘써 하나님의 의에 복종하지 아니하였느니라."

신약성경 다른 곳에서는 δικαιοσύνη θεοῦ라는 어구가 3번만 등장한다. (1) 마태복음 6:33, "너희는 먼저 하나님의 나라와 '그의 의'(τὴν δικαιοσύνην αὐτοῦ)를 구하라. 그리하면 이 모든 것을 너희에게 더하시리라." (2) 야고보서 1:20, "사람의 성내는 것이 '하나님의 의'를(δικαιοσύνην θεοῦ) 이루지 못하느니라." (3) 베드로후서 1:1, "'우리 하나님'과 구주 예수 그리스도의 '의를 힘입어'(ἐν δικαιοσύνῃ τοῦ θεοῦ ἡμῶν) 동일하게 보배로운 믿음을 우리와 함께 받은 자들에게 편지하노니."

2. 바울 서신과 신약성경 다른 곳에서 δικαιοσύνη θεοῦ의 다양한 어감. 바울 서신에서 사용된 δικαιοσύνη θεοῦ의 어감과 신약성경 다른 세 곳에서 사용된 δικαιοσύνη θεοῦ의 어감은 약간 다르다. 고린도후서 5:21과 빌립보서 3:9 두 곳 모두 그 표현은 전달적 의미 또는 대상의 의미(즉 τοῦ θεοῦ의 소유격은 대상의 소유격이며, 하나님이 전달된 의의 출처 또는 기원이심을 의미함)로 사용되었으며, 그래서 하나님이 "믿음으로" 반응하는 사람들에게 주시는 "의의 선물"로 이해되어야 한다.

로마서에서 바울이 (약간 다른 표현인 δικαιοσύνη αὐτοῦ와 θεοῦ δικαιοσύνη를 비롯하여) δικαιοσύνη θεοῦ를 어떤 어감을 가지고 사용했는지, 네 가지로 제안할 수 있다.

1. 1:16-17과 3:21-23의 논제 진술은 모두 **속성적** 그리고 **전달적** 어감을 띠는 것 같다.
2. 초기 기독교의 신앙고백적 자료를 인용하여 3:24-26의 논제를 뒷받침한 곳에서는 하나님의 "정의"와 "의로우신" 하나님의 특성을 언급하는 이 표현의 **속성적** 의미가 부각되는 것이 확실하다. 하지만 하나님을 "의롭게 하시는 분"으로 언급함에 있어서는 **전달적 의미**역시 존재한다.
3. "하나님의 의" 또는 "의로운 공의"(θεοῦ δικαιοσύνη)를 말하는 3:5에서는 **속성적** 의미가 전면에 부각된다("우리 '불의/정의롭지 못함'이 하나님의 '의/신실하심/정의'를 드러나게 하면 무슨 말 하리요?").
4. 10:3의 진술 상반부에서는 이 표현이 분명히 **전달적** 의미로 사용되었다("그들이 하나님의 의를 모르고"). 이와 아울러 하반부에서는 **전달적** 어감과 **속성적** 어감이 다 있는 것 같다("그들이 하나님의 의에 복종하지 아니하였느니라").

그러나 바울 서신 외의 신약성경 세 곳, 즉 마태복음 6:33, 야고보서 1:20,

베드로후서 1:1에서는 "하나님의 의"의 **속성적 의미**가 우세하다. 이것은 우리의 정경인 마태복음과 야고보서와 베드로후서의 저자들로 대표되는, 가장 초기에 예수를 믿은 유대 신자들이 그 표현을 어떻게 이해했는지를 보여주는 것으로 생각된다. 그리고 이것은 로마의 그리스도인들도 이 표현을 종종 사용했던 방법일 것이다.

하지만 바울의 이방인 선교에서는 하나님께서 그리스도의 사역과 그의 성령의 사역 그리고 신자들의 믿음의 반응을 통하여 자신과 화목시키신 사람들에게 주신 선물로서 하나님의 의가 강조되었다. 이 사실은 바울이 직접 개종자들에게 보낸 그의 모든 편지에 여러 방식으로 분명히 나타나지만, 그가 명사 δικαιοσύνη만을 사용한 곳과[53] 고린도와 빌립보에 있는 그의 개종자들에게 편지를 쓸 때 δικαιοσύνη θεοῦ라는 표현을 사용한 곳에서 특히 부각된다.[54] 그래서 **속성적 의미**로서 하나님의 "의로움", "정의", "의"를 인정하지만, 바울의 이방인 선교에서는 **전달적 의미**로서 "하나님의 의"가 일차적으로 강조된다. 이 사실은 고린도후서 5:21("하나님이 죄를 알지도 못하신 이를 우리를 대신하여 죄로 삼으신 것은 우리로 하여금 그 안에서 하나님의 의가 되게 하려 하심이라")과 빌립보서 3:9(내가 그리스도를 얻고, "그 안에서 발견되려 함이니, 내가 가진 의는 율법에서 난 것이 아니요, 오직 그리스도를 믿음으로 말미암은 것이니, 곧 믿음으로 하나님께로부터 난 의라")에서 가장 분명하게 볼 수 있다.

3. 다양한 문맥에서 드러나는 이처럼 약간은 다른 어감의 근거. (필자가 믿는 대로) 로마의 그리스도인들이 바울의 기독교적 선포가 균형을 잃었다고 믿었다고 상정할 수 있다. 다시 말해서, 바울은 **전달적 의미**에서 "하나님의 의"에 대해서는 설교를 잘했지만, **속성적 의미**에서 "하나님의 의" 또는 "하나님의 정의"에 대해서는 목소리를 높이지 못했다고 말이다. 따라서 바울은 그들에게 글을 쓰면서 "하나님의 의"라는 표현에 내포된 광범위한

---

53) 특히 롬 5:17.
54) 고후 5:21; 빌 3:9.

의미 범위를 긍정함으로써 편지를 시작한다. 사실상 그는 로마 그리스도인들의 속성적 이해에 동의한다. 하지만 그들은 속성적 의미를 하나님의 성품과 행위와 관련하여 비교적 정적인 방식으로 이해했을지도 모른다. 그러나 바울은 그들이 계시적, 역사적, 구속적인 방식으로 생각하여, 예수 그리스도의 사역으로 말미암아 하나님께서 행하셨고 지금 좀 더 역동적인 방식으로써 성령의 사역으로 행하고 계신 것을 개념화하기를 원하기도 했다. 이러한 까닭에 바울은 (현재 수동태 직설법 동사 ἀποκαλύπτεται를 사용하여) 하나님의 의가 기독교 복음 안에서 하나님 자신에 의해 "지금 계시되고 있음"을 강조한다. 이 진리를 바울은 자신과 로마의 그리스도인들 모두 고백하며 일반적으로 견지하고 있다고 믿었다.

3:21d 동사 πεφανέρωται("나타났다")는 1:16-17의 논제 진술의 중심부에 놓인 1:17의 핵심적인 주제 천명에 등장한 ἀποκαλύπτεται("나타나고 있다")와 병행한다. 두 단어는 동의어이며, 그래서 먼저 한 단어를 사용하고 그다음에 다른 단어를 사용하여 동일한 주제(즉 "하나님의 의")에 대해 말하는 두 문장의 서술어에 같은 표현을 사용하는 단조로움(즉 지루한 동일성)을 피하려 했다. 하지만 동사 φανερόω("계시하다", "알게 하다", "보여주다")는 완료시제로 표현되었다. 그래서 "그것[하나님의 의]이 나타났다"라고 번역된다. 반면에 1:17의 ἀποκαλύπτεται는 현재시제이며 "그것이 나타나고 있다"라고 번역된다. 이것은 3:21의 완료시제를 사용한 바울의 말이 (1) 이미 발생한 결정적인 행위와, (2) 현재까지 계속되고 있는 과거 행위의 효과를 언급한다는 점을 강조한다.

현재시제 ἀποκαλύπτεται("그것이 나타나고 있다")에서 완료시제 πεφανέρωται("그것이 나타났다")로 시제가 바뀐 것은, 1:16-17의 원래 논제 제시와 비교할 때, 3:21-23의 이 논제 제시에 등장하는 새로운 발전의 변화다. 21절이 시작되는 곳에서 νυνὶ δέ("그러나 이제는")라는 표현에 의해 좌우되는 것은 시제의 변화다. 이 어구는 하나님께서 구원사의 과정에서 그리스도의 사역과 성령의 사역으로 말미암아 이루어진 시간적인 대조를 표시한다(앞의 해당 본문을 보라). 그리고 그것은 3:21-23의 발전된 논제 진술,

3:24-26의 논제 진술의 신앙고백적 뒷받침, 그리고 3:27-31의 논제 진술의 설명에 울려 퍼지는 종말론적인 "지금"과 긴밀히 연결되어 있다. 더욱이 (1) 종말론적인 "지금"에 대한 이 동일한 강조는 16:25-27의 로마서의 결론적인 송영에서 전면에 드러난다. 결론적인 송영은 바울이 그의 편지에서 그들에게 쓴 모든 내용 가운데 그들이 특히 기억하기를 원했던 가장 중요한 문제들 중 일부를 요약하는 기능을 한다. 이를테면, 16:25b-26a에서 "영세 전부터 감추어졌다가, 그러나 이제는 나타내신바 된($\phi\alpha\nu\epsilon\rho\omega\theta\acute{\epsilon}\nu\tau\sigma\varsigma$ $\delta\grave{\epsilon}$ $\nu\hat{\upsilon}\nu$)…그 비밀의 계시"에 관한 내용이다. 또한 (2) 그것은 골로새서 1:24-27의 중요한 자서전적인 진술에서도 강조된 내용이다. 여기에는 골로새서 1:26의 "만세와 만대로부터 감추어졌던 것인데, 그러나 이제는 그의 성도들에게 나타난($\nu\hat{\upsilon}\nu$ $\delta\grave{\epsilon}$ $\dot{\epsilon}\phi\alpha\nu\epsilon\rho\acute{\omega}\theta\eta$) 이 비밀"을 선포하라는, 바울이 하나님께 받은 명령이 포함되었다.

　　3:21e　　현재 수동태 분사 $\mu\alpha\rho\tau\upsilon\rho\upsilon\mu\acute{\epsilon}\nu\eta$("증거를 받은 것이라")는 3:19에 제시된 법정 이미지를 이어간다. 그 본문에서 이 단어는 늘 존재했고 또 오늘날에도 계속 존재하는 모세 율법의 중요한 기능을 표현하기 위해 사용되었다. "무릇 율법이 말하는 바는 율법 아래에 있는 자들에게 말하는 것이니, 이는 모든 입을 막고 온 세상으로 하나님의 심판 아래에 있게 하려 함이라." 하지만 이곳 3:21b에서 현재 수동태 분사의 단수 주격은 모세 율법과 구약 예언자들의 메시지에 있는 더욱 중요한 기능을 강조한다. 즉 기독교 복음 선포에 "계시된"(또 계속해서 유효한) "하나님의 의"가 "율법과 예언자들에게 입증을 받고" 있다는 사실이다. 따라서 "하나님의 의가 지금은 모세 율법과 상관없는" 것이지만, 모세 율법과 구약의 예언자들은 계속해서 그들의 일차적인 책임을 다하고 있다. 즉 (1) 죄를 심판하고 죄인들을 정죄하는 것과, (2) 자신들을 넘어 "하나님의 의"를 **속성적 의미**(즉 하나님의 의로운 성품과 공의로운 행위)와 **전달적 의미**(즉 적극적으로 반응하는 사람들에게 주시는 하나님의 의의 선물)로 가리키는 것이다.

　　바울이 구약의 예언자들을 막연하게 언급한 적은 거의 없다. 물론 일찍이 로마서 1:2에서 "이 복음은 하나님이 예언자들을 통하여($\delta\iota\grave{\alpha}$ $\tau\hat{\omega}\nu$

προφητῶν αὐτοῦ) 그의 아들에 관하여 성경에 미리 약속하신 것이라"고 말할 때 그렇게 한 적이 있지만 말이다. 하지만 그의 편지 여러 곳에서 "율법과 예언자들"([ὁ] νόμος καὶ [οἱ] προφῆται)이라는 표현을 사용하지 않는다. 그런 데 "율법과 예언자들"은 유대인 진영과 유대 그리스도인 진영에서는 유대교 성경(구약) 전체를 언급하기 위해 일반적으로 사용되던 어구다. 예를 들어, (1) 초기 유대교의 문헌에,[55] (2) 예수의 말씀에,[56] (3) 빌립이 나다나엘에게 예수를 증언하는 상황에,[57] (4) 바울이 유대인들과 유대교 사상과 표현을 이해하는 사람들에게 설교할 때,[58] 그리고 (5) 탈무드와 그 밖의 다른 전집물에 그들의 말이 보존된 여러 유대 랍비들의 어록들에 등장한다.[59] 그러므로 바울이 통상적으로 구약성경을 "글"(ἡ γραφή),[60] "성경"(αἱ γραφαί)[61] 또는 "거룩한 책"(γραφαὶ ἁγίαι)으로[62] 언급했지만, 여기서는 구약을 가리키는 말로 "율법과 예언자"라는 말을 사용한다. 이 용어는 유대인들과 예수를 믿는 유대 그리스도인들이 일반적으로 사용했던 것으로 보인다. 따라서 추측건대 예루살렘 모교회의 신학과 종교적 언어의 영향을 받은 바울의 로마 그리스도인 수신자들도 이 용어를 사용했을 것이다.

3:22a   후치사 δέ는 고전 그리스어와 코이네 그리스어에서 가장 자주 사용되는 불변화사 중 하나다. 이 단어는 하나의 문장이나 절을 다른 문장이나 절과 대조할 때 사용된다. 비록 어떤 대조를 암시하지 않고 단순히 둘을 연결하는 기능을 할 때도 있기는 하지만 말이다. 본문의 δέ는 3:21의 주어 δικαιοσύνη θεοῦ("하나님의 의")의 반복과 연관되기에 그 주어의 좀 더 완전하고 더 중요한 정의를 소개하는 것으로 이해하는 것이 가장

---

55) Sirach의 서론; 2 Macc 15:9; 4 Macc 18:10.
56) 마 5:17; 7:12; 11:13//눅 16:16; 24:44.
57) 요 1:45.
58) 행 13:15; 24:14; 28:23.
59) *Str-Bil,* 3.164-65.
60) 롬 4:3; 9:17; 10:11; 갈 3:8; 4:30.
61) 롬 15:4.
62) 롬 1:2.

좋다. 다시 말해서 "이 하나님의 의"는 바로 이어지는 두 절에 진술된 것처럼, (1) διὰ πίστεως Ἰησοῦ Χριστοῦ와 (2) εἰς πάντας τοὺς πιστεύοντας로 이해할 수 있다(이 두 절에 대해서는 아래에서 논의할 것이다).

동일한 문맥에서 (동일한 문법 형태를 지니고) 조금 전에 사용된 명사나 동사 또는 어구와 함께 불변화사 δέ가 등장하는 현상은, 앞에서 사용된 명사나 동사 또는 어구의 더 완전하고 중요한 사용을 표시할 목적으로 바울의 여러 편지에 등장한다.[63] 이곳 3:22에서 δικαιοσύνη θεοῦ의 반복은 3:21에 등장한 같은 주어를 좀 더 자세히 정의하는 것으로 이해해야 한다. 3:21도 1:17의 주제를 반복한 것이다. 그래서 3:21-22에 "하나님의 의"라는 표현이 2번 사용된 것은 일찍이 1:17에서 사용된 것에 담긴 전반적인 의미, 다시 말해서 하나님의 속성이나 품성과 관련된 **속성적 의미**(즉 "그의 의로우심", "정의", "의로운 행위")와 믿음으로 그분에게 적극적으로 반응하는 사람들에게 하나님께서 선물로 주시는 것과 관련한 **전달적 의미**(즉 하나님의 영의 작용으로 "주시는 의"는 "정의"와 "의로운 행위"의 근거이며 그것들을 가능하게 한다)를 띠는 것으로 이해해야 한다.

반복되는 명사나 동사 또는 어구(그리고 늘 동일한 문법 형태로 표현됨)와 함께 등장하는 δέ의 이러한 사용은 나중에 로마서 9:30에서 병행된다. 여기서 바울은 (1) 이방인들이 "의"를 추구하거나 "의"를 얻는 데 실패한 것에 대해 말하면서 목적격 형태의 명사 δικαιοσύνην("의")를 2번 사용하며, 그런 다음에 (2) 같은 절에서 동일한 목적어 δικαιοσύνην("의")를 세 번째로 사용한다. 이 경우에는 추가로 정의하는 진술이 있음을 표시하려고 후치사인 불변화사 δέ와 결합해서 등장한다: "[곧] 믿음으로 말미암는(τὴν ἐκ πίστεως) '의'(δικαιοσύνην δέ)."

주어 δικαιοσύνη δὲ θεοῦ로 시작하는 3:22의 이 문장에서는 분명한 그리스어 동사가 없다. 동사가 없다는 것은 그 진술의 극적인 특성과 그가 말

63) 참조. 고전 2:6: σοφίαν...σοφίαν δέ; 갈 2:1-2: ἀνέβην...ἀνέβην δέ; 빌 2:8: θανάτου...θανάτου δέ.

하는 것의 역동성을 모두 강조한다. 물론 영어로 번역하려면 일반적으로 모든 문장에 적어도 동사가 하나는 필요하다. 하지만 이 문장에서 추정되는 동사(들)의 특성과 수 및 위치와 관련하여 내릴 수 있는 결론은 주로 몇 가지 요소에 의존한다. (1) 이 구절과 앞 구절에서 주어 δικαιοσύνη θεοῦ를 어떻게 이해할 것인지. 즉 이것을 주로 **속성적 의미**로 이해할 것인가? 아니면 **전달적 의미**로 이해할 것인가?(또는 둘 다인가?) (2) 전치사구 διὰ πίστεως Ἰησοῦ Χριστοῦ를 어떻게 해석할 것인가? "예수 그리스도를 믿음으로 말미암아"로 해석할 것인가? 아니면 "예수 그리스도의 신실하심으로 말미암아"로 해석할 것인가?(아래의 논의를 보라) 그리고 (3) 이어지는 전치사구 εἰς πάντας τοὺς πιστεύοντας가 본질적으로 바로 앞에 있는 전치사구를 반복하는가? 아니면 그 자체로 핵심점을 보충하는 어구로 이해해야 하는가?(아래의 논의를 보라). 그러한 까닭에 여기서 δικαιοσύνη θεοῦ의 어감을 주로 전달적으로 이해하고, 그 후 나중에 이어지는 전치사구와 관련하여 우리가 이해하는 입장을 취하면서(아래 논의를 보라), 동사 "is"("~니")와 "given"("미치는")을 앞에 예시한 우리의 번역에 삽입했다.

　　3:22b　　앞에서 살펴보았듯이,[64] 바울이 사용한 πίστεως(또는 주격형인 πίστις) Ἰησοῦ Χριστοῦ의 의미가 무엇인지는 지난 한 세기 동안 격렬한 논란거리였다. Πίστις Ἰησοῦ Χριστοῦ(또는 비슷한 표현인 πίστις Χριστοῦ 또는 πίστις αὐτοῦ; 또한 Χριστοῦ 없는 πίστις Ἰησοῦ)는 바울 서신에 모두 여섯, 일곱 혹은 여덟 번밖에 등장하지 않는다. 이를테면, 이곳 로마서 3:22(또한 3:26에는 분명히, 그리고 3:25과 3:30에는 좀 더 간접적으로 표현되었다. 이 문제에 대해서는 나중에 논의할 것이다), 이보다 일찍이 갈라디아서 2:16(2번)과 3:22(P[46]에서 διὰ πίστεως Χριστοῦ라는 어구로 결론을 맺는 3:26도 해당할 것이다), 그다음에는 에베소서 3:12과 빌립보서 3:9에 등장한다. 특히 갈라디아서 2:16의 비슷한 의미로 사용된 예에서 분명하게 드러나듯이, 이 여섯, 일곱 혹은 여덟 가지 예에서 소유격 형태의 πίστεως 앞에 놓여 그 단어의 의미를 다양하

64) 1:17의 "석의와 주해"를 보라.

게 결정하는 전치사 ἐκ ("~로부터", "~에 근거하여", "까닭에")와 διά ("말미암아", "~에 의하여")는 서로 바꿔 사용되는 것 같다. 일부 다른 문맥에서 이 전치사들이 사상을 좀 더 세련되게 표현하고 있음을 알리는 신호일지도 모르지만 말이다.

일반적으로 받아들여지고 있는 견해는 Ἰησοῦ Χριστοῦ가 구문론적으로 목적격 소유격이고, 그래서 διὰ πίστεως Ἰησοῦ Χριστοῦ는 "예수 그리스도를 믿는 믿음으로 말미암아"로 읽어야 한다는 것이었다. 과거에 로마서 주석가들은 대부분 이 표현을 이런 식으로 이해했다.[65] 마찬가지로 거의 모든 현대의 영어 역본은 로마서 3:22의 διὰ πίστεως Ἰησοῦ Χριστοῦ를 이런 식으로 번역했다. 최근에는 주격 소유격 독법의 가능성을 인정하면서 난외주를 추가한 역본이 몇 개 있기는 하다.[66] 하지만 현대 영어 역본 중 하나만 "예수 그리스도의 신실함으로 말미암아"를 본문에 편입시켰다.[67] 더욱이 여러 탁월한 학자들이 전통적인 목적격 소유격 해석인 "예수 그리스도를 믿는 믿음으로 말미암아"를 옹호하는 논문을 썼다.[68]

하지만 지난 19세기부터 현재까지 πίστις Χριστοῦ를 주격 소유격으로 이해하고, 그래서 πίστις Ἰησοῦ Χριστοῦ를 "예수 그리스도의 믿음/신실함"으로 해석하는 학자들의 의견이 부상하고 있는 추세다. 이러한 독법은 1891년에 요한네스 하우슬라이터(Johannes Haussleiter)가 제일 처음 제안

---

65) 예. Sanday and Headlam, *Romans*, 83–84; Nygren, *Romans*, 150–61; Leenhardt, *Romans*, 99–101; Barrett, *Romans*, 74; Bruce, *Romans*, 102; Cranfield, *Romans*, 1.203; Schlier, *Römerbrief*, 105, 115; Käsemann, *Romans*, 94, 101; Dunn, *Romans*, 1.166–67; Moo, *Romans*, 224–26; 그리고 Jewett, *Romans*, 277–78.

66) NRSV: "예수 그리스도를 믿는 믿음을 통해"("through the faith of Jesus Christ"); TNIV: "예수 그리스도의 신실하심을 통해"("through the faithfulness of Jesus Christ").

67) NET

68) 특히, Hultgren, "The Πίστις Χριστοῦ Formulation in Paul," 248–63; Dunn, "Once More, *Pistis Christou*," 730–44; and Cranfield, "On the Πίστις Χριστοῦ Question," 81–97.

했고,[69] 그 후 1906년에 게르하르트 키텔(Gerhard Kittel)이 주장했다.[70] 칼
바르트는 1918년에 그의 『로마서 강해』(Römerbrief)에서 1:17의 ἐκ πίστεως
εἰς πίστιν(즉 auf Treue dem Glauben, "신실함에서 믿음으로")만 아니라, 3:21-
31에서 바울이 사용한 πίστις를 다 이런 식으로 번역함으로써 이러한 이
해를 설명한 첫 번째 주석가였다. 주로 바르트의 영향으로 인해 이 견해는
1950년 중반에 가브리엘 히버트(Gabriel Hebert)와 토머스 토런스(Thomas
Torrance)에 의해 영어권에서 대중화되었다.[71] 그런 다음에 맨슨(T. W.
Manson)이 1962년에 출간한 로마서 주석에서 이 견해를 주장했고,[72] 그 후
몇몇 로마서 주석가들이 받아들이기 시작했다. 특히 2002년에 찰스 탈버트
가 그의 주석에 이 견해를 채용했다.[73]

"예수 그리스도의 **믿음**"이든지 "예수 그리스도의 **신실함**"이든지, 아니
면 "예수 그리스도 안에 있는 [하나님의] **성실하심**(fidelity)"이든지, πίστις
Ἰησοῦ Χριστοῦ의 주격 소유격 이해를 주장하는 학자들의 수가 점증하고
있는데, 그들 중에서 가장 유명한 사람은 에른스트 푸크스(Ernst Fuchs), 피
에르 발로통(Pierre Vallotton), 카를 케르텔게(Karl Kertelge), 마르쿠스 바르
트(Markus Barth), 조지 하워드(George Howard), 로빈슨(D. W. B. Robinson),
샘 윌리엄스(Sam Williams), 리처드 헤이즈, 루트 티머시 존슨, 모나 후커, 그
리고 브루스 롱네커 등이다.[74] 이러한 이해는 필자의 책 『바울: 자유의 사

69) Haussleiter, *Der Glaube Jesu Christi*; 또한 같은 저자, "Eine theologische Disputation über den Glauben Jesu," 507-20; 같은 저자, "Was versteht Paulus unter christlichen Glauben?" 159-81도 참조하라.
70) Kittel, "*Pistis Iesou Christou bei Paulus*," 419-36.
71) Hebert, "'Faithfulness' and 'Faith,'" 373-79; Torrance, "One Aspect of the Biblical Conception of Faith," 111-14.
72) T. W. Manson, "Romans," in *Peake's Commentary on the Bible*, 2nd ed., 942.
73) Talbert, *Romans*, 41-47(1:17에 대해) 그리고 107-10(3:22, 26에 대해).
74) Fuchs, "Jesu und der Glaube," 170-85; Vallotton, *Le Christ et la Foi*, 41-144; Kertelge, "*Rechtfertigung*" *bei Paulus*, 162-66; M. Barth, "The Faith of the Messiah," 363-70; 또한 같은 저자, *Ephesians*, 2 vols., AB (New York: Doubleday, 1974), 특히 1,224, 347도 보라; Howard, "On the 'Faith of Christ,'" 459-65; 또한 같은 저자, "The 'Faith of Christ,'" 212-15과 같은 저자, *Paul*, 57-65도 보라; D. W. B. Robinson, "'Faith of Jesus Christ,' 71-

도』(*Paul, Apostle of Liberty*, 1964), 1990년에 출간한 『갈라디아서 주석』, 그리고 2004년에 발표한 필자의 논문 "신약 기독론의 근본적인 확신"("The Foundational Conviction of New Testament Christology")에서도 천명되었다.[75]

언어학적으로 πίστις Ἰησοῦ Χριστοῦ란 어구는 늘 해석하기 어려웠고, 그래서 번역하기도 어려웠다. 하지만 그리스어 명사 πίστις를 "믿음"과 "신실함"의 어감을 모두 함의하고 있는 히브리어 명사 אמונה(에무나)와 관련하여 이해할 경우, 바울이 3:22에서 πίστεως Ἰησοῦ Χριστοῦ를 사용한 것을 그가 다음과 같은 표현들을 사용한 것과 같은 방식으로 사용했다고 보는 것은 그리 어렵지 않다. (1) 일찍이 3:3에서 사용한 τὴν πίστιν τοῦ θεοῦ("하나님의 신실하심"), (2) 나중에 4:12에서 사용한 τῆς πίστεως τοῦ πατρὸς ἡμῶν Ἀβραάμ("우리 조상 아브라함의 믿음"), 그리고 (3) 동일한 문맥에서 사용한 4:16의 πίστεως Ἀβραάμ("아브라함의 믿음") 등이다.

에라스무스가 그랬듯이, 히에로니무스는 불가타 역에서 πίστις Ἰησοῦ Χριστοῦ를 *fides Iesu Christi*("예수 그리스도의 믿음")라고 상당히 문자적으로 번역했다. 안타깝게도 이러한 라틴어 번역은 그리스어의 표현처럼 모호하다. 마찬가지로 흠정역의 번역자들은 3:22의 διὰ πίστεως Ἰησοῦ Χριστοῦ를 "예수 그리스도의 믿음으로 말미암아"라고 번역했는데, 이는 (3:3의 "하나님의 신실하심"이라는 표현에 영향을 받은 것 같지는 않고) 바울이 4:12, 16에서 "아브라함의 믿음"이라고 언급한 것에 영향을 받은 것이 분명하다. 그럼으로써 흠정역은 Ἰησοῦ Χριστοῦ를 구문론적으로 주격 소유격으로 이해하고 있다. 더욱이 거의 동일한 방식으로 표현된 이 어구의 다른 5개의 예들 역시 흠정역에서 주격 소유격으로 번역되었다. 갈라디아서 2:16에서

81; Williams, "The 'Righteousness of God' in Romans," 241-90; 또한 같은 저자, "Again Πίστις Χριστοῦ," 431-47; Hays, *Thee Faith of Jesus Christ*, 특히, 170-74; 또한 같은 저자, "ΠΙΣΤΙΣ and the Pauline Christology," 35-60; L. T. Johnson, "Romans 3:21-26 and the Faith of Jesus," 77-90; Hooker, "ΠΙΣΤΙΣ ΧΡΙΣΤΟΥ," 321-42; B. W. Longenecker, *The Triumph of Abraham's God*, 98-103.

75) R. N. Longenecker, *Paul, Apostle of Liberty*, 149-52; 같은 저자, *Galatians*, 87-88; 같은 저자, "The Foundational Conviction of New Testament Christology," 132-37.

2번("예수 그리스도의 믿음으로 말미암아"와 "그리스도의 믿음으로 말미암아"), 갈라디아서 3:22에서 1번("예수 그리스도의 믿음으로 말미암아"), 에베소서 3:12에서 1번("그의 믿음으로 말미암아"), 그리고 빌립보서 3:9에서 1번("그리스도의 믿음으로 말미암아") 등이다. 그러나 로마서 3:26의 τὸν ἐκ πίστεως Ἰησοῦ라는 거의 비슷한 어구에서 단독적으로 등장하는 이름인 Ἰησοῦ를 17세기 초의 학자들은 목적격 소유격으로 이해했고, 따라서 그들은 이 이름을 "예수를 믿은 자"(또는 RSV에 번역된 대로, "예수를 믿는 믿음을 가진 자")로 번역했다.

가브리엘 히버트는 칼 바르트가 그의 『로마서 강해』에서 πίστις Ἰησοῦ Χριστοῦ를 다룬 부분에서 영감을 받고 또 일찍이 요한네스 하우슬라이터와 게르하르트 키텔이 그 표현에 대해 연구한 것에 근거하여, 유대 문헌에서 אמונה가 "신실함"과 "믿음"을 모두 의미했듯이, 바울도 "하나님의 신실하심과 사람의 믿음 등 두 가지 실체를 지칭하기 위해 '피스티스'라는 한 단어"를 사용했다고 주장했다.[76] 히버트는 (1) 특히 70인역의 하박국 2:4 번역을 인용하여 "신실함"이라는 히브리 사상이 종종 70인역에서 사용된 πίστις에서 드러나며, (2) 로마서 3:3("하나님의 신실하심"), 고린도전서 1:9, 10:13("하나님은 미쁘시다"), 데살로니가전서 5:24("너희를 부르신 이는 미쁘시도다"), 데살로니가후서 3:3("주는 미쁘시도다"), 또한 히브리서 2:17, 3:2, 요한1서 1:9, 요한계시록 1:5, 3:14, 19:11 같은 비바울 본문들을 인용하여 바울과 그 밖에 신약의 저자들이 히브리적인 의미로 그들의 글 여러 곳에 πίστις를 종종 사용했음을 지적한다. 히버트는 만일 목적격 소유격인 "예수 그리스도를 믿는 믿음으로 말미암아"를 받아들인다면, πίστις Ἰησοῦ Χριστοῦ가 등장하는 세 본문, 즉 로마서 3:22, 갈라디아서 3:22, 빌립보서 3:9에서 이 어구 바로 다음에 이어지는 단어들인 εἰς πάντας τοὺς πιστεύοντας("모든 믿는 자에게")가 적어도 어느 정도는 겹말이 된다는 사실을 주목한다. 그래서 히버트는 πίστις Ἰησοῦ Χριστοῦ를 "예수 그리스도의 신실함"으로 번역하는 것이 가장 좋다고 주장했다. 이렇게 번역하면 이 어구는 "그에게

---

76) Hebert, "'Faithfulness' and 'Faith,'" 376.

계시된 하나님의 신실하심"을 의미하는 것으로 이해된다.[77]

그러므로 "피스티스 예수 크리스투" 논쟁 초기에 πίστις 'Ιησοῦ Χριστοῦ라는 표현은 때로는 어느 정도 "하나님의 신실하심"을 언급하는 것으로 이해되었다. 예를 들어, 칼 바르트는 이곳 3:22의 διὰ πίστεως 'Ιησοῦ Χριστοῦ를 "예수 그리스도 안에 있는 그[하나님]의 신실하심"으로 번역하면서 다음과 같은 설명을 제시했다. "하나님과 예수 그리스도의 신실하심은 서로를 확인해준다. 하나님의 신실하심은 우리가 예수 안에서 그리스도를 만날 때 확정된다."[78] 가브리엘 히버트는 πίστις 'Ιησοῦ Χριστοῦ를 "예수 그리스도의 신실함"으로 번역했지만, 그 표현을 "그[즉 예수]에게 계시된 하나님의 신실하심"으로 이해했다. 반면에 토머스 토런스는 이 어구를 "예수 그리스도의 신실함"으로 번역했다. 우리가 (1) אמונה라는 단어가 "믿음"과 "신실함"을 모두 의미한 바울의 히브리적 배경과, (2) 이 본문에서 πίστις를 "신실함"의 의미로 사용한 다른 사용례(참조. 3:25, 26, 그리고 어쩌면 30절도), 그리고 (3) 갈라디아서 3:22과 빌립보서 3:9에 등장하는 동등한 표현은 물론이고, 3:22에서 바로 이어지는 εἰς πάντας τοὺς πιστεύοντας라는 표현이 겹말이라는 것을 고려할 경우, "하나님의 신실하심"(그것이 하나님의 신실하심이든지 아니면 예수 그리스도의 신실함이든지)에 대한 강조와 "예수 그리스도의 신실하심으로 말미암아"라는 번역이 언어학적으로 가장 설득력이 있는 것 같다.

그런데 성경의 어떤 특정한 진술이나 표현을 해석하는 것은 비단 언어학적 문제만은 아니다. 성경 해석은 (1) 모든 해당 진술이나 표현의 문맥, 즉 광의의 문맥과 직접적인 문맥 모두와 (2) 관련된 특정 저자의 총체적인 신학과도 대단히 중요하게 관련이 있다. 현재의 "피스티스 예수 크리스투" 논쟁에서 각 입장을 옹호하는 사람들은 이 특별한 해석학적 결정과 관련한 언어학적·상황적·신학적 쟁점들을 총체적으로 집약하는 것이 중요하다는

---

77) Hebert, "'Faithfulness' and 'Faith,'" 373.

78) K. Barth, *Romans*, 96.

사실을 기꺼이 인정한다. 예를 들어, 목적격적 소유격 해석을 지지하는 알란 헐트그렌(Arlan Hultgren)[79]과 주격적 소유격 이해를 지지하는 루크 존슨이 그러하듯이 말이다.[80] 그래서 관련이 있는 언어학적 특징을 다루는 것 외에, 여기서 이 문제와 연결된 맥락적인 쟁점과 신학적인 쟁점들에 대해 몇 마디 언급하는 것이 필요하다.

맥락적인 고려 사항들. 바울은 3:22에서 διὰ πίστεως Ἰησοῦ Χριστοῦ라는 표현을 사용하기 직전에 있는 자료 전체, 즉 2:17-3:20 내내 "하나님의 신실하심"과 비교하여 유대인들의 "신실하지 못함"에 대해 자세히 말했다. 그 논의는 3:3의 2개의 수사학적 질문으로 분명하게 표현된다: 어떤 자들이 믿지 아니하였으면 어찌 하리요(τί εἰ ἠπίστησάν τινες)? 그리고 그들의 믿지 아니함(ἡ ἀπιστία αὐτῶν)이 하나님의 미쁘심을(τὴν πίστιν τοῦ θεοῦ) 폐하겠느냐? 이 질문들에 이어 바울의 크고 맹렬한 대답이 3:4a에 이어진다. "그럴 수 없다(μὴ γένοιτο)!"

더욱이 바울이 빌립보서 2:6-11에서 인용한 초기 기독교의 신앙고백의 핵심 주장은 예수의 "순종"(ὑπακοή)과 관련이 있다. 이 내용은 초기 신앙고백적 자료의 중심에(즉 8절 마지막에) 표현되었다. "그는 죽기까지 복종하셨느니라(γενόμενος ὑπήκοος μέχρι θανάτου)." 바울이 강조하고 싶었던 것이 바로 이 진술인 것 같다. 그래서 그는 "곧 십자가에 죽으심이라(θανάτου δὲ σταυροῦ)"라는 말을 덧붙였다. 바울은 나중에 로마서 본론 중앙부의 두 번째 단락이 시작하는 곳인 5:19b에서 그리스도의 "순종"이라는 주제(διὰ τῆς ὑπακοῆς τοῦ ἑνός)를 택하여 이 순종이 "많은 사람"(οἱ πολλοί)을 위한 "의"를 이루었다고 말한다. 따라서 명사 "순종"(ὑπακοή)을 그리스도의 사역과 연결하여 명사 "신실함"(πίστις)의 동의어로 사용하고 있다고 볼 수 있다. 인정컨대, 빌립보서 2:6-11에 인용된 신앙고백적 자료의 8절 끝에 이 단어가 등장한 것을 제외한다면, 바울은 그리스도의 사역에 대해 말할 때, 그의 편지

79) Hultgren, "The Πίστις Χριστοῦ Formulation in Paul," 263ff.
80) L. T. Johnson, "Romans 3:21-26 and the Faith of Jesus," 78ff.

에서 이곳 로마서 5:19에서만 ὑπακοή("순종")라는 용어를 사용한다. 하지만 신학은 수학 그 이상이다. 그래서 "다양한 증거"라는 문예-역사적 비평이 언제나 중요하기는 하지만, 특정 표현의 중요성을 뒷받침하려고 그 표현의 빈도수에만 의지하지는 않는다.

그래서 문맥과 관련하여, 바울이 3:22에서 사용한 διὰ πίστεως Ἰησοῦ Χριστοῦ와 불과 네 절 뒤인 3:26에서 사용한 ἐκ πίστεως Ἰησοῦ는 (1) 그가 2:17-3:20에서(특히 3:3에 표현된) 하나님의 "신실하심"과 유대인들의 "신실하지 못함"을 더욱 논의한 거의 직후에, 그리고 (2) 5:19에서 "한 사람[아담]의 불순종"과 "한 사람[그리스도]의 순종"(5:18에서 그가 아담의 "한 범죄"와 그리스도의 "한 의로운 행위"를 대조한 것도 비교하라)을 대조하기 조금 전에 등장한다. 그래서 3:22(과 3:26)에서 바울이 πίστις를 주격적 의미로 사용한 것이 로마서의 넓은 문맥과 직접적인 문맥에 더 잘 어울린다고 주장하는 것이 적절할 것이다.

신학적인 고려 사항. 자신의 "고(高)" 기독론으로 인해, 바울은 다음과 같은 중요한 세 가지 문제를 의미심장하게 결합했을 것이다. (1) 이스라엘의 메시아이자 사람들의 주님이신 예수께 적용된 "아들"과 "하나님의 아들"이라는 칭호들, (2) 예수의 "순종"에 대한 초기 기독교의 신앙고백적 언급과 자신에 대한 언급, 그리고 (3) 그리스도의 "신실함"에 대한 바울의 언급 등이다. 우리가 여러 곳에서 주장했듯이, 이 모든 것은 자신의 지상 사역과 희생적 죽음 및 육체의 부활을 통해 사람들의 구원을 이룸으로써 하나님의 뜻을 성취한 예수에 대해 기능적인 방식으로 말한다.[81] 더욱이 자신의 믿음을 예수 그리스도의 인격과 사역뿐만 아니라 유대교 성경(구약)에 뿌리를 둔 예수를 믿은 유대인 출신인 바울의 사상은 공식적으로 이사야 11장의 메시아적 예언에 영향을 받았다고 상정할 수 있다. 특히 "공의(MT צדק)로 그의 허리띠를 삼으며 성실(MT אמונה)로 그의 몸의 띠를 삼으

---

81) R. N. Longenecker, "The Foundational Conviction of New Testament Christology," 122-44.

리라"고 천명하는 "이새의 줄기"에 관한 이사야 11:5의 영향을 받았을 것이다.

사실상 가장 개연성이 높아 보이는 것은 바울이 기독교 복음의 역사적인 근거를 표시하기 위해, 즉 이 종말론적인 "지금"의 기간에 "복음"에 관한 기독교 선포가 하나님의 아들이신 예수의 생애에서 능동적으로, 그리고 그의 죽음에서 수동적으로 아버지이신 하나님께 드리신 예수의 순종과 신실함이라는 완전한 반응에 역사적으로 근거한다는 사실을 강조하기 위해 πίστις Ἰησοῦ Χριστοῦ(또한 이 어구와 의미가 같은 형식들)를 사용했다는 것이다. 바울은 3:26 끝부분에 등장하는 ἐκ πίστεως Ἰησοῦ라는 어구에서 διὰ πίστεως Ἰησοῦ Χριστοῦ라는 형식을 발전시켰을 것이다. 3:26에 등장하는 어구는 우리가 초기 기독교의 신앙고백 자료에 속한다고 주장할 내용의 마지막 어구다.[82] 그런데 이런 추정의 타당성과 상관없이, 바울이 원래 1:16-17에서 제시한 논제 진술 중 1:17에서 앞서 사용한 ἐκ πίστεως εἰς πίστιν이라는 비교적 암호 같은 표현을 3:22에서 설명하기도 하고 발전시키기도 했다는 것은 분명한 것 같다.[83] 그리고 우리는 바울이 이 작업을 수행하는 동안, 다음과 같은 중요한 요지를 분명하게 하려 했다고 믿는다. 즉 이 종말론적인 "지금"의 기간에 하나님의 의의 선물이 "예수 그리스도의 신실하심으로 말미암아" 초래되었다고 말이다.[84]

3:22c   바울은 3:22b에서 전치사 διά("말미암아", "의하여")를 사용

---

82) 아래의 3:24-26 "석의와 주해"를 보라.

83) 앞의 1:17 "석의와 주해"를 보라.

84) Lloyd Gaston의 주장은 오늘날 이 문제를 과장되게 진술한 것이다: "πίστις Ἰησοῦ Χριστοῦ를 예수 그리스도의 '믿음'이나 '신실함'으로 수정하여 번역하는 것은 현재로서는 더 많은 뒷받침이 필요 없을 정도로 잘 확립되었다"(Gaston, *Paul and the Torah*, 12). 이 입장에 이점이 있지만, 현대의 로마서 주석가들 중에서 이 입장을 옹호한 사람은 거의 없다. Karl Barth는 이른 시기에 속한 예외의 인물이다. 그는 3:22의 표현을 "예수 그리스도 안에 있는 그의[즉 하나님의] 신실하심을 통해"라고 번역하고, 다음과 같이 주석했다. "하나님과 예수 그리스도의 신실함은 서로를 확증한다. 하나님의 신실하심은 우리가 예수 안에서 그리스도를 만날 때 확증된다"(K. Barth, *Romans*, 96). Charles Talbert는 "예수 그리스도의 신실함"을 3:22에서 바울이 의미한 바를 적절하게 이해한 것으로 주장한 오늘날의 주석가들 중에서 가장 주목할 만하다(참조. *Romans*, 107-10).

하여 바로 전에 등장한 πίστεως Ἰησοῦ Χριστοῦ("예수 그리스도의 믿음/신실함")라는 어구를 시작했다. 이곳 22c절에서 그는 전치사 εἰς("~로", "~에게")로써 πάντας τοὺς πιστεύοντας("모든 믿는 자")를 시작한다. 아치발드 로버트슨(Archibald Robertson)이 지적했듯이, "전치사의 다양성은 생각을 요약하는 기술적인 방법이다. 각각의 전치사는 새로운 사상을 덧붙인다."[85] 로버트슨이 칭한 대로, 이곳 3:22에서 사도 바울의 "다양하게 요약하기"는 그의 복음 선포의 독특한 두 가지 특징을 강조한다. 전치사 διά로 시작하는 말은 예수의 구속 사역에서 매우 중요한 객관적인 특징에 초점이 맞춰져 있고, 전치사 εἰς로 시작하는 말은 사람들의 반응, 즉 한 개인의 "믿음"과 관련된 핵심적인 주관적 문제에 초점이 맞춰져 있다.

바울이 하나님의 사랑과 자비와 은혜 및 죄 용서에 대한 유일한 바른 반응으로 "믿음"을 강조한 것은 1:16-17의 그의 논제 진술에 그 뿌리를 두고 있다. 여기서 "믿음"은 3번 등장한다. (1) "복음"을 "παντὶ τῷ πιστεύοντι("모든 믿는 자에게") 구원을 주시는 하나님의 능력"이라고 말하는 도입부에, (2) 암호 같은 어구인 ἐκ πίστεως εἰς πίστιν(문자적으로는 "믿음으로부터 믿음까지")에 표현된 진술의 후반부에, 그리고 (3) 이 논제를 뒷받침하기 위해 인용한 하박국 2:4의 마지막 어구인 ἐκ πίστεως ζήσεται("그는 믿음으로 말미암아 살리라")에 등장한다. 로베르트 모르겐탈러(Robert Morgenthaler)는 신약성경에 등장하는 πίστις의 횟수가 (이 단어의 다양한 모든 용례를 포함하여) 140회이며, 그중 39회 내지는 40회가 로마서에 등장한다고 밝혔다.[86] Πίστις가 등장하는 대부분의 예는 하나님을 믿는 또는 그리스도를 믿는 "믿음", "신뢰", "확신"에 대해 언급한다. 물론 "하나님의 신실하심", "아브라함의 믿음" 또는 "예수 그리스도의 믿음/신실함"을 언급하는 주격 소유격의 의미로 읽어야 하는 예들도 있지만 말이다.

더욱이 로마서에서 πίστις가 등장하는 39회 내지는 40회 중에서 대부

---

85) *ATRob*, 567.

86) Morgenthaler, *Statistik*, 132.

분은 로마서의 본론 중앙부의 네 단락 중 세 단락에 등장한다. 이를테면, 첫 번째 단락(1:16-4:25)에 21회, 세 번째 단락(9:1-11:36)에 6회, 네 번째 단락(12:1-15:13)에 7회 등장한다. 두 번째 단락(5:1-8:39)에서는 명사 πίστις 가 단 한 번 등장한다. 5:1a이 그것이다(5:2의 상당히 논란의 대상이 되는 이문 ἡ πίστις ["믿음"]를 받아들인다면 2번이겠지만, 그럴 가능성은 거의 없다).[87] 하지만 사본상 확실한 바로 그 예는 앞서 첫 번째 단락에 기록된 것을 되돌아보는 "지렛대 역할을 하는 구절"인 5:1에 등장한다. 그래서 이 구절은 5:1-8:39의 교훈을 대표하는 것으로 포함해서는 안 되고, 이전 단락인 1:16-4:25에서 말한 것을 상기시키는 것으로 이해해야 한다. 그렇지만 로마서의 본론 중앙부에 πίστις가 고르게 등장하지 않았음에도(그러나 이것은 바울 서신의 어느 것을 분석하더라도 늘 관찰되는 중요한 문제다), 하나님을 믿는 믿음과 그리스도를 믿는 믿음의 결정적인 중요성은 다음과 같은 모든 내용 저변에 있는 기본적인 확신이다. (1) 바울이 1:18-2:16에서 사람들의 경건하지 않음과 불의에 대해, 그리고 2:17-3:20에서 유대인들의 믿지 않음과 불의에 대해 부정적으로 쓴 것, (2) 바울이 3:21-31에서 기독교 복음 메시지에 관해 자신과 로마의 그리스도인 수신자들이 믿은 바에 대해 단도직입적으로 선언한 것, (3) 그가 4:1-25에서 최고의 믿음의 사람으로 아브라함을 부각시킨 것, (4) 5:1-8:39에서 자신이 이방인들에게 상황화한 메시지를 묘사한 것을 근본적인 것으로 추정한 것, (5) 9-11장에서 회개하지 않은 "동포 이스라엘" 안에 믿음이 부재한 것에 대해 탄식하지만 "이스라엘의 남은 자들" 중에는 믿음이 있음에 갈채를 보낸 것, (6) 12:1-15:13의 그리스도 중심적인 권면에서 활용한 내용 등이다.

"하나님의 신실하심"과 "사람들의 믿음" 등 이 구속의 두 요인은 사실 논제 진술이 있는 1:16-17에서만 아니라, 그 논제 진술을 발전시킨 이곳 3:21-23, 이것을 지지하는 신앙고백적 내용을 담은 3:24-26, 그 진술을 더욱 설명하는 3:27-31, 믿음의 가장 탁월한 예로 아브라함을 사용한 4:1-

---

87) "본문비평 주" 5:2을 보라.

24에서도 전면에 부각될뿐더러 심지어 더 두드러지고 더 발전된 형태로 나타난다. 그래서 종말론적인 "지금"이라는 이때의 기독교 "복음"은 (1) 역사적으로는 모든 사람을 대신하여 자신을 하나님 아버지께 드리신 아들 예수의 신뢰와 신실함과 순종에 근거하며, (2) 기독교적 메시지를 듣고 그의 성령으로 말미암아 하나님께 인도함을 받은 모든 사람에게 이에 상응하는 그리스도 예수로 말미암아 하나님께 드리는 신뢰와 신실함과 순종의 반응을 촉구한다. 그리스도의 사역과 성령의 사역으로 인해 바울이 로마서에서 글을 쓰는 내용 전체에 걸쳐 반복적으로 울려 퍼지는 것은 바로 이 믿음과 신실함이라는 적극적인 반응을 촉구하는 것이다.

3:22d   Οὐ γάρ ἐστιν διαστολή("차별이 없느니라")라는 진술은 이곳 3:22에서 바로 이 어구 앞에 등장하며 복수 목적격의 실명사적 형용사 πάντας("모든")를 뒷받침하려고 바울이 사용하는 진술이다. Πάντας는 πᾶς의 복수 목적격이며 같은 구절에서 바로 앞에 등장한다(εἰς πάντας τοὺς πιστεύοντας, "모든 믿는 자에게 미치는." 이 또한 복수 목적격이다). 더욱이 "차별이 없느니라"라는 어구는 1:16-17의 논제 진술에 근거하고 있으며, 기독교 복음의 보편성과 관련하여 이 어구가 강조하는 바를 전달한다. 바울이 1:16b에서 παντὶ τῷ πιστεύοντι("모든 믿는 자에게")의 실명사적 형용사 παντί("모든", πᾶς의 단수 여격)를 강조했듯이, 기독교 복음의 보편성을 재강조하는 Ἰουδαίῳ τε πρῶτον καὶ Ἕλληνι("먼저는 유대인에게요 그리고 헬라인에게로다")를 덧붙임으로써, 이곳 3:22b에서 πάντας("모든 사람") 다음에 복음 메시지의 보편성을 역시 강조하며 지지하는 진술인 οὐ γάρ ἐστιν διαστολή("차별이 없기 때문이다")를 덧붙인다.

3:23   기독교 복음의 보편성에 대한 바울의 강조는 3:23에서 πάντες γὰρ ἥμαρτον καὶ ὑστεροῦνται τῆς δόξης τοῦ θεοῦ("모든 사람이 죄를 범하였으매 하나님의 영광에 이르지 못하더니")라는 글에서 계속된다. 여기서는 죄의 상태에 있는 모든 사람의 비참한 상황의 보편성을 강조한다(이 내용은 그가 일찍이 1:18-3:20에서 쓴 내용을 상당히 요약한 것이다). 하지만 이 사실은 하나님께 믿음과 신뢰와 헌신으로 반응하는 모든 사람의 삶에 있는 하

나님의 구속적인 은혜와 하나님 영광의 회복의 보편성을 의미심장하게 암
시하기도 한다. 바울은, "덜 중요한 경우에 적용되는 것은 더 중요한 경우
에 확실히 적용될 것이다"라고 정의할 수 있는 힐렐의 성경 해석의 첫 번
째 규칙인 칼 바호메르(וחומר קל)를 이용하여 추론적으로 다음과 같이 주
장한다. 만일 "모든 사람(πάντες)이 죄를 범했고(3인칭 복수 부정과거 직설법
동사 ἥμαρτον), 하나님의 영광에 미치지 못했다면(3인칭 복수 현재 중간태 동사
ὑστεροῦνται)", "예수 그리스도의 신실함"에 근거하고 사람들의 죄의 보편
성의 심각함보다 훨씬 더 크고 더 많은 의미를 지니는 시나리오인 하나님
의 의의 선물은 확실히 보편적으로 "모든 믿는 자에게"(일찍이 1:16에서 진술
한 것처럼, παντὶ τῷ πιστεύοντι) 열려 있으며 "모든 믿는 자에게"(23절 바로 앞
3:22에서 진술한 것처럼 τοὺς εἰς πάντας πιστεύοντας) 주어질 것이다. 사실 이곳
에서 바울이 주장하는 것은 이것이다. 사람의 죄와 무능력의 보편성이 존
재한다면, 덜 중요한 상황에서 더 중요한 상황으로의 논증에 근거하여, 하
나님께서 그리스도의 사역과 하나님의 영의 사역으로 말미암아 주신 구원
역시 틀림없이 보편성을 지닌다고 말이다.

　　"더 중요한 경우"와 관련된 어떤 것을 지지하면서 "덜 중요한 경우"로
부터 어떤 것을 인용하는 이러한 유형의 추론적 주장은 현대의 청중들에게
는 공감을 얻지 못할 수도 있다. 하지만 (우리가 로마에서 예수를 믿는 신자들이
처했던 상황이라고 상정했듯이) 유대 기독교 신학과 언어 및 논증 방법의 영향
을 받은 수신자들은 얼마든지 공감했을 것이라고 추정할 수 있다.

　　부정과거 시제인 ἥμαρτον("죄를 범하였다")은 나중에 로마서 5:12에
도 등장하는 이 동사의 시제와 관련하여 종종 이해되었듯이 "아담 안에 그
리고 아담과 함께" 있는 모든 사람의 죄를 언급한다고 이해할 수 있을 것
이다.[88] 분명한 점은 바울이 5:12에서 사용한 πάντες ἥμαρτον으로 인해 아
담의 죄의 처참한 결과에 대한 묘사가 절정에 도달했다는 것과, 의심의 여

---

88) 예. Dunn, *Romans*, 1.167-68.

지 없이 3:23과 5:12 간의 병행을 상정할 수 있다는 것이다.[89] 하지만 이곳 3:23에 사용된 부정과거 동사 ἥμαρτον은 사실 진술의 부정과거로 이해하거나, 오늘날 널리 명명되는 "집단적·역사적 부정과거"[90]나 "요약적 부정과거"[91]로 이해하는 것이 가장 좋을 것이다. 다시 말해서 이 부정과거는 역사 내내 모든 사람의 모든 죄를 집단적인 총체로 보거나 모든 죄가 단일한 순간으로 모인 것으로 보는 것이다. 그리고 이곳에 사용된 부정과거 동사 ἥμαρτον을 사실 진술의 부정과거로 받아들이면서 조세프 피츠마이어가 내린 결론은 확실히 옳다. "여기서 아담을 언급하는 것은 본문의 의미와 상관없는 의미를 본문에 삽입하는 일이다."[92]

"모든 사람이 죄를 범하였다"는 교훈은 바울이 활동하던 시기 전후의 많은 유대인도 공감했던 내용이다.[93] (어떤 형태이든지 간에) "원죄" 교리가 후기 랍비 유대교의 신학에서는 눈에 잘 띄지 않았지만, 모든 사람의 죄성에 대한 이해는 탈무드와 여러 초기 유대교 문헌의 많은 진술의 저변에 있다. 이러한 이해는 특히 기원후 100년경의 영적으로 민감한 유대 묵시문학인 「에스라4서」의 다음과 같은 진술에 분명히 드러난다. "살아 있는 사람들 가운데 죄 없는 사람이 누가 있으며, 사람들 가운데 주님의 언약을 범하지 않은 사람이 누가 있습니까?"(*4 Ezra* 7:46) 그리고 "사실 사람으로 출생한 자들 중에 악한 행동을 하지 않은 사람은 하나도 없으며, 존재하는 사람들 가운데 죄를 범하지 않은 사람은 하나도 없습니다"(8:35).

'Υστεροῦνται τῆς δόξης τοῦ θεοῦ("그들이 하나님의 영광에 이르지 못했다")라는 진술에 등장하는 동사 ὑστερέω의 현재시제와 중간태는 모든 사람이 경험상 늘 하나님의 영광에 미치지 못하고 있음을 암시한다. 이것은 그들이 단지 종말론적인 심판의 기대에 미치지 못할 것이라는 의미가 아

---

89) 5:12에 대한 본서의 "석의와 주해"를 보라.

90) 예. *Burton*, section 54.

91) *Porter*, 222.

92) Fitzmyer, *Romans*, 347.

93) 사람들의 죄와 책임에 대한 유대인들의 관점을 다룬 5:12-14에 대한 "석의와 주해"를 보라.

니라, 현재 그들의 죄 있는 인간 상태에서 기대에 미치지 못하고 있음을 의미한다. 매튜 블랙이 관찰했듯이, 이것은 "바로 앞에 있는 '모든 사람이 죄를 범했다'는 말과 거의 동일한 내용을 의미하는" 표현이다.[94]

'Η δόξα τοῦ θεοῦ("하나님의 영광")라는 어구는 "성경 그리스어에서 의미의 현저한 변화를 겪은 매우 시적인 표현이다."[95] 매튜 블랙은 그 증거를 다음과 같이 요약했다.

> 고전 그리스어에서 그것은 "의견"을 의미한다. 성경 그리스어에서 그것은 신성한 시내산[출 24:16]을 의미하며, 구름 기둥[출 16:10]이나 성막[출 24:16]이나 성전[왕상 8:11]에 나타났다. 랍비 전통에 따르면, 그것은 타락 이전의 아담의 얼굴에서 빛났으나 타락 이후에는 하나님의 형상과 더불어 사라졌다. 이런 의미에서 "영광"은 아담의 신적 성품이 메시아 시대에 회복되었을 때에야 비로소 회복될 것이다.[96]

그러므로 하나님의 구속 계획에는 "하나님의 영광"이 하나님의 창조에 회복되는 것이 포함되어 있다. 이 회복에는 모든 인간과 모든 생명체 및 무생물이 포함된다. 그래서 바울은 "하나님의 영광"이 하나님 자신의 경험과 그가 창조하신 우주 전체에서 회복된다고 말한다. 미래에 하나님 자신과 그분이 만드신 세상을 위한 그분의 구속 계획의 최종적인 절정과 관련해서뿐만 아니라,[97] 그리스도와의 교제 속에서 사는 그리스도인의 현재 지상 생활과 관련해서도 말이다.[98]

---

94) Black, *Romans*, 67.
95) Black, *Romans*, 66-67.
96) Black, *Romans*, 66-67.
97) 참조. 롬 5:2; 8:18-21; 빌 3:21; 골 1:27; 살후 2:14.
98) 고후 3:18; 4:6.

II. 초기 기독교 신앙고백 자료의 뒷받침을 받는 발전된 논제 진술(3:24-26)

신약 해석자들 사이에서는 3:24-26에 등장하는 여러 문제에 대해 상당한 불확실성뿐 아니라 제법 많은 논의가 있었다. 주로 다음과 관련된 내용이다.

1. 바울이 통상적으로 사용하는 어휘나 문체와 약간 다른 듯 보이는 용어와 표현 및 구문론적 구성.
2. 이 세 구절에 있는 자료의 특성. 이것이 바울이 인용한 초기 기독교의 전통적인 자료인지, 아니면 바울 자신이 작성한 자료인지의 문제.
3. 3:24 맨 처음에 등장하는 복수 주격 현재 수동태 분사 δικαιούμενοι ("의롭다 하심을 얻은")와 바로 앞에 있는 3:21-23과의 관계.
4. 이 자료가 시작하고 끝나는 곳이 정확히 어디인지를 밝히는 문제.
5. 본문에 다양한 편집적인 삽입구가 있을 가능성.
6. 사도가 바로 앞 3:21-23의 발전된 논제 진술에서 기록했던 것과 관련하여 3:24-26이 어떻게 기능하는지의 문제.

우리의 제안은 이것이다. 바울은 3:21-23의 발전된 논제 진술을 뒷받침하는 데 매우 중요하다고 본 초기 기독교의 신앙고백의 한 부분을 3:24-26에서 인용한다. 이것은 (1) 그가 로마의 그리스도인 수신자들에게 잘 알려졌다고 믿었고, (2) 그가 확신하기로 자신과 그의 수신자들이 그들의 기독교 신앙에 근본적이라고 본 것을 표현했으며, (3) 그의 생각에 자신의 수신자들이 기꺼이 이해하고 공감할 방법으로 표현되었다고 본 유대 기독교적인 신앙고백 자료다. 본문에 관한 이러한 이해에 근거하여 이어지는 석의와 주해에서 본문을 설명하려 한다. 더욱이 우리의 석의와 주해에서 (1) 3:24-26이 로마의 그리스도인들에게 중요하며 그들이 계속해서 지지한 초기 유대 기독교적 교훈을 어떻게 반영하고, (2) 바울이 3:21-23의 발전된 논제 진술을 뒷받침하기 위해 이 자료를 어떻게 사용했는지를 강조할 것이다. 바울은 그의 수신자들이 이 발전된 논제 진술의 중요한 특징들이 어떻게 그들의 유대 기독교적 예전에서 이미 고백한 것으로 뒷받침을 받는지를 알면, 그 논제 진술에 동의할 것이라고 확신했다. 그리고 (3) 이 자료가 오늘날 우리에게, (바울이 그리스-로마 세계의 이방인들에게 복음을 전하면서 상황화한 동일한 기독교 메시지와 비교하여) 그들의 메시아와 구세주의 구속 사역과 관련하여, 예수를 믿는 최초기의 유대 신자들의 가장 중요한 몇몇 확신과 (로마의 그리스도인들과 마찬가지로) 그들을 통해 복음 전도를 받은 사람들의 기본적인 확신을 어떻게 계시해주는지를 강조할 것이다.

　　3:24-26의 자료는 두 부분으로 제시되었다. 첫 번째 부분은 법정적인 용어와 제의적인 언어로 표현된 기본적인 기독교 신앙을 천명한다(24-25a절). 두 번째 부분은 조금 전 천명한 것에 대한 기독교적 근거를 제시한다(25b-26절). 두 번째 부분의 근거는 다음과 같은 근본적인 확신이다. (1) 3:25b과 26a절의 "하나님의 의"(ἡ δικαιοσύνη αὐτοῦ; 문자적으로 "그[하나님]의 의")에 대한 성경적 개념. 이 개념은 여기서 일차적으로 "하나님의 의로운 정의"라는 사상을 암시하는 속성적 의미로 이해된다. (2) 3:26b의 독특한 기독교 이해인 "예수의 신실함"(πίστις Ἰησοῦ는 주격 소유격으로 이해되어 "예수의 믿음/신실함"을 의미한다). 우리가 믿는 바대로, 이것은 바울이 3:25a의 διὰ τῆς πίστεως라는 어구와 맥을 같이하면서, 예수가 하나님 아버지를 향한 "능동적인 순종"(그의 생애에서)이나 "수동적인 순종"(그의 죽음에서)을 통해 보여주신 언약적 신실함을 함축하려는 것이다.[99] 그러므로 우리의 본문 주해는 "천명"과 "근거" 등 2개의 제목으로 조직할 것이다. 더 중요하게는 본문 주해에서 우리는 바울이 "하나님의 의"와 "예수의 신실함"을 어떤 의미로 쓰고 있는지를 설명하려 할 것이다.

---

99) 참조. R. N. Longenecker, "The Foundational Conviction of New Testament Christology," 122-44.

A. 기본적인 기독교 신앙의 천명(3:24-25a)

(1) 바울이 3:24-26에서 초기 기독교의 신앙고백 자료 중 한 부분을 인용하고 있으며, (2) 이 전통 자료에 속한 부분이 로마에 있는 그의 수신자들에게 잘 알려진 것이었다는 논지를 받아들이면서, 우리는 본문에 사용된 법정적 용어들과 제의적인 언어가 이 본문에서 본질적이다는 점을 인정해야 한다. 더욱이 우리는 바울이 이 세 구절에서 인용한 내용이 일반적으로는 유대 기독교의, 구체적으로는 예루살렘 모교회의 기본적인 교리들을 대표할지도 모른다는 점을 인정해야 한다. 그렇다면 이 유대 기독교적 용어와 표현들은 로마에 있는 바울의 그리스도인 수신자들이 호응할 수 있는 내용이었을 것이라고 추론할 수 있을 것이다.

　　3:24a　　윌리엄 샌데이와 아서 헤들럼은 자료 하부 단락의 첫 번째 단어인 분사 δικαιούμενοι를 논의하며 3:24-26 자료에 대한 주석을 다음과 같이 시작한다. "이 단어의 구성과 연결은 난해하다."[100] 그런 다음에 두 사람은 이 1인칭 복수 현재 수동태 분사를 당대의 "중진 학자들"이 이해한 네 가지 방법을 나열했다. 그들은 그중 세 가지 방법을 평가한 후에 자신들이 선호하는 방식을 네 번째 것으로 소개한다.[101]

　1. Δικαιούμενοι를 "ὑστεροῦνται [즉 "하나님의 영광에 이르지 못하다"]가 묘사하는 상태의 상세한 설명을 표시하기 위한 것으로, 또는 그 증거를 제시하"여 δωρεὰν τῇ αὐτοῦ χάριτι("그의 은혜로 값없이")를 강조하는 것으로 이해하기. 그럴 경우 3:23b-24a은 이렇게 읽힌다. "사람들은 하나님의 영광에서 떨어져 있다. 의의 상태가 그들에게 주어져야 하기 **때문이다**. 의를 얻기 위해 그들이 할 수 있는 것은 아무것도 없다." 그러나 샌데이와 헤들럼은 이 견해를 이렇게 평가한다. "그러나 이것은 상당히 설득력이 떨어진다. Ὑστεροῦνται에

---

100) Sanday and Headlam, *Romans*, 85.
101) Sanday and Headlam, *Romans*, 85-86(강조는 원저자의 것임).

대한 이런 증거나 더 상세한 묘사는 필요하지 않다."

2. ῾Υστεροῦνται("그들이 ~에 이르지 못하다")와 δικαιούμενοι("의롭다 하심을 얻다")를 의미상 접속사 καί("그리고")로 연결된 상응하는 두 단어로 이해하기. 그러면 분사 δικαιούμενοι를 정동사 형태인 δικαιοῦνται("그들이 의롭게 되다")로 바꾸든지, 또는 동사 ὑστεροῦνται를 그 단어의 분사 형태인 ὑστερούμενοι("미치지 못하기에")로 바꿔야할 것이다. 그럴 경우 3:23b-24a은 이렇게 읽힌다. "그들은 하나님의 영광에 이르지 못하고 그의 은혜로 값없이 의롭게 된다." 또는 "의롭다 함을 받고 이르지 못했기에"라고 읽을 수도 있을 것이다. 그러나 샌데이와 헤들럼이 올바르게 관찰했듯이, "이것은 미심쩍은 그리스어다."

3. Δικαιούμενοι를 "선행하는 내용과" 연결시키지 않고, 그것을 "새로운 절"을 시작하는 것으로 이해하기. 이럴 경우 우리는 파격 구문을 만나게 되며, πῶς καυχώμεθα("우리가 ~대해 자랑하노라" 또는 "즐거워하노라")와 같은 어구를 보충해야 한다. 그러면 파격 구문에 따라 3:24을 감탄문으로 읽게 된다. "우리가 그의 은혜로써 값없이 의롭다 함을 받은 것을 자랑하노라/기뻐하노라!" 샌데이와 헤들럼은 이렇게 말한다. "그러나 이것은 눈에 거슬리며, 연결어가 필요하다."

4. 바울의 주격 δικαιούμενοι 사용을 3:23의 주격 πάντες에 의해 "암시된" 것으로, 그렇지만 실제로는 3:22의 목적격 τοὺς πιστεύοντας를 언급하고 그것과 연관된 "의미"로 이해하기. 이 견해에 따르면, 3:22b과 3:23는 특성상 삽입 어구로 이해되어야 한다. 그러면 3:22a과 3:24a은 이렇게 읽힌다. "이 하나님의 의는…그의 은혜로써 값없이 의롭다 하심을 얻은(δικαιούμενοι) 모든 믿는 자(εἰς πάντας τοὺς πιστεύοντας)에게 미친다." 샌데이와 헤들럼이 이 견해가 "이[다른 세 가지] 해결안 중 어느 것보다 쉽고 자연스럽다"고 판단했지만, 두 사람 역시 구문론적으로 "이러한 구성이 불규칙적이다"라고 인정했다. 사실 우리가 주장하려는 바대로, 목적격 실명사적 분사 τοὺς

πιστεύοντας가 주격 분사 δικαιούμενοι의 지시대상이라는 견해는 매우 불규칙적일 것이다. 샌데이와 헤들럼이 계속해서 "이것이 사도 바울에게 너무 불규칙적인 것은 아닌지 문제를 제기할 수 있다"라 고 주장하지만 말이다.

이 네 가지 방식 중 하나는 오늘날에도 대부분의 해석자들이 3:24 맨 처음 에 등장하는 이 1인칭 복수 현재 수동태 분사의 형태와 기능을 이해하는 방 법이다. 적어도 어떤 이유에서든지 분사 δικαιούμενοι를 바울이 인용한 초 기 기독교의 전통적인 자료에 속하는 첫 단어로 받아들일 수 없는 사람들 도 분사 δικαιούμενοι를 이 네 가지 방식 중 하나로 이해한다. 그러나 우리 는 (1) 바울이 3:24-26에 초기 유대 기독교회의 케리그마에서 유래한 기독 교 신앙고백적 자료의 한 부분을 편입했고, (2) 그 자료가 원문맥에서 어떤 형태를 가졌고 또 어떻게 기능했든지 간에, 분사 δικαιούμενοι의 구문적 어색함이 인용된 자료의 시작을 표시한다는 논지들이, 받아들여질 수 있을 만큼 정당하다고 생각한다.

　　이것은 대체로 루돌프 불트만이 1936년에 처음 제안한 논지다. 그는 이것을 1948년에 출간한 『신약성서 신학』에서 발전시켰다.[102] 그리고 이 러한 제안은 에른스트 케제만, 클라우스 베게나스트, 존 로이만, 게오르크 아이히홀츠, 랄프 마틴이 더 자세히 주장했다.[103] 따라서 케제만이 1980년 에 영어로 번역된 그의 『로마서 주석』에서 3:24-26과 관련한 이 논제를 요 약한 것처럼, "그[바울]는 확립된 전통 위에 구축하고 있었다. 이것은 특히 24절 문장 구조의 갑작스러운 변화에서 볼 수 있다."[104]

---

102) 위 "형식/구조/상황"의 "3:24-26의 초기 기독교 신앙고백적 자료"라는 제하에 논의한 것 을 보라.

103) Käsemann, "Zum Verständnis von Röm 3,24-26," 150-54; 또한 그의 *Romans* (ET 1980), 95-101도 보라; Wegenast, *Das Verständnis der Tradition bei Paulus* (1962); Reumann, "The Gospel of the Righteousness of God," 432-52; Eichholz, *Die Theologie des Paulus im Umriss*, 189-97; Martin, *Reconciliation*, 81-89.

104) Käsemann, *Romans*, 95.

제임스 던은 3:24 앞에 있는 "δικαιούμενοι의 어색한 구문은 바울이 그의 사고 흐름에 적합하게 하려고 이전에 형성된 문구의 도입부를 조정했거나, 이전에 형성된 문구를 통합하기 위해 자신의 용어를 조정한 결과일" 것이라고 제안했다.[105] 두 견해 중 어느 것이든 가능하다. 던은 계속해서 "그분[하나님]이 예수 그리스도를 ἱλαστήριον διὰ πίστεως ἐν τῷ αὐτοῦ αἵματι (이것은 "그의 피를 믿는 믿음/피에 의한 신실함으로 말미암는 속죄/대속/화해" 등 다양하게 번역될 수 있다)로 주셨다"는 진술과 관련하여 다음과 같이 적절히 주장했다.

> 바울이 실질적으로 지지하는 주장 없이 이것을 단순히 주장할 수 있다는 사실은 바울 이전에 존재했던 문구가 첫 기독교회의 신앙고백의 근본적인 요소를 표현했음을 입증한다. 따라서 로마서의 수신자들은 그것을 별다른 논의 없이 그들이 공유하는 신앙의 한 부분으로 받아들였을 것이다.[106]

더욱이 던은 바울 이전의 자료가 바울 및 그의 수신자들이 "공유하고 있는 신앙"에 속한 것이라는 점과 관련하여 다음과 같이 관찰했다 "이전의 문구를 바울이 '교정했을' 것 같지는 않다."[107]

그러므로 1인칭 복수 현재 수동태 분사 δικαιούμενοι를 상황적·부사적 분사로 이해하는 것이 최상인 것 같다. 이런 유형의 분사는 (1) 수반되는 사상이나 상황, 또는 부가적인 사상이나 사실을 표현하고, (2) 영어로는 (명시적으로든 암시적으로든) 주문장으로 이어지는 접속사 "그리고"(and)를 첨가하여 번역하는 것이 가장 적절하며, 그래서 (3) 여기 3:24의 도입부에서는 "그리고 우리는 의롭다 함을 받았다"로 이해되어야 한다. 이 현재 수동태 상황적·부사적 분사가 신앙고백 자료의 원맥락에서 초기 기독교의 또

---

105) Dunn, *Romans*, 1.164.
106) Dunn, *Romans*, 1.164.
107) Dunn, *Romans*, 1.164.

다른 신앙고백적 진술을 뒤따랐을 것이라고 추정하는 것이 이치에 맞을 것 같다. 하지만 앞에 있는 진술은 분명히 바울이 3:21-23의 발전된 논제 진술을 지지하면서 지적하려는 요지와 직접적인 관련이 없다. 그래서 바울이 그의 인용문에 이전의 진술을 포함시키지 않고 단순히 상황적·부사적 분사 δικαιούμενοι로 시작한 전통적인 자료를 편입했으므로, 또 그가 분명히 로마에 있는 그의 수신자들이 이 인용된 자료를 초기 기독교의 전통적인 자료에 속하는 더 광범위한 내용의 한 부분이었던 것으로 인정했을 것이라고 믿어 그것을 어떤 공식적인 방식으로 소개할 필요를 느끼지 않았기 때문에, 3:23과 3:24 사이에는 산문에서 인용문으로 어색하게 전환한 구문론적 중단이 존재한다.

동사 δικαιόω("의롭게 하다", "정당함을 입증하다", "의롭다고 선언하다")는 일찍이 2:1-3:20에서 바울이 확장한 부정적 논쟁에 3번 등장한다: 2:13("하나님 앞에서는 율법을 듣는 자가 의인이 아니요 오직 율법을 행하는 자라야 '의롭다 하심을 얻으리니'")과 시편 51:4b을 인용한 3:4("주께서 주의 말씀에 '의롭다 함을 얻으시고' 판단 받으실 때에 이기려 하심이라")과 3:20("율법의 행위로 그[하나님]의 앞에 '의롭다 하심을 얻을' 육체가 없나니"). 하지만 로마서에서 바울이 긍정적으로 δικαιόω(와 그 단어의 1인칭 복수 주격 현재 수동태 분사 형태)를 사용하여 예수를 믿는 신자들이 "의롭다 하심을 얻은" 것을 언급한 것은 이번이 처음이다. 물론 그가 나중에 로마서 3:26, 28, 30, 4:5; 5:1, 9, 8:30, 33 등에서 계속 이 적극적인 용례를 사용할 것이기는 하다.[108]

3:24b   4절 후반부에서는 "선물로", "지불하지 않고", "값없이", "거저"를 의미하는 부사로 목적격 δωρεάν(주격 δωρεά에서 파생, "선물" 또는 "너그러움")이 사용되었다. 신약성경 전체에서는 여러 방법으로 하나님의 자비와 은혜의 값없이 주시는 특성이 강조되었다.[109] Τῇ αὐτοῦ χάριτι("그의 은혜로")라는 표현은 하나님의 구속 행위의 공로 없이 또 조건 없이 주어지는

108) 고전 4:4; 6:11; 갈 2:16-17; 3:8, 24; 딛 3:7에 등장한 예를 보라.
109) 마 10:8; 고후 11:7; 살후 3:8; 계 21:6; 22:17을 참조하라.

특성을 의미한다. 3:24-26을 (전체적으로나 부분적으로) 바울이 인용한 초기 기독교 전통에 속하는 것으로 이해하는 일부 해석자들은 바울이 "값없이" 와 "그의 은혜로"라는 표현을 이 초기 자료에 직접 삽입한 것으로 보았다. 하지만 유대교는 하나님과의 언약 관계가 전적으로 자비로우시고 은혜로 우시며 용서하시는 하나님으로부터 말미암는 것으로 이해했다. 그리고 유대 그리스도인들은 분명 하나님께서 그리스도 예수의 사역으로 말미암아 자신들을 위하여 "그[하나님]의 은혜로 값없이" 구속의 행위를 행하셨다고 믿었다. 그러므로 이 표현을 바울에게 한정할 필요는 없다. "값없이"와 "하나님의 은혜로"는 구약성경과 신약성경에 다 등장하는 강조이기 때문이다. 그리고 이 표현들은 적어도 어느 정도는 유대교와 그리스도교 양쪽에 속하는 다양한 형식으로 전달되었다.

3:24c   신약성경에서 비교적 드물게 사용되는 단어인 명사 ἀπολύτρωσις("구속")는 바울 서신에 7번(이곳 3:24 이외에 롬 8:23; 고전 1:30; 엡 1:7, 14; 4:30; 골 1:14), 히브리서에 2번(9:15; 11:35), 그리고 누가복음에 1번 (21:28) 등장한다. 하지만 ἀπολύτρωσις는 λύτρον("대속", "해방의 대가"; 마 20:28; 막 10:45), ἀντίλυτρον("대속"; 딤전 2:6), λυτροῦσθαι("속전을 지불하고 자유롭게 하다", "구속하다"; 참조. 눅 24:21; 딛 2:14; 벧전 1:18), λύτρωσις("대속", "해방", "구속"; 눅 1:68; 2:38; 히 9:12), λυτρωτής("구속자"; 행 7:35) 등과 같은 동족 그리스어 표현들과 결합되기도 한다. 이 모든 단어의 의미는 명사 λύτρον("대속", "해방의 대가")과 그 명사의 동사형 부정사 λύειν("풀어주다", "자유를 주다" 또는 "구속하다")에서 유래했다.

벤저민 워필드가 오래전에 지적했듯이, 고전 그리스어와 코이네 그리스어에서 동사 λύειν에는 "매우 다양한 방식에 적용되고 확장되는 '풀어주다'라는 일반적인 의미가 있다." 하지만 "사람에게 적용할 때, 그 단어의 일반적인 의미는 특히 굴레나 옥에서 '풀어주다, 놓아주다, 해방시키다'이다. 그래서 이 단어는 일반적으로 난국이나 위험에서의 해방을 의미한다."[110] 70인역에서 명사 λύτρον은 ἀντίλυτρον, λύτρωσις, λυτρωτής, λυτρωτός, ἀπολυτροῦν, ἀπολύτρωσις, ἐκλύτρωσις와 같은 동족 단어들과 더불어 히브리어 명사 כפר("생명의 값", "속전"), פדיון("속전") 그리고 גאלה("대속")를 번역하기 위해 광범위하게 사용되었다. 물론 유대교 성경(구약)의 수 많은 종교적 문맥에서 이 히브리어 단어와 그리스어 단어는 (1) 이집트의 굴레로부터 해방,[111] (2) 바빌로니아 포로에서 해방,[112] (3) 현재의 구체적인 악이나 일반적인 악으로부터 어떤 사람의 구원,[113] (4) 종말론적인 미래에 있을 하나님 백성의 구속[114] 등을 지칭하기 위해 사용되었다.

'Απολύτρωσις("구속")는 노예, 투옥, 온갖 종류의 압제와 같은 재앙에서 "구출"이나 "해방"을 지칭하기 위해 사용되던 상당히 일반적인 "법정 통화"였다. 하지만 유대인들의 종교 언어에서 이 단어는 하나님께서 그의 백성을 위해 행하신 구원 사역 및 그 결과로 이루어진 하나님과 그 백성의 관계에 관한 내용을 언급하는 전문용어로 사용되기도 했다. 그러므로 인종적인 배경이 어떠하든지 간에 구약성경을 이해했던 그리스도인들(물론 바울도)과 유대 그리스도인들은 하나님의 구원에 관해 말할 때 유대인들이 이해했던 것과 동일하게 법정적인 방식으로 ἀπολύτρωσις를 이해했다고 추정할 수 있다. 그들의 이 용어 사용에서 유일하게 바뀐 것이 있다면, 그것은 구원사의 "종말론적인 지금"이라는 이 기간에,[115] 하나님의 구원이 ἐν Χριστῷ Ἰησοῦ("그리스도 예수 안에서/예수로 말미암아"), 즉 그리스도 예수의 사역으로 말미암아 이루어졌다는 사실이다. 그리고 이 용어를 이렇게 이해하는 것은 적어도 교부 시대의 그리스도인들 사이에서 지속되었던 것 같다. 로마서 3:24에서 바울이 ἀπολύτρωσις를 사용한 것과 관련하여 오리게네스가 다음과 같은 진술로써 입증한 것처럼 말이다.

---

110) Warfield, "The New Testament Terminology of Redemption," 202.
111) 예. 출 6:6; 신 7:8; 9:26; 13:5(LXX 13:6); 15:15; 느 1:10; 시 77:15(LXX 76:15).
112) 참조. 사 43:14; 52:3; 렘 50:33-34(LXX 27:33-34); 여러 곳.
113) 참조. 삼하 4:9; 왕상 1:29; 시 34:22(LXX 33:22); 144:10(LXX 143:10); 여러 곳.
114) 참조. 사 41:14; 44:22-24; 51:11; 62:12; 63:9.
115) 본서 3:21에 대한 "석의와 주해"를 보라.

"구속"은 사로잡힌 자들의 몸값을 지불하고 그들을 자유로운 사람으로 회복시키는 것을 표현하기 위해 사용되었다. 그러므로 사람들은 하나님의 아들이 오시기 전에는 그들의 원수들에게 사로잡힌 채 살고 있었다. 그분은 우리를 위해 하나님의 지혜와 의와 거룩함이 되셨을뿐더러(참조. 고전 1:30), 구속이 되시기도 하셨다. 그분은 우리의 구속을 위해 자신을 주셨다. 다시 말해서 우리 원수들에게 자신을 복종시키고, 피에 목말라 있는 사람들 위에 자신의 피를 부으셨다. 이런 방법으로 신자들을 위해 구속이 획득되었다.[116]

바울은 나중에 로마서 8장에서 자신의 좀 더 개인적이고 관계적이며 참여적인 상황화된 구원론을 반추하는 방식으로 ἐν Χριστῷ Ἰησοῦ라는 표현을 강조할 것이다. 이 "그리스도 안" 유형의 구원론은 바울 서신 전체에서 초기 서신부터 후기 서신까지 점차 빈도수가 증가하면서 등장한다.[117] 그러나 여기서 관사 τῆς에 의해 수식되는 ἐν Χριστῷ Ἰησοῦ라는 표현은 관사가 있는 명사 τῆς ἀπολυτρώσεως("그 구속")의 특질을 규명하는 기능을 하는 형용사구로 이해해야 하는데, 그 표현은 기원 또는 행위의 의미로 사용되었다. 따라서 **"그리스도 예수로 말미암아 임한** '구속(또는 속량)'"으로 번역하는 것이 가장 좋다.

    3:25a   학자들은 3:25a을 다양하게 이해하고 번역한다. 예를 들어 다음과 같은 현대 영어 번역들이 그 증거다. "하나님이 믿음을 통한 화목을 이루시려고 자기 생명을 희생하도록 그를 세우셨으니"("Who was appointed by God to sacrifice his life so as to win reconciliation through faith", JB), "하나님이 그의 피로써 믿음으로 말미암는 화목제물로 세우셨으니"("God presented him as a sacrifice of atonement, through faith in his blood", NIV), "하나님이 믿음으로 효력 있는 그의 피로써 속죄제물로 세우셨으니"("Whom God put

---

116) Origen, *Ad Romanos*, PG 14,945.
117) 본서에서 8:1의 "그리스도 예수 안에" 주제를 설명하는 "석의와 주해"를 보라.

forward as a sacrifice of atonement by his blood, effective through faith", NRSV). 사실 킹슬리 바레트가 주목했듯이, "이 진술에 길게 논의할 만한 단어는 없다."[118]

3:25a에 대한 해석은 지난 한 세기 동안 특히 어렵다고 여겨져왔다. Ἱλαστήριον의 의미가 불확실하기 때문이다. 이 단어를 유대교 제사 제도에서 (1) "시은좌", "속죄의 장소", "속죄소 덮개"를 지칭하는 것으로 이해해야 하는가? 아니면 (2) (하나님의) "대속(propitiation)" 혹은 (죄의) "속죄(expiation)"라는 신학 개념을 염두에 둔 것으로, 또는 (3) 좀 더 일반적으로 "제물"이나 "속죄제물"이라는 개념을 의미하는 것으로 이해해야 하는가? 이 외에도 ἐν τῷ αὐτοῦ αἵματι("그의 피 안에서/로 말미암아")의 기능과 의미에 대한 질문이 종종 제기된다. 이것을 (1) 그리스도의 "속죄제물"을 수식하는 것으로 보아야 하는가?(NRSV) 아니면 (2) 신자들의 "믿음"을 수식하거나(NIV), (3) 문자적인 방식으로 읽도록 의도된 표현이 아니라 전반적인 번역에 약간은 모호한 방식으로 편입된 것으로(JB) 보아야 하는가?

대부분의 신약 주석가들은 3:25의 전반부를 기독교 복음의 초기 선포에 나타난 중요한 두 특징을 강조하는 것으로 이해한다. (1) 이 진술의 전반부에 등장하는 바, 하나님께서 예수를 "속죄제물"(ἱλαστήριον)로 주심으로써 행하신 것을 가리키는 객관적인 요인, (2) 이 진술의 후반부에 등장하는 바, 사람들이 하나님께 어떻게 "믿음으로"(διὰ πίστεως) 반응하는지를 가리키는 주관적인 요인. 이와 아울러 "그의 피 안에서/피로 말미암아"(ἐν τῷ αὐτοῦ αἵματι)라는 어구를 첫 번째 요소(예수가 "그의 피로 속죄의 제사"를 드림)나 두 번째 요소("그의 피를 믿음으로 말미암아") 중 어느 하나를 수식하는 것으로 이해한다. 하지만 문맥을 고려할 때, 우리는 이 3:25a의 진술이 하나의 목적과 기능만을 담고 있는 것으로 이해하는 것이 훨씬 낫다고 본다. 즉 바로 앞 3:24b에 등장하고 예수를 모든 백성을 대신하여 하나님의 구원 행위의 기원 또는 행위자로 밝히는, "그리스도 예수에 의해 임한 구속으로 말

---

118) Barrett, *Romans*, 77.

미암아"라는 표현을 어떻게 이해할지를 더 정확하게 제시하는 것이라고 말이다. 명사 ἀπολύτρωσις("구속")가 고대에는 국가적인 맥락과 종교적인 맥락에서 매우 광범위하게 사용되었기에, "그리스도 예수로 말미암아 임한"(τῆς ἐν Χριστῷ Ἰησοῦ)이라는 수식 어구는 예수가 이 구속을 어떻게 이루셨는지와 관련하여 수많은 방식으로 이해될 수 있었다. 그러한 까닭에 좀 더 정확한 설명이 요구되었다. 따라서 킹슬리 바레트가 주목했듯이(비록 그는 이런 식으로 설명한 장본인이 바울이라고 생각하고, 바울이 인용한 이 신앙고백의 저자로 예수를 믿는 어떤 유대인 신자를 생각하지는 않지만 말이다), 하나님의 의롭게 하시는 사역이 (3:24b에 서술되었듯이) "그리스도 예수 안에 있는 구속으로 말미암아" 이루어졌다고 단언하더라도, "예수의 죽음이 어떻게 하나님과 사람의 관계를 올바르게 할 수 있는 구속의 행위였는지를 설명해야 한다."[119]

3:25a에 제시된 이 진술의 목적과 기능에 대한 우리의 이해는 다섯 가지로 요약할 수 있다. (1) 이 진술은 "그리스도 예수로 말미암아 임한 구속을 통하여"라는 표현을 좀 더 상세하고 분명하게 서술하려는 것이었다. (2) 이 진술은 유대 기독교의 종교적 용어로 독특하게 서술되었다. (3) 이 진술의 초점은 "하나님께서 세우신" 이, 즉 그리스도 예수께 맞춰져 있다. (4) 바울은 로마에 있는 그리스도인 수신자들에게 그들이 이전에 이 초기 기독교적 신앙고백의 내용을 고백했던 것을 상기시킴으로써 그가 3:21-23에서 제시한 확장된 논제 진술을 뒷받침하려 한다. (5) 바울은 그의 수신자들을 설득시킬 수 있다고 믿은 방법으로 이렇게 한다. 그러므로 3:25a에는 하나님께서 그리스도의 사역으로 말미암아 이루신 "구속"의 특성을 좀 더 정확하게 정의하는 독특한 유대 기독교적 용어나 어구들이 3개 등장한다. (1) ἱλαστήριον("은혜의 자리", "속죄의 장소", "화해", "속죄", "대속")이라는 용어, (2) τῆς πίστεως(문자적으로 "신실함")라는 어구, (3) ἐν τῷ αὐτοῦ αἵματι("그의 피 안에서/로 말미암아")라는 어구 등이다. 이 표현들은 적어도 한 경우(즉 예수

---

119) Barrett, *Romans*, 77.

에 관한 πίστις의 사용)를 구체적으로 주장하는 것이 아니라면, 바울이 3:21-23에서 발전시킨 그의 논제 진술에서 가장 중요한 내용을 총체적으로 뒷받침하는 것으로 여긴 것들임이 분명하다.

추기: 특별히 중요하고(자주 논란이 되기도 하지만) 그래서 특별히 고찰할 만한 로마서 3:25a의 세 가지 석의적·주제적 문제들

A. ὃν προέθετο ὁ θεός("하나님이 그를 공공연하게 세우셨으니")라는 표현. 접두어 προ와 중간태로써 "공적인 제시" 또는 "공적인 나타냄"을 의미하는 3인칭 부정과거 중간태 동사 προέθετο("앞에 제시하다", "제공하다"라는 뜻의 προτίθημι에서 파생됨)는 하나님을 예수의 구속 사역을 공적인 방법으로 제시하신 분으로 소개한다.[120] 몇몇 학자는 προέθετο가 나중에 8:29, 30에 등장하는 3인칭 부정과거 직설법 동사 προώρισεν("그가 미리 정하셨다")과 동의어로 이곳에 사용되었고,[121] 그래서 이 단어를 하나님의 예정을 언급하는 것으로 이해해야 한다고 주장한다.[122] 다른 해석자들은 προέθετο가 갈라디아서 3:1의 3인칭 단수 부정과거 수동태 직설법 동사인 προεγράφη("그가 공공연하게 묘사되었다")와 병행한다는 것에 근거하여 "προέθετο는 예수를 사람들의 목전에 제시한 사도의 설교를 의미한다"고 제안하기도 한다.[123] 다른 이들은 προέθετο를 로마서 1:13(προεθέμην, "내가 계획했다"), 에베소서 1:9(προέθετο, "그[하나님]가 예정하셨다" 또는 "목적하였다")에 있는 동일한 동사의 용례와 병행한다는 점에 근거하여 하나님의 "계획", "목적", "의도"를 의미하는 것으로 보았으며, 그래서 3:25a의 처음 몇 단어들을 "하나님이 목적하신 또는 계획하신

---

120) 예. F. Büchsel, "ἵλεως," *TDNT* 3.321; Zeller, "Sühne und Langmut," 57-58; Käsemann, *Romans*, 97.

121) 또한 엡 1:5의 단수 주격 부정과거 능동태 분사 προορίσας와 엡 1:11의 복수 주격 부정과거 수동태 분사 προορισθέντες도 참조하라.

122) 참조. Pluta, *Gottes Bundestreue*, 59-61.

123) Büchsel, "ἵλεως," 3.321.

그를"이라고 번역했다.[124] 하지만 25절에 ἱλαστήριον("속죄제물")과 διὰ τῆς πίστεως("그[그리스도]의 신실함") 그리고 ἐν τῷ αὐτοῦ αἵματι("그의 피 안에서/로 말미암아")라는 어구(이 표현들 모두 아래에서 좀 더 자세히 다룰 것이고 각각의 어구에는 독특한 제의적 함의가 있다)가 있다는 것은 여기서 그리스도의 십자가를 주로 염두에 두었음을 암시한다. 그러므로 이곳 로마서 3:25a에서 προέθετο는 그것이 "예정되었든지", "선포되었든지", "계획된 것이든지", "의도된 것이든지"간에 하나님의 구원 계획을 언급하는 것이 아니라, 예수의 실제적인 십자가에 죽음을 주로 염두에 둔 것으로 이해하는 것이 가장 좋다고 생각한다. 이것은 사실 바울이 갈라디아서 3:1에서 προγράφω("공공연하게" 또는 "분명히 묘사하다")라는 동사를 사용한 방법과 비교된다. 비록 갈라디아서 3:1에서 그가 προεγράφη라고 사용한 경우에서처럼, "예수를 사람들의 목전에 제시한 사도의 설교"에 강조가 있는 것이 아니라,[125] 십자가 위에 달리신 예수의 희생적인 죽음에 초점이 있지만 말이다. 그래서 더글러스 무가 "십자가 위에서"라는 어구를 분명히 삽입하여 이 3:25a의 전반부를 풀어 설명한 것처럼, "하나님은 십자가 위에서 '그를' 힐라스테리온으로 '공공연하게 나타내셨다' 또는 '제물로 세우셨다.'"[126]

B. 명사 ἱλαστήριον("대속제물"). 명사 ἱλαστήριον은 특히 지난 한 세기 동안 상당히 많은 학자의 논의의 대상이 되어왔다.[127] 문법적으로, ἱλαστήριον은 (1) 남성 명사[128]나 (2) 25절 맨 처음에 있는 관계대명사 ὅν("그를")을 수식하는 형용사가 아니라,[129] 형용사 ἱλαστήριος에서 파생한 실명사적 중성 명사로

---

124) Cranfield, *Romans*, 1.208-10; NEB의 번역을 주목하라. "하나님이 계획하셨다"("God designed him").

125) Büchsel, "ἵλεως," *TDNT* 3.321을 인용하면서 말이다.

126) Moo, *Romans*, 231.

127) 논의의 역사에 대해서는 Pluta, *Gottes Bundestreue*, 17ff.과 Hultgren, *Paul's Gospel and Mission*, 47-72을 보라.

128) 암브로시우스, 암브로시아스테르, 히에로니무스, 펠라기우스와 같은 라틴 교부들이 이렇게 이해했으며, 수많은 불가타 사본에 *propitiatorem*("화해자")으로 번역되었다.

129) Sanday and Headlam, *Romans*, 88이 제안한 것처럼.

이해하는 것이 가장 좋을 것 같다.[130]

기독교 역사 거의 내내 3:25a의 ἱλαστήριον은 언약궤의 뚜껑인 "지성소의 시은좌"로 이해되었다. 이것은 속죄제의 피를 붓고, 하나님의 임재와 은혜와 자비와 죄 용서가 최상으로 나타난 "속죄의 장소"였다. 70인역에서는 ἱλαστήριον이 사용된 27번 중에서 21번이 출애굽기, 레위기, 민수기에 등장하며,[131] 히브리어 동사 כפר("[죄를] 덮다")에서 파생한 히브리어 명사 כפרת("자비의 자리", "속죄의 덮개" 또는 "속죄의 자리")를 번역한 것이다. 그 밖에 70인역의 용례는 에스겔 43:14, 17, 20의 히브리어 명사 עזרה를 번역한 것인데, 속죄제의 피를 "제단의 네 뿔과 아래층 네 모퉁이와 사방 가장자리에 발라" 속죄하여 제단을 정결하게 하는 예루살렘 성전의 제단을 언급한다. 하지만 예루살렘 성전의 지성소와 제단이 아니라 증거의 장막의 지성소와 그 안에 있는 언약궤에 대해 언급하면서 히브리서 9:5에 사용된 것은 출애굽기, 레위기, 민수기의 제의 이미지와 제의 용어다: "그 위에 τὸ ἱλαστήριον(즉 "시은좌", "속죄의 덮개", "속죄소")을 덮는 영광의 그룹들이 있으니."

오리게네스, 키루스의 테오도레토스(Theodoret of Cyrrhus)와 같은 그리스 교부들은 3세기 중엽과 5세기 중엽에 로마서 주석을 쓰면서 각각 이곳 3:25a에서 ἱλαστήριον을 이런 식으로 이해했다. 테오도레토스가 가장 분명히 서술한 것처럼,

시은좌는 법궤의 맨 꼭대기에 금으로 도금되었다. 양쪽에 그룹의 형상이 있었다. 대제사장이 시은좌에 가까이 가면, 하나님의 거룩하신 자비가 계시되었다.

사도는 [롬 3:25a에서] 구약의 시은좌는 예표에 불과했던 진정한 은혜의 자리가 그리스도라고 가르친다. 그 명칭[즉 "ἱλαστήριον"]은 그리스도의 신성이 아니라 인성을 입은 그리스도에게 적용된다. 하나님으로서 그리스도는 은혜의 자리에서 이루어진 속죄에 반응하셨기 때문이다. 그러나 사람으로서 그리스도는

---

130) 참조. *ATRob*, 154; F. Büchsel, "ἱλαστήριον," *TDNT*, 3.319-20.

131) 참조. 출 25:17-23(LXX 25:16-21); 31:7; 35:12; 37:6-9(LXX 38:5-8); 레 16:2-15; 민 7:89.

이러한 명칭을 받으셨다. 그가 다른 곳에서 양으로, 어린양으로, 죄로, 그리고 저주로 불리셨듯이 말이다.

더욱이 고대의 시은좌는 피가 없었다. 살아 있는 것이 아니었기 때문이다. 그 자리는 희생된 짐승에게서 흘러나오는 핏방울이 떨어졌을 뿐이다. 하지만 주 그리스도는 하나님이시면서 동시에 은혜의 자리이며, 대제사장이자 어린양이시다. 그분은 그의 피로써 우리의 구원 사역을 수행하셨고, 우리에게는 단지 믿음만을 요구하신다.[132]

라틴 교부들도 ἱλαστήριον을 번역한 라틴어 성경 세 곳 중 하나에 근거하여 로마서 3:25a을 이런 식으로 이해했다. 즉 그들은 그들의 견해의 근거를 가장 빈번하게는 라틴어 *propitiatio*와 또한 *propitiatorium*이나 *propitiator*에 두었다.

종교개혁 시대의 모든 개신교 주석가도 이곳 3:25a의 명사 ἱλαστήριον을 제사의 맥락을 표시하는 것으로, 그리고 언약궤의 "은혜의 자리"로 예표된 십자가 위에서 그리스도의 죽음을 언급하는 것으로 이해했다. 예를 들어, 마르틴 루터와 장 칼뱅 같은 중요한 종교개혁자들과 그 후 루터교의 사제 요한 벵겔 등이 그러하다. 그리고 20세기에 출간된 중요한 여러 로마서 주석에 이러한 이해가 반영되었다. 칼 바르트, 안데르스 니그렌, 킹슬리 바레트, 울리히 빌켄스, 조세프 피츠마이어를 예로 들 수 있다. 더욱이 이러한 이해는 과거 세대와 현대의 수많은 중요한 성경학자들에 의해 지속적으로 능숙하게 변호되었다. 토머스 맨슨, 알폰스 플루타, 페터 슈툴마허, 그리고 알란드 헐트그렌과 같은 학자들이 가장 대표적인 사람들이다.[133]

그러나 20세기 초 아돌프 다이스만은 구약(마소라 본문과 70인역 모두)의

---

132) Theodoret, *Ad Romanos*, PG 82,83, 86.
133) T. W. Manson, "ΙΛΑΣΤΗΡΙΟΝ," 1-10; Pluta, *Gottes Bundestreue*, 62-70; P. Stuhlmacher, "Zur neueren Exegese von Rom 3:24-26," in *Jesus und Paulus*, ed. E. E. Ellis and E. Gräser(Göttingen: Vandenhoeck & Ruprecht, 1975), 320-30; Hultgren, *Paul's Gospel and Mission*, 47-72.

용례와 필론의 언급 및 금석문의 증거 등을 연구한 내용에 근거하여 "70인역에 서 동일하게 보는 단어들[즉 ἱλαστήριον과 כפרת]이 같은 사상을 나타낸다고 이해하는 것은 정확하지 않다"고 주장했다.[134] 오히려 다이스만은 70인역과 필론의 글과 고대 그리스 금석문에 등장하고, 따라서 로마서 3:25a에도 등장하는 ἱλαστήριον이 좀 더 일반적으로 "화해 제물" 또는 "화해의 수단"을 의미하는 것으로 이해해야 한다고 주장했다(그는 히 9:5의 τὸ ἱλαστήριον의 존재를 고려하지는 않았다).[135] 20세기 전반기의 신약학자들 중에는 다이스만의 견해에 동의하는 사람들이 많았다. 그래서 로마서 3:25a의 ἱλαστήριον을 엄격히 제의적으로 이해하는 것을 거부하고 25절에서 그 용어를 좀 더 광범위하게 이해하려고 했다.[136]

1930년 초에 찰스 도드는 여기서 한걸음 더 나아가 로마서 3:25a의 명사 ἱλαστήριον의 번역어로 명사 "화해"를 사용하는 데 좀 더 강하게 반대하였고, 또한 동사 ἱλάσκεσθαι(또는 ἐξιλάσκεσθαι)를 "화해하다"로 번역하는 것과 70인역에서 사용된 그 단어와 "어원이 같은 단어, 파생어, 동의어"에 해당하는 ἱλασμός, ἐξιλασμός, ἐξίλασις, ἐξίλασμα를 "화해하는"으로 번역하는 데(전통적으로 그랬고 Deismann도 지속한)도 강한 반응을 보였다.[137] 이교의 저술가들이 ἱλαστήριον을 어떻게 사용했으며 그리스 금석문에 어떤 용례로 등장하는지와 비교하여 70인역에 사용된 ἱλαστήριον의 의미에 대해서 도드는 이렇게 주장했다.

그리스어의 이 단어(hilasterion)는 이교도 저술가들과 금석문에 두 가지 의미가

134) Deissmann, *Bible Studies*, 127.
135) Deissmann, *Bible Studies*, 129-30. 또한 124-35에서 논의한 좀 더 자세한 문맥을 주목하라. 또한 같은 저자, "ΙΛΑΣΤΗΡΙΟΣ und ΙΛΑΣΤΗΡΙΟΝ," 193-212도 보라.
136) 참조. J. Denney, *Romans*(1900), 2.611; Sanday and Headlam, *Romans*(5th ed. 1902), 87-88; Scott, *Christianity according to St. Paul*, 68; 그리고 Taylor, "Great Texts Reconsidered," 295-97.
137) 참조. C. H. Dodd, *Romans*(1932), 54-55; Dodd의 더 광범위하고 자세한 설명을 보려면 "ἱλάσκεσθαι"(1931)를 참조하라.

있는 동사에서 파생했다. 그 두 의미는 (a) 어떤 사람이나 신을 "달래다"와, (b) 죄를 "속죄하다"이다. 즉 죄책을 없애는 수단으로 (벌금을 지불하거나 희생제사를 드리는 것과 같은) 어떤 행위를 수행하는 것이다. 첫 번째가 압도적으로 더 일반화된 의미다. 반면에 70인역에서는 하나님을 대상으로 하는 (a)의 의미[즉 "달래다"]는 실제적으로 알려지지 않았고, (b)의 의미[즉 "속죄하다"]가 수많은 본문에서 발견된다. 그래서 이 동사의 성경적인 의미는 "죄책이나 오염을 제거하는 행위를 수행하다"이다.[138]

그리고 로마서 3:25에서 이 단어의 용례와 관련하여 도드는 이렇게 말한다.

> 그러므로 성경적 용례에 부합하게 그 명사(hilasterion)는 화해가 아니라 "죄책을 없애는 수단"을 의미한다. 만일 어떤 사람이 행위자라면, 그 의미는 "속죄의 수단"이 될 것이다. 만일 하나님이 행위자라면, 그 의미는 "죄를 용서받는 수단"이 될 것이다. 성경적 용례는 바울에게 결정적이다. 그러므로 화해라고 번역하는 것은 오해의 소지가 있다. 이것은 분노하는 하나님을 진정시키는 것을 암시하기 때문이다. 비록 이 의미가 이교도의 용례에는 합당할지 몰라도, 성경적 용례에서는 낯설다. 현재의 본문에서 그리스도를 보냄으로써 죄책을 제거하는 수단을 제시하시는 분은 하나님이시다. 그러므로 그리스도를 보내심은 죄 용서를 위한 하나님의 방법이다.[139]

앞에서 언급한 세 입장에 대해서 얼마든지 많은 내용을 말할 수 있다. 세 입장은 (1) 오늘날 많은 집단에서 여전히 활용되는 "전통적인 입장", (2) 여전히 많은 사람이 지지하는 아돌프 다이스만의 입장, (3) 늘 고려해야 할 필요가 있는 특징들을 간직하고 있는 도드의 입장이다. 여전히 논의가 활발하게 진행 중인 채 각각의 입장을 지지하는 저술들은 엄청 많다. 하지만 여기서 확신을 가지

138) 참조. Dodd, *Romans*, 54.
139) 참조. Dodd, *Romans*, 55.

고 말할 수 있는 것은 도드의 부정적인 주장, 즉 하나님을 달래서 그분의 진노를 돌린다는 개념은 전적으로 성경에 없는 주장이며, 대부분 잘못되었다는 사실이다.[140] 하지만 구약성경에서 하나님을 달래서 그분의 진노를 돌리는 것에 대해 언급되는 것에서도 결코 "천상의 뇌물"이란 어감을 가지고 말한 적이 없으며, 늘 "하나님 자신의 거룩하신 뜻에 따라 죄에 대한 하나님의 진노를 없앤다는" 의미에서 언급된다.[141] 혹은 프리드리히 뷔히젤(Friedrich Büchsel)이 지적한 것처럼, ἱλαστήριον과 이 단어와 관련된 단어 집단(특히 ἵλεως, ἱλάσκομαι, ἱλασμός)을 "마치 하나님이 대상인 것처럼 '달래다'"를 의미하는 것으로 이해할 수 없다. "이러한 이해는 하나님이 ἱλαστήριον을 이루시는 분이시라는 사실에 의해 배제된다."[142]

로마서 3:25a에서 ἱλαστήριον의 해석과 관련하여 오늘날 우리의 입장은 약간은 혼란스럽고, 정확하게 말하기가 조금은 어려운 실정이다. 중요한 질문은 이 중성 명사를 (1) 바울 자신이 직접 사용한 것으로 보아야 하는지, 아니면 (2) 그가 인용한 초기 기독교의 신앙고백 자료에 내재된 표현으로 이해해야 하는지와 관련되어 있다. 전자라면, 로마서의 다른 곳은 물론이고 신약성경의 다른 바울 서신에서도 ἱλαστήριον이나 혹은 이와 어원이 같은 단어가 사용된 예가 없다는 점을 지적할 수 있다. 그러나 만일 후자라면, 이와 같은 구약의 제사와 관련한 상징과 제사 용어는 히브리서 8-10장 전체에서 하나님의 백성이 유대교 성막에서 예배하는 것을 언급하는 여러 본문과 병행한다. 히브리서 8-10장에는 예수가 제사의 제물로 제시되었을뿐더러 제사를 드리는 제사장과 속죄의 장소("시은소")로도 제시되었다. 따라서 그런 관점이 바울 당시와 그 이후 시대에 속한 유대인들이나 유대 그리스도인들 사이에서 널리 유행하던 개념적 이미지

---

140) 이 문제에 대한 Dodd의 입장을 반박한 사람들을 참조하라. Büchsel and Herrmann, "ἵλεως, ἱλάσκομαι, ἱλασμός, ἱλαστήριον," 3.300-323, 그리고 Morris, *The Apostolic Preaching of the Cross*, 136-56; Nicole, "C. H. Dodd and the Doctrine of Propitiation," 117-57; Hill, "The Interpretation of ἱλάσκεσθαι," 23-48; Garnet, "Atonement Constructions in the Old Testament and the Qumran Scrolls," 131-63.

141) Morris, "The Use of ἱλάσκεσθαι etc. in Biblical Greek," 233을 인용함.

142) Büchsel, "ἱλαστήριον," *TDNT*, 320.

와 종교 언어에 기인한다고 볼 수도 있다.

의심의 여지 없이, 유대교 제사 제도의 상징성은 유대 그리스도인들의 마음과 정신에 계속해서 반향되었다. 하지만 이러한 배경을 고려하더라도 또 그러한 배경에 공감하는 사람들 사이에서도 ἱλαστήριον이라는 용어는 (1) ἐν τῷ αὐτοῦ αἵματι ("그[즉 그리스도]의 피로써"), (2) διὰ τῆς πίστεως ("그[즉 그리스도의] 신실함으로 말미암은") 모든 사람을 가리키기 위해 유대인 신자들에 의해 더욱 널리 사용되었던 것 같다. 이것은 바로 뒤에 이어지는 3:26b의 진술에서 강조되는 특징이다. 그래서 이곳 3:25a에서 ἱλαστήριον은, 아돌프 다이스만의 논지와 비슷하게, 그리스도 예수의 사역으로 말미암는 하나님의 구속과 자기 백성을 위한 이스라엘의 종교에 제시된 제사 제도를 통한 하나님의 구속 사이에서 도출된 유비에 구체적으로 한정되지 않은 방식으로 사용되었다고 이해할 수 있다. 그러므로 이곳 3:25a에서 ἱλαστήριον은 "대속 제물"(sacrifice of atonement)로 이해하고 번역하는 것이 가장 좋을 것 같다. 이 번역은 구약의 제사 제도에 속하는 좁은 의미의 제의적 상징이나 제의 언어를 부각시키지 않으면서도 이 용어의 중요한 제사와 관련된 어감을 유지한다.[143]

C. 전치사구 διὰ τῆς πίστεως와 ἐν τῷ αὐτοῦ αἵματι ("그의 피로써 그[예수]의 신실함으로 말미암는"). 3:25b의 두 전치사구 διὰ τῆς πίστεως와 ἐν τῷ αὐτοῦ αἵματι는 다양한 방법으로 번역되었다. 여기서는 오늘날 가장 두드러지는 영어 번역 3개를 소개한다.

1. "through faith in his blood"(그의 피를 믿는 믿음으로 말미암아. NIV; KJV).

2. "by his blood, effective through faith"(믿음으로 말미암아 효과를 내는 그의 피에 의해. NRSV; 비교. RSV: "by his blood, to be received by faith," 믿음으로 받는, 그의 피에 의해).

3. "so as to win reconciliation through faith"(믿음으로 화목하기 위해. JB; 비교.

---

143) NIV가 이렇게 번역했다. 또한 일찍이 RSV에 "sacrifice of atonement"("대속 제물")라고 표기된 것을 NRSV는 명사 "expiation"("속죄")로 바꿨다.

Knox: "in virtue of faith, ransoming us with his blood," 믿음으로 인해, 그
의 피로 우리를 속죄하는).

위에 제시한 번역은 모두 소유격 πίστεως를 "속죄제물로 [그리스도 예수를] 공
공연하게 주신" 하나님께 긍정적으로 반응하는 사람들의 "믿음"을 가리키는 것
으로 이해한다. 하지만 대다수 주석가들의 번역과 이 영어 역본들의 모든 번역
에는 난제가 있다. (1) 파피루스 P⁴⁰ᵛⁱᵈ와 바티칸 사본(B 03)을 통해 강력한 지
지를 받으며 전치사 διά의 뒤와 명사 πίστεως의 앞에 등장하는 관사 τῆς에 대
한 이해와,[144] (2) ἐν τῷ αὐτοῦ αἵματι("그의 피 안에서/피로써")라는 어구를
πίστις의 목적어로 이해하는 문제다. 바울 서신 중 어디서도 바울이 전치사 ἐν
과 함께 πίστις를 사용한 경우나 "그리스도의 피를 믿는[또는 "피에 의한"] 믿
음"을 말한 적이 없기 때문이다. 그러므로 번역자와 주석가들은 일반적으로 (1)
τῆς πίστεως라는 표현에 있는 관사 τῆς의 존재를 단순히 무시했고, (2) ἐν τῷ
αὐτοῦ αἵματι를 πίστεως가 아니라 ἱλαστήριον을 수식한 것으로 해석했다.

　　더욱이 바울이 3:24-26에서 전통적인 기독교 자료(그 자료가 어디서 시작
하고 끝나는지 상관없이)를 인용했다고 주장한 많은 사람은, 이곳 3:25의 (일반
적으로 관사를 무시하고 취급되는) διὰ πίστεως라는 표현이 3:24-26에서 바울
이 이 전통적인 기독교 자료를 직접 편집하면서 삽입한 2-3개 또는 4개의 삽입
어구 중 하나일 것이라고 주장해왔다(또한 3:24의 δωρεὰν τῇ αὐτοῦ χάριτι, "그
의 은혜로 값없이"; 3:26a의 ἐν τῷ νῦν καιρῷ, "이때에"; 3:26b의 καὶ δικαιοῦ
ντα τὸν ἐκ πίστεως Ἰησοῦ, "또한 예수 믿는 자를 의롭게 하는 자"도 참조하라).
바울은 그가 인용한 공식적인 자료를 믿음으로 말미암는 구원이라는 자신의 메
시지와 좀 더 일치시키려고 그 자료를 첨가했다(물론 그는 "믿음으로 말미암
는 구원"이라는 메시지가 당대의 유대교에도 해당하지 않고 자기 이전에 예수
를 믿는 유대 신자들 사이에서도 두드러지지 않으며 유독 자신에게서만 발견할
수 있는 메시지라고 생각했을 것이다). 또는 에른스트 케제만이 최근의 여러 주

---

144) 본서 3:25b에 대한 "본문비평 주"를 보라.

석가가 추정한 것을 살펴보며 말했듯이, 이곳 3:25a의 διὰ πίστεως라는 어구는 "전통적인 자료"를 "조악한 편입"의 형식으로 "바울이 다시 작업한" 일례다. 바울은 "구원과 믿음을 서로 연결시키려고" 이 자료를 중간에 삽입했다. 그래서 이 자료는 "삽입 어구로 취급되어야 한다."[145]

케제만의 "삽입 이론"이 "의심스러운 근거에 기초했고, 그 이론의 단순함이 오도하게 하며 궁극적으로 설득력이 없다고" 믿는 브루스 롱네커는 불트만과 케제만의 논지에 반대하면서 다음과 같은 석의적 쟁점 3개를 매우 적절하게 제기했다.[146]

1. "바울이 왜 ἱλαστήριον ἐν τῷ αὐτοῦ αἵματι라는 자연스러운 어구에 이처럼 어색하게 πίστις를 삽입했는지 질문할 필요가 있다. 만일 바울이 믿는 자의 믿음에 대한 언급을 이 문구에 넣으려고 했다면, 그가 이처럼 어설픈 방식으로 했을까? 우리는 바울이 그리스도의 죽음을 묘사하는 이미지의 흐름에 방해되지 않는 방식으로 그리스도인의 믿음을 언급하는 내용을 포함시키기를 예상할 것이다."

2. "πίστις가 그리스도인의 믿음을 묘사한다면, 앞에서 우리가 제안했던 것과 정확히 동일한 이유에서 문제가 있을 것 같다. 응집력 있는 단위인 ἱλαστήριον ἐν τῷ αὐτοῦ αἵματι가 이 단어로 인해 파기될 것이기 때문이다."

3. "이와 비슷하게, πίστις를 하나님의 신실함으로 봐야 한다고 생각하기도 어렵다. 이러한 생각은 글의 흐름을 끊는다. 즉 ἱλαστήριον은 그리스도를 가리키고, πίστις는 하나님을 가리키며, ἐν τῷ αὐτοῦ αἵματι는 다시 그리스도를 가리키니 말이다."

오히려 "그리스도의 죽음을 묘사하는 이미지의 흐름"에 근거하여, 브루스 롱네커는 "로마서 3:25의 어구 πίστις를 인용된 문구에 원래 속한 것으로 이해해야

---

145) Käsemann, *Romans*, 98.
146) B. W. Longenecker, "Πίστις in Romans 3.25," 479.

한다"고 주장한다.[147]

브루스 롱네커는 그의 논지를 제시하면서 3:25a의 διὰ τῆς πίστεως라는 표현과 관련하여 다음과 같은 세 가지 의미심장한 석의적 주장을 제시함으로써 그의 간략한 소논문을 마무리한다.[148]

1. "원래 문구에 있던 πίστις는 예수의 특성을 묘사한다. 로마서 3:25a에 있는 세 용어(ἱλαστήριον, πίστις, αἷμα) 모두 십자가상의 예수의 죽음을 묘사하는 용어들이다."
2. "Πίστις가 예수 자신의 πίστις로 밝혀지는 경우···그 문구는 바울에 의해 중단되지 않고 하나의 응집력이 있는 단위가 된다."
3. "로마서 3:25a은 이런 식으로 읽어야 한다. '그의 피로써 그[예수]의 신실함으로 말미암아 하나님께서 그를 속죄제물로 세우셨고'"라고 말이다.

더욱이 바울이 3:24-26에 있는 이 기독교 전통 자료를 인용하고, 특히 이곳 3:25a에서 διὰ τῆς πίστεως를 사용한 것에 대한 롱네커의 주석은 충분히 변호할 수 있고 특히 주목할 만한 가치가 있다. 그의 주석을 치하하며 아래에 다시 제시한다.

바울은 그 자료가 자신이 3:21-22에서 언급한 하나님의 의에 대해서만 아니라 그리스도의 신실함에 대해서도 말하고 있음을 알고는, 초기 기독교 문구를 자신의 편지에 편입한 것 같다. 이 사실로부터 분명한 점은 바울이 기술한 로마서 3:22의 πίστις Ἰησοῦ Χριστοῦ 문구와 로마서 3:26의 πίστις Ἰησοῦ 형식에 모두 주격적 의미가 포함되었다는 것이다.[149]

147) B. W. Longenecker, "Πίστις in Romans 3,25," 479.
148) B. W. Longenecker, "Πίστις in Romans 3,25," 479.
149) B. W. Longenecker, "Πίστις in Romans 3,25," 479. 참조. 또한 같은 저자, *The Triumph of Abraham's God*, 98-103.

그리고 이러한 이해는 찰스 탈버트가 2002에 출간한 그의 로마서 주석에도 반
영되었다. 그는 3:25의 διὰ τῆς πίστεως를 "그의/예수의 신실함으로 말미암아"
로 번역하고,[150] 3:26의 ἐκ πίστεως Ἰησοῦ를 "예수의 신실함으로부터"라고 번
역했다.[151]

첫 번째 전치사구(즉 διὰ τῆς πίστεως)에 바로 이어 등장하는 두 번째 전
치사구 ἐν τῷ αὐτοῦ αἵματι 역시 다음과 같이 이해해야 한다. (1) 기능상 수
단으로(장소가 아니라), 그리고 (2) 명사 ἱλαστήριον(πίστεως가 아니라)을 수
식하는 것으로 말이다. 그래서 이 어구는 "그[그리스도]의 피로"라고 번역해야
하고, "십자가상에서 그[그리스도]의 죽으심으로 말미암아"와 동의어로 이해
해야 한다. 이것이 바울이 로마서 5:9에서 그 표현을 사용한 방식이다. 그곳에
서는 ἐν τῷ αἵματι αὐτοῦ("그의 피로")가 5:10의 διὰ τοῦ θανάτου τοῦ υἱοῦ
αὐτοῦ("그[하나님]의 아들의 죽으심으로 말미암아")와 병행한다. 마찬가지로
이런 방식은 바울 서신 다른 곳에도 등장한다.[152] 여기서 추론할 수 있는 결론
은 두 가지다. (1) 레위기 17:11(LXX)에서 동사 ἐξιλάσκεσθαι("대속하다")와
ἐξιλάσεται("대속할 것이다")는 명사 ἱλαστήριον("대속 제물")과 어원이 같은
단어인데, αἷμα("피")와 직결되었다. "모든 육체의 생명은 피에 있음이니라."[153]
그리고 (2) 이처럼 어구 ἐν τῷ αἵματι αὐτοῦ("그[그리스도]의 피로 말미암
아")가 십자가상의 예수의 희생의 죽으심과 연결되고 그 어구가 수단의 의미로
사용된 것은, 공관복음서의 수난 내러티브[154]와 밀레도에서 에베소 장로들에
게 권한 바울의 작별 연설을 보도하는 누가의 기록[155]에서만 등장하는 것이 아
니라, 유대 기독교 지도자들에 의해 기록되었을뿐더러 유대 기독교 수신자들을
겨냥하여 기록된 신약성경의 다양한 설교와 논문 및 편지에 특히 두드러지게

---

150) Talbert, *Romans*, 107, 110.
151) Talbert, *Romans*, 108.
152) 참조. 고전 10:16. 그러나 11:25에는 장소의 의미로 사용되었다. 또한 엡 2:13도 참조하라.
     엡 1:7과 골 1:20에서는 전치사 διά로 대체되었다.
153) 또한 4 Macc 6:29; 17:22도 참조하라.
154) 참조. 마 26:28//막 14:24//눅 22:20.
155) 참조. 행 20:28.

등장한다.[156)]

그리스도 예수의 "대속 제물"(ἱλαστήριον)이라는 표현을 수단의 방식으로 수식하는 3:25a의 이 두 전치사구 진술들, 즉 "그[예수]의 신실함으로 말미암아"(διὰ τῆς πίστεως)와 "그[예수]의 피로 말미암아"(ἐν τῷ αὐτοῦ αἵματι)는 바울이 빌립보서 2:6-11에서 인용한 초기 그리스도 찬양시의 핵심적인 주장과 병행하는 표현으로 이해하는 것이 가장 좋을 것 같다. 이 찬양시는 예수가 인간의 몸을 입으셨을 때 "[하나님께] 복종하심으로써"(γενόμενος ὑπήκοος) 자신을 "죽기까지"(μέχρι θανάτου) 낮추셨다고 선언한다. 그러므로 가장 개연성이 큰 것은 (1) 이곳 로마서 3:25a의 "그[예수]의 신실하심"(τῆς πίστεως)이라는 표현을 빌립보서 2:8의 그리스도가 "복종하신 것"(ὑπήκοος)과 동등한 것으로 이해해야 하고, (2) 로마서 3:25a의 "그[예수]의 피로 말미암아"(ἐν τῷ αὐτοῦ αἵματι)라는 표현을 빌립보서 2:8의 "죽음"(θανάτου)과 동등한 것으로 이해해야 한다는 것이다.[157)] 바울은 이 마지막 진술과 연결하여 즉시 "곧 십자가에 죽으심이라"(θανάτου δὲ σταυροῦ)고 선언한다.

B. 주장에 대한 근거(3:25b-26)

조금 전에 3:24-25a에서 주장한 내용에 대한 근거는 3:25b과 3:26a에서 2개의 목적절로 구성되며, 그런 다음에 또 다른 목적절이 3:26b에 이어진다. 첫 번째 주장은 "하나님의 의"(ἡ δικαιοσύνη αὐτοῦ)에 대한 성경적 이해 위에 세워졌다. 이 표현이 이곳에서는 우선적으로 하나님은 "의로우시다"(δίκαιον)는 **속성적 의미**로 사용되었을 뿐만 아니라, 하나님은 "의롭게 하시는 분"(δικαιοῦντα)이라는 전달적 의미를 함의하기 위해서도 사용되었다. 본문에서 주장하는 내용은 하나님에 대한 기독교의 특징적인 강조에서 절정의 결론에 이른다. "예수의 신실함에 근거한 사람을"(τὸν ἐκ πίστεως

---

156) 히 9:12-14; 10:19, 29; 13:12, 20; 벧전 1:2, 19; 요일 1:7; 5:6; 계 1:5; 5:9; 7:14; 12:11.

157) Talbert, *Romans*, 110. Talbert 역시 바울이 예수의 "순종"을 의미하는 그의 "신실하심"과 그의 "죽으심"을 언급하는 그의 "피"를 동일하게 생각했다는 사실에 분명히 주의를 환기시키면서, 이 본문들을 비교한다.

Ἰησοῦ) "의롭게 하시는 하나님"이라고 말이다.

3:25b   3:25b의 첫 번째 목적절은 다음과 같다: εἰς ἔνδειξιν τῆς δικαιοσύνης αὐτοῦ διὰ τὴν πάρεσιν τῶν προγεγονότων ἁμαρτημάτων ἐν τῇ ἀνοχῇ τοῦ θεοῦ (문자적으로, "하나님께서 길이 참으시는[또는 관용을 베푸시는] 중에 전에 지은 죄를 간과하심[즉 "처벌하지 않으시고"]으로 '자기의 의로우심[또는 "의로운 정의"]을 나타내시려고"). 전치사 εἰς가 단수 목적격 ἔνδειξιν과 함께 사용된 것은 약간은 낯설 수 있을 것 같다. 하지만 로버트슨이 적절히 관찰했듯이, "사실 εἰς가 목표 또는 목적이 분명하게 결과적인 사상으로 드러나는 상황에 등장하는 경우가 가끔 있다." 이곳 3:25b에서 그러한 용례를 인용하는 것이 가장 좋은 예다.[158] 물론 로버트슨이 코이네 그리스어에서 εἰς가 다양하게 사용된다는 점을 인식하며 주장하듯, "그것은 해석자가 결정해야 할 문제다."[159]

명사 ἔνδειξις("표", "증거", "증명")는 신약성경에서 비교적 드물게 사용되는 단어다. 이곳 3:25b-26a에 2번 그리고 빌립보서 1:28("구원의 증거")과 고린도후서 8:24("너희 사랑의 증거")에 겨우 2번 더 등장할 뿐이다. 이 단어는 신약성경 밖에서도 신약성경의 저자들과 거의 동시대에 살았던 그리스 저자들의 광범위한 문헌들에 비교적 드물게 등장한다. 폴리비오스, 필론, 요세푸스, 플루타르코스의 작품에서 간헐적으로 발견될 따름이다.[160] 이 단어의 동사 ἐνδείκνυμι("보여주다", "증명하다", "입증하다")는 신약성경에서 약간은 더 자주 사용되며,[161] 70인역과 일부 유대 묵시문학과 요세푸스 및 당대의 다른 다양한 그리스어로 기록된 자료들에서 상당히 많이 발견할 수 있다.[162] 따라서 동사 ἐνδείκνυμι는 "증명" 또는 "증거"와 관련하여 그 단

---

158) *ATRob,* 594; 또한 바울 서신에서는 롬 8:15; 11:36; 고전 11:24; 고후 2:12; 빌 1:11도 보라. 참조. 마 10:41; 26:28; 막 1:4; 행 2:38.

159) *ATRob,* 595.

160) Polybius, *History* 3.38.5; Philo, *De opificio mundi* 45, 87; Josephus, *Antiquities* 19.133; Plutarch, *De Pericle* 31.1.

161) 참조. 롬 2:15; 9:17, 22; 엡 2:7; 딤전 1:16; 딤후 4:14; 딛 2:10; 3:2; 히 6:10, 11.

162) *BAG, ad loc.*

어의 명사인 ἔνδειξις를 이해하는 데 어휘적 배경을 제공한다.

이곳 3:25b에 등장하고 그 후 3:26a에 다시 등장하는 τῆς δικαιοσύνης αὐτοῦ라는 표현은 3:21-22에서 2번 사용된 δικαιοσύνη θεοῦ와 병행한다. 하지만 바로 앞서 3:21-22에 등장한 두 예와 비교하여 3:25b-26a에 2번 등장하는 이 어구의 정확한 형태는 약간 다르다. 두 가지 언어학적 특징이 특히 분명하다. 첫 번째는 3:25b-26a의 예에서 두 경우 모두 소유격 형식이 관사 τῆς("그")와 함께 등장하는 반면에, 이보다 앞에 있는 3:21-22에 사용된 두 주격 형태에서는 관사 없이 등장한다. 하지만 로버트슨이 코이네 그리스어에서 "관사의 상관관계"를 논하는 중에 말했듯이, "만일 2개의 명사형이 소유격에 의해 결합이 되면, 두 명사에 관사가 모두 있거나 관사가 모두 생략된다."[163] 두 번째 특징은 3:25b-26a에서 두 경우 모두 δικαιοσύνης를 언급하는 곳에 소유대명사 αὐτοῦ("그의")가 등장한다는 것이다. 이와 다르게 3:21-22에서는 그 대신 앞에서 동일한 용어를 언급하는 두 예와 연결하여 소유격 명사 θεοῦ가 사용되었다. 하지만 이러한 차이는 첫 번째의 경우처럼 순전히 문체의 문제다. 어느 저자든지 간에 명사 θεός("하나님")나 하나님을 언급하는 대명사 αὐτός("그의")를 사용하는 것은 늘 개별 본문의 특정한 언어학적 상황에 의해 결정되기 마련이다.

3:24-26을 바울이 인용한 기독교 전통 자료에 속한 것이 아니라 바울이 직접 구성한 자료로 이해하는 대부분의 해석자는, 이곳 3:25b-26a에서 2번 사용된 δικαιοσύνη가 1:17a과 3:21b-22a에 2번 등장하는 동일한 명사와 같은 어감을 전달한다고 추정했다. 다시 말해서, "믿음으로" 하나님께 반응하는 사람들에게 주시는 하나님의 "의의 선물"을 가리키는 **속성적 의미**를 함의한다고 말이다.[164] 하지만 찰스 크랜필드가 논평했듯이,

---

163) W. F. Moulton이 언급한 것을 인용하는 *ATRob*, 780.

164) Lietzmann, *An die Römer*(1906), *ad loc.*; Althaus, *An die Römer*(1935), *ad loc.*; Schrenk, "δικαιοσύνη," *TDNT*, 2.205(1935에 출간한 그의 독일어 논문에서 인용); Nygren, *Romans*, 160(그의 1944년 덴마크어 주석에서 인용). 이 모든 사람은 바울이 여기서 기독교의 전통 자료를 인용하고 있다는 논지가 발전되기 이전에 논문이나 주석을 썼다. 현대의 많은 주석가도 이 초기의 해석자들을 지지하며 인용한다.

25절과 26절의 δικαιοσύνη에 21절과 22절에 있는 의미를 동일하게 부과하는 것은 분명히 깔끔하지만, 26절 후반부에서 하나님이 의로우시다는 언급은 이 두 절에서 δικαιοσύνη를 하나님 자신의 의로우심을 가리키는 것으로 이해해야 함을 강력히 말하는 것 같다.[165]

Δικαιοσύνη의 **전달적 의미**가 3:26b의 끝부분에서 하나님을 "의롭게 하시는 분"(δικαιοῦντα)으로 언급하는 데도 있다고 이해할 수 있지만, 이 자료에서 하나님을 "의롭다"(δίκαιον)고 분명히 언급하고 있는 까닭에 3:25b-36a에서 δικαιοσύνη가 2번 언급된 것에서 **속성적 의미**가 분명히 더 부각되는 듯하다. 이곳 3:25b-26a의 δικαιοσύνη 용례는 사실 3:5의 용례와 더 유사할 개연성이 크다. 3:5에서 δικαιοσύνη는 하나님 자신의 "의로운 성품"과 "의로운 정의"라는 **속성적 의미**를 부각시킨다. 그리고 앞의 이해와 맥을 같이하여 우리는 이곳 3:25b-26a에서 τῆς δικαιοσύνης αὐτοῦ를 "그[하나님]의 의로운 정의"로 번역하는 것이 더욱 타당하다고 생각한다.

목적격 명사를 동반한 전치사 διά는 "때문에", "이유로" 또는 "까닭에"라는 개념을 나타낸다.[166] 그래서 이곳에서 διά는 하나님께서 예수를 (3:25의 첫 부분에 주장된) "그의 피로써 그[예수]의 신실함으로 말미암아" 발생한 결과인 "속죄의 희생제물로 세우셨다는" 본문의 근거 첫 번째 부분을 소개한다: "하나님께서는 길이 참으시는[또는 관용을 베푸시는] 중에 전에 지은 죄를 간과하심이니." 그리스도의 "속죄의 희생제물"로 말미암아 나타난 "그리스도 예수 안에 있는 구속" 이전에 지은 죄를 간과하심에 나타난 이러한 "길이 참으심" 또는 "관용 베푸심"이 바로 이곳 3:25b-26a에서 말하고 있는 "하나님의 의로우신 정의"다. 하나님이 임시적으로 세우신 제사제도와 더불어 이 하나님이 오래 참으신다는 사실에 암시된 내용은 하나님이 "그의 피로써 그[예수]의 신실함으로 말미암아" 더 완전히 그리고 최종

165) Cranfield, *Romans*, 1.211.
166) *ATRob*, 583.

적으로 행하실 일이었다. 사실상 "이전에 지은 죄"에 대한 하나님의 심판은 "그리스도 예수 안에 있는 구속"이 장차 계시되기를 기다렸다. 그리고 "이전에 지은 죄"를 하나님께서 심판하지 않으시는 것은 그의 거룩한 "오래 참으심" 또는 "관용"(즉ἐν τῇ ἀνοχῇ τοῦ θεοῦ)으로 돌려야 한다. 하나님은 자기 백성에 대해서만 오래 참으셨을 뿐만 아니라, 이스라엘의 약속된 메시아이신 예수의 인격과 사역으로 말미암아 인간의 죄를 완전히 그리고 최종적으로 해결하실 것을 기다렸던 하나님의 피조물에 속한 모든 사람에 대해서도 오래 참으셨다.

누가는 바울이 그의 이방 선교 과정 중에 아덴의 시의회의 회원들에게 연설하면서 아덴 주민들의 우상숭배를 비난했을 때 이와 비슷한 근거를 제시했다고 보도한다. "알지 못하던(τῆς ἀγνοίας) 시대에는 하나님이 간과하셨거니와(ὑπεριδὼν ὁ θεός), 그러나 이제는(νῦν) 어디든지 사람에게 다 명하사 회개하라 하셨으니"(행 17:30). 하지만 이런 유형의 근거는 예수를 믿는 초기 유대인 신자들 사이에서 특히 널리 퍼져 있었다고 추측할 수 있다. 예수를 믿는 유대인 신자들은 로마서 3:24에 언급된 대로 "그리스도 예수 안에 있는 구속"이 임하기 이전과 3:25에 언급된 대로 예수가 "속죄의 희생제물"이 되시기 이전에, 하나님이 과거 사람들의 죄와 특히 자기 백성 유대인들의 죄를 일반적으로 어떻게 다루셨느냐는 질문에 여러 번 봉착했을 것이기 때문이다.

2세기의 그리스도인들은 이 난해한 문제를 설명하기 위해 요한복음 1:1에 예수가 "로고스"(즉 ὁ λόγος, "말씀")로 묘사된 것을 자주 사용하여, 예수 안에 성육신하신 동일한 신적 λόγος가 기독교 이전 고대의 중요한 인물에게도 있었다고 주장한다. 하지만 3:25의 이 후반부는 예수를 믿는 초기 유대인 신자들이 하나님께서 과거에 비유대인 세계에 있는 수많은 사람의 죄와 고대 유대인들의 죄 등 사람들의 죄를 어떻게 사하셨는지와 관련된 이 문제를 하나님의 "길이 참으심" 또는 "관용"으로 설명했다고 시사한다. 물론 초기 유대인 신자들은 구약의 제사 제도가 십자가상의 예수의 완전하고 최종적인 희생 이전에 그리고 그것을 예상하면서 하나님의 백성의 죄를 임시적으로 "가릴" 목적으로 하나님에 의해 제정되었다고 말할 수도 있었다. 하지만 그들은 이 본문에서 유추할 수 있는 것처럼, 하나님의 "의로운" 품성과 그분의 "의로운 정의"의 모범으로 "전에 지은 죄를 처벌하지 않고 두신(또는 "간과하신")"(διὰ τὴν πάρεσιν τῶν προγεγονότων ἁμαρτημάτων) 하나님의 "길이 참으심" 또는 "관용"(ἐν τῇ ἀνοχῇ τοῦ θεοῦ)을 언급했다.

3:26a   3:26a의 두 번째 목적절은 πρὸς τὴν ἔνδειξιν τῆς δικαιοσύνης αὐτοῦ ἐν τῷ νῦν καιρῷ("현재 자기의 의로움을 나타내실 목적으로")다. 전치사 πρός 및 이와 관련이 있는 목적격 명사는 어떤 유형이든지 "~로"나 "~를 향하여" 같은 이동을 암시하며, "목적", "운명", "결과"와 같은 개념을 함의한다. 따라서 본문의 πρὸς τὴν ἔνδειξιν은 "나타낼 목적으로" 또는 "나타내기 위해서"라고 읽는 것이 적절하다. 마찬가지로 전치사 πρός가 목적격 명사와 결합하여 목적의 의미로 사용될 때에는, 종종 이어지는 내용을 조금 전에 말한 것에 대한 "강화" 또는 "더 정확한 사상"으로 이해해야 함을 암시한다.[167] 강화 또는 더 정확한 사상에 대한 암시와 더불어 목적의 의미가 이곳 πρὸς τὴν ἔνδειξιν이라는 어구에 있는 것 같다.

이곳 3:26a에서는 3:25b에서처럼 "나타냄" 또는 "증거"의 의미로 명사 ἔνδειξις가 사용되었다. 그리고 τῆς δικαιοσύνης αὐτοῦ라는 표현은 이 구절에서 바로 앞에 있는 구절에서처럼, 하나님의 성품이 "의롭고" 그의 행위가 그의 "의로운 정의"를 표현함을 가리키려고 우선적으로 **속성적 의미로** 계속하여 사용되었다. 물론 이 구절에서 이어지는 "이때에", "의롭게 하시는" 그리고 "예수의 신실함"이라는 언급들이 기본적으로는 **속성적 의미에서 전달적 의미도** 포함하는 의미 범위로 이동하는 것 같기는 하다.

Ἐν τῷ νῦν καιρῷ("이때에")라는 표현은 3:26a의 두 번째 목적절의 일차적인 요점 또는 소위 "더 정확한 사상"을 표현한다. 이때는 인간적인 물리적인 시간의 어떤 기간이 아니라 하나님의 구속 계획에 속한 절정의 "이제", 즉 하나님의 구원사의 핵심점에 초점이 맞춰져 있다. 바울은 하나님

---

167) *ATRob*, 781.

의 구속 계획의 종말론적인 "지금"이 그리스도의 사역과 성령의 사역으로 시작되었음을 표시하려고 3:21-23의 발전된 논제 진술을 시작할 때 νυνὶ δέ("그러나 이제는")라는 어구를 사용했다.[168] 자신이 인용한 이곳 기독교 신앙고백 자료에 있는 ἐν τῷ νῦν καιρῷ라는 표현에서 분명 바울은, 3:21-23의 발전된 논제 진술을 시작한 종말론적인 "지금"에 대한 자신의 강조를 뒷받침하는 내용을 분명히 보고 있다.

3:26b   3:26의 두 번째 목적절은 εἰς τὸ εἶναι αὐτὸν δίκαιον καὶ δικαιοῦντα(문자적으로, "자기도 의로우시며 또한 의롭게 하시는 분이 되려 하심이라")라는 말로 완성된다. 목적을 의미하기 위해 전치사 εἰς("안으로", "안에")가 관사가 있는 부정사 τὸ εἶναι와 함께 사용된 예는 70인역에 124번, 신약성경에 72번 등장한다. 이런 방식으로 바울 서신에는 50번 정도 사용되었다.[169] 이곳 3:26b에서 εἰς τὸ εἶναι는 예수를 "대속 제물"로 "공공연히 세우신" 하나님의 목적과 관련한 진술로 3:25b-26을 마무리한다.

하지만 3:26b의 이 마지막 부분에서 이어지는 구문에는 해석자들을 몹시 곤란하게 만드는 여러 난제가 있다. 첫째는 코이네 그리스어에서 (1) 이미 언급된(여기서는 "하나님"이 언급됨) 어떤 사람(남성의 경우)이나 사물(중성의 경우)을 강조하고, (2) 그 사람이나 사물을 다른 개인이나 사물(즉 여기서는 "다른 어느 누구도")과 구별시키는 기능을 하는 강조형 명사 αὐτός("자신")가 거의 번역될 수 없다는 점이다. 이 단어가 하나님의 본질적인 속성 중 하나(즉 그는 "의로우시다")와 관련하여, 또 그분의 중요한 행위 중 하나(즉 그는 "의롭게 하시는 분"이시다)와 관련하여 소위 다른 신이나 사람과 반대되는 하나님의 유일하심을 강조하기는 하지만, 번역자들과 주석가들은 이러한 어감을 전하는 데 어려움을 느꼈으며, 그래서 단지 문맥에서 끌어낼 수 있는 분명한 3인칭 단수 대명사인 "그는"을 그들의 번역에 삽입했을 뿐이다. 이와 마찬가지로, 주격이나 목적격인 중성 단수 명사 δίκαιον("올바

---

168) 본서 3:21 "석의와 주해"를 보라.
169) 참조. 롬 7:4; 8:29; 엡 1:12; 빌 1:10; 살전 3:5.

른", "정의로운", "의로운")은 서술적 주격으로 이해되어 이 단어의 유일한 주
어의 성격을 규정하는 것으로 보아야 할 것 같다. 이를테면, 하나님은 다른
"신"이나 사람에게는 해당하지 않는 방식으로 "의롭다"고 선언된다. 더욱
이 남성 단수 실명사적 분사 δικαιοῦντα는 복합 서술적 형용사로 기능하
고 그래서 하나님의 성품과 그분의 구속 행위와 관련한 더 많은 진술을 제
공한다고 이해해야 할 것 같다. 다시 말해서, 하나님은 "의롭게 하시는 분"
이라고 말이다. 3:26c에서 이 본문의 마지막 부분을 석의하면서 논하겠지
만, τὸν ἐκ πίστεως Ἰησοῦ라는 어구는 그 자체로 여러 난제를 지니고 있다.

　　사본 전통에서 충분히 지지받는[170] 접속사 καί조차도 고대와 현대 주
석가들에게 이해하기 어려웠다. 이 접속사가 이 구절에서 연결어로 기능하
여 하나님이 "의로우"시고 "의롭게 하시는 분"이시라는 것을 말하는데, 이
두 속성이 서로 상충하지 않는가?[171] 아니면 이 단어를 강조나 동의를 나타
내는 불변화사로 이해하여 하나님은 악한 자들을 의롭게 하시는 중에서도
그의 의로우심을 유지하고 계신다고 보아야 하는가?[172] 또는 이 단어를 도
구적으로 해석하여, 하나님이 사람들을 의롭게 하심으로써 자신의 의로우
심을 유지하신다고 선포하고 있는 것으로 보아야 하는가?[173] 또는 설명적
인 방식으로 이해할 수도 있는데, 그럼으로써 하나님은 자신의 정의를 손
상시키지 않고서도 악인들을 의롭게 하신다고 선언하거나, 하나님이 악인
들을 심판하시기에 의로우시다고 설명하는 것으로 이해해야 하는가?[174]

　　로마서 3:26b의 εἰς τὸ εἶναι αὐτὸν δίκαιον καὶ δικαιοῦντα를 하나
님께서 "자신의 의로우심을 나타내심"(ἔνδειξιν τῆς δικαιοσύνης αὐτοῦ)을 논
의하는 3:25b-26a의 맥락에서 이해하고, 강조 명사 αὐτός("자신")를 단순
히 "그분"이나 "하나님"(비록 하나님의 성품과 행위의 독특성을 인식하기는 하지

---

170) 앞의 "본문비평 주"를 보라.
171) 대부분의 번역가와 주석가들은 이렇게 주장했다.
172) 예. Blackman, "Romans 3:26b," 203-4.
173) 예. Moo, *Romans*, 242.
174) 예. D. A. Campbell, *Rhetoric of Righteousness in Romans 3.21-26*, 167-70.

만 말이다)으로 번역하며, 접속사 καί를 기능상 연결어로 취급하고, 명사 δίκαιον("의로운")과 분사 δικαιοῦντα("의롭게 하시는 분")를 하나님의 성품과 행위를 정의하는 것으로 이해하면서, 우리는 3:25b-26a의 이 세 번째 목적 진술의 앞에 등장하는 말들을 다음과 같이 번역하는 것이 최상이라고 믿는다. "하나님께서는 자신이 의로운 분이기도 하고 의롭게 하시는 분이라는 것을 다 나타내시려고 이 일을 하셨다"고 말이다. 현대 번역에 강조 명사 αὐτός로써 암시된 어감을 살리는 것은 불가능하지만(적어도 복잡한 표현 없이는 말이다), 초기 기독교 신앙고백 자료의 이 부분에서 하나님께 해당한다고 선언된 내용, 즉 하나님은 "의롭기"도 하시고 "의롭게 하는 분이시기"도 하시다고 선언된 내용은 소위 다른 신이나 사람에게는 해당되지 않는다고 말할 수 있다는 것을 인식할 필요가 있다.

바로 앞 3:24-25a에서 제시한 기독교 신앙에 대한 천명의 근거를 제공하는 데 있어 3:25b-26에서 이 근거의 핵심이 되는 내용은 다음과 같다.

1. **과거에는** 하나님의 δικαιοσύνη("의로운 공의")가 "전에 지은 죄를 처벌하지 않으시는" 그분의 거룩한 "길이 참으심" 또는 "관용"으로 입증되었다. 이것은 하나님이 δίκαιον("의로운")하시다는 것을 나타낸다.

2. **이제는**("이 현 시간에"; ἐν τῷ νῦν καιρῷ) 하나님의 δικαιοσύνη(여기서는 그의 "의로우심"을 의미하는 **속성적 의미**만이 아니라 그의 "의의 선물"을 함의하는 **전달적 의미**도 있다)는 δικαιοῦντα(즉 "의롭게 하시는 분")로서 행하신 하나님의 구속 행위로 표현된다. 그리고 바로 이어지는 3:26의 마지막 네 단어의 어구에 표현되는 현재의 이 "복음" 메시지에 초점이 있다. 3:26의 마지막 어구는 "예수의 신실함"(πίστεως Ἰησοῦ)과 "예수의 신실함에 의거한 사람"의 적극적인 반응(τὸν ἐκ πίστεως Ἰησοῦ)을 묘사한다.

3:26c   3:24-26을 바울이 직접 썼다고 믿는 사람이나 이 구절에 바

울이 인용한 초기 기독교의 전통 자료가 포함되었다고 생각하는 사람 모두 종종 3:26의 마지막 몇 단어인 καὶ δικαιοῦντα τὸν ἐκ πίστεως Ἰησοῦ (일반적으로 "그리고 예수를 믿는 믿음을 가진 사람을 의롭게 하시는 분"으로 번역됨)가 바울의 독특한 표현이라고 주장해왔다. 이 본문의 δικαιούμενοι ("의롭게 되다"), δωρεὰν τῇ αὐτοῦ χάριτι ("그의 은혜로 값없이"), 그리고 διὰ τῆς πίστεως(전통적으로 "믿음으로"라고 번역됨)와 같은 표현들에 대해서도 종종 동일하게 주장했다.[175] 이러한 주장이 바울에게는 중요한 반면에, 그 주장들이 예수를 믿는 초기 유대인 신자들의 어휘에(또한 어느 정도 바울 당대의 유대교에) 부재하다고는 말할 수 없다.

로마서 3:26은 이 구절의 사본 역사에서 좋은 지지를 받는 "예수"라는 홑 이름의 등장으로 마무리한다.[176] 하지만 바울이 자신의 주님을 지칭하기 위해 일반적으로 사용하는 이름은 신약성경의 다른 많은 저자가 사용하는 이름과 일관성 있게 상당히 다르다. 특히 그가 인용하는 초기 기독교의 신앙고백적 자료의 다양한 부분에 등장하는 이름과도 다르다. 이러한 차이는 바울의 용례와 네 복음서를 기록한 네 복음서 저자들의 용례를 비교하면 분명히 드러난다. 그들은 거의 공통적으로 "예수"라는 홑 이름을 사용하며, 일반적으로 그 이름 앞에 관사를 붙인다(즉 ὁ Ἰησοῦς). 히브리서에서 "예수"라는 이름은 10번 등장하는데,[177] 그중에서 "예수 그리스도"라는 이중 이름은 3번밖에 등장하지 않는다.[178] 하지만 여기서 우리의 목적과 관련하여 더 중요한 것은 바울이 그의 여러 편지에서 인용한 초기 기독교의 신앙고백 자료에서 사용된 이름이다. 그곳의 일반적인 명칭은 단순히 "예수"다. 예를 들어, 빌립보서 2:10("하늘에 있는 자들과 땅에 있는 자들과 땅 아래에 있는 자들로 모든 무릎을 **예수**의 이름에 꿇게 하시고"), 데살로니가전서 4:14a("우리가 '**예수**께서 죽으셨다가 다시 살아나심'을 믿을진대"), 로마서 10:9("네가 만일 네 입으로

---

175) 앞의 3:24-25a에 대한 "석의와 주해"를 보라.
176) 앞의 "본문비평 주"를 보라.
177) 히 2:9; 3:1; 4:14; 6:20; 7:22; 10:19; 12:2, 24; 13:12; 13:20.
178) 히 10:10; 13:8, 21.

'예수를 주'로 시인하며"), 그리고 고린도전서 12:3("하나님의 영으로 말하는 자는 누구든지 '예수를 저주할 자'라 하지 아니하고 또 성령으로 아니하고는 누구든지 '예수를 주'시라 할 수 없느니라.").[179]

바울이 인용한 초기 기독교의 신앙고백 자료를 제외하고, 그가 편지에서 친히 쓴 것에는 홑 이름 "예수"가 지속적으로 "그리스도", "그리스도 예수", "예수 그리스도"라는 이름으로 바뀌었다. 물론 이 패턴에 예외는 있다. 하지만 대부분의 예외는 다음과 같은 문헌에서 발견된다. (1) 로마서 16:20("우리 주 예수의 은혜가 너희에게 있을지어다.")과 고린도전서 16:23("주 예수 그리스도의 은혜가 너희와 함께할지어다."), 그리고 데살로니가전서 3:11, 13(여기서는 "우리 주 예수"라는 언급이 2번 등장)의 은혜를 축원하는 내용과 같은, 그가 사용한 다른 초기 기독교 전통 자료들에 발견된다. (2) 그가 조금 전에 인용한 신앙고백에 대한 논평에서 발견되는데, 그는 데살로니가전서 4:14b(두 경우 모두 단순히 "예수"만 등장)에서처럼 인용된 자료에 등장한 동일한 형태의 이름을 그의 논평에 사용한다. (3) 로마서 4:24, 고린도후서 4:10-11, 14, 갈라디아서 6:17, 데살로니가전서 2:15에서처럼 예수의 역사적인 고난과 죽음과 부활을 언급한 곳에서 사복음서에 언급된 홑 이름 "예수"를 사용한다. (4) 로마서 8:11, 에베소서 4:20-21, 데살로니가후서 1:12에서처럼 동등한 이름으로 병행하며 등장하는 "예수"라는 이름과 "그리스도"(또는 "예수 그리스도")라는 이름이 있는 대략 병행하는 진술을 제시하는 곳에서 발견된다. 예외적이라고 할 수 있는 본문은 겨우 몇 개 발견할 수 있을 뿐이다. 전부 혹은 대부분은 로마서 14:14에서처럼 바울이 사용한 "주 예수"라는 표현에 등장한다.[180]

그러므로 홑 이름 "예수"만 사용하는 것을 바울이 거절하지는 않았지만, 그가 훨씬 더 자주 사용한 홑 이름인 "그리스도"나 복합 이름인 "그

---

179) 또한 고전 11:23; 고후 4:8-11, 14; 11:4; 살전 1:10도 참조하라.
180) 또한 고전 5:4(2번); 고후 1:14; 11:31; 엡 1:15; 빌 2:19; 골 3:17; 살전 4:1, 2; 살후 1:7, 8; 2:8; 몬 5도 보라.

리스도 예수" 및 "예수 그리스도"와 비교해보면, (그가 인용한 초기의 신앙고
백적 또는 전통적인 자료와는 구별되게) 그가 쓴 글에서는 그것이 비교적 예외
적이다. 그래서 3:24-26의 마지막 단어로 사용된 소유격 Ἰησοῦ는 홀 이름
"예수" 및 그 단어와 결합된 전치사구 ἐκ τῆς πίστεως를 바울이 여기서 인
용하고 있는 초기 기독교의 신앙고백적 자료의 본질적인 부분으로 이해해
야 함을 시사한다. 사실 합리적으로 추정할 수 있는 점은, 이 초기 기독교의
신앙고백 자료를 처음에 작성한 유대인 출신의 저자(또는 저자들)가 3:24-
25a에서 기본적인 기독교 신앙에 대해 천명하는 내용을 뒷받침하려고 제
공된(그럼으로써 초기 기독교 신앙과 그것의 근거를 이해하기 위해 매우 중요한 것으
로 이해되어야 하는) 3:26의 마지막 네 단어 ἐκ τῆς πίστεως Ἰησοῦ를 근거의
절정으로 이해되도록 의도했다는 것이다.

　　우리가 주장하려고 하는 것은 이것이다. (1) 3:25a의 διὰ τῆς πίστεως
는 "그[예수]의 신실함으로 말미암아"로 번역하는 것이 가장 좋다는 것과,
(2) 이곳 3:26 끝부분에 있는 ἐκ τῆς πίστεως는 3:25a의 διὰ τῆς πίστεως
와 긴밀히 연결되어 그것을 뒷받침하려고 사용되었다는 사실, (3) 3:25a과
3:26b에 있는 이 두 표현을 다 포함하고 있는 3:24-26의 이 초기 신앙고백
자료를 바울이 인용한 목적이 3:21-23의 발전된 논제 진술을 뒷받침하려
는 데 있다는 것이다. 3:21-23에는 특히 구원사의 "종말론적인 지금"(νυνὶ
δέ)에 해당하는 이때에 나타난 "하나님의 의"(δικαιοσύνη θεοῦ)가 "예수 그리
스도의 신실하심으로 말미암았다"(διὰ πίστεως Ἰησοῦ Χριστοῦ)는 주장이 매
우 중요한 핵심적인 특징으로 포함되어 있다. 만일 사실이라면(물론 우리는
이것이 사실이라고 믿는다), 이 모든 것은 3:26의 이 마지막 네 단어인 τὸν ἐκ
πίστεως Ἰησοῦ를 "예수의 신실함에 기초를 둔 사람을"이라고 번역하는 것
이 최상임을 시사한다.[181]

---

181) 참조. Talbert, *Romans*, 108: "예수의 신실함으로 사는 사람"(the one who lives out of the
　　faithfulness of Jesus); 또한 NET: "the one who lives because of Jesus' faithfulness"(예수
　　의 신실함 때문에 사는 사람); 또는 일찍이 K. Barth, *Romans*, 104에 표현된 것처럼 "예수
　　안에 있는 신실함에 의거한 사람."

브루스 롱네커가 3:25a의 어구 διὰ τῆς πίστεως와 관련하여 구체적으로 주장했지만, 동시에 3:24-25에서 바울이 인용한 초기 기독교 전통 자료의 전체 분량에 대해 설득력 있게 제안한 것처럼, 이곳 로마서에는,

예수의 언약적 신실함(πίστις Χριστοῦ)과 관련하여 하나님의 언약적 신실하심(δικαιοσύνη θεοῦ) 주변을 맴도는 언약 사상들이 한데 모인다. 바울에게 그리스도의 신실함은 하나님과의 언약 관계가 세워지는 기초다. 하나님의 은혜의 언약은 예수로 말미암아 믿는 사람들에게 작용한다. 로마서 2-3장의 바울에 따르면, 자신들이 신실하지 못하다는 사실을 입증한 이스라엘 백성들과 대조적으로, 예수가 하나님을 기쁘시게 하는 일종의 신실함을 구현하셨기 때문이다.[182]

바울이 3:21-23의 발전된 논제 진술에 등장하는 "그리스도의 신실함"(πίστις Χριστοῦ)이라는 주제를 설명한 기반은, 바로 3:24-26에 있는 기독교 신앙고백 자료의 이 부분에 있고 (바울을 비롯한) 당시 예수를 믿는 유대인 신자들 사이에서 널리 알려졌을 것으로 추정되는 "언약 사상들의 집약성"일 것이다.[183] 바울은 초기에 갈라디아의 개종자들에게 편지를 쓸 때,[184] 그다음에는 나중에 빌립보와 에베소에 있는 개종자들에게 편지를 쓸 때 2번 더 "그리스도의 신실함"이라는 표현을 사용했다.[185] 어찌 되었든 간에 우리는 여기서 다음과 같이 주장하는 것이 타당하다고 본다. (1) 바울은 3:24-26에 있는 이 기독교 신앙고백 자료와 특히 그가 3:25a과 3:26c에서 인용한 자료에서 오늘날 우리가 "피스티스 예수 크리스투" 주제라고 부르는 것이 내재하고 있다고 보았다. 비록 그가 발견한 문맥에서는 그 주

---

182) B. W. Longenecker, "Πίστις in Romans 3.25," 480; 같은 저자, *The Triumph of Abraham's God*, 98-103.

183) 우리가 앞에서 3:22의 διὰ πίστεως Ἰησοῦ Χριστοῦ에 대해 "석의와 주해"에서 제안했듯이 말이다.

184) 참조. 갈 2:16; 3:22. 또한 P[46]에서처럼 3:26도 그럴 개연성이 있다.

185) 참조. 빌 3:9; 엡 3:12.

제가 그가 바란 것만큼 또 자신이 표현한 것만큼 분명하게 설명되지는 않았을지도 모르지만 말이다.[186] (2) 바울은 3:22에서 동일하게 자신의 진술을 뒷받침하기 위해 초기 기독교의 신앙고백 자료에서 미발달 형태로 되어 있던 그 주제를 사용했다. "하나님의 이 의는 **예수 그리스도의 신실함으로 말미암았으며**(διὰ πίστεως Ἰησοῦ Χριστοῦ) '믿는 모든 자에게 주어진다'(εἰς πάντας τοὺς πιστεύοντας)."

III. 발전된 논제 진술에 대한 설명(3:27-31)

3:21-31의 마지막 부분인 3:27-31의 자료는 두 세트의 수사의문문으로 구성되었다. 첫 번째 의문문은 3:27a에, 그다음은 3:29a에 있고, 또 다른 수사의문문은 3:31a에 제시되었다. 각각의 수사의문문 또는 매 세트의 질문들 다음에는 3:27a, 3:27b-28, 3:29b-30, 3:31b에 강조적인 대답이 이어진다. 이런 질문을 제기하고 그의 대답을 제시하면서 바울은 짧은 결론적인 말로써 3:21-23의 발전된 논제 진술을 설명한다. 이를테면, 그는 로마에 있는 그리스도인 수신자들을 위해 그가 3:21-23에서 구원사의 종말론적인 "지금"이라는 기간에 주어진 기독교 복음의 중심 주제들이라고 선언한 것을 강조하고 확대하며 상황화한다. 바울은 이렇게 하면서 그가 일찍이 2:17-3:20에서 제시한 내용 저변에 있는 핵심 쟁점들로 돌아가며, 3:24-26에서 인용한 초기 기독교 신앙고백적 자료의 몇몇 중요한 특징을 활용한다.

바울은 이 마지막 수사의문문과 강조적인 대답이 있는 문단에서 다음과 같이 주장한다. (1) 사람에게 자랑할 여지가 없다. 하나님은 "행위의 법"(νόμος ἔργων)이 아니라 "믿음의 법"(νόμος πίστεως)(3:27)으로 사람을 의롭다 하시기 때문이다. (2) 사람이 "율법의 행위로 말미암지 않고"(χωρὶς ἔργων νόμου) "믿음"(πίστει)으로 의롭다 함을 얻는다는 것은 성경적 종교, 특히 기독교 복음의 자명한 이치다(3:28). (3) 하나님은 유대인과 이방인을

---

186) 바울과 신약의 다른 저자들이 인용한 기독교 신앙고백 자료의 특성 및 어구들과 관련된 내용은 아래 "성경신학" 단락을 보라.

똑같이 다루신다. 하나님이 한 분이시기 때문이다. 그러므로 그분은 유대인과 이방인 모두의 하나님이심이 틀림없다(3:29-30a). 게다가 (4) 하나님이 사람들을 "믿음의 법으로"(διὰ νόμου πίστεως, 3:27b에 강조되었듯이) 그리고 "믿음으로"(πίστει, 3:28에 강조되었듯이)만 자신과 올바른 관계로 이끄시는 까닭에, 유대인만 하나님에 의해 ἐκ πίστεως("하나님의 신실하심에 근거하여") 의롭게 되는 것이 아니라 이방인들도 διὰ τῆς πίστεως("동일한 신실하심으로 말미암아") 의롭게 된다(3:30b). 그러므로 인종은 하나님이 사람을 의롭게 하시거나 받아들이는 데 작용하는 요인이 아니다. 오히려 인종적인 혈통이 어떠하든지 간에 (예수 그리스도에 의해 독특하게 표현된) "하나님의 신실하심에 근거하고"(인간 편에서 할 수 있는 유일한 정당한 반응인) "믿음으로 말미암아" 하나님께 적극적으로 반응하는 사람이 하나님의 의로우심을 받고, 하나님께 용납된다. 그래서 바울은 이것이 선포와 받아들임을 통해 하나님의 법을 참으로 성취하는 메시지라고 주장함으로써 3:21-23의 발전된 논제 진술에 대한 설명을 결론짓는다. 말하자면, "우리는 율법을 굳게 세우며"(νόμον ἱστάνομεν), 그러므로 모세 율법을 주신 하나님의 궁극적인 목적을 완수한다는 것이 그 메시지다(3:31).

3:27 바울의 수사적 의문문과 강조적 대답 맨 앞에 등장하는 후치사인 불변화사 οὖν("그러므로", "결과적으로", "그래서")은 앞에서 이야기한 것을 회고한다. 즉 (1) 그가 2:17-3:20에서 유대인들을 비난하면서 부정적으로 주장했던 모든 내용과, (2) 3:21-23에 있는 그의 확장된 논제 진술에서 긍정적으로 주장했던 모든 내용, 그리고 (3) 그가 3:24-26에서 인용한 신앙고백 자료의 어떤 특징들 말이다. 또는 리처드 톰슨(Richard Thompson)이 이곳에서 불변화사의 기능과 관련하여 좀 더 명료하게 진술한 것처럼, "οὖν은 해석자가 로마서 3:27을 판독할 때 2:17부터 3:26에 이르는 주장 전체를 고려해야 함을 시사한다."[187]

그래서 ποῦ ἡ καύχησις;("자랑할 데가 어디냐?")라는 질문은, 모세 율법에

---

187) R. W. Thompson, "Paul's Double Critique of Jewish Boasting," 521.

관한 "입찬소리"와 바울이 2:17-3:20에서 기록한 모든 것의 저변에 있는 하나님과의 관계에 관한 "자랑"에 대한 모든 쟁점을 반추하는 것으로 이해해야 한다.[188] 마찬가지로 이어지는 질문 διὰ ποίου νόμου; τῶν ἔργων;("무슨 법으로냐? 행위로냐?")은, 의를 얻기 위하여 율법과 "율법의 행위"를 지키는 것의 헛됨에 관한 2:17-3:20에 등장하는 진술들을 반영한다.[189] 더욱이 ἐξεκλείσθη("있을 수가 없느니라") διὰ νόμου πίστεως("믿음의 법으로냐")라는 주장은 바울이 3:21-23의 발전된 논제 진술의 중심에 놓여 있는 그의 분명한 이분법적인 천명을 회상한다. 이를테면, 3:22에서 "하나님의 의"는 "예수 그리스도의 신실함을 통해"(διὰ πίστεως Ἰησοῦ Χριστοῦ) "모든 믿는 자에게"(εἰς πάντας τοὺς πιστεύοντας) 미친다는 것이다. 또한 이 진술은 3:24-26에서 바울이 인용한 기독교 신앙고백 자료에 있는 중요한 두 진술을 반영하기도 한다. (1) 3:25b에 진술된 것처럼, 하나님께서 그리스도 예수를 "속죄제물"로 세우신 것은 "그[예수]의 신실함으로 말미암아"(διὰ τῆς πίστεως) 이루어진다는 사실과, (2) 3:26b에 표현된 것처럼, 구원사의 과정에서 "이때에"(ἐν τῷ νῦν καιρῷ) 사람들은 "예수의 신실하심에 근거하여"(ἐκ πίστεως Ἰησοῦ) 하나님께 적극적으로 반응해야 한다는 사실이다.

동사 καυχάομαι("자랑하다", "자랑으로 여기다", "자부심을 품다"), 중성 명사 καύχημα("자랑"), 그리고 여성 명사 καύχησις("자랑")는 그리스 시인과 드라마 작가와 철학자들에 의해 종종 교만한 우월감, 즉 자신의 명성을 나불댐을 암시하는 나쁜 의미로 사용되었다. 그래서 이 단어들은 고전 그리스어 문헌에서는 일반적으로 비난과 조소의 맥락에서 등장한다.[190] 유대교 성경(구약)에도 "우월감이나 자랑을 비난하는 다수의 잠언"이 있다.[191] 시편에서는 자랑을 "가벼운 잘못만이 아니라" "어리석고 불경건한 사람

---

188) 특히 2:17과 23에서 바울이 2인칭 단수 현재 직설법 동사 καυχᾶσαι를 사용한 것을 반추한다.

189) 특히 3:20에 ἐξ ἔργων νόμου라는 어구로 표현되었듯이 말이다.

190) 참조. Bultmann, "καυχάομαι, καύχημα, καύχησις," *TDNT* 3.645-46.

191) 예. 왕상 20:11; 잠 25:14; 27:1.

의 기본적인 태도"로 언급한다.[192) 하지만 구약의 수많은 본문에 (1) "의로운 자부심"이 있을 때 자랑하고,[193) (2) "하나님 앞에서 자신의 낮아짐을 자랑하는 진정한 자랑"을 위한 여지는 부여되었다.[194) 바울의 편지에서 καυχάομαι, καύχημα, καύχησις는 어느 정도 "역설적인" 바로 이 후자의 의미로 사용되며, 다른 신약성경 저자들과 비교하면 이런 표현들은 거의 독점적으로 바울 서신에서 사용된다.[195)

그래서 바울은 로마서에서 한편 καύχησις나 그 단어와 어원이 같은 단어들을 좋지 않은 의미로 사용하여 적절하지 않은 "자랑", "자랑거리로 여기다" 또는 "자부심을 갖다"를 의미하기도 하지만,[196) 그의 다른 편지의 여러 곳에서 동일한 단어를 좋은 의미로 사용하여 (1) "정당화할 수 있는 자부심,"[197) (2) 기쁨과 찬양과 하나님께 감사를 표현하는 "하나님 앞에서의 겸허함,"[198) 그리고 (3) 바울 자신과 그리스도의 참 제자들인 사람들의 그리스도를 신뢰함과 그리스도에 대한 확신[199) 등을 의미하기도 했다.

3:27의 이 첫 번째 질문 "그런즉 자랑할 데가 어디냐?"에서 바울은 명사 καύχησις("자랑")에 관사 ἡ("그")를 사용하여 그가 앞서 2:17, 23에서 자랑을 2번 사용한 것을 염두에 두었음을 암시한다. 2:17-22의 문맥에서 바울은 하나님의 교훈을 순종하지 않은 유대인들의 잘못된 "하나님에 대한 자랑"(καυχᾶσαι ἐν θεῷ)을 비난한다. 그런 다음에 그는 2:23-24의 문맥에서 하나님의 율법을 범함으로써 하나님을 욕되게 하고 실제로 하나님을 모독

---

192) 참조. 시 52:1(LXX 51:1); 75:4(LXX 74:4); 94:3(LXX 93:3).

193) 참조. 잠 16:31; 17:6.

194) 참조. 렘 9:23-24; 시 34:2.

195) 신약성경에 등장하는 또 다른 예는 히 3:6과 약 1:9; 4:16뿐이다.

196) 바울이 일찍이 롬 1:30; 2:17, 23에서 이런 의미로 사용했듯이, 이곳 3:27에서도 이런 의미로 사용했고, 나중에 11:8에서도 그런 의미로 사용할 것이다. 참조. 엡 2:9; 딤후 3:2.

197) 고전 15:31; 고후 1:14; 7:14(2번); 8:24; 9:2-3(2번); 10:7-12:10(여러 번); 빌 1:26; 살전 2:19.

198) 참조. 고전 1:31(렘 9:24을 인용함); 고후 10:17(역시 렘 9:24을 인용함).

199) 빌 3:3: "하나님의 성령으로 봉사하며 그리스도 예수로 '자랑하고' 육체를 신뢰하지 아니하는 우리가 곧 할례파라."

하고 있는 자신만만한 유대인들의 "율법 자랑"(ἐν νόμῳ καυχᾶσαι)을 정죄한다. 바울은 질문을 제기하고 난 후 한 단어로 된 진술로써 그 질문에 즉시 답한다: ἐξεκλείσθη("있을 수 없느니라!").

동사 ἐκκλείω는 어느 사람을 어느 것으로부터 또는 어느 집단으로부터 "가로막다", "배제하다" 또는 "멀리하다"라는 의미다. 바울이 일찍이 그의 개종자들을 혼란스럽게 하는 유대주의자들에 대해 언급하는 갈라디아서 4:17에서 이런 의미로 이 단어를 사용했다. "그들이 너희에게 대하여 열심 내는 것은 좋은 뜻이 아니요, 오직 너희를 [우리와] 이간시켜(ἐκκλεῖσαι) 너희로 그들에게 대하여 열심을 내게 하려 함이라." 여기서 바울이 사용한 동일한 동사의 3인칭 단수 부정과거 수동태 직설법 형태인 ἐξεκλείσθη와 특히 그의 간략한 대답으로 이 단어만 사용한 것은, 이렇게 우월감을 가지는 사람에게 주는 바울의 대답을 다음과 같이 매우 강한 진술로 이해해야 함을 암시한다: "이런 것은 전적으로 배제된다!", "그것은 단번에 끊어버려야 한다!" 또는 "절대로 불가능하다!"

이어지는 2개의 수사학적 질문은 "무슨 법으로냐?"(διὰ ποίου νόμου;)와 "행위의 법으로냐?"(τῶν ἔργων;)이다. 첫 번째 질문은 자랑을 배제하게 된 이유를 묻는 것이고, 두 번째 질문은 여기에 연루된 것이 "행위에 속한" 법인지를 묻는 것이다. (1) 바울이 2:17-3:20에서 유대인들이 모세 율법을 지키지 못했음을 논한 부정적인 문맥과, (2) 3:21-23에서 하나님의 의의 선물이 "모세 율법과 상관없이"(χωρὶς νόμου) 종말론적인 "지금"(νυνὶ δέ)에 주어졌음을 제시하는 긍정적인 문맥, 그리고 (3) 3:26에서 하나님을 구원사의 과정에서 "이때에"(ἐν τῷ νῦν καιρῷ) "예수의 신실하심에 의거한 사람을 의롭다 하시는 분"으로 언급하는 말로 마무리하는 3:24-26에서 초기 기독교의 신앙고백 자료를 인용한 문맥을 고려하면(또한 바울이 "믿음"과 "행위의 법"을 날카롭게 구분하는 증거를 제시하며 바로 이어지는 3:28의 진술에서 입증하듯이), 바울이 이곳 3:27에서 모세 율법이 자기 의를 자랑하는 사람을 정죄하면서도 동시에 율법에 그런 자랑을 제거하는 능력이 없다고 보았다는 점에는 의심의 여지가 없다.

바울이 매우 간략한 이 두 질문에 제시한 대답은 그 자체로 매우 간단하다. "결단코 아니라!" "오히려 [그것은] 믿음의 법 자체에 의해 [배제된다]!" 역접의 의미로 사용되는 οὐχί는 단순한 부정어 οὐ("아니")보다 더 강하다. 그래서 "결단코 아니라!"라고 강조해서 번역해야 한다. 마찬가지로 역접 접속사 ἀλλά는 역접 접속사 δέ("그러나")보다 더 강해서 "오히려"(rather)라고 번역하는 것이 가장 좋다. 전치사 διά는 "통하여" 또는 "말미암아"라는 수단의 뜻을 표현하기 위해 사용되었으며, 명사 νόμος("법." 여기서는 소유격으로서 전치사의 지배를 받음)는 "원리" 또는 "교훈"을 의미하고, 명사 πίστις("믿음." 이곳에서는 정의하는 소유격 또는 묘사의 소유격으로 등장함)는 주로 원리나 교훈의 특성과 특징을 표시한다.

온갖 형태의 우월감과 자기를 정당화하는 모든 종류의 자부심을 비롯하여 하나님 앞에서 자신의 자격을 획득했다고 자랑하는 것이 "믿음의 법에 의해"(διὰ νόμου πίστεως) 배제된다는 바울의 주장은, 그가 1:16에서 처음으로 논제를 진술한 이후 이곳 3:27에서 매우 간략히 대답하기까지 줄곧 주장했던 내용을 모두 요약한다. 성경적인 종교에서 가장 우선적인 것은 어떤 종류의 "행위의 법"(νόμος τῶν ἔργων)이 아니라 "믿음의 법"(νόμος πίστεως)이다. 특히 기독교적 선포인 "복음"(εὐαγγέλιον)에 그렇다.

더욱이 (1) 바울이 처음에 1:16-17의 논제 진술에서 제시했고(특히 1:17의 ἐκ πίστεως εἰς πίστιν이라는 어구에서), (2) 3:21-23에서 확장한 논제 진술에서 발전시켰으며(특히 3:22에서 διὰ πίστεως Ἰησοῦ Χριστοῦ와 εἰς πάντας τοὺς πιστεύοντας 등 2개의 전치사절을 결합시킨 곳에서), (3) 3:24-26의 초기 기독교의 신앙고백 자료를 인용함으로써 뒷받침한 것(특히 3:25의 διὰ τῆς πίστεως 어구 사용과 3:26의 ἐκ πίστεως Ἰησοῦ의 등장으로)에 비춰볼 때, 이곳 3:27b에 사용된 "믿음의 법"(νόμος πίστεως)이라는 어구에서 "믿음-"(πίστις)이라는 말로 바울이 의도한 의미는 분명 "예수의 신실함"과 "사람들의 신뢰와 적극적인 헌신의 반응"(그리스어 πίστις를 번역한 것이든지 아니면 히브리어 אמונה를 번역한 것이든지 말이다)을 모두 함의하고 있다고 이해해야 할 것 같다. 따라서 바울이 이 구절 끝에서 πίστεως에 관해 말할 때, 바울이 (1) 예수가 하나님께 그의 삶(즉 그의 "능동적 순종")과 죽음(즉 그의 "수동적 순종")을 통해 표현하셨던 "믿음" 및 "신실함"과, (2) 그리스도의 사역과 하나님의 영의 사역으로 말미암아 사람들이 하나님께 표현하는 "믿음"과 "신뢰"의 필수적인 반응을 모두 언급하는 것으로(어느 정도는 아리송한 방식으로 그렇게 했다는 것은 인정한다) 이해해야 한다.

바울이 이곳 3:27b의 "믿음의 법"(νόμος πίστεως)이라는 어구에서 사용한 νόμος는 (1) 바울이 갈라디아의 개종자들에게 하나님의 메시아이신 예수 "그리스도"께 대한 헌신을 바르게 표현하기 위해서는 모세 율법을 지켜야 한다는 유대주의자들의 주장에 굴복하지 말고 "그리스도의 법"을 성취하는 데 노력해야 한다고 부탁한 갈라디아서 6:2의 τὸν νόμον τοῦ Χριστοῦ 사용과, (2) "그리스도의 법 안에 있는" 또는 "그리스도의 법 아래 있는"이라고 번역할 수 있는 고린도전서 9:21의 ἔννομος Χριστοῦ 사용과 비교하여 이해하는 것이 가장 좋을 것 같다. 앞서 등장한 "율법"의 두 용례에서 그는 모세 율법이나 나중에 유대인의 탈무드에 성문화된 유대적 가르침에 대해 말하고 있는 것이 아니라, 오히려 예수의 역사적인 사역과 교훈에 기초를 두고 하나님의 성령을 통하여 백성들에게 설명된 기독교 복음의 원리들에 대해 말하고 있다. 이와 마찬가지로 나중에 바울이 "그리스도 예수 안에서 생명의 성령의 법(ὁ νόμος τοῦ πνεύματος τῆς ζωῆς ἐν Χριστῷ Ἰησοῦ)이 우리를 죄와 사망의 법에서 자유롭게 하였다"라고 선언하는 로마서 8:2에서 사용된 "율법"(ὁ νόμος)은 모세 율법이 아니라 성령의 사역과 기독교 복음의 본질적인 원리 또는 교훈을 말한다.

3:28 3:28이 3:27에서 말하는 내용에 대한 이유를 제공하는지, 아니면 앞 절에서 말한 것으로부터 추론한 결론을 제공하는지를 둘러싸고 논의가 광범위하게 벌어졌다. 이 문제를 결정하는 단서는 상당히 훌륭한 사본 전통의 지지를 받는 원문에 있는 후치사인 접속사 γάρ("왜냐하면")를 받아들일 것인지, 아니면 사본의 지지를 덜 받는 후치사 οὖν("그러므로", "결과

적으로", "그래서")을 받아들일 것인지에 달려 있다.[200] 우리는 γάρ를 원문으로 받아들인다. 다음 몇 가지 이유에서다. (1) 이 단어가 사본 전통에서 외적인 지지를 더 잘 받고 있으며, (2) 한 번은 3:27 도입부 그리고 두 번째는 3:28 도입부 등 본문에서 2번 등장하는 후치사 οὖν의 겹말을 제거하고, (3) 문맥상 이전 구절에서 추론한 결론보다는 3:27의 내용에 대한 이유를 제공하는 것이 최상의 이해인 것 같기 때문이다.

동사 λογίζομαι ("내가 여기다", "고려하다", "~에게 돌리다", "주장하다")는 바울 당대의 여느 그리스어 저자들의 글에서처럼 바울의 여러 편지에서도 자주 등장한다. 하지만 바울 서신 중에서 이곳 3:28에서만 λογίζομαι가 1인칭 복수 형태인 λογιζόμεθα ("우리가 여긴다", "주장한다")로 등장한다. 더욱이 이 1인칭 복수 동사는 이 단어가 들어 있는 문장에서 첫 번째 단어로 배치되었다. 이것은 고대 그리스어 문장에서 강조를 나타낸다. 이러한 관찰은 특히 최근의 주석가들로 하여금 λογιζόμεθα ("우리가 여긴다")를 단순한 편집적인 복수형이 아니라 "모든 신자에게 일반적이었던"[201] "확신"을 실제로 소개하거나, 약간 다르게 표현되기는 했지만, "모든 기독교 공동체들 사이에 있는 일반적인 견해"[202] 혹은 "칭의에 대한 공인된 기독교적 교훈"을 소개하는 기능을 한다고 주장하도록 했다. 하지만 더글러스 무는 이 문제에 대해 다음과 같이 좀 더 정확하게 말하고 있다고 생각된다. "동사의 복수형은 편집적인 결과일 수도 있고 바울이나 다른 기독교 교사들을 다 포함할 수도 있다. 하지만 이 복수형은 바울과 그의 독자들을 아우르는 것 같다."[203] 우리가 앞에서 그의 주장의 과정에 나타난 다른 수많은 특징에 대해 주장했듯이, 복수형을 바울이 자신과 그의 독자들이 모두 공유한 이해를 표시하는 것으로 이해한다면, 동사의 1인칭 복수 형태는 다시금 다음과 같은 내용을 반영한다. (1) 바울은 로마에 있는 그리스도인 수신자들과

---

200) 본서의 3:28의 "본문비평 주"를 보라.

201) Cranfield, *Romans*, 1.220-21.

202) Dunn, *Romans*, 1.187.

203) Moo, *Romans*, 250 n. 24.

좋은 관계를 갖고 싶어 한다. (2) 바울은 그가 이전에 주장했고 지금 이 구절의 나머지 부분에서 요약된 형태로 진술하고 있는 내용에 그의 수신자들이 동의할 것이라고 확신한다. 즉 "사람이 의롭게 되는 것은 '율법의 행위'에 있지 않고 믿음으로 말미암는다"(δικαιοῦσθαι πίστει ἄνθρωπον χωρὶς ἔργων νόμου)는 사실 말이다.

로마의 그리스도인들에게는 그들이 소유하고 있는 기독교의 믿음에 대해 불확실하게 여기는 것들이 여럿 있었던 것 같다. 특히 그들에게 새롭게 형성된 기독교적 확신을 그들이 처한 구체적인 상황에서 어떻게 표현할 것인지와 같은 문제가 그러하다.[204] 그들은 바울과 다른 기독교 교사들이 했던 것처럼 복음을 설명할 수 없었을지도 모른다. 하지만 구약 예언자들의 메시지에 근거하(고 적어도 당대의 훌륭한 일부 유대 랍비들이 표현하였)고 그들의 유대 기독교적 유산의 근본적인 가르침이었던, (1) 그들 자신의 "율법의 행위"로는 하나님이 그들을 받으실 수 없다는 것과, (2) 어느 유형이든지 하나님과의 바른 관계를 이루기 위한 "믿음"의 중요성에 대해 바울은 자신과 로마에 있는 그리스도인 수신자들이 본질적인 부분에서 의견을 같이한다고 확신했다. 바울은 (2:17-3:20 내내 그랬듯이) 그들에게 이 사실들을 상기시키고 함의된 내용을 분명하게 설명했을 것이다. 그런데 그는 (2:17-3:20 전체에서 그랬듯이) 성경적 종교의 이러한 근본적인 특징들을 설명하고 분명하게 할 때, 또 특히 (그가 3:21-23에 있는 그의 발전된 논제 제시와 3:24-26에서 초기 기독교 신앙고백적 자료를 인용했던 것처럼) 그들이 하나님께서 종말론적인 "지금"의 때에 그리스도의 사역을 통해 구속적으로 행하신 상황에 있을 때, 자신과 로마에 있는 그의 그리스도인 형제자매들 간에는 입장의 차이가 있을 수 없다는 사실을 확신했을 것이다.

그래서 바울이 3:20의 마무리 진술의 도입부에서 시편 143:2의 권위 있는 말씀을 인용하며 "율법의 행위로 그[하나님]의 앞에 의롭다 하심을 얻을 사람이 없나니, 율법으로는 죄를 깨달음이니라"(ἐξ ἔργων νόμου οὐ

---

204) 롬 7:1-6; 13:1-5; 13:6-7; 14:1-15:13과 같은 본문에 분명하게 나타나 있듯이 말이다.

δικαιωθήσεται πᾶσα σὰρξ ἐνώπιον αὐτοῦ, διὰ γὰρ νόμου ἐπίγνωσις ἁμαρτίας)고 확신 있게 말했던 내용을 이곳 3:28에서 훨씬 더 큰 확신으로 이렇게 재천명한다. "사람이 의롭다 하심을 얻는 것은 '율법의 행위'에 있지 않고 믿음으로 된다"(δικαιοῦσθαι πίστει ἄνθρωπον χωρὶς ἔργων νόμου)고 말이다. 바울은 로마에 있는 그리스도인 수신자들도 이런 이해를 하고 있다고 확신했다. 그리고 이와 같은 성경적 종교에 대한 기본적인 이해는 그들이 공유하던 기독교적 확신에 비추어볼 때 특히 중요하다. 그들은 (바울이 3:25a에서 그들도 공통적으로 받아들인 기독교의 신앙고백적 자료를 인용한 것에 표현되었듯이) 하나님께서 구원사의 과정에서 "이 현시대에" 그리스도 예수를 "그의 피로써 그[그리스도]의 신실함으로 말미암는 속죄제물"로 "공공연하게 세우셨다"고 확신했다.

3:29-30   이스라엘 역사 내내 (1) 모든 사람의 경계를 정하시고 그들의 다양한 상황을 정하신 하나님은 모든 사람의 창조자시라는 천명과, (2) 이스라엘 백성을 자기 백성으로 선택하시고 그들을 위해 자주 행동하신 하나님은 이스라엘의 구원자시라는 확신 간의 긴장은 이스라엘의 역사 내내 있었다. 신명기 32:1-43에 실린 모세의 노래의 상당히 많은 내용 저변에 있고 특히 신명기 32:8-9에 분명히 표현된 것이 모든 사람을 이렇게 이스라엘 백성(유대인들)과 비이스라엘 백성(이방인들)으로 구분하는 것이다. "지극히 높으신 자가 민족들에게 기업을 주실 때, 그리고 인종을 나누실 때에 이스라엘 자손의 수효대로 백성들의 경계를 정하셨도다. [그러나] 여호와의 분깃은 자기 백성이라. 야곱은 그가 택하신 기업이로다." 이와 같이 세상의 인류가 둘로 나뉘었다는 사상은 기원전 2세기 초 어느 때(아마도 기원전 180-175년 경)에 기록된 「집회서」의 저자에 의해 반영되었다. 그는 이렇게 선언한다. "모든 나라에 그분이 통치자를 정하셨습니다. 하지만 이스라엘은 주님의 분깃입니다"(Sir 17:17). 그리고 유대인과 이방인 간의 이러한 구별은 초기 유대교 기간에 지속되었고 발전되었다. 예를 들면 기원전 2세기 중엽 어느 때(아마도 161년과 140년 사이)에 작성된 「희년서」에 구약의 역사가 재차 기록되었는데, 그중에서 다음과 같은 진술에 매우 분명히 언급

되었다.

> 그는[하나님은] 이스라엘을 택하여 자신을 위한 백성이 되게 하셨다. 그
> 리고 그분은 그들을 거룩하게 하셨으며, 모든 사람의 아들들로부터 그들
> 을 모으셨다. 많은 나라와 많은 백성이 있기 때문이다. 그러므로 그들은
> 다 하나님께 속하였다. 그러나 하나님께서는 그들 모두에게 하나님을 따
> 르는 길에서 벗어나게 하려고 영들로 하여금 지배하게 하셨다. 그러나 이
> 스라엘에게는 하나님께서 천사나 영을 주어 지배하게 하지 않으셨다. 그
> 분만이 그들의 통치자이시며 그들을 보호하시고 그의 천사들의 손과 그의
> 영들의 손과 그의 모든 권세의 손에서 그들을 찾을 것이기 때문이다. 그래
> 서 그 이후 그리고 영원히 하나님은 그들을 지키시고 그들에게 복을 주시
> 며, 그들은 하나님의 백성이 되고 하나님은 그들의 하나님이 되실 것이다
> (*Jub* 15:30b-32).

이러한 내용은 기원후 2세기부터 6세기에 기록된 유대인의 탈무드와 그 밖
에 여러 랍비의 글에도 등장한다. 일례로, 기원후 140-165년에 속한 탁월한
4세대 탄나임 랍비였던 시므온 벤 요하이(Simeon ben Yohai)의 글로 여겨진
진술에 이런 내용이 있다.

> 하나님께서 이스라엘 백성에게 이렇게 말씀하셨다. "나는 세상에 사는
> 모든 사람의 하나님이다. 하지만 나의 이름을 오직 너에게만 두었다. 나
> 는 나를 세상 열국의 하나님으로 부르지 않고 이스라엘의 하나님으로 불
> 렀다."[205]

바울이 일찍이 갈라디아에 있는 그의 개종자들에게 글을 쓸 때, 그들이
"하나님의 아들과 딸"이고 그들에게 "그리스도 예수를 믿는 믿음"이 있기

---

205) *Exod. Rab.* 29:4.

에 인류를 나누는 데 더 이상 집착해서는 안 된다고 주장하면서 강력하게 반대했던 것이 바로 이러한 유대인과 이방인 간의 해묵은 인종적 구별이었다. "그리스도 예수 안에" 있는 자들에게는 "유대인과 헬라인의 차별이 없기" 때문이다.[206] 그리고 바울이 로마서 본론 중앙부의 이 첫 번째 주요 단락(즉 1:16-4:25)의 첫 번째 부분(즉 1:16-3:20)에 걸쳐 그의 주장을 통해 강조하려고 했던 것이 바로 이러한 인종적인 구별이다. 특히 모든 백성의 동등함에 대해 언급하는 2:1-16에서 그는 모든 사람이 (유대인이든지 이방인이든지) 하나님의 심판 아래 있다고 선언한다. (2:11에서 전통적인 금언인 듯한 말씀을 인용하면서) "하나님은 차별하지 않으시는(즉 사람을 외모로 취하지 아니하시는) 까닭이다." 바울은 이 주장과 논제에 대해 로마에 있는 그의 그리스도인 수신자들이 동의할 것이라고 분명히 믿었다.

그래서 이곳 3:29-30에서 바울은 유대인과 이방인 간의 해묵은 인종적인 구별로 다시 돌아간다. 이것은 이스라엘 역사 내내 이스라엘 백성의 사고를 지배했던 생각이다. 그리고 더욱 나쁜 것은 이것이 초기 유대교 기간에 매우 배타적으로, 차별적으로, 또 적대적인 방식으로 발전되었다는 사실이다. 바울은 3:29에서 수사적으로 도전적인 질문을 제기한다. "하나님은 다만 유대인의 하나님이시냐(Ἰουδαίων μόνον)?" 또 "그분은 이방인의 하나님은 아니시냐(οὐχὶ καὶ ἐθνῶν)?" 그리고 나서 바울은 연루된 쟁점 전체를 생각해보도록 하는 질문에 결정적으로 긍정적인 대답을 제시한다. "진실로 이방인의 하나님도 되시느니라(ναὶ καὶ ἐθνῶν)!" 긍정적인 의미를 함의하고 있는 불변화사 ναί("예" 또는 "맞다")는 당대의 그리스 문헌과 신약성경 여러 곳에 빈번히 사용되긴 했지만, 바울의 편지에서는 그렇게 자주 등장하지 않는다. 하지만 바울이 그 단어를 사용하는 곳에서는 이곳에서와 마찬가지로 긍정적인 내용을 결정적으로 강조하면서 이 단어를 사용한다.[207]

---

206) 참조. 갈 3:26-29. 여기서 바울은 3:26에 있는 전통적인 기독교적 "어록"과 3:27-28에 있는 초기 기독교의 신앙고백적 내용을 융합하고, 3:29에서 자신이 상황화한 결론을 내린다.

207) 특히 고후 1:17-20. 또한 빌 4:3; 몬 20을 보라.

바울은 3:30에서 그가 조금 전 3:29에서 주장한 "하나님은 한 분이시다"(εἷς ὁ θεὸς)라는 내용에 대한 근거 또는 충분한 이유를 제시한다. 그러한 까닭에 하나님을 유대인의 하나님으로만 이해해서는 안 되며 이방인의 하나님으로도 이해해야 한다. 그리스인들 사이에 있던 **분리적인 의미**에서 사람들의 신성의 하나 됨을 천명한 소위 철학적 일신론의 수많은 예를 인용할 수 있다. 철학적 일신론이란 문제의 어떤 신성이 "다른 신들의 존재를 부정하지 않고도 독특하고 단일하다"는 견해다.[208] 일신론(즉 "하나님은 한 분이시다")에 대한 이러한 이해는 그리스의 철학자 크세노파네스(Xenophanes, 기원전 570-480년경)로 거슬러 올라갈 수 있다. 알렉산드리아의 클레멘스는 크세노파네스의 다음과 같은 교훈을 인용했다. "신들과 사람들 사이에서 가장 위대하신 한 분 하나님"이 계시다. "그분은 몸으로나 정신으로나 필멸의 존재와 전혀 비슷하지 않다."[209] 닐스 달(Nils Dahl)이 지적한 것처럼, 이런 의미에서,

> 철학적인 일신론은 관대하며, 종교적 다원론과 다신론 및 성상 숭배와 공존했다. 철학자들의 한 분 하나님은 국가종교의 다신과 사이비 종교집단의 다신이 개입할 여지를 남겼다. 전통적인 신들의 이름은 많은 이름을 가지고 있던 한 분 하나님을 언급하는 것으로 이해될 수도 있었고, 그의 통치의 행위자들이었던 수많은 권세의 신화적 명칭들로 해석될 수도 있었다.[210]

필론과 요세푸스 두 사람 모두 종종 이러한 분리적인 의미로 그들의 그리스 독자들과 로마 독자들에게 유대의 유일신론을 제시했다.[211] 하지만 바울 당대와 오늘날 대단히 많은 유대인에게 유일신론은 **배타적인 의미**로 이

---

208) 참조. Dahl, "The One God of Jews and Gentiles," 179-82.
209) Clement of Alexandria, *Stromata* 5.109; 또한 7.22도 참조하라.
210) Dahl, "The One God of Jews and Gentiles," 180.
211) 예. Josephus, *Contra Apion* 2.167-69.

해된다. 즉 유대교 성경(구약)에서 선포한 한 분 하나님만 존재하신다는 것이다. 이러한 사실로 인해 소위 신이라 불리는 다른 모든 신의 실체는 배제된다.

3:30a에 있는 바울의 진술 εἷς ὁ θεός("하나님은 한 분이시다")는 신명기 6:4-9, 11:13-21과 민수기 15:37-41을 묶은 유대교 신앙고백의 처음 몇 어구, 즉 "이스라엘아, 들으라! 우리 하나님 여호와는 오직 유일한 여호와이시니"라는 말로 시작하며, 유대교 유일신의 본질을 요약하는 신명기 6:4의 쉐마를 반복한다. 이것은 이스라엘 백성이 확신과 헌신과 자부심을 가지고 결연하게 천명한 교리적 원리다. 하지만 이것은 그들이 자신을 세상의 다른 모든 사람과 구별하기 위한 표어나 문구로 사용하게 된 진술이기도 하다. 하지만 바울은 하나님이 절대적으로 한 분이시고 유일무이하시다고 유대교가 적극적으로 천명하는 모든 내용에 동의하면서도, 이 기본적인 교리적 진술에 유대인들의 구원과 관련이 있는 천명뿐만 아니라 모든 인류의 구원을 위한 암시도 있다고 이해했다. 하나님이 한 분만 계시므로, 바울은 이 유일한 하나님이 유대인과 이방인 모두의 하나님이시라고 추론할 수밖에 없다고 주장한다.

바울은 조건적인 불변화사 εἰ("만일")와 전접어 περ(전치사 περί["~에 관하여", "~에 대한"]의 축약형)를 합쳐 구성된 복합적 불변화사 εἴπερ("만일 사실", "만일 결국", "때문에")를 사용하여 이 교리적 진술을 위한 그의 근거를 소개했다. 이처럼 조건을 표시하는 불변화사 εἰ를 축약형인 περ와 결합한 것은 바울의 진술에 힘을 더하는 역할을 한다.[212] 그런데 바울은 단순히 유대인과 그리스도인의 일신론에 대한 배타적인 이해에 근거하여 하나님이 유대인과 이방인 모두의 주님이 되시며, 유대인과 이방인이 하나님 앞에서 동등하다는 사실을 주장하고 끝내지 않았다. 오히려 바울에게 하나님 앞에서 모든 사람의 동등성에 대한 이러한 혁명적인 이해는, 하나님께서 종말론적인 "이제"(3:21)라는 이 시기와 "그[즉 예수]의 신실하심으로 말미암

---

212) 롬 8:9, 17; 고전 8:5; 15:15; 살후 1:6에서도 그렇다.

아 그의 피로써" 이루어진(3:25; 3:22과 3:26도 참조) "대속 제물"로 그리스도 예수를 세우신 "이때에"(3:26) 행하신 것에 근거했다. 그래서 그가 일찍이 갈라디아서 3:23-25에서 그의 개종자들에게 편지를 쓰면서, "이 믿음(τὴν πίστιν, 즉 "그리스도인의 믿음")이 오기 전에는 우리가 율법으로 말미암아 갇혔었지만"(3:23), 이제 "이 믿음(τῆς πίστεως, 다시 "그리스도인의 믿음")이 온 후로는 우리가 더 이상 율법의 초등교사 아래 있지 아니하도다"(3:25)라고 주장했듯이, 이곳 로마서 3:30에서도 바울은 하나님이 모든 사람을 위해 그리스도 예수의 구속 사역으로써 유일하게 제공하신 것으로 말미암아 유대인이든지 이방인이든지 모든 사람이 동일하게 의롭게 되고 하나님께 용납된다고 주장한다. 그는 유대인과 관련해서는 ἐκ πίστεως를, 이방인과 관련해서는 διὰ τῆς πίστεως를 명사 πίστις와 함께 사용한다. (전치사 ἐκ와 διά의 지배를 받는) 소유격 πίστεως 형태로 등장하는 명사 πίστις는 하나님이 "할례자"(즉 "유대인들")와 "무할례자"(즉 "이방인들")를 다 의롭게 하시는 데 있어 본질적인 요소다.

바울이 3인칭 단수 미래 동사 δικαιώσει("그가 의롭게 하실 것이다")를 사용한 것을 "이미 의롭다고 칭하는 것에 이어지는 논리적인 미래"로 이해하여 그것을 현재적 실제로 봐야 하는지,[213] 아니면 "최종적인 심판도 지향하고 있기에 주로 미래적 실체를 염두에 두었는지"를 두고 논쟁이 제기되었다.[214] 하지만 우리는 일찍이 2:13에 등장했던 3인칭 복수 수동태 미래형 동사 δικαιωθήσονται("그들이 의롭다 하심을 얻으리니")에 대해 주장한 것처럼, 이러한 질문은 이곳이나 2:13에서 바울의 미래형 사용에 대해 너무 많은 것을 요구하는 것이다. 비록 그 질문이 나중에 12:1-15:13의 권면 단락에서 전면에 드러나게 될 것이기는 하지만 말이다.

바울의 περιτομήν("할례자")과 ἀκροβυστίαν("무할례자")의 용례가 유대

---

213) Käsemann, *Romans*, 104. 또한 Cranfield, *Romans*, 1.222. Cranfield는 이것은 "아마도 단순히 논리적인 것으로 이해해야 할 것 같다"고 논평한다.
214) 예. Dunn, Romans, 1.189

인과 이방인을 지칭하는 어법이며, 일찍이 2:26-27과 나중에 4:9에서 이러한 표현이 비슷하게 사용되었다는 점을 3:30에서 주목해야 한다.[215] 이처럼 유대인과 이방인의 정체성을 표현하는 표제어는 이방인들이 유대인들을 비교적 선정적인 욕설인 "포피 제거자"라고 부른 것과, 유대인들이 이에 맞서 이방인들을 "할례받지 않은 자"라고 부른 것을 반영하는 것 같다.[216]

그러나 3:29-30에 있는 바울의 메시지를 이해하기 위해 더 중요한 것은 유대인들에게 사용한 ἐκ πίστεως라는 전치사구와 이방인들에게 사용한 διὰ τῆς πίστεως라는 전치사구다. 거의 모든 주석가는 바울이 이 두 어구를 유대인과 이방인을 구별하기 위한 의도로 사용했을 수 없었다고 주장한다. 그렇게 하면 로마서 1:16부터 3:30a까지 그가 쓴 모든 내용을 관통하고 있는 중요한 논제, 즉 하나님 앞에서 유대인과 이방인 등 모든 사람이 동등하다는 그의 교훈이 틀렸다는 것이 입증되기 때문이다. 그러므로 이곳 3:30에서 ἐκ πίστεως와 διὰ τῆς πίστεως의 차이가 무엇인지는 통상적으로 단순히 문체의 문제로 여겨졌다. 더욱이 두 번째 어구에서 관사 τῆς는 일반적으로 첫 번째 어구를 가리키는 것으로 이해되었으며, 그래서 διὰ τῆς πίστεως는 "동일한 믿음으로"라고 번역해야 할 것 같다.

하지만 문맥에 비춰볼 때, 우리는 (1) 3:30에서 ἐκ πίστεως는 바울이 (이미 앞에서 주장했듯이) "하나님의 신실하심"을 언급했을 가능성이 매우 큰 1:17에서 사용된 동일한 어구를 염두에 두고 있으며, (2) 같은 구절에서 διὰ τῆς πίστεως는 (앞에서 주장했듯이) "예수 그리스도[또는 "예수"]의 신실함"을 염두에 둔 3:22의 διὰ πίστεως Ἰησοῦ Χριστοῦ와 바울이 3:25에서 인용한 같은 어구 διὰ τῆς πίστεως의 동일한 사용을 염두에 두었다고 생각한다. 따라서 우리는 이곳 3:30의 ἐκ πίστεως를 (1:17에서처럼) "하나님의 신실하심에 근거한" 유대인들에 대한 하나님의 칭의로 번역했고, 같은 구절의 διὰ τῆς πίστεως를 (3:22에서처럼) 하나님이 비유대인들을 "예수 그리스도의 신

---

215) 갈 2:7과 엡 2:11도 참조하라.
216) 참조. Marcus, "The Circumcision and the Uncircumcision in Rome," 72-83.

실함으로 말미암아" 또는 (3:25과 26절에서처럼) "예수의 신실함으로 말미암
아" 의롭게 하셨다고 번역했다.

     3:31a   적어도 로마의 일부 그리스도인들이 바울에 대해 제기한
중요한 비판 중 하나는 바울이 이방인들에게 복음을 전하면서 실제로 모
세 율법을 제쳐 놓았다거나 결과적으로 율법의 중요성을 심각하게 축소
했다는 것이었다.[217] 이러한 비판은 로마의 그리스도인들이 로마 제국의
동쪽 지역에서 행해진 바울의 이방인 선교에 대해 다른 사람들에게 들은
것에 기인했을 것이다. 심지어 그 비판은 직접적이든 간접적이든 갈라디
아 지방에서 바울의 개종자들에게 보낸 그의 초기 서신의 내용에 대해 자
신들이 알고 있다고 믿은 내용에서 제기되었을 수도 있다. 특히 예수를 믿
는 모든 참 신자들은 인종이 어떠하든지 간에 반드시 "모세의 법"에 지배
를 받는 유대인의 "신율적인" 삶으로써 예수께 헌신해야 한다는 유대주의
자들의 주장에 반대하여 바울이 갈라디아서 3:1-6:18에서 쓴 내용에서 말
이다. 이러한 비판이 로마의 그리스도인들 사이에서 어떻게 생겨났든지 간
에, 바울은 그 사실을 인식했던 것 같다. 그리고 하나님의 구원사의 계획에
서 종말론적인 "지금"에 해당하는 이때에 "하나님의 의의 선물"이 "예수
그리스도의 신실함"에 의거하여 "믿는 모든 자에게" 미친다고 선포하고 나
서, 그리고 더욱이 (1) 그의 논제 진술의 핵심적인 강조를 그가 3:24-26에
서 그랬듯이 πίστις라는 중요한 용어에 대한 좀 더 완전한 기독교적 이해
를 포함하는 초기 기독교의 신앙고백적 자료를 인용함으로써 뒷받침하고,
(2) 3:27-30에서 그랬듯이 유대인과 이방인 모두의 칭의의 기초인 "믿음의
법", "믿음", "하나님의 신실하심"에 관해 좀 더 직접적으로 말함으로써 이

---

217) 바울이 자신의 인간성에 대한 어떤 비판이나 그의 설교에 대한 어떤 도전들에 대해 로
    마서에서 자신을 변호할 필요성을 느꼈다는 논지는 수많은 학자에 의해 제기되었다. 주
    로 Peter Stuhlmacher가 이곳 3:31에 있는 이러한 비판과 관련하여 제기했다(이 논의는
    Introducing Romans, 5장 "목적"에서 다루었다. 또한 이 논의에서 로마서 여러 곳, 특히
    1:16-4:25에서 이와 비슷한 비판과 도전이 있다는 사실을 지적한 여러 학자에 대한 언급
    도 주목하라). 우리도 이러한 비판이 이곳 3:31에 있는 바울의 수사적 질문과 대답에 반영
    되었다고 믿는다.

것을 설명하고 난 후, 사도 바울은 이곳 3:31에서 이러한 기독교 메시지를 선포하는 것이 모세 율법을 "파기하는 것"이라는 주장을 부인할 수밖에 없었음이 분명하다. 오히려 바울은 이렇게 주장한다. Πίστις를 "하나님의 신실하심"과 "사람의 믿음"을 다 포함하는 것으로 이해하는 것은 실제적으로 율법을 세운다고 말이다.

후치사인 οὖν("그러므로", "결과적으로", "그래서")은 바울이 2:17-3:20에서 유대인의 자랑과 모세 율법에 대한 의존에 관해 부정적으로 말했던 모든 내용을 마무리한다. 더욱이 이 단어는 바울이 3:21-23의 논제 진술에서 천명한 것과 3:27-30에서 제기한 첫 두 질문 및 대답과 관련하여 그의 그리스도인 수신자들이 제기할 것으로 보았던 추론을 소개한다. 3:31의 첫 단어와 끝에서 두 번째 단어는 명사 νόμος("율법")다. 이 단어는 (1) 두 곳에서 모두 목적격(νόμον)으로 등장하며, (2) 바울의 질문에서 동사 καταργοῦμεν("파기하다")과 그의 대답에서 동사 ἱστάνομεν("세우다")의 목적보어로 기능한다. 하지만 바울은 목적격 νόμον을 그의 수사적 질문에서는 문장의 도입부로 옮겼다. 그렇게 하여 그는 그 질문이 제기하는 핵심 쟁점을 강조한다. 이 핵심 쟁점은 대답을 제시하는 곳에서도 계속되는 것으로 이해해야 한다.

바울이 이곳 3:31에서 νόμος("율법")로써 의미한 것은 의심의 여지 없이 하나님께서 "모세의 율법"(즉 유대인의 토라)으로 그의 백성 이스라엘에게 주셨던 교훈의 총체다. 이 교훈의 체계는 나중에 명확히 하고 성문화한 것과 더불어 늘 이스라엘 종교의 "신율적인" 방식으로 의와 정의와 연결되었고, 적어도 하나님이 율법을 원래 선물로 주셨을 때는 율법주의적 준수를 의도하시지 않았다. 바울은 일찍이 3:21a에 있는 동일한 본문에서 이 용어를 이렇게 사용했고,[218] 로마서(8:2의 "그리스도 예수 안에 있는 생명의 성령의 법"과 같은 어구를 제외하고)와 그의 다른 편지들(갈 6:2의 "그리스도의 법"과 고전 9:21의 "그리스도에게 법 안에" 또는 "그리스도의 법 아래"와 같은 표현은 제외하고)

---

218) 앞의 3:21 "석의와 주해"를 보라.

여러 곳에서 일반적으로 이렇게 사용했다. 하지만 바울은 3:31에서 모세 율법의 특징들을 구별하지 않는다. 따라서 바울이 여기서 오늘날 많은 그리스도인이 종종 이분법적으로(또는 삼분법적으로) 구별하는, "모세의 법전에 있는 의식법"이나 "구약성경의 도덕적 교훈" 또는 구약성경 안에 있는 하나님의 교훈("토라" 또는 "율법")만을 언급하고 있다고 주장할 수가 없다. 오히려 바울이 이곳 3:31에서 νόμος로 의미하는 것은 "모세 율법"의 총체로 이해되어야 한다.

동사 καταργέω는 어떤 것을 "제쳐두다", "효과를 없애다" 또는 "파기하다"는 개념을 함축한다. 바울은 일찍이 갈라디아의 개종자들에게 "하나님께서 미리 정하신 언약을 (아브라함 이후) 사백삼십 년 후에 생긴 율법(즉 "모세의 법")이 폐기하지("무효화하지" 또는 "제쳐두지") 못하고 그 약속을 헛되게 하지 못하리라"(갈 3:17)고 말하면서 이 단어를 사용했다. 또한 그는 고린도의 개종자들에게 "하나님께서 세상의 천한 것들과 멸시받는 것들과 없는 것들을 택하사 있는 것들을 폐하려("무효화하려" 또는 "제쳐두려") 하시나니, 이는 아무 육체도 하나님 앞에서 자랑하지 못하게 하려 하심이라"(고전 1:28-29a)고 말할 때도 이 단어를 사용했다. 더욱 특별하게, 바울은 로마서 3:3-4(이 구절은 3:21-13의 발전된 논제 진술 바로 전 본문에 등장한다)에서 하나님의 신실하심과 비교하여 일부 유대인들의 신실하지 못한 것에 대해 말할 때 καταργέω를 사용했다. "어떤 자들이 믿지 아니하였으면 어찌하리요? 그 믿지 아니함이 하나님의 미쁘심을 폐하겠느냐?"("무효화하겠느냐" 또는 "제쳐두겠느냐"; 롬 3:3)라는 이 수사의문문 바로 다음에 μὴ γένοιτο("그럴 수 없느니라")라는 강한 부정적 대답이 이어진다. 그 이후 그의 진술을 뒷받침하며 더욱 설명하려고 유대교의 금언과 시편 51:4b(MT 51:6b; LXX 50:6b)의 일부분이 인용된다(롬 3:4). 바울은 이곳에서 바로 이것과 동일한 논증 용례와 패턴을 사용하여 이렇게 묻는다. "그런즉 우리가 이 믿음/신실함[의 메시지]으로 말미암아 율법을 파기하느냐?" 이에 대해 바울은 동일하게 강조적인 부정적 주장을 사용하여 대답한다. "그럴 수 없느니라!" 그리고 거기서 이렇게 주장한다. "도리어 율법을 굳게 세우느니라."

대조되는 두 그리스어 동사 καταργέω("폐하다", "없애버리다", "제쳐두다", "무효화하다")와 ἱστάνω("세우다", "확증하다", "정당하게 하다/여기다"를 의미하는 μι형 동사 ἵστημι에서 나옴)는 모두 3:31에서 1인칭 복수 현재 능동태 직설법 형태 καταργοῦμεν(질문으로, "파기하느냐")과 ἱστάνομεν(대답으로, "우리는 세 운다!")으로 등장하는데, 두 단어는 각각 히브리어 동사 בטל과 아람어 동사 בטיל("중단하다", "헛되게 하다", "도외시하다")에 상응한다고 여겨지며, 이는 히 브리어 동사 קום과 아람어 동사 קים("세우다", "확증하다", "실현하다")과 비교 된다. 대조되는 이 동사가 이처럼 사용된 예는 폼페이우스 장군이 유대 지 방을 정복한 이후(기원전 63년)와 예루살렘 성전이 멸망되기 전(기원후 70년 이전) 어느 시기에 디아스포라 유대인에 의해 그리스어로 기록된 유대인 의 작품인 「마카베오4서」에서 발견할 수 있다. 「마카베오4서」 5:25과 33에 서는 "하나님이 세우신 율법을 믿는 사람들"(πιστεύοντες θεοῦ καθεστάναι τὸν νόμον, 25절)과 "내 나라의 법을 파기하려는"(τὸν πάτριον καταλῦσαι νόμον, 33절) 사람을 날카롭게 대조한다. 그리고 이와 동일한 대조가 랍비 요나 단(아마도 기원후 2세기 중엽의 3세대에 속하는 탄나임 랍비인 요나단 b. 요세프일 것 이다. 그는 존경받은 랍비 아키바의 제자였다)이 쓴 것으로 여겨지는 미쉬나의 가 장 초기 논문인 「선조들의 어록」(*Pirke Abot*)의 한 유대 금언에 등장한다. "빈곤 속에서 율법을 **성취하는**(מקים) 사람은 결국 풍부함으로써 그것을 이 룰(לקימה) 것이다. 풍부함 속에서 율법을 **도외시하는**(מבטל) 사람은 결국 궁핍함 속에서 그것을 **도외시할**(לבטלה) 것이다."[219]

Διὰ τῆς πίστεως라는 표현은 해석하기 어렵기로 악명이 높다. 명사 πίστεως("믿음" 또는 "신실함")의 의미를 이해하기가 어렵기 때문만 아니라, πίστεως를 수식하는 관사 τῆς("그")의 기능을 이해하기도 어려운 까닭 이다. 그리스어 명사는 그 자체로 충분히 결정적이며, 그래서 그 명사를 규 명하기 위해 관사가 요구되지는 않는다. 오히려 그리스어에서 관사는 하 나의 개체를 다른 개체들과, 하나의 계급이나 상황을 다른 계급이나 상황

---

219) *M. Abot* 4:9.

과, 또는 하나의 특징을 다른 특징들과 구별하는 "지시어"로 불릴 수 있다. 우리는 3:25a의 διὰ τῆς πίστεως란 표현에서 관사 τῆς를 이런 방식으로, 즉 바울이 3:21-23에서 그의 발전된 논제 진술을 뒷받침하는 중요한 특징으로 이해했다. 그래서 이 어구는 바울이 3:22에서 "하나님의 의"의 선물이 종말론적인 "지금"이라는 이때에 "예수 그리스도의 신실하심으로 말미암은"(διὰ πίστεως Ἰησοῦ Χριστοῦ) 것이라는 그의 진술을 되짚는다. 마찬가지로 우리는 3:30b의 같은 어구 διὰ τῆς πίστεως에 있는 τῆς도 이렇게 보았다. 이 어구는 접속사 καί("그리고")의 사용으로 (우리가 "하나님의 신실하심에 근거하여"로 번역한) 바로 앞에 있는 전치사구 ἐκ πίστεως와 동등한 것으로, 또 앞에 있는 어구 ἐκ πίστεως를 가리키는 것으로 분명히 제시된다. 따라서 우리는 διὰ τῆς πίστεως를 "동일한 신실함으로 말미암아"("예수 그리스도에 의해 표현된 신실함"으로 이해하여)로 번역했다. 또한 우리는 3:26b 끝에서 바울이 인용한 기독교 신앙고백 자료의 결론적 진술로 등장하는 τὸν ἐκ πίστεως Ἰησοῦ라는 표현을 "예수의 신실함에 근거한 사람"으로 번역했다.

그러므로 우리는 이곳 3:31a에서 그 대상을 구체적으로 밝히는 관사 τῆς를 가지고 있는 διὰ τῆς πίστεως가 바로 앞 3:27-30에 있는 두 세트의 수사적 질문과 그것에 대한 대답을 염두에 두고 있다고(즉 "그것을 가리키는 것"으로) 이해해야 한다. 첫 번째 내용은 3:27-28에 있으며, 여기서 바울은 "믿음의 법"(νόμος πίστεως)의 탁월함과 "사람이 율법의 행위와 상관없이(χωρὶς ἔργων νόμου) 믿음(πίστει)으로 의롭다 하심을 얻을" 필요성을 주장한다. 두 번째 내용은 3:29-30에 있으며, 여기서 바울은 유대인과 이방인이 동일하게 하나님에 의해 의롭게 하심을 받는 근거에 대해 논한다. 즉 유대인들의 의가 "[예수의] 신적인 신실함에 의거한 것"으로, 그리고 이방인들의 의도 "동일한 신실함으로 말미암는 것"으로 말이다. 그러므로 우리는 3:31의 수사학적 질문에 있는 διὰ τῆς πίστεως라는 어구를 "이 믿음/신실함[의 메시지]으로 말미암아"로 번역하는 것(또는 적어도 이해하는 것)이 적절하다고 본다(비록 "~의 메시지"라는 어구를 삽입한 것이 약간은 거슬리고 πίστις의 번역이 다소 걸리적거리기는 하지만 말이다). 이것은 3:27-30에 있는 바울의 진술과 이곳 3:31a에 있는 그의 수사적 질문을, 히브리어의 אמוּנָה와 그리스어의 πίστις에 있는 두 가지 매우 유명한 성경적 어감, 즉 "인간의 믿음"(3:27-28에서처럼; 참조. 3:22b)과 "하나님의 신실하심"(3:30에서처럼; 참조. 3:22a)을 포함하는 것으로 이해한다.

      3:31b   신약성경에서 거의 바울에 의해서만 독립적인 의미로 사용되었고(로마서에 10회, 고린도전서에 1회, 갈라디아서에 2-3회) 감정적으로 고조되고 매우 부정적인 대답인 μὴ γένοιτο("확실히 아니라!")에 대한 논의는 앞 3:4a의 "석의와 주해"를 보라.

      3:31c   그리스어 역접 접속사 ἀλλά는 늘 그 앞에 있는 문장이나 절과 날카롭게 대조하거나 분명하게 다른 것을 표시한다. 이 단어는 접속사 δέ("그러나")에 함의된 역접의 의미보다 더 강하며, 부정적인 부사 οὐ("아니")나 부정적인 접속사 οὐδέ("그리고 아니", "아니")보다도 강하거나, 심지어 부정적인 복합 부사인 οὐκέτι("더 이상 ~아니다")보다도 더 강하다. 그러므로 이 역접 접속사는 여기서 "오히려" 또는 "그와 반대로"라고 번역하는 것이 매우 적절하다.

      3:21-31의 맨 마지막에 있는 단어들로 제시된 바울의 진술, 즉 이 극단적으로 간략한 두 단어로 된 진술 νόμον ἱστάνομεν("우리는 율법을 세운다")에서, 바울은 그의 "믿음/신실함의 메시지"가 어떻게 모세 율법과 관련이 있는지에 대해 그가 확신하는 바의 정수를 제시한다. 의심의 여지 없이, 그는 이 두 단어로 로마에 있는 그리스도인 수신자들 가운데 있는 질문을 해결하려고 했다. 적어도 당분간은 말이다. 이후에 사도는 9:1-11:36(로마서 본론 중앙부의 세 번째 단락인 "기독교 복음과 이스라엘에 대한 하나님의 약속")에서 이 문제를 좀 더 충분히 다룰 것이다. 하지만 이곳에서 그는 이 두 관계에 대한 자신의 이해를 분명하고 간결하게 또한 모호하지 않게 서술하기를 원한다. 그리고 그는 수신자들이 그의 뜻을 이해하리라고 분명히 믿는다.

      그런데 해석자들은 바울이 νόμον ἱστάνομεν("우리는 율법을 세운다")이라고 말할 때 무슨 의미로 그런 말을 했는지 종종 이해하기 어려워한다. 바울이 말하고자 했던 것이 "우리가 율법을 폐지한다"였다고 주장하는 사람들이 있다. "율법 조항들 저변에 있는 도덕적 원리들이 사실은 하나님의 은혜에 의존한 사람들에 의해 성취되었"기 때문이라는 것이다.[220] 심지어 도드처럼 바울의 "유대인 또는 유대 그리스도인 독자들"이 이러한 단도직입적인 주장을 "불쾌하게" 생각하는 까닭에, "바울이 그렇게 당당하게 말했다면 그 의미가 더 분명히 드러났겠지만", 바울이 "그러한 결론을 도출하기를 주저했다"고 주장하기도 한다.[221] 다른 사람들은 바울이 복음의 메시지가 율법 자체(즉 하나님의 뜻에 대한 구약의 표현)를 끝낸 것이 아니라 "성취의 원리"(즉 "율법주의")인 율법을 끝냈다고 말한다고 이해했다.[222] 에른스트 케제만이 이러한 이해를 표명했듯이, "구약에 나타난 하나님의 뜻은 성취의 원리로 역할하는 '노모스'가 끝에 이를 때에야 비로소 나타날 수 있으며", 그러므로 "율법은 믿음의 의와 상충하지 않으며[그뿐만 아니라 믿음의 의도 율법과 상충하지 않는 것이 분명하다], 그것[율법]은 우리에게 그것[믿음의 의]을 명령하기" 때문이다.[223] 그리고 3:31에서 바울이 사용한 ἱστάνομεν을 나중에 마태복음 5:17에 보도된 것처럼 모세 율법과 비교하여 예수가 자신의 선교에 대해 언급하면서 사용하신 부정과거 부정사 πληρῶσαι ("완전하게 하다")의 동의어나 비슷한 단어로 여긴 해석자들도 있다. "내가 율법이나 예언자를 폐하러(καταλῦσαι) 온 줄로 생각하지 말라. 폐하러(καταλῦσαι) 온 것이 아니요, 완전하게 하려(πληρῶσαι) 함이라."[224]

기독교 주석가들 중에서 νόμον ἱστάνομεν ("우리는 율법을 세운다")이라는 어구를 (동사 ἱστάνω와 πληρόω가 서로 관련이 없는 것은 분명하지만) "성취, 완전케 함"이라는 개념을 전달한다고 생각하는 더 일반적인 이해 가운데 하

---

220) C. H. Dodd, *Romans*, 63-64.

221) Dodd, *Romans*, 63.

222) 예. Käsemann, *Romans*, 105.

223) Käsemann, *Romans*, 105. Käsemann은 자신의 견해를 뒷받침하려고 G. Bornkamm을 인용한다.

224) 예. Michel, *An die Römer*, 112; 또한 *Str-Bil*, 1,241도 보라.

나를 윌리엄 샌데이와 아서 헤들럼이 표현했다. 두 사람은 (1) 3:31b에 대한 도입부 논평에서 율법의 "더 깊은 원리들"이 "성취되고 있다"고 말하며,[225] (2) 그들은 νόμον ἱστάνομεν이라는 어구를 풀어 설명할 때 그것을 "(모세 오경을 통해 말하고 있는) 율법 자체는 기독교에서 진정한 성취를 찾는 원리들(믿음과 약속)을 서술한다"고 읽으며,[226] (3) 그들의 주석에서 바울이 "이 모든 것들[즉 "믿음과 약속의 메시지"]이 기독교에서 실현되었다"는 것을 의미했다고 설명한다.[227] 이와 동일한 노선을 따라 바울이 νόμον ἱστάνομεν으로써 의미한 것을 이해하려는 다른 설명은 더글러스 무가 표현했다. 무는 (1) 이 어구를 풀어 설명한 글에서 "그리스도를 믿는 믿음은 율법의 요구를 충분히 만족시킨다"라고 읽는다.[228] 그리고 (2) 이 어구에 대한 그의 최종적인 주석에서 "그리스도인의 믿음은 율법의 요구를 제쳐놓는 것이 아니라 하나님의 율법에 있는 그분의 요구를 완전히 성취한다(그것도 최초로!)"라고 말한다.[229]

"믿음"과 "신실함"에 관한 바울의 메시지가 모세 율법을 파기하지 않고 "하나님의 법("토라" 또는 "하나님의 교훈")을 실제로 세운다"는 그의 주장을 어떻게 이해하고 설명하든지 간에, 우리는 다음과 같은 두 가지 중요한 의견을 진지하게 고려해야 한다고 생각한다. 첫 번째 의견은 데이비드 다우베(David Daube)의 것이고, 두 번째는 리처드 헤이즈의 것이다.

1. "키옘[qiyyem, 마 5:17의 그리스어 동사 πληρόω와 이곳 롬 3:31b의 ἱστάνω의 기저에 있는 아람어 동사]의 어감 중 하나는…'본문이 당신의 교훈과 일치한다는 것을 보여주기 위한' 전문적인 의미에서 '성경을 옹호하다'이다. 이 동사는 [랍비의 가르침에서] 당신이 제기

225) Sanday and Headlam, *Romans*, 94.
226) Sanday and Headlam, *Romans*, 95.
227) Sanday and Headlam, *Romans*, 96.
228) Moo, *Romans*, 254.
229) Moo, *Romans*, 255.

하는 어떤 교훈이든 간에 그것을 검사하는 방법이 율법의 모든 말씀
을 온전히 실행하는지, 즉 '옹호하는지'를 본다는 개념에 근거하여
빈번하게 적용된다."[230]

2. "바울의 선포는 하나님의 의를 구원론적으로 금시초문인 어떤 것
이 아니라 처음부터 성경으로 입증된 진리를 나타내는 것으로 제시
한다. 바울이 그의 메시지가 율법을 확증한다고 말할 때, 그는 모세
오경의 구체적인 계명들을 언급하는 것이 아니라, 하나님이 한 백성
을 은혜롭게 선택하신 **내러티브**로 읽는 성경의 증언을 언급한다."
이 내러티브는 "아브라함 이야기"에서 초점이 맞춰지며, "바울에게
는 결정적인 시험 사례가 된다."[231]

바울이 하나님의 약속 및 사람의 믿음과 관련하여 구약성경을 어떻게 읽었
는지에 대해서는 말해야 할 내용이 더 많다. 바울은 이 문제를 로마서 4:1-
24에서 아브라함을 예로 들어 좀 더 자세히 다룰 것이다. 따라서 우리는 그
주제를 그 본문을 다룰 때 좀 더 광범위하게 논의해야 할 것이다. 여기서
는 바울이 3:31b에서 "우리는 율법을 굳게 세우느니라"라고 썼을 때, 그가
분명히 적어도 두 가지 사실을 염두에 두었다고 말하는 것으로 충분하다.
(1) (Daube의 입장에 따라) 바울이 4:1-24에서 창세기 15:6(과 시 32:1-2의 지지
를 받아)의 진술로 거슬러 올라가 보여주듯이, 어떤 구체적인 본문이 그의
가르침과 어떻게 일치하는지를 보여준다는 의미에서 성경의 옹호. 그리고
(2) (Hays의 입장에 따라) 유대 민족의 조상이며 약속과 믿음의 탁월한 사람
인 아브라함 이야기에 초점을 맞춘 구약 내러티브 전체의 증거 등이다. 하
지만 바울은 "우리가 율법을 굳게 세운다"고 말할 때 기독교 복음의 이중
적인 메시지에 초점을 맞추었다. 즉 (1) 독특한 기독교적 선포의 중요하고
객관적인 요인인 "예수 그리스도의 신실함"의 결정적 중요성과, (2) 구약

---

230) Daube, *New Testament and Rabbinic Judaism*, 60-61.
231) Hays, *Echoes of Scripture*, 53-54(강조는 원저자의 것임).

과 신약 양쪽에 담긴 모든 성경적 종교의 주요한 주관적 요인인 "사람의 믿음"의 절대적 필요성이라는 메시지 등이다. 이 두 중요한 요인과 함께 기독교 복음은 모세 율법을 주신 하나님의 궁극적인 목적을 완수한다.

성경신학

로마서 3:21-31에서 바울은 로마에 있는 그리스도인들에게 보내는 그의 편지 본론 중앙부(1:16-15:13)의 첫 번째 주요 단락(1:16-4:25)에서 가장 중요한 부분을 기독교적 관점으로 제시한다. 그가 1:16-17에서 제시한 원래의 논제 진술을 반복하고 확대한 3:21-23의 발전된 논제 진술에서, (원래의 논제 진술과 3:24-26에서 초기 기독교의 신앙고백에 의존하여 논제를 반복하고 발전시킨 형태를 지지하는 내용과, **또한** 3:27-31에서 바울이 발전된 논제 진술에 대해 설명한 내용과 더불어) 바울은 유대 기독교의 법정적 형식으로 기독교 복음의 기본적인 특징들을 긍정적으로 제시한다. 그는 로마에 있는 그의 수신자들이 유대 기독교의 신학적 개념과 종교적 언어의 영향을 광범위하게 받은 까닭에 그가 제시하고 뒷받침하면서 인용한 내용을 이해하고 공감하리라는 확신을 가지고 제시했다.

바로 이 자료가 수세기를 내려오면서 대다수 기독교 신학의 기초로 작용했으며, 그렇게 한 것은 올바르다. 우리는 바로 이 자료로부터 기독교 복음의 초기에 있던 "법정적인" 선포의 기초를 추론할 수 있다. 바울은 나중에 5:1-8:39에서 로마에 있는 그의 그리스도인 수신자들을 위해, 그가 이방인 선교에서 비유대인들에게 복음을 상황화한 것처럼, 동일한 복음에 대해 그의 좀 더 "개인적이고" "관계적이며" "참여적인" 이해를 제시할 것이다. 그런 후 12:1-15:13에서 그 선포의 그리스도 중심적인 윤리적·사회적 함의를 부각시킬 것이다. 두 암시는 로마 그리스도인들이 직면하고 있는 구체적인 문제들을 총체적으로 보여주기도 하고 그 문제에 주의를 환기시키기도 한다. 하지만 이곳 3:21-31에 있는 자료로부터 우리는 현대의 그리스도인들인 우리의 이해를 위해 근본적인 성경신학의 내용을 형성하기 시작할 수 있을 것이다. 우리는 교육적인 목적을 위해 다음과 같은 제목으로 기본

문제를 분류하고 요약하려 한다.

A. 모든 사람을 위한 하나님의 구속 계획의 기초로서 "하나님의 의."
하나님의 속성과 하나님에게서 오는 선물로 이해되는 그 의. ("하나님의
의")라는 표현은 3:21-23에서 바울이 제시한 발전된 주제 진술에서 그가 쓰
고 있는 모든 내용을 지배한다(21-22절에 2번 등장한 것 참조). 1:16-17의 첫
논제 진술(참조. 17절)과 유대인의 신실하지 못함을 꾸짖는 3:1-20(참조. 5절)
에서 그랬듯이, 그리고 3:24-26에서 그가 인용한 초기 기독교의 신앙고백
자료(25-26절에 2번 등장한 것 참조)에서 그랬듯이, 더불어 10:3에서 그렇게
하게 되듯이 말이다. 더욱이 그 표현은 고린도후서 5:21과 빌립보서 3:9에
있는 독특한 전달적 의미에도 등장한다.

고린도후서 5:21과 빌립보서 3:9뿐만 아니라 로마서에서도 이 "하나님
의 의"라는 주제의 중요성은 다음 몇 가지 사실에 의해 강화된다. (1) "하
나님의 의"는 정경에 속하는 유대교 성경(구약)에서 두드러지는 주제다. 그
성경에는 의가 하나님의 속성을 암시하는 내용도 들어 있고, 전달적인 어
감을 갖는 내용도 있다.[232] (2) "하나님의 의"는 예수가 가르치신 내용의 중
심 주제다.[233] (3) "하나님의 의"는 예루살렘에 있는 유대 기독교적 모교회
의 초기 지도자들 가운데 두 인물인 야고보와 베드로의 가르침에서도 핵심
적이다.[234]

그러므로 기독교 신학은 늘 "하나님의 의"를 강조할 필요가 있다. 하
나님의 성품을 묘사하는 본질적인 속성으로서만 아니라 하나님께서 회개
한 죄인들에게 주시는 중요한 선물로서도 말이다. 만일 "하나님의 의"가 하
나님이 의롭고 공의로우시다는 사실을 가리키지 않는다면, 다른 주장도 전
부 불가능할 것이다. 더욱이 하나님이 (1) 회개하여 자기에게 다가오며 사
죄를 요청하는 모든 사람을 의롭다고 선언하시며, (2) 겸손히 자신을 의존

---

232) 예. 신 33:21; 삿 5:11; 삼상 12:7; 시 89:16(LXX 88:16); 96:13(LXX 95:13); 98:9(LXX
    97:9); 111:3(LXX 110:3); 143:1, 11(LXX 142:1, 11); 사 45:8; 51:4-8; 단 9:16; 미 6:5.
233) 참조. 마 6:33//눅 12:31.
234) 참조. 약 1:20; 벧후 1:1.

하는 모든 사람을 의롭게 하시고, (3) 하나님의 백성과 궁핍한 사람들, 특히 절망 속에서 하나님께 도움과 힘을 간구하는 모든 사람을 위해 공의를 드러내시지 않는다면, 다른 모든 것은 절망적일 것이다.

B. 기독교 복음의 세 가지 초점들: "하나님의 의", "예수 그리스도의 신실함" 그리고 "믿는 자의 믿음." 대부분의 바울 해석자들은 바울을, 인류 구원의 방책과 그것을 이루는 주요한 근거로서 "하나님의 의"와 또한 하나님의 구원이라는 선물을 받아들이는 데 있어 필요한 적극적인 반응으로 "사람의 믿음"을 선포했던 사람으로 이해해왔다. 매우 중요한 이 두 요인은 (애석하게도) 종종 둘 중 어느 하나를 강조하는 이분법적인 양상으로 이해되었다. 하지만 지난 세기에는 바울의 구원론에서 또 다른 중요한 요인을 점차 인정하기 시작했다. 그것은 바로 바울이 특히 하나님의 구원 계획에서 가장 중요한 요인, 곧 종말론적인 "지금"에 속하는 "이제" 모든 백성을 위해 구원을 이룬 객관적인 수단으로 여겼던 "예수 그리스도의 신실함"과 관련된 문제다.

특히 3:21-31에서 기독교 복음의 이 세 가지 중요한 초점이 함께 등장한다. (1) 구원의 주요한 기초이며 원천인 **하나님의 의**, (2) 사람들의 구원에 대한 객관적인 수단인 그의 생애(즉 그의 "능동적 순종")와 그의 죽음(즉 그의 "수동적 순종")에 나타난 **예수의 신실함**, (3) 하나님의 방책과 그리스도의 사역에 대한 유일한 적절한 반응으로서 **사람들의 믿음** 등이다. 오늘날 참된 기독교 성경신학과 참된 기독교 선포에 반드시 그리고 늘 포함해야 할 것이 기독교 메시지의 바로 이 세 가지 초점이다.

C. 바울의 "피스티스 예수 크리스투" 주제에 대한 좀 더 자세한 설명. 우리는 바울의 "예수 그리스도의 신실함"이라는 언급에 특히 주목해야 한다. 이 어구에 대해 우리는 이렇게 주장했다. "예수 그리스도의 신실함"은 (1) 3:22에서 바울의 발전된 논제 진술에 등장하고(διὰ πίστεως Ἰησοῦ Χριστοῦ) 1:17에서 이보다 좀 더 일찍 표현한 ἐκ πίστεως를 더 충분히 설명하며, (2) 그가 3:25(διὰ τῆς πίστεως)과 3:26(ἐκ πίστεως)에서 인용한 초기 기독교의 신앙고백 자료에 약간은 모호하게 포함되었으며, (3) 3:30에 있

는 그의 설명의 끝에서 두 번째(유대인과 관련해서는 ἐκ πίστεως, 이방인과 관련
해서는 διὰ τῆς πίστεως)에서 발견된다. 이 "피스티스 예수 크리스투"라는 주
제는 비록 현대의 수많은 학자에 의해 잘 논의되고 지지를 받는다 해도, 얼
마 전까지만 해도 그리고 심지어 오늘날에도 주석가들에 의해 너무 자주
묵과되(었으며 종종 부인되)었다. 하지만 πίστις Ἰησοῦ Χριστοῦ라는 그리
스어 표현은 이곳 로마서 3:21-31에만 등장하는 것이 아니라, 갈라디아서
2:16(2번)과 3:22(P⁴⁶을 고려한다면 3:26에도), 에베소서 3:12과 빌립보서 3:9에
도 등장한다. 이 주제는 예수의 "순종"과 그리스도의 "아들 됨"을 다루는
바울 서신과 신약의 여러 곳에서 발견된다.[235]

토머스 토런스는 고린도후서 1:20("하나님의 약속은 얼마든지 그리스도 안
에서 '예'가 되니, 그런즉 그로 말미암아 우리가 아멘 하여 하나님께 영광을 돌리게 되
느니라")에 있는 바울의 진술을 적절히 관찰했다. 그는 이 본문을 분명하게
"예수 그리스도의 신실함"과 "하나님의 의"라는 주제에 적용한다.

> 그래서 예수 그리스도는 하나님의 피스티스(pistis)의 성육신이실 뿐만 아
> 니라, 하나님과의 언약 관계에 있는 사람의 피스티스를 구현하고 실현하
> 시는 분이다. 예수 그리스도는 하나님의 의이실 뿐만 아니라 하나님 앞에
> 서 사람의 의의 구현이며 실현이시기도 하다.[236]

마찬가지로 마르쿠스 바르트는 "예수 그리스도가 오셔서 하나님과 사람에
게 신실함을 나타내 보이심"이라는 제하에 바울의 칭의에 관한 교훈을 논
의하면서 이렇게 주석했다.

> 성자는 재판장이신 성부에 의해 보냄을 받아 이를테면 하나님의 수동적인

---

235) R. N. Longenecker, "The Foundational Conviction of New Testament Christology," 122–
44.
236) Torrance, "One Aspect of the Biblical Conception of Faith," 113.

도구가 되신 것만은 아니다. 그분은 그의 직책을 순종하러 **오심**으로써 그
의 사명에 **순종**하기도 하셨다. 그의 등장으로, "믿음이 왔다."…그래서 하
나님을 믿는 믿음(또는 더 좋은 표현은 하나님에 대한 신실함)과 사람을
향한 사랑은 동시에 동일한 행위로 예수 그리스도 안에서 실현되었다.[237]

제임스 데니(James Denney)는 이것과 동일한 이해를 일찍이 간파했다. 그
는 좀 더 경건 서적과 같은 방식으로 그의 고전적인 『기독교 화목론』(*The
Christian Doctrine of Reconciliation*)에서 기독교 복음의 중심 메시지를 3번
언급했다. 그는 찰스 웨슬리가 지은 찬송시 "나의 영혼의 애인이신 예
수"(Jesus, Lover of My Soul - 우리말 찬송에는 "풍우대작할 때와 물결 일어날 때에"로
번역됨—역주)의 세 번째 연 첫 두 행을 사용했다. "오 그리스도여, '주님은
내가 원하는 모든 것이옵니다. 나는 주님 안에서 무엇보다 더 나은 것을 찾
습니다.' 이것은 죄인의 목소리인 것 못지 않게 하나님의 목소리입니다."[238]
    토머스 토런스가 지적했듯이, "예수 그리스도의 신실함"에 있어서 우
리는

> 구약성경과 신약성경 간에 최대의 차이가 있음을 [본다]. 구약성경처럼
> 신약성경도 하나님의 신실하심을 강조하며 사람에게서 그에 상응하는 신
> 실함을 요구한다. 하지만 복음에는 하나님의 변함없는 신실하심이 예수
> 그리스도의 의와 진리 안에서 목적을 이루었다. 그리스도 안에서 하나님
> 의 신실하심이 진리로 실현되었으며, 우리 가운데서 충만하게 되었기 때
> 문이다.[239]

또는 하나님께서 먼저 구약성경에서 세우셨고 그런 후 신약성경에서 세우

---

237) M. Barth, *Justification*, 38-39(강조는 원저자의 것임); 참조. 또한 같은 저자, "The Faith of
    the Messiah," 363-70.

238) Denney, *Christian Doctrine of Reconciliation*, 162, 235, 301.

239) Torrance, "One Aspect of the Biblical Conception of Faith," 113.

신 언약 관계와 관련하여 브루스 롱네커가 적절하게 주목한 것처럼,

> 이스라엘이 이스라엘 됨에 실패한 곳에서 그리스도께서 성공하셨다. 즉
> 이스라엘 됨을 성공적으로 이룩하셨다. 이스라엘에게 그들의 하나님처럼
> 거룩하기를 기대했지만(예. 레 11:44), 바울은 예수가 그 기대를 충족시키
> 셨음을 알게 되었다.[240)]

D. 초기 교회와 바울의 법정적인 구원론 용어 사용. 로마서 3:21-31에는 상
당히 분명한 사법적 또는 법정적인 어감을 함의하는 여러 구원론 용어가
등장한다. 즉 법정 또는 종교적 제의에 속하고, 거기서 사용되며, 거기에 적
합한 듯이 보이는 용어들이 등장한다. 이러한 용어들은 특히 바울이 3:24-
26에서 인용하는 기독교 신앙고백 자료에서 발견할 수 있다. 하지만 그 용
어들은 3:21-23에 있는 바울의 발전된 논제 진술과 3:27-31에 있는 그 진
술에 대한 그의 설명에도 등장한다. 이 표현들 가운데 가장 분명한 것은 (본
문에 등장하는 순서에 따라 일반적으로 열거하자면) 다음과 같다.

1. 명사 δικαιοσύνη("의"), 3:21a, 22a, 25b, 26a.
2. 동사 μαρτυρέω("증언하다", "입증하다", "증명하다"), 3:21b.
3. 동사 ὑστερέω("실패하다", "놓치다", "이르지 못하다"), 3:23.
4. 동사 δικαιόω("의롭게 하다", "무죄를 선고하다", "정당성을 입증하다"). 이
   것은 3:24a, 26b에는 분사 형태로, 3:28a, 30a에는 동사 형태로 등장
   한다.
5. 명사 ἀπολυτρώσις("구속", "되삼"), 3:24b.
6. 동사 προτίθημι("앞에 놓다", "보여주다"), 3:25a.
7. 명사 ἱλαστήριον("화해", "만족", "보상", "속죄제물"), 3:25a.
8. 명사 ἔνδειξις("입증", "증명"), 3:25b, 26a.

---

240) B. W. Longenecker, "Πίστις in Romans 3.25," 479.

9. 명사 πάρεσις("간과", "벌하지 않음"), 3:25b.

10. 명사 ἀνοχή("오래 참음", "방임"), 3:26a.

11. 형용사 δίκαιος("올곧음", "의로운", "공의로운"), 3:26b.

12. 동사 καταργέω("효력을 잃게 하다", "무효화 하다", "파기하다"), 3:31a.

13. 동사 ἱστάνω, 3:31b. 이 동사는 초기의 ἵστημι("세우다", "확증하다", "효력이 있다고 여기다[또는 "만들다"]")에서 발전했다.

이 용어들 중에는 로마 세계의 법학에서 유래했음직한 용어가 많다. 하지만 이 용어들은 유대적 배경에서 예수를 믿은 초기 신자들이 취하여, 그리스도의 사역으로 말미암은 하나님의 구원을 이해하는 다양한 방식을 예증하려고 사용한 것일 가능성이 더 크다. 구체적으로 유대 그리스도인들에게 이 법정 용어는 매우 의미심장한 종교적 어감을 전달했고, 그래서 존중받았다. 이처럼 바울의 심장과 마음에도 이 용어들은 분명히 동일하게 명예로운 지위와 의미로 고동쳤을 것이다. 하지만 고대 세계에서 모든 사람이 이 용어를 같은 방식으로 이해하지는 않았을 것이다. 바울의 편지는, 바울이 그의 이방인 선교에서 초기에는 대부분 법정적이고 법률적인 용어로 가득한 기독교 복음(즉 "좋은 소식"이라는 메시지)을 선포했을 때, 이 법정적인 표현을 다른 청중들을 위해 약간은 다른 형태로 상황화해야 할 필요를 느꼈음을 암시한다.

아돌프 다이스만은 『예수의 종교와 바울의 믿음』(*The Religion of Jesus and the Faith of Paul*)이라는 제목의 강의집에서, 학자든지 평신도든지 그리스도인들이 바울 서신에 등장하는 다양한 신학적 용어들을 다룰 때 따라야 한다고 믿은 길을 표시하려 했다. 다이스만은 칭의에 관한 바울의 교훈을 언급하면서 다음과 같이 주장했다.

내가 이해하기에, 칭의 교리는 바울신학의 정수가 아니라 그가 경험한 구원을 증언하는 여러 증거 가운데 하나다. 칭의는 고대의 다른 여러 그림 단어 중 하나다. 칭의는 구속, 입양 등등 다른 많은 것과 아울러 구원을 증

언하는 하나의 화음에 조화되는 한 가지 음계다.[241]

바울이 그의 편지에서 사용한 다양한 구원론적인 용어에 관해 다이스만은
이렇게 썼다.

> 혼란스럽다는 인상만이 떠오르는 것은 우리가 은유를 서로 같은 뜻을 나
> 타내는 은유로 이해하지 않은 까닭이다. 비록 고대인들의 마음에는 그 은
> 유들이 쉽게 이해되었을지도 모르지만 말이다. 소위 단 하나의 바울 사상
> 은 우리에 의해 고립되었으며, 그래서 구원의 시간적 순서를 재구성하려
> 는 시도가 있었다. 우리 선조들이 "구원의 서정"(*ordo salutis*)이라고 부른
> 것 말이다. 사실 바울의 종교는 상당히 단순하다. 그 종교는 그리스도와의
> 연합이다.[242]

물론 다이스만의 주장은 바울 사상에서 "그리스도 안에" 있음 또는 "그리
스도 신비주의"의 우위라는 그의 의제의 맥락에서 보아야 한다. 바울에 대
한 이러한 이해는 쉽게 차치해버릴 수 있는 것이 아니다. 사실, 우리는 로
마서 8장에 있는 바울의 진술들을 석의하면서 그러한 강조를 발전시킬 것
이다. 다이스만이 한 것과 같은 방법은 아니지만 말이다. 그의 전반적인
논지를 어떻게 이해하든지 간에, 로마서 3:21-31에서 두드러지는 법정적
인 구원론 표현들에 대한 다이스만의 제안은 시사하는 바가 크며 도움이
된다. 그리고 기독교 성경신학을 구성하는 데 있어 고려할 필요가 있다.

  **E. 구원사의 종말론적인 "지금"을 강조하는 성경신학의 역동적이고 발
전적인 특성.** 많은 그리스도인이 성경신학을 약간은 정적인 방식으로 이해
해왔다. "동일함"을 강조하면서 구약성경 전체에 이르는 하나님의 구속 행
위 과정을 추적하고 그다음에 신약을 추적하면서 말이다. 그들이 주장하려

---

241) Deissmann, *The Religion of Jesus and the Faith of Paul*, 271.
242) Deissmann, *The Religion of Jesus and the Faith of Paul*, 222-23.

는 것처럼, 이것은 구약과 신약 각각의 자료 **내부**에 존재하기도 하고 두 성경이 제시하는 것들 **사이**에 존재하는 것이기도 하다. 이것은 유대교 성경(구약)과 기독교 성경(신약)이 서로 완전히 상반된다고 주장한 마르키온(약 140-160년경에 활약했음)에 반대한 알렉산드리아 교부들의 기본적인 성경해석의 접근법, 즉 알렉산드리아의 클레멘스(약 150-214년)와 오리게네스(185-254년)의 기본적인 접근법이었다. 그리고 이것은, 각각의 신앙고백과 교리적 입장이 서로 종종 상당히 상반되는, 소위 로마 가톨릭 신학자와 개신교 개혁신학자 및 청교도 신학자들의 "주류"라고 할 수 있는 이들에 의해 수행되어왔다.

다른 한편으로, 그리스도인들 중에는 성경신학을 좀 더 역동적인 방식으로 이해한 사람들도 많이 있다. 그들은 두 성경 내부와 두 성경 사이의 연속적인 문제들에 초점을 맞출 뿐만 아니라, 역사적 우발성 및 교리적 발전과 관련이 있는 특징들에 초점을 맞추기도 한다. 이것은 안디옥 교부들의 해석학적 접근법이었다. 그중 가장 유명한 사람들은 (1) 시리아 안디옥의 저명한 설교가("황금 입을 가진 요안네스")이자 정치가요, 398-407년에 콘스탄티노플의 대주교로 섬겼던 요안네스 크리소스토모스(345-407년경), (2) 다소에서 출생했지만 안디옥에서 성장했고, 크리소스토모스와 함께 학교를 다닌 절친한 친구였으며 나중에 몹수에스티아 교구의 주교가 된 몹수에스티아의 테오도로스(350-429년경), (3) 안디옥 토박이이며 테오도로스의 제자였고 나중에 시리아 쿠로스의 주교가 된 테오도레토스(393-460년경) 등이다. 마르틴 루터(적어도 "젊은 루터")와 같은 해석자들과 오늘날 현대 성경해석 운동에 속하는 성경학자들도 이 입장을 이어간다. 다양하게 또 가끔은 극단적으로 그렇게 하기는 하지만 말이다.[243]

로마서 3:21 처음에 등장하는 바울의 νυνὶ δέ("그러나 이제는")라는 어구는, 2:17-3:20에서 "모세 율법 아래" 살고 있는 유대인의 신실치 못함을 비난한 부분에서 "예수 그리스도의 신실함에 근거한 삶"을 제시하는 3:21-

---

243) 참조. R. N. Longenecker, "Three Ways of Understanding."

31으로 논의를 이동하는 기능을 하며, 인간사 전반에 걸친 하나님의 구속 행위에 대한 이러한 역동적이고 발전적인 이해를 표현한다. Νυνὶ δέ라는 표현은 로마서 7:17, 고린도전서 12:18, 13:13과 같은 바울 서신의 어떤 문맥에서는 단지 **논리적인 대조**(즉 "그러나 지금 상황은 이러하다")만을 암시하는 것으로 이해될 수 있지만, 바울은 로마서 6:22, 7:6, 15:23, 25, 고린도후서 8:22, 에베소서 2:13, 빌레몬서 9, 11에서처럼 구원사의 과정에서든지 아니면 신자들의 새로운 기독교적 경험에서나 하나님께서 그리스도의 사역과 성령의 사역을 통해 이루신 **시간적인 대조**(즉 "그러나 지금 한 시대나 지위에서 다른 시대나 지위로 옮겨감")에 대해 말할 때 일반적으로 νυνὶ δέ를 사용한다.

더욱이 로마서 3:24-26에서 바울이 인용한 초기 기독교의 신앙고백 자료의 후반부에 등장하며 3:25b-26에서 바울이 사용한 두 목적 진술은 3:21a의 νυνὶ δέ에 대한 이러한 시간적 이해를 뒷받침한다. 특히 두 목적 진술은 하나님께서 "그의 신적인 오래 참으심으로" "이전에 지은 죄를" 다루시는 이전 시대와, 하나님께서 "예수의 신실하심에 근거하여"(ἐκ πίστεως Ἰησοῦ) "이때에"(ἐν τῷ νῦν καιρῷ) 사람들을 의롭게 하시는 것을 대조하며 그러한 이해를 지지한다. 우리가 앞에서 해석했듯이, 3:25의 διὰ τῆς πίστεως, 3:26의 ἐκ πίστεως, 그리고 3:30의 ἐκ πίστεως와 διὰ τῆς πίστεως 등의 표현에서 "예수의 신실함"에 대한 바울의 이해로 보이는 내용 역시 그러한 이해를 지지한다.

이곳 로마서 3:21 맨 앞에 있는 "그러나 이제는"(νυνὶ δέ)과 3:26의 "이때에"(ἐν τῷ νῦν καιρῷ)라는 표현으로 보충된 초기 신앙고백 자료에서도, 유대교 성경(구약)에 묘사된 이스라엘 종교 안에서 행하신 하나님의 구속 행위와 기독교의 성경(신약)에 선포된 그리스도의 사역과 성령의 사역을 통하여 "[지금] 계시된" 하나님의 구원 사이에 중요한 구별이 있음을 표시한다. 구원사에 대한 이러한 역동적인 특성과 발전적인 이해는 갈라디아서 4:4-5에 있는 바울의 초기 진술에 반영되었다. "때가 차매 하나님이 그 아들을 보내사 여자에게서 나게 하시고 율법 아래에 나게 하신 것은 율법 아래에 있는 자들을 속량하시고 우리로 아들의 명분을 얻게 하려 하심이라."

게다가 바울은 고린도후서 6:2에서 "보라! 지금은(ἰδοὺ νῦν) 은혜 받을 만한 때요, 보라! 지금은 구원의 날이로다!"라고 선언했다. 참된 기독교적 성경 신학에 늘 울려 퍼질 필요가 있는 것이 바로 이러한 역동적이고 발전적인 강조다.[244]

F. "이제 율법 외에" 하나님의 받으심과 하나님의 의의 선물. (1) 구약 성경에 표현된 "이스라엘 종교"든지, (2) 유대인의 외경과 사해사본의 비 주류적인 작품에 등장하는 "초기 유대교"든지, (3) 탈무드와 그 외 고대 랍 비들 문헌에 성문화된 "랍비 유대교"든지, 또는 (4) 오늘날 실천되고 있는 "정통파, 개혁파, 보수파 유대교"이든지 간에, 유대 종교는 하나님에 의해 하나님과의 언약 관계에 들어온 사람들은 하나님과 그분이 행하신 구속 행위에 반드시 "신율주의"(또는 현대적 표현으로 "언약적 신율주의")로 반응해야 한다고 늘 주장했다. 그 반응은 개인적으로나 사회적으로 어떻게 살아야 하는지와 관련하여 백성들의 지도자들에 의해 해석된 것으로서, 하나님께서 그의 종 모세를 통해 명하신 교훈("모세 율법" 또는 "토라")에 진지하고 사랑하는 마음으로 순종하는 것이다. 구약의 예언자들과 시편 저자들은 자신의 노력이나 수고로 행할 수 있는 것에 근거하여 하나님 앞에서의 어떤 지위와 하나님의 의를 얻으려고 하는, 이른바 "율법주의"를 혹독히 비난했다. 심지어 그것이 모세를 통해 주신 하나님의 토라("교훈", "율법")에 순종하는 것에 근거했어도 말이다. 하지만 그들은 결코 참된 "신율주의"의 제약들이 느슨해지기를 원하지 않았다. 또한 고대의 유대 랍비나 오늘날 유대 교사들은 결단코 모세 율법의 신율주의적인 준수의 필요성을 경시한 적이 없다.

그러나 바울은 이스라엘의 메시아이자 인류의 주님이신 예수의 인격과 사역에서 인류를 위한 하나님의 최종적인 조처 및 이를 강화하기 위한 성령의 사역과 더불어, 구속의 새로운 시대가 동터왔다고 이해했다. 다시

---

244) 이 주제에 대해 좀 더 광범위하고 일반적인 설명은 R. N. Longenecker, "A Developmental Hermeneutic"을 보라.

말해서, 바울은 구원사의 약속된 종말론적인 "지금"이 "이제" 이루어졌으며 경험되고 있다고 보았다. 그래서 바울은 이렇게 선포했다. (1) 옛 언약의 시대에 하나님이 정하신 목적을 이루었던 신율주의적인 믿음도 마침이 되었으며,[245] (2) "새 언약의 경건"이라고 적절하게 불리는, 하나님을 향한 새롭고 좀 더 인격적인 반응이 하나님의 정하심에 의해 지금 효과를 발휘하고 있다고 말이다.[246] 좀 더 인격적인 이 새 언약의 경건은 늘 그러하듯이 모든 형태의 "율법주의"와 상반된다. 하지만 율법에서 명령하는 "신율주의"나 "언약적 신율주의"와 관련하여 하나님의 사랑과 자비와 은혜와 죄 용서에 누군가 감사의 반응을 표현해야 하는 필요 역시 마침이 되었다(비록 바울 자신은 예수를 믿은 유대 신자들이 유대교 방식으로 "그리스도 안에" 있는 그들의 새로운 삶을 계속해서 표현하도록 하는 데 문제가 없는 듯하기는 하지만 말이다). 따라서 바울이 나중에 로마서 10:4에서 기록하듯이, "그리스도는 모든 믿는 자들에게(παντὶ τῷ πιστεύοντι) 의와 관련하여(εἰς δικαιοσύνην) 율법의 마침(τέλος νόμου)이 되신다."[247]

바울의 교훈을 이렇게 이해하는 것은 약간은 과격하기에 피해야 할 것으로 종종 여겨지기도 한다. 하지만 이 내용은 로마가 지배하는 갈라디아 지방에 있는 이방인 개종자들에게 보낸 바울의 편지에 깊이 배어 있으며, 특히 갈라디아서 3:19-4:7에 있는 바울의 신학적 진술과 갈라디아서 5:1-6:10에 있는 그의 윤리적 권면에 표현되었다.[248] 그리고 하나님의 의의 선물을 "율법과 상관없는 것"으로 이해하는 것은 참된 그리스도인의 생각과 참된 그리스도인의 삶에 모두 매우 중요한 문제이며, 그래서 반드시 참된 기독교 성경신학에 편입되어야 한다.

G. 율법과 예언자에게서 증거를 받은 기독교 선포. 하나님의 의의 선

---

245) 참조. R. N. Longenecker, "The End of Nomism," in *Paul, Apostle of Liberty*, 128-55; 또한 같은 저자, *Galatians*, 여러 곳을 보라.

246) Talbert, *Romans*, 101.

247) 본서 10:4의 "석의와 주해"를 보라.

248) 이 본문에 대해서는 R. N. Longenecker, *Galatians*, 해당 부분을 보라.

물이 (1) (백성들을 위해 행하신 하나님의 구속 행위에서 늘 그러하듯이) 율법주의적인 의미와 (2) (기독교 복음에 선포된 것처럼) 신율주의적인 의미에서 "율법과 상관없이" 주어진 것이기는 하지만, 그렇다고 해서 그것이 "율법과 예언자"가 예수를 믿는 신자들에게 의미 있는 방식으로 기능하는 것을 중단했다는 의미는 아니다. 오히려 모세의 법전에 제시된 교훈과 정경에 속한 시편의 찬송에 표현된 경건 그리고 이스라엘 예언자들의 교훈과 책망과 약속 모두 오늘날 그리스도인의 의식에 중요한 위치를 차지한다. 이것들은 모두 (1) 하나님의 의와 공의의 표준을 제시하고, (2) 하나님이 정하신 이러한 표준을 무시하거나 파기했을 때 죄를 심판하고 죄인들을 정죄하며, (3) **속성적 의미**에서나 **전달적 의미**에서 그들 자신을 넘어 "하나님의 의"를 지향하고, (4) 이스라엘의 종교를 넘어 하나님께서 좀 더 효과적인 구속의 수단(즉 메시아이신 예수의 사역을 통해), 좀 더 보편적인 구원 메시지(즉 그리스도의 우주적인 주님 되심에 초점을 맞춤), 그리고 좀 더 강렬한 하나님과의 관계 경험(즉 하나님의 성령의 더 큰 사역을 통해)을 가져오실 때를 약속한다.

율법과 예언자에 대한 바울의 이해에 따르면, 그는 구약성경에 대한 마르키온 유형의 해석의 기초를 놓거나 그것을 시사하지도 않는다. 오히려 바울은 이스라엘의 종교와 예수 그리스도를 믿는 믿음을 **동일한 것**으로 보지 않는 명백한 증거를 제시하면서도, 이 둘 사이에 존재하는 **연속성**을 추적하는 데 노력하고 늘 그럴 준비를 하고 있다. 바울은 일찍이 2:1-3:20에서 비난했을 때도 그랬고, 나중에 바로 이어지는 단락인 4:1-20에서 아브라함을 예로 들면서 그렇게 할 것이며, 9:1-11:36에서 기독교 복음의 메시지를 이스라엘의 소망과 연결시킬 때에도 이 문제를 광범위하게 다룰 것이다. 그리고 오늘날 그리스도인들도 언제든지 기독교 복음을 구약성경에 제시된 교훈과 심판, 경건한 생활 및 약속들과 연결시켜야 한다. 이들 각각은 그 나름대로 구원사의 종말론적인 "지금"의 이날에 기독교 선포를 입증하기 때문이다.

H. **하나님이 구원하시는 은혜의 대상은 인종이 아니라 유산에 상관없이 모든 사람.** 바울은 로마서 1:16에서 "이 복음(τὸ εὐαγγέλιον)은 모든

믿는 자에게 구원을 주시는 하나님의 능력이 됨이라. 먼저는 유대인에게
요 그리고 헬라인에게로다"라고 선언함으로써 로마서의 첫 번째 단락인
1:16-4:25을 시작한다. 하나님의 구원의 은혜의 보편성에 맞춰진 이 초점
은 1:16-17에 있는 바울의 논제 진술의 매우 중요한 특징이다. 바울은 3:21-
23에서 이 첫 논제 진술의 발전된 형태에 있는 이 보편적 강조를 반복한다.
특히 3:22에서 그는 "하나님의 의"를 종말론적인 "지금"의 이때에 "모든
믿는 자에게 주시며, 차별이 없는" 선물로 이해해야 한다고 주장한다. 더욱
이 바울은 3:27-31에서 그 발전된 논제 진술을 설명하면서 이 보편적 강조
를 동일하게 언급한다. 특히 3:29-30에서 지금이야말로 유대인과 이방인
모두 동일한 근거에서 의롭다 하심을 받는 구원사의 최종적인 기간이라고
선언할 때 말이다. 그러므로 인종의 구별은 더 이상 하나님이 사람을 다루
시는 요인이 되지 않는다. 오히려 하나님의 구원의 은혜는 그리스도의 효
력 있는 사역에 근거하여 지금은 유대인과 이방인 모두에게 해당하며, 동
일한 근거에 의거하여 모든 사람에게 미친다.

　　브루스 롱네커는 "바울은 이런 말로써 하나님이 이스라엘과의 언약 관
계를 포기하셨음을 암시하는 것은 아니다. 바울은 특히 로마서 9-11장에
서 이러한 이해를 반박한다"는 점에 주의를 환기시켰다.[249] 오히려 그는 인
종이 참으로 기독교 성경신학과 관계가 없다고 주장한다. 바울이 일찍이
갈라디아에 있는 그의 개종자들에게 "그리스도 예수 안에서는" "유대인이
나 헬라인이나 종이나 자유인이나 남자나 여자나 다 그리스도 예수 안에서
하나이니라"고 썼던 것처럼,[250] 이곳 로마서 3:21-31에서도 "그리스도의
신실함"에 의거한 하나님과의 관계가 선입견과 의혹 및 악한 행위를 동반
하는 이전의 모든 인종적 구분의 효력을 잃게 만든다고 선언한다. 그리고
이것이야말로 신학과 실천에서 모두 현대의 그리스도인들이 옹호해야 할

---

249) B. W. Longenecker, "Πίστις in Romans 3.25," 480.
250) 갈 3:28. 여기서 바울은 분명히 기독교 복음에 극적으로 영향을 받은 사람들 사이에 있는
　　세 가지 전통적인 구분에 대해 언급하고 있는 초기 기독교의 신앙고백 자료를 인용했을
　　것이다. 이 문맥에서는 첫 번째 구분에만 초점이 맞춰져 있지만 말이다.

매우 중요한 문제다.

I. 율법의 행위가 아니라 그리스도로 말미암는 하나님을 믿는 믿음. 바울은 로마서 3:20에서 "율법의 행위"를 비난함으로써 3:21-23의 발전된 논제 진술을 시작했다. "아무도 '율법의 행위'로 그[하나님] 앞에 의롭다 하심을 얻지 못하나니, 율법으로는 죄를 깨달음이니라." 바울은 확장된 논제 진술을 3:21의 다음과 같은 말로 시작했다: "그러나 이제는 율법 외에." 바울은 3:28의 주장을 첨가함으로써 바로 그 논제 진술을 설명한다. "사람이 의롭다 하심을 얻는 것은 율법의 행위에 있지 않고 믿음으로 되는 줄 우리가 인정하노라." 그리고 그는 4:1-8에서 그리고 4장 나머지 부분에서 조상 아브라함이 모세 율법에 순종하는 "행위로써" 의롭다 함을 받은 것이 아니라 "행위와 상관없이 믿음으로" 의롭다 함을 받았다고 선언한다.

바울의 이 모든 진술은 모세 율법에 순종함으로 하나님께 용납받고 하나님 앞에서 의롭다는 선언을 받으려는 유대인들이라는 맥락 안에 있다. 하지만 여기서 그의 진술들이 전부 모세 율법 준수라는 이 특정한 맥락과 관련이 있어도, 바울은 하나님께 어떤 지위나 용납이나 의를 얻으려는 목적으로 행해지는 이런 유형의 "행위"나 "행동"에 반대한다고 확신 있게 말할 수 있다. 그것이 얼마나 선하든지 또 어떤 형태이든지 말이다. 물론 바울은 하나님의 의의 선물을 표현하는 바른 동기나 도움이 되는 행동은 반대하지 않았다. 그리스도인의 삶에서 "행위"에 대한 이런 식의 이해는 하나님 앞에서 어떤 지위를 얻는 수단으로서의 행위의 타당성을 부인하고 하나님께 감사의 표현으로 그 행위의 중요성을 천명하는(즉 하나님께 받은 의의 선물 때문에 행하는) 이해다. 이것 역시 모든 진실한 기독교 성경신학 안에 포함되어야 한다.

현대를 위한 상황화

로마서는 매우 중요한 편지다. 교리에 대한 지식(즉 로마서에서 가르치는 내용)을 위해서뿐만 아니라, 기독교 메시지가 초기 신자들의 다양한 집단들 사이에서 어떻게 이해되고 선포되었는지(즉 로마서가 기독교 복음의 "좋은 소식"

을 어떻게 상황화했는지)를 인식하는 데 있어서도 그러하다. 신약성경 대부분의 다른 글들(편지만 아니라 복음서와 사도행전과 요한계시록도)은 우리에게 여러 주요 사도들이 기독교 복음 메시지를 어떻게 그들의 특정한 상황에 있는 사람들에게 상황화했는지를 우리에게 알려준다. 바울은 로마에 거주하며 예수를 믿는 신자들에게 보낸 그의 편지에서 이렇게 했다. 그는 우리에게 (1) (주로 예수를 믿는 이방인 신자들이지만 순회하는 유대 그리스도인들의 증언을 통해 그리스도에게로 왔으며, 유대 기독교의 신학적 개념과 종교 언어의 영향을 받은) 로마의 그리스도인들이 어떻게 그들의 기독교 신앙을 이해했고 표현했는지와 관련한 것을 보여준다. 이러한 내용은 바울이 1:16-4:25(과 9:1-11:36의 여러 곳)에서 쓴 내용 중 상당히 많은 곳에 반영되었다. 또한 바울은 (2) 그가 1:18-3:20의 비난에서 그의 수신자들과 공유했던 기본적인 유대 기독교적 교훈과 관심사 중 일부의 내용을 어떻게 분명하게 했는지, 그런 다음에 계속해서 1:16-17, 3:21-23, 27-31, 4:1-25의 긍정적인 진술들에서 일부 기본적인 기독교의 "법정적" 언어와 헌신 내용을 다듬었는지를 보여준다. 하지만 바울이 5:1-8:39에서 제시하는 좀 더 인격적이고 관계적이며 참여적인 메시지는 물론이고 12:1-15:13에서 제시하는 더 일반적인 그리스도 중심적인 윤리적 권면에서 보게 되듯이, 바울의 로마서는 우리에게 그가 기독교 복음을, 유대교 성경(구약)에 대한 지식이 거의 또는 전혀 없으며 유대교나 유대적 기독교의 영향을 받지 않은 이방인들에게 사역하면서 어떻게 상황화했는지를 보여주기도 한다.

하지만 바울의 로마서는 이 모든 것 이상이다. 로마서는 초기 유대 기독교의 핵심 교리들을 이해하는 통찰을 제공하기도 한다. 유대 기독교는 예루살렘 교회를 기독교의 모교회로 여겼고 예루살렘 교회의 설교와 경건과 생활양식을 재연하려 했다. 이러한 통찰은 3:24-26에 인용된 초기 기독교의 신앙고백 자료에 의해 제공된다. 그래서 신약의 모든 저자가 수신자들의 성향과 상황 및 필요들 그리고 어떤 특정한 사람들을 위해 저자들마다 상황화한 기독교 복음 사이에 있는 양극의 관계를 보여주며, 바울이 로마의 그리스도인들에게 보낸 편지는 다음과 같은 4개의 양극성을 드러낸다. (1) 로마서의 본론을 여는 단락과 마치는 단락 또 특히 1:16-17의 논제 진술과 3:21-23의 확장된 논제 진술, 그리고 그가 로마서 전체에서 제시하는 "자신의 해석"에 표현된 바울 자신의 양극성. (2) 바울의 수신자들이었던 로마의 이방인 그리스도인과 유대인 그리스도인 등 혼합된 집단의 양극성. 바울은 그들이 1:16-4:25과 9:1-11:36에 있는 내용을 이해하고 공감해줄 것이라고 믿으면서 그들에게 편지를 썼다. (3) 그의 이방인 개종자들의 양극성. 바울은 로마의 수신자들에게 그들이 어느 유대교적 이해나 유대 기독교적 영향과 상관없이 받아들였던 그의 기독교 선포의 본질적인 특성에 대한 묘사를 제시했다. 이 내용은 5:1-8:39에 있고, 또한 그리스도 중심의 윤리적 권면을 담은 12:1-15:13의 다양한 곳에 자리하고 있다. (4) 예루살렘의 모교회에서 중심이 되었던 초기 유대 기독교의 양극성. 바울은 이들의 신앙고백을 3:24-26에서 인용한다.

기독교 신앙고백 자료들은 공동체적이든 사적이든 하나님을 찬양하고 그리스도를 기리는 초기 기독교 예배의 상황에 뿌리를 두었고 표현되었다. 이러한 자료들은 본질적으로 경건 생활을 위한 것이다. 이 자료들은 어떤 기본적인 확신에 초점을 맞추고 목소리를 높이지만, (1) 확신을 조성하고 찬양을 고취시키려고는 하나 교리적인 어조를 늘 설명하려고는 하지 않기에 종종 다소 모호하다. (2) 하나님과 그리스도를 묘사하는 데 일반적으로 기능적이며, 하나님과 그리스도의 실체를 주장하는 것을 제외하고는 존재론적인 문제를 그리 깊게 다루지 않는다. (3) 하나님과 그리스도의 사역 그리고 하나님께서 그의 영을 통해 모든 사람을 위해 구속적으로 역사하시고 구체적으로 그의 백성 사이에서 행하신 일에 대해 언급할 때는, 언제든지 그 자료가 통용되던 당대의 직유와 은유와 종교 언어를 반영한다.[251]

우리는 로마서 3:24-26이 초기 기독교 신앙고백 자료의 전형적인 예라고 믿는다. 경건 생활을 기초로 작성된 이 자료는 (1) 오늘날 신학자들

---

251) 신앙고백 자료들의 특성에 대한 더 확장된 논의는 R. N. Longenecker, *New Wine into Fresh Wineskins*, 28-33을 참조하라.

이 좀 더 자세하게 서술되고 좀 더 정확하게 설명될 수 있었기를 바라는 개념과 표현들을 포함하며, (2) 기본적으로 기능적인 형식으로 그 진술을 제시하고, (3) 당대에 유행했던 유대교와 유대 기독교의 직유와 은유 및 종교 언어를 사용한다. 예를 들어 "칭의", "구속", "화해"(또는 "속죄", "만족", "대속제물")와 같은 법정적 용어들이다. 그럼에도 이 기독교 신앙고백적 진술들이 표현하는 것은 신학적으로 매우 중요하고 초기 유대 기독교를 이해하는 데 있어 대단한 가치가 있다.

바울은 3:21-23에 있는 그의 확장된 논제 진술을 뒷받침하기 위해 이 신앙고백 자료를 사용했다. 그는 그 자료의 모호함과 기능적인 특성 및 법정적 언어의 두드러짐에도 아랑곳하지 않고 그 자료를 사용했다. 다음과 같은 까닭에서다. 바울은 (1) 그 자료가 자신과 로마에 있는 그리스도인 수신자들을 연결하는 공통적인 유대감을 형성했으며, (2) 일반적으로 그 자료가 1:16-17과 3:21-23에 있는 자신의 논제 진술을 뒷받침했고, 또한 (3) 3:21-23의 좀 더 분명한 논제 진술과 3:27-31에 있는 그 진술의 설명을 통해 좀 더 일반적인 3:24-26의 경건 자료를 수신자들에게 해석할 수 있다고 믿었다.

바울이 로마에 있는 그의 수신자들을 위해 상황화한 주제들은 주로 앞의 "성경신학"이란 제목 아래 열거한 것들이다. 그 주제들은 오늘날 우리 자신의 기독교적 증언으로도 상황화할 필요가 있다. 그 주제들은 다음의 내용과 관련이 있다.

1. 속성적인 의미나 전달적인 의미로 이해되는 "하나님의 의"
2. 예수 그리스도와 그의 신실함, 순종, 아들 됨에 초점이 맞춰져 있는 "새 언약적 의"
3 "신율주의"나 "언약적 신율주의"의 형태보다는 하나님의 사랑, 그리스도의 사역, 하나님의 영의 인도에 초점이 맞춰져 있는 "새 언약적 경건"
4. 하나님의 구원 계획의 역동적이고 발전적인 특성

5. "그리스도 안에서" 인종적인 편견이 끝나고 모든 사람에게 주시는 하나님의 구원하시는 은혜의 보편적인 확대

6. "율법과 예언자에게서 증거를 받은" 그리스도의 복음

7. 하나님이 받으시거나 하나님에게서 오는 의를 얻기 위해 자신의 "행위"를 의존하지 않고 그리스도로 말미암아 하나님을 믿는 믿음

사실상 이러한 "새 언약적 의제"는 종말론적인 "지금"에 속하는 이때에 대한 전혀 새로운 이해를 표시한다. "새 언약적 의제"는 (1) "하나님의 백성"이 된다는 것에 어떤 의미가 있는지, (2) "하나님과 사람을 위한 사명"이 무슨 의미인지, (3) "하나님과 사람을 위한 사명"에 참여하는 "하나님의 백성"이 다른 모든 사람(그들과 같거나 다소 다르다고 해도)을 어떻게 대해야 하는지에 관해 새로운 이해를 시사한다.

7. 의와 믿음에 대한 아브라함의 예(4:1-24)

번역

⁴:¹그런즉 이 문제와 관련하여 육신으로 우리 조상인 아브라함이 무엇을 얻었다 하리요? ²만일 아브라함이 행위로써 의롭다 하심을 받았으면 자랑할 것이 있으려니와, 하나님 앞에서는 없느니라.

³성경이 무엇을 말하느냐? 아브라함이 하나님을 믿으매 그것이 그에게 의로 여겨진 바 되었느니라. ⁴일하는 자에게는 그 삯이 은혜로 여겨지지 아니하고 보수로 여겨지거니와, ⁵일을 아니할지라도 경건하지 아니한 자를 의롭다 하시는 이를 믿는 자에게는 그의 믿음을 의로 여기시나니,

⁶일한 것이 없이 하나님께 의로 여기심을 받는 사람의 복에 대하여 다윗이 말한 바,

⁷"불법이 사함을 받고
죄가 가리어짐을 받는 사람들은 복이 있고
⁸주께서 그 죄를 인정하지 아니하실 사람은 복이 있도다"함과 같으니라.

⁹그런즉 이 복이 할례자에게만이냐 아니면 무할례자에게도냐? 무릇 우리가 말하기를 아브라함에게는 그 믿음이 의로 여겨졌다 하노라. ¹⁰그런즉 그것이 어떻게 여겨졌느냐? 할례시냐 무할례시냐? 할례시가 아니요, 무할례시니라! ¹¹그가 할례의 표를 받은 것은 무할례시에 믿음으로 된 의를 인친 것이니,

이는 무할례자로서 믿는 모든 자의 조상이 되어 그들도 의로 여기심을 얻게 하려 하심이라. ¹²또한 할례자의 조상이 되었나니, 곧 할례받을 자에게 뿐 아니라 우리 조상 아브라함이 무할례시에 가졌던 믿음의 자취를 따르는 자들에게도 그러하니라.

¹³아브라함이나 그 후손에게 "세상의 상속자"가 되리라고 하신 언약은 율법으로 말미암은 것이 아니요, 오직 믿음의 의로 말미암은 것이니라. ¹⁴만일 "율법에 속한 자들"이 상속자이면 [아브라함의] 믿음은 헛것이 되고

[하나님의] 약속은 파기되었느니라. [15][모세의] 율법은 진노를 이루게 하나니, 율법이 없는 곳에는 범법도 없느니라.

[16]그러므로 상속자가 되는 그것이 은혜에 속하기 위하여 믿음으로 되나니, 이는 그 약속을 그 모든 후손에게 굳게 하려 하심이라. 율법에 속한 자에게뿐만 아니라 아브라함의 믿음에 속한 자에게도 그러하니, 아브라함은 우리 모든 사람의 조상이라. [17]기록된 바 "내가 너를 많은 민족의 조상으로 세웠다" 하심과 같으니, 그가 믿은바 하나님은 죽은 자를 살리시며 없는 것을 있는 것으로 부르시는 이시니라.

[18]아브라함이 바랄 수 없는 중에 바라고 믿었으니, 이는 "네 후손이 이 같으리라" 하신 말씀대로 많은 민족의 조상이 되게 하려 하심이라. [19]그가 백 세나 되어 자기 몸이 죽은 것 같고 사라의 태가 죽은 것 같음을 알고도 믿음이 약하여지지 아니하고, [20]믿음이 없어 하나님의 약속을 의심하지 않고 믿음으로 견고하여져서 하나님께 영광을 돌리며, [21]약속하신 그것을 또한 능히 이루실 줄을 확신하였으니, [22]그러므로 "그것이 그에게 의로 여겨졌느니라."

[23]"그에게 의로 여겨졌다" 기록된 것은 아브라함만 위한 것이 아니요 [24]의로 여기심을 받을 우리도 위함이니, 곧 예수 우리 주를 죽은 자 가운데서 살리신 이를 믿는 자니라.

본문비평 주

4:1a   완료 동사의 부정사 εὑρηκέναι ("to have found")는 대문자 사본 א[*1, 2] A C[*3] D F G Ψ와 소문자 사본 81 256 1506 2127(범주 II), 263 330 365 629 1319 1573 1852(범주 III)에서 Ἀβραάμ ("아브라함") 앞에 등장한다. 이 위치는 역본 syr[(p), pal] cop[sa, (bo)] arm과 오리게네스[gr/lat] 키릴로스 암브로시아스테르 펠라기우스 아우구스티누스에도 반영되었다. 하지만 이 동사가 대문자 사본 P[또한 *Byz* K L]와 소문자 사본 33 1175(범주 I), 1881 1962 2464(범주 II), 69 88 104 323 326 424[c] 436 459 614 1241 1243 1505 1735 1874 1912 2200 2344 2495(범주 III)에서는 ἡμῶν ("우리") 뒤에 위치한다. 그

리고 이 단어는 4세기의 바티칸 사본(B 03)과 소문자 사본 1739(범주 I)과
6(범주 II)에 생략되었다.

이 단어가 본문에 원래 있던 것이 아니라면 "아브라함" 앞이든지 "우
리" 뒤든지 필경사들이 εὑρηκέναι를 삽입할 이유는 없었을 것이다. 이 단
어가 4세기의 바티칸 사본(B 03)과 소문자 사본 1739(범주 I)과 6(범주 III)에
생략된 것은 아마도 εὑρηκέναι가 ἐροῦμεν 바로 뒤에 오면서 두 동사가 비
슷하게 시작하는 것으로 인해 우연히 본문에서 떨어져 나갔다고 추정하여
설명하는 것이 가장 좋을 것 같다. Εὑρηκέναι가 있는 것이 적법하다고 생
각한다면, εὑρηκέναι가 'Αβραάμ 앞에 위치하는 것이 사본 전통에서 더 강
한 입증을 받고 있으며 의미도 더 잘 통하기에 받아들여져야 한다. 반면에
이 단어가 "우리"(ἡμῶν) 다음에 위치한 본문은 더 약한 외적 지지를 받고
의미에 있어서도 열등하기에 거부해야 한다. 이 세 가지 선택은 모두 문장
의 문법적·구문론적 난제를 반영한다.[1]

1b절   단수 목적격 προπάτορα("선조를")는 대문자 사본 ℵ² A B C와
소문자 사본 81 256 1506 2127(범주 II), 330 1319(범주 III)의 입증을 받는다.
또한 이 단어는 sy[(p), pal] sa bo arm에 반영되었으며, 오리게네스[gr lem] 키릴로
스의 지지를 받았다. 그러나 단수 목적격 πατέρα는 대문자 사본 ℵ¹ C³ D F
G P Ψ(또한 Byz K L), 소문자 사본 33(범주 I), 1881 1962 2464(범주 II), 88 104
424ᶜ 436 459 1175 1241 1319ᶜ 1573 1852 1912 2200(범주 III)에 등장하며,
it[mss] vg에 반영되었고, 오리게네스[lat]의 지지를 받았다. 소문자 사본 365(범주
III)에는 προπάτορα("선조")와 πατέρα("아버지")가 다 있다. Προπάτορα는
바울 서신에서뿐 아니라 신약성경 전체에서 단 한 번 사용된 단어지만 더
훌륭한 사본의 지지를 받기에 이것을 본문으로 받아들여야 한다. Πατέρα
가 이후 그리스어 사본 전통에 등장한 까닭은 이 단어가 바울 서신과 신약
의 다른 서신에 아브라함을 지칭하는 일반적인 용어였던 데 있는 것 같다.[2]

---

1) 아래 해당 본문의 "석의와 주해"를 보라.
2) 이 본문 나중에 나오는 4:12과 눅 16:24, 30; 요 8:53; 행 7:2을 참조하라.

6절　　부사 καθάπερ("~처럼")가 삽입된 본문을 매우 강하게 입증하는 사본 증거가 있다. 반면에 거의 비슷한 부사 καθώς("~처럼")는 대문자 사본 D, F, G 등 좀 더 빈약한 지지를 받는다. 이것은 3:4(해당 "본문비평 주"를 보라)에 나타났던 상황과 약간은 비슷하다. 현대의 본문 비평가들은 초기 본문의 내적인 이유 몇 가지로 καθώς를 더 선호한다. 하지만 이 경우 καθάπερ는 더 강력한 외적인 지지를 받을뿐더러 더 나은 내적인 개연성을 가지고 있어서, 본문으로 택하는 것이 좋다.

이곳 4:6과 3:4에서 의미상의 차이는 사소하다. 두 부사는 거의 동의어다. Καθάπερ를 사용할지 아니면 καθώς를 사용할지는 대부분 (1) 성경 본문이나 성경 언급이 소개되고 있는지(그래서 καθώς["~처럼"]나 좀 더 일반적인 도입 어구인 καθὼς γέγραπται["기록된 것처럼"]를 사용), 아니면 (2) 비교를 하려는 것인지(그래서 καθάπερ["~처럼"]나 καθάπερ καί["마치 ~처럼"]를 사용)에 좌우되는 것 같다.

8절　　단수 소유격 관계대명사 οὗ("그의")는 문법적으로 어색하지만 P⁴⁰ᵛⁱˢ와 대문자 사본 ℵ* B D* G와 소문자 사본 1739(범주 I), 1506(범주 II)의 강력한 지지를 받는다. 단수 여격 관계대명사 ᾧ("그에게")는 ℵ² A C Dᶜ F P Ψ(또한 Byz K L)와 소문자 사본 33 1175(범주 I), 1881 2464(범주 II), 104 323 326 365 424ᶜ 614 1241 1505 1573 1735 1874 2496(범주 III)의 지지를 받는다. 독법 οὗ("그의")가 더 나은 증거를 가지고 있고 더 난해한 독법이기에 본문으로 채택되었다. 여격 ᾧ("그에게")는 문법적인 교정으로 삽입되었을 것이다.

9a절　　부사로 사용된 중성 형용사 μόνον("만")의 생략은 그리스어 사본 전통, 즉 두 언어를 사용한 베자 사본(D 06)을 제외한 거의 모든 그리스어 사본 전통의 폭넓은 지지를 받는다. 하지만 6세기 사본인 베자 사본(D 06)의 그리스어와 라틴어 본문에서 이 단어는 ἐπὶ τὴν περιτομήν("할례자에게") 앞에 놓여 있고 it vgᵈ 등의 역본에도 반영되었으며, 틀림없이 불분명하다고 생각되는 것을 분명하게 하려고 한 라틴 주석가 암브로시아스테르의 지지를 받는다. 문장의 논리는 "만"을 부사적으로 사용해야 함을 암시

하지만, 이 단어가 생략된 본문이 훨씬 더 좋은 외적 지지를 받는다.

9b절   Ὅτι의 생략은 시나이 사본(ℵ 01)이나 바티칸 사본(B 03) 같은 중요한 4세기의 사본과 6세기의 두 언어를 사용한 베자 사본(D 06)의 지지를 받는다. 창세기 15:6의 후반부를 각색한 글 앞에 ὅτι가 포함된 본문은 대문자 사본 A C Dᶜ F G P Ψ(또한 *Byz* K L)와 소문자 사본 33 1175(범주 I), 1506 2464(범주 II), 6 69 88 104 323 326 330 365 424ᶜ 614 1241 1243 1319 1505 1573 1735 1874 2344 2495(범주 III)의 지지를 받는다. 하지만 외적인 사본 증거는 이 단어의 생략을 지지한다. 내적 증거 역시 이 단어의 생략을 암시한다. 창세기 15:6b이 4:9b에 인용된 것이 아니라 단지 각색되었을 뿐이며,[3] 그래서 설명적 ὅτι가 필요하지 않았을 것이다.

11a절   소유격 명사 περιτομῆς("할례의")는 그리스어 사본 전통에서 광범위하게 지지를 받는다. 반면에 목적격 περιτομὴν("할례를")은 대문자 사본 A C*와 소문자 사본 1739(범주 I), 1506 1881(범주 II), 6 424ᶜ(범주 III) 등 더 빈약한 사본의 지지를 받는다. 이 본문에서 해당 명사를 목적격으로 읽으면 그리스어의 두 문장에 목적격이 3개나 존재하는 결과가 발생하며, 이는 이해하기가 쉽지 않다. 그러나 소유격 περιτομῆς("할례의")는 풍부한 증거를 갖고 있으며, 그래서 외적인 이유나 내적인 이유에서 받아들이기에 유리하다.

11b절   9세기 대문자 사본 G에 전치사 διά("말미암아")가 삽입되었는데, 이는 의심의 여지 없이 문법적으로 개선하려는 시도 때문일 것이다. 하지만 그것은 초기 사본의 지지는 받지 못하기에 불필요하다.

11c절   부사("역시")로 사용되는 접속사 καί는 대문자 사본 ℵ² C D F G P[또한 *Byz* K L]와 소문자 사본 1175(범주 I), 256 1962 2127(범주 II), 104 263 365 424* 436 459 1241 1319 1573 1852 1912(범주 III)에서 부정과거 수동태 부정사 λογισθῆναι("여겨지다") 다음에 등장한다. 이 접속사는 역본 itᵐˢˢ vg syrᵖ·ʰ·ᵖᵃˡ copˢᵃ에도 반영되었으며, 오리게네스ˡᵃᵗ¹ᐟ³ 암브로시아

---

3) 본서의 해당 "석의와 주해"를 보라.

스테르의 지지를 받았다. 그래서 이 문장은 "그들도 의롭다고 여겨지기 위하여"라는 의미가 된다. 하지만 λογισθῆναι는 대문자 사본 ℵ* A B Ψ와 소문자 사본 1739(범주 I), 81 1506 1881 2464(범주 II), 6 424ᶜ 630 2200(범주 III)에만 등장하며, 역본 itᵐˢˢ vgᵐˢˢ copˢᵃ ᵐˢ, ᵇᵒ에 반영되었으며, 오리게네스ᵍʳ, ˡᵃᵗ²/³의 지지를 받는다. 브루스 메츠거에 따르면, καί가 λογισθῆναι의 마지막 음절과 비슷하기에 필경사들이 필사할 때 지나쳤든지, 아니면 일부 필경사들이 논증을 더욱 날카롭게 하려고 첨가했을 것이다.[4] 따라서 καί는 GNT⁴에서 꺾쇠괄호 안에 있다. 그러나 καί가 생략된 본문이 외적인 사본 증거로부터 다소 더 지지를 받기에 접속사는 무시해도 될 것 같다.

11d절   4:11의 마지막 단어 δικαιοσύνην("의") 앞에 있는 관사 τήν은 대문자 사본 B Cᵃ F G P Ψ(또한 Byz K L)와 소문자 사본 33 1175(범주 I), 2464(범주 II), 69 88 104 323 326 1241 1243 1505 1735 1874 2344 2495(범주 III)에 들어 있다. 하지만 이 단어는 대문자 사본 ℵ C² D*와 소문자 사본 1739(범주 I), 1506(범주 II), 6 365 424ᶜ(범주 III)에서는 빠졌다. 사본 증거는 거의 동등하게 나뉜다. 그 단어를 포함하는 것을 선호하는 쪽으로 약간은 기울긴 하지만 말이다. 관사 τήν은 그리스어 관사가 일반적으로 그러하듯이 11절 앞부분에서 δικαιοσύνην이 사용된 것을 가리키는 기능을 하기에 유지되어야 한다.

대문자 사본 A와 소문자 사본 424ᶜ 1319 1881에서는 τήν δικαιοσύνην("그 의") 대신에 εἰς δικαιοσύνην("의로" 또는 "의를 위하여")으로 읽는데, 이것은 4:5 끝부분에 있는 εἰς δικαιοσύνην에 동화시킨 필경사의 탓일 것이다.

12절   관사 τοῖς("그들에게")는 종종 "불필요한" 것으로 여겨지곤 했다. 그래서 재귀대명사 αὐτοῖς("그들 자신")를 첨가하든가(그래서 "스스로 행하는 그들에게"라고 읽음) 아니면 베자 사본(D 06)에서처럼 τοῖς를 삭제하고 읽어야 한다고 제안되었다. 대부분의 현대 번역은 단순히 그 단어를 무

---

4) Metzger, *Textual Commentary*, 450-51.

시하고 번역한다.

15절 이 구절의 두 번째 문장에 있는 가벼운 역접 후치사 δέ("그러나")는 대문자 사본 ℵ* A B C와 소문자 사본 81 1506(범주 II), 104 436 1852(범주 III)의 지지를 받으며, 역본 vg^mss sa bo sy^hmg arm eth geo에도 반영되었고, 오리게네스^lat 6/7 암브로시아스테르 아우구스티누스의 지지를 받았다. 하지만 후치사인 설명적 접속사 γάρ("왜냐하면")는 대문자 사본 ℵ² D F G P Ψ(또한 *Byz* K L)와 소문자 사본 1175 1739(범주 I), 256 1881 1962 2127 2464(범주 II), 그리고 6 69 88 263 323 326 330 365 424^c 459 1241 1243 1319 1505 1573 1735 1874 1912 2200 2344 2495(범주 III)의 지지를 받는다. 또한 이 단어는 역본 vg sy^p, h에도 반영되었으며, 키릴로스 암브로시아스테르 아우구스티누스 펠라기우스의 지지를 받았다. 사본상의 증거는 δέ를 상당히 더 강력하게 지지한다. 주된 이유는 이 단어가 ℵ와 B(그리고 A와 C)의 지지를 받기 때문이다. 앞서 4:13-15a에 등장했던 3개의 γάρ가 영향을 주어 4:15b의 도입부에 γάρ가 포함된 것 같다.

16절 5세기 대문자 사본 A와 소문자 사본 1505 2495(범주 III)에 등장하는 3인칭 단수 가정법 동사 ᾖ("그것이 ~수도 있다")는 불필요하지만 사본을 개선하려는 시도로 삽입되었음이 분명하다. 문장의 논리는 "~할지도 모른다"와 같은 가정법 동사의 사용을 지지하는 것으로 보이는 까닭이다.

18절 9세기 대문자 사본인 F G와 소문자 사본 205 109^c(범주 V)는 창세기 15:5을 인용한 후에 "하늘의 별과 바다의 모래처럼"이란 표현을 덧붙인다. 하지만 이것은 이후에 필경사가 첨가한 것이 분명하다.

19절 부정어 οὐ("아니")가 없는 3인칭 단수 부정과거 κατενόησεν ("그는 알았다")은 대문자 사본 ℵ A B C와 소문자 사본 1739(범주 I), 81 256 1506 2127(범주 II), 6 263 365 424 1319(범주 III)의 강한 지지를 받고 있으며, 역본 it^mon* vg^ww, st syr^p cop^sa, bo, fay에도 반영되었고, 오리게네스^gr, lat 1/3 크리소스토모스^1/4의 지지를 받았다. 하지만 부정 어구 οὐ κατενόησεν("그는 고려하지 않았다")은 대문자 사본 D F G P Ψ[또한 *Byz* K L]와 소문자 사

본 33 1175(범주 I), 1881 1962 2464(범주 II), 104 424^c 1241 1319 1852 1912 2200(범주 III)의 지지를 받는다. 또한 이 어구는 역본 it^ar, b, d, f, g, mon2, o vg^cl syr^h 에 반영되었고, 오리게네스^lat2/3 크리소스토모스^3/4 암브로시아스테르의 지지를 받았다. 부정어 οὐ가 없는 독법 κατενόησεν("그는 알았다")이 외적으로는 훨씬 더 좋은 지지를 받는다. 이 독법은 내적인 근거에서도 선호될 수 있다. 바울은 여기서 아브라함의 믿음이 그의 나이가 많다는 현실을 몰랐다는 것에 있다고 암시하지 않고, 그의 믿음이 그러한 실체를 직면하고도 그것으로 인해 흔들리지 않았다고 말하기 때문이다.

부사 ἤδη("이미", "이때까지는")가 포함된 것이 대문자 사본 ℵ A C D P Ψ[또한 *Byz* K L]와 소문자 사본 33 1175(범주 I), 81 256 1506 1962 2127 2464(범주 II), 6 104 263 365 424^c 436 459 1241 1319 1573 1852 1912의 지지를 받으며, 역본 it^mon, o vg^mss syr^h with* cop^bo에도 반영되었고, 오리게네스^gr, lat3/4의 지지를 받았다. 하지만 이 부사는 대문자 사본 B F G와 소문자 사본 1739 1881 2200, 역본 it^ar, b, d, f, g vg syr^p, pal, cop^sa 또는 오리게네스^lat1/2 크리소스토모스 암브로시아스테르에는 등장하지 않는다. 외적인 증거는 양쪽에 고루 균형을 갖추고 있다. 하지만 바티칸 사본(B 03)과 그 밖의 다른 중요한 사본 증거들이 부사를 생략하고 있어서 우리는 부사의 생략을 최상이라고 믿는다(그러나 연합성서공회 위원회는 증거의 무게를 고려하여 부사가 포함된 사본을 선호한다고 결론을 내렸다).

내적인 근거에 의하면, 부사 ἤδη가 있는 본문은 필경사가 그 내용을 부각시키거나 조정하려고 부사를 삽입했다는 인상을 받는다. 아마도 창세기 25:1-2에 사라의 죽음 이후 "아브라함이 후처를 맞이하였으니 그의 이름은 그두라라. 그가 시므란과 욕산과 므단과 미디안과 이스박과 수아를 낳"았다고 기록되었고, 창세기 25:6에 아브라함의 후처들이 낳은 다른 아들들이 기록되어 있어서, 몇몇 필경사가 "이미"나 "죽은 자 같은 것"이라는 사상을 삽입할 필요가 있다고 생각했던 것 같다. 하지만 브루스 메츠거가 바르게 질문했듯이, "원문에 있던 단어를 누가 생략했겠는가?"[5] 그러므로 부사 ἤδη가 원문에는 없었다고 보아야 할 것 같다.

21절   접속사 καί("그리고")는 9세기 대문자 사본인 G에 없다. 하지만 그것은 어떤 필경사가 본문의 독법을 개선하려고 했기 때문일 것이다.

22절   추론적 접속사 διό("그러므로") 다음에 이어지는 접속사 καί("역시")의 부사적 사용은 대문자 사본 ℵ C D¹ P Ψ[또한 *Byz* K L]와 소문자 사본 1175 1739(범주 I), 81 256 1506 1881 1962 2127 2464(범주 II), 6 104 263 424ᶜ 436 459 1241 1319 1573 1852 1912 2200(범주 III), 역본 itᵃʳ vg syrʰ 그리고 오리게네스ˡᵃᵗ에게서 지지를 받는다. 그러나 이 단어는 대문자 사본 B D* G, 소문자 사본 365(범주 III), 그리고 역본 itᵇ·ᶠ·ᵍ·ᵐᵒⁿ·ᵒ vgᵐˢ syrᵖ·ᵖᵃˡ copˢᵃ·ᵇᵒ에는 생략되었다. 외적 증거의 균형의 관점에서 볼 때, 연합성서공회 위원회는 καί를 꺾쇠괄호 안에 넣었다. 하지만 바티칸 사본(B 03)에 이 단어가 빠져 있다는 사실은 매우 의미심장하다. 더욱이 4:3에 인용된 창세기 15:6에 접속사 καί가 포함되었다는 사실로 인해 누구든지 καί가 여기서 단순히 동화되었다고 의심할 수밖에 없다. 그러므로 이것은 거부해야 할 것 같다.

23절   이 구절 끝에 "그에게 여겨졌다"(ἐλογίσθη αὐτῷ)라는 인용 어구에 "의롭다고"라는 어구가 대문자 사본 D², 소문자 사본 1241(범주 III), 역본 vgᶜ과 syᵖ에 첨가되었다. 하지만 이것은 본문을 개선하려는 시도의 일환으로 그랬음이 분명하다.

형식/구조/상황

바울은 3:27-31에서 두 가지 목적, 즉 (1) 3:21-23에서 제기한 확장된 논제 진술을 설명하고, (2) 3:24-26에서 인용한 초기 기독교 신앙고백 자료의 중요한 진술들에 대한 자신의 이해를 뒷받침하려는 목적을 가지고 세 세트의 질문과 이에 대한 각각의 답변을 언급했다. 하지만 이 질문과 대답

---

5) Metzger, *Textual Commentary*, 451.

들은 그가 이곳 로마서 4장에서 제시하는 아브라함의 전형적인 예를 준비하는 것이기도 하다. 그래서 앞서 3:27-31에 언급된 일련의 질문과 대답에서 바울이 처음으로 제시한 질문이었던 3:27a의 "그런즉 자랑할 데가 어디냐?"라는 물음은 4:1a의 수사적 질문에서 이어진다. 이 질문은 로마서 4장에서 아브라함을 제시하는 것으로 시작한다. "그런즉 육신으로 우리 조상인 아브라함이 무엇을 얻었다 하리요?" 그리고 앞에서 제기한 아주 짧은 대답인 3:27b의 "없느니라!"가 아브라함과 관련한 4:2의 진술에 의해 더 충분히 제시된다. "만일 아브라함이 행위로써 의롭다 하심을 받았으면 자랑할 것이 있으려니와 하나님 앞에서는 없느니라." 이 진술은 바울이 이 본문의 나머지 부분에서 아브라함에 대해 말하는 모든 것에 대한 논지로 기능한다.

마찬가지로, 3:27-31의 첫 번째 및 두 번째 세트의 질문과 대답에 모두 언급된 "의"와 "믿음"에 관한 문제들은 아브라함을 예로 들어 4:1-24에서 예증된다. 그리고 3:31에서 그가 전한 기독교적 선포가 실제로 모세 율법을 파기할 가능성에 대해, 아울러 그가 열정적으로 주장하는 "오히려 우리는 율법을 세우느니라!"에 대해 바울이 제기한 결론적인 수사적 질문은, 3:27-31에서 설명한 그의 진술을 마무리할 뿐만 아니라 4:1-24에서 아브라함을 예로 들어 설명하는 부분을 준비하는 이중적인 기능을 한다. 닐스 달(Nils Dahl)이 지적했듯이, "사람이 율법의 행위 없이 믿음으로 의롭다 하심을 받는다는 바울의 주장이 실제로 율법의 유효성을 옹호한다면, 반대로 율법의 행위는 율법의 유효성을 옹호하지 못한다고 볼 수 있다."[6]

아브라함의 예. 바울이 4:1-24에서 사용한 주되고 가장 분명한 수사적 기교는 "파라데이그마"(*paradeigma*)로서, 본받거나 피해야 할 본보기나 모델로 중요한 인물을 강조하거나 의미심장한 이야기를 재서술하는 것이다. 이것은 그리스-로마 세계의 화자와 작가들 또 고대 유대의 교사와 저자들에 의해 널리 사용되었던 수사적 기교이며, 물론 어느 시대나 장소나 문화

---

6) Dahl, "The One God of Jews and Gentiles," 179.

를 막론하고 모든 사람이 사용했던(그리고 계속해서 사용할) 기교이기도 하다.

하지만 바울은 하나님을 믿는 아브라함의 믿음이 예수 그리스도의 "순종"이나 "신실함"에 기초했다고 암시함으로써 아브라함을 "기독교화"하려고 시도하지는 않는다. 다시 말해서, 레온하르트 고펠트(Leonhard Goppelt)가 이 문제에 대해 표현한 것처럼, "로마서 4장에서 아브라함의 칭의는 시간과 상관없는 그리스도에 의한 칭의의 모델로 여겨지지 않는다."[7] 오히려 고펠트가 말하듯이, "아브라함의 믿음은 기독교의 믿음과 동일한 구조지만 내용에 있어서는 전혀 다르다."[8] 그래서 바울은 3:22에서 그가 사용한 διὰ πίστεως Ἰησοῦ Χριστοῦ("예수 그리스도의 신실함으로 말미암아")라는 표현을 지지하려고 아브라함의 믿음을 사용하지 않는다. 또한 바울은 3:25에 있는 초기 교회의 어구 διὰ τῆς πίστεως("[예수의] 신실함으로 말미암아")에 대한 그의 이해를 뒷받침하거나 3:26 끝부분에 있는 ἐκ πίστεως Ἰησοῦ("예수의 신실함에 의거한")에 대한 그의 이해인 것으로 보이는 내용을 뒷받침하려고 아브라함의 예를 사용하지도 않는다. 오히려 바울은 "의로움"이나 "믿음"과 관련된 문제들만을 예증하려고 아브라함의 예를 사용한다. 이것은 그가 3:21-23에서 선포한 내용과 3:24-26에 있는 초기 기독교 신앙고백 자료를 인용함으로 뒷받침한 내용 및 3:27-31에서 설명한 부분에서, 전부는 아니지만 큰 역할을 하는 문제들이다.

아브라함은 유대인들과 유대 그리스도인들에 의해 유대 민족의 아버지로[9] 그리고 "하나님의 친구"로[10] 매우 존중받았다. 아브라함이 유대교 사상계에서 누렸던 지위와 수행했던 역할은 「집회서」 44:19-21에 반영되었다.

열국의 아버지인 아브라함은 자신의 영광을 흐리게 하지 않았다. 그는 지

---

7) Goppelt, "Paul and *Heilsgeschichte*," 322.
8) Goppelt, "Paul and *Heilsgeschichte*," 325.
9) 참조. Schrenk, "πατήρ," 5.976.
10) 참조. 대하 20:7; 사 41:8; *Jub* 19:9; Philo, *De Abrahamo* 273; 약 2:23.

극히 높으신 분의 명령을 지켰으며 그분과의 언약에 들어갔다. 그분[하나님]은 아브라함의 육체에 계율을 새겨 넣으셨으며, 아브라함은 시험을 받았을 때 그의 신실함이 드러났다. 그러므로 하나님은 맹세로써 아브라함에게 "그의 씨로 만국을 축복하실 것"이고, "땅의 티끌처럼" 그를 번성시키실 것이며, "별처럼" 그의 씨를 높이겠다고 약속하셨다. 하나님은 그들에게 그들이 "바다에서 바다까지, 그리고 강에서 땅끝까지" 상속하게 될 것이라고 약속하셨다.

「희년서」23:10은 아브라함을 숭상하며 이렇게 말한다. "아브라함은 그가 주님께 한 모든 행동에서 완전했으며, 그의 생애 모든 날에 걸쳐 의로써 하나님을 기쁘시게 했다." 그리고 「마카베오상」2:52에서는 질문 형식으로 아브라함에 대한 숭상을 서술한다. "아브라함은 시험을 받았을 때 그의 신실함이 드러나지 않았는가? 그리고 그것이 그에게 의로 여겨지지 않았는가?"

랍비들의 글에는 아브라함이 종종 "몰약 한 봉지"라고 애정 어리게 불리기도 했다. "몰약이 가장 탁월한 향료인 것처럼, 아브라함도 모든 의인 중에서 최고였기 때문이다."[11] 미쉬나 아보트(*m. Abot*) 1:10-12의 랍비들의 전승 계열에서 힐렐과 샴마이 직전의 선구자들로 목록에 올라와 있는 쉐마이야와 압달리온이 일찍이 아브라함의 믿음의 특성과 그 믿음에 대한 공로의 관계에 대해 제기한 질문들은 바리새인들 사이에서 계속 논의의 대상이 되었다.

아브라함에 관해 성경 이후 유대교 문헌에 지속적으로 강조되는 것이 두 가지 있다. (1) 아브라함은 그가 시험을 받는 중에 신실했기 때문에 의롭다고 여김을 받았다는 것과, (2) 창세기 15:6에 언급된 아브라함의 믿음은 창세기 17:4-14의 언약에 언급된 것처럼 그가 할례를 받아들인 것을 반드시 동반한다는 것이다. 아브라함은 일반적으로 10번의 시험/시련을 받은 것으로 생각된다. 하지만 다양한 본문에서 이 열 가지 시험이 정확히 무엇

---

11) *Cant. Rab.* 1:13.

인지에 대해서는 의견이 일치하지 않는다. 열 번째는 늘 "이삭을 묶음"(아케다트 이츠하크)으로 열거되지만 말이다. 더욱이 시험을 받는 중 아브라함이 신실했다는 것은 성경 이후 유대교 문헌에 언제나 아브라함 자신과 그의 후손 모두에게 공로로 제시된다.

예를 들어, 「출애굽기 라바」(Exodus Rabbah) 44에는 아브라함의 신실함의 공로에 대한 유대인들의 태도를 잘 설명하는 랍비 아하(Aha)라는 이름을 가진 랍비 아빈(Abin)이 만든 긴 비유가 있는데, 이것은 어느 왕에 관한 이야기다. 왕의 친구가 왕에게 진주 10개를 맡기고, 얼마 후 죽고 말았다. 그 왕은 친구가 죽자 그 사람의 외동딸과 결혼하여 그녀를 그 첫 번째 왕비로 삼고, 그녀에게 진주 10개로 만든 목걸이를 주었다. 하지만 아뿔싸! 왕비는 진주를 잃어버리고 말았다. 왕은 진노하며 그녀를 면전에서 쫓아냈다. 하지만 그녀의 가장 친한 친구가 왕 앞에서 왕비의 문제로 탄원했다. 그녀의 친구는 왕이 얼마나 단호한지를 눈치채자, 왕께 왕비의 부친이 왕에게 준 진주 10개를 상기시키며, 왕비가 잃어버린 진주 10개의 대용으로 그의 아버지가 맡긴 진주 10개를 받아줄 것을 권했다. 그 후 랍비 아빈이 이 이야기의 영적 적용을 제시했다.

> 따라서 이스라엘이 죄를 범했을 때, 하나님은 이스라엘에 대해 진노하시며 이렇게 말씀하셨다. "그런즉 내가 하는 대로 두라. 내가 그들에게 진노하여 그들을 진멸하리라"[출 32:10]. 하지만 모세는 이렇게 간청했다. "우주의 주님이여! 왜 이스라엘에 대해 진노하시나이까?" 하나님은 이렇게 대답하셨다. "그들이 십계명을 어겼기 때문이다." 모세가 탄원한다. "네, 그들에게는 그것을 갚을 수 있는 근원이 있습니다." 하나님께서 물으셨다. "그 근원이 대체 무엇이냐?" 모세가 대답했다. "주님께서 아브라함에게 열 가지 시련으로 증명하신 것을 기억하십시오. [아브라함의] 열 [가지 시험]은 이 10[개의 깨어진 계명]을 보상할 것입니다."[12]

---

12) *Exod. Rab.* 44:4.

인정하건대 이 비유는 신약 시대보다 늦은 시기에 나왔다. 랍비 아빈과 랍비 아하 모두 4세대에 속한 아모라임이었기 때문이다. 하지만 그 이야기가 바울 시대보다 뒤에 나온 것이라고 해도 아브라함의 믿음의 공로적 특성에 관해 이 이야기가 전하는 확신의 뿌리는 이보다 훨씬 이전 시기로 거슬러 올라간다.[13]

마찬가지로 유대의 여러 저술에는 창세기 15:6에 언급된 아브라함의 믿음이 창세기 17:4-14의 언약에 서술된 육체적인 할례를 받아들이는 것과 언제나 연결되어야 하며, 따라서 아브라함의 의로움을 말할 때 믿는 것("믿음")과 언약을 지키는 것("신율주의")의 두 문제는 계속해서 함께 결합되어야 한다고 반복적으로 강조되었다. 유대교에는 근본적인 형식과 발전된 형식 등 2개의 형식으로 등장하는 진리라는 주제가 있다. 그리고 이 2개를 결합할 때에야 비로소 진리를 완전히 이해하게 된다.[14] 그러므로 확실히 아브라함은 창세기 15:6에서 믿음으로 의롭게 된 자로 언급될 수 있다. 하지만 그것은 문제의 근본적인 진술일 뿐이다. 창세기 17:4-14에서는 하나님이 친히 "내 언약이 너의 살에 있어 영원한 언약이 되리라. 그의 포피의 살에 할례를 받지 않는 남자마다 그의 백성에서 끊어지리라. 그는 내 언약을 깨뜨렸음이니라"고 분명하게 천명하신 말씀과 더불어, 아브라함의 의로움에 관한 완전한 특성이 선포되었다.

그렇다면 유대교에서는 하나님에 대한 믿음과 율법에 대한 순종은 떼려야 뗄 수 없었다. 아브라함이 모세 율법이 실제로 주어지기 전에 살았지만, 그는 자신이 할례를 받아들이고 모리아산에서 이삭을 묶었을 때 숫양을 드린 사건에서, 더 자세하게 표현될 하나님의 뜻(즉 토라)을 지키는 것을 예상했다. 그래서 「레위기 라바」(Leviticus Rabbah) 2:10(레 1:12을 다룸)은 이렇게 주장한다. "아브라함은 토라 전체를 성취했다. '아브라함이 내 목소리

---

13) 참조. 앞에서 인용한 *Sir* 44:19-21과 1 Macc 2:52.
14) 참조. Daube, "Public Retort and Private Explanation," in *New Testament and Rabbinic Judaism*, 141-50.

를 청종했고, 나의 책망과 나의 계명, 나의 계율, 나의 법'[창 26:5]을 지켰
으며, '숫양을 제물로 드렸기' 때문이다."

    하지만 바울은 아브라함에 대해 말할 때는 아브라함이 율법을 지키려
는 모든 노력과 별개로 하나님의 약속에 대한 반응인 믿음으로 의롭다 함
을 얻은 사실만을 전적으로 강조했다. 그래서 바울은 갈라디아에 있는 자
신의 개종자들에게 보낸 초기 편지에서 다음과 같은 사실을 지적하는 데
집중한다. (1) 창세기 15:6에서 아브라함이 의롭다고 여김을 받은 것은 하
나님의 약속과 아브라함의 믿음과만 관련이 있다는 사실(참조. 갈 3:6. "그가
하나님을 믿으니 이를 그의 의로 여기시니라."), (2) 믿음으로 의롭다 함을 받는
원리는 모세 율법이 주어지기 오래전에 아브라함의 삶에서 표현되었다는
사실(참조. 갈 3:17. 율법이 주어지기 "430년" 전), (3) 하나님이 아브라함에게 하
신 약속은 실제로 아브라함과 그의 후손에게 해당하는 약속이지만, 아브라
함의 참된 "후손"은 그리스도와 그리스도에게 속한 모든 사람이라는 사실
(참조. 갈 3:16, 29), 그리고 (4) 하나님의 경륜에서 의로움은 하나님의 약속과
사람들의 믿음의 반응에 근거하기에, 이방인 신자들에게 모세 율법을 지키
도록 요구한 유대주의자들의 시도는 하나님이 아브라함에게 여종 하갈과
그의 아들을 다루도록 요구하신 것과 같은 방법으로 다뤄져야 한다는 사실
(갈 4:30. "여종과 그 아들을 내쫓으라. 여종의 아들이 자유 있는 여자의 아들과 더불어
유업을 얻지 못하리라"). 그리고 의와 믿음에 대한 이러한 동일한 이해는 이곳
로마서 4:1-24에서 더욱 충분히 설명될 것이다.

    미드라시 해석 규칙/기술 두 가지. 의로움과 믿음에 있어 탁월한 아
브라함을 바울이 예로 사용한 부분에서 중요한 것은 2개의 미드라시(즉 유
대교 해석) 규칙 또는 기술이다. 이것은 바울이 바리새인으로서 초기의 훈련
중에 배웠을 것으로 추정된다. 가장 분명한 것은 힐렐이 제안했다고 여겨
지는 7가지 해석학적 규칙(미도트) 중 두 번째 규칙의 사용이다. 힐렐은 기
원전 1세기 중엽부터 기원후 1세기 초(기원전 60년에서 기원후 20년경)의 매우
존경받던 교사였으며, (바울의 선생이었던) 가말리엘이 바로 힐렐의 문하에
서 토라를 연구했다. 그 두 번째 규칙은 "게제라 샤와"(גזירה שוה)라는 규

칙이다. 이 규칙은 동일한 단어나 표현 또는 주제가 성경에서 둘 이상의 본문에 등장할 경우, 그것이 어디에 있든지 또 얼마나 다르든지 상관없이 동일한 고려사항이 모든 본문에 적용된다고 주장한다. 소위 "진주 꿰기"라고 하는 이 석의 절차는 유대 교사들에 의해 두 가지 목적을 위해 시행되었다. 즉 (1) 유대교 성경(구약)(즉 성문 율법)의 통일성을 증명하기 위해, (2) 성경의 다양한 부분에서 인용한 다양한 증거로써 해석의 구체적인 요점을 지지하기 위해서다. 바울은 일찍이 이러한 해석학적 기술을 로마서 3:10b-18에서 제시했다(그 일련의 본문이 바울 자신의 것이든지 아니면 바울이 인용한 그보다 이른 시기의 어떤 유대인 또는 유대 기독교인 저자의 것이든지 말이다). 이러한 해석학적 이해가 로마서 9:13-33, 11:8-10, 15:9-12에서 다양한 성경 본문을 한데 모은 부분의 저변에 깔려 있다.[15]

바울은 아브라함 이야기를 서술하는 4:3-8에서 바로 이 "진주 꿰기"를 실천한다. 그는 다음과 같은 방법으로 이렇게 행한다. (1) 창세기 15:6("아브라함이 하나님을 믿으매, 이를 그의 의로 여기셨다($\epsilon\lambda o\gamma i\sigma\theta\eta$)")을 인용함으로써,[16] 그런 다음에 (2) 그 인용문을 시편 32:1-2(LXX 31:1-2)의 시편 저자의 말과 연결함으로써 말이다: "불법이 사함을 받고 죄가 가리어짐을 받는 사람들은 복이 있고 주께서 그 죄를 인정하지($\lambda o\gamma i\sigma\eta\tau\alpha\iota$) 아니하실 사람은 복이 있도다."[17] 그는 동일한 동사 $\lambda o\gamma i\zeta o\mu\alpha\iota$가 이 두 본문에 있다는 사실에서 시편 저자인 "다윗"이 실제로 (바울이 롬 4:6에서 시 32:1-2의 인용문을 소개하려고 분명하게 진술했듯이) "하나님께서 일한 것이 없이 의로 여기신 사람의 복"에 관해 말했다고 결론을 내려야 한다고 추론한다. 이러한 "진주 꿰기" 식 해석은 바울이 로마서 4:16에서 언급한 "아브라함은 우리 모든 사람의 조상이라"는 준신앙고백적인 진술에 대한 바울의 성경적 지지로 여겨야 할 것 같다. 이것은 바울이 (1) (4:18b에서 분명하게 인용한 것처럼, 이 약속의 후반부

---

15) 참조. 고전 3:19-20; 15:54-55; 고후 6:16-18.
16) 롬 4:3.
17) 롬 4:7-8.

인 "네 자손이 이와 같으리라!"와 더불어) 우선 창세기 15:5에서 하나님이 아브라함에게 하신 약속인 "하늘을 우러러 뭇별을 셀 수 있나 보라. 네가 그것을 셀 수 있다면, 네 자손이 이와 같으리라!"고 이해한 부분에 근거한 것 같다. 바울은 이것을 (2) 창세기 17:5의 진술인 "내가 너를 여러 민족의 아버지가 되게 함이니라"로써 뒷받침한다.

바울도 아브라함의 예에서 위대한 교사 힐렐이 만든 두 번째 미드라시 기술을 사용한다. 그것은 힐렐의 해석학 규칙 또는 기술의 일곱 번째에 해당하는 "다바르 할라메드 메-인야노"(דבר הלמד מעינינו)다. 이 규칙은 하나의 본문은 반드시 항상 그 문맥에 의해 해석해야 한다고 주장한다. 이 규칙은 하나님이 **아브라함에게 아들을 약속하셨고**(창 15:4-5), 그를 **의롭다고 여기셨을**(창 15:5) 때 바울이 로마서 4:10-22에서 아브라함의 상황을 묘사하는 곳에서 의식적으로든 무의식적으로든 적용되었다. 이 규칙은 바울이 논의한 순서대로, 즉 (1) 하나님이 아브라함을 의롭다고 여긴 때와 관련하여, 그것이 그가 할례를 받기 전인지 아니면 후인지(4:10-11a), 그리고 (2) 아브라함의 생애에서 할례와 관련하여 하나님이 아브라함에게 아들을 약속하신 때와 그가 믿음의 적극적인 반응을 한 때인지와 관련하여 적용되었다. 하나님의 약속이 주어졌고 아브라함이 믿음의 반응을 한 것은 "그 몸이 죽었고 사라의 태 역시 죽었을" 때에 발생했기 때문이다(4:18-22).

바울이 아브라함을 예로 든 첫 부분에 그리스의 디아트리베 형식이 반영되었을 가능성에 대하여. 주석가들은 종종 바울이 든 아브라함 예의 첫 번째 부분을, 그것이 단지 4:1-2의 질문과 대답이든지 아니면 4:1-12에 있는 4개의 질문과 각각에 대한 대답이든지 간에, 그리스의 디아트리베 형식으로 구성되었다고 이해했다.[18] 우리는 앞에서 디아트리베 문체가 2:1-5과 2:17-24에 분명히 드러났다고 주장했고, 나중에 9:19-21과 11:17-24(어쩌

---

18) 그리스의 디아트리베에 대한 논의와 바울이 그것을 구체적으로 사용한 예에 대한 논의는 2:1-5, 2:17-24, 3:1-5의 "형식/구조/상황"과 "석의와 주해"를 보라. 또한 8:31a의 "그런즉 이 일에 대해 우리가 무슨 말 하리요?"라는 수사의문문의 사용도 주목하라.

면 14:4-11도)에 디아트리베 구조가 반영되었다고 제안할 것이다.[19] 그러나 여기서 하고 싶은 질문은 이것이다. 4:1-2의 자료 또는 4:1-12의 자료가 그리스의 디아트리베 형식으로 제시되었다고 이해해야 할까? 학자들 중에는 4:1-2을 이런 방식으로 이해하여 이 두 절에 있는 질문과 대답을 3:27-31의 질문과 대답에 연관시킨 이들이 있다.[20] 개중에는 여기서 한걸음 더 나아가 4:1-12에 있는 네 질문 모두와 각각의 대답이 이러한 디아트리베 문체를 보여주고 있다고 주장하는 사람들도 있다.[21]

　　우리는 3:1-5에 디아트리베가 있다고 밝히는 문제에 대하여, 특히 (1) 당면한 문제에 영향을 끼치는 로마서와 바울의 다른 편지들 여러 곳에서 추론한 바울의 표현 습관과, (2) 이런 바울의 표현 형태에 근거한 문제들에 대한 우리의 관점에 대하여, 앞에서 말한 내용 중에 많은 부분이 4:1-2에서 제시된 질문과 대답뿐만 아니라 4:1-11의 네 질문과 그 질문에 대한 대답에 적절하다고 믿는다. 그러므로 우리는 독자들에게 바울이 든 아브라함의 예에서 이 첫 부분의 구조와 내용에 있어서도 그러한 관찰과 논평과 결론을 적용하라고 요구할 것이다. 여기서는 프레데릭 고데의 금언을 단순히 반복하는 것으로 충분하다. 고데는 18세기 말, 로마서 3:1-8에 있는 바울 논증의 문체 및 특성과 관련하여 이렇게 설명했다.

> 많은 주석가가 그랬듯이, 대적자를 분명하게 소개할 필요는 없다. 바울은 여기서 "그러나 어떤 사람은 말할 것이다"와 같은 형식을 사용하지 않았다. 몇 가지 반대는 주장 그 자체에서 일어난다. 그리고 바울은 그 반대를 자신의 방식으로 제시한다.[22]

---

19) 위에서 다루었고 아래에서 다룰 이 본문들의 "석의와 주해"를 보라.

20) 특히 Stowers, "Dialogical Exchange and *Exemplum* in 3:27-4:25," 155-74; 같은 저자, "One God & One Father Abraham," 234-42.

21) 특히 Jewett, *Romans*, 305이 그러하다.

22) Godet, *Romans* (ET 1880), I.220.

우리는 이 말이 4:1-12에 있는 바울의 수사적 질문과 그의 대답에도 적용된다고 믿는다. 우리가 앞에서 설명한 것과 같은 이유로 말이다.

4:1-25에 나타난 바울의 논증 과정과 구조. 학자들 사이에서 4:1-25에 나타난 바울의 논증 과정과 구조에 대해 많은 논쟁이 있었다. 더욱이 4:25이 앞의 스물네 절과 어떻게 연결되는지에 대해서 불확실성이 있었다.

바울이 4:1-24에 걸쳐 아브라함을 3:21-31에서 쓴 내용에 대한 탁월한 예로 제시하며, 그래서 4:1-24을 이와 연결된 내용을 제시하는 부분으로 보아야 한다는 데 일반적으로 의견이 일치한다. 본문 전체에 등장하는 특정한 핵심 단어의 존재가 이러한 일체된 내용을 시사한다. 주로 명사 δικαιοσύνη("의"; 3, 5, 6, 9, 11, 13, 22절에 7번 사용)와 πίστις("믿음"; 5, 9, 11, 12, 13, 14, 16[2번], 19, 20절 등 10번 사용)뿐만 아니라 동사 πιστεύω("믿다"; 3, 5, 17, 18, 24절 등 5번 사용)와 λογίζομαι("~에게 돌리다", "여기다", "간주하다"; 3, 4, 5, 6, 8, 9, 10, 11, 22, 23, 24절 등 11번 사용)가 그러한 단어다. 하지만 4:1-24에는 주제와 구조의 다양성이 있다. 주석가 중에는 본문에 편입되었다고 믿는 다른 몇몇 자료들을 밝히고는 그 자료들을 독자적으로 취급한 사람들도 있다.

세 개의 주요 본문을 쉽게 관찰할 수 있다. (1) 4:1-2의 시작하는 논제 진술과 도전, (2) 4:3-12에 등장하는, 창세기 15:6의 "아브라함이 하나님을 믿으매, 이것이 그의 의로 여겨진 바 되었느니라"는 진술과 함의에 초점을 맞춘 논증의 첫 번째 주요 부분, (3) 4:13-24에서 하나님이 아브라함에게 하신 약속과 그 약속의 함의에 초점을 맞춘 두 번째 주요 부분, (4) 4:25의 자료인 네 번째이자 마지막 부분은 약간은 모호하게 주목을 받아왔다. 비록 이 자료의 특성과 기능에 관한 질문들이 대체로 무시되었지만 말이다. 4:1-2의 첫 번째 부분은 "아브라함이 발견한 것"에 관한 수사적 질문으로 시작하며, 그 질문은 부정적인 방식으로 대답된다. 이는 이어지는 모든 내용의 주제를 제시한다. 아브라함은 "행위로" 의롭다 함을 받은 것이 아니기 때문에 하나님 앞에서 자랑할 것이 아무것도 없다는 것이다. 4:3-12의 두 번째 부분은 창세기 15:6의 "아브라함이 하나님을 믿으매, 이것이 그

의 의로 **여겨진 바 되었느니라**"는 진술에서 동사 ἐλογίσθη("여겨진 바 되
었다")의 의미를 탐구하는 것이 특징을 이룬다. 이 본문의 이 단락에서는 동
사 λογίζομαι("신용을 주다", "여기다", "계산하다")의 의미와 중요성을 직접 다
루는 수사적 질문 3개가 제시된다. 이 두 번째 부분에서 바울이 주석을 하
는 과정에서 (1) "믿음"(πίστις)과 "행위"(ἔργα)의 날카로운 대조, (2) 할례
(περιτομή)의 지위와 "무할례"(ἀκροβυστία)의 지위가 아무런 상관이 없다고
규정하는 진술, (3) "할례자"인지 아니면 "무할례자"인지와 관련하여 그들
의 지위와 상관없이 아브라함이 모든 믿는 사람들의 조상이라는 사실과 관
련된 결론적인 진술 등이 등장한다.

　　본문의 세 번째 부분인 4:13-24에서는 하나님이 "아브라함과 그의 후
손에게"(τῷ Ἀβραὰμ ἢ τῷ σπέρματι αὐτοῦ) 주신 "약속"(ἐπαγγελία)에 초점이
맞춰져 있다. 여기서는 그 약속이 "율법"(νόμος)에 근거한 것이 아니라 "믿
음"(πίστις)과 관련이 있다고 주장한다. 여기서 한걸음 더 나아가 하나님이
아브라함에게 하신 약속은 아브라함과 그의 후손들("그의 씨") 하고만 관
계가 있는 것이 아니라, "예수 우리 주를 죽은 자 가운데서 살리신 이를 믿
는" 모든 사람을 포함한다고 주장한다. 본문의 이 부분에서 눈에 띄는 것은
ἐπαγγελία("약속"), κληρονόμος("상속자"), σπέρμα("씨", "후손" 또는 "자손"),
πίστις("믿음"), χάρις("은혜"), πᾶς("모든")와 같은 단어들이다.

　　4:25의 진술 "그는 우리가 범죄한 것 때문에 내줌이 되고 또한 우리를
의롭다 하시기 위하여 살아나셨느니라"의 특성과 목적과 기능은 대다수의
주석가에게 언제나 분명했던 것은 아니다. 그 진술은 일반적으로 다음과
같이 비교적 단순하게 이해되었다. (1) "아브라함의 중요성에 대한 긴 논
의를 마치는 단순한 문구", (2) 이전에 논의한 내용에 대한 "깔끔한 요약",
(3) 4장을 마무리하는 "경구적인 문장", 또는 (4) 5장으로 이어지는 내용을
준비하는 "전통적인 형식" 등이다. 하지만 이러한 묘사는 이 문장의 특성이
나 목적 또는 기능과 관련하여 적절한 이해를 제공하지 못한다.

　　필자가 4:1-25에 있는 바울의 논증 과정과 구조를 어떤 식으로 이해했
는지와 관련하여 필자는 두 가지를 제안한다. (1) 4:1-24에 제시된 내용은

본질적으로 관련된 논의를 나타내며, 그래서 이 본문의 통일성은 보존되어
야 한다. 하지만 (2) 4:1-24의 자료는 구조적·주제적으로 이 세 부분이나
단락에 제시되었다. 그렇다면 4장을 마무리하는 4:25에는 초기 기독교의
신앙고백 진술이 제시되었는데, 이 구절은 4:1-24에 등장하는 모든 내용뿐
만 아니라 1:16-4:24에 기록된 모든 내용을 마무리한다.

　　4:1-2에서 서론적인 수사적 질문과 도전적인 답변의 형식으로 제시된
자료의 첫 번째 부분은 주제 진술 또는 본문의 표제를 포함하며, 아브라함
을 "행위와 상관없는 믿음"의 탁월한 모범으로 제시한다. 첫 번째 주요 제
시부에 해당하는 두 번째 부분 4:3-12에서는 하나님에 의해 "행위"($\xi\rho\gamma\alpha$)
가 아니라 "믿음"($\pi\iota\sigma\tau\iota\varsigma$)에 근거하여 아브라함에게 "의"($\delta\iota\kappa\alpha\iota\sigma\sigma\nu\nu\eta$)가 주
어졌다($\dot\epsilon\lambda\sigma\gamma\iota\sigma\theta\eta$)고 주장한다. 본문은 바울이 4:3, 9, 10에서 제기하는 3개
의 수사 질문으로 구성되었다. 이 질문에 대한 그의 대답은 (1) 창세기 본
문과 시편에 다 등장하는 동사 $\lambda\sigma\gamma\iota\zeta\sigma\mu\alpha\iota$ ("신용을 주다", "여기다", "계산하다")
에 근거하여 창세기 15:6과 시편 32:1-2을 연결하는 힐렐의 두 번째 해석학
규칙(게제라 샤와)의 사용(롬 4:3-8)과, (2) 본문은 언제나 문맥으로 해석해
야 한다는 힐렐의 일곱번째 해석학 규칙(다바르 할라메드 메-인야노)의 사용
(롬 4:10-11a)으로 뒷받침되고 있다. 바울의 논증의 이 부분은 확언하는 주장
으로 마무리된다. "그렇다면 그[아브라함]는 믿는 모든 자의 조상이 된다."
그들이 "무할례자"든 "할례자든" 상관없이 말이다(4:11b-12).

　　두 번째 주요 논증적 제시 부분인 본문의 세 번째 부분인 4:13-24은 하
나님이 "아브라함에게 하신 약속"($\dot\eta$ $\dot\epsilon\pi\alpha\gamma\gamma\epsilon\lambda\iota\alpha$ $\tau\hat\omega$ $\text{'}A\beta\rho\alpha\dot\alpha\mu$)과 "그의 후손에
게"($\tau\hat\omega$ $\sigma\pi\dot\epsilon\rho\mu\alpha\tau\iota$ $\alpha\dot\upsilon\tau\sigma\hat\upsilon$)하신 약속을 강조한다. 본문의 이 부분에서 바울은
하나님의 약속이 "율법으로 말미암아"($\delta\iota\dot\alpha$ $\nu\dot\sigma\mu\sigma\upsilon$) 주어진 것이 아니라 "믿
음에서 오는 의로 말미암은 것"($\delta\iota\dot\alpha$ $\delta\iota\kappa\alpha\iota\sigma\sigma\dot\upsilon\nu\eta\varsigma$ $\pi\iota\sigma\tau\epsilon\omega\varsigma$)이라고 주장한다.
이 주장은 힐렐의 일곱 번째 규칙/관례의 또 다른 사용으로 뒷받침된다. 여
기서는 창세기 이야기에서 아브라함과 사라가 아이를 잉태하고 출산하기
에는 너무 나이가 많았다는 것과, 하나님이 아들을 약속하신 것이 그들의
할례나 노력과는 아무런 관계가 없었다는 사실을 주목한다(4:18-22). 이 부

분에서 바울의 논증에는 어쩌면 힐렐의 두 번째 해석학적 규칙의 또 다른 사용이 포함되었을 것이다. 그 규칙은 다양한 본문에 있는 단어나 표현 또는 주제의 유사성을 주목하고 그 본문들을 비슷하게 해석하려는 규칙이다.

본문의 이 세 번째 부분은 2개의 결론으로 마무리된다. (1) 아브라함에게 주신 하나님의 약속은 세대의 자연적인 과정(즉 "행위")으로 이루어질 수 있는 것이 아니다. 오히려 "의"와 하나님의 약속의 성취는 믿음에 근거하여 아브라함에게 "여겨주심"으로만 가능하다. (2) 이처럼 의로 여기시는 것은 아브라함에게 해당할뿐더러, 그것은 "하나님께서 의로 여기실 우리" 즉 "예수 우리 주를 죽은 자 가운데서 다시 살리실 분을 믿는 우리"에게도 해당한다(4:23-24).

그러므로 바울이 아브라함을 예로 든 것에 대한 우리의 "석의와 주해"는 다음과 같이 구성될 것이다.

1. 믿음의 모범인 아브라함에 대한 논제 진술(4:1-2).
2. 행위가 아니라 믿음에 근거하여 아브라함을 의롭다고 여김(4:3-12).
3. 믿음에 근거하여 아브라함과 그의 후손만 아니라 예수를 믿는 신자들에게 주시는 약속(4:13-24).

우리가 믿기로, 4:25의 진술은 바울이 믿음의 탁월한 예로 아브라함을 다룬 4:1-24만의 결론이 아니라, 그가 1:16-4:24에서 쓴 모든 내용, 즉 로마서 본론 중앙부의 첫 번째 단락에서 쓴 모든 내용에 적합한 결론으로 첨가한 초기 기독교의 신앙고백 진술이다. 이것은 기원과 목적에 있어 로마서 본론 두 번째 단락(5:1-8:39)의 결론과 세 번째 단락(9:1-11:36)의 결론에 있는 신앙고백적 부분 두 곳, 그리고 네 번째 단락(12:1-15:13)의 끝에 등장하는 송영 진술과 비교된다. 4:25은 현재의 이 단락에 이어지는 짧은 단락에서 논의될 것이다. 마찬가지로 두 번째와 세 번째 및 네 번째 단락의 결론에 있는 신앙고백 자료들도 이어지는 각각의 단락에서 논의될 것이다.

석의와 주해

바울은 3:21-31에서 "의"와 "신실함" 및 "믿음"에 대해 말하면서, 그가 선 포하고 있는 내용을 "율법과 예언자들"이 증언한다는 주장으로 시작했고 (3:21), "우리가 율법을 파기하느냐? 그럴 수 없느니라. 도리어 율법을 굳게 세우느니라"라는 주장으로 결론을 맺었다(3:31). 나중에 바울은 로마서 본 론 중앙부의 세 번째 단락인 9:1-11:36에서 기독교 복음이 어떻게 모세 율 법의 목적 및 하나님의 약속과 맥을 같이하는지를 더 분명하고 광범위하게 말할 것이다. 그러나 이곳 4:1-24에서 그는 아브라함의 예를 사용하여 "의" 와 "믿음"의 탁월한 예로 아브라함, 또는 더 정확히 말해서, 그가 아브라함 이야기에서 매우 중요한 것으로 보는 요지에 집중한다. 이렇게 함으로써 바울은 모든 성경적인 종교의 핵심에 있는 "의"와 "믿음"에 관한 그의 논제 들을 뒷받침한다.

바울이 아브라함을 예로 든 부분의 석의적 특징을 논의하기 전, 의와 믿음에 관해 아브라함이 실제로 겪었던 상황을 바울이 부각시킨 부분에 기 독교적인 "구원사"(즉 *Heilsgeschichte*)의 과정을 이해하는 데 매우 중요한 함 의가 여러 가지 담겨 있다는 점을 주목할 필요가 있다. 또는 다음과 같은 말로 표현할 수 있을 것이다. (1) 유대교 성경(구약)과 기독교 성경(신약) 사 이의 관계에 대한 이해, (2) 인류의 역사에서 천명되고 하나님 자신에 의해 시행된 하나님의 구속 계획의 과정에 대한 이해, 그리고 (3) 특히 가장 중 요하고 핵심적인 단계에서 하나님의 구속의 전진하는 계획은, 이 두 정경 적인 성경을 기록한 다양한 성경 저자들에 의해 이해되었을 뿐만 아니라 발전되고 상황화되었다.

우리는 이 모든 것이 기독교 성경신학에 필요하다고 믿는다. 오늘날 우리가 종종 다음과 같은 두 극단적인 해석에 직면하기 때문이다. (1) 기 독교 복음이 유대교 성경(구약)에 있는 하나님의 의와 인간의 구속 선포 를 전적으로 대체했다고 보는 "대체 이론"("displacement" 또는 "replacement" theory). (2) 비록 겉모습은 다른 형태를 지녔을지라도, (신약성경에 선포된) 기독교 복음의 동일한 구원론적 특징들을 (구약성경에 묘사된) 이스라엘 종교에서 발견할 수 있다는 "동일시 이론"("sameness" 또는 "identical" theory). 아래에서 석의와 주해를 진행하면서 우리는 이러한 쟁점들을 표면화하고, 주석적인 설명에 이어 이 문제들을 "성경신학" 단락에서 좀 더 충분히 설명하려고 한다.

I. 믿음의 모범인 아브라함에 대한 논제 진술(4:1-2)

로마서 4장은 유대인들에게는 신실한 유대인의 탁월한 모범이며, 바울에게는 믿음의 사람의 탁월한 모범인 아브라함에 관한 논제로 시작한다. 4:1에서 바울은 4:1-24에 이어지는 모든 내용의 주제를 제시한다. 하지만 4:1은 단순해 보이지만 여러 사본적·문법적·구문론적·해석학적 난제를 제기한다. 이는 그리스어 본문 전통에 드러난 다양한 독법의 표현을 개선하거나 수정하려 했던 고대 필경사와 편집자들의 다양한 시도에서 보듯이 과거의 성경 해석자들에게만 아니라, 바울이 이 구절에서 말하고 있는 것을 이해하려는 여러 현대 학자의 온갖 수고에서 보듯이 오늘날 주석가들에게도 그러하다. 그리고 4:2에서 바울은 도전의 형태로 본문의 주제를 표현한다.

    4:1   바울은 아브라함의 예를 질문으로 시작한다. Τί οὖν ἐροῦμεν εὑρηκέναι Ἀβραὰμ τὸν προπάτορα ἡμῶν κατὰ σάρκα;("그런즉 육신으로 우리 조상인 아브라함이 이 문제에 대해 무엇을 얻었다고 말할 것인가?") 그의 질문에는 편지에 사용되는 "말하는 것을 나타내는 동사"인 ἐροῦμεν("우리가 말할 것인가")이 포함된 것처럼 보인다. 하지만 이곳에서 τί ἐροῦμεν;("우리가 무엇을 말할 것인가?")은 전통적인 편지의 기술이 아니라 도리어 수사학적 "파라데이그마"의 도입부 특징으로 보는 것이 가장 좋다. 이 구절에 사용된 후치사 οὖν("그러므로", "그런즉")은 다음과 같은 전환 어구로 기능한다. (1) 앞에서 다룬 자료 또는 주제를 회상하고, (2) 조금 전에 말하거나 제시한 것과 관련하여 설명, 확장, 적용, 예증 중 어느 것이든 간에 더 말하거나 질문할 것을 내다보는 기능 말이다. 그 단어는 신약성경의 여러 수사적 질문에서 이런 방식으로 사용되었는데, 특히 로마서 3:9, 27, 31, 6:15, 10:14,

11:7에 있는 바울의 질문에서 그러하다.[23] 그리고 이 단어는 로마서에 7번 등장하(고 신약의 바울 서신 중에서 이 편지에만 등장하)는 "그런즉 우리가 무엇을 말하리요?"(τί οὖν ἐροῦμεν;)라는 그의 수사적 질문에 이런 방식으로 사용되었다(3:5; 4:1[이곳]; 6:1; 7:7; 8:31; 9:14, 30).

바울은 "그런즉 우리가 무엇을 말하리요?"라는 질문에서 3:5에서 물었던 질문의 형식을 반복한다. 하지만 그는 자신이 아브라함에 대해 4:2-24에서 쓰는 내용을 소개하려고 그 질문을 사용하기도 한다. 바울은 아브라함의 예를 사용하여 유대교 성경(구약)으로부터 그가 "의"와 "믿음"에 관해 3:21-31에서 제시했던 내용을 "입증하며"(비교. 3:21의 μαρτυρουμένη) "확립하려고"(비교. 3:31의 동사 ἱστάνομεν) 한다.

4:1의 사본상의 문제는 (1) 완료 부정사 εὑρηκέναι("발견하다", "알아내다")가 본문에 포함되어야 하는지, 그리고 만일 포함된다면 (2) 그것이 Ἀβραάμ("아브라함") 앞에 위치하는지, 아니면 ἡμῶν("우리") 다음에 위치하는지의 문제와 관련이 있다. 문법적인 문제는 이 구절의 질문 또는 질문들이 미완성이라는 사실과 관련이 있다. 부정사 εὑρηκέναι는 분명한 주어가 없으며 적절한 목적어도 없기에 다음과 같은 몇 가지 질문이 제기된다. (1) 부정사 εὑρηκέναι가 문장의 주어로 기능하는지, 아니면 (2) 불변화사인 Ἀβραάμ이라는 이름을 주격으로 이해하여 문장의 주어로 삼아야 하는지, 아니면 이 단어를 목적격으로 이해하여 부정사의 목적어로 삼아야 하는지 말이다.

반드시 직면하게 되는 구문론적인 문제는 (1) 이 구절에 수사적 질문이 하나가 있는지 아니면 2개가 있는지, (2) κατὰ σάρκα("육체대로")가 Ἀβραάμ이라는 이름과 연결되는지 아니면 부정사 εὑρηκέναι와 연결되는지의 문제다. 더욱 두드러지는 해석학적인 질문들 가운데는 다음과 같은 것들이 있다. (1) 동사 ἐροῦμεν("우리가 무엇이라고 말하리요?")의 1인칭 복수 어미와 1인칭 복수 인칭대명사의 소유격 ἡμῶν("우리")을 사용하면서 바울

---

23) 또한 고전 6:15b; 10:19; 14:15, 26; 갈 3:19, 21; 4:1을 참조하라.

이 염두에 둔 사람은 누구인가? (편집적인 "우리"로 이해하여) 바울 자신을 가리키는가? 아니면 믿지 않는 유대인들을 가리키는가? 또는 예수를 믿는 유대인 신자들인가? 아니면 예수를 믿는 이방인 출신의 신자들인가? 아니면 유대인과 이방인을 포함하는 모든 그리스도인가? (2) 명목상의 칭호 ὁ προπάτωρ("조상")가 사용된 까닭은 무엇이며, 그것이 전달하는 의의는 무엇인가? Προπάτωρ는 이곳에 목적격 τὸν προπάτορα로 등장하며, 바울 서신에서(그리고 신약성경 전체에서도) 단 한 번 사용된 단어다.

그리스어 사본 전통과 그 본문이 반영된 초기 역본의 증거 그리고 초기의 다양한 주석가들이 이 구절을 인용한 부분에서 볼 수 있듯이, 부정사 εὑρηκέναι("발견하다", "알아내다")의 존재와 위치는 기독교 역사 초기부터 논쟁의 문제였다. 비록 외적 증거와 내적 증거 모두 εὑρηκέναι가 원문에 포함되었고 본문에서 "아브라함"이라는 이름 앞에 등장하는 것을 충분히 강하게 입증하는 것처럼 보이기는 하지만 말이다(앞의 "본문비평 주"를 보라). Εὑρηκέναι의 존재와 위치는 오늘날 상당히 확고한 것으로 보일 수 있지만, 분명한 주어도 없고 적절한 목적어도 없이 등장한다는 점과, 앞에서 주목했듯이 4:1에 나타난 수많은 다른 문법적·구문론적 특징들로 인해 특히 최근에 상당히 많은 논쟁이 야기되었다.[24]

로마서 4:1은 문자적으로 "그런즉 '육신으로' 우리 조상인 아브라함이 무엇을 '얻었다'고 말할 것인가"라고 읽힌다. 이것은 잘 쳐주어도 문법적으로 어색하고, 최악의 경우에는 번역가와 주석가들에게 여러 난제를 안겨준다. 4:1에 대한 대안적 읽기를 리처드 헤이즈가 제안했다. 그의 주장은 다음과 같다. (1) 로마서에만 등장하는 어구인 τί οὖν ἐροῦμεν("그런즉 우리가 무엇이라고 말할 것인가")은 완전한 문장으로 이루어졌고(3:5; 6:1; 7:7; 9:14, 30에서처럼. 인정하건대 8:31에서는 그렇지 않다), 그래서 동사 ἐροῦμεν 뒤에 물음표로 끝내야 한다. 그리고 (2) 4:1에서 이 제안된 첫 번째 질문에 이어지는 부

---

24) 참조. T. H. Tobin, "What Shall We Say That Abraham Found? The Controversy behind Romans 4," *HTR* 88, no. 4 (October 1995), 437–52.

정사 ἐροῦμεν은 1인칭 복수의 의미를 편입하는 것으로 이해하는 것이 가장 좋은데, 그래서 이 어구는 (진술로서) "우리는 발견했다" 또는 (질문으로서) "우리가 발견했느냐?"로 읽어야 한다. 그러므로 4:1은 2개의 수사적 질문을 제시하는 것으로 이해해야 하며, "그런즉 우리가 무엇이라 말할까? 우리[즉 "유대인." 문장에 서술되지 않은 주어를 "유대인"으로 이해함]가 아브라함[불변화사 "아브라함"이라는 이름을 문장의 목적어로 이해함]을 육신으로 우리의 조상으로 알아야 하는가?"라고 번역해야 한다.[25]

　　2개의 질문이 존재하는 것에 대해서는 비슷한 입장을 취하지만 두 번째 질문을 이해함에서는 다르게 보는 이해는 스탠리 스토워스가 제안했다. "그런즉 우리가 뭐라고 말할까? 우리는 아브라함이 그의 인간적인 노력[즉 "육체대로"]으로 우리의 조상이 되었다는 것을 알게 되었는가?"[26] 그리고 더글러스 캠벨이 이 구절을 번역한 것은 약간은 다르지만 스토워스의 번역과 맥을 같이한다: "우리는 뭐라고 말할까? 아브라함이 육체와 관련하여 이방인인 우리를 위한 조상이 되었는가?"[27]

　　헤이즈가 제안한 번역과 스토워스와 캠벨이 제안한 번역들은 오늘날 여러 신약학자에 의해 상당히 잘 받아들여지고 있다(약간의 의구심도 있지만). 그렇지만 τί οὖν ἐροῦμεν("그런즉 우리가 무엇이라고 말할 것인가")이 로마서에서 완전한 문장을 이루지 않는 하나의 예외가 있다. 따라서 동사 다음에 의문 부호로 마무리할 필요는 없다. 이를테면 8:31의 질문이 그러하다. Τί οὖν ἐροῦμεν πρὸς ταῦτα;("그런즉 이 일에 대하여 우리가 무슨 말 하리요?") 그러므로 이곳 4:1에서 τί οὖν ἐροῦμεν이 또 다른 예외라고 주장할 수 있다.

25) Hays, "'Have We Found Abraham to Be Our Forefather according to the Flesh?.'" Hays의 견해는 Zahn, *An die Römer* (1910), 212-18의 입장을 따른 것이다. N. T. Wright는 Hays가 한 것처럼 이 구절을 번역했지만 암시된 주어인 "우리"를 이해하는 데 있어서는 다르다. 그가 "Romans and the Theology of Paul," 38-39에서 제안한 것처럼, "우리가 무엇을 말할 것인가? 우리[즉 "유대인과 이방인을 포함하는 그리스도인들"]가 아브라함을 육신으로 우리의 조상으로 알았는가?"

26) Stowers, "One God & One Father Abraham," 234-42.

27) D. A. Campbell, "Towards a New, Rhetorically Assisted Reading of Romans 3.27-4.25," 386-90, 특히, 388.

그러나 더 중요한 것은 앞에서 제안한 번역들이, 이 질문을 4:3-10에
서 이어지는 내용과 연결시키기 위해 동사 "~이다"(is) 다음에 (분명하게든
지 암시적으로든지) 부사 "오직" 또는 "만"(only)을 제안된 두 번째 질문에 삽
입해야 한다는 사실이다. 4:3-10에 이어지는 내용은 유대인들의 배타성을
배제하는 것과 관련이 있다. 이것은 특히 4:9의 수사적 질문에 표현되었다.
"그런즉 이 복이 (문맥에 암시되었듯이) 할례자에게**만**이냐? 아니면 (이곳에서
부사적으로 사용된 접속사 καί에 표현되었듯이) 무할례자에게**도**냐?"[28]

그러므로 바울이 사용한 부정사 εὑρηκέναι ("발견하다," "알아내다")를
창세기 18:3의 반영으로 이해하는 것이 더 나은 것 같다. 일찍이 오토 미헬
(Otto Michel)과 울리히 빌켄스(Ulrich Wilckens)가 제안했듯이, 이 본문에서
아브라함은 하나님이 보시기에 은총을 입는다(LXX εὑρίσκω χάριν).[29] 이것
은 제임스 던이 아래의 주장에서 좀 더 충분히 표현했던 입장이다.

> 바울에게는 70인역에서 상당히 자주 등장하는 어구 εὑρίσκειν χάριν(또
> 는 ἔλεος)("은혜[또는 자비]를 얻다")을 상기시키려는 의도가 있었을 것
> 이다. 이것은 창세기(13회)에서 특히 두드러지지만, 출애굽기 33장(4회),
> 사무엘상(6회), 「집회서」(7회)에서도 두드러지게 나타난다. 다른 곳에서
> 도 등장하는데, 예를 들어 신명기 24:1, 다니엘 3:38(LXX), 「바룩」 1:12과
> 「마카베오상」 11:24이 그러하다. 특별히 창세기 18:3을 주목하라. 아브라
> 함은 친히 "내가 주 앞에서 은혜를 입었사오면"이라고 말한다. 이 어구
> 가 1세기 유대 진영에서 여전히 친숙하게 사용되었다는 사실은 누가복
> 음 1:30, 사도행전 7:46, 히브리서 4:16 그리고 「에스라4서」 12:7에서 암시
> 된다.[30]

---

28) 아래 해당 본문에 대한 논의를 보라.
29) Michel, *An die Römer* (1978), 161-62; Wilckens, *An die Römer*, 1.261을 보라.
30) Dunn, *Romans*, 1.198.

이러한 가설과 관련하여 일반적으로 제기되는 문제는, εὑρίσκειν χάριν이나 ἔλεος("은혜" 또는 "자비"를 얻다)라는 표현이 유대교 성경(구약)에 등장하고 그 외 여러 유대 문헌에서 발견되며 특히 창세기 18:3에 반향되지만, 로마에 있는 이방인 출신의 그리스도인 수신자들이 그것을 알아차리기는 어려웠을 것이라는 점이다.[31] 하지만 이곳 4:1의 εὑρίσκειν이 성경적으로 승인된 어구인 εὑρίσκειν χάριν이나 ἔλεος를 반향한다는 가설은, 인종적으로 유대인이든지 이방인이든지, 전부 혹은 대부분의 로마 그리스도인들이 유대 기독교와 예루살렘 모교회의 세계관과 사상 및 언어에 광범위하게 영향을 받았다고 상정하고, 어쩌면 유대 족장들에 관한 성경 이야기들과 특히 아브라함 이야기와 모범으로도 영향을 받았다고 상정한다면, 더욱 공감할 수 있는 가설일 것이다.

그러므로 4:1을 바울이 로마에 있는 그리스도인 수신자들에게 그들이 공감하고 상기할 것으로 믿은 방식으로, 바울이 사용한 아브라함의 본보기를 관용적으로 소개하는 단 하나의 질문을 구성하는 것으로 이해하는 것이 가장 좋을 것이다. 한 언어와 문화의 관용적인 표현들을 다른 언어와 문화의 표현으로 바꾸기는 쉽지 않다. 하지만 그 표현들은 그 표현에 친숙한 사람들에게는 문제의 핵심을 빠르게 떠올리게 한다. 그래서 제임스 던이 이론적으로 표현했듯이,

바울이 이 어구[εὑρίσκειν χάριν]에 주의를 환기시킨 목적은 하나님 앞에서 아브라함의 지위가 하나님의 은총 때문임을 처음부터 암시함으로써, χάρις가 특별히 등장하는 다음에 이어지는 주석(4, 16절)의 근거를 제공할 준비를 하는 것 같다.[32]

---

31) 물론 그들이 이해하기 어려웠을 수도 있다는 문제 역시 바울이 아브라함을 προπάτωρ("조상")로 언급한 것과 관련해서 제기되거나, 아브라함과 관련하여 ἡμῶν("우리")이라는 소유격의 인칭대명사를 사용한 것과 관련하여 제기될 수 있다. 이 문제들은 아래 "석의와 주해"에서 제기할 것이다.

32) Dunn, *Romans*, 1.198.

그리고 던이 역시 제안한 것처럼,

> 완료시제도 아브라함이 처음에 하나님께 은혜를 입었을 때 맞이하게 된
> 상황이 그 후 아브라함이 하나님 앞에서 어떤 지위를 얻었는지를 결정했
> 음을 미묘하게 암시한다.[33]

던은 바울의 목적과 관련하여 제안한 근거를 변호하면서 이렇게 지적한다.
"하지만 바울이 첫 번째 질문인 τί에 대답하기 위해 χάρις를 사용했다고
볼 필요는 없다."[34] 그래서 우리는 단순히 4장의 이 첫 번째 절을 다음과 같
이 비교적 평범하고 생경한 방식으로 번역할 수 있다. "그렇다면 육체를 따
른 우리 조상 아브라함이 이 문제와 관련하여 무엇을 얻었다고 말할까?"
이것은 불변화사인 아브라함이라는 이름을 부정사 εὑρηκέναι의 (목적어가
아니라) 주어로 취하여 κατὰ σάρκα("육체를 따라")라는 어구를 앞에 있는 관
사 없는 명사와 소유격 인칭대명사 절인 τὸν προπάτορα ἡμῶν("우리 조상")
과 연결하고, "이 문제와 관련하여"와 같은 암시된 표현을 바울의 주제와
그가 본문에 이어서 말하려고 하는 모든 내용에 대한 일반적인 묘사로 첨
가할 필요가 있음을 받아들인 것이다.

아브라함의 이름을 ᾿Αβραάμ으로 표기한 것은 창세기 17:5(LXX)에서
취한 것이다. 거기서 하나님은 그 조상의 이름을 אברם(LXX Αβραμ, "지극히
높은 아버지")에서 אברהם(LXX Αβρααμ, "열국의 아버지")으로 바꾸신다. 창세기
15:6을 인용한 갈라디아서 3:6과 야고보서 2:23에서도 이런 형태의 이름이
등장한다. 그 조상의 이름을 하나님이 바꾸셨다는 기록이 창세기 17:5에 와
서야 비로소 등장하지만 말이다.

아브라함의 육체적인 후손들은 실제로 "열국"이었다. 다시 말해서 아
브라함의 후손은 (1) 사라의 여종 하갈을 통해 낳은 아브라함의 아들 이스

---

33) Dunn, *Romans*, 1.198.

34) Dunn, *Romans*, 1.198.

마엘과 이스마엘의 많은 후손, (2) 아브라함의 첫 번째 아내인 사라가 낳은 약속의 아들 이삭과 이삭의 많은 후손, 그리고 (3) 사라가 죽은 후 아브라함이 결혼한 그의 두 번째 아내 그두라의 여섯 아들과 그들의 많은 후손이다.[35] 바울은 "아브라함과 그의 후손"에게 하신 하나님의 약속에 대해 일찍이 갈라디아에 있는 그의 이방인 개종자들에게 보낸 편지에서 이렇게 주장했다. (1) 하나님께서 "아브라함과 그의 후손"에게 그의 약속을 주셨다면, 그분은 의도적으로 아브라함의 "후손"으로 "한 사람"을 포함시켰는데, "그는 그리스도이시다"(갈 3:16). 그리고 (2) "너희가 그리스도의 것이면 곧 아브라함의 자손이요 약속대로 유업을 이을 자니라"(갈 3:29). 그리고 이러한 이해는 바울이 나중에 로마서 4:16-17과 4:23-24에서 반복한다.[36]

유대인들은 아브라함을 그들의 προπάτωρ("조상")라고 불렀다.[37] 하지만 이처럼 아브라함을 προπάτωρ("조상")라고 언급하는 것은 바울 서신의 다른 곳과 그 외 신약성경에서는 등장하지 않는다. 이 단어는 (이곳 4:1에만 등장하는) hapax legomenon이다. 다른 곳에서 아브라함을 지칭하는 통상적인 용어는 단순히 πάτερα("아버지")다.[38] 그렇지만 προπάτορα는 사본 전통에서 적절히 입증받으므로 받아들여져야 한다.[39] 마찬가지로 1인칭 복수 소유격 인칭대명사 ἡμῶν("우리")은, 그것이 προπάτορα 또는 (여기서는 외적인 지지를 덜 받는) πάτερα 다음에 등장하는 것에 상관없이, 외적인 사본 증거로 충분히 입증된다. 사실 그리스어 사본 전통에서는 이 인칭대명사가 이곳에 있는 것에 대해서 논란이 없다.

이사야 51:1-2a에서는 이스라엘 백성에게 아브라함을 "우리 아버

---

35) 참조. 창 25:1-4. 또한 Josephus, *Antiquities* 1:238-41을 보라. 요세푸스는 아브라함과 그두라의 아들들, 그리고 그들의 손주들과 관련하여 "아브라함은 그들을 보내어 어떻게든 이 민족을 세우려고 했다"고 말한다.

36) 본서 "석의와 주해"의 해당 본문을 보라.

37) 참조. Josephus, *War* 5.380. 여기서 사라는 τὴν μητέρα τοῦ γένους ἡμῶν("우리 족속의 어머니")으로, 아브라함은 ὁ ταύτης ἀνὴρ Ἀβραὰμ, προπάτωρ("그녀의 남편 아브라함, [우리] 조상")로 등장한다.

38) 이 본문 나중에 4:11b-12(2번)을 참조하라. 눅 16:24, 30; 요 8:53; 행 7:2도 보라.

39) 앞의 "본문비평 주"를 보라.

지"라고 부르라고 분명히 권한다.

> 의를 따르며
> 여호와를 찾아 구하는 너희는 내게 들을지어다.
> 너희를 떠낸 반석과
> 너희를 파낸 우묵한 구덩이를 생각하여 보라.
> 너희의 조상 아브라함과
> 너희를 낳은 사라를 생각하여 보라.

하지만 초기 유대교 기간에는 이러한 특권이 유대인으로 출생한 사람들에게 한정되었다. 그래서 데이비스(W. D. Davies)가 지적했듯이, "유대교로 개종한 사람들조차 아브라함을 '우리 아버지'라고 부르는 것이 허락되지 않았다."[40] 하지만 바울이 이 본문, 즉 4:3-12에서 그의 주장의 중요한 첫 번째 단락을 마무리하면서 지적한 것은 아브라함이 "모든 믿는 자의 조상"(4:11b), 곧 "할례를 받지 않았지만" 믿음이 있는 자들뿐만 아니라 할례를 받았지만 "우리 조상 아브라함이 무할례시에 가졌던 믿음의 자취를 따르는 자들"(4:12) 모두의 조상이라는 사실이다. 그래서 아브라함을 "우리 아버지" 또는 "조상"이라고 부르는 것이 유대인들에게 유대인으로 태어난 사람들(즉 "요람의 유대인들")에게만 해당하는 특권으로 간주될 수도 있었지만, 예수를 믿는 초기 신자들에게는 그리고 확실히 바울에게도 이러한 권리가 "우리 조상 아브라함이 할례를 받기 전에 가졌던 믿음의 자취를 따르는" 모든 자에게 확대되었다. 그래서 바울은 자신과 예수를 믿는 유대인 출신의 다른 모든 신자뿐만 아니라 인종이 어떠하든지 로마에 있는 모든 그리스도인(과 의심의 여지 없이 로마 제국 여러 곳에서 예수를 믿는 모든 신자)도 포함시키면서 전혀 망설임 없이 아브라함을 "우리 조상"이라고 부른다. 결과적으로 바울은 일찍이 갈라디아에서 그의 이방인 개종자들에게 쓴 편지에

---

40) W. D. Davies, "Abraham and the Promise," 177.

서 이렇게 선포했다. "너희가 그리스도의 것이면 곧 아브라함의 자손이요, 약속대로 유업을 이을 자니라"(갈 3:29). 그리고 바울은 유대주의자들의 주장에 반대하면서, 바로 그 편지의 끝에서 예수를 믿는 참된 모든 신자는 인종과 상관없이 "하나님의 이스라엘"이라고 더 분명하게 선언한다(갈 6:16b).

그러나 만일 "우리 조상 아브라함"을 특별한 의미로 이해해야 한다면, τὸν προπάτορα ἡμῶν("우리 조상") 바로 다음에 등장하고 질문을 마무리하는 κατὰ σάρκα("육체대로")라는 어구가 덧붙여진 까닭은 무엇일까? 이 본문을 번역하는 번역자들은 다 이 문제로 씨름했다.[41] 이와 비슷하게 스탠리 스토워스는 3:27부터 4:2에 이르는 전체 대화의 맥락이 단순한 육체적인 후손을 비난하며 영적인 맥락에서의 관계를 제시한다고 주장하면서, κατὰ σάρκα를 "'인간적인 노력'으로 이해하는 것이 더 낫고", 그렇게 이해한다면 이 표현이 바울이 이 본문에서 디아트리베 형식으로 제시하는 "의롭다 함에 관한 쟁점과 일관성이 있다"고 주장한다.[42]

본문에 연루된 쟁점은 복잡하며 정확히 결정하기 어렵다. 그렇지만 이곳 4:1에서는 바울이 "믿는 모든 사람의 조상"으로서 아브라함의 영적인 요인을 강조하면서도, 동시에 그는 아브라함이 유대 민족의 "조상" 또는 "아버지"였음을 인정하기도 한다고 주장할 수 있다. "영적" 특성과 "육체적" 특성 간의 논법은 바울이 나중에 9:1-11:36에서 "민족적인 이스라엘"과 "이스라엘의 남은 자"를 논의하는 곳에서 광범위하게 반영될 것이다.

4:2 후치사인 접속사 γάρ("왜냐하면")는 이곳 εἰ γὰρ Ἀβραὰμ ἐξ ἔργων ἐδικαιώθη ἔχει καύχημα ἀλλ᾽ οὐ πρὸς θεόν("만일 아브라함이 행위로써 의롭다 하심을 받았으면 자랑할 것이 있으려니와 하나님 앞에서는 없기 때문이니라")이라는 진술에서 4:1과 4:2 사이의 연속성을 표시할 목적으로만 사

---

41) 일례로 1978년 판 NIV와 1983년 판 NIV를 들 수 있다. 두 판을 번역한 번역자들은 κατὰ σάρκα를 번역하지 않았다. 그들 생각에 이 어구가 본문과 다소 관련이 없었기 때문이다. 반면에, 2001년 판인 TNIV의 번역위원회는 τὸν προπάτορα ἡμῶν κατὰ σάρκα를 "the forefather of us Jews"(우리 유대인들의 조상)으로 번역했다. 또한 JB, "the ancestor from whom we are all descended"(우리 모든 사람이 계통을 이은 선조)도 보라.

42) Stowers, "One God & One Father Abraham," 242.

용되지는 않는다(물론 두 절을 연결하기는 한다). 도리어 접속사 γάρ는 하나님이 아브라함을 "의롭다고 하심"에 대해 바울이 지적하려는 매우 중요한 두 가지 부정적인 요점을 추론적으로 강조하기 위해 일차적으로 사용된 것 같다. (1) 하나님께서 아브라함을 의롭다고 하신 것은 아브라함의 어떠한 "행위"와도 상관이 없다. 그의 행위가 아무리 선하다고 할지라도 말이다. (2) 아브라함마저도 자신의 의로움을 하나님 앞에서 "자랑할" 수 없다. 여기서 바울은 3:27에서 그가 제기한 질문을 다시 꺼낸다. "그런즉 자랑할 데가 어디냐?" 이 질문은 문맥에서 (1) 모세 율법에 대해 "떠벌리는 것" 및 2:17-3:20에서 그가 쓴 내용 저변에 있는 하나님과의 관계에 대해 "자랑하는 것"과 관련한 모든 쟁점을 상기하며, (2) 그가 3:21-26에서 기독교 선포에 대해 적은 모든 내용에 대해 수신자들을 상기시킨다. 하지만 더욱 구체적으로 바울은 4:3-12에서 하나님이 아브라함에게 인정해주신 의로움에 대해 쓸 내용과, 4:13-24에서 하나님이 아브라함과 그의 후손에게 하신 약속에 관해 쓸 내용의 주제를 제시한다. 그리고 그는 당대의 많은 유대인이 널리 받아들였던 아브라함에 대한 해석에 이의를 제기하는 도전적인 형식으로 이렇게 한다.

초기 유대교 기간(기원전 200년-기원후 100년)에 아브라함이 모세 율법을 충실히 지킨 모범이 경건한 유대인들에게 패턴 또는 모델로 종종 인용되었다. 예를 들어, 「집회서」 44:19-21은 고대의 "경건한 사람들"을 칭송하면서 (창 15장, 17장, 22장의 사건과 어구를 암시하며) 아브라함에 대해 이렇게 말한다.

> "열국의 아비"인 아브라함은
> 그의 영광을 흐려지게 하지 않았다.
> 그는 지극히 높으신 이의 계명을 지켰고
> 그분과 언약을 맺었다.
> 그[아브라함]의 육체에 그분[하나님]은 법령을 새기셨으며,
> 시험받았을 때 그는 신실했다.

그러므로 하나님은 맹세로 그에게 약속하셨다.

"그의 후손으로 열국에게 복을 내리고",

"땅의 티끌처럼" 그를 번성시키며,

"별처럼" 그의 후손을 높일 것이고,

"바다에서부터 바다까지"

"강에서부터 땅끝까지" 그 후손이 기업을 얻을 것이라고 말이다.

이와 비슷하게 마카비 반란의 지도자인 마타티아스는 죽어가는 침상에 누워 그의 아들에게 유언을 남겼다. (아브라함을 경건하고 칭송할 이스라엘 백성 혈통에서 첫 번째 사람으로 인용하고 그것을 뒷받침하려고 창 15:6을 인용한) 「마카베오상」 2:50-52에 보도된 그의 유언은 다음과 같다.

율법에 열심을 내어라. 그리고 너희 선조들의 언약을 위해 너희의 삶을 바쳐라. 선조들이 당대에 행한 행위를 명심해라. 그래야 너희가 위대한 영광과 영원한 이름을 받을 수 있을 것이다. 아브라함이 시험을 받았을 때 그의 신실함이 드러나 이것이 "그에게 의로 여기신 바" 되지 않았느냐?

아브라함 이야기를 이와 같이 윤색하고 유대교 신앙의 가장 탁월한 모범으로서 그가 모세 율법에 충성한 것을 칭송한 내용이 초기 유대교 문헌 전체에 등장한다. 일례로 아래의 본문에서 아브라함에게 바치는 헌사에 표현된 진술들을 보라.

「희년서」 6:19 — "[그의 시대 사람들 중에서] 아브라함만이 샤부오트 (즉 훗날 오순절이라고 불렸으며 하나님께서 시내산에서 십계명을 주신 것을 기념한 칠칠절)를 지켰다."

「희년서」 23:10 — "아브라함은 하나님과 함께하는 그의 모든 행위에서 완전했으며 일평생 [그의] 의를 통해 하나님을 기쁘시게 했다."

「솔로몬의 지혜」 10:5 ― "지혜는 의인[아브라함]을 알았으며 그를 하
　　나님께 흠이 없도록 보존했고, 그의 마음이 자기 아들을 향하고
　　있을 때 그를 강하게 지켰다."
「바룩2서」 57:2 ― "아브라함과 그의 세대"에 대하여 말하면서, "그때
　　기록되지 않은 율법[즉 나중에 탈무드와 그 외 랍비들의 글에 성
　　문화된 "구전 율법"]이 그들 중에 시행되었으며, 계명의 행위들이
　　그때 성취되었다."

아브라함이 모세 율법을 충실히 지킨 것 때문에 칭송을 받은 것은 후기
랍비 전통에서도 계속되었다. 예를 들어 「레위기 라바」(Leviticus Rabbah)
2:10(레 1:12을 다룸)에 이런 내용이 있다. "아브라함은 토라 전체를 성취
했다. '아브라함이 내 목소리를 청종하고 내 명령과 내 계명과 내 율례와
내 법도를 지켰음이라'[창 26:5]와 그가 '숫양을 제물로 드렸느니라'[창
22:13]라고 말한 것처럼 말이다."

　　아브라함이 모세 율법을 지켜 하나님께 신실한 것 때문에 자랑할 만
한 것이 많이 있었다는 유대인들의 이러한 주장에 바울은 다음과 같이 답
한다. "사실, 만일 아브라함이 행위로써 의롭다 하심을 받았으면 자랑할 것
이 있으려니와 하나님 앞에서는 없느니라." 바울은 "우리 조상 아브라함"
의 인격의 위대함을 축소시키려고 하지 않는다. 또한 그는 어떤 방식으로
든지 "하나님의 친구"인 아브라함의 지위를 인정하지 않거나 하나님 앞에
서 다른 사람들을 위해 행한 아브라함의 행위의 고상함을 평가절하하려고
하지 않는다. 하지만 바울은 이런 말로써 유대인들의 신학적인 선전에 직
접 도전한다. 그는 (1) (4:3-12에서 주장하듯이) 아브라함이 하나님께 "행위"
와 상관없이 믿음에 근거하여 의롭다고 여김을 받았고, (2) (4:13-24에서 주
장하듯이) 하나님의 약속은 아브라함과 그의 자손이 스스로 행할 수 있는 것
에 상관없이 믿음에 근거하여 주어졌다고 말한다. 바울은 로마에 있는 자
신의 그리스도인 수신자들이 아브라함 이야기에 대한 유대 기독교적인 이
해에 광범위하게 영향을 받았기에 그가 하는 말에 동의할 것이라고 믿었다

고 추정할 수 있다.

II. 행위가 아니라 믿음에 근거하여 아브라함은 의롭다 함을 받음(4:3-12)

바울은 4:1-2에서 제시한 논제 진술에 이어 4:3-12에서 아브라함에 관한 논의의 첫 번째 부분을 제시하며 특히 창세기 15:6에 초점을 맞추고, 시편 32:1-2을 인용함으로써 그 본문에 대한 자신의 해석을 뒷받침한다. 그가 제시하는 내용은 창세기 15:6 진술에 있는 ἐλογίσθη("여김을 받다")라는 용어의 의미와 중요성을 탐구하는 것으로 두드러진다. "아브라함이 하나님을 믿으매, 그것이 그에게 의로 여겨진 바 되었느니라." 그의 주장을 발전시키면서 그는 4개의 수사적 질문을 제기한다. 첫 번째 질문은 4:3a에 있으며, 창세기 15:6과 시편 32:1-2에서 인용한 문구를 소개하는 역할을 한다. 나머지 세 질문은 4:9a과 4:10a에 있으며, 세 질문 모두 바울이 이 두 절에서 추론해야 한다고 주장하는 중요한 함의들을 부각시키는 역할을 한다. 바울의 주장의 이 첫 번째 부분은 4:11b-12에서 하나님이 의롭다고 여기시는 것과 그래서 이런 면에서 아브라함이 조상이라는 것이, 그들의 지위가 어떠하든지, "할례를 받은" 유대인이든지, "할례를 받지 않은" 이방인이든지 상관없이 믿음이 있는 모든 자에게 해당한다는 선언으로 결론을 맺는다.

　　　4:3　　　4:2의 γάρ와 달리, 이곳 4:3에서 후치사인 접속사 γάρ는 (원인, 목적, 추론, 설명이 아니라) 내용이 연속된다는 점만을 표시하는 것 같다. 따라서 이 단어를 4:3-12에서 바울이 주장한 내용의 이 첫 번째 주요 부분과 4:1-2에서 서론으로 언급된 내용을 묶어주는 것으로 이해하(고 그래서 번역을 하지 않)는 것이 최상이다. 마치 나중에 4:13에서 이 접속사가 4:13-24에서 바울이 주장한 내용의 두 번째 주요 부분을 4장에서 앞서 말한 모든 내용과 연결시키는 기능을 하는 것으로 이해하는(그래서 번역하지 않는) 것처럼 말이다. 유대교 성경(구약)을 지칭하는 관사 있는 ἡ γραφή(문자적으로, "그 기록한 것")는 역대상 15:15, 역대하 30:5, 그리고 에스라 6:18과 같은 구약 본문에 있는 κατὰ τὴν γραφήν("기록한 대로")이라는 70인역의 표현에서 기원했다(비교. 또한 대하 30:18의 παρὰ τὴν γραφήν, "기록한 것을 어기다"). 바

울 당대의 유대인들은 이 단어를 (1) 성경의 개별 본문[43]과 (2) 기록된 성경 전체를[44] 가리키기 위해 사용했다. 바울과 신약의 다른 저자들 역시 이 단어를 구약의 개별 본문[45]과 구약성경 전체[46]를 가리키기 위해 사용했다. 바울은 이곳 4:3a에서 ἡ γραφή를 창세기 15:6만을 염두에 두고 사용했을 것이다. 이 본문은 바로 4:3b에서 인용된다. 바울이 4:7-8에서 인용하는 시편 32:1-2을 염두에 두었을 수도 있지만 말이다.

창세기 15:6의 히브리어 본문의 두 번째 절의 표현은 그 본문을 어떻게 해석해야 하는지를 둘러싸고 의혹을 야기하곤 했다. 문맥에서 첫 번째 문장의 의미는 분명하다. "그리고 그가[아브라함이] 여호와를 믿었다"(ביהוה והאמן). 그러나 두 번째 문장 "그리고 그가 그를 의롭다고 인정했다"(צדקה ויחשבה לו)에서는 누가 누구를 의롭다고 인정했는지 질문이 제기된다. 아브라함을 의롭다고 인정하신 분이 하나님이셨는가? 아니면 하나님을 의로운 분으로 인정한(또는 "칭송한") 사람이 아브라함이었는가? 이러한 질문들은 다음과 같은 문법적인 이유로 발생한다. (1) 동사의 능동태형(즉 칼형), (2) 대명사적 접미사에 의해서만 암시되는 주어, 그리고 (3) 대명사로만 암시되는 목적어 등이다. 하지만 이 두 번째 문장을 그 문맥에서 아브라함이 하나님을 의롭다고 선언했다기보다는 하나님이 아브라함을 의롭다고 인정하신 것으로 이해해야 할 개연성이 더 크다. 그래서 이 문장은 이 두 번째 문장을 70인역에서 "그리고 이것[즉 아브라함의 믿음]은 그[아브라함]에게 의로 인정되었다[동사의 3인칭 단수 부정과거 수동태 형을 사용함]"(καὶ ἐλογίσθη αὐτῷ εἰς δικαιοσύνην)라고 번역한 것이 전적으로 정당한 번역이라고 판단할 수 있다. 이것은 이 문맥에서 히브리어 동사 חשב의 능동태(칼)를

---

43) 4 Macc 18:14; Philo, *Quis rerum divinarum heres sit* 266.

44) 참조. Philo, *De fuga et inventione* 4; *De specialibus legibus* 1,214; *Quis rerum divinarum heres sit* 106, 159; Josephus, *Contra Apion* 2, 45.

45) 참조. 롬 11:2; 딤후 3:16. 또한 막 12:10; 15:28; 눅 4:21; 요 13:18; 19:24, 36-37; 행 1:16; 약 2:8, 23도 보라.

46) 참조. 롬 9:17; 10:11; 11:2; 고전 15:3-4; 갈 3:8; 4:30; 딤전 5:18. 또한 요 2:22; 10:35; 20:9; 행 8:32; 약 2:8; 벧후 1:20도 보라.

수동태(니팔) 어감을 띠는 것으로 이해한다.

70인역 번역자들은 시편 106:31(LXX 105:31)에 있는 비느하스에 관한 진술에 영향을 받았을지도 모른다. 율법에 대한 비느하스의 열심과 하나님이 보내신 "재앙"을 위해 그가 개입한 것을 두고, "이 일이 그의 의로 인정되었으니(ותחשב לו לצדקה), 대대로 영원까지로다"라고 말한다. 비느하스의 열심과 행위에 관한 이 진술은 동사 חשב("생각하다", "여기다", "간주하다", "인정하다")의 수동태(니팔)를 사용한다. 그래서 이 본문은 70인역의 번역자들에 의해 그리스어 3인칭 단수 부정과거 수동태 동사 ἐλογίσθη("인정되었다")와 더불어 다음과 같이 번역되었다: καὶ ἐλογίσθη αὐτῷ εἰς δικαιοσύνην("그리고 그것은 그에게 의로 인정되었다." 이것이 70인역 번역자들이 창 15:6의 두 번째 문장을 번역한 방법이다. 창 15:6의 히브리어 본문에는 해당 동사[חשב]의 수동태[니팔]가 아닌 능동태[칼]가 있지만 말이다). 두 본문에 등장하는 이 동일한 번역은 70인역 번역자들이 비슷한 문맥에 있는 이 두 성경 본문을 동일하게 번역해야 한다고 생각했음을 암시할 수 있다. 그래서 창세기 15:6의 약간은 모호한 어구가 시편 106:31(LXX 105:31)의 좀 더 분명한 어구로 명확하게 되었다.

1951년에 게르하르트 폰 라트는 히브리 전통에서 동사 "여기다" 또는 "인정하다"(חשב; λογίζομαι)와 명사 "의" 또는 "공의"(צדקה; δικαιοσύνη)를 다음과 같이 설명하려 했다. (1) 이 용어들이 이스라엘 종교 안에서 생겨난 역사적인 상황을 밝힘으로써, (2) 이스라엘의 희생 제의에서 이 용어들이 띠는 의미를 밝힘으로써, (3) 이 용어들의 제의적 이해와 이 용어들이 창세기 15:6에 사용된 방식 사이의 차이를 강조함으로써 말이다.[47] 폰 라트는 이들 용어의 원래 상황 및 의미와 관련하여, 이 용어들이 "선언적 문구"로 "제사장적" 문맥에서 등장했다고 주장했다. 제사장은 야웨를 대신하여 예배하는 한 사람 한 사람을 판결했다. 그 예배자들이 합당한(즉 "의로운") 자로 받아들여질지 아니면 거절될지 말이다. 그렇게 제사장은 그들이 드린

---

47) Von Rad, "Faith Reckoned as Righteousness"(ET 1966), 125-30을 보라.

예물들이 하나님이 받으실 만한 것(즉 하나님에 의해 "의로운 것으로 여겨지는
지")으로 받아들여지는지 아니면 거절되는지를 판결했다. 폰 라트는 이런
과정에서 이스라엘의 제사장들이 마땅치 않거나, 적절하지 않거나, 또는 부
적합한 때에 드리는 희생제사와 관련하여 선언했던 수많은 부정적인 선언
들을 구분했다. 폰 라트는 구체적으로 레위기 7:18b("[화목제물이 드려진 후
셋째 날에] 그 제사는 기쁘게 받아들여지지 않을 것이라. 드린 자에게도 예물**답게 되지**
못하고 도리어 가증한 것이 될 것이며")과 레위기 17:4("[그가 죽인 동물을] 회막 문
으로 끌고 가서 여호와의 성막 앞에서 여호와께 예물로 드리지 아니하는 자는 피 흘린
자로 **여길 것이라**")처럼 동사 חשב("여겼다")를 사용하여 거절의 의미를 나타
내는 본문을 인용한다.[48]

반면에 폰 라트는 의인의 삶에 관해 말하는 본문들도 인용했다. 의인
의 제사는 바르게 드려졌으며, 여호와께서 열납하셨다. 이 문제와 관련하여
특히 중요한 본문은 에스겔 18:5-9이다. 폰 라트는 이 본문이 제사장적 상
황에서 기원했고 9절에서 다음과 같은 진술로 끝났다고 믿었다. "내 율례
를 따르며 내 규례를 지켜 진실하게 행할진대 그는 의인(צדיק)이니, 반드시
살리라."[49]

물론 폰 라트의 저서 전체의 저변에 깔려 있는 것은 당대에 유행하던
"문서설"에 대한 그의 이해였다. 그는 그가 제안한 문서들의 차별화된 기원
과 목적들에 근거하여 구약성경의 제사장적 자료와 예언자적 자료를 날카
롭게 구별했다. 폰 라트의 모든 저작에 영향을 준 동일한 비평적 근거에 반
드시 의거할 필요는 없지만, 실제로 "제사장" 자료와 "예언자" 자료를 확실
히 구별할 수 있다. 하지만 우리의 목적에 중요한 점은 폰 라트가 "여기다"
와 "의"에 대한 제의적 이해와 창세기 15:6에서 사용된 이 용어들 간에
있다고 본 "놀랄 만한 차이"다.[50] 폰 라트가 표현했듯이, "제의적 '여기다'

---

48) Von Rad, "Faith Reckoned as Righteousness," 126-27.
49) Von Rad, "Faith Reckoned as Righteousness," 127b-29a.
50) Von Rad, "Faith Reckoned as Righteousness," 129.

는 예배하는 사람이나 제사 또는 구체적인 순종에 의해 행해진 어떤 것, 즉 좌우간 어떤 능동적인 방식에 의존한 반면에", 창세기 15:6에서는 "하나님의 목적과 관련한 준엄한 진술에서, 사람을 하나님과의 바른 관계에 두는 것이 **믿음**이라고 정했다."[51]

분명 바울은 창세기 15:6을 이런 방식으로 이해했고, 이 본문에서 하나님이 아브라함을 의로 "여기셨거나" 의롭다고 "인정하신 것"이 아브라함 자신의 내재된 의의 특질, 즉 후손에 대한 하나님의 약속을 믿는 믿음의 표현 이전에 존재했든지 아니면 그 믿음을 표현한 동시에 존재한 의의 특질에 근거했다고 본 당대에 통용되던 모든 제안에 반대한다. 바울이 이해하기에, 하나님이 아브라함을 의로 여기셨거나 인정하신 것은, 아브라함에게 부여된 것이 아브라함 자신의 믿음의 표현에 대한 반응으로서 주어진 **하나님 자신의 의로우신 지위**였지, 하나님이 아브라함의 믿음을 이미 아브라함에게 어떤 방식으로 내재되었던 **그 자신의 의로운 특질**을 표현하는 것으로 선언하신 것이 아니었음을 뜻한다. 바울이 4:4-6에서 의로움이 "선물이고, 보수가 아니었"으며, "믿음으로 말미암고 행위로 말미암지 않았다"고 말하고, 4:9-24에서 분명하게 주장한 모든 내용에서 유추할 수 있듯이 말이다.

하나님이 아브라함에게 그가 "열국의 아버지"가 될 것이라고 약속하신 것은 창세기에 여러 번 등장한다. 15:5에서만 아니라 이보다 일찍이 12:2-3과 나중에 17:4-5, 18:18, 22:17-18에도 등장한다. 하나님이 아브라함에게 주시는 언약도 두번 나온다(15:28; 17:2-21). 하지만 15:6에서만 세 가지 요인이 있다. (1) 아브라함이 하나님을 "믿었다"는 것, (2) 하나님이 아브라함의 믿음을 "인정하셨다"는 것, (3) 하나님이 아브라함에게 "의"의 선물을 주셨다는 것 등이다. 또한 창세기 17:4-5에서만 그의 이름이 "아브람"에서 "아브라함"으로 바뀌었다는 기사가 등장한다. 그래서 바울은 로마서 4장에서 이 두 성경 본문을 인용하여 아브라함을 묘사한다. 첫 번째이면서 가장 두드러지는 본문은 로마서 4:3에 인용되었고 그 단락의 나머지 부분에서

---

51) Von Rad, "Faith Reckoned as Righteousness," 129(강조는 원저자의 것임).

논의된 창세기 15:6이며(롬 4:6-9a에서 그의 논제를 지지하려고 시 32:1-2도 사용된다), 두 번째 본문은 로마서 4:17에 인용된 창세기 17:4-5이다.

4:4-5   바울은 창세기 15:6에 등장하는 3인칭 단수 부정과거 수동태 ἐλογίσθη("여겨졌다")에 비추어, 4:4-5에서 동사 λογίζομαι("여기다", "간주하다", "인정하다")를 2번 더 사용한다(롬 4장에서 8번 사용됨). 먼저 그는 "의로움"(δικαιοσύνη)이 하나님의 "의무"(ὀφείλημα)나 당연히 받아야 하는 "임금"이나 "급료" 또는 "상"(μισθός)과 같은 잘못된 개념에 근거한 인간의 "행위"(ἔργα)라는 개념과 어떠한 관련성도 갖지 않는다고 주장한다. 그런 다음에 그는 하나님이 "의롭다고 인정하시는 일"은 "의로움"이 어떤 사람의 "믿음"(πίστις)과 그를 "믿는 것"(πιστεύω)에 대한 반응으로 주어지는 "은혜로운 선물"(κατὰ χάριν)로 이해될 때에만 실현되는 것이라고 주장한다.

이 두 구절에서는 "하나님의 의"(δικαιοσύνη θεοῦ)의 의미를 분명하게 다루지 않았다. 바울은 그 표현이 **속성적 의미**인지 아니면 **전달적 의미**인지, 아니면 둘 다인지 논의하지 않는다. 하나님의 인격과 그의 행위의 품성인 의와, 하나님이 그의 백성에게 부여하시는 선물인 의는 적어도 어떤 의미에서 논쟁의 여지가 없이 바울과 로마에 있는 그의 그리스도인 수신자들에 의해서뿐만 아니라 초기 유대교 시대의 훌륭한 유대인 선생들과 초기 유대 기독교 시대의 훌륭한 기독교 교사들에 의해서도 널리 받아들여진 문제였던 것 같다. 게다가 로마서 4:4-5에서는 "예수 그리스도의 신실함"(πίστις Ἰησοῦ Χριστοῦ)도 다뤄지지 않았다. 바울은 아브라함의 예를 예수 그리스도의 사역과 인격에 초점이 맞춰져 있는 기독교 복음의 더 발전된 내용을 제시하기 위한 기회로 사용하지 않기 때문이다. 그는 단지 모든 성경적 종교의 기본 구조를 예로써 설명하기 위해 창세기 15:6에 있는 아브라함에 관한 성경 진술을 사용할 뿐이다.

그래서 이곳 로마서 4:4-5에서 사도는 하나님의 선물인 "의"와 사람들의 필수적인 반응인 "믿음"을 주제로 다룬다. 바울은 이렇게 주장한다. (1) 창세기 15:6은 아브라함이 행한 칭찬 받을 만한 "선한 행위"에 관해서는 어떤 것도 말하지 않고 하나님을 믿은 아브라함의 믿음만을 이야기할 뿐이다

("아브라함이 하나님을 믿으매"). (2) 동사 λογίζομαι ("여기다", "간주하다", "인정하다")는 이 단어가 등장하는 성경 문맥에서 어떤 의나 공로 또는 상과 관련한 사상이 끼어들 여지가 없이 하나님의 은혜로운 선물과 관련이 있다. (3) 하나님께서 자신을 믿는 사람들에게 주시는 의의 선물은 하나님 자신의 "의"다. 이것은 하나님 앞에서 그 의를 받은 사람의 지위를 바꾸기도 하고 그의 성품과 그에 따른 행위를 변화시키기도 한다. (4) 하나님은 자신을 믿는 믿음에 근거하여 "악한 자를 의롭다고 하시며" 급여나 임금 또는 상과 같은 문제를 전혀 고려하지 않으시는 분이시다(이 표현은 바울 당대의 많은 사람, 특히 유대교 유산을 가지고 있는 사람들에게 충격을 주었을 것이다).

동사 ἐργάζομαι ("일하다", "활동적이 되다", "성취하다", "수행하다")는 바울이 일찍이 로마서 2:10에서 **"선을 행하는 각 사람에게**(παντὶ τῷ ἐργαζομένῳ τὸ ἀγαθόν) 영광과 존귀와 평강이"라고 말할 때 실명사적 분사 형식으로 긍정적인 의미로 사용했던 단어다. 그리고 그 동사와 그 동사의 분사 및 상응하는 명사 ἔργα ("일", "행위")가 고린도전서 16:10과 갈라디아서 6:10 그리고 골로새서 3:23과 같은 바울의 다른 본문에도 그런 방식으로 등장한다.

마찬가지로, 명사 ὁ μισθός ("급여", "임금", "상")는 바울이 로마서보다 먼저 쓴 고린도전서 3:8에서 긍정적인 의미로 사용되었다. "심는 이와 물 주는 이는 한 가지이나 각각 자기가 일한 대로 자기의 상을 받으리라(ἕκαστος δὲ τὸν ἴδιον μισθὸν λήμψεται)." 이 단어가 이런 방식으로 사용된 또 다른 예는 신약성경에서 마태복음 5:12, 6:1, 마가복음 9:41, 누가복음 10:7, 요한계시록 11:18과 같은 본문에서도 발견된다. 하지만 이곳 로마서 4:4에서 관사가 있는 여격 실명사적 분사인 τῷ ἐργαζομένῳ ("일하는 자에게는")와 관사를 동반한 주격 명사 ὁ μισθός ("급여", "임금", "상")는 명사 ὀφείλημα ("빚", "의무")와 더불어 인간의 "믿음" 또는 "신뢰"의 반응만을 요구하는 κατὰ χάριν ("[하나님의] 은혜로운 선물에 따른")과 모순되는 부정적인 의미로 사용되었다. 바울이 로마서 4:5에서 매우 분명히 말하고 있듯이, 창세기 15:6의 아브라함에 관한 진술에서 바울이 끌어내는 핵심은 바로 이것이다. "일을 아니할지라도(τῷ μὴ ἐργαζομένῳ) 경건하지 아니한 자를 의롭다고 하시는(τὸν δικαιοῦντα τὸν ἀσεβῆ) 이[즉 하나님]를 믿는 자에게(πιστεύοντι δὲ ἐπὶ)는 그의 믿음을(ἡ πίστις αὐτοῦ) 의로(εἰς δικαιοσύνην) 여기시나니 (λογίζεται)."

　　4:6　　이 구절에서 바울은 시편 32:1-2(LXX 31:1-2)에 있는 시편 저자 다윗의 글을 인용하여 로마서 4:4-5의 주장을 뒷받침한다. 부사 καθάπερ("~처럼")는 로마서 12:4에서처럼 단독으로 등장하든지,[52] 아니면 이곳 로마서 4:6에서처럼 강조의 의미로 사용된 접속사 καί("역시")와 함께 사용되든지[53] 간에, 신약성경에서 거의 바울 서신에만 등장한다. 이 단어와 동의어인 부사 καθώς("~처럼")는 로마서 1:17, 2:24(아마도), 3:4, 10, 4:17, 8:36, 9:13, 33, 10:15, 11:8, 26, 15:3, 9, 21에서처럼 성경 인용을 소개하(거나 좀 더 광범위하게 구약의 어떤 교훈을 언급하)기 위해 종종 3인칭 단수 완료 동사 γέγραπται("기록되었다")와 함께 사용되기도 한다.[54]

　　그리스어 본문 전통에서 καθάπερ는 3:4에서보다 이곳 4:6에서 훨씬 더 강력한 지지를 받으며 3:4보다도 이곳에서 더 강력한 내적 개연성을 지닌다. 따라서 이 구절에서는 이 단어를 선호하게 된다.[55] 부사 καθάπερ와 καθώς는 의미에 있어 거의 동의어이기에 편집·전달과정에서 쉽게 혼동되었을 가능성이 크다. 하지만 앞에서 인용한 자료로부터 신약성경의 저자가 대부분 다음과 같은 요인에 의해 이 부사 중 어느 하나를 사용하기로 결정한 것이 분명한 것 같다. (1) 비교를 할 경우. 이런 경우에는 καθάπερ("~처럼")나 καθάπερ καί("~도 ~듯이")가 매우 적절하다고 생각되었다. 또는 (2) 성경 본문이 인용되거나 언급되는 경우. 이 경우에는 καθώς γέγραπται("기록된 바")나 아마도 καθώς("~처럼")만으로도 매우 적절하다고 생각했던 것 같다. 비교의 특징은 창세기 15:6을 인용하여 아브라함에 관해 말한 내용과

---

52) 참조. 고전 12:12; 고후 3:13, 18; 8:11.

53) 참조. 살전 3:6, 12; 4:5. 또한 히 4:2을 보라. 히 4:2에서는 καθάπερ가 καθάπερ κἀκεῖνοι("그들이 그랬듯이")와 비슷한 표현으로 등장한다.

54) 이 단어가 고린도전후서와 갈라디아서 전체에서 이런 방식으로 반복적으로 사용된 예를 참조하라. 또한 마 26:24; 막 1:2; 9:13; 14:21; 눅 2:23; 행 15:15을 보라.

55) 본서 앞에서 다룬 "본문비평 주"를 보라.

비교하여 바울이 시편 32:1-2에서 하나님의 복을 받은 사람들에 관해 말하
는 내용을 언급한 것에서 가장 두드러지게 나타난다(비록 바울이 곧 시편 저자
의 말을 정확하게 인용하지만 말이다). 그래서 부사 καθάπερ καί("~도 ~듯이")가
이곳에 등장하는 것이 가장 적절하다.

시편 32편은 마소라 본문에서 "다윗의 마스킬"(לדוד משכיל)이라는 표
제를 가지고 있다. 70인역(시 31편)에서는 이 동일한 시편에 대한 표제가
"다윗의 교훈"(Συνέσεως τῷ Δαυιδ)으로 되어 있다. 그래서 바울은 동시대의
모든 유대인과 유대 기독교인들과 비슷하게 시편 32편(LXX 31)을 하나님
백성의 이해를 위한 다윗의 교훈으로 언급한다. 이를테면, 시편 32편은 (1)
하나님께서 모세를 통해 옛 언약에서 주신 토라(즉 "교훈")를 굳게 붙들었던
사람들과, (2) 종말론적인 "이제"에 속한 "현시대"인 새 언약의 시대에 예
수께 헌신한 사람들 모두에게 주시는 교훈으로 말이다.

형용사 μακάριος("복이 있는", "운이 좋은", "행복한")에서 유래한 명사
τὸν μακαρισμόν은 "하나님이 의롭다고 여기시는" 사람의 "복"이나 "운이
좋은 상태" 또는 "행복한 상태"를 표시한다.[56] 바울이 시편 32:1-2을 인용
한 까닭은 이 본문을 소개하는 문장의 마지막 말(개역개정에서는 맨 처음—역
주)에 분명히 서술되었다. "일한 것이 없이 하나님께 의로 여기심을 받는
사람"(ὁ θεὸς λογίζεται δικαιοσύνην χωρὶς ἔργων). 이것이 창세기 15:6 인용문
의 마지막 네 단어(ἐλογίσθη αὐτῷ εἰς δικαιοσύνην, "이를 그의 의로 여기시니라")
의 내용을 이어가는 이유다. 더 중요한 것은 시편 인용이 성경 본문의 마지
막 네 단어와 관련하여 있을 수 있는 오해를 분명히 설명한다는 점이다. 본
문은 (1) 사람을 의롭다고 인정하시는 분이 하나님(ὁ θεός)이시라는 사실과,
(2) 하나님이 의롭다고 여기시는 것은 행함과 상관이 없다(χωρὶς ἔργων)는
점을 선포한다.

"행위"(ἔργα)의 포괄적인 용례는 유대인들이 하나님께 용납받고 하나

---

56) 신약성경에서 그 형용사의 실명사적 형태가 발견되는 다른 두 용례는 이 본문에서 시
32:1-2을 인용한 직후 등장하는 롬 4:9과 갈 4:15이다. 두 본문 모두 주격 형태로 등장한다.

님의 의의 선물을 얻는 수단으로 모세 율법을 의존했음을 분명 염두에 두었다. 하지만 이 단어에는 어떠한 인종이든지 사람이 하나님 앞에서 지위를 얻고 하나님께 상을 받으려는 잘못된 시도를 하는 모든 "선한 행위"는 물론이고 유대인들이 전통적으로 아브라함에게 부여했던 모든 "선한 행위"도 포함되었다.

4:7-8　　여기서 바울은 시편 32:1-2(LXX 31:1-2)을 다시 인용함으로써 로마서 4:3에서 그가 사용한 창세기 15:6을 뒷받침한다. 바울은 창세기 15:6과 시편 32:1-2을 묶어놓음으로써 위대한 유대교 교사인 힐렐이 만든 7개의 전통적인 미도트 또는 해석학적 규칙 중에 두 번째인 게제라 샤와(נזירה שוה) 규칙을 채용한다. 이 해석학적 규칙은 동일한 단어나 표현 또는 주제가 둘 이상의 성경 본문에서 발견될 경우 그것이 어디에 있는지 또 얼마나 다르든지와 상관없이 동일한 고려사항이 본문 모두에 적용된다고 주장한다. 이 해석학적 관습은 일찍이 로마서 3:10b-18의 일련의 본문에 가장 분명히 제시되었다(그 본문들을 바울 자신이 모았든지 그가 인용한 그보다 이른 시기의 어떤 유대인 저자나 유대 기독교인 저자가 모았든지 상관없이 말이다). 또한 이 규칙에 따라 바울은 로마서의 후반부인 9:13-33, 11:8-10, 15:9-12에서 다양한 구약 본문을 한데 모은다.[57)]

바울은 이곳 4:3-8에서 이 동일한 "진주 꿰기"의 과정을 적용한다. 먼저 그는 (4:3에서) 창세기 15:6의 "아브라함이 하나님을 믿으매 그것이 그에게 의로 여겨진 바 되었느니라(ἐλογίσθη)"를 인용하고, 그 후 이 본문에 시편 32:1-2(LXX 31:1-2)의 단어들, 특히 2절의 단어들을 (4:7-8에서) 연결시킨다. "주께서 그 죄를 인정하지(λογίσηται) 아니하실 사람은 복이 있도다." 바울은 이 두 본문에 동사 λογίζομαι가 있다는 사실로부터 두 본문이 동일한 것에 관해 말하고 있다고 추론한다(비록 두 본문의 상황이 달라서 한 본문은 긍정적인 것을 이야기하고 다른 본문은 부정적인 것을 이야기하지만 말이다). 다시 말해, (바울이 4:6에서 분명히 말하는 것처럼) 두 본문은 모두 "하나님께서 행위와

---

57) 또한 고전 3:19-20; 15:54-55; 고후 6:16-18도 보라.

상관없이 의로 여기시는 사람의 복"에 관해 이야기한다.

바울이 4:6-8에서 전면에 부각되는 중요한 구원론적 표현 4개(첫째는 4:6의 도입적 진술에, 그다음에는 4:7-8에서 인용한 시 32:1-2에 나타난다)가 모두 거의 동일하다고 생각했음은 분명하다. (1) 4:6의 "하나님께서 의로 여기신다"(ὁ θεὸς λογίζεται δικαιοσύνην)는 것, (2) 4:7a의 "하나님이 죄를 사하신다"(ἀφέθησαν αἱ ἀνομίαι)는 것, (3) 4:7b의 "죄가 가리워진다"(ἐπεκαλύφθησαν αἱ ἁμαρτίαι)는 것, 그리고 부정적으로 표현된 4:8의 (4) "주께서 그 죄를 인정하지 아니하신다"(οὐ μὴ λογίσηται κύριος ἁμαρτίαν)는 것 등이다. 하지만 사도는 그의 편지에서 "회개"(μετάνοια)와 "죄 사함"(ἄφεσις)이라는 구원론적 표현을 아주 빈번하게 사용하지는 않는다. 그의 편지에 이런 단어들이 비교적 부재하기에 사람들은 의아해하며 이 사실에 관심을 둔다. 무어(George Foote Moore)는 유대 세계에 대해 언급하면서 이 문제를 다음과 같이 진술했다.

> 바울의 선조인 유대인이 회개라는 위대한 예언자적 교리를 어떻게 무시하고 또한 부인할 수 있었을까? 그 교리는 개인화되고 내면화되었던 유대교의 가장 핵심적인 교리로서, 하나님께서 진심으로 회개하는 죄인을 사랑으로 값없이 사하시고, 그에게 하나님의 은총을 회복시키신다는 교리다. 유대인의 관점에서 볼 때 그러한 부인은 설명할 수 없다.[58]

더욱이 "회개"와 "사죄"는 유대교에서만 핵심적인 주제가 아니다. 두 주제는 (바울 서신을 제외한) 신약성경의 다른 곳에서도 부각되며, 특히 다음과 같은 곳에서 등장한다.

1. 갓 태어난 자신의 아들 요한의 미래 사역에 관한 사가랴의 예언. 그 예언에는 이런 진술이 포함되어 있다. "주의 백성에게 그 죄 사함으

---

58) Moore, *Judaism*, 1.151.

로 말미암는(ἐν ἀφέσει ἁμαρτιῶν αὐτῶν) 구원을 알게 하리니"(눅 1:77).

2. 공관복음 저자들이 세례 요한의 사역을 "죄 사함을 위한(εἰς ἄφεσιν) 회개의(μετανοίας) 세례"로 묘사한 부분(막 1:4//눅3:3; 비교. 마 3:7-8, 11).

3. 예수가 자신의 사역에 대해 "죄인을 불러 회개시키러"(εἰς μετάνοιαν)라 고 언급한 것.[59]

4. 예수가 제자들에게 가르치신 기도("주기도"). 주기도에는 "우리의 죄/허물"에 대한 "하나님의 사죄(ἄφεσις)"와 "우리에게 죄를 지은 다 른 사람에 대한" "우리의 사죄(ἄφεσις)"가 다 들어 있다(눅 11:4//마 6:12).

5. "최후의 만찬"에서 예수가 하신 말씀. "이것은 죄 사함을 얻게 하려 고(εἰς ἄφεσιν) 많은 사람을 위하여 흘리는 바 나의 피 곧 언약의 피 니라."[60]

6. 누가복음에 묘사된 예수가 제자들에게 하신 최후의 말씀. "이같이 그리스도가 고난을 받고 제 삼 일에 죽은 자 가운데서 살아날 것 과 또 그의 이름으로 죄 사함(εἰς ἄφεσιν ἁμαρτιῶν)을 받게 하는 회개 (μετάνοιαν)가 예루살렘에서 시작하여 모든 족속에게 전파될 것이 기록되었으니"(눅 24:46-47).

7. 오순절에 행한 베드로의 설교. 그 설교는 호소와 약속으로 마무리 된다. "너희가 회개하여(μετανοήσατε) 각각 예수 그리스도의 이름 으로 세례를 받고 너희 죄 사함을 받으라(εἰς ἄφεσιν τῶν ἁμαρτιῶν ὑμῶν). 그리하면 성령의 선물을 받으리니"(행 2:38).

8. 유대인의 산헤드린 공의회 앞에서 베드로와 "다른 사도들"의 두 번 째 변호. 이 내용에는 다음과 같은 중요한 선언이 있다. "이스라엘에 게 회개함(μετάνοιαν)과 죄 사함(ἄφεσιν ἁμαρτιῶν)을 주시려고 그를

---

59) 눅 5:32. 이와 병행구인 마 9:13과 막 2:17에는 "회개"라는 어구가 생략되었음.
60) 마 26:28. 이와 병행구인 막 14:24과 눅 22:20에는 "죄 사함의"라는 어구가 생략되었음.

오른손으로 높이사 임금과 구주로 삼으셨느니라"(행 5:31).

9. 베드로가 고넬료와 그의 가족에게 행한 설교. 이 설교는 다음과 같은 말로 마무리되었다. "그에 대하여 모든 예언자도 증언하되, 그를 믿는 사람들이 다 그의 이름을 힘입어 죄 사함(ἄφεσιν ἁμαρτιῶν)을 받는다 하였느니라"(행 10:43).

10. 초기 기독교 메시지에 대한 후기의 묘사. 이 메시지는 그리스도의 재림이 지연된 것처럼 보이는 관점에서 제시되었다. "주의 약속은 어떤 이들이 더디다고 생각하는 것같이 더딘 것이 아니라. 오직 주께서는 너희를 대하여 오래 참으사 아무도 멸망하지 아니하고 다 회개하기에 이르기를(εἰς μετάνοιαν) 원하시느니라"(벧후 3:9).

하지만 유대교의 구원론적 강조점뿐만 아니라 예수의 교훈과 최초로 그를 따라다녔던 유대인 추종자들의 양심과도 대비되는 바울 서신에는 (1) "회개"(μετάνοια)[61]와 (2) "죄 사함"(ἄφεσις)[62]에 대한 언급이 거의 없다. 하지만 바울의 사역이 묘사된 사도행전에서는 두어 군데에서 바울 사도가 (1) "회개"를 촉구하고(행 13:24; 17:30; 26:20), (2) 예수의 사역과 인격으로 말미암는 하나님의 "죄 사함"을 선포하며(13:38; 26:18), (3) 그의 기독교 복음 설교를 일반적으로 "회개"의 선포로(20:21) 언급하는 것으로 묘사되었다.

　　요아힘 예레미아스가 바울에게는 "의롭게 되는 것이 바로 죄 사함이며, 오직 죄 사함이다"라고 선언할 때 올바른 방향을 지향하고 있을 개연성이 크다.[63] 예레미아스의 주장을 뒷받침하기 위해, 바울이 유대교와 유대 기독교의 δικαι- 복합어로 된 구원론적 용어들(즉 명사 δικαιοσύνη, "의"; 형용사 δίκαιος, "의로운" 또는 "공의로운"; 동사 δικαιόω, "의롭게 하다" 또는 "정당하다

---

61) 명사 μετάνοια가 롬 2:4("하나님의 인자하심이 회개하게 하심을")과 고후 7:9("너희가 근심함으로 회개함에 이른")에만 등장한다.

62) 명사 ἄφεσις는 이곳 시 32:1을 인용한 롬 4:7 외에 엡 1:7("우리는 그리스도 안에서⋯그의 피로 말미암아 속량 곧 죄 사함을 받았느니라")과 골 1:14("그 아들 안에서 우리가 속량 곧 죄 사함을 얻었도다")에만 등장한다.

63) Jeremias, *Central Message of the New Testament*, 66.

고 인정하다"; 그리고 부사 δικαίως, "의롭게" 또는 "바르게")을 "회개"(μετάνοια)와 "죄 사함"(ἄφεσις)보다 더 신학적으로 의미가 있다고 보았다고 주장할 수 있다. 로마서 1:16-4:25의 논의에서 분명하게 드러나는 것처럼 보이듯이 말이다. 하지만 이 자료들과 관련하여 바울의 관점에 대한 더욱 통찰력 있는 이해는 "바울 서신에서 [회개와 죄 사함이라는] 사상이 δικαιοσύνη["의"]와 καταλλαγή["화목"] 같은 용어들로 표현된다"는 루돌프 불트만의 주장이다.[64] 바울이 1:16-4:25을 제시하면서 "하나님의 의" 및 "의"와 관련하여 로마에 있는 그리스도인 수신자들과 많은 점에서 의견을 같이한 것 같지만, 우리가 보기에 그가 특징적으로 강조한 것은 5:1-8:39에서 더욱 발견할 수 있으며, "하나님과의 화평"(εἰρήνην πρὸς τὸν θεόν), "화목"(καταλλαγή), 그리고 "그리스도 예수 안에"(ἐν Χριστῷ Ἰησοῦ)와 같은 문제와 관련이 있다. 바울은 이 개인적이고 관계적이며 참여적인 구원론과 관련한 표현들을 고대 용어인 "회개"와 "죄 사함"보다 더 신학적으로 중요할 뿐만 아니라 더 인격적으로 설득력이 있고 더 윤리적으로 삶을 변화시키는 용어로 여겼음이 분명하다.

따라서 이렇게 추측할 수 있다. 바울은 로마에 있는 그리스도인 수신자들과 공통분모를 찾기 위해 유대인 진영과 유대 그리스도인 진영에서 널리 반포되었던 "회개"와 "죄 사함"이라는 용어보다도, 그가 1:16-4:25에서 사용하는 δικαι- 복합어로 된 법정 용어들과 아울러 5:1-8:39에서 사용하는 좀 더 인격적이고 관계적이며 참여적인 구원론 언어를 선호했다고 말이다. 분명히 그는 특히 5:1-8:39에서 발견되는 그가 선호하는 구원론적인 표현들이 (1) 그리스도의 사역과 하나님의 영의 사역을 통해 자신이 직접 경험했던 것을 더 잘 표현했을 뿐만 아니라, (2) 신학적으로 더 심오하고 윤리적으로 더 중요한 어떤 의미심장한 특징들을 함의했으며, (3) 그의 이방인 선교에서 이방인 청중들에게 더욱 공감대를 불러일으키는 어감을 전달했다고 믿었다. 그는 특히 유대교적 상황 및 유대 기독교적 상황에서 말

---

64) Bultmann, "ἀφίημι, ἄφεσις, παρίημι, πάρεσις," 1.512.

하거나 글을 쓸 때, "사람들의 회개"를 촉구하고, "하나님의 죄 사함"을 선포해야 하는 특정한 상황을 싫어하지는 않은 것 같다.[65] 하지만 바울은 그의 이방인 선교에서 더 인격적이고 관계적이며 참여적인 방식으로 말하고 글을 쓰기를 좋아한 것이 분명한 듯하다.

4:9-11   바울은 아브라함의 예를 제시하기 시작한 4:1에서 이렇게 질문했다. "그런즉 육신으로 우리 조상인 아브라함이 무엇을 얻었다고 말할까?" 이곳 4:9-11a에서 그는 주목해야 한다고 그가 주장하는 중요한 특징들과 그것으로부터 어떤 중요한 함의를 끌어내야 할 필요를 부각시킴으로써 3개의 수사적 질문들을 더 제기하고 거기에 답한다. 이것은 창세기 15:6(과 시 32:1-2로써 뒷받침되는)에서 아브라함에 관해 말하는 내용이다. 그리고 이 세 질문과 답변에서 그는 "이[즉 아브라함이 하나님을 믿는 '믿음' 또는 하나님에 대한 '신뢰']를 그에게 의로 인정하셨다"(ἐλογίσθη αὐτῷ εἰς δικαιοσύνην)는 진술을 이해함에 있어 매우 중요하다고 보는 두 문제에 초점을 맞춘다. 즉 (1) 그 본문은 아브라함이 행한 어떠한 종교적인 의식이나 칭찬할 만한 행위는 언급하지 않고 "아브라함이 하나님을 믿었다"(ἐπίστευσεν δὲ Ἀβραὰμ τῷ θεῷ)는 사실만을 말한다는 점, (2) 본문의 문맥에 따르면 하나님은 아브라함이 할례를 받았을 때나 받은 후가 아니라, 받기 전에 그를 의롭다고 인정하셨다는 것이 분명하다는 점 등이다.

4:9   로마서 4장 이 단락에 있는 바울의 세 질문과 대답 중 그 첫 번째는 시편 32:1-2에 언급된 하나님의 복의 수혜자들과 관련이 있다. "이 복이 할례자에게냐 혹은 무할례자에게도냐?" 바로 대답이 이어진다. "우리가 말하기를, '아브라함에게는 그 믿음이 의로 여겨졌다!' 하노라." 시편 32:1-2을 창세기 15:6과 동등하게 취급하는 바울의 논리는 서구적 사상에

---

65) 몇 가지 사례가 있다. (1) 바울이 비시디아 안디옥의 유대인 회당 사람들에게 설교했을 때(행 13:24, 28), (2) 바울이 유대교 성경(구약)을 알고 적어도 어느 정도는 유대인의 관습과 사상에 영향을 받은 로마인 통치자에게 말했을 때(행 26:18, 20), (3) 그가 이교도들의 우상 숭배를 비난했을 때(행 17:30), 그리고 물론 (4) 이곳에서 시 32:1-2을 인용하여 유대 기독교의 신학과 용어에 광범위하게 영향을 받은 이방인 신자들에게 교훈할 때 등이다.

는 약간 곡절이 있어 보인다. 하지만 힐렐의 두 번째 해석학적 규칙의 관점에서 본다면 얼마든지 이해할 수 있다. 힐렐의 두 번째 규칙은 동일한 단어나 표현이나 주제가 2개 이상의 성경 본문에 등장할 경우, 그 위치가 어디이거나 얼마나 다르거나에 상관없이, 동일한 고려사항을 모든 본문에 적용해야 한다고 주장한다. 동일한 동사 λογίζομαι가 두 본문에 사용된 까닭에 바울은 이 두 성경 본문이 (1) 반드시 함께 읽혀야 하고, (2) 다른 어떤 것이 아니라 하나님이 그를 의롭다고 인정하는 유일한 인간적 요소가 되는 아브라함의 믿음을 말하고 있다고 이해했다. 이와 더불어 이 두 본문은 바울이 이해한 다음과 같은 내용을 함의한다. (1) 하나님께서 믿음이 있는 사람이라면 누구나 의롭다고 인정하신다는 사실과, (2) 믿음은 어떤 특정한 인간적인 유산을 의존하지 않는다는 사실 등이다. 그래서 사도는 이렇게 결론을 내렸다. 하나님의 "이 복" 즉 "의의 선물"이 유대인("할례자")과 이방인("무할례자") 양쪽 모두에게 주어진다고 말이다. 더욱이 우리는 이러한 주장과 그 주장이 암시하는 바가 로마에 있는 바울의 그리스도인 수신자들도 이해하고 공감했을 내용이었을 것이라고 추측할 수 있다. 그들은 인종적으로는 주로 이방인들이었지만 그들이 구약성경을 해석하면서 유대 그리스도인들의 유산인 석의 과정과 신학과 사상 패턴 및 종교적 언어의 영향을 받았을 가능성이 매우 큰 것으로 보인다.

Λέγομεν γάρ("무릇 우리가 말하기를")라는 표현에서 후치사 γάρ는 어떤 가르침이나 교훈을 소개하는 구어체적 표현(즉 간접적인 담화의 형식)으로 이해하는 것이 가장 좋을 것 같다. Γάρ는 조금 전에 말한 것과의 연속성을 분명히 암시한다. 하지만 이 단어는 설명을 표시하기도 한다. 그런데 "무릇"(또는 "왜냐하면")이라고 문자적으로 번역하는 것이 영어 번역 성경을 읽는 독자들에게 본문에서는 전혀 고려되지 않은 인과관계나 설명을 암시할 수 있으므로 이 접속사를 번역하지 않고 내버려 두는 것이 가장 좋을 것 같다.

그러므로 ἐλογίσθη τῷ Ἀβραὰμ ἡ πίστις εἰς δικαιοσύνην("아브라함에게는 그 믿음이 의로 여겨졌노라")이라는 진술은 창세기 15:6을 직접 인용한 것으로 이해되어서는 안 된다(설령 그것이 오늘날 대부분의 현대 그리스어 본문에 [인용임을 표시하는] 이탤릭체로 제시되었다고 하더라도 말이다). 오히려 이 진술은 창세기 15:6에서 끌어낼 필요가 있는 최우선적이고 가장 분명한 함의를 바울이 직접 요약한 것이다. 이를테면, 하나님이 의롭다고 여겨주시는 것은 아브라함의 "믿음"뿐이었다. 바울이 주장하는 것은 이것이다. 하나님이 이스라엘 종교(즉 구약성경의 종교)의 구조에서 핵심이 되는 것으로 의도하신 것은 바로 아브라함의 경험에서 보듯이 이와 같은 믿음의 강조다. 그리고 바울은 이러한 동일한 강조가 그의 이방인 선교와 그가 로마의 그리스도인 수신자들에게 쓰는 내용에 모두 있는 그의 기독교 메시지 선포에서도 핵심적인 것이 되어왔다고 주장한다(어떤 가르침이나 교훈의 말을 소개하는 λέγομεν γάρ이라는 표현은 따라서 "왜냐하면 우리는 선언하고 있다" 또는 "우리는 주장한다"라고 번역하는 것이 최상이다).

4:10 이 단락의 두 번째와 세 번째 질문과 대답은 하나님께서 아브라함을 의롭다고 여기신 때에 초점을 맞춘다. 그때가 아브라함이 할례를 받은 이후인지 이전인지 말이다. 이 두 질문과 대답에서 바울은 힐렐의 해석학 규칙(미도트) 중 일곱 번째, 이른바 다바르 할라메드 메-인야노(מעינינו דבר הלמד)를 사용한다. 이 해석학 규칙은 어떤 본문이든 늘 그 본문이 놓여 있는 문맥으로 해석해야 한다는 것이다. 바울은 갈라디아에 있는 그의 그리스도인 개종자들에게 전하는 메시지에서 모세 율법의 우월함보다 하나님의 약속의 우월함을 주장할 때 이런 종류의 논증을 사용했다. 이것은 그의 논증을 하나님이 아브라함에게 먼저 언약을 맺으셨고 그 후 뒤늦게 율법(하나님의 토라 또는 교훈의 말씀들)을 모세에게 주셨다는 역사적인 사실에 근거시킨다. 바울은 이렇게 주장한다.

내가 이것을 말하노니(τοῦτο δὲ λέγω), 하나님께서 미리 정하신 언약을 사백삼십 년 후에 생긴 율법(ὁ μετὰ τετρακόσια καὶ τριάκοντα ἔτη γεγονὼς νόμος; 문자적으로 "430년 이후에 주신")이 폐기하지 못하고 그 약속을 헛되게 하지 못하리라. 만일 그 유업이 율법에서 난 것이면 약속에서 난 것이 아니니라. 그러나 하나님이 약속으로 말미암아 아브라함에게 주신 것(κεχάρισται ὁ θεός)이라(갈 3:17-18).

사무엘 샌드멜(Samuel Sandmel)은 다음과 같이 콕 집어 핵심을 요약했다. 이곳에서 "조상인 아브라함 그리고 후손인 모세 및 모세 율법 간의 관계"에 대한 이해에서는 고국의 유대인 랍비들에게, 알렉산드리아의 필론에게, 그리고 바울에게 다음과 같은 "근본적인 문제"가 전면에 부각된다. "만일 모세 율법이 하나님이 주신 법이었다면 아브라함(과 다른 족장들)이 그 율법 없이 어떻게 번성했겠는가?" 샌드멜은 "랍비들은 아브라함이 모세 율법을 준수했고, 사실 '구전' 율법도 준수했다고 주장함으로써 이 문제를 해결했음"을 주목했다. 알렉산드리아 출신의 유대인 철학자이자 신학자인 필론에 대해서 샌드멜은 다음과 같은 사실에 주목했다.

> 필론은 그만의 답변을 제시한다. 그 답변은 랍비적 사고가 아니라 그리스적 사고 안에서만 가능한 답변이다. 즉 아브라함은 자연법을 지켰으며, 아브라함 자신이 법이었고, 모세 율법은 자연법의 복사본이며, 모세 율법의 세칙들은 아브라함(과 다른 족장들)이 행한 이 구체적인 내용으로부터 유래했다고 말이다.

샌드멜은 바울의 입장을 다음과 같이 묘사했다. "바울의 해결책은 율법을 아브라함 이후 오랜 시간이 지나 시작되었으며 일시적으로만 지속되어 예수의 시대까지 유효했던 것으로 간주하는 것이다. 아브라함은 율법을 지키지 않았으며, 예수가 오셨을 때 율법은 파기되었다."[66]

어떤 이는 (아브라함과 관련하여) "지키지 않았다"와 (바울과 관련하여) "파기했다"라는 동사의 어감을 좀 더 다듬길 원할 것이다. 하지만 사무엘 샌드멜은 한편으로 아브라함과 하나님의 약속 그리고 다른 한편으로 모세

---

66) 이 단락에 있는 Sandmel의 모든 글은 Sandmel, *Philo's Place in Judaism*, 107에서 인용했다.

와 하나님의 율법 간의 관계에 대해 바울과 당대 (적어도) 대부분의 유대인 교사들 간의 중요한 차이를 상당히 정확하게 부각시켰다.

이곳 로마서 4:10에서 바울은 갈라디아서 3:17-18과 로마서 4:10에서 시기와 관련하여 다룬 아브라함 언약과 모세 율법의 관계에 대한 이 중요한 질문을 다시 제기한다. 두 본문 모두에서 사도는 창세기 15:6의 넓은 문맥에 비춰볼 때 하나님이 아브라함이 할례를 받기 **전에** 의롭다고 인정하셨고(하나님이 의롭다고 인정하시는 내용은 창 15:6에 제시됨) 할례를 받은 **이후가 아니라**는 것(하나님께서 아브라함과 그의 후손에게 할례를 받으라고 말씀하신 것은 창 17:9-14에 기록됨)이 분명하다고 주장한다. 그래서 바울은 그가 일찍이 갈라디아서에서 주장했던 것처럼 주장한다. (1) 창세기 15:6에 제시되었듯이 하나님이 아브라함에게 하신 언약의 약속은 아브라함의 "믿음" 또는 하나님에 대한 "신뢰"에만 근거하였고, 하나님은 그 믿음을 "의로" 인정하셨다(참조. 갈 3:6-9). (2) 창세기 17:9-14에 언급되었듯이, 아브라함과 그의 후손이 할례받았다는 사실로 인해 아브라함이 하나님을 믿은 믿음의 모범적인 중요성이 변경되거나 파기되지 않았다. 이러한 믿음의 예는 이스라엘 종교의 구조적인 핵심이며, 모든 참 종교의 원형이다(참조. 갈 3:17-18).

4:11a 남성 성기의 포피를 외과적으로 제거하는 할례는 고대에 다양한 집단의 사람들에 의해 거행되었고, 오늘날에도 일부 문화에서 지속되고 있다. 이집트에서는 적어도 구(舊)왕조 또는 "피라미드 시대"(즉 3왕조-6왕조 기간인 기원전 약 2700-2190년)만큼 이른 시기에 할례가 시행되었다. 그 시대에 발굴된 미라와 그 시대 이후 벽화에 묘사된 수술 그림에서 그 증거를 찾을 수 있다. 아시리아인과 바빌로니아인, 블레셋인 및 초기의 가나안 원주민들은 사내아이에게 할례를 행하지 않았다. 하지만 이스라엘과 가까이 살던 이웃 나라들 사이에서는 에돔인과 암몬인, 모압인 및 다양한 광야 백성들이 할례를 행했다.[67]

---

67) 참조. 렘 9:25-26. "여호와의 말씀이니라. '보라! 날이 이르면 할례받은 자와 할례받지 못한 자를 내가 다 벌하리니, 곧 애굽과 유다와 에돔과 암몬 자손과 모압과 및 광야에 살면서 살

유대교 성경(구약)에서 종교적 의식인 할례의 기원은 창세기 17:4-14에 기록된 것처럼 하나님이 아브라함과 언약을 재확인하는 때로 거슬러 올라간다. 할례는 정상적으로는 사내아이가 태어난 지 8일이 되었을 때 거행해야 했다. 할례의 언약적 중요성 때문에 여덟째 날이 안식일이었을 때는 할례를 행하는 것이 안식일의 금지보다 우선했다. 하나님의 백성이 무할례자들인 바빌로니아 사람들 가운데서 살았던 바빌로니아 포로 생활 동안, 할례 의식은 한 국가의 정체성 표시로서 매우 중요하게 되었다. 그리고 많은 유대인이 그들의 고향으로 돌아왔을 때뿐만 아니라 그들이 그리스와 로마 통치자들의 압제 아래 살았던 모든 기간에도 같은 이유로 종교적·국가적 정체성으로서 할례의 중요성은 훨씬 더 중요해졌고, 구별된 백성으로서 그들의 정체성을 재천명해야 했다.

사실, 할례는 점차 환유(어떤 것의 이름을 사용하여 그에 부속하거나 그와 연관된 다른 것을 지칭하는 비유법)가 되었다. 할례는 유대인과 비유대인에 의해 유대인들의 정체를 밝히고 그들을 다른 사람들과 구별하기 위해 사용되었다. 물론 유대인 자신들은 이것을 인정했지만, 비유대인들에 의해서는 경멸적으로 사용되었다. 랍비 시대에 할례는 아브라함 언약과 모세 언약의 표였다(이를테면, 아브라함의 경우처럼 하나님이 그의 백성과 관계하시는 "근본적인" 형식이기도 했고, 모세를 통하여 표현한 대로 하나님과의 관계의 "발전된" 형식이기도 했다). 종종 유대인들은 할례를 유대인 됨의 전형으로 간주했고, 무할례를 "모든 부정한 것 중에 가장 부정하고…모든 실수 가운데 최악의 실수"로 이해했다.[68] 랍비들의 전승에서 개념화했듯이, 장차 "아브라함은 게헨나의 입구에 앉아 할례받은 이스라엘 사람은 누구나 그리로 내려가기를 허락하지 않을 것이다."[69]

쩍을 깎은 자들에게라. 무릇 모든 민족은 할례를 받지 못하였고 이스라엘은 마음에 할례를 받지 못하였느니라.'"

68) 참조. *Pirke de Rabbi Eliezer* 29B 4:36.

69) *Gen. Rab.* 48:8; 할례의 중요성에 대한 다른 랍비들의 진술은 앞의 "석의와 주해"에서 롬 2:25-29에 있는 바울의 비난을 소개하며 인용한 랍비 문헌을 보라.

하지만 바울에게 할례는 유대인 됨의 정수가 아니었다(참조. 롬 2:28-29). 이뿐만 아니라 모든 가능성을 고려해볼 때, 스데반이 사도행전 7:8에서 명명했다고 보도된 것처럼, 바울은 모세 율법을 "할례의 언약"이라고 부르지 않았다. 오히려 바울은 할례를 "언약의 표"(MT **אות ברית**; LXX σημεῖον διαθήκης)로 언급한 창세기 17:11의 어구를 이용하여, 이곳 4:11a에서 아브라함에 대해 "할례의 표를 받았다"(σημεῖον ἔλαβεν περιτομῆς)고 말한다. 그런 다음에 바로 이어서 그것을 (1) "[아브라함이] 믿음으로 받은 의의 표(σφραγῖδα τῆς δικαιοσύνης τῆς πίστεως)"라고 정의하며, (2) 아브라함이 하나님으로부터 받은 의가 "그가 여전히 무할례자였을 때(τῆς ἐν τῇ ἀκροβυστίᾳ)" 주어졌다는 사실에 주목한다.

명사 σφραγίς는 (계 5-6장의 일곱 인처럼) 문자적으로 어떤 문서나 두루마리 위에 찍힌 봉인을 의미한다. 이것은 통상적으로 기록된 내용이 진본임을 증명하는 통치자의 인장이나 관료의 도장의 압인을 뜻했다. 하지만이것은 종종 중요한 어떤 내용을 확증하고 입증하며 진본임을 증명하는 행동이나 상황 또는 진술을 비유적으로 언급하기 위해 사용되기도 한다. 바울이 고린도전서 9:2에서 자신의 사도직을 천명하면서 언급할 때 이런 의미로 사용했다. "나의 사도 됨을 주 안에서 인친 것이 너희라(ἡ γὰρ σφραγίς μου τῆς ἀποστολῆς ὑμεῖς ἐστε)." 그리고 이곳 로마서 4:11a에서 그가 할례를 하나님이 이전에 아브라함에게 주신 의의 선물을 확증하는 기능을 하는 "표적"(σημεῖον) 또는 "표"(σφραγίς)로 말할 때도 이런 의미로 사용했다. 하나님이 그(와 장차 그의 후손 중 사내아이들)에게 할례를 받으라고 명령하신 때에 아브라함에게 이미 의가 있었다.

4:11b-12 아브라함의 믿음에 대한 바울의 주장의 첫 번째 중요 부분은 4:11b-12에서 하나님이 의로 여기셨다는 것과 그래서 모든 믿는 사람들의 처지가 어떠하든지 간에 아브라함이 그들의 조상이 되었다는 선언으로 결론을 맺는다. 아브라함은 "할례를 받은" 유대인이나 "할례를 받지 않은" 이방인을 가리지 않고 모든 믿는 사람의 조상이다. 관사를 가진 부정사(이럴 경우 부정사는 늘 목적격이다)를 동반한 전치사 εἰς("안으로", "안에")

는 목적 또는 결과를 표현하기 위해 사용된다. 이곳 로마서 4:11b에서는 이런 구성이 2번 등장하며 분명 두 가지 방식으로 사용된다. 첫째, εἰς τὸ εἶναι("그래서")라는 어구로 결과를 표현하기 위해, 둘째, εἰς τὸ λογισθῆναι καὶ αὐτοῖς τὴν δικαιοσύνην("그들에게 의롭다고 여기심을 얻게 하려고")라는 절로 목적을 표현하기 위해서다.

부정과거 수동태 부정사 λογισθῆναι("여김을 받다") 다음에 καί("역시", "도")의 부사적 사용이 포함된 본문에 대한 사본 증거는 그것이 생략된 본문의 증거만큼 강력하지 않다. 그래서 이곳에 있는 καί는 무시해야 할 것 같다(위의 "본문비평 주"를 보라). 하지만 "도"("역시")라는 개념이 본문에 있는 것은 확실하다(4:12b에서 "할례"와 관련하여 ἀλλὰ καί["에게도"]의 사용을 주목하라). 그래서 본문을 얼마든지 "그들(즉 "무할례자들")도 의로 여기심을 얻게 하려 하심이라"고 읽을 수 있다. 4:11의 마지막 단어인 명사 δικαιοσύνην("의") 앞에 관사 τὴν("그")이 포함된 것과 생략된 것 사이에 사본 증거는 거의 동등하게 나뉘지만, 그 관사가 포함된 것을 선호하는 본문 전통이 약간은 우세하다(위의 "본문비평 주"를 보라). 우리가 그럴 것이라고 생각하듯이 만일 관사가 포함되었다면, 관사 τήν을 (그리스어에서 관사의 일반적인 기능처럼) 4:11에서 앞서 사용된 δικαιοσύνη를 가리키는 것으로 이해해야 한다. 따라서 τὴν δικαιοσύνην을 "우리가 이전에 말했던 의" 또는 좀 더 구어체답게 번역하면, "우리가 말한 의"라고 번역할 수 있다.

바울이 4:12에서 말하는 내용과 그가 바로 앞 4:11b에서 말한 내용의 관계는 자주 논의의 대상이 되었다. 일례로 에른스트 케제만은 4:12을 바울이 나중에 생각하여 덧붙인 부분으로 보았다. 말하자면, (1) 뒤늦게 그가 할례받은 유대인들의 상태를 논하려고 한 것이 된다. 일반적으로 바울이 "먼저는 유대인이요, 그리고 이방인들도"라고 말했기 때문이다. (2) 앞에서 주장했던 "과장된" 내용에 "단서를 달고" 그 내용의 "거친 부분"을 "부드럽게" 하려 했다. 바울이 4:11b에서 말한 것처럼 아브라함이 단순히 "믿음을 가졌지만 할례를 받지 않은 사람들의 조상"이라고 말하면 "유대교는 아브라함이나 할례로부터 단절"되기 때문이다. 이는 바울이 고려한 의도가

아닐 것이다.[70)]

　케제만에 대한 답변으로, 사실 바울이 로마서 4:11b-12에서 두 집단의
사람에 대해 말하고 있다고 말해야 할 필요가 있다. 첫째는 "믿음이 있지만
할례를 받지 않은 사람들", 둘째는 "할례를 받았을 뿐만 아니라 우리 조상
아브라함이 이전에 할례를 받았을 때에 가졌던 믿음 안에서 행하기도 하는
사람들"이다. 하지만 바울이 이 두 집단의 사람들에게 말하는 순서를 혼동
했고 그래서 정정할 필요가 있었다고 보아서는 안 된다. 오히려 바울은 그
들에게 창세기에 언급된 순서대로 말한다. 이를테면, 아브라함이 무할례 상
태에 있을 때 하나님을 믿었고 그것이 하나님께 의로 여김을 받았다는 창
세기 15:6을 언급하고, 그다음 하나님이 아브라함과 맺은 그의 언약을 되풀
이하고 그와 그의 후손들에게 할례를 받으라고 명령하신 17:4-14을 언급
한다. 더욱이 바울이 이곳 로마서 4:11b-12에서 하고 있는 것은 유대인들
을 아브라함이나 할례와 분리시키려는 것이 아니다. 즉 바울은 아브라함이
유대인의 조상임을 인정하지 않으려는 것도 아니고 할례가 정당한 종교의
식임을 묵살하려는 것도 아니다. 오히려 그는 누구든지 아브라함의 믿음을
소유하지 않는다면, 아브라함의 족장으로서의 지위와 그가 받은 할례가 유
대인에게는 의미가 없다고 주장한다.

　바울이 4:12에서 οὐ(κ), ἀλλά("아니라, 그러나")와 같은 어떤 묵살하는 표
현보다 οὐ μόνον, ἀλλὰ καί("뿐 아니라, ~도")라는 어구를 사용한 것은, (1)
아브라함을 이스라엘 나라의 아버지로 받아들이고 할례 의식을 하나님의
언약에 속한 유대인들을 위한 "표지" 또는 "표"(나중에 그들의 국가적인 정체성
의 표시가 된 것)로 받아들이는 것과 (2) 하나님 앞에서 의롭게 되는 것이 한
편 이런 요인들에 의해 영향을 받는 것이 분명하지만 주로 그들이 개인적
으로 그리고 공동체적으로 하나님을 믿는 "믿음" 또는 "신뢰"의 반응에 깊
이 뿌리를 둔 문제라는 사실에 대한 그의 생각 사이에 있는 균형을 잘 나타
낸다. 이것은 본질적으로 바울이 일찍이 로마서 2:28-29에서 선언했던 내

---

70) 참조. Käsemann, *Romans*, 116.

용이다.

> 무릇 표면적 유대인이 유대인이 아니요, 표면적 육신의 할례가 할례가 아
> 니니, 오직 이면적 유대인이 유대인이며, 진정한 할례는 마음에 할지니, 영
> (성령)에 있고 율법 조문에 있지 아니한 것이라. 이와 같은 칭찬은 다른 사
> 람에게서가 아니요, 다만 하나님에게서 나오느니라.

제임스 던이 주목했듯이, 이곳 로마서 4:11b-12의 바울의 결론에서만 "바
울은 이 본문[즉 2:28-29]을 넘어 아브라함의 예표라는 논리를 몰고 간다.
'만일 믿음이 외적인 의식보다 더 중요하다면, 의는 외적인 의식보다는 우
선적으로 믿음에 의존하며, 외적인 의식을 받지 않고 믿음을 가지고 있는
사람들에게도 주어진다.'"[71]

III. 믿음에 근거하여 아브라함과 그의 후손만 아니라 예수를 믿는 신자들에게 주시는 약속(4:13-24).

4:3-12에 있는 바울이 주장한 내용의 첫 번째 부분에서는 아브라함에 관한
창세기 15:6의 진술과 시편 32:1-2의 "복 있는 사람"에 관한 주장에 등장하
는 ἐλογίσθη("여김을 받다")라는 용어의 의미와 중요성에 대한 탐구가 두드
러지는 반면, 4:13-24에 있는 그의 주장의 두 번째 부분에서는 대체로 창세
기 15:4-5과 17:4-6에서 다룬, 하나님이 아브라함에게 하신 약속의 특성에
관심이 있다. 이 두 번째 부분 전체에서는 하나님을 믿는 아브라함의 "믿
음"과 "신뢰"에 지속적인 초점을 두며, 그래서 이런저런 형식으로 "그 약속
이 믿음으로 말미암는다"라는 주장이 반복해서 등장한다. 이 두 번째 부분
의 마지막 단락에서 바울은 동사 λογίζομαι("여겨지다", "인정받다")를 다시
사용하여, 아브라함이 하나님이 "약속하신 것을 행하시리라" "믿었기" 때
문에 하나님이 "그를 의롭게 여기셨"고, 이것을 로마에 있는 그의 그리스도

---

71) Dunn, *Romans*, 1.211.

인 수신자들에게 적용함으로써 "예수 우리 주를 죽은 자 가운데서 살리신 이[하나님]를 믿는" 사람들도 하나님께서 "의롭게 여기실 것"이라고 주장한다.

4:13 여기서 바울은 그의 주장의 이 두 번째 부분에서 아브라함의 예와 관련하여 이어질 내용을 위한 그의 논제를 진술한다. 후치사인 접속사 γάρ는 4:13-24에 있는 바울의 주장의 이 두 번째 주요 단락을 4장의 앞부분에서 기록한 것과 연결시켜주는 기능을 할 뿐이다. 마치 일찍이 4:3 도입부에 있는 접속사 γάρ가 4:3-12에 있는 그의 주장의 첫 번째 주요 단락을 앞서 4:1-2에서 소개하며 말한 내용과 연결하는 기능을 했듯이 말이다.

명사 ἐπαγγελία("약속")는 로마서에서는 이곳 4:13에 처음으로 등장한다. 물론 그 주제는 바울이 4:3에서 창세기 15:6을 인용한 곳(창 15:6은 창세기 기사에서 하나님이 아브라함에게 후손을 약속하신 문맥에 놓여 있다. 참조. 창 15:4-5)과 바울이 4:4-12에서 이 구절을 주석하는 과정에서 암시되긴 했다. 더욱이 하나님의 약속이라는 주제는 4:14-22에서 바울이 아브라함을 예로 든 나머지 부분을 주도할 것이다. 명사 ἐπαγγελία와 함께 관사 ἡ가 사용된 것은 특별하고 구체적인 약속을 염두에 두었음을 표시한다. 문맥상 그 약속은 확실히 창세기 15:4-5에 제시된 아브라함의 후손에 관해 하나님이 아브라함에게 하신 약속으로 이해해야 하며, 아브라함이 하나님을 신뢰하고 하나님이 그에게 의로 여겨주신 것을 다룬 창세기 15:6의 진술이 거기에 뿌리를 둔다.

그리스 철학자들 가운데 가장 위대한 사람 중 한 명인 아리스토텔레스(기원전 384-322년)의 저술[72]과 그리스의 가장 위대한 웅변가인 데모스테네스(기원전 384-322년)의 연설들에 나타나 있듯이, 고전 그리스어에서 ἐπαγγελία라는 단어는 철학자들과 웅변가들에 의해 "발표"란 의미로 사용되었다. 하지만 기원전 2세기에 ἐπαγγελία는 그리스와 유대 저술가들에 의

---

72) 특히, Aristotle, *Nicomachean Ethics* 10.1을 보라.

해 "맹세", "확신", "약속"이란 의미로 더 많이 사용되기 시작했다.[73]

창세기에는 하나님께서 아브라함에게 하신 수많은 약속이 있다. 그의 아내 사라에게서 아들이 태어날 것이며 그가 그의 참된 상속자가 될 것이라는 약속(창 15:4; 17:16, 19), 그의 후손이 "큰 민족"이 될 것이라는 약속(12:2), 그의 이름이 위대하게 될 것이라는 약속(12:2), 그가 많은 나라의 아버지가 될 것이라는 약속(17:4-6), 그와 그의 후손들이 가나안 땅을 영원한 소유로 받게 될 것이라는 약속(12:7; 13:14-15, 17; 17:8), 그의 후손들이 셀 수 없을 정도로 많아져 "땅의 티끌"과 "하늘의 별"과 "바닷가의 모래"와 같을 것이라는 약속(13:16; 15:5; 17:2, 6; 18:18; 22:17), 아브라함과 그의 후손으로 말미암아 "땅의 모든 나라가 복을 받을 것이라"는 약속(12:2; 18:18; 22:18) 등이다. 하지만 이곳 로마서 4:13(과 4:14-24 전체)에서 바울은 하나님이 아브라함에게 "세상의 상속자"가 될 것이라고 하신 약속만을 총체적으로 언급한다. 이것은 다음 두 가지를 모두 지칭하기 위한 어구다. (1) 하나님이 그에게 인정하신 새로운 지위와 생명, **그리고** (2) 그 당시 알려진 세상에서 아브라함과 그의 후손이 널리 퍼져 있고 중요한 존재라는 것 등이다. 그리고 바울은 4:13의 이 논제 진술에서 "아브라함과 그의 후손에게"(τῷ Ἀβραὰμ ἢ τῷ σπέρματι αὐτοῦ) 하신 하나님의 약속은 "율법으로 말미암은 것이 아니요"(οὐ γὰρ διὰ νόμου) "오직 믿음의 의로 말미암은 것이라"(ἀλλὰ διὰ δικαιοσύνης πίστεως)고 주장한다.

불변화사 ἢ는 서로 반대되는 것들 사이에서 이접(離接) 접속사로 사용될 경우 서로 배타적인 내용들을 분리시키는 기능을 하며, 그래서 "또는"이라고 번역된다. 하지만 서로 관련이 있고 비슷한 내용들 사이에서 사용될 경우 ἢ는 접속사 καί와 동등하며, 그래서 이곳 τῷ Ἀβραὰμ ἢ τῷ σπέρματι αὐτοῦ(문자적으로, "아브라함과 그의 아들에게")라는 표현에서처럼 "그리고"라고 번역해야 한다. 더욱이 추정할 수 있는 것은 그 약속이 "율법

---

73) 예. Polybius, *History* 1.43.6; 7.13.2; 18.11.1; Diodorus Siculus, *Universal History* 1.5.3; 4.16.2; 1 Macc 10:15; Philo, *De mutatione nominum* 37; Josephus, *Antiquities* 5.8.11.

으로 말미암은 것이 아니요"(οὐ γὰρ διὰ νόμου)라는 바울의 부정적인 주장
이, 바울 당대의 일반적인 유대인들이 유대교 성경(구약)에 있는 (아브라함
에게 한 약속이든 다른 사람에게 한 약속이든) 하나님의 약속들을 (1) 모세 율법
의 약속에 종속된 것으로서 (2) 그 율법에 제시된 하나님의 토라(즉 "교훈")
를 지키는 신실함을 통해서만 받을 수 있다고 이해한 실제적인 입장에 대
한 반응으로 제시되었다는 것이다.[74] 또한 주목해야 하는 점은 아브라함이
"믿음에서 나오는 의로 말미암아"(διὰ δικαιοσύνης πίστεως) 하나님의 약속
을 받았다는 바울의 긍정적인 진술에는 소유격 πίστεως의 설명적 사용 또
는 동격 사용이 포함되었다는 사실이다. 소유격 πίστεως는 조상 아브라함
이 하나님의 약속을 받은 방법, 즉 "믿음으로"를 서술하는 것으로 이해하는
것이 가장 좋다.

인간 역사에 펼쳐진 하나님의 구원 계획(즉 *Heilsgeschichte*)에 대한 바울
의 이해에 공감하기 위해서는 4:13에 있는 그의 논제 진술에서 다음과 같
은 두 가지 중요한 문제를 주목하는 것이 중요하다. (1) 바울이 믿음에 대
한 그의 주장에서 모세 배후에까지 거슬러 올라가 아브라함의 경험을 직접
다룬다는 점과, (2) 하나님의 약속을 말하면서 그가 아브라함과 그의 후손
들에게 주신 약속의 영토적 측면에 대한 언급은 전혀 포함시키지 않는다는
점이다. 데이비스(W. D. Davies)는 다음과 같은 말로 첫 번째 요지를 통찰력
있게 강조했다.

> 바울은 의도적으로 모세를 지나쳐 아브라함에게로 거슬러 올라간다. 아
> 브라함은 그리스도의 원형이 아니라 기독교 믿음의 원형이다. 그리고 바
> 울은 복음과 유대교 간의 연속성을 발견한다. 적어도 구원사의 역사적인
> 연속성에서가 아니라 (율법이 아닌) 약속에서 말이다.[75]

---

74) 예. 2 Macc 2:17-18, "그가 율법으로 말미암아 약속하셨듯이"; *Pss Sol* 12:6, "주님의 경건
     한 자들로 하여금 주님의 약속들을 상속하게 하소서"; 또한 *Sib Or* 3:768-69; *2 Bar* 14:12-
     13도 보라.
75) W. D. Davies, "Abraham and the Promise," 173 n. 19.

이 진술을 뒷받침하면서 데이비스는 바울이 일찍이 갈라디아에 있는 그의 개종자들에게 보낸 편지에서 증거를 인용한다.

> 바울은 하나님이 아브라함에게 하신 약속과 그리스도 안에서 그 약속이 성취된 것 사이에 율법이 있다고 해석한다. 율법의 역할은 특수했다. 이를 테면, 율법은 이스라엘에게만 해당되어 다른 사람들로부터 그들을 구별해주는 역할을 했다. 율법은 단지 이스라엘을 그리스도께 데려다주는 역할만 했을 뿐이며, 그것도 모든 사람을 위해서 그리했다. 하지만 율법의 특수한 역할마저 순전히 일시적인 것이었다(갈 3:19ff.). 그리스도가 오심으로써 이제 그 약속은 성취되었고 율법은 더 이상 필요 없게 되었다(갈 3:10-14, 23-26). 약속의 자녀들은 성숙함에 도달했으며, 그들의 유업에 들어갔다(갈 4:7). 율법의 예비적이고 특정한 때는 이제 아브라함에게 하신 약속이 "그리스도 안에서" 성취된 은혜의 보편성에 자리를 내주고 말았다(갈 3:15-18; 롬 4:16).[76]

또한 데이비스는 앞에서 인용한 두 번째 문제, 즉 이곳 로마서 4:13에서 하나님이 아브라함에게 하신 약속을 다룬 바울의 말에는 영토에 대한 언급이 없다는 사실에 대해서도 적절히 언급했다. 그는 이렇게 말한다. "바울은 그 약속의 영토적 측면을 완전히 무시한다. 땅은 그의 관심의 범위 안에 있지 않았다."[77] 그런 다음에 그는 다음과 같은 평가를 반복한다. "그[바울]의 약속에 대한 해석은 무(無)영토적이었다."[78] 그리고 바울이 이곳에서 영토에 대해 침묵한 것이 정치적인 이유 때문이라고 생각하지 않기 위해서(제국의 수도였고 그 당시 세계 권력의 중심지라는 로마에 살고 있는 수신자들 누구에게나 유대인의 영토적 권리와 관련하여 글을 쓴다는 것은 대담할뿐더러 위험천만한 일이기도 했

---

76) W. D. Davies, "Abraham and the Promise," 179.
77) W. D. Davies, "Abraham and the Promise," 178.
78) W. D. Davies, "Abraham and the Promise," 179.

을 것이다) 데이비스는 바울이 갈라디아와 같은 외딴 지역에 살고 있는 수신
자들에게 편지를 보내면서도 비슷하게 침묵했음을 언급한다. 그런 곳에서
는 이러한 "정치적인 정당성"이 그다지 필요하지 않았을 텐데도 말이다.

> 갈라디아서에서 우리는 바울이 단지 몇몇 정치적인 이유로 그 약속의 영
> 토적인 측면을 무시하지는 않았을 것이라고 확신할 수 있다. 그의 침묵은
> 단지 그 문제에 대한 의식적인 관심의 부재만을 가리키지 않고, 그러한 관
> 심에 대한 의도적인 거절을 가리킨다. 그 약속에 대한 바울의 해석은 무영
> 토적이다.[79)]

4:13에 있는 바울의 주제 진술은 아브라함이 하나님의 약속을 받은 것이
"믿음의 의로 말미암은 것"(διὰ δικαιοσύνης πίστεως)이었다는 긍정적인 내용
을 강조한다. 이 표현은 바울의 어휘에서 "그것(약속)을 믿음으로 받은 사
람을 하나님이 의로 여기셨다"고 말하는 축약된 방식이 되었다. 여기서 바
울은 참으로 성경적인 모든 종교의 기본적인 구조를 선포한다. 이 구조는
아브라함이 실제로 겪은 것에서 예증되었으며 현대인들에게 유일한 패턴
이다.

　　4:14-15   이 두 구절에서 바울은 두 가지 주장을 고대 수사학자들
이 엔튀메메(*enthymeme*), 즉 압축되고 불완전한 삼단논법으로 분류한 형식
으로 제시한다. 엔튀메메의 전제는 성품(에토스)이나 감정(파토스) 또는 이
성(로고스)의 문제들을 포함할 수 있지만, 그 결론은 반드시 청중이나 수신
자들에 의해 보충되어야 한다. "만일 율법에 속한 자들이 상속자이면 [아
브라함의] 믿음은 헛것이 되고 [하나님의] 약속은 파기되었느니라. [모세
의] 율법은 진노를 이루게 하나니 율법이 없는 곳에는 범법도 없느니라."
엔튀메메가 이처럼 2번 사용된 주된 목적은 4:13의 논제 진술을 뒷받침하
려는 데 있다. 다시 말해서, 하나님께서 아브라함에게 하신 약속은 율법으

---

79) W. D. Davies, "Abraham and the Promise," 178-79.

로 말미암은 것이 아니라 믿음으로 말미암아 왔고, 따라서 두 엔튀메메 모두 설명적인 의미로 사용된 접속사 γάρ("왜냐하면")로 시작한다. 엔튀메메의 이 수사학적 기술은 나중에 로마서 6:1("은혜를 더하게 하려고 죄에 거하겠느냐?"), 6:15("우리가 법 아래에 있지 아니하고 은혜 아래에 있으니 죄를 지으리요?"), 7:7("율법이 죄냐?")의 질문과 그의 다른 편지들 여러 곳에서 발견된다.[80]

　　이곳 로마서 4:14-15에서 바울이 사용한 엔튀메메는 "하나님의 약속"과 "아브라함의 믿음"을 논의하는 중에 등장하며, 따라서 4:14의 관사를 동반한 "그 약속"(ἡ ἐπαγγελία)과 "그 믿음"(ἡ πίστις)은 반드시 각각 "하나님의 약속"과 "아브라함의 믿음"을 의미하는 것으로 이해되어야 한다. 마찬가지로, νόμος가 "모세 율법"을 가리키는 논의에 등장한다는 사실에 비춰볼 때, 4:14-15에서 "율법"(νόμος)이란 용어가 3번 사용된 것 역시 모세 율법을 염두에 두고 있는 것으로 이해해야지, 그것을 "법"이나 "적법성"과 같은 어떤 일반적인 원리로 이해해서는 안 된다. 더욱이 (엔튀메메의 특징인) 압축된 진술로서, (1) 4:14의 복수 명사 "상속자들"(κληρονόμοι)은 이보다 앞서 4:13에서 사용된 용어(즉 "세상의 상속자")로 이해되어야 하며, (2) 4:15의 "진노"(ὀργή)와 "범법"(παράβασις)이라는 두 용어는 로마서와 그의 다른 편지들에 사용된 바울의 용례에 맞는 방식으로 이해되어야 한다.[81]

　　4:14의 첫 번째 엔튀메메는 다음과 같이 해석하는 것이 가장 좋을 것 같다. (1) 실명사 어구 οἱ ἐκ νόμου(문자적으로, "율법에 속한 자들")는 "자신의 삶의 기초를 모세 율법에 두는 사람들"로 이해되며, (2) 복수 명사 κληρονόμοι("상속자들")는 "하나님이 인정하신 새로운 지위와 생명"을 암시하는 것으로 이해된다. 두 어구를 이런 식으로 이해할 경우, 바울은 이곳 4:14에서 단지 모세 율법에 자신의 삶의 기초를 두는 것은 결국 하나님의 의의 약속을 무시하고 인간의 믿음의 반응의 효력을 부정하는 것이라고 말

---

80) 예. 갈 2:14; 3:3; 고전 6:15.
81) 로마서에서 "진노"의 사용과 관련해서는 1:18; 2:5, 8; 3:5을, "범법"의 사용과 관련해서는 2:23을 보라.

하고 있는 것이다. 그것은 율법주의적 준수의 삶을 사는 것이며, 따라서 하나님의 약속에 수반되고 아브라함의 믿음으로 표현된 생명의 특질을 놓치는 것이다. 그러므로 이러한 삶은 단지 4:13에 있는 바울의 논제 진술, 즉 하나님께서 아브라함에게 하신 약속이 "율법으로 말미암지 않고 믿음으로 받은 의로써" 효력 있게 되었(고 그렇게 된)다는 진술의 진실성을 증명하는 역할을 할 뿐이다.

4:15의 두 번째 엔튀메메는 모세 율법과 관련한 전제로 시작한다. "율법이 진노를 가져오는 까닭이다!" 이 전제는 율법이 없을 경우 어느 한 사람의 범법과 관련하여 고발이 없을 것이라는 추론으로 이어진다. "그러나 율법이 없으면 범법도 없느니라." 바울은 갈라디아서 3:10-14에서 2개의 상반되는 범주에 속하는 성경 구절 4개를 제시한다. 그중 2개는 신명기 27:26과 레위기 18:5에서 온 것인데, "율법"과 "저주"를 다루었다. 그리고 그는 율법을 "행하"려 하는 것은 그 사람에게 저주를 가져올 뿐이라고 주장했다. 다른 2개는 하박국 2:4과 신명기 21:23인데, "믿음" 및 "의"와 관련되었다. 그는 믿음과 의가 성경적인 종교의 구조에 참된 패턴을 제공한다고 주장했다. 바울이 이곳 로마서 4:15에서 주장하는 내용은 그가 일찍이 신명기 27:26과 레위기 18:5을 인용하고 그 본문의 부정적인 함의를 논평한 갈라디아서 3:10-14에서 주장했던 내용과 매우 비슷하다. 이곳 로마서 4:15에서 그는 매우 간결하고 과장된 방식으로 선언한다. "율법은 진노를 가져온다!"고 말이다.

갈라디아서 3:10-14에서 강조되었고, 이곳 4:15에서 간략하고 과장된 방식으로 서술되었으며, 나중에 9:1-11:36에서 좀 더 충분히 전개될 것처럼, 율법을 이렇게 이해하면, 아브라함에게 하신 하나님의 약속과 하나님이 그를 의롭게 여기신 것이 모세 율법으로 말미암았다거나 아브라함 자신이 그 율법에 충실한 것에서 비롯되었다고 절대로 주장할 수 없다. 그리고 바울은 다음과 같은 추론적인 진술로써 이 두 번째 수사적 엔튀메메를 결론짓는다. "그러나 율법이 없으면 범법도 없느니라." 이것은 "어느 사람이 그 문제와 관련한 법률제정이 없다면 율법을 범했다고 비난을 받지 않는다"는 뻔한 소리가 아니라, 이방인들이 모세 율법을 받지 않았기 때문에 그들이 하나님 앞에서 의롭다 함을 받은 것이 모세를 통해 받은 하나님의 토라("교훈")로부터 나왔다고 말할 수 없고, 오로지 하나님의 은혜와 하나님의 약속과 그들의 믿음의 반응에만 의존했음이 확실하다고 주장하는 것이다.

바울은 로마서의 이 본문에서 하나님의 구원의 점진적인 계획의 과정에서 "모세 율법"의 목적과 기능에 대해 포괄적인 가르침을 제시하려는 데 관심이 있지 않다. 그 문제와 관련해서는 상당히 많은 내용을 이미 갈라디아서, 특히 3:19-4:7에서 제시했다. 갈라디아서 본문은 다음과 같은 질문으로 이 문제를 소개한다. "그런즉 율법은 무엇이냐?"[82] 바울은 그것을 논의하면서 매우 중요한 여러 문제를 로마 그리스도인들에게 보낸 그의 편지 후반부인 로마서 9:1-11:36에서 다룰 것이다. 이곳에서 바울의 관심은 전적으로 하나님의 약속이 아브라함과 그의 후손에게, 그래서 바울 당대(또한 오늘날)의 사람들에게 이른 것이 모세 율법으로 말미암은 것인지 아니면 사람의 믿음으로 말미암은 것인지에 관련한다. 따라서 바울이 4:14-15에서 엔튀메메라는 수사학적 논증 형식을 사용한 이유는 오직 4:13에 있는 그의 논제 진술을 뒷받침하려는 데 있었다. "아브라함이나 그 후손에게 세상의 상속자가 되리라고 하신 언약은 율법으로 말미암은 것이 아니요, 오직 믿음의 의로 말미암은 것이니라."

4:16   바울은 바로 앞에 있는 4:14-15에서 그가 4:13의 논제 진술을 시작할 때 제기한 부정적인 내용을 2개의 수사학적 엔튀메메를 사용하여 강조했다. 즉 하나님이 아브라함에게 하신 약속은 "율법으로 말미암은 것이 아니라"(οὐ διὰ νόμου)는 것이다. 이곳 4:16에서 그는 그 논제 진술의 결론에서 제시한 긍정적인 선언을 부각시킨다. 즉 하나님의 약속은 "믿음의 의로 말미암는다"(διὰ δικαιοσύνης πίστεως). 이렇게 하면서 바울은 그가 아브라함을 의와 믿음의 최상의 모범으로 말했던 모든 내용을 마무리하기 시작한다.

---

82) R. N. Longenecker, *Galatians*, 135-78, 여러 곳.

　　4:16의 내용은 부정과거 단수 중성 지시대명사 τοῦτο(문자적으로, "이 사실 때문에" 또는 "지금까지 말한 내용으로 인해")와 전치사 διά의 관용적 사용으로 시작한다. 이 어구는 단순히 "그러므로"라고 번역하는 것이 가장 좋다. 또한 16절은 첫 번째 절에서 분명한 주어나 분명한 동사가 없고(단순히 ἐκ πίστεως) 두 번째 절에도 분명한 주어나 분명한 동사가 없는(단순히 ἵνα κατὰ χάριν) 압축적 문장(즉 단어들을 매우 경제적으로 사용한 문장)으로 시작한다. 하지만 문장의 문맥에 비춰볼 때, 첫 번째 문장에서 ἡ ἐπαγγελία("약속")를 주어로 이해해야 하고 ἐστίν("그것은 ~이다")을 동사로 이해해야 하며, 둘째 문장에서도 그 주어와 동사를 그렇게 이해해야 한다.

　　하지만 바울이 이 구절에서 "약속"(ἐπαγγελία), "믿음"(πίστις), "은혜"(χάρις) 등 삼총사를 연결하는 방법에 특히 주목할 필요가 있다. 이 주제들은 모든 참된 종교의 구조를 받치는 삼각대 또는 세 발 "의자"다. 바울이 말하듯이, 이 세 위대한 근본적 주제들이 함께 결합될 수밖에 없는 까닭은 "그 약속(τὴν ἐπαγγελίαν)이 아브라함의 모든 후손에게(παντὶ τῷ σπέρματι) 보장되게(βεβαίαν) 하려는(εἰς τὸ εἶναι)"데 있다. 형용사 βέβαιος는 "굳은", "영원히", "믿음직한", "의존할 만한", "변함없는"과 같은 개념을 의미한다. 아돌프 다이스만은 그 형용사가 고대 세계의 여러 영역과 다양한 상황에서 "법적으로 보장된 안전"을 의미하는 전문용어로서 실명사적 형태로 사용되기도 했다고 지적했다.[83] 이 단어의 이런 어감이 이곳에 가장 잘 적용될 수 있는 듯하다.

　　"아브라함의 모든 후손에게"(παντὶ τῷ σπέρματι, 문자적으로 "모든 씨에게")라는 바울의 언급은 그것이 당시 유대교에서 사용되던 상황과는 결정적으로 다른 상황에서 등장한다. 유대교에서는 σπέρμα("씨", "후손", "자손")가 일반적으로 "유대인에게서 태어난 유대인들"만을 언급했다.[84] 바울이

---

83) 참조. Deissmann, *Bible Studies*, 104-9.
84) 예. 4 Macc 18:1: "오 이스라엘 백성들, 아브라함의 씨에서 태어난 자녀들이여, 이 율법에 순종하고 모든 길에서 의로워라."

사용한 "모든 씨에게"라는 표현은 포괄적이며, 따라서 "율법에 속한 사람들만 아니라 아브라함의 믿음에 속한 사람들도" 가리킨다. 더욱이 바울은 이 구절에서 형용사 μόνον("유일한")을 포함시킨다. 이 단어는 이곳 "율법에 속한 자(즉 "유대인")에게**뿐만 아니라**(οὐ μόνον) 아브라함의 믿음에 속한 자(즉 "이방인")**에게도**(ἀλλὰ καί) [이 약속이 임한다]"라는 진술에서 부사로 등장한다. 바울은 이방인을 포함시킴으로써 하나님의 가족에서 유대인들이 구별되었다는 잘못된 생각을 없애려고 "에게뿐만 아니라"(οὐ μόνον) "에게도"(ἀλλὰ καί)라는 표현을 채용한 것 같다.

하지만 바울이 "율법에 속한 자에게"(τῷ ἐκ τοῦ νόμου)라는 어구를 사용한 것으로 인해 다음과 같은 질문이 야기된다. 그가 이곳 4:16에서 의미하려는 것이, 이보다 겨우 두 절 앞에 있는 4:14의 "율법에 속한 자들"(οἱ ἐκ νόμου)이라는 표현과 비슷하게, "자신의 삶의 기초를 율법에 두려는 사람들"인가? 14절의 표현은 문맥상 예수께 헌신하지 않고 모세 율법에 헌신한 유대인을 의미한 것이 확실하다. 또는 그가 의미한 것이 네 구절 앞에 있는 4:12에서처럼 "할례받을 자에게뿐 아니라 우리 조상 아브라함이 무할례시에 가졌던 믿음의 자취를 따르는 자들"인가? 이 문제에 대해 학자들의 견해는 약간 나뉜다. 꽤 많은 주석가들이 첫 번째 견해를 지지해왔다. 즉 바울이 이곳에서 염두에 두고 있는 것은 비록 예수를 믿는 믿음을 표현하지는 않았으나 아브라함에게 하신 하나님의 약속의 영역 안에 있는, 율법을 준수하는 유대인이라고 말이다. 그들은 일반적으로 기독교 사도인 바울이 믿음이 없는 유대인들에게 지속적으로 관심을 가졌다고 지적한다. 단순한 이유에서다. 바울이 9:1-11:36에서 쓴 내용, 특히 11:25-32에서 보듯이, 바울은 하나님이 계속해서 그들에 대해 언약적인 관심을 가지고 계신다고 믿었다는 것이다.[85] 하지만 대다수의 주석가는 이곳 4:16에서 바울의 "율법에 속한 자들"이라는 언급이 예수를 믿는 유대인들을 염두에 둔 것이라고 이

---

85) 예. B. Weiss, *An die Römer*, 203-5; Murray, *Romans*, 144-45; Dunn, *Romans*, 1,216; 그리고 Jewett, *Romans*, 330-31.

해한다.[86]

바울이 이곳 4:16에서 예수를 믿는 사람들만 아니라 예수를 믿지 않고 율법을 준수하는 유대인들도 염두에 두었다고 주장할 수도 있다. 하지만 전후 문맥에 비춰볼 때 이 구절에서 "율법에 속한 자들"은 예수를 믿는 유대인 신자들일 가능성이 더 커 보인다(비록 바울이 4:14에서 예수를 믿지 않고 율법을 준수하는 유대인들을 가리키려고 이와 비슷한 표현을 사용했지만 말이다). 4:16의 도입부에 등장하는 "믿음으로"(ἐκ πίστεως)라는 어구가 16절 전체를 지배하기 때문에 바울이 아브라함의 후손에 대해 4:16에서 "율법에 속한 자에게뿐 아니라"라고 말한 것은 (4:12에서처럼[4:14은 아니다]) 예수를 믿는 유대인 신자들을 언급하는 것으로 이해되어야 할 개연성이 무척 크다.

4:16의 내용은 거의 신앙고백적인 진술로 마친다. "그가 우리 모든 사람의 아비라"(ὅς ἐστιν πατὴρ πάντων ἡμῶν). 많은 해석자가 다음 사실에 주목했다. (1) 이 진술의 엄숙성과 (2) 이 진술이 종종 그리스도인들의 기독론적 신앙고백에 사용된 형식인 ὅς ἐστιν("그는…이다")으로 시작한다는 사실이다.[87] 일찍이 이 동일한 구절에 등장한 "모든"의 용례를 반복한 "모든"이라는 단어로써 예수를 믿는 유대인만 아니라 예수를 믿는 믿음으로 말미암아 하나님께로 나아온 이방인들을 의미하는, "아브라함이 우리 모든 사람의 아비"라는 포괄적인 확신은 창세기 15:5에서 하나님이 아브라함에게 하신 약속을 읽는 초기 그리스도인의 이해에 근거하고 있음이 분명하다. "'하늘을 우러러 뭇별을 셀 수 있나 보라.' 또 그에게 이르시되, '네 자손이 이와 같으리라!'" "그[아브라함]가 우리 모든 사람의 아비라!"는 선언은 로마 그리스도인들 사이에서 대단히 소중하게 여겨졌던 진술이었을 가능성이 크다. 그곳에서 이 진술은 그들 이전의 모든 인종적·문화적 정체성을 초월한 새로운 집단 정체성을 나타내는 기능을 했을 것이다. 따라서 이것은

---

86) Sanday and Headlam, *Romans*, 112; Käsemann, *Romans*, 121; Morris, *Romans*, 207; Cranfield, *Romans*, 1.242-43; 그리고 Moo, *Romans*, 278-79.

87) 특히, Michel, *An die Römer*, 170; Cranfield, *Romans*, 1.243; Jewett, *Romans*, 331-32.

바울이 그들의 입장에 동의하면서 그의 수신자들에게 다시 인용한 그들의
진술로 이해될 수도 있다.

4:17   바울은 창세기 17:5-6에서 하나님이 아브라함에게 재차 약
속하신 기사를 상기시키고 "내가 너를 많은 민족의 조상으로 세웠다"는 약
속을 인용하며 17절을 시작한다. 바울이 (4:17 거의 바로 직후에 이어지는) 4:18
후반부에서 후손에 대한 아브라함의 소망을 창세기 15:5의 마지막 몇 마디
와 연결시킨 것으로 미루어보아("네 후손이 이 같으리라"), 사도는 로마에 있
는 그의 그리스도인 수신자들과 마찬가지로 그가 (적어도 4:13부터) 논하고
있는 "그 약속"(ἡ ἐπαγγελία)을 창세기 15:5에서 하나님이 하신 바로 그 약
속으로 이해했다고 추측할 수 있다. 창세기 15:6에 서술되었듯이, 그 약속
을 "아브라함은 믿었고", 그 믿음으로써 그는 "의로 여김을 받았다." 바울
은 아브라함의 예를 설명하는 그의 담론 내내 바로 이 사실을 지적하느라
애쓰고 있다.

이곳 4:17-18에서 창세기 15:5을 17:5-6에 연결한 것은, 일찍이 4:3-
8에서 창세기 15:6을 시편 32:1-2에 공공연히 연결한 것과 같지는 않을
지라도, 힐렐의 7가지 해석학적 규칙(미도트) 중 두 번째 규칙에서 기원한
해석학적 관습인 "진주 꿰기"의 또 다른 사례로 보인다. 하지만 바울은 창
세기 17장, 특히 하나님께서 아브라함과 그의 후손에게 할례를 받으라고
명령한 17:9-14을 인용하는 것을 다소 꺼리는 것 같다.[88] 바울이 이 본문을
언급하지 않은 것은 유대교에서는 창세기 15장에 제시된 더 기본적인 자료
보다 창세기 17장을 아브라함의 상황에 대해 좀 더 발전되고, 그래서 더 권
위가 있는 부분으로 여기는 습관 때문이었다.[89] 앞에서 주목했듯이, 로마서
4장에서 나타나는 바울의 논증 패턴은 자신의 주장을 아브라함과 "약속",

---

[88] 바울이 창 17장을 인용함으로써 직면한 위태로운 상황에 대해서는 Donaldson, *Paul and
the Gentiles*, 124-27을 보라.

[89] 창 15:6을 "믿음"과 관련하여 "진리의 본질적인 형식"을 대표하는 본문으로 보고, 17:4-
14을 "믿음과 할례"를 연결하는 것과 관련하여 "진리의 발전된 형식"을 선언하는 본문으로
보는 유대인의 이해에 대해서는 앞의 "형식/구조/상황"에서 논의한 부분을 보라.

"믿음", "은혜" 등의 주제에 근거시키는 것을 선호하고 모세와 모세의 법률을 간과하는 것이었다.[90] 그럼에도 창세기 17:5에 기록된 "내가 너를 많은 민족의 조상으로 세웠다"는 하나님의 진술은 바울이 무시하기에는 너무도 의미심장한 것이었던 것 같다. 따라서 바울은 이곳 4:17a에서 "진주 꿰기" 방식(즉 비슷하게 표현된 동일한 주제)으로 그 본문을 "그는 우리 모든 사람의 아비라"는 반쯤은 신앙고백적인 4:16b의 주장을 뒷받침하는 부가적 성경 근거로 채용한다. 이 주장은 분명히, 그가 창세기 15:5("네 후손이 이 같으리라")의 결론을 인용하는 4:18b에 암시되었듯이, (아마도 바울과 로마 그리스도인들에 의해) 무엇보다도 창세기 15:5에 제시된 하나님의 약속에 기초한 것으로 이해되었다.

4:17 후반부의 첫 번째 절인 κατέναντι οὗ ἐπίστευσεν θεοῦ는 번역하거나 전후 문맥과 연결시키기가 매우 어렵다. 해석상의 주요 난제 중 하나는 그 절에 압축이 있다는 것이다(즉 단어의 경제적 사용이 특징이다). 이를테면 주어가 없다. 그래서 문맥에서 주어를 찾아야 한다. 그 외에도 이 문장은 많은 사람이 해석하기 어려워하는 부사 κατέναντι("보기에", "면전에", "앞에서")로 시작한다.

더욱이 이 문장에는 관계대명사가 그 단어와 결합된 명사 θεοῦ("하나님의")의 격에 관용어적으로 "동화"되며, 그 결과 관계대명사의 격이 원래 여격(ᾧ)에서 그 단어와 결합된 명사의 소유격(οὗ)으로 바뀌었다. 이처럼 관계대명사가 그 단어와 결합된 특정 명사에 "동화"되는 것은 신약 그리스어에서 매우 일반적이다.[91] 4:17의 이 문장에서 관계대명사가 소유격 θεοῦ 또는 τοῦ θεοῦ와 결합하여 소유격에 동화되기는 했지만, 그것을 여전히 여격으로 읽어야 할 필요가 있다. 따라서 현재의 "동화된" 문장 κατέναντι οὗ ἐπίστευσεν θεοῦ는 다음과 같이 처음에 "동화되지 않은" 형식인 κατέναντι

---

90) 특히 4:13과 4:16의 "석의와 주해"를 보라.
91) 신약성경에서 이에 대한 또 다른 여러 예를 인용하면서 이러한 현상을 논의한 *ATRob*, 715-17을 보라.

τοῦ θεοῦ ᾧ ἐπίστευσεν으로 읽어야 할 필요가 있다. 그러므로 이 동화되지 않은 문장을 문자적으로 번역하면 다음과 같다. "그가 믿은 하나님이 보시기에[또는 하나님 "앞에서" 또는 "면전에"]."

하지만 4:17에서 이 문장의 표현되지 않은 주어와 관련하여 여전히 질문이 제기된다. 바울은 그 주어를 문맥에서 분명히 생각하고 있었을 것으로 보이지만 많은 번역가와 주석가들은 주어가 무엇인지 밝히는 데 어려움을 느낀다. 질문은 이것이다. 이 문장의 표현되지 않은 주어가 "하나님이 아브라함에게 하신 **약속**"인가?[92] 아니면 4:16 마지막에 있는 "그가 우리 모든 사람의 조상이라"는 반쯤 신앙고백적인 진술에서 강조되었던 "아브라함의 **조상 됨**"인가?[93] 또는 바울이 이 구절에서 주어를 표기하지 않았다면, 번역가들이 주어를 번역하지 않고 비워두어 독자들로 하여금 문맥에서 가장 좋다고 생각되는 주어를 삽입하도록 하는 것이 최상인가?[94]

그리스어 부사 κατέναντι는 히브리어 לפני("면전에서", "앞에서", "존전에서")에서 유래한 것 같다. 이 단어는 창세기 17:1에 등장한다. "아브람이 구십구 세 때에 여호와께서 아브람에게 나타나서 그에게 이르시되, '나는 전능한 하나님이라. 너는 내 **앞에서**(לפני) 행하여 완전하라.'" 바울 당대의 코이네 그리스어로 글을 쓰는 수많은 유대인 저술가들이 이 단어를 이런 방식으로 이해했다.[95] 그리고 바울은 그의 편지에서 이 단어가 등장하는 다른 두 예에서도 이런 의미로 이 단어를 사용한다. 고린도후서 2:17과 12:19이 그것인데, 이 두 곳에서 우리는 κατέναντι θεοῦ ἐν Χριστῷ λαλοῦμεν(문자적으로, "우리는 하나님 '앞에서' 또는 '보시기에' 또는 '존전에서'와 그리스도 안에서 말하노라")이라는 어구를 만난다. 그러므로 분명한 것은 바울이 4:17의

---

92) 예. NEB와 LB: "this promise"("이 약속"); TEV: "so the promise is good"("따라서 이 약속은 유효하다").

93) 예. Weymouth: "Abraham is the father of all of us"("아브라함은 우리 모두의 아버지다"); Knox: "we are his children"("우리는 그의 자녀다"); NIV: "he is our father"("그는 우리의 아버지다").

94) 예. KJV, RSV, 그리고 NRSV.

95) 예. Sir 28:26; Jdt 12:15, 19; *Sib Or* 3:499.

이 문장으로써 아브라함을 "우리 조상"으로 이해해야 하는 문맥을 결정하고 있다는 사실이다. 여러 번역자와 주석가들이 다양한 번역을 제안하지만 NIV 번역이 최상인 것 같다. "He is our father in the sight [또는 "presence"] of God, in whom he believed"(그는 그가 믿은 하나님 앞에서 우리 아버지다). (강조된) 주어는 바울이 그의 원래 수신자들에게 분명했을 것으로 생각한 듯한 4:16b의 반쯤 신앙고백적인 진술에서 취한 것이다.

아브라함이 "그가 믿은 하나님 앞에서 우리 아버지"라는 이 주장을 마감하면서, 바울은 거의 송영적인 방식으로 하나님을 찬양하는 내용을 첨가한다. 하나님은 "죽은 자를 살리시며 없는 것을 있는 것으로 부르시는 이시니라"(τοῦ ζωοποιοῦντος τοὺς νεκροὺς καὶ καλοῦντος τὰ μὴ ὄντα ὡς ὄντα). 하나님에 대한 이러한 찬미는 바울 당시 수많은 유대인의 기도문에 전체로든지 부분적으로든지 표현되었다. 우리의 목적에 매우 중요한 것은 "죽은 자를 살리시는 이"라는 찬미의 첫 번째 부분이 초기 탄나임 시대(기원후 10-220년―역주)의 랍비들이 기도하라고 명령한 유일한 기도에 등장한다는 사실이다. 그것은 쉐모네 에스레, 즉 "18가지 축도문"의 두 번째인데, 그 기도는 다음과 같은 말로 시작한다. "죽은 자들에게 생명을 주시는 주님, 찬양을 받으소서."

쉐모네 에스레가 언제 처음 만들어졌고(탈무드는 에스라가 그것을 만들었다고 한다), 그것이 역사에 걸쳐 어떻게 발전했는지(현대 유대 학자들은 쉐모네 에스레의 발전의 다양한 단계를 제안했다)는 논의의 대상이 될 수 있다.[96] 확실하게 말할 수 있는 것은 (1) 쉐모네 에스레가 기원후 1세기 이전 어느 때에 형성되기 시작했다는 것과 (2) 18가지 축도문, 축복 또는 기도가 다 완성된 것은 예루살렘 성전이 멸망되기 이전이라는 사실이다. 처음 세 가지 축도문은 국가의 처지 및 백성들의 필요와 관련이 있는(이것을 근거로 그 기

96) 유대교와 바울 자신의 종교적 경험에서 쉐모네 에스레의 형성과 발전 및 중요성에 대해서는 R. N. Longenecker, "The Background of Paul's Prayers," in *Into God's Presence*, 209-12을 보라.

도의 대부분의 내용이 발전되었을 것이라고 가정되었다), 하나님을 향한 12가지 탄원의 근간이 되었을뿐더러 마지막 세 가지 감사 기도의 근간이 되는 기도다. 이런 의미에서, 처음 세 가지 축도문 중에 두 번째 축도문/기도는 바울 당대의 유대인들과 유대 그리스도인들에게 상당히 전통적이며 널리 알려진 것으로 간주될 수 있다.

이곳 4:17 마지막에 등장하는 바울의 진술의 두 번째 부분인 "그는 없는 것을 있는 것으로 부르시는 이시니라"는 다음과 같은 「바룩2서」의 두 기도와 병행한다고 볼 수 있다.

> 「바룩2서」 21:4: "오 제게 귀를 기울이소서. 당신은 땅을 만드신 분이시며, 당신의 말씀으로 하늘을 고정시키셨고 당신의 영으로 하늘의 높이를 단단히 고정하셨나이다. 당신은 **태초에 존재하지 않은 것을 부르셨으며,** 그들은 당신께 순종하였나이다."

> 「바룩2서」 48:8: "오 주님…당신은 당신의 말씀으로 **존재하지 않은 것에 생명을 가져다주시며,** 큰 능력으로 **아직 오지 않은 것을 붙드십니다.**"

로마서 4:17 마지막 부분에서 거의 송영적인 분위기를 자아내는 이 찬송은 (1) 하나님이 아브라함에게 하신 약속, (2) 하나님을 믿는 아브라함의 믿음, (3) 유대인의 조상이 아브라함처럼 하나님을 믿는 모든 사람의 보편적인 아버지가 된다는 사실에 대해 바울이 감사하는 감정을 반영하는 것이 확실하다. 하지만 바울이 여기서 이 내용을 천명한 주된 이유는 아브라함과 사라에 관한 창세기 이야기에서 가장 중요한 요지를 소개하려는 데 있었다. 아브라함과 사라는 그들의 생애에 그들에게서 태어날 아들을 얻을 수 없을 것처럼 보이는 때에 아들을 얻었다. 하나님의 약속이 이루어졌을 때 그들에게 아들이 태어났고, 그로 말미암아 많은 후손이 뒤따랐다.

4:18-19   아브라함 이야기에 대한 그의 설명이 최종 단계를 향

해 움직이면서, 바울은 4:18-19에서 하나님이 아들을 약속하신 아브라함의 생애의 상황에 초점을 맞추며, 하나님과 하나님의 약속을 믿은 아브라함의 믿음과 관련한 어떤 중요한 내용을 부각시키려고 그 상황을 기반으로 둔다. 그는 이렇게 선언한다. "아브라함이 바랄 수 없는 중에 바라고 믿었으니, 이는 '네 후손이 이 같으리라' 하신 말씀대로 많은 민족의 조상이 되게 하려 하심이라. 그가 백 세나 되어 자기 몸이 죽은 것 같고 사라의 태가 죽은 것 같음을 알고도 믿음이 약하여지지 아니하였다." 여기서 바울의 진술은 하나님이 아브라함을 의롭다고 여기신 때가 아브라함이 할례를 받기 전인지 아니면 그 이후인지 질문한 4:10-11a의 진술과 거의 같다. 바울은 아브라함 이야기에서 그 상황에 근거하여 자신의 요지를 천명한다. 그는 이 두 본문에서 힐렐이 창안한 미드라시 형식을 사용한다. 이는 소위 힐렐의 일곱 가지 해석학적 규칙 또는 미도트 중 일곱 번째에 해당하는 것인데, 그 규칙은 본문이 언제나 문맥에 의해 해석되어야 한다고 주장한다.

한마디로 말해서, 바울은 인간적인 관점에서 불가능해 보이는 그 상황을 고려하지 않고는 하나님의 약속의 규모나 아브라함의 믿음의 위대함을 진정으로 이해할 수 없다고 주장한다. "아브라함이 백 세나 되었고, 사라의 태가 죽었기" 때문이다. 그러므로 하나님의 약속은 인간의 "불가능"이라는 맥락에서 봐야 하며, 아브라함의 믿음은 그 자신과 그의 아내의 "절망"이라는 맥락에서 이해해야 한다. 그래서 법(특히 모세 율법)이 제공하는 것처럼 보이는 안정과는 반대로, 그리고 법(특히 모세 율법)을 준수할 때 종종 야기되는 자기 의를 반대하면서, 바울은 상황이야 어떠하든지 간에 "약속"과 "믿음"과 "은혜"라는 삼총사에 근거할 때에만,[97] 하나님의 선물인 "의"를 얻을 수 있고 하나님 앞에서 인정받는 삶을 살 수 있음을 시사한다.

데이비스가 아브라함이 하나님을 신뢰하고, 아들을 주시겠다는 하나님을 믿은 것에 대한 바울의 이해와 관련하여 적절히 지적했듯이,

---

97) 앞에서 4:16에 대해 설명한 본서의 "석의와 주해"를 보라.

바울은 약속을 믿은 아브라함의 믿음에서 그 자신이 알았던 동일한 믿음의 특질을 인식한다. 아브라함의 믿음의 중심은 하나님이 "죽은 자를 살리시며 존재하지 않는 것을 존재하게 부르신다"는 그의 믿음이었으며(롬 4:17), 이것은 그리스도를 믿는 사람들의 믿음이기도 하다. 그들은 하나님이 그리스도를 죽은 자 가운데서 살리신 것을 믿었기 때문이다. 다시 말해서, 하나님은 죽은 자들 가운데서 생명을 주셨고, 존재하지 않은 것을 존재하도록 부르셨다. 이런 방식으로 아브라함의 믿음은 부활을 믿는 그리스도인들의 믿음과 연결된다. 바울은 아브라함을 이러한 믿음을 가지고 있는 사람으로 해석했다. 하나님의 약속을 믿는 아브라함의 믿음에서 바울은 자신의 믿음에 맞먹는 믿음을 인식했다.[98]

4:20   바울은 믿음의 탁월한 예를 보여준 아브라함에 관한 진술을 다음과 같은 주장으로 마무리하기 시작한다. 아브라함이 "믿음이 없어 하나님의 약속을 의심하지 않고 믿음으로 견고하여져서 하나님께 영광을 돌"렸다고 말이다. 동사 διακρίνω("스스로와 불화하다", "의심하다", "흔들리다")는 초기 유대 그리스도인 진영에서 자주 사용한 표현이었던 것 같다. 이 단어는 예수가 열매를 맺지 못한 무화과나무를 저주하신 이야기를 전하면서 유대 그리스도인 복음서 저자들인 마가와 마태(이방인 출신의 복음서 저자인 누가는 기록하지 않음)에 의해 나중에 기록된, 믿음의 중요성에 대한 예수의 "어록"에 뿌리를 두고 있다.

"하나님을 믿으라(ἔχετε πίστιν θεοῦ). 내가 진실로 너희에게 이르노니, 누구든지 이 산더러 '들리어 바다에 던져지라' 하며 그 말하는 것이 이루어질 줄 믿고(πιστεύῃ) 마음에 의심하지 아니하면(μὴ διακριθῇ) 그대로 되리라"(막 11:22-23; 또한 마 21:21).

---

98) W. D. Davies, "Abraham and the Promise," 174-75.

마가복음 11:22-23과 마태복음 21:21에서 "어떠한 의심에도 흔들리지 말라"(no doubt should make him waver)와 같이 번역될 수 있는 그 동사의 부정과거 수동태 3인칭 단수 형태(οὐ διεκρίθη)도 이곳 로마서 4:20에 등장한다(행 10:20; 약 1:6, 2:4; 유 22과 같은 신약의 다른 본문에서는 그런식으로 번역될 수 없겠지만 말이다). 바울은 아브라함에 관한 그의 결론에 "믿음이 없어"(τῇ ἀπιστίᾳ)라는 어구를 첨가함으로써 아브라함이 의심하지 않았음을 재차 강조한다.

하지만 창세기 17:17-18의 보도에 따르면, 아들을 낳게 하실 것이라는 약속을 듣고 아브라함이 보인 첫 반응은 조롱이었다. "아브라함이 엎드려 웃으며 마음속으로 이르되, '백 세 된 사람이 어찌 자식을 낳을까? 사라는 구십 세니 어찌 출산하리요?' 하고, 아브라함이 이에 하나님께 아뢰되, '이스마엘이나 당신의 복 아래 살기를 원하나이다!'" 조세프 피츠마이어가 하나님의 약속을 들은 아브라함의 반응을 묘사한 것처럼, "아브라함이 그가 아들을 낳을 것이라는 생각에 **포복절도한**" 것은 아닐 것이다.[99] 하지만 기원전 161년과 140년 사이에 기록되었을 『희년서』(*Book of Jubilees*)의 저자는 아브라함과 사라의 웃음을 해석하면서 너무 관대하게 표현하여 "두 사람 모두 매우 크게 기뻐했다"라고 썼다(*Jub* 16:19). 하지만 아브라함까지 거슬러 올라가면서 일반적으로 모세 율법을 간과하고[100] 아브라함 이야기를 재서술하면서 창세기 17장을 너무 부각시키지 않으려는 것처럼 보이는 바울은,[101] 아브라함이 웃었다거나 하나님께 이스마엘을 받아들여달라고 제안한 일마저 언급하지 않았다는 점에서 지나치게 관대한 듯하다. 오히려 바울은 하나님과 하나님의 약속에 대해 아브라함이 보인 좀 더 사려 깊고 안정적인 반응만을 부각시키는 것을 선호했다. 분명 바울은 이를 아브라함의 첫 반응보다 훨씬 더 아브라함의 생애를 특징짓는 것으로 느꼈을 것이다.

---

99) Fitzmyer, *Romans*, 387(강조는 덧붙여진 것임).
100) 앞 4:13의 "석의와 주해"를 보라.
101) 앞 4:17의 "석의와 주해"를 보라.

바울은 4:20b-21에서 아브라함의 믿음에 대해 적극적으로 진술하면서 아브라함과 그의 아내가 아이를 낳을 나이를 훨씬 지났다는 사실을 알았을 때 그의 믿음이 "약하여질"(ἀσθενήσας) 가능성과 대조하여 아브라함의 믿음의 강함(ἐνεδυναμώθη τῇ πίστει)을 언급한다(참조. 4:19). Ἐνεδυναμώθη τῇ πίστει라는 표현도 빌립보시에 있는 그의 가장 충성스러운 개종자들이라고 할 수 있는 신자들 공동체에 보내는 편지의 기억에 남을 만한 바울의 자서전적 논평, 즉 빌립보서 4:13의 주장에 들어 있다. "내게 능력 주시는 자 안에서 내가 모든 것을 할 수 있느니라"(πάντα ἰσχύω ἐν τῷ ἐνδυναμοῦντί με). 이곳 로마서 4:20b에서 부정과거 수동태 ἐνεδυναμώθη가 사용된 것은 그가 생각하기에 그에게 힘을 주거나 강하게 하는 실제적인 사람 또는 요인으로서 자신 외부에 있는 어떤 사람이나 어떤 것을 언급한다. 그 사람이나 요인을 바울은 틀림없이 하나님과 그분의 약속의 확실성으로 이해했을 것이다. 관사를 가진 여격 τῇ πίστει는 "그의 믿음으로 말미암아"나 "믿음 때문에"를 의미하는 원인적 의미가 아니라 "그의 믿음과 관련하여"를 뜻하는 장소적 의미로 이해해야 한다.

4:20의 마지막 진술인 "하나님께 영광을 돌리며"(δοὺς δόξαν τῷ θεῷ)는, 부사적이면서 보충적인 용법으로 사용된(그래서 동사 ἐνεδυναμώθη "견고하여져서"의 행동을 완성한다) 부정과거 분사 남성 단수 주격 δούς(동사 δίδωμι, "주다"에서 유래함)로 시작하므로 "그리고 그는 ~드리며"라고 번역하는 것이 적절하며, 아브라함이나 사라의 생애에서 하나님의 약속을 이루기 위한 근거로 의지할 것이 아무것도 없었고(앞 4:19에서 언급되었듯이) 아브라함의 유일한 반응이 "하나님께 영광을 돌리는 것"이었음을 강조한다. 바울 서신의 다양한 단락 끝이나 일부 편지의 마지막 말로 등장하는 "송영" 유형의 기도에서 그는 종종 이처럼 하나님께 영광을 돌리는 것에 대한 강조를 표현한다.

롬 11:36: "그[하나님]에게 영광이(ἡ δόξα) 세세에 있을지어다. 아멘."
롬 16:27: "지혜로우신 하나님께 예수 그리스도로 말미암아 영광이

(ἡ δόξα) 세세무궁하도록 있을지어다. 아멘."

갈 1:5: "영광이(ἡ δόξα) 그[우리 하나님과 아버지]에게 세세토록 있을
　　　지어다. 아멘."

엡 3:21: "이[하나님]에게 교회 안에서와 그리스도 예수 안에서 영광이
　　　(ἡ δόξα) 대대로 영원무궁하기를 원하노라. 아멘."

빌 4:20: "하나님 곧 우리 아버지께 세세 무궁하도록 영광(ἡ δόξα)을 돌
　　　릴지어다. 아멘."

이러한 송영은 믿음만이 낳을 수 있는 반응이다. 그리고 이것은 바울이 로
마서 본론 중앙부 네 번째 주요 단락의 권면을 마무리하면서 그의 그리스
도인 수신자들에게 더욱 충만히 보이라고 간절히 권면했던 반응이다.[102]

4:21-22　　　4:16-22에 있는 바울의 결론 진술은 모두 4:21-22의 두
주장으로 마무리된다. (1) 아브라함은 "하나님께서 약속하신 그것을 능히
이루실 것을 확신했다"(καὶ πληροφορηθεὶς ὅτι ὃ ἐπήγγελται δυνατός ἐστιν καὶ
ποιῆσαι)(21절), (2) 이것이 "그것이 그에게 의로 여겨진"(διὸ ἐλογίσθη αὐτῷ
εἰς δικαιοσύνην) 이유다(22절). 첫 번째 주장에는 아브라함의 믿음이 단지 하
나님이 약속하신 내용에 대한 믿음이었을 뿐 아니라, 약속하신 하나님 자
신을 믿는 믿음이었음이 매우 분명히 나타난다. 이것은 모든 그리스도인이
인식하고 그들의 삶에 적절히 적용해야 하는 매우 중요한 주장이다. 바울
이 원래 편지를 보냈던 로마에 있는 예수를 믿는 신자들이 되었건 오늘날
예수를 믿는 신자들이 되었건 간에 말이다. 인간의 역사와 개인의 삶에서
하나님이 활동하시는 약속이나 계획 또는 시나리오만을 생각하고, 하나님
자신에 대해서는 잊고, 그분의 신실하심을 누리고 있다는 것을 무시하며,
그래서 "그에게 영광을 돌리지" 않는 것이 너무나 쉬운 까닭이다. 두 번째
주장은 바울이 아브라함에 대해 말한 모든 내용을, 아브라함에게 "의로 여
겨진" 것이 하나님에 대한 아브라함의 온전한 확신이었다는 주장으로 절정

---

102) 본서 15:5-12의 "석의와 주해"를 보라.

에 이르게 한다. 바울이 최상의 믿음의 사람인 아브라함을 예로 들며 매우 분명하게 말했듯이, 아브라함으로 하여금 의로 여김을 받게 만들어준 것은 그의 "공로적인 행위"가 아니었으며, 아들에 대한 하나님의 약속이 어떻게 성취되는지에 대한 그의 이해도 아니었다. 오늘날의 그리스도인들 가운데 어떤 사람들이 지지하는 것처럼, 그것은 하나님의 구원 계획에 대한 이해나 인간 역사에서 활동하시는 하나님의 시나리오에 대한 이해가 확실히 아니다.

4:23-24   이곳 이 두 절에서 바울은 그가 아브라함의 믿음의 특성과 구조에 대해 지금까지 말해온 내용을 로마에 있는 그의 그리스도인 수신자들에게 구체적으로 적용하는 후기를 덧붙인다. 바울이 이 후기에서 말하는 내용은 (1) "성경신학"과 (2) "현대의 상황화"에 대한 그리스도인들의 이해에 매우 중요하다. 바로 이어지는 단락에서 이것을 좀 더 충분히 설명할 계획이다.

바울은 이 후기에서 4:12, 16에서 사용한(그리고 5:3, 11의 다른 문맥에서 사용할) "~뿐만 아니라"(οὐκ μόνον) "~도"(ἀλλὰ καί)라는 2행 연구를 다시 사용한다. 그가 일찍이 4:12과 4:16에서 했듯이, 바울은 이렇게 함으로써 이곳에서도 아브라함의 경험과 이스라엘 종교 안에 있는 하나님의 백성의 경험을 예수를 믿고 하나님의 "새 언약"에 있는 사람들의 경험과 연결하려고 노력하고 있다. 성경적 종교의 핵심에는, "옛 언약"에 속한 것이든지 아니면 "새 언약"에 속한 것이든지 간에, 사람들의 하나님과의 관계와 하나님의 백성의 삶에 대해 선포되는 모든 내용의 기본 구조를 형성하는 핵심적인 두 주제가 있다. (1) 하나님께서 "의"로 여기시는 것은 완전히 하나님을 신뢰하는 사람들에게 주시는 선물이라는 것과, (2) 사람들의 "믿음"이 하나님의 품성과 그들을 대신하여 구원의 일을 행하신 하나님의 행위에 필수적인 반응이라는 것이다.

바울의 성경 해석에는 두 가지 "상황"이나 "문맥" 또는 "지평"이 포함되어 있다. 첫 번째는 하나님이 과거에 그의 피조물과 그의 백성을 다루신 것과 관련이 있다(즉 이곳 롬 4장에서는 아브라함). 두 번째는 하나님이 과거에 하신 일이 현재(즉 바울 당대 그리스-로마 세계와 그 당시 하나님의 백성들 사이에서)—그리고 나중에 그의 백성의 증언을 통해 하나님께 반응하게 될 사람들을 위해—창조적으로 또 구속적으로 행하시기를 원하시는 것에 대해 어떤 함의가 있는지와 관련이 있다. 대개 바울은 하나님의 과거의 행위를 "알레고리화"하거나 이스라엘 역사의 하나님의 백성을 "기독교화"하려 하지 않는다.[103] 또한 그는 기독교 이전의 중요한 인물들의 상황에 기독교 복음의 메시지를 부과함으로써 그들이 믿은 내용을 "기독교화"하지도 않는다. 하지만 바울은 이스라엘의 종교와 예수 그리스도의 구원론적 사역과 인격에 대한 기독교적인 선포 사이의 구조적 병행을 끌어내려고 노력한다.

바울이 아브라함의 이야기에 대한 그의 후기를 마무리하는 이 최종적인 어구에서 강조하는 것은 바로 이 구조적 병행이다. 그는 아브라함이 하나님을 경험한 구조와 그리스도인이 하나님을 경험하는 구조가 동일하다는 사실을 강조한다. 아브라함이 죽은 자를 살리시는 하나님을 믿었듯이, 그리스도인들도 죽은 자를 살리시는 하나님을 믿는다. 아브라함의 경우, 그는 하나님께서 자신과 자기 아내의 몸이 "죽었을" 때, 두 사람 모두에게 생명을 주실 것이라고 믿었다.[104] 그리스도인의 경우에는 "예수 우리 주를 죽은 자 가운데서 살리신" 하나님께서 예수를 믿고 죽은 신자들도 살리실 것이라는 굳은 확신이 있다. 하나님은 신자들이 부활할 때 그들에게 영생과 변화된 몸을 주실 것이다.[105]

성경신학

도드는 바울이 사용한 아브라함의 예에 대한 주석을 마무리하면서 로마서 4장의 내용을 바울의 "아브라함에 관한 여담"이라고 약간은 경멸적으로 묘

---

103) 물론 갈 4:21-31과 고전 10:1-13에서는 표면상 논쟁적인 이유로 어느 정도 그렇게 했다.
104) "죽은 자와 같은"이라고 번역되어야 할, 부사 ἤδη의 편집적 삽입과 관련해서는 위의 4:19의 "본문비평 주"를 보라.
105) 참조. 고전 15:42-49.

사했다.[106] 마지막 문단에서 도드는 이렇게 썼다.

> 아브라함의 경우에 대한 이러한 논의가 교회 안팎에 있는 유대인 대적자
> 들을 향한 바울의 변증에서 중요했다는 점에는 의심의 여지가 없다. 하지
> 만 우리에게 이 논의는 부차적인 것을 제외하고는 그의 주요 주제를 이해
> 하는 데 거의 의미가 없다. 그에게 심각했던 반대들을 논박하는 데는 기여
> 했을지 모르지만, 우리에게는 어떠한 관심이나 비중을 둘 만한 것이 없다.
> 성경으로부터 끌어낸 인위적인 논증법은 주해 전체를 동떨어지고 막연하
> 게 만든다. 드러나는 긍정적인 주요 진리는 바울이 믿음에 대해 말할 때
> 기독교와 더불어 시작한 것이 아니라 모든 참 종교적 삶에 원래부터 있었
> 고 영원한 요소인 어떤 것을 언급한다는 점이다. 비록 어떤 형식의 종교,
> 특히 유대교라는 극단적인 율법주의적 형태에서 믿음은 의미 없는 것이지
> 만 말이다.[107]

도드가 "모든 참 종교적인 삶"에 중요한 함의를 지니는 "믿음"이라는 주제
를 로마서 4장의 긍정적인 특징으로 언급한 것은 확실히 옳다. 하지만 그
가 유대교를 종교의 "극단적인 율법주의적 형태"로 풍자하고, 로마서 4장
의 나머지 내용을 오늘날 "우리에게는 어떠한 관심이나 비중을 둘 만한 것
이 없다"라고 평가한 것은 두 경우 모두 적어도 오해의 소지가 있고 최악의
경우 몹시 잘못되었다. 사실 로마서 4장은 바울의 신학과 그리스도인의 삶
에 관해 우리가 알고 싶어 하는 모든 것을 우리에게 이야기하지 않는다. 하
지만 4장에는 기독교 성경신학에 적절한 내용이 많다.

　　기독교 신학에서 제일 중요한 것 중에 다음 세 가지가 있다. (1) 로마서
4장이 보여주는, "구속사"로 불려왔던 것 또는 우리가 "하나님의 구원 계획
의 과정에 있는 연속성과 발전"이라고 부르기를 선호한 것에 대한 바울의

---

106) C. H. Dodd, *Romans*, 70.
107) C. H. Dodd, *Romans*, 70-71.

이해, (2) 로마서 4장이 보여주는, 의가 "하나님의 선물"이라는 매우 중요한 주제, (3) 이 본문이 "믿음"에 대한 바울의 이해와 관련하여 계시하는 더 발전된 어감들 등이다. 첫 번째 문제는 성경적 종교의 **본질적인 구조**, 즉 하나님의 "점진적인 계시"의 **전개되는 내용**과 그 계시에 대한 하나님의 백성들의 **점진적인 이해**와 관련이 있다. 두 번째와 세 번째 문제는 (유대교 성경 [구약]에 묘사된) 이스라엘 종교와 (기독교 성경[신약]에 묘사된) 초기 기독교 선포에서 반복적으로 등장하는 "의"와 "믿음"이라는 매우 중요한 교리적인 주제들과 관련하며, 이런 주제들에 대한 설명은 유대교와 기독교를 (구조와 관련해서는) 묶어주고, (내용과 관련해서는) 이 두 세계적인 종교를 구별시켜 준다.

   A. 하나님의 구속 계획의 과정에 있는 "연속성"과 "발전." 레온하르트 고펠트(Leonhard Goppelt)는 그의 논문 "바울과 구속사"(Paul and *Heilsgeschichte*, 부제: "로마서 4장과 고린도전서 10:1-13로부터 내린 결론")에서 바울 "자신이 그의 신학에서 천명하고 채용한 개념적 구조"라고 일컫는 것에 초점을 맞추었다.[108] 독일에서 1966년에 처음 출간되었고[109] 그 후 1967년에 영어로 번역되어 재출판된 그 논문에서 고펠트는 바울이 로마서 4장에서 아브라함의 모범을 다룬 것과 관련된 여러 논지를 제시했다. 그의 모든 논지를 일일이 설명하고 평가할 수는 없겠지만, 다음과 같은 그의 핵심적인 주장들은 신약과 구약에 있는 성경 기사에서 "하나님의 구원 계획"에 속하는 "구원사"(*Heilsgeschichte*)의 과정을 이해하려는 모든 시도에 대단히 중요하다.

   1. "**구약성경**에 기록된 사건들은 그 자체의 의도와 기록자들이나 증인들의 통찰에 따른 사건 **그 이상을** 지향한다."[110]

---

108) L. Goppelt, "Paul and *Heilsgeschichte*: Conclusions from Romans 4 and I Corinthians 10:1-13," trans. M. Rissi, *Int* 21 (1967) 315-26, 여기서는 315.

109) L. Goppelt, "Paulus und die *Heilsgeschichte*," *NTS* 13 (1966) 31-42.

110) G. von Rad, *Old Testament Theology* (1965), 2.383-84을 인용하는, Goppelt, "Paul and

2. "바울은 구약 역사를 신약의 사건들을 미리 나타내는 묘사로 이해한다.···따라서 그는 신약의 상황에 비춰 자료를 선별하고 배열하였으며, 그 자료의 역사적인 의미를 넘어서는 해석을 제시한다. 물론 이것은 예수가 실제로 '오실 분'이시라는 전제하에서만 가능한 것이었다."[111]

3. "로마서 4장에 언급된 아브라함의 칭의는 그리스도에 의한 칭의의 무시간적인 모델로 이해되지 않는다. 그것은 아브라함에게 특정한 역사적 상황에서 발생한 것이고, 그 이후 역사를 위한 약속의 기록이 되었다. 그러므로 아브라함이 의롭다 함을 받은 것은 예수 그리스도로 말미암은 하나님의 의[즉 $\delta\iota\kappa\alpha\iota\sigma\acute{\upsilon}\nu\eta$ $\theta\epsilon\sigma\hat{\upsilon}$]의 계시를 막지 못하고, 로마서 4:3에 따르면, 그리스도로 말미암은 하나님의 의의 예표, 다시 말해서 하나님의 의를 약속하는 이전 진술이다."[112]

4. "율법에 의해 형성된 하나님과의 관계는 [바울의 이해에서] 역사 안에서 믿음을 가진 모든 사람과 관련하여 새로운 관계로 대체되었다."[113]

5. "역사적인 관점에서 그리스도의 출현 배후에 하나님의 활동이 먼저 등장한다는 것은 믿음의 구조에 필수적이다. 이렇게 하나님이 먼저 활동하신다는 것, 다시 말해서 로마서 4장에 있는 아브라함의 칭의는 여기서 참으로 시간적으로, 즉 역사적으로 앞선 행위로 봐야 한다."[114]

6. "아브라함의 믿음에는 기독교의 믿음과 동일한 구조가 있으나, 내용은 기독교의 믿음과 다르다."[115]

Heilsgeschichte," 319(강조는 원저자의 것임).

111) Goppelt, "Paul and *Heilsgeschichte*," 319.

112) Goppelt, "Paul and *Heilsgeschichte*," 322-23.

113) Goppelt, "Paul and *Heilsgeschichte*," 324.

114) Goppelt, "Paul and *Heilsgeschichte*," 325.

115) Goppelt, "Paul and *Heilsgeschichte*," 325.

"구약의 역사"를 "신약의 사건들 이전에 제시한 것"으로 설명하고(2번 내용), 아브라함의 예를 예수 그리스도로 말미암은 하나님의 의를 "약속하는 이전 내용"으로(3번 내용) 설명하는 고펠트의 진술을 약간은 다르게 이해하고 싶어하는 이들이 있을 것이다. 하지만 고펠트의 독특한 모형론 신학을 다 받아들이지 않고도 (구약성경에 묘사된) 이스라엘 종교와 (신약성경에 묘사된) 초기 기독교적 선포 사이의 관계를 다루는 고펠트의 설명은 시사하는 바가 많으며 본질적으로 건전하기에 매우 찬사를 받을 만하다. 특히 다음과 같은 그의 이해와 관련해서는 더욱 그러하다. (1) 성경적인 종교의 구원사 전체를 관통하는 구조의 연속성과, (2) 구약과 신약 안에 그리고 두 성경 사이에 드러나는 교리의 발전과 관련해서 말이다.

　　실제로 바울이 하나님의 성품, 하나님의 사랑과 자비, 하나님의 뜻, 하나님의 구원 목적, 그리고 성경적 종교의 구조에 대해 생각하고 말할 때, 그는 하나님께서 그분의 창조를 통해 그리고 기록된 토라("교훈")를 통해 이 모든 문제에 대해 계시하신 모든 내용과 **연속성**에서 그리했다. 하나님께서는 이 모든 내용을 이스라엘 국가의 역사에서 택한 사람들을 통해 성경의 "율법과 예언서와 성문서"로 주셨다. 이 연속성은 바울이 로마에 있는 그리스도인들에게 보낸 편지 본론 중앙부의 첫 번째 주요 단락(즉 4:25의 기독교 신앙고백적 진술을 제외한 1:16-4:24)에 기록한 모든 것으로 분명히 입증되었다. 특히 그가 하나님의 인격, 하나님의 의, 죄와 죄인들에게 내리시는 하나님의 진노, 그의 백성에 대한 사랑 및 그들과 맺은 언약, 모세 율법, 인간들의 반역, 경건하지 않음, 죄, 유대인들의 신실하지 못함, 불의, 어떠한 형태의 "의의 행위"로도 하나님 앞에서 지위를 얻지도 못하고 하나님으로부터 의롭다 함을 얻을 수 없음, 하나님을 "믿음으로" 그리고 "하나님을 신뢰함으로써" 하나님의 사랑과 자비에 반응하는 것의 중요성 등 하나님에 관해 말할 때 구약성경과 신약성경의 연속성이 잘 나타난다. 이러한 문제들은 하나님이 친히 계시하셨고 바울이 "먼저 유대인에게 그리고 이방인에게도" 선포한 하나님의 품성과 참 종교의 구조와 관련이 있다.

　　하지만 바울이 하나님께서 그가 창조한 사람들을 위해(그리고 그들을 통해 그의 모든 창조를 위해) 어떻게 구속적으로 행하셨는지에 대한 **내용**을 쓸 때, 그는 하나님의 구원 계획의 역사적인 과정에서 드러난 발전의 특징들을 이해했다는 증거를 제시하기도 했다. 이러한 이해는 3:21-23에 있는 그의 논제 진술에 분명히 나타나는 것 같다. 여기서 바울은 (1) "하나님의 의"의 의미를 좀 더 분명히 정의하고 이와 아울러 그 표현의 **전달적인 의미**를 강조하며, (2) 하나님의 구원 계획에서 현재가 종말론적인 "이제"에 속한 현재라고 선포하며, (3) 이 종말론적인 "이제"(비교. 3:26a, "이때에")의 시기에 믿음의 대상이 "예수 그리스도"께 분명하게 초점이 맞춰져 있음을 언급하고, (4) 믿음의 새로운 기초가 "예수 그리스도의 신실하심"에 있다고 밝히며, (5) 하나님이 받으시고 그의 의를 얻게 되는 것이 이제는 "모세 율법과 상관없이" 이루어진다고 선포하고, (6) 죄를 지은 사람(모두가 그렇다)은 그들의 인종적인 배경이 어떠하든지 간에, 율법 아래 있는 유대인이든지 율법에 대해서는 아무것도 알지 못하는 이방인이든지 상관없이, 하나님을 믿는 그들의 믿음에 근거하여 하나님의 받으심을 얻는다고 선언한다. 이것은 바울이 3:24-26의 초기 기독교 신앙고백 단락을 적절하게 인용함으로써 뒷받침하고 3:27-31에서 더 자세히 설명한 3:21-23의 논제 진술에서뿐만 아니라, 이곳 4:1-24에서 아브라함의 모범을 설명하는 내내 강조했던 메시지다.

구약성경은 물론이고 신약성경 등 모든 성경에는 사실 하나님의 점진적인 계시와 전개되는 구속에 대한 기록이 있다. 이러한 계시와 전개되는 구속은 먼저 이스라엘 역사에서, 그리고 예수의 사역에서, 그리고 마지막으로 사도적인 교회의 증언에서 드러났다. 하지만 이 기록은 그 전개되는 계시와 점진적인 구원 메시지의 신학적인 영향과 윤리적인 함의들을 살아내는 하나님 백성의 점진적인 노력에 대한 기사와 결합된다. 그리고 이 전개되는 계시와 점진적인 이해의 시나리오에는 언제나 신, 구의 결합이 있다.

예를 들어, 유대교 성경(구약)에서 "후기 예언자들"은 모세 율법의 말씀들을 새롭게 적용하려고 "전기 예언자들"을 재해석했다. 전기 예언자들을 반대하기 위해서가 아니라 그들이 의미한 바를 새로운 상황에 좀 더 충분히 표현하고 적용하기 위해서 말이다. 구약성경에서 이와 같은 신, 구의 결합의 가장 분명한 예는 다니엘 9장일 것이다. 여기서 70년에 대한 예레미야의 예언(렘 25:12-14)은 "일흔 이레"를 의미하고 그 의미가 원래의 생각을 넘는 것으로 재해석되었다(특히 단 9:1-3, 20-27). 또 다른 예는 시편 110편에서 찾을 수 있다. 여기서는 창세기 14장에 등장하는 가나안 족장 멜기세덱이 고대 이스라엘의 중요한 인물 중 한 명으로 이스라엘의 혈통에 소개된다(시 110:4).

신약성경에는 이와 비슷한 신, 구의 결합이 여러 곳에 등장한다. 사도들의 가장 초기 설교는 전적으로 거의 기능적인 범주로 작성되었다. 사도행전 2:14-39, 특히 사도행전 2:22-24에 기록된 베드로의 설교가 좋은 예다.

> 하나님께서 나사렛 예수로 큰 권능과 기사와 표적을 너희 가운데서 베푸사 너희 앞에서 그를 증언하셨느니라. 그가 하나님께서 정하신 뜻과 미리 아신 대로 내준 바 되었거늘 너희가 법 없는 자들의 손을 빌려 못 박아 죽였으나, 하나님께서 그를 사망의 고통에서 풀어 살리셨으니, 이는 그가 사망에 매여 있을 수 없었음이라.

이 설교는 하나님께서 나사렛 예수의 사역과 인격으로 인간사에 개입하심을 강조하는 메시지였다. 이 설교는 이스라엘의 메시아인 예수가 행하신 일에 나타난 하나님의 구원 목적의 성취에 거의 전적으로 초점이 맞춰져 있다. 물론 그 메시지에는 많은 신학적 어감이 전제되었다. 하지만 완전히 발전된 신학적 표현들과 발전된 윤리적 입장들이 처음에는 사도들 설교의 근저에 주로 보존되었고, 그들의 메시지에 함축적으로만 등장한다.

유대인들로서 예수를 믿은 초기의 신자들은 하나님의 품성과, 신적인 구속에 관한 기본적인 신학과, 그들을 위해 행하신 하나님의 행위에 반응하며 살아가는 방법에 대한 기본적인 교훈을 소유했었다. 하지만 그리스도인들로서 그들의 독특한 신학적 주장들은 하나님의 자기계시와 나사렛 예수 안에서 행하신 구원론적인 행위에서 나왔으며, 그들의 윤리적 권면들은 성령에 의해 조명되고 적용되며 힘을 얻은 예수의 모범과 가르침에 초점이 맞춰져 있었다. 그들은 그들의 생각에서 기능적인 범주들, 즉 하나님께서 예수의 사역 안에서 그리고 그 사역을 통해 행하신 것으로부터, 신학적이고 존재론적이고 사색적인 범주들, 즉 이 모든 것을 어떻게 이해할 것인지, 예수가 누구셨는지(또한 누구이신지), 이 모든 것이 왜 발생했는지, 그것이 일상적인 삶에서 어떤 의미를 지니는지와 같은 범주들로 나아갔던 것 같다. 그래서 신약성경에는 이 초기 신자들이 (우리 그리스도인들이 믿는 바대로, 하나님의 영의 지도 아래) 기본적으로 기능적인 그들의 "새 언약"의 입장을 기독교 교리의 기본적인 체계와 기독교적인 삶의 기본적인 유형에 어떻게 활용하기 시작했는지를 기록한 자료가 있다. 이러한 까닭에 이 점과 관련하여 신약성경에는 구약성경과 비슷하게 (1) 하나님의 점진적인 자기계시와 인간들을 위해 행하신 하나님의 전개되는 구속에 대한 기록과, (2) 이 점진적으로 계시된 구속 계획의 신학적인 영향과 윤리적인 함의를 실현하기 위한 하나님의 백성의 노력을 서술한 자료들이 있다. 하나님의 구속 계획은 이스라엘의 메시아이시며 인류의 주님이신 예수의 사역과 인격 안에서 성취되었다.

요한복음 14-16장에 기록되었듯이 성령에 대한 예수의 약속에는 그의 제자들이 장차 예수의 가르침과 사역을 좀 더 충분히 이해하게 되리라는 기대가 들어 있다. 그들의 이해는 예수와 동떨어진 것이 아니라 그분이 말씀하셨고 행하신 모든 것에 근거한다.

> 내가 아직도 너희에게 이를 것이 많으나 지금은 너희가 감당하지 못하리라. 그러나 진리의 성령이 오시면 그가 너희를 모든 진리 가운데로 인도하시리니, 그가 스스로 말하지 않고 오직 들은 것을 말하며 장래 일을 너희에게 알리시리라(요 16:12-13).

요한복음에는 성경 해석을 예수의 승천 이후에 더 잘 알게 된다고 언급하

고, 초기 그리스도인들이 성령의 사역으로 말미암아 성경을 한층 더 잘 깨
닫게 될 것을 암시하는 본문이 적어도 2개 있다. 요한복음 2장은 예수의 제
자들이 그가 부활하신 이후에야 비로소 시편 69:9을 예수의 사역이란 맥락
에서 이해하게 되었다고 말한다.

> 제자들이 성경 말씀에 "주의 전을 사모하는 열심이 나를 삼키리라" 한 것
> 을 기억하더라.…죽은 자 가운데서 살아나신 후에야 제자들이 이 말씀하
> 신 것을 기억하고 성경과 예수께서 하신 말씀을 믿었더라(요 2:17, 22).

그리고 예수가 예루살렘에 입성하시는 모습을 묘사하고 그와 관련하여 시
편 118:25-26과 스가랴 9:9의 용례를 묘사하는 요한복음 12장에는 이런 내
용이 있다.

> 제자들은 처음에 이 일을 깨닫지 못하였다가 예수께서 영광을 얻으신 후
> 에야 이것이 예수께 대하여 기록된 것임과 사람들이 예수께 이같이 한 것
> 임이 생각났더라(요 12:16).

하나는 요한의 "표적의 책" 도입부에 있고 다른 하나는 그 책 끝부분에 있
는, 요한복음의 이 두 기사에서 제자들은 예수의 어떤 행동과 말씀을 이후
에야 비로소 구약성경에 비춰 이해하게 되었다고 묘사된다. 이것은 물론
예수가 제시하신 일반적인 해석의 흐름에 따라 된 일이지만 예수의 어떠한
직접적인 말씀 없이 일어난 일이다.

　네 복음서의 증거는 각각 고유의 방법으로 정경 복음서 저자들이 (1)
그들이 받은 선포가 참되기도 하고, (2) 그들이 직면한 상황에 적실하기도
하다는 것을 어떻게 보여주려 했는지를 증언한다. 편집비평이 매우 풍성하
게 예증했듯이, 신약의 복음서들은 사실 그들이 복음서를 쓰는 각각의 공
동체 내부에 있는 구체적인 문제들과 특정한 관심사들을 다루려고 원래의
복음 전통을 재구성한다.

마찬가지로, 바울의 편지들은 그가 기독교 복음을 교회들의 다양한 신학적·윤리적 문제에 목회적으로 적용하면서 이처럼 옛것과 새것을 연결했다는 증거를 보여준다. 예수의 가르침으로 알려진 내용의 핵심을 바울이 약간은 다른 상황에 적용했음을 특히 분명하게 보여주는 예는 고린도전서 7장에 있다. 바울은 7:10-11에서 예수의 어록을 하나의 문제 해결("결혼한 자들에게 내가 명하노니, 명하는 자는 내가 아니요 주시라")로 인용하면서도, 바로 이어 등장하는 7:12-16(과 아마도 7:17-40 전체)에서는 복음의 의도를 권위적으로 표명하는 사람으로서 신자들과 불신자들이 결혼한 배우자로 함께 사는 문제과 관련하여 교훈한다. 이러한 상황에 대해 교회는 예수의 분명한 말씀을 받지 못했다.[116]

위에서 든 예 외에 "하나님의 구원 계획의 과정에서 연속성과 발전"이라는 주제에 대해 계속해서 말하는 것은 용이할 뿐 아니라 듣기에 솔깃하기도 하다. 여기에는 다음과 같은 논제들이 있다. (1) 하나님의 점진적인 자기 계시와 그의 전개되는 구원 계획, (2) 모든 백성을 위하여 그의 구원을 성취하시면서 그리스도와 성령을 통해 역사하시는 하나님의 사역, (3) 하나님의 품성과 행위 및 하나님과 백성의 관계에 대한 하나님 백성의 이해의 발전, (4) 구약성경과 신약성경 등 각 성경에 있는 구원의 옛 특징과 새로운 특징의 연결, (5) 두 성경 간의 구조와 내용의 관계 등이다.[117] 하지만 여기서 성경신학과 관련하여 말할 필요가 있는 점은 단지 바울이 로마서 4장에서 아브라함을 언급한 것이 신약을 해석하는 사람들에게 매우 중요한 전형적인 본문을 제시한다는 것이다. 로마서 4장은 (1) 해석하는 사람

---

116) 참조. 고전 7:12. "그 나머지 사람들에게 내가 말하노니 (이는 주의 명령이 아니라)"; 또한 7:25 "처녀에 대하여는 내가 주께 받은 계명이 없으되 주의 자비하심을 받아서 충성스러운 자가 된 내가 의견을 말하노니"와 7:40 "그러나 내 뜻에는 그냥 지내는 것이 더욱 복이 있으리로다. 나도 또한 하나님의 영을 받은 줄로 생각하노라"도 참조하라.

117) 필자가 필자의 논문 "발전적인 성경해석: 옛 보물과 새 보물"(A Developmental Hermeneutic: New Treasures as Well as Old)에서 이론적인 근거로 설명하려 했고, 그다음에 『오늘을 위한 신약성경의 사회윤리』(New Testament Social Ethics for Today)와 『갈라디아서 주석』에서 더 충분히 설명하려 했다.

들로 하여금 "의"와 "믿음"의 옛 언약과 새 언약의 패턴들 사이의 **구조적 연속성**을 이해하도록 요구하는 본문이자, (2) 특히 예수 그리스도의 사역과 하나님의 영의 사역으로 표현된, 하나님의 점진적인 계시와 드러난 구속 계획에 의해 초래된 **내용의 차이**를 존중하도록 요청하는 본문이다.

B. 하나님의 선물인 "의." 바울은 δικαιοσύνη θεοῦ("하나님의 의")라는 표현을 로마서 본론 중앙부의 첫 번째 단락(즉 1:16-4:25)에서 꽤 자주 사용한다. 이 단락에서 그 표현은 (1) 1:17a("복음에는 '하나님의 의'가 나타나서")에 처음으로 등장하고, 그 후 (2) 3:5의 수사적 질문("그러나 우리 불의가 하나님의 의를 드러나게 하면 무슨 말 하리요?")에 등장하며, (3) 그다음에 다시 바울이 "하나님의 의"를 반복되고 확장된 3:21-23의 논제 진술에 있는 두 진술의 주제로 언급하는 3:21a과 3:22a에서 등장하고, (4) 이 첫 번째 단락에서 마지막으로 3:25과 3:26에서 등장하는데, 그곳에서 그 표현은 그가 3:24-26에서 인용한 신앙고백 자료에 2번 등장하며, "하나님의 공의"라고 번역하는 것이 최상일 것 같다. 로마서의 다른 곳에서 "하나님의 의"라는 표현은 로마서 본론 중앙부의 세 번째 단락에서만 발견된다. 로마서 10:3이 그것인데, 여기서 바울은 그리스도께 적극적으로 반응하지 않은 유대인들이 "'하나님의 의'를 모르고 자기 의를 세우려고 힘썼다"고 주장한다. 바울의 다른 편지에서 이 표현이 등장하는 곳은 고린도후서 5:21(우리로 하여금 "그[그리스도] 안에서 '하나님의 의'가 되게 하려 함이라")과 빌립보서 3:9("믿음으로 '하나님께로부터 난 의'")뿐이다.

추상명사 δικαιοσύνη("의")에 대해 말하자면, 이 단어는 로마서 4장에서 분명하게 등장하는 여덟 곳을 제외하고는 로마서 5:17("'의'의 선물"), 5:21("은혜도 또한 '의'로 말미암아 왕 노릇 하여 우리 주 예수 그리스도로 말미암아 영생에 이르게 하려 함이라"), 9:30("그런즉 우리가 무슨 말을 하리요? '의'를 따르지 아니한 이방인들이 의를 얻었으니 곧 믿음에서 난 '의'요")에 등장한다. 또한 이 어구는 고린도후서 3:9("'의'의 직분")에서도 발견된다. 이 네 구절에서 그 용어는 모두 (롬 4장에서 사용된 모든 예에서처럼) 하나님이 주시거나 수여하신 의를 뜻한다.

로마서 1:17a에서, 특히 바울이 1:16-17의 논제 진술 도입부에서 "복음을 부끄러워하지 아니 하노니"라고 선언한 맥락에서 사용된 δικαιοσύνη θεοῦ("하나님의 의")는 많은 학자에게 그 표현이 변증적이거나 논쟁적인 어감을 지닌 내용을 전달하는 것으로 이해되어야 한다고 간주되었다. 말하자면 그 당시 로마에 있는 몇몇 그리스도인들에 의해 제기되었던, 그의 인격과 사역 및 그의 메시지에 대한 비난에 관한 반응으로 1:16-17의 논제 진술에서 "하나님의 의"를 부각시키고 있다고 이해된다.[118] 그리고 우리가 앞에서 주장했듯이, 로마에서 그를 비난하는 사람들 중에는 바울이 **전달적인 의미**에서 "하나님의 의"를 선포하기는 하지만 **속성적인 의미**의 "하나님의 의"에 대해서는 목소리를 덜 내고 있다고 주장하는 사람들이 있었을 가능성이 있다.

더욱이 바울이 3:24-26에 인용한 초기 기독교의 신앙고백 자료에서, 3:26b의 마지막 부분에서 하나님을 "의롭게 하시는 이"(δικαιοῦντα)로 언급하는 부분에서는 δικαιοσύνη의 **전달적인 의미**가 전면에 드러나는 반면에, 3:25b-26a의 τῆς δικαιοσύνης αὐτοῦ(문자적으로, "그 의" 또는 "그분의 의")라는 표현의 두 용례에서는 **속성적인 의미**가 더 전면에 드러난다고 주장할 수 있다.[119] 사실 3:25b-26a에서 사용된 τῆς δικαιοσύνης αὐτοῦ는, δικαιοσύνης αὐτοῦ가 하나님 자신의 "공의로운 속성"과 "의로운 정의"를 표현하는 성품적인 의미로 등장하는 3:5의 동일한 표현처럼 해석되어야 할 것이다. 그래서 앞선 3:5의 용례에 따라, 우리는 3:25b-26a의 τῆς δικαιοσύνης αὐτοῦ를 "그[하나님]의 의로운 공의"로 번역했다.

바울 서신에 사용된 δικαιοσύνη θεοῦ("하나님의 의/공의")와 추상명사 δικαιοσύνη("의/공의")라는 표현과 관련된 논의는 광범위하다. 책 전체가 그 단어의 의미를 설명하는 데 집중된 경우도 있다. 그 문제를 해결하면서

---

118) 본서 1:16-17 "석의와 주해"를 보라.
119) 본서 3:25b-26a "석의와 주해"를 보라.

제시한 우리의 "제안된 가설"은 다음과 같다.[120]

1. 로마에 있는 그리스도인들이 바울의 설교에 불균형이 감지된다고 비난한 듯하다. 다시 말해서 바울이 **전달적인 의미**에서는 "하나님의 의"를 잘 선포했지만, 속성적인 의미에서는 하나님의 의에 대해 목소리를 높이지 못했다는 것이다.

2. 바울은 그의 편지 첫 번째 단락을 "하나님의 의"라는 표현에 포함되는 의미의 폭넓은 범위를 천명하면서 시작하고, 그럼으로써 로마 그리스도인들의 속성적인 이해에 의견을 같이한다. 이 속성적인 이해는 하나님의 성품과 행위와 관련하여 그들에 의해 약간은 정적인 태도로 개념화되었을 수도 있었다.

3. 하지만 바울은 그의 수신자들이 계시적이고, 역사적이고, 구속적인 용어들로 사고하기를 원한다. 그래서 바울은 그들이 좀 더 전달적이고 역동적인 방식으로 사고하기를 바랐다고 추정할 수 있다.

4. 그러므로 로마의 그리스도인들에게 보내는 바울의 메시지 내용은 그들이 기독교 복음에 (현재 수동태 직설법 동사 ἀποκαλύπτεται를 사용하여) 하나님 자신에 의해 "지금 계시되고 있는" 하나님의 의를 전달적인 의미로 생각할 필요가 있다는 것이었다. 이것은 바울이 자신과 그들(적어도 진지하게 고찰하면) 모두 고백했으며 그래서 공유하고 있다고 믿은 진리다.

이처럼 제안된 시나리오가 아무리 참되다 하더라도, 사실은 다음과 같다. 로마서 4:3, 5, 6, 9, 11(2번), 13, 22에 δικαιοσύνη가 분명하게 8번 사용되었고, 그 명사가 8번 등장하는 이 본문의 문맥상 모든 내용에서 바울은 "의"의 **전달적인 의미**, 즉 창세기 15:6에 서술되고 시편 32:2에 의해 뒷받침을 받았듯이 하나님이 **아브라함을 의롭다고 여기셨다**는 사실을 강조한다

---

120) 1:16-17의 바울의 논제 진술에 대한 본서의 "석의와 주해"에서 제시한 것처럼.

는 점이다. 이러한 강조는 1:16-17의 논제 진술과 그 논제 진술을 발전시
킨 3:21-23에서 바울이 δικαιοσύνη θεοῦ를 사용한 것과 맥을 같이한다.
더욱이 이것은 바울이 로마서 외에 고린도후서 5:21과 빌립보서 3:9에
서 δικαιοσύνη θεοῦ를 2번 언급한 것과 로마서 5:17, 21, 9:30, 고린도후서
3:9에서 δικαιοσύνη만을 언급한 것으로써 뒷받침을 받는다. 그리고 바울이
아브라함의 예를 제시하면서 강조하고 있듯이, 이처럼 "하나님의 의"의 전
달적 의미를 강조하는 것은, 그 표현의 속성적 의미를 무시하지 않으면서
도, 늘 참된 기독교적 성경신학에서 전면에 드러나야 한다.

　　C. **"믿음"에 대한 바울의 이해.** 찰스 탈버트는 로마서 4장의 석의와 주
석을 마무리하면서 "현대의 그리스도인들에게는 바울신학의 쟁점 가운데
믿음에 대한 [바울의] 이해가 가장 난해한 것 같다"고 말한다.[121] 탈버트는
바울이 그 주제에 대해 가르친 내용과 관련하여 자신이 로마서 4장을 읽
을 때 제기되는 일곱 가지 논제를 제시한다. 탈버트의 논제들은 전부 처음
에는 부정적인 방식으로 서술되었다. 하지만 이 모두가 기독교 성경신학에
긍정적인 함의를 지닌다. 많은 사람이 논제들의 단순한 긍정적인 진술에서
얻는 것보다 부정적인 형식에서 그리스도인의 사상과 삶에 대해 더 많은
자극과 영향을 받는다. 이 논제들이 중요하고 영향력이 있기에, 우리는 탈
버트의 일곱 가지 논제를 여기서 로마서 4장(과 그의 여러 편지)의 "믿음"에
관해 바울이 가르친 내용의 요약으로 또 이 주제에 대해 성경적으로 생각
하라는 도전으로 제시한다.[122]

　1. "사람은 믿음으로 구원을 받는 것이 아니다. 하나님이 구원하신다.
　　　우리는 은혜(=하나님의 계획)로 구원을 받는다. 믿음은 구원에 대한
　　　인간의 받아들임이다. 그래서 우리는 은혜에 의해 믿음을 통해 구원
　　　을 받는다."

---

121) Talbert, *Romans*, 125.
122) Talbert, *Romans*, 125-27.

2. "믿음은 행위(=하나님이 우리에게 호의적으로 반응하시도록 하려고 우리가 행하는 어떤 것)가 아니다. 믿음은 반응이다. 하나님은 우리의 믿음 때문(because of our faith)이 아니라 믿음을 통해(through our faith) 우리를 의롭게 하신다. 믿음을 구원에 요구되는 필수불가결한 것으로 여긴다면, 믿음에 의하여 의롭게 되는 것마저 율법주의적으로 이해될 수 있다. 믿음은 우리가 의롭게 되는 조건이 아니다. 그것은 의롭다 함에 대한 우리의 받아들임 또는 의롭다 함을 경험하는 것이다."

3. "믿음은 교리적인 명제들을 믿는 것이 아니다. 믿음의 대상은, 하나님이든지(롬 4:24; 살전 1:8) 그리스도든지(롬 10:14; 갈 2:16), 인격체다.…로마서 10:8-10은 바울이 구원 얻는 믿음을 어떤 명제에 대한 믿음과 동일시한 것처럼 보이는 유일한 본문이다.…믿음은 지적인 용어라기보다는 종교적/관계적인 용어다.…그리스도 안에 있는 하나님과의 믿음의 관계로부터 지적인 확신과 명확함이 나올 수 있다.…바울의 관점에서 볼 때, 후자는 전자에서 나온다."

4. "우리의 행동이 하나님께서 받으실 만한 행동이 아닐 때, 믿음은 하나님이 받으실 만한 주관적인 감정이나 태도가 아니다. 행위와 믿음의 차이는 '행위'는 행동이고 '믿음'은 감정이나 태도라는 점에 있지 않다. 바울에게 행위는 행동뿐만이 아니라 감정이나 태도일 수도 있다. 마찬가지로 믿음에는 감정과 태도뿐만 아니라 행동도 포함된다."

5. "믿음은 한 번의 사건이 아니다. 믿음은 그리스도인의 삶을 시작하는 행동이며(롬 10:9), 동시에 그리스도인의 삶이 지속되는 지향성이기도 하다(갈 2:20). 그리스도인은 그리스도를 믿으며, 그런 다음에 계속 믿는다. 이것은 그리스도인의 삶이 믿음으로 시작하고 그런 다음에는 사랑이나 지식이나 행위와 같은 다른 것으로 옮겨가는 것이 아니라는 의미다. 바울이 이해하기에, 그리스도인의 삶은 그리스도 안에서 하나님에 대한 우리의 믿음의 반응으로 시작하고 끝난다. 우리의 믿음은 깊어질 수 있다. 하지만 결코 다른 어떤 것으로 대체되

지 않는다."

6. "믿음은 하나님께 부분적으로 응답하는 것이 아니다. 믿음은 행위만의 반응이나 태도만의 반응이 아니다. 믿음에는 전 인격이 포함된다. 믿음은 신뢰만의 반응이나 순종만의 반응이 아니다. 믿음은 2개가 다 함께 어우러져 있다. 믿음은 하나님과의 총체적인 관계에 대한 우리의 총체적인 반응이다."

7. "믿음은 예수를 따르겠다는 나의 결정만은 아니다. 그것은 하나님의 선물이다(빌 1:29). 어떤 사람이 때가 적절하거나 상대방이 구체적인 모든 조건을 충족했다고 해서 다른 사람과 사랑에 빠지기로 결정할 수 없듯이, 사람이 단순히 믿음을 갖기로 결정할 수는 없다. 사랑의 관계가 존재하려면 어떤 일이 반드시 일어나야 한다. 그 관계에 들어가게 하는 어떤 사건이 발생해야 한다. 마찬가지로 하나님과의 관계가 존재하려면 어떤 일이 반드시 일어나야 한다. 사람이 그리스도 안에서 하나님께 반응할 수 있게 하는 사건이 있어야 한다. 그 사건은 그 관계의 은혜의 특성이다. 반응을 가능케 하는 것은 믿음의 차원이다."

현대를 위한 상황화

데이비스는 1974년에 발표한 그의 논문 "아브라함과 약속"을 다음과 같이 시작한다. "유대인들 속에 있는 아브라함에 대한 깊은 존경을 사도도 공감하며 동참하고 있는 것은 확실하지만", 그가 아브라함을 구체적으로 논의한 책은 "로마서와 갈라디아서뿐이다." 이처럼 바울이 아브라함 이야기를 다소 제한적으로 사용한 것에 대해 데이비스는 "언뜻 보면, 이것은 놀랍다"라고 강렬하게 논평한다. 그리고 "바울 서신들은 구체적인 상황을 지향하며, 엄격히 특정한 상황을 위한 서신이다"라는 전제 위에 세운 다음과 같은 설명을 제시한다.

그러므로 바울이 구원의 조건과 관련된 문제, 또는 아브라함의 참된 자손인 하나님의 백성에 포함되는 문제를 직접 다루는 두 편지에서만, 특별히 유대인 대적자들과 유대 그리스도인 대적자들 및 이방인 그리스도인들에 의해서 제기된 질문으로 인해, 바울이 유대교의 기반을 놓은 인물을 직접 거론하게 된 것은 납득할 만하다.[123]

이것은 유대교 전통에서 훈련을 받았고 그래서 편지들에서 여러 방식으로 자신의 유대적 배경을 빈번하게 입증하면서도 유대 나라의 위대한 족장인 아브라함을 비교적 거의 논하지 않은 한 사람의 작품들에서 이처럼 이례적으로 보이는 현상을 해결하기 위해 학자들과 일반 성도들이 가장 자주 제기한 설명이다. 바울이 아브라함을 이름으로 거론한 것은 로마서 4:1-22, 9:7-9, 갈라디아서 3:6-9, 18, 29뿐이다. 물론 바울이 로마서 11:28에서 οἱ πατέρες("조상들")라는 범주로 아브라함을 암시하기도 하지만 말이다.

그런데 갈라디아서와 로마서에서 바울은 상당히 다른 두 가지 유대 기독교적 사고방식을 다룬다. 갈라디아서에서 다루는 사고방식은 어떻게 해서든지 갈라디아의 이방인 그리스도인 공동체 안으로 침입하여 기독교 복음에 위협을 가하고 있었던 유대 기독교 신학의 잘못된 형태였다. 로마서에서 다루는 사고방식은 본질적으로는 매우 선한 방식으로 로마의 이방인과 유대인이 섞인 그리스도인 공동체에 광범위하게 영향을 주었지만 바울이 좀 더 충분히 발전될 필요가 있다고 생각한 기독교의 내용을 대표하기도 한 형태였음이 분명하다. 바울의 목적은 이것이다. 로마에서 예수를 믿는 신자들이 (1) 기독교 복음의 "좋은 소식"을 좀 더 바르게 이해하고 경험하게 하는 것과, (2) 로마 제국의 서쪽 지역에 있는 이방인들에게까지 더 널리 사역하려는 바울의 계획에 동참하고 지원하도록 하는 것이다. 갈라디아에서의 쟁점은 "유대주의자들"이 바울의 이방인 개종자들을 상대로 예수를 유대인의 메시아로 믿은 유대인처럼 되도록 하려고 그들에게 받아들이고 행하라고 요구한 것과 관련이 있다. 그리고 유대주의자들은 자신들이

---

123) W. D. Davies, "Abraham and the Promise," 168.

지적했듯이, 유대 전통을 존중하기도 하고 실천하기도 했다.

하지만 로마에서의 핵심적인 쟁점은 인종의 문제가 아니라 "이 혼합된 유대인/이방인 기독교의 신학적인 세계관"이었다.[124] 그것은 로마의 그리스도인들이 인종적으로 유대인이든지 이방인이든지 간에 분명히 유대 기독교로부터 알게 된 기독교 복음에 대한 그들의 이해에 대체로 통합시킨 것이 분명한 세계관 또는 사고방식이다. 그래서 갈라디아의 예수를 믿는 이방인 신자들과 로마에서 예수를 믿는 유대인과 이방인 신자들의 혼합된 공동체는 다 유대 기독교적 사고방식과 표현에 영향을 받았으나, 그 영향이 전혀 다른 목적과 제안된 결과를 가지고 있었다. 바울이 유대인의 위대한 조상인 아브라함을 예로 든 것은 이해되고 공감되었을 것이며, 매우 중요했을 것이다.

그래서 (갈 3:18과 3:29에서 다시 언급한) 갈라디아서 3:6-9과 (롬 9:7-9에서 다시 거론한) 로마서 4:1-22에는 아브라함 이야기가 바울에 의해 약간은 다양하게 "상황적으로" 사용되었다. 말하자면, 이 이야기의 취지와 형식이 수신자들의 구체적인 상황을 다루는 내용이 제시되는 환경에 의존한다. 아브라함 이야기의 상황적인 사용은 신약성경에서 아브라함을 언급한 또 다른 유일한 두 가지 예인 야고보서 2:20-24과 히브리서 11:8-19에서도 발견된다. 각각의 본문은 다소 다른 방식과 상당히 다른 목적을 가지고 아브라함을 다룬다. 하지만 갈라디아서, 로마서, 야고보서, 히브리서의 다소 다른 용례는 모두 유대교 전통 또는 유대 기독교적 전통과 사물을 이해하는 방식에 의해 광범위하게 영향을 받은 사고방식을 겨냥하여 말하고 있다. 네 본문은 각각의 수신자들에게 매우 중요하고 의미가 있었을 것이다.[125]

그리스도인들은 오늘날 그들의 상황에서 그리고 전 세계에 존재하는 다른 상황에서 기독교 복음을 상황화하는 것에 대해 많이 배울 수 있다. 기독교의 메시지가 신약의 여러 저자에 의해 다른 상황에서 그리고 상당히

---

124) R. E. Brown, "The Beginnings of Christianity at Rome," 109 n. 227.
125) 참조. R. N. Longenecker, "The 'Faith of Abraham' Theme," 203-12.

다른 방식으로 어떻게 상황화되었는지를 주목함으로써 말이다. 이것은 몇 가지 방법으로 행해질 수 있다. (1) 신약의 저자들의 목적(들)을 이해함으로써, (2) 다양한 수신자들의 지적이고 역사적인 상황을 공감함으로써, (3) 저자마다 자기 수신자들의 특정한 사고방식과 관심사 및 이해력과 관련하여 어떻게 상황적으로 말했는지를 주목함으로써, (4) 신약의 이러한 묘사들로부터 교훈을 받음으로써 말이다. 그 교훈은 내용의 문제뿐만 아니라 기독교의 메시지를 전혀 다른 상황에서 다른 사고방식을 가진 사람들에게 전달하는 것과 관련하여 제시된 전형적인 양식들과 관련이 있다.

특히 여기서 우리의 목적을 위해서 중요한 것은, (1) 바울이 로마서 4장의 아브라함의 예에서 유대적 신학, 전통, 언어, 사고방식의 영향을 받은 그리스도인 수신자들에게 어떻게 말하고 있는지를 주목하는 것과, (2) 바울이 수신자들이 이해하고 공감하며 받아들일 만한 형식으로 그들에게 자료를 제시하고 있다는 사실을 인식하는 것이다. 바울은 나중에 로마서 특히 5:1-8:39과 12:1-15:13에서 유대교 성경(구약)이나 유대교 자체의 영향을 받지 않은 이방인들에게 그간 선포해왔던 내용을 제시할 것이다. 이 두 중요한 단락에서 바울은 1:16-4:25 및 9:1-11:33과는 다소 다른 방식으로 그리고 약간은 다른 초점을 가지고 그의 자료를 제시한다. 목적은 수신자들이 (1) 그의 기독교적인 선포를 이해하고 공감하며, 그래서 (2) 그의 이방인 선교를 더욱 확장하는 일에 그와 동행하는 데 있다.

8. 결론적인 초기 기독교 신앙고백적 진술(4:25)

번역

²⁵예수는 우리의 죄 때문에 내줌이 되셨고, 우리를 의롭다 하시기 위하여 살아나셨느니라.

형식/구조/상황

로마서 4:25은 종종 바울이 초기 기독교의 신앙고백 진술을 인용한 것으로 이해되거나, 적어도 그가 살짝 재작업하였을지도 모르는 그러한 전통적인 주장을 반영한 것으로 이해되곤 했다.[1] 이 논제를 옹호하는 가장 분명한 점들은 (1) 일종의 찬양시 또는 시적 배경을 반영한 것일 수 있는 25절의 대구법적 구조(*parallelismus membrorum*), (2) 신약성경 다른 곳에 인용된 기독교의 신앙고백적 자료를 시작할 때 종종 등장하는 관계대명사 ὅς("그는")가 진술을 시작하는 부분에서 사용된 점, (3) 일반적으로 예수 그리스도의 사역이나 인격과 관련이 있는 기본적인 기독교의 신념에 대한 천명, (4) 셈어 문체를 반영하는 것으로 보이며 25절의 진술에 등장하는 두 동사 모두 매 문장 처음에 위치한다는 점(비교. 이러한 현상이 딤전 3:16의 기독교적 신앙고백에도 등장함), (5) 두 번째 진술에서 (예수의) "부활"이 (죄인들을) "의롭게 하는 것"과 연결된 것은 바울이 일찍이 3:21-23의 논제 진술에서 "의", "신실함", "믿음"에 대해 언급하던 방식이 아닐뿐더러 그가 본문 5:1-11에서 바로 이어지는 "화평", "화목"을 말하는 방식과도 거리가 멀다는 사실(물론 바울이 이러한 방법으로 "부활"과 "의롭게 함"을 함께 언급하는 것은 전혀 불가능하지는 않겠지만 말이다), (6) 4:25의 "의롭게 함"이라는 주제는 바울이 3:24-26에서

---

1) 대표적인 주석들로 Lietzmann, *An die Römer*, 56; Michel, *An die Römer*, 174; Schlier, *Römerbrief*, 135-36; Käsemann, *Romans*, 128; Dunn, *Romans*, 1.224; 그리고 Jewett, *Romans*, 342-43을 참조하라. 또한 단행본으로는 K. Wegenast, *Verständnis der Tradition bei Paulus* (Neukirchen-Vluyn: Neukirchener Verlag, 1962), 80-82; Wengst, *Christologische Formeln und Lieder*, 101-3; Stuhlmacher, *Reconciliation, Law, and Righteousness*, 55-56을 보라.

인용한 신앙고백 내용을 시작하는 "의롭게 되는 것"이라는 주제를 잘 반영한다는 점(반드시 그래야 하는 것은 아니지만 이것은 두 내용 모두 비슷한 사고방식을 확실히 나타내며, 심지어 두 내용이 모두 바울 이전의 동일한 신앙고백 자료에서 기인했음을 나타내는 것 같다), (7) 4:25은 바울이 (4:16-22의 결론적인 단락과 4:23-24의 후기에서 그랬듯이) 4:1-24에서 아브라함 이야기를 언급한 부분의 이미지와 언어 및 구체적인 세부사항 중 어느 것도 거론하지 않고, 논리적으로보다는 수사적으로써 기능하는 것으로 보인다는 점 등이다.

　　　로마서(와 그의 편지 여러 곳)에서 범위가 큰 자료 단락을 신앙고백 진술이나 송영 본문으로 마무리하는 것이 바울의 습관인 것처럼 보인다. 바울은 이것을 글자 그대로 인용하든지 아니면 약간 개정하여 인용한다. 나중에 주장하겠지만, 바울은 이것을 (1) 로마서 본론 중앙부의 두 번째 단락(5:1-8:39)을 결론짓는 8:31-39에 등장하는 "그리스도 안에 있는 하나님의 사랑의 승리의 선언"에서, (2) 로마서 본론 중앙부의 세 번째 단락(9:1-11:36)을 마무리하는 11:33-36에 등장하는 "하나님의 지혜와 지식을 찬송"하는 것에서, 그리고 (3) 네 번째 단락(12:1-15:13)을 마무리하는 15:13에 등장하는 "소망의 하나님이 모든 기쁨과 평강을 믿음 안에서 너희에게 충만하게 하사 성령의 능력으로 소망이 넘치게 하시기를 원하노라"는 그의 송영적 진술에서 표명한다. 이 각각의 결론부는 앞에 있는 단락에서 바울이 기록한 내용을 멋지게 요약하지만, 엄격히 교훈적이라기보다는 수사적인 형식이 더 강하다. 바울이 4:25이 이렇게 기능하기를 의도했다고 보는 것은 개연성이 있다.

석의와 주해

대부분의 주석가들은 로마서 4:25의 진술을 원래 누가 그것을 작성했든지 간에 이사야 52:13-53:12의 고난받는 종의 노래의 70인역에 영향받은 것으로 이해해왔다. 동사 παραδίδωμι("내주다", "넘겨주다", "전달하다")의 수동태 형이 70인역 이사야 53:12의 마지막 두 진술에 두드러지게 드러난다. 로마서 4:25의 첫 번째 진술에서처럼 말이다.

사 53:6: "여호와께서는 우리의 죄악을 그에게 담당시키셨도다"(Κύριος
παρέδωκεν αὐτὸν ταῖς ἁμαρτίαις ἡμῶν).

사 53:12a: "그가 자기 영혼을 버려 사망에 이르게 하며"(παρεδόθη εἰς
θάνατον ἡ ψυχὴ αὐτοῦ).

사 53:12b: "그가 많은 사람의 죄 때문에 내줌이 되었으며"(διὰ τὰς
ἀνομίας αὐτῶν παρεδόθη).

마찬가지로 4:25의 두 문장에는, 좀 더 일반적인 기독교 용례인 "위하여"
또는 "대신하여"를 의미하기 위해 소유격과 함께 사용하는 전치사 ὑπέρ
구조가 아니라, 이사야 53:12b에서처럼 전치사 διά(소유격과 함께 사용하면
"~을 통해"; 목적격과 함께 사용하여 "~때문에")가 사용되었다. 하지만 로마서
4:25과 같은 신앙고백 진술에서 언어적인 구성들 하나하나를 정확히 분석
한다는 것은 다소 어려운 일이다. 초기 기독교의 신앙고백 자료가 기독교
예배와 경건 생활이란 맥락에서 발생한 까닭이다. 그리고 경건 생활과 관
련한 표현들은 진정성이 있기는 하지만 개념적으로나 언어적인 측면에서
약간은 부정확하기도 하다.

그럼에도 4:25의 이 두 진술은 그 선포에 인간의 죄에 대한 하나님의
해결책과 사람들을 의롭게 하기 위한 하나님의 방안이 바로 예수의 죽으심
과 부활이라는 사실을 분명히 표명한다. 그러므로 바울이 여기서 이 짧은
기독교적 신앙고백 진술을 사용하고 있다고 이해해야 한다. 이 진술은 기
독교 복음의 핵심을 간명하게 표현한다. 두 가지 목적에서 바울은 이 진술
을 사용한다. (1) 1:18-3:20에서 논박했듯이, 어떤 형태든지 모세 율법을 율
법적으로 지킴으로써 하나님 앞에서 인정을 받는다는, 정도에서 벗어난 모
든 생각을 종식하고, (2) 자신이 3:21-4:25에서 하나님의 "의의 선물", 예수
의 "신실함", 아브라함의 "믿음"에 대해 쓴 모든 내용을 결론지으려는 목적
에서다. 조세프 피츠마이어는 이 문제를 적절히 표현했다. "인류의 객관적
인 구속에서 그리스도의 죽으심과 부활이 감당한 부분을 천명하는 것은 로

마서의 교리적 단락 전반부(즉 1:16-4:25)의 결론으로 적합하다."[2]

---

2) Fitzmyer, *Romans*, 390. Fitzmyer는 자신의 주장을 뒷받침하려고 S. Lyonnet, D. M. Stanley, B. McNeil을 인용하고, 더 나아가 롬 4:25에 관해 H. Schlier가 내린 결론을 인용한다. 인용구의 전반부는 특히 적절하며 그 내용은 다음과 같다. "아마도 헬레니즘적 유대 기독교에서 유래한 것으로 생각되는 이 전통적인 문구로, 로마서의 첫 번째 주요 단락은 그 목표에 도달했다. 그리고 하나님의 의가 예수 그리스도 안에서 나타났다는 것과 이것과 연결된 믿음으로 말미암아 의롭게 됨에 관한 3:21-31의 핵심적인 선언은 이미 (구약)성경, 특히 실제로 아브라함의 경우에서 증명되었다는 것이 드러난다. 아브라함의 의에서 보듯이, 그것은 믿음에서 나오는 의의 문제다. 할례는 의와 아무런 관련이 없으며, 나중에 아브라함의 의를 확정했을 뿐이다. 그 결과 아브라함은 믿음이 있는 유대인들과 이방인들의 조상이 되었다. 율법도 의롭게 되는 것과 아무런 관련이 없다. 하나님의 약속은 은혜와 연결된 **디카이오쉬네 피스테오스**와 관련 있다. 반면에 율법은 범죄와 하나님의 진노의 심판만을 야기할 뿐이다"(Schlier, *Römerbrief*, 137. 강조는 원저자의 것임).

NIGTC 로마서(상권)

Copyright ⓒ 새물결플러스 2020

1쇄 발행 2020년 10월 30일
2쇄 발행 2021년 5월 20일

지은이 리처드 N. 롱네커
옮긴이 오광만
펴낸이 김요한
펴낸곳 새물결플러스

편 집 왕희광 정인철 노재현 한바울 정혜인
　　　　이형일 나유영 노동래 최호연
디자인 윤민주 황진주 박인미
마케팅 박성민 이원혁
총 무 김명화 이성순
영 상 최정호 곽상원
아카데미 차상희

홈페이지 www.holywaveplus.com
이메일 hwpbooks@hwpbooks.com
출판등록 2008년 8월 21일 제2008-24호
주 소 (우) 04118 서울특별시 마포구 마포대로19길 33
전 화 02) 2652-3161
팩 스 02) 2652-3191

ISBN 979-11-6129-179-6 94230 (상권)
　　　 979-11-6129-178-9 94230 (세트)

책값은 뒤표지에 있습니다.